U0720361

海外中国研究丛书

刘 东 主编

[日] 滨下武志 著

高淑娟 孙 彬 译

中国近代經濟史研究

中国近代经济史研究（上）

清末海关财政与通商口岸市场圈

清末海關財政と開港場市場圈

江苏人民出版社

图书在版编目(CIP)数据

中国近代经济史研究：清末海关财政与通商口岸市场圈/
[日]滨下武志著；高淑娟，孙彬译.—南京：江苏人民出版社，
2006.11(2022.5重印)
　(海外中国研究丛书/刘东主编)
　书名原文：中国近代經濟史研究：清末海關財政と開港場市場圈
　ISBN 978－7－214－04417－4

　Ⅰ.中...　Ⅱ.①滨...②高...　Ⅲ.①经济史—研究
—中国—近代 ②财政—研究—中国—清后期 ③通商口岸—
研究—中国—清后期　Ⅳ.F129.5

　中国版本图书馆 CIP 数据核字(2006)第 038814 号

本书经日本版权所有人滨下武志授权，根据原著日文版(濱下武志：《中国近代經濟史研究：
清末海關財政と開港場市場圈》，東京大学東洋文化研究所報告，1989 年)译出
江苏省版权局著作权合同登记：图字 10－2006－147

书　　　名　中国近代经济史研究：清末海关财政与通商口岸市场圈
著　　　者　[日]滨下武志
译　　　者　高淑娟　孙　彬
责 任 编 辑　左　衡　王保顶　史雪莲
装 帧 设 计　陈　婕
责 任 监 制　王　娟
出 版 发 行　江苏人民出版社
地　　　址　南京市湖南路 1 号 A 楼，邮编：210009
照　　　排　江苏凤凰制版有限公司
印　　　刷　南京新洲印刷有限公司
开　　　本　652 毫米×960 毫米　1/16
印　　　张　69.75　插页 8
字　　　数　900 千字
版　　　次　2006 年 11 月第 1 版
印　　　次　2022 年 5 月第 2 次印刷
标 准 书 号　ISBN 978－7－214－04417－4
定　　　价　160.00 元（上、下）

（江苏人民出版社图书凡印装错误可向承印厂调换）

序 "海外中国研究丛书"

　　中国曾经遗忘过世界,但世界却并未因此而遗忘中国。令人嗟讶的是,20世纪60年代以后,就在中国越来越闭锁的同时,世界各国的中国研究却得到了越来越富于成果的发展。而到了中国门户重开的今天,这种发展就把国内学界逼到了如此的窘境:我们不仅必须放眼海外去认识世界,还必须放眼海外来重新认识中国;不仅必须向国内读者迻译海外的西学,还必须向他们系统地介绍海外的中学。

　　这个系列不可避免地会加深我们150年以来一直怀有的危机感和失落感,因为单是它的学术水准也足以提醒我们,中国文明在现时代所面对的绝不再是某个粗蛮不文的、很快就将被自己同化的、马背上的战胜者,而是一个高度发展了的、必将对自己的根本价值取向大大触动的文明。可正因为这样,借别人的眼光去获得自知之明,又正是摆在我们面前的紧迫历史使命,因为只要不跳出自家的文化圈子去透过强烈的反差反观自身,中华文明就找不到进入其现代形态的入口。

当然,既是本着这样的目的,我们就不能只从各家学说中筛选那些我们可以或者乐于接受的东西,否则我们的"筛子"本身就可能使读者失去选择、挑剔和批判的广阔天地。我们的译介毕竟还只是初步的尝试,而我们所努力去做的,毕竟也只是和读者一起去反复思索这些奉献给大家的东西。

刘　东

卷头插图 1　苏州段大运河上的帆船。帆船交易由于不在海关管辖之内,所以不含在贸易统计之中,但可以推定内河、沿岸、外洋交易中帆船交易量已经达到了相当的程度。(博文馆《中支的民船业》,1943 年)

卷头插图 2 　从鼓浪屿到厦门市街。厦门与福州都是与华北沿海交易的基地，也是东南亚贸易的转口港。

卷头插图 3 　上海外滩的码头群。右侧为黄浦江，中央左手的钟塔建筑物为上海海关。H.B.赫德 1903—1907 年间在此任统计局长。

卷头插图 4　镇江码头。镇江作为大运河与长江的交叉点,位于南北、东西的交通要冲,同时也是向内地市场输送货物之地。

卷头插图 5　苏州城西南角上的盘门外吴门桥后方。此桥面对大运河,附近设有征收通行税的厘卡,从生猪、烟草、煤、淹渍咸菜等物品收取的税收占很大比重。

　　卷头插图 6　青龙过眼图（作者不详）。清朝末期，在中国（青龙）的反衬下，揶揄西洋矮小的画图。我想其含意在于：即使用望远镜来观察，也得不到二者"等身大"的印象，暗示了观察对象之"观点"与评价对象之"论点"两者之间的关系。（L.C. Arlington. *Through the Dragon's Eyes*. London，1931.）

目　录

译者的话　*1*

凡例　*1*

序
　　——中国近代经济史研究的角度与方法　*1*

第一章　清末财政与海关　*1*

　　第一节　清末之时代　*1*

　　　一　时代的目录学　*10*

　　　二　中外交涉论　*29*

　　　三　海防自强论　*37*

　　　四　西洋、日本对于清末的认识　*45*

　　第二节　清末财政论　*60*

　　　一　财政运营　*60*

　　　二　中央与地方——关税、厘金、币制　*69*

　　第三节　海关与清末财政　*92*

　　　一　经费增大与海关税收　*92*

　　　二　借款政策与清末财政　*95*

　　　三　财政整理与海关税　*110*

第二章　马士与中国海关 *124*

　　第一节　马士与中国 *124*

　　　　一　与中国的关系 *125*

　　　　二　轮船招商局时期(1886 年 4 月—1887 年 8 月) *128*

　　　　三　淡水税关时期(1892 年 5 月—1895 年 6 月) *141*

　　　　四　龙州、北海、岳州时期(1896 年 6 月—1900 年 3 月) *147*

　　第二节　马士与上海统计局 *158*

　　　　一　上海时代(1903—1907 年) *158*

　　　　二　海关贸易报告与 H. B. 马士 *172*

　　第三节　马士与中国国际收支问题 *181*

　　　　一　国际收支表与华侨汇款 *181*

　　　　二　围绕国际收支的论议 *195*

　　第四节　马士的贸易报告——开放口岸与内地市场的关系 *202*

　　　　一　借款返还与金融市场 *204*

　　　　二　开放口岸与内地市场 *209*

　　补论　中国海关时代以后的马士 *223*

第三章　海关与贸易统计 *231*

　　第一节　海关的设立与运营 *232*

　　　　一　海关的位置 *234*

　　　　二　围绕海关设立的诸问题 *243*

　　第二节　海关统计与统计方法的变迁 *247*

　　　　一　统计方法 *249*

　　　　二　统计项目的变迁 *260*

　　　　三　与统计相关联的项目 *269*

　　第三节　亚洲区域内贸易与中国 *287*

　　　　一　朝贡、帆船贸易 *288*

　　　　二　厦门贸易网 *302*

　　第四节　香港与新加坡 *314*

　　　　一　作为转口港的香港、新加坡 *315*

　　　　二　香港、新加坡与移民问题 *325*

第四章　通商口岸与地域市场　340

　　第一节　亚洲内部市场与中国　342

　　　　一　近代亚洲区域内贸易　345

　　　　二　进出口额停滞与国内条件　359

　　第二节　海关和常关——地域市场和地域间关系　390

　　　　一　常关和海关　392

　　第三节　常关、海关与通货、金融问题　415

　　　　一　厦门常关与通货、金融问题　415

　　　　二　海关银号与海关两　424

　　第四节　海关与地域市场　437

　　　　一　税则改订与内地贸易　439

　　　　二　通商口岸与镇江贸易　456

结　论

　　——厘金、地域市场、金融网络圈　496

附：一　地图　524

　　二　中国海关史资料　535

译后记　1083

译者的话

日本东洋史学家滨下武志的《中国近代经济史——清末海关财政与通商口岸市场圈》积10年心血完成(汲古书院1989年出版),中译本90万字。全书由论文篇和资料篇组成,其学术价值也表现为两大方面。

其一,学术研究价值。与以往西方学者把"欧洲的近代"作为近代社会代表形态的观点不同,作者提出应该从各个地域自身的历史过程来研究其历史本来的发展规律,即有必要在研究方向上作出改变。因此,作者对"清朝之衰退"提出异议,认为这一时代的中国经济状况,既将外国事物有机地纳入自身逻辑体系中并发挥作用,又与亚洲地域内部密切关联,尤其是那些主张洋务和自强的官僚、知识分子、新兴实业家,作为充满活力且不断增大的社会阶层,使世纪之交的清朝充满"活力"。作者以中国清末海关财政与通商口岸市场圈为研究切入点,通过清末财政与海关、马士与中国海关、海关与贸易统计和通商口岸与地域市场等问题,系统展开论述。如:通过地方经济与中央财政的结合与分离、地域经济自律性的相互关系以及对外经济关系等方面研究,对中国实际状态作深入分析;从财政运营理念的变化、中央—地方财政关系的变化、财政整顿与海关税收的增加等方面，将清末经济中的财政与海关税联系起来进行探讨；从中国经济和朝贡贸易、周边华商经济圈之间的相互关系中，将世纪之交的中国内部及对外经济状态，于历史性、整体性和固有性乃至同时代性中明确地反映出来。

其二，史料价值。作者搜集海关资料十多年，关涉亚、欧、美三十余家图书、资料馆，大量中、英、日文文献和研究论著目录，占全书近半篇幅，成为该书又一大特色。资料分五个层次：

A. 海关贸易统计、关税统计、海关统计法。

B. 税则（税率）：海关、常关、厘金税则。

C. 税关手续文书：税关华文文书、海关及厦门常关手续文书。

D. 海关征收记录：镇江关相关资料（镇江关到期征收记录）。

E. 资料、文献目录：包括各国对华贸易史、贸易金融、通货、内地市场（旅行记以及其他）、投资、银行史、企业史、华侨史、交通、运输、通信、会计史等诸多内容。

纵观全书，作者尝试把中国从 19 世纪末至 20 世纪初叶的历史过程作为一个时代来把握，并通过国内外同时代人的观察、论点和记录来揭示其整体面貌。一方面，透过税关业务的具体手续和海关的具体性职能、尤其是曾为海关模型的常关，运用基础统计数字，层层深入，充分论述了作者观点；另一方面，以实证分析为基础，读者亦可据此资料自行比较分析。因而，本书对中国近代经济史发展脉络的研究角度、资料采用的丰富程度，尤其是独特的研究视角与方法，对国内外治中国近代史者都有极大的启发意义和参考价值。

译者　高淑娟

2008 年元月

凡　例

1．本书由论文篇和资料篇两部分组成。资料篇又分资料和目录两部分。

2．关于地图方面的内容,本书在论文篇第一章之前,给读者提供了H.B.马士任职地的海关关系地图。而在结论部分之后,则列出了在文章中并没有涉及到的与海关、常关、厘金局相关的地图予以补充。

关于地图的出处问题,凡是没有记录的,全部摘自《中华帝国海关·十年报告》(*China，Imperial Maritime Customs，Decennial Report*)中的1882—1891 年版与 1892—1901 年版的各开放口岸报告中所插入的地图。而在概略图中,则不仅限于此,还有部分地图摘自《年度报告》(*Annual Report*)中的图表。

3．关于字体的问题,原书论文篇采用新字体,资料篇采用的是旧字体。

4．本书并没有将海关制度和机构作为直接考察的对象,而是将研究的重点放在了分析"海关报告"等各种资料上,并试图借此来把握中国地域经济状况的全局。因此,资料部分以及目录部分都与该主题相关联。

5．资料篇中,除了基本的统计数字,还收录了与镇江海关征收记录以及海关各种手续相关联的必要资料原文,这些资料既能够反映税关业务的具体手续,又能更好地反映海关的具体职能。

6. 鉴于常关曾为海关的雏形,资料篇中还加入了厦门常关地域贸易的相关资料,读者可以据此来进行比较分析。

7. 关于厘金局方面,添加了天津、上海、重庆、厦门地区的厘金税则。这是因为厘金自身不仅可以作为资料,还能够反映出内地市场的实际状态。

8. 在资料篇中,目录部分主要参照拙著《关于中国近代经济史关系解题的文献目录——以海关资料为中心》(1980 年 3 月),并在此基础上有所增减。

9. 重量、长度、面积的单位如下所示:

重量:10 厘＝1 分(*Candareen*)

10 分＝1 钱(*Mace*)

10 钱＝1 两(*Tael*)＝583.37 格令(1 $\frac{1}{3}$ 盎司)＝37.783 *g*

16 两＝1 斤(*Catty*)

100 斤＝1 担(*Picul*)＝133 $\frac{1}{3}$ 磅＝60.453 *kg*

距离:10 分＝1 寸

10 寸＝1 尺＝14.1 英寸＝35.8 *cm*

10 尺＝1 丈

180 丈＝1 里＝2115 英尺＝619.25 *m*

面积:25 平方尺＝1 步(或弓)

240 步＝1 亩

100 亩＝1 顷

10 丝＝1 毫

　　10 毫＝1 厘

　　10 厘＝1 分

　　10 分＝1 亩

　　10. 本书主要的资料来源是中国海关发行的资料,《中华帝国海关》（*China*，*Imperial Maritime Customs*）缩写为 CIMC。

序

——中国近代经济史研究的角度与方法

1. 在很长时间内，人们把"欧洲的近代"作为了世界近代社会的代表形态。在这种状况下，一般观点都认为亚洲的近代化是受到欧洲近代的冲击后才发生的。但是，经过历史过程的发展，作为欧洲模式的近代，与亚洲自身的近代之间却表现出了巨大差异，因而有必要在研究上作出方向性的改变。也就是说，我们在研究包括亚洲在内的世界各地的近代问题时，都应该从各个地域自身的历史过程出发来研究其历史本来的发展规律。

在这个问题上，那些把封建社会的形态相对地、"严格"地作为问题来讨论的地域和国家中，其"近代"的特征实际上被当作封建社会的崩溃和解体过程来把握的。但是，应该承认，我们所研究的封建社会，实际上是特指封建性的政治制度，而其社会经济，与其说完全是以封建为特征，倒不如说是以血缘的、地缘的甚至是同业行会之间等等地域性的、社会性的联系为特征，并在这种联系中保持了其历史的连续性。当把着眼点放在这一点上来讨论问题的时候，我们就会明确，"近代"的特征未必仅仅存在于与所谓"封建"的连续性和断裂性上。作为结论，我们可以得到这样的认识，不论是从封建社会论出发，抑或是从欧洲近代论出发，都难

1

以从概念上来把握亚洲的近代化。

在研究世纪之交的中国经济状况时，以往的普遍性观点认为，由于西洋和日本对中国经济权利的分割和掠夺，导致了清朝财政的衰微、经济改革的失败等等后果。如果我们从经济方面来探究外交史上的对外关系和清朝政府的国内政策，并仅仅以此为研究目的的话，这种理解在一定程度上还是可以成立的。但是，我认为，它却根本不能将世纪之交的中国内部的经济状态以及中国对外关系中的经济状态，在历史性、整体性和固有性甚至是在同时代性中，明确地反映出来。何以这么说呢？因为清末经济的整体状况既是中国历史所积累下来的对内、对外各种关系的总集合，就有必要从中国经济和朝贡贸易以及周边华商经济圈之间的相互关系中加以理解。中国经济的独立性，是通过将西洋、日本的影响纳入自身体系和逻辑中才真正发挥作用的，正因为如此，我们更应该通过中国经济的包容力来把握中国经济的独立性。因而，与以往"清朝之衰退"的理解完全相反，我认为可以产生这样的认识：这一时代的中国经济状况，既是将外国事物有机地纳入自身逻辑体系中并充分发挥其作用，又是与亚洲地域内部密切关联的。

纵观本书，我尝试把中国从 19 世纪末至 20 世纪初叶的发展过程作为一个时代来把握，并试图展示一个由国内、国外同时代人的观点、论点和记录所构成的整体面貌。对这一时代的整体状况进行探讨，与其提出结论性的命题，倒不如为了提出方向性的提示；与其把问题收敛起来，倒不如将问题自身所带有的变化、影响面以及同时代人对问题的认识方法展示出来。之所以如此，主要基于两点考虑：其一，对于世纪之交的那个时代的变化，一方面强调其时代的变化和变动；另一方面又要通过欧美、日本所带来的划分势力圈的竞争、清朝的衰退以及民众运动和民族运动的高涨等这样的"固定"的框架来把握。其二，对经济史的研究基本上也应因循这一框架和方法论进行。

2. 一般认为，在把握中国的时候，有必要从三个角度来加以研究。

这就是：

(1) 首先，把中国作为整体来把握的观点或综合把握的角度。同时，这种观点也是互为把握的角度，即把中国社会经济作为一个整体，建立在平衡观基础上的探讨。

(2) 其次，以微观性观察为角度，旨在对焦点问题进行分析探讨。以部分的独立性和完结性为问题研究点的视角，既然存在于(1)的宏观领域中，这种视角也势必可以应用于相对于中央的地方和相对于中心的周边等问题的探讨之中。

(3) 最后，使追踪同时代人认识的视点成为必要。历史不仅仅是过去的东西，更是被现代人的视角重构的过去。正因为存在着由现代主观性"恣意"选择的过去，所以，这种主观性必须与历史上该时代人的视角进行对质，而且还应该在现代之中将其相对化。

通过上述宏观的、微观的以及交叉的研究角度来看中国历史的变化，尤其是社会经济史的变化，可以发现：

(1) 政府方面与个人方面周期性的交互性交替，表现为社会财富和个人财物积累的交互性。

(2) 中央集中与地方分散，一方面表现为中央和地方权重的相互转移，另一方面也呈现出其社会经济活动的发达程度。

(3) 边界、周边、边缘的重要性和中原(国内财富和政治的重要地域)的重要性互为表里，构成了时代变化的周期。

以上三点，产生于从方法论上理解中国社会变化特征的必要性上。

在中国近代经济史的研究中，关于清末时期经济的评价问题极具争议。在这其中，能否把"清朝之衰退"仅仅作为清朝政治力量的衰落，并将它照搬于对社会经济状态的认识之中呢？我们能够逐渐明确的是，事实上并非那样。因为被预期的将来，并不是上述所说的那种衰退方向——既不是伴随着民众运动扩大的同时，对将来社会变革进行预测的方向；也不是此后的政权单方面地向中央集权方向发展的预期方向——

当然,这个方向也是描述以往政治性混乱时代的中华民国史研究上的重要课题,而且也明确论及了研究这一时期蓄积问题的重要性。而且,它的重点还在于强调反命题的意义,在这一点上,与研究民众运动史在其动机上是共同的——但是我们需要的恰恰是与之相反的视点。

从以上的意义来看,在经济史研究中,我们看到了上面所说的三个视点中互相矛盾着的诸领域,因此有必要对其中发挥媒介作用的领域给予充分的注意,并进行有意识的探讨。也就是说,以中心与周边的相互作用为媒介的领域,以中央与地方关系为媒介的领域,以公共部门与私人领域为媒介的领域,都有必要从共同领域上作出研究探讨。在本书中始终受到注目的媒介部门就是海关,此外,还围绕海关的商品动向,对中国海关监督与外国税务司之间的关系,厘卡、常关、海关的相互关系等等进行了研究。

我认为中国财政史是近代中国经济史中最具有特色的典型性示范。清末财政具有三方面内容,这三者既不同又相关。即:(1)财政与通货政策的关联性,比如说,政府当局为筹措财政资金而大量制造铜钱,结果造成了与银币相比铜钱价值的下跌。(2)世纪之交的清末时期,尤其围绕外国借款问题,在财政活动中也伴随着贸易金融问题。比如,改善外国汇兑不稳定性和中国贸易不均衡等。(3)财政上与税制保持密切关系,并藉此开辟新税源的政策尝试等。

从以上三项内容推导出来的一般性结论之一,就是中国创造出了怎样的国民经济。国民经济(不是地域经济)这一框架,大概而论,意味着形成了统一的市场和统一的经济制度与产业构造。大部分国家关于近代史的研究,是在国民经济的分析体系框架中进行探讨,这可以说是一个不言自明的前提。从清末到中华民国初期的中国近代经济史研究,也是比照这种体系来进行探讨的,并且也将其作为前提的。也就是说,分析国民经济的时候,既要探讨它的存在与否,同时也加入了该时代人们的议论。但是,如果作结论性的陈述,至少是在考察这一时期中国经济的时候,比起把它归入"国民"经济的框架之中把握,不如着眼于地方经济与中央财政的结合与分离的实际状态,着眼于地域经济自律性的相互关系的实际状态,以及着眼于对外经济关系的实际状态来进行,因为只有通过这几个方面才能达到切实把握中国经济的实态。

3. 研究近代经济史中的海关作用时,如果从海关制度入手,我认为其中尚存在几点制约因素。这是因为,视外国人税务司为顶点的海关制度研究,只不过是外交史研究的延长而已。它与分析条约不平等为出发点的外交史相似,不过是因循了经济史研究中的一般方法,即认为制度和组织是靠其自身来维持其实际形态的。而历史的实际状态与同时代人对客体的认识相关联,尤其表现于内、外认识主体之间的相互交涉之中。也就是说,这是从西洋向中国接近过程来看的制度性探讨,同时从中国方面来看,也有必要从中国的对外认识(=自己的认识)的脉络中,把握海关的历史地位。

对海关史研究而言,也不能忽视对中国固有的组织和机构的把握方式。特别是在传统的组织和机构中,并没有组织体的功能,不是把个人行为模式定位于作为组织中的一员而分担和发挥作用,而是旨在上意下达的组织,个人只是作为体现等级观念的存在。因而在这样的组织整体和利害攸关的各种关系之中,人们非常关注的是如何拒绝接受来自外部的影响。如果"公"只是限于维持"上意",并且无视社会问题的构造,那么,个人也未必有必要从自身出发来应对外部性要因,反而是于"公"试图包摄它,于"私"试图利用它。即使在包摄达到饱和点或包摄成为不可能的情况下,于"私"的方面仍可以主张回复"公",从而使作为传统组织体的自律性得以维持。

关于海关的状况也大同小异。清朝中央只要其统治秩序尚能维持,不管其制度是否是外在的,都可以对其加以利用。它与欧洲和近代日本以制度本身作为目的来建构的情况相比,在历史的发展进程上是截然不同的。中国所导入的外部制度,基本上被包摄在了中国的社会关系之内,而且只采用了其中机能性的部分。海关也可以这样来理解,它是作为功能性的东西被接受,而不是作为统治制度来考虑的,并且被纳入了清朝的官僚制度之中。从这一点出发,就不能从以往人们将其看作"洋人的朝廷"和"外国人的管理"的方面来强调海关,而应该从中国与西洋相异的统治原理发生碰撞之际会产生怎样的相互作用这一点出发来研究海关,我们就有可能得出与以往不同的见解。总之,可以说,与仪礼制度相对的职能制度,在不同的层面上发挥着不同的作用。

中国史上的税制和关税问题,历来被认为具有外部性或以强制性征税的特征。因此,其制度自身的整合性和完全性始终是问题所在。在此,我们却认为也有必要从把关税作为商业秩序等民间秩序的反映这一方面来把握关税的机能。

另一方面,以往的制度史研究,首先是以制度结构为中心,并不是把其来源作为问题,因而将制度与构造的研究相混淆了。所以,在把握制度运用和制度机能的时候,应该从实质上对制度加以确认,应该探讨其"制度化"的状态,即采取从制度本来意义上考察制度的研究方向。然而,实际上恰好相反,以往的研究并没有充分考虑"运用的理念"——这一制度之所以成其为制度的特质。

4. 在这个意义上,海关被纳入清朝政府财政制度,并成了其中的一环,是作为财源而被重视的制度。只要其财源尚存于清朝国库,至于海关负责人到底是中国人还是欧洲人,可以说并不是最为重要的问题。因而海关被定位于两者之间,并赋予其作为两者媒介的功能,维持着清朝内部的均衡关系。

具体来说,从中国方面来看,可以明确的是:所谓海关(洋关)主要限定于为外国所设立的部分,而海关制度则以中国传统的常关制度为基准。因而,海关的作用在当初只限于维持对外贸易秩序这样一种目的上。即:

(1) 基于一定的税率以征收外国船税;

（2）为了保证、充实航海机能而建立全国性的机构；

（3）为防止走私而采取措施。

海关只从事以上三个领域的业务。但是，因为海关处于中国与外国进行交涉的接触面上，同时具有作为东西方政治、经济、社会、文化交流的制度性媒介这一地位，所以又具备了下述功能：

（4）贸易统计的编辑与公布；

（5）社会调查与报告；

（6）外交的自主权——海关的独立性；

（7）邮政业务；

（8）常关的管理；

（9）借款担保的管理；

（10）交涉权；

（11）人事管理；

（12）盐务；

（13）同文馆的教育、翻译事业。

综上所述，海关既保持单纯的行政功能，同时又在更广泛的领域内发挥作用。这意味着在中国近代史上，海关不只是征收关税，还从事外交、政治、经济、财政、社会性的活动。因此，与清末的经济社会和"清朝之衰退"成反比，显示出了活跃的流动性。甚至在征税上，因为海关构成具有的国际性，围绕海关问题，也屡屡波及国际交涉和国际关系诸方面的问题。

5. 本书所用海关资料的搜集、阅览，得到了多方的大力协助。多伦多大学资料馆、卡奈尔大学图书馆、哈佛大学赫德图书馆、中央图书馆、费正清中心、华盛顿美国合众国图书馆、斯坦福大学图书馆以及布贝尔研究所图书馆、香港大学图书馆以及香港 correction 亚洲研究中心、香港中文大学图书馆以及中国文化研究所、新加坡大学图书馆、马来亚大学中文图书馆、悉尼大学图书馆、澳大利亚国立大学图书馆、泰国法政大学图书馆、Chulalongkon 大学图书馆、缅甸大学图书馆、法国外务省资料馆、法国财政部资料馆、法国国立公文资料馆、法国国立图书馆、里昂大学图书馆、里昂生丝研究所资料室、里昂市图书馆、普罗旺斯法国殖民地省资料馆、郎德大学图书馆及汉学研究所图书馆、荷兰国立资料馆、格罗宁根大学图书馆、汉堡大学图书馆及中国研究所图书馆、吕贝克大学图书馆、柏林国立博物馆图书馆、SOAS 图书馆、剑桥大学维多利亚图书馆及谢希尔·罗斯图书馆、剑桥大学图书馆、英国公文图书馆·印度公文书馆、中国社会科学院近代史研究所，中国台湾中央研究院近代史研究所、中央图书分馆(台湾)等多家图书馆、资料馆、公文书馆，对此表示衷心感谢。但本书对上述诸机关的庞大资料未能充分使用亦深为不安。后会有期。

6. 本研究积笔者十余年心血，在海关资料搜集的过程中受到诸多前辈、同学在研究上的启发，也得益于研究所内自由轻松氛围下的讨论。对此，深表谢意。

在本书刊行之际，得到所长斯波义信教授、刊行委员会(委员长池田温教授)各委员及研究所各方的大力关照。尤其感谢汲古书院社长坂本健彦在付梓阶段的细致入微的关照。另外，感谢上智大学琳达·格罗夫(Linda Grove)教授、一桥大学研究生小濑一在校对阶段所给予的帮助。

以上诸位对本书出版的大力协助，谨记致谢。

1989 年 1 月 5 日

滨下武志

第一章　清末财政与海关

第一节　清末之时代

从国际大环境来把握中国近代经济史的时候,如果把第一次鸦片战争后签订《南京条约》到 1860 年签订《北京条约》之时,称之为第一个开放口岸的时期,那么,从 1894 年的中日甲午战争,经过 1900 年的义和团运动,到 1902 年《马凯条约》的这个时期,则大概可以看作是第二个开放口岸时期了。

中国开放口岸的第二时期,表现为"门户开放"和"外国在中国划分势力范围"两方面内容,同时,日本也加入了列强之间的利益争夺,并把对中国政府借款、铁道投资为主的大规模投资活动作为国家政策来进行,其先锋便是列国银行团。可以说,这个时期的口岸开放,以资本输入和利权获得为目标,而它们又与清朝的通货、财政等政府政策直接联系了起来,与单纯以扩大贸易为目标的口岸开放的第一个时期相比,在内容上有着质的不同。[①]

① 当时上海发行的代表英国利害关系的《北华捷报》(*The North-China Herald*)指出:对英国而言,被课以两大任务,即"确保非洲和中国的门户开放",极力主张要特别关注中国的"铸造局和铁路"(1900 年 1 月 24 日,1897 年 1 月 22 日)。

第二个时期对外经济关系的特征，可以概括为下面三个方面：(1) 英国在对华贸易上垄断地位的衰落；(2) 投资＝对中国政府借款的增大；(3) 银价下跌对中国财政影响的明显化。具体分析如下：

(1) 关于贸易，首先在进口方面，棉制品的进口远远超过了鸦片。从进口国构成及比例上看，棉布的进口增大者是美国，棉线的进口急剧增大者是印度和日本。在出口方面，则表现为生丝、丝织品出口的增加，茶叶市场的变化（销往美国的日本茶，销往英国的印度茶、锡兰茶增大）以及杂货的增大（如向亚洲诸国出口的大豆等食品）。所以，中国对外贸易从总体上看，我认为可以这样说：英国垄断地位的崩溃，是与美国、印度、日本的介入同步进行的，而亚洲区域内的贸易则快速增大。[①] 如后所述，在这些贸易关系变化的背景下，面对贸易金融被外国银行所垄断的情形，设立中国资本的外汇银行就成为客观必然的了。

(2) 中日甲午战争之后，上海出现了全面的投资热潮。它们首先表现出来的就是股份投资的增大，投资范围涉及银行、航运、码头、保险、仓库、矿山、制造业（由于《下关条约》中给予外国势力在华工业企业经营权，所以促进了工厂建设，英国资本的纺织工厂相继在华设立[②]）、公共事业、不动产，其中以银行、矿山、不动产及相关公司的发展最为迅速。据资料记载，1897 年末，汇丰银行的股价溢价金就曾

[①] 这些概况以及列国贸易扩大的意欲，在当时相继向中国派遣的贸易使节团的报告中被清楚地记载着。例如，Bourne, F. S. A., *RePort of the Mission to China of the Blackburn Chamber of Commerce*, 1896—7. Blackburn, 1898. 和 Chambre de Commerce de lyon. *La Mission lyonnaise d'après les documents rapportés par la Mission*. Lyon, 1898. 等等。

[②] 《下关条约》的工业企业权问题，参照田中正俊《中日甲午战争后的上海近代"外商"纺织业与中国市场——Charles Denby, Jr., Cotton-Spinning at Shanghai, *the Forum*. September, 以 1899 年的分析为中心》；山田秀雄编《殖民地经济史的诸问题》，亚洲经济研究所，1973 年；石井摩耶子《19 世纪后半期英国资本在中国的活动——怡和洋行的情形》，见《社会经济史学》第 45 卷第 4 号；桑原哲也《中日甲午战争之后日本纺织业的直接投资计划——以东华纺织公司的事例为中心》，见《经济经营论集》第 14 卷第 2 号，等等。

经有过 176% 的记录。而且,在这些股份投资者中也出现很多中国人股东的加入。① 在中国通商银行设立之初,盛宣怀就断言银行能够从中国商人处募集股份,也充分反映出了这种状况。股份投资的另外一方面,是对公司债券、公债的投资十分活跃,对中国政府的借款也有一部分是在上海募集的。对这些投资活动发挥了积极促进作用的,是 19 世纪末打入中国的一系列殖民地银行。从 19 世纪中叶就建立了稳固基础的汇丰银行(Hongkong and Shanghai Bank),印度、澳洲和中国特许银行(Chartered Bank of India, Australia, and China)等英国系统银行之外,1889 年德华银行(Deutsch Asiatisch Bank),1891 年中国、日本及海峡银行,中国国家银行(Bank of China,Japan, and the Straits, Ltd., National Bank of China,Ltd.,都是英国体系),1892 年横滨正金银行,1896 年俄清银行(Russo-China Bank),1898 年英中洋行[British and Chinese Corporation (Jardine, Matheson & Co.)和汇丰银行共同出资建立的投资公司],1899 年东方汇理银行(Banque de l'Indo-China),1902 年花旗银行(International Banking Corporation,美国),比利时涉外银行(Banque Belge paur l'Etranger), 1903 年尼德兰贸易协会(Nether-land Trading Society)等等,代表着各自国家利益的外国银行相继进入了中国。而且,这些银行不但向中国清朝政府提供借款,还充当了接受赔款的中介。关于这一时期的清朝政府对外借款情况,1894 年的战争借款共计 664 万英镑(对日赔款),1895 年的俄法借款和英德借款,1898 年第二次对英德借款等计 4280 万英镑。此后又加上 1901 年义和团赔款的 4.5 亿两(约 6750 万英镑)。以后,各年的还债额差不多是年总收入(1 亿两)的一半。其他还有像铁路、矿山借款高达 1300 多万英镑,以至于后来用海关税也不足以还债时,不得不为了返还借债而再去

---

① 参照汪敬虞《19 世纪外国侵华企业中的华商附股活动》,见《历史研究》1965 年第 4 期,Yen-Ping Hao. *The Compradore in Nineteenth Century China*：*Bridge between East and West*. Cambridge Mass,1970。

地图 1-1 中国海关所在全图(20世纪初)

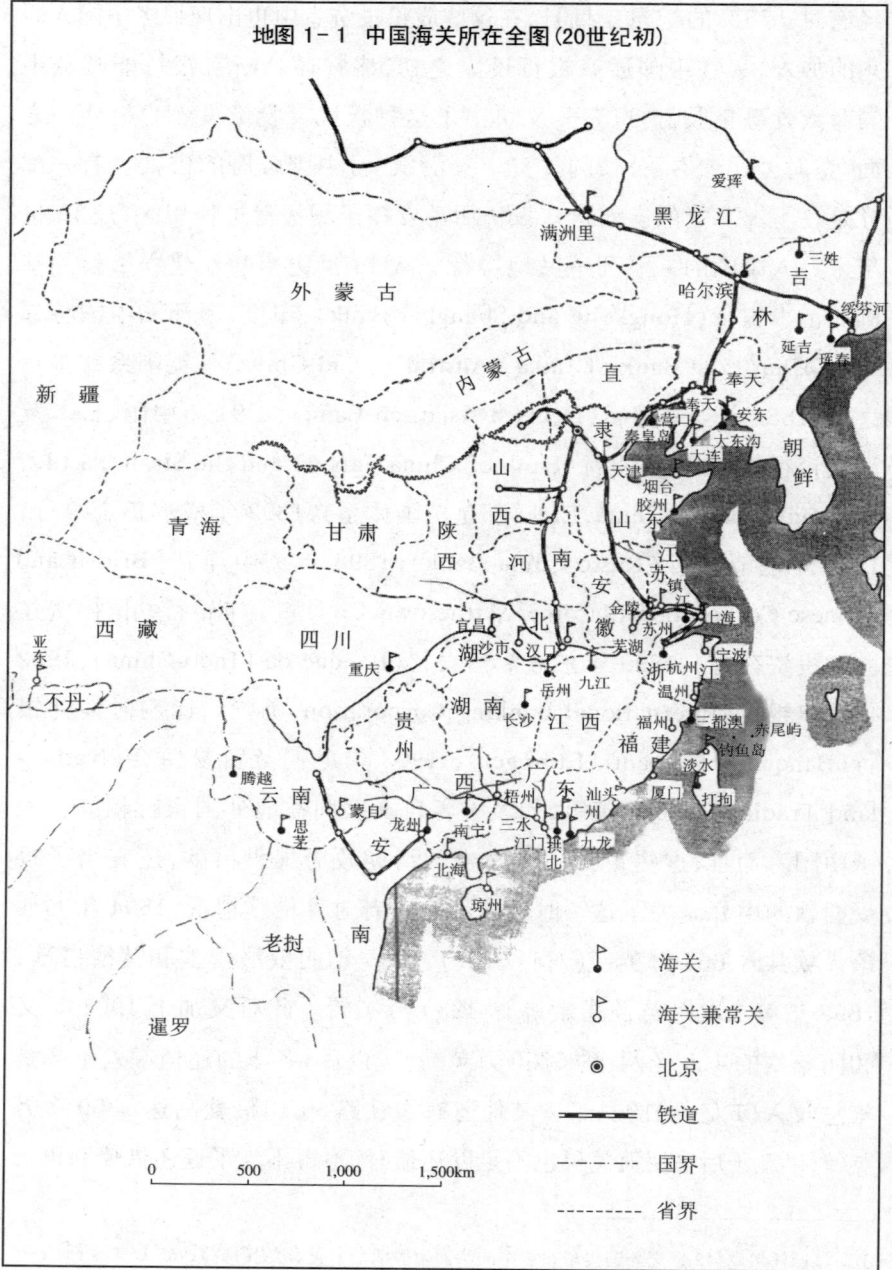

图例:
- 海关
- 海关兼常关
- 北京
- 铁道
- 国界
- 省界

0　　500　　1,000　　1,500km

地图 1-2 1890年代初的台湾与开放口岸

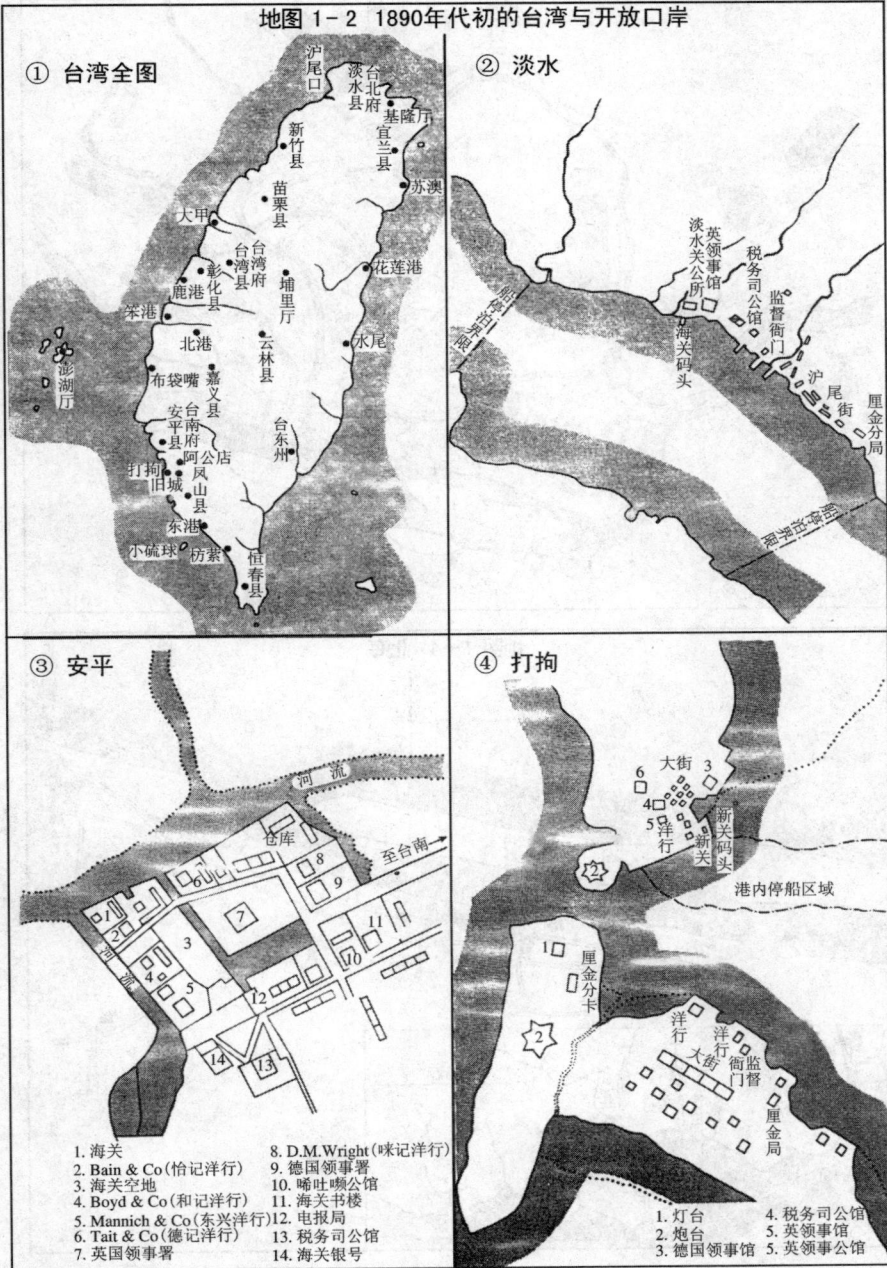

① 台湾全图

沪尾口
淡水县
台北府
基隆厅
宜兰县
新竹县
苗栗县
苏澳
大甲
台湾府
花莲港
埔里厅
彰化县
鹿港
水尾
苯港
北港
云林县
布袋嘴
嘉义县
台东州
安平
台南府
阿公店
凤山县
打狗
旧城
东港
小琉球
枋寮
恒春县
澎湖厅

② 淡水

英领事公馆
淡水关公所
税务司公馆
监督衙门
海关码头
沪尾街
厘金分局

③ 安平

河流
仓库
至台南
8
9
7
11
1
2
3
4
5
12
14
13

1. 海关
2. Bain & Co(怡记洋行)
3. 海关空地
4. Boyd & Co(和记洋行)
5. Mannich & Co(东兴洋行)
6. Tait & Co(德记洋行)
7. 英国领事署
8. D.M.Wright(咪记洋行)
9. 德国领事署
10. 唏吐噢公馆
11. 海关书楼
12. 电报局
13. 税务司公馆
14. 海关银号

④ 打狗

大街
6
3
4
5
新关码头
新关
洋行
港内停船区域
1
厘金分卡
2
2
洋行
洋行
大街
监督衙门
厘金局
洋行

1. 灯台
2. 炮台
3. 德国领事馆
4. 税务司公馆
5. 英领事公馆
6. 英领事馆

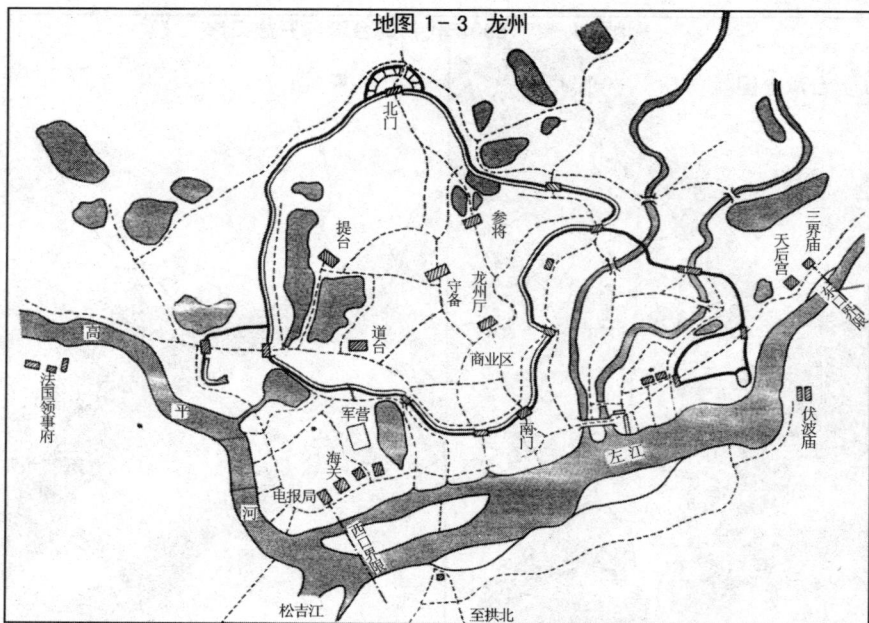

地图 1-3 龙州

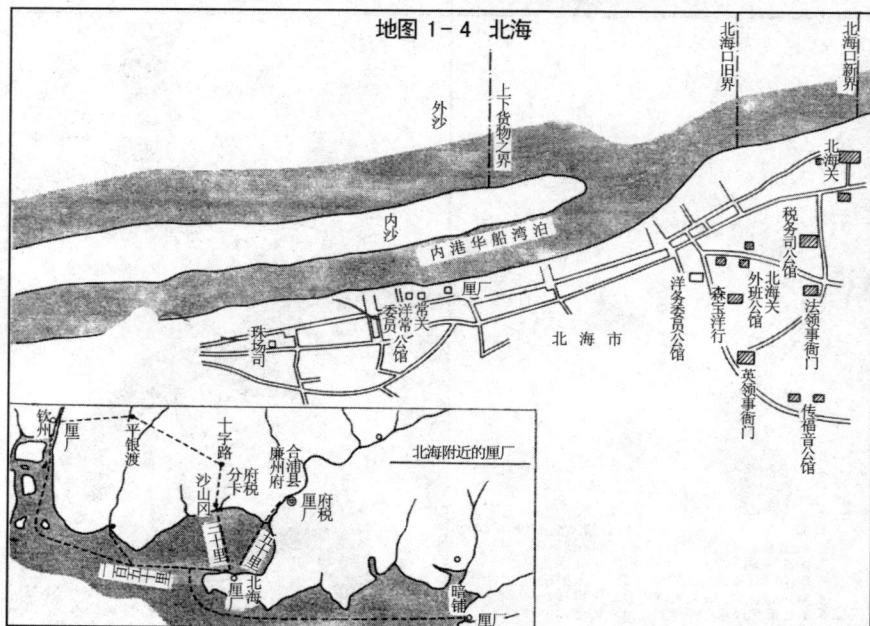

地图 1-4 北海

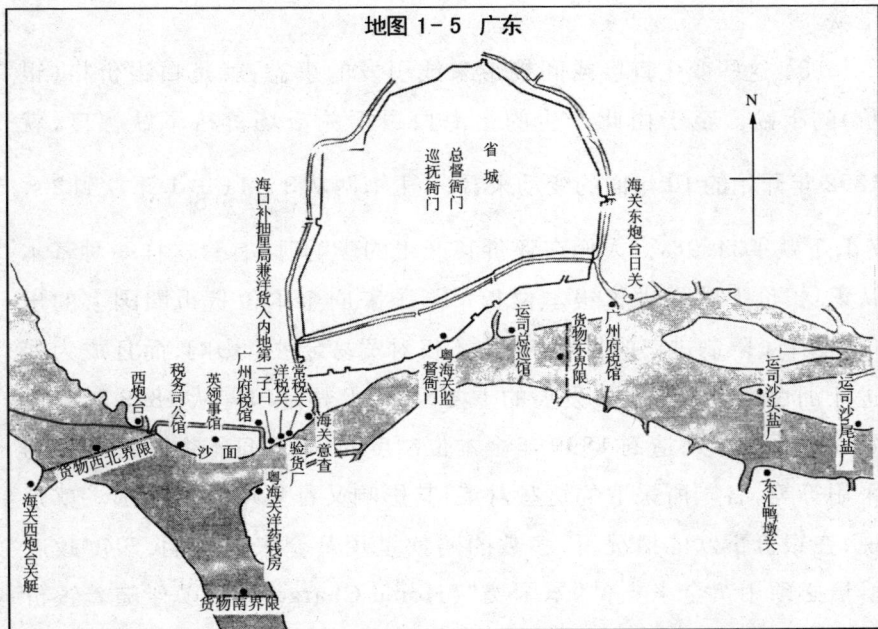

地图 1-5 广东

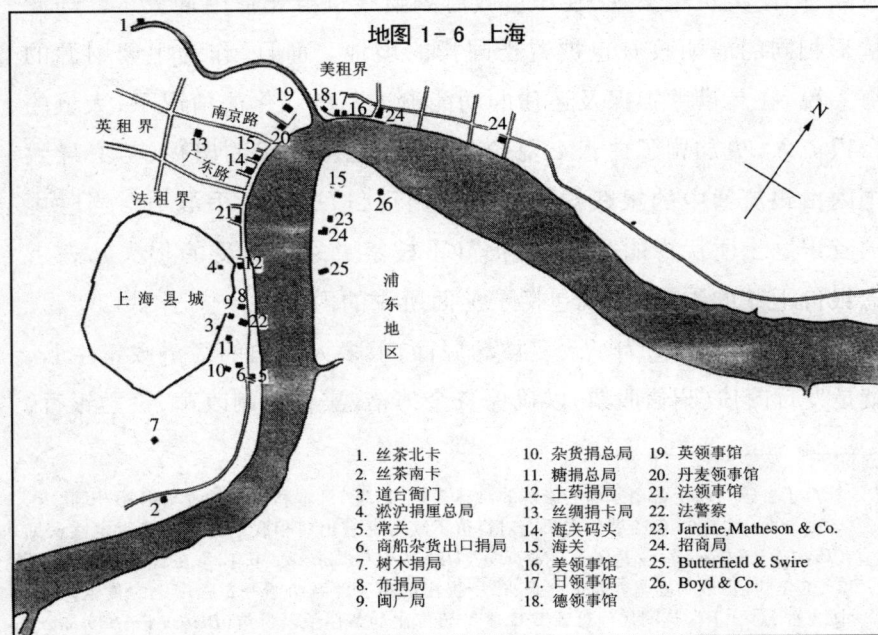

地图 1-6 上海

1. 丝茶北卡
2. 丝茶南卡
3. 道台衙门
4. 淞沪捐厘总局
5. 常关
6. 商船杂货出口捐局
7. 树木捐局
8. 布捐局
9. 闽广局
10. 杂货捐总局
11. 糖捐总局
12. 土药捐局
13. 丝绸捐卡局
14. 海关码头
15. 海关
16. 美领事馆
17. 日领事馆
18. 德领事馆
19. 英领事馆
20. 丹麦领事馆
21. 法领事馆
22. 法警察
23. Jardine,Matheson & Co.
24. 招商局
25. Butterfield & Swire
26. Boyd & Co.

借款。

（3）这些变化直接或间接带来或引发的事态，就是白银价格（银价）的下跌。至于由此产生的上海白银汇兑市场价格下跌幅度，就1892年开始的10年间的变动来看，1上海两从 3 s. 11 $\frac{5}{8}$ d. 下跌到 2 s. 7 d，下跌了34.9%。人们在评价其产生的影响时，有着这样一种基本认识：银价下跌促进了银本位货币圈国家向金本位货币圈国家的出口，发挥了限制进口的作用。[①] 它不仅对贸易金融有影响，而且成为促进亚洲白银货币圈投资发展的重要因素，尤其是印度从 1893 年停止了白银币自由铸造到 1899 年金本位制度的采用，日本金本位制度的采用等等，各国所采取的这些对策，其影响又都集中到了中国。就是说，在银价下跌的情况下，多数的赔款是用黄金来支付的，印度政府恰恰必须用黄金来支付"本国费"（Home Charges），所以伴随着银价下跌，卢比汇价也下跌，使印度政府的财政负担无形中增大了。与此情形相同的清朝政府也被置于同样的境地。而且，作为主要财源的海关税，在其借款担保及还债的功能被进一步强化的情况下，大量的白银流入，更加剧了白银汇兑价的下跌，这些情况的出现，势必导致国内白银流通中的银贱钱贵现象的出现，造成了货币混乱。当时中国有识之士所忧虑的"暗中耗折"（不被察觉之中而受的损失），在考虑银价下跌的影响时，就包括了上面所说的内容。

迫于上述情况，为了改变被动局面，很多人提出的经济政策主张，就是发行内债（昭信股票）以确保资金筹措，实行币制改革，设立银行，

[①] 针对于各国对以上各个方面的影响的具体表现，印度、日本和中国的评价各不相同。在印度方面，对 1893 年哈歇尔委员会对银价下跌与促进出口相联系的观点持否定性意见（*British Parliamentary Papers*，*Report of Harschell Committee*. p. 12）；在日本方面，则对 1896 年的《货币制度调查委员会报告》所提出的相关关系给予一定程度上的肯定；在中国方面，对驻上海英国代理总领事 G. 杰米逊提出的条件予以肯定（*British Parliamentary Papers*，*Report on the Effect of the Fall in Value of Silver on Prices of Commodities in China*，1894. pp. 16—17）等。

将商战视同于实业振兴等等,希望以这些政策来推进国家的富强。

以上对包括清末对外关系在内的整个清末时代作了统一的理解,使人深感以往的观察过于偏重"清朝之衰退"方面的内容了。由于仅从"清朝之衰退"来把握历史,其认识中所忽略的恰恰是世纪之交的"活力",特别是忽略了探讨中国历史上变动"局面"的尝试。从这一点出发,就得出了以下几个认识问题的切入点:

亚历克西斯·克劳斯(Alexis Krausse)在北京弥漫着排外主义的时期即 19 世纪后半期,对中国动向作了解说。他认为中国是"衰落的帝国",并从社会、政治、贸易、对外关系等方面,对当时的中国作了描写。① 查尔斯·贝雷斯福德(Charles Beresford)在外国争论中国的对外关系是"门户开放"还是"划分势力范围"之际,作为英国商业会议所的联合代表团代表访问了中国。他于 1898 年 9 月 30 日到达香港,翌年 1 月 9 日由上海离开中国,在连续 3 个月的时间里,访问了英国人商业会议所的所在地,而且与 8 位总督中的 6 位进行了面谈。他认为,各地的英国商人是主张"门户开放"的,并对各地方的厘金与转口税两者作了比较。②

贝雷斯福德在其所著的《衰落的中国》(*Break up of China*)中,描写了"中国的破绽",而亚历山大·霍西(Alexander Hosie)在其所著的《在中国西部的三年》(*Three Years in Western China*)强调了"中国的衰退"。从甲午战争到义和团运动,对外关系的不断变化,也许可以充分作出有关中国清朝"破绽"或"衰退"的预测。③ 但是,应该看到,这种所谓的"衰退"是中国清朝权力的衰退,我们不能忽视的是与这种衰退截然相反的、充满活力的、并且力量正在不断增大着的许多领域。那些主张洋务和自强的官僚、知识分子、新兴实业家,就是体现着这种新生

---

① Alexis Krause. *China in Decay*. London,1902.

② Lord Charles Beresford. *The Break up of China*. London,1899.

③ Alexander Hosie. *Three Years in Western China*. London,1890.

力量的社会阶层，因而在世纪之交的清朝，更充满了改革的能量。

作为其表现之一，中国的知识分子阶层，到清末开始具有了与此前完全不同的世界认识。这种新的对于世界认识的变化，也表现为他们对世界记录的变化上。这些变动的内容，首先是《皇朝经世文编》的发行，接下来是百科全书的编纂。这些编纂项目，与以往的会典及其他制度性记录不同，更重视实务、实业和实学。

一　时代的目录学

要把握清末这一时代，从"时代的目录学"着眼大概是必要的。也就是说，我们应该知道，那个时代的人依据什么样的体系来把握其时代？那个时代的人又是使用怎样的概念（也包括表现法和用语法在内）来表述其时代观念的？特别是与其时代密切相关的态度、姿态以及他们所使用的表达"口吻"又是如何呢？关于这一切，我想，通过"时代的目录"就可以获得大致性的了解。

（一）经世文的盛行

到了 19 世纪末叶，中国人才开始尝试着描写同时代史。尤其是把开始于中国与欧美诸国之间的新型关系，加以分类、整理，并试图把它们纳入中国的逻辑体系之中。换句话来说，我们现在所试图把握的清末的时代特征，可以说就是其经世论的盛行。在其经世论中，围绕国家争论的同时，一些更加实用性的问题，如社会运营问题、实务和实业中的诸形态问题等等，都成了争论的内容。

以往的旧体系以"会典"和"通考"为代表，以制度性规定为中心。正像以下所述马端临《文献通考》所代表的，它以政（行政）为重点，以有关行政制度及其运用的项目为中心，而所涉及的社会、经济内容则仅是作为税制和财政领域的财源来考虑，即只是作为课税对象从外部加以论及的。

马端临《文献通考》（至治二年六月：1322 年；乾隆戊辰十二月：1748 年重刻，全 348 卷）的分类如下所述，从中可以看出他所重视的是行政管理项目：

田赋、钱币、户口、职役、征榷、市籴、社仓、国用、选举、学校、职官、郊社、宗庙、王礼、乐、兵、刑、经籍、帝系、封建、象纬、物异、舆地、四裔。

至19世纪末叶，中国开始尝试对西洋进行系统性认识，它首先表现为贺长龄《皇朝经世文编》的编纂。以这种动向为开端，此后多种多样的《经世文编》相继编纂问世，逐渐将西洋纳入到所论述的整体结构中。而且，这一编纂动向还出现了发展方向上的多样性，有的朝着更加综合性的百科全书的编纂方向发展，有的向着更加专门化、分门类的行动规范的编纂方面发展。①

经世文编在体系编成上，不仅有制度的内容、西洋的介绍，还包含了有关思维方式以及一些新领域的记述在内。其中，效法贺长龄《皇

---

① 这个时期编集和出版了为数众多的百科全书和时事书，如刘昌龄编的《策府统宗》(1889年，上海珍艺书局)、陈骧等编的《时务通考》(1901年)、钱丰辑的《万国分类时务大成》(1901年，上海)等等。钟少华《清末百科全书初探》(香港中文大学《中文化研究所学报》第15辑，1988年)中的目录如下：

1.《西学启蒙十六种》，16卷16册，[英]艾约瑟译著，光绪二十二年(1896年)，上海署易书局活版。

2.《西学二十种萃菁》，20卷8册，张之晶著，光绪二十三年(1897年)，上海鸿文书局石印。

3.《策府统宗》，65卷24册，刘昌龄编，光绪十五年(1889年)，上海珍艺书局铅印。

4.《编译普通教育百科全书》，100卷100册，范迪吉等编译，光绪二十九年(1903年)，上海会文学社。

5.《新学大丛书》，120卷32册，饮冰室主人编，光绪二十九年(1903年)，上海积山乔记书局石印。

6.《时务通考》，31卷20册，杞庐主人编，光绪二十七年(1901年)，上海点石斋。

7.《时务通考》，82卷28册，陈骧等编，光绪二十七年(1901年)，求贤讲舍。

8.《万国分类时务大成》，40卷28册，钱丰辑，光绪二十七年(1901年)，上海文盛堂石印。

9.《分类时务通纂》，300卷6函48册，陈昌绅编，光绪二十八年(1902年)，上海文澜书局石印。

10.《新辑增图时务汇通》，108卷32册，李作栋编，光绪二十九年(1903年)，上海崇新书局石印。

11.《万国政治艺学全书》，380卷53册，朱大文、凌赓飏合编，光绪二十一—二十八年(1894—1902年)，上海鸿文书局石印。

12.《新尔雅》，1册，江荣宝、叶澜编，1903年以前，上海明权社铅印。

13.《博物大词典》，1册，曾仆、徐念慈编，光绪三十三年(1907年)，上海宏文馆铅印。

14.《普通百科新大辞典》，15册，黄摩西编，宣统三年(1911年)7月，上海国学扶轮社。

15.《西学雕龙》，10卷2册，管斯骏等编，光绪二十八年(1902年)，梦孔山房石印。

16.《格致精华录》，4卷1册，江标编，光绪二十二年(1896年)。

17.《中外经济政治汇考》，16卷16册，江标编，光绪二十七年(1901年)。

朝经世文编》(道光七年,1827 年)的结构体系,有饶玉成的《皇朝经世文续编》(1883 年)、盛康的《皇朝经世文续编》(1897 年),基本上都是基于行政上六部管辖的区分而编纂的。对此,20 世纪初出版的《皇朝经世文统编》(1901 年)和《皇朝经世文五编》等,在体系结构和主题上都焕然一新的同时,在所收项目上也都有所增加,如收入了与西洋相关的实业、制造业等项目。但是,它们二者还是有着各不相同的分类项目,具体可以从下面的记载中看出来。①

A.《皇朝经世文编》、《皇朝经世文续编》(饶玉成,1883 年)、《皇朝经世文续编》(葛士濬,1888 年)、《皇朝经世文续编》(盛康,1897 年)的分类项目:

1. 学术(圣学、原学、儒行、法语、广论、文学、师友);

2. 治体(原治、政本、治法、用人、臣职);

3. 吏政(吏论、铨选、官制、考察、大吏、守令、吏胥、幕友);

4. 户政(理财、养民、疆域、建置、赋役、屯垦、八旗生计、农政、仓储、荒政、漕运、盐课、榷酤、厘捐、开矿、钱币);

5. 礼政(礼论、大典、学校、贡举、宗法、家教、婚礼、丧礼、服制、祭礼、正俗);

6. 兵政(兵制、水师、屯饷、饷需、马政、保甲、团练、兵法、地利、塞防、山防、海防、台防、蛮防、苗防、剿匪);

7. 刑政(刑论、律例、治狱);

8. 工政(土木、河防、运河、水利通论、直隶水利、直隶河工、江苏水利、各省水利、海塘);

9. 洋务(洋务通论、邦交、军政、教务、商务、固圉、培才)。

B.《皇朝经世文统编》(邵子棠,1901 年)、《皇朝经世文五编》(求是

---

① 百濑弘:《关于皇朝经世文编》,载于《池内博士花甲纪念东洋史论丛》,1950 年,第 877—892 页。

斋,1902 年)的分类项目:

    1. 文教部(学术、经义、史学、诸子、字学、译著、礼学、学校、书院、藏书、义学、女学、师友、教法、报馆);

    2. 地舆部(地球地势通论、各国志、地利、风俗、水道、水利、河工、田制、农务、屯垦、种植);

    3. 内政部(治术、科举、官制、用人、育才、捐纳、铨选、举劾、臣职、吏胥、议院、养民、八旗生计、正俗、救荒、弭盗、刑律、讼狱、火政);

    4. 外交部(交涉、通商、遣使、约章、中外联盟、各国联盟、中外和战、各国和战、教案、外史);

    5. 理财部(富国、商务、银行、钱币、蚕桑、茶务、畜牧、公司、国债、厘卡、赋税、漕运、仓储、盐务);

    6. 经武部(武备、武试、各国兵制、中国兵制、练兵、选将、战具、兵法、防务、边防、海防、海军、船政、团练、军饷、裁兵、弭兵);

    7. 考工部(工艺、制造、矿务、铁路、机器、纺织、电报、邮政);

    8. 格物部(格致、算学、天文、地学、医学);

    9. 通论部;

    10. 杂著部。

前者在分类上,首先列出学术和治体,从理论上论述了学、文、政的理念。接下来的各论部分,则依照吏、户、礼、兵、刑、工的行政分类并列为运用细目。最后加上的洋务部分,除邦交(等于外交)和商务(等于通商)外,又将与吏政和兵政相重复的项目——培才和固围(等于防卫)排列其上。后者却与之相反,一进入 20 世纪,实学部分被放到了前面,如以地舆、考工、格物所表示的各国地理风俗,工业、机械、天文、算学等就是其典型的例子。在行政部分中,则分成内政、外交、理财、经武,由此构成行政方面的四个支柱。在其所重视的外交、理财、经武、考工之中,又以清末所争论的项目(1)商业、(2)海防、(3)财政为三大支柱,而且在洋务与自强、富国与海防等目标之下,还包含了一些具体的议论,例如怎样实现这些目标的诸多方案,它们所面对的困难、成功之例的介绍等等。就是在关于实业的论述中,制造业自不必说,连与商业并列的交易品也被各自立项,给人面貌一新的感觉。

(二)《政典》的编纂

另外,也出版了一些新制度方面的实用书籍,其中作为体系类编纂的是《皇朝政典类纂》。陆润庠的《皇朝政典类纂》(光绪二十九年:1903年刊,吕海寰、席裕福序)认为,皇朝三通内容包含了截至乾隆五十年的内容,会典则收录到嘉庆二十四年,而嘉庆之后已经经过了四朝,有必要对这一时期作出详细的记录,于是便有了该书的编纂出版。它参照了道光、咸丰、同治、光绪四朝《圣训》、《谕旨》、《东华录》、《邸钞》其他六部的各部以及个人文集、随笔等832种文献书籍编纂而成,分类项目数也模仿杜氏通志做成了总目22门(据例言)。①

《皇朝政典类纂》分类项目如下:

1. 田赋(田制、赋制、官庄、官田、屯田、劝课事例、征收事例);

2. 户役(户口丁中、八旗户口、秀女、奴婢、职役);

3. 水利(畿辅水利、直省水利、河工、海塘、江防);

4. 漕运(漕制、漕额、漕船、运事、海运);

5. 钱币(钱法、京师钱局、直省钱局、禁铜例、办铜铅锡例、银元、银行);

6. 盐法(盐课、井灶课、转运事例);

7. 征榷(关税、参务、杂税、内地厘金、洋关税则);

8. 市易(榷量、内地贸易、藩部互市、海舶通商);

9. 矿政(土产、厂课、开采事例);

---

① 陆润庠:《皇朝政典类纂》(1903年)"例言"。

10．仓库(仓庾、库藏、积储)；

11．国用(节用、用额、会计、俸饷、蠲恤)；

12．选举(文科、武科、文选、武选、捐纳、考绩)；

13．学校(官学、太学、直省学、书院、学堂、义学、考试事例、尊崇先师、修明风教)；

14．职官(官制、封爵、在京文武官、直省文武官、土官、勋官、封阶、禄秩、官品)；

15．礼(吉礼、嘉礼、军礼、宾礼、凶礼、冠服通制、仪卫通制)；

16．乐(乐制、乐章、乐器)；

17．兵(兵制、禁卫兵、驻防兵、绿营兵、团练、水师、海军、藩部兵、西域兵、军令、操防、恩恤、军器、马政、船政)；

18．刑(名例律、吏律、户律、礼律、兵律、刑律、工律、督捕例)；

19．象纬(时宪、日躔月离、交食、五星、恒星、测验仪器)；

20．方舆(水道、都邑、行省、藩部)；

21．邮政(驿路、铁路、电线、邮政新章)；

22．外交(订约、通使、勘界、游历、交际仪文、传教事例、租庸建置、偿款恤款、交涉案件)。

这种分类,基本上是从自古以来以农业为中心的产业构成和户口、治水等方面的统治与管理开始的,又具体分为运用这些部门所创造出的财富的机构,以及行政各部门的规定与机能等等。从基本项目的设定中可以看出来,它虽然把一些清末新出现的国内、国外问题,例如厘金、洋关、邮政、外交等都作为其中的一部分,放在了与之相关项目的末尾,但这与其说是赋予了它们独自的位置,还不如看作是把它们编入了以往的旧定制的体系之中。也就是说,作为接受西洋影响的结果,尽管将它们列入了新的分类项目,但也还是采取了把"西用"纳入"中体"之中的形式。

(三)外交交涉的实务书

与政治制度相关联,受到特别重视的领域就是外交领域的诸方面了。伴随着中国对外关系的扩大，积累了许多关于条约、交涉、事件等方面的诸多事例。另外，涉及对外交涉的部门也已经不仅是北京辖下的官厅，对外交涉已显现出逐渐地方化的趋势，因为地方所发生的教案事件等外交问题也增加了起来。在这种状况下，就产生了编纂相关条约及条约交涉实用书的迫切要求。

许同华、江毅、张承棨编纂的《康熙、雍正、乾隆条约》、《道光条约》、《同治条约》、《咸丰条约》、《光绪条约》、《宣统条约》，就是依照不同的朝代顺序，把中国同以欧美为中心的外国所缔结的那些外交条约，按年代、分国别加以编纂的产物。其目的主要是以原文采录为原则，但其中也适当地插入了中国方面对此事的态度和有关交涉状况的说明，表现出了说明中国方面交涉经过的内容。例如，它所采录的 1869 年《中英新定条约暨新修条约善后章程新修税则》（所谓的"奥尔考克协定"）中除了条约之外，还收录了《总理衙门奏筹办英国修约大概情形摺》及《总理衙门奏英国条约定议摺》这些总理衙门的上奏文书，就表现了中国方面在当初交涉之际的论点（《同治条约》第17 条）。

对于成为新的活动对象的外交领域，也出版了多种多样的编纂物，它们与此前只是以对外冲突事件为中心的《筹办夷务始末》（1856 年编纂，1932 年出版）相比，也有着分类方法上的不同。以这些编纂物各自发表的年代为顺序，做出以下列表：[①]

(1) 钱　恂　《中外交涉类要表》　1880 年（光绪六年）

(2) 作者不详　《光绪通商总聚表》不详

(3) 杨　楷　《光绪通商列表》　1886 年（光绪十二年）

(4) 劳乃宣　《各国约章纂要》　1891 年（光绪十七年）

(5) 徐宗亮　《通商约章类纂》　1898 年（光绪二十四年）

(6) 蔡乃煌　《约章分类辑要》　1900 年（光绪二十六年）

---

① 　关于时务的入门读物，参照第 10 页注①的"目录"。

(7) 郑　实　《政艺丛书》　　　1902 年(光绪二十八年壬寅)

(8) 颜世清　《交涉要览》　　　1905 年(光绪三十一年乙巳)

其中,1—3 做了贸易统计,这些在第三章中可以见到。《通商约章类纂》编纂于 1886 年,发行却是 1898 年,由北洋石印官局发行,可以想像,它对担当对外交涉之重任的北洋大臣来说确实是必不可少的条约集。当时的直隶总督李鸿章为之作序写道:

> 泰西立国之道,以互市为经,以交邻为纬,而订约之议行焉。盖犹春秋会盟载书遗意,从则直,违则曲,和战之局由是而决。其关于两国利害抑重矣哉,自入中国交涉以来,率循是道。朝廷昭示大信,尝特遣重臣,经营其间。颁下所司奉行,毋怠顾民习故常,耳目所触,动多惊疑。或至芥豆之微上,廑宵旰吏亦瞠目,束手莫辨。所由予伯兄昔深慨之,就南北通商衙门钞录案牍,思勒为一书,晓示天下。冀泯异同之见,以销内外之忧。二三同志赓续而成,卒有约章类纂之刻,意甚盛也。①

在此,李鸿章以亲自处理与诸外国交涉当事者的认识为背景,并且把它置于"互市"和"交邻"这一中国传统的对外关系体系之中,可以说是对中国与外国在见解异同问题上所作的一个概括性解说。

编者徐宗亮在凡例中对编纂上的特征作了如下陈述:

> 各国通商以来,条约与章程并重。每案定议之后,总理各国事务衙门通咨各省刊布遵行,有司据为信守,然未辑有成书也。光绪初年直隶省垣始有通商条约类编之刻,就事立名,区分颇晰。而总署奏颁之章程,各省通行之成案均未入录。即各国条约章程亦未能一一详具,仅备规模而已。是书略仿其义广收博采,增至数倍之多,更以吏户礼兵刑工六类,总其纲领。庶

---

① 徐宗亮:《通商约章类纂》(1898 年)卷一"目录"。

便服官佐治者考核有资。……通商事务已历四十余年，事变日增莫知所届。是书所录统以光绪十一年前为断，分类排纂不厌其详而悉皆奏准颁行中外臣民，所宜周知无庸避忌。至于事关机要未奉宣示者不录。案情琐细不足援引者不录，私家述作难资取证者不录，惟间有考订异同之处。①

徐宗亮在此讲到了他的编纂动机问题。从《南京条约》签订，经过 40 余年到现在，其间所制定、颁行的条约、章程数量众多，各省间因标准不同而发生的问题也多了起来，因此，就有必要从实用的角度把它们集中统一。而分类、整理与外国签订的条约和总理衙门颁布的章程，就是为了把它们做成具有实用性的工具指南。徐宗亮的分类特征，是以吏、户、礼、兵、刑、工六部分来进行的，其下又分设 15 门。然后，他又按照条约的时间顺序，把其内容全部依着这种门类划分重新进行了分类。

徐宗亮等编的《通商约章类纂》总目：

1. 总类（各国立约年月，订约）；

2. 吏类（遣使，设领事等官）；

3. 户类（税务一，口岸贸易、长江口岸贸易、陆路口岸贸易，

税务二，货税、长江货税、陆路货税，

税务三，船钞，

税务四，子口税、长江子口税、陆路子口税，

税务五，稽税杜漏、长江稽税杜漏、陆路稽税杜漏，

税务六，改运、长江改运、陆路改运，

税务七，中外权度，

税务八，免税各物，

税务九，罚例，

税务十，内地税厘，

---

① 徐宗亮：《通商约章类纂》(1898 年)"凡例"，第 1—2 页。

税务十一,违禁货物,

税务十二,税则,偿恤);

4．礼类(交际仪文、优待保护、游历、学习文艺、传教);

5．兵类(疆界);

6．刑类(法禁。狱讼上:控告审断、欺凌扰害;狱讼中:命盗;狱讼下:债务、捕亡);

7．工类(租庸建置、招工、行船);

8．附录(彼此相助、选募洋将、江海各关关政、江海各关船政、各国赛会)。

这种分类法,打破了各条约的原有体系,被分成不同的条项后,将它们分门别类地放在传统的六部分类即吏、户、礼、兵、刑、工之中。我认为,这样的六类分法,比起过去以所辖责任者的分类,倒是一种根据内容范畴分类的方法。例如,把外国人旅行和天主教的活动归之于"礼"类这一点上,就有别于过去的方法。那时对所发生的教案,在作为问题处理时,是将之归于地方社会的土地问题和诉讼问题进行的。而实际上,人们认为它们也涉及到了吏部和户部以及刑部的领域,所以,徐宗亮在分类中就把它归类到了传统的以对外迎来送往为主业的礼类,这是很值得注意的。同时,对于外国传教士与外国商人在同样情况下购置房屋的问题,也是把前者归礼类,把后者归工类,使二者相分离。这一点也清楚地反映了徐宗亮在分类标准的掌握上,比起前人以行为本身为根据的方法,更注重行为主体和行为目的,并把它们放在了优先的顺序。总之,徐宗亮的分类,表现出的是将中国与外国签订的条约交涉及条约规定进行脱胎换骨再解释的情形。

劳乃宣所编的《各国约章纂要》(1891年)的特点在于,分析条约时,也将"内地问题"作整理分类,构成了其体系中的一个部分。劳乃宣在凡例中,将之与《通商约章类纂》相对照,陈述了以下的意图:

通商以来，各国条约皆刊刻通行。嗣保定有条约类纂之刻，分别门类以便检寻。天津有约章类纂之刻，附入章程成案以资考镜，洵足为洋务之圭臬矣。顾中外交涉有通商口岸与内地之别，事则口岸多而内地少，地则口岸少而内地多。且口岸知洋务者多，内地知洋务者少。诸书备列全约卷帙，稍多口岸内地包括在内。内地官幕不熟洋务者，尚觉缮阅不易。今摘取约章之专涉内地者，纂为一编，附以章程成案，名曰各国约章纂要。①

在劳乃宣的分析中，他认为开放口岸与内地所具有的不同特征，能够以发生事情的多少、土地的广狭、知洋务者的多少等等来作区别。因此，他认为有必要把条约中涉及到内地的规定专门加以汇总，并决定编纂成书。可以说他的这部书是兼有洋务启蒙意义的有关内地问题的入门书。

为该书作序文的邵作舟也作了如下论述：

泰西通盟以来，所为约章颁于官者，皆国自为篇保定。始有类编之刻，既而天津复有类纂之刻，端绪浩眇不可猝寻。光绪十有七年，东南之仇天主教者数起，始于芜湖、江汉之间骚然，而动舌人往复讼言日滋。吾友劳先生玉初方宰吴桥，因举约章之涉于内地者，纂其要略，备州县循览易晓。分游历、传教、商务为三，而附以仪文、法禁诸杂条。复述海外邦域，教术及盟于中国。所始各一篇凡八卷，作舟受而读之，曰作易者其有忧患乎。交狎于所游，性安于所习，见侏㒧盱盱而惊，利夺威诎而怒，施以所不习之说，而啡此氓之情，而斗讼衅乱之所起也。事踬变亟长，民者内无所恃，外无所衷。非懦而从则嫉而激，动静不协，患乃益生。得是书而究之，然后朝廷之所以仁育

---

① 劳乃宣：《各国约章纂要》(1891 年)"凡例"，第 1 页。

而义正者,物为之度,事为之防,若是其至也。①

邵作舟指出,应该如何处理扬子江沿岸的芜湖和汉口 1890 年前后发生的仇教运动(反天主教运动)呢?于是,有必要将条约规定要点加以归纳集中,编纂成册,以作州县官吏参照使用的实务指南。而且,他还特别论述了这本实务书的意义和限定所在,就是说,在仇教运动中,或在商业交易中,虽然不可能对民众动向作出什么行为规制,但却可以对其进行基本的教化。如他所言,尽管在条约规定中还存在着对于中国内地民众来说是否具有有效性的疑问,但从另一方面来看,如果从法律的意义上来考虑条约规定,实际上它跟以教化为宗旨的中国政治并不是对立的,因此,他在中国的统治逻辑中,又加上了与西洋之间的关系,并且还论述了两者的差异。劳乃宣所编《各国约章纂要》(1891 年)中有关内地问题的各项,如下所示:

1. 各国立约年表(康熙二十八年《尼布楚条约》—光绪十六年《烟台条约》);

2. 游历(条约章程、日本国游历执照式);

3. 传教(条约章程、通行传教谕单式);

4. 内地商务(条约章程、运洋货税单式、买土货报单式、运土货运照式);

5. 杂条上(条约章程、交际仪文门、优待保护门、法禁门、狱讼门);

6. 杂条中(条约章程);

7. 杂条下(条约章程、恰克图三连执照式);

8. 附录(各国述略、立约缘起、西教源流、地球东半图、地球西半图)。

---

① 劳乃宣:《各国约章纂要》(1891 年)"序",第 1 页。

当然，与外国相交涉的事件，如果发生在清朝中央政府管辖的范围内，是可以以此为交涉根据的。但是，若事件发生现场在地方，又是处于地方官吏、地方势力的管辖之下，处理过程就会出现分歧，使得处理十分困难。事实上，在以往的这类事件中，清朝政府就碰到了夹在外国势力与地方势力两者之间左右为难的尴尬境地。对日本也有同样的问题，既然日本不允许中国商人进入日本的内地，那么，基于互惠平等的认识，在中国也应对日本采取同样对策，即把日本与欧美其他国家区别开来。

继劳乃宣编《各国约章纂要》之后，1900 年（光绪二十六年）蔡乃煌又在长沙湖南商务局编纂了《约章分类辑要》。当时正值八国联军进攻北京的紧要关头，王先谦在长沙听说此事后，寄上了为他所写的序言。序曰：

> 观察（蔡乃煌）博通今古，周知外务，辑为斯编。钩稽详覈图表尤精，言交涉者莫先。是书既成，属先谦序其首。而其时值联军入都，六飞幸陕，瞻望西北执笔，泫然者久之。秋入战国之势，干弋满目，而烟墨弗疲。吾其为秉礼之鲁乎？奋而为元也，地域之其终为汉则有天焉。同观察以谂俞公所为修人事，以善持之者又当何如也。①

王先谦一方面对北京、华北的义和团运动和八国联军的进攻忧心忡忡，同时也指出了在这样一个时期编纂这样一部条约集的重要性。

蔡乃煌《约章分类辑要》卷首总目（1900 年）如下所示：

1. 序文（例言、总目、各国立约年月表、通商征税比较表、通商水陆口岸表、附图）；

2. 订约门；

———————————

① 蔡乃煌：《约章分类辑要》（1900 年）"叙"，第 1—3 页。

3．交际门（遣使类、附各国遣使编年表、设官类、仪文类、附厘定各等、宝星新式图、优待保护类）；

4．传教门（传教类、游历类、游学类）；

5．口岸商务门（贸易类、货税类、船钞类、稽罚类、改运类、中外权度类、免税类、税则类、单照类、各关关章类）；

6．内地商务门；

7．禁令门（违禁类、法禁类）；

8．狱讼门（控断类、凌害类、命盗类、钱债类、捕务类）；

9．佣工门（佣役类、附选募洋将成案、招工类）；

10．疆界门；

11．偿恤门；

12．租建门；

13．行船门（附海岸行船水线图、通商口岸浮椿灯塔图并表、各国官商旗式图、行船传意旗式图）；

14．路矿电线门（铁路类，附各省勘设铁路轨道图；矿政类；电线类，附各省电线连接图）；

15．附邮政章程；

16．附赛会章程。

关于这种分类编目的特征，蔡乃煌在例言中作了下述概括，即分类一共为13门29类，是对条约内容项目分门别类的整理，邮政和赛会（博览会）等也被独立成项，可以说这是此部书的最新特征。另外，他还就其他方面概括道：

一　是编所收章程有三。一为各国所订通商善后章程。订约时，附在条约后者即条约也。一为各国互允之章程。如各口通商章程及修改长江章程之类，既经互允与条约同，故均列于条约之后，以归画一。一为奏颁及总署核定章程。或专指一事，或通行各省，或因势为变通，或随时为损益，与条约相辅而行，故录于条约之次。

一　长江章程既经修改，与通商各口办理相同。故商务一门概曰口岸，不再分晰。惟陆路与口岸略殊，故贸易、货税、稽罚、改运各类，均先列口岸，次列陆路，以示区别……

一　铁路、矿务、电线、邮政四类，为类纂诸书所未载。然轨路通行，上达畿甸，矿产行销，远及外洋。电线已遍各行省，邮政亦逐渐推广为中国一大利源。故遍采中外章奏，以及互订合约办理章程，分类录入策时要政，斯为嚆矢……

一　是编于图表特详，补汇纂诸书所未备。盖旁行斜上之体创自龙门，而左图右书尤为古人并重，故刻意钩稽颇极详审。凡为表者六：各国立约年月表、通商征税比较表、通商水陆口岸停泊租借处所表、遣使各国编年表、口岸浮椿灯塔表、各省铁路轨道表。为图者八：通商水陆口岸停泊租借处所图、各省电线连接图、各省铁路勘设轨道图、海岸行船水线图、口岸浮椿灯塔图、厘定各等宝星图、各国官商旗式图、行船通意旗式图。各附本类用便检阅。①

它所采录的内容，在书中分为三个部分，即(1) 条约、(2) 章程、(3) 总理衙门指示，但它们各自的基本关系、施行细目、运用细则等在标准上却并非相同。因此，能够将这样一些内容分类把握，并编纂成书，是值得关注的。需要指出的还有，与此相联系，当初与"开放口岸"及"内地贸易"的规定有所不同的第三个项目——"长江章程"的编纂，由于其后作了改变，所以在此把它纳入了开放口岸的一元性组合之中。当然，我们可以看出，作者对条约、章程是相当熟悉的，所以才能从中国方面的实情出发来理解和修改这项规定。特别是铁路、矿务、

---

①　蔡乃煌：《约章分类辑要》(1900 年)卷首，第2—3 页。

电线、邮政的登载以及与通商相关联图表的绘制,都反映出了这一方面的特点。至于该书为什么在湖南省进行编纂,其背景则可以认为,湖南省曾是强烈批判开设开放口岸的省份,只是由于1898年清朝政府开放了岳州,于是才有了在湖南全面编纂这样一套书籍的情形发生(参照第二章第一节第4)。

从以上概括的条约编纂事业的特征来看,我们可以发现,一个最为明显的特征是,中国在阻挡外国进入的时候,是从传统的六部行政上对其所缔结的条约进行分类、再编纂的。也就是说,在对条约进行分析、分类的时候,体现出了以下三个特征:

(1)其出发点上,未必是很明确的从国家主权的角度来承认对方。

(2)也不必把条约看做是国家主权之间相互商定的产物。

(3)与其说是从理念上,倒毋宁说是先从处理对外关系运用指南的位置上,把条约按其功能作了分割、分类。

因而,这些特征表明,相对于从国家原理上在相互关系层面上把握对象国,中国更倾向于把它们纳入中国对外秩序的原理中加以考虑(参照下节)。一般来说,外交条约的规定,本来是交涉的结果,是应当被遵守的前提。然而在清朝看来,条约本身只不过是一个案例而已。因此,一旦发生交涉事件,每次都是外国一方与清朝政府及其地方官吏三者之间,不断进行新的交涉。外国是以法令为准则强制人们遵守和履行的,而中国的地方官吏在多数情形下,却附和那些无视条约的地方势力(乡绅)有着排外性,至于夹在两者中间的则是清朝政府的摇摆不定。

这一时期,也出现了把对外关系与经世文二者综合起来编纂的丛书,其中之一的例子就是1903年开始发行的《政艺丛书》。该书编者邓实,极力倡导中国与外国在政治与学艺上相博通,并以此作为该书的主旨。究其原因,就在于他认为中国与西洋的所谓区别,就在于政治与学艺两者间关系上的不同:

三代以上政与艺合，三代以下政与艺分，此古今所以一治而一乱也。昆仑以西，政艺由分而合。昆仑以东，政艺由合而分，此东西所以一强而一弱也。呜呼，中国政艺之分二千余年矣……

实平居读书，私忧窃叹，以为天地人物，今皆不同于古。为治无古人之意，则必俗徒知守古人之法，则必迂非会而通之，不可行远也。易传言通者数十，扬子曰通天地人曰儒。是故知古知今，是谓通。不知古不知今，知今不知古，知古不知今，是谓不通。知中知外，是谓通。不知中不知外，知外不知中，知中不知外，是谓不通。斯乃天下之通义也。①

邓实认为，在西洋，政与艺是一致的，而且西洋之强大不在于兵而在于政，他以这种认识为前提，在序文中提出了中国知识人应该思考之道，这就是要把古今、中外的政艺综合起来把握。为了倡导这一方向，他还特别计划以丛书的形式，每月发行两次，并使人们在全国各地都能购阅得到。

邓实所辑《政艺丛书》壬寅全书总目(1903 年)，内容如下：

1．叙上、下

2．上谕恭录

上篇

3．政治通论内篇一卷

4．政治通论外篇一卷

5．政学文编五卷

6．政书通辑八卷

7．内政通纪八卷

8．外政通纪八卷

---

① 邓实：《政艺丛书》"叙"上，第1—2页。

9. 外政通纪八卷

10. 外政要电西历一月至六月

11. 西政丛钞一卷

12. 历代政治文钞一卷

13. 皇朝政治文钞一卷

14. 政治图表一卷

中篇

15. 史学文编二卷

16. 皇朝外交政史五卷

17. 万国外交政史二卷

18. 万国现世新史西历七月至十二月

下篇

19. 艺学文编四卷

20. 艺书通辑五卷

21. 艺事通纪五卷

22. 西艺丛钞一卷

23. 艺学图表二卷

附录

24. 小雅楼湖海感事诗全

　　值得注意的是,他在政治、外交、学艺各个门类里,从历史性和现实性两种状况出发,对中国和外国之事作了阐述,这样一种尝试性的介绍也是与前人不同的。另外,他在编纂中,还从财经角度对政治作了整理,并试图从统计上加以掌握,而他所用的统计资料就是海关统计局公布的数字。作为民间知识分子利用海关统计的例子,这使我们能够发现海关记录公开刊出所能产生的影响及范围。例如作为"政治图表(一)中国财政"中所列举的项目,如以下所示,显示的就是国内、国外的财政关系,而建立这类项目的本身,就已经表明了他对图表、统计的关心。

> 中国岁入总表，中国岁出总表，中国外债表，摊还新赔款
> 四百五十兆本利年限表，各省摊派偿款表，各省额征地丁米粮
> 杂税表，各省常关税额表，各省厘金概算表，各省新加各项税
> 捐表，各海关征收税钞分别华洋船只总数表，海关税金分配各
> 费表，盐税额设盐引盐课表。①

发行这套丛书的都市以及机关，如下所示，它们以华北、华中及沿
海地方为中心，发行场所除书店之外，从官报局、洋务局、学会等，到信
局(民间邮便局)通信网的利用，也形成了一个全国规模的传播网，这
大概就是我们所能见到的当时民间信息发行网的一部分了。

> 北京、保定、天津、山东济南官印书局，烟台、维县、山西太
> 原洋务局，陕西务本新报馆，河南北书店街时中学社，广州、汕
> 头、武昌、汉口、沙市、天门、湖南府中街官报馆，成都、重庆、江
> 西百花洲彭公祠广智书庄，九江、杭州、宁波、绍兴、温州、嘉
> 兴、南京、扬州、苏州、常熟、无锡、如皋、江阴、南通州白蒲镇福
> 兴润信局，清江浦、镇江胡万昌春记信局，福州石井巷开智学
> 会，厦门、安庆、宁国、广西浔州府署，锦州。②

于是乎，所谓时代的目录学，包含了政治、经济、外交等范围，同时
作为实用类书适应了现实的客观要求，特别是建立起了能够观察得到
的具有信息网功能的立体性构造。它以通常的分类体系——也就是概
念体系——为经，以经世致用(也包括西用)为纬，形成了同时代人的清
末整体形象，并以它为构想契机，逐渐打上了地域性烙印。

---

① 邓实：《政艺丛书》"目录"中篇，第7页。
② 邓实：《政艺丛书》，第4页。

二　中外交涉论

一般说来,一个社会,能否把那些与自己社会并没有联系纽带的异质内容,包摄在自己内部或者包摄进边缘,这是对其社会特质作历史性规定的重要因素。特别是,这个重要因素既然是历史过程中所形成的,那么,它对于审视现代所谓国际关系中的地位和展望其将来,也都具有十分重要的意义。因此,所谓考虑某一社会的包摄力或排他力,例如倡导"国际化"等问题时,大概很重要的一点,就是要考虑那些使其成为可能的历史条件即它的范围和界限。这样,就会充分注意到一个社会在与异质事物相接触时会发生什么,也就是说,首先是对异质事物如何应对、采取什么态度,在此基础上,然后才可能是通过交涉过程,探讨其如何吸收了异质事物,或如何抵制异质东西这一课题。

对异质事物的接受方式,有直接加以吸收的方式,也有使自身作出相应改变而接受的方式,在这中间,大概也都存在着一个选择性吸收的形态问题。另外,作为与异质相对应的还有一种方法,就是根本就不存在吸不吸收的问题,而是与异质事物并存的形态,这种并存以第三者的中介为媒介,意在实现相互调整——即实现双方的主张。而且,正是这种意图或企图下表现出来的结果,与它发挥中介性机能作用的部门存在着区别。这种区别就在于,以第三者为媒介的接触方法,超越了要么接受、要么排除这种二者必择其一的二律悖反范围。这就是我在此所主张的、应该探讨的这个社会在进行"交涉"时的方法,也就是应该称之为"交涉力"的内容。可以说,交涉乃至交涉力,就是关于如何将自身社会联系纽带的原理外在地表现出来的东西,通过检讨交涉力问题自身表现的方法,就会明确知道某一社会对外关系的方式方法。而我认为,这一点在思考国家与民族,考虑社会特征的问题上是极为重要的。因而,与其说清末时期是清朝即中央力量衰退的时期,更应该说是民间和地方力量取而代之并不断增大的时期,在这个时期,国外、国内关系上同时出现了并不限于以往交涉结果的多样性的交涉关系。我以为,正因为如此,越发有必要进一步把握中国式的交涉理念和交涉实际了。

(一)《交涉要览》的编纂

值得注意的是,到了清朝末期,清政府新设立了一个相对独立的部类,就称做"交涉"。19世纪中叶以后,外国方面对中国很是不满,他们凡有事必要求中国方面遵守,极力企图扩大在中国的条约权利。"交涉"部类的设立,反映了中国方面所采取的一种对应政策。关于"交涉"新分类的内容,可以归纳为以下方面:

(1)交涉并不一定是作为基本原则,也并不是涉及条约本身内容的问题。

(2)因此,在实际的交涉过程中,直到双方达成协议结果为止,条约本身有时候就被包含在交涉的内容之中。

(3)交涉之际,外国方面以条约为根据,而清朝方面则以中国内部的地方情况、地方官的现实情况作为处理问题的依据,与外国方面相应对。

"交涉"这一项所表现的问题,可以分为两个部分:第一,"成案",把中国与外国之间发生过的问题,放在以往中国对问题进行处理方式的框架(成案)之中;第二,将"交涉"放在新的项目中进行处理。

"交涉"问题,首先表现为外交交涉。在《皇朝政典类纂》中,"外交"项目的分类中就有"交涉",其内容以卷四九九,外交三五的"外交案件"为例,记载了命盗案件、钱债案件、凌害案件等。

真正尝试着把"交涉"问题作出整理、分类的,是北洋洋务局纂辑,北洋官报局代印而成的《交涉要览》。它由颜世清、杨毓辉、胡献琳编纂,光绪三十一年(1905年)到光绪末年的三十三年(1907年)连续刊行了三年。这部书的计划主旨如下所述:

> 北洋大臣袁咨颜道世清,拟定岁修交涉要览,请查照立案文。

正月为咨呈事。据会办北洋洋务局,兼纂通商约章事宜,道员颜世清详称,前奉宪台饬纂约章一书,并蒙札派赴外务部调抄交涉案件,当将办理情形,先后详报在案。查编辑是书,宗旨原欲将历年中外交涉刊布通行,俾众周知。昔年有约章类编、汇纂辑要各书。数年一刊,法至善也。第事异时迁,有不能不略为变通者。曩时通商口岸仅沿江海,内地商务远在西北,交涉既少,成案遂稀,故虽数年一刊,亦觉卷帙无多。今则订盟之邦,十有九国,水陆商埠,五十余处。加以教堂林立,路矿繁兴,交涉骤增,何止倍蓰。若仍旧贯,必俟数年,始一集刊。则此数年之中,一旦猝遇交涉,既无成案可稽,何能相机应付。年来因此损失利权不知凡几,再四筹维殊非一劳永逸之法。编纂约章为职道专责,既有所见,理应沥陈,现拟将光绪三十年以前约章成案,修一完善交涉全书。嗣后年出一本,体仿海关贸易册式,名曰某年交涉要览。每年年终汇齐,即于次年归北洋,刷印万部,分咨外务部暨各省备查。年年接续,永以为例。庶几溯委探源援引有据。①

可见,《交涉要览》的编纂,是据北洋大臣袁世凯的指示,计划由外务部(1907 年以前的总理各国事务衙门)把所蓄积的交涉案件每年都整理出版。此编纂叙述了条约国的增加,开放口岸的增加,传教、铁道的急速扩大,使参照交涉内容的机会大大增加等状况。其体裁上则是模仿《海关贸易册》的样例进行。《光绪乙巳年交涉要览》(1905 年)的门类总目如下。其中,( )内为细分类,[ ]内表示记载件数。

1. 订约门[章程 8 件、成案 20 件];
2. 交际门(遣使类、设官类、仪文类、优待保护类)[章程 0

---

① 颜世清:《交涉要览》(1905 年),北洋洋务局纂辑,北洋官报局代印,上篇,咨案,第 3—4 页。

件、成案 57 件];

3. 疆界门[章程 0 件、成案 0 件];

4. 开埠门（开埠类、关章类）[章程 2 件、成案 6 件];

5. 租借门（租借类、租建类）[章程 4 件、成案 17 件];

6. 通商门（贸易类、货税类、税则单照类、免税类、免厘类、加税类、洋药类、船钞类、改运类、稽罚类、内地商务类、中外榷度类）[章程 8 件、成案 30 件];

7. 行船门（行船类、内港行船类）[章程 8 件、成案 9 件];

8. 禁令门[章程 0 件、成案 43 件];

9. 狱讼门（控断类、命盗钱债类、捕务类）[章程 7 件、成案 7 件];

10. 聘募门[章程 4 件、成案 0 件];

11. 招工门（招工类、佣役类）[章程 0 件、成案 11 件];

12. 游学门；

13. 游历门[章程 0 件、成案 13 件];

14. 传教门（传教类、恤款类）[章程 3 件、成案 11 件];

15. 偿借门[章程 2 件、成案 4 件];

16. 铁路门[章程 8 件、成案 17 件];

17. 矿务门[章程 6 件、成案 14 件];

18. 圜法门[章程 2 件、成案 9 件];

19. 邮电门（邮政类、电政类）[章程 12 件、成案 11 件];

20. 赛会门[章程 6 件、成案 28 件]。

这种分类项目，可以说是在 1900 年刊行的、蔡乃煌《约章分类辑要》基础上又有所扩充的产物。从全书署名为《交涉要览》，并且从条约交涉的角度来分类的这一点，以及其条约、章程、成案的分类法，都反映出这部书重视成案的突出特征。另外，它还仿效《海关贸易册》，计划按年编纂出版，此后 5 年间连续发行。当然，就其分类门内容来看还是不均衡的,如将订约、交际、租借、禁令、铁路、矿务、赛会各门都集中在成案。交际门的成案数为最大,可能这里的交涉原理在中、外之间是不同的缘故。5年后即1910年的停刊,反映了清朝末期北洋洋务局作用的终止。以下,试通过成案问题,即关于当事者之间发生的问题,经过交涉、对立、调停、妥协、并行等一系列过程所得出结论的记录,来分析一下交涉中所表现出来的中国方面的交涉原理究竟如何。

(二)"交涉"的处理方式

存在于交涉根基中的基本思维方式是什么呢?换言之,贯穿于交涉全过程的利益,抑或必须加以维护的原则是什么呢?关于这一点,我们通过成案会从错综复杂的局面中发现其必然性。

1. 首先,围绕着口岸开放所进行的条约交涉以及条约运用中,必须维护的部分,是对被总称为"内地"的内陆市场中的利害关系的保护。在《通商约章类纂》所见到的成案中就有此类例子。

> 洋商运洋货入内地,无海关税单,照纳内地税厘。
>
> 总理衙门咨。同治十一年十一月二十八日,据张家口监督呈报,有布国商人林甫成,来居庸关声称:由通州地方起运洋货六十六捆,前往张家口,情愿在关按照内地税则,输纳一半税银等语。旋于次日据本口通桥税司报称,本日布国商人驮驼斜纹布等货,由局经过卸在天长院店内。职当即派役查验货数,与居庸关所报相符。随询其货运往何处,据称欲在张家口售卖,复诘有无在口销售货物印信执照,该商亦不能交出。可否准其在口售卖税银应如何征收,为此呈请裁夺,应如何办理之处,伏候批示等因。嗣于十一月初一日,复准崇文门商税事务衙门咨称:所属东坝税局于十一月初一日,有洋布二十六驮驼由该处经过,据称系布国商人林甫成由通州东关义成栈起运送往张家口。当经该局查验,并无持有三连单,亦

无印花。该局因其声称，系洋人货物当即放行。惟查向来该
处经过洋人货物，均以三连单、印花为凭。此次布国商人林甫
成所运洋布，并无三连单印花等项执照，相应移会查明。此项
洋布是否果系布国商人之货，并嗣后遇有经过洋人货物如无
三连单、印花者，应如何办理。希即逐款查复以凭办理各等
因。前来本衙门查洋商运洋货入内地，须由进口之海关发给
税单，以凭查验。若无海关所发之税单，应照通商各口统共章
程第一款所载，逢关纳税遇卡抽厘之例办理。兹该商林甫成
所运既系洋货，又无税单。自应按照通商各口统共章程第一
款查办，除已由本衙门咨复，崇文门商税事务衙门，并答复张
家口监督遵照外，相应咨行。同治十一年十二月十五日咨
北洋。①

这里所记载的，是普鲁士商人欲将洋布运往中国内地张家口，但是
他在洋货进口地——天津并没有取得证明为洋货的三联单，所以，虽被
明确指认为洋货，却依然要按照内地税支付。此事例反映出条约规定
只是形式上的东西，内地市场及其市场管理诸如征税，是与开放口岸
的分类范围有所不同的，对于地方税亦即"厘金"，中央并不能介入。
可见，"内地"或"地方"与中央之间是处于不同位置之上的，而这样的
情形，可以认为正是交涉之际中国方面反驳外国一方的依据所在。

2. 其次，对外交涉之际，尤其事关对外关系的时候，就会发生有
关"朝贡"原理上的争议。特别是在与东亚和东南亚诸国的关系上，
这一点表现得尤为明了。我们在此试以《通商约章类纂》中见到的暹
罗之例作分析。

暹罗进口船分别报纳税钞。

总理衙门咨。同治三年八月初三日，准赫总税务司呈称，

① 《通商约章类纂》卷八《户四》（税务4，子口税），第58—59页。

现据天津关贝税务司申报,有暹罗国船进口挂有暹罗旗号带有暹罗船牌,水手多系外洋之人,应赴何关报税等情。查向年暹罗来船,系有额数均赴户关报税。嗣后请将天津一口每年由暹罗来船在额内者,赴户关报税。先须赴新关报明货色件数,请领起货下货准单,并将进出口货物各项总单呈新关备案。至额外者,概赴新关报税并请将该国额船数目,查核示覆等因。前来本衙门查上年八月十八日准贵大臣咨称。据东海关监督禀称,暹罗石立安各国商人之船主货主,均系闽广商人。因远涉重洋,不过借外国旗号以御盗警,其实并不在泰西属国之列。若统以外国船货归入新关纳税,与户关旧制不符等语。本衙门当以南洋各口暹罗等国之船,系由新关征税。如议改章必须南北划一,应由本衙门督商总税务司妥议章程。其章程未定以前,所有东海关暹罗等国船只完纳税钞暂饬由新关征收另款存储,毋庸扣交二成。至如何拨补之处,统俟章程议定,再行知照各口一律办理。业于上年八月二十一日,行文知照,转饬东海关监督,遵办在案。查暹罗国船只,向由户关纳税,且现在户关屡报短征,不能足额,皆为洋税侵占所致。此项暹罗船向章既归户关常税征收。此时若照赫总税司所议办理,则户关征税必致益亏。本衙门现拟办法,嗣后如遇此项船只到关,无论额外额内船只,于过关时先持船牌呈验。如系中国船牌,即赴户关报税。如系外国船牌,即赴新关报税。无论何项船牌,均先由新关将进口出口货物总单查明,货色另行立簿登记。并于船牌内盖用税务司查验戳记,后再行饬赴户关或新关报税。此项暹罗船现在办法既以船牌为凭,嗣后该商船如持有中外两项船牌,希图避重就轻意存影射。一经查出即将该船货一并入官。如系新关查出,归新关入官。如系旧关查出,归旧关入官,以免彼此争竞。除札知给税务司查照外,相应知照转饬天津、东海两关遵照。其南洋各口仍照旧章办理。同治三年九月十九日咨三口。①

一般说来,外国船与朝贡船是区别对待的。据上例所述,从暹罗来的船,船籍是暹罗,但船员却是外国人,在这种情况下,问题就出来了:它在纳税的时候,是以外国船身份在洋关进行呢?还是像暹罗船那样,作为有贡期有定额(一定数量)的贡船来港,只要经过确认在常关(户部)登记就可以了呢?而对暹罗船的定额,本来源于对暹罗米进口定额的规定,其背景就是历史性存在着的朝贡贸易关系。也就是说,凡是朝贡船都有确定的进港地,并且对其免除课税。洋关设立后,尽管这种朝贡关系在以税关为中介的一般贸易关系中作了改变,但即使在这个时候,仍主张对以往的朝贡国继续行使宗主权的中国朝廷,在对外关系上仍希望能够在实质上继续维持其朝贡关系。

3. 在欧美各国对亚洲外交及发生联系的时候,中国更明确地表现出自己以朝贡关系为前提的对外交涉原则。在围绕朝鲜的国际关系中,中国一贯主张对朝鲜的"宗藩关系",因而使得包括日本在内的近代东亚关系也成了基本的问题。负责处理此事的中心人物为当时的直隶总督李鸿章。我们试从下面的李鸿章上奏中分析一下中国对朝美关系的态度:

> 臣于岁杪即闻,美国派定水师总兵薛斐尔即萧孚尔,为朝鲜议约全权大臣,催令今春乘兵船东驶。朝鲜陪臣金允植亦来保定谒见。谓续奉该国王密谕,求臣代为主持,速与美使商议,并寄呈该国机务大臣拟具约稿,属为鉴定。当即密饬津海关道周馥,设法婉留薛使俟臣会商。臣二月初抵津,薛使订期谒晤。先将伊所拟约稿,由周馥译呈,其意欲以日本条约为蓝本。臣将两稿比较,所差甚远。且于中国属邦一节,均未提

---

① 《通商约章类纂》卷八《户二》(税务2,货税),第46—47页。

及。将来各国效尤久之,将不知朝鲜为我属土。而万国公法凡附庸小国不得自主者,又未使与各大邦立约,是彼此均有为难之处。臣属周馥讽示薛使谓,约内须提明中国属邦,政治仍得自主字样。臣亦与金允植等议及,该陪臣翕服无异词。因与酌量删增约稿,将各项应防之流弊,应获之权利一一包括在内,令周馥及道员马建忠密交薛使阅订。该使于各款颇有增改大致,尚无甚出入。惟于第一款声明朝鲜为中国属邦坚不允从,意甚决绝。适美国署使何天爵在京,与总理衙门议添认明属邦一节,经总署王大臣将何天爵拟改第一款照录专函,知会前来。何天爵旋于二月二十五日来谒,乃谓薛斐尔坚执原议,虑于两国平行体统有碍。且他日国会绅员亦必议驳,是以该署使在京拟改第一款未能增入。臣谓既经议定,岂可复行翻悔,该署使力称此事本国专派薛斐尔主政,伊仅可商办。[①]

1883 年缔结《朝美条约》的交涉过程中,以李鸿章为首,及在天津作为朝鲜国王使节的周馥,都主张在条约中明文写进"朝鲜是中国的邦属"一节,朝鲜国王不仅同意,甚至更希望如此。虽然他们希望以 1870 年的朝鲜和日本《江华条约》为例达到这个目的,但当时的日朝条约上并没有明确的文字表述,所以他们试图在朝美条约上一定要实现这一点。中朝以及中美之间围绕朝鲜条约交涉的过程,体现出了中国对中朝两国宗属关系的特别强调,它表明在中国的对外交涉原理中,朝贡等于宗属关系,仍然在继续发挥着作用。

三　海防自强论

在中国历史上,强化海防(以及边防)与安定中原的关系是表里一体的两个方面,它们构成的是一种周边-中心的关系。也就是说,把握中国

---

① 《李文忠公全集·奏稿四三》,第 33—35 页(《筹办朝美议约折》,光绪八年三月初六日)。

的动态一定要从两个方面来考虑，一方是中原(国内)，一方是东南海边和西北边疆(周边)，要在两者的相互关系之中捕捉中国的整体状况。

直隶总督李鸿章，在1870年(同治九年十月二十六日)的上奏中，谈到了防卫统治论，他说道：

> 天下大势，首重畿辅。中原有事，则患在河防。中原无事，则患在海防。保定控扼河朔，又居直境，适中之地。昔人于此，建置省城，实得形要。是以历任总督，均须驻省办事，总览全局。①

李鸿章在这里以中原、河防、海防三者，论述了有关统治范围上的因果关系。也就是说，中原的不安定，一般在于河川治安出现问题；若是中原安定，则问题就与海防相关了。而李鸿章这里所说的白河，以天津为河口，成了北方的界境，因此一直与塞防的北边防卫有着密切关系。正因为如此，中国史上的海防论，在与中原相比较的情况下，可以看出来，比起一定要与国家周边的国境防备直接相结合，实际上更强调的却是中原或边防问题上对比关系的设置。

把海关作为海防政策一部分的认识也是必要的。也就是说，在实施海禁政策的时候，其执行机关就是海关。关于这里所说的海禁政策，其内容应该与所谓的锁国问题是不同的，因为海禁是与海防相联系，与边防相对应的。对政权而言，自古以来防备北边的边防就极为重要，而成为海防对象的沿海和华南地方，更是国家的财富之地，有着财政上的重要性。因此，在这样一种情况下的海禁或海防，其目的也就是出于财政上的需要，即出于确实掌握关税的目的而把海关的功能集中起来，以使海关在关税征收上更为有利和顺利，为此目的才实行了海禁。同时，清末作为"海防自强论"中的海防问题，也导致了许多增强军备、实现强化国力的议论。例如，李鸿章在接受海关总税务司

---

① 《李文忠公全集·奏稿一七》，第10—11页(《裁并通商大臣酌议应办事宜折》)。

罗伯特·赫德为增强海军实力而购入铁甲船的提案之际,就通过以下几点说明了中国海防的困难,强调为了自强而购入铁甲船确实是必要的。

　　东西洋皆岛国,往往三四面滨海。其口岸水深,随意驻泊,进退自如。中国腹地无海,仅滨东一面大洋。又各口水浅,铁甲多不能入。只可专用之海战,而除赫总税司所指北洋之大连湾,南洋之南关等处外,竟少停泊之所,形势不便,一也。购船则必有修船之坞。今福州、上海船坞造费各数十万金,铁甲船皆不能容。闻西国船坞,修建动需百万。欲购铁甲,应先办船坞。既乏妥地,又无巨款修整不便,二也。海上战事,中国素未讲求铁甲。声威虽壮,须有实能管带统领之材,水师宿将,如幼丹等所保,李成谋、李朝斌、彭楚汉,勇略固优,而于轮船窈奥西洋兵法,概未深究。至船政学生,稍通西法,未经战阵,察其气体,半多脆弱,亦不可遽当一面。又况南北洋袤延数千里,铁甲两只,尚嫌其单已约需银三百万以外,人材与财力皆有未便,三也。然外间议者皆谓,日本有铁甲船,而中国独无,所以屡启戎心。西洋虽小国,亦有铁甲数只。而中国尚欠,所以动生胁制。若欲自强似不得不设法,定购两只。①

李鸿章陈述了中国海防的三点困难,谈及了购入铁甲军舰的必要性。李鸿章揭示的所谓困难,首先是地理上的困难。也就是说,中国海滨皆为浅滩,除大连湾和南方等港湾外,军舰可以停泊的场所实在有限。其次,建造用以维持军舰的船坞虽是不可欠缺的,但福州船政局和上海制造局的船坞制造,却花费了过于巨额的费用。特别是在船政学堂(海军学校)培养的人才,花费大却毫无实战经验,十分令人不安。他指出,这三个方面已成为妨碍中国强化海军力量的原因所在。但是,尽管有着

---

① 《李文忠公全集·译署函稿九》,第37页(《议赫德海防条陈》,光绪五年七月十七日)。

这些困难,他认为,为了与日本和西洋相抗争的需要,赫德所说的铁甲船购入仍是必要的。从这里可以看出,与西洋式的增强海防军备论同时,如后文所述,清末的海防自强论,伴随着富国论也在形式上登上了历史舞台。

同治十三年九月二十七日,总理各国事务衙门在上奏中,直接提出了由练兵、备船、简器、设厂、筹饷 5 个项目①构成的海防对策,并就此征求中央和地方实力官僚的意见,人们纷纷提出了各自的自强对策。他们尽管也都承认海防即军备强化的必要性,但在其中一些问题上却存在着根本性的分歧,如自强本身的含义、实现自强的政策手段等。之所以出现这样的分歧,在于他们对外国认识的不同,对国内现状评价的不同,以及对国家所应有的状况到底如何的认识不同等导致的。实际上,在这些意见的对立中,为了支持李鸿章、左宗棠等实力派采取的兵器制造政策,薛福成②从另一方面提出了非军事性的殖产自强论。虽然他的理论在机器制造这个切入点上与其相妥协,但是,他作为光绪初年政策论争中的殖产自强论一方,其政策主张在内容上却接受了以前容闳③具有典型意义的《非军事的殖产论》的思想。后来,1890 年上海机器织布局的设立,就可以说基本上是转变到了这种观点上。

在此之前,1870 年代中叶(光绪初年)的政策论争,争论点主要有两个:

(1) 是继续兵器制造呢?

(2) 还是中止兵器制造,采取农业为中心的国家再建政策呢?

而这两种观点表现出来的对立,是二者只能择其一,互不相容。

---

① 《筹办夷务始末》卷九八(同治十三年九月二十七日)。

② 薛福成(1838—1894),字叔耘,号庸盦,无锡人。作为副贡生仕曾国藩,历任直隶州知州、总海防司、宁绍道台、湖南按察使,1889 年为英国、法国、意大利和比利时四国公使。1894 年归国,任副都御史。著有《庸盦全集》《郭嵩焘日记》。

③ 容闳(1817—1912),香山县人。1847 年赴美国,1855 年回国。1860 年视察太平天国,1870年任曾国藩翻译。1878 年与陈兰彬共任第一任驻美国公使。

洋务派官僚的基本历史特征是维持其体制的保守性,这可以说是洋务派官僚的共同性。但即便在他们当中,也仍然存在着分歧。如由于镇压太平天国运动而出现的增强军事力量的主张,就与另外一种观点,即要维持清朝政权——而且仅限于恢复国内秩序——的自我防卫、非军事化的主张相对立。可以说,这是在 1870 年代相对安定的时期内,洋务派内部在政策论方面表现出来的分歧。

另一方面,作为语言的"洋务"一词,本来是在处理与西洋相关事项的过程中将诸外国与中国作比较时而产生的观点,但后来在自强的名义下,却成为当政者为了对付西洋而采取的对策。于是对"洋务"也出现了争论,而且也是一种政策性的分歧。

下面,我想就薛福成的《海防密议十条》①以及彭玉麟对他的反驳,来探讨(1)、(2)的具体内容,并通过这两个侧面的把握,来捕捉论争所具有的历史性意义。

光绪元年四月,候补同知直隶州知州薛福成,应新帝之诏,陈述了《治平六策》(养贤才、肃吏治、恤民隐、筹漕运、练军实、裕财用)的国内对策之后,又陈述了针对外国之策的《海防密议十条》。关于机器制造的构想就是他在后者中提出来的。

所谓十条,即:(1) 择交宜审也;(2) 储才宜予也;(3) 制器宜精也;(4) 造船宜讲也;(5) 商情宜恤也;(6) 茶政宜理也;(7) 开矿宜筹也;(8) 水师宜练也;(9) 铁甲船宜购也;(10) 条约诸书宜颁发州县也。其中,他主张继续实行强化军备,并在与它相并列的高度论述了殖产论。他在《制器宜精也》的条目中指出:

> 西人器数之学,日新月异,岂其智巧独胜中国哉。彼国以制器为要务,有能独创新法者即令世守其业,世食其利。由是人争自奋,往往有积数世之精,能创一艺而成名者。中国则不

---

① 薛福成:《治平六策》(葛士濬《皇朝经世文续编》卷一二《治体三》,第 7 页)。

然。凡百工技艺,视为鄙事。聪明之士,不肯留意于其间,此所以小专家也。……今欲鼓舞人心,似宜访中国之巧匠,给之虚衔以风励之,随时派员带赴外洋,遍游各厂以窥其奥窍,有能于洋人成法之外自出心裁者,优给奖叙,或仿西人之法,俾获世享其利,庶巧工日出,足与西国争长矣。①

他在这里分析道,外国是将机器制造放在重点位置,而在中国,就技术水准(即可能性上)绝不比其低劣,问题却在于以百工技艺为卑贱的社会,没有给人们提供一个施展的环境。所以,他主张国家应该设立积极的奖励政策,进行开发和仿造,使之能够与外国展开竞争。

与上述观点不同,彭玉麟在光绪元年五月的上奏中,提出了自己的见解:

为国计民生通筹大局,诚有亟宜自强,不容一日稍缓者。然如购备船驳,广储军火,筹画饷需,似自强矣,而非自强之根本也。论今日之时势,譬犹大病之后,元气久虚,治表尤须治里,又如树木,欲其枝叶茂盛,必先培养根株。②

他列举的 4 项措施分别为:(1) 清吏治;(2) 严军政;(3) 端士习;(4) 苏民困。

在"苏民困"一项中,他指出:

兵燹后,江、浙、安徽等省荒田极多,至今未能开垦。……臣愚以为欲开荒田,仍应听民自垦,非宽其赋税不可。荒田之不垦,固由于耕种人少,资本太重,而究其不敢承种者,实由地方官征敛太急。其申报上司者不实不尽,其取诸百姓者搜括无遗。耕种之计朝定,催科之吏夕来。③

---

① 薛福成:《制器宜精也》(《海防密议十条》第三)。
②③ 彭玉麟:《敬陈管见筹自强之计疏》(陈忠倚编《皇朝经世文三编》卷一三《治体一》,第1 页)。

彭玉麟其人,曾跟随曾国藩镇压过太平天国军,后官至兵部尚书。他的自强之策,就是清吏治、严军政、端士习、苏民困的这些主张。他所谓的"苏民困",就是使民开荒田广耕种,而且要听其自由开垦,官方酌减厘捐。

如果就二者的论点来看,第一,在现实状况下是否同意制造兵器的问题上,薛是认可的态度,而彭则否定;第二,在关于兵器兵力的意义上,薛是积极地承认,而彭却只有在意外情况下才认为有必要;第三,在什么是自强根本这个问题上,薛推举中国的工业化,而彭则倡导由再建农业而确立的租税征收体制。

彭玉麟的政策论检讨,与薛福成《治平六策》中探讨民生问题同样,其本身也是极为重要的。但是,值得指出的是,反对兵器制造论的彭玉麟之意见及其论据,却是作为农民对策而存在的,而且以后,对洋务派事业暗中进行批判的那些清朝中央守旧派势力,就是由于效仿了彭玉麟的这一见解才得以继续存在下去的。

中日甲午战争败北之后的 1895 年 7 月 21 日(光绪二十一年闰五月二十七日),光绪帝为实现变法自强而向各省将军和督抚征求方策大略。上谕云:

> 自来求治之道,必当因时制宜。况当国事艰难,尤应上下一心,图自强而弭祸患。……如修铁路,铸钞币,造机器,开各矿,折南漕,减兵额,创邮政,练陆军,整海军,立学堂,大约以筹饷练兵为急务,以恤商惠工为本源,此应及时举办。[1]

可以看出,光绪帝从铁道建设、币制,到军事、教育以及国政的全盘都想到了,重要的是把"恤商惠工"作为本源的思维方式,反映出这一时期清朝商业政策已经由传统的抑商向保商(恤商)转换的前后变化过程。人

---

[1] 《光绪朝东华录》,光绪二十一年闰五月二十七日。

们认为，1860 年代以后，清政府进入洋务运动时期，而不能适应官僚货殖企业经营的状况却是中日甲午战争后出现的情况。至于对其状况的认识，如下所云：

> 近自与泰西各国通商以来，利源日涸，商务日坏。……泰西各国以富强为首务，或专设商部大臣，其他公司商会随地经营，不遗余力。[1]

正如上面所说，人们认识到了与西欧开始通商后，中国财富流失的加剧，商业遭到了破坏，并看到了西欧富强之源，正在于上下一体的积极推进商业政策。基于对外经济关系的危机感，许多变法自强的政策主张应运而生。其中，盛宣怀（轮船招商局、电报总局督办并天津海关道兼津海关监督，四品京堂）在 1896 年 11 月 1 日（光绪二十二年九月二十六日）上奏了《条陈自强大计折》及《请设银行片》。

在前个一奏折中，他提出了练兵、理财、育才三项改革。在理财一项中，又具体提出促进铁道建设、圜法（货币制度）改革的方案。他说道：

> 西人聚举国之财，为通商惠工之本。综其枢纽，皆在银行。中国亟宜仿办，毋任洋人银行专我大利。中国银行既立，使大信孚于商民，泉府因通而不穷，仿借国债可代洋债，不受重息之挟制，不吃镑价之亏折。[2]

他认为，既然西欧是银行占据通商惠工的枢要，那么中国也应该仿效之，并断言这样做的话，就可以阻断外国银行独霸中国之利的局面。

---

[1]　王鹏云：《奏兴办商务疏》（陈忠倚《皇朝经世文三编》卷二九《户政七》，第 2 页）。

[2]　盛宣怀：《愚斋存稿》卷一《奏疏》，第 3—10、14—15 页。

四　西洋、日本对于清末的认识

（一）西洋对于清末的认识

西洋人对中国的观察,历来都是以西洋评价标准为参照,来论及中国政治和文化为中心的。从前面说过的查尔斯·贝雷斯福德(C. Beresford)的例子也可以看出,西洋人对于清末的认识,是以"清朝之衰退"的认识为其基调的。但是,我们见到的所谓对于清末的认识,却是与"中央政府"衰退形成显明对照的,也可以说是取代它的充满生气的力量,这大概就是清末地域的社会形象了。所以,所谓清朝的衰退,大概也可以说是清末社会充满活力的契机了。而这种对于清末的认识,与其从外交官和正式访问团的观察来把握,倒是更应该从与地域联系密切、有着直接观察条件的一些人对地域社会的描写出发。而处于这一理想位置上的群体,正是被中国海关所雇佣的西洋人税务司。这些作为清朝官吏在海关工作的西洋人,记下了数量庞大的正式、半正式、私人性质的资料。

作为正式记录的海关资料,如另表所载,整体部分作成七个项目,以贸易统计为中心,另外也包含了其他有关中国的社会、经济、文化的调查报告。就其整体的系统性看,海关资料表现出西洋方面对中国认识的变化,尽管它与认识对象之间还有一定的距离;而且,这些海关资料为西洋理解中国提供了数量众多的资料。关于这些资料的分类如下:

Ⅰ　统计集(Statistical Series. 贸易统计、贸易报告、十年报告及其他)

Ⅱ　特集(Special Series. 对特定主题的专述)

Ⅲ　杂集(Miscellaneous Series. 商品解说及其他)

Ⅳ　业务集(Service Series. 海关职员目录、办公要项等)

Ⅴ　公署集(Office Series. 海关办公整体的连续记录)

Ⅵ　税务司集(Inspectorate Series. 总税务司指示及其他)

Ⅶ 邮政集（Postal Series. 有关邮政业务的内容）①

贸易统计之外，也有关于中国社会的调查报告，它成了海关资料中的重要部分，以开放口岸为中心的有关都市问题、地域社会、经济情况的记录，提供了西洋认识中国的具体材料。其中一例，就是从 1882—1891 年时期的第一辑，到 1922—1931 年的第五辑。海关 10 年报告（Decennial Report）关于地域社会的以下这些项目的报告，内容相当丰富，下面即项目所录：

(a) 上一辑发行以后的 10 年间，其所在港、地方、省所发生大事的重要部分。

(b) 关于贸易变化：通商路线、需要与供给、商品种类、贸易额变化，特别值得注意的关于价格变动等动态情况。

(c) 关于关税收入的增减：总额以及特定商品的税收。

(d) 鸦片贸易的状态：一年的消费量、不同品种的价格、中国产鸦片的价格及产地、中国产鸦片和进口鸦片的竞争程度。

(e) 货币市场的状态：镑（＝英镑）与海关两的交换比率，铜钱与海关两的交换比率。

(f) 贸易收支：转口贸易额除外，基于上岸价格（C.I.F.）与船上价格（F.O.B.）相比较的贸易收支。

(g) 不论中国人还是外国人，凡在该港（都市）居住的人口数、构成、性质、职业等方面的特别记录及变化。

(h) 筑堤、道路、警察、街灯等的改善。

---

① China, The Maritime Customs. *Documents, Illustrative of the Origin, Develpment, and Activities of the Chinese Custom Service*. Shanghai, 1940, Vol. 7. Appendix：List of Chinese Customs Publications.

（i）通港水路的状态及变化。

（j）港湾设施及新的附属设施的情况。

（k）当地发生的自然灾害、疫病、叛乱等及其对策情况。

（l）著名人士的往来及其接待规模。

（m）该地区参加会试合格者的人数，状元、榜眼、探花的姓氏。

（n）该地域读书人的动态。

（o）该地域秀才、举人数、文盲率、女性受教育情况。

（p）该地域自然的特征、主要物产、主要制造业、搬运手段。

（q）出入该港的中国船的搬运量，帆船的种类、名称，搬运物品，往来港岸，有关航海的手续，收益等。

（r）本地金融机关的所在地、交易地、汇率、业务形态。

（s）本地邮政机关的所在地、业务、输送网、邮寄费用。

（t）各海关的规则、职员、工作量及分担的变化。

（u）外国人眼中见到的该地陆军、海军、工业、财政、行政等的改善情况。

（v）传教士团体名称、传教士及其信教者人数。

（w）该地有会馆的地方，该地会馆所在的具体地点，同乡、同业会馆的规约，构成人员的特权及其义务。

（x）该地的或者该地出身的著名官僚名姓。

（y）出版的著名书籍。

（z）地域社会的历史及将来。①

附录中还另有贸易统计（船舶量、进出口额、进出口量、税收、贵金属进出口、人口等）、邮政统计（参见本书资料篇Ⅰ，Ⅱ）。

---

① Circular of Inspectorate General of Chinese Customs(*Decennial Report*,1892. p. 2).

　　另外,在海关一项中,除了记录公开刊出以外,还通过参展万国博览会,不断将中国社会生活的方方面面向诸外国作了介绍。中国参加的万国博览会有：

　　1873 年,维也纳

　　1876 年,费城

　　1878 年,巴黎

　　1880 年,柏林

　　1883—1884 年,伦敦

　　1884—1885 年,新奥尔良

　　1900 年,巴黎

　　1902 年,河内

　　1904 年,圣路易斯

　　1905 年,列日等

　　参展的商品种类逐渐多样化,而且数量也不断增加。负责这些展品的机关就是海关。他们受总理衙门之托,组成以罗伯特·赫德为代表的代表团,负责从在中国选定参展品到展览现场陈列的一系列组织工作。

　　例如 1884 年的伦敦万国博览会(International Health Exhibition)上,代表团准备了中国社会各阶层的服饰及生活用品、印刷品、商品样本、社会生活及仪式器具、动物、武器、乐器,林林总总数千种展示品,当地的新闻媒体也十分称赞赫德的功绩。①

　　万国博览会上的展品中,数量最大的还是中国产棉布、茶、生丝的样品,这是出于在参观商品样品的同时也能使参观者对中国的市场状况有所了解的考虑。例如,1884—1885 年在新奥尔良举办的万国博览会上陈列的土布展品,如下表所示：

---

① China, Imperial Maritime Customs. *Illustrated Catalogue of the Chinese Collection of Exhibits fro the International Health Exhibition*. London, 1884.

表 1-1　万国博览会被展出的华中地域各种土布（1884—1885 年）

展品编号	品　名		生产地	价　格		长　度	巾	摘　要
	英文名	中国名		美元	海关两	丈尺寸	尺寸	
232	1 piece Dyed Cloth	土布蓝	浙江石门	0.58	0.43	250	10	青,男女两用
233	1 piece Dyed Cloth	土布黄	江苏苏州	0.88	0.65	300	16	黄
234	1 piece Dyed Cloth	土布杏黄	江苏苏州	0.88	0.65	300	16	橘黄
235	1 piece Dyed Cloth	土布灰色	江苏上海	0.76	0.56	270	$11\frac{1}{2}$	灰色,士兵用
236	1 piece Dyed Cloth	土布老绿	湖北汉阳	1.28	0.94	380	12	绿
237	1 piece Dyed Cloth	光土布深绿	湖北汉阳	1.12	0.82	380	11	绿
238	1 piece Dyed Cloth	土布深青	湖北汉阳	1.29	0.95	310	$10\frac{1}{2}$	深蓝
239	1 piece Dyed Cloth	土布深蓝	湖北汉阳	0.88	0.65	380	10	青
240	1 piece Dyed Cloth	土布元色	湖北汉阳	1.86	1.37	370	10	黑,男女两用
241	1 piece Dyed Cloth	土布桃红	湖北汉阳	0.95	0.70	380	11	粉红色,女子用
242	1 piece Dyed Cloth	土布白银红	湖北汉阳	1.28	0.94	380	11	略粗
243	1 piece Dyed Cloth	光土布蓝	湖北汉阳	1.02	0.75	380	11	青,男女两用
244	1 piece Dyed Cloth	光土布月白	湖北汉阳	0.76	0.56	380	11	同前,略轻
245	1 piece Dyed Cloth	光土墨灰	湖北汉阳	1.05	0.77	380	$11\frac{1}{2}$	灰色,上品
246	36 piece Dyed Cloth	小土布各色	湖北汉阳	9.70	7.03	150	$07\frac{1}{2}$	各色(一反平均价格 0.27 美元)
247	15 piece Dyed Cloth	小土布各色	湖北汉阳	1.86	1.37	110	05	各色(一反平均价格 0.27 美元)
248	11 piece Dyed Cloth	顶稀土布杂色	江苏苏州	1.52	1.12	…	…	各种各色,葬仪用
249	1 Piece Stamped Cloth	印花布绿地	江苏上海	0.75	0.55	200	12	绿地两面白戳
250	1 Piece Stamped Cloth	印花布青莲地	江苏上海	0.80	0.59	200	12	堇色地两面白戳

　　资料来源：China, Imperial Maritime Customs. *Catalogue of the Chinese Collection of Exhibits from the New Orleans Exposition 1884—1885*. Shanghai, 1884, pp.28—29.

　　该目录开列了包括品种、生产地、价格、长度、幅宽、特征等各种项目,还清楚地标示了品质、用途及其差价。可以看出来,这些展品对那些外国制造业者来说,提供了数量相当多的情报信息。[1]

　　在西洋人的中国观中,毫无疑问,也不可避免地存在着意见分歧。那些中国通(old China hands)和在华的外交官,大多数对本国的异论

---

[1]　China, Imperial Maritime Customs. *Catalogue of the Chinese Collection of Exhibits for the New Orleans Exposition*, 1884—1885.

采取响应态度(关于在华外国公司、外国人的问题,参照表 1-2)。[1] 然而,那些从事海关实务的一群西洋人,却从现实的观点出发,对本国那种"想像中的观点"持一种批判的态度。例如,海关总税务司罗伯特·赫德,就对库拉维斯的《停滞的中国》(*China in Decay*)的内容给予了很多批判。[2] 库拉维斯围绕中国问题提出了以下提案:

1. 开放内陆河川。开放条约中规定的港口。在全国旅游的自由。

2. 政府对外国人的安全保证和地方官的责任明确化。对违反者的处罚规则。

3. 将关税上升 5% 而使厘金作废。

4. 任命对中国和中国人都有充分认识、经验丰富、有能力的外交官为北京公使,由他来对付中国人的特异性(idiosyncrasies)。

5. 对于中国给予他国的贸易或领土上的特权,英国应该向中国当局正式表明,要求同样地获得。

6. 应该在华南的河川上采取消灭海贼的政策。[3]

对于以上提案,赫德均给予了批判,指出他们并不了解中国的实际情况。对于第 1、2、5 点,要想一下子全都实行根本不现实;关于第 6 点中国的海贼问题,他指出,实际上海贼在中国的表现,并不像开普敦·克特想像的那样,它们伪装成普通船和船客,不是那么容易就被识别出来的。特别是第 5 点,即裁厘加税问题,他指出,由于厘金是作为地方财政的根本而存在的,所以,对地方政府而言,根本不是那么简单就能撤废的问题。可以说,赫德的观点,是从极为实际的立场来分析中国的,并在这种认识的基础上——通过几个横断面——向人们揭示了中国的实际状况。而且,这种认识,也反映在赫德在 19 世纪末以市场调查为目的的访问中国各地后提出的商业会议所代表的报告中。

---

[1] Nathan Pelcovits. *Old China Hands and the Foreign Office*. New York,1948.

[2] Sir Robert Hart. *These from the Land of Sinim*. London,1902,pp. 124—130.

[3] Alexis Krause. *China in Decay*. London,1898,pp. 20—25.

表 1-2

在华外国公司数及其外国人数（1885—1920 年）

年度	美国		澳大利亚		比利时		英国		丹麦		荷兰		法国		德国		意大利		日本		瑞典		挪威		葡萄牙		俄罗斯		西班牙		朝鲜		合计	
	公司数	人数	公司数	人数	公司数	人数	公司数	人数	公司数	人数	公司数	人数	公司数	人数	公司数	人数	公司数	人数	公司数	人数	公司数	人数	公司数	人数	公司数	人数	公司数	人数	公司数	人数	公司数	人数	公司数	人数
1885	27	761	2	80	—	16	233	2534	3	78	6	36	23	443	57	638	3	165	24	747	—	—	—	66	—	—	15	112	3	289	—	—	396	6698
1890	32	1153	4	65	1	28	327	3317	2	81	9	41	19	589	80	648	2	74	29	883	2	155	—	—	5	610	12	131	4	304	—	—	522	8107
1895	31	1325	4	75	3	71	361	4084	2	125	7	43	31	875	92	812	6	108	34	669	3	373	—	—	9	805	13	116	5	461	—	—	603	10091
1896	40	1439	4	74	5	72	363	4362	4	146	8	61	29	933	99	870	5	138	87	852	3	407	—	—	6	871	14	125	4	410	—	—	672	10855
1897	32	1564	6	106	4	68	374	4929	4	147	8	81	29	698	104	950	5	120	44	1106	3	439	—	—	8	975	12	116	5	362	—	—	636	11667
1898	43	2056	5	92	9	169	398	5148	3	162	8	87	37	920	107	1043	9	141	114	1694	—	—	—	200	9	1082	16	165	4	395	—	40	773	13421
1899	70	2335	5	90	9	234	401	5562	4	178	9	106	76	1183	115	1134	9	124	195	2440	—	200	—	244	10	1423	19	1621	9	448	—	42	933	17193
1900	81	1908	7	91	10	100	424	5471	3	156	9	108	82	1054	120	1343	9	133	212	2900	4	244	—	204	16	1175	21	1941	8	221	—	42	1006	16881
1901	99	2292	11	142	11	238	427	5410	4	179	10	119	64	1361	122	1531	15	273	289	4170	—	204	—	201	14	1139	19	1648	15	353	—	18	1102	19119
1902	108	2461	14	166	8	252	426	5482	10	168	15	155	71	1263	145	1359	18	418	317	5020	1	135	2	105	22	1220	24	258	15	438	—	8	1189	18962
1903	114	2542	18	172	3	311	420	5662	11	236	15	224	71	1213	159	1658	18	313	361	5287	2	120	7	106	45	1930	21	361	29	339	—	22	1292	20404
1904	106	3220	15	205	6	286	436	5981	13	198	13	209	67	1374	173	1871	22	366	650	9139	1	122	8	186	36	3387	21	308	32	278	—	—	1602	27227
1905	105	3380	17	250	6	273	434	8493	14	201	19	181	77	2143	197	1850	21	412	729	16910	1	137	10	166	44	2462	19	682	7	249	—	49	1693	38001
1906	112	3447	19	236	6	297	492	9256	14	209	16	225	94	2189	199	1939	21	786	739	15548	1	135	9	185	51	3184	20	273	40	289	—	47	1837	38597
1907	115	2862	17	259	6	292	490	9205	10	197	17	286	99	2201	239	3553	21	854	1416	45610	2	157	5	182	57	3188	24	479	70	266	—	41	2595	69852
1908	109	3545	22	201	13	282	487	9043	9	192	13	243	88	2029	274	3637	24	554	1149	44143	5	174	6	208	54	3353	60	9520	83	380	69	178	2407	77960
1909	113	3168	27	503	15	218	502	9499	8	216	18	310	84	1818	232	2341	23	246	1492	55401	3	164	7	222	60	3396	58	9952	83	336	—	391	2801	88310
1910	100	3176	26	227	13	225	601	10140	9	260	13	150	110	1925	238	4106	22	274	1601	65434	1	166	8	188	57	3377	298	49395	84	400	46	2256	3239	141868
1911	111	3470	26	385	15	291	606	10256	11	295	13	192	112	1925	258	2758	32	424	1283	78306	1	150	8	246	57	3224	313	51221	6	238	—	—	2863	153522
1912	133	3869	17	328	15	245	592	8690	15	279	13	157	107	3133	276	2817	32	537	733	75210	8	189	8	250	44	2785	323	45908	6	224	—	—	2328	144754
1915	157	4716	18	241	14	172	599	8641	19	352	27	253	102	1649	244	3740	39	409	2189	101983	3	381	9	259	37	3300	1258	56250	25	308	—	—	4735	182404
1920	409	7269	—	24	26	592	679	11082	27	545	39	401	180	2753	9	1013	37	504	4278	153918	8	464	14	373	65	2282	1596	144413	8	285	—	—	7375	326069

资料来源：根据 CIMC. *Decennial Reports* 各号 Appenkix 制成。

与这些调查同时，他们还重点观察了内地的市场情况和本地产业的竞争力情况，但关于贸易实态的研究内容，我在本书中放在了第三章第三节及第四章第一节部分。由法国和英国代表团提出的报告书及其项目如下所示：

里昂商会：《里昂赴华贸易考察团(1895—1897)报告》(*plans et gravures d'après les documents rapprt ès par la Mission*. Lyon, A. Rey, 1898. 473 p.)

由里昂、马赛、波尔多、里尔、鲁贝、罗阿讷各商业会议所的代表们构成的使节团，经过印度尼西亚后，在1895—1897年的时间里，对中国进行了考察，范围从蒙自、云南、贵州、华南一带、四川等，到内陆、腹地，对资源、贸易、商业事情、土特产品产业等情况进行了仔细考察，上面的报告便是它的调查记录。

伯恩：《布莱克布恩商会访华团报告，1896—1897》(Bourne, F. S. A. *Report of the Mission to China of the Blackburn Chamber of Commerce, 1896—1897*. 布莱克布恩，兰开夏东北出版公司，1898. xii, 386 p.)

从1896年到1897年，布兰克邦商业会议所为了寻求扩大中国市场的可能性，也向中国派遣了使节团。随同该使节团在中国旅行的英国驻华领事伯恩给外务大臣索尔兹伯里写了报告书。在他的报告中，有一些方面需要特别留意，例如，(1)对那些自己尚不知道的地方的记述；(2)陆路、水路的交通网；(3)内地税；(4)本国制造商、商人所不知的、而且领事报告中也没有讲到的贸易事实。该调查是以扬子江沿岸为中心进行的，包括上海、镇江、汉口、宜昌、四川、云南、贵州、广西、广东、香港等地。

上述两个报告反映出，以海关报告蓄积为背景而被推进的西洋对中国地域社会、地域经济的认识，在这一时期更加深入了，尤其是那些与本国工业相关的领域。

（二）日本对清末的认识

清末时期,日本正值工业化刚刚开始起步时期,急需在中国扩大自己的轻工业品市场。在这个过程中,日本采取了以海外贸易政策为国策的战略,向中国派遣了为数众多的调查团。这些调查团的任务,有的是为了调查开拓日本土特产品市场的可能性(如海产品),有的是为了调查向日本进口的可能性(例如林业),还有针对中国的市场状况进行的调查,并特别向商业方面提出了详细的调查报告。日本清末派遣调查团的例子如下所示:

1. 1896 年 《清国事情》(外务省)

2. 1901 年 《清国商况视察复命书》(楢原陈政)

3. 1902 年 《北清地区巡回复命书》(山冈次郎等)

4. 1903 年 《视察报告书》(农商务省)

5. 1904 年 《第一回清国商况视察报告》(大藏省)

6. 1904 年 《清国视察复命书》(农商务省山林局)

7. 1904 年 《清国芝罘、威海卫、旅顺口、青泥洼、牛庄、胶州及上海视察报告书》(大藏省税关监视)

8. 1907 年 《第二回清国商况视察报告书》(大藏省)

9. 1909 年 《第三回清国商况视察报告书》(大藏省)

日本外务省《清国事情》中,把各地区领事馆管辖区域的情况,如地势、商工农业、金融、度量衡、交通及通信、税关、宗教、教育、贸易等内容相关者,都做了调查。另外,楢原陈政基于自己作公使馆二等书记官时期的调查,写下了《清国商况视察复命书》,记述了以下的观察:

> 现今日清贸易沉沦于萎靡不振之境,对于据有辽阔衍广亚洲小半之邻邦,我当开拓源利货殖之路,上能裨益于国家,下能图邦民之殷盛,如若不问通商上经远之长计,足以观洵,谓之叹息。若讲究日清贸易何以不振之原因,可

咎之于邦商资力欠富裕，或耐久精神缺乏，或贸易实践不足，归之于对清国事情不能畅达所至，皆谓贸易不振之一因。以上所言皆是，但不成其为足够原因，此乃不足俟言之所。然依小官之所见，对清贸易不振之责任，当由帝国全邦商贾为之负担，而不能独归究于对清贸易之商贾，请试陈之。观夫欧美商贾对支那贸易者，彼等虽外貌宏厚富实，实际上巨资运转、举措绰如、雄视于市场者，乃寥寥寡数，大抵难免外强内干之讥。广东英国总领事布来南曾与小官云，在清各港英商以自家资本营商，仅二三家实力公司，其余皆不过照支那商货单运输物货，即所谓"货单商人"之流。小官此回巡阅各港，就中探问，对照实状，得知布来南所言确实可信。所谓在清欧美商贾巨资运转营业之事概不能为之信矣。①

（1）帝国商贾之风气与清商不相投合

日本商贾之风气多与清商不相投合，其于商务交易上殊著。此举一例，清商虽多目不识丁未受过教育，但积年成熟练，对商务之畅达，意气亦颇豪放豁达，而在商务交易上更以信用为主，一言一诺为取舍，决不苟且。而我之商辈与之相反，于教育智识虽远出其上，但就商业熟练却不及彼等，为交易约束所累，拘泥于规则，手续纷杂，难免使惯熟于简朴卒易之清商不堪厌恶之念。言行上固且应坚守信用，但亦不应因轻浮琐细之故，令胆度豪壮之清商顿生轻侮之势，于交易自然减少。

（2）邦商的同业团结不坚固，使清商控制市上之商权

邦商同业团结之不坚固，乃各自竞争之结果；唯图眼前之利而不顾长远，故造成商业秩序混乱不堪，致使清商乘其弱点，

① 楢原陈政：《清国商况视察复命书》（1901年），第1页。

而将价格涨落之商权掌握手中,以致常令我被动不知所宗,是不独在清商贾之咎。我出口货物如能专托适当之商贾贩卖,体察市况,维持价格,商权存我一处,扩展物货之声誉,应得价格腾贵。往往出口货物虽呈报好况,然不在同一商店继续专托,而与支那①商直接买卖,收取微利,商权遂归于支邦商贾之手,价格上下如彼之意向,而我只得仰其鼻息。②

楢原陈政的观察中,(1)改变了过去对西洋商人过分高估的评价;(2)指出了中国商人与日本商人的异质性;(3)指出了中国商人商权的强大。他的观察,一方面修正了过去日本"来自西洋的压力"这一思考方式,另一方面,也促进了对中国强固的商业信用的关心,主张日本要采取对抗性的带有国策性质的商业行动。

这个关于清国的实情报告,是以地域市场的实情为中心的,与西洋对中国的观察根本不同,处于这个时期的日本,莫不如说对清朝的认识就是以地域性的问题为重点的,因而所谓"清国衰退"之类的观点非常之少见。当时对清朝的认识,比起作为政体、作为商业社会来看,倒不如更是基于历史的蓄积、从其独自性功能来加以认识的。也可以认为,这是由于日中历史关系的原因,因而才导致了在评判基准上也与西洋存在着差异。

另一方面,这个时期,在实地调查的基础上出现了体系性的、集大成的研究著作。

10. 1908—1911 年 东亚同文会《支那经济全书》③

11. 1912—1914 年 临时台湾旧惯调查会《清国行政法》

---

① 支那:旧时日本对中国的蔑称。——译者注
② 楢原陈政:《清国商况视察复命书》(1901 年),第 2 页。
③ 东亚同文会编辑:《支那经济全书》全 12 卷,1908—1911 年。

（织田万等）①

《支那经济全书》以系统的调查和记述为目的，对清末经济从制度、机构，到惯行及书式等都作了详细的论述。而且，即使在《清国行政法》中，也是以"行政"为焦点，从官吏机构的整体分析开始，各论又分为内政、军事、司法、财政等各项，明确了行政实体及其运转的形式。如果将它与此前看到的一系列调查报告书相比较，它正视了这样一个课题，即在实态把握与政策把握之间应该保持怎样的距离，也就是说，历史背景与国策之间关系密切，狭路相逢不能回避，是早晚要面对且必须要解答的问题。可以认为，《支那经济全书》对这两者的研究都堪称集大成之作，表现出具有历史性的划时代的意义。

《支那经济全书》全书 12 卷，内容构成如下所示：②

第 1 辑　第 1 编"农政"，第 2 编"土地的权利转移"，第 3 编"劳动者"，第 4 编"资本家"，第 5 编"物价"，第 6 编"人民生活程度"，第 7 编"财政"。

第 2 辑　第 1 编"商卖"，第 2 编"特许商"，第 3 编"买办"，第 4 编"会馆及公所"，第 5 编"组合规约"，第 6 编"家宪"。

第 3 辑　第 1 编"旧关"，第 2 编"新关"，第 3 编"水运"，第 4 编"仓库业"，第 5 编"山西票庄"。

第 4 辑　第 1 编"商政"，第 2 编"商品陈列场"，第 3 编"商用书式"，第 4 编"商用账簿及簿记法"。

第 5 辑　第 1 编"支那铁道总论"，第 2 编"支那铁道各论"。

第 6 辑　第 1 编"邮政"，第 2 编"电信"，第 3 编"度量衡"，第 4 编"货币"，第 5 编"支那银行"，第 6 编"在支那的外国

---

① 临时台湾旧惯调查会：《清国行政法》；山根幸夫编：《清国行政法索引》，大安，汲古书院，1967、1972 年。

② 《支那经济全书》内容分类目录（第 1 卷，并各卷卷头）。

银行"。

第 7 辑　第 1 编"海上保险",第 2 编"商帮",第 3 编"牙行",第 4 编"报关行、渝行及通关所",第 5 编"招牌",第 6 编"广告",第 7 编"商标",第 8 编"对清贸易"。

第 8 辑　第 1 编"农业",第 2"编米",第 3"编麦",第 4"编豆、豆饼及豆油",第 5 编"砂糖",第 6 编"棉花",第 7 编"脂肪油、脂肪及腊"。

第 9 辑　第 1 编"牧畜(附养鸡)、牛骨、兽皮、制革、羊毛、猪毛",第 2 编"海产物"。

第 10 辑　第 1 编"木材",第 2 编"木炭",第 3 编"矿山"。

第 11 辑　第 1 编"一般工业",第 2 编"磷寸",第 3 编"制纸业",第 4 编"精米业",第 5 编"制粉及制面",第 6 编"纺织业及棉丝",第 7 编"棉织物"。

第 12 辑　第 1 编"制纸业",第 2 编"绢织物",第 3 编"陶瓷器",第 4 编"出版业",第 5 编"文房具",第 6 编"杂货"。

该全书以上海东亚同文书院对上海经济的实地调查为基础,将上述项目在全国进行调查后编辑而成的。校订则由该书院教授根岸佶担任。我认为,在对清末经济状况大体上的体系性整理上,与其说该书是日本对清末经济政策的集结,更不如说是从实态上对其进行了彻底的把握。这种对中国经济社会作整体把握的计划,也使这本全书成为空前绝后之作。在这个意义说,它象征性地表示出了日本对中国认识的特征。

以下为《清国行政法》的内容构成:

[泛论]

第 1 编"清国行政法的渊源"　第 1 章"概论",第 2 章"成文法",第 3 章"不成文法"。

第 2 编"行政组织"　第 1 章"概论",第 2 章"皇室",第 3 章

"中央官厅"，第 4 章"地方官厅"，第 5 章"地方自治"。

第 3 编"官吏法" 第 1 章"概论"，第 2 章"文官"，第 3 章"武官"，第 4 章"官吏之分限"，第 5 章"官吏之权利"，第 6 章"官吏之义务"，第 7 章"官吏之责任"。

［各论］

第 1 编"内务行政" 第 1 章"户籍"，第 2 章"警察"，第 3 章"卫生"，第 4 章"土地制度"，第 5 章"产业"，第 6 章"货币及度量衡"，第 7 章"土木"，第 8 章"交通"，第 9 章"教育"，第 10 章"祭祀及宗教"，第 11 章"救恤"。

第 2 编"军务行政" 第 1 章"军队编制"，第 2 章"征兵"，第 3 章"马政"。

第 3 编"司法行政" 第 1 章"概论"，第 2 章"裁判所"，第 3 章"诉讼手续"，第 4 章"监狱"。

第 4 编"财务行政" 第 1 章"概论"，第 2 章"收入"，第 3 章"会计"。①

其中，与本书有直接关系的项目，是第 4 编的"财务行政"第 2 章的"收入"的细目，内容如下。

第 1 节"概论" 第 1 款"赋役"，第 2"款捐"。

第 2 节"租税" 第 1 款"地丁税"，第 2 款"常关税及落地税"，第 3 款"厘金"，第 4 款"土药税厘"，第 5 款"契税"，第 6 款"矿课其他内地税（矿课、渔课、当税、牙行税、酒税、铺面税、印花税、杂税）"，第 7 款"洋关税（进出口税、子口半税、沿岸贸易税、吨税、鸦片厘金税）"。

第 3 节"专卖收入" 第 1 款"盐的专卖（官督商销、官运商销、官运官销、归入地丁）"，第 2 款"茶专卖（茶引、茶税）"。

---

① 山根幸夫编：《清国行政法索引》，第 11—12 页。

第 4 节"捐纳" 第 1 款"概论",第 2 款"捐纳种类(捐职官、捐花样、加捐、改捐、捐升、降捐、捐离任、捐免、捐加级记录、加成过班、捐复、捐分发及捐分发指省、捐职衔、捐封典、捐翁支)",第 3 款"捐纳方法",第 4 款"捐纳的国家收入"。

第 5 节"其他收入" 第 1 款"官有财产收入(庄田、入官旗地、屯田、学田、牧厂及园场、房园、森林、参山)",第 2 款"官业收入",第 3 款"献纳金品",第 4 款"赃罚"。

第 6 节"国债" 第 1 款"概论",第 2 款"财政公债(中央公债、地方国债)",第 3 款"起业公债(铁道公债、其他公债)"。

《清国行政法》作为临时台湾旧惯调查会工作的一部分,是对行政法进行把握的一次尝试。探讨作为政治制度运用方法的行政法,意味着从更为功能性上来理解清朝政治,作更接近实体性的把握,其主旨是与《支那经济全书》相通的。但是,我们不能否认的是,《清国行政法》是总的文献素材,由于编写构成上分别设有泛论和各论(内务、军务、司法、财务),而且两论从概论到组织、制度的分论都是对照基础法学进行整理的,所以,不能否认这是完全按照行政理论体系进行的过渡性整理。织田万在最终第 6 卷"财务行政"的卷头指出:"盖行政各部之中,虽尚剩外务行政,然外务行政从法律上论者为数极少,对各国通有之事,于清国则为特殊,可谓在清国绝无可观之法规。"可见其认识所表现出来的研究方法,并非从清朝行政之内在体系入手,而是一种从比较行政法规的观点出发来把握的方法。即使在第 4 编"财务行政"细目下,在财务行政惯例的结构中缺少了"支出"这一项,可以说这与编纂主旨并没有关系。

总之,对于清末时期的中国,日本方面的认识是从三个方面展开的:(1) 为了对中国的政策立案而进行的实地调查;(2) 为了对中国的社会、经济进行更原则性把握而进行的调查、分析;(3) 以学问体系为基础,试图将其作各种排列以及分类的认识。虽然它们在远距离上对中国进行把握的这一点上有着共同性，但限于各自标榜为"中国通"的自负，所以，最终它们也并没有形成共同的讨论对象。

第二节　清末财政论

在中国经济史中，财政史研究包含了相当广泛的内容。在关于财源的问题上，税制与币制相关，本来就占有重要位置。而在财政运用问题上，王朝财政与中央-地方财政的关系等，更是历史上屡争不绝的主题。时至清末，除了这些历史性课题之外，又出现了新国际关系中的中国财政问题，于是研究显得更为复杂。一方面是如何在内容上把握中国"国民经济"体系的课题；另一方面还要从财政政策的角度研究探讨如何推进贸易、关税政策。而由于借款与财政的关系，财政运用上预算制度的导入，如此等等一系列的新问题也随之出现。本节在审视中国财政史的基本特征的基础上，试图将清末经济中财政问题的地位与海关税问题联系起来进行探讨。

19世纪中叶以降，为了充实财政，清政府多次论及相关的政策问题。例如，应该整顿币制，应该奉行俭约、节约，应该整顿俸禄制度，应该增加岁入，应该实行预算制，等等。在这些项目中，实际上包含着一个重大问题，亦即在这些要求整顿诸项目背景下的清朝财政体制构造的改革，也就是说，我们要注意到，政治上、财政上经营原则的历史性转变。在本节中，笔者将从财政运营理念的变化、中央—地方财政关系的变化、财政整顿与海关税收的增加等三个方面对此加以探讨。

一　财政运营

（一）量入为出

中国财政史上，明确存在着的有关财政运营的理念，亦即与岁入、岁出相关的理念。作为财政运营方式的理想状态被概括为"量入为出",就是在岁入的范围内管理运用岁出的原则。

李康惠在《定经制以裕国用疏》中,就国用(财政)的运用原则作了如下论述:

> 定经制以裕国用疏　经制裕国
>
> 　　夫量入以为出,是谓仁政。量出以为入,是谓虐政。既不量入为出,又不量出为入,杂然而收,泛然而用,是谓无政。考成周之制,以四分制国用,每岁用三存一,以备凶荒,故三十年之通则国有九年之积。汉之时则有计相,唐之时则有判度支,宋之时则有判三司,皆所以会有无而制国用也。近年以来,户部虽有会计之虚名,而无量入为出之实政。臣愚谓当因其名而举其实。通查一岁天下税粮所入,总计若干,经国之费,总用若干,首两京,次各边,各省直隶各府,每岁所入所出,俱查有数,分为二目,仿周礼用三以足一岁之用,存一以备不测之虞。①

按照李康惠的分类,作为财政运用的原则,应该是岁入额决定岁出额,这样做就是仁政,反以岁出额为征,则是虐政。若不能确定岁入以为出,又不能把握岁出额而征岁入,征无章法,泛用而无度,诚谓之无政。在他那里,基于岁入而行岁出的方法是最为仁政之道。具体的运用,是首先确定岁入总额,在此基础上计算"经国"的费用(= 中央财政或固定财政)。然后具体计算北京、南京,边境地域,各省、直隶的收入和经费。再把它们分成部分,将全部的 3/4 作为岁出,1/4 用作不测事态之备。

这一量入为出(量入制出)的运用原理,将财政保守运用一般性原则以极为普遍的形式表现了出来。但如果有下面的情况存在:(1) 财政收入在一定状况下,岁出变化,导致财政收入增大;(2) 即

---

① 李康惠:《定经制以裕国用疏》(《皇明经世文编》李康惠疏)卷一,第9—10页。

使以"量入以出"为前提,但其记账(＝收支确认)并没有采用"大福账"式的收支平衡对照形式;(3) 财政运用上国用(中央)与地方不同,则这种原则的实施就会出现困难。

量入制出的原则,要是加上岁入定额化的原则(盛世滋生人丁等等),就可使财政规模相对稳定,从而极大地增加财政的安全性,但同时也就造成了财政的僵化,因为它不能随岁出的变化而变化。

其次,就财政运营的记录、确认的方法来看其特征。这也就是财政记账方式(由收支平衡的确认方式)的特征。钱大昕在堪称中国史事典的《十驾斋养新录》中讲到了国家财政记录方法的问题。他说:

> 今官司钱粮交代,必造四柱册。四柱者,旧管、新收、开除、实在也。至正直记云,人家出纳财货者,谓之掌事,谓算私籍,其式有四,一曰旧管,二曰新收,三曰开除,四曰见在。则元时已有此名目。[1]

这里所指出的"四柱法",是指转入、岁入、支出、余额的四项分类的记录方法。这种方法是一种大福账,即所谓的时间序列性账簿,是按入和出的时间顺序记账的方法,其局限在于入和出没有对应关系,差额只有在最终才能显现出来。它与"预算"、"决算"的方式方法不同,在关于事项分别分配的规定性上很是薄弱。

再次,中央与地方关系中产生的财政问题是很重要的,这是中国史上财政所具有的结构性特征。中国的财政,分为名目收支和实质收支。也就是说,计算上的收支和实质性的收支流向是不同的。关于这两者的区别,如下图所示:

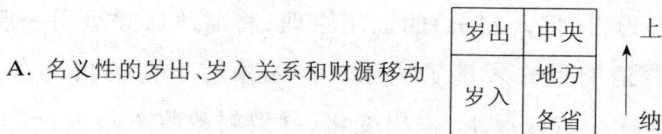

A. 名义性的岁出、岁入关系和财源移动

| 岁出 | 中央 | 上 |
| 岁入 | 地方 各省 | 纳 |

---

[1] 钱大昕:《十驾斋养新录》卷一九,上海商务印书馆 1935 年版,第 449 页。

B. 实质性的岁出、岁入关系与财源移动

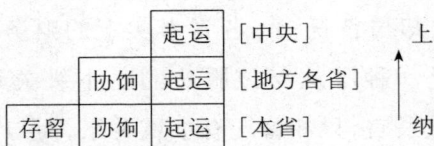

		起运	[中央]	上
	协饷	起运	[地方各省]	
存留	协饷	起运	[本省]	纳

　　两者的差异在于,名目上的岁入、岁出,分为地方与中央两部分,岁出在计算上和记录上归属于中央。从实际上考虑,岁入首先是作为本省必要经费的存留被留下来,然后再支出,其次是作为对邻省或必要省份不足部分的援助(协饷)的支付,它们的最后余额才是最终送交中央财政的部分(起运)。作为其结果,可以看出以下两点很重要的特征:中央财政并不存在直接的财源,都要经过地方财政;而且中央财政实质上可支配和可运用的额度,只是各省扣除其必要经费以及对其他不足省份支援部分后的余额。[①]

　　综上,清朝财政机构上的中央-地方关系在内在机制上的问题已经很清楚了。也就是说,在官制上,财政机构以户部为顶点,其下依次为省、州以至于县,这是一种中央集权式的构造,户部处于统摄全局的地位。但是,财赋的流向却与这种中央集权的机构相反,是地方分权性的,甚至各省的各自为政也都得到认可,即户部接受从各省运送(起运)来的税粮,是各省留足必要经费后(存留)上缴的部分。特别是,各省之间还进行为救助邻近省贫穷状况的省与省之间的相互援助(协饷)。而且,户部以外的各部,若有上谕,还能使各省承担其所必要的临时经费(自筹自销)。因而,可以这样说,户部的任务只不过是把上缴的财赋向各部、各官厅进行分配而已。

　　从财赋的流向也可以看出,户部并不掌握处在中央集权顶点的财政权,如果围绕财政权的指挥监督系统来说,实质性的地方分权倒

---

① 《广东全省财政说明书》"岁出",第2页。

是更为明确的。也就是说，作为财务的监督部分按理说应该在户部，但对皇帝来说，它却与督抚——各省事实上的财务长官——处于并列的地位，而不是一种服从与被服从的上下级关系。特别是布政使——各省的财政长官，只和督抚有隶属关系，而与户部没有直接的服从关系。对皇帝而言，处于同级地位的中央和地方的财政官厅，到了清末更是十分对立的了。在这种状态中，官制上的中央集权本身状况，地方及国家的收入、支出细目，都根据会典及其他法规作了细致的规定；并以此为基准，每年按规定不断向皇帝报告，但报告的并不是财富的实际流动，而是一种对账，只是维持形式上的运作而已。

（二）会计表

到了清末，出于对旧日的大福账（流水簿）式的财政运用方式的反省，开始考虑引入预算、决算方式，这显示出了要倡导确立国家财政的见解。

有关国家财政的专著，在中国历史上并不多见。清朝中期王庆云所著的《石渠余记》，属于为数极少的财政论专著。清朝财政的特征之一，而且也是中国历史上所见不多的税制政策，就是 1721 年（康熙六十年）的"盛世滋生人丁"中所记载的关于税收上限的规定。它是把当年的人丁数作为上限数，并以这个数为基数，将以后的租税收入额相对固定化的产物。这个政策可以说是讴歌盛世、炫耀权力的表现。这种财政政策意味着依据"量入为出"的原则，将收入总额固定化，作为其结果，也使以后的支出固定化了。[①]

王庆云还在《纪会计》中就财政运用问题作了论述，提到了因岁入不及岁出所以要强调节约的问题。

　　康熙四十五年十月谕：钱粮支用太多，理当节省，否则必

　　致经费不敷。彼时，又欲议开捐纳乎？每年，有正项蠲免，有

---

① 　王庆云：《石渠余记》卷三《论丁赋》，第 25 页。

河工费用，必大加节省，方有裨益。前光禄寺一年用银百万两，今止用十万。工部一年用银二百万两，今止用二三十万。必如此，然后可谓之节省也。

康熙四十九年十月谕曰：朕践祚五十年矣，除水旱灾伤，例应蠲免外，其直省钱粮，次第通蠲一年者，屡经举行。更有一年蠲及数省，一省连蠲数年者，前后蠲除之数，据户部奏称，通共会计已逾万万。朕一无顾惜，百姓足，君孰与不足。朝廷恩泽不施及于百姓，将安施乎？朕每岁供御所需，概从俭约。各项奏销、浮冒，亦渐次清厘。外无师旅馈饷之烦，内无工役兴作之费，因以历年节省之储蓄，为频岁涣解之恩膏。朕之蠲免屡行，而无国计不足之虑，亦恃此经画之有素也。①

王庆云之所以主张节俭，是因为预见到了国用(中央财政支出)的增大，并暗中感慨道，如果从国家财政(国计)的观点来看，对于那些原本应纳入租税的免除，实际上成为经济发展的一种阻碍。

清末作为财政改革政策的重要支柱，是力倡进行预算、决算的主张。1896年(光绪二十二年)，刑部主事李希圣编纂《光绪会计录》，明确地展现出了岁出与岁入的实际情况，并尝试着将财政的全部数字用一体形式表现出来。李希圣编纂《光绪会计录》的主旨如下：

泰西各国岁出岁入之款，年终则布告国中，登诸报馆。故虽五尺之童，无不能言国用者。中国则不然。虽司农大臣老于其任者，不能尽知也。通才硕学，博极古今至问，以左藏之所掌，则愕眙而不能言。盖官既无成，书吏亦无专牍。虽欲稽考其道，无由余于掌故之学，夙所究心。甲午之夏，重入京师，讲求中外交涉之故，于泰西各国富强之政，亦既得闻其凡矣，独于本国度支不能尽悉。窃用恶焉，逢人而询，呼吏而语，展

---

① 王庆云：《石渠余记》卷三《纪会计》，第5页。

转传抄,久而大备。藏诸箧笥,不敢示人,盖当路之所讳也。中日和议成后,言变法者纷纷。天子亦思奋发自强,采其一二,既已见诸施行矣。然则户政一端,仿行西法,使人人尽得而见之亦当务之急也。乃敢排比钩稽,表而出之纲目,具举黎然可观。盖国家八千余万之出入,尽在是矣。治国闻者,可以考焉。自祖宗盛时岁入不及今日之半,然用以削平诸夏,鞭挞四夷。其时太仓之粟红朽相仍,府库所藏动逾亿万,天下殷富户有盖藏。江淮之间尤为奢汰,一宴之费,或至千金。盐漕改法,黄河北流,夷祸萌芽。海疆多故,征兵转饷,天下骚然。大盗乘之,毒流海内,竭天下之全力,仅乃平之,而后乃今患贫矣。[①]

据李希圣《光绪会计录》,光绪十八、十九(1892—1893年)两年的岁入岁出项目,做成如下所示。[②]

[岁入]

项目	光绪十九年度	光绪十八年度
（甲）常例岁入	43792185 两	43207127 两
（1）田赋（地租）	33267881	33280366
地丁	23329534	23433884
杂赋	1732343	1809401
租课	721504	841620
粮折	4447764	4200538
耗羡	3036736	2994923
（2）盐课	7679929	7403341
（3）常关税	2844375	2523420
（乙）新增岁入	31078484	32938502

---

① 李希圣:《光绪会计录》(1896年)序。
② 同上书,各项目分别制成。

（4）厘金税	14277304	15315643
（5）海关税	16801180	17622859
（丙）临时岁入	8239465	7218809
（6）缴捐（献纳）	4090171	2693855
（7）续完（追征）	2093993	2550626
（8）节控（节减）	2055301	1974328
岁入合计	83110134	83364438

［岁出］

项目	光绪十九年度	光绪十八年度
（甲）常例岁出	39807813 两	39925321 两
（1）陵寝供应	92219	78118
（2）交进	280000	280000
（3）祭祀	255113	403772
（4）议宪	45069	62030
（5）俸食（官吏俸给）	3845116	3851418
（6）科场（试验费）	113852	55108
（7）饷乾（军队费）	18495270	19757079
（8）驿站	1830906	1819392
（9）廪膳	117114	120065
（10）赏恤	1463898	849711
（11）修缮	2300316	2538645
（12）采办	4122984	3796580
（13）织造	1400388	1034916
（14）公廉（官吏津贴）	5144952	4939564
（15）杂支出	300616	338923
（乙）新增岁出	23850111	26410686
（16）营局饷需	17069920	18607254
（17）关局经费	3181741	3286625
（18）洋款等项	3598450	4516807
（丙）特别岁出	7197107	6920970
（19）补支（追加）	5315672	5232517
（20）预支（预付）	1881435	1688453

（丁）解京衙门经费	2578196	2388329
岁出合计	73433227	75645306

岁入之中，常例岁入大约为 4300 万两，占全部岁入的 1/2 以上。余下的来自新增岁入项目下的厘金和海关关税，约 3000 万两，临时岁入为 700 万至 800 万两。其构成的特征，并不是常例岁入中各项目的扩大征收，而是增加新立的临时岁入项目，其中的捐纳一项就是一个很好的例子。

岁出中，增加的部分有：新增岁出的营局（军队及事业费）、关局（海关、厘金局经费）、洋款（外国借款）的返还。

另外，英国驻上海领事杰米逊（Jamieson），从《谕摺汇存》的记载中，计算出了 1890 年代初期数年间的年平均岁入、岁出额。①

[岁入]

地丁银（地租银纳）	25088000 两
漕米（地租谷纳）	6562000
盐课、盐厘（盐税）	13659000
厘金（盐及鸦片以外的诸商品厘金税）	12952000
海关税（光绪十九年度）	21989000
内地常关税	1000000
中国产鸦片税及同厘金	2229000
杂税	5550000
岁入合计	89029000

[岁出]

中央诸官衙俸给，八旗兵及内务府经费等	19478000 两

---

① British Parliamentary Papers. *Report on the Revenue and Expenditure of the Chinese Empire*, 1895. pp. 5—20.

北洋海军经费	5000000
南洋海军及福建、广东水师经费	5000000
炮台、兵舰及洋式军队各项经费	8000000
东三省边防经费	1848000
甘肃、新疆边防费	4850000
云南、贵州、广西三省补给额	1655000
外债本利偿还资金	2500000
铁道建造费(开平—塘沽间)	500000
各项工程(官衙修造、黄河筑堤、其他土木)费	1500000
各海关及灯台、浮表、巡逻船等经费	2478000
各省地方经费及补给额等	36170000
岁出合计	88979000

岁入中,海关税约 2200 万两,直逼地丁银的数额,海关税和厘金税合起来则超过了土地税,而且还比李希圣的《光绪会计录》的岁入额多出了 500 万余两。岁出中,海军、军舰、炮台、军队添置所增加的费用为 1800 万两,增加的边防费约 700 万两,与军事有关系的经费占到全年岁出的 28%。

很明确,不论是李希圣,还是杰米逊,据他们所制成的清末会计表,清朝财政中新增加的支出,不是用财政收入而是用外债来补充的。关于这点,将在下节中详细论述。

二 中央与地方——关税、厘金、币制

清朝末期,从中央—地方的关系上看,可以看做地方被重视的时期。我们可以考察一下作为其表现之一的地方志编纂的变化。据表1-3所示,继乾隆末期到嘉庆时期地方志编纂的盛期之后,19 世纪后半期则再次形成地方志编纂的高潮。①

---

① 黄苇主编:《中国地方志辞典》,黄山书社 1986 年版,第 734—742 页。

表 1-3　　　　　　　　　　　**清朝时期地方志编纂数——各省**

期　间	安徽	山西	山东	四川	直隶	陕西	江苏	浙江	新疆	广东	河南	江西	湖北	西藏	广西	云南	湖南	吉林	辽宁	合计
乾隆三十一—四十	3	1	1																	5
四十一—五十			1	1	3	4	1	1	1	1										13
五十一—六十							2	1			1	1	1							6
嘉庆一—十	2				1			1			1				2	1				8
十一—二十五	4			1			2	6									1	1		15
光绪一—十					1		2	5				1	1				1	1		12
十一—二十		2			3	1	1							1			3			13
二十一—三十四							1					1			1			1		4
合　计	9	3	2	2	8	7	15	8	1	3	2	3	2	2	3	1	5	1	1	76

资料来源：黄苇主编《中国地方志辞典》，黄山书社 1986 年版。据第 734—742 页制成，其中直隶包含京师。

上述动向反映出，到 1860 年代太平天国运动后，地方恢复政策的推进；也特别反映出从 1860 年代开始，中央政府在财政再建政策（通货膨胀政策）失败后，推进了强化中央财政的政策。也就是说，19 世纪清朝的中央财政，在只依靠地方以求再建的状况中，也增大了中央与地方的矛盾，于是产生了中央与地方之间在财政权限上的界限问题。这就是所谓的中央与地方的划分问题。它主要是作为对地方各省推行财政政策和自强政策的一种干预措施，表现为在地方上收取税金的现象。

（一）中央—地方财政关系

清末中央与地方的财政关系大致上有着怎样的内容呢？由地方各省向中央政府上缴的税金，除米和特产品等实物以外，还包括各省政府分摊的一些项目，它们被用于支付以下的开销：[①]

（1）北京内务府（内务府经费、造办费、颐和园经费等）

（2）北京兵部（北洋练兵费、东北边防费等）

（3）户部[1906 年以降的度支部]（前后局等）

---

① 《光绪会计录》，第 25—30 页；何烈：《清咸、同时期的财政》（台北，1981 年），第八章。

（4）北京各处：部、卫、署、院、局、监、校的机关经费

（5）支付赔款本金、利息的分担金

（6）支付外国借款本利的分担金

如果就以上所见的项目作判断,可以发现其中所表现出来的一些关于中央财政的问题。其一,上面所列项目的每一分类下,分配给各省政府的负担,如果从中央政府的角度进行考察,就产生了财政是不是中央集权性的问题。因为使其分担必要经费项目的这种结构,即使不具备中央"集权"的形态也是可能存在的。换言之,若再考虑到并不存在经常费(恒常费)和临时费的区别的话,那么中央财政也可以说不过是地方财政的"总和"而已。

另一方面,若从地方财政的角度来看这种状况,当然负担是增大了,作为结果,为了确保新财源,地方财政通常不得不勉强筹措款项。见清末浙江省的中央财政负担实情表1－4。① 本来厘金刚刚开始征收时是以地方处置为目的的,但后来却被充当了地方各省的中央财政项目。而实行汇款(协饷)的省份,如广东、广西、福建、安徽、四川、湖北、江苏,其项目也以军事为中心,把关税、盐课及其他征税项目联系在一起。另外,各省中有关浙江省上缴部分的各项目也一样,军事、关税以及厘金财源并非临时项目,也被充作了常项,这反映出地方与中央的财政关系中,对厘金的利用广泛且细化结合的状况。而且各项目由于定额化、固定化,一年间合计可达到100万两的程度。浙江省是与江苏省、广东省并列的厘金收入最大的省份,课以这样的负担是可能的,但是,一旦地方需要财源的时候,我认为这样的融通方法就会出现困难(参见《结论》)。

20世纪初,中央为了偿还外债和赔款而加重了地方的负担,对此,全国主要省份的总督、巡抚们,连名上奏请求减轻地方负担。他们以刘坤一(两江总督)、张之洞(湖广总督)为首,有奎俊、陶模、许应骙、魏光焘、聂缉

---

① 《浙江全省财政说明书》"厘金"。

表 1-4　　　浙江省年厘金收欠一览表（光绪二十四—二十六年，三十二—四十三年）

省别	款目	光绪二十四年 分配额	光绪二十四年 实征额	光绪二十五年 分配额	光绪二十五年 实征额	光绪二十六年 分配额	光绪二十六年 实征额	光绪三十二年 拨数	光绪三十二年 收数	光绪三十三年 拨数	光绪三十三年 收数	光绪三十四年 拨数	光绪三十四年 收数	1898—1909年 拨数	1898—1909年 收数	合计 欠数
向外省的送金	广东裁军节饷	48万两	无	20万两	无	10万两	无	10万两	无	10万两	无	10万两	无	168万两	无	168万两
	广西裁军节饷			4万两	3万两	2万两		2万两	无	2万两	无	2万两	无	24万两	3万两	21万两
	广西梧州关税					2万两	2万两	2万两	2万两	2万两		2万两		20万两	10万两	10万两
	福建裁军节饷					2万两		2万两		2万两		2万两		20万两	无	20万两
	福建盐课	3万两												3万两	无	3万两
	福建昭信股票	10万两	10万两											10万两	10万两	无
	福建减平			3万两	3万两	3万两	1万两	3万两		3万两		3万两		33万两	4万两	29万两
	闽关甘饷协拨							1万两		1万两		1万两		3万两		3万两
	安徽减平			3万两	3万两									3万两	3万两	无
	四川减平			3万两		3万两		3万两	无	3万两	无	3万两	无	33万两	无	33万两
	四川茶糖烟酒加价			5万两	5万两									5万两	5万两	无
	四川甘饷协拨							3万两		3万两		3万两		9万两	无	9万两
	湖北甘饷协拨									3万两		3万两		9万两	无	9万两
	辽宁解部节省							1万两		1万两		1万两		3万两	无	3万两

续　表

省别	款目	光绪二十四年 分配额	光绪二十四年 实征额	光绪二十五年 分配额	光绪二十五年 实征额	光绪二十六年 分配额	光绪二十六年 实征额	光绪三十二年 拨数	光绪三十二年 收数	光绪三十三年 拨数	光绪三十三年 收数	光绪三十四年 拨数	光绪三十四年 收数	1898~1909年 拨数	1898~1909年 收数	1898~1909年 欠数
潘库	昭信股票	32万两	24万两											32万两	24万两	8万两
	裁兵节饷	10万两	43970两7分2厘	10万两	10万两	10万两	10万两	10万两	92366两1钱4厘	10万两	10万两	10万两	99907两5钱2厘	120万两	109296两5钱2分1厘	107703两4钱7分9厘
	新增当税	2万两		2万两	2万两	2万两	2万两	2万两	2万两	2万两	2万两	2万两	2万两	22万两	219000两	1000两
	新增减平	8万两		8万两	57003两1分6厘	8万两	62976两9分9厘	8万两	76637两3分6厘	8万两	46658两1钱2厘	8万两	62529两1钱5厘	88万两	656876两9分9厘	223123两9分1厘
	绿营公费	2万两		2万两	2万两	无	无	2万两	17599两9分5厘	2万两	7231两6钱3厘	2万两	7286两分4厘	22万两	167053两1钱4分6厘	52946两8钱5分4厘
	武卫军饷		53597两					2万两								2万两
向本省的送金 各司道关局	盐斤加价	5万两	53597两	5万两	5万两	5万两	无	5万两	5万两	5万两	5万两	5万两	5万两	55万两	55万两	无
	盐课溢课	8万两		8万两		8万两	46288两7钱8分1厘	8万两	5725两1厘	8万两	7231两9钱6分3厘	8万两	13241两6钱	933597两	186789两3钱8分5厘	746807两6钱1分5厘
	盐商报效															2万两
	漕项	6万两		6万两	6万两	3万两	3万两	6万两	6万两	6万两	6万两	6万两	6万两	24万两	22万两	2万两
	杭关洋药税	6万两		6万两	6万两	6万两	6万两	6万两	6万两	6万两	6万两	6万两	71万两	71万两	无
	宁关洋药税	10万两		10万两	10万两	10万两	10万两	10万两	3万两	10万两	10万两	110万两	60万两	50万两
	瓯关洋药税	10万两		无	无	无	10万两	10万两	110万两	无	110万两
	整顿厘金盈余	1万两		1万两	1万两	1万两	1万两	48万两	13万两	21万两
	茶糖烟酒加价	8万两		8万两	8万两	8万两	8万两	8万两	无	无	无	48万两	49288两7钱2分	35万两
	铜元余利			2万两	2万两	4万两	29288两7钱2分8厘	5万两	5万两	5万两	5万两	46万两	410711两2钱7分2厘
	合　计	1103597两	487567两7分2厘	120万两	657003两1分8厘	99万两	608533两7钱8分1厘	100万两	402327两7钱1分6厘	100万两	353890两8钱7分5厘	100万两	342964两9钱9分1厘	12303597两	5261304两7钱7分9厘	704231两2钱2分1厘

资料来源：经济学会《浙江全省财政说明书》附表,1910年。

73

犟(江苏巡抚)、王之春、李兴锐、任道(浙江巡抚)、镕德寿、岑春煊、端方、俞廉三、丁振铎、李经羲、邓华熙、盛宣怀诸人。他们极力反对负担加重，主张如下：

> 会奏摊款减成电摺
>
> 开封军机处钧鉴，各省分派赔款，为数过巨，筹措万难。方今民生困穷，商业凋敝。经去年之变，各省商民元气大伤。种种筹款之法，历年皆经办过久，已竭泽而渔。若再痛加搜括，民力既不能堪，赔款仍必贻误。且沿江沿海五省盐厘货厘，久已抵还旧案洋债拨补大半无着。近年加拨各款多系有名无实无法筹解。而自去年以来，南北各省闹教赔款多者二三百万，少者数十万。即不闹教省份，摊派直隶教案赔款亦二三十万至十数万。此又出于各项饷需之外，民怨已深，正苦无从设法。自新案大赔款，经全权定议后，数月以来，屡与司道各局筹商，无不焦思束手。虽勉强搜罗，断难如数。且即所拟议奏明筹捐加收之数，将来亦恐难收，足实无把握。间有议加货厘者，乃是无聊之极思。窃恐驱鱼驱爵，徒归洋旗子口收数，转不能多。若按粮捐输，少则无益，多则必然扦格。房捐虽有办者，亦不能多。此外各种筹款之法，无一易办者。总之无论如何筹加筹捐，无非取之于民。当此时势，民心为国家第一根本。以民穷财尽之时，倘再尽力搜括，追呼以供外国赔款，必然内怨苛政外愤洋人，为患不堪设想。[①]

赔款的负担，在加重各省负担的同时，势必导致民生困穷、商业凋弊等状况的出现，这种无可奈何的局面，必然导致民心不稳，国富无望。清政府在《马凯条约》(1902年中英通商条约)中签订了作为解决政策的提

---

① 《皇朝经世文新编续集》卷六《国用》，第64—65页。

案内容,其内容为:加税5%所得的增收部分(也包含对以前的免税品的新课税。关于《马凯条约》参见本书第四章第二节),由天津海关的穆廉德尔夫所保证的增收部分,以及25处海关的增收部分,这些资金用于购米,以节约从其他地方漕运的费用,这样大约可以筹措约500万两白银,以偿还总额为1800万两的欠债。①

根据这个提案,可以明确看到,"中央财政"这一独立的财源不复存在了,地方各省首先从地方的实际情况出发,将扣除后的余额再上交中央;可以说这一提案更加强化了地方主导型的财政运用。

在这一过程中,地方督抚们的态度也很有特点,督抚们把赔款和借款的返还看做中央(国家)的职责,而把负担视为地方(民众)的事情。或者说,奉行着这一逻辑的督抚们,表现出了立足于"地方"的态度。这种态度,与19世纪后半期尤其是洋务运动时期李鸿章、左宗棠等人所表现出来的中央观是不一样的,那时他们可以说既是中央政策的制定者,也与地方利益是一致的。但前面所说的督抚们,在言及1902年《马凯条约》中所签订的裁厘加税(撤废厘金,取而代之的是增加进出口税率)时,他们只讲加税问题,并根据它来计算偿还外债的财源增加问题;而对另外一个裁厘问题,亦即与他们地方利害关系密切相关的厘金撤废问题,他们却丝毫也没有提及。大概可以这样认为,在中央与地方的关系问题上,本来应该从中央立场上来处理地方问题的总督、巡抚们,反而僭越了自身作为调停中央与地方之间利害对立关系者的身份,将自己置于以扶植地方利益为重的位置上了。以厘金税来偿还借款的情况如表1-5所示,通过此表可以看出,厘金税本来是归于地方税的,但却被中央调用,从而成为压迫地方税的东西了。②

---

① 《皇朝经世文新编续集》卷六《国用》,第64页。

② 徐道传填记:《七处厘金抵还英德借款数目一览附表》、《财政处第一次一览统计表》(民国元年)。

表 1—5　七处厘金局英德借款返额一览表（1906—1911 年）

单位:规平银两　合库平银两

期间\局别	1906年4月1日—12月31日	1907年1月1日—12月31日	1908年1月1日—12月31日	1909年1月1日—12月31日	1910年1月1日—12月31日	1911年1月1日—12月31日	合　计
苏州货厘局	规平银 693768000 合库平银 633000000	8768000000 8000000000	880088000 803000000	869120000 793000000	871320000 795000000	804464000 734000000	12886760000 4558000000
松沪货厘局	876800000 800000000	1424800000 1300000000	1315200000 1200000000	1315200000 1200000000	1315200000 1200000000	1205600000 1100000000	7452800000 6800000000
九江货厘局	192896000 176000000	204075200 186200000	227968000 208000000	188512000 172000000	207140000 189000000	161112000 147000000	1181703200 1078200000
浙东货厘局	913333000 833333000	1096000000 1000000000	1096000000 1000000000	1004667000 916667000	1187333000 1083333000	730668000 666668000	6028001000 5500001000
宜昌盐厘局	581441740 530512530	702905050 641336720	761462850 694771760	729761580 665840840	653947880 596667760	579477150 528720031	4008996250 3657849641
鄂岸盐厘局	620950000 562165930	785050000 711243340	800900000 726832610	800850000 726787220	871550000 726604430	642000000 581223200	4521300000 4034856730
皖岸盐厘局	276612480 2510850530	271361320 245797750	332945420 301444700	281576590 254935797	358929720 324854375	252875300 228846420	1774300830 3866729572
总　额	4155801220 6045861990	13252191570 4884577810	5414564270 4934049070	5189687170 4729230857	5465420600 4915459565	4376196450 3986455651	37853861280 29495636943

资料来源:中华民国税务处《税务处第一次一览统计表》(民国元年)。

　　20 世纪初叶进行的各种各样的改革运动,也包括了各省所进行的自强政策,其中有新的行政、教育、警察、司法等等方面的改革。那么这些方面改革的经费是如何筹措的呢? 请见下面以河南省北部卫辉府所属 9 县为例做成的表 1–6。①

表 1–6　　　　河南省卫辉府的捐税(光绪二十九—三十四年)

府名	县名	捐名	捐税额	开始时期和充当项目
卫辉府	汲县	斗捐	1106 两 3 钱	光绪三十二年开办。府县学务经费并巡警薪饷。
		煤油捐	79 两 6 钱 5 分	光绪三十一年开办。每石油 1 箱抽钱 40 文半。学务经费半归行用。
		火柴捐	18 两 7 钱 4 分	光绪三十二年开办。学务经费。
		棉花捐	38 两 5 钱 7 分	光绪三十二年开办。学务经费。
		戏捐	76 两 7 钱 8 分 2 厘	光绪三十四年开办。学务经费。
		猪捐	71 两 4 钱 2 分 8 厘	光绪三十四年开办。学务经费。
		册书捐	140 两 8 钱 5 分 7 厘	光绪三十四年开办。学务经费。
		庙捐	108 两 3 钱 3 分 8 厘	光绪三十四年开办。解府实业学堂经费。
		铺捐	310 两 3 钱 9 分	光绪三十一年开办。警费。
	新乡县	斗捐	1800 千	光绪三十一年开办。承办粮行。学务经费并解府中学堂经费。
		戏捐	77 两 3 钱 3 分	光绪三十三年开办。学务经费。
	辉县	斗捐	1440 千	光绪三十三年开办。承办粮行。府县学务经费。
		芝麻捐	20 千	光绪三十三年开办。学务经费。
		戏捐	137 千	光绪三十四年开办。警费。
		变蛋捐	100 千	光绪三十二年开办。学务经费。
		契尾捐	299 千 800 文	光绪三十四年开办。买当房地尾每张收钱 200 文。学务经费。
		丁漕串票巡警费	442 千	光绪三十四年七月开办。每串票一张附收巡警费 5 文。
		庙捐	75 千 600 文	光绪三十四年开办。学务经费。
		粮坊折差	55 千	巡警费。

---

①　《河南全省财政说明书·岁入部·厘捐》,第 29—32 页。

府名	县名	捐名	捐税额	开始时期和充当项目
	获嘉县	煤捐	291 两 1 钱 2 分	光绪三十四年开办。道清火车运卸每车收捐 1 千文。学务经费。
		斗捐	1 千零 80 文	光绪二十九年开办。责成行头呈缴。一半解府中学堂经费，一半留县充学务经费。
		商捐		商会管理收发。警捐。
	淇县	斗捐	100 千	光绪三十一年开办。每斗抽钱 2 文。府中学堂经费。
		庙捐	63 千 910 文	光绪三十四年开办。解府实业学堂经费。
		铺捐	336 千	光绪三十二年开办。警费。
	滑县	戏捐	400 两 2 钱	光绪三十二年开办。劝学所经费。
		粮捐	9427 两	光绪三十四年开办。禀明凡 3 钱以上花户每白银 1 两随粮捐钱 400 文，旋奉文停止，余款充警务教练经费。
		铺捐	548 两 9 钱	光绪三十三年开办。警费。
		屠捐	799 两 6 钱	光绪三十三年开办。警务费。
	濬县	斗捐	1495 千 500 文	光绪三十二年开办。府县学堂经费。
	封邱县	斗捐	100 千	各种报章经费。
		戏捐	200 千	劝学所经费。
	延津县	斗捐	880 千	光绪三十二年开办。解府中学堂400 千余。本县学务经费。

资料来源：《河南省财政说明书》（光绪三十四年）"捐税"。

河南省卫辉府 20 世纪初叶相继开始实施教育、警察等新的政策，并实行了与地域社会安定相并行的振兴政策。而这期间所筹措的财源，基本上是捐纳。捐纳主要是以谷米买卖交易、石油、火柴、棉花、猪、胡麻及其他交易为对象的课税，还有来自对庙宇、店铺的征收。其中特别是对谷米交易的征收占了压倒性的多数，同此前的以土地为对象的课税相比较，我们能够看出从流通市场吸收财源的情形。

另外，对于厘金来说，许多人指出了它的弊端，但即便如此，也不能无视其以往所形成的、作为地方税所占有的独立地位。例如，《贵州全省财政说明书》中《岁入部·厘金》一项下，就有历数厘金弊端的极端之例:(1)在全省征收厘金的50余处厘卡(即征收厘金的税关)中,上上下下之官吏竟然有半公半私的行为,私自进行交易;(2)规则虽然存在,却并不遵守。在这些批评之后,该书作了如下评论:

> 以上诸弊特举大端,现与通商各国,议订商约其第八款云。中国认悉在出产处,于运转时及在运到处,纷纷征收厘税以及别项货捐,难免阻碍场务。不能流通,势必伤害贸易之利。是以允愿除第八节所载之销场税外,尽裁此项筹饷之法。又云所有厘卡及征抽行货地捐各关卡局裁撤后,不得改名或藉辞将此项关卡复行设立等语。加税免厘不久,将见诸实行换之内政外交,除裁撤而外,更无他策矣。乃黔省财政支绌,厘金为岁入大宗。宣统三年预算亏额百万有奇,尚须设法切实节筹厘金一项。算入银一十五万有奇,较宣统元年虽已减算一万三千余两,其在入款亦非少数,如悉数裁去则亏短更巨,何以支持?查各国之税法不同,立法之趋势无异。考其性质,惟内国消费税之课于转运中者,如日本冲绳县之酒税、奥地利之谷物税,近似于厘金。是厘金性质在各国普通税法中,已不可见其特别采用,似亦别具宗旨。通过税非文明税法之经常,则厘金非文明税法。所应有况黔省厘金局卡报解抽款,仅大别之为土药、百货二宗,从未分析物类。国家税不问其所出,直接征收,何殊请负方法,更非课税完全之制。[①]

在这里,它指出,《马凯条约》(1902年)第8条中,有关于与诸国间决定厘金的撤废和废止后禁止复行的规定,但厘金作为贵州省最大的收入项目,就像冲绳的流通税和奥地利的谷物税,虽然不一定是适应于时代的税种,但出于它在地方的重要性却不能轻易地被废除。

在中国经济史中,要想掌握动态的流量是很困难的。但是,如果能

---

① 《贵州全省财政说明书·岁入部·厘金》,第8—9页。

够追踪考察厘金实态的变化情况,这就有可能追寻出资金、商品和商人的动向,这也就是我做第四章课题的初衷。

(二) 货币铸造与财政问题

在一个朝代里,政府总是要不断地采取通过币政来加强财政的政策,而这种币政就是纸币的发行和钱币的铸造。它的背景是,财政运用过程中有白银的存在,但白银并不是作为表价货币存在,而是作为秤量货币来使用,中央政府并不是把白银作为货币金属来管理。另外,作为两种货币金属的白银和铜,政府以同一重量的比价100∶1将其极大地分离开来,因为政府只须管辖铜钱的铸造,所以,政府能够在为高额的表价额的铜钱流通提供方便这一名义上铸造和发行铜钱。[①]

如果从中央—地方财政关系中的通货权问题上来看这个问题,它又有什么样的特征呢? 也就是说,关于通货发行及其流通,中央有着怎样的权限呢? 在中国的货币流通史上,几乎没有过黄金流通的历史,基本上是白银与铜钱复本位制。其中,铜钱归中央管辖铸造,白银则由民间银炉铸成马蹄银,作为秤量货币流通。而两者的比价从 1000∶1(白银 1两 = 铜钱 1000 文)出发,因时代的变化而又形成很大的价别。

尽管中央政府并不直接管理白银的流通,但在制定征税政策时,因"地丁银"和"一条鞭法"的实行,从而在客观上确定了以白银作为收纳的主要形式。因此,民间在很大程度上要依赖于经营换金业务的钱庄,即使是作为汇款机构的民间金融机构——山西票号,也在很大程度上作为征税银的汇款机构而存在。也可以说,所谓的白银流通以及公金的汇款,却要依赖于民间进行。在这种情形下,官与民之间就形成了互为依存的关系,形成了中央—地方关系相并列的作为基本经济关系的官民关系。到了 1860 年代,由于发生了被称之为"咸丰通货膨胀"的通货危机,通货发行和流通上的官民关系才出现了紧张化。

---

① 魏建猷:《中国近代货币金融史稿》,上海人民出版社 1945 年版,第 25—40 页。

1. 咸丰时期大钱和钞票的发行(咸丰通货膨胀)

在中国历史上,所谓钱就意味着制钱,重量被定为 1 钱 2 分,由官设的铸造局来制造。对这种钱,一个钱若是表示 5 钱或 10 钱等等的高额价值,它便被称为"大钱"(重钱)。所谓的钞票,则统括为宝钞(作为货币的纸币)和官票(官吏的白银票),是政府发行的纸币。

1850—1860 年代太平天国运动的过程中,面对财政危机的清朝政府,必须解决通货稳定和资金筹集这两个课题。在鸦片战争以前就有过铸造大钱的建议,也有关于发行纸币的争论(王鎏《钞币刍言》、许楣《钞币论》等)。但是,作为货币政策而提出具体建议的却以 1851 年(咸丰元年九月十九日)王茂荫的上奏为其开端。① 以下想探讨的,是关于大钱发行和钞票发行的构想,和一直到 1850 年代决定清朝货币政策的争论。首先,关于大钱铸造的建议,有 1842 年御史雷以诚的上奏:

> 惟有不必贱银,亦不必废现行制钱,只须稍重铜斤,选择上好铜色,增铸一两重钱,以当百钱之用,与制钱并行不悖,是亦法之简而易行者……②

在这里,雷以诚论述了由于铜钱与白银价格上的差别过大,政府可以铸造重量为 1 两的大钱,价值百钱,从而与制钱并行流通的见解。

但是,通过铸造中间货币以补货币之不足,并由它弥补财政之不足,这一见解必定包含着两者不能同时解决的问题。首先,中间货币在其价格之中,如果必须表示出它本来就含有的金属价值的话,百钱铜币的重量理应是 12 两(1 钱 2 分×100);另外从原料费节约的方面来说,这样也是不可能的。为了弥补铜钱在重量上的不足,雷以诚陈述了长达 12 条的具体政策建议:

---

① ② 中国人民银行金融史料组:《中国近代货币史资料》(上),中华书局 1964 年版,第 140—144、145 页。

1．铜色宜定也。

2．分两宜定也。

3．制造宜精也。

4．钱模宜准也。

5．宜专责成也。

6．铸钱及收放成数宜定也。……凡有应放应收银项，银七成重钱三成；应放应收钱项，制钱七成重钱三成。凡钱铺有赴局购钱者，亦以制钱七成重钱三成发给，均应照市价制钱酌量扣算。如有专买重钱者，酌加一成付给以示奖励。

7．行使宜有序也。……宜先从各官俸廉按银七钱三之法，分别发放则行之于官者，可达于市廛。市廛信于官，则百姓不疑于市廛。既行于百姓，即无不可行于兵丁。

8．捐赎各项宜重钱也。

9．征收钱粮宜定成数也。查定例，各省征收杂税存留各项钱粮，向准白银七钱三交纳，其所以敢违成例者，一则藉口制钱笨重，难于起解，一则因制钱一千准银一两，按之市价不免赔累。……嗣后各省州县，无论何项钱粮，俱准其银七成重钱三成交纳……

10．盗铸宜禁也。

11．红铜器宜稍禁也。

12．宜斟酌晓谕也。[①]

雷以诚的主张中，第一，为确保货币信用，规定了制造上要精确；第二，在使用规定上特意区分了两点，即（1）政府的使用规定等于放出规定、（2）民间的使用规定；第三，列记了违反的处罚规定。他在这里，是将"大钱使用"放在资金的运用层面上来考虑

---

① 中国人民银行金融史料组：《中国近代货币史资料》（上），中华书局 1964 年版，第 147 页。

的，并希望以此来使先前的货币不足和财政困难两者同时得以解决。

但是，对于雷以诚的提案，户部潘世恩则给予了反驳。他认为：

> 今若铸一两重钱，以当百钱，除铅不计外，计短铜至五两四钱八分之多。现在京城市肆制钱五百名为一千，而其实民间货易止作五百之用，是一钱尚不能当两钱之用，而欲以一两重钱当百钱之用，恐商民难以听从。且大钱若行，私铸更易，论工本则轻而又轻，论利息倍益加倍。①

潘世恩是从货币金属主义观点出发的。在他看来，重量比例的变更，也许会带来商民不服从的问题，从而在这方面也就引发了如何理解"民间信用"的问题。

以上述所提出的这些关于大钱铸造的基本论点为背景，户部主事王茂荫在 1851 年提交了以下关于发行大钱、钞票（纸币）的上奏：

> 1. 拟令钱钞可取钱也。查市行钱票，与钞无异，而商民使用者以可取钱也。宝钞准交官项，本自贵重，而人总以无可取钱，用多不便。若于准交官项之外，又准取钱，自必更见宝贵。
>
> 2. 拟令银票并可取银也。现行银票钱钞，均属天下通行，而行远要以银票为宜，欲求行远，必赖通商，欲求通商，必使有银可取。人疑无如此现银以待取，而不知各省之钱粮关税，皆现银也。今既准以银票交官矣，此抵交之银不归之商人乎。既可准其抵交，何妨准其兑取。自上计之，二者初无所殊，而自商视之，则二者大有所异。盖抵交迟而兑取速，抵交滞而兑取灵。

---

① 中国人民银行金融史料组：《中国近代货币史资料》（上），中华书局 1964 年版，第 149 页。

凡州县征收钱粮，必有银号数家，将钱统易为银，持银统熔为锭，以便解省。今使商人持钞至倾熔钱粮之银号，准其兑取现银，则商人之用钞便，而得钞不待倾熔，即可解省，于银号亦便。在各州县收钞于商与收钞于民，初无所异，而零收之与整兑，亦有较见为便者。今若于准交之外，再加准兑取一层，则钞益贵重，处处可取银，即处处能行用，而不必取银。

3. 拟令各项店铺用钞可以易银也。各店铺日卖货物，惯用市票，何独惮于用钞，以市票能易银以置货，宝钞不能易银，即不能置货。此虽强令行用，将来货物日尽，宝钞徒存，市肆必至成空，不独商人自虑，即国家亦不能不为代虑。查银钱周转，如环无端，而其人厥分三种：凡以银易钱者官民也，以钱易银者各项店铺也，而以银易钱，又以钱易银，则钱店实为之枢纽焉。各店铺日收市票均赴钱市买银，而钱店则以银卖之，今请令钱市凡以票买银者必准搭钞，则各店铺用钞亦可易银，而不惮于用钞矣。各店铺不惮用钞，则以银易钱之人，无非用之于各店铺，凡令钱店开票者，亦可准令搭钞矣。各钱店开票亦可搭钞，则以银买各店铺之票而亦不惮于钞矣。凡以三层关节为之疏通，使银钱处处扶钞而行，此各行互为周转之法。

4. 拟令典铺出入均准搭钞也。查现在典铺取赎者用钞不敢不收，而当物者给钞率多不要。使典铺之钞有入无出，将来资本罄而钞仅存，不能周转，必至歇业。典铺歇业，贫人益无变动之方，应请令嗣后出入，均许按成搭钞，此一行自为周转之法。[1]

王茂荫在上面的论述中，提出在大钱和钞票发行的时候，有必要

---

[1]　中国人民银行金融史料组：《中国近代货币史资料》（上），中华书局 1964 年版，第 155—157 页。

保证中央体系的流通,更有必要确认发行的地方化状况,特别是必须
要有对民间流通和商人、贸易的通盘考虑。王茂荫所忧虑的问题是,
用大钱来弥补现银的不足之处和在维持纸币发行不可与银兑换的状
态下能否保证其正常的流通。也就是说,大钱和纸币,尽管其发行本
身能够弥补财政不足,但其流通却不能得到保证,二者就是矛盾的;
另外,假如大钱和纸币的兑换性被全面认可的话,政府用于兑换上的
财政支出将是巨额的,与作为财源补给的初衷也正好相反,这也是令
人担忧的情况。王茂荫对历代王朝仅着眼财政补给而引发通货膨胀
的做法十分忧虑,极力主张必须进行兑换保证。

　　1853 年 3 月,由福建省发行了最初的大钱,渐次发行了相当于
10、20、50、100 的大钱。紧接着大钱在北京发行,然后在全国各地的
铸造局发行。1854 年发行总额达到 2 亿 6600 万文,如果按 1 两 =
1000 文来换算的话,相当于 266000 两。①

　　1853 年 5 月咸丰纸币出现了。王茂荫主张发行 10 两、50 两两种类
型的纸币,理应作为兑换券。但是户部却决定发行了银票(1、3、5、10、50
两的票面价格)和钱票(250、500、1000、1500、2000、5000、10000、100000
文的票面价格)。②

　　至于发行、使用方式,则被规定用于赎买典当、谷物购买、买官资金、
纳税(30%—50%)等;其后,更扩大到官吏的俸禄和军队的俸禄。由于
这是银票交换,所以政府还在北京设立了作为官方兑换金融店的官
银号。

　　从那以后,政府在全国铸造了大量的大钱,限于都市流通,结果
市场上出现了钱价急速下跌(银价上升)和民间私铸大钱的情况。而
且,与王茂荫的提案所设想的不同,由于非兑换纸币的增发,纸币膨

①②　中国人民银行金融史料组:《中国近代货币史资料》(上),中华书局 1964 年版,第
180—183 页。

胀(贬值)也在急速地加剧。大钱和纸币的发行,只发挥了极其短暂的弥补财政的作用。而这个过程中非常清楚的一点是,大钱发行是政府在财政上的一次失败的尝试,也就是说,由于清朝通货政策的破绽,从而导致了财政运用原理上的破绽。除此之外,更由于大钱的流通,(1)各地方铸造局都从各自的地方财政状况出发铸造大钱,从而使发行钞票的通货权地方化了,而且随之又产生了财政权地方化的呼声;特别是(2),通货的流通,由民间金融机构的"协力"始成为可能。① 尽管如此,其过程中也产生了使通货膨胀增幅加大的事态,而且,也出现了拒绝交易和阻碍流通等状况的发生。学者们有必要对这一问题引起注意。②

清朝政府没能恢复财政权上的中央集权化,增发通货政策的采用也未能使它成功;作为一种交换,反而带来了地方财政的分立和通货发行地方化的趋势。我们能够看出来的情形是:权限从中央向地方转移,力量从官方向民间转移。

同时,在金融市场上,基于清朝政府的通货政策,从其税金征集到资金分配(支出)所形成的循环过程来看,政府在以开放口岸为中心重构金融市场的同时,也进一步推动了金融业者在交易活动中基于通货需要而采取的行动。总之,我认为,咸丰时期(1860 年代),对于清朝的中央财政而言,正处于已不可能恢复财源的时期。因而,其中存在着从中央向地方、从中央(官方)向民间这样一种财政、金融活动重心的转移。

2. 清朝末期的铜元铸造

对地方政府的财源来说,最大的财源收入是货币铸造。在货币铸造上,清末 1 两点值得注意的变化:第一点,铜元(面值 10 文钱的铜

---

① 中国人民银行金融史料组:《中国近代货币史资料》(上),中华书局 1964 年版,第 160 页。
② Edward Kann. *The History of Minting in China*. Shanghai,1940,p. 37.

币,大小与 1 文铜钱一样,无孔)的铸造。它一方面是随着物价的上升而出现的高额货币需要的产物;同时,在另一方面,它也因用料更少从而能筹措到更多的财源而出现。从四川省成都铸造局的铜钱铸造量可见,清末(光绪末年)时期里,10 钱铜币、20 钱铜币被大量铸造,1908年,两者合计铸造了总金额约合 170 万两白银的铜币(参见表 1-7)。①第二点,引人注目的是银币(银元)的铸造。清末期,如表 1-8 所见,成都铸造局从清末到民国初年大量铸造银币,每年的铸造额度都超过100 万两。特别是从 1905 年到 1909 年,大量银币被铸造发行,可以发现,地方进行改革事业所需的各种经费就是由货币铸造来筹措的。同时,为了弥补这一时期经济活动中流通手段之不足,尤其是到了后来,政府还发行了以 1 银元币为中心的高面额通货。

据表 1-9,通货发行额以湖南为最高,其次为湖北、江苏、河北(天津)、广东、浙江。这一顺序,既反映出了地方政府的力量和该地方的经济实力,同时,我认为这对于我们考虑辛亥革命时地方力量的强弱问题也提供了很有意义的参考。

表 1-7　　　　　　　　　**四川省成都铸造局铜钱铸造量**　　　　(单位:个数)

年	200 钱	100 钱	50 钱	20 钱	10 钱
1903—04				8037671	17235067
1905				17282484	78725587
1906				16278652	96310653
1907				14144820	114154542
1908				20606498	127284424
1909				19074490	131617208
1910				9193444	74857036
1911				5147928	25456183

① 据 Edward Kann. *The History of Minting in China*. Shanghai,1940,p. 37 制成。

年	200 钱	100 钱	50 钱	20 钱	10 钱
1912			9354084	12476661	60550205
1913	1956103	9639602	30337353	9614403	21977500
1914	13788	680821	51468510	8309706	
1915			47751491	16090730	389935
1916	738572	3754007	37584443	7299032	285570
1917	4179640	11333030	39989000		
1918	8045956	13718401	40734082	59818	914780

资料来源：E. Kann. *The History of Minting in China*. Shanghai, 1940. p. 37.

表 1 - 8 　　　　　　四川省成都铸造局银币铸造量　　　　　（单位：个数）

年代	1 银元	50 钱币	20 钱币	10 钱币	5 钱币
1901—02	1404737	62885	108180	392397	300920
1903	781609	135116	116686	70644	173728
1904	323523	6490	15500		28480
1905	226411	104027	303666	474674	
1906	1080538	71912	209072	66500	65560
1907	1493162	18090	39840	81700	46000
1908	1180823	78876	107226	191880	59269
1909	1792768	12100	19920	134267	
1910	738107	12534		112820	566100
1911	316730	13730	21285	32050	
1912	2866988	146916	95950	370541	
1913	3815291	62900			
1914	6926211	26200			
1915	6786100	69100			
1916	5426750	150000			

资料来源：E. Kann. *op. cit*. p. 36.

表 1-9　　**截至 1913 年各省铸造局铜钱铸造量**

（个数）

局名	百文铜币	五十文铜币	二十文铜币	十文铜币	五文铜币	二文铜币	一文铜币
天津			77218494	1273757545	1170122	13353877	92126149
湖北			267500	6805736254	27763600		46382000
四川	447253	2653548	131839884				
奉天			55369787	15884528			
云南			645475	16661002			
福建			117681	692991868	1082819	3438054	12560000
吉林			1784790	13763990		978500	
江苏			4991661	874259634			
安徽			44806	519268192	7060		
浙江			2506319	973798614	7833860	8162910	
广东				1154726357			
江南				2932985850			25450000
湖南				1009530625			
河南				910702894			9419512
清江浦				74005585			
山东				285851290		2116330	
江西				379722467			

资料来源:据 E. Kann. *The History of Minting in China* (Shanghai, 1940) 及其他资料制成。

上表中，关于发行总额占全国第二位的湖北省的货币情况，宜昌海关税务司的美国人伍德拉夫（F. E. Woodruff）写下了《中国所欠货币与改善方案》的报告书。[①] 他指出，当时的钱价上升，是由白银的国际价格下跌和铜钱不足所引起的，应该实行制钱铸造。而且他还提出了以下9项提案：

至补救一事，此时已知有国家体恤商民之苦，立饬各省开炉鼓铸。惟闻新钱未能通行各地，恐难敷用。其中拟请便通办理，妄列九端，兹特逐款详述于下：

1. 系先由宝泉、宝源两局议定各省所铸制钱工料，如何配合均须一律。其料似可掺和数样，如乾隆年间所用铜、铅、锡、白铅之类，纵其中间有一项价值忽有低昂，而他项并无轩轻，则所值仍可期平稳。惟工料约与旧制钱相敌，则新旧无甚出入矣。

2. 所铸之钱，莫妙于用机器制造。式样仍仿旧钱而市廛通用时，皆知其不过旧制，新铸亦喜其便于行使也。

3. 系预先晓谕商民，限以定期。嗣后只用新钱，所存旧钱到时禁用。

4. 铸钱局须先期按时价收买旧钱，或改铸新钱，或熔化出售其料。此外另购新料以铸新钱。其新钱或为公中使用，或兑商民旧钱，俟新钱市面充足有余，方可停铸。

5. 晓谕商民，限期之内，凡有旧钱，均当送至局中改铸。如彼时尚无新钱，则俟铸就之时如数发给。如局中有新钱，则立即照付后，由局或熔化或改铸。当收钱时，如系旧制钱则按数以给，如系小钱则按市价以给。惟局中均不得向商民索取规费。

---

① F. E. Woodruff. *China's Defective Currency：Remedial Suggestions*.（Ichang，1896）Shanghai，1897.

6. 系再准商民,将钱料送至局中,请其代铸新钱。其章程与前一条同一办法,亦不得索取规费。

7. 系新钱当未充足市面之时,最紧要者,在无分昼夜赶铸以期充足,虽银元亦可暂时从缓。

8. 系俟定期新钱,各地均已畅行充足。光景已可敷用,则亟应严查旧钱罚充入官,或改造或售料。

9. 定期后仍准商民随时将铸钱各料送局铸钱,亦不得索取规费。

以上九端,此系补救制钱要事。①

综合伍德拉夫提案中关于铜钱铸造、发行、流通改革方案的9条要点,可以简要概括为以下9个论点:

(1) 户部要制定全国性的、统一的关于铜钱制造的规定。

(2) 实行机械制造,但要与以前的式样相同。

(3) 旧式铜钱要在将来某个时点上禁止使用。

(4) 以上面所说的旧币禁止使用的时点为限,铸造局收回旧币。

(5) 回收之际,旧制钱以面额价格与新铜钱相交换,小钱则按市场价格相交换。

(6) 如果一般人手中还有铜的话,应该不收手续费而为其铸造成铜钱。

(7) 为新币铸造而倾注全力。

(8) 新币流通之日,也就是旧币退出市场之时,应使其停止使用。

(9) 新币流通开始以后,一般人若持铜去铸造局铸币,应免予收取手续费。

伍德拉夫提出了上述诸如全国按统一规格铸造新币、新币与旧币等额交换以及采用自由铸造方法等9条提案,从其基本的思路看,他是针对当时出现的货币发行地方化、货币权地方化的情况,希望通过以上方

---

① F. E. Woodruff. *China's Defective Currency: Remedial Suggestions*. (Ichang, 1896) Shanghai, 1987. pp. 12—13.

面的努力来使中央的货币权和财政权得以恢复。

第三节　海关与清末财政

如前所述,关税收入,对清末财政而言,其比重在不断地增大,但关税收入所具有的重要性却远大于其绝对额的增大。更确切地说,关税收入成为担保,由于其担保上的安全性、可靠性而得到了外国借款,而这又引发了其他的投资活动。

至 19 世纪末叶,许多国家开始对中国进行铁道投资,因而中国成了新的投资对象。将这种投资与各国的投资量相比较,可制成表 1 - 10。表中的铁道、政治借款,尤其加上义和团赔款,使中国成为国际投资竞争的一个焦点。另外,海关财源变成了存入外国银行的款项。

表 1 - 10　　　　　　　　**列国对中国投资**　　　　　　（单位:万两）

国名	年度	直接投资(%)	对中国政府债权(%)	合　计
英国	1902	150.0(57.6)	110.3(42.4)	260.3
	1914	400.0(65.8)	207.5(34.2)	607.5
日本	1900	1.0(100.0)	0.0	1.0
	1914	192.5(87.6)	9.6(4.4)	219.6(含其他)
美国	1900	17.5(88.8)	2.2(11.2)	19.7
	1914	42.0(85.2)	7.3(14.8)	49.3
俄国	1903	220.0(89.4)	26.0(10.6)	246.0
	1914	236.5(87.8)	32.8(12.2)	269.3
法国	1902	29.6(32.5)	61.5(67.5)	91.1
	1914	60.0(35.0)	111.4(65.0)	171.4
德国	1902—1904	85.0(51.7)	79.3(48.3)	164.3
	1914	136.0(51.6)	127.6(48.4)	263.6

资料来源:Chi-ming Hou. *Foreign Investment and Economic Development in China 1840—1937*. p. 225.

一　经费增大与海关税收

（一）经费的增大

纵观整个清朝史,其经费(岁出)发生着的巨大变化(如表 1 - 11 所示)。到了咸丰时期(1860 年代),每年的岁出大概是 3000 万两左右,可以认为这在一定程度上是稳定的。

表 1－11　　　　　　　　　　清朝经费的膨胀①

年　代	西　历	费额(1000 两)	顺治九年＝100	资料来源
顺治九年	1652	15734	100	康熙大学士张玉书
康熙元年	1662	27100	172	同　　上
雍正时代	—	30000	191	推　　定
乾隆三十一年	1766	34510	219	《清史稿》
乾隆五十六年	1791	31770	202	同　　上
嘉庆十七年	1812	35100	223	同　　上
道光二十二年	1842	31500	200	同　　上
咸丰时代	—	65000	413	推　　定
同治时代	—	70000	445	《民国财政史》
光绪十年	1884	78170	496	同　　上
光绪十九年	1893	73430	466	《光绪会计录》
光绪二十九年	—	134920	851	《支那财政论》
光绪三十四年	—	243700	1548	同　　上
宣统三年	1911	298440	1896	预 算 书

但是,从咸丰到光绪前半期(1860—1880 年代),经费呈现倍增之势,尤其是到了光绪末年倍增竟反复出现。咸丰以前的经费膨胀,是人口增加及其他社会性活动增加所带来的结果,与之相比,咸丰以降则是以军事费用为中心的财政支出增加的结果。

这种经费的增加,源于经常费用增加的同时,临时支出费用也增加。临时支出项目有:太平天国运动、伊犁防卫费、台湾之役、中法战争、甲午战争、义和团运动和持续的军事费。户部为了应付这种局面,便以增加厘金税、捐输、外国借款、海关税等等来筹措军费。

(二)海关税收入——新的财政原理

为进一步强化新财源和财政收入,在实施经费节减等诸多政策当

————————————

①　松井义夫:《清朝经费研究》(满铁经济调查会,经济资料第 66 编),1935 年,第 71 页。

中，海关税对于中央财政而言，特别是在实行对外借款政策方面是一个极为重要的方面。海关税的征收，从中央政府来看，由于以往的关税是在常关征收的，它直接成为地方的财源，而与之相比较的话，海关税则成为被高度集中起来的一大中央财源。但是，这一举动将意味着地方财源因为海关的介入而减少，因而中央受到了地方官员的激烈批评。在这一关系中也产生了厘金的问题。

在中国史上，财政是不必称之为"国事"的。它只是与课税原理和征税依据直接关联的问题。作为定额课税征收的原理，国家财政并没有采取办法来把握各种经济活动中财源的移动和流通以及根据财源的多寡来相应地调整课税数额。所以说，这种财政与实际情况并不是相对应的。

像中国那样以贡纳经济为机能的状况下，或者说是以贡纳原理为基础而运营其财政的情形下，海关税则与之相反，并没有作为保护关税和财政关税而存在，并不具备运营国家财政的机能。因为即使是在对外性的朝贡贸易这一原理发生作用的情形下，关税也被视为与外国的一种贡纳关系。在这个意义上，围绕鸦片问题，黄爵滋和马建忠提出的为增加税收而对鸦片课税的观点，从思维方式上说，是建立在财政论立场上的，因此十分引人注目。因而，也可以说关税论因统治理念的变化而发生了变化。

主张把海关税明确地视为财源的构成要素，并主张把它纳入财政运用的人，是清末的政治家李鸿章。李鸿章认为，海关税应该成为交由户部管理的中央税，同时也应发挥其对当时军事费用支出中的临时费用的支持作用。

1880 年（光绪六年一月二十七日），李鸿章在任江苏巡抚时所写的《论喀塔通商并购铁甲船》的上奏中作了如下的论述：

> 覆查江海关造送，上年收支出使经费细册，英法等八国年
>
> 款，共三十八万四千余两。用项大致已定，尚存银九十二万九

千余两。除拨南洋购船银四十万外,仍存五十二万九千余两,且此项六成洋税之一成。各关按结扣解绝无短少,必可随时济用,多存未免可惜。若移为购铁甲急需,以公济公名正言顺。仍乞俯徇鄙议于前项酌拨四十万,或再由部库洋税内借垫闽省应拨之六十万,仍由闽陆续筹解还部。如此一转移闲二百万,方有实在。①

这里所表示出的是江海关关税收入用途的具体情况,除借款返还、船舶购置等既定项目以外的部分将全部送交户部,当时需将其用于紧急购入铁甲船(军舰)的费用支出。由此可以窥见,海关税的用途虽然已经被规定下来,但它也是临时花费支出的强有力的收入源。然而海关税所发挥的最大作用,是以其为担保而大量引入外国借款。

二 借款政策与清末财政

(一) 外债——海关税担保

1. 外国借款的开始

从1860年代后半期开始,清朝政府的外债逐渐增加。而且外债的形态也发生了变化,由原来洋行进行的短期借款(半年、10个月或1年)、自有资本支出等形态,变成了在华外国银行通过在中国开放口岸、香港以及本国市场发行公债以募集资金的形态。外国银行利用这一方式对清朝政府进行贷款,确保大规模资金的筹集,而借款就成了银行业务的重要部分。

从1850年代到1894年中日甲午战争爆发的这个时期内,在大约1.5亿两之多的对地方官僚以及清朝政府的借款中,洋行约占9000万,外国银行约占6000万。而汇丰银行一家就占到全部借款的20%,是外国银行全部借款的50%,亦即3000万两。②

---

① 《李文忠公全集·译署函稿》卷一〇,第22—23页。
② 据徐义生《甲午中日战争前清政府的外债》算出,见《经济研究》1956年第5期。

在清朝政府诸多借款中，初期最为典型的是 1867 年（同治六年）的西征借款。这笔借款以海关税（闽海、粤海、浙海、江汉、江海各关的洋税）为担保，总税务司罗伯特·赫德在其中起了相当重要的作用。[①] 此项借款的目的，最初是为派遣左宗棠远征新疆平定回教徒叛乱而调配的资金，是首次额度超过了 100 万两的借款。为了交涉这笔借款事宜，作为左宗棠的幕僚以及资金筹措人的上海采办转运局委员胡光墉被派遣至上海，与外国商人集团进行借款额协商。这些外国商人中的怡和洋行，在所要求的总额 120 万两（40 万英镑）的借款之中，分担了其中的一半即 20 万英镑，剩下的才由其他洋行分担。在借用证书上，相关的省总督、巡抚都署了名，海关税务司也署了名。如果到期限不能偿还的话，则从海关税中予以支付。利息为月厘 1.5%，偿还期限为 6 个月，1867 年 4 月缔结。[②]

此次借款的特征，就在于因将海关税导入其中，使借款有了"安全性"保障，从而也为外国商人打开了一个新的金融投资窗口。从此以后，外国银行对清朝政府的借款，也都依据 1867 年第一次西征借款的形式进行。

围绕借款问题，虽然出现了诸如贷方、借方、时期、额度及支付方法、利息、担保、返还期限和返还方法、清朝政府的使用目的等新的项目，但更加具有历史性意义的却是借款担保问题。我认为，可以说，在以什么为担保才能获得借款的问题上，借款具体表现出了它所具有的政治性、经济性作用。在这个意义上，1867 年的借款具有划时代意义。也就是说，对清朝政府实行了这种以海关税为担保的借款，打开了借款政策的通道，使以后的借款政策均定型于此了。

1873 年大恐慌之后，因为银价不断下跌，外国银行借款便以外国货

---

① 以关税为借款担保的提案人物是罗伯特·赫德。S. F. Wright. *Hart and the Chinese Customs*. pp. 364—365.

② E. LeFevour. *Western Enterprise in Late Ch'ing China*. pp. 65—66.

币或外国汇率为计算单位,但实际借款却用墨西哥元或马蹄银来交付。为此,当外国银行在本国拥有巨额的外汇储备时,就能利用金银汇兑上汇率差价来赚取巨额的营业利润。

汇丰银行 1865 年设立以后,其单独的对外借款始于 1874 年,是为海防大臣沈葆桢所用的"福建台防借款"。当时,日本对台湾出兵,针对这一事态,出于沿海防卫的目的,需要购入外国军舰和大炮,对此,海关总税务司罗伯特·赫德提出了从外国银行借入必需资金的提案。海防大臣沈葆桢接受了提案,三次实施了台防借款。

当时的丽如银行(Oriental Bank)要求赫德在伦敦发行债券,且必须允许其贷款,但被拒绝了,其结果就变成了由汇丰银行单独承担借款。① 贷款额度为 200 万两,年利为 8%,以关税为担保,期限为 10 年。当时外国银行对外国商人的垫付支付和贷款利息一般不超过年利 5%。8% 的利息则相当于当时汇丰银行股票的红利了。② 借款总额相当于 627615 英镑,其中 30 万英镑于 1875 年 1 月在香港及中国的开放口岸以债券 95% 的面值被发售。利息、本金的偿还,都参照英镑的汇率,以十成品位的马蹄银计算。

这一次借款的特征,一方面是以比较低的利息和比较高的债券价格发售债券,从市场吸收游资,并可以获得由清朝政府偿付的比较高的利息,从而银行顺利地获得利润。另一方面,银行可以利用金银汇兑上的差价,赚取高额商业利润。银行从中国本土的资本市场吸收资金,并利用汇兑变化予以偿还,这成为获得借款资金的一种方式。1877—1879 年间,汇丰银行理事会在股东总会的报告中这样写道:对中国政府借款而获得的利益,应该被充分注意到。

---

① 徐义生:《甲午中日战争前清政府的外债》,见《经济研究》1965 年第 5 期,第 107 页。
② 汇丰银行设立以降,发放了半年 6%、全年 12% 的红利。但是,1874 年和 1875 年上半期因伦敦分局发生损失,无分红。从 1875 年下半期不是按红利,而是按一股一年 1 英镑的标准分红,这是针对银价下跌而采取的对策。从红利率上看,比 1873 年以前的红利低(Maurice Collis, *Wayfoong*)。

2. 中国方面的对策

那么，在清朝方面，围绕借款问题，又有怎样的争论呢？首先，看看李鸿章对于1874年台防借款的意见。他在1874年6月14日（同治十三年五月初一日）给沈葆桢的信函中指出：

> 朝贵一闻拨款，则缩项结舌而莫之敢应。即有一应农部疆吏空文支吾，于事何济。是以曾文正剿粤贼，鸿章剿捻匪，兴师十万皆自筹饷。但求朝廷不掣肘为幸，何曾预请巨款耶？今事未可知，相忽为国更无应者。私计只有借洋债一说，幸卓见之适符左公。借款向系若何利息，闻英国自借不过三厘，印度五厘，日本借英商有七八厘者，中国恐不相上下也。[①]

在这封信里，李鸿章认为不仅要依赖朝廷的资力，而且还有必要去借外债。对李鸿章来说，仰仗朝廷资金与接受外债是并列的关系，为救国难从外国借钱亦属迫不得已。也就是说，李鸿章支持沈葆桢的台防借款的主张，并认为通过外国借款能够解决资金问题。

借款是通过清朝政府进行的，返还则实际上由各海关分摊。从这笔海防借款的各海关分摊额度上看，政府把200万两分摊给10个海关，其中粤海关和闽海关各24万两，几乎负担了全部借款额的1/4。[②] 这意味着由于清朝政府财政的困窘而被迫转嫁危机，致使海关的负担增大，同时又加剧了对外借款的程度。使借款成为必要，并能够借到款，李鸿章的这种考虑和清朝财政的关系，正如上面所述。

在向外国借款之外，向中国商人的借款也模仿外国银行的方法进行。华商借款，大部分由从事公款交易的银号和山西票号进行，而国内公债的发行也于1870年代末开始，这就是1878年9月的乾泰公司借款（第五次西征借款）。上海、苏州、杭州一带的中国商人，在胡光墉的指令

---

① 《李文忠公全集·朋僚函稿》卷一四，第5页（《复沈幼丹节帅》，同治十三年五月初一日）。
② 汤象龙：《民国以前关税担保之外债》，载于《中国近代经济史研究集刊》3—1,1935年5月。

下,以缴纳股份资金的方式组织起了乾泰公司,向左宗棠提供军事资金。这笔借款完全仿效当时所实行的外债借款方法,约定:利息为月息1.25%,以关税为担保,由粤海、浙海、江海、闽海、江汉5海关发行债券,督抚盖印,6年全额返还。但是并没有规定借款的债券在市场上公开发售,而是实行了"五千两为一股,听华商各自拼凑,合成巨款"①的筹集方法。但是,由商人筹措的资金毕竟是有限度的,特别是商人方面对将来是否能够返还存有疑虑,或是对会不会被纳入捐纳(=税金)心存疑惑,受到这些制约,胡光墉只募集到了定额的一半(175万两)。而剩下的175万两只好依赖从汇丰银行的借款了。②

向中国商人的借款,从1866年到1883年的这段时期总计达到1165万两。它占到军需总额的10.8%,已经超过了商人所纳捐输的总额(计9232805余两,占军需总额的8.6%)。它的特点是借款期限非常短,而利息比较高。这期间支付的利息量大概为白银150万两。从商人借款的本金、利息的返还来看,由于大部分由外债收入筹措,"利息由利息而生,利息完全变成了本金"③。特别是从外国的借款,由于给了中介人获得借款中介手续费的机会,它竟成了使借款增加的一个重要因素。他们向清朝政府报告的正规手续费之外的借款利息率要比协定的高,以此来赚取中介手续费的差额。最显著的例子就是1877年6月的第四次西征借款。

汇丰银行借白银500万两(换算成英镑为1604726镑10便士),年利10%,以海关税为担保,7年返还。而且该银行在伦敦发行债券,年利8%,以票面价格的98%发行。当时,仅是应募的总额就达到了370万英镑,其中上海和伦敦各募集到了100万英镑。左宗棠在向清朝政府报告之际,这笔借款的利息率增加了,变成了月利1.2%,年利由10%增加到

① 《左文襄公全集·奏稿》卷五三,第20页。
②③ 徐义生:《甲午中日战争前清政府的外债》,见《经济研究》1965年第5期,第112、108页。

了 15%，在闰年的时候竟然能达到 16.25%。总理衙门对利息的增加进行了调查，对此，左宗棠的借款中介人胡光墉作了以下的回答：

> 此项借款虽是一事，惟原借先零，系英商汇丰洋行。继包认实银，系德商泰来洋行。英商计息只按年一分者，由于乐用先零冀价高获利也。德商计息必按月一分二厘五毫者，由于包认先零预备价落赔垫也。[①]

胡光墉的解释是，因为银价下跌而导致了利息的增加。但是，从 1876 年到 1878 年间的银价下跌率，即 1 盎司黄金的银价变动情况是：$52\frac{3}{4}$、$54\frac{13}{16}$、$52\frac{9}{16}$（便士：年平均），从 1876 年开始黄金对白银的比价只上升了 4%。于是，胡光墉作为借款中介所得的中间利益受到了追究。

从以上所见可知，为了增强军备，就必须借款，剩下的问题就是返还借款的负担，而为了返还旧借款就又必须进行新的借款，如此便形成了借款的循环。对这种借款的批判，引发了为生产事业而借款是不是有必要的问题的讨论。马建忠作为李鸿章的幕僚，在《借债以开铁道说》（光绪五年，1879 年）中作了下面的论述：

> 今中国议开铁道，当以筹款为先。顾将筹之于官乎？而京协等饷，拮据已甚。抑将筹之于民乎？而风气未辟，集股维艰。无已，则有借洋债之一法。然而借债以开铁道，事属创举。苟非仿效西法，参酌得中，何足以臻美善而绝流弊，窃尝熟察事机而统计之矣。中国果借洋债，办法多端，其中有不可行者，有不可不行者，有可行不可行，因乎其人者……所需之款专为在外洋购置轮车、机器、铁轨之用，使由中国借银，汇至外洋兑换，镑价必致折耗。不若以外洋之银购外洋之物，既免折耗之费，复无垄断之虞……借债与入股有别，入股可坐分每年赢余，借债

[①] 《左文襄公全集·奏稿》卷五一，第 10 页。

者惟指望按年之利息。中国创行铁道,绵亘腹地,岂可令洋商入股,鼾睡卧榻之旁……制造铁道,需时甚久,非一二年所能蒇事。而此一二年中所借之款,岁须输息,取之于国库而国库空虚,取之于铁道而铁道未竣。惟有仿效西法,并五六年当偿之息,一气借成,以免异日腾挪,无所失信于人。[①]

马建忠是极为现实的政策立案家,为了取缔鸦片的走私贸易,主张将其合法化和强化课税,提出了鸦片财源论。在此,他论述了为生产性事业的铁道铺设而活用外国借款的必要性。这种情况下的借款意义在于:第一,若用外国钱去购买外国物品的话,不会有中间榨取;第二,也可以防止股份募集形态下的外国独占;第三,为避免将来在返还的借款利息时因银价下跌等原因造成利息增加,有必要通过借款的形式来控制外国信用。以上所论,可谓积极的借款导入论,其目的与国家利益也是相一致的。

3. 借款局面的扩展

外国借款的目的,远不止通过投入资本(贷款)而获得利益的问题,而是要通过借款的担保,获取铁道建设的许可,并且承包铁路建设。

1880年代初期的借款热潮,表现出外国对中国铁道建设的热情。作为其中代表性的怡和洋行,为李鸿章作了许多次的铁道计划,并希望被认可。[②] 但是,怡和洋行在中国并不具备支撑借款的充足银两,因此与汇丰银行共同合作就显得非常重要了。到了1880年代后半期,汇丰银行在天津和北京建置了分局(分别是1881、1885年),这些分局中储备着充足的银两,如果怡和洋行有要求的话,就会得到迅速的白银供给。特别是19世纪末的20年间,列强之间利益争夺的竞争变得激烈起来,在中

---

① 马建忠:《适可斋记言》,第21—23页。
② LeFevour, *op. cit*. p. 69.

国的英国利益被统合划一,外国银行开始作为国家政策机关而发挥作用。

以海关税为担保的借款,见表1-12所示,1861年以降,借款额也逐渐地增加,成了急剧增加的军事费用的资金来源。特别是甲午战争以后,政府又开始为返还旧借款而向外国借新款。

对于以海关税为担保的借款来说,重要的一点,就是借款必须要得到中央的认可。直到清末,地方督抚在没有得到中央许可的情况下,要想直接从外国借款是不可能实现的。例如H.B.马士任岳州关税务司时代的1903年12月,湖广总督张之洞想从汇丰借入140万美元,就因为中央政府不同意而没能实现。① 这也是中央与地方出现对抗关系的一种表现。

（二）内债与新外债中介机关的设立

1. 昭信股票

清朝政府最初发行的内债,是为了筹措甲午战争的军费,于1894年9月（光绪二十年八月）开始募集的。户部的上奏云：

> 伏查近年以来,帑藏偶有不敷,往往息借洋款,多论镑价,折耗实多。因思中华之大,富商巨贾,岂无急公募义之人。若以息借洋款之法,施诸中国商人,但使诚信允孚,自亦乐于从事。②

也就是说,以英镑作为所借的外国借款,会因银价下跌而增加返还上的负担,因而提出将这种借外债的方法在中国商人中适用,若以诚意相待,便率先在中国商人中募集。把外债之法适用于内债的募债条件：偿还期限在2年半左右,以6个月为1期,从第2期起每次返还1/4,利息为年利7分。募集状况是,广东省最高,募集到500万两,江

---

① 1903年12月,马士致赫德的书简（关于此书简参见本书第102页注②）。
② 《东华续录·光绪朝》,卷一二一,第9页。

表 1－12

海关担保外债一览（1861—1898 年）

年　代	借款名	银　行	金　额	利　息	返还期限	用　途
咸丰十一年1861	江苏洋商借款	洋商	300000两		1862	淞沪各军军费
同治元年1862	福建洋商借款	洋商	504880两		1863	福建省军费
同治元年1862	江苏洋商借款	洋商	254055两		1863	江苏军费
同治三年1864	福建洋商借款	洋商	150000两	8.0%	1864—1865	福建奉拨船炮价白银
同治三年1864	江苏洋商借款	洋商	80990两		1864—1865	—
同治五年1866	广东美国旗昌洋行借款	旗昌洋行	320000两		1866—1869	广东省经费
同治六年1867	西征借款	洋商	1200000两		半　年	陕甘两省军费
同治六年1868	西征借款	洋商	1000000两		10 个 月	陕甘两省军费
同治十三年1874	福建台防借款	汇丰银行	2000000两	8.0%	1875—1884	台防军费
光绪元年1875	西征借款	怡和、丽如银行	3000000两	10.5%	三　年	西征军费
光绪三年1877	西征借款	汇丰银行	5000000两	8.0%	1878—1884	西征军费
光绪四年1878	西征借款	汇丰银行	1750000两	8.0%	1879—1884	西征军费
光绪九年1883	广东省第一次海防借款	汇丰银行	1000000两	8.0%	1883—1885	广东省海防军费
光绪十年1884	广东省第二次海防借款	汇丰银行	1000000两	8.0%	1884—1886	广东省海防军费
光绪十年1884	广东省第三次海防借款	汇丰银行	1000000两			广东省海防军费
光绪十年1884	广东省第四次海防借款	汇丰银行	505000镑	9.0%	1885—1894	广东省海防军费
光绪十年1884	广东省代借滇桂两省宝源款	宝源洋行	1000000两	8.5%	1885—1887	滇桂饷需及刘永福军费

续　表

年　代	借款名	银　行	金　额	利　息	返还期限	用　途
光绪十一年 1885	神机营借款	汇丰银行	1500000 镑	7.5%	1885—1894	神机当当京师筹防
光绪十一年 1885	福建海防借款	汇丰银行	1000000 镑	9.0%	1886—1895	福建海防筹军费
光绪十二年 1886	广东省代借接合规越借款	汇丰银行	750000 镑	8.5%	1887—1895	接台规越军费
光绪十二年 1886	广东借款	汇丰银行	300000 两	8.5%	1888—1897	南海工程费用,粤海关为中介
			700000 两	7.0%	1888—1917	同上
光绪十三年 1887	三海工程借款	德国华泰银行	5000000 马克	5.5%	1893—1902	修筑三海工事
光绪十四年 1888	第一次郑工借款	汇丰银行	968804 两(库平)	7.0%	1889	黄河河口决堤防止工事
光绪十四年 1888	第二次郑工借款	汇丰银行	1000000 两	7.0%	1889—1893	黄河河口决堤防止工事
光绪十九年 1893	广东怡和借款	英商怡和洋行	1000000 两	—	—	—
光绪二十年 1894	汇丰白银款	汇丰银行	1000000 两	7.0%	1894—1913	甲午战争时沿海防卫费及军事费
光绪二十年 1894	汇丰借款	汇丰银行	3000000 镑	6.0%	1895—1914	甲午战争军事费
光绪二十一年 1895	克萨借款	麦加利银行	1000000 镑	6.0%	1895—1914	同上,后为裁勇练兵费
光绪二十一年 1895	瑞记借款	德亚银行	1000000 镑	6.0%	1895—1914	同上,后为裁勇练兵费
光绪二十一年 1895	俄法借款	俄法两国银行	400000000 法郎	4.0%	1896—1931	对日赔偿及辽东返还费
光绪二十二年 1896	英德借款	英德两国银行	16000000 镑	5.0%	1896—1932	对日赔偿
光绪二十四年 1898	英德续借款	英德两国银行	16000000 镑	4.5%	1898—1942	对日赔偿

资料来源:根据汤象龙《中国近代财政经济史论选》西南财经大学出版社 1987 年版,第 144—147 页整理而成。

苏省 184 万两,山西省 130 万两,直隶省和北京各自 100 万两,加上其他部分共有 1102 万两。[①] 翌年即 1895 年 5 月,户部恐怕由于银价飞涨而对民众产生负面影响,在超额完成了预定额以后,停止了募集。但是,这种内债的利息只是形式上的,在返还期限内可以被看做公债,并且在实际的募集过程中由于实行强制份额而使贫穷者负担加重,这种结果产生出的弊害,就为以后的内债发行带来了负面影响。[②]

以后也曾经有过各种各样关于内债募集的提议对策,如 1898 年 1 月,右中允黄思永提出应发行自强股票以募集内债的提案。黄思永所述如下:

> 不知在外洋与在通商口岸之华民,依傍洋人,买票借款者甚多,不能自用,乃以资人。且缙绅之私财,寄顿于外国银行,或托名洋商营运者,不知凡几。存中国之银号票庄者又无论矣。[③]

他批评许多中国人的资本只用于外国人,于是提出分派股票发行,用以吸收其资金的政策主张。承担这一事务的户部,发行了任意购入、名为"昭信股票"的债券,其中面额 100 两的股票 50 万张,500 两的 6 万张,1000 两的 2 万张,合计发行了 1 亿两,利息为年利 5 分,以地租、盐税为担保,期限 20 年(10 年间定期偿付,此后分期偿付)。它的操作方式,依黄思永的提案,由银行、票庄、银号、典当办理,而与官家没有关系,为此,户部在各省设立了官方的昭信局,具体负责管理整项事务。[④] 但募集却

---

① 《东华续录·光绪朝》卷一二六,第 3 页。附带提一下,根据这些条件,只要把利息和外债情形相比较,就可以得出从 1894 年至 1900 年的 16 次外债的年平均利息 5.44%(徐义生,前引书,第 28—33 页)。

② 1895 年 5 月 4 日(光绪二十一年四月乙巳)户部上奉《地方官借机苛派勒索摺》,报告了各地方产生的弊害(同上书,卷一二六,第 2 页)。

③ 1895 年 5 月 4 日(光绪二十一年四月乙巳)户部上奉《地方官借机苛派勒索摺》,报告了各地方产生的弊害(同上书,卷一四二,第 12—13 页)。

④ 1895 年 5 月 4 日(光绪二十一年四月乙巳)户部上奉《地方官借机苛派勒索摺》,报告了各地方产生的弊害,卷一四二,第 13—15 页。《光绪政要》卷二四,第 2—4 页。《东华续录》卷一四三,第 3—5 页。

不是特别踊跃，加上各地因强制分摊的弊端被上告朝廷，所以这次募集的结果是，江苏省 120 万两为最高，安徽省 50 万，河南省、奉天省 30 万，全国合计也不过 500 万两。募集从 1898 年 2 月开始，同年 12 月便因不踊跃而被停止了。①

关于昭信股票，盛宣怀曾这样记述：

> 闻京兆已请拨昭信款二百万，现拟据实会奏，务求俯赐查明原案，设法成金，俾免蹉跌。裕师过沪，曾谆切恳求，似甚关切垂谅公私之幸。②

但也只不过是应募者之一而已。

以后清朝政府再没有发行过内债，直到民国元年（1911 年）5 月才又出现了爱国公债及随后的一系列内债，发行者为中国银行、交通银行。③

2. 外国借款中介银行的设立

1896 年盛宣怀新设立了中国通商银行，关于它与外国借款的关系，在盛宣怀的论述中，集中表现为中日甲午战争之后清朝政府不得不直接面对的、必须妥善处理的战争费用及对日赔款所导致的财政负担等诸多课题。1897 年 11 月（光绪二十三年十月）盛宣怀在寄给户部尚书翁同龢的信中，以借款、铁路、银行三项而纵论大局。其中关于银行一项，他首先指出：

> 夫通商银行之设，大有益于公家者，一曰招商股，一曰借民债。然不先有以扶翼之，窃恐得气之难也。呼利借约能成，则五十年厘金、盐课悉归该行收付，而扶翼多矣。将来必能由该行经借民债。④

他指出，设立银行固然能够从商人手中吸收资金，募集民债，此为

---

① 《皇朝道咸同光奏议》11，第 13—14 页。《光绪政要》卷三四，第 39—41 页。户部指出了以下 4 点事关内外的弊害：(1) 市场流通的现银减少；(2) 官吏强制；(3) 官吏受取、汇款时的舞弊；(4) 商人为免酿资而依赖于外国教会和外国商店的庇护。
② 《盛宣怀未刊信稿》，第 84 页。
③ 千家驹编：《旧中国公债史资料(1894—1949 年)》，财政经济出版社 1955 年版，第 36 页以降。
④ 《盛宣怀未刊信稿》，第 41 页。

有利之点,然而,假如它不是在"政府"援助的情况下运作,就不能令人产生购买商股、民债的意欲。而所谓的援助,当时是指为支付对日赔款而进行外债发行交涉的呼利公司(Hooley, Jamieson Syndicate)替清政府完成银行中介、担保负责、作为返还源的厘金税及盐税的筹措等事宜。但这并不是十分心甘情愿的事,当时的户部侍郎张荫桓就对厘金、盐税的筹集之事有如下许诺:

> 不拘借何国何行之款,而我之厘金、盐课仍可按月解赴通
> 商银行,再易镑以交外国银行,不必呼利独可也。①

不管对方是谁,都在遵循通商银行接受厘金、盐税,然后换成英镑再交付给外国银行这样的程序。在这里,就出现了以下两点新问题,即:(1)借款的担保、返还源,不再是以往的海关税了,而是变成了厘金和盐税这一新的充用者;(2)过去的返还方法,是将返还资金从海关经由上海道台,交给上海的外国银行,外国银行再把它送交本国,或者按当下时点的金银比价,选择将其在上海市场上进行投资,等等。② 然而,如果将筹措借款返还的新机构换成中国通商银行的话,它就占据了外国银行既得领域的一部分。关于第(2)点,盛宣怀接着陈述道:

> 此义关系通商银行之兴衰,亦关系国债民债之权舆,乞
> 中堂世伯(李鸿章)即与仪相预为筹商。此系户部拨款自主
> 之权,不过以通商银行当作上海道库而已。虽狡狠如汇丰,
> 亦难禁我不如此也。③

他认为,通商银行不过是户部设在上海的金库,只限定其银行的作用,令狡猾的汇丰银行不能插手,这实际上是自我防卫的政策。但

---

①③ 《盛宣怀未刊信稿》,第41页。

② 关于外债偿还资金向上海集中的情况,可参见《上海钱庄史料》第60页;China, Imperial Maritime Customs. *Trade Returns*, 1904. pp. ⅩⅣ—ⅩⅤ. 等等。

是,如果鉴于当时的还款要在上海集中的事实,上海道台金库作用的代替,也意味着其发挥了中国对外国银行的窗口作用。特别是,对与海关制度密切相关的外国银行而言,通商银行有可能获得主张"自主"的立场。在与弗利·杰米逊的借款交涉过程中,就充分显示了通商银行与汇丰银行相互竞争的特征。这一借款交涉,是以支付对日本赔款的名义开始的。此前,最初的赔款是 1895 年 7 月从俄法借款的 5000 万两(辽东半岛返还费共3000万两),第二次是 1896 年 3 月第一次从英德借款(汇丰银行及德华银行)的 1600 万镑,折合白银7000 万两。① 有关此后的事情,李鸿章作了如下记述:

> 查日款尚有未交银约一万万两。若不如期交清,于国体利权均有损碍。然除续借洋债更无别法,而借款之难多方勒磕。本月(1897 年 8 月)初间据盛宣怀电称,有英商呼利詹悟生公司(*Hooley Jamieson Syndicate*)遣来董事加尔福禄受(*Karl Frossel*)称允借银一千六百万镑,周息五厘,九五扣,五十一年还清。②

对日赔款若在期限内不能返还的话,有损于国体、利权,为此,除再借外债之外别无其他方法。然而这一借款也很困难。当时由盛宣怀联络英商弗利·杰米逊商讨提供借款 1600 万镑的事宜。

弗利·杰米逊那时参与了铁道建设的开发公司,同时也参加了盛宣怀的芦汉铁道建设工作。③ 另一方面,李鸿章在以媾和条约第 4 条的规定偿付赔款之际,惟恐遇到银价下跌使还款额增大的危险,不是按 8 年时间的分期支付,而是想在免除利息的批准交换后 3 年内还清。④ 因此,

---

① 徐义生编:《中国近代外债史统计资料》,第 28—31 页。

② 王亮(希隐)编:《清季外交史料》卷一二六,第 25—26 页。

③ J. K. Fairbank, K. F. Bruner and E. M. Matheson ed. *The I. G. in Peking ; Letters of Robert Hart , Chinese Maritime Customs 1868—1907*. Cambridge, Massachusetts, 1975, Vol. two, pp. 1131—1140.

④ 参见《出使大臣张荫桓奏请订借八千万两偿日本兵费片》,《清季外交史料》卷一二六,第 27—29 页;日本外务省编纂《日本外交文书》第 28 卷第 2 册,1089 文书。

通过盛宣怀,他与弗利·杰米逊于 1897 年 8 月缔结了借款协定。第 4 条是关于担保的规定,该条款规定以剩余的海关税及被初次充作借款还款的厘金、盐税为其返还源。第 5 条规定,中国银行(中国通商银行)将中国政府每月收到的资金,在上海或在伦敦,每半年一次返还于辛迪加(银行团贷款)。①

关于这一借款协定,盛宣怀的评价如下:

> 该公司(*Hooley Jamieson Syndicate*)视通商银行一如汇丰、德华也。彼面子上颇助通商银行。谓我国家当无不愿移外国银行所侵之利益归诸通商银行。实则彼恐盐课、厘金临时延误,要由通商银行保其收付。②

弗利·杰米逊表面上将通商银行与汇丰银行、德华银行置于并列的地位,要求将被外国银行侵占的利益交给通商银行,实际上,却是要在盐税、厘金迟付的情况下,以通商银行为担保。盛宣怀的评价客观地描绘出了当时尽管通商银行所要发挥的作用在于收复主权,但在现实的利害关系上却存在着某种差距。我以为,收复利权的现实,如实地揭示了在错综复杂中应该如何处理好利害关系这一个历史性问题上的认识。

但是,对此次借款持反对态度者,以英国方面最为激烈,其结果便以失败而告终。如盛宣怀在给李鸿章的信中所报告的:

> 福禄受(*Frossel*)交阅洋报载明中国允将盐课、厘金悉归税司经管,乃可抵借字样。上海汇丰又告知,内地课厘若不归洋人兼管,必靠不住几至溃散。③

《泰晤士报》和汇丰银行以厘金、盐税作借款担保的时候,如果不是处于外国人税务司或外国人的管理之下,是根本没有保证的。李鸿章对

---

① 参见《出使大臣张荫桓奏请订借八千万两偿日本兵费片》,《清季外交史料》卷一二六,第27—29 页;日本外务省编纂《日本外交文书》第 28 卷第 2 册,1089 文书。
②③ 《愚斋存稿》卷二八《电报 5》,第 1、2 页。

此也特别指出："在中国的英国公使、海关税务司都有汇丰银行的参与"①等，英国方面的利害关系者被集中了起来。结果，弗利·杰米逊没有在伦敦筹集到资金，以用于支付对日赔款的最后（第三次）借款，翌年即1898 年 2 月的英德续借款，则由汇丰银行和德华银行担当，而且担保就是厘金和盐税。② 从这点来考虑的话，对弗利·杰米逊所提担保的批判，实际上是原有势力对于围绕铁道权利的弗利·杰米逊和中国通商银行的结合这种新势力的批判，别无其他。中国通商银行在初期活动（至1911 年辛亥革命前后）中，作为外国借款的中介有两次，一次是 1898 年6 月的芦汉铁路借款，由比利时铁道公司（Société d'Études des Chemins de Fer en Chine）借 1.125 亿法郎；第二次是 1900 年 7 月的粤汉铁路借款，从美中开发公司（American China Development Company）借入 700万美元，两次借款的共同担保仅仅停留于该铁路的财产及其收入。③ 围绕借款中介所产生的利害对立，是在中国通商银行与外国银行（特别是汇丰银行）之间产生的，于是，在外国诸势力的一致防卫政策下，中国通商银行只能以退出而告终。而外国银行团也只有团结一致集中向清朝政府进行交涉，才取得了政权从资金方面给予支持政策的结果。

三 财政整理与海关税

（一）财政收支与财政改革

在外国借款增加的状况下，清朝财政发生了什么样的变化呢？ 而清朝政府对此又采取了一些怎样的对策呢？ 首先，让我们将 1885 年至

---

① 《愚斋存稿》卷二八《电报 5》，第 3 页。
② 对此次借款交涉需要注意的是，日本政府 1897 年 10 月和 12 月接到驻伦敦的加藤高明公使寄给外务大臣大隈重信、西德二郎的报告，报告中提到他与汇丰银行伦敦委员会的卡麦龙进行了面谈。报告认为弗利是投机业者，由于市况不景气不该募集公债，对其能否实现持否定意见（外务省编纂《日本外交文书》第 3 卷，第 392—394 文书）。徐义生：《中国近代外债史统计资料》，第 30—31 页。
③ 徐义生：《中国近代外债史统计资料》，第 30—33 页。John MacMurray. *Treaties and Agreements with and Concerning China*, *1894—1919*. New York, 1921, Vol. Ⅰ, pp. 135—152.

1894 年 10 年间的岁入额与岁出额加以比较,如表 1-13 所示。①

岁入年平均约 8360 万两,岁出年平均约 7760 万两。两项相减约有 600 万两的岁入超出,而这一时期一直就是以岁入超出为特点的。

另外,虽然岁入、岁出两部分各出现了几个新的项目,但是过去中央财政的收支平衡政策是力保入超的状况。但到清末,这一情况发生了变化,开始显现出急剧的岁入、岁出共同膨胀的情况。

表 1-13　　　　　　　清朝的岁入、岁出(1885—1894 年)

年　　度	岁入额	岁出额	岁入超过额
光绪十一年(1885)	77086466 两	72865531 两	4220935 两
光绪十二年	81269799	78551776	2718023
光绪十三年	84217394	81280900	2936494
光绪十四年	88391005	81967737	6423268
光绪十五年	80761953	73079627	7682326
光绪十六年(1890)	86807562	79410644	7396918
光绪十七年	89684854	79355241	10329613
光绪十八年	83364443	75645408	7719035
光绪十九年	83110008	73433328	9676680
光绪二十年(1894)	81033544	80275700	757844
平　　均	83572703	77586589	5986114

表 1-14　　　　　　　　　清末的岁入、岁出

年　　度		岁入额	岁出额	岁入过不足
光绪十八年	(《光绪会计录》)	83364443 两	75645408 两	超过 7719035 两
光绪十九年	(同)	83110034	73433227	同　9676807
光绪二十年	(同)	81033544	80275700	同　　757844
光绪前十年平均	(同)	83572703	77586589	同　5986114
光绪前三年平均	(杰米逊算定)	88979000	88979000	—
光绪前三十二年	(英国公使馆调查)	102297000	102297000	—

---

①　李希圣:《光绪会计录》岁入、岁出。

续　表

年　度		岁入额	岁出额	岁入过不足
光绪前三十四年	（度支部决算）	234413043	246661380	不足 12248337
宣统元年	（同）	263219700	269876400	同　6656700
宣统三年	（度支部预算）	296962722	333058360	同 36095638

　　资料来源：表 1－13、14 均根据李希圣《光绪会计录》、安东不二男在《中国财政》（第 23—35 页）制成。

　　把清末约 10 年间的收支，根据《光绪会计录》、英国领事杰米逊的推计和度支部的决算、预算额等相比较，做出表 1－14。[①]

　　通过上表，可以看出，自从进入 20 世纪开始，岁入、岁出的规模便开始急剧扩大，并转变为岁出超过了岁入状态，与此相伴随，也开始出现财政整顿的动向。

　　对财政所作的组织性、制度性整顿，表现为中央财政机构的改编。其一，就是 1906 年（光绪三十二年）改编户部，在其中编入了"省财政处"。而以设置的度支部代替作为中央财政中心的户部的职能，并且着手改编地方的财政。其二，1909 年（宣统元年），设立了清理财政处，将其作为地方财政整顿机关。正监理官 20 名被分置于 20 个省（奉天、直隶、江苏、安徽、山西、山东、河南、陕西、甘肃、新疆、福建、浙江、江西、湖北、湖南、四川、广东、广西、云南、贵州），副监视官 24 名除到上述 20 省外，还被派往了吉林、黑龙江、江宁、两淮四个地方。[②]

　　清理财政处所进行的财政整理，包括经费项目改变、预算制度导入、记录方法统一和地方财政的实际情况调查等等。首先，是将经费项目以及收入项目重新作了如下编组。

　　[经费项目]
　　　　岁出经常门

---

① 据《光绪会计录》，Jamieson Report（参见第 53 页注①），度支部等数字。
② 《清史稿》，中华书局 1976 年版，第 3454—3455 页。

第 1 类　　解　　款　　　　第 8 类　　教　育　费

第 2 类　　协　　款　　　　第 9 类　　司　法　费

第 3 类　　行政经费　　　　第 10 类　　军　政　费

第 4 类　　交　涉　费　　　第 11 类　　实　业　费

第 5 类　　民　政　费　　　第 12 类　　交　通　费

第 6 类　　财　政　费　　　第 13 类　　工　程　费

第 7 类　　典　礼　费　　　第 14 类　　官业支出

临时门

第 1 类　　解　　款　　　　第 6 类　　典　礼　费

第 2 类　　协　　款　　　　第 7 类　　军　政　费

第 3 类　　交　涉　费　　　第 8 类　　工　程　费

第 4 类　　财　政　费　　　第 9 类　　公　债　费

第 5 类　　民　政　费　　　第 10 类　　预　备　金

[收入项目]

第 1 类　　田　　赋　　　　第 6 类　　厘　　　金

第 2 类　　盐课税厘　　　　第 7 类　　正杂各捐

第 3 类　　关　　税　　　　第 8 类　　捐　　输

第 4 类　　正杂各税　　　　第 9 类　　官业收入

第 5 类　　土　药　税　　　第 10 类　　杂　收　入①

就其经费项目来说,行政经费独立成项,教育、司法、军政、实业、交通、工程、官业等当时制度改革的重要项目也全都独立出来,与新的支出相对应。另外,在收入项目中,财政整顿的力度明确地被放在了鸦片税、厘金和捐税上。关于清末赋税项目的整体结构如图 1 - 1 所示,从项目数上来看,消费税部分占了多数,这是一个相当突出的特征。这种状况可作如下概括:

---

① 《政治官报》,宣统二年二月号。

```
                                  ┌── 田赋
                         ┌─ 直接税 ┤── 丁赋（人口税）
                         │        └── 差徭（人口税）
                         │
                         │                      ┌── 盐税
                         │                      ├── 茶税
                         │                      ├── 酒税
                         │             ┌─ 工商税 ┤── 鱼税
                         │             │        ├── 厘金税
                         │             │        ├── 土药税
                         │             │        └── 牲畜税（屠宰税）
                         │             │
清代赋税 ──┤─ 消费税 ┤        ┌── 内地关税 ── 常关税
                         │             │        ┌── 进口税
                         │             │        ├── 出口税
                         │             └─ 关税 ┤        ├── 边境进出口税
                         │                      └── 国境关税 ┤── 子口半税
                         │                               ├── 复进口半税
                         │                               └── 吨税
                         │                      ┌── 当税  ┌ 矿税
                         │             ┌─ 营业税 ┤       │
                         ├─ 收益税 ┤        └── 牙税 └
                         │             └── 房捐（财产税）
                         └─ 流通税 ── 契税
```

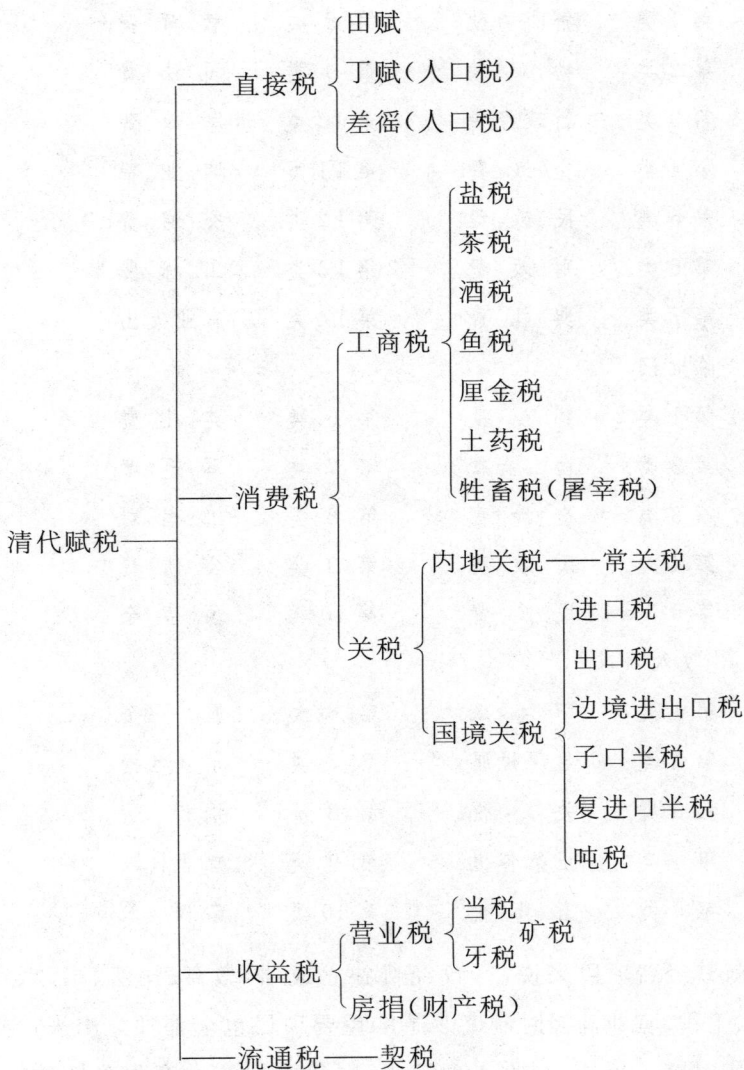

图 1-1　**清代赋税项目一览**

资料来源：陈秀夔《中国财政制度史》，正中书局 1973 年版，第 326 页。

　　庚子以后新增之征收者，大端为粮捐，如按粮加捐、规
复征收丁漕钱价、规复差徭、加收耗羡之类；盐捐如盐斤加
价、盐引加课、土盐加税、行盐口捐之类；官捐如官员报效、

酌提丁漕盈余、酌提优欠盈余之类;加厘加税如烟酒土药之加厘税、百货税之改统捐,税契加征之类;杂捐如彩票捐、房铺捐、渔户捐、乐户捐之类;节省如裁节绿营俸饷、节省河工经费、核扣驿站经费、节省各署局经费之类;实业如铁路、电局、邮政收入及银行、银铜元局、官办工厂商局余利之类。出款自赔款,练兵费、学、警、司法诸费外,各官署新增费亦为大端。①

正如上图所示,即使在实际征税中,1902 年的中英通商条约以降,为了支付战争赔款,为了充当军事、教育、警察、司法等经费,政府一方面节约河工、驿站、行政经费,另一方面,规定了新的捐税和所增加的征收额。

财政改革的目的,在于理清并弥补官方由中央所把握的税额和中央财政支出,与实际上征收到的税额和地方财政支出之间存在巨大差距。这种差距表明,存在着地方财政不向中央报告而私自运营的部分;另外也存在着虽然向中央报告了,但中央在收支账目上却不能掌握地方实际动态的情况,尤其是根本不知道其与邻省或他省之间在财源上的融通情况;存在着地方在中央不知情的情况下动用税收等事态。因而,中央对这种状态的危机感成为要进行财政改革的强烈动机。在中央直接掌握的可能性财源中,海关税的重要性更为增强,从海关组织的中央集中性方面,从税额的巨额化方面,都表现出了这一必然动向。②

海关征收的税额要解缴中央。这里讲的中央,1887 年以降是指解缴总理衙门。总理衙门在把海关税用于江南制造局、同文馆等实业投资之外,还充作海关运营经费。此外,总税务司直接管理的资金是全部吨税

① 《清史稿》,第 3707 页。
② 《广东全省财政说明书》"总论",第 1 页。

（商船进港时以吨为单位征税）的 10%，它用于港湾整顿等项支出。而各海关税务司，则把其海关征收的罚金中的一部分归于自己手下管理，其中粤海关占了 40%。另外，海关监督负责把这些资金送缴上去，粤海关到 1908 年改革之际，海关监督管理着罚金收入的 30%，充作报偿。① 据上面分析，海关税收具体可分为以下几部分：

（1）直接交给中央的部分；

（2）给总税务司的部分；

（3）税务司管理的部分；

（4）海关监督管理的部分。

上述这些部分，不是按定额分配，而是按实际征额的多少依一定比率加以分配的。政府对海关税的征收、送缴、用途，都作了极为明确的规定。我认为，它作为财政改革的一种模式而占有重要地位。

强力推进财政整顿的理由，主要是要掌握税额及其移动的实际状态，与此同时，在其他方面，也有着一些制度上改革的需要。如广东省所指出的，与财政问题相关联的弊害有以下诸点：

（1）秤量使用的不确定性。由于度量衡有着地方性差异，致使出入额难以测定。

（2）由于币制混乱，致使纳税、收税不能顺利进行。广东铸造流通的银币中加入了外省和外国的银币，而且铜钱、铜元并用。尤其是纹银交易过程中，手续费计算烦琐。

（3）税和捐的名目复杂。对同一物品的课税名目有税、捐、厘、饷，而且税率也不一样。另外，还有地域差异。因此，税的名称应该统一，税率也应该划一。

（4）商人承包各项饷、捐的现象极为流行，成为财政上的一大污点。商人因承包而获利，它以官吏为背景向民众巧取豪夺。官吏亦利

———————
① 《广东全省财政说明书》"岁入"，关税，第 2—3 页。

用它严厉征收,弊害甚重。

(5)征税机关不统一。征收机关本不该在州县的管辖之下运营,然而各道府竟然也有征收项目的存在。而且同一税目,竟有多个征收机关并存的情形。

(6)财政上公与私的部分界限繁杂。在州县衙门之中,钱粮征收的杂费变成了私费。税捐票费也同样如此。不仅私自收入的部分被乱用,征收上也存在着公私混乱的弊害。

(7)征税项目过多,而且性质也过于复杂。地丁税等等并无什么变化,而关税、盐课、厘金等项目每年竟有内容变动。经费增大,与之相伴随的必然是国民负担的加重。而中国的财政改革,有必要遵守量入为出的传统。[①]

如上所述,由于征税制度与度量衡、通货、特别是商业机构等地域经济、地域市场特征相对应并发挥作用的,便可预测到由中央开始进行的改革的困难性。同时,也使"改革"的过程呈现出地域经济的特征。关于这方面的内容,将在第四章中论述。

(二)海关总税务司罗伯特·赫德的财政改革方案

由外国观察者洞察中国社会经济的内在逻辑,并试图有意识地引导它的时期,始于19世纪末到20世纪初。在那以前,外国观察者主要关注的是清政府对条约的违反,社会经济关系中违反契约的行为以及清朝中央政府对地方统制不周等问题。对此,他们一方面批判地方官吏恣意妄为或个别行动,另一方面则强调强有力的中央集权政府的必要性。但是,到了上面所说的时期,这些观察者的认识发生了转换,他们开始立足于中国现状并面向将来,他们提出的各种改革方案也就纷纷出台了。

海关总税务司罗伯特·赫德提议中国应该采用对金货(具体的

---

① 《广东全省财政说明书》"总论",总税,第2—8页。

镑＝英镑）具有一定比价的统一货币。他的金本位制的提案，首先是确定金银的一定比价，以此为基础，进一步提出，把海关两也改作以金为单位，并为实现这个主张而提案。其内容典型地表现出来的，是他对中国经济的把握方法与通常的海关行政密切结合了起来。[①] 可以看出，对于作为中央集权的国家机关而产生的海关制度，赫德并不满足于其单纯的征税机关的作用，他还想把它变成统一货币以及实行对外调整的机关。

1902 年缔结的有关义和团运动的议定书，记载着中国应对列强诸国支付的赔款数额，但支付方法却成了悬案。赫德在回答有关外交团的质问时，显示出了他对中国政府财政问题的相关见解。外交团的质问有以下 4 点：

（1）中国到底具有多大程度的支付能力？

（2）什么样的支付方法才是适当的？

（3）什么样的税赋最为容易支付？

（4）什么样的管理是必要的？[②]

赫德针对第一个问题作了如下分析，他首先展示了中国政府的年收支一览表（参见表 1-15），可知中国既没有储蓄金，也没有用于支付的现金。而且他认为如果进一步从税金中抽取资金的话，只会造成财源更加不足，因负债累积导致的借款增多，最终必然使国家走向破产。如上所示，赫德以此为前提，提出了中国国民经济实际上相当于由中央政府所管理的财政领域的构想。如果根据表 1-15 所表现的，税收的 1/4 以上是用于支付返还借款的，而不足额部分也即收支上的差额依然存在。

中国近代财政史上，太平天国运动以降，主要的税收开始由直接的土地

---

① "Memorandum by Sir Robert Hart on Proposal to convert Haikwan Tael into a Gold Unit", Submitted on 30th May 1901 to the International Tariff Commission at Shanghai, China, The Maritime Customs, *Documents Illustrative of the Origin, Development, and Activities of the Chinese Customs Service* (Ⅳ.-Service Series: No. 69), Vol. Ⅵ, pp. 610—612. (Shanghai, 1938)

② 同上书，p. 604.

税向间接的流通税转变,与此同时,中央政府财政在实质上可以被看做宫廷财政,这是以来自地方各省的粮食贡纳为基础的。从名义上来说,在各省征收的税款,由中央政府按各支出项目加以分配。但是,与赫德的理解正好相反,这一税收额并不是被送进国库的数额,而是按着以下顺序分配后的余额:首先,留下各省所用的支出(存留);其次,根据中央的指示满足相邻各省的需要(协饷)。① 因而,实质上是用于地方支出后的余额才向中央送缴的。所以,实际税收的送缴额,与赫德所依据的户部的收入统计完全不同。实际上,税金流动是受各省财政情况所左右的,因此,所谓中国的国家财政,并不能说具有统一的机能或有中央集权的机能,我们可以认为,它实质上只不过是各省财政或各地方财政的集合。

表 1-15　　**中国的财政收支**(1901 年,罗伯特·赫德的估算,单位:1000 两)

支 出		收 入	
各省财政支出	20000	土地税	24000
陆军	30000	土地税	2500
海军	5000	地方杂税	1600
京师	10000	地方杂项	1000
八旗	1380	税粮	1300
宫廷费	1100	税粮	1800
税关	3600	盐税	13500
外国领事	1000	厘金	16000
河川	940	常关	2700
铁道建设	800	海关	
借款	24000	一般贸易	17000
准备金	3300	外国鸦片	5000
合计	101120	中国鸦片	1800
		合计	88200

资料来源:China, Maritime Customs. *Documents Illustrative of Origin*, *Development*, *and Activities of the Chinese Customs Service*,1940. Vol. Ⅵ,p. 605.

① 　贾士毅:《民国财政史》第 1 卷,第 45—103 页,上海,1917 年。

赫德作为海关总税务司，与政府财政有着极深的关系，但他在这里只是从财政收支总和的角度反映了中国国民经济的一个侧面。

对于第二个有关支付方法的问题，赫德的解答是，外国政府应该同意中国政府以年赋的方式来返还借款。他在从外国银行借钱来支付赔款的问题上，以中介费过高为理由而持反对态度。[1] 在甲午战争后对日赔偿问题上，赫德的提案与中国政府的方法完全不同，中国政府意在从外国银行借入资金，在指定的期限内完全还清。1902 年，列国外交团根据赫德的方案来决定赔款的返还方法时，指定代表各国利益的驻中国的外国银行作为中国政府与列国政府之间的金融中介机关。其具体方法是，中国政府每月向在上海的外国银行支付款项，银行再把那些钱交给列国。[2] 其结果是，外国银行与中国中央政府的财政运营被密切地联系在一起了。

对于第三个问题，赫德提出异议：他认为以盐税充当赔款为期尚早，虽然盐税是现行借款的抵押，但他认为没有比土地税、厘金、海关税更为稳定的税种了。

最后，在赔款返还的管理与监督问题上，赫德作了如下提案：其一，他认为应该仿照 1900 年汇丰银行与湖广总督张之洞之间签订的数额为 7.5 万英镑、利率为 4.5%的借款合同中所规定的厘金事项，进一步扩大对此的监督权；其二，他认为应该插手盐税的管理；其三，应该与海关以及开放口岸的常关（中国所管辖的关税）联手。[3] 总之，通过对海关极端的中央集权化构想的

---

[1] Robert Hart, *op. cit.*, pp. 606—607.

[2] 1922 年接受赔款的银行只有 5 个：德华银行（The Deutsch-Asiatische Bank）、俄清银行（The Russo-Chinese Bank）、汇丰银行（The Hongkong and Shanghai Banking Corporation）、横滨正金银行（The Yokohama Specie Bank）、东方汇理银行（Banque de L'Indo-Chine）。后来，美国的花旗银行（The International Banking Corporation）、比利时的华比银行（Sino-Belgian Bank）也加入了接受赔款银行的行列（S. Wright, *op. cit.*, pp. 180—181）。

[3] 基于罗伯特·赫德的提案，海关（开放口岸）50 里以内的常关，1902 年移交海关管理。罗伯特·赫德以回信形式发出以下指示：

当地海关，无论它们的地方性称呼是什么——无论是 Ch'ang 关、Chang 关、Ch'ao 关、Fu 关，或者其他名称——长期以来都为很多人提供了就业机会，而这些海关中的绝大多数每年只需向国库上缴固定数额的税金，之后，便可自主调拨和分配超过该数额之上的所征税金。因此，在海关中存在着所谓的既得利益集团，以及各种实际的惯例，所有这些由来已久，不得不被考虑在内。于是，新来的人（new-comer-ourselves）自然不受欢迎，并且处处碰壁。（《关于中国海关起源、发展及海关人员活动的说明性文件》，第 2 卷，第 288 页。）

表述,我们看到了赫德企图强化国家财政(亦即赫德的中央财政)的意图。

（三）　小结——新的财政原理的采用

清朝财政经过 1894—1895 年的甲午战争、1900—1901 年的义和团运动、1911—1912 年的辛亥革命时期,发生了急剧的变化。在这个过程中产生的主要问题,不仅仅是累积了外债及赔款以及增大了清朝政府的财政负担,还带来了对开放口岸的金融市场特别是对上海金融市场的影响。[①]　与此同时,这个问题也受到了从中日甲午战争前后到第一次世界大战期间的银价变动的影响。作为影响中国对外经济关系变动的主要因素的金银比价的变动,也因为这些政治上的变化而进一步加剧。[②]　中国政府所面对的最大财政问题,就是如何偿还高达年度经常支出约 50 倍的赔款以及战争关联外债。在危机变动期的 1896—1916 年期间,不论对外国还是对中国,尤其是与财政相关者来说,都要面临的问题就是负债返还与财政改革。[③]　当时大家争论的返还源筹措手段问题,首先从增税案开始,最后发展到以统一货币制度为主干的财政制度的改革问题。[④]　在研究史上,以往一般把研究

[①]　滨下武志:《19 世纪末银价变动与上海金融市场——与中国通商银行初期活动相关联的研究》(见《一桥论丛》,第 87—4),第 19—45 页。

[②]　见滨下武志关于辛亥革命后的国际金融关系的叙述,即对银价下跌与货币体系改革问题的研究。参见 EtōShinkichi 和哈罗德·史扶邻(Harold Z. Schiffrin)主编的《中国的 1911 年革命,介绍与解释》(*The 1911 Revolution in China*),东京大学出版社 1984 版,第 227—255 页。

[③]　赵丰田:《晚清五十年经济思想史》,第 243—286 页,北京,1939 年。

[④]　关于清末中国财政问题有以下各种各样分析:

　　"罗伯特·赫德在关于中国赔款的备忘录中,向外交使团任命的委员会建议,应该考虑中国依靠何种资源来支付义和团赔款。"(1901 年)

　　"罗伯特·赫德建议将海关银两变为黄金单位的备忘录,该备忘录于 1901 年 5 月 30 日被提交给上海的国际关税委员会。"

　　《土地税:总税务司建议汇编》,1904 年。

　　《关于中国在国际贸易中商业债务和资产的调查报告》,作者 H.B. 马士。

　　《中国 1903 年对外贸易报告》,作者是 J.W. 詹姆森,北京公使团的商业大使,参见《年度外交及领事报告》,3280 号。

　　约瑟夫·爱德肯:《中华帝国的岁入与税收》,上海,1903 年。

　　罗慧民(Lo Hui-Min)主编:《G.E. 莫里森通信集》,第 1、2 卷,剑桥,1976、1978 年。

　　斯伦尼瓦斯 R. 瓦格尔,中国财政,上海,1914 年。

的重点放在了围绕列强借款的竞争关系和利权获得的竞争关系的分析上。① 但现在,如果我们把着眼点放在对向中国提供借款的外国银行而言的价值上,主要是返还保证的有利性和确实性这一好处之上,那么,海关所发挥的确保外债返还和赔偿资金的作用将会具有更为重要的意义。② 这意味着海关在中国财政制度的内部,不仅仅是对外,在对内的财政上也发挥着作用。其结果是,海关通过关税业务与外国银行相联系,增强了其作为财政中介者的作用。

反言之,应该指出的是,从清朝政府方面来考虑的话,在 19 世纪后半期设置海关(洋关)的主要理由之一,是清朝中央需要能够由自己直接支配的新财源。而 1853 年在海关中采用外国人税务司制度,主要是因为当时正值太平天国运动最乱之际,以往征税项目下的课税处于极为困难的境地。另一方面,由于军费处在不断增加的过程中,以往的定额税征收原理也现出了危机。出于这种原因,政府开始全力增加海关税,以期作为中央能够直接管理的财源,于是海关税具有了新的作用。当时财政的一个变化就是,原来从中原(土地)得到的财源枯竭了,必须试图从周边来获取新的财政来源。但相对于支出来说,财政收入的规模缩小了,收支的平衡性也不能得到确保,所以如何解决不足便成了急迫问题。另外关税在此时的出现,也适应于商业这种私人性的经济领域迫切需要在地域经济的形式上予以再建的客观要求。海关银号的利用、钱庄的利用(上海道台的存款),就很好地表明了这种情况。

与此同时,这也意味着,在与市场和贸易的关系上,我们需要对土地和农业进行重新审视。经济活动的重心在向沿海地区的广东或福建、上海移动,而且它与移民问题成为一体同时进行。

---

① T. W. Overlach. *Foreign Financial Control in China*. New York,1919. A. G. Coons. *The Foreign Public Debt of China*. Philadephia,1930.

② Stanley F. Wright. *China's Customs Revenue since the Revolution of 1911*. China,The Maritime Customs(Ⅱ. Special Series:No. 41,Shanghai,1935),pp. 1—62.

从整体上来说,清朝为了处理这种财政上的困难,采用了与往常不同的财政运用原则。若概括这些项目,即:

(1) 开始重视周边和周缘地区,并征集海关税;

(2) 开始重视收取国内实际物流上的厘金税;

(3) 确保来自外国借款的资金。

以上所概括的三项,有着不同的方向性,如:(1) 是从中心向周边;(2) 是从官员向民众;(3) 是从内部向外部。可以认为这与以往财政运作有着原则上的不同。

从光绪末年到宣统年间,在财政整顿的名义下,中央政府为了恢复财政上的中央集权而进行了各种改革,其主要支柱就是强化海关税。同时,整顿地方税,试图把它再吸引进中央来。例如,从 1902 年的《中英通商条约》开始的一系列与外国谈判中,清朝政府试图通过外国这一途径,把地方财政的几个部分重新收归中央。同时,中央财政也向进一步强化自身的方向发展。它表现为"裁厘加税",也就是说,撤废分散性收课的厘金税,取而代之以增加进出口税率的方针政策。实施这一方案的理由,从贸易上说,在于批判由于多重内地税而使贸易商品的流通受到阻害的弊端,但它却未必反映实际状况。如果从这一点来看,它的真正的目的应该在于中央、地方财政的划分——将地方财政重新编入中央。

第二章　马士与中国海关

第一节　马士与中国

很多西洋人抱着西洋心态,在中国寻求活动场所的同时,也试图观察中国内部。其突出的代表,就是庞大的传教士队伍、各地的外交官,还有包括商业和工矿业、金融业等人士在内的经济人群体。他们不但有着明确的目的,而且把与他们相关的中国置于与自身性质不同的文明圈之外来进行观察。由于采取了这种远距离的方法,一方面使观察具有极其外围性,另一方面正因其距离的存在,保持下来很多具体性一贯性的记录。①

在与中国有关的外国人中,也存在着与上述那些人不同的团体,其中一部分就是从事中国海关事务的外国人。

中国海关(Chinese Imperial Maritime Customs,1912 年起改称 Chinese Maritime Customs),设立于 1854 年,基于中国方面及外国方面双方各自理由达成的一致意见而设立,是中国行政组织中的一个机构。

---

① 滨下武志:《近代中国的"亚洲与欧洲"》,载于《东洋文化》67,1987 年。

1861 年设立总理各国事务衙门时，中国海关也在它的统辖之下，成为专司贸易关系的机构。

中国海关中设置了外国人总税务司（Foreign Inspectorate General of Customs），其下任命有税务司，负责管理各开放口岸的通商和管辖税关。他们的身份属于中国官吏，只是没有中国方面的人事权，其余全由总税务司罗伯特·赫德全权处理。因而，虽然从事的是外国特点极强的海关行政事务，但与其说他们是被雇用的外国人，倒不如把他们作为被纳入了中国行政机构内部的官吏。①

一　与中国的关系

马士（Hosea Ballou Morse）出生于布鲁克菲尔德（Brookfield，N. S.），其家族本来是 1636 年住在马萨诸塞州戴德姆（Dedham）的一族，1755 年迁移到哈利法克斯（Halifax），属于 1863 年马萨诸塞州梅德福（Medford）地方的一个分支。1874 年马士从哈佛大学获得学士学位，1913 年在克里弗兰德（Cleaveland 的 Western Reserve University）获得法学博士学位。1874 年被任命为清朝海关的助手，1887 年任代理税务司，1896 年升任税务司。另外，在 1903—1907 年间，担任总税务司的统计局局长，1909 年引退。1885 年由清朝皇帝任命，作为特使被派遣调解中法战争和平事宜，1885—1887 年间（政府拨下补助金）担当了与轮船招商局认定相关的特别任务。1889 年奉皇帝命令担当审察将湖南省向外国开放贸易的特别委员。引退后，马士曾经担任了中国美国协会（American Association of China）会长、英国皇家亚洲协会（Royal Asiatic Society of England）评议员和该协会的中国部名誉会员、上海基督教青年会理事长，以及哈佛大学学会联谊会的会员。

他受诏敕接受的勋章有 1885 年的二等第三双龙宝星、1893 年青色

---

① 尽管在制度性上，洋人是中国官吏，但根据战时的《中立宣言》等，他们都具有独立的性质。

纽的三品衔、1903 年头等第三双龙宝星、1908 年红色纽的二品衔、1916 年中华民国三等嘉禾章。①

有关马士的海关工作经历如下所述。1874 年哈佛大学毕业后，同年 8 月作为四等助手到了上海，接着在天津工作。1880 年作为三等助手在伦敦事务所工作，两年后又返回中国。直到 1909 年因健康原因引退之前，一直以华南的龙州、北海等地为中心，在多个开放口岸任职。②

1874 年哈佛大学毕业后加入中国海关的美国人，除了马士之外还有另外三个人，他们分别是斯平尼（W. F. Spinny）、梅里尔（H. F. Merril）、查尔斯·C. 克拉克（Charles C. Clarke）。③ 马士 1884 年回到天津税务司后做了德国人德璀琳（Detring）的秘书。④

无论是从国内的角度还是从对外的角度来看，马士都对改写同时代的中国经济状况发挥了作用。之所以这样说，首先是由马士的经历所决定的。马士到中国以后的赴任地有多处，从其经历上说，初期在淡水之后，他又转至云南、广西、湖南、广东，到过中国华南的南端和湖南内陆。因而，通晓与以华北或华中为中心的中国经济状态完全不同的华南及其周边地区所具有的经济特征。

马士在中国的简历

1874—1886	北京等地	1899.4—1900.3	岳　州（湖南）
1886.4—1887.8	轮船招商局	1903.1—1903.4	北　海
1887—1892	上海、伦敦等	1903.5—1903.9	广　东
1892.3—1895.7	淡　水（台湾）	1903—1907	上　海
1896.6—1898.6	龙　州（江西）⑤	1909	引　退
1898.8—1899.3	北　海（江西）⑥		

---

① H. B. Morse. *In the Days of Taipings*. Salem, Mass, 1927, ⅱ.
② J. K. Fairbank. *The I. G. in Peking*. p.304.
③ J. K. Fairbank. *The I. G. in Peking*. p.327.
④ J. K. Fairbank. *The I. G. in Peking*. p.543.
⑤⑥ 此处应为广西。——译者注

　　海关作为中央集权的组织,由驻在北京的总税务司统率全国。马士时代的总税务司(Inspector General of Customs),是从 1863 年以来就长期在任的北爱尔兰出身的罗伯特·赫德(Robert Hart,后被授予 Sir 的称号),他肩负着对各港税务司全员的任免之责。

　　1905 年 2 月,罗伯特·赫德对马士有下面的评价:首先,赫德认为自己 40 年来一直从事繁忙的中国海关工作,现在终于可以得到解放了。其次,与能够相对独立于中国官吏开展工作的自己相比,赫德对后继者虽略显担心,但是,他对担任统计处和税务司的马士和泰勒还是给予了"年轻的巨人、主要的人物"等高度评价。[①]

　　来中国的英国人当中,像斯科特·兰德等人,在很多情况下是靠着专业性的、职业性的条件来就职的,与之相比,从美国来中国海关的人却以学士拔擢为特征。1860 年代后半期,为中国海关业务而选拔的三个人:弗兰克 E.伍德拉夫(Frank E. Woodruff,耶鲁大学毕业)、爱德华 C.泰恩特(Edward C. ,Taintor Union 大学毕业)、德鲁(E. D. Drew,哈佛大学毕业),都是 18 岁到 22 岁的青年人。[②]

　　马士在 19 世纪后半期出现的美中关系的两大转机之中,先是加入中国海关,接着又从中国海关引退。最初的转机在 1870 年代,那时美国对中国关系中虽然还保留着外交关系,在通商关系上,因为美国的资金要集中到南北美洲两个大陆,企图从中国撤走资金。于是,当时对中国

---

① 我想我已经告诉你我在 2 月 15 日有一场讲演,虽然讲演一切顺利,但我那打算回家的愿望却被人浇了一盆冷水,我的生日宴会则在 20 号举办:服务性的致辞,等等,然后是一大群人合影。我现在真想退休,因为任何集中思考都令我头痛不已,我害怕我会突然崩溃。我实在是工作得太多、太长,而且还连续不断,我实在应该休息了——但那令人厌烦的继任问题却令我的愿望无法实现,因为中国方面畏惧这件事,而公使团方面则清楚这个问题将引发诸多麻烦,所以他们希望这件事应尽可能地拖延下去。于是我便花费精力在这样一件事上!我认为这样做的结果之一是将公使团和中国官僚更直接、更贴近地联系起来。在这一问题上,我确实做到了自始至终保持中立态度,但那些继任者却不可能做到这点。工作越来越多,但有些部门的工作人员却都是些年轻的才俊——特别是那些统计人员和港口的检查官(马士和泰勒,两位大人物)。(《北京的外交官》,第 2 卷,第 1454 页。)

② Robert Hart. *Memorandum on the Establishment of the I . M . C . in 1854* . p. 21.

有通商关系的美国两大洋行琼记洋行（Augustine Heard & Co.）和旗昌洋行（Russell & Co.），它们相继撤回了美国。① 另外，有必要引起注意的是，1860 年代的伯灵格姆外交使团（Burlingame Mission），在外交关系中，并不是在中国与美国谈判这种形式上，而是在中国与欧洲的谈判中，作为中国利益的代言人而出现的。这是英、法对中国关系中所没有的现象。第二个转机是 19 世纪末开始的"门户开放"政策（open door policy）。那个时期的活跃人物是带有美国对亚洲外交使命的威拉德·斯特雷特（Willard Straight），关于这一时期，本书将以"上海时代的马士"为题在后面叙述。

二 轮船招商局时期（1886 年 4 月—1887 年 8 月）

1885 年马士根据清朝政府的指示，为处理中法战争中的中国方面问题加入了轮船招商局，并从 1885 年至 1887 年参与了轮船招商局的经营。轮船招商局是 1872 年设立的"官督商办"企业，是洋务运动时期的代表性企业。伴随着中国对外国贸易通商口岸的设置，外国贸易的快速发展，航运业也急速增大。在这种背景下，从事外贸活动的洋行与中国商人之间出现了贸易较量上的变化，它具有以下特征。

（一）中国商人的兴起

1860 年代是中国贸易在方法上发生巨大变化的时期。第二次鸦片战争造成的长期荒废局面有所恢复，太平天国运动被镇压，长江对外国船只的开放和长江流域通商口岸的增加等等因素，使得在以往的生产规模和市场流通结构中，出口贸易逐渐增大起来。而由于大型汽船时代的到来，实现了运输革命，中国与欧洲和美国市场的距离大大缩短，这些因素也都带来了在华外国商社交易方法上的变化。在这个时期里，洋行由

---

① Stephan Lockwood. *Augustine Heard and Company*（琼记洋行），*1858—1862*. Cambridge Mass，Harvard University Press，1971.

原来的物品买卖,开始向参与相关的其他经济活动转变,如航运、保险、通商口岸的公益事业、与银行活动相关的代理店的经营等。对于这种变化的表现,1872年旗昌洋行的资深职员作了如下的概括:

> 对洋行而言,在茶和棉制品的贸易中,开始时他们仅仅获得单纯的佣金或特定利益。在中国商业界中的自古以来经营主要产品的代理店,全部由商人来代替了,商人事实上已经成了掮客。在此转换期结束之时,有实力的和有信用的大洋行,几乎都从生产物品的交易开始向工业、向金融事业转换,成为事实上的个人银行家。其中像我等这样经营航运和保险的经营者最为幸运。而且,贾丁和哈德及其他洋行,也都在为开拓此业务而奋斗,这是很有意义的事情。①

另外,前一年即1871年,贾丁·马塞逊商会的职员也论述道:

> 洋行为了合理的发展,避免那些只为获得单项利益而进行的大量农产物品的交易,有必要向能够不断获得佣金的方面发展。②

从60年代转换期得到的关于洋行发展的基本认识,可以说显示出了三点变化:(1) 对贸易的直接投资所获得的利益开始变少;(2) 中国商人介入了以往洋行的贸易活动领域(中介贸易),竞争开始激烈化;(3) 与贸易相关的周边事业(如航运、保险、金融)的投资和经营日益重要起来。

对洋行产生了这样的认识,并相应地促进了这方面的转变,主要原因在于,伴随棉制品贸易量增大,三角贸易时代不断接近终结的历史变动,中国经济由太平天国运动后的荒废开始走向恢复。中国商人的力量

---

① F. B. Forbes:致 M. Cordier 的信(Aug. 17, 872). Liu Kwang-Ching. *Anglo-American Steamship in China*, 1862—1874. Cambridge Mass, Harvard University Press, 1965, p. 139.

② F. B. Johnson(上海)to W. Keswick(香港), Junel, 11871. 刘广京:《唐廷枢之买办时代》(《清华学报》2—2, 1961年, 第150页)。

不断加强，开始投身于对外贸易及国内贸易中那些以往为洋行所把持的活动领域。而使这些成为可能的，就是运输手段的改善——大型汽船航运的发展。

这种变化，是《天津条约》、《北京条约》签订后，开放长江和开放口岸增加的结果，但是这与外国商人所期待的产生商业利润的方向却正相反。1860 年代后半期的领事报告、海关报告、商务报告，几乎异口同声地报告了随着中国商业的恢复、成长，中国商人的影响力在逐渐加强这一情况。

1865 年牛庄的海关报告指出：(1) 1861 年以来英国的两大洋行代理店退出，一个独立中介商社也关闭了。1865 年阶段上有 4 家洋行（英国 2 个、美国 1 个、德国 1 个）和 10 家广东、汕头、泉州的中国人大商业行会在从事进出口贸易活动；(2) 牛庄的中国贸易商人，在 1864 年贸易旺季，单为租赁外国船就花费了 40 万两；(3) 在牛庄，中国商人与外国商人相比，究竟占了多大的贸易比例，关于这一点正如下所述，大豆的出口为 40 倍，鸦片和棉布（粗布以及台布）的进口分别是 20 倍、3 倍，这是证明中国商人掌握了牛庄贸易大部分份额的最有利证据，即中国商人在关税上比外国商人多付了 16 倍；(4) 比起外国商人来，中国商人更精通地方市场，而且也比外国商人在买办费、银师费等间接费用上的花费要少，所以处于有利的地位。[1] 在这些变化之上，还再加上作为新出现的外国汽船进入到中国沿岸贸易中，开始抢夺以往的帆船优势地位。以上的这种情况在理解带来"变化"的主要原因上有重要作用（参见地图4－3）。

同是在 1865 年，来自天津的报告说："中国棉布商人，直接从上海购入商品，这样可以节约从天津的外国进口代理店购买时所必要的间接经费，结果，能够比外国竞争对手更便宜的出售。"[2]一种基本性的倾向是："大量进行的贸易，而且是有利可图的贸易，正从外国人手上向

---

[1]　China，Imperial Maritime Customs. *Report on Trade at the Treaty Port*. 1865. Newchuang.

[2]　China，Imperial Maritime Customs. *Report on Trade at the Treaty Port*. 1865. Tientsin，p. 27.

中国人转移。后者支配市场,而前者开始受其影响。另外,这种情况使外国商人和汽船所有者正在变成中国贸易商人的代理人以及运输者。"这样一个历史变化,是怎样的一个过程呢?下面这段话告诉人们:"天津开放口岸之后,在南方的有实力的英国商社都派遣了代理人。他们唯一的工作,只是奉上司指示买卖商品而已。而在天津的中国商人,却直接着眼于汽船的运输能力,和上海直接进行贸易,开始了不以天津代理人为中介的买卖活动。"

来自汉口的报告则出现了对买办行为的非难:"1863—1864 年的茶业投机,带来了洋行所不满意的结果。因为买办使用着雇主的资金,却利用长期信用购买来抬高价格,使正当的贸易业者受到伤害。"[①]报告接着强调指出:鉴于汉口地理位置的重要性——向内地贩卖的根据地、茶叶的集中购买地——外国商人与中国贸易机构的关系是间接性的,而中国长期信用贸易制度却是坚固性和压倒性的,这种实情必须加以改变。在这里受到指责的对外国商人设立的壁垒,是中国的贸易机构本身以及支撑它们的信用制度。面对贸易活动中中国商人的兴起,洋行以后应该采取什么样的活动方向成了焦点,这从金融机关的设立从而谋求向中国信用制度的介入以及改变了的汇丰银行的历史中,能够清楚地看出来。

从厦门来的报告与牛庄、天津的内容相同:"中国商人并不利用外国商人和掮客,而是自己从事大规模的贸易活动。"来自厦门的报告也做了这样的陈述:在厦门"他们不仅雇用当地船只,而且还雇用外国船只,而且他们明白并不需要外国的帮助"[②]。以前在开放口岸为外国商会和代理店所办理的中介佣金业务,现在成为中国商人占领的领域,随着贸易规模的扩大,买卖佣金和服务手续都转到了中国商人的手中。

---

① China, Imperial Maritime Customs. *Report on Trade at the Treaty Port*. 1865. Hankow, p. 44.

② China, Imperial Maritime Customs. *Report on Trade at the Treaty Port*. 1865. Amoy, p. 70.

如上所述,外国汽船公司所提供的有保证的、安全的、大量的运输,促进了中国商人从上海和香港而不经洋行代理店之手直接购入商品。以此为重要契机,也带来了两种相反的结果,即中国商人的兴起和洋行活动的受制约。使洋行活动更加受制约的是 1860 年代后半期,在以天津为中心的华北棉布市场上,华商与英国的直接贸易逐渐增大这一情形。如果把这个过程放在天津的洋行活动变化的全过程中来考虑的话,可以把天津的中国商人与上海洋行进行直接贸易的时期作为第一阶段,这一阶段正是洋行代理店从天津退出的时期。紧接着,从英国到天津,不经由上海的直接运输开始增大,以上海为据点的洋行不得不再次在天津设置代理店。而上海洋行的地位,其重要性比起从前则被大大削弱了。① 可以认为第二阶段就是从 1860 年代末开始的。

在第二阶段时期里,香港和上海的外国银行,对中小洋行和中国商人提供低利息资金,鼓励其参与贸易活动,在获得银行汇兑业务的同时,也试图发展贷款业务。为了满足英国产业资本扩大棉制品市场的强烈要求,英国方面降低了贩卖价格,在贸易交易方法和资金融通问题上也作出了相应的改变。从英国整个产业资本的观点来分析,沿岸贸易中外国汽船的优势与银行和中小洋行相结合的贸易活动的蓬勃发展,正是符合其利益的变化,它使得大洋行贸易垄断时代的终结只是一个时间的问题了。

（二）大洋行向贸易周边事业的方向转换

前面来自开放口岸的报告,强调了外国商人与中国商人之间竞争增强的情况,但另一方面,与此同时也有很多关于中英商人"共同"出资活动的有关报告。尤其是在商业关系领域中,这种合作关系在《天

---

① China, Imperial Maritime Customs. *Report on Trade at the Treaty Port*, 1865. Tientsin, pp. 27—28.

津条约》(1858 年)、《北京条约》(1860 年)以前就已经开始了。但1840—1850 年代的共同合作、相互依存的关系,毫无疑问与 1860 年代后半期的关系是不同的,前者并没有明确的方向和支配关系,只不过是在贸易的基础上相互提供方便。但是,这些活动积累了经验,产生了中国商人与外国商人之间的信用关系,使得以后洋行的方向转换在一定程度上变得容易了。首先我们分析一下初期的中英"共同"关系的情况。

1840—1850 年代,广东、香港、上海的外国商社出于不断增大的出口贸易的需要,纷纷向中国商人和商人行会贷款。其目的一是为了确保自己在最优茶业品种选择上的权利,二是为了促进中国人向外国商社的出口业务投资。1848 年,怡和集团向上海的广东籍商人借出了高达 37 万美元的借款,而利息却比中国钱庄的平均利率还要低。[①] 而那些并没有充足财力的洋行,则与钱庄共同进行交易,他们从钱庄或钱庄保证的中国商人那里借入资金。钱庄在与洋行的交往中并不直接与伦敦打交道,而是向信用不足的在华外国银行提供贷款。洋行因此能不断地得到购入鸦片的资金,得到付给 P. & O. 汽船公司的运输费。[②] 另外,在中国商人之中,也存在着以茶为代价必须接受鸦片的情况。初期阶段上的这种相互依存关系,可以说是围绕着贸易交换活动而必然出现的资金和信用的借贷关系。

但是,如前所述,从 1860 年代后半期起开始的变化,迫使洋行尤其是大洋行向贸易的周边事业进行转变,而且这种转变,也只是有财力的大洋行才能做到。也就是说,航运、埠头、仓库等等必须要投入巨额资本,是资本回收速度慢的事业。但同时,无论贸易发生什么样的变化,对于当时来说,这些又都是必要的事业。

---

① *LeFevour*, *op. cit*., p. 52. (Jardine Matheson Archives, Letter from Shanghai to Hongkong. Dec. 4, 1848)

② *LeFevour*, *op. cit*., p. 52. (Letter from Hongkong to Shanghai Aug. 6, 1852)

首先从航运的整顿上来看，1850 年代以来，大洋行就与英国本国的汽船公司共同开发中国的沿岸航路。关于它们的进程，按年代分别整理如下：

（以下 * 指不定期）

1849 年　香港和广州包裹航运（Hongkong & Canton Steam Packet. 广东）

1849 年　P. & O. 汽船公司（广东—上海）

1855 年 * 旗昌洋行（Russell & Co. 香港—上海）

1855 年 * 怡和洋行（Jardine, Matheson & Co. 加尔哥达—香港—上海）

1855 年 * 登特洋行（Dent & Co. 上海）

1856 年 * 雷米，施密德洋行（Remi, Schmidt & Co. 上海）

1857 年 * 赛姆森洋行（Siemssen & Co. 厦门，汕头）

1877 年 * 约翰·博德洋行（John Burd & Co. 福州）

1861 年 * 阿佩卡洋行（Apcar & Co. 加尔哥达—香港—上海）

1862 年　帝国运输海上服务，马赛（Service Maritime des Messageries Imperiales, Marseilles. 上海）

1862 年　上海航运，旗昌洋行（Shanghai Steam Navigation, Russell & Co. 设立）

1863 年　道格拉斯·拉普瑞克洋行（Douglas Lapraik. 福州等地）

1864 年　奥斯汀·赫德洋行（Augustine Heard & Co. 上海）

1865 年　香港、广州和澳门汽船航运（The Hong Kong, Canton and Macao Steam Boat. 广东，澳门）

1867 年　海洋轮船航运，利物浦（The Ocean Steamship,

Liverpool. 上海等）

1867 年　联 合 海 上 航 运（格 洛 弗 洋 行）（*Union Steam Navigation. Glover & Co.*）

1868 年　华 北 汽 船 航 运（特 劳 特 曼 洋 行）（*North China Steam. Trautmann & Co.*）

1872 年　中 国 航 运（太 古 洋 行）（*China Navigation. Butterfield & Swire*）

1873 年　中 国 沿 海 航 运（怡 和 洋 行）（*China Coast Steam Navigation. Jardine, Matheson & Co.*）

1873 年　中 国 商 业 航 运（轮 船 招 商 局，官 督 商 办 企 业）（*China Merchant's Steam Navigation*）

如上所述，截至 1870 年代前半期的航运业，有两个特征：第一，大洋行从 1850 年代开始独自开发航路；第二，从 1860 年才开始设立真正的用于沿岸贸易的汽船公司。第一特征中，大洋行是附属于以贸易为主体的航运业的，贸易是主体，但是第二个特征中，汽船公司被作为独立事业设立出来，它不再是贸易外围的事业，而成了独立的投资对象。现在通过 1862 年成立的旗昌轮船公司（Shanghai Steam Navigation Co.）来探讨上面所说的第二个问题。

旗昌轮船公司，是美国商社拉塞尔公司的子公司，1862 年在上海成立。根据 1860 年的《北京条约》，长江航路对外国船只开放，因此该商会非常早地设立了上海旗昌轮船公司，力图开拓上海-九江-汉口间的航路。而且从 1872 年到 1873 年间，一直到英国商会的汽船公司太古洋行（Butterfield & Swire）和怡和洋行，以及中国的轮船招商局成立之前，始终保持着垄断长江航路的地位。

这个旗昌轮船公司，是由三类出资者形成的集团：第一是旗昌洋行的公司职员，第二是中国人出资者，第三是旗昌洋行以外的外国人。资本金 100 万两中有 30 万两为外国人出资，余下部分为旗昌洋行和中国人的出资，其中也是中国人资本额占了大半。从其他外国人股东所属的洋行来看，在英国商社中有公易洋行（Smith，Kennedy & Co.）；埃利森洋行（Ellisen & Co.）；贾维，索伯恩洋行（Jarvie，Thorburn & Co.）；鲍尔，肯尼迪洋行（Bower，Hanbury & Co.）；约翰森洋行（Johnson & Co.）；Holliday，义记洋行（Wise & Co.）；赖斯洋行（Reiss & Co.）等。而同孚洋行（Olyphant & Co.）为美国商社，禅臣洋行（Siemssen & Co.）为德国商社，等等。[①]

从这些投资于航运事业的大洋行与汇丰银行的关系调查来分析，处于中心地位的大洋行（成为汇丰银行理事的洋行）共有 7 个：拉塞尔（Russell）、怡和洋行（Jardine Matheson & Co.）；从 1877 年起成为理事的登特（Dent）、赛姆森（Simessen）、约翰·伯德（John Burd）、道格拉斯·拉普瑞克（Douglas Lapraik）、A. 赫德（A. Heard），它们或者独立经营，或者共同经营。

从事上述航运事业的范围十分广泛，我们从投资于旗昌轮船公司的大洋行来看其多元化投资的实际状况。例如：美国的商社（同孚洋行）试图于 1872 年设立中国银行（Bank of China），德国的商社（禅臣洋行）设立了鞣皮企业。投资于其他与航运业直接关连的保险业和码头、仓库业、土地投资、加工业等等的洋行，从 1860 年代末到 1870 年代，无论是从数量还是从投资额度上来看，都在急速地扩大。

通过以上的分析，在贸易增大、国内流通增大的状况面前，一直以贸易活动为中心的大洋行，由于中小洋行的介入以及中国商人的兴起，在内外竞争对手出现之际，也只得进行经营方向上的转换。但是，这种方向的转换，决不是大洋行的后退，因为这是只有拥有大资本的大洋行才能做到的方向转换，而且它能够在最大限度上灵活运用使贸易、流通扩大的条件来转换自己的方向，向诸如航运、保险之外多方位

[①] 据 Liu Kwang-Ching, *op. cit.*, p. 11 制成。

的与贸易事业相关的独立事业方面转换,而处于它们的集约点上的,就是汇丰银行这一金融机构的建立。作为洋行、金融联合体的汇丰银行,摆脱了作为殖民地银行消极的自我防卫的性格,试图成为各种事业的中心。在这样的状况中,作为中国企业的轮船招商局,主办者李鸿章对其提出的设想是,将它处于海防、洋务事业的中心位置,从事对"国计、民生"有裨益的活动,担负夺回外国利权的重任。而且,它的主要基地设在天津、上海、汉口,主要任务有以下三点:(1) 从事沿海贸易,特别是漕运;(2) 参与和计划长江贸易,在内陆航运事业方面,与英国和美国争夺内河运输的利权;(3) 从事东南亚贸易,从事与新加坡、菲律宾之间的贸易。①

以上的主要业务,是基于官督商办的经营形态而进行的,但1883—1884 年的中法战争时,为了躲避法国军队的攻击,招商局形式上把船卖给了美国,这样就可以一边躲避来自法国的进攻,一边还继续营业,1885 年时招商局又把船买了回来。

在这种背景下,马士在 1886 年以"顾问"的资格,加入了轮船招商局。据马士的观察,当时轮船招商局与外国汽船相比未必有船舶竞争力优势。例如,运输从印度支那到中国来的朝贡米,从越南顺化运送到越南海防,3 万担米的运费,轮船招商局是按每担 56 钱收取,而以 42钱的价格与法国的汽船公司签了协议。②

马士十分热心于轮船招商局新航路的开设,1886 年他提案增设以下 4 条航路:

(1) 宜昌—重庆线;

(2) 鄱阳湖线;

---

① 《李文忠公全集·奏稿二五》,第 4—5 页。
② 1886 年 4 月 16 日,马士→泰特林克。Albert Feuerwerker. *China's Early Industralization*. Harvard University Press,1958,pp. 137—144. 另外,本章所言及的马士书简收藏于哈佛大学 Honghton 图书馆。

（3）北河（天津—登州）线；

（4）基隆河线。

为了调整内河的汽船，马士提出了采用尼罗河上使用的亚罗轮船（The Yarrow Steamers），并利用这种平底汽船在内河航行的提案。[①] 他的提案，与美国的汽船公司在密西西比河上导入平底船的举措相比较，形成了对照。马士对轮船招商局的中国人会办（副经理）马建忠提出的关于事业改善的提案作了评论。马建忠的提案有如下项目：

（1）加入珠江的航运；

（2）北部台湾的开发：① 沿海贸易；② 茶；③ 砂糖、樟脑生产的扩大；④ 矿山开发；⑤ 银行招商。

马士在整体上支持这些提案，对银行一项则指出，为了把收益白银存入银行，所以有必要开设汇丰银行，并提出了具体的银行名字。同时，马士提出希望自己能去台湾工作的陈述就是在这个时期。[②]

马士试图从四川省贸易的实态去把握内河航运中心的长江航运。他指出，经由宜昌的航运缩小；根据转口证（transit pass，正税和半税的支付证明书，以后的流动免税）的四川交易把外国贸易几乎都占了；从汉口到宜昌的交易 1/2 以上依然由原来的船进行。[③]

在汇丰银行对轮船招商局借款问题上，马士特别关注借款与银价下跌的关系。30 万英镑，如果以白银返还的话利息为 9%，如果以黄金返还利息则是 7%。也就是说，对于 30 万英镑的本金，加上 12.2570 万英镑的利息，合计为 42.2570 万英镑的借款。马士把这一金额换算成银两，考虑到银价下跌的影响，招商局的损失则如下面的计算。[④]

---

① ② 　1886 年 5 月 8 日，马士→泰特林克。
③ ④ 　1886 年 6 月 25 日，马士→泰特林克。

轮船招商局借款银两的本利返还额

	借款时	1886 年 1 月	1886 年 8 月 4 日
本金	1180328 两	1285714 两	1425743 两
利息	482243 两	525300 两	582511 两
合计	1662571 两	1811014 两	2008254 两(1 两＝4£21s2d)
		148443 两的损失	345683 两的损失

马士因此考虑延长从宜昌到重庆的运输航路,并试图了解 1885 年一年里经"转口证"进行的四川省运输状况(参见表 2-1)。根据此表,从汉口和宜昌运送至四川(重庆)的商品顺序是:(1) 药;(2) 白蜡;(3) 生丝。另外,马士还计算了运费,并且试着计算招商局运送货物时的费用。据马士的观察,这些只及使用民船运输量的一半。①

表 2-1 **转口证在四川的移出入**(1885 年)

商品名	单位	转口贸易量			运　费(单位:两)			
		汉　口	宜　昌	计	汉　口—宜　昌		宜　昌—重　庆	
					水　准	额	水　准	额
(向四川运送的物品)	反	9225	13325	22550	0.75	7000	1.50	34125
洋　布	担	3300	—	3300	0.25	825	0.40	1325
槟　榔	担	400	300	700	0.30	125	0.50	350
小豆蔻	担	875	50	925	0.30	250	0.50	450
桂　皮	担	4150	100	4250	0.40	1650	0.70	2975
金乌贼	担	2200	2000	4200	0.30	650	0.50	2100
明　胶	担	1075	725	1800	0.60	650	1.00	1800
胡　椒	担	2650	1175	3825	0.25	650	0.40	1450
鞋　类	担	3650	725	4375	0.20	725	0.35	1525
海　草	担	25175	10025	35200	0.15	3775	0.25	8800
砂　糖	担	11300	1050	12350	0.15	1700	0.25	3100
	计	64000	29475	93475	计	18000	计	58000
(从四川运出的商品)								
生　丝	担	3110	2720	5830	2.00	6200	4.00	23300

① 1886 年 6 月 25 日,马士→泰特林克。

商品名	单位	转口贸易量			运　费（单位：两）			
					汉口—宜昌		宜昌—重庆	
		汉口	宜昌	计	水准	额	水准	额
生丝（杂）	担	3500	1730	5230	0.40	1400	0.75	3900
药	担	10000	10400	20400	0.40	4000	0.60	12000
大　黄	担	6000	1100	7100	0.30	1800	0.50	3600
向日葵	担	900	1150	2050	0.75	600	1.25	2600
白　蜡	担	9150	4325	13475	1.00	9000	2.00	26600
	计	32660	21425	54085	计	23000	计	72000
	合计	96660	198460	147560	合计	41000	合计	130000

资料来源：1886 年 5 月 2 日马士手记。

　　轮船招商局的经营，从设立以来经历了几次危机。包括对于经营环境的不习惯、事故的发生、中法战争时美国的假意销售和恶性收购、借款等等。1881 年李鸿章在《查复招商局参案摺》中，提出了要重视经营问题：

　　　　遵经札派江海关道刘瑞芬、津海关道郑藻如，持所参各款，逐节严查。旋据该关道会同南洋所派之江南制造局道员李兴锐禀称，招商局银钱账目，向由驻沪道员徐润一手经理。当向调册询核，并就原奏分条查覆。如朱其昂等购船价贵，均即沉没，亏折殆尽一节。该关道等查，同治十一年已故道员朱其昂购买伊敦、福星、永清三船，于上海、天津各立码头运漕揽货。因创办之始，外洋及贸易情形未熟，船价稍贵，其用人滥，而糜费多，亦所不免。次年添派道员唐廷枢、徐润会办，增置轮船码头，颇有余利。将朱其昂亏折四万余两分年提补。

　　李鸿章提出要严格监察招商局经理，要充实经营条件。

　　对于轮船招商局的经营，马士给予下述评论。由于洋务期官督商办的企业里，外国人参与的例子并不多，而对企业经营进行评论的例子更少，所以，马士的观察很重要。

　　（1）在远距离上，对一般原则问题之外的管理是困难的。

（2）在具体的问题上,对内容的把握相当模糊,而且花费时间。

（3）由毫无企业经营经验的经营者（总办）来管辖,是极为困难的。

（4）由于船头过多,不可能沿着一贯的经营方针进行经营。

（5）从未从事过经营活动的经营者,根本没有经验,却提出了活动方针。

这些评论是马士通过观察得到的,好像并没有涉及系统性方针和组织基础方面的运营内容。此外,关于更为具体的经营状况,马士也进行了以下的概括：

（1）运输部门（包括代理店和船长在内）,无视成本计算,片面追求效率的增大。

（2）股东团体,无视效率,常常要求削减支出。

（3）经营者们（包含经营者、会计、海运负责者）,认为自己的义务就是用他们对前景的预测来判断和斟酌各方面的意见,实现以最小的成本来追求最大的效率。

在这里,围绕着效率与成本,揭示了现场、股东、经营者三者间互相牵制的经营状况。同时,这一见解,除了考虑到企业经营一般都适用的内容,也对中国企业经营在实际上所具有的整体关系（所谓的中国经营方式）进行了重新的思考。

三　淡水税关时期（1892 年 5 月—1895 年 6 月）

从 1886 年到 1887 年见习轮船招商局时期,马士就希望能够去淡水赴任。1892 年 3 月,以副税务司的资格到了淡水。

台湾的海关,淡水（1860 年）及其分关基隆（1863 年）,打拘（1863年）及其分关安平（1865 年）相继对外开放。其税金的集约及报告,在淡水完成之后,再被送至天津关库（参见地图 1－2）。

马士赴任淡水之后,在内地转口税与厘金的关系上,发生了几次纠纷。藩台站在确保厘金立场上,限制海关的权限,对所有的商品都课以厘金。① 对此，马士却认为，根据《芝罘条约》，海关的监督权已被确认，与之利害相关者就不是外国商人，完全是中国商人和中国官员等等中国人，他试图把转口税从厘金中切离出来。但是，这一做法的实际运用，又产生了如下的具体问题：

（1）对于由香港输入中国内地的商品的监查权，是不是归海关所有？

（2）转口证明书（transit Pass）不只是对从淡水出港的船只和商品，其他开放口岸（例如宁波、温州、福州）所发行的是不是也视作有效？

关于这两点，马士强调的是共同的海关监督权。与第一个问题相连的是，经由香港的中国船（帆船）接受厘金局的监查，支付厘金税，在这样的情况下，假如船上的搭载被视为危险品时，厘金局的官吏有义务把这些东西携至海关。马士的意见获得了台湾巡抚的支持，使原来持反对态度的藩台也理解了。这个问题的背景是香港的归属问题，在于在东亚华商贸易圈中，香港作为中转站占有着重要的位置，对利用香港的中国商人而言，是根本不会产生香港的国籍问题的。但是，从海关方面来看的话，香港却是英国籍，因而对中国而言是外国，这样的话，经由香港到台湾来进港的船舶就都被看成了外国船，而其搭载的商品，哪怕是福建、广东产，基本上也应该作为外国商品来对待。这样一来，如何调停香港制度定位与实质机能这两者之间的差别，就成了不断出现的问题。

关于转口证明书，它的用途是：外国制品或中国制品向外国出口的时候，不需要向途中停靠港支付全额出口税，只支付 1/2 就可以了。同时，进口商品的情况也一样，如果在第二个停靠港支付了进口税的 1/2 的话，以后就可以免税运入内地了。这一主旨是针对各地厘金加增课税而采取的保护性政策。

---

① 1903 年 8 月 11 日，马士→泰特林克。

　　然而,落实马士的这一课题,要涉及两个方面:一方是作为中央财政,担负着全国规模的统一的税制施行、运用的海关,及其责任者的税务司;另一方是担负地方性财政的藩台、道台,和作为确保地方财源手段的厘金。由于二者立场不同,不能不产生根本性的冲突。正在纠纷之际,怡和洋行购入了拒绝以厘金形式支付的樟脑,以支付转口税的133%的厘金税为条件被放行,允许其出口。由于转口证(transit Pass)的运用是地方性的,各地厘金局极力无视它而征收厘金,这样纠纷就存在着不断发生的可能性,淡水厘金局后来就把厘金税额以比转口税高出25%的高额固定征收了。如果以转口税作为子口半税是2.5%的税率来考虑的话,厘金就变成了3.3%了。①

　　在淡水的马士,1894年7月前后听到了中日开战的消息。巡抚连日得到来自天津、上海、福州的情报,情报到达得极为迅速。到了1895年6月,日本在台湾登陆。马士就海关事务及设施与日本军进行了交涉。②

　　1895年6月9日正午,因为日本要在淡水税关升日本旗,翌日马士正式发出公告停止了淡水海关的工作。日本方面的野村税关长及其税关吏员到达后,继续依赖马士处理海关业务。马士表示如果不立即被中国召还的话,到月末为止会负责海关业务,在把他的业务交给日本方面的同时,把征税及统计事务转移到了海关助手之处。

　　日本派遣淡水公使馆一等书记官岛村久,要求财产移交。而此前总税务司罗伯特·赫德给马士来电话,指示把海关财产的名义变更为英国领事或他国领事,或者是商人(7日),于是马士把海关财产变更为赫德名下。由于实际上并不在赫德的名下,因而英国领事馆并没有契约书——这立即引起了日本方面的注意,马士便援引在牛

---

① 1894年4月10日,马士→泰特林克。
② 1894年7月7日,马士→泰特林克。

庄租界外国人财产所有之例向日本方面作了说明。6 月 14 日岛村书记官要求财产移交，马士作为代理人，立即宣告海关财产移交给了英国领事，抗议日本的海关占领。淡水、基隆的英国领事霍普金斯（L. C. Hopkins）在这个问题上拒绝行动，而厦门的卡斯（Cass）英国商人商会的弗郎西斯·卡斯（Francis Cass），承认自己成了海关财产代理人，所以马士作善后处理后，决定离开上海。

    日本方面尽管对岛村公使馆一等书记官和桦山总督之间的往来文件存有许多疑义，还是决定购入海关财产。根据所添附的地契目录，并不能确认哪些为赫德的财产，但从清政府租赁下来的特征倒很明显，尽管如此，日本还是将其全部买下了。这一点需要注意。① 关于此事的具体情况，岛村书记官向台湾总督桦山实纪作了如下的报告：

---

①   接续在《台湾资料稿志》（台北，中央图书馆分馆藏）登载的关于基隆、淡水旧税关地所的地券类文件后面的目录，如下所示：

    1. 淡水税背面土地境界决定书　英文（1891 年 9 月）
    2. 淡水税背面土地的地券　汉文（1891 年 9 月）
    3. 将淡水税关西方的土地由（鲍伯逊）代人（马士）向总税务司（赫德）出售方委任证书　英文（1892 年）
    4. （鲍伯逊）代人（马士）向总税务司（赫德）让渡证书　但给（鲍伯逊）的原证书　奥书英文（1893 年 11 月）
    5. 税关长居宅地由吴氏出售给税关长的出售证书　汉文（1866 年）
    6. 关署租盖等地皮的永贷借证书　汉文（1869 年）
    7. 沪尾山手土地吴氏给淡水税关长（鲍伯逊）的卖渡证书　汉文（1875 年）
    8. 沪尾关公署地皮郭氏的出售证书　汉文（1894 年 5 月）
    9. 大稻埕税务司行署建设用地永贷借证书　汉文（1894 年）
    10. 基隆关署起盖地皮（巴特拉）的买入证书　但给（马钦）的原证书　奥书英文（1891 年）
    11. 基隆沙湾左灯楼基地李氏向淡水税关长永贷借书　汉文（1893 年）
    12. 基隆大鸡笼地皮简氏的出售证书（咸丰九年）

接受方收据（同治七年）
特此证明
明治 29 年 6 月 5 日
外事课纪内五郎（印）

《税关移交交涉过程报告》(1896 年 6 月 15 日)

　　岛村书记官就淡水基隆的税关及附属土地诸建筑物的移交报告。

　　淡水税关长(莫鲁斯)未接到训令,无法进行公开的手续,但因官有物目录上附有价格,所以应将其提交出来。其价格表如下:

基隆税关建筑物及其他二笔	八千七百式拾三弗八拾六钱;
台北税关用馆舍	一千七百五拾四弗七拾钱;
淡水税关用建筑物及其他拾笔	四万三千百拾八弗八拾钱;
合　计	五万三千五百九拾七弗二拾六钱;
灯台目标及存标	七千七百六拾五弗六拾七钱。

岛村书记官的报告指出:税关附属诸建筑物虽然作为官有物交付,但税关长(莫鲁斯)却云"该建筑物属于罗伯特·赫德的私有物,应该有代价的让渡"。往来辩论附另纸,以至作了五回报告。其要旨有如下两点:

　　其一,罗伯特·赫德为清国总税务司,将淡水、基隆、台北所在税关及所属诸建筑物的资金,由清国政府作为征税费用交付于总税务司使之成为定额金。其占地为税关所用皆是从清朝政府或人民手中借入或买入之物,淡水第十八号地,为总税务司罗伯特·赫德的代理人淡水代理税务司莫鲁斯购入,此一区地除外的土地借入或买入契约人皆悉淡水税务司而决非是罗伯特·赫德,又非罗伯特·赫德代理人的名义。加之税关用土地借入或买入的地券,除十八号地外,没有履行通常英国人记入英国领事厅台账的惯例,所以对帝国政府而言,税关及所属土地房屋既为清国政府所属之官有物,已由清朝委员交付我方领收。

但是,清朝政府与清国总税务司之间,究竟存在着什么样的契约关系,而且关于税关用地的借地费用支出的情况,毕竟都属于清朝政府内部事务,所以英国帝国政府并无从得知。

其二,罗伯特·赫德从清朝政府领取一定的津贴,负责海关税征收事务,但津贴的多少却与清朝政府无关。因为完全独立于清国政府,所以赫德用津贴或自己钱借入或买入的财产,不管是如何登记的,但都属于赫德的私有财产,因而对清国政府有将其转让或买卖的权力。

所以,以相当价格卖与了日本政府。

如上两说,因其实际上有所关联,所以在书面调查审议之后,将其决定的主旨在一个半月之内传达给在北京的罗伯特·赫德或其在上海税关的代理人马士。

若决定将其买入,则其代价为淡水、基隆、台北税关等五万弗白银币,以及安平打拘税关等两万五千弗白银币。关于该情况,我与从事转让之事的岛村书记官有私人信件往来。

正像上面的例子所说,马士在海关税务司制度的组织结构内,最大限度地利用"外国"的身份,并采取了相对应的策略。

关于淡水港的贸易、金融状况,从 1895 年 2 月 24 日起,发布了以美元作为表列价格通用的藩库通告,即 1 美元＝0.72 海关两。但是,由于普通硬币上刻有图案,实际流通的是 0.65—0.68 海关两。[①] 发行的海关银号支票,为 154 元＝100 海关两,在商人之间通用的却是 156 元＝100 海关两。如果用汇丰银行的代理店 154 元的支票在香港支付海关两 100 两,该银行会以信用问

---

① 1895 年 2 月 25 日,马士→泰特林克。

题而拒绝。①

从淡水港的出口对象分析来看,1895 年在香港占压倒多数的是"外国",在沿岸则是对岸的厦门出类拔萃。而且这一倾向,与从上海的进口比较,也显示出一致性(参照表 2 - 2)。

表 2 - 2 　　　　　　　　　　**淡水出口贸易** 　　　　(1895 年,单位:海关两)

输 出 方	输 出	再 输 出	合 计
日 　 本	100	…	100
香 　 港	265232	2798	268030
上 　 海	20252	8	20260
温 　 州	250	…	250
福 　 州	3050	…	3050
	4863	…	4863
台 　 南	3109	3000	6109
厦 　 门	1578356	567	1578923
汕 　 头	641	136	777
广 　 东	3668	…	3668
总 　 计	1879521	6509	1886030

资料来源:CIMC. *Trade Reports and Returns of Tamsui* ,1895.p.352.

四　龙州、北海、岳州时期(1896 年 6 月—1900 年 3 月)

马士的海关业务特征有以下三点:(1) 与华南经济相关联;(2) 在东南亚与内陆交通要冲设立了税关;(3) 开设内陆税关(岳州关)等等。可以认为,马士曾在华南及内陆任职。这些经历使他在后来任上海统计局局长时,能够深知中国对外、对内关系以及包括东南亚在内的各种关系。而且,马士还对开放口岸与内地市场之间的关系在其连续性上作了有效的考察。总之,他探讨了周边地带的海关对地域经济的影响及其与中央政府财政之间的关系等方面的问题。

1889 年,在关于云南省的外国贸易问题上,马士接受了清朝政府

---

① 　1894 年 4 月 5 日,马士→泰特林克。

的建议。同年,云南省的蒙自根据 1887 年清朝与法国缔结的《中法续议商务专约》而开放。其结果,在云南省与之相邻接的越南东京地方的贸易,也通过海关而进行。追溯历史的话,云南处于老挝和缅甸向中国朝贡的必经之路,蒙自及其 1896 开设的思茅,也是老挝向中国朝贡的通道。

〔龙州关〕

龙州海关,接近越南北部东京的地方,根据 1887 年的《中法续议商务专约》于 1889 年在广西省龙州县城对河设置。以往经由广西省北海是广西、云南之间的通道,现在设置龙州关的目的,是为了开拓内陆的通道,在计划建立的从河内到广西南宁的铁道上,将其作为中转站。

关于在云南、广西、广东的边界通商,中法战争后的 1885 年争论的陆路通商章程中,包含了几项特惠条项。1886 年《通商条约》19 条,是李鸿章与法国、意大利、瑞典、比利时等国代表之间缔结的。内容规定:在保胜、谅山以北设立通商地,设置税关(第 1 条);相互派遣领事馆(第 1 条、第 2 条);中国人能够在越南经商和居住(第 4 条);关于通商口岸有 1889 年开设的广西的龙州和云南省的蒙自。关于通商条项,第 6 条中有"进口",第 7 条中有"出口",各自内容规定如下:

第六款

一　凡进口之货,由法国商民及法国保护之人,运至边界通商处,所已纳进口税,即可照善后章程第七款,及各海关通行运洋货入内地税单之定章,准其入中国内地销卖。凡各项洋货,进云南、广西某两处边关者,于到关时,即将货色件数,及运货人姓名报明,由关派人查验属实,按照中国通商海关税则减五分之一收纳正税。如税则未载,即按估价,值百抽五征收正税。须俟正税完清后,方准起栈过载出售。如该商愿将洋货运入内地,须再报关,照通商各海关税则,收纳内地子口税,不得援减五分之一之正税折半征收。此项子口税完清后，由关发给税单，准其持往所指之地方售卖，凡遇关卡概不重征。倘无税单运入内地者，应照土货之例，逢关纳税遇卡抽厘。

第七款

一　凡法国商民及法国保护之人，赴中国内地各处，购买土货，运至边界通商处，所出口入北圻者，均可照善后章程第七款运货出口之例办理。凡各项土货，运出云南、广西某两处通商处，所于到关时即将货色件数，及运货人姓名报明，由关派人查验属实，如系该商先领三联单，自赴内地采买，并未完过内地税厘者，应照中国通商各海关税则，先征内地子口税，再照中国通商海关税则，减三分之一征出口正税。如税则未载，即按估价，值百抽五征收正税，方准起栈过载贩运出关。倘该商入内地买土货，并未领有三联单者，所过内地关卡，仍应照完税厘，由关卡发给单票为据。其抵关时验有内地税厘单票，始准免子口税。凡法商等进出云南广西两边关，运货之车辆牲口，中国商民进出北圻运货之车辆牲口，彼此一体免收钞银。其进关水路通舟楫之处，彼此可照各海关例，收纳船钞。以上第六、第七二款两国议明，日后倘有他国在中国西南各陆路边界通商，另有互订税则，法国亦可一体办理。[1]

这两条相连的有关进口、出口的规定中，对于关税有着非常独特的特征。第一，实施减税措施。即关于进口，减少了进口税的1/5；关于出口，则减少了1/3。这一规定，在海关的统一运营上会成为障碍，可能是法国单方面所获得的特权。但是，从第4条中规定的，从中国商人的贸易、移民、居住等项目来看的国境贸易、交通的实情为

---

① 周馥：《秋浦周何书（玉山）全集·奏稿五》，第28—30页。

鉴的话，或者从对英国、俄罗斯的均衡这一清朝的姿势为鉴的话，大概也表现出了对国境的重视吧。第二个特征，关于内地的贩卖及其买卖，不减税的子口半税的纳入以及对三连单所持的课税。在这里，以海关税的一般性规定为前提，表现出并没有将之与地方的问题相关联。作为天津海关监督的天津道台周馥，与批评此减税观点持相反的态度。首先，批评者言，举出与俄罗斯的陆路通商章程税率为5％的例子，厚此而薄彼，会成为邻邦的笑柄。对于这种批评，周馥进行了反驳。他说：与俄罗斯的贸易，因为陆路遥远，且进口税高而出口税低，作为使国产品伸长的手段是必要的。另外，对于刺激云南、贵州的物产出口也是必要的。[1]

马士在 1896 年 6 月到 1898 年 6 月的两年间在龙州关任税务司。由于龙州与东京相邻，所以主要关心的就是法国在东京的动向。法国当时考虑把河内、海防作为外国贸易的集散港，对以往经由香港贸易的进出口贸易实行免税计划。另外，在从河内经龙州到达南宁的铁道铺设问题上，当时的铁轨的轨距成了问题。也就是说，已经在中国境内铺设的幅度为 4 英尺 $8\frac{1}{4}$ 英寸，法国对此却主张为 1 米的规格。而且，如前所述，通过减轻税率之利，将商品集中于龙州，以与北海对抗，对此马士指出，梧州以南厘金卡的增加妨碍了这一点，他希望利用转口证来打通这种障碍（参见地图1-3）。[2]

〔北海关〕

北海是根据 1876 年的《中英烟台条约》（"芝罘协定"），与宜昌、瓯海、芜湖同时于 1877 年开放的口岸。北海设有常关，成为广西沿海贸易与内陆贸易的集散地。马士在北海担任税务司的时间，从

① 周馥：《秋浦周何书（玉山）全集・奏稿五》，第 28—30 页。
② CIMC. *Trade Report of Lunchow*，1896. p. 582.

1898 年 8 月到 1899 年 3 月，还有 1903 年初的短暂期间。马士在《海关贸易报告》（1898 年）中列举了北海开放口岸的两个理由。第一，在云南的贸易通道上，将它与省内的蒙自关相对抗；第二，从珠江经由广东到广西，也能带动云南的贸易通道，因为这个贸易通道上厘金局关卡众多，为达到避开它们的目的而开放北海口岸。[①] 在这个报告中，马士还用不同贸易对象国家所占的比重来显示北海在贸易中的地位。在进出口总和中所占比重，不同国家分别为：英国 15%（棉布、羊毛），印度、海峡殖民地 49%（鸦片、棉丝、棉花、热带产物），日本 3.5%（棉布、火柴），苏门答腊 4%（灯油），德国 7%（羊毛、金属、染料、钉），欧洲 1.5%，美国 3%（小麦粉、灯油），中国 17%。由于贸易国中最大者是印度、新加坡，第二位是也包括经由香港的中国商品，而北海的位置恰好可以发挥中国经济圈与印度经济圈的中介作用。

马士也十分关注北海的劳动力移动，他把它称之为"奴隶贸易"，并批评其没有任何规制。这一时期马来西亚、海峡殖民地中的大规模的矿山和种植园的开发，吸收了中国及印度为数众多的劳动力。有很多既没有任何契约又身无分文的移民，也从北海去了新加坡（参见地图1－4）。[②]

〔岳州关〕

岳州关是 1898 年开放的口岸。岳州口岸的开放出自于清朝自己的计划，而秦皇岛关（1882 年）、福海关（1899 年）、南宁关（1907 年）的开放也同样是经清朝之手的。马士受清朝政府之托，担当了岳州口岸准备阶段的实务工作。

岳州位于沿长江的湖南省洞庭湖的入口处，距下游的汉口大约 200 千米，是湖南省最初向外国开放的港口，亦是与内地贸易的要冲之地（参

---

① CIMC. *Trade Report of Pakhoi*, 1898. p. 634.

② 1898 年 8 月 5 日，马士→泰特林克。

见地图2-1、2-2）。因而，在这里已经设有常关和厘金局，之所以与它们在同一个地域再设置一个海关，是因为相互间有着功能分担和协同的必要。[1]

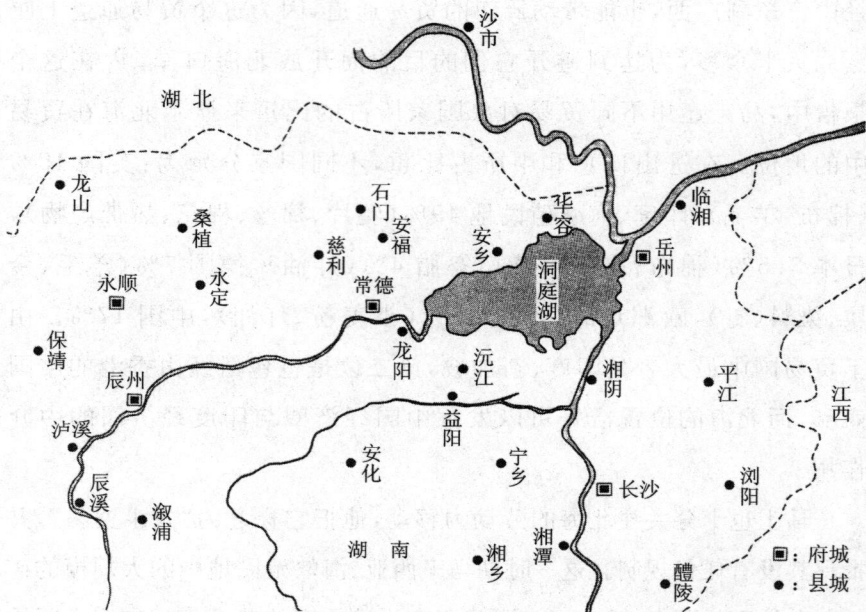

地图2-1　　　　　　　　**湖南省岳州附近图**

　　岳州口岸开放有一个非常重要并值得注意的是乡绅们极为强烈的反对。由于他们对向外国开放贸易的不满和反对态度——而它对岳州知府形成了很大的压力——因而对向设置海关提供土地，特别是提供海关业务人员等一直都是不合作态度。[2]

　　岳州关具备了海关与警察这样两方面的职能，于1899年11月13日正式开放口岸，公布海关管辖地域、海关规则、开办业务。海关还附设了邮政事业，与长沙、湘潭、常德的邮政事业相连接。在海关征税的问题

---

① CIMC.*Yochow* 1900.（本书第173页"补论"部分，参见马士的著作）
② 1899年5月4日，马士→泰特林克。

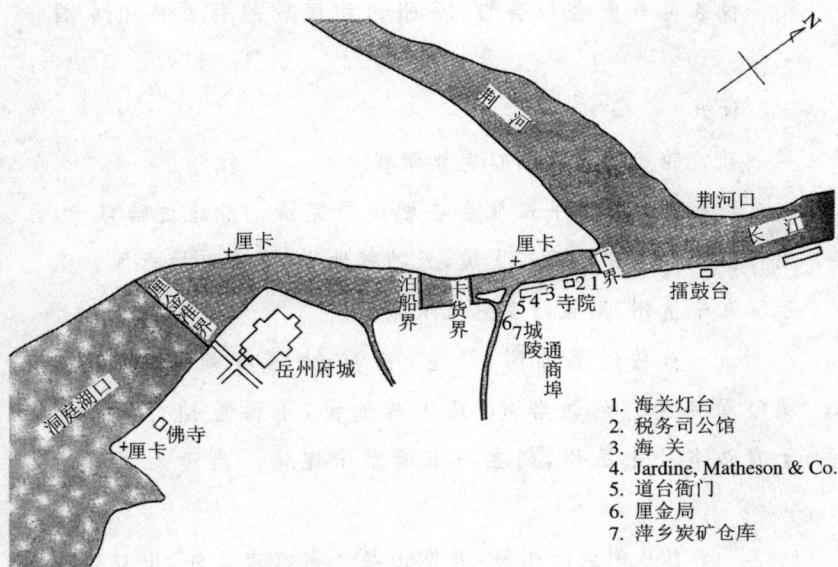

地图 2-2　　　　　岳州

1. 海关灯台
2. 税务司公馆
3. 海 关
4. Jardine, Matheson & Co.
5. 道台衙门
6. 厘金局
7. 萍乡炭矿仓库

上,它又有与厘金局共同管辖的特点。这主要是考虑了清朝政府在内陆市场的要冲上设置海关这一意图的产物。也就是说,其意在把厘金这种非常具有地方色彩的财源中央化。与此同时,我们还能看出,在内陆设置海关,就是要将海关的统一性职能、中央集权性组织、职能性运营等等导入地方。因此,代表地方利益的乡绅的反对动向被进一步强化,中央与地方的抵抗关系也表面化了。通过 19 世纪末光绪新政时期的从中央到地方实行的经济政策,我们能够很容易地推测出,作为强力推进的财政增强政策被重视起来这一点上,引起了当时各个地方实力派们的强烈抵抗。

岳州海关与厘金局共同运营。首先,对于汽船,原本只收取进出口税,在岳州关却同时征收厘金税。先规定了岳州关收取汽船厘金事项,然后,再根据到内陆去的各方向指定其厘金应该支付的地点。其次,规定了商人的注意事项,即商品的持有者应该持有办手续所必要的文件,尤其是三联单票据。对这些纳税之规则及其办理各种各样的手续必备的证明书,规定如下:

　　税务司与厘金局会订，岳州通商埠轮船行驶内港章程三款。

　　计开

第一款　轮船出入岳州口完厘章程

　　一　自岳州至平江厘金在城陵局完清。沿途过晤口卡，无货不须停船。至平江上坡，只纳落地税，不再重抽行厘。至于平江来岳州，则在马家湾厘卡完厘。

　　一　自岳州至湘阴、靖港、长沙、湘潭等处，出口时在城陵局完清。到该各处，只完落地税，不再重抽行厘。至于自该各处来岳州，则在马家湾厘卡完清。沿途无货不须停船。

　　一　自岳州至衡州府，并衡山县之雷家市二处，出口时在城陵局完清。到该二处，只完落地税，不再抽再补行厘。至于自该二处下水，货已经完清厘金，到岳州口，即不再抽再补。

　　一　自岳州进湘阴至沅江出口时，在城陵局完清。沿途各处，只完落地税，不再抽再补行厘下水。货在常德厘局完清。到岳州口，不再补再抽。沿途过龙阳、湘阴，无货不须停船。

　　一　自岳州过洞庭至沅江（上下水同前）沿途湖口有卡，无货不须停船。

　　一　自岳州至洞庭西北岸，沿途有卡，应停船候验完厘。如出口时，在城陵局完清，则到所指之处，不再补再抽。

　　一　自岳州出大江入荆河，应与湖北厘局定规。

第二款　商人应遵章程

　　一　轮船行驶内港装载货物，应照章在岳州关请领内港专照。

　　二　轮船过应完厘卡，当停船呈验单，照静候盘查。注明日时，盖戳放行。如无卡戳照章罚办。

三 轮船在岳州口岸，开行自早六点钟起，至晚十点钟止。逾此钟点，不准开行。违者照章罚办。

四 轮船到卡，上下货物，应先请领准单。无准单而上下货物照章罚办。此轮船装货之章程，如拖带土船所装之货，应在此卡码头起卸者，该土船即停泊此处候验。其轮船经查后，仍准拖别船开行。

五 轮船装货，除已领洋货税单三联报单外，其余照第一款各条办理。

六 轮船并轮船拖带之土船，均属一律办理。惟此项土船所装货物，必须照内港轮船章程，将正补两项厘金完清。给有执照者，方准办理。如无执照，仍按民船向例抽收。

七 轮船土船所装货物，只准在有厘卡处上下。无厘卡处不准上下货物。违者照章罚办。

第三款 大关与厘局合办法

一 本省大宪可派城陵局委员，照内港行轮补续章程第九条办理。

二 轮船完清内港税厘后，复出大江，请领专照。该船并货物大关办理。

三 轮船进洞庭，该船归大关办理，所装货物，归厘局办理。

四 上水轮船装载货物，已在大关完纳子口半税，领有洋货税单，即为准单，不得再抽厘金，余货照章完厘。

五 下水轮船领有三联报单，在内地厘卡，业经倒换运照，到马家湾厘局，即呈运照候验。盖戳为凭，准凭此照。此戳赴大关，报完子口半税可也。余货照章办理。

以上各条系先行试办章程，倘有不合事宜，应随时会商酌改。

內港輪船各貨總單

岳州局輪字第　　　號

湖南釐金總局　為給發內港輪船貨物總單事兹據華商 國 輪船裝載貨物報運前往　合將該船土洋各貨件數勒兩分別完稅完釐填給總單以便持赴沿途應征之卡呈請查驗須至總單者

報單號數　船名　貨色　件數　勒兩或定數丈尺　稅　釐　單照張數

光緒　年　月　日給

存根

湖南釐金總局　為存根事兹據華商 國 輪船裝載貨物前赴　除將該船內所裝土洋各貨發給總單外合備存查

計開

報單號數　船名　貨色　件數　勒兩或定數丈尺　稅　釐　單照張數

光緒　年　月　日給

繳驗

輪字第　　　號共納

湖南釐金總局　為征抽內港輪船稅釐繳驗事現據華商 國 輪船將開貨物報運前往　縣府州沿途應經　卡經將稅釐歸併一卡完清請領執照除填給外合行繳驗

計開

貨物

共完本卡釐金

帶完　卡釐金

光緒　年　月　日繳

存根

輪字第　　　號共納

湖南釐金總局　為征抽內港輪船稅釐繳驗事現據華商 國 輪船將開貨物報運前往　縣府州沿途應經　卡經將稅釐歸併一卡完清請領執照除填給外合行繳驗

計開

貨物

共完本卡釐金△

帶完　卡釐金△

光緒　年　月　日繳

征抽內港輪船稅釐執照

湖南釐金總局　為給發征抽內港輪船稅釐執照事案查

總理各國事務衙門頒行內港行輪續補章程第九條內載通商各

口岸應由該省大憲派員代收輪船往來內港稅釐等項遇有輪船

報往內港何處該員即將該輪所裝貨物沿途經關卡沿途應

若干核明總數先行徵收隨時給與單照俾赴沿途關卡呈驗放行

又第五條內載凡有民船裝載貨物用輪船拖帶者征抽之法與輪

船之貨相同各等因自應遵照辦理將沿途應征釐稅歸併一卡征

收玆據　華商　　　輪船報運後開貨物前往　州府縣　沿途應經

卡自願將應徵稅釐等項一併清完請給經抽執照俾得持赴

應徵之卡呈驗等情據此除將稅釐併征外合發執照並知照單俟

抵徵之卡呈驗蓋戳放行不再征抽并將知照單裁下按月互寄

核對該輪到指運之處起運貨物該處應征落地釐稅仍照舊抽須

至執照者

計開

貨物

共完本卡釐金足

帶完　卡釐金足

光緒　　　年　　　月　　　日給

右給　華商　　　國　　　輪船收執

輪船稅釐知照單

輪字第　　　號共納

玆有　華商　　　國　　　輪船報照內所開各貨前往　州府縣　沿途

應經　貴卡所有應完稅釐等項經由本卡驗明貨物統核總數先

行征抽除填給執照外理合知照

貴卡查驗蓋戳放行并將知照單裁下按月互寄核對可也須至知照

者

計開

共完本卡釐金足

帶完貴卡釐金足

光緒　　　年　　　月　　　日　　　卡填發

157

与海关有关的文件，收录在"资料篇Ⅴ　税关关系文书"中，但在岳州关却把相类似的这些文件作为了厘金征收的手续文件来用。现将岳州关所用的关税手续文件形式，与其他海关的手续文件相比较，作成下面的内容：

（岳州关单照见本书第117—120页）（资料篇Ⅴ　单照类）

1. 内港轮船各货总单　　　　　　6A・B总单式
2. 缴验照式　　　　　　　　　　9A・B改给运
3. 征抽内港轮船税厘执照　　　　20A・B执照式
4. 轮船税厘知照单　　　　　　　10A・B报单式

如上所述，虽然基本的手续文件在形式上因循了海关手续文件形式，但是（1）转口商品、（2）关于船舶的厘金支付方式、（3）税关的收取证明、（4）纳税通知书的各种书式都被改为以厘金的名义。通过这种将关税手续变为海关和厘金局双方共同的东西，使得两者的机能在管理上成为一体，并使海关这种中央直接控制的财源与厘金这种地方税相结合。这表明了中央试图通过作为全国性的集权机构而发挥作用的海关行政，实现把地方财源更加有效率地吸收到中央的意图。可见，在岳州关的尝试，是把中央与地方，沿海与内陆的关系置于中央主导之下的一体化的产物，然而以后事态的变化，并没有朝着实现一体化的方向发展，毋宁说反而使得各种关系内部的矛盾和对抗逐渐激化（参见"结论"厘金一项）。

第二节　马士与上海统计局

一　上海时代（1903—1907年）

马士到上海赴任是20世纪初，当时正值上海银价变动、投资活动开始活跃时期。19世纪末的上海市场动向如下所示。

（一）银价下跌与收购委托制（Indent System）的采用

1. 汇率变动与中日贸易

1873 年 7 月，以德国采用金本位制为契机而开始的伦敦市场银价下跌，伴随着 1880 年代其他国家向金本位制移动，美国白银生产量的增大幅度，出现了渐减的倾向，这对西欧和亚洲之间的贸易金融、投资关系带来巨大的影响。

表 2-3　　　　　　　　　银价及汇率的变动（1886—1901 年）

年　度	伦敦银价（单位：1 盎司）				面向伦敦的上海电信汇兑（单位：1 海关两）			
	最　　高		最　　低		最　　高		最　　低	
	d.	d.	s.	d.	s.	d.	s.	d.
1886	47	42	4	$9\frac{3}{8}$	4		3	$3\frac{5}{8}$
1887	47	$43\frac{1}{16}$	4	$9\frac{3}{8}$	4		4	$4\frac{1}{8}$
1888	$44\frac{9}{16}$	$41\frac{15}{16}$	4	$5\frac{1}{4}$	4		2	$2\frac{1}{4}$
1889	$44\frac{3}{8}$	$41\frac{15}{16}$	4	$6\frac{1}{2}$	4		2	$2\frac{3}{8}$
1890	$54\frac{5}{8}$	$43\frac{11}{16}$	5	3	4		3	$3\frac{7}{8}$
1891	$48\frac{3}{4}$	$43\frac{1}{2}$	4	$9\frac{1}{4}$	4		3	$3\frac{1}{2}$
1892	$43\frac{3}{4}$	$37\frac{7}{8}$	4	$2\frac{3}{4}$	3		8	$8\frac{1}{2}$
1893	$38\frac{9}{16}$	$30\frac{1}{2}$	3	$10\frac{3}{8}$	3		1	$1\frac{1}{8}$
1894	$31\frac{3}{4}$	27	3	$1\frac{3}{4}$	2		7	$7\frac{7}{8}$
1895	$31\frac{3}{8}$	$27\frac{1}{4}$	3	$0\frac{7}{8}$	2		8	$8\frac{3}{8}$
1896	$31\frac{9}{16}$	$29\frac{3}{4}$	3	$1\frac{1}{8}$	2		10	$10\frac{5}{8}$
1897	$29\frac{13}{16}$	$23\frac{3}{4}$	2	$11\frac{1}{8}$	2		3	$3\frac{1}{4}$
	d.	d.	s.	d.	s.	d.	s.	d.
1898	$28\frac{5}{16}$	25	2	$8\frac{7}{8}$	2		5	$5\frac{5}{8}$
1899	$28\frac{7}{8}$	$26\frac{5}{8}$	2	$9\frac{1}{8}$	2		7	
1900	$30\frac{3}{16}$	27	2	$11\frac{1}{8}$	2		8	
1901	$29\frac{9}{16}$	$24\frac{15}{16}$	2	$10\frac{1}{2}$	2		5	$5\frac{1}{8}$

资料来源：W. F. Spalding. *Eastern Exchange*, *Currency and Finance*. p. 257.
China, Imperial Maritime Customs. *Decennial Report*, *1882—1901*. Appendix I, xvi.

也就是说，银价下跌等同以基金计价换算值减少的这种情况，作为对亚洲贸易、对亚洲投资变动的重要因素而发挥了作用。如表 2-3 所显示的那样，一进入 1890 年代，银价下跌的速度更为加快。1893 年，印度停止了白银币的自由铸造，加之美国废止了白银买卖法（谢尔曼法）以及日本 1897 年制定金本位制等事项，表明亚洲的银本位制国家也开始向金本位制过渡。这一系列变化的结果，使事实上依然在采用银本位制的中国受到了银价更进一步下跌的影响。作为中日贸易决算单位的海关两（100 海关两为 111.4 上海两）的外汇交易市场，与伦敦的白银行情（参照表 2-3）直接相关联，特别是加上 1894—1895 年的中日甲午战争、1900 年的义和团运动等变动的影响，连当时的上海海关税务司 H. 霍布森（H. Hobson）也认为是"金融恐慌"的状况了。①根据历年来驻上海的英国领事的年度报告，可以分析出银价下跌对贸易的影响，尤其是对进出口品价格变动的影响。

1894 年，驻上海领事汉嫩（N. Hannen），报告了英国棉布价格上升的情况：

> 关于从曼彻斯特进口货品，银价开始下跌以后的长期间里事态的一般动向，与银价下跌几乎同一步调，英国的"棉制品的"黄金价格也跌落了下来。曼彻斯特的细平布一反的价格，从 1872—1874 年曼彻斯特的 10 先令到 10 先令 6 便士，而现在发货单价格从 6 先令到 6 先令 2 便士。其结果，一直到 1892 年年末迄，亚洲白银销售价格的稳定程度令人吃惊。因而曼彻斯特开始停止银价下跌的倾向，价格急速地上升了。②

价格上升（参见表 2-4）会不会直接导致贸易量减少，虽然这个问题还不能确定，但却担心出口减少。

---

① China, Imperial Maritime Customs. *Decennial Report*, 1892—1901. Shanghai, 1904. Vo. I, p. 487.
② British Parliamentary Papers(BPP). *Report on the Trade and Commerce of Shanghai for the Year 1893*(Foreign office, Annual series, No. 1442, 1894). p. 7.

表 2 - 4　　　　　　　　　上海进口棉布、棉丝价格变动　　　　（单位：海关两）

年 度	灰色丝 71b.（反）	英棉丝 No.16—24 （担）	印度棉丝 （担）	日本棉丝 （担）
1886	0.99	17.72	22.00	—
1887	1.01	19.54	23.00	—
1888	1.06	22.22	17.50	—
1889	1.07	20.96	18.91	—
1890	1.00	20.04	17.63	—
1891	0.98	18.80	17.04	—
1892	0.96	17.82	16.78	—
1893	1.14	20.98	17.92	—
1894	1.36	22.78	17.98	—
1895	1.28	22.08	18.37	19.98
1896	1.29	23.24	19.58	19.82
1897	1.39	24.92	21.52	22.58
1898	1.34	24.32	19.17	21.40
1899	1.32	23.42	19.08	21.68
1900	1.62	26.00	19.49	21.30
1901	1.61	26.00	20.93	21.68

资料来源：CIMC. *Decenninal Reports*, *1892—1901*. Appendix I, xxii.

该报告中，关于棉丝的问题讲道：

> 从印度的棉丝进口，似乎受到了与币制改革的波动幅度相
> 同程度的影响。上海至加尔各答之间的外汇市场，以前 100 两
> 一直稳定在 303 卢比 5 安那，但是印度实施"货币条例"后，银
> 价突然下跌到了 100 两 244 卢比，而且至今如此。伴随着这一
> 下跌，上海的印度丝 20 支的价格从 6 月的 52—54 两，逐渐升到
> 1894 年 1 月的 66—68 两了。……印度铸造局关闭之后，进口
> 量与前年同期相比减少了近一半。①

报告指出了伴随着白银的下跌，棉丝价格上升和进口量减少的情
况（参见表 2 - 4）。

另外，关于中国商品的出口贸易，在此也以生丝为例来分析。

---

① British Parliamentary Papers(BPP). *Report on the Trade and Commerce of Shanghai for
the Year 1893*(Foreign office，Annual series，No. 1442，1894). p. 9.

把中国标准的生丝价格，如现在是 430—440 两，在外汇市场上为 6 先令，与 20 年前的汇率大体相同。1870 年在伦敦以 20 先令的黄金只能购买 11 b. 的生丝，但现在几乎能够购入 1.51b. 的数量了。也就是说，如果白银购买力一定的话，特殊商品金的价格就上升了 50%。①

在上述报告里，由于上海的生丝价格是一定的，在伦敦的金银比价上的价格差部分，作为实质性的减价而起着作用。如表 2-5 所显示的那样，伦敦的生丝价格与汇率的变动直接相关，从而产生变动。这个问题意味着，"尽管银价下跌，但上海的价格是一定的，并没有对生丝生产产生刺激作用"②。这是从生产者方面来说的，舍去这个条件以及不考虑贸易金融所掌握的外国银行、洋行的事实，可以说银价下跌具有对出口有利的作用。报告还指出，银价下跌的结果，大量的中国棉花能够以非常便宜的外汇向巴黎出口，这是 1863—1864 年棉花短缺以来所没有过的事实。③ 关于中国的出口贸易，总之，

白银的金价格下跌，并没有达到引起中国商品价格上升的效果，反而给欧洲带来了这样的效果，即在欧洲市场上，以旧价格在可能支付的限度额内，能够购入多种类的商品。④

表 2-5　　　　　　　　　　　　银价变动与生丝价格

年　　　月	上海价格（1 捆）	1 海关两的汇市		同日的伦敦批发价格	
	上海两	先令	便士	先令	便士
1893 年 6 月	345	3	$10\frac{3}{8}$	11	3
7 月	350	3	$6\frac{1}{2}$	10	3

① BPP. *Report on the Trade and Commerce of the Consular District of Shanghai for the Year* 1892(F. O. , Annual Series, No. 1226, 1893), p. 15.
② 同上书, pp. 15—16.
③ BPP. *Report on the Trade and Commerce of Shanghai for the Year 1893*. p. 8.
④ BPP. *Report on the Trade and Commerce of Shanghai for the Year 1892*. p. 14.

年　　月	上海价格（1 捆）	1 海关两的汇市		同日的伦敦批发价格	
	上海两	先令	便士	先令	便士
8 月	355	3	$5\frac{1}{4}$	10	0
9 月	$347\frac{1}{2}$	3	$5\frac{1}{4}$	9	10
10 月	$337\frac{1}{2}$	3	$5\frac{1}{2}$	9	9
11 月	340	3	4	9	$4\frac{1}{2}$
12 月	$337\frac{1}{2}$	3	$3\frac{1}{2}$	9	$1\frac{1}{2}$
1894 年 1 月	$342\frac{1}{2}$	3	$2\frac{1}{4}$	9	$1\frac{1}{2}$
2 月	$347\frac{1}{2}$	3	$0\frac{1}{2}$	9	0
3 月	$352\frac{1}{2}$	2	$9\frac{3}{4}$	8	0

资料来源：British Parliamentary Papers，Foreign Office. *Report for the Year 1893 on the Trade of Shanghai*. p. 18.

通过这个报告所把握的情况，我们注意到了出口种类以及出口商品的多样化。

如上所见，银价下跌导致限制进口的效果和促进出口的效果，能够从进出口商品的价格变动这个方面进行观察，特别是对在中国的外国人而言，在实际的贸易上更成问题，这不仅是单纯的白银的低价格化，还有变动的不安定性，变动幅度大的问题（参见表 2 - 3）。为打开这一局面而采用的方法政策，就是下面所要论及的收购委托制。

2. 收购委托制（Indent System）的采用与外国银行

驻上海的英国领事 N. 哈奈，在 1892 年度的报告中对关于收购委托制作了下面的论述：

> 由于长期以来的外汇交易的变动，商人们也必须变更交易的方法，特别是进口业者更是如此。取代既要维持商品的库存又要适应市场需要而调运这一方法的，是商人们选择的另一方法，即在接受英国定单以前，他们就与当地的交易商们进行买卖了。他们首先同时定下白银价格和汇率，然后再以电报形式向曼彻斯特发出订单。因此，购买、贩卖与汇率实际上同时进行了，其结果，汇兑的风险被银行承担了，而外国进

口商也只能在交易过程中获取佣金了。银行承担了汇兑风险，通过同时进行的汇票贩卖与收购进行自我防卫。其结果，不管汇率怎么样变动，银行在一方受到的损失能够通过另一方的收益相互抵消。①

如上所示，进口商采用了对付银价下跌的收购委托制，结果，银行成了全面承担汇兑风险者，同时也带来了贸易金融向银行的进一步集中。从银行本来的机能上看，是以汇兑买卖均衡为政策的，但是，由于当初作为进口贸易政策而导入的收购委托制，在银价变动下，就不得不改变银行的政策，以确保更加积极的出口贸易金融。关于中国，在茶、生丝的出口贸易上，1870年代末外国银行以对过去地方金融机关（钱庄）的短期放款的形式供给资金。② 尤其是汇丰银行，从1880年代后半期在亚洲各地扩充了分局网，并计划增加以黄金计价的准备金以加强与伦敦市场密切联系，鉴于此，对银行而言的贸易决算，就不是对中国一国进出口均衡，而是要实现作为多地域间决算结果的均衡。其结果，对于当时曼彻斯特的棉工业的利害，尽管领事十分担心，但对银行而言却具有双重意义，如表2-6所示，不仅事关中英关系，而且事关大英帝国整体与中国的关系问题，所以在总体贸易关系中，大概就要以采取进出口及金银价格差相均衡为上策了。因而，尽管领事指出与英国本土的直接贸易增加得太少，对银行而言能够处理印度棉丝对中国出口上的贸易决算，但还是感到美国、日本的棉工业已成为曼彻斯特强有力竞争对手的危机感。不过，从贸易关系整体来看的话，这些在此时期都被相对化了，更不如说，棉工业资本与金融资本在利害关系上的背离在这个时期显现化了。

---

① BPP. *Report on the Trade and Commerce of Shanghai for the Year 1892*. p. 4.
② 滨下武志：《19世纪后半期，在华外国银行金融市场支配的历史特质——与上海的金融恐慌相关联》，载于《社会经济史学》第40卷第3号。

表 2 - 6   **不同国家和地区向中国的进出口额**   （1000 海关两）

不同的贸易 对象国、地区	1875 年		1885 年		1895 年		1900 年	
	进口	出口	进口	出口	进口	出口	进口	出口
英　　国	21133	29165	23992	21992	33960	10571	45467	9356
香　　港	27525	12747	35268	15870	88191	54774	93847	63962
印　　度	14855	241	16149	589	16944	2764	16816	2865
海峡殖民地	700	793	1725	999	2536	1887	2625	2435
加 拿 大	60	44	51	2	612	485	654	458
澳大利亚	557	2049	256	1880	409	1212	518	861
小　　计	64830	45039	77441	41332	142652	71693	159927	79937
美　　国	1016	7674	3315	8298	5093	15383	16724	14752
欧　　洲	766	8579	2518	7304	7552	21172	10273	24977
俄 罗 斯	101	4463	195	4852	1902	15603	4373	12374
法属印度支那	124	80	228	76	1406	500	986	1303
朝　　鲜	—	—	25	121	56	638	1189	804
日　　本	2486	1593	5264	1491	17195	14822	25753	16938
合　　计*	69994	68913	89407	65006	179947	143293	222129	158997

资料来源：Hsiao Liang-lin. *China's Foreign Trade Statistics 1864—1949*. pp. 138—153.
（* 包含其他）

综上，银价的下跌，通过转口贸易决算方法的变化，强化了在亚洲的外国银行的地位，而且外国银行又把它作为新的银价对策展开了投资活动。

（二）投资活动的展开与上海金融市场

1. 股票投资与对清朝政府借款

如果说收购委托制的采用是针对这个时期贸易决算上银价下跌的一个对策，那么，还有一个对策，就是促进对中国的投资，整顿和扩充投资条件，而且表现出对中国的金融市场更加密切的结合。对于银价下跌成为促进投资重要因素这一点，驻上海的英国领事 N. 哈奈在 1893 年的报告中作了如下论述：

　　现在的低银价，是外国资本在中国投资的良好条件，为投资提供了一个特别的机会。假如中国政府为了铁道和其他的公共事业借款而去欧洲市场的话，可能会在很优惠的条件上获得充分的满足吧。黄金借款若以白银换算，能成为原额的两倍，若有效使用的话，不仅是此举的报酬，还会像汹涌奔流那样刺激中国的出口贸易，改善贸易收支，其结果，会导致大量银两流入中国，这使西欧和中国都获得了安定。如果中国能够向外国企业公正开放的话，它会使那些等待多年的世界剩余银两也都流入此地。[1]

以这样一种对中国投资条件的认识为前提，这一时期的上海投资首先表现为向股票投资，股票市场的整顿也开始了。

作为吸收上海投资的机关，证券交易所（上海股份公所，The Shanghai Sharebrokers Association）1891 年（光绪十七年）以英国商人为中心而设立（到 1905 年，改组和扩充为上海众业公所，Shanghai Stock Exchange[2]）。同年设立的中国协会（The China Association），推选原香港总督德沃克斯（Des Voeux）为会长，怡和商会的 W. 凯瑟克（W. Keswick）为议长，在上海、香港、横滨、神户设置了地方委员，另外汇丰银行也作为银行委员加入其中，以发挥对各地商业会议所的指导作用。[3] 在上海股份公所登录的中国外国企业、业种区别及企业数目见表 2－7。比较 1894 年与 1897 年，根据《下关条约》对工业企业权的规定，棉工业和其他的工业企业股增加，另外土地公司股缴纳额的增加，公司债、工部局债、中国政府债的募集也数额巨大，这都是引人注目的变化。其次，股价大部分是"上海两"换算以及美元换算（美元计算股价的企业几乎都是以香港为活动根据地的）。至于分红，1894 年 6 月期 44 家公司的年平

---

① BPP. *Report on the Trade and Commerce of Shanghai for the Year*, *1893*. pp. 22—23.
② 《上海研究资料》，第 283 页，上海通讯社，1935 年。
③ China Association. 1898—1899 *Annual Report*. London，p. I.

均红利为 7.6%。① 股价在汇丰银行属于例外的高价,1894 年 6 月、1896 年 1 月、1899 年 11 月的各个时点上,红利分别达到 100%、185% 和 340% 的高点。②

表 2 - 7　　　　　　　　　上海股份投资业类别、通货细目

(货币单位:1000。1 上海两 ≒ 1.5 美元 ≒ 3s)

业　　　种	1894 年 12 月				1897 年 12 月			
	企业数	上海两	美元	英镑	企业数	上海两	美元	英镑
银　　　行	3	—	10000	893	3	—	10000	820
船　　　舶	4	530	2600	747	4	—	2200	753
货 物 船	4	830	—		4	830	—	
船　　　坞	5	1770	1563	—}	7	3680	2563	—
码　　　头	3	392	1000	—}				
海 上 保 险	6	—	2367	125	6	—	2617	125
火 灾 保 险	3	—	900	—	2	—	800	—
矿　　　山	4	2000	1474	—	4	2000	1492	—
土　　　地	2	600	2500	—	4	1300	2933	—
砂　　　糖	3	250	2700	—	3	250	2700	—
棉 工 业	0	—	—	—	6	4312	—	—
其 他 工 业	5	714	130	—	7	1009	180	—
其　　　他	7	137	1080	144	10	598	1435	152
合　　　计	49	7223	26314	1909	60	13979	26920	1850
公司债、工部局债、政府债	13 件	2019	—	—	17 件	2922	—	—

资料来源:*The North-China Herald*. December 14,1894 及 Decembr 31,1897.

　　中国人对外国企业股份的投资增加,也是一个特征。投资的业种,涉及航运、保险、银行、码头、房地产、各种工业、公共事业等全部领

---

① *The North-China Herald*. June 29,1894. 在《马关条约》工业企业权项下规定的在华公司设立问题,在英国的情形,根据 1908 年英国公司法修订的 1911 年及 1915 年的香港公司法改订,公司登记在香港政厅,作为香港籍公司受英国保护。
② *The North-China Herald*. June 29,1894;January 10,1896;November 13,1899.

域，股东也涉及该企业买办之外的商人、绅商等人。① 另外，华侨的投资活动从1890年代也开始急增。②

在新的股份投资活跃的同时，更大规模的投资是对清朝政府的借款。从1893年到1900年发生的23件外国借款中，白银借款为8件。在借款额的比率上，只从英国的借款看，用英镑计算为4000万英镑，用白银计算1400万两，但如果折合成白银就成为17：1，所以，借款绝大多数为黄金借款。借贷的当事者，也是以汇丰银行为首，在英资银行中，有渣打银行、商业银行等，其他接续的有德华银行、俄清银行等的各国银行，洋行成为借贷当事者的例子大为减少。③

2．上海钱庄业与资金筹措问题

在外国商人经营的上海股份公所设立的两年前，作为中国方面公开股票市场的"平准股票（股份）公司"就已经公开设立。其主旨如下：

> 即如公司一端，人见轮船招商与开平矿务获利无算，有是风气大开，群情若鹜，期年之内效法者十数起。每一新公司出，千百人争购之，以得票争幸，不暇计其事之兴衰隆替也。……今平准公司逐日悬牌，定出真价，如兑换钱洋之听衣牌然，可一见而知。④

对轮船招商局与开平矿务局显示出来的是来自商人们的积极股票应募，此后也是如此，每当企业设立股票都会产生投资的热潮，但对其后的股价变动，却顾及不到。因此，组织平准公司，试图公布股价以便于股票的买卖。

为了使钱庄相互间的决算顺利进行，1890年汇划（汇票）总会的设

---

① 汪敬虞：《十九世纪外国侵华企业中的华商附股活动》，载于《历史研究》1965年第4期。
② 林金枝：《近代华侨投资国内企业的几个问题》，载于《近代史研究》1980年第1期。
③ 徐义生编：《中国近代外债史统计资料》，中华书局1962年版，第28—34页。
④ 《上海研究资料》，第283—284页。

立，使一定额的汇票能相互发行相互清算，这是相当于汇票交换所原型的组织。这个钱业汇划总会主要以钱庄活动为主，在相互决算之外，也接受非会员钱庄的代理及外国银行的委托。①

如上所见，在1890年代的大变动中，尝试着整顿金融市场的努力却未必能说发挥了充分的作用。在此，想追溯一下资金告缺的上海市场的状况。

上海金融市场的变动，通过洋厘（银元1元对上海九八规银的换算行市，重量比是1元＝0.72两）与银拆（对钱庄放银1000两的日息）而表现出了白银资金的供求状态。由表2-8所见，由于1890年代两者都达到了高水准，显示了整体上的资金不足。特别是洋厘，中日甲午战争时期，1897年出现工场建设的繁荣时期，1900年义和团运动时期，呈现出高峰状态；而银拆，则在1897年前后形成了高峰。加上不断扩大的贸易量，对股票、企业建设的投资，清朝政府从民间的战费筹措，更加上用于支付赔款的资金需要逐渐变大，这些因素所导致的结果，就是上海金融市场陷入了慢性的资金不足状态。在此之上，还要再加上上海市场银拆价格高涨的原因，前面说过的与收购委托制不同的贸易决算方法的采用。

表2-8　　　　　　　　　　　上海洋厘、银拆的变动

年份	洋厘（两）		银拆（两）	
	最高	最低	最高	最低
1886	0.752	0.724	0.90	0.15
1887	0.735	0.720	0.65	0.15
1888	0.738	0.722	0.80	0.17
1889	0.755	0.726	1.00	0.19
1890	0.741	0.734	0.50	0.19
1891	0.740	0.720	0.60	0.13

① 中国人民银行上海市分行编：《上海钱庄史料》，上海人民出版社1960年版（1978年重版），第53页（1957年7月，与秦润卿的谈话记录及《银行周报》第4卷第49期，1920年12月）。

年份	洋厘（两）		银拆（两）	
	最高	最低	最高	最低
1892	0.473①	0.724	0.60	0.13
1893	0.741	0.722	1.00	0.19
1894	0.763	0.726	0.50	0.09
1895	0.775	0.737	0.65	0.06
1896	0.757	0.725	0.90	0.22
1897	0.786	0.726	1.00	0.24
1898	0.776	0.728	0.85	0.21
1899	0.760	0.728	0.92	0.16
1900	0.785	0.731	1.00	0.17
1901	0.747	0.730	0.45	0.08

资料来源：中国人民银行上海市分行编《上海钱庄史料》，第60页，第628页。原载《申报》及 *The North-China Herald*。

驻上海的英国领事 N.哈奈在 1894 年的报告中讲道：

> 以收购委托制为基础的是契约，去年（1893 年）却大规模地实行了与它不同的方法。在这个方法中，价格由所在地的汇率而决定，即中国人交易商在最小限度内保证了汇率。在这个方法中，中国贸易商在大体高位汇率上签订契约，因而银价只能维持在高位，据此便能够弥补自己的损失。②

这里显示出，中国贸易商的资金源依存于钱庄，而钱庄相互间则从外国银行借入短期放款来调配资金。从表 2 - 8 中能够看出，正是出于对该年银拆的上涨才采用这种决算方法的。在 1897 年 11 月的事例中，针对银拆持续上升，上海道台发布布告予以禁止。布告云：

> 近来各钱庄复有利空盘买卖，以致洋价日涨，每天拆息重至三元之多，而银拆亦因之加大。……查上海市面出入多用现

---

① 原文如此——译者注

② BPP. *Report on the Trade and Commerce of Shanghai for the Year 1893*. p. 9.

银,商贾与钱庄通有无,拆息原不能禁止,而银洋皆系合作规银核算,是以向不准有洋拆名目……合亟出示谕禁。①

钱庄的利空盘交易致使洋价(洋厘)特别是银拆高涨,而钱庄决定独自洋拆(不经上海现银换算而以银元付的贷款利息),是被政府禁止的。可见钱庄是很重视给商人提供现银的。

其次,在资金不足、贷款利息高涨的状况下,来看钱庄又是如何筹措资金和其破绽所在:

> 贴票风潮发生于 1897 年(光绪二十三年),先是有潮(州)帮郑姓开设协和钱庄于交通路(西棋盘街),首创贴票办法,以高利吸收存款,凡以现金九十余元存入者,即由钱庄开给远期庄票一纸,到期后,可持票往取现金百元,名曰贴票。……其总数约二百万元左右。②

由潮州帮郑某首创的钱庄发行的贴票(私募债的一种),就是在某一钱庄转账进去 90 元钱得到长期庄票(2 个月前后),如果期满可以得到 100 元支付。但是,这种方法一度引起骚乱,以至不断出现不能兑现贴票的钱庄累及倒闭。贴票自身也可以说是采取了一种“私募债”的形式,与同年清朝政府发行的内债相类似。但是,这一贴票试图与过去的旧庄票(钱庄发行的一笔付清汇票)的作用相结合,但持有庄票却不以现银为基础,从而加速了信用膨胀和收缩的循环,不得不暴露出其破绽来。

所以,1890 年代的上海金融市场,是一种市场规模不断扩大,而又资金不足的局面,只是钱庄不能应对这种局面,只得求助于新的资金供给源及信用机关。这一事态于是形成了诱使外国资本向中国投资的条件。

---

① 《上海钱庄史料》,第 43 页。
② 《上海钱庄史料》,第 56—57 页。

二 海关贸易报告与 H.B.马士

（一）海关贸易报告

上海金融市场白银下跌与贸易变动的动向，出现于 1890 年代中叶到 20 世纪初。在这个时期，1899—1901 年，发生了义和团运动。以此为契机，列强各国为了解决贸易、金融上的问题，扩大利权而施加压力；在清朝国内也发生了戊戌变法、光绪新政、财政改革等前所未见的大幅度改革。前者的表现是 1902 年缔结的《中英通商条约》（马凯条约）和其后连续与美国、日本签订的通商条约；后者是围绕着财政整理案，币制改革案，制度、机构改革相联系的实施恢复清朝中央权力的政策措施，同时，还出现了与中央相对抗的四川、湖南等所谓"有实力"的地方各省进行强化地方财政、强化地方主权的活动。①

中国海关这一时期的工作，主要是作全国性的贸易动向总结，编成概括其基本特征的《贸易报告》，最初设想为年度海关报告。在上海的海关统计局局长，与总税务司罗伯特·赫德（在北京）交换意见。

上海统计局局长执笔每一年的贸易报告，并把它作成了按年报告、附统计卷头的形式，使报告和统计二者相分离，这一工作始于 1870 年代。后来到了 19 世纪末叶，整个中国对外贸易问题逐渐成了政治、经济政策问题时，也采用了这一贸易报告的形式。

19 世纪末到 20 世纪初叶的贸易报告，包括了一些与以往收录项目不同内容。也就是说，通常记载的进出口货物的增减等之外，包含了一些与贸易收支、国际收支相关联的议论。② 而在马士贸易报告引人注目的题目中，甚至有了关于中国的国际收支。出现这个题目的背景，在于对不断增加的入超过多如何对待和处理的问题上，中国方面

---

① 李权时：《国地财政划分问题》，世界书局 1929 年版，第 3—28 页。
② 从 1889 年以降的 *Trade Reports* 涉及到的贸易收支、国际收支的问题。

传统的"白银（财富）流出"论抬头，并且正在演变成为政治问题。

贸易报告的形式，基本项目有以下 5 项：

1. 一般概况项目。记述整体状况以及海关和贸易的一般变化。

2. 税收项目。记述进出口税、转口税、鸦片厘金等。

3. 外国贸易项目。记述商品贸易、贵金属贸易，它们分为：a. 进口，b. 出口，c. 再出口。

4. 船舶项目。记录不同国家船舶数及比较，船只总数、吨数的记录等。

5. 贵金属项目。记录金、白银的进出口情况。

在这些贸易报告记录中，税务司及中国方面两者都最为关心的，就是年年增加的入超额了。在清朝方面，存在着鸦片战争以来一直是"白银流出"状态的见解，认为对于贸易逆差，应该根据白银的流出量来清算，因而对中国的财货流出持极为疑虑的态度，而且它有马上就变成政治性问题的可能。其结果，作为争论的一个方向，与外国商人之意相反，出口强化对外国贸易的课税，以弥补贸易逆差额政策的状况，是很容易就发生的。

海关方面也试图进行"政策性的"活动，使进出口两者的统计数字相接近，修正从 1888 年至 1903 年的进出口统计数字。这一举动的基本思考是，1864 年开始的贸易统计，是根据进出口的市场价格计算的，与国际惯例是不一样，会导致进口过多而出口过少的计算。从而，出现了贸易统计的"修正问题"，修正后的公式是以下的计算方式：①

修正进口总额 ＝ 原进口总额 －（进口税 ＋ 鸦片税）－ 7％

---

① CIMC. *Trade Report for the Year of 1889*. Ⅵ.

表 2－9　　　　　　　　　　修正后的进出口贸易统计

（单位：海关两）

项目　　　　年份	1897	1898	1899	1900	1901	1902	1903
进口正价	202828625	209579334	264748456	211070422	268302918	315363905	326739133
进口税	6095063	5729908	6656623	5764360	7067647	2366032	2283896
鸦片税	5426935	5476816	6528550	5445255	5459358	5638206	6469065
部分合计	11521998	11206724	13185173	11209615	12527005	8004238	8752961
进口（除税）	191306627	198372610	251563283	199860807	255775913	307359667	317986172
－7%（佣金等）	13391464	13886082	17609430	13990256	17904313	6451092	7532744
〈到岸时进口价格〉	177915163	184486528	233953853	185870551	237871600	300908575	310453428
向外国出口市价	163501358	159037149	195784832	158996752	169656757	214181584	214352467
＋税额（估价）	5188528	5405263	6162386	4963729	4725597	4791167	4704498
＋8%（佣金及其他）	13080109	12722972	15662786	12719740	13572540	17134527	17148197
〈装期时出口价格〉	181769995	177165384	217610004	176680221	187954894	236107278	236205162

资料来源：据各年的 CIMC. Trade Report 制成。

佣金

修正出口总额＝原出口总额　＋　2.5％出口税　＋8％佣金

基于这个公式修正的贸易统计,如表 2 - 9,差额便被大幅度地"减少"了。接着,1904 年以来,到岸价格(C. I. F.)、离岸价格(F. O. B.)被分别用于各自的进口、出口,形成了以下公式:

进口总额＝C. I. F. ＝原进口总额－(5％进口税

　　　　　　＋2.5％子口半税)－7％杂费

出口总额＝F. O. B. ＝原出口总额＋2.5％出口税＋8％

杂费

从图表中可以看出,按国际贸易统计方法标准作出修正,中国的贸易收支差额从原来市场价格计算的 1/2 减少到了 1/5,1897 年的修正值甚至显示出了出超。在中国近代贸易史上,出超只是 1850 年代后半期茶、生丝出口高潮时期出现过,但银价下跌的 1890 年代中叶竟然也出现了出超,是否值得考虑呢? 进入 20 世纪,尽管修正值也变成了大幅的出超,若只从贸易收支上来考虑中国的对外经济关系就显得不充分了。所以,马士从这一具体状况考虑出发,主张不仅要从包含资本收支在内的国际收支整体中,把握中国的对外经济关系,还要把握中国经济本身。

（二）马士的海关报告

马士在 1886 年到 1907 年的中国海关业务中,保留了大量公、私两方面记录,成为探讨马士关于中国认识的方法论问题时极为贵重的资料。马士记录中限于他亲自经手的三个部分,即:

（1）海关报告、贸易报告等官方记录;

（2）与总税务司罗伯特·赫德的半官方书信;

（3）与其他税务司、其他人物的私人信件。

其中特别令人注目的,是马士担当 1903—1906 年《全国贸易报告》

的执笔期间，用一种新的贸易报告形式和方法，提出的关于中国的国际收支问题。[①]

1904年的贸易报告"贸易收支"一项中，马士按罗伯特·赫德的要求尝试作了说明。他本不是统计局里的统计学者，只是应赫德的要求来陈述多样的统计数字，如对到岸价格 C. I. F. 与市场价格共同需要的数值，便是针对赫德的中国对策这一目的而进行的。[②] 也就是说，尽管中国是入超状态，而且中国还必须大量的还债和返还借款利息，但实际上，(1) 白银并没有流出；(2) 中国存在着其他的收入；(3) 整体上的收支是平衡的。

当时社会上有一种预测说，巨额还款并不能导致出口的促进，中国就没有产生这种现象。马士首先从这种认识谈起，并试图解释其理由。[③]

从1904年起的贸易报告，把以往报告项目的第六方面的贸易额一项改成贸易差额，采用了更加直接的差额。同时，赫德开始十分警觉此问题所蕴含的政治意义。赫德希望唤起马士对此国际收支问题的两点注意。它们是：(1) 用于赔款和借款利息返还的白银流向；(2) "看不见的"国际收支的内容及其资金流向。这两点有一个共同性，都是对中国方面没有财富流出这一点的怀疑。[④]

在马士与赫德交换的意见中，入超和赔偿问题成为主要的话题。也就是说，虽然由于出口与进口的差距缩小而调整了 F. O. B. 与 C. I. F. 双方与市场价格的数值，但1901年起入超额却再度扩大了。在这种状况中，入超用什么来弥补呢？同时，赔款返还、借款利息返还，其资金（白银）又是如何筹措的呢？这个数额每年高达4000万两，就

---

① 参见1903—1906年各年 *Trade Report*。
② 1904年4月3日，马士→赫德。
③ CIMC. *Trade Report for the Year of 1904*. xiii—xv.
④ 1904年12月4日，赫德→马士。

是在中国一年总支出上也占了 40％以上。这笔还款是向何处流动呢？是仅限于上海的外国银行？抑或作为币材向外国移动？如果是以汇票汇款形式，那么它们的方法又是什么？这些错综复杂过程中的真实情况到底是怎样呢？[①] 赫德不断向马士提出质疑，因为这些也是中国方面极为关心的问题，指示他必须尽快拿出合理的解释。

首先，马士举出银价下跌问题的例子，指出在进口量没有增大的情况下，进口额也有可能增大。同时他还指出，尽管它是刺激出口的重要因素，但中国出口商品中的茶和生丝的价格却并不被中国市场所决定，它取决于国际市场，例如茶叶价格在伦敦、生丝在意大利或法国决定。因此，银价下跌未必能够成为促进出口的重要因素，而且，由于中国商人们在中国就已经把汇价波动变成自己的利益吸收了，所以，并没有对出口增大产生什么影响。

马士同时指出：钱价（铜钱与白银的比价）存在着相对性上升，但生产者和终端的买卖商人并不会受到银价下跌影响的波及，甚至可以说由于钱价相对上升反而能带来物价和收入上升（参见图 2－1）。银价下跌从 1870 年代开始，1890 年代急剧下跌，从 19 世纪 90 年代到 20 世纪初显示了变动不居的状况。把约 35 年之间的白银对金的购买力相比较，可以看出白银下跌了 60％。与此同时，钱价（公定比价银 1 两 = 铜钱 1000 文）也下跌了 30％。

其次，马士认为清朝政府的借金返还，实际上作为一种经济活动，还具有中国政府购入金本位计价汇票的意义。也就是说，无论是赔款返还，还是借款利息的返还，都是在上海金融市场从办理汇票业务的外国银行购入，而且它成为返还的唯一的顺序。因此，针对赫德希望描述出"资金移动内在顺序"的问题，马士在 1905 年的贸易报告中详细地作了论述。

---

① 　1904 年 4 月 26 日，赫德→马士。

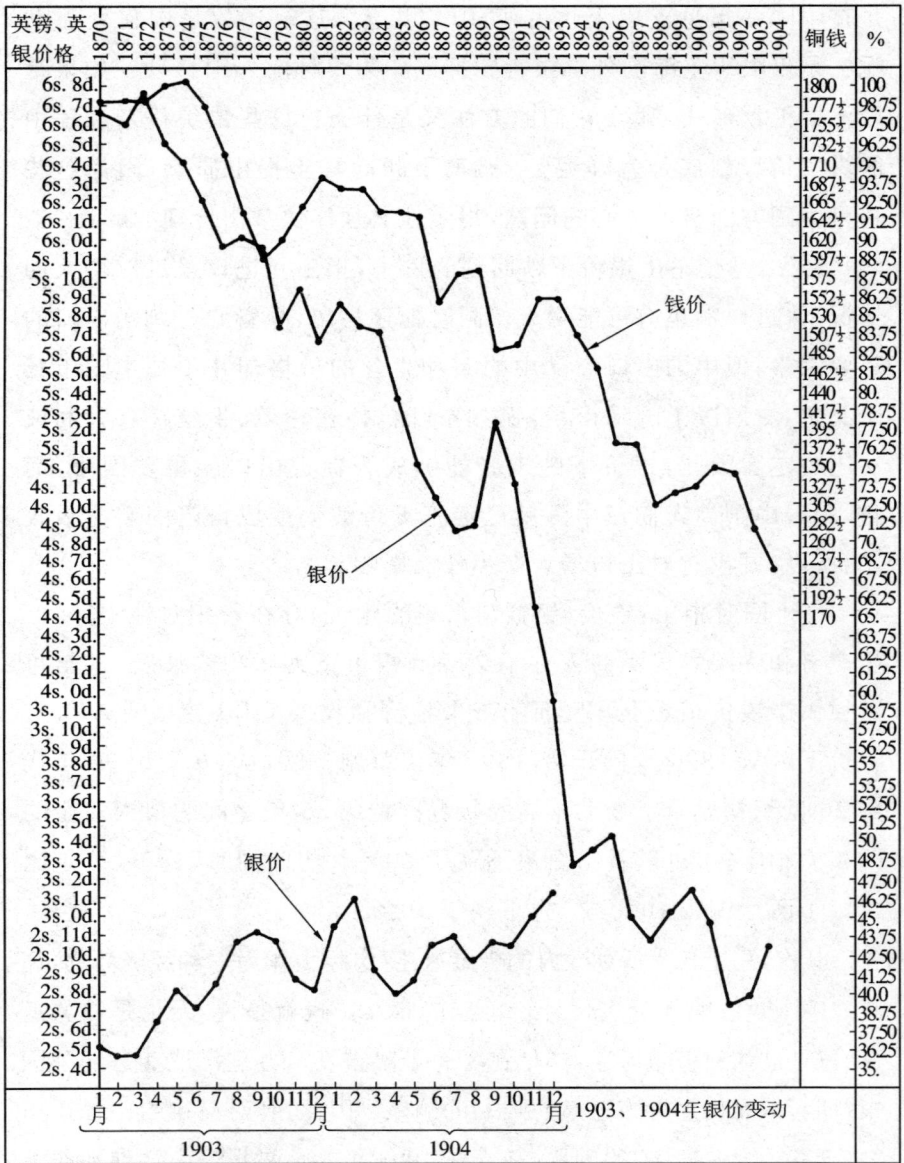

图 2-1　　　　　　**银价、钱价变动**（1870—1904 年）

资料来源：CIMC. *Report on the Trade of 1904*. p. 268.

表 2 - 10　　　　　　　　　　中国的债务、资产表（1906—1913 年）

（单位：两）

年份　　项目	1906 年	1907 年	1908 年	1909 年	1910 年	1911 年	1912 年	1913 年
[债务]								
进口额	410270082	416401369	394505478	418158067	462964894	471503943	473097031	570162557
从南亚地域金银进口额	—	—	—	10048867	18081579	44312344	31606715	34587435
借款与赔款	38500000	38500000	51000000	53700000	51600000	55393750	50000000	58000000
其他	32000000	32000000	32000000	33350000	33350000	33350000	33350000	31350000
合计	480770082	486901369	477505478	515256934	565996473	604560037	588053746	694099992
[资产]								
出口额	236456739	264380697	276660403	338992814	380833328	377338166	370520403	403305546
从南亚地域金银出口额	1325059	21427693	12614435	—	—	—	—	—
其他	147000000	147000000	147000000	150500000	150500000	150500000	150500000	150500000
合计	384781798	432808390	436274838	489492814	531333328	527838871	521020403	553805546
差额	95988284	54092979	41230640	25764120	34663145	76721166	67033343	140294446

资料来源：据各年的 CIMC. *Trade Report* 制成。

再次，从国际收支的观点来看，对于中国存在着贸易收支逆差特别是大量负债项目的问题，马士的推测是，扩大中国的收入项目，它的金额也是巨大的。但作为问题马士非常关注的主要点，是华侨对本国的汇款，并随之而伴生的黄金和白银进口。因此，他指出总体上看，可以认为中国的国际收支大体上是平衡的。

1905 年的贸易报告与历年的贸易报告相比，具有不同寻常的规模与内容，与其说是报告倒不如说更近乎"论文"。它是马士努力思考的结果，是把因贸易收支的争论引发的关于国际收支的各种重要因素综合起来，在自己亲历的华南沿岸海关的经验基础上，试图导出一种整体性的相关关系。在 1905 年的贸易报告中，马士分析了财货项目中香港作为中转站的作用；在贸易收支的项目中，努力追溯了有关还款的移动、吸收的具体顺序。从 1906 年起被采录的中国国际收支的项目中，加上了贸易收支、金银收支和赔偿、借款返还额（参见表 2 - 10），而且超支额是巨大的。这是把金银项目与商品的进出口放在了同一种分类的结果。当然也可能有与其正相反的分类，在那里可以看到收支差额有 50％—90％的减少。就贸易统计马士提出，贸易品构成的变化应该对照实际情况，包含把分类为杂类的部分在内容上即行分割等等，还提出了有关变更统计方法的提案。这点请见下一章的"统计方法的变迁"部分。

赫德对马士作出的评价是，他把一贯性的项目复杂化，并在其中加入自己的说明。同时，还针对"看不见的"的项目，提出是否应该用"隐物"这一文字来标注的建议，并极力向中国方面说明其内容。[①] 另外，赫德就马士对伦敦坎贝尔的分析作了以下的评价，称其是具有"基础性的工作"：

> 你是否已经看了马士关于中国债务的报告？我在数月前

[①] 1905 年 9 月 30 日，赫德→马士。

安排他去做这项工作,部分原因是希望能够解释中国是如何来
支付入超的,部分原因是想获知支付给上海的银行的贷款和保
证金业务是如何操作的:"看不见的"出口在偿还进口,银锭并
未离开本土,而是通过政府和银行从纳税人的手中流入到生产
流通领域。我希望他能够在他的年度贸易报告中清晰地反映
出这两方面内容,而这份债务报告可以看做是一项初步的
研究。①

在这里,赫德期待着马士对"看不见的"出口与白银国内流通所
带来的收支均衡倾向这两个项目的推测,能够进行更加深入的
分析。

第三节 马士与中国国际收支问题

一 国际收支表与华侨汇款

马士任海关统计局长后之所以要通过中国的对外经济关系来明确
测定贸易收支,源于必须正视甲午战争之后入超急剧增加这一客观事
实。关于这个问题,马士作了以下说明:

直到与日本发生战争之际,中国并无实质性的对外债务
余额。甲午战争的结果,使中国成了5000万英镑(4亿海关
两)的负债国,1900—1901年的镇压义和团的救援活动令
债务更加扩大。这两项债务的年支付额就达4500万海关
两。其债务增加的必然性结局,应该是为了还此负债而对
商品出口采取强制性的促进措施。然而,事实正相反,在这
个国家增加的竟是进口,而且现在进口几乎成了出口的

---

① J. K. Fairbank. *The I. G. in Peking*. p. 1445(1905 年 1 月 1 日).

3 倍。①

① 马士：《关于中国在国际贸易中商业债务和资产的调查报告》,中华帝国海关,Ⅱ,专号丛刊,27 号,第1—2 页。(H. B. Morse. *An Inquiry into the Commercial Liabilities and Assets of China in International Trade*, *China*, *Imperial Maritime Customs*, Ⅱ. Special Series, No. 27, pp. 1—2.)以下是报告的全文(统计表省略。参见资料篇Ⅰ-3-c)。

条约港口的年度贸易报告中所登载的对中国进出口贸易统计数据的衡量,使人们近来日益关注中国的贸易逆差问题。在最近 10 年中,由于货币运动的影响,进出口商品的到岸价和离岸价是分别计算的。(略)到中日战争结束时,中国实际上已经没有外债了。但作为这场战争的一个结果,中国背负了 5000 万英镑(或 *HK. Tls.* 4 亿)的债务,又由于列强们 1900—1901 年间的所谓援救行动迫使中国政府再次支付赔款;结果,原有数额的定期对外偿付被进一步提高,每年在这两笔项目上所支付的赔款最高可达 *HK. Tls.* 4500 万。国家负债增加的自然影响,就是为了清偿负债而带来的强制性的商品输出。但荒谬的是,实际所发生的却是进口的增长,这种情况直到目前中国的进口额已高于出口额 1/3 而没有改变。这份调查的目的就是为这种反常之事提供一些合理的解释。

对于政府的财政状态,应该是没有什么疑问的;毫无疑问,政府想尽快清偿负债,虽然受到贸易手段的限制,但它还是采用了扩张性的政策,除此之外,别无办法;而在证明它有能力按期支付赔款方面,它不允许有丝毫的犹豫。同时,这份调查非常关注帝国在国际贸易中的商业环境。为了更清楚地界定它的范围,应事先说明,本调查中的每一项工作,除了货币运动之外,在现代贸易条件下,都将导致以银行票证为介质的买卖行为的发生。

外国殖民地,无论是割让的还是租借的,都不应被任何调查忽略在中国商业环境之外。在国际贸易中,发生在广州和 Chinkiang 的一件贸易事务可能会有一项分别发生在香港和上海的建立于基础之上的银行业务与之对应。

向中国消费者售卖棉纱的收入可以请求兑换成向外国船队开具的支票,而不论后者的费用是在 Kiaochow 还是在 Chefoo 造成的。对这些殖民地的统计被划分在由下列字母 F,f,g,h,i 和 l 所表示的科目下,但在 A,B,a 和 b 科目下,除了我们自己对这些殖民地和中国条约港口之间的贸易数据的统计以外,并没有任何其他的数据可供利用。更为遗憾的是,我们还缺少任何香港在货币运动期间的进出口统计数据,以致我们无法提供有关中国南部贸易资金筹措状况的报告,而这必然会影响目前相关报告的结论。由于这些不确定因素,并且由于国家缺少任何强制力量来监管真实统计数据的报呈,在此环境下的国际贸易往往是在领地范围之外进行的。于是,任何对贸易负债和资产的估价都必然包含很多准确度受到怀疑的数据。有时,一些非常仔细的调查可以给出一份非常接近真实情况的估价,但另一些调查所能做到的最好的事情就是采纳某个比较合理的有指导意义的假设,并在此基础上进行推测。应当承认,本调查所提供的估价存在着很多缺陷,但它是就一个机构的统计资料所能得出的最接近真实的假设。于是,就有希望认为,这份估价可以鼓励那些有机会获得其他科目资料的人来完成专门调查:这就要求,任何可能获得的信息都要送交该机构,并且对这一题目的撰稿人也要提供他们的联络方式。

在负债栏目下的各科目中,含有最大不确定因素的是 F.—外国人的净利润。在研究了下面给出的细节之后，如果认为所开列的数值过大的话，应该考虑到：在出口（贸易中中国的负债中），由于银行在别处设立了总行，用以表示在中国赚得的净利润的数据便没有被包含在这一数值之内。

在资产栏目下，最重要的科目是 m.—侨民的汇款。虽然这一科目中存在着许多不确定因素，但可以相信，*HK . Tls .* 7300 万的估价绝对是个最小值；同时也需注意，总和为 *HK . Tls .* 100 万的金额也被包含在科目 B.—货币　输入中；在其他科目中，c.—边境贸易，d.—铁路的发展，i.—外国船只的维修，及 l.—外国游历者的费用，这些都是最为不确定的因素，希望今后的调查能在这些题目的细节方面提供更多的准确信息。在 d.—铁路的发展科目下，应该注意到，中国的负债完全由未来承担，即使现在由现金支付利息，同时也应注意到，在该科目下所花费的资金目前都必须被认为是帝国的商业资产。

附在本文中的一项关于这些数据的研究将会显示，在账目平衡中，负债估价为 *HK. Tls.* 423734993，资产估价为 *HK. Tls.* 424751694，此时此刻，中国正通过商业来支付自己应负担的账目。

负　债

HK . Tls

A. 运抵中国条约港口的进口商品价值，1903 年，到岸价 ……………… 310453428

B. 运抵条约港口的进口金银和货币的价值，1903 年 ……………… 37001165

C. 放款和补偿金的本金及利息 ………………………… 44210400

D. 中国驻外大使和领事馆的开支 ……………………… 1320000

E. 国外中国留学生和游历者的花费 …………………… 3000000

F. 外国人寄回本国的纯利润 ………………………… 16000000

G. 外国公正征收的运费和保险金（火灾和船运） ……………… 6750000

H. 未被包括在进口商品中的军需品价值 …………………… 5000000

合计…………………… *HK . Tls .* 423734993

资　产

HK . Tls

a 从条约港口出口的商品价值，1903 年，离岸价 ……………… 236205162

b 从条约港口出口的金银和货币的价值，1903 年， ……………… 33046532

c 未被记录的边境贸易中出口超过进口的差额 ……………… 4000000

d 开发铁路和矿山的开支 ………………………… 27000000

e 外国领事馆在中国的开支 ……………………… 5000000

f 外国驻防的修缮和护理 ………………………… 7500000

g 外国战舰的维修费，包括全体船员的花费 ……………… 15000000

h 外国商船的维修费，包括全体船员的花费 ……………… 2000000

i 上海和其他地方外国船只的修理 …………………… 10000000

k 外国传教区、旅馆、学校的开支 …………………… 6000000

l 外国旅行者在中国的花费 …………………………… 6000000

m 中国侨民寄回的汇款和现金 ……………………… 73000000

合计　…………………… *HK . Tls .* 424751694

183

为谋求收支上的平衡，马士列举了涉及贸易外收支的诸项目（参见表2-11），根据这个表，外国借款及其赔款占了负债额的第二位。现在，我想就表中 F 和 m 两个项目来进行具体探讨。首先在 F 项目中，马士对在中国的外国人（企业），是没有区分居住与非居住而放在一起统计的，这在资产项目变动部分本来是应该考虑的。事实上，在关于项目 F 的说明中，马士把从各开放口岸（租界）来的房地产租赁费以及在中国的外国企业的红利，几乎都算做了在中国的外国人的汇款部分。① 其结果，他把香港也包括在内，把香港作为"本质上的中国商业的一个构成部分"② 加入了国际收支计算。但是，在另外的地方，如在 1903 年的贸易报告中，又有这样的记载：香港从中国吸收了 100 万海关两的币材，在统计上又把中国与香港相区别了。③ 所以，把香港视做中国经济的一部分呢，还是把它除外呢？马士在这两者之间不断地摇摆，以至于对香港作了两种处理。这个问题，实际上是把中国的沿岸、内地的转口贸易，特别是香港与东南亚的贸易放在什么位置上，同时，也显示出当时要把中国经济从国民经济总量上把握的困难性。马士在统计中没有把由帆船从事的中国对东南亚的贸易包含在中国国民经济之中的做法，正如他所说的，在国民经济当中，对于这些实际存在着的地方经济上的诸如此类问题，确实也有视野受限制的问题。

表 2-11　　　　　**马士制作的中国国际收支表**（1904 年）（单位：1000 海关两）

负债项目（%）		资产项目（%）	
A　1903 年进口品到岸价格	310454（73.3）	a　1903 年出口品的装船价格	236205（55.6）
B　1903 年进口金块、货币	37001（8.7）	b　1903 年出口金块、货币	33047（7.8）

---

①②③　马士：《关于中国在国际贸易中商业债务和资产的调查报告》，中华帝国海关，Ⅱ，专号丛刊，27 号第 6—7、7、15 页。

负债项目（%）		资产项目（%）	
C　借款、赔款的本金利金	44210（10.4）	c　内陆国境贸易出超额	4000（0.9）
D　在外中国大使馆、领事馆支出	1320（0.3）	d　铁道、矿山开发费用	27000（6.3）
E　留学生、旅行者支出	3000（0.7）	c　在华外国大使馆、领事馆支出	5000（1.2）
F　外国人的本国汇款	16000（3.8）	f　外国驻留军维持费	7500（1.8）
G　外国企业征集的运费、保险费	6750（1.6）	g　外国军舰维持费（含乘组员费用）	15000（3.5）
H　进口品在内的军需品	5000（1.2）	h　外国商船维持费（含乘组员费用）	2000（0.5）
		i　上海港外的外国船修理费	10000（2.4）
		k　在华外国传教团体、医院、学校的支出	6000（1.4）
		l　外国旅行者的支出	6000（1.4）
		m　中国移民的本国汇款、自携款	73000（17.2）
合计	423735（100）	合计	424752（100）

资料来源：China，The Maritime Customs. *Trade Raports and Returns*，1904. xvi.（项目 j 无记载）

（一）华侨汇款与华南、东南亚经济圈

在资产项目 m 中见到的中国移民的本国汇款问题，是在考虑中国国际收支的问题上，马士指出的重要内容。马士最初是在年度海关贸易报告的片断以外，对中国的国际收支整体进行论述的。事实上，这部分华侨汇款，大大弥补了资产项目的不足。但是，现在要具体探讨它的内在实情时，像马士指出的那样，那些签了海外渡航契约的苦力，最初的一二年间，为了返还出国前的借债和旅费根本没有积蓄，而他们对在中国的契约者连续不断的汇款，使得契约者把它们用来充当获得新苦力的预付款和旅费。也就是说，华侨汇款的最初的动机，是为了返还其借款，而这样的汇款就与新的中国劳动力出口增加相联系了。这个时期，正是 1860 年代的黑人奴隶贸易禁止以后的苦力出口热

潮,东南亚为了锡矿山和橡胶园的开拓而出现了大量的移民。但是,这一华侨汇款的项目,不只是作为汇款,也应该作为国际性的劳动力移动的问题来探讨。所以,它与前面谈到过的项目 F 同样,是收支界限划分不明的项目。特别是移居海外劳动力的大部分是从华南地方出去的,所以,我认为,与其像马士那样在国民经济中做探讨,还不如把它作为华南地域经济问题的一环,把它与先前的转口贸易联系起来分析更为切合实际。关于这点将在第三章第三节中探讨。

以下,通过上述与中国国际收支相关问题的争论,探讨香港的对外经济关系和金银贸易与华侨汇款这两个问题。

（二）香港的对外经济关系

第二个问题是关于香港贸易与中国贸易的关系。马士在其贸易报告中涉及这一点的有以下论述：

> 香港绝不是造成"中国的"贸易统计混乱的主要原因。香港既接受向华南诸港出口的外国商品,也接受向外国出口的中国产品以及面向中国国内市场的商品。即使在 1864 年帆船运输时代,运输速度缓慢也并没有受到非议。那个时期（1864 年）前后,经由香港的中国进口为 31%,出口为 14%；1904 年增加为进口 40%,出口 36%。[1]

香港不同贸易对象的船舶入港量变化如图 2-2 所示。作为与香港的相邻性来看的地域Ⅲ,在分类上被分为中国沿岸及东南亚东部,虽然两者的比率不明,但分类Ⅴ上海对外贸易用帆船的主要活动领域是东南亚地域,把两者加起来考虑的话,可知香港处于中国与东南亚的中转站地位。另一方面,通过表 2-12 可以明确,从亚洲地域与香港相并列的另一个转口港新加坡的对外贸易关系中,可以看到东亚、东南亚地域,以香港和新加坡为中介,与印度进而与欧洲相联系。

---

[1]　CIMC. *Trade Reports and Returns*,1904.Ⅳ.

图 2-2　　　　　　　　　　　**香港的转口贸易**　　　　　　（单位：1000 吨）

Ⅰ 加拿大	Ⅱ 澳大利亚、新西兰	Ⅲ 北婆罗洲	Ⅳ香港、广东、澳门
欧洲大陆	印度、海峡殖民地	中国沿岸	之间的蒸汽船
英国	日本	交趾支那	Ⅴ 海外贸易用的
毛里求斯	爪哇、印度群岛	菲律宾诸岛	帆船
南美	南北太平洋	海南岛、东京湾	
美国	俄罗斯（亚洲地域）	泰国	

资料来源：据 Hong Kong General Chamber of Commerce. *Annual Report* 各号制成。

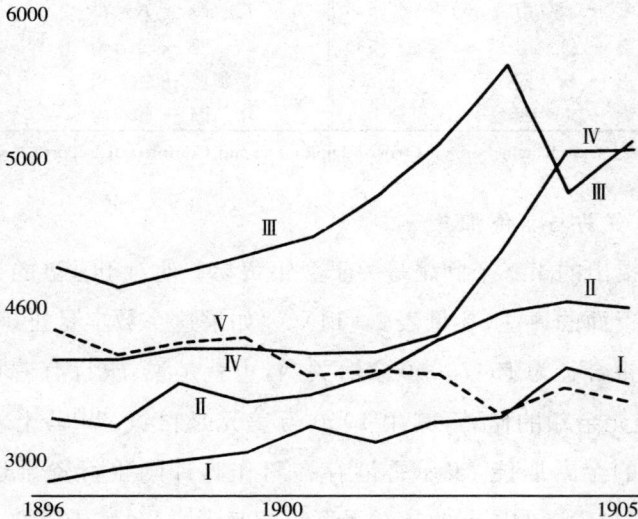

表 2-12　　　　　　　　　　**新加坡的进出口**　　　　（单位：1000 新加坡元）

对象国（地区）＼年度	1896(1 美元＝2s.2 $\frac{1}{8}$ d.)		1904(1 美元＝1s.10 $\frac{15}{16}$ d.)	
	进口	出口	进口	出口
英国、欧洲	30323	49094	52710	90359
印度尼西亚	29392	40327	53491	49561
印度、缅甸	35370	9804	78825	35811
马来亚	38785	22609	91518	42038
东亚	40688	17576	39536	26520
		（含日本）		
暹罗	15614	13496		
印度支那	5707	3235	4042	2406
日本			7905	3880

资料来源：Chang Hait-ding. *A History of Straits Settements Foreign Trade 1870—1915*. pp. 155—156.

另外,由表 2-13 所知,以印度支那为转口的香港与云南的贸易以及新加坡与帕坦的贸易等,作为支流汇集在香港和新加坡范围内,因此形成了全方位多边的贸易网络,直接与中国西南部也与东南亚相联结。

表 2-13　　　　　**印度尼西亚的转口贸易**(1905 年)

(单位:1000 英镑、英银)

香　港 → 云　南	616	广　西 → 香　港	0.01
云　南 → 香　港	530	广　西 → 云　南	0.20
欧　洲 → 云　南	20	新加坡 → 帕　坦	28.00
香　港 → 广　西	1	中　国 → 帕　坦	6.00

资料来源:Great Britain Foreign Office, Diplomatic and Commercial Report. *Trade of Cochin-China*,1906.

(三) 金银贸易与华侨汇款

马士提出的第三个问题是关于金银贸易。他对于香港的金银进出口加上了下面的评注(参见表 2-14)。"如果这个数字是正确的,那么香港的金银合计为 15475000 余海关两,也就是说,银行有着相当于约 2350 万美元余额的储蓄,其中 1900 万美元是白银。"[1]马士着眼于转口港香港的金融职能,表示香港存在着作为外国银行资金运用的金银,若把它与中国的国际收支关系联系起来考虑,也鉴于表 2-14 白银的移动情况主要发生在中国与香港之间,我们能够从金融方面明确的一点就是,只有把香港包含在内才能理解中国经济的内在关系。

表 2-14　　　　　**香港金银进出口**(1904 年)　　　(单位:1000 海关两)

对　象　国	进　　　口		出　　　口	
	金	白银	金	白银
中　　　国	1287	22750	193	16764
中 国 以 外	11503	9660	9630	3137

---

[1]　CIMC. *Trade Reports and Returns*,1904. Ⅵ.

续 表

对 象 国	进 口		出 口	
	金	白银	金	白银
合 计	12790	32410	9823	19901
	45200		29724	

资料来源:China, The Maritime Customs. *Trade Raports and Returns*, 1904. p. 6.

在尝试着对中国的贸易收支大幅入超作修正的过程中,与金银贸易相关而"被发现"的项目,就是此前被总称为"华侨汇款",由在国外的中国人向本国的汇款。马士在1903年的贸易报告中作了表述:

> 厦门(福建省)的海关税务司作了如下的概算,即在马尼拉、爪哇、海峡殖民地劳动者中有250万厦门人,他们每年向家乡的汇款在1000万美元以上,1903年从海外归乡的66000人,携带的现金就有600万美元。汕头(广东省)的税务司也明确地说,所有归乡苦力,把劳动所得的一部分亲自携带回来,另外他们受那些未归国者委托带回的现金每年也高达数百万美元。琼州(海南岛)、北海(广西省)来的报告也同样,陈述了该地域现金接受情况。这些无形(*invisible*)资金的供给,提供了足够的金额用以与货币——这一有形贸易的出超相抵消。这能够说明,数百万华侨的汇款,大概就是抵消作为当时债务国的中国的进出口中的入超中的一部分。[1]

由于马士把华侨汇款纳入了中国国际收支项目中,使收支向平衡迈进了一步。也就是说,我们可以这样来把握,华侨尤其是东南亚华侨的汇款发挥了抵消贸易收支及金银收支逆差的作用。表2-15以福建省为例,显示贸易收支与金银收支的关系问题。用金银收支入超来弥补包括常关(沿海帆船贸易)的贸易收支的入超,同时能够推测,金银收支的剩余大概被充作投资或其他的资金了。

---

[1] CIMC. *Trade Reports and Returns*, 1903. p. 7.

表 2-15　　　　　福建省（三都澳、福州、厦门海关）贸易统计（单位：1000 元）

年度	海关进出口（入超额）	常关进出口（出超额）	金银进出口
1899	19402		6001（出）
1900	1676		4987（出）
1901	18706		1762（出）
1902	19383	年平均 3481	496（出）
1903	20960		1582（进）
1904	19915		151（进）
1905	20930	9765	2433（出）
1906	16208	3700	232（出）
1907	15252	2773	2064（进）
1908	20346	3266	3305（进）
1909	23546	2448	1542（进）
1910	24467	3614	3139（进）
1911	15796	2870	4892（进）
1912	21471	989	3662（进）

资料来源：根据福建省政府编《福建历年对外贸易统计》，1935 年，第 34、41、53 页。

华侨向本国汇款，（1）产生于移民作为外出打工者出去的这一特性。这就是为什么移民者的外出打工，总是被纳入故乡家庭财政计划之中的原因。同时，（2）移民之际必要的经费必须返还给中介人，这一点也无疑是产生汇款的重要原因。[1] 特别是，（3）中国人移民，主要部分来自福建、广东，而他们的汇款，自古以来以华南—东南亚贸易圈的存在为背景，要满足贸易上的资金需要，这一点尤其突出。[2] 因而，（4）也不能无视在外华侨以投资为目的的汇款。[3] 上面这四点互为因果，所以，华侨汇款不只是简单地向本国汇款，它在与贸易决算、投资关系密切的中国对外金融关系中占有重要的地位。以英国为首，法国、意大利、日本等与东南亚有着此类密切关系的诸外国，也都积极利用了上面所说的金融网络。

---

[1]　福田省三：《华侨经济论》，第二章，1939 年。

[2]　Sarasin Viraphol. *Tribute and Profit : Sino-Siamese Trade*, 1652—1853. Cambridge Mass, 1977.

[3]　林金枝：《近代华侨投资国内企业史研究》，福州，1983 年。

关于华侨汇款的形态,从汇款经手人来看,可以分为邮政汇款、归国者携带、客头汇款、信局和外国银行汇款等五种形态。[①]

1. 邮政汇款

中国直至 1917 年都没有加入国际邮政协议,各国便在中国设立支局,从事国际邮政业务。但是,在外华侨却极少利用外国邮政系统。[②]

2. 归国者的携带

归国时自己携回金银或外汇、当地纸币,也有被委托带回的形态。

3. 客头为中介的汇款

所谓客头是移民的幹旋人。也就是说,从事移民的募集、经费的借贷、移民的行程安排。他们也经手各地间的商品贸易,定期地巡回于各地,加上移民几乎全是经同乡客头之手做的中介,所以,多依赖他们向乡里汇款,同时也带家信。在信局辐射不到的地域等,都采用这一方法。

4. 经由信局的汇款

15 世纪出现的历史性大规模的东南亚移民,除清朝实行海禁政策时期外,一直不断增加。由华侨商人把米、砂糖、棉花等食物和手工业原料带到了中国,又把中国的土杂货、手工业品、茶等出口国外,再加上各国进行的朝贡贸易和各地域的重商主义政策,在华南和东南亚形成了一个贸易圈。16 世纪以来,欧洲出于对亚洲土特产品的需要而参与进这些贸易圈,通过转口贸易买到必要品,当然,这也是以历史上亚洲贸易圈的存在为前提才可能开始的。[③]

担任形成并维持这个华南—东南亚贸易圈的金融机能的中心性机构,就是作为华侨本国汇款机关的信局。而信局也像被称为银信局、批局、银信汇兑局那样,有着邮政局与汇兑银行的两种功能。特别是

---

① 《星马侨汇与民信业》,见《星马通鉴》,第 624—633 页。
② 中国所谓近代的邮政事业是通过 1896 年的海关网络开始的。
③ 参见滨下武志《朝贡贸易体系与近代亚洲》,见《国际政治》第 82 卷,1986 年 5 月。

很多兼营贸易事业者，也与贸易金融及金银贸易有着很深的关系。外国银行进出之前形成的汇兑汇付网，由于外国银行也吸收资金，实际上也参与了汇款业务的竞争。大规模的银信局之中，有在厦门设有本店的如"天一局"等。20世纪初叶，这些大规模的银信局在许多地方设有分局或代理店，如在马尼拉、西贡、槟城、新加坡、棉兰、巴达维亚、万隆、三宝珑、仰光等地，在中国则在泉州、漳州、同安、安溪、金门、惠安等福建省各地有分局，大规模办理福建系华侨的汇款事宜。另外，还有不少是以东南亚为根据地的银信局，他们以新加坡、曼谷、马六甲、巴达维亚、马尼拉等为据点，在香港、广东、海南岛、福建各地都有分局或代理店。20世纪初的东南亚华侨人数大约有400万人，华侨向本国的汇款额每年大约有5700万美元。[①]

5. 信局、外国银行的汇款方法

通过信局的汇款方法，有现金汇款、汇付、商品汇款等。其中，汇付以下面的方法进行：汇款者在民信局交付以当地通货表示的一定量的中国货币，信局收到后并不直接汇款，而是等积攒了相当数额后才寄出，或者选择最为有利的汇率行市出现之际。还有，取代汇款，购入在中国有利可赚的商品，或购入金银，这种过程中，有的直接以中国元换算寄出，有的以中转站香港的港币为中介手段寄出。由于港币对中国、东南亚作为决算手段发挥着巨大的作用，而本国汇款，尽管最终到了乡里家族手中，途中也被用作贸易资金、金融资金、投资资金，所以便出现了多种多样的形态。[②] 其中也包括经由银行的汇款，这些华侨汇款的具体经由路径如图2-3所示。

这种汇款方法，主要是如图所示的汇付方法，经香港的二重汇付特征很突出。此外，也有实不汇款，而是用商品贸易的形式与香港支

---

① 台湾银行总务部调查课：《关于南洋的华侨，附汇兑关系》，第四章"汇兑关系"，1914年。
② 郑林宽：《福建华侨力之汇款》，第五章"汇款机关和汇款手续"，1938年。

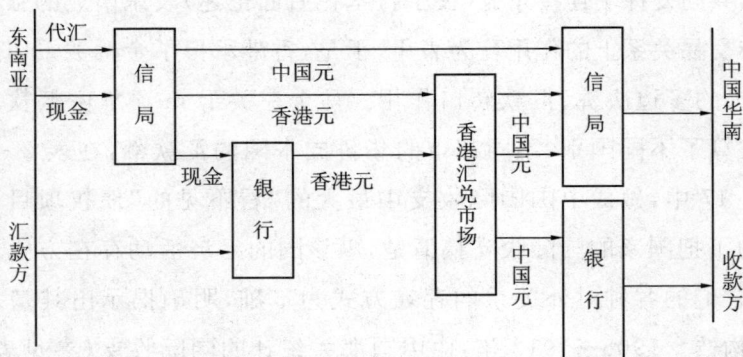

图 2-3 华侨汇款（汇付）的方法

付进口金相抵消的方法。另外，也有利用金银市场，利用新加坡和香港的币材差价完成汇款职能等方法，因而商品市场与外汇市场出现了相互促进的关系和作用。

如此图示的资金移动，如果华南地方单方面过多接受的话，就会影响到汇兑价格。因而，基于华南金银流入和进口相抵消，即根据对上海与香港的债务关系，形成了防止由于华侨汇款集中引起的东南亚汇兑下跌的关系。在这个关系中，通过外国银行的作用，与日本和欧美的关系紧密化了，英国在亚洲的经济利益则以香港、新加坡为金融支柱而重新形成，并随中国-东南亚-印度经济领域的动向而变动。把汇付网包括在内的整体关系，正如图 2-4 所表示的那样，殖民地银行起到了向日本及欧洲延伸金融分支的作用。

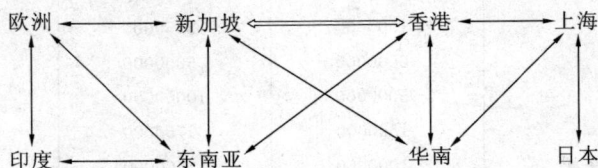

图 2-4 围绕向本国汇款的汇兑关系

从这个关系图可以看出，使上海资金增大的诸要素，随着进、出口发展，共同发挥了连接东亚（关于日本在后面论述）及东南亚的强大作用，与交易关系上的作用互为表里，于是，香港承担了金融关系中进一步扩大的多边决算、汇款转口作用。马士在关于 m 项华侨汇款问题上，推算了不同国别、不同都市的华侨向本国的汇款额，在表 2 - 16、表 2 - 17 中，做成中国国际收支中最大的"看不见的"债权项目。当然，为了把国家的国际收支搞清楚，以该国的经济活动存在方式及其构成它们的各种对外关系的存在方式为基础，明确揭示出其基本的经济构造。1905—1913 年，由中国海关统计的国际收支（参见表 2 - 18）中就能够发现其特定的形态。也就是说，贸易收支中的入超不是由金银出口来保证均衡的，入超是由贸易外收支的黑字来弥补的。它一方面要求总计项目、总计方法上的精致化，同时，若依马士所见，更为根本的是在国民经济的框架内存在着难以补足的资金移动与经济活动。尤其应该留意与东南亚的结合——杂货出口、米进口、华侨汇款——也有必要明确以香港为中转站的资金循环作用。在此与其把中国经济看做是在单一、共同基础上进行的，不如将其看做在不同地域内相对独立进行的。马士是尝试将国际收支作为整体来把握，我们反而能够从他的议论中，发现中国地域经济发挥作用的实际状态。

表 2 - 16 　　　　　　　　　　　华侨汇款的推算额 　　　　　（单位：海关两）

汇 款 方	最 小	最 大	（%）
1. 美国、加拿大	14000000	38000000	（29.2）
2. 夏威夷	1500000	3250000	（2.5）
3. 美洲大陆	2000000	5000000	（3.9）
4. 澳大利亚	5000000	10000000	（7.7）
5. 日本	1500000	2750000	（2.1）
6. 西伯利亚、朝鲜	1000000	2000000	（1.5）
7. 菲律宾	3000000	4000000	（3.0）
8. 印度支那	5000000	15000000	（11.5）

续　表

汇款方	最　小	最　大	（%）
9. 新加坡、马来半岛			
10. 荷兰属东印度			
11. 暹罗			
三地域中：银行券汇付	12500000	25000000	（19.3）
货币汇付	5000000	10000000	（7.7）
12. 英属印度	2500000	10000000	（7.7）
13. 台湾	2000000	5000000	（3.9）
合　计	55000000	130000000	（100）

资料来源：Morse. *An Inquiry into the Commercial Liabilities and Assets of China in International Trade* . p.11.

表 2 - 17　　　　　　**经由银行的本国汇款**　　　　（1903 年,单位：美元）

汇款方	汇款额　（%）	汇款方	汇款额　　（%）
纽约	6000000(14.9)	泗　水	120000(0.3)
三 藩 市	15000000(37.3)	新加坡	6155000(15.3)
西贡	700000(1.7)	彼　南	4400000(10.9)
曼谷	5000000(12.4)	仰　光	1230000(3.1)
巴达维亚	1280000(3.2)		
三 宝 珑	360000(0.9)	合　计	40245000(100)

资料来源：Morse. *An Inquiry into the Commercial Liabilities and Assets of China in International Trade* . p.15.

二　围绕国际收支的论议

与马士的关于国际收支的争论相关联,20 世纪初以降,展开了几个论点的争论。我想主要就以下几点来分析。

魏格尔（Srinivas R. Wogel）在其著作《中国金融论》（*Finance in China* . Shanghai,1914)中,论述了贸易平衡（Balance of Trade）（第 7 章）的问题。他指出,贸易收支,加上金银收支、银价的下跌、金银比价,都会对收支产生影响。[1] 也就是说,贸易在以海关两这种银本位来计算的时

———————

[1]　Srinivas R. Wagel. *Finance in China* . Shanghai,1914. pp. 225—258.

表2-18　中国的国际收支

（单位：1000海关两）

项目 ＼ 年份	1905	1906	1907	1908	1909	1910	1911	1912	1913
商品进口	447101	410270	416401	394505	418158	462965	471504	473097	570163
商品出口	227888	236457	264381	276660	338993	380833	377338	370521	403306
〈商品进出口差额〉	219213	173813	152020	117845	79165	82132	94166	102576	166857
贵金属进口	14810	1325	21427	12614	10049	18081	44312	31607	34587
贵金属出口									
〈商品入超—金银入超〉	204403	175138	173447	130459	69116	64051	49854	70969	132270
"看不见的"负债	32070	32000	32000	32000	33350	33350	33350	33350	31350
"看不见的"债权	149400	147000	147000	147000	150500	150500	150500	150500	150500
〈负债超过额〉	117330	115000	115000	115000	117150	117150	117150	117150	119150
借款、赔款	42000	38500	38500	51000	53700	51600	55394	50000	58000
差额修正	158693	95988	54093	41231	25764	34663	76722	67033	140294
〈债务（＝债权）额〉	535981	480770	486901	477505	515257	565996	604560	588054	694100

资料来源：据 CIMC. *Trade Raports and Returns* 各年制成。

候,在银价下跌倾向不断进行的时候,以银本位计算的贸易是增加的,但以金本位计算的话却看不出变化,这种统计上的问题是存在的。同时,银价下跌与银价变动对市场有影响。注意到了银价变动与商品价格变动在不安定的时候(在资料篇Ⅰ-4-a、b中,显示出了关于价格变动与银价变动之间的对应关系,对不同的商品也会产生不同的影响),对贸易活动和贸易决算带来阻碍性作用的可能性是存在着的。

　　雷默(C. F. Remer)在其著作《中国对外贸易》(*The Foreign Trade of China*. Shanghai,1926)的第 7 章"贸易平衡与货币运动,1871—1921"("Trade Balances and Specie Movements,1871—1921")中,论述了国际贸易收支与金银收支之间的关系。[①]

　　雷默(Remer)把中国的对外贸易分为四个时期,在各个不同时期里,除商品贸易之外,又列出了白银的收支、移民汇款、赔款等项目,以探求中国国际贷借(国际收支)的动向。如表 2-19 中列出的,第一期的 1871—1884 年,中国的综合收支是黑字,第二期以降变成了赤字。由于辛亥革命前后政治的、经济的变动,1899—1913 年第三期的移民汇款为最大,可以看出在外华侨对革命的支援。在资本收支中,由于为了借款返还而用新借款来填,实际上出入在每一期都有,但各期的资本收支差额不大。

　　在各个项目中,移民汇款大概是最具意见分歧的。在计算方法上,(1) 以其为基础,用移民人口与人均汇款额的多寡来累算;(2) 特别强调与贸易的相关关系,从为了移民家乡的对外贸易的平衡而吸收移民资金的角度来论;(3) 根据汇价波动,等待对汇款最为有利的条件,同时被作为资金流入金融市场,等等。由于计算方法上的各不相同,对它们作综合性的探讨时,大概要以其地域特征为基础。

---

① 　C. F. Remer, *The Foreign Trade of China*. Shanghai,1926. pp.125—140.

表 2 - 19　　　　　　C.F.Remer 的中国国际贷借主要项目

（单位：100 万海关两）

(a) 1871—1884 年	借方	贷方
白银纯进口	80	—
商品出口超过额	—	20
移民的汇款	—	84
合计	80	104

(b) 1885—1898 年	借方	贷方
商品进口超过额	290	—
白银纯进口	100	—
金纯出口	—	67
移民汇款	—	280
合计	390	347

(c) 1899—1913 年	借方	贷方
商品进口超过额	1650	—
白银纯进口	61	—
借款及赔款本利支付	660	—
金纯出口	—	11
移民的汇款	—	1050
日俄战争时日俄两国汇款	—	150
新借款的手续费	—	570
外国铁道的经费	—	300
外国个人及公司投资	—	200
合计	2371	2281

(d) 1914—1921 年	借方	贷方
商品进口超过额	980	—
白银纯进口	120	—
借款及赔款本利支付	250	—
金纯出口	—	(?)11
移民汇款	—	640
新借款的手续费	—	350
外国个人及公司投资	—	100
合计	1350	1101

资料来源：C.F.Remer. *The For eign Trade Of China*. pp.125—140.

　　在东洋文库收藏的井上准之助的捐赠中，有一篇作者不详的论文，题目是《关于支那实质的日英贸易》。[①] 在与中国国际收支问题相关联的贸易收支项目上，在如何增大与中国的贸易量的问题上，实际受到担任总税务司职位的国家左右；而企图扩大在中国的利权而与英美竞争的日本，为了得到这个地位，才把日本与中国的贸易量作了比较。出于这个目的，以探讨的贸易统计为背景，如下所示，就有了针对海关总税务司地位的中英协议。1898 年 2 月 13 日，总理衙门与英国公使窦纳乐交换的备忘录，作了以下的规定：

────────

① 《关于支那实质的日英贸易》（作者不详，大约 1923 年左右出版），第 35 页。

　　总理衙门致麦克唐纳阁下

　　光绪二十四年，阴历一月二十三日（1898 年 2 月 13 日）

　　非常荣幸地通知大不列颠部长阁下，衙门认为继续延请一位英国专家来担任总税务司一职是非常明智的选择；几天前朝廷方面已将此事通知了他的上司。

　　朝廷方面发现，中国和英国之间的贸易已经超过所有其他国家，而且，正如衙门所经常同意和承诺的那样，聘请一位英国人来担任总税务司已成定局，过去是这样，将来也将如此。

　　但是，如果将来有一天其他国家在中国各港口的贸易开始超过英国，那么中国方面自然也就没有必要一定聘用一位英国人来担任总税务司一职。

　　衙门根据英国大臣提供的资料草拟了新的派遣委任，并将其保存在案。

　　当然，朝廷这样安排也是出于自身利益的考虑。①

　　文中认为，由于英国对中国的贸易量最大，所以就任命了英国人为总税务司，假如将来其他国家的贸易量超过英国了，那么中国未必还任命英国人为总税务司。

　　从这里也能看出日本人的着眼点。通过依不同国别来确定香港贸易，日本能够找到要求总税务司地位的根据。但是，这里统计用的是马士的计算方法，而且把香港作为中国的一个开放口岸，没有考虑其转口贸易的特征。即：

　　a　据海关统计的英日贸易比较：英 56.74%，日 14.55%

　　b　据马士的计算的英日贸易比较：英 34.56%，日 15.78%

---

①　Declaration Concerning the Inspector General of Maritime Customs, February 13, 1898.

$$\frac{b}{a} = 60.8\%, \quad \frac{a}{b} = 108.45\%$$

表 2 - 20　　　　　　　　**日英对中国贸易量比较**　　　　（单位:万海关两）

	[中国海关统计]		[马士计算的比例]			[中国海关统计]		[马士计算的比例]	
年度	日本	英国	日本	英国	年度	日本	英国	日本	英国
1907	100.47	391.03	108.95	237.74	1914	201.24	454.29	218.24	276.21
1908	93.53	374.65	101.43	227.79	1915	210.03	423.26	227.77	257.34
1909	116.54	395.55	126.38	240.49	1916	288.51	435.94	312.88	265.05
1910	143.37	436.30	155.48	265.27	1917	347.80	413.67	377.18	251.38
1911	147.55	418.84	160.01	254.65	1918	426.39	401.97	462.41	244.40
1912	154.87	414.66	167.95	252.11	1919	473.99	489.00	514.04	297.31
1913	195.23	476.81	211.72	289.90	1920	404.72	562.76	438.91	342.16

表 2 - 21　　　　　　　　**中华民国国际贷借表(a)**

(1931 年度。单位:1 元 = 1.4 海关两,1 英镑 = ¥10 = 14 海关两,1 美元 = ¥2 = 2.8 海关两)

	（一）应 收 账 单	
摘　要	日元货换算额	海关两
出口贸易额	633892000	887450000
同上评价误差 20%	126778000	177490000
走私出口及国境贸易	12857000	18000000
中央银行向美国的运送 G$19582000	39164000	54829000
金输出:向日本的走私出口	50000000	70000000
向香港、马尼拉及南洋	8000000	11200000
华侨汇款(含本国投资)	165000000	231000000
民国人外债本金及股息 ￡2600000	26000000	36400000
列国对华文化事业费 G$18000000	36000000	50400000
外国船舶停泊及修理费	20000000	28000000
外国军舰停泊费	12000000	16800000
外国驻军经费	18000000	25200000
在华外国使领馆费	18000000	25200000
外国旅行者消费	16000000	22400000
外国对华商工业铁道及航海业投资	20000000	28000000
未决算及不详	11614000	16260000
合计	1213305000	1698629000

表 2 - 21　　　　　　　　　中华民国国际贷借表（b）

（二）支　付　账　单

摘　要	日元换算额	海关两
进口贸易额	1019695000	1427574000
走私进口（军需品除外）	21428000	30000000
外债本利：关税担保　£4895000	48950000	68530000
其　　　他　£1300000	13000000	18200000
使领馆费　£2000000	20000000	28000000
白银纯进口额	32232000	45125000
海外留学生费及旅费	8000000	11200000
外企投资回收及利润	40000000	56000000
海上、生命保险及运输	10000000	14000000
合计	1213305000	1698629000

资料来源：土屋计左右《中华民国的国际贷借》第 30 页。

　　在上面的统计里，英国不过占了海关统计的 60.8%，而日本却占到了海关统计的 108.45%。如果用此比率修改计算，就成了表 2-20。

　　根据这个统计表，1916 年日本超过了英国成为中国最大的贸易对象国，论者的主张真的找到了"根据"。因香港进行的贸易统计问题，便带上了政治色彩。但是，该主张也有几个难点：第一，20 世纪初期的贸易比率能持续与否的问题（即有逆转的可能性，日本的急速发展期也包含在内）；第二，香港的转口港功能在国际贸易易网络中所处的位置是相互影响的产物，就像马士所说那样，把香港作为开放口岸中的一个来把握的方法，说到底也不过是一个假定而已；第三，对香港的贸易统计并不存在与中国海关相同的形式。总之，英国的经济实力仅从贸易量上是不能测定的，应该扩大到金融、航运及其他方面的活动中才能真正表明。

　　探讨中华民国时期的国际收支问题，有土屋计左右的《中华民国的国际贷借》①（参照表 2-21）。在这里，在国际收支的统计项目中，要注

① 　土屋计左右：《中华民国的国际贷借》，见《支那研究》115 号，1923 年。

意三点,即出口的评价误差预测在 20%,计入走私或国境贸易和以金出口计算,这三点都是为了更准确把握中国国际收支的整体情况,而试图在统计项目上进行加工的结果。如果将担当国际收支各项目各自经济活动的活动主体,即中国的官与民、在外华侨、与外国相关的在中国的各种各样形态(合办及其他)的经济活动以及在各式各样的场所(开放口岸、租界等)中的各外国经济活动考虑在内,与其尝试着在收敛国民经济的争论方向上把握中国经济的整体形象,倒不如更有必要在项目各自内容的思考和项目的相互关系上,进行更加深入的研究。

第四节　马士的贸易报告
——开放口岸与内地市场的关系

通过马士(历任各地海关业务后,1903—1906 年,任海关统计局长)的论述,大概可以将中国经济对内、对外关系的基本构成要素,在其功能的现实过程中加以把握了。为了明确中国近代经济的动态过程,我认为从资金循环这个方面做追踪是不可欠缺的。换言之,就是要求按魁奈《经济表》中明示和尝试的,通过经济循环过程的整体形象,导出中国经济的构造和动态,提示出中国经济固有的"经济表"。在此意义上,我想更必要的是,在关注"国民"经济体系所具有的一体性同时,也要关注近代中国的"国民"经济在中央与地方、对内与对外关系上所具有的相互独立的契机。也就是说,对以往对它们只做整体论述这一点进行再探讨。既往研究史上的特征有两点:(1) 对洋务运动等,重点是放在中央政府的近代化政策的位置上;而且,(2)试图揭示地方史分析本身所具有的中国近代经济的特征。[①] 这两点的共同性,就在于没有把握分析整体的循环过程的方法,因而,很难把中国经济自身内部继起的体系结构置于对外经济关系的视野上。

---

① 这些也显示出有关洋务时期的研究在政策分析和地方社会经济分析上的分歧。

应该打破这种二元性的分析,所以本节在分析近代中国的中央-地方财政关系上,从发挥了金融媒介作用的经济机关,即税关、外国银行、钱庄三者的相互关联方面着眼。在这里,以围绕中国借款的诸国利害关系为基础,如果考虑到返还确保和其稳定管理为不可欠缺的话,那么,我们就可以顺着该借款及偿还赔款金目的的线索,在分析供给过程的同时分析返还过程,结合中国财政的内部问题进行也是必要的。因为返还是以海关税来充当,追踪担当返还过程的资金与被投入资金的关系,大概也能明确内地金融经济。也就是说,用于返还的资金是怎样从内地被吸收到开放口岸的,从这个观点出发就可以根据资金的流向把握内地金融的实态,进而从财政的观点探讨以资金吸收为关节的海关的收税机能,这是必要的。[1] 如果我们这样看海关作用的话,对诸国及清朝政府来说,海关就具有改革金融的功能,这一课题,可以说也包含了怎样才能扩大海关的财政作用这一最为重要的问题。其结果,两者都不只有征税功能,而是把作为金融媒介机关的功能也给予关税机构,它与外国银行相结合完成了还债网。因而,这样的媒介作用,绝不是单纯的连接,而是作为中国财政构造内部的一部分发挥着作用。

这样一来,对外、对内关系成为一体,在探讨世界近代史相交涉的过程中,中国金融史作为研究课题倍加重要。这个时期的中国金融史上有三个相关的问题领域,即:与货币及货币制度相关的领域,(1)各省政府为筹集推行改革政策的资金而大量铸造铜元(一个铜元的名义价值相当于铜钱 10 文),其结果导致钱价下跌;(2)围绕对外贸易决算问题,在入超过多时如何对待汇率的不稳定性(金银比价的不稳定变动增大了);(3)作为与财政联系更为密切的课题,是税

---

[1]　Stanley F. Wright. *China's Customs Revenue since the Revolution of 1911*. (China, The Maritime Customs, Ⅱ. Special Series: No. 41) Shanghai, 1935, pp. 1—62.

制改革、各级政府财政规模的扩大、借款政策以及尝试采用预算制度。① 这三点的共同性，是当时的财政学家们提出争论的焦点，它们是关于集权的通货财政制度的形成问题，是从国民经济的观点来谈财政政策的运营问题。不过，从同时代人的政策争论本身出发，直接将作为实态的国民经济看做考察近代中国经济的出发点的思考，这也是需要重新考虑的方面。也就是说，一般来看，具有近代经济史研究特征的方法，是把该国的国民经济的发展作为统一的市场或集中的经济机构的形成过程，特别是作为工业化过程，然而这仅仅是探讨单方面发展的方法。伴随着地域研究的进展，比起对国家的经济发展研究，人们更关注于把握地域经济特征的方法，并认识到存在着几个不同方向性的动态的复合状态。从这一点出发，下文将对地方金融市场与政府借款之间的关系进行探讨，并对两者间的中介作用予以关注和探讨。

一　借款返还与金融市场

马士在 1905 年度的贸易报告中，不是从财政上，而是尝试着从货币流通及金融市场方面来分析悬而未决的国际收支赤字问题。在后者，即使财政上借款和返还的时候，作为外汇交易和汇票交易当事者出现的也不过是财政当局，其买卖也只是基于市场上汇兑和汇票的需求关系的认识而进行的。而实际上，财政当局所依据的资金，是厘金、常关、海关、盐税等税金，其运用的市场是上海，清朝的财政代理人是上海道台。马士基于以上的观点，对从内地到上海的流通过程作了以下追踪（参照图 2 - 6）。②

---

① 关于此领域，有下述文献：（1）费正清：《中国的货币与货币政策：1845—1895》的第一部分"中国的货币制度"，哈佛大学出版社 1965 年版，第 25—117 页。（2）希拉·迈瑞纳：《利物浦的风貌：1845—1873》，利物浦大学出版社 1961 年版。（3）杰罗姆·陈：《清政府的国家经济政策 1840—1895》，卡兰德出版社，纽约和伦敦，1980 年。

② CIMC. *Trade Repports and Returns for the Year 1905*. xix—xxii.

1. 购买者中所持有的铜钱,从他离手那一刻便开始了货币的循环。即购买者从小贩商人那里购入外国品或国产品而支付铜钱。小贩商人为从批发商处购入而支付货款,把铜钱换成银两。批发商人则必须支付商品购入货款,支付关税(银两),支付一般的厘金及以盐厘(铜钱)对其他的课税予以支付(银两或铜钱)。这样,因一些资金要流入官库,所以官库必须把收到的铜钱中的一部分转换为银两。

2. 所有税关通常利用汇票向上海汇款。上海是中国主要的商业中心,由中央政府执行财政代理人——上海道台负责对外国银行的赔款、借款返还支付。在规定的日子里,道台按外国银行各自的约定额以白银汇票形式支付。至此,中国政府方面的工作结束了。此后的资金流动,由银行和商人分为两个部分进行处理。即:

(1) 把在上海以汇票支付的白银,为支付借款和赔款而转换为金本位货币计价汇票。

(2) 为了支付道台送到外国银行的汇票,中国钱庄要筹措必要的白银,并把此白银再投入到全国各省的流通中。

3. 关于汇票的购入。中国政府在规定的日子成为金汇兑汇票的购买者。汇票与其他商品同样,价格由需要与供给的相关度而变动。进口外国商品的商人购入外汇,支付在商品贩卖上得到的白银,外国收到同额的黄金,并为此支付当初的费用。另一方面,中国产品的出口商卖出汇票,以得到为购入商品所需的白银,把在外国贩卖的货款,在银行支付。中国官吏希望当他们购入汇票的时候,进口商也购入,这应该注意。其结果,这两者都为得到出口商卖出的汇票而形成了竞争。有一天的汇率假如1英镑=标准白银7两,中国官吏希望购入100万两,进口商也想购入100万两,假如出口商卖出的是200万两汇票的话,汇率没有发生变化,银行以买卖行情之差而获利。但是,假如那天出口商卖出的汇票只有100万两,与通常需要大于供给时的情况一样,价格会上升。如果价格到了1英镑＝标准纯银8两时,因为中国政府仍然必须买,即使买了进口商的半数,剩余下的一半仍可能等待更有利的汇率。而且,能够8两到手就不希望在7两卖出汇票的出口商,因卖价上升就能从100万两增加到150万两。在这样的情况下,汇率的变化,使汇票购入从200万两减少到150万两,售出从100万增加到150万两。而在这种时候,银行也仍然得到买与卖的汇率差。对贸易的影响则如以下所示：花1英镑标准纯银成本购买商品的进口商,以前用7两就能够卖,到现在8两才卖,成本用外汇就补足了。而能用1英镑标准纯银卖出所购商品的出口商,以前只付7两就行,可现在却要付8两。这就说明为什么汇票的购入减少,而贩卖却增加这一情况了。同时,作为一般原则,说明了为什么进口量减少,出口量与出口额却共同增加的原因。

4.从白银交易来看,外国银行从上海道台得到的支票,要出示给钱庄。而且,如果外国银行白银不足、准备补充的话,白银大概是必要的。但是,一般而言,中国人只在阴历的年末才做最终的决算。所以,出示支票的时候,道台账号的款项虽然移到外国银行的账号上,而钱庄却成了对外国银行的负债者。对于这种负债必须支付利息,其利息额是全部银行所负的负债与市场上能够得到的实际白银额,而且是债务钱庄之自由支配的白银,在决算之际能够运转之白银的比率而决定的。这就是钱庄必须向外国银行支付的利息。另外,钱庄假如对借入数额必须支付5%或10%利息的话,那么贷出数额就必须要收取7%或12%—15%。否则,没有利益的话他们的店也就必须关张了。钱庄常常向中国商人,即办理道台汇款的上海和对财务部汇款的内地这两方进行放款,而商人就将这笔钱用于购入中国商品及外国商品。

5. 关于中国商品的探讨。商人如果从购买之物中得到利益，通常一定要卖出，有以下两种情形发生：(1) 由于上述的汇率变动，使手中商品的银价增大，因而贩卖的利益增大；或者 (2) 银行要求的利息增加，持有商品的成本也增加。其结果，商人哪怕微利也不得不卖出商品，在某种时候甚至无利可图。

6. 从钱庄借白银购入商品的内地商人，他们自己把商品携带到上海或其他开放口岸，或者把它们卖给别的商人，后者再运到开放口岸。到了开放口岸，他们为了得到利益而将商品囤积起来。如前所见的那样，如果汇价波动，外国商人能够付高价的时候，因为有利可图，商品的持有者们就可能把商品卖出去。假如货币市场吃紧，外国银行必须课以高利息时，钱庄限于借金不能全额返还，也必须支付高利息，其结果，就只好要求中国商人支付更高利息。由于借金不能更新，或者高利息不能支付，他只能陆续地卖掉手中的商品。不管是为了得到利益而卖还是不得已而卖，商人把东西卖完的时候，他们或者通过钱庄的汇票，或者更多的时候通过外国银行的支票而领取货款。此间，购入这些商品的外国商人，已经把外国商品卖掉，在其过程中与外国银行形成信用关系，对其信用发行了支票。中国商品卖方领取的支票后，为了还钱而支付给钱庄，特别为了减少对外国银行的借款而使用这一支票。在向外国出口而变卖的中国商品供给充分的时候，钱庄对外国银行所有负债都用这一方法返还。但是，现在因为入超，无论如何都必须获得用以年末决算的白银。

7. 从中国出口的商品分担了使金融市场安定的部分作用。另一方面，上海或在其他地方，中国商人把购入的外国商品运到内陆去贩卖。中国商人从钱庄借钱，再把它支付给外国进口商。而且这些外国商品被卖完的时候，到手的货款被支付于内地的钱庄分局或代理店。

8．外国商品的情形也同样,利息率若上升时,商品所有者为了返还借金而不得不贩卖出去,而汇票上升也促使他贩卖商品。这就是他为什么能够交替买下更加便宜的商品,或者他为什么能在更高的汇率上与买下更便宜商品的其他商人竞争的原因。

9．如果在上海,外国银行对钱庄借金,或者,如果外国银行在钱庄同时保有大量白银的话,那么,外汇行市上,白银留在内地,而交易以汇票汇至上海进行。但是,如果上海钱庄的资金不足,就以银块汇付为支出,白银被送到上海,钱庄就可能对外国银行负债作清算。这样的做法,是当年银行交易终了的时候。报告显示了重庆的一个例子,今年（1905 年）后半,商人们几乎不可能为支付进口商品而获得汇票,因此不得不担负在急流中运输白银的费用和危险,这非常制约贸易的发展。

10．每年的年末应付的借款与赔款,通常通过银行业务向外国银行支付。而且,借款与赔款的支付,与对进口外国商品和出口中国商品的支付没有什么区别。如果,用于出口的中国商品减少了——例如,生丝减产,茶业或其他商品的出口减少——内地对白银的需要变少了,对出口卖出的汇票也就减少了,外国银行由于缺乏使用金库白银的手段,不像前一年那样,因以战争汇款为基础的信用,使得进口商汇票大部分被补足,因此必须把银行不能使用的白银尽量出口。

11．相反,如果出口中国商品大量存在的话,外国银行把白银贷给钱庄,钱庄再把它贷给中国商人,他们必须用它支付购买运到内地的地方土特产品,或者从内陆运来中国产品,因而从外国商人手里买下汇票。

12．由于借款与赔款是定期支付,所以外国银行从钱庄得到白银一方,就成了债权人,这不只是带来了从中国流出白银这一直接结果。因为白银流动是受到商品流动影响的。若商品出口是大量的,白银就留在中国,若出口量和出口额减少则白银大概就流出了。换言之,一个国家的负债,是以商品来支付的,白银只有在商品出口不充分的时候才被使用的。出口的增大,通过汇率导致对出口国有利,同时也使白银的供给增加。因而,其结果也促进了货币市场的顺利发展。进而,作为结论,应该做出促进出口贸易的努力。因为只有这个方法,才能维护该国主权。

就这样,马士尝试着把握以下过程的相互关系:(1) 在上海金融市场上,上海道台与外国银行之间的围绕着借款返还与赔款返还的汇票交易;(2) 上海道台与上海钱庄之间围绕着关税资金运用的交易;(3) 外国银行与上海钱庄之间的贸易交易;(4) 上海与内地市场、内地生产地之间围绕进出口贸易的交易;(5) 商业活动各阶段上的纳税与其向上海道台的集中。这个过程的资金流向(包含借款还款的流向)如下图所示。马士所明确的是,资金集散以上海为中心而进行,而且它与财政、贸易、汇兑、金银问题有着一系列关系。

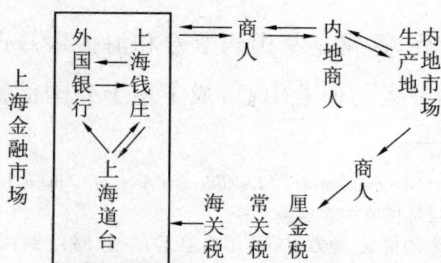

图 2-5　围绕上海的资金循环

二　开放口岸与内地市场

在这个时期的中国财政界,资金流通以及循环问题,是赔款、外国借款返还的焦点。按照马士的逻辑,把它从地方市场的末端向"中央"

延伸,并且按照其资金经手者的变动顺序,依次表现为以下的内容。

(一)各省内地财政与常关

1．地方商人

甲午战争之后,尤其是 1902—1911 年期间,中国政府每年必须将 625 万英镑〔在 1902 年的汇率上(金银比价)为 4800 万海关两,1905 年的汇率上为 4200 万海关两〕作为赔款支付给列国。① 这一赔款由各地方的税金支付,其资金被集中于上海。在各省,日常生活上的买卖及纳税,原则上用铜钱,因此,实际上的交付是铜钱或其他与白银的转换。这个过程意味着,到达地方各级政府金库的税金要经过一个迂回的途径才能获得。也就是说,民众使用铜钱纳税,或从零售商购入舶来品和国产品。但是,这些零售商在同地方商业市场中心的批发商人清算和支付时,却应后者的请求必须将手中的铜钱变成白银。接下来,批发商人要为商品课税,在关税上以白银支付,在厘金税上用铜钱支付,其他诸税也要相应支付。这样一来,铜钱经地方金融机关之手被交换成白银,其交换价格就有三个:市场价格、纳税换算价格(折价)、法定价格,且三者是密切联系的。②

2．上海道台

从地方政府金库,通常是从山西票号和海关银号送到上海的汇付,因此上海这个中国最大的商业中心,成了用于外国借款、赔款返还资金

---

① H. B. Morse. *An Inquiry into the Commercial Liabilities and Assets of China in International Trade* . p. 1.

② 也有表现地方金融经纬的常关报告。

    仿照裕通官银号的模式,地方政府在港口建立了一家海关银行。这家银行从 1904 年 1 月 1 日开始运营,并承担起收缴账款和关税的职能。在此之前,港口上并没有此类的海关银行。所有的应收款项和关税都是由上级主管委派的两名文员来收缴的,而这些钱款则被存放在地方的银行里。(总税务司镇江海关特派专员,1903 年 12 月 30 日。见《关于中国海关起源、发展及海关人员活动的说明性文件》第 2 卷,第 353 页。)

    一般而言,本地的商品贸易是以铜钱来支付税款的,而本地与其他地区商品贸易的税款则在名义上被规定以白银支付。虽然关税也被规定按白银支付,但实际上却是按照 2400 钱等于 1 两白银的比价来支付的。……如果按照海关两来精确计算的话,由于铜钱贬值而带来的关税收入的损失是非常巨大的。最初铜钱和白银的交换比价是 1300 钱交换 1 两白银,而到 1903 年 11 月时,比价为 1200:1。到 1905 年的下半年,铜钱的价格下跌,但直到 1906 年 8 月比价才调整为 1600:1。(地方贸易收入:第 3 卷,5 年报告,1902—1906,中华帝国海关,I.—统计丛刊:第 7 号,上海,1907,第 33 页)

的流入地。负责把这些资金交给外国银行的是上海道台（苏松太兵备道）。① 甲午战争后，上海道台成了政府的金融代理人，因而这个岗位与通常的地方官不同，掌握着很大的财政权。当然，这些流入的资金，使上海金融市场的容量更为扩大了。

3. 钱庄

上海道台从各地方政府接受的资金，其中有一部分定期存放在上海的钱庄。关于这部分资金的使用，商部在 1902 年作了如下的报告：

（1）关税。据 1902 年的海关关税报告，江海关（上海税关）对外国制品和中国制品征收的课税、吨税、鸦片税，总计增加到 10814000两。……通常总额有 200 万两存放在钱庄。利率为月息 6 分，这笔存款一年可获利 144000 两。

（2）赔款。根据有关义和团运动的议定书，规定新赔款及向 4 个国家的再支付为 4500 万两。这些银两由两部分组成，即课税征收和各地方向上海道台支付汇票的地方税筹集……将 4500 万两中的 600 万两存放在钱庄，因月利 4.5%，每年可获利 324000 两。②

这些资料显示，上海道台把应该支付给外国银行的资金，通过暂时的投资形式注入钱庄，结果钱庄得到了大量的运转资金，而上海道台则成了钱庄的债权人。

到了指定的期日，上海道台根据议定书所规定的比率，向外国各银

---

① 中国人民银行上海分行编：《上海钱庄史料》（上海，1960 年版），第 60—61 页。
② 中国人民银行上海分行编：《上海钱庄史料》（上海，1960 年），第 61—63 页。
　　一曰关税。查光绪二十八年各关华洋贸易总册内，江海关共收货税、船钞、洋药厘金10814000 两，此项税银于征收后照章按 3 个月开报一次，就收期之迟早，酌盈剂虚，约计常年存款 200 万两，按月息银 6 厘核算，每年实可得息 144000 两，此关税生息之数也。一曰赔款。查辛丑和约定后，新案赔款以及 4 国还款岁需筹备银 4500 万两。此项银两，除由江海本关税银内拨付外，其余均由各省关先期汇解江海关道兑收，就收期之迟早，酌盈剂虚，约计每月存款 600 万两，每百两按日息银 1 分 5 厘核算，照月息不过 4 厘半，每年实可得息 324000 两，此赔款生息之数也。

行以白银的形式交付汇票。① 在这个时点上，中国政府方面的支付责任完结，以后接着发生的就是银行与商人之间的贷借关系了。银行方面：(1) 将上海以白银支付的汇票，按照借款及赔款的支付要求变换成黄金汇票；(2) 将上海道台交给外国银行的汇票扣除一定比例，中国钱庄才能获得并且供给必要的白银。结果，白银通过钱庄再度循环于中国内地市场。

（二）外国银行与中国钱庄

1. 金价上升

中国政府实质性购买的金汇兑汇票的价格，由汇兑供求关系决定。金汇兑汇票的购入，是由进口商人贩卖进口商品得到白银而在上海进行的。他们获得的白银，要扣除进口商品的成本，而且必须满足把贩卖所获的利益送回本国的数额。另一方面，中国商品的出口商，从外国银行借入用于购货的资金，并以汇票的形式获取海外贩卖的货款。汇票在上海与卖出的白银相交换。而出口商用这些白银来充作返还从外国银行的借款。② 中国政府方面想购入汇票的时候，进口业者同时也意欲购入，他们便围绕着出口业者所卖出的汇票形成了竞争关系。因为中国政府必须买金汇兑汇票，如果其条件不变，价格可能就呈现上升倾向。有了汇兑上升这个条件，贸易上就带来中国产品出口容易的效果，与此同时，它在原则上意味着进口量减少、出口增大倾向的出现。在中国近代金融

① 接受赔款的国别比率如下（斯坦利·F.赖特：《辛亥革命后的中国海关税收》，第178页）：

俄国	28.97136%	比利时	1.88541%
德国	20.01567%	奥匈帝国	0.88976%
法国	15.75072%	荷兰	0.17380%
英国	11.24901%	国际组织索赔	0.03326%
日本	7.73180%	西班牙	0.03007%
美国	7.31979%	葡萄牙	0.02050%
意大利	5.91489%	瑞典和挪威	0.01396%

② S.赖特（S. Wright）对此情况作了如下描写：道台以按月分期付款方式向银行家委员会缴纳固定白银，由于各种金属货币的购买比价已经超出道台所能支付的水平，银行家委员会由此发现赤字运损额稳定增长。

史上,币材市场与商品市场是同样活跃的(参照表 2-22)。而且,伴随着汇票买卖的使用,黄金失去了作为货币在国内流通的功能。而且中国的黄金进出口,与金银比价的变动密切相关,银价上升时黄金被进口,下跌时黄金被出口。

表 2-22　　　　　　　　　　　**中国金银进出口**

(1907 年。单位:1000 海关两。＋:出超;－:入超)

对象国和地区	金			银			国别总计
	金条及其他	硬币	合计	银条、马蹄银	硬币	合计	
欧洲	＋3596		＋3596	＋2442	＋194	＋2636	＋16705(英国－65455)
美洲		－79	－79	－157		－157	－10405
印度、缅甸		＋21	＋21	＋10261	＋184	＋10445	－29834
海峡殖民地				＋64	＋130	＋194	－1288
西贡、东京					＋27	＋27	－7517
香港、澳门	＋257	－1	＋256	＋387	＋17488	＋17875	－58416
暹罗					＋79	＋79	＋746
马尼拉					＋7	＋7	—
日本、台湾	＋328	－6513	－6185		＋215	＋215	－18114
朝鲜	－4	－46	－50	＋33	－158	－125	＋676
符拉迪沃斯托克		－9	－9		＋13	＋13	—
合计	＋4177	－6627	－2450	＋13030	＋18179	＋31209	－178529(含荷兰属东印度－5627)

资料来源:China, Imperial Maritime Customs. *Returns of Trade and Trade Reports*, 1907. Shanghai, 1908, xxvⅡ.

于是,从东北及四川的黄金流向上海,日本的金币也流入了上海黄金市场,被高价卖出。这些日本金币中的 3/4 被熔铸为金条,直接或经由香港被送往欧洲。[①]

2. 外国银行与拆款

外国银行接到白银,把从上海道台得到的汇票拿到钱庄。此时,外国银行认为有必要补充备用白银,就要求钱庄支付汇票。外国银

---

① China, Imperial Maritime Customs. *Returns of Trade and Trade Reports for the Year 1905*. Shanghai, 1906, xiv.

行的这种白银吸收政策,20 世纪初,伴随着菲律宾、海峡殖民地、印度等开始实行金(汇兑)本位制的诸国,为了铸造新的国内货币加大了对白银的需要,更加刺激了白银的需求(参照表 2-22)①。但是,这样的时期除外,一般来说,外国银行吸收的币材白银并不出口,只是把它作为在上海保管金利的手段,以用于中国阴历年度末最终的决算。对于上海道台存放在钱庄的资金,当由外国银行提示汇票时,对钱庄的债权人名义就从道台转移到了外国银行,结果,钱庄变成了对外国银行的债务人。对此负债的钱庄是要支付利息的,而决定利率的重要因素,由钱庄对全部银行的负债总额及市场流通白银的总额,特别是由负债钱庄手中的运转资金量、借入期限等等来决定(参照表 2-23 及表 2-24)。②

表 2-23 　　　　　　　　　**上海金融市场的基本指标**

年　　　月	Ⅰ银价 (便士)		Ⅱ上海伦敦间 电汇(便士)		Ⅲ汇率 (便士)		Ⅳ洋厘(两)	Ⅴ银拆(两)
1903 年 1 月	21	3/4	26		25	3/4	0.744130	0.03
2	22	1/8	25	3/4	26	1/8	0.739924	0.08
3	22	5/8	26	1/4	26	5/8	0.750355	0.17
4	24	5/8	28	1/2	28	5/8	0.751417	0.25
5	24	7/16	27	5/8	28	7/16	0.748532	0.51
6	24	5/16	27	7/8	28	5/16	0.754638	0.24
7	25	1/8	29	1/8	29	1/8	0.748613	0.40
8	26	1/4	31	1/4	30	1/4	0.754262	0.33
9	27	3/8	30	3/4	31	3/8	0.753546	0.52
1903 年 10 月	27	13/16	30	3/4	31	13/16	0.747145	0.34
11	26	1/2	29	3/8	30	1/2	0.743992	0.33
12	24	7/8	29	1/2	28	7/8	0.753464	0.26

---

① 　E. W. Kemmerer. *Modern Currency Reforms*. New York,1916,Part Ⅲ,Ⅳ.
② 　《上海钱庄史料》,第 74—88 页。

年　月	I 银价（便士）		II 上海伦敦间电汇（便士）		III 汇率（便士）		IV 洋厘（两）	V 银拆（两）
1904 年 1 月	25	7/16	30	3/4	29	7/16	0.735319	0.54
2	26	3/8	32		30	3/8	0.728155	0.14
3	25	1/2	29	1/2	29	1/2	0.730500	0.10
4	25	3/8	29	5/8	29	3/8	0.737796	0.07
5	25	5/16	30	1/16	29	5/16	0.742371	0.08
6	26		30	3/4	30		0.741313	0.13
7	27		31	3/16	31		0.737532	0.20
8	26	1/4	30	1/8	30	1/4	0.738560	0.25
9	26	13/16	31	1/16	30	13/16	0.741442	0.36
10	26	7/8	31	1/4	30	7/8	0.742081	0.15
11	27	1/4	32	1/8	31	1/4	0.747358	0.15
12	28	3/8	33	1/4	32	3/8	0.740665	0.19
1905 年 1 月	28	1/4	34		32	1/4	0.726800	0.29
2	27	5/8	31	1/2	31	5/8	0.730143	0.14
3	26	1/16	31		30	1/16	0.729310	0.17
4	26	1/8	31	3/8	30	1/8	0.729213	0.15
5	26	5/8	31	3/4	30	5/8	0.728105	0.22
6	27		31	13/16	31		0.728483	0.26
7	27	3/16	31	13/16	31	3/16	0.729032	0.14
8	28	5/8	32	1/2	32	5/8	0.729113	0.18
9	28	1/4	32	3/16	32	1/4	0.727808	0.30
10	28	7/8	33	1/8	32	7/8	0.726403	0.33
11	30	1/4	35		34	1/4	0.734438	0.26
12	29	15/16	34	5/16	33	15/16	0.729395	0.25

资料来源：据中国人民银行上海分行编《上海钱庄史料》，第 560—564 页。

3. 钱庄与银拆

钱庄在支付上海及地方商人购买进出口商品资金之际，为了获得高利益，其利率比外国银行设定的要高（参照表 2 - 23）。[①] 因而这种操作，就有利于钱庄对外国银行进行偿还及从事放款时获取收益。

---

① 中国人民银行上海分行编：《上海钱庄史料》，第 553—563 页。

表 2 - 24   在上海的银行白银持有量（1905—1913 年）

年　　月　　日	外　国　银　行			中　国　诸　银　行		
	马蹄银 1000 两	美元 1000 元	银条 1000 两	放款金额 1000 两	马蹄银 1000 两	美元 1000 元
1905年12月30日	5200	3980		6710	300	1000
1906年6月30日	8950	2950		3470	700	800
1906年12月31日	8520	4520		10580	200	800
1907年6月29日	8090	6850		15340	420	1000
1907年12月31日	8130	2830	1018	5640	200	800
1908年6月30日	15810	7510		20595	100	500
1908年12月31日	13760	6380	1926	800	1400	800
1909年6月30日	20640	6140	1584	11468	200	600
1909年12月31日	13020	3190	4306	9725	300	1300
1910年6月30日	9540	6300	5410	11960	100	900
1910年12月31日	7190	3150	6371	40	3000	2000
1911年6月30日	19560	5970	6655	5900	500	1100
1911年10月10日	24310	7160	6162	10710	200	1400
1911年12月30日	20070	3210	1563	3056	3900	4200
1912年6月29日	24750	6040	99	2209	2900	1500
1912年12月31日	17620	6930	1115	2094	3100	2900
1913年12月31日	36290	11100	2425	1981	4800	2400
1914年6月30日	46100	15500	510	1988	400	1300

资料来源：田中德义《在中国的列国银行政策的沿革及现状》"补遗"，上海，1913 年版。

（三）内地贸易

1. 中国产品的收购——内地商人

内地商人使用从钱庄借入的白银购入土产品，自己把它们运输到上海，卖给别的商人，再由买入方运输到开放口岸。他们把商品运到开放口岸后，为了能使其利益上涨，首先将商品保管起来。通常会产生以下两种情形：第一，由于汇率的变动，他们手中商品的白银折价上升，可能会使自己的商品价格上涨，结果获利更多；第二，由于钱庄利率增加，继续囤积商品会使成本增大,其结果是商人被迫在获利不高的情况下卖出商品。[①]

2. 外国商品的贩卖——外国商人

汇率变化为外国商人创造了抬价条件,此时他们为获得更高的利益而卖出商品。但是,假如因为金融所迫,外国银行对钱庄课以高利息时,若他们不能还债而必须向外国银行支付高息的话,钱庄也只好要求中国商人为贷款支付高利息。若中国商人既不能延长借入期和更新借款,又不能支付高利息,不得已只好将手中的商品低价卖出。而他们贩卖商品的货款支付,一般采用对钱庄的支付票据,或者更为一般的是向外国银行转入汇票(参照表2-23)。[②]

(四) 外国银行、钱庄、进出口商人相互间的金融关系

1. 贸易决算

外国商人购入中国商品的同时,也贩卖外国商品,他们用销售款在外国银行设立账号,以其存款作基础开出自己的汇票。外国银行、钱庄、出口、进口商人相互间主要的决算手段是汇票。贩卖中国商品而获得的汇票,为还借款支付给钱庄。而钱庄把它支付给外国银行,使自己负债额减少。如果出口国外的中国商品与进口品总额相平衡的话,在决算过程中,钱庄对外国银行的负债应该能够全部抵消。但是,在我们所考察的时期里不会发生这种情况,因为钱庄为了年末合账,必须把白银从国内或国外收回来。[③]

2. 中国商人的资金循环

上海的中国商人,得到向外国商人贩卖中国商品的货款后,再购入准备

---

① 中国人民银行上海分行编:《上海钱庄史料》,第571—576页,参照马士的分析第158页的第5项。

② 具体来看,存在着的几类利息中,最重要的是上海金融市场的"洋厘"和"银拆"。洋厘是以上海两表示的上海两与白银美元的比较,银拆是钱庄进行放款时1000两的日拆。这两者显示了外国银行-上海钱庄-进出口商人(中国商人)三者间的关系(见表2-23。另参照《上海钱庄史料》,第560—564页)。

③ 上海金融危机由于白银不足而屡屡发生(见中国人民银行上海分行编《中国钱庄史料》,第74—90页)。

销往内地卖的外国商品。中国商人向钱庄借入应支付进口商的资金，把外国商品贩卖了之后，再将钱返还给钱庄的内地分局。钱庄借款利息上升，商人为了还款只好将手中的外国商品低价卖出。同时，也有金本位汇票价格上升，中国商人急忙卖出的情况。这是因为相同的商品变得更加便宜，还要在高汇率之下与低价购入商品的其他商人进行竞争。[①]

3．白银币材的动向

在上海，假如外国银行向钱庄借金，或外国银行及钱庄都拥有充足的白银储蓄，汇率若很高则导致白银滞流内地，内地的货款就会以汇票的形式送入上海。但是，假如上海钱庄资金不足，钱庄为了清算对外国银行的负债，便把白银送入上海。那时，汇款所必要的费用和危险也成为对贸易的种种制限。上海钱庄据送来的白银来清算对外国银行的负债（参照表2－24）。[②]

以上围绕外国银行、中国钱庄、进出口商人的贸易决算的相互关系，可以概括为以下诸点：(1) 中国政府在通过外国银行向外国还借款及赔款的时候，采用商业交易通常的决算方法，即汇兑交易、币材的运输、向商人的放款等方法。因而，借款及赔款的返还，与对商品的支付，或向币材市场的投资不一样，它没有选择的余地。（2）由于返还借款及赔款属于长期的定期的返还方式，外国银行就处于从中国市场获得资金这样一种半永久性的债权人地位，陆续从钱庄领取白银，但这并不意味着的白银直接流出。（3）1902年以降，作为财源的常关、海关和筹集借款及赔款的外国银行，成为开放口岸和腹地之间进行资金循环的两个重要机关。两者处于内地与外国市场结合主干上的两极，并在中国政府因列国而建立新的财政义务中发挥了作用。若从财政运营的观点来看，这两个机关的稳定是当务之急。[③]

---

① 同时，物价由于银钱比价的变动而受到影响（参照本书第 133—135 页）。
② 参照中国人民银行上海分行编《上海钱庄史料》，第 576—580 页。
③ 关于清末的财政机构，参照 Yeh-chien wang. *Land Taxation in Imperial China*, 1750—1911. Cambridge Mass, 1973. p. 14.

关税成为借贷信用关系及还款源,按照关税这一流向,资金移动问题经过义和团赔款的确定过程和由外国银行团接手,可以 1911 年为界分为前后两个时期,其变化如图 2-6(译注:原书为图 2-5,应为 2-6)所示,说明财政与市场之间的关联。

(五)地方财政

1902 年以后,尤其是 1911 年的辛亥革命以后,地方省政府财政发生了以下四点变化:第一,把以往在地方省政府管辖之下的重要财源常关,委托给了外国人税务司监督,使地方各省的财源被削减。第二,由于中央政府新的分担金(中央专款),地方财政又受到了一层压迫(参照表 2-25)。第三,为了打开地方财政的窘境,1900 年代各省的总督、巡抚增大了新铜元(每枚价值相当于 10 钱文)的铸造(参照表 2-26)。第四,为使被减少的财库充足起来,各省几乎同时尝试着设立省银行,省银行发行纸币,甚至发行以省银行为承兑人的地方债。为了增加内债的信用,使之更顺利地发行,也有把外国银行作为债券交易代理机构的情况,这一点显示出外国银行的作用发生了变化,同时外国银行和地方财政又更加紧密地结合了起来。[1]

A. 1902 年通商条约以前的资金移动(双环节式)

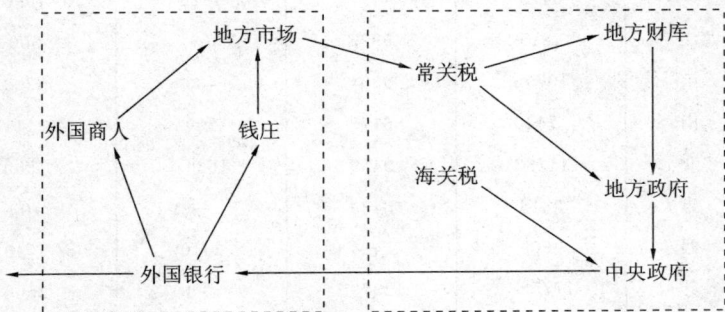

---

[1] 木村增太郎:《中国财政论》(1937 年),第 546—553 页。

B. 从 1902 年通商条约到 1911 年辛亥革命为止的资金移动（单环节式）

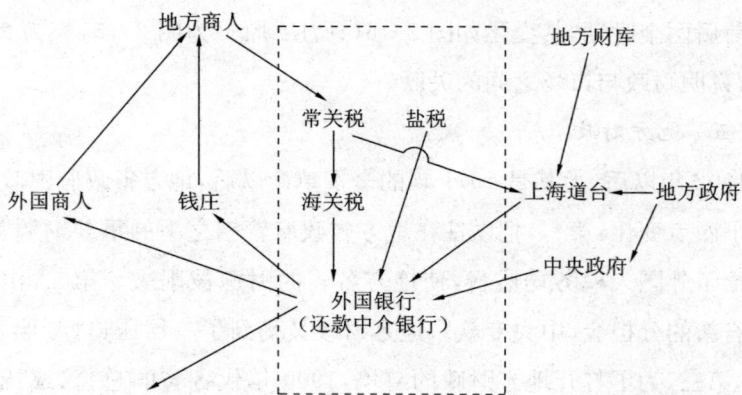

图 2-6　以 1902 年为转机的围绕关税的资金移动

表 2-25　　　　　　　　地方政府的财政收支及上缴款

（1916 年。单位:1000 元）

省　名	税收总额	岁出	上缴款	临时上缴款
安　徽	7592	6726	220	1600
浙　江	13973	8467	4260	2700
直　隶	11208	9869	640	3740
奉　天	12859	9552	—	600
福　建	6475	4491	1520	1090
黑龙江	4815	5325	—	300
河　南	10796	9304	480	3200
湖　南	7430	6178	1200	2111
湖　北	11332	9439	1520	1830
甘　肃	3818	3439	—	700
江　西	9609	5404	2410	1040
江　苏	17753	12379	5000	2500
吉　林	5819	5274		1200
广　西	4222	5597		590
广　东	21441	14045	4200	2950

续 表

省 名	税收总额	岁出	上缴款	临时上缴款
贵 州	1591	2851	—	420
山 西	7410	5476	2100	1447
山 东	11525	9254	1221	2137
陕 西	7833	5943	960	1254
新 疆	3308	4730	—	270
四 川	11551	10876	—	3000
云 南	2903	6086	—	650
其 他	3390	6864	—	1272
合 计	198653	167569	25731	36601

表 2-26　　　　　　　　　　**各省铸造局的铜钱铸造额**

(单位:1000 个,截至 1913 年。前面的数字是顺序)

铸造局	总额(钱)	50 钱	20 钱	10 钱	5 钱	2 钱	1 钱
④ 天 津	14406624		77218	1273758	1170	13354	92126
② 湖 北	68247922		268	6805736	27764		46382
⑬ 四 川	2814575	2653	131840		85		(100 钱: 447)
⑭ 奉 天	1266250		55370	15885			
⑯ 云 南	179510		645	16661			
⑨ 福 建	6957131		118	692992	1083	3438	12560
⑰ 吉 林	175298		1785	13764		979	
⑧ 江 苏	8842440		4992	874260			
⑩ 安 徽	5193615		45	519268	7		
⑥ 浙 江	9843604		2506	973799	7834	8162	
⑤ 广 东	11547260			1154726			
③ 江 南	29355310			2932986			25450
① 湖 南	100953040			10095304			
⑦ 河 南	9116450			910703			9420
⑮ 镇江府	740060			74006			
⑫ 山 东	2862742			285851		2116	
⑪ 江 西	3797220			379722			

资料来源:表 2-25　贾士毅《民国财政史》卷一卷,第 101—103 页。
　　　　　表 2-26　E. Kann. *The History of Minting in China* 等制成。

1913 年，汇丰银行伦敦委员会理事查里斯·阿迪斯，在给袁世凯的政治顾问 G.E.莫里森的信里，表示了对中国财政问题的见解：

> 在现状中最重要的问题点，是存在着各省对中央财库贡纳的怠慢。对此可以考虑两种对策：（1）由扩大对"列国"税收的管理而提供对中央政府的资金供给；（2）直到地方政府注意到中央政府濒临破产的状况并且意识到上缴款项的必要性之前，不能再继续借款。若从外国人的观点来看，就像船漂流于水面束手无策一样，完全不能称之为政策，尤其是第二个政策。而第一个政策的困难点在于如何确切保证的问题。如果列强中有几个国家对财源保证并不挑剔的话，我不认为它不是打破僵局之举。①

查里斯·阿迪斯关于中国财政的见解，则表示出这样一个基本认识：中国的中央、地方政府与外国银行及其借款政策深深地结合起来的过程，从外国方面的利害关系来看是清朝衰退。但是，外国银行从国家财政出发，却正在获得把自己作为中央与地方财政的媒介机关的新位置。② 甚至在 1911 年辛亥革命最重要的关头，外国银行的活动也没有看出有什么变化，甚至说还扩大了。驻重庆的英国领事报告作了如下的记载：

> 新政府建立以来，关税向汇丰银行的地方分局支付。这样的工作方法，大概是（海关总税务司）奥格尔在经革命政府同意的任何场所都可以做的贤明方策。关税最终作为借款及赔款支付的款项存进了他本人的账号。③

---

① Lo Hui-min ed., *The Correspondence of G. E. Morrison*. Cambridge, 1978. Vol. II, p.254.
② 清朝政府进行的外国借款，由于改变了一直信奉的财政原则，即"量入为出"原则，其结果，中国财政问题变得不仅仅是国内问题了。
③ British Parliamentary Papers. *Correspondence Respecting the Affairs of China*（China, No.3, 1912），p.81（Sir J. Jordan to Sir Edward Grey. -Peking, November 16, 1911）.

　　1911 年以降,海关总税务司将关税权限全部集中于一手,亦即有关征集、管理、运营、支付的权限,当时的总税务司弗兰西斯。A. 奥格尔在汇丰银行开设了自己的账户。包括上海巨额税收在内的全部海关税收入,都被转入他的账户。① 1913 年以后,盐税也被置于外国的管理之下,海关的金融性、财政性机能更加强化了。②

　　从清末至民国初年,中国发生的经济变动的重要特征,大概就是把外国银行也作为自己的一部分包摄在了金融的媒介机关。换言之,就是扩大、强化了国内市场与国际市场、地方经济与中央财政结合起来的媒介领域。而且这一金融的媒介领域自 1916 年以降,伴随着中国地方分权化的进行而扩大,这点应该引起足够的注意。

　　如前所见,马士与赫德一起,把中国经济置于国民经济范畴中作了论述。然而,在现实中,它只停留在与中央政府财政相关连的争论上;另一方面,尽管他们对中国财政改革有极为强烈的意欲,在实际上,甲午战争之后的中国财政,在借款及赔款返还的过程中,掌管地方及地域经济的海关税务司下属的税关网和当时作为债款接手方的外国银行团,实质上发挥着财政机关的功能。他们对中国国民经济的有关提案,也只有在与这些实态相关的情况下才具有实效性。

补论　中国海关时代以后的马士

　　通过本章,我们可以对马士从中国海关退任后的诸多业绩有一个更加清楚的了解。当然,本章的课题内,确实也存在着探讨下列马士业绩产生背景这一意图。但是,如果要找出马士一个个业绩之间的关联,就要再回到这些原始资料的立场上再探讨,或者予以改写,因为这

---

① Stanley Wright, op. cit. , pp. 3—10.
② Sir Richard Morris Dane 1913—1918 年间就任盐税总税务司的职位。

本身也是一个课题，所以我想这大概也是尝试着弄清其背景的表述方法。

同时，如果把他在海关任内的时代冒昧地称之为"前期马士"的话，那么，继续关心前期马士的经验与问题的研究——华南地域研究——就更有必要了。不论对外还是对内，对近现代中国史而言，大概都应该重新探讨华南地域的历史研究。

H.B.马士在海关任内末期，开始专门从事关于中国社会经济的研究和写作，其专论、专著和发表年代如下所记：

1. 中华帝国海关，V.—公务丛刊：海关报告71号。《岳州海关开放；土地及市政规划；湖南贸易条例；内河蒸汽船航运规则》，上海，1900年版，第50页。

2. 中华帝国海关，Ⅱ.—专题丛刊27号，《关于中国在国际贸易中商业债务和资产的调查报告》，上海，1904年版，第15页。

3.《中国的货币》，皇家亚洲社会研究之中国分刊，1906年版。

4.《中国的贸易与行政管理》，上海，1908年版。（上海1913，伦敦1920，上海1921，纽约1967）

5.《中国的行会，兼对广州行会商人的描述》，伦敦，1909年版。

6.《中华帝国对外关系史》，1—3卷，伦敦，1910—1918年版。

7.《东印度公司对华贸易编年史（1635—1834年）》，1—5卷，牛津，1926—1929年版。

8.《太平天国纪事》，塞伦，马萨诸塞，1927年版。

9.《远东国际关系史》，纽约，1931年版。

马士的著作有三大类：第一，以《中华帝国的贸易与行政管理》(*The Trade and Administration of the Chinese Empire*)为代表的，对中国的政治、经济、社会的概说，也可以说是具体的解说书。这类书从历史上来看，有许多种类。S. W. 威廉斯(S. W. Williams)的《中国的贸易管理》(*The Chinese Commercial Guide*. 1863 年，香港)是其开端。

威廉斯·S. 维尔斯(Williams，S. Wells)的《中国的贸易管理，包括对条约、关税、规章、报表等内容的介绍，是对华及东亚贸易的必备指导，同时附录这些地区的航海指南》(*The Chinese Commercial Guide*, *Containing Treaties*, *Tariffs*, *Regulations*, *Tables*, *etc*, *Useful in the Trade to China & Eastern Asia*; *With an Appendix of Sailing Directions for Those Seas and Coasts*. 香港，A. Shortrede 公司，1863 年，第 387、266 页)。

这是为外国商人、商社而写的贸易概论，据具体情况也会作出相应修改。Ⅰ. 中国和四国(英、美、法、俄)的条约，Ⅱ. 与中国的贸易商品，Ⅲ. 中国各港的交易，Ⅳ. 与日本的贸易，Ⅴ. 中国的通货与度量衡，Ⅵ. 其他地域(印度、东南亚诸国、英、法、美)的通货与度量衡，Ⅶ. 物价、汇率，对上述七项分别作了记述，附录则详细记载了中国沿岸航路。

马士：《中华帝国的贸易与行政管理》(Morse, Hosea Ballou. *The Trade and Administration of the Chinese Empire*. 上海，凯利和沃尔什有限公司，1908 年，xi，第 451 页)。

作者任职于中国海关税务司和海关统计局长期间，他把中国贸易、行政分 15 项作了说明，可谓中国解说书。各项目如下：与诸外国发生关系之前和以后的历史、政府、税收与支出、通货、度量衡、治外法权、各省与开放口岸、外国贸易、内地贸易、鸦片、海关税务司制度、邮政。

美国有编辑有关中国概说的传统。由美国财务省统计局经手的《1900 年中国的商业状况，区域、人口、产品、铁路、电报、运输、外国商业及美国对华商贸》(*Commercial China in 1900. Area，Population，Production，Railways，Telegraphs，Transportation Routes，Foreign Commerce and Commerce of the United States with China*. Washington，1901)，就是其中一例。

马士著作的第二大类，是关于中国国际关系的论述。以出版顺序来看有以下内容(下面对顺序构成作概括性评价)：

1.《中华帝国对外关系史》(伦敦，1910—1918 年，3 卷本)

2.《东印度公司对华贸易编年史(1635—1834 年)》(牛津，1926—1929 年，5 卷本)

3.《远东国际关系史》(纽约，1931 年)

《中华帝国对外关系史》，伦敦，朗曼斯·格林公司，1910—1918年，3 卷本。第一卷 727 页，附图；第二卷 479 页，附图；第三卷 530 页，附图。

从东印度公司对华贸易独占权被废止的 1834 年，到辛亥革命推翻清王朝的 1912 年的中国历史，和围绕着它的国际关系，马士从政治的、经济的、社会的方面作了全面观察。作者因有担任海关税务司海关统计局长的经历，反映在书中，就是详细记述了贸易、关税问题。第 1 卷，冲突期(1834—1860 年)；第 2 卷，服从期(1834—1893 年)；第 3 卷，从属期(1894—1911 年)。

《东印度公司对华贸易编年史(1635—1834 年)》，牛津，牛津大学出版社，1926—1929 年，5 卷本。

把英国东印度公司[The United Comnany of Merchants of England Trading to the East Indies，通称为 The Honourabe(English) East India Company]的广东贸易，按印度办事处所藏的东印度公司记录有关中国关系部分，依年代作了论述。从公司与果阿的葡萄牙总督之间缔结有关中国的《休战、自由贸易》协定，正式开始对华贸易的 1635 年起，到对中国贸易垄断权被废止的 1834 年，对这一期间的鸦片、茶、金银及其他贸易关系；公司、地方贸易商人（country trader）、广东十三公行相互间的贸易关系；与荷兰、葡萄牙、美国的国际外交关系等等，都作了阐述。而且还将第 5 卷印度办事处欠缺的部分（1743—1753、1754—1774 年）由英国北京公使馆所藏的复印件补齐。

马士著作的第三大类，是洞察中国国内社会经济的论著。按公开发表的顺序如下：

(1)《中国的货币》，皇家亚洲社会研究之中国分刊，1906 年。

(2)《中国的行会，兼对广州行会商人的描述》，伦敦，1909 年。

(3)《太平天国纪事》，塞伦，马萨诸塞，1927 年。

这一类的著作，是马士对中国社会经济的秩序从其内部进行分析的产物，也是他试图把握中国特征的尝试。

在这些从中国社会的内部作分析的著作中，马士自信通晓货币问题，在分析中国经济之际将它置于基本领域的位置。特别是对行会和商人也给予了足够重视。在《中国的行会》一书的序文中，马士作了下面的记叙：

中国的行会，正如同其他许多社会事业机构一样，中国的情况与欧洲中世纪时的情形非常类似。但尽管它们之间的相似之处很多，却也仍然存在着许多差异，而且这些差异也同其相似之处一样，明显地存在于东西方社会政治组织之间。在中国，一个理论上的专制政府已经建立多个世纪，并依靠一整套官僚机构来运转；虽然官僚系统由专制政府任命，但它实际上在很多方面已经独立于专制权力。官僚们虽然是从民间选拔出来的，可一旦做官，就不再属于民间。对于平民百姓而言，只要能够适时纳税且没有严重的动乱，便能安稳地在近乎民主平等的环境中依靠贸易或耕作来维持生计；在涉及生活所需的全部基本要素方面，对于自由，他们唯一的要求就是专制政府能够尽量少地干涉他们的自给自足的生活；民众政治性地组织起来也只为了两个目的——保卫或反抗政府的滥用职权和失职，再就是造反。我们发现，在欧洲，在最伟大的协会频繁活动的时代，君主们带领他们的人民去反对封建贵族的要求以及反对那些试图控制全部行政部门并和市民结盟以反抗国王中央政权的贵族。而民众，则只关注于他们自己的利益，所以会有时得到国王的支持，有时得到他们的贵族领主的支持。通过武装，他们便在其最终希望实现的地方自治的道路上又前进了一步。在英国，为了同欧洲大陆相区别，我们发现，普通法在民众推动下而得到发展，并成为区域内最重要的法律。无论是国王的臣僚和仆役还是国王的臣民，都同样地受到它的约束。在中国，虽然无论是市镇的商贩还是村庄的农夫都要在封建帝国习惯法的支配下从事各自行业，但帝国的法律却不像英国法律那样发达完备。而且，法律也不是至高无上的，甚至帝王的臣僚和仆从也不受它的约束。如今，欧洲法律的执行是非常公正的，甚至在中世纪时，它也是相当公开的，以至于民众愿意称它为帮手。在中国，无论过去黄金时代的情况如何，时至今日，法律的应用是很不确定的，它的执行在很大程度上还是受到隐藏其后的非公开因素的制约。民众求诸法律的倾向较为淡薄，反而更愿意尽可能在民众内部私下解决争端。（马士：《中国的行会，一份介绍》）

马士关心的并不是中国行会在时代的变化和发展中的定位问题，而是其固有的组织形式和运营理念这些问题。这使我想起日本的仁井田升、根岸佶的两大争论,应该充分重视行会这一商业、生产组织的自律性传统。另外,马士还强烈意识到应该将 D. J. 迈克格瓦的《中国的行会,或者称为商贸联合组织》(皇家亚洲社会研究之中国分刊,1888—1889 年,第 133—192 页)作为先行研究。

最后,我想针对《在太平天国的日子里》略作阐述。该书在日本曾于 1960 年由外山军治译为《太平天国纪闻》公开发行。在马士的一系列著作中该书处于唯一例外的地位。它采用的是小说形式,以人物史的形式,描写了太平天国这一社会变动,对马士来说这是最初的也是最后的尝试。他的其他著作都是关于经济史具体问题的,而此书却远离了以往手法,通过常胜军的哨兵和中国商人的目光,极为大胆地描绘了当时中国社会的状况。不可否认的是,看上去令人不可思议的这部著作,更引起人们对马士的关注。该书的前言是这样写的:

> 这些文章的作者承认是有罪的,并希望得到法庭的宽恕。在犯罪辩护中,他申述道,所报道的事件在历史上确有其事,有关民俗和习惯的记载在民族学上讲也是正确的;并且,在所描绘的众人中,那些虚构的人物确实有其典型性,而另外一些真实的人物则是他非常熟识的。有些是他本人认识,有些是由于名声在外,他与这些人联系起来。

> 一个有主题的离奇故事要远胜于一个空洞冗长的故事。这本书的主题就是要展现欧洲有识之士是如何"被请来"协助中华帝国的政府镇压太平军叛乱的。第一卷展示的虽然是上海事件的一个历史片段,它证明了帝国政府的无能,在镇压民间反抗组织的过程中,它显得是那样的无组织和低效率。但作者却抓住机会去描写这个时代的其他方面,在书中,他给出了旧上海的轮廓草图,并描写了一帮英国和美国的商人,他们开辟了港口并建立起使之繁荣的基础。此外,他还描述了导致海关检查体系创建的条件。并且,他还试图使读者明了一些地方

显赫人士的个性，比如卢瑟福·阿尔科克（Alcock），在上海危机时期担任政府官员，只是从未授过头衔；罗伯特·C.墨菲，他阻止了一场在上海可能爆发的战争，而这场战争的原因与两年后发生在英国和中国之间的战争的原因相同。杨泽堂（Yang Tzetang），塔基（Taki）的银行家，他创建并供养了一支武装力量，而这是镇压叛乱的重要力量。总之，马士试图展现一个处在中国特殊阶层的胆怯的年轻学者在精神成长方面可能发生的事情，他受的教育使他厌恶战争和暴力，并且受到更强烈的欧洲思想和行动的影响。

该书第二卷和第三卷中，描述了首先是华尔德（Ward）、其后是戈登（Gordon）在他们各自工作中所遇到的障碍，并记述了他们每个人是如何克服其特殊困难的——一个是通过对命运的乐观精神和坚定的信心，另一个则是通过责任感和对最高理想的忠诚——而且他们都最终实现了自己的目标。同时，在书中，他还展现了如李鸿章、程学启（Chen Siaoki），太平军的南王，舰队司令詹姆士·霍普爵士（Admiral Sir James Hope），和其他一些在剧中主角人物的奕奕神采。（马士：《在太平天国的日子里》，前言。H. B. Morse. In the Days of Tai Pings. preface）

从这本堪称是体验性小说的书中，能够窥知马士经验和视野的宽广，还有他对中国社会的洞察力。我们能够确认，马士所关心的问题和研究的成果，在现今美国对中国研究中仍占据实践性研究的地位。

第三章　海关与贸易统计

思考中国近代以至于亚洲近代的时候,虽然西洋冲击带来了各种各样的影响,但这种冲击并没有改变中国和亚洲的社会历史本身,只不过在其中形成了一些变化的萌芽,发挥了促进作用而已。

以往人们把中国与亚洲的近代史看成与欧洲文化的"东渐"有着密不可分的关系,甚至还解释为一种因果关系。也就是说,把亚洲的近代看做由欧洲的冲击而导致的。但是,把鸦片战争作为中国近代出发点的时代划分方式,与从对外民众运动史来看鸦片战争的情形有所不同,我认为,如果从中国史出发来把握鸦片战争的历史位置,则完全相反,它不过是清朝的地方性事件,而不是具有"举国"性质的事件。

中国海关实际上也是西欧文化冲击的代表事例之一。以往人们将以海关总税务司为顶点的外国人税务司制度,视做接受外国管理与统辖的关税机构并作分析的。然而,即使这种海关,基本上也是以中国常关为模式,沿袭常关的机构及其在地域经济中的作用而形成的。

还有,海关作为洋关,由于是外国人税务司管辖的,所以可以理解为西洋诸国在中国的利害代表机关。然而,从中国自身存在的有着长期而多方面构造的税关历史来看,即使洋关设立以后也并没有改变旧税关，而且在常关存在的地方也并存着洋关，所以，从这点上来看，我认为对海关的历史也有必要从中国方面来加以探讨。例如，常关与洋关之间有没有规则、构造以及政策上的共同性的问题，应该能从海关税务司与负责管辖常关的海关监督的交涉过程观察出来。从海关（洋关、新关）的性格方面来说，由于存在着外国和中国两方面的历史背景，其活动范围也涉及诸多方面，因此，有必要在对它们各自的领域进行探讨的同时，再对它们进行综合分析。本书对它们的具体探讨，放在第四章中进行，本章则主要是追踪研究外国人眼中的中国海关设立的经纬。

第一节　海关的设立与运营

围绕海关设置的争论，是在以下状况下进行的。即：

（1）从外国方面来看，事关对中国国际关系主导权的问题上，美国明确批判了英国。

（2）1853 年小刀会之乱上海县城被占领以后，产生了如何对外国的商人进行管理及秩序化的问题。

（3）在与中国方面的交涉上，1842 年《南京条约》以后，外国人得到了能够充实开放口岸功能的机会。

（4）从外国方面来看，为了顺利解决在各开放口岸发生的与中方各海关监督之间的摩擦，有必要实行某种统一的规范政策。

（5）从中国方面来看，首先，中央政府为确保自身财源，把海关政策纳入到筹措中央财源的手段之中。

（6）与此同时，在该过程中，作为中国方面海关监督的各地的道台，在中央与地方关系上代言地方利益，致使两者之间发生矛盾。

海关研究的方向，对海关成立经纬产生的强烈影响。也就是说，把海关设置作为五口通商、不平等条约缔结的结果这样一种因果关系来把握的话,海关管理就成了外交交涉的结果,成了列强获得的一种"利权"。因而,从中国方面来看的话,利权收回过程分析就成了研究的中心。可以说,以往的海关史研究,都是以中国近代外交问题为中心来进行的,其问题点即条约上所见到的开放口岸、内地航行、税率等内容究竟具有何种性质。所以从中国外交史上的问题出发来看,可以说就是如何纠正这一条约上的不平等规定,如何获得中国的自主权这一课题。我认为代表这一方向的研究成果有阿诺德·赖特的《赫德与中国海关》①、高柳松一郎的《中国关税制度史》②、张公权的《关税与国权》③等。

但是,研究海关的历史,并不止于外交交涉上所规定的制度及机构探讨,探讨其运营上所产生的问题也是不可欠缺的。这一探讨之所以必要,首先基于规定本身的性质。条约规定上言及运营问题的内容很少,实际运营当中又必须正视以往海关行政机构(常关)以及以往地方行政的存在,这就意味着,并没有在新的领域中制定出新的规定,而是在许多方面照搬了长达数世纪的中国关税制度的内容。例如,内地市场被称之为转口税,为此,海关在运营上就需要解决与内地市场贸易的相关问题。探讨这个问题初期过程的,有布里滕·迪恩的论著《大不列颠与中国》。④ 转口税问题,进而与作为内地税的厘金税相关,引发对原本不适用外国商品、对外出口商品的厘金的广泛批评。当时库克的《中国》⑤就反映了在华外国商人的呼声,埃尔金使节对在华洋行的意见也多数集中在这一点上。

可以说,现在从社会经济史来考察海关多项功能的课题,其必要

---

① Stanley F. Wright. *Hart and Chinese Customs*. Belfast,Wm. Mullan & Son Ltd. ,1950,Chap. 1.

② 高柳松一郎:《支那关税制度论》第 3 章,京都,内外出版股份会社 1920 年版。

③ 金葆光:《海关权与民国前途》,1926 年版。

④ Britten Dean. *China and Great Britain*,The Diplomacy of Commercial Relations 1860—1864. Cambridge,Mass,Harvard Univ. Press,1974.

⑤ George W. Cooke. *China*. G. Routledge & Co,London,1858.

性愈益凸显。机构上的全国统一组织的形成，不仅仅在信息收集上发挥了空前的力量，而且作为一个经营体，它所拥有的庞大的事务机构的组织运营，也对中国的官营企业产生了影响。洋务派官营企业的代表——轮船招商局等，可以说是其典型。第二章中与马士相关的部分内容，更加明确地说明这一点。

与税关业务直接联系，海关也对中国的财政、金融发挥了重要作用。从位于征税机构末端的海关银号开始，至清朝中央政府的财政，仅就财源的重要性而言，作为外国借款的担保与返还源，它对国际、国内金融市场的影响也是巨大的。关于这方面的内容，可参照第一、二章。

一　海关的位置

海关与开放口岸同时设置，担负着管理贸易的作用。根据基本的条约，并基于与条约交涉相伴的通商章程，设定了开放口岸，并形成了开放口岸的具体协议。开放口岸的意图，也在于扩大通商、贸易，而作为借款与赔款返还担保的关税，重要性越来越大，这点值得十分注意。外国方面以借款承受银行为首，认为海关在外国人税务司手下，能够确保返还。另外，清朝方面也以海关在外国人税务司手中为理由，希望能够阻止中国人海关监督和地方官对向中央汇款的抵抗。表3-1清末时期开放口岸一览表，根据不同的条约整理而成。

表 3-1　　　　　基于条约设置的海关一览表①

条　约　名	关名与地点	海关设置年	有　无　常　关
1842 年《中英南京条约》	江海关（上海外滩租界内）	1854 年（咸丰四年）	江海常关（上海南市）
同　　上	粤海关（广东南海县沙基）	1859 年（咸丰九年）	粤海常关（广东南海县沙基）

---

① 叶松年、孔宝康编著：《海关实务》，中国对外经济贸易出版社 1987 年版，第 6—13 页。

条　约　名	关名与地点	海关设置年	有　无　常　关
同　　上	浙海关 （浙江鄞县江北岸）	1861 年 （咸丰十一年）	浙海常关 （浙江鄞县江东镇）
同　　上	闽海关 （福建莆田县霞徐铺）	1861 年 （咸丰十一年）	闽海常关 （福建霞浦县）
同　　上	厦门关 （福建厦门岛）	1862 年 （同治元年）	厦门常关 （福建厦门岛）
1858 年 《中英天津条约》	镇江关 （江苏丹徒县）	1861 年 （咸丰十一年）	镇江常关 （江苏丹徒县）
同　　上	潮海关 （广东澄海县汕头镇）	1860 年 （咸丰十年）	潮海常关 （广东澄海县汕头镇）
同　　上	九江关 （江西九江县）	1861 年 （咸丰十一年）	九江常关 （江西九江县）
同　　上	江汉关 （湖北汉口）	1862 年 （同治元年）	江汉常关 （湖北汉口）
同　　上	东海关 （山东福山县烟台）	1863 年 （同治二年）	东海常关 （山东福山县烟台）
同　　上	山海关 （奉天营口商埠）	1864 年 （同治三年）	山海常关 （奉天营口商埠）
同　　上	琼海关 （广东琼山县海口）	1876 年 （光绪二年）	琼海常关 （广东琼山县海口）
同　　上	金陵关 （江苏江宁县下关）	1899 年 （光绪二十五年）	—
1860 年 《北京条约》	津海关 （直隶天津县商埠）	1861 年 （咸丰十一年）	津海常关 （直隶天津县）
1876 年 《中英烟台条约》	宜昌关 （湖北宜昌县南门）	1877 年 （光绪三年）	
同　　上	北海关 （广东合浦县北海港）	1877 年 （光绪三年）	北海常关 （广东合浦县北海港）
同　　上	瓯海关 （浙江永嘉县北门外）	1877 年 （光绪三年）	瓯海常关 （浙江永嘉县东门外）
同　　上	芜湖关 （安徽芜湖县西门外江岸）	1877 年 （光绪三年）	芜湖常关 （安徽芜湖县西门外江岸）
1887 年 《中法续议商务专约》	龙州关 （广西龙州县城对河）	1889 年 （光绪十五年）	—
同　　上	蒙自关（云南蒙自县）	1889 年 （光绪十五年）	蒙自常关 （云南省蒙自县）
1893 年《中英藏印条约》 《藏印续约》	亚东关 （西藏亚东）	1894 年 （光绪二十年）	亚东常关 （西藏亚东）
1890 年 《中英续增烟台条约》	重庆关 （四川巴县）	1890 年 （光绪十六年）	

条　约　名	关名与地点	海关设置年	有　无　常　关
1895 年 《中日马关条约》	杭州关 （浙江杭县武林门 外拱宸桥）	1896 年 （光绪二十二年）	—
同　　上	沙市关 （湖北江陵县沙市）	1896 年 （光绪二十二年）	荆县常关 （荆州府道署）
同　　上	苏州关 （江苏吴县葑门外）	1896 年 （光绪二十二年）	—
1895 年 《中法续议商务 专约附章》	思茅关 （云南思茅县南门外）	1896 年 （光绪二十二年）	—
1897 年《中英续议 缅甸条约附款》 （《中缅条约附款》）	梧州关 （广西苍梧县）	1897 年 （光绪二十三年）	梧州常关 （广西苍梧县）
同　　上	三水关 （广东三水县城外）	1897 年 （光绪二十三年）	三水常关 （广东三水县城外）
同　　上	腾越关 （云南腾冲县南门外）	1900 年 （光绪二十六年）	
同　　上	江门关 （广东新会县江门埠）	1904 年 （光绪三十年）	江门常关,甘竹常关 （广东新会县江门 埠,顺德县甘竹埠）
1886 年 《中英香港鸦片贸易协定》	九龙关 （广东新安县九龙半岛）	1888 年 （光绪十四年）	—
1887 年 《中葡北京条约》	拱北关 （广东香山县三角江口）	1888 年 （光绪十四年）	—
1899 年 《中德青岛设关征税办法》	胶海关 （山东胶县青岛）	1899 年 （光绪二十五年）	胶海常关 （山东胶县青岛）
1902 年 《中英续议通商行船条约》	长沙关 （湖南长沙县西门外）	1904 年 （光绪三十年）	—
1903 年 《中美通商行船续订条约》	安东关 （奉天安东县本埠）	1907 年 （光绪三十三年）	—
1903 年 《中日通商条约》	大东沟关 （奉天大东沟）	1907 年 （光绪三十三年）	—
1905 年 《中日会议东三省事宜正约》	大黑河关 （黑龙江大黑河）	1905 年 （光绪三十一年）	—
同　　上	满洲里关 （满洲里）	1907 年 （光绪三十三年）	—
同　　上	滨江关 （吉林浜江县松花江南岸）	1907 年 （光绪三十三年）	—

续　表

条 约 名	关名与地点	海关设置年	有 无 常 关
同　　上	奉天关 (奉天省城)	1907 年 (光绪三十三年)	—
同　　上	珲春关 (吉林珲春县城内)	1910 年 (宣统二年)	—
同　　上	龙井村关 (吉林龙井村)	1910 年 (宣统二年)	—
1907 年 《中日会订大连设关办法》	大连关 (奉天金县海湾)	1907 年 (光绪三十三年)	—

清朝开放的口岸

开 港 年	开 港 地	海关开设年
1898 年	岳州关(湖南岳阳县城陵矶)	1898 年(光绪二十四年)
1898 年	秦皇岛关(直隶秦皇岛)	1902 年(光绪二十八年)
1898 年	福海关(福建宁德县三都澳)	1899 年(光绪二十五年)
1907 年	南宁关(成西邕宁南门商埠)	1907 年(光绪三十三年)

　　从 1843 年的《南京条约》开放五口通商开始,中国的开放口岸随着年代而不断增加。根据不同时期开放口岸地域的分布,表现出的是那个时期的特征:或者出于外国方面以及中国方面贸易上的意图,或者为了财政上的目的,还有列国之间势力范围的竞争关系等等。在此,把开放口岸的时间推移在地图上表示出来,则为地图 3-1。

　　地图上显示出来的开放口岸开设的时代变化,有诸如以下的几个特征:

　　(1) 在 1842—1970 年代,华南、华北的沿海各港与到长江汉口的贸易路线被延长了。

　　(2) 在 1871—1990 年代,华南南岸及扬子江开放口岸增加,形成了包围华南经济地带的开放口岸态势。另外,还可以看出对东南亚的贸易,与华南经济连接在一起了。

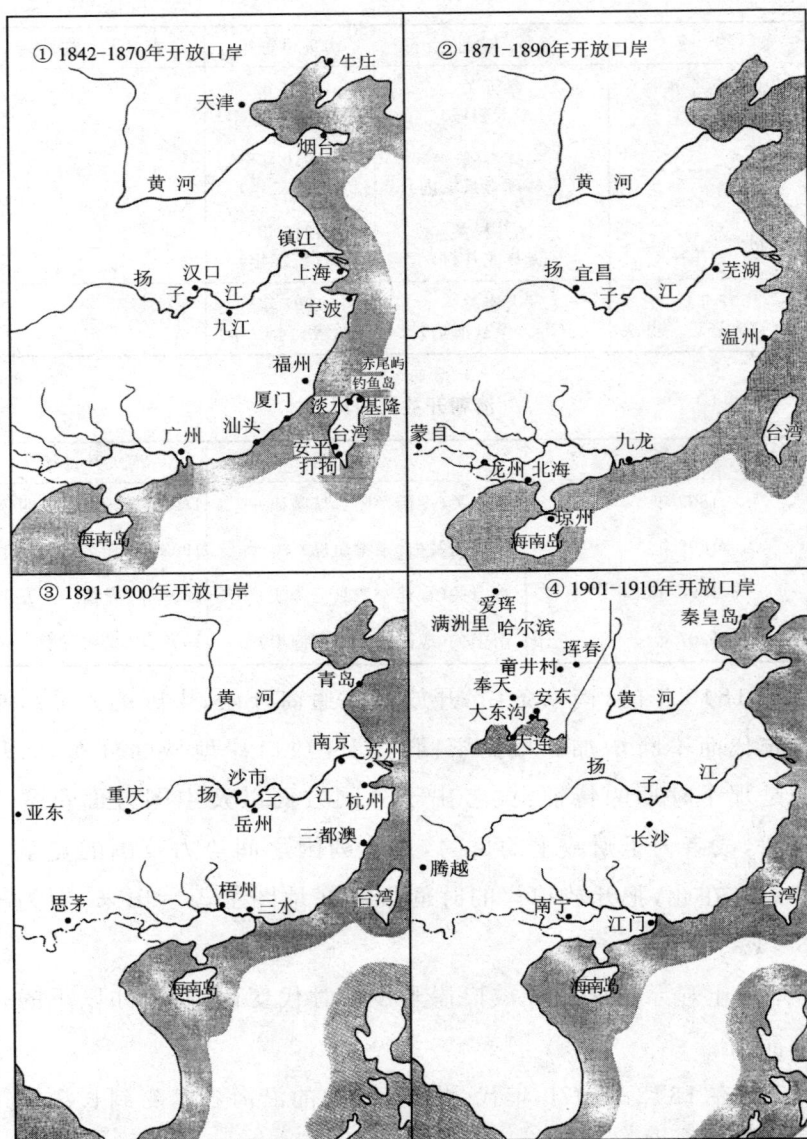

① 1842-1870年开放口岸

牛庄
天津
烟台
黄河
镇江
扬 汉口 江 上海
子 宁波
九江
福州
赤尾屿 钓鱼岛
厦门 淡水 基隆
广州 汕头 台湾
安平
打狗
海南岛

② 1871-1890年开放口岸

黄河
扬 宜昌 江 芜湖
子
温州
蒙自 九龙 台湾
龙州 北海
琼州
海南岛

③ 1891-1900年开放口岸

黄河
青岛
南京
苏州
亚东 重庆 沙市 杭州
扬 子 江
岳州
三都澳
思茅 梧州 台湾
三水
海南岛

④ 1901-1910年开放口岸

爱珲
满洲里 哈尔滨 秦皇岛
珲春
奉天 龙井村
安东 黄河
大东沟
大连
扬 子 江
腾越 长沙
南宁 台湾
江门
海南岛

地图 3 - 1　　**中国开放口岸的开设**①

---

①　税务处：《税务处第一次一览表》，民国元年。

238

（3）在1890年代，岳州等内地的开放口岸增加，同时清朝开始自行开放口岸。它大概显示出作为借款政策担保、返还原的海关税在清朝财政中所占的重要比重。

（4）1900年代的特征是华北、东北地方的口岸开放。它是日本、美国打入华北、东北市场以及与俄罗斯陆路贸易增大的产物。与这个过程相同时，连接主要开放口岸的铁道网计划开始正式实施。

因为海关是在外国人税务司手下开始的，海关的设立似乎给人一种全新的印象，但这未必是对海关设立的实际理解。何故如此？因为主要的海关设置场所，大部分都在以往的常关所在地，是那些具有市场功能的港湾成了开放口岸。也就是说，沿着历史上形成的中国沿海贸易通道设置了开放口岸，并模仿管理贸易的常关设置了海关。包括海关与常关在内，将开放口岸由北排列制成表3-2。

表3-2　　　　　海关、常关一览表（民国元年时点）

海关		50里内常关		50里外常关		正关所在地	海关设立年
正关关名	分关分卡总数	正关关名	分关分卡总数	正关关名	分关分卡总数		
滨江关	13					吉林滨江县松花江南岸	1908
珲春关	4					吉林珲春县城内	1910
安东关	7				1	奉天安东县本埠	1907
大连关	5					奉天金县海湾	1907
山海关		山海常关			59	海常关：奉天营口商埠	1864
津海关	3	津海常关	19		41	海关：天津县商埠。常关：天津县	1861
东海关		东海常关	1		59	海常关：山东福山县烟台	1863
胶海关		胶海常关	9			海常关：山东胶县青岛	1899
重庆关	1				3	四川巴县	1890
宜昌关						湖北宜昌县南门外	1877
沙市关		荆州常关	8		11	海关及荆州常关：湖北江陵县沙市	1896
长沙关	1					湖南长沙县西门外	1904
岳州关						湖南巴陵县城陵矶	1898

续　表

海关		50 里内常关		50 里外常关		正关所在地	海关设立年
正关关名	分关分卡总数	正关关名	分关分卡总数	正关关名	分关分卡总数		
江汉关	2	江汉常关	3		3	海常关:湖北汉口	1861
九江关		九江常关	6			海常关:江西九江县城外	1862
芜湖关		芜湖常关	12		9	海常关:安徽芜湖县西门外江岸	1877
金陵关					4	江苏江宁县下关	1899
镇江关	4	镇江常关		扬　关 由　关 泰　关	25	海常关:江苏丹徒县。扬关:江都县钞关门外。由关:江都县三岔河镇。泰关:泰县南门外	1861
江海关	3	江海常关	1		137	海关:江苏上海县公共租界	1854
						常关:上海县南市	1854
苏州关						江苏吴县胥门外	1896
杭州关	2					浙江杭县拱宸桥	1896
浙海关	1	浙海常关 镇海常关	2 2		26	海关:浙江鄞县江北岸。浙海常关:鄞县江东。镇海常关:镇海县城外	
瓯海关		瓯海常关	11		8	海关:浙江永嘉县北门外。常关:永嘉县东门外	1877
福海关		福海常关	9			海关:福建宁德县三都澳。常关:霞浦县东冲	1899
闽海关		闽海常关	15	涵江总关 沙埕总关 三沙总关	16 4 4	海常关:福建闽侯县南台。涵江总关:莆田县霞徐铺。沙埕总关:福鼎县沙埕。三沙总关:霞浦县三沙	1861
厦门关		厦门常关	1	泉州常税总局	11	海常关:福建厦门鸟石码。常关:龙溪县城南。泉州常税总局,晋江县南门外	
		石码常关	5	铜山常税总局	12	铜山税局:诏安县城东	1862
潮海关		潮海常关	12		22	海常关:广东澄海县汕头镇	1860
粤海关	1	粤海常关	2		24	海常关:广东南海县城外少基	1859
九龙关	20					广东香港	1887
拱北关	13					广东香山县澳门	1887

海关		50里内常关		50里外常关		正关所在地	海关设立年
江门关	3	江门常关 甘竹常关	1			海常关:广东新会县。江门埠:甘竹 常关:顺德县甘竹埠	1904
三水关						广东三水县城外	1897
梧州关		梧州 常关	1			海常关:广西苍梧县	1897
南宁关						广西邕宁县	1897
琼海关		琼海 常关	1		20	海常关:广东琼山县海口	1876
北海关		北海 常关	1		11	海常关:广东合浦县北海港	1877
龙州关	3				3	广西龙州县城对河	1889
思茅关	4					云南思茅县南城外	1896
蒙自关	8					云南蒙自县	1889
腾越关	5					云南腾冲县南门外	1900

资料来源:据财政处《财政处第一次一览统计表》(民国元年)、《海常关名称地址暨海关设立年月事项一览表》合成。

　　通过民国初年(1912 年)的海关一览表看海关与常关的关系,很清楚大部分的海关开设在常关的所在地。据1901 年义和团之乱后的《辛丑条约》,海关周围50 里以内的常关,由作为赔款返还担保的海关来管理,因此可以确认常关中的大部分被包括在海关中了。[1]

　　海关完全成了外国打进中国的一个手段。但是,考虑海关设立的时代背景,能否只把它置于打进中国的手段上吗? 海关问题,一来是清朝的财政政策问题,二来更是因它而起的地域经济的变化问题。在此也表现为清末时期的中央-地方关系问题。

　　在不同时代因不同条约而设置的开放口岸,表现出各个不同开放口岸未必有着相同的重要性。它们因贸易量的比例,即海关税征收量的多寡而存在着差距。进入民国后这种差别被分为一至四等。尽管被

[1]　关于常关,本书第四章第二节《海关与常关》加以探讨。

派遣去的海关监督的俸禄一样多,但从别表3-3却可以看到,上海和广州为一等,天津、营口、烟台、芝罘、厦门、汉口等为二等的情况。①

表3-3　　　　各海关监督等级、俸禄、经费一览(民国元年)

关　名	关　等	监督月俸	监督署月俸	每年总额
江　海	1　等	500 元	2500 元	36000 元
粤　海	1　等	500	2500	36000
津　海	2　等	500	2000	30000
山　海	2　等	500	2000	30000
东　海	2　等	500	2000	30000
闽　海	2　等	500	2000	30000
江　汉	2　等	500	2000	30000
宜　昌	3　等	500	1500	24000
九　江	3　等	500	1500	24000
芜　湖	3　等	500	1500	24000
镇　江	3　等	500	1500	24000
浙　海	3　等	500	1500	24000
瓯　海	3　等	500	1500	24000
琼　海	3　等	500	1500	24000
厦　门	3　等	500	1500	24000
潮　海	3　等	500	1500	24000
重　庆	3　等	500	1500	24000
滨　江	3　等	500	1500	24000
安　东	3　等	500	1500	24000
长　沙	3　等	500	1500	24000
苏　州	4　等	500	1000	18000
杭　州	4　等	500	1000	18000
金　陵	4　等	500	1000	18000
梧　州	4　等	500	1000	18000
南　宁	4　等	500	1000	18000
蒙　自	4　等	500	1000	18000

资料来源:陈星庚等编《税务处第一次统计一览表》。

---

① 陈星庚等编:《税务处第一次统计一览表》。

二　围绕海关设立的诸问题

从外国方面来看海关的设立过程大概会浮现出一幅怎样的画面呢？历来是把海关作为列强所获得的几个利权中的一个来看待的，是外国方面介入中国时，在进入之际的一大立足点来认识的。但是，当我们今天再一次通过外国方面何故要将海关置于自己的管理之下来运营的问题，把他们所要达到的目的和其客观结果的两个方面进行比较，再加以探讨的时候，事情就变得很清楚了，即它未必只是由于外国方面的意图才进行的。它在相当大程度上是基于中国方面的意图及中国方面的背景而发生的，因而，与中国方面即与清朝政府的财政恢复政策相关联进行探讨变得很重要了。

今天应该探讨的一个问题点是，沿着时间经纬发生的海关及其海关税作用的变化。在这点上，我认为，在以下那些对外关系中的时代的重要课题的变化和其各自不同的重要因素，影响了海关问题。

（1）1840 年代初的南京条约以降，对于伴随着五口通商的贸易变化，结果却不像预期的那样使贸易得到增长，再加上中方官吏的税关运营，外国方面开始产生强烈的不满。

（2）在 1850 年代的中国，由于太平天国运动大规模展开，外交关系、通商关系都成了列国不得不应付的问题，为了在太平天国影响下的地域里继续从事茶、生丝贸易，强有力的贸易管理就成为必要的了。而且，明确表示出拥护清朝的姿态的列国，为了对抗同时期与太平天国相呼应而发生的上海小刀会之乱，对上海道台吴健彰给予了强有力的支持，从而接管了海关管理。

（3）进入 1860 年，罗伯特·赫德担任总税务司的时期以降，在中国以总理衙门为中心开始了洋务运动，根据天津、北京条约而增加的开放口岸，范围从广东到天津相当之大。外国开始参与沿海贸易。

（4）进入 1870 年代，内地市场问题开始为内外所共同关注。也就是说，外国方面在税则上获得的子口半税，实质上不复存在了，或者被有意忽略掉了，对此，外国商人表示了强烈的不满。同时，围绕长江沿岸贸易的国际竞争也开始了。

（5）1880 年代，是中国周边地域的动向发生巨大变化的时期，中国传统上的对周边地域关系，发生了宗藩关系与殖民地关系之间的冲突。在与朝鲜、日本、越南、暹罗、缅甸、西藏等的关系上，列强的影响在增大，显示出要切断与清朝宗藩关系的动向。以此为背景，亚洲区域内的竞争围绕着砂糖、茶、生丝、棉丝等几种商品而展开了。

（6）1890 年代，由于受到甲午战争的打击，清朝财政在借款政策上发生了很大的变化。在所主张的自强政策中，在政治、经济的诸制度上，也开始推进改革的方向。美国企图打着门户开放的旗号打入中国。

（7）进入 1900 年代，在义和团之乱和此后连续与各国的条约交涉中，对于承受巨额对外债务的清朝，持有铁道、矿山等权利的旧利权国和日美等新参与国之间扩大为影响力而展开的竞争也激烈化了。

海关设置是依据条约而定的，但开放口岸本身却不是立刻就发生的。开放口岸根据其所设定地域的情况有所不同。也就是说，在把条约等于开放口岸来看时，探讨海关问题就会忽略地域的特质。从更加积极的意义上说，有必要看到条约与开放口岸之间在时间上、内容上的不一致，因而也就有必要探讨中国方面接受条约时的方法特征。① 正因为如此，可以说海关（洋关）是在"旧瓶中装新酒"的状况下成立的。以下我们一起来看围绕海关设立表现出来的诸问题。

1854 年 6 月 29 日，英、美、俄三国的领事在上海会见负责江海关的上海道台吴健彰，协议打算雇佣外国人，以更新关税组织与业务事项。

---

① 彭泽益：《中英五口通商沿革考》，载于《中国社会经济史集刊》1949 年第 8 卷第 1 期。

同年 7 月 12 日,任命三人税务司(法国领事馆翻译奥瑟·史密斯、美国代表部的刘易斯·卡恩、英国副领事的托马斯·弗朗西斯·韦德),开始了与中方海关监督共同办理关税业务。要说变化旧容器的尝试,就是经过许多的曲折,由"外人的中国官吏"构成了史无前例的中央集权性的关税机构这一点。形成这种海关机构的出发点,在于初期海关的设立,其设立之初存在着一些重要背景。

第一,外交上的重要因素。1842 年 8 月 29 日签字的《南京条约》中,英国加入了"在五港设置领事,以为英国商人与中国官吏交涉之中介"这一项。它反映出英国以外交理由对开放口岸后的贸易状况强烈关心的态度。在《南京条约》缔结、开放口岸增加的情形下,条约的规定并不能保证它们的实行。五港从 1843 年到 1844 年对外国船开放口岸,从关税的功能来看,也未必能说改变了旧态。尽管在那里有征税的新规定,但起作用的仍然是以实物征收为基本的原有课税原则。

第二,必须解决围绕不同征税原则而发生的混乱状况。[①] 1843 年10 月 8 日签字的《虎门条约》规定了有关征税的定率(也包括定额在内)、现金纳入问题。但是,中国史上的关税,一直是采用历史性的1/10课税基准的定率方式,实际上也多是以实物为主的,托马斯·弗朗西斯·韦德一般也采用由行会承包一体缴纳的方式。因而,由于实行五口通商而引进的定率现金缴纳方式,发生了不少纠纷。例如,在价格评价之际发生的问题,针对美元与现银之间交换比率和手续费的多寡等等的问题,外国商人不断地提出指责。

第三,发生在外国商人之间的相互倾轧。1850 年代欧洲出现了茶叶热,许多向中国进行投机性买卖的商人参与其间。而以往从事相同的茶和生丝买卖的洋行,认为这些新参与的贸易商人对他们形成了威

---

① 金城正笃:《1854 年上海税务司的创设——南京条约以后的中英贸易与税务司制度创设的意义》,载于《东洋史研究》,1865 年 6 月第 24 卷第 1 号。Robert Hart. *Foreign Customs Establishment in China*. British Parliamentary Papers,China. No. 1. 1865.

胁,于是,他们为了确保自己独占的鸦片贸易的稳定,在贸易管理的问题上极为敏感。因为茶与生丝的产地在太平天国的影响之下,作为支持清朝的英国,必须防止贸易商人为了单独买进而与太平天国保持接触。而当时的征税制度基本没有发挥任何作用。另外还存在着如下事例,即如果申请"国内贸易",就会被免除课税,进而申请"再出口"时,非但不要支付任何费用,反而会利用再出口非课税条款,接受"退税"。这会导致令人担忧的事态。洋行的这种压力,也是促使英国外交团试图恢复贸易秩序的主要原因。

第四,中国方面自身的问题。1853年9月上海县城被小刀会占领,大量人口流入英国租界,处于邻海位置的上海海关停止了运作。上海道台吴健彰把临时税关移到浮船上,向苏州河内部移动(参照地图1-6),但都没有实效,只好任混乱状况继续下去。

吴健彰由于也急需筹措镇压太平天国的军费,所以恢复关税收入对他来讲是很重要的。吴健彰于1854年7月4日给在上海的英、美、法三国领事送去书简,通知为海关再建而考虑以下预算措施。

海关税务司(3名)	年额6000元	计18000元
翻译工(3名)	月额100元	计3600元
书记员(3名:中国人)	20元等	计1000元
引水员(3名:外人)	50—80元	计2400元
船长付监视船(150元)和水夫(6名:30元)		计5000元
		合计30000元

如上所记的,中国政府成立了雇佣外国人税务司制度,在上海、广东、福州首先进行了征税体制的整顿。[①]

在本书中并不以海关组织本身为探讨对象,但鉴于指出了海关组织与中国税关相类似这一点,把海关组织的概要展示如下。

---

① China, Maritime Customs. *Documents, Illustrative of the Origin Development, and Activities of the Chinese Custom Service*. Shanghai, 1940, Vol. 6, p. 55.

海关组织概要

1. 所属关系

　　　总税务司（英国人）—各海关税务司（外国人）

　　　总理各国事务衙门—各地海关监督（中国人）

2. 中央、地方机关

——总务局长、汉文局长、统计局长、审计局长、伦敦局
　长、人事局长

——中央机关—总税务司署

——邮政局、教育局（同文馆）

——地方机关—各地海关—总务课、秘书课、会计课、统
　计课、监查课、验查课、邮政课

——内班—外国人、中国人

——征税部—外班—外国人、中国人

——海班

3. 职务组织

——海事部—上海

——地方—海务班、灯台班、巡船班

——工务部—营造司—建筑司

资料来源：根据中华帝国海关，行政目录中的第四部分，
职员分工整理。

第二节　海关统计与统计方法的变迁

　　海关的贸易统计，存在着贸易对象多少的制约。换言之，海关统计是受统计对象限定的。它可以是把采取统计的对象限定为蒸汽船而产生的制约，这是因为海关采用外国人税务司制度，把管理外国贸易作为主要目的。因此，它不能就贸易整体作统计上的把握，根源就在于

247

大量的帆船贸易——外国贸易、内地贸易——却没有包括在海关贸易统计中。

围绕中国贸易统计的总计方法，统计整理、统计评价产生的问题，主要包括以下三点：

（1）围绕入超产生的国际收支问题

（2）围绕香港统计、国别统计产生的总税务司职责担当国的问题

（3）金银流出入与贸易收支的关系问题

中国的海关贸易统计所欠缺的领域：① 民船（帆船）贸易。② 经由常关（钞关）的贸易（主要是民船贸易）。③ 经由厘金局的内地贸易。④ "走私"贸易（由于香港被作为外国来分类，这部分很大）。基本上以这四部分为中心。

受统计资料的制约，这是经济史研究和历史研究中存在的问题。一般情况下，所谓资料制约是指资料少、不充分的时候。但是，所谓资料制约，在资料过多的状况下也会出现。资料过多这种状况也未必就带来与资料过少相反的作用，海关资料问题正处于这样一种位置上。海关资料涉及统计、报告、调查的全局，积累了从 1850 年代到 1940 年代时期公开发表、未公开发表的大量资料，这对于原来框架之内进行的扩展研究和再探讨，会不断产生新的质疑。海关大量发行的刊物被分为以下七个项目，再加上其他独立发行的刊物，构成了海关资料的全部（参照资料篇之海关关系资料目录）。在此之中，贸易统计、贸易报告占据中心位置：

（1）贸易统计、贸易报告、十年报告及其他（Statistical Series）

（2）在特定主题之后专述的东西（Special Series）

（3）商品解说及其他等（Miscellaneous Series）

（4）海关职员录、办公要项等（Service Series）

（5）贯穿海关办公整体的东西（Office Series）

（6）总税务司发出的指示及其他（Inspectorate series）

（7）关于邮政业务（Postal Series）[1]

一　统计方法

（一）统计对象的限定

在中国海关贸易统计中的所谓"贸易"，并不是与中国有关的贸易整体，而是以下被限定的内容。毫无疑问，其基本主旨是提倡顺利地推进贸易，并且在必要、可能的情况下进行征税。但是，"贸易"在中国并不单是外国商品的进口和中国商品出口这种关系。贸易活动的主要内容可分为以下四大类型：[2]

1. 外国贸易（Foreign Trade）

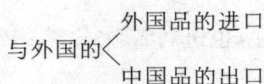

$$\text{与外国的}\begin{cases}\text{外国品的进口}\\\text{中国品的出口}\end{cases}$$

2. 沿海、沿江各港口往来贸易（Coast and River Trade）

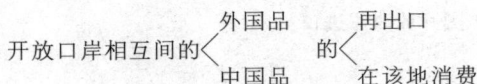

$$\text{开放口岸相互间的}\begin{cases}\text{外国品}\\\text{中国品}\end{cases}\text{的}\begin{cases}\text{再出口}\\\text{在该地消费}\end{cases}$$

3. 国内贸易（Home Trade）

开放口岸相互间的中国品的移出移入

4. 内地贸易（转口贸易 Transit Trade）

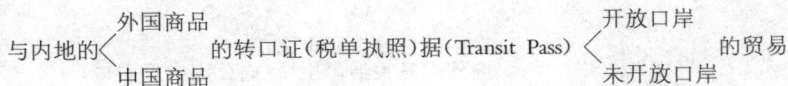

$$\text{与内地的}\begin{cases}\text{外国商品}\\\text{中国商品}\end{cases}\text{的转口证（税单执照）据（Transit Pass）}\begin{cases}\text{开放口岸}\\\text{未开放口岸}\end{cases}\text{的贸易}$$

上述四种分类的相互关系如下所示：

---

[1]　China，Maritime Customs. *Documents，Illustrative of the Origin Development，and Activities of the Chinese Custom Service*. Shanghai，1940，Vol. 7，Appendix.

[2]　China，Imperial Maritime Customs. *Provisional Instructions for Praparing Returns of Trade and Revenue*. Second Issue，Shanghai，1883. pp. 5—6.

```
           （1）外国贸易
   贸易
           （2）沿海、沿江贸易—（3）国内贸易
                               （4）内地贸易
```

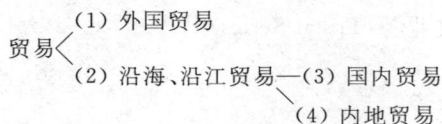

　　如上所示，在中国的贸易中可分为外国贸易与沿海、沿江[主要是长江，其后也包括珠江（West River）]贸易的两大种类。其中沿海、沿江贸易进而分为开放口岸城市相互间的贸易及其与内地未开放口岸之间的贸易。但是，在第2部分沿海、沿江贸易却只是在开放口岸中进行的，除了在特别时候对中国民船（帆船）进行管理之外，其余完全是对洋船的管理。因而，贸易统计便把在帆船贸易的形态下所进行的内地、沿岸贸易排除在统计对象之外。但是，1902年以降，海关周围50里（25 km）以内的常关归由海关管理，因此，海关就有可能掌握常关的大部分。

　　其次，即使在贸易各项中，统计处理时，也进行二次分类：[①]

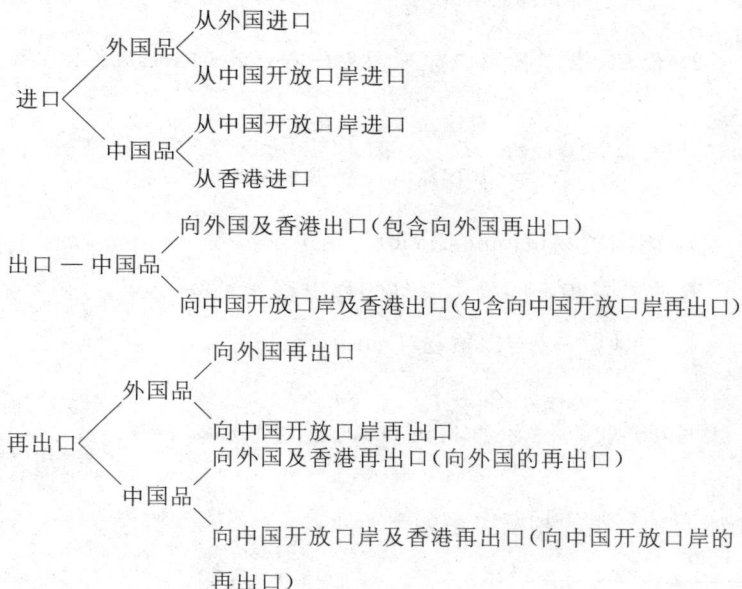

```
                   从外国进口
           外国品
                   从中国开放口岸进口
   进口
                   从中国开放口岸进口
           中国品
                   从香港进口


                   向外国及香港出口（包含向外国再出口）
   出口 — 中国品
                   向中国开放口岸及香港出口（包含向中国开放口岸再出口）


                   向外国再出口
           外国品
                   向中国开放口岸再出口
                   向外国及香港再出口（向外国的再出口）
   再出口
           中国品
                   向中国开放口岸及香港再出口（向中国开放口岸的
                   再出口）
```

---

①　China, Imperial Maritime Customs. *Provisional Instructions for Preparing Returns of Trade and Revenue*. Second Issue, Shanghai, 1883. pp. 6—7.

```
              把外国品向内地输入
内地贸易
              把中国品从内地运出
```

　　进出口分类上汇集了上述分为 10 个项目的数值。这种分类直接成为问题的一点，就是数值的重复统计。其一，由于进出口贸易同时包括了内地贸易的分项，另外开放口岸之间的贸易也包括在内，致使同一商品的一定量可能被二次或三次（也有更多次重复的可能性）统计处理。其二，在与香港的关系上，经由香港的同一商品的出口、进口，尽管本来与开放口岸之间的贸易没有什么不同，却被总计在了外国贸易之中。所以，我们应该提起对于香港统计数字的注意。[①]

　　（二）与香港的统计

　　与香港之间贸易的统计分类，1883 年时点上的内容如下：

```
              外国商品—进口
从香港的进口
              中国（香港、广东）商品—中国商品进口
```

表 3-4　　　　　　　　　　鸦片贸易的统计（1）

年度	向 中 国 各 港 的 输 入					总 额
	猫里雾②	帕坦	巴那拉斯	其 他	合 计	
	担	担	担	担	担	两
1864	29998	16412	5063	610	52083	20233200
1865	27488	17823	9601	1221	56133	25821180
1866	35385	19076	9172	883	64516	34838640
						海关两
1867	34006	14809	11488	645	60948	28823942
1868	31234	12315	9179	1187	53915	23538621
1869	29284	13990	8771	1368	53413	23727165
1870	34045	14443	8671	1658	58817	24967196
1871	35050	15281	8023	1316	59670	26045878
1872	37803	15473	7039	878	61193	25295131
1873	40910	14974	9326	587	65797	26255295
1874	43706	17422	7916	800	69844	28564782

① China, Imperial Maritime Customs. *Provisional Instructions for Preparing Returns of Trade and Revenue*. Second Issue, Shanghai, 1883. p. 13.

② 旧地名，原文如此。——译者注

续 表

年度	向 中 国 各 港 的 输 入					
	猫里雾	帕坦	巴那拉斯	其他	合计	总额
	担	担	担	担	担	两
1875	38696	15420	7521	1312	62949	25355065
1876	43909	16020	8618	1304	69851	28018944
1877	41705	15237	10822	2415	70179	30257812
1878	37005	18588	12373	4458	72424	32262957
1879	40139	21151	16279	5482	83051	36536617
1880	32892	16504	17297	4961	71654	32344628
1881	36481	17996	18067	6530	79074	37592208
1882	29336	15379	15017	5977	65709	26746297

表 3 - 4　　　　　　　　　　鸦 片 贸 易 的 统 计（2）

香　　港		中国各港进口超过量	中国各港进口超过额
担	两	担	两
...	...	...	...
76523	34996680	20390	9175500
81350	42582240	16834	7743600
	海关两		海关两
86530	39655924	25582	10831982
69537	29871864	15622	6333243
86065	38223238	32652	14496073
95045	40328764	36228	15361568
89744	40690974	30074	14645095
86385	34704689	25192	9409558
88382	32467697	22585	6212402
91082	33175559	21238	7730632
84619	29106923	21670	7454480
96985	36491288	27134	10202384
94200	32303963	24021	8231196
94899	37470465	22475	8870133
107970	41479892	24919	9573376
96839	42823721	25185	11137201
98556	41691567	19482	8241356
85565	32422280	19856	7523810

资料来源：CIMC. *Reports on Smuggling at Canton : Commissioners' Despatches , etc , 1871—1885* . p. 89.

向香港的再出口—外国商品—向外国的再出口

向香港的 ⎨ 出　口　向外国的出口
　　　　　⎩ 再出口　向中国开放口岸的再出口

正如这种统计方法表现出来的当时的一个问题,即行政上把香港作为外国处理,而在贸易上却被当做中国经济的一部分。

香港贸易统计上的问题,比较起出口贸易,问题更大的是进口贸易特别是鸦片的进口。如表3-4所见,经由香港转口的数量,比直接运送到中国大陆的数量还要大,所以中国在处理鸦片交易问题的时候,不得不重视经由香港的进口问题。从香港流入的鸦片,超过外国直接进口量的600万海关两到1500万海关两,即使作为社会问题也令其重要性增加了。[①]

与这一鸦片贸易相关的,是香港贸易与走私易贸问题的密切联系。为此,清朝政府没同意在香港设置海关的要求,通过与香港政厅的多次交涉,才在1888年设置了九龙关,这是在统领香港水路意义上设置的海关。

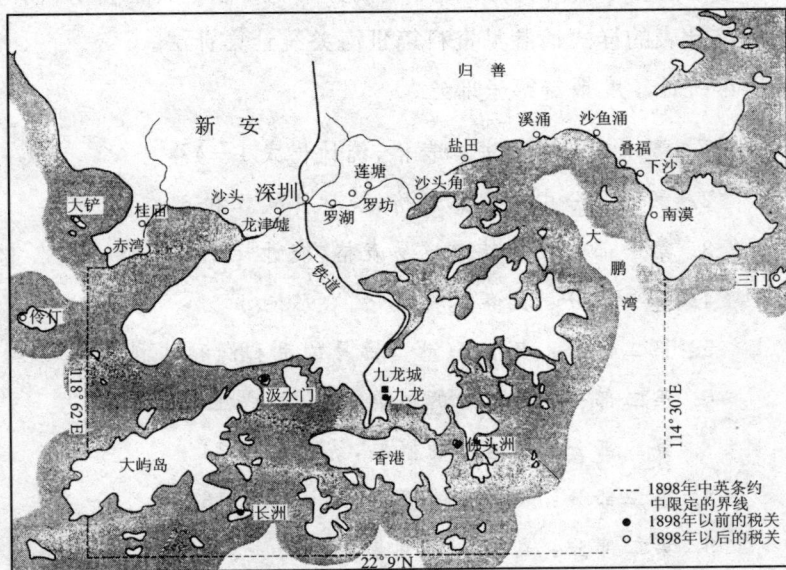

地图3-2　　香港关系图(1898年条约后的税关所在地)

---

① China,Imperial Maritime Customs. *Reports on Smuggling at Canton*:*Commissioners' Despatches*,*etc.*,
1871—1885. Shanghai,1888,p.89.

香港问题不只是统计的方法问题，与海关的管理运营问题有着密切的联系，这一状况在其他的开放口岸也程度不同地存在着，因为这是与以往的贸易和交易框架发生摩擦的问题，也是必须正视的。

（三）统计项目

贸易统计的中心，是年报（Annual Returns）上记载的贸易统计。贸易统计分类为两部分：

第1部分：鸦片、棉制品、茶、生丝等为主的进出口商品的统计。

第2部分：包括进出口贸易的整体及沿岸、内地贸易、再出口的统计。

这两部分的内容项目如下所示。作为报告形式，应纳入统计的项目定为26项，对各项目的提交册数也作了规定。

以这些统计项目为基础，各海关税务司制作了各种必要的统计表，关于各统计表的样式请参见资料篇Ⅲ海关统计集计法。

历年统计年度报告第一部分：

1. 第一部分中的进口表格，统计样式1—4

2. 第一部分中的出口表格，统计样式5和6

3. 第一部分中的转口贸易表格，统计样式7—10

4. 第二部分：表格1，航运

5. 第二部分：表格2，港口贸易的毛利润和纯利润

6. 第二部分：表格3的概要，统计样式12

7. 第二部分：表格4的概要，统计样式14

8. 第二部分：表格5的概要，统计样式16

9. 第二部分：表格7，应付款及关税

10. 1875年6号报单所要求的年度税收项目表

11. 鸦片表格（特殊表格）

12. 茶叶表格（特殊表格）

13. 各国旗号表格1

14. 各国旗号表格 2

15. 各国旗号表格 3

历年统计年度报告第二部分：

16. 表格 3　外国进口及转口贸易，统计样式 11

17. 表格 4　本国进口及转口贸易，统计样式 13

18. 表格 5　本国出口及转口贸易，统计样式 15

19. 表格 6　过境贸易

20. 以上未列举的全部特殊表格

历年统计的各种样式①

1. 年度报告，第一部分——进口：鸦片和棉织品 ⋯⋯⋯⋯⋯

2. 年度报告，第一部分——进口续表：毛织和混纺品 ⋯⋯⋯

3. 年度报告，第一部分——进口续表：金属、杂货 ⋯⋯⋯⋯

4. 年度报告，第一部分——进口续表：杂货续表 ⋯⋯⋯⋯⋯

5. 年度报告，第一部分——出口：蚕丝、茶叶及杂货 ⋯⋯⋯

6. 年度报告，第一部分——出口续表：杂货续表 ⋯⋯⋯⋯⋯

7. 年度报告，第一部分——转口：鸦片和棉织品 ⋯⋯⋯⋯⋯

8. 年度报告，第一部分——转口续表：毛织及混纺品 ⋯⋯⋯

9. 年度报告，第一部分——转口续表：金属及杂货 ⋯⋯⋯⋯

10. 年度报告，第一部分——转口续表：杂货续表 ⋯⋯⋯⋯

（5 部作成）

11. 年度报告，第二部分——外国进口及转口 ⋯⋯⋯⋯ 25 部

12. 年度报告，第二部分——外国进口及转口概要 ⋯⋯⋯ 5

13. 年度报告，第二部分——本国进口及转口 ⋯⋯⋯⋯ 25

14. 年度报告，第二部分——本国进口及转口概要 ⋯⋯⋯ 5

15. 年度报告，第二部分——本国出口及转口 ⋯⋯⋯⋯⋯ 25

① *Provisional Instructions for Preparing Returns of Trade and Revenue*. p. 59.

16. 年度报告，第二部分——本国出口及转口概要 ········· 5

17. 季度公报，吨位登记表，A. 沿海港口 ····················· 12

18. 季度公报，吨位登记表，B. 长江沿江港口和上海 ······ 12

19. 季度公报，税收登记表，A. 沿海港口 ···················· 12

20. 季度公报，税收登记表，B. 长江沿江港口 ··············· 12

21. 年度报告，第二部分，旗号表：对外贸易 ··············· 5

22. 年度报告，第二部分，旗号表：港口贸易 ··············· 5

23. 年度报告，第二部分，旗号表：总吨位、价格、运输、

　　　　每百分率及人口表 ················· 5

24. 年度报告，第二部分，表格 1，航运（沿海港口）··········· 5

25. 年度报告，第二部分，表格 2，价格 ················· 5

26. 年度报告，第二部分，表格 3，应付款及关税 ··········· 5

（四）作为公证人的海关税务司的作用

海关税务司也被授予了从事公证行为的权限。清朝政府给予这一权限，表明公开承认税务司在中国商人贸易活动中产生问题的认知与中介作用。另外，对非条约国船舶的来航和贸易上产生的问题，也可能以公开的权限进行处理了。海关税务司的权能不只是征税及其海关管理，也以商业上的中介与对外交涉窗口积极活动。有鉴于此，关于海关的位置与作用问题的关注，比起在贸易活动中被扩大的中介作用，我认为就有必要更为注意。

1882 年，发布了税务司的通令 NO. 187《关于税务司从事公证行为的规则及抗议文诸样式》，以下举出《船货立据章程十款》（Ten Rules Regarding Notarial Acts to be Performed by Commissioners of Customs）为例：

　　　　船货立据章程十款[1]

---

[1] 中国海关：《船货立据章程十款》，1882 年。CIMC. *Rules Regarding Natural Acts to be Performed by Commissioners of Customs, and Forms of Protest*. Miscellaneous Series No. 12，1882；Circular No. 189.

第1款　凡通商口岸，华民船商以及无约或无领事官之商，倘有应行画押立据一切事宜，均准任便随时亲赴税务司处缮立。指示各关办理税务之人，勿论正任署任及代理人员，于据内均称本关税务司。

第2款　凡商船进口，应准由该船主于进口次日限内，亲赴税务司处缮立预据。

第3款　凡船主立预据后出口之先，倘有应立后据之故，应准带同本船大副人等复行亲赴税务司处缮立后据。此后据应将其船行海时，按照日记簿所录，并按照船主大副管轮水手人等所见所闻记清之事，如何遇见变天风浪，如何遇见一切未能预料未能防范之险，一一详细缮写。并应将该船主人等遇险之时，如何设法防范，如何设法救援，一律注明画押立据。

第4款　凡船主倘有应缮立后开各项证据，亦准一律赴税务司处缮立。

—— 船碰船之据

—— 装货逾限之据

—— 卸货占船之据

—— 违背合同耽搁船事之据

—— 各项应行画押为据之件

第5款　凡商人若以为某船船主有为不应为之事，或有酒醉不端，或有耽误不按时开船，以及载货凭单未肯照寻常式样给还各情事，亦准一律亲赴税务司处缮立各据。

第6款　凡赴税务司处画押为凭，以及缮立各项证据，应缴立据之税银1两整。惟后据一项应缴5两。至请抄录备查各件，在100字以内应缴银1两。100字以上应缴银2两。200字以上应缴银3两并以此递加。

第7款　凡立各据应照功牌式样缮写，或用汉文或用英文均可。

第8款 凡无约以及无领事官之商民，倘有应行画押立据之事，亦可任便随时亲赴税务司处缮立。

第9款 凡商民立据缴税之银两，应由各该税务司在税务司另款之账目按结核报。

第10款 凡立各项证据之印簿，应存税务司处，由税务司按结将所立之各据以及所缴之银数，知会本关监督查照。倘其内有应转申之件，即由该税务司照录备呈。

以上所示，海关税务司除了到场排解意义纠纷之外，还对贸易中发生的诸问题进行各种公证行为。如以下情况：

第1条 海关税务司能够对中国商人以及中国人所有的船舶即非条约国，进行公证行为。

第2条 船长有权在到港之日的翌日之前，出面到税务处，就存在的问题进行抗议。

第3条 船长有权在离港以前继续进行其抗议，税务司应在上面署名。

第4条 船长有权出面税务处，针对事关冲突及船载货物以及其他纠纷提起抗议。

第5条 商人有权出面对船长行为提起抗议。

第6条 手续费1两，再抗议时手续费5两。

第7条 抗议必须遵照统一的形式进行(参照下列样式)。

第8条 非条约国或无领事国的臣民有权向税务司要求官方援助。

第9条 手续费转入账户。

第10条 有记录保管的义务和向总税务司报告的义务。

船主向税务司申请时所用样式见下，此证明不可故意破损。

船商货商应立证据式样①

计开

〔预据式样〕

光绪
西历　　　月　　日据　　国商船　　船主　　亲身赴

关税务司署中缮称本船在　　地方装载　　货于　　年　　月

　　　　日开船出口于　年　月　日到地方进口因途中出有

难服情事。本船主特来专立预据此照

　　　　　　　　　　　　　船主　　押

　　本税务司查该船主既经立据画押,合行一同盖印画押备查可也。须至证据者。

光绪
西历　　年　　月　　日

〔后据式样〕

光绪
西历　　年　　月　　日据　　国商船　　船主

大副
　　　　人等亲身赴　　关税务司署,隔别口称,我等本船在

　　地方装载货物。于　年　月　日开船出口运往

　　地方。当时出洋船船身坚固结实,水手人等,谙练足额,

食物杂件均备齐全。本船行海实属可靠。今走海道途中遇着

---

① 《船商货商应立证据式样》,第 4—5 页。CIMC. *Rules Regarding Natural Acts to be Performed by Commissioners of Customs, and Forms of Protest*. Miscellaneous Series No. 12,1882:Circular No. 189.

意外之事。我等众人眼见所有情形写明于后，等情。该船主且称，于次日赴税务司署专立预据。至本船伤损，皆因在海途遇变天风浪，一切不能预防之故。所以我等将确实情形申诉税务司缮立后据，告明不服。至我等所呈均是我等所知所信，并无错谎——证明在此纸上，画押此照。

船主   押

大副

人

本税务司查该船主等人亲身来关，说明过海遇变不服事由，立据画押合行一同盖印画押备查可也。须至证据者。

光绪
      年   月   日
西历

从这些规定可以看出，税务司是官方的调停人、证人、中介人，有时还以中国外交代理人的身份出面。作为这种公证人的活动，并不仅仅停留于贸易活动，还是与之相关连联保险和赔偿中出现纠纷及官司的重要证人。因此，有必要对围绕海关与海关税务司的权能范围以及经济、社会活动范围的延伸等情况加以注意。

二 统计项目的变迁

海关研究大致上可分为对海关机构本身的研究，对其运营、机能的研究，与此同时，也有必要研究与之相关的海关的庞大报告等内容。这种海关报告被总称为记录，分为 5 个部分：(1) 关于海关机构、运营部分；(2) 特别是与中国方面官方的往来文件；(3) 定期、不定期的贸易报告；(4) 特别调查报告；(5) 统计。在各个部分中，又分别有正式的、半正式的内容以及私人性质的秘密报告、书信、传阅文件等。若依内容来区分，大致可以分为海关记录、中国整体记录以及统计三项。

　　探讨这些报告、统计的时候,需要注意关于报告的统计方法与其时代的变化,尤其要关注报告和统计的"正确性"与可"信赖性"问题。当然,历史性资料必定是带有当时意图、目的的记录,没有什么动机的资料大概不会被记的,因而并不存在具有唯一绝对"客观性"的资料。问题在于资料分析者的视角,在对记录中的状况、背景、意图作分析时的资料定位,更进一步而言,分析者对客体的把握与资料记录者对客体的记述及把握,这两种情形相互交错,从而形成了两者间的对话。为此,不仅是记录内容,连记录方法、记录形式及其变化都有加以探讨的必要。而这些海关记录从 1850 年代起到 1890 年间,在多少次的变化过程中,始终保持着记录的系统性,便提供了诸多研究的视点。况且资料的形式变化,又与西洋对中国认识方法的变化有着密切关系。

　　（一）统计方法的变迁

　　海关记录中,事关统计刊行的部分有以下 5 个种类(参照资料篇Ⅶ海关关系资料目录):

　　(1) 上海税关日刊统计(Shanghai Customs Daily Returns,1866—　　)

　　(2) 贸易季刊统计(Quarterly Returns of Trade,1869—　　)

　　(3) 历年贸易统计(Annual Returns of Trade,1859—　　)

　　(4) 贸易报告(历年)(Reports on Trade,1865—　　)

　　(5) 中国语版海关贸易册(1875,1889—　　)

　　统计丛书的中心是从 No. 3 到 No. 5 的年报。由贸易统计(Returns of Trade)与贸易报告(Reports on Trade)组成的年报,分别从 1859、1865 年发行以后,有着几多形式上及内容上的变化。这种变化主要是作为海关行政扩充的结果而产生的,是与中国市场的扩大及为借款返还的征税额扩大过程相对应的。现将贸易统计方法上的主要变化,按着年代顺序作以下分析。

　　作为各海关各自贸易统计的合册而开始刊行的贸易统计,表示单位等原来在各海关各有不同,但 1863 年罗伯特·赫德任海关总税务司以降,推进海关统计的全国化,1867 年开始了《全国贸易及税收辑要》的刊行。从 1875 年开始,全国贸易报告中出现了由统计局局长作的各关贸易报告。另外,价格单位由海关的美元、两并用,到 1868 年统一采用两。但因开放口岸两的换算率不统一,所以 1876 年制定海关两为价格单位,固定了 100 海关两＝111.4 上海两的交换比率,通过这种海关两,使英镑＝标准纯银(一直到 1930 年,海关实施的是金本位制)。这期间统计种类也增加了,不同国别的始发港、到达地都成了明确的记载项目。

1882 年以降,将贸易统计与贸易报告与被合并的全国与具体海关作了区分。1887 年在九龙、广州设置海关,把对香港、澳门之间的帆船贸易纳入其管辖之下。这两个海关的贸易量占全国对外进出口的两成多,显示了帆船贸易量之大。但是,这种统计上的处理却有一个问题,即历史性存在的中国沿岸贸易(也包括与东南亚的贸易),却由于香港、澳门成为英国、葡萄牙的殖民地而成了"外国",在统计上把它算入了中国的对外贸易。在如何对待转口贸易地香港这一点上,以后也是问题,这些问题的最终解决,是 1932 年把对始发港的记载更加正确化,从香港的进口骤减。1888 年以降开始有金银进出口统计,因此有可能重新对占贸易外收支约 25％的金银丝花边进行统计。

根据 1901 年的《辛丑条约》,为了义和团赔款以及偿还为此而借的外债,海关周围 25 公里以内的常关为新海关管辖,希图以此增加税收。1904 年贸易统计数值激增也基于此点。

贸易统计方法上的大改革是在 1904 年进行的,即把进出口价额的记载变成进口 C.I.F 和出口 F.O.B.采用价格记载。以往都是用市场价格来计算的,那时,进口计为 C.I.F.＋5％进口税＋2.5％子口半税＋7％杂费(C.I.F.＋14.5％);出口计为 F.O.B.－2.5％出口税－8％杂费。计算方法的整顿,以至出现了比实际贸易额(扣除汇付额)大的进口额和比实际出口总经费少的出口额这一问题,所以要和以前的统计相比较并作修正(参照 2－2－2)。

　　1907—1910 年，东北地区的税关增加，表明进一步掌握了陆路贸易。但走私问题也是个一贯性的问题，在贸易统计方法本身进行改善的同时，也尝试着扩大其所控制的贸易。

　　考虑历史的过程性，海关贸易统计在中国的贸易统计史上，在几个能够确认的条件下，是精确而且系统的。但在其利用上，有着由于统计方法的变迁而需要所谓修正问题，特别是受到海关所具有的历史性制约，对走私贸易、陆路贸易、帆船贸易等在中国对外贸易整体中所占的比重，是靠推测的范围来掌握的。因而应该说有必要建立在统计数字所具有的历史性上，探讨中国的贸易统计。另外，1890—1894 年间，朝鲜的对外贸易被算入了中国的贸易统计。把这种统计方法的历史变迁，与中国的对外关系历史相对照，制成了表 3-5。

　　贸易统计方法的变迁，表现出了对贸易统计的精致化、整体总计化发展的尝试，与此同时，产生统计修正问题也令人注目。而且还应该留意的是，这些变化与中国对外关系的变化以及外国对中国认识的变化是相对应的。

表 3-5　　　　　　　海关调查、统计方法的历史进展

时期	统计方法	备考	其他
1859—1866	[各海关统计] · 不分国内与国外 · 1865 年贸易报告 · 种类增加 · 明确记录始发港、到达地	1858 年对英、美、法通商章程第 10 条，海关由外国人管理 1863 年罗伯特·赫德就任总税务司	1860 年北京条约长江贸易 1862 年大豆、豆粕出口解禁 [1860 年代初的棉花热和 1866 年恐慌]
1867—1881	[1867 年全国统计] 第一部分，贸易及海关收入概要（全国） 第二部分，各港口贸易统计 对外、对内各港间的贸易统计的记载（—1904 年）	1868 年—价格单位采用"两" 1875 年—全国贸易报告（统计局局长） 1876 年—价格单位采用海关两（100 海关两=111.4 上海两=104-106 其他两）	[1873 年恐慌]

时期	统 计 方 法	备　考	其　他
1882—1904	［贸易收益报表及贸易报告（统计和报告合并）］	1887年—九龙、广州两海关记载帆船贸易统计（整体的20%） 1888年—金银统计 1890—1894年，朝鲜的对外贸易记入中国的贸易统计	［1882年恐慌］ 1884年天津协约等 ［1890 年 恐 慌］1890年锡金西藏条约等 1894年中日战争 1896年东清铁道条约 1900年义和团运动
1905—1931	［1904—1931年常关统计和海关同时报告）］ · 1905 年—简化各海关统计，充实商品类别 · 1912年—布鲁塞尔会议（1911年）附加分类表 · 1914年起，追加各海关纯进口额一项	1901年—据辛丑条约为确保赔款海关周围25公里以内的常关为海关管辖 1904年—把进出口价额记载采用进口 C.I.F.，出口 KF.O.B.（以往是共用市场价格计算）。即进口额＝C.I.F.＋5%进口税＋2.5%半税＋杂费7%（C.I.F＋14.5%），出口额＝F.O.B－2.5%出口税－杂费8%（F.O.B－10.5%）的公式计算） 1907—1910年东北的税关增加 1930年海关采用金单位（纳税单位）	负债总额40亿两，每年1900万两返还

资料来源：根据郑友揆《我国海关贸易统计编制方法及其内容之沿革考》（载于《社会科学》杂志1934年第5卷第3期）第264—296页等制成。

　　作为贸易统计问题，首先推进采用全国统一形式。价格单位上从当初采用墨西哥元到采用两（1868年），其后以海关两统一全国（1876年）。还有，1867年以降，加上了全国统计，1875年以降又变成以文章形式来刊载的贸易报告，可以说这些都表现出了这一倾向。与单位问题改革的同时，是主要的统计项目、国别统计、商品类别统计、开放口岸分别统计的调整，1884年阶段上形成了集大成。

　　海关统计的修正问题分成两个范围：第一，对已经计入统计及未统计部分的统计方法、统计领域的修正。例如，对香港帆船贸易统计的收录(1876 年)、金银统计的收录(1888 年),价格计算中采用 C.I.F. 和 F.O.B.(1888 年)等,是它们中很大的领域。第二,企图掌握走私贸易与国境贸易的尝试。主要表现为陆路国境贸易随着与俄罗斯茶叶贸易的扩大发生的问题,此外为了掌握从香港和华南沿海的鸦片走私贸易也做了大量工作。

到了 1904 年,统计局局长 H.B.马士提出了新的修正提案(参照下一项),特别是试图根据贸易的实情、经济的实情来作统计修正。此后,在 1911 年的布鲁塞尔贸易统计会议上,签署了以国际通行的分类项目为基础的统计分类协议,从 1912 年开始,也附录了基于这一分类的统计。1911 年布鲁塞尔会议中讨论制定的统计项目通行分类的内容如下:

(1) 家畜,(2) 食料、饮料,(3) 原材料、加工品,(4) 工业制品,(5) 金银

这五大分类在中国贸易品中围绕着加工品引起了新的分类问题。这些修正问题,自然带来了统计记录的精致化,但是从统计时间的一贯性上来看,由于存在着无法逆向修正的统计,所以在一贯性上出现欠缺,布鲁塞尔统计分类也由于不能对以往的情形进行追溯与再分类,所以仅对 1912 年以后的情况作出新的标注。[1]

(二)马士的统计修正提案

海关统计局局长 H.B.马士,1905 年 1 月 11 日向税务司提出了变更历年统计形式的提案。2 月 7 日,总税务司罗伯特·赫德通过主任书记奥森(J. F. Oiesen),送达了完全同意马士提案的批示复信。通常情况下,总税务司是用传阅文件(Circular)的方式令各海关税务司周知的,但在以前的阶段,马士把这一正式往来书简附在了 1905 年的贸易

---

[1] Fredrich Otte,Commercial Statistics in China. *Chinese Economic Journal* ,Vol. 12,1933,pp. 251—252.

报告中。不经由总税务司官方的做法，从海关运营的内部机构问题来看，这种稍稍带例外性质的做法中，可以看出统计局与总税务司处之间的并立关系。由赫德强力领导的海关组织，到这个时期，出现了中国人税务关吏的加入以及列国相互间摩擦的问题。以下试分析马士的强烈主张。①

1. 中国海关的统计，对于其搜集整理的各个税关来说是非常必要的，然而却不能成为国际性的参考根据。

2. 有必要对贸易统计第Ⅰ部的"统计概观"（*Part I. Abstract of Foreign Trade*）的内容进行整理。尤其是把杂品的内容细分化，以表明个别商品。

3. 统计者和商人与其说是对各个开放口岸的记录感兴趣，不如说他们更关心各个商品在全国统计中的进出口统计。因而，也有必要从这一观点出发对第Ⅱ部的港别统计进行加工整理。

4. 第Ⅲ部的整体统计中，对于年内进出口量超过 5 万海关两的商品，要标出其过去 4 年内的数字，以更好地展示贸易历史。

5. 关于统计的时间顺序，来自各港的报告每年 1 月上交，总括部分的第Ⅲ部在 2 月份完成，把它们分为进出口两个项目。

6. 关于各港的统计，虽然它们提供了大量的统计数字，但内容却是表面化的，原因在于各港已经不再代表生产地域。与最初发表统计的 30 年前相比，这一点发生了很大的变化。例如，秦皇岛统计被记入数据中，使得天津地区和牛

---

① H. B. Morse, Changes in Form of the Annual Returns, *Report on Foreign Trade and Trade Returns*, *1905*. Shanghai, 1906, ⅩⅩⅧ—ⅩⅩⅩ.

庄地区的区别就变得模糊了。由于芜湖口岸的开放，九江与镇江也区分不清了，及至南京开放口岸，芜湖与镇江又混为一谈了。在广东三角洲，对于商品的生产地，是来自于广东还是来自于江门，抑或是三水，要加以明确是很困难的。一般而言，由于内陆市场的开放和铁路等交通手段的发达，每个开放口岸的贸易统计记录就变得格外的不完全。因而，我想，不管在什么情况下，整体统计表都有必要充分体现出各港贸易的特征。

7. 贸易统计项目中以下有用的项目，应该保留：

Ⅰ船舶、Ⅱ贸易额、Ⅲ税额（是必要的，但因为在上海征收的太多而容易招致误解）。①

比较表中，有用的是1进口、2出口、3价格表、4船舶，但4与3和上记的Ⅰ和Ⅱ，还是围绕着各自内容为好。5财货、6旅客数保留。另外，在其他诸表中，保税仓库、生丝、茶等的统计应该保留。

8. 我考虑，进口品的贸易统计应该收缩。进口项目中，Ⅲ外国品进口、Ⅳ中国品进口、Ⅴ出口的统计，特别在表1和2中已有，另外各港在表Ⅱ总额也被记载了。表Ⅵ的转口贸易要再考虑，这种考虑的根据如下，从我们的统计看，汉口的商人假如想把商品向50英里、500英里外的远方贩卖（不是距离的关系），而贸易一直到最后才成交，正如大家知道的，所运商品全是中国人所有，那么，就没有必要假借外国人名义公开发布中国商人的情况。还有，转口贸易（国

---

① 民国初年统计的概数，关税收入分四阶段，上海是数量最多的。
　Ⅰ　上海1150万两。
　Ⅱ　天津、汉口、广东310万–350万两。
　Ⅲ　汕头、青岛、大连、厦门110万–190万两。
　Ⅳ　其他，100万两以下。

内与国外同样)、证明书数、商品额、税收等,还是以省为单位分类为好。

9．关于缩小很多小港的统计表的另外一方面,为了得到中国贸易的整体形象,主要中心港的统计也是完全有必要的。上海、天津、汉口、广东、各是全国的中心港,亦即华北,长江上游,华南的中心。

10．今后的港别统计(第Ⅰ部)希望以下面的分类来发行:

(1) 华北(天津作了细致的报告)

(2) 长江(汉口作了从重庆到镇江的细致报告)

(3) 华中(上海、苏州、杭州、宁波、温州。上海作了细致报告)

(4) 华南(广东作了细致报告)。分成南岸与国境两部分,大概没有必要分开叙述。

马士在以上项目中又加上了对统计项目和报告数量的限制。从其关于统计项目的提案来看,在资料篇Ⅲ海关统计集计法中,包含了关于第Ⅱ部港别统计的修正案。例如,马士提案的第8项统计项目的缩小部分中,资料篇的总计方法 C(Table No.Ⅲ)、E(Table No.Ⅳ)、G(Table No.Ⅴ)的统计,被作为 jj-k,jj,-k,jj 来表达,它是指在 B(Table No.Ⅱ)的 c,h,o,p 中的总计。而且,Q 项目中关于中国商人与外国商人的区别、关于证明书数量等内地转口贸易的统计,因没有特别的意义而认为没有总计的必要。

马士的这些修正提案,是作为统计与总计方法和报告形式上的变更进行的。从提案背景上可以清楚地看到,马士对海关贸易统计与贸易实态的关系有了新认识,对贸易统计与中国经济实态的关系也有了新理解。这就是:(1)海关贸易统计中尤其是内地贸易统计,光凭开放口岸间的统计并不能反映实际情况,马士对此提出强烈质疑。(2)其质疑并非针对海关贸易整体的把握问题,只是针对海关所拥有的征税这一有限目的和课题。(3)这一点,是与下述问题认识相联系,即开放口岸并没有处于生产地与消费地的位置,即海关只发挥了征税这一有限的目的和作用。马士还更加明确地指出,将海关的作用明确化,对国内贸易承担者作国别统计,对运输、贸易等进行征税上的分类,这种把商品视作中国商人所有和经济活动的实态分析,与征税上的分离统计是不同的。

马士所表明的贸易实态与海关统计数字上的乖离,意味着更加强调海关的征税作用,可以说,这是对海关历史作用的重要理解。在这些基础上,通过海关对中国地域经济的分类理解也是很引人注目的。也就是说,他把中国地域经济区分为华北、华中、长江沿岸、华南、西南地带。以沿海、沿江贸易为基础所作的经济地带的区分,作为对中国地域经济即地域性生产市场与流通、消费市场的表述,也对中国市场构造情形的考察带来了重要启示(参照本书第四章第三节的内容)。

三　与统计相关联的项目

与统计关联的项目,分包括贸易统计在内的全国性统计与地方性统计。从内容来分类,还有经济统计以外的社会统计。关于统计,海关一直极为努力地在作数值搜集与收集数值的均质化以及维持其一贯性的工作。数值的萃集有很多受当地税务司的兴趣所左右,因此也能够看出许多有个性的统计。另外,从题目的均质性上看,由于记录公开发行的必要性,有很多统计范围和项目数被加以限定,另一方面,与全国性的均质性、一贯性增大相反,地域性特征被减弱的结果也有不少,尤其是在内地市场的地域性差异上能够看出这一点。

其次,在社会统计方面的人口统计与组织统计。对社会状况进行统计把握,虽然伴随着对象和范围、精度等诸多困难,但海关总税务司与统计局所发行的社会统计,对近代中国进行量化把握却有很大的参考意义。以下将全国统计与地方统计分别划分为经济统计与社会统计以及中文统计进行分析。

（一）与贸易相关联的统计

1．生产地、消费地的记载

需要指出关于贸易统计的几个界限。其中,可以举出探讨中国对外贸易时,没有关于始发港、到达地的商品记录这一点。这是因为香港成为中转站而贸易很多,再者香港由于是自由港,至 20 世纪并不存在船舶统计以外的贸易统计。但是,在向国际博览会提供展出品之际,却存在着关于不同商品的始发港总计。1887 年向维也纳万国博览会提出的商品种类目录,就记载了中国农产品（谷类、豆类等）出口到达港。仅以上海以北的开放口岸为例,到达地（消费地）如下所示：①

生产地（始发港）	消 费 地
牛庄	朝鲜,满洲,蒙古,日本,香港
天津	东印度诸岛,海峡殖民地,日本,马尼拉,蒙古,暹罗
芝罘	新加坡,海峡殖民地,交趾支那,菲律宾,印度,新加坡,满洲,日本,印度诸岛,暹罗,大英帝国,欧洲,美国
上海	日本,菲律宾,海峡殖民地,马尼拉,暹罗,美国,朝鲜,香港,印度,俄罗斯,南洋诸岛,新加坡,澳大利亚,桑得维治诸岛,欧洲

这些资料显示了中国各地开放口岸的地域之间关系,使我们能够知道东南亚、亚洲地域内贸易作为多边的地域关系相互联结。在将帆船贸易排除在外的贸易关系统计中,如果考虑到亚洲地域的贸易关系

---

① China, Imperial Maritime Customs. *Port Catalogues of the Chinese Customs Collection at the Austro-Hungarian Universal Exhibition*. Vienna, 1873.

网的存在,考虑到亚洲地域内的地域间贸易原本是由帆船贸易来担当的,那么,通过对这些的不定期资料的分析,也可以获得在格式化报告中并没有表现出来的实际状态。

2. 金融统计

海关报告充满着金融统计,是与海关单位问题相关联的极为重要的问题。贸易额单位,1860 年代使用西班牙元与墨西哥元,到了 1876 年统一为海关两这种虚银两。换算率 1 海关两＝111.4 上海两,一直到 1932 年采用海关金单位(进口价额),银本位的海关两成为统一的表示基准。清末的金融问题言及结论的话,可以说,它最好地反映了中国的货币、金融史,对外的、对内的地域市场实情。考虑到这一点,就可以通过系统性地阅读海关报告记载的金融统计,而追溯地域经济的变动。[①] 现在,以湖南省沙市的银钱比价——表3-6 为例。中国史上作为币财使用的金、银、铜三货币的相互关系,构成金银比价、银银比价、银钱比价。若举出最能表现地域经济中对外关系的白银一两相当于几钱的例子,沙市的比价数据值得注意。

表 3-6 沙市的银钱比价

1892 年	1630 文	1902 年	1200 文	1912 年	1890 文
1893	1600	1903	1170	1913	2060
1894	1645	1904	1200	1914	2010
1895	1274	1905	1420	1915	2080
1896	1292	1906	1620	1916	2250
1897	1288	1907	1620	1917	2350
1898	1370	1908	1790	1918	2400
1899	1274	1909	1950	1919	2440

---

① Stanley F. Wright. *China's Struggle for Tariff Autonomy:1843—1938*. Shanghai,1938,pp.25—32.

续　表

1892 年	1630 文	1902 年	1200 文	1912 年	1890 文
1900	1333	1910	1935	1920	2500
1901	1312	1911	1900	1921	2760

资料来源：据 CIMC，Decenial Reports 各号制成。

3．内地贸易统计

关于中国的外国贸易关税管理，最有特征的一点，就是对内地贸易实施的海关管理。内地税称为子口半税，是进出口税 1/2 的税率，它在开放口岸中支付，若持有纳税证明书（税单）的话，在内地流通中就不需要再课以超出它的税额。据此，外国商品就可以通过内地市场的流通网，在终端市场寻求销售渠道，即使从中国内地购买中国商品，也能够利用这种方法。从 1872 年开始，利用内地免除纳税的转口证明书（transit pass）的贸易增加，在九江和镇江海关中，不仅仅有对转口证明书发行数的海关记录，还有对商品流向一直追踪到内地的海关记录。进入 1880 年代，海关统计受报告篇幅所限，而在 19 世纪 70 年代是基于海关税务司的定夺，因此与他所关心的范围相适应，报告大部分也是散见于各处的。1872 年九江海关的报告，记载了如表 3 - 7 所显示的外国商品向内地市场的分配状况。①

通过表 3 - 7 能够了解到外国商品中的棉制品和砂糖大部销售到了诸多都市中，合计 73 个府、州、县、镇，涉及安徽、江苏、湖北、福建 4 省份。通过内地贸易中作为市场的都市消费量的追踪，可知作为集散地乃至于消费地的内地都市市场的规模。海关报告中恒常的项目之外，作为例外记录的内地市场统计也是很重要的（参照表 4 - 4）。

---

① CIMC. *Returns of Trade and Trade Reports for the Year 1872*. Kiukiang，p. 71. Appendix.

表3-7　　江西省九江的内地转口证与外国品（1872年）

贩入方	省	灰色丝 反	丁布料 反	斜纹布 反	棉布合计 反	毛织物 反	红糖 担	白糖 担	胡椒 担	海草（长）担	海草（短）担
安庆府	安徽	5150	5980	1335	12865	679	1454.22	1671.36	43.64	58.96	51.71
安仁县	安徽	…	…	…	…	…	…	…	…	27.60	…
安福县	安徽	…	…	…	…	26	400.80	…	…	…	…
樟树镇	江西	850	360	140	1450	140	…	66.50	167.89	648.18	…
蕲州县	湖北	300	300	…	600	…	152.40	…	…	…	…
祁门县	安徽	…	…	…	…	…	…	…	…	…	…
潜山县	安徽	…	50	…	50	…	274.80	384.40	4.00	…	…
青阳县	安徽	50	100	…	150	36	…	72.00	…	…	10.00
枞阳镇	安徽	…	…	…	…	…	180.00	60.00	…	…	…
奉新县	江西	…	…	…	…	…	…	34.50	…	…	…
丰城县	江西	…	…	…	…	…	…	…	…	145.00	…
浮梁县	江西	…	…	…	…	…	…	…	37.26	82.10	36.78
抚州府	江西	1050	775	30	1855	60	…	70.65	339.08	885.38	164.67
河口镇	江西	2500	2349	180	5103	486	…	145.30	49.50	182.20	60.29
和悦州	安徽	300	650	90	1090	6	…	36.00	…	…	…
休宁府	安徽	…	…	…	…	…	…	19.00	…	…	…
新建县	江西	…	…	…	…	…	…	174.10	28.00	…	…
新城县	江西	1760	1160	…	2920	40	…	100.00	29.28	…	18.18
兴国州	湖北	50	200	…	250	…	195.10	190.31	2.70	27.00	106.91

续 表

贩入方	省	灰色丝 反	T布料 反	斜纹布 反	棉布合计 反	毛织物 反	红糖 担	白糖 担	胡椒 担	海草(长) 担	海草(短) 担
新馀县	江西	500	100	150	750	40	…	…	…	…	…
怀宁县	江西	950	1035	600	2735	350	2453.29	2737.98	25.49	50.98	104.93
徽州府	安徽	…	…	…	…	…	173.55	119.58	…	…	…
义宁州	江西	1950	1200	405	3150	352	…	426.34	29.18	207.80	106.22
饶州府	江西	4200	2365	30	6970	…	51.95	…	25.46	287.65	…
瑞州府	江西	300	100	…	430	…	…	…	…	…	…
瑞洪镇	江西	100	…	…	100	…	…	…	…	…	…
高安县	江西	…	…	…	…	…	…	…	…	…	(锡 25.35)
赣州府	江西	1150	610	325	2085	522	…	…	201.87	2656.32	73.16
吉安府	江西	850	775	150	1825	518	…	…	230.17	1147.33	…
建昌府	江西	1450	1300	60	2984	56	…	…	356.39	221.60	92.14
建德县	安徽	…	…	…	…	…	…	…	18.00	…	(铅 150.00)
建宁府	福建	…	…	…	200	…	…	…	…	…	…
建宁县	福建	100	100	…	150	…	…	…	…	…	…
建阳保	福建	150	150	…	150	…	…	…	…	…	…
景德镇	江西	…	750	450	1350	…	33.60	83.00	26.00	21.00	46.00
广济县	湖北	150	…	…	400	20	140.40	60.60	2.45	6.68	10.70
广信府	江西	200	200	…	400	…	…	231.96	33.52	107.34	29.10
广丰县	江西	300	100	…	400	40	…	24.00	…	13.83	…

续　表

贩入方	省	灰色丝	丁布料	斜纹布	棉布合计	毛织物	红糖	白糖	胡椒	海草（长）	海草（短）
		反	反	反	反	反	担	担	担	担	担
广昌县	江西	200	150	…	400	…	…	36.00	…	…	…
贵溪县	江西	600	300	30	930	…	…	…	…	…	…
李家渡	江西	…	…	…	…	…	…	…	16.40	18.75	4.98
临江府	江西	…	…	…	…	…	…	…	…	24.00	…
乐平县	江西	800	250	175	1575	…	142.80	194.50	34.43	158.52	110.78
龙岗	湖北	150	50	…	200	…	…	…	…	…	…
南昌府	江西	28050	13890	2255	45905	7414	…	398.74	140.10	306.54	43.85
南安府	江西	50	…	…	50	12	…	…	…	650.80	…
南丰县	江西	2000	630	…	2630	50	…	…	56.63	…	7.07
南城府	江西	50	…	…	50	…	…	…	…	…	…
宁都州	江西	50	50	…	100	…	…	…	8.95	60.00	…
鄱阳县	江西	50	…	45	95	…	…	…	…	…	…
上饶县	江西	250	…	…	250	58	…	24.00	11.24	28.43	10.33
石牌镇	安徽	100	…	60	160	…	1462.70	1146.39	…	…	9.00
大通镇	安徽	250	400	120	870	…	308.40	230.40	26.50	…	54.86
太湖县	安徽	…	…	…	…	…	1679.20	2112.58	…	7.00	…
德兴县	江西	…	…	…	250	…	…	…	…	…	…
崇安县	福建	250	…	…	…	…	…	…	…	…	…
屯溪县	安徽	…	…	…	…	…	…	15.00	…	…	…
铜陵县	安徽	150	220	…	370	10	…	…	…	…	…
通山县	湖北	850	250	280	1380	40	524.94	586.95	8.90	316.50	33.90

续 表

贩入方	省	灰色丝	T布料	斜纹布	棉布合计	毛织物	红糖	白糖	胡椒	海草(长)	海草(短)
		反	反	反	反	反	担	担	担	担	担
桐城县	安徽	...	...	...	...	...	2109.65	2426.92	10.00	15.30	24.30
万载县	江西	500	430	205	1135	168	...	...	34.10	297.72	...
万年县	江西	100	100	...	200	...	24.00	...	...	...	...
万安县	江西	...	...	...	...	46	...	...	...	...	...
吴城镇	江西	...	...	...	...	...	...	...	...	...	24.55
武宁县	江西	150	100	...	250	...	150.31	91.20	...	28.66	33.90
武穴镇	湖北	...	...	...	...	...	12.00	2.40	...	0.80	...
武昌府	湖北	...	...	...	...	...	...	24.00	...	...	...
婺源县	安徽	...	50	...	50	...	...	47.20	...	...	9.50
袁州府	江西	150	...	...	150	...	...	60.00	...	...	9.83
铅山县	江西	300	149	...	449	...	...	...	91.68	1404.40	...
余干县	江西	200	150	...	350	...	...	...	...	...	...
玉山县	江西	600	400	...	1000	96	...	143.32	93.86	39.43	49.43
合计		60210	38278	7115	108811	11265	11924.11	14247.18	2182.49	10133.80	1337.07
1871年		....			12962	650	60.00	20.00	260.00	800.00	...
1870年		....			14725	134	...	...	...	...	...

转口证发行数　1872年　... 2340
　　　　　　　1871年 115
　　　　　　　1870年 65

资料来源：CIMC. *Trade Report and Returns of kiukiang for the Year 1872*. pp. 70—75.

表 3 - 8　　　　　　　　　开放口岸的都市人口（单位：人）

开放口岸	1891 年	1901 年	1911 年	1921 年
爱　珲			2000	27200
三　姓			13000	40000
满洲里			5000	11300
哈尔滨			35000	155700
绥芬河			1200	7400
珲　春			4500	4700
龙井村			500	2300
安　东			161000	84000
大东沟			3000	4900
大　连			20000	116200
营　口	60000	50000	61000	65600
秦皇岛			5000	5000
天　津	950000	700000	800000	800000
龙　口				5400
芝　罘	32500	60000	54000	54500
胶　州			34000	44800
重　庆	250000	300000	598000	497400
万　县				80000
宜　昌	34000	40000	45000	55000
沙　市		80000	90000	161300
长　沙			250000	535800
岳　州		20000	20000	4500
汉　口	800000	850000	826000	1468000
九　江	53000	62000	36000	53400
芜　湖	79140	102116	122000	126900
南　京		225000	267000	380200
镇　江	135000	140000	184000	101600
上　海	400000	620000	651000	1500000
苏　州		500000	500000	500000
杭　州		700000	350000	892100
宁　波	250000	255000	350000	270800

续　表

开放口岸	1891 年	1901 年	1911 年	1921 年
温　州	80000	80000	100000	198300
三都澳		8000	8000	8000
福　州	636000	650000	624000	320200
厦　门	96000	96000	114000	300000
汕　头	40000	38000	66000	85000
广　州	1600000	850000	900000	900000
江　门			62000	70000
三　水		5000	6000	7000
梧　州		52000	59000	50000
南　宁			37000	67000
琼　州	40000	35000	43000	59000
北　海	25000	20000	20000	25000
龙　州	20000	20000	13000	10000
蒙　自	12000	12000	11000	10000
思　茅		14000	15000	10200
腾　越			10000	13000
淡　水	100000			
台　南	235000			
合　计	5927640	6584116	7576200	10188700

资料来源：据《海关十年报告》各号附录统计表制成。

（二）社会统计

1. 人口统计

海关报告中与社会统计相关的题目不很多，其中最引人注目的一例是开放口岸的人口统计。因为开放口岸把全国的主要都市都包含在内，开放口岸的人口统计在相当程度上反映了都市的人口统计。海关 10 年报告中记载的开放口岸后人口数如上表 3 - 8。

在这一表中，虽然北京除外，口岸开放以前的数字也没有被采录，但仍然能够看到都市人口的变动倾向。例如，广州在 1890 年代是 160 万人的都市，其后人口减少，汉口和上海则相反，人口呈现出增加的倾向。这大概是随着两地成为中心贸易港，对人口吸引力扩大的结果。另外，也可以推定 1910 年代都市人口增加是与那个时期中民族工业扩大相对应的。

表 3 - 9　　海关外国人职员一览表（1907 年，部分）

氏名	中国名	地位	品衔及其他		获得年月日
			英　译	汉语	
Aalst, J. A. van.	陈理嗣	Commissioner	Civil Rank of the Third Class ·········	五品衔	2nd July 1893
			Civil Rank of the Fifth Class ·········	三品衔	5th April 1904
			Laurfat of the Conservatory of Ghent (Composition and Harmony)	······	1875
			Chevalier of the Order of Leopold, Belgium	······	1894
			Chevalier of the Order of Orange Nassau, Holland	······	1897
			Double Dragon, Second Division, Third Class	双龙二等 第三宝星	16th March 1904 1903
Abel, A. H.	爱 普	4th Assistant, C	South African War Medal, Queen's 1899—1901, with Five Clasps; Transvaal, Orange Free State, Cape Colony, Defence of Ladysmith, and Laing's Nek		
Acheson, G. F. H.	阿其荪	Chief Assistant, C	Civil Rank Of the Fifth Class ··········	五品衔	2nd July 1893
			B. A. Oxford ··········	······	1886
Acheson, J.	阿皮森	Deputy Commissioner	Civil Rank of the Fourth Class ·········	四品衔	5th April 1904
			Civil Rank of the Fourth Class ·········	四品衔	2nd July 1893
Adderley, w.J.	阿得利	4th Assistant, C	Civil Rank of the Third Class ·········	三品衔	5th April 1904
			First Honourman in Classics and English Literature	······	1900
Aglen, F. A.	安格联	Commissioner	Candidate Bachelor, Dublin		1903
			Civil Rank of the Thira Class ··········	三品衔	5th April 1904
			Double Dragon, Third Division, First Class	双龙三等 第一宝星	5th April 1904

资料来源：CIMC. Service List, 1907. p. 388, 420.

表 3 - 10　　海关中国人职员一览表（1907 年，部分）

氏名	中国名	地位	品衔及其他 英译	品衔及其他 汉语	获得年	获得事由
Chan Btit To	陈耀棠	2nd Postal Clerk, B	Button of the Fifth Class……	五品顶戴	1903	Conferred by the Commander-in-Chief, Kwangsi
Chan Lun	陈　邺	2nd ssistant, A	Expectant Prefect …………	候补知府	1907	Conterred by Decree
Chan Shih t'ang	詹世堂	Shupan………	Licentiate……………	附生	1895	By examination
Chan Shiu Pang	陈兆鹏	4th Clerk. A	Student of the imperial Academy	监生	1895	By Purchase
			Button of the Fifth Class………	五品顶戴	1895	Conferrde by the Liang Kiang Viceroy
			Blue Plume……	蓝翎	1895	Conferrde by the Liang Kiang Viceroy
Ch'an Shi fan	陈树勋	2nd Assistant, A	Student of the Imperial Academy	监生	1906	By subscription to Fengtien Relief Fund
			Assistant Departmental Magisiratel	候选州同	1906	By subscription to Fengtien

续　表

氏名	中国名	品衔及其他			获得年	获得事由
		地位	英　译	汉语		R elief Fund
Chang Ch'i-jui	章启瑞	14th Postal Clerk, B (non lin-guist	Student of the Imperial Academy	监生	1900	By purchase
chang chih-Cheng	张志成	Shupan…………	Brevet of the Ninth Civil Rank	从九职衔	1906	By Purchase
Ch'ang Ching	常　经	Shupan…………	Licentiate ………………	秀才	1895	By examination
Chang Ch'ing-yu	张庆余	Candidate Postal Clerk a (non-lungrust)	First Literary Degree……	生员	1888	By examination
Chang Heng	张　衡	Shunan…………	Student of the Imperial Academy	监生	1889	By purchase
Chang I	章　逸	Writer…………	Student of the Imperial Academy	监生	1888	By Purchase

资料来源：CIMC. *Service List*, 1907. p. 388, 420.

281

B. 关于海关组织运营、人事的统计

海关以在北京的总税务司为顶点，能够看出，它是清末时期具有明显例外功能的"中央集权"机构。其组织运营的特征，在被称为行政目录（Service List）的人事记录中显示出来。

海关人事记录，在职掌每一记录的同时，外国人职员与中国人职员是分开的，有各自按英文字母排列的顺序和按其他项目记载的一览表。1907年的职员记录上，外国人、中国人各自的一览表开始如表3－9那样。

根据这些资料，各人与海关的关系，每个人的履历都很清楚明了。如外国人职员作为中国官吏根据什么品衔来对待，中国人职员的秀才和生员等以什么样的官位享受海关地位，另外，捐纳（subscripton）（奉天救济基金）、买官（purchase）、考试（examination）、任命（江西水师统领，上谕由两江总督等任命）的区别，以什么手段获得海关的官位等等，诸如此类情报获得都有可能。还有，这些海关人事统计的处理，关于定期的升级和变迁，也含有与《大清缙绅全书》作比较的问题，因而，我认为，有必要从清朝的官吏任用政策的观点对海关资料所见到的人事统计加以探讨。①

（三）中文统计

贸易统计之外，还制定了海关业务运营中多种内部往来文件的形式。它们的种类和各自格式如下所示。

（1）税务司署册式（I. G. Forms，32 种）

（2）税务司署册式（Commissioners' Forms，9 种）

（3）海关公所册式（Office Forms，93 种）

（4）现账册式（Accounts Forms，47 种）

（5）内外班册式（Staff Forms，14 种）

（6）灯塔处册式（Lights Forms，25 种）

（7）现船处、巡船册式（Marine Forms，39 种）

---

① 陈诗启：《海关人事与税务司制度》，载于《中国海关史初探》，厦门大学出版社1987年版。

（8）迪递公所册式（Postal Forms，6 种）

（9）税务司署汉文清摺（Chinese Forms，6 种）

这里加上前面的《贸易总册册式（Returns Forms，26 种）》，合计 10 项目 292 种通用书式。其中，中国方面直接接手并回览的有以下第 9 项书式中的 6 种：[①]

（1）沿海各关按结呈报税钞清摺汉文册式　　　　1874 年以降

（2）沿江各关按结呈报税钞清摺汉文册式

（3）按结呈报填注无字罚款清摺汉文册式　　　　1875 年以降

（4）按结呈报各项分列罚款清摺汉文册式

（5）按结呈报各项分列罚款清摺汉文双页备欠册式

　　　　经费款

（6）按结呈报罚　款四项清摺汉文册式　　　　　1874 年以降

　　　船　钞

　　　另　款

可见，有关沿岸贸易、罚金、税收的中文报告，含有中国方面所关注的各项内容。特别是罚金项目，任由海关处理，只是向中国方面报告而已。

中国方面，也开始基于海关报告对经济状况作统计性把握，尝试着对其内容作系统性的分析。在 19 世纪前半期，产生了围绕鸦片进口（走私进口）而进行的强化财政关税的争论。同时，由于白银的流出现象，也产生了一种与"财富流出"类似于流失理论（drain theory）的争论。作为这些争论的背景，19 世纪后半期，产生了利用海关贸易统计，从贸易与财政两方面来对其状况进行统计性把握的尝试，也产生了从关税的实态来把握财政实态的争论。[②]

---

①　海关总税务司处：《汇办华洋贸易总册诚程》第 143 页（第 195 页注②引用书的中文版）。

②　就 19 世纪中叶白银流出的各种争论，见拙稿《近代中国贸易金融的考察——围绕 19 世纪中叶的银价暴涨》，载于《东洋学报》第 78 卷第 3、4 号，1978 年 6 月。

在贸易与财政的关系问题上，基于统计数字对贸易状况进行把握并对其进行分析的，是 1886 年编的杨楷的《光绪通商列表》。他对海关年报的统计进行了再统计，并对此发表了自己的看法。杨楷选择的海关贸易统计项目有如下内容：

(1) 中国西洋纪年周始月日表

(2) 洋关征收税钞分项总数表

(3) 各关税钞分表

(4) 进口出洋货价赢绌表

(5) 东西洋各国来往货价表

(6) 洋货转运出洋并进口实存货价表

(7) 洋关进出口货价分类表

(8) 洋药茶丝分类表

(9) 茶叶出洋分国表

(10) 各关洋药运销实数表

(11) 杂货衰旺提要表

(12) 各国洋行人丁表

附　光绪历年通商赢绌表①

其中，就两洋关征收税钞分项总数表，杨楷作了以下的评价：

> 国家财赋出入之数，岁有常经。自设关通商以后，华洋税额骤增一千数百余万。迨至今日，凡京饷、协饷、出使外国、南北洋、海防经费及税关洋人薪俸，一切支销之款，靡不取给于是。自同治壬申平回之役，及前岁中法之战，先后贷洋人银二千余万，皆从各关按年加息分还，于是关税不支日以告疲迩者。朝廷整练海军，首筹钜饷。当事始议加捐洋药，适英以法取越南，恐法独擅西南通商之利也。急谋从事缅甸，以通滇道。又

---

① 杨楷：《光绪通商列表》1886 年，目录。

　　以俄进兵阿富汗,并有窥伺印度之意也。欲结中国之援,俾国
无东顾之忧,而得以全力抗俄,于是特允中国加抽洋药厘金。①

杨楷指出,以往的国家财政中岁入、岁出是一定的,海关设置以降,现在
却存在着经常支出、临时支出,同时这些都由海关税收入的增收来补填
的状况。此后,借款返还也要由海关税筹措,这样一来,要想活用税收就
根本不可能了,他甚是为此忧虑。杨楷基于海关税的统计,对清末的财
政运营从过去的"量入制出"转换为"量出为入"的转换作了批判。

　　另外,中国方面关注的统计问题还有内地转口证的发行数。如表3-
11 所见到的,在转口证的获得量上,英国、美国居压倒性的多数,接下的
顺序是德国和法国。②

表 3-11　　　　　　　转口证发行数、内地半税细数表

国名	1883 年				1884 年			
	①	② 两	③	④ 两	①	② 两	③	④ 两
英　国	44957	145888	791	21538	41082	138091	1072	27451
美　国	33449	98793	473	14128	35834	90702	303	9892
德　国	3526	4763	41	756	1490	1785	65	1309
法　国	24	45	11	523			13	385
荷　兰								
丹　麦								
西班牙	1092	3559	204	7751	4930	5531	238	11210
挪　威								
俄罗斯	6	13	21	3572	3	7	12	1754
澳大利亚								
比利时				8	885			
日　本								
中　国	19497	47259		2	22183	49807		132

　　① 洋货运入内地发行税单数　② 子口半税征收额　③ 土货运出发行税单数　④ 子口半
税征收额
　　资料来源:钱恂《中外交涉类要表》"内地半税细数表",第15—16 页。

　　与此统计相关联,《中外交涉类要表》的作者钱恂,又提出了下面

---

① 杨楷:《光绪通商列表》1886 年,目录。
② 钱恂:《中外交涉类要表》、《内地半税细数表》,第 15—16 页。

的见解：

> 华商税单，允给于光绪之初，报单则未之许。而关册无岁不收，
> 华民出入半税，或因独利洋商，不若兼利华商，故便宜许之耶。统观洋商
入内地，英为之魁，美次之，德法日（日斯巴尼亚）又次之，俄则
重。在土货之出，若丹瑞和奥义诸国，偶请数单非所注意。安
得修约时援日本约争之，俾华洋通市尽在指定口岸，不得入内
地与华民交易。公法于江河之归，一国专辖，不与邻国分辖
者。其轮帆之利，本国擅之，非他国所能分。则我国沿江海运
载货物等事，亦可改归自主，以保我利权。此与西国通例，未
尝不合者也。至若日本商人有内地税单之请（见光绪元年四年五
年关册），紊背章程，意存尝试，非司关者，先当严绝而坚拒
者哉。①

钱恂首先陈述了中国商人使用转口证的问题。当时的论议认为，这种
内地转口证是只给外国商人的特权，中国商人应该禁止利用，这一论
点在外国方面、中国方面都很强烈。对此，钱恂却给予批判。他认为，
内地贸易本来是在本国固有的领域，把它向外国开放，与沿海贸易向
外国开放同样，是对中国利权的一种剥夺。特别是在内陆贸易对外开
放之际，日本在 1874、1878、1879 年向中国要求此特权，因它违反了中
国与日本条约（《中日修好条规》）的内容规定，理应拒绝这一要求。②
这是以中国方面不承认日本在中国内地的贸易权为根据的。

　　钱恂认为，如果中国商人只要有内地转口证就可以不交厘金税，
从而能够获得商业利益的话，就应该积极利用转口证。围绕海关统
计的这种具体议论是从中国方面开始的，这一点本身就能够确认海
关统计的历史意义。

---

① 钱恂：《中外交涉类要表》、《内地半税细数表》，第 12—13 页。
② 对日本方面《中日修好条规》的日清平等论所进行的对中国的不平等的批判。

海关贸易统计从 19 世纪后半期到 20 世纪初,几乎是唯一的中国贸易史统计资料。而且 20 世纪初以后,虽然伴随着干线铁道建设、开放口岸的贸易统计在整体上有所减少,但统计数字的精确性却进一步增强了。以马士为代表的从事海关统计的同时代人,改变了各式统计方法,但他们将中国的经济整体在统计上予以把握的尝试,其后并未被继承下来。尽管他们提出了"国民经济"、"国家资本"、"地域经济"、"市场圈"、"东亚经济圈"等诸多的分析框架。

近年,对中国经济史整体形象进行统计性探讨的条件,在内、外两方面以及硬件与软件两方面都在成熟之中,若对庞大的海关统计资料进行数据处理,那么,我们就能够从宏观、微观以及两者的中间领域三项中捕捉到 1850 年代至 1940 年代末中国内外贸易关系的特征。而且,通过清末民国时期中国经济的整体把握,我想一方面对清代史,另一方面对 1949 年以后的现代史,都会提供相当多的信息。

第三节　亚洲区域内贸易与中国

如何把握围绕亚洲区域内的贸易、决算关系的特征呢? 特别是从以诸多海关报告为分析基调的地域经济的观点来看,亚洲区域经济整体形象呈现出的是什么样的景象呢? 为了探讨这些,先来探讨以下三种形态的市场关系模式:

(1) 厦门的网络;

(2) 香港、新加坡的关系;

(3) 亚洲地域内竞争与欧洲市场(下章)。

追溯历史,14—15 世纪以来,亚洲区域内贸易在逐渐扩大之中,它以亚洲贸易圈的形式存在着,即以中国为中心的东亚贸易圈和以印度为中心的南亚贸易圈为两个中心,其中有几个转口贸易港。欧美各国为了在这一亚洲贸易圈中寻求亚洲的特产,携白银加入进来。在这个过程中，与既存的亚洲区域贸易圈发生关系，形成英、印、中三角贸易。这样一来，近代亚洲贸易圈并不是由西欧资本主义的进入才开始形成，而是以亚洲区域贸易圈的历史性存在为前提，并因欧美各国的加入带来了新的发展。一定要在两者的整体关系中把握近代亚洲贸易圈。也就是说，有必要以亚洲内部历史性动因为根据来分析近代亚洲区域贸易圈的形成。若具体分析上述历史经纬，我们能够确认赋予亚洲贸易圈自身一体性的以下几点重要因素：

（1）在历史背景上，19世纪以降，伴随着香港、新加坡的出现，由中国主导的东亚朝贡贸易圈的贸易关系、印度的对外贸易网和印中之间的贸易或者叫做两者的转口贸易，三者构成的亚洲区域内贸易开始活跃起来。

（2）多样贸易的担当者，从中国及印度向东南亚诸地域进行的商业性拓展，形成了贸易据点，并由于吸引移民（华侨、印侨）的继续增加，强化了东南亚诸地域与中国、印度之间的关系。

（3）在这一贸易圈中的经济活动，以华侨及印侨向本国汇款网络为中介进行决算，而且主要是使用白银币材。可以认为，亚洲贸易圈是由这一汇款——决算网来支撑，因而形成了白银流通圈，并使其发挥作用。[1]

一 朝贡、帆船贸易

过去的15世纪，中国在对外关系中，形成了朝贡关系这一稳定的统治关系，其内部又形成了被称之为朝贡贸易的贸易关系，即朝贡是形成亚洲区域内特别是东亚贸易网的前提，两者是相互促进的关系。与之相伴随，朝贡促进了民间贸易的扩大，同时也形成了亚洲区域内贸易的主要通道。

---

[1] 参照本书"结论"关于金融市场的分析。

暹罗(泰国)、马六甲、越南、爪哇、菲律宾、长崎、朝鲜等其他各地与中国(华南、华北、东北)相联结的朝贡贸易网,将地域间的沿岸贸易结合起来,同时与移民的扩大互为表里。① 印度的暹罗贸易,西至中东的巩布尔、马斯喀特、亚丁,非洲蒙巴萨、莫桑比克和印度西海岸的苏拉特之间,还在与东南亚缅甸的勃固以及马六甲、苏门答腊的阿钦和印度东海岸的默苏利伯德之间进行。

围绕着中国的朝贡、贸易关系,与发生在印度沿岸的暹罗贸易关系相同,维持着中转站贸易,促进了意在扩大的移民(尤其是这个时期的商人移民)。以暹罗为例来思考,由于暹罗朝廷给予暹罗中国商人特许,使之全面担当朝贡品的调配、运输及其他事宜,特别是这些中国商人的原籍多数为福建,极易形成贸易关系,所以伴随朝贡贸易的私人贸易也逐渐增加了。②

绝大多数中国移民是从福建、广东到东南亚的,其移民原因可以举出人口压力、政治军事的扩大、政治上的逃亡、通商等等。另外,到了近代,由于对中国劳动者的需要而出现了苦力贸易。这些移民并没有割断与家乡的联系,他们通过宗族、地缘等维持着相互间的联系。而且,这种结合由于诸多中介机关的发达而在外延上扩大了。这些中介机关有旧客、水客、客栈、船头行、船舶业者、信局等,它们都发挥了促进移民的作用。另外,印度方面从坦米尔地方来的商业移民则由帕尔西集团组织,与本国之间的转口贸易以及东南亚各据点的商业、金融的转口贸易,都由被称为切提亚的高利贷业者承担。

(一)历史背景——朝贡关系

17 世纪以来,潮州华人大量向暹罗移民、移住,是与这一时期朝贡贸易关系的兴盛相对应的。

① 参照拙稿《朝贡贸易体系与近代亚洲》,载于《国际政治》82 号,1987 年。
② Sarasin Viraphol. *Tribute and Profit*: *Sino-Siamese Trade*, *1652—1853*. Cambridge, Mass,1977.

清朝与暹罗的国家外交始于顺治九年(1652年)。当初是暹罗(犹地亚朝)向中国入贡,1768年朝代更替变为曼谷朝,至咸丰二年(1852年)朝贡合计近五十次。[1]

虽然规定为三年一贡,但从乾隆末期的1789年,到停止之前的道光三十年(1850年),从这一期间的朝贡一览表来看,多数情况下平均两年一贡,比规定的要多。另外,中国并没有对暹罗派遣册封使,根本不是作为朝贡、册封关系存在的,由于暹罗与中国的距离更近,因而比起完全是朝贡、册封关系的越南,它的朝贡反而更多,这很引人注意。[2]

暹罗与中国的朝贡那么多,究其理由,可能是暹罗米向中国出口的缘故。也就是说,康熙六十一年(1722年)开始的暹罗米进口,成为与中国华南经济关系中重要的粮食政策。那时中国华中地区米价暴涨,清朝政府在抑制米价的同时,也试图通过贩卖进口米来获得财源补贴。康熙六十一年六月九日的上谕指出:

> 谕曰:暹罗国人言其地米甚饶裕,价值亦贱,二三钱银,即可买稻米一石。朕谕以尔等米既甚多,可将米三十万石,分运至福建、广东、宁波等处贩卖。彼若果能运至,与地方甚裨益,此三十万石米系官运,不必收税。[3]

暹罗米被包括在了朝贡品中,同时也作为独立的进口商品,此后由商船进行贸易。因此从暹罗来的商船贸易,不是从朝贡港广州进港,而多是从厦门和宁波入港,接手者也是中国商人。所以,可以看出这是根据中国方面对米的需要而从事的贸易。到了18世纪中叶,由厦门

---

[1] 高崎美佐子:《18世纪清泰交涉史——以暹罗米贸易的考察为中心》,载于《御茶水史学》No.10,1967年;野田彦四郎:《关于清朝与曼谷王朝的国际关系》,载于《东南亚——历史与文化》No.1,1971年。

[2] 竹田龙兄:《与阮朝初期的清朝之关系(1802—1870年)》,载于山本达郎编《越南中国关系史》,山川出版社1975年版。

[3] 《清实录》康熙六十一年六月九日。

商人进口的暹罗米减少,贸易者变成了潮州商人。这是由于米进口成了一般性进口,贸易利润减少,厦门商人转而集中于更为有利的中国沿海贸易,取而代之,便由与暹罗移民关系深厚的潮州商人来从事米进口了。[①]

通过上面分析,可见初期与暹罗关系密切的福建帮和广东帮,前者转向以中国沿海贸易为中心的活动,后者则转向以澳门贸易和广州贸易为中心重点从事与西洋诸国的贸易,这成为了潮州系向暹罗移民的背景,也因此强化了潮州系与暹罗的关系。而且,由于朝贡贸易中的米贸易,私人贸易中的米贸易比重也在这一背景下增大着。1725 年,福建省沿海地方为米进口而赴东南亚的帆船,如下表所示:

表 3-12　　　　　　　　　运往福建米调配预定额　　　　（1725 年,单位:担）

贸易对象	大型帆船	中型帆船
暹　罗	300	200
巴达维亚	250	200
吕　宋	250	200
柬埔寨	200	100
柔　佛	200	100

资料来源：Sarasin Viraphol. *Tribute and Profit*：*Sino-Siamese Trade 1652—1853*. Cambridge, Mass. 1977, p. 73.

向华南的米进口,虽然暹罗是其最大的贸易国,却涉及了印度尼西亚、菲律宾、印度支那岛、马来亚半岛等东南亚整个区域。远不只是米贸易,以朝贡贸易关系为背景,华南与东南亚的贸易关系,存在着几条贸易通道。历史上,明代中期的郑和下西洋,极大地扩展了中国朝贡贸易的范围,而这一时期的朝贡贸易通道,则成为以后私人贸易得以扩大的基础(参照地图 3-4 郑和航海图)。

---

① Ng Chin-Keong. *Trade and Society*：*The Amoy Network on the China Coast 1683—1735*. Singapore, Singapore University Press, 1983, Chap. N.

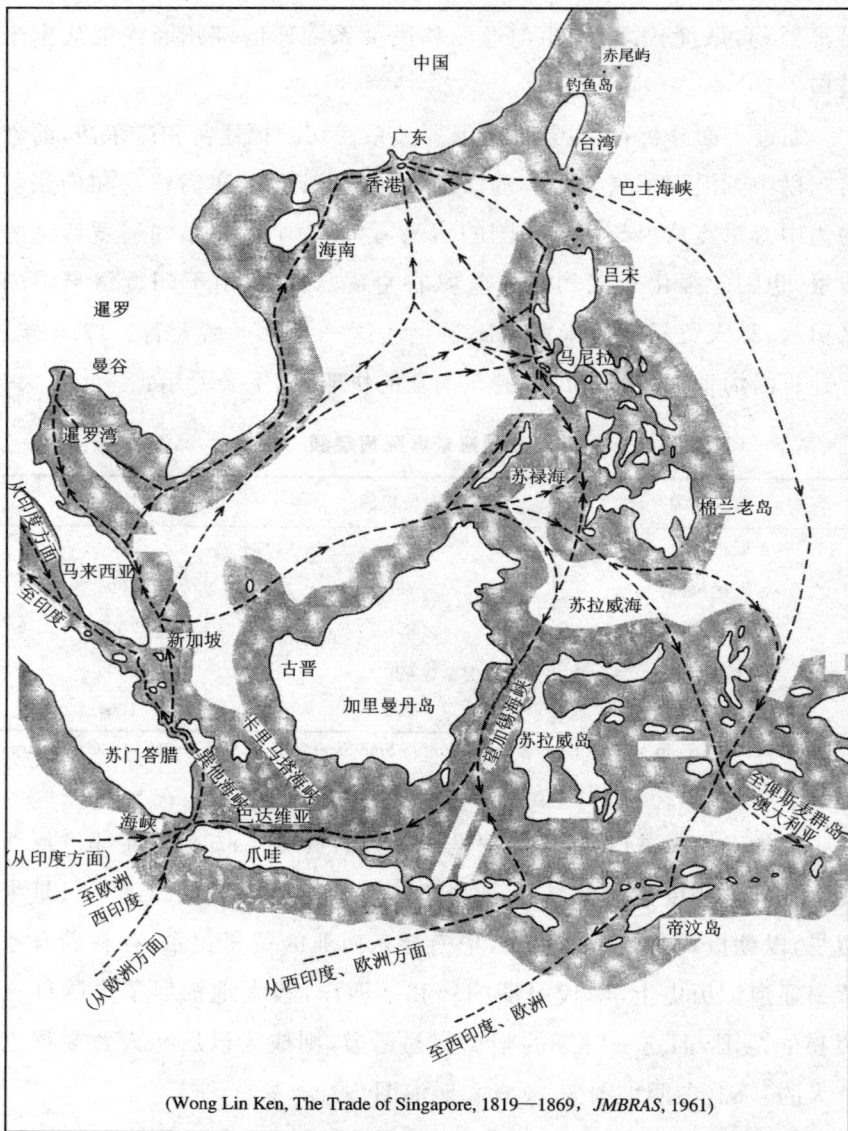

(Wong Lin Ken, The Trade of Singapore, 1819—1869，*JMBRAS*, 1961)

地图 3-3　　**西南季风时期的南海帆船贸易路线**

（二）帆船贸易

ヅンク用汉字来表记为"帆船"。在中国总称为帆船者是用来运输用的小船或舢板船，"帆"在汉字中并没有表示船之机能的"舟"部首，因而推测帆船这个词可能是外来语的音译。又因为它与航行在印度洋沿海贸易的 Jangi 相近似的发音，Jangi 在华南沿海地方出入，中国方面把自己多种多样的沿海小船都总和为 Jangi，所以可以把它考虑为帆船的音译。[①] 可见，帆船贸易并不只是中国帆船贸易对外进出的这一方面，它还作为印度洋与南支那海相联结的贸易船的总称，有着广阔的历史背景和地域特征。

清朝时期，华南的对外贸易存在着几条通道。1830 年代滞留在新加坡的英国人约翰·克劳弗德(John Crawfurd)，从中国的帆船贸易商人那里得到了下面的情况。[②]

在 1820 年代初期，从中国沿海地域的江苏、浙江、福建、广东沿岸出海的中国帆船有 222 艘，载重量一艘平均是 200 吨。这些帆船的贸易所属者数量分布，日本 20 艘、菲律宾诸岛 13 艘、东非海诸岛 4 艘、西里伯斯 2 艘、文莱 13 艘、爪哇 7 艘、苏门答腊 89 艘(今印尼岛之一)、廖内省(今印尼地名)1 艘、马来半岛东岸 6 艘、暹罗 89 艘、交趾 20 艘、柬埔寨 9 艘、东京(越南)20 艘、新加坡 8 艘。在暹罗成为最大贸易对象的同时，还广泛地涉及到马来半岛、交趾半岛、日本、爪哇等更广阔的地区。

就整个帆船贸易圈来看，由几个地域性的贸易圈构成。其中，由于比邻而形成的地域性的贸易圈，从西往东依次有：(1) 孟加拉湾沿岸地区和缅甸南部地区；(2) 暹罗、马来半岛、缅甸、交趾地区；(3) 交趾、马来半岛、爪哇；(4) 爪哇、菲律宾、华南南部沿海地区；(5) 菲律宾、台

①　Radha Kumud Mookerji. *A History of Indian Shipping*. Kitah Mahal, Allahabad, 1962, Chap. Ⅲ.

②　John Crawford, *Indian Archipelagos*, p. 298.

湾、华南东南部沿海地区；（6）台湾、长崎、华南沿海地区、华中东部沿海岸；（7）长崎、华中东部沿海地区，朝鲜半岛南部沿海地区，等等。同时还存在着海湾和河港间的贸易圈。除此之外，加上内陆的贸易圈还有：（8）缅甸北部、贵州、云南；（9）暹罗北部、云南、广西；（10）东京（越南）、云南、广西；（11）朝鲜半岛北部、奉天、中国东北地区，等等。[1]

在帆船贸易的网络中，以长崎为一环，从华南、东南亚进口的物品以生丝（白丝）、绢织物、香料、中药、砂糖等为主体，而从日本出口的则主要以铜、白银为主体。到达日本的外国船（唐船）中，从华中来的有宁波船、定海船、乍浦船，从华南来的有福州船、厦门船、安海船、漳州船、广东船，从东南亚来的有暹罗船、柬埔寨船、交趾船、爪哇船，还有台湾船来航。[2]

在这些地域性贸易圈中，商品被广泛地流通着，而随着广泛的帆船贸易和广泛的商人集团活动，又形成了更加外延的贸易圈。在这个广阔的地域性贸易网络中，形成了印度—华南间、东南亚—华南间、东南亚—东亚间、华南—东亚北部这样四大地域性贸易圈。在这几大贸易圈之间，由于受东北季节风和西南季节风的影响，每年有两次大的流动（参照地图3-3）。[3]

这种贸易关系，形成了近似纬度的带状东西贸易和不同经济构成之间的南北贸易。从经济地理的角度看，也存在着导致南亚、东南亚、东亚地域间的竞合关系状况。关于这一点，将在第四章第1节（4-1）中进行探讨。

通过上述帆船贸易关系的分析，可以说，中国对外贸易的特征基本上是地域间的贸易。与其说由于国境的关系存在着国内与国外的区

① 田汝康：《中国帆船贸易与对外关系史论集》，浙江人民出版社1987年版。
② 永积洋子编：《唐船进出口品数量一览（1637—1833年）——复原唐船货物改账、归帆货物买渡账》，创文社1988年版。
③ Wong Lin Ken. "The Trade of Singapore, 1819—1869." *Journal of the Malayan Branch of the Royal Asiatic Society*, Vol. 33, Pt. 4, 1961, p. 110.

分,倒不如更确切地说形成了地域间贸易的连锁关系,即所谓的国际贸易。

在东亚地域内部,在东南亚地域内部,特别是在包含两者的形式上,地域贸易的圆环有着几个历史性的存在。而且这些地域贸易圈是作为亚洲区域内经济构成要素的贸易单位而发挥作用的。在其内部,商品贸易和进行贸易的商人集团,具备了地域相互间的决算关系。在其外部,沿着其贸易圈的边缘,又形成了与其他贸易圈相联结的转口港,构成了广域贸易网的一部分。

伴随着贸易圈的扩大,当地商人与广域商人共同分担市场,如下图所示,当地商人在小规模的地域市场活动,广域商人集团操作广域市场商品,并囊括了众多的地域市场。在亚洲市场上,印度商人和中国商人以移民为背景,从事着广域活动。

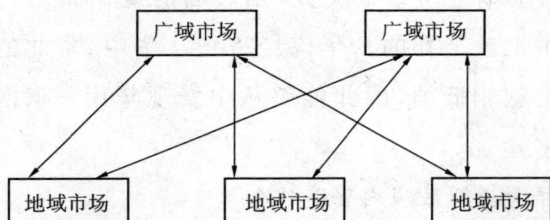

以这些广域市场为基础,欧洲诸国在进入亚洲的时候,由于能够进出地域市场,与广域市场商人集团进行贸易,其开始的买入和贩卖活动才成为可能。英国的经营代理和中国的买办是其渊源所在。

亚洲区域内的贸易网,主要是印度商人、中国商人在各地域间进行贸易,并形成了自己的决算网。而且在其影响下,各地域经济被连接起来,两大商人集团在经营各自组织之际,又通过自己的地缘和血缘或同业行会形成了贸易网和组织起垄断的流通网。例如,广东的商业行会就具有以下历史特征。

广东的公行组织从 1720 年开始,行商的原籍多属于福建省漳州府、泉州府，他们以厦门为中心的沿海贸易作为背景而形成组织，广东十三公行是其中的一部分。他们的活动范围也延伸到了交趾、暹罗、马来半岛、爪哇、菲律宾。① 但是，设立企图独占西洋贸易的公行却是由行商潘振成 1760 年开始的。粤海关（广州税关）设立了专门办理西洋贸易的外洋行，专门办理南洋（东南亚）贸易的本港行，专门办理福州、潮州贸易的福潮行，三个部分分别课税。以往从事广东贸易的行会商人以外洋行（广东十三公行）为主进行。但有必要注意两点，也就是说，中国的对外贸易，以厦门、福州、潮州为中心，一方面他们与南洋进行贸易，特别是暹罗，对华南米市场而言是不可或缺的商品；另一方面，从事从华南至天津的南北沿岸贸易，特别是与东南亚的贸易，受到暹罗朝廷的特许，利用在暹罗制造的帆船，也从事着包括暹罗—日本—厦门之间的三角贸易。②

这些贸易基本上用白银决算，据后面的厦门报告，贸易收支入超则是由华侨汇款来补的。华南经济把从华中、华北的入超，与东南亚的华侨汇款相抵消，因此能够从中发现华南—东南亚贸易、决算关系的紧密性。

（三）西洋向亚洲区域内贸易的介入

依靠亚洲区域内沿海帆船贸易网，欧洲人进行了称作地方贸易（country trade）的沿海地域贸易。也就是说，欧洲商人在介入亚洲的沿海贸易时，其特征就是利用了既存的网络。对此，东印度公司义务运入英国制品并进行贩卖，在亚洲区域从事广域商品鸦片、米、砂糖等的贸易。③

---

① 民国《潮州志》卷八《实业》。

② Ng Chin-Keong. *Trade and Society：The Amoy Network on the China Coast 1683—1735*. Singapore University Press, 1983.

③ K. N. Chaudhuri. *The Trading World of Asia and the English East India Company*, 1660—1760. Cambridge, 1978, p. 42. Michael Greenberg. *British Trade and the Opening of China 1800—1842*. Cambridge, 1951, pp. 10—17.

据表 3－13，英国的毛织物、棉制品出口到广东，东印度公司与个人（地方贸易商）比较，前者在出口上占了压倒性的多数。另外，如表 3－14所示，19 世纪初，从加尔哥达开往广东的船舶，从事地方贸易的船占绝大多数。这些地方贸易船运送的货物，如表 3－15 所示，印度产的棉花和鸦片是两大宗商品，其他是印度、东南亚产的香料、海产品、药草等，都是向中国出口的，都是为在亚洲区域内进行贸易而运输的转口贸易。

东印度公司时代，从印度向亚洲方面和非洲方面的沿岸贸易，被称之为国家贸易，它是东印度公司职员的主要收入来源。

1780 年代以前，国家贸易分为三部分：（1）印度沿岸贸易；（2）科摩林角以西的亚洲、美洲沿岸贸易；（3）从科摩林角以东的缅甸、马来亚、中国地域，它们各自与印度贸易圈、伊斯兰贸易圈、东南亚—华南贸易圈相对应。其中，第三部分当初并没有利益，因为那时这个地域被葡萄牙和荷兰商人控制。但是，英国掌握着孟加拉地域，一旦开始将生丝和棉布向英国出口，东方物产就引起了人们的关注。这是因为孟加拉的砂糖、生丝，荷兰属地爪哇的砂糖和中国丝、红糖的廉价占有压倒性的优势。[1]

因此，从印度向中国贸易输出的东印度公司，从和英国本国的关系上来看，主要以亚洲很难找到销路的毛织物为中心进行贸易，所以，实质上亚洲贸易主要由地方贸易商人来担当。这种单方面的贸易使公司贸易活动陷入不安定状况之中，公司便利用票据垄断运用这一特权，管理着地方贸易商人向本国的汇款。另一方面，作为对鸦片专卖制的铺垫，不得不依靠地方贸易商人对中国进行贸易。在亚洲，以印度、中国为中心而展开的白银经济使白银进口成为必要，而另一方面，西洋对亚洲产品的进口也成为必要。由于形成这样的一种关系，所以从 16

① 　Wong Lin-ken. *op. cit*, pp. 12—13.

表3－13　广东进口的英国产毛织物、棉制品量　（单位：两。东印度公司与地方贸易商人比较）

	1827—1828年 反	两	1829—1830年 反	两	1830—1831年 反	两	1831—1832年 反	两	1833—1834年 反	两
宽幅绒 公司船（个）	4154	553650	5188	717580	5195	649035	5200	602593	6652	704743
人	—	34467	—	64086	—	79212	—	242296	—	268072
		588117		781666		728247		844889		972815
长厄尔绒 公司船（个）	5003	578760	6000	696004	7500	825046	7000	756000	7525	765799
人	—		—		—	1600	—		—	100800
						826646				866599
羽纱 公司船（个）	470	98136	1202	225302	1200	185760	1200	168716	450	61176
人	—		—	16530	—	20020	—	70767	—	13418
				241832		205780		239483		74594
英国棉制品 公司船（个）	612	77112	910	118836	1200	108000	1200	89131	1220	127260
人	—	66487	—	47503	—	99181	—	150016	—	215754
		143599		166339		207181		239147		343014
棉布（纛丝） 公司船（个）	—	—	1250	56700	1250	58320	2000	105759	1000	66090
人	—	14000	—	7826	—	11746	—	52584	—	53760
				64526		70066		158343		119850

资料来源：J. Phipps. *A Practial Treatise on the China and Eastern Trade*. Calcutta, 1835, p. 186.

表 3-14　　**从加尔哥达向中国出口船数**（1801—1821 年）

| 年度 | 广　　东 | | | | | | 澳　　门 | |
| | 东印度公司 | | 地方贸易船 | | 合计 | | 葡萄牙船 | |
	船只数	吨位	船只数	吨位	船只数	吨位	船只数	吨位
1801	2	1639			2	1639	5	1000
1802			4	1600	4	1600	4	950
1803			6	3861	6	3861	6	1700
1804			9	5845	9	5845	8	2330
1805	2	2000	19	11330	21	13330	11	3660
1806	1	961	34	15596	35	16557	13	5137
1807			10	5675	10	5675	4	1750
1808			12	6490	12	6490		
1809	1	1000	8	5028	9	6028	5	1725
1810			9	5108	9	5108	3	1225
1811			8	4491	8	4491	4	1425
1812	2	1820	5	3693	7	5513	3	890
1813	1	1200	12	7316	13	8516	6	1745
1814			24	14520	24	14520	4	990
1815			15	10199	15	10199	7	2680
1816			29	15937	29	15937	6	2195
1817	2	2400	25	13466	27	15866	7	1990
1818	2	2525	23	12773	25	15298	7	2460
1819	3	3319	13	5832	16	9151	5	1840
1820	6	6783	15	8437	21	15220	4	1260
1821	3	3600	16	8711	19	12311	4	1345

资料来源：J. Phipps. *A Practical Treatise on the China and Eastern Trade*. Calcutta, 1835, p. 259.

表 3-15　　**从印度向广东的出口贸易**（1818—1819 年）　单位：1000 美元

棉花（孟买）	2952	槟榔树	118
棉花（孟加拉）	2583	鱼　翅	114
鸦片（帕坦、巴那拉斯）	1358	丁　香	108
胡椒	194	水　银	102
锡	188	印度棉布	72

资料来源：J. Phipps. *A Practical Treatise on the China and Eastern Trade*. Calcutta, 1835, pp. 250—251.

世纪以来,始终存在着白银向亚洲的流入,新大陆的白银也大量流入亚洲。从西洋情况来看,来自新大陆的白银在被用于亚洲贸易决算的同时,还在西洋发挥了稳定银价的作用。但是,从 18 世纪末到 19 世纪初,新大陆的白银进口并无增长,但另一方面,欧洲对货币的需要高涨,使得此前的东西白银关系趋于崩溃。其结果,正像表 3-16 所见到的,英国东印度公司开始将贸易重点由东西直接贸易转到亚洲内的地域贸易,其账目则在印度殖民地与英国之间作调整。在此之后,东印度公司亚洲贸易垄断权的废止,发端于对东印度公司侵害亚洲地域贸易商人利益的批判,从中也能够看出鸦片战争使得这一地域贸易的利害关系表面化了。[①] 以荷兰东印度公司为首,英国东印度公司以及在亚洲的英国商社,从事的都是所谓亚洲区域内的转口贸易,这是众所周知的事实,这正是由于以往亚洲区域贸易网作为背景的存在才得以实现。例如,前者的日中之间的白银、生丝贸易,后者的中印贸易等都可称其为代表。在那里,印、中成为两大轴心,沿着东南亚及东亚展开着贸易关系,人们与印度商人及中国商人在各地进行贸易。

3-16　　　　　英国东印度公司通过广东贸易的收支一览

年度	贸易品销售		运入银	票　据 (证券、英镑)	债权总额	投资
	英国商品	亚洲商品				
1803	2983	54	1437934	1927	5832	6000
1804	3778	56	830266	2469	7195	6272
1805	3055	153	—	3054	7252	5197
1806	3417	620	—	2966	8934	5473
1807	3151	655	—	(-131)	7001	3807
1808	3923	787	—	61	8216	4017
1809	3198	392	—	47	7558	3888
1810	3200	645	—	926	8076	4282

---

① Michael Greenberg. *British Trade and the Opening of China 1800—1842*. Cambridge, 1951 (Reprinted 1969), Chap. Ⅲ.

续　表

年度	贸易品销售		运入银	票　据（证券、英镑）	债权总额	投资
	英国商品	亚洲商品				
1811	2751	792	—	1409	7717	5000
1812	2732	1232	—	2054	8037	6425
1813	3085	1286	—	1707	7726	5641
1814	2814	892	—	2658	8174	5931
1815	2144	1570	1094688	3911	10756	6751
1816	2520	1014	2561103	1468	10007	6426
1817	2438	1193	—	497	7769	4601
1818	2035	1084	—	416	6818	4151
1819	1736	1235	—	487	5814	5786
1820	2381	1202	1982941	1668	7682	6118
1821	2057	1452	—	2152	7065	5652
1822	1055	1513	—	2387	6485	5850
1823	2312	1417	689197	2239	6151	6245
1824	2200	1419	—	3197	6841	5788
1825	2776	1415	—	1579	6974	5322
1826	2733	1493	—	2935	8750	7456
1827	1576	1677	—	2142	7090	6385
1828	2168	1388	—	2466	6420	5778
1829	1957	1271	—	1355	5914	5629
1830	1930	1319	—	3311	6773	5729
1831	1871	783	—	3252	5503	5819
1832	1878	1029	—	2427	5227	6025
1833	2515	1842	—	3848	7456	5521
1834	—	—	—	—	—	—

资料来源：H. B. Morse. *The Chronicles of the East India Company Trading to China*, 1635—1884. Vol. I , p. 388.

　　从以上亚洲区域内贸易历史的形成来看,过去着重探讨的是将东印度公司、鸦片贸易、广东十三行,这些与东西经济关系的交叉点相关的诸项目,从被赋予的特征上来体现从前近代到近代的亚洲经济史全貌。今后,大概应该从帆船贸易、朝贡贸易、亚洲区域内贸易的展开上来加以把握。

二　厦门贸易网

厦门、福州、汕头等，是从福建南部到广东北部沿海地方的贸易中心，中国沿海市场所具有的几个特征，它们都兼而有之。

从历史上来观察，(1) 以福州为中心，它们是来自东亚、东南亚、南亚的朝贡贸易的接受港；(2) 通过米、砂糖贸易，在东南亚之间有着物资和劳动力的移动；(3) 台湾、琉球、长崎之间进行帆船贸易；特别是(4) 与华北之间，豆粕作为内陆栽培棉花和砂糖的肥料开始进口，作为对等出口的是砂糖。

由于上述因素，厦门、福州、汕头的贸易网，在中国史上具有广域、中域市场中心的机能，发挥了连接地域市场的作用。①

光绪《厦门志》记载的《番市略》、《夹板船考》、《洋钱考》(卷八)，对从厦门来观察的贸易网的广泛性及其手段都有详细记述。也就是说，将对"外国贸易"、"帆船贸易"、"外国白银"进行的说明提供给商人和船舶作参考。其中，贸易对象被一览作了如下分类：②

东　洋：朝鲜　日本　琉球

东南洋：吕宋　班爱　呐哔哔　猫里雾　莽均达老　文莱　吉里问　苏禄　文郎马　神　旧港　丁机宜

南　洋：越南　占城　暹罗　六昆　埭仔　宋腒朥　噶喇吧　麻剌甲

西南洋：大呢　柬埔寨　荷兰　英吉利　干丝腊　柔佛　彭亨　法兰西　亚齐　附海险，附夹板船考，附洋钱考

(上述皆为原作者所注的旧地名。——译者注)

被分类为东洋、东南洋、南洋、西南洋的贸易对象，网罗了当时的朝贡国、朝贡贸易对象国，欧洲诸国也包含在内。同时，附录《海险》的记载

---

① Ng Chin-Keong. *op. cit.*

② 光绪《厦门志》卷八《番市舶》，第 1 页。

（向达"郑和航海图"，中华书局，1982年）

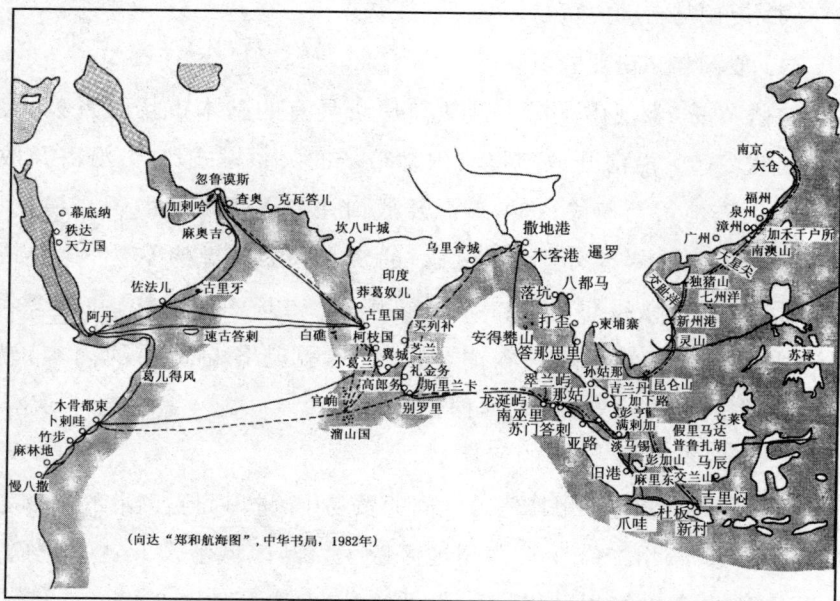

地图 3 - 4　　　　　　　**郑和航海图（1405—1433 年）**

中,列举出从广东南方的海南岛开始,从占城至暹罗湾的海路险要地,这显示出中国方面也与这些地域进行贸易的情况,能够看出厦门贸易网一直延伸到暹罗湾的情况。[1]　关于海洋贸易,通过从明代到清中期所编纂的著作,如张燮《东西洋考》、黄省曾《西洋朝贡典录》、黄衷《海语》、胡宗宪《筹海图编》、陈伦炯《海国闻见录》等,就可知当时人们熟知海路以及海路上的特征和艰险之处。[2]

厦门贸易区域由以下四个方向构成:

（1）厦门及泉州、漳州二府与其他内地的贸易;

（2）厦门与东北、华北各港的贸易;

---

[1]　光绪《厦门志》卷八附《海险》,第 38 页。

[2]　关于这些海上交通,参照松浦章《关于清代福建的海船业》,载于《东洋史研究》4—73,1988年;张俊彦编著《古代中国与西亚非洲的海上往来》,海洋出版社 1986 年版;《泉州港与古代海外交通》编写组《泉州港与古代海外交通》,文物出版社 1982 年版等。

（3）厦门与台湾的贸易；

（4）厦门与东南亚的贸易。

这些贸易，表现出了沿海开放口岸所具有的基本市场关系模式。也就是说：（1）沿海开放口岸与内地市场的关系模式；（2）沿海开放口岸与远隔地贸易模式；（3）沿海开放口岸与近邻地域的贸易模式；（4）沿海开放口岸与外国（东南亚）的贸易模式。笔者认为，这些市场关系模式，可以设想其各自都有作为一个市场圈的功能，并包含着探讨地域间市场关系的基本内容。以下，就其各自贸易的内容，以19世纪末的调查报告为基础，探讨其概要。

1. 厦门与泉州、漳州的贸易

在厦门与泉州、漳州其他内地间的贸易中，进口到厦门港的货物主要是在泉州、漳州二府及其龙州地区贩卖。其区域涉及北达兴化府，南到云霄，西至以汀州，但范围未必那么广阔（参照地图3-5）。

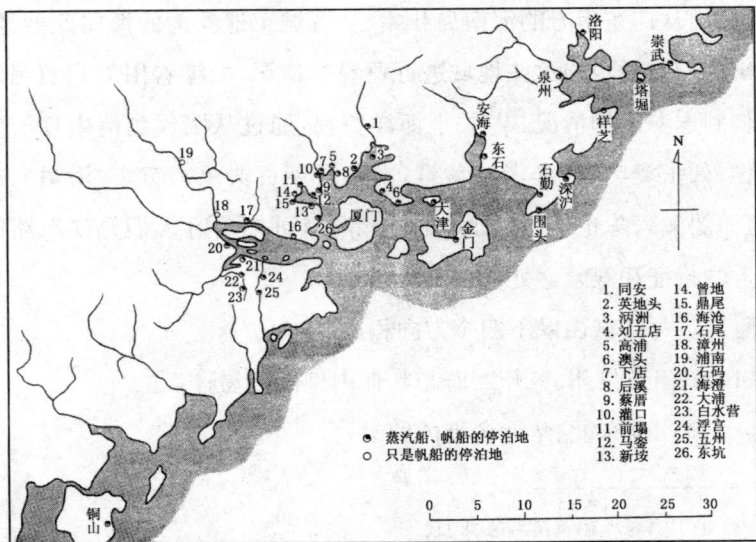

1. 同安	14. 曾地尾
2. 英地头	15. 鼎尾
3. 泅洲	16. 石海沧
4. 刘五店	17. 漳州
5. 高浦头	18. 石浦南码头
6. 高澳头	19. 石浦澄浦
7. 下店	20. 石码
8. 后溪厝	21. 白海沧
9. 蔡灌口	22. 大浮宫
10. 灌口场	23. 白浮五州
11. 前马	24. 马銮
12. 马銮	25. 五州
13. 新坡	26. 东坑

● 蒸汽船、帆船的停泊地
○ 只是帆船的停泊地

0　5　10　15　20　25　30

地图3-5　　　　　**厦门近郊图**

漳州府沿龙溪形成市街,距厦门50公里。龙溪的出海口是石码,从厦门来的进口品中大部分经此进入漳州府。这一地方即使在省内也算是土地肥沃,以产米而著名。其收成的好坏,对厦门、泉州、台湾等地市场及其长江米向厦门的进口额都有很大的影响。漳州府的物产从浦南、南靖两处通过河船到石码,然后再向厦门、台湾输送。从厦门来的货物,则由帆船运到石码或浦南,进一步经漳州分配到内地。向龙岩州及其汀州的进口,通过漳州市场,由河川和陆路运送。

厦门作为与近邻市场并列的腹地的中心,特别是漳州、泉州、龙州作为辅助中心,发挥着集散地的作用,形成了以厦门为门户的沿海—内陆市场圈,与内陆的粮食、砂糖、棉花生产状况相对应,这一市场圈与距离更远的市场之间形成了贸易关系。在这之中,通过粮食的贸易,就可以看出其变化来,详见下表3-17。

表3-17　**厦门关进口米中,本国米与外国米的比较**(1875—1903年)

(单位:担)

年度	进口米合计	进口米:本国米		进口米:外国米	
		数量	%	数量	%
1875	66464	17848	27	48616	73
1876	490110	318837	65	171273	35
1877	705391	119806	17	585585	83
1878	189151	61623	33	127528	67
1879	360316	268122	75	92194	25
1880	208264	206890	99	1374	1
1881	667010	582749	87	84261	13
1882	601461	474942	78	126519	22
1883	321597	154457	48	167140	52
1884	170940	102404	59	68536	41
1885	184087	104489	56	79598	44
1886	342592	254869	74	87723	26
1887	336604	230009	68	106595	32
1888	585957	407278	69	178679	31
1889	533856	484542	90	49314	10

续　表

年度	进口米合计	进口米:本国米		进口米:外国米	
		数量	%	数量	%
1890	311280	167199	54	144081	46
1891	392946	356191	90	36755	10
1892	116243	115247	99	996	1
1893	634539	151563	24	482976	76
1894	593704	296692	50	297012	50
1895	879818	277646	32	602172	68
1896	721306	402226	55	319080	45
1897	115727	46374	41	69353	59
1898	282143	265707	94	16436	6
1899	1309154	1024002	77	285152	23
1900	630255	331371	52	298884	48
1901	499868	283713	57	216155	43
1902	1454471	273326	19	1181145	81
1903	687106	505435	73	181671	27

资料来源：许道夫编《中国近代农业生产及贸易统计资料》，上海人民出版社 1983 年版，第135 页。

厦门的粮食进口，反映出内地粮食生产的丰歉，3 年之中的 2 年，或4 年中的 3 年，都需要相当数量的进口。实际上，这种粮食生产的周期，是在与砂糖和棉花栽培的利害得失比较上产生出来的，不能一概言之是由粮食生产自身丰歉造成，其中栽培作物相互间的比重变化发挥了作用。一旦有粮食进口的需要，首先考虑的是从中国其他地域调入，只有国内其他地域不能满足的情况下，才作为补充从东南亚特别是从暹罗进口。因而，厦门腹地的粮食生产，（1）在与其他栽培作物的比较上，（2）在与国内其他地域的价格差上，以至于（3）在与东南亚地域价格差方面，都能看出所造成的粮食进口的增减。

其中，关于东南亚的粮食生产，也有必要留意法国殖民统治下被开发的印度支那半岛，西贡米向东南亚、东亚出口增大的情况。[①] 表 3 - 18

---

① Great Britain，Foreign Office. *Report on the Trade of Saigon and Cochin-china*, 1886—1904各号。

表现出西贡米向亚洲市场、欧洲市场出口的状况。

在西贡米的出口对象中，香港为最大，其中也包括了向厦门的再出口量。但在向厦门直接出口有记载的年份里，如前表所示，也就是从外国进口最多的年份。从这点可以看出，厦门的外国米进口，也与米的国际市场动向相关联。也就是说，围绕着厦门地域，形成了一个近邻内地市场、远距离国内市场、外洋东南亚市场这样三层市场关系，它们是相互影响、相互补充的市场构造。

2. 厦门与东北、华北各港的贸易

厦门与中国北部各港间的贸易，汽船之外多数是民船，从牛庄、烟台诸港进口豆、豆油、豆饼，出口砂糖、纸、茶叶。

在厦门经营华北贸易的团体被称为北郊，而华北又被分为两个区。牛庄、芝罘及其天津称为大北，上海、宁波及镇江叫做小北。19世纪末，由于没有与大北的商业贸易，所以改换方向，与小北之间进行的商业兼营开始增多。以前小北商店约有30家，其后增加至60家。与此相反的是大北商店由20家减至后来10家，厦门与大北间的进出口货物也随之衰退，因牛庄及芝罘运输进口货物汽船减少，豆饼和豆子进口额也减少了。

在厦门与华北之间的贸易中，从牛庄、芝罘进口的是豆饼及其豆类，而厦门只出口少量的砂糖及其他杂品，因此通常是入超倾向。与之正相反，与天津贸易却呈现出出超状态。因此，支付当地及牛庄、芝罘间入超的部分，就用当地向上海间的汇兑决算。另外，对当地与天津之间的出超结算也与此相同，就用天津到上海的汇兑，在天津结清。汇票结算芝罘限10日，牛庄限15日，天津限5日，这样一来，为了在三地经营商业的需要就有必要在三个都市都设置代理人。[1]

---

[1]　外务省:《清国事情》第11卷第6章"厦门，商业及市场"，第564—568页;楢原陈政:《清国商况视察报告》"厦门港贸易总论"，第332—348页。

表 3-18　　西贡米的出口（1886—1899 年）

（单位：1000 担）

国名（地区名）	1886	1887	1888	1889	1890	1891	1892	1893	1894	1895	1896	1897	1898	1899
中国　港（香港）	7326	6035	5074	2728	5379	3934	3876	6077	4813	6956	5660	2782	5365	5548
汕头	50	115	26	29	979						48		26	（大连25）
厦门	20	54	170		205			638	147	53	57			180
安南　海防	8	250	274	0.8	64	7.5					117	4	41	18
土伦	9		189											
菲律宾　马尼拉	274	584	447	524	688	867	495	300	350	108	94		23	779
伊洛	133	259	315	229	402	176	239	203	219	149	223	18	15	326
宿务	35		91	110	63	86	34	19	55		4		21	415
海峡殖民地　新加坡	28	255	579	673	425	673	1452	1313	932	536	561	1787		437
爪哇　苏腊巴亚				65		13	66	716	1057	246	569	1061	525	569
日本					796	15				186		508	1909	
欧洲　马赛	0.2	384	25	279	582	490	2867	1059	1291	1219	897	3661	2659	2792
美国														35
西伯利亚　符拉迪沃斯托克												11	23	23
印度														83
中国台湾														22

资料来源：Great Britain, Foreign Office, Report on the Trade of Saigon and Cochin-China.

3. 厦门与台湾的贸易

在厦门与台湾间的贸易方面,台湾居住的是从泉州、漳州两府来的移民,为了使之有厦门外府之观,台湾所需货物大体上是由厦门供给的。台湾茶全部向厦门出口,再从那儿向外国输送。台湾茶是厦门对外贸易的最为重要的商品。1873年台湾基隆的帆船贸易如表3-19所示。

基隆港帆船贸易的对象港、出入港都以福州、泉州为最大,入港中居其次者为金门、兴化、漳州、厦门。厦门圈再加上泉州、漳州,台湾对岸的帆船贸易中,厦门就成为最大的地域了。另外,就贸易品来说,进口到台湾的以棉布、盐等日用品为主,从台湾出口的则以煤炭为主。还有,在帆船贸易中并不把茶作为贸易品,这表明茶已被纳入到出口外国的范畴了。这与课税额有关系,内地贸易与外国贸易存在价格差异,但对于其税率问题在第四章中再加以探讨。

表3-19 **基隆帆船贸易**

来	港	
来港地	帆船数	输入品
淡　水	49	杂货、盐
上　海	4	棉、土布、蒜、小麦
杭　州	3	棉、土布、绢布、面
镇　海	3	鱼、小麦、酒
定　海	8	豆、小麦、酒、墨鱼
台　州	4	豆、小麦、酒、墨鱼
太　平	1	陶器、面
温　州	10	明矾、酒、油、烟
平　阳	5	麻布、纸
三　沙	4	盐
福　州	118	盐、柱、瓦、砖、面
兴　化	43	烟、皮蛋、豚
泉　州	95	酒、纸、豚、落花生、陶器
金　门	70	盐、咸鱼、烟、瓦、鞋
同　安	6	棉布、陶器
厦　门	32	瓦、砖、盐、土布、纸

来		港
来港地	帆船数	输 入 品
漳　州	35	材木、麻布、陶器、鱼
南　澳	11	纸、鱼、瓦
潮　州	1	陶器、砖、瓦
饶　平	8	盐、面
广　东	8	玻璃、药材、杂货
合　计	518	

出		港
出港地	帆船数	输 出 品
淡　水	20	杂货、盐
上　海	5	煤、樟脑、麻皮
宁　波	11	煤、麻、靛蓝、染料
镇　海	5	煤、染料（渔网用）
定　海	6	麻袋、麻、煤、染料
平　阳	3	煤
福　州	180	煤、米、藤
兴　化	18	煤、米、麻袋
鞍　头	3	米
泉　州	190	粉炭、米、麻袋、染料
金　门	10	煤、麻袋、油
同　安	1	煤、麻袋、油
厦　门	4	靛蓝、麻袋、煤
南　澳	4	麻袋、染料、煤
潮　州	3	煤、藤
饶　平	6	煤
漳　州	22	煤、麻袋、油
合　计	491	

资料来源：CIMC, Returns of Trade and Trade Repors for the year of 1874, Tamsui (Formosa),p.101.

4. 厦门与东南亚的贸易

厦门与东南亚的贸易方面,从厦门到东南亚的移民很多,而且19世纪末每年的外出打工者平均高达7.5万人,这些移民和外出打工者所进行的货物与白银之间的进出口相当频繁,深刻地影响了厦门的盛衰。

关于华侨汇款,正像此前马士在关于国际收支的收入项目中所论述,华侨汇款额也对该地贸易收支产生了巨大的影响。厦门的贸易报告记载,马尼拉、爪哇、海峡殖民地劳动者中,有 250 万人是厦门出身,一年中有 1000 万美元以上的汇款,1903 年从海外归国的人数大约是 6.6 万人,携带现金大约 600 万美元。[①] 关于华侨汇款与厦门贸易收支关系,见下图 3 - 1。

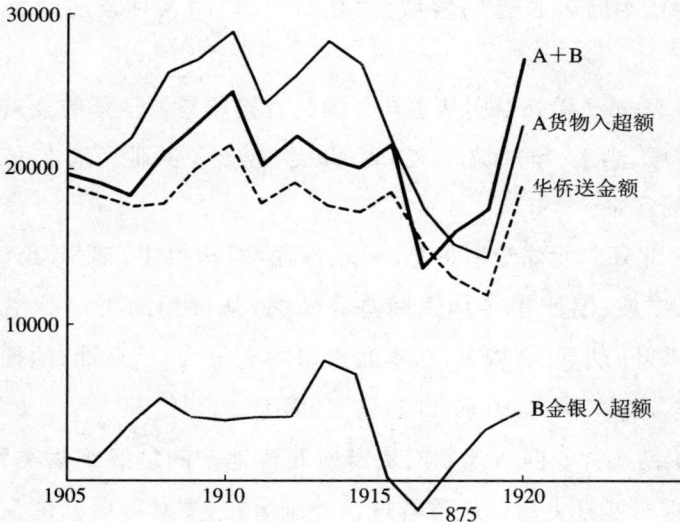

图 3 - 1　厦门贸易收支与华侨汇款(单位:元)

资料来源:福建省政府编《福建历年对外贸易统计》(1903 年)第 52、56 页。

从这一数量图中可以看出,华侨汇款额与贸易收支额之间存在着相关关系,能够确认华侨汇款的多寡左右着贸易收支的多少。另外,成为华侨汇款一部分的金银进口额也起到了掩饰贸易收支入超

[①]　China,Imperial Maritime Customs. *Returns of the Trade and Trade Rapports for the Year 1903*. Amoy.

的作用。华侨汇款在地域市场间的决算关系上起作用，多地域间的贸易就受到决算关系形成情况的左右。这一点不只是外国贸易，正像本章"东北、华北之间的贸易决算"中所看到的，这也是在国内多地域间贸易关系中所应该指出的问题（在地域间决算关系上，关于决算方法和决算单位，请见结论中的金融市场分析部分）。

以上从贸易关系方面分析了厦门网，在此还想进一步分析商人集团在其中所起到的支柱作用。

厦门存在着被称之为"厦门十郊"（"郊"指行会集团之意）的商人集团，各自垄断着自己的领域。"厦门十郊"的名称及活动领域如下所示：①

（1）洋郊。洋郊专门从事与外国的直接贸易。洋郊的业务主要是香港、槟城、泗水、新加坡、三宝珑、仰光，包含了其他所有与东南亚各地的贸易往来。

（2）北郊。北郊专事东北、华北各地，即从牛庄、锦州、天津、芝罘到上海、宁波、温州等各地之间进行贸易，从厦门的出口品主要是砂糖、纸、茶叶、烟草、麻袋等，从华北出口的则是大豆、豆油、油槽、烧酊、药、毛皮、小麦、棉花，山东产的豆、麦、面等诸杂货。

（3）匹头郊。匹头郊专门从事南北各地产的绸缎织物类贸易，也可以称作布匹批发商。从香港进口外国金布、罗纱等贩卖的商业组织也加入了匹头郊。

（4）茶郊。茶业协会，专与福建省南部各地，特别是安溪县地方及台湾淡水地方保持关系，从事所有与茶叶贸易有关的事务。

（5）泉郊。泉郊以前是专门负责厦门与台湾梧权、淡水、鹿港、竹堑、笨港及其澎湖各岛之间贸易的行会，在福建省沿岸，通常是由与台湾有着最密切关系的泉州府晋江县的住民，和在厦门及澎湖岛有实力

———————————

① 外务省：《清国事情》，第573—575页。

的商人的资本组成的。附属于泉郊的中国固有的篷船即"帆船"也有40—50只,以晋成、昆成、源发、发祥、福羹、恒成、源成及福同隆 8 个商行为中心。他们从事各自货物的买卖,以前所获得的利益是非常巨大的。

(6)纸郊。纸郊以所有纸类的贸易为专业。主要保持与漳州、浦南等地方的关系。还有与汀州府连城县也就是上等纸的生产地,特别是与南洋各地方出口下等纸料的制造地龙岩州、漳平县、宁洋县一带的地方进行贸易。

(7)药郊。药材需求很多,所以药郊是贩卖各种药材的组合。不论华南各地的生产品还是四川省的产品,他们贩卖涉及中药的所有材料。

(8)宛郊。宛郊主要进行从漳州及泉州府所属的各地方运出的陶瓷器之类的买卖,通过他们向东南亚及台湾各地出口。但是,从江西省产出的上等瓷器则由别的同省商人在店铺进行贸易,他们没有加入宛郊。

(9)福郊。福郊原本主要在福州省城之间进行贸易活动。因为在外国贸易上根据其业务种类进行营业,所以不存在特别以福郊的名义进行贸易的情形。

(10)笨郊。笨郊主要从事与台湾笨港地方的商业贸易。其事业因承了泉郊那样的,所以如同福郊,有名无实。

以上所述厦门十郊,与先前所见的厦门网的四个方向相对应,(1)洋郊、(2)北郊、(5)泉郊[(9)福郊、(10)笨郊]存在,构成不同地域市场的商人集团。同时,处置商品类别的不同,也形成了各自的商人集团,它们分为(3)匹头郊、(4)茶郊、(6)纸郊、(7)药郊和(8)宛郊(陶瓷器),而且这些不同商品的商人集团,不分国内、国外,活跃于广域市场之中,这一点是很值得关注的。

第四节　香港与新加坡

我们探讨了与被总称为帆船贸易的沿岸贸易和作为其连锁而形成的贸易圈相并列的厦门贸易网,可以看到,广域市场间贸易、广域沿海贸易,由于形成了香港、新加坡这样的转口港而更为扩大了。

厦门的对外贸易情况如表 3 – 20。它是在茶叶、生丝贸易最盛期的 1860 年代,针对不同贸易对象国的进出口统计。

表 3 – 20　　　　　　　　　　　**厦门对外贸易**

国(地区)名	进口	出口	国(地区)名	进口	出口
英　　国	3	71	暹　罗	133	118
美　　国	14	—	马尼拉	284	248
印　　度	—	37	香　港	3643	230
海峡殖民地	844	281	西　贡	292	44
爪　　哇	413	243	合　计	5628	1817

虽然以东南亚作为贸易对象国的中心,但可以清楚看到,以海峡殖民地为对象的贸易在其中也占有很大的比重,通过作为转口港的香港、新加坡进行着以进口为主的贸易。另外,处于厦门南方开放口岸的广东汕头港的对外贸易,也对进口对象香港、新加坡有所记载,《潮州志》就有与厦门贸易网同样特征的记载:

> 在汕头(同治纪元以前的潮州),初盛时期(由咸丰八年至光绪三十年)的贸易关系也表示多角贸易。进口地以英国及其属地占大部分,最多为香港,次为新加坡,此外则暹罗、安南等国。移入地以上海、芝罘、牛庄为最多,天津、厦门、福州次之。主要品则上海之棉布,牛庄、天津之豆饼,福州、厦门之药材、陶瓷、竹纸等类。出口地最多为新加坡,次为香港、西贡。移出地上海占大部分,厦门、福州、宁波、牛庄、芝罘、天津则其次也。输移出口物品大宗为糖,次则烟叶、麻布、扇子、陶器、

纸、鞋等物。①

因此,以香港和新加坡为转口港,加强了东南亚与华南的贸易网,在贸易量增大的同时,两地也发挥把英国与欧美诸国的贸易和亚洲区域内贸易相连接的作用(参照地图 3 - 7)。

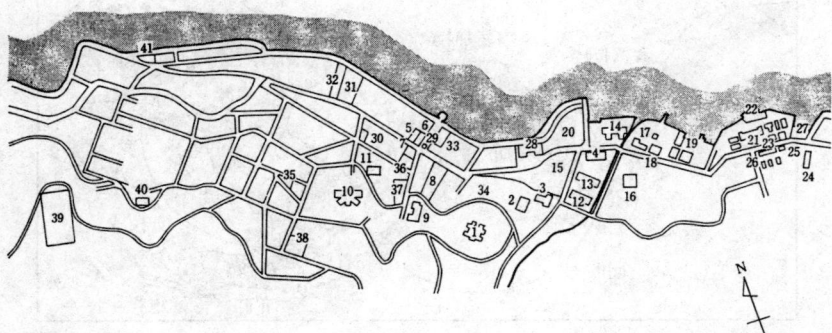

1. 政厅	12. 兵营	22. 威林顿炮台	32. R&C 公司
2. 政府机关	13. 兵营	23. 武器库	33. 丹特商会
3. 礼拜堂	14. 守备军	24. 海军医院	34. 冷饮屋
4. 兵营	15. 游行广场	25. 发动机站	35. 联合礼拜堂
5. 裁判所	16. 指挥部	26. 法令局	36. 中国邮政
6. 邮局	17. 海军	27. 东部守备局	37. 日报社
7. 英国俱乐部	18. 炮台	28. 市政厅	38. 清真寺
8. 泽特兰门房	19. 兵站部	29. 灯塔	39. 伊斯兰墓地
9. 圣·保罗校	20. 板球场	30. 罗马天主教教会	40. 贮水池
10. 监狱	21. 军队医院	31. 中央市场	41. 哈伯博士事务所
11. 维多利亚图书馆			

　　　地图 3 - 6　　　　　　　　　　　1866 年香港维多利亚地区

一　作为转口港的香港、新加坡

(一) 香港

香港在贸易、金融、劳务等领域很好地发挥了中转功能。

香港新时代是从 19 世纪中叶开始的。从英国方面来看,正是维多利亚时代鼎盛之时;从亚洲方面来看,则是东印度公司撤出广东贸易的撤退

---

① 民国《潮州志·实业志六·商业》,第 2 页。

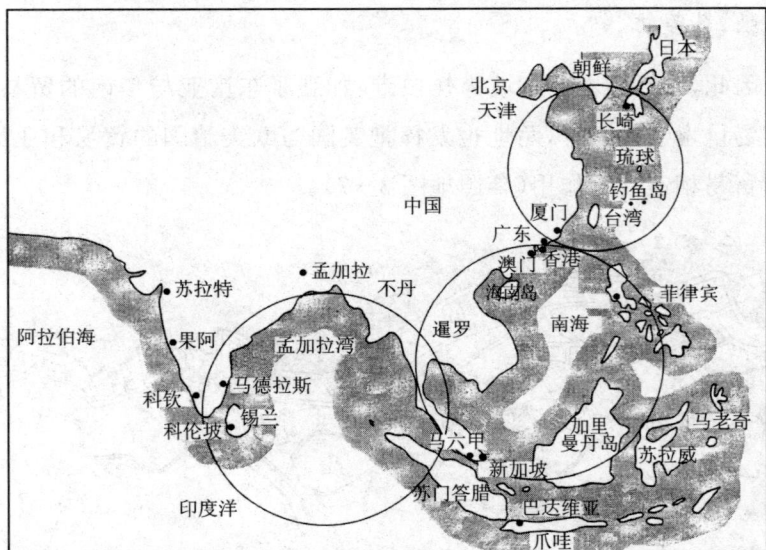

地图 3-7　　　　印度、东南亚、东亚地域贸易圈的相关关系

期,也是英国地方贸易商人鸦片贸易的最盛期。在这样的历史背景中,香港成为英国的殖民地——远东的据点(也称之为远东的直布罗陀),而且同时,也开始作为以往广东贸易的替代地而发挥作用。(参照地图 3-6)

英帝国统治下的香港所具有的经济地理位置,通过与以下各地域的相连接体现出来,即：

(1) 香港与中国东南(广东、福建)

(2) 香港与中国西南(广西、云南)

(3) 香港与东南亚(新加坡)

(4) 香港与东南亚(菲律宾、越南、印度尼西亚)

(5) 香港与日本

(6) 香港与英国

关于香港与上述这些不同贸易对象的关系,可以通过对来港外国船的船舶数来分析(见表 3-21)。香港作为"自由港",对货物没有课税,据船舶统计显示,来港的国家中,英国船和其他的外国船一

起,在与中国沿岸的贸易中占了压倒性的多数。位于沿岸贸易一部分的位置,且正处在与外国贸易切点上的澳门紧随其后。多数为东南亚的航运,从日本来的船舶也在增大之中。[1]

表 3-21　　　**香港贸易对象国(地区)贸易船舶数(1876 年)**

来港方	英国船			其他外国船		
	合计			合计		
	船舶数	吨	船员	船舶数	吨	船员
澳大利亚、新西兰	90	58594	2815	23	11420	303
中国沿岸、台湾	963	774832	39595	24425	1808890	299084
交　　趾	152	122466	4817	80	64158	2140
欧洲大陆	1	979	36	47	76583	3703
英　　国	125	145704	4315	43	36640	884
印度、新加坡	85	128218	6282	9	6719	250
日　　本	49	68108	3256	36	36594	2606
爪　　哇	2	490	18	9	4099	141
澳　　门	496	185030	16130	1262	163196	28971
菲　律　宾	20	7806	898	40	17923	1192
暹　　罗	70	51147	2115	109	55590	2579
美　　国	18	32140	1577	21	41790	1710
合计(含其他)	2074	1576990	81896	26107	2323901	343588

资料来源:Hong Kong Government,Harbar Master's Roport,1876.

表 3-22　　　　　　　**香港的主要进口品**　　　　(单位:1000 香港元)

品名	1896 年	1904 年	品名	1896 年	1904 年
煤　炭	540	1152	灯　油	86	158
米	705	823	小麦粉	85	115
砂　糖	187	206	木　材	26	66

资料来源:Hong Kong General Chamber of Connerce, Annual Report,1896,1904.

　　在香港转口的主要贸易品,如表 3-22 所示,占大宗者为煤炭、

---

[1]　伊藤武雄:《香港通过商业报告》,1897 年。

米、砂糖。煤炭之所以贸易商品中占最大量，原因在于它是船舶的燃料，也说明香港是作为煤炭补给基地、分配中转站而出现的。1905年进口量的顺序如下：

筑丰煤 44.9 万吨，三池煤 20 万吨，澳大利亚煤 12.5 万吨，印度煤 11.2 万吨，加的夫（英国）煤 6.5 万吨，东京煤 6.1 万吨，婆罗洲煤 2.6 万吨，唐津煤 1.8 万吨，北海道煤 1.7 万吨，美国煤 9000 吨，台湾煤 430 吨，苏门答腊煤 300 吨。其中，九州煤占了 65%。特别是三池煤，由于其火力强、杂质少，所以在作为亚洲大港湾的上海、香港、新加坡都被看好。

关于米，从海防港来的东京米为最大宗，其次顺序是西贡米、暹罗米、仰光米。其中暹罗米品质好，价格也高。

通过香港转口的砂糖，以菲律宾糖、爪哇糖为主，向牛庄、天津等东北、华北地区输送。[①]

据海关统计，香港作为所谓中国最大的"贸易对象国"[②]，1870 年代以后始终占进出口贸易的首位。当然，香港并没有那么多自产物，也没有那么大的消费市场，只是作为中转站而已。另外，香港并不是有着国民经济产业构造的所谓"国家"，而是 1842 年以后英国的殖民地。尽管如此，它还是呈现出中国最大进出口港的态势，意味着香港作为中国经济一部分发挥着作用。

中国与香港关系中所具有的上述多方面性格，表现出了中国对外贸易的特征。与此同时，也提供了探讨中国对外贸易的一个视点。透过香港这种贸易对象国的多角关系，从香港经济的关系上来把握其功能性，它们主要有以下五点：

（1）作为中国对外国贸易的中转站，从事外国制品的进口及中国

---

① 伊藤武雄：《香港通过商业报告》，第 42—69 页，1897 年。
② 原文如此。因其为英国殖民地，当时贸易擅作了"外国贸易"。——译者注

制品的出口。

（2）发挥中国沿岸贸易转口基地的作用，进行中国某一地域向其他地域的输入与输出中转。而且也不断地在华南与东南亚之间拓展中国的沿岸贸易，构成了华侨经济圈。

（3）通过与东南亚和东亚贸易的转口，在与中国并不相关的贸易中也发挥着转口、交换、决算基地的作用。

（4）从事与香港本地产业相关的贸易，因而原料进出口和制成品出口也成为香港对外贸易构成要素的一部分。

（5）香港作为金融中心所发挥的作用不但非常大，而且特别重要。也就是说，由于占据了贸易决算地的有利位置，致使其中转站的功能也被提高了。

其中，在香港的经济动向也显示出与中国内陆有着密切的关系。表3-23是香港的金融、贸易统计。

表 3-23　　　　　　　　**香港的金融、贸易统计**　　　　（单位：1000 美元）

（1）金融统计

统计项目	1879 年 9 月 30 日	1889 年 9 月 30 日
香港外国系银行的存款总额	7069	23882
香港中国系银行的存款总额	—	15000
存款银行的存款总额	—	211
流通银行券与银行准备金	4777	9101
香港登记公司〔股〕的市场股价	39380	63922

资料来源：BPP，Papers Relating to H. M. Colonial Possessions，No. 84，Hong Kong，1890，p. 18.

1889 年九龙海关贸易统计　　　　（单位：1000 美元）

（2）贸易统计

从外国的进口	19858
内地进口（从香港）	5716
内地进口（从中国到中国）	2179
向香港的出口	21860

资料来源：China，The Maritime customs，Decennial Report，1882—1891，vol. Ⅱ p. 684.

由这些数字可以知道，香港经济与中国有着极强的联系。香港政厅对于经济所采取的方式，比起中国对英方资本事业的认可来说，略为宽松。例如，承认没有全额缴纳清的股票的发行，还有不问国籍，只要交纳注册费用就可以成立公司。由于在香港登记便可在中国获得"治外法权"，因此出现了利用这一点而成立的中国人经营的公司。针对这些1914年又规定：在华英国公司的董事必须半数以上是英国人。因而，香港历史性地位的第一点特征，就是在行政上是直辖殖民地，却作为中国经济的最南端发挥着作用。[①]

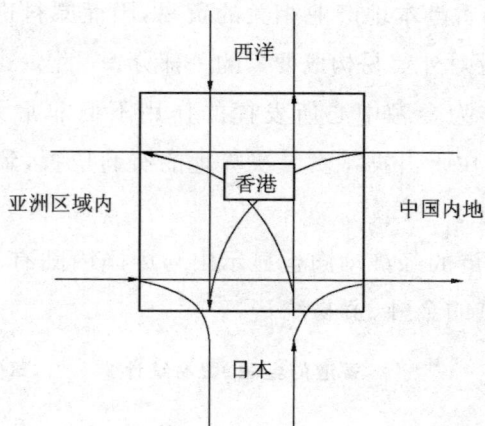

图 3 - 2　香港转口贸易关系的概念图

如上所述，香港作为中国经济的一部分，实质上与上海共同担负着中国的对外经济，香港这一特征，在通货金融方面表现得最为突出。如果将香港的经济地位作概念式的表述，则如图3-2所示。也就是说，如果援用1902年香港商业会议所的总会记录，能够看出其所强调的香港如下中转港性质：（1）香港是几乎没有自己产品的通商港；（2）香港是中国与诸外国商业上的媒介；（3）诸外国与香港进行的贸易，事实上是与中国进行的贸易；（4）世界上90%以上的国家实行金本位货币，而中国

---

① Charles Jeffries. *The Colonial Office*. London, 1956。香港商业会议所直接与驻北京的英国公使进行联络，对此，香港政府表示出不满，认为应该行使正规的渠道：香港政厅→本国殖民省→本国外务省→北京英国公使。（Hongkong General Chamber of Commerce. *Brief History of the Hongkong General Chamber of Commerce*, 1911. p.4.）

实行的是银本位;(5)因而,在香港的通货是黄金还是白银,对于世界各国对中国贸易而言几乎没有什么影响。①

（二）新加坡

新加坡位于印度和中国之间的位置,是重要的货物集散地,1824年被英国人买下宣布为自由港之后,为数众多的中国人移民到了新加坡。1820年代末,新加坡每年有13万吨的船舶入港,发展成为1万余人口的港区。1840年前,加尔哥达银行业已开设分局,到1850年,中国移民大规模开发锡矿山,后来又栽培橡胶,为新加坡的经济发展打下了基础。1860年人口达到8万,加尔哥达的几大银行都到新加坡开了分局。1869年,伴随着苏伊士运河的开通,马尼拉海峡成了前往中国汽船的主要航路(绕过好望角的巽他海峡)。

从上述新加坡的历史过程来看,它的重要作用就在于贸易和处理外国汇兑,而且是作为"与中国保持关系"的手段。华侨汇兑成了抵消中国对外贸易入超的重要手段。华侨汇款的目的,主要被用作家族生活资金和归国后的生活保障,属于非生产性质,②但大量白银流入中国本身,却起到了填补国内流通资金和补充贸易金融资本的作用。汇付业者(银信局)和外国银行在新加坡分局和厦门其他开放口岸分局之间为这些华侨办理汇兑。发挥上述作用的华侨汇兑操作,必然开拓了各城市之间汇兑活动的领域。新加坡若接受汇付金,就会提高其银行在中国的地位。尤其是支付汇兑时需要使用外国银行的银行券,进一步强化了银行在金融市场上的地位。③

新加坡从1820年代开始,就作为亚洲帆船贸易的重要转口基地,在印度东岸地域和东南亚,甚至在连接中国华南的贸易中发挥了重要作

---

①　Hongkong General Chamber of Commerce. *Annual Report*,1903. p.195.

②　内田直作:《华侨资本的前期性格》,载于《东洋经济史研究》I,第129—130页;《中国近代国民经济史讲义》,第164页。池田、松野、林、田尻译:《中国近代国民经济史》上卷,第215页。

③　华侨汇兑的办理即使是间接性的,也会对中国经济产生很大的影响。Allen & Donnithorne. *Western Enterprise In Far Eastern Economic Development*:*China and Japan*,London. p.112.

用。从 19 世纪后半期起，新加坡又在马来半岛进行橡胶栽培和锡矿开发，因这两种商品在国际市场的中心位置，使新加坡港作为转口贸易港的功能被进一步扩大了。

首先，从新加坡贸易对象国的进出口量表来作分析。如表 3 - 24 所示：

表 3 - 24　　　　　　　**新加坡的进出口**　　　　（单位：1000 新加坡元）

进出口量 贸易对象 国（地区）名	1896 年（1 美元＝2s. 2 - d.）		1904 年（1 美元＝1s. 10 - d.）1/8 15/16	
	进口	出口	进口	出口
英国、欧洲	30323	49096	52710	90359
印度尼西亚	29392	40327	53491	49561
印度、缅甸	35370	9804	78825	35811
马 尼 拉	38785	22609	91518	42038
东 亚	40688	17576(含日本)	39536	26520
暹 罗	15614	13496	—	—
印度支那	5707	3235	4042	2406
日 本	—	—	7905	3880

资料来源：Chang Hai-ding. *A History of Straits Settlements Foreign Trade* 1870 —1915. pp. 155—156.

将 1896 年和 1904 年相比，所有贸易对象国的贸易量都增大了。而且，印度尼西亚（荷兰属）、印度（英国属）、日本等等，在这两个年份期间决算制度从银本位向金（汇兑）本位转换，作为贸易对象国的进口急剧增加，这也能够看出新加坡对亚洲贸易作用的增大。同时，这种决算问题，如图 3 - 3 显示的那样，1904 年新加坡自身也实行了汇兑金本位制，其结果向欧洲的出口大增，使新加坡与欧洲的贸易比重也增大了，这点尤其显著。[①]

其次，从新加坡作为转口贸易地或集散地的主要商品的贸易量变化来看，如表 3 - 25 所示。

从这一表中可以看到贸易量变化的特征。作为以往贸易中心的大米仍然呈增加趋势，但就鸦片而言，受到 19 世纪末至 20 世纪初国际上鸦片

---

① 　G. C. Allen and Audrey Donnithorne. *Western Enterprise in Indonesia and Malaya*. London, 1957.

贸易停止趋势的影响,作为其最大进口国的中国进口量减少,向新加坡的鸦片进出口却增大了。这一点可以看出,试图在东南亚地域找到鸦片销路的特征。另外锡和橡胶作为马来半岛的特产,就像欧美汽车产业的发展一样呈现急剧增加的趋势。

如果将新加坡的转口贸易用概念图来表示,如图 3 - 4 所示,可以看出新加坡主要有三个方面的特征:一是马来半岛拥有着广阔的生产地域和消费市场,新加坡主要从事马来半岛的出口贸易;二是由于新加坡拥有集散地市场和决算市场的功能,所以能够从事亚洲区域内的中转贸易;其三,增加一定的附加值,新加坡就能成为与西洋市场贸易的中转站。

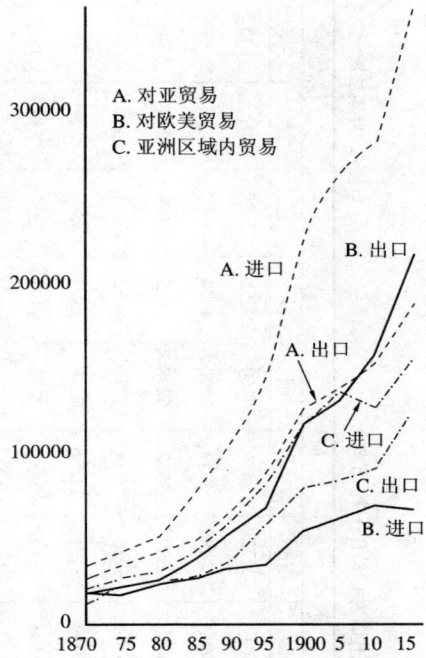

A. 对亚贸易
B. 对欧美贸易
C. 亚洲区域内贸易

图 3 - 3　**新加坡的转口贸易**(1807—1915 **年**)

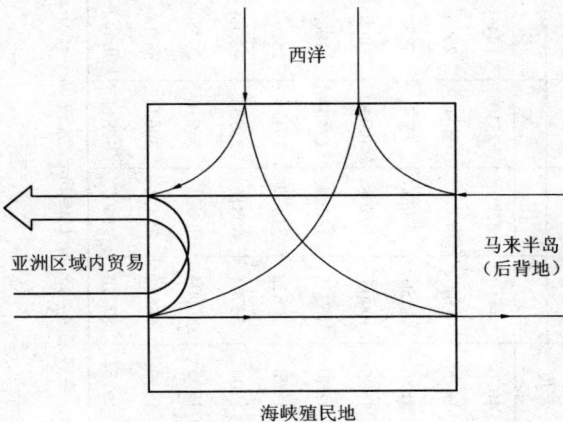

图 3 - 4　**新加坡转口贸易概念图**

323

表 3 - 25　　　　　　　新加坡主要贸易品进出口额（1870—1915 年）

单位：1000 新加坡元

年度	锡 入	锡 出	米 入	米 出	马来乳胶 入	马来乳胶 出	鸦片 入	鸦片 出	棉制品 入	棉制品 出	胡椒 入	胡椒 出	橡胶 入	橡胶 出
1870	4410	4719	2510	1446	1718	2113	4017	3172	8486	6160	2055	2669	42	43
1875	4306	4964	5080	2903	460	378	5682	5248	6747	5790	4074	4712	34	139
1880	4830	5880	7531	5357	1764	1670	6515	5869	8602	6298	2365	3076	247	349
1885	9003	10708	8688	5809	1431	2199	6304	5758	9754	5777	6682	6861	302	395
1890	15965	18164	17137	11982	4169	4892	7040	5793	11218	6276	7397	8391	309	768
1895	30622	31369	19175	16249	2544	3125	9309	7519	9457	7212	4492	5232	743	1887
1900	53761	60816	25735	22504	11799	15110	15428	12351	14789	10099	8269	9597	1820	1645
1905	80904	30821	31916	26786	4235	4414	12800	10567	16906	9955	10348	9976	4615	5665
1910	66641	75421	39634	35706	7366	9932	18171	10631	14990	8539	6487	8012	16825	23781
1915	87710	91607	57811	49442	2313	2751	4047	768	13942	11024	8946	9231	51106	78398

资料来源：Chang Hat-ding. *A History of Straits Settlements Foreign Trade*, 1870—1915. p. 192.

二　香港、新加坡与移民问题

以英国为首的国际经济,19 世纪中叶遇到的问题之一就是出现劳动力不足,这是由于维持世界性劳动力供给需要的非洲"奴隶贸易"被终止而造成的。① 西印度群岛上的砂糖生产(甘蔗种植园)和新开垦的东南亚地域的矿山采掘中,那些从事橡胶种植和甘蔗种植的劳动力都是外来的印度人和中国人。19 世纪中叶以降,从美国的矿山开发、铁道建设到澳大利亚的矿山开采,特别是在东南亚,都能看到中国人的大量流动。而殖民地香港和新加坡便自然成了这一移民的中转中心,中国人向东南亚的移民就是以此为前提而开始的。对欧美各国而言,这为其 19 世纪中叶以降的殖民地经营提供了劳动力保障。在此,就移民与香港、新加坡的关系作一探讨。

(一)中国人、印度人的移民

19 世纪末 20 世纪初的国际性移民,与几个流向相对应,也形成了移民流入的几个中心。以英帝国为中心来看是以下 4 个地方:(1) 南非;(2)东南亚(包括锡兰);(3)北美(加拿大);(4)新西兰、澳大利亚。它们的作用就在于满足了新的劳动力需求。

在英帝国中,20 世纪初就有移民统计和记录的地域是以下地方(括弧内的数字为年平均移入、移出移民的概数。没有概数者见表 3 - 26 的统计数字显示):②

英国属印度(移出 2 万人)

海峡殖民地

锡兰

---

① W. L. Mathieson. *Great Britain and the Slave Trade 1839—1865*. London, 1929.

② British Parliamentary Papers. *Statistical Abstract for the Several British Self-Governing Dominions*, *Colonies*, *Possessions*, *and Protectorates in Each Year from 1899 to 1913*,1915. pp.285—286.

毛里求斯（移入 4000 人,移出 34500 人）

塞舌尔（移入 400 人,移出 300 人）

香港

澳大利亚（移入 10 万人,移出 7 万人）

新西兰（移入 4 万人,移出 2.5 万人）

斐济（移入 3000 人,移出 500 人）

南美联邦:纳塔尔（移入 3 万人,移出 2 万人）

南美联邦:好望角（移入 6 万人,移出 4 万人）

加拿大（移入 30 万人）

纽芬兰（移入 1 万人,移出 1.1 万人）

牙买加（移入 1 万人,移出 1.2 万人）

香港、海峡殖民地、锡兰的移入、移出人数详见表 3 - 26。

表 3 - 26　　**香港、海峡殖民地、锡兰的移民数**（1900 —1913 年）　　（单位:人）

年　度	香　港		海峡殖民地		锡　兰	
	移入	移出	移入	移出	移入	移出
1900	121322	83643	297423	11251	207994	112936
1901	129030	69774	254919	16204	120603	118313
1902	129812	71711	266706	18183	87763	63917
1903	140551	83384	284079	17832	63416	47715
1904	149195	76304	280657	19550	77302	56246
1905	140483	64341	262356	19750	160080	65513
1906	134912	76725	278861	21870	88945	59659
1907	145822	105967	357208	30500	55724	63671
1908	157809	71081	255573	30920	86401	78740
1909	144821	77430	215018	31394	79815	61287
1910	149564	111058	360243	39080	118613	64660
1911	149894	135565	460374	48103	97536	58916
1912	163248	122657	436264	63885	117175	77810
1913	166921	142759	426381	70090	120354	90374

注:香港在中国人移民和中国以外(主要是新加坡)的移民数。海峡殖民地指中国人和印度人移民,锡兰只是印度人移民的数字。

资料来源: British Parliamentary Papers. *Statistical Abstract for the Several British Self-Governing Dominions , Colonies Possessions , and Protectorates in Each Year from 1899 to 1913 , 1915* . pp. 285—286.

香港的移民中,中国移民人数最多,此外以香港与新加坡之间的人员流动为最多。这意味着香港和新加坡之间,除贸易和投资以外,在劳动力和人员流动方面也有着密切关系。

海峡殖民地作为移民的中转地,成了中国人、印度人去马来半岛从事锡矿采掘和橡胶栽培的中转地,也可视作劳动力的集散地。

这个时期锡兰茶的种植急剧增长,可与印度相媲美,印度劳动力向锡兰的流动正是出于茶叶栽培的需要。[①]

这些劳动力的移动,填补了殖民地经济政策下激增的劳动力需要,从中国经济史的角度分析,这带来了消费市场的扩大,移民劳动者向本国的汇款以及中国产品(茶叶等)在亚洲市场的竞争等事态的发生。总之,以新加坡与香港之间的关系为中心,扩大了以印度和中国为两大支柱的亚洲区域经济相互交流,同时,通过两地关系,也使我们可以把握其与欧美市场之间的联系。

(二)移民中转站香港、新加坡

中国对外移民的历史极为悠久,特别是向东南亚方面的移民,有史料记载的可以追溯到唐代(7—8世纪)。[②] 关于移民的原因,可以举出经济的、政治的、社会的诸理由,分别被认为是迫于华南沿海地域生产力低下和政治性的变动以及社会诸阶层诸集团相互间的纷争(客家和械斗等等)所造成的。[③] 观察以往所探讨的以上理由,即关于中国移民之所以离开祖国的"排出力"的争论同时,也有必要就移民到达地域的"吸引力"作探讨,例如东南亚地域的农业生产力与华南之间的比较研究等。

以往"传统的"华侨研究中包括有对于"排斥-吸引"之间相互关系

---

① 中国特产茶、生丝的出口,由于印度、日本之间的竞争而逐渐减少。围绕中国出口贸易的亚洲间竞争,将在下一章的第四章第一节中探讨。参照拙稿《近代亚洲市场与英国》,载于《史海》30号,1983年6月。

② 李长传:《中国殖民史》,北京,1936年。

③ 陈达:《南洋华侨与闽粤社会》,北京,1936年;福田省三:《华侨经济论》,1942年。

的研究，认为关于移民的研究也应包括移民所到地的殖民地问题。但是，两者同样是把移民＝移动对象来研究，正如后面论述的那样，研究中国移民尤其是向东南亚移民的历史经纬，却忽略了以中介机关为媒介的移民——归国往复所形成的多地域间移动网络这一事态。以这一中国移民的历史为背景，特别是加上 19 世纪中叶由于终止非洲奴隶贸易而带来的对印度人、中国人劳动力的需要，也就是说，在英帝国内部，为了西印度群岛和开采橡胶、锡，就有必要确保向东南亚地域流入劳动力，以解决劳动力不足的问题，其结果，就迫切需要把香港作为它的中转站基地来建设。1854 年 6 月 5 日香港总督 J. 包信（J. Bowrins）发给本国殖民部大臣的信中，就明白表示出了上述历史背景和 19 世纪中叶香港所面临的课题：

> 我（包信）确信，香港对男性移民者而言是很充满魅力的地方，而且得以成为向其他殖民地大量输送劳动力的供给源。但是，这种做法必须使在其他地域广泛存在的那些虐待得以解除，而且还必须是不含那些加深虐待、姑息虐待的方法。妇人常常是不得与丈夫同行的，这就意味着中国女性移民要离弃故乡的话，在有着极强连带性的中国家族制度下，等待她们的就是受惩罚。所以，除非诱拐和购买，否则不可能期待有妇人大量移民。①

在这封信中，陈述了香港应该发挥作为有秩序的移民供给地的作用，同时指出，中国移民是以男性为中心的外出打工移民，其理由在于中国的家族制度，他指出的这一点意义深远。②

他在这里所说到的"虐待"，实质上是指作为奴隶贸易进行的所谓苦力贸易，中国劳动者被抓、运送途中的高死亡率和到了移民地的超强劳

---

① British Parliamentary Papers(BPP). *Correspondence upon the Subject of Emigration from China*. London, 1855,p.33.
② 巴林克引用了伦敦传道教会牧师 W. H. 梅德赫斯特（W. H. Medhurst）关于中国家族制的文章 *Marriage*，*Affinity and Inheritance in China*。

动。但是,另一方面从人道的观点出发,主要由于高死亡率而带来经济
损失这一"经济的"理由,在中国当地以及西印度群岛等需要劳动力的地
方就采用了契约移民的方法。但是,如表 3 - 27 所见,只以前往古巴的
契约移民输送过程为例,就出现过 1/3 人员发生事故的情况。这表明移
民输送相当危险。1870 年日本横滨就发生了类似的玛丽亚·露丝号事
件。1860 年开始真正经由香港的中国移民所到达的目的地是:旧金山、
澳大利亚、温哥华、英国属西印度群岛、孟买、塔希提岛、荷兰属西印度群
岛、火奴鲁鲁、婆罗洲、纳闽岛、爪哇等。[1] 1857 年,以英国的圭亚那、特
立尼达的契约为例,中介人托马斯·杰拉德受 24 名业主之托,每一中国
人平均收 25 英镑手续费,运送了总数 2990 名中国劳动力。契约规定了
报酬、支付方式以及提供衣食住等问题。[2] 但是,由于移民当事人向契约
业主和中介人(外国、中国双方的)借贷船费以及向本国家人汇款而欠
债,所以契约内容并不充分。在中国移民与印度移民相比较的问题上,
也有人这样描写道:"把印度人与中国人移民相比较的话,中国人更加有
利。印度人的确比中国人更老实,更容易操纵。但是中国人的体力强
壮,勤劳努力,热心存钱,地位在不断上升。"[3]指出了中国人移民利益偏
好的状况。

表 3 - 27　　　　　前往古巴的中国人契约劳工

出发日	船　名	船籍	吨位	到达地	中国人乘船数	中国人上陆数	死亡人数	出发地	备　考
1850.2.17	Lady Montague	英国	763		440	241	199	汲水门	虐待
6.13	Emvresa	秘鲁	446		300	252	48	汲水门	

[1]　BPP. *Papers Relating to Coolie Emigration*,1868. p.14.
[2]　BPP. *Papers Relating to Emigration from China to the Colonies of British Guiana and Trinidad*. London,1858. p.17. 可儿弘明:《近代中国的苦力与"猪花"》,岩波书店,1979 年。
[3]　BPP. *Papers Relating to Chinese Immigrants Recently Introduced into British Guiana and Trinidad*. London,1853,p.81.

出发日	船　　名	船籍	吨位	到达地	中国人乘船数	中国人上陆数	死亡人数	出发地	备　考
9.24	Albert	法国	292		245	—	—	汲水门	因剪辫事件回中国
10.14	Manuelita	法国	200		180	176	4	汲水门	
1851.1.31	Mariner	英国	685		409	400	9	澳门	
2.21	Coromandel	英国	663		404	400	4	澳门	
12.5	Victory	英国	579		350	—	—	汲水门	杀害船长，回国
1852.2.2	Susannah	秘鲁	514		325	319	6	汲水门	
2.2	Beatrix	秘鲁	376	巴拿马	300	—	—	汲水门	在新加坡沉没
7.12	Empresa	秘鲁	446	巴拿马	420	393	27	汲水门	
11.24	Ohio	美国	373	巴拿马	300	228	72	汲水门	
1853.1.2	Eliza Morrison	英国	797	巴拿马	420	404	16	汲水门	
1.26	Isabel Quintina	秘鲁	514	巴拿马	325	316	9	汲水门	
2.11	Yaque	墨西哥	237	巴拿马	200	198	2	澳门	
2.11	NePaul	英国	1006	巴拿马	500	492	8	汲水门	
3.8	Rosa Elias	秘鲁	233	巴拿马	200	—	—	汲水门	杀害船长，在新加坡上岸
3.19	Empresa	秘鲁	446	巴拿马	425	329	96	汲水门	发生传染病
1854.2.20	Isabel Quintina	秘鲁	514	巴拿马	325	278	47	汲水门	
2.20	Amazon	英国	344	巴拿马	250	248	2	汕头	
3.—	Grimineza	秘鲁	700	巴拿马	600	—	—	汕头	在普兰普顿沉没

　　资料来源：British Parliamentary Papers. *Correspondence upon the Subject Emigration from China*. London, 1885, p. 60.

　　到了 19 世纪末叶，东南亚种植园经营和矿山采掘不断增加，急需增加从印度和中国来的移民，新加坡因而成了集散地。正如表 3 - 28

所见,从 1890 年代显示出增加势头,1910 年代初形成高潮。很多无契约移民的增多表明了两种情况:一是借着早到移民,地域性关系已经形成;二是与作为商业地区的新加坡的都市发展相对应,存在着劳动力需求。另外,契约劳动者的职业详情见表 3 - 29,其中 1907—1908 年的锡矿工、1910—1911 年的橡胶园劳动者成为数量最多的行业。与这些移民有关的运输业包括活跃于亚洲的欧洲航运业,有些商社也参与进来,再加上帆船贸易,这便使大量移民成为可能。

如何管理以香港为中转地的移民? 如何顺利地将其送往需求地点? 这是香港当局一贯关心的事情。1901 年制定的《改订中国人移民条例》是其中一例,但它遭到了当地客栈(中国移民业者)的批判。[1]

该条例意在甄别出移民中的被诱拐者,因此规定所有移民者必须

---

[1] Hongkong General Chamber of Commerce. *Annual Report*, 1902. pp. 41—49. 主要客栈有以下所列出的:

20 世纪初,香港的主要客栈及其所在地:

Ki Shang Chan(祺生栈), No. 100 Des Voeux Road

Yan On Chan(人安栈), No. 13A Wing Lok Street

Yan Wo Chan(人和栈), No. 1A Wing Lok Street

Fook Li Un Chan(福利源栈), No. 2 Wing Lok Street

Li Shang Chan(利生栈), No. 268 Des Voeux Road

Tong On Chan(同安栈), No. 126 Connaught Road

Tat Lot Chan(泰来栈), No. 122 Connaught Road

Cheung Fat Chan(长发栈), No. 129 Connaught Road

Chun On Chan(全安栈), No. 133 Connaught Road

Sun Wo Chan(新和栈), No. 58 Connaught Road

Po Shang Chan(宝生栈), No. 188 Des Voeux Road

Hung on Chan(鸿安栈), No. 196 Des Voeux Road

Cheung Chun Chun(长春栈), No. 136 Des Voeux Road

Ming Li Chan(名利栈), No. 130 Des Voeux Road

Tat on Chan(泰安栈), No. 106 Des Voeux Road

Man on Chan(方安栈), No. 94 Des Voeux Road

Man Fong Lau(万芳栈), No. 44 Wing Lok street

Wing on Chan(永安栈), No. 153 Connaught Road

(Hongkong General Chamber of Commerce. *Annual Report*, 1902. p. 48.)

通过这些住所,可以看出大部分位于香港岛的中国人商业地域中心的南北行位置,由此也就能够理解移民中介业、贸易业、汇付业的一体化经营了。

在香港最低停留 48 小时,以发现那些并不希望移民者。但客栈一方则以经费过多、移民业务会被广东和澳门夺走为由予以反驳。而且他们指出,如果真的那样,从事移民运输的外国商社也可能受到打击。实际上,对于大规模移民的外国商社而言,特别对运输业者来说,移民确实是其重要的"出口品"。[1] 另外,条约规定中国人移民业者要有 1000 美元保证金和两个保证人,这也被批评为过于严厉。不得已,当局撤回了关于滞留 48 小时的规定。

表 3-28　　　　　　　　　赴新加坡、槟城的中国移民　　　　　　（单位：人）

年度（年）	赴新加坡的移民		离开新加坡的移民中国人	赴槟城的移民		离开槟城的中国人	契约劳动者
	合计	女性		合计	女性		
1890	96230	3820	31706	36044	1726	5921	26204
1891	93843	4710	32245	49066	2416	383	17538
1892	93339	4804	—	45227	2529		
1893	144558	6387	—	68251	3868	—	38326
1894	106612	5007	31083	46230	2425	371	22302
1895	150157	6997		60559	3653		
1896	142358	6451	—	57055	3216		29825
1897	90828	5427	24150	41124	3224	2333	17268
1898	106983	6192	26575	44811	3301	1890	20459
1899	117794	5514	31903	51299	2594	2764	22233
1900	159571	8482	41376	72821	3847	4026	27033

[1]　从事移民输送的主要外国商社（外国航运公司的代理店）有如下几个：
David Sassoon, Sons & Co. (Agents, Apear Line of Steamers)
H. A. Ritchie(Superintendent, P. & O. S. N. Co.)
Jardine, Matheson & Co. (General Managers, Indo-China S. N. Co. Limited)
Butterfield & Swire(Agents, Ocean S. S. Co, China Navigation Co, N. E. L. Orient Line, Taikoo Sugar Refinery)
Bradley & Co. (Agents, Shan Steamers)
Melchers & Co. (Agents, Nordd. Lloyd, East Asiatic Co.)
(Hongkong General Chamber of Commerce. *Annual Report*, 1901. p.97)

年度 (年)	赴新加坡的移民		离开新加坡的移民 中国人	赴槟城的移民		离开槟城 的中国人	契约劳动者
	合 计	女性		合 计	女性		
1901	157657	11822	39512	66411	4128	4594	22408
1903	172770	14539	47551	75401	5346	4450	18768
1904	163079	10163	41717	39215	4156	1260	17045
1905	136001	13714	37130	35645	4833	1475	14864
1906	—	—	—	—	—	—	18675
1907	179756	13785	47580	44495	5682	1809	24089
1908	121639	11147	31813	29387	4295	2296	13604
1909	120954	9602	30798	27529	3901	3540	13379
1910	173423	14121	42898	37955	5333	867	23935
1911	215036	19754	54818	49875	7302	4516	24345
1912	203124	21779	48520	44284	6384	4236	13600
1913	240979	28547	41018	37161	5611	3862	14198
1914	124032	13096	13118	41988	2714	3345	2648
1915	80352	10632	15382	26698	4123	1743	—

资料来源：Ta Chen. *Chinese Emigrations*, *with Special Reference to Labor Conditions*. Washington，1923，p.84. 1902 年的数值尚欠缺。

表 3 - 29　　　　　　前往海峡殖民地的中国契约劳工详表　　　　　　（单位：人）

年度(年)	1905	1906	1907	1908	1909	1910	1911	1912
地下职业								
矿　　工	4474	9738	13304	12359	7601	4805	4974	2717
农业劳动	5200	5454	8137	4497	5820	18862	17064	7574
一般非熟练劳动	2912	1790	2330	1667	1320	1221	710	2920
伐木、木材、伐薪	871	1462	1037	766	610	626	764	1205
机械工、职工	503	574	637	719	243	450	23	410
家务、商店、日雇劳工	305	245	403	167	123	59	1933	35
水手、渔夫等	127	48	228	268	239	196	314	143
其　　他	182	53	83	74	115	96	40	30
合　　计	14574	19364	26159	20517	16071	26315	25822	15034

资料来源：Ta Chen. *Chinese Emigrations*, *with Special Reference to Labor Conditions*. Washington，1923，p.85.

香港政厅也试图通过对移民业者的监督来实现其对移民的管

辖。移民通常是由被称为客栈的、与同乡结合而成的中国移民业者来承担的。这一移民中转站，伴随着移民汇款又成了金融中转站，使其作用进一步增大。

(三) 香港、新加坡的金融地位

香港与新加坡的共同点在于两者都是贸易中转站，既处于交通要冲，也是贸易要冲，而要冲地的优越性就在于可以从过境商品或资本中获利。

两地经济地理位置有以下特征：

(1) 两地都有广大腹地，分别处在马来半岛经济和中国华南经济窗口的位置。

(2) 两地都是移民——华侨或者印侨聚居地，并因商人相互间的关系形成了与其他地域之间的商业网。

(3) 两地同是英国殖民地，都采取自由贸易港政策，又都具备西洋企业打入其市场的有利条件。

下述内容如实描写了新加坡和香港当时发挥贸易中转功能和决算功能的具体状况：

> 打算运送暹罗米的中国商人，须在其收购（租来）的船上堆满美金或马蹄银。之所以如此，是因为他们知道中国商品并没有在暹罗形成固定的市场。其结果，作为亚洲重要的"通货商品"的曼彻斯特产商品，被迅速地从新加坡送往暹罗。另外，作为耗费巨额金银的又一商品——鸦片，也经由新加坡被带到了暹罗。①

> 通过设在新加坡和香港的英国银行曼谷代理店获得必要的贸易资金。在那里，船货提单成了预支款的担保。②

---

① *Bankeris' Magazine*, 1864, January.
② *British Parliamentary Papers*. Consular Report of Siam, 1884.

这一描述反映出,中国与暹罗之间的大米贸易决算,是以经由新加坡的英国棉布和鸦片为中介来进行的。而且这种大米贸易的资金,由在香港和新加坡两方都有分店的英系银行提供,表明新加坡和香港既是贸易中转站,又是贸易决算地。

这种状况的进展中,到了 19 世纪末 20 世纪初,香港与新加坡的关系出现了新问题。伴随着银价的下跌及变动,贸易金融、金融市场也出现了波动,作为金融中转站的香港和新加坡,不可避免地受到了巨大的影响。[①] 例如,针对银价下跌带来的汇兑风险,就采取了下面所说的防卫手段。

> 1876 年［曼彻斯特制品］的发货金融方法发生了很大变化。那时,大部分与亚洲保持贸易关系的制造业者惊慌于银价的下跌,没有像以往那样向伦敦寄出英镑建制的汇票,而是向上海寄出银建制的汇票,向香港和日本寄出美元建制汇票。只要货主向上海寄出 60 日满期的汇票,伦敦银行就会自动用其所规定的汇率买下,货主因此可以避免汇率进一步下跌所带来的风险。[②]

两地商业会所虽然承认统一步调的必要性,但是因为存在着利害关系根本不同的银本位和金本位两派,所以其后并没有采取统一步调,新加坡主要采取金本位货币圈,香港主要采取银本位货币圈。新加坡 1906 年采取金汇兑本位制,香港则在中国停止银本位的 1935 年之前,一直采取香港元与白银相结合的方式。但从历史来看,两地都是因中国移民而形成的商业中心,同时,也是外国商社、外国银行进行贸易、金融、投资活动的据点,尤其是两地同为英国殖民地,有着共同

① 19 世纪末 20 世纪初两地的商业会所,就通货问题主要以货币本位问题为讨论点,在两会所之间也作了意见交换。但是,对香港比较早的采用"银本位",新加坡有意见分歧(参照 Singapore General Chamber of Commerce. *Annual Report* 各年的《通货》部分)。
② British Parliamentary Papers. *Report of the Gold and Silver Committee*,1886,'Currency'.

的利害关系，所以可以理解为香港和新加坡只不过是分担了金融上的不同功能而已。换言之，为了在亚洲区域内建构大英帝国经济，有必要使香港和新加坡发挥"连接"与"转换"的媒介作用，这是两地间的关系之所以重要的缘故。

　　我们也能够确认香港所发挥的金融作用的重要性。如果香港采用金本位，中国就存在着越过香港直接与其他外国交易的可能。对此，以香港元为媒介的中国在决算上是二重汇兑制度，虽然有人想省略这看起来很不方便的方式，但是香港提供的转口港与用于分配的贸易地动能，却是近邻任何港口也不能代替的。[①] 在原有以香港元为中介进行汇兑贸易的二重汇兑作用中，再加上金、银汇兑关系，就成了金建贸易与银建贸易共同的中介，以及金建之间贸易和银建之间贸易又相互为决算的中介。更由于币材贸易的出现，进一步增强了资金的吸引力和流通力，其中对于从日本来的白银、黄金的吸收成了币材流通的一个重要环节。日本从 19 世纪后半期开始模仿当时成为亚洲"国际通货"的墨西哥元，发行贸易一元银，发行总额为 1.6 亿余日元，大约 2/3 主要在香港、新加坡流通。[②] 另外，由于驻日外国银行主要进行进口汇兑，余下的日元资金又回流到了上海和香港。[③]

　　关于香港金融市场，可以通过 1896 年在香港买卖的邮政汇票（邮政汇兑）记录即表 3-30 来作进一步分析。

---

① Hongkong General Chamber of Commerce. *Annual Report*, 1903. p.196.
② 《明治三十年币制改革始末概要》，载于《明治前期财政经济史料集成》第 11 卷，1932 年，第 318、503—526 页。
③ 关于向上海汇款的情况，参照小岛仁《日本的金本位制时代（1897—1917）》（1981 年版）第三章"对外汇兑关系"。关于向香港的汇款，在本章表 3-5 所引用的资料中，报告者马士论述了从日本的黄金进口占了上海的大部分。另外，与表 3-4 的主题相关联，参照抽稿《英国帝国主义与中国·香港》，载于山田秀雄编《英国帝国经济的构造》新评论，1986 年版，第 495—532 页。

表 3-30　　　香港邮政汇票（邮政汇兑）贸易额（1896 年）

英　镑	订货数	总　额	殖民地的手续费
		£ s. d.	$ c.
从香港、上海、沿岸港到英国本土	2963	9966. 17. 6	410. 57
从香港、上海、沿岸到英国殖民地	43	135. 5. 2	2. 33
从香港、上海、沿岸港到新南威尔士州	67	90. 6. 5	2. 29
从香港、上海、沿岸港到维克多利亚	68	146. 19. 8	3. 20
从香港、上海、沿岸港到南澳大利亚	15	17. 9. 11	1. 64
从香港、上海、沿岸港到塔斯马尼亚	98	222. 11. 6	9. 61
从香港、上海、沿岸港到新西兰	15	58. 12. 2	0. 60
来自海外英镑区的订单合计	3269	10638. 2. 4	430. 24
从英国本土到香港、上海、沿岸	1120	3590. 4. 1	162. 28
从英国殖民地到香港、上海、沿岸	1899	13030. 13. 3	1237. 96
从新南威尔士州到香港、上海、沿岸	868	4161. 0. 9	394. 16
从维克多利亚到香港、上海、沿岸	591	3627. 9. 4	339. 63
从南澳大利亚到香港、上海、沿岸	222	1894. 12. 4	179. 42
从塔斯马尼亚到香港、上海、沿岸	156	615. 6. 3	57. 52
从新西兰到香港、上海、沿岸	222	1317. 16. 7	123. 62
向国内的英镑订单合计	5078	28237. 2. 7	2494. 59
美元（金币）	订货数	总　额	殖民地的手续费
从香港、上海、沿岸港到合众国	122	1094. 96	22. 71
从香港、上海、沿岸港到加拿大	44	756. 31	8. 95
从香港、上海、沿岸港到夏威夷	1	40. 00	0. 41
向海外金本位区的订单合计	167	1891. 27	32. 07
从合众国向香港、上海、沿岸港	239	4602. 67	44. 18
从加拿大向香港、上海、沿岸港	121	3492. 48	33. 39
向国内的金本位订单合计	360	8095. 15	7757
银（银币）	订货数	总　额	殖民地的手续费
从香港到上海	108	2080. 45	39. 00
从香港到沿岸港口	28	493. 16	8. 40

银（银币）	订货数	总　　额	殖民地的手续费
从香港、上海、沿岸港到日本（含经由澳大利亚、海峡殖民地、婆罗洲等）	2017	103559.95	103.10
从香港、上海、沿岸港到海峡殖民地	141	2450.62	20.75
从香港、上海、沿岸港到泰国	13	430.25	2.80
从香港、上海、沿岸港到英属婆罗洲	11	183.20	1.36
向海外的银币订单合计	2318	109197.63	175.41
从上海到香港、沿岸港口	101	1584.71	36.20
从日本到香港、上海、沿岸港口	286	5756.82	4.94
从海峡殖民地到香港、上海、沿岸港口	754	19099.99	114.73
从泰国到香港、上海、沿岸港口	35	396.10	3.96
从英属北婆罗洲到香港、上海、沿岸港口	176	5350.73	53.50
向国内的美元（银币）订单合计	1352	32188.35	213.33

卢比	订货数	总　　额	殖民地的手续费
		Rs. as.	
从香港、上海、沿岸港到泰国	918	57159.13	313.91
从香港、上海、沿岸港到锡兰	15	448.01	2.28
向海外的卢比订单合计	933	57607.14	316.19
从印度向香港、上海、沿岸港	380	27916.12	79.15
从锡兰向香港、上海、沿岸港	13	351.01	1.02
国内的卢比订单合计	393	28267.13	80.17

资料来源：Hong Kong General Chamber of Commerce. *Annual Report of* 1897. pp. 168—171.

香港的金融活动是以英系银行为中心进行的，所以香港当局所管辖的以邮政业务为中介的金融活动并没有占很大的比重。但是，在不能具体把握银行金融活动状况的情况下，尽管量的比重很小，通过邮政汇兑的动向，还是能够作为一个缩影来推测香港的对外金融活动的。

此外，邮政汇兑业务虽然是小规模、小额性质，比起大规模的贸易金融却更适用于小规模的地域贸易和汇款业务。而且邮政汇兑从金建制、银建制两个方面，适应了亚洲、英国、美国和其他各地域的汇兑制度。

通过汇票金融来分析香港金融贸易，可以看出香港由于办理银建制与金建制两方面的业务，发挥了连接以中国为中心的亚洲银本位货币圈，以及以欧美为中心也包括亚洲殖民地决算制度在内的金本位（金汇兑）圈两者的作用。亚洲区域内的殖民地实行金汇兑本位制，在与欧美决算时，要能够防止银价变动产生的不稳定，为此亚洲地域内也有使用银货决算的必要，但与其用金建和银建来划分国家或殖民地，不如将两者作为二层关系并存更实际。从这一点来看，也有必要确定以两者为媒介的地点，而香港和新加坡正是在此意义上发挥了媒介地的作用。而且，适应于两地间的汇率和贸易条件的变化，资金通过在两地间流动，使两地都对资金产生了吸引力。

第四章　通商口岸与地域市场

　　本书的中心课题,在于明确地域市场构造及与之相关的外部贸易网,而且要通过把握海关及常关所在地与地域市场的关系,特别是地域市场与海关、常关和厘金局之间的关系,进一步明确地域市场的功能性意义。这种分析主要基于笔者的一个假说,即税关是作为市场中心而设置的——这个中心未必是地理位置上的中心。

　　关于中国市场问题的研究,曾有过各种各样的论述,其中也有通过不同对象进行的探讨。但可以说,以往探讨19世纪中叶以后即近代时期的中国市场问题,基调都为明确中国市场在国际市场中的地位。换句话说,也就是要明确中国是如何被纳入到"产业革命"后由于欧洲工业发展所形成的世界市场中去的。本文认为,这主要通过明确工业产品的制造和销售来追溯一体化的世界市场的形成轨迹,并对由此带来的贸易机制和金融设施的历史性变化加以考察与探讨。

　　另一方面,由于以往中国地域市场的研究是以定期集市为核心的,同时以此同心圆扩展形成的地域市场为基础的市场模式,也与都市研究紧密联系成为探讨的中心问题。因此,作为市场关系核心的固定因素——集市的存在成为研究重点。[①]

上述分析是从对外和对内两方面进行的，乍看起来，欧洲市场关系的中心存在于工业生产之中，而中国市场的关系中心则存在于作为中国国内基础的集市之中，近乎两个极端，但实际上可以说，这二者都是在生产背景上来设定市场的，而且都将其作为基准因素而对所构想的市场进行分析。与此相对，还存在着另一种研究，即关注于商品流通及其中的物价变动，或者关注于在商品流通中的商业以及商人活动等流动性的因素。这种从流通角度来把握市场，从市场所拥有的本来性质来看，这种研究占有更大的比重。[②] 而且，开始进一步研究与探讨农村末端的集市作为消费市场发挥着怎样的作用的问题，同时，对人口动态及其与都市市场关系之中的都市-农村地域市场的关系构造问题也在进一步明确之中。

以上述两种类型为基础的市场研究，我想，今后各自会有更大积累，但如果注意到两者都有的"一个方向性的规定性"特征，这就是市场问题上的对内关系和对外关系的交错出现，并且作为实体也发挥着作用的问题。因此，二者之间的关系问题才是真正的研究关键所在。关于这一点，许多学者曾经从国民经济的理论框架、地方传统经济的理论框架，特别在世界经济论中的从属理论等理论框架以及民族经济论（经济性的民族主义）等经济框架的各个角度，都作过各种不同的研究尝试。但是，这些尝试性研究的结果，与其说看到了两者之间的关系，不如说是进一步确认了两者之间的对立性。也就是说，关于国民经济和地方经济这两个框架的研究探讨，并不是将二者交叉起来。尽管这些理论体系，也说应

---

① 在以集市为中心的市场研究中有很多这方面的积累，这其中还包括从全国角度进行研究的W.施坚雅的"市场圈"理论。与其以市场圈的内涵（向心性、构造性）为中心的研究相对，笔者更加强调市场圈的外延（离心性、相互关联性）。

② 作为商人研究的一个流派，有"行会研究"。比如仁井田升的《中国的社会与行会》与根岸佶的《中国的行会》等，但他们在历史展开的论证中出现了分歧。其次，还有彭泽益的《19世纪后期中国城市手工业、商业行会的重建和作用》，请参照《历史研究》，1965—1。

该选取中间性的经济领域——而且 H. B. 马士也认为，这是分析中国经济时最合适的范畴（请参照第二章）——但并没有将地域市场圈纳入到自己的视野之中。

第二章中马士的分析及结果告诉我们，从海关财政问题来看清末中国财政上的中央与地方之间的对立关系时，与其从国民经济的框架入手，不如从地域经济的框架来把握，可能更为合适。我们尤其要注意，流通过程中表现出来的、具有中国市场特征的、以商业为基础的中国经济，与金融活动相结合而形成了地域市场圈和地域之间的关系这一点。

在本章中，我们将遵循上述问题的关键点，把在两种类型的交叉点上产生的市场模式作为"通商口岸市场圈"模式来把握，并在这个层面上对中国市场进行探讨研究。在这个市场模式中，因为海关、常关、厘金局在包容、统摄各自地域市场的同时，作为地域间市场形成的媒介，也给远途贸易提供税关方面的金融功能，所以我们也尝试将其作为一个金融市场圈来把握。在以下的论述中，我们把在第三章中所探讨的与厦门贸易网相关联的东南亚华南贸易圈和以新加坡、香港之间关系为基础的贸易圈，作为对外、对内两极的市场媒介或中介市场，进一步加深理解贸易圈之间连锁关系的同时，还从金融方面上对以下问题进行考察与探索：

（1）19 世纪后半期亚洲地区贸易圈的内部关系；

（2）海关与常关所包容统摄的内陆地域市场；

（3）厘金局所包容统摄的地域末端市场等。

第一节　亚洲内部市场与中国

中国对外经济关系问题，以往学者们主要关心的，不外是中国五口通商以后外国贸易不断扩大，国际市场上的利益被外国商人垄断，中国社会由此向半殖民地化的方向发展等等。[①]

在进一步探讨的基础上,通过以下四点的进一步分析论证,可以说加深了对中国对外经济关系的理解。

第一,通商后欧美的工业产品并没有像预期的那样打入中国市场,反而呈现出停滞的状态。首要问题便是对这种情况的原因加以探究。从结论上看,外国产品特别是代表性产品——棉布进口不振的原因在于中国的土布生产。[②] 那么,通过土布生产框架,大概就可以寻找出中国农村社会生产的典型类型,进而把握其对外经济的根据所在了。但是,如果从中国与外国通商后经济关系的具体过程来考虑,我认为有必要以外国商品的具体市场条件分析为前提。它显示出由于中国土布使用外国产棉线而阻碍了外国产棉布的销路,这是事关土布与洋布的状况,并不一定表明它们是一种因果关系上的直接关系。也就是说,洋布最终没能被接受——能否这样来把握这个问题,不仅仅取决于洋布自身的市场条件——原因不仅在于洋布,它与中国贸易的商品构成整体有关系。这种分析有必要以同时代的"市场论争"为背景来加以分析。[③]

第二,将研究着眼点放在流通层面——在中国市场上,比起外国商人,中国商人更具有优势。[④] 不仅出口产品,就连从外国进口的产品,也

---

① 与其说这一认识是基于对经济过程的分析探讨,不如说我们从这一认识中能够看到从条约关系至不平等条约关系所演绎出来的特征。请参照植田捷雄的《东洋外交史》上、下。

② 田中正俊:《关于〈米切尔报告书〉中的中国棉业的生产与流通构造》,收录于《中国近代经济史研究序说》,1973 年;小山正明:《清末中国的外国棉制品的流入》,收录于近代中国研究委员会编《近代中国研究》第四辑,1960 年。

③ 在关于内地市场的研究中,有上述 W.施坚雅(William Skinneer)的论文《中国农村的市场和社会结构》("Marketing and Social Structure in Rural China", Pt. Ⅰ—Ⅲ. *Journal of Asian Studies*. Vol. ⅩⅩ Ⅳ, No. 1—3, 1964—1965)。还存在着农村市场的构造在三个变动过程中所出现的课题,即:(1) 在商品关系中是如何构成的;(2) 通过价格关系所引起的市场变动;(3) 通商口岸与其后方市场之间的关系。

④ E. LeFevour. *Western Enterprise in Late Ch'ing China*. Cambridge Mass., 1970. Britten Dean. *China and Great Britain*. Cambridge Mass., 1974. 宫田道昭:《对于清末外国贸易品流通机构的考察》,载于《骏台史学》第 52 号,1981 年;本野英一:《第二次鸦片战争以后华中的信用构造与世界市场》,载于《史学杂志》第 93 卷第 10 号,1984 年。

为中国商人所垄断，即中国商人行会进行的排他性商品买卖，不仅对内地市场产生了巨大影响力，对沿岸贸易的外国船只也有解约的权力。研究表明，这些势力的存在使得外国洋行不敢轻易拿中国商人开刀。此研究认为，中国开放海关之后，面对中国商人势力以及中国市场惯例，外国势力通过采取极为有限的方式，如利用作为中国商人中介的买办活动，或者通过外交途径诉诸行政手段等，来维持与中国经济之间的关系与关联。毋庸讳言，这些研究加深了对中国市场条件的具体把握。但是，为了不仅仅停留于对前面第一点研究的反驳，而使其成为一种积极的正论，有必要把中国市场影响力扩大到对外国商社的具体研究。

第三，研究在华外国商社或企业的历史沿革。从研究对象的自我完善特征来看，英帝国经济与以往"帝国经济的当地利益代言人"这一关系相反，其个别企业各自追求自己的不同利益，甚至在与本国关系的问题上，还呈现出对立方面。例如，对东亚的英国代表商社怡和洋行的研究以及对东方汇理银行或汇丰银行等外国银行的研究，都可以证明这一问题。[①] 这些关于外国商社、银行史的研究，一方面，在本国和当地之间的关系问题上，表明了本国政府、欧洲市场、伦敦金融市场等方面的具体结合方式；另一方面，也说明了商社以当地为中心所采用的独自结算体制，而且只有在这个目的范围之内，才会尝试应用其他的各种关系。[②] 在这一点上，与亚洲当地其他国家的商社关系也是如此。在与英帝国经济之间的关系问题层面上，来重新考虑对外国商社或银行的具体研究时，曾长期作为研究对象的英

[①] N. Pelcovits. *Old China Hands and the Foreign Office*. New York，1948. David Mclean. *British Banking and Government in China：the Foreign Office and the Hongkong and Shanghai Bank* 1895—1914. Ph. D. dissertation，Cambridge University，1974. 石井宽治：《近代日本与英国资本——以怡和洋行为中心》，东京大学出版会 1984 年版；权上康男：《法国帝国主义与亚洲——印度支那银行史研究》，东京大学出版会 1985 年版；Frank H. H. King ed. *Eastern Banking -Essays in the History of the Hongkong and Shanghai Banking Corporation*. London，1983.

[②] 这些研究是对于原有的研究金融资本的视角，即英国金融资本向其他地区影响力扩大图式的再一次考察。请参照生川荣治《英国金融资本的成立》，有斐阁 1955 年版，第 5 章"海外投资的金融机构"。

国商社、银行被称为"中国通"(Old China Hand),相对来讲,这些机构对于亚洲的依赖程度比较高。从这个意义上说,这些机构对于亚洲贸易自始至终保有一贯的利害关系,而其本国的原因并不能对它产生决定性的影响。因此,在研究本国-亚洲关系时,应该有必要从包括中小企业、航运或保险等在内的多方面来进行企业史的研究。

第四,是将亚洲作为一个经济圈来把握,将这个经济圈——不仅仅是针对亚洲各国——与欧美各国的商业入侵相对应来把握。从这个角度出发,试图将原来的研究——把亚洲各国的半殖民地化视作随欧美商业入侵而深化的研究——进行重新探讨,并且试图明确:(1)亚洲区域自身内部形成了历史性的域内经济关系,并发挥着作用;(2)同时,欧美各国也以亚洲经济圈的存在为前提,加入其中并试图作出改变。那么,在方法上导入国际经济中多边贸易、多边决算的同时,对于亚洲区域内的经济,就不仅仅从国民经济的相互关系,而且是从地域之间的关系来把握。① 由此进行的研究,对分析研究欧美与亚洲关系的内部状况会起很大作用。但同时也有必要注意,外国以所进入的地域为据点,在贸易及金融方面形成了外国与当地媒介的中介地。具体地讲,将新加坡和香港变成殖民地,以这两地为基轴,不仅印度到中国的经济圈贸易、金融得到了开展,整个东南亚的农业经营、矿山采掘也都迅速扩大。通过对成为亚洲区域连接点的新加坡、香港等的探讨,不仅对于分析亚洲和欧美关系,而且对于深入分析近代亚洲各国情况也会产生重大影响。

一 近代亚洲区域内贸易

(一)亚洲区域内贸易的展开

1. 前近代亚洲区域内市场的形成

---

① S. B. Saul. *Studies in British Overseas Trade*,*1870—1914*. Liverpool,1960. 杉原薫:《亚洲国家间贸易的形成与构造》;川胜平太:《亚洲木棉市场的构造与展开》;滨下武志:《近代亚洲贸易圈中的白银流通》。请参见《社会经济史学》第 51 卷第 1 号,1985 年 4 月。

从历史角度纵观亚洲规模的贸易活动时，如上所述，存在着以中国和印度为两轴，以东南亚为媒介的亚洲区域内市场。特别是 15—16 世纪以后，以对中国的朝贡贸易以及互市贸易等官营贸易①为契机，民间贸易也不断扩大，由华侨、印侨从事的帆船贸易在亚洲区域内形成了多边贸易网。在这种贸易网中，中国茶叶、生丝、土布，日本贵金属、海产品，泰国大米，印度棉花，爪哇砂糖等都在多边贸易中发挥着作用。②

因此，可以说 19 世纪中叶以后形成的近代亚洲市场，并不是在近代西欧资本主义打开闭关锁国的亚洲这一开放过程中形成的，而是通过上述西欧国家加入和改组亚洲市场而形成的，在世界市场中占有特定位置，表现为一种历史性继承状态的亚洲市场。

2. 西欧国家对亚洲市场的介入——茶叶与白银

特定历史过程形成的亚洲区域内贸易网，通过数条路径与区域外的国家进行贸易活动，西欧各国正是沿着这些通路到达亚洲。比如说，荷兰、英国、美国等国，为了寻求亚洲的特产，而通过西班牙、葡萄牙等国介入亚洲区域内的贸易圈。

从历史的角度纵观，直到近代为止的东西贸易，从亚洲市场向欧美市场持续出口并深入渗透到欧洲市场的产品是茶叶和生丝，而输入亚洲市场并且最深刻渗透的产品是白银。③ 但是，欧洲国内的重金主义者批判白银的外流，他们希望进行不用白银决算的茶叶贸易。他们首先尝试使用本国的工业产品作为等价物来替代白银决算，但并未成功。在这之后，他们又尝试创造替代以上方法的多边贸易，并且尝试引入多边决算

---

① 张存武：《清韩宗藩贸易 1637—1894》，中央研究院近代史研究所专刊，第 39 号，1978 年；吉田金一：《俄罗斯与清朝的贸易》，请参见《东洋学报》第 45 卷第 4 号，1963 年。

② 田汝康：《17—19 世纪中叶中国帆船在东南亚》，上海人民出版社 1957 年版。请参见 M. Greenberg. *British Trade and The Opening of China 1800—1842*. Cambrige，1951。

③ 请参照藤田正典《17、18 世纪的英支通商关系——以东印度公司为中心》，载于《东亚论丛》第 1 辑，1939 年；小野一一郎：《墨西哥元在日本的流入及其功罪(1)》，载于《经济论丛》第 81 卷第 3 号，1958 年。

方法,即以印度鸦片为媒介的英、印、中三角贸易关系,通过此种贸易以及英、美、中的三角贸易将中国纳入国际市场。这样一来,就可以采用以下决算方式来进行与中国的贸易。比如,美国商人在广东将汇票发往伦敦,英国商人可以买入这些汇票来充作茶叶的等价物,这种决算方式被广泛使用。因此,历史性地看待这种多边贸易关系,可以说它是建立在棉布生产和原棉供给这一美英关系的基础上,通过两国共同需要茶叶这一契机而形成的、以确保茶叶的供给为目的的多边贸易关系。

但是,作为构成英、印、中三角贸易重要一环的鸦片贸易,在实际操作中却是一种走私贸易,而且在中国沿岸贸易中要求必须用白银支付。因此,中国本土对于白银的需要不断增加,从而导致银价上升。由于鸦片贸易的这种性质,导致了多边决算关系与中国白银市场之间关系不断加深,并且呈现出因投机而促进白银流入的倾向。而作为中国茶叶等价物的白银,也从美国不断地流入中国市场。[①]

回顾亚洲和西欧基本上以茶叶和白银为主导的贸易历史过程,我们可以知道鸦片战争只不过处于这种贸易关系的延长线上,消解了鸦片贸易在多边贸易中的特殊性,可以说其目的只不过是为了扩大茶叶的收购市场。"自由贸易"的主张并不是近代英国产业资产阶级所特有的,它也是英国地方贸易商人为了在亚洲实现其利益的口号。

3. 近代亚洲市场之一——茶叶的出口竞争

近代亚洲市场的形成过程,不能作为英国产棉布不断渗透的过程来把握[②],而是要作为历史性继承形态的亚洲市场,必须在近代世界市场的重组过程中来明确把握。从贸易关系上来看,亚洲市场进入 1850 年以后,茶叶出口构成出现了变化,作为中国茶叶的竞争对手,日本茶叶、印

---

① 　请参照拙稿《资本主义＝殖民地体制的形成与亚洲——1850 年英国银行资本进入中国的过程》,载于《中国近现代史讲义》,东京大学出版会 1978 年版。S. Lockwood. *Augustine Heard and Company*, *1858—1862*, *American Merchants in China*. Cambrige, Mass. , 1871, p. 21.

② 　G. W. Cooke. *China*. London,1858. pp. 185—203.

度茶叶登上了贸易舞台。

驻日领事 R. 阿礼国对于 19 世纪中叶的日本市场问题有如下论述：

> 在通商方面来分析港口开放后最初一年间实际达成的情况，可以清楚地发现，日本和中国产品进行竞争，能够供给在品质与价格上都为本国市场带来利润的茶叶和真丝。……品质极高的真丝，比中国最好产品的价格还要高，卖到了 1 英镑 4 分。

上述表明，日本产品有了与历来中国茶叶和真丝占垄断市场相抗衡的可能性。事实上，到了 20 世纪初期，日本取代中国，开始垄断了美国的绿茶市场。[①]

在殖民地的印度，也在尝试茶叶的栽培。由于阿瑟尔茶的发明，1839 年创立了本卡尔茶叶公司、阿瑟尔公司。到 19 世纪 40 年代末期，经营占了主导地位，广泛开办大批茶园。到 1880 年末，出口英国的印度红茶数量超过了中国茶。[②]

日本茶、印度茶的上市，中国茶叶已经逐渐退出了垄断地位。由于茶叶在亚洲国家激烈的出口竞争，以致背离受地理条件限制的土特产品的地位，成了直接联系伦敦、纽约等国际市场的国际商品，而且两地的市场情况还直接影响到从亚洲三国进口的具体性选择。因此，围绕茶叶出口，原来的三角贸易得到改变，而在向西欧市场出口茶叶上，亚洲三国形成了有竞争关系的新的亚洲市场。可见，伴随着世界市场的价格变动，出口受到限制。在这一世界市

---

① R. Alcock. *The Capital of the Tycoon*. London, 1863. Vol. 1, pp. 374—375。阿礼国：《大君之都》，岩波书店 1962 年版，第 121 页。因此，对于日本作为英国工业制品的出口市场究竟有没有魅力这一讨论，在"开港"这一历史位置上而言并非主要问题。请参照 Beasley. *Great Britain and the Opening of Japan*. London, 1951, pp. 194—196。石井孝：《日本开国史》，吉川弘文馆 1972 年版，第 4—13 页。

② 角山荣：《茶的世界史——绿茶的文化和红茶的社会》，中央公论社 1980 年版，第 118—124 页。

场下不断变动的亚洲茶叶出口市场形成新的结构。

4. 近代亚洲市场之二——白银流入与银本位

近代亚洲市场以历史上形成的亚洲银货圈为基础,19 世纪中叶以后,围绕着通货体制与西欧结成金银比价关系,因此具有了银本位圈的金融特征。

1850 年以后,白银再次大量流入亚洲市场。从西欧方面分析:(1) 因为白银自身也有带来利益的可能,所以大量白银从西欧流入亚洲。当然作为交换,会有大量的茶叶和生丝被进口到欧洲;(2) 也有人评论说,就是为了支付大量茶叶或生丝的进口,白银才大量流入亚洲。[①] 这是加上与汇兑决算以及贸易收支有关的白银流动的分析;(3) 西欧各国金银复本位制在这一时期发生变化,白银使用量有所减少,黄金置换在不断推进;(4) 也有说法指出,亚洲各国习惯于大量使用白银,特别是作为通货来使用。[②] 在这里,新型的东西通货体制关联中,展现了白银作为通货发挥的作用。

以采用金本位制的英国为首,法国、德国、荷兰等金银复本位国家,为了应付 19 世纪 50 年代白银产量的增加(即银价下降)所带来的黄金流出等问题,并迫于必须减少流通中白银数量的需要,将剩余白银全部出口到了亚洲。这些流入到亚洲的白银,不仅被充作贸易决算的手段,也同时发挥了调节西欧金银比价(即通货体制)白银市场的作用。同时,这些白银还用于整顿英占印度、海峡殖民地、香港等殖民地的通货体制、日本开放港口之后的黄金投机[③]、种植园投资以及其他方面的投资等。

16—17 世纪以后,西班牙元开始流入亚洲。亚洲作为银货流通圈,国内通货、税制、财政等,仍然是以白银为中心而流通的。到了 1840—

---

① *The Economist*. 1856,Nov. 8.

② *The Banker's Magazine*. 1856,p. 564.

③ 小野一一郎:《墨西哥元的日本流入及其功罪(1)—(4)》,载于《经济论丛》第 81 卷第 3—6号,1958 年 3—6 月。

1950 年代,亚洲相继发掘出金银矿山,作为向西欧金本位过渡的银本位圈,亚洲通货体制被融入了国际金银比价关系中。这样一来,近代亚洲市场以其银货圈所形成的历史为基础,形成了与西欧金本位制相辅相成的银本位圈,并且在此基础上,以作为国际金融市场一部分的白银市场而出现在国际金融市场上。此外,近代亚洲市场还有金、银及地方性流通货币——铜三种通货并存的情况。

5. 近代亚洲市场之三——苦力贸易与向本国汇款

亚洲市场作为近代市场的第三个特征,是 19 世纪中叶开始的真正的苦力贸易。

所谓苦力,指 19 世纪 30 年代开始出现的中国和印度的契约劳工。从历史上来讲,他们是像奴隶一样被卖到海外,被迫从事强制性劳动时代的移民劳工。中国的苦力是随英国海峡殖民地的开发需要而出现的,当时的苦力被运往槟城、新加坡等地。1845 年左右开始,苦力从厦门、香港、澳门等地被直接运往南北美洲、澳大利亚等地。到了 19 世纪 50—70 年代,苦力的运送规模达到了历史最高水平。苦力产生的背景,1833 年以英国殖民地所颁布的奴隶解放令为开端,法国、秘鲁、美国、荷兰、西班牙等地也不断相继展开奴隶解放运动,其结果出现了殖民地产业面临严重的劳动力不足等问题,因此,印度的苦力和中国的苦力正好填补了奴隶的空白。尤其是 1846 年英国砂糖法的颁布,不论是外国生产的砂糖还是本国生产的砂糖,都被课以相同税率的税金,所以,以在毛里求斯的西班牙殖民地为首,更加迫切需要获得廉价的劳动力。于是,亚洲的苦力贸易在官方和民间的共同协办下开展起来,而许多苦力也开始用于北美以及澳大利亚的矿山开采等方面。①

就这样,在国际劳动力市场中,以印度苦力、中国苦力为中心,许多

---

① 请参照须山卓《华侨经济史》,近藤出版社 1972 年版,第 225—258 页;可儿弘明:《近代中国的苦力与"猪花"》,岩波书店 1979 年版;肋村孝平:《印度人移民与砂糖种植园——以毛里求斯为中心》;杉原薫、玉井金五编:《世界资本主义与非白人劳动》,大阪市立大学经济学会 1983 年版等。

亚洲的劳动力都投入到殖民地经营、矿山经营等方面。为了确保这种劳动力，以殖民地的经营主、亚洲代理店、当地中介业者等三方面组织起来的苦力贸易机构为基础，通过西欧的资本投入，亚洲的劳动力市场正式形成。

但是，这种劳动力输出只显示了事情的一个方面。另一方面，伴随着移民所形成的本国汇款网则更加值得重视。也就是说，这些苦力以及去了东南亚的移民在被输出或移民之前曾经向中介业者或雇佣者借过款，而且这种劳动力输出本身的外出打工挣钱的色彩就很强，所以，这些被输出的劳动力通过向本国汇款来还债，或者直接将钱邮寄给家里人。在有些情况下，这种汇款作为在本国的一种蓄财手段被用于投资购买土地。从东南亚移民劳动力向本国汇款渠道来说，中国人往往通过银信局、白银信汇兑局等来进行；印度人来则有柴迪亚等专门的汇兑业者可以利用。结合上述情况，加之前述流入亚洲的白银，亚洲区域内部的汇款金融网就此而形成。[①] 但是，这不是和西欧相交错的经济活动，通过这一汇款网，在贸易、金融、投资、金属原材料市场上有独立的资金流入并流通。在这种情况下形成的亚洲金融市场，以随着新型劳动力流动所带来的资金流动为契机，在 19 世纪末到 20 世纪初，使作为历史性继承形态的亚洲区域内的经济关系在更大规模上结合了起来。

6. 外国贸易中的商品构成

中国的对外贸易是以欧美诸国也参与其中的亚洲区域内贸易为中心而构成的。这一点，可以通过参阅表 4－1 和表 4－2 的贸易中的商品构成看出来。表 4－1 和表 4－2 分别表示 1884 年和 1904 年的海关贸易统计数据。这些商品构成及其数量多少的顺序，显示出与 19 世纪

---

① 　请参照《星马侨汇与民信业》，载于《星马通鉴》，第 624—633 页；荣孟源、张伯锋主编：《华侨与辛亥革命》，北京，1981 年版。

60 年代开始就基本相同的倾向，其变化不过是数量上的扩大。从这些商品类别顺序表也可以看出，直到 20 世纪初，欧美的工业产品在中国的主要进口产品中也没有占据主要地位这个一直被关心的问题。然而，这些商品构成的整体情况表明，出口仍然以生丝和茶叶等特产为中心，而在进口方面却以印度棉线、印度鸦片为中心，还包括亚洲其他地区生产的大米等产品，它显示出以东南亚为中介的多边贸易的存在。

表 4 - 1　　　　　　　　**中国主要进出口产品**（1884 年）　　　　（单位：1000 海关两）

出　口		进　口	
1　茶	29055	1　鸦片	26150
2　生丝	23182	2　棉制品	16557
3　砂糖	3860	3　棉线	5584
4　麦蒿制品	1953	4　毛织物	3709
5　皮革	960	5　棉花	1784
6　纸	622	6　煤	1492
7　棉花	614	7　锡	1168
8　烟花爆竹	483	8　油	826
9　棉布	454	9　海产品	776
10　皮制品	401	10　火柴	717
		11　胡萝卜	602
		12　铁	548

资料来源：CIMC. *Trade Reports and Returns*, 1884. pp.8—10.

表 4 - 2　　　　　　　　**中国主要进出口产品**（1904 年）

（单位：1000 海关两，1 海关两＝25.10 2/5d.）

出　口		进　口	
1　生丝产品	51465	1　印度棉线	42406
2　茶	30021	2　棉布	30885
3　棉花	24812	3　鸦片	29258
4　大豆、豆粕	7282	4　金属	12511
5　毛皮	7142	5　西贡米	8380
6　羊毛	4602	6　精制糖	6839

出　　口			进　　口		
7	麦秸编制物	4503	7	火柴（日本）	4743
8	榨油	4278	8	小麦粉	3591
9	草席	3389	9	竹板	2943
10	烟草	2565	10	棉花（孟加拉）	1013
11	南京棉花	1433			
12	肉桂	1058			

资料来源：CIMC. *Report on Foreign Trade*, 1905. 第 26—27 页.

比较 1884 年和 1904 年的贸易,可以看到,砂糖由 1884 年的出口转为 1904 年的进口,亚洲区域内产生了贸易产品的竞争关系,同时也表明菲律宾、爪哇等国砂糖生产的快速发展。[1] 针对亚洲区域内的竞争,向欧美出口的主要产品——生丝和茶叶,就有印度、锡兰和日本各自以中国为竞争对手展开竞争,有时出口甚至凌驾于中国之上。关于这一点,我们还要在下一节作进一步深入的了解。除此之外,值得重视的是,在亚洲区域内,日本的棉线和火柴等轻工业产品也投入到了中国市场,而且日本棉线和印度棉线也开始有所竞争。另外,此前中国国内的大宗贸易商品——大豆,作为中国的新型出口商品成为主要的出口商品。这一点也表明了 20 世纪以后,中国出口商品的构成变化。伴随着这一动向,此前的对外贸易从以华南、华中为中心,开始转变为华北、东北贸易比重逐渐提高。[2]

（二）对外贸易和国内市场问题

19 世纪 80 年代以后,承担收集、记录对外贸易动向等作用的海关,产生了基于国内市场变化——生产以及消费两个方面来解释说明进口贸易方面产生变化原因的必要。在中国国内,出现以替代进口为

---

[1] 克里斯张·达尼艾尔斯：《清末中国砂糖市场与国际竞争》,载于《社会经济史学》第 50 卷 3 号,1986 年。

[2] *China*, *Maritime Customs*, *Beans in Manchuria*. Shanghai, 1883.

特征的动向，而且以往以外国商品为主的情况出现了变化，这些动向都在鸦片上集中反映出来。分析还表明，印度棉线向中国的出口增加、英国产棉制品在中国市场得不到伸展的原因，都在于中国土布的生产动向。[1]

另一方面，中国的主要出口商品茶叶和生丝也发生了重大变化。在红茶出口方面，印度、锡兰等国的红茶栽培得到成功发展，在向英国的出口方面直追中国；在绿茶的出口方面，日本绿茶向美国的出口激增，严重威胁了中国绿茶在美国市场的优势地位。而且，和茶叶共同作为中国出口主力商品的生丝，在出口的方面也遭到日本生丝的奋起直追，受到了很大的威胁。这些新动向表明了在亚洲区域内对欧美出口的竞争态势，可以说这种动向对于进一步促进亚洲区域内的贸易起到重要作用。面对中国从原来的独占地位败退这一动向，海关报告就其生产条件、商品品质、价格差异等国内方面的主要原因进行了考察和分析。[2]

这种动向也促使人们对于一直被理解为亚洲三角贸易的中国对外贸易关系作进一步的探讨和重新研究。

19世纪中叶的中国贸易的特征被理解为亚洲三角贸易关系。这主要是指英国、印度、中国三国之间的贸易关系，也就是英国向印度出口工业产品、印度向中国出口鸦片、中国向英国出口红茶这样一种商品关系。这其中还包括中英之间一边防止金银的外流，一边为了填补英国向中国产品出口的不足而进行的多边贸易关系。[3] 但是，就亚洲

---

[1] 19世纪80年代中叶，在中国和日本出现了以棉布生产为中心的调查，其调查报告指出，外国只需要高级的或低级的产品，而大部分的中级产品只在当地生产（British Parliamentary Papers. *Cotton Manufactures in Japan*，1887 等）。

[2] *China*，Maritime Customs，*Tea*，1888. 以及 Silk，1883 等。

[3] 请参照拙稿《资本主义＝殖民地体制的形成与亚洲——1850年英国银行资本进入中国的过程》，载于《中国近现代史讲义》，东京大学出版会1978年版。S. Lockwood. *Augustine Heard and Company*，*1858—1862*，*American Merchants in China*. Cambrige，Mass.，1871，p. 21.

区域内贸易关系而言,可以说,这是各个国家个别地或者通过印度、中国、日本三国之间的竞争关系而推进的由欧洲产品进口转向亚洲产品替代的过程。与此同时,作为亚洲主要特产而出口的茶叶和生丝,也通过印度、中国、日本三国之间的出口竞争而形成的一种"替代出口"的竞争关系。

海关报告的总论(general trade report)是一篇记录了贸易特征、并且将其和以前的情况进行比较、同时展望今后问题的卷头论文。表4-3和表4-4综合了从1864年全国统一的报告出版时起、直到1907年为止的上述海关报告以及各港口的历年报告,并且统计记录了这期间主要出现的问题以及这些问题出现的频率。

表4-3　　　不同年度海关报告中有关贸易关系记录的频度

年度	棉布	鸦片	茶	绢	帆船	转口贸易	厘金
1864	0	1	3	1	3	1	1
1865	1	2	3	2	0	0	0
1866	2	3	3	3	0	1	1
1867	0	1	5	1	2	1	0
1868	1	4	2	0	1	2	1
1869	3	15	16	3	3	7	14
1870	4	5	3	0	2	3	6
1871	1	7	4	2	3	6	6
1872	0	1	1	0	0	0	0
1873	2	3	1	1	2	2	3
1874	3	5	6	0	2	2	4
1875	5	9	6	2	5	15	4
1876	6	18	9	4	5	4	4
1877	3	16	5	2	1	5	8
1878	4	6	7	3	4	4	6
1879	2	9	5	3	4	6	3
1880	3	8	6	5	4	2	5
1881	5	15	8	3	3	7	9
1882	4	7	5	3	4	1	4
1883	1	10	9	1	3	3	3
1884	10	17	11	6	18	4	8

年度	棉布	鸦片	茶	绢	帆船	转口贸易	厘金
1885	12	21	13	6	7	6	15
1886	9	14	14	6	6	8	14
1887	3	28	10	1	4	1	19
1888	23	26	23	11	8	10	2
1889	15	30	21	10	5	10	3
1890	15	32	17	10	9	16	2
1891	25	35	24	18	16	19	11
1892	28	35	19	22	8	21	10
1893	4	29	10	3	3	25	3
1894	4	36	10	5	0	25	0
1895	5	31	9	6	0	26	4
1896	1	31	12	5	0	26	2
1897	8	31	15	11	1	32	5
1898	5	14	14	9	3	1	2
1899	0	14	9	9	1	0	2
1900	0	9	8	5	2	0	4
1901	0	8	6	0	9	0	0
1902	1	3	2	3	1	0	0
1903	3	16	11	6	1	1	3
1904	4	12	7	11	0	3	1
1905	2	13	10	4	0	3	1
1906	2	9	4	6	0	2	2
1907	5	14	5	11	3	3	0

资料来源：表 4-3、4-4 均参照 CIMC. *Returns of Trade and Trade Reports* 各年整理而成。

表 4-4　**不同开放口岸有关贸易关系记录的频度**（1864—1907 年）

通商口岸	棉布	鸦片	茶	绢	帆船	转口贸易	厘金
牛庄	15	28	13	12	13	7	3
天津	12	22	18	0	0	7	3
芝罘	10	18	0	19	0	7	1
胶州	0	3	0	5	2	0	0
重庆	4	13	1	4	3	7	6
宜昌	4	26	4	8	5	15	7
沙市	1	3	0	1	2	2	1
岳州	0	0	3	0	1	0	1

通商口岸	棉布	鸦片	茶	绢	帆船	转口贸易	厘金
汉口	11	20	50	3	8	17	6
九江	12	22	34	3	0	19	11
芜湖	8	17	2	8	1	9	6
镇江	13	25	0	4	7	35	5
上海	15	24	24	24	2	11	6
苏州	1	3	1	6	0	2	3
宁波	10	34	23	8	11	18	14
杭州	0	2	4	3	0	2	0
温州	7	26	20	3	6	15	10
福州	5	25	57	3	3	11	8
淡水	7	19	23	2	15	8	6
打拘	4	9	2	0	8	1	6
台南	2	7	0	0	1	5	0
厦门	9	35	26	1	2	13	14
汕头	15	28	6	2	5	5	18
广东	3	31	20	21	11	15	12
梧州	0	3	0	2	1	1	0
三水	1	1	0	2	0	1	0
九龙	3	19	2	4	7	5	2
拱北	4	22	7	8	9	5	3
琼州	8	23	2	2	10	10	13
北海	5	26	0	3	13	15	7
龙州	2	14	3	1	0	7	2
蒙自	5	12	4	0	4	13	1
思茅	0	5	4	1	0	1	0
亚东	0	5	1	1	0	4	0
腾越	1	1	0	0	0	1	0
三都澳	0	1	1	0	0	1	0
南京	0	2	0	6	0	0	0
中国	30	56	36	36	5	10	5
税则以及贸易规则	0	0	0	0	0	3	7

　　在贸易关系记录的各项目中,棉布和鸦片是主要的进口商品,而茶叶和真丝则是主要的出口商品。而帆船则是亚洲区域内贸易、中国海港沿岸贸易、中国河港贸易的代表项目,包括规模从大到小的各种各

样的帆船。但是在海关中，这些帆船并不在课税对象之列。而且，转口贸易（transit）使外国通过条约保障获得了参与中国内地贸易的特权，外国商品进入通商口岸，只要一次性交付"子口半税"（进口税的1/2），之后直至到达目的地，皆免交内地的厘金税。而且，外国商人在内地购买中国商品的时候，也免交作为内地流通税的厘金；同时，在通商口岸，和进口商品一样，外国商人只要缴纳出口税以及占出口税1/2的子口半税就可以了。中国商人也曾利用这种特权来减免厘金，并和外国商人之间也产生了围绕着进出口商品的竞争。[1] 与此同时，在财政收入方面，地方政府为了广开财源而强化厘金税征收，而中央政府为了强化中央财政却试图将内地的厘金与海关关税统一起来，从而也产生了内地政府与中央政府之间的摩擦。

就这样，如果我们围绕着主要进出口商品、贸易手段、税制等中外之间的问题点，从有关的记录表察看各种在何时、何地被广泛探讨过的话题，可以看到其贸易倾向有以下几个特征：

其一，所有项目记录最为密集的时期是19世纪80年代后半期到19世纪90年代的十几年之间。各个项目的具体情况，以后还要详细论述。但这里可以看到，19世纪80—90年代之间正是中国对内、对外贸易关系的一个转机。

其二，进出口商品的地域性特征非常强。像棉布方面，其记录集中在天津以及扬子江沿岸等通商口岸；关于茶叶的记录，在福州、汉口、九江、汕头、淡水等地居多。而丝织品、真丝等商品的记录则集中在芝罘、上海（苏州）、广东等地。

其三，关于帆船贸易，其记录集中在牛庄、宁波、淡水、广东、琼州、北海等地。主要是指：（1）华北、华南之间，（2）台湾、华南之间，（3）香港、广东、海南岛之间，（4）广西、越南之间的这种主要帆船贸易网。

---

[1] J. Gumpach. *Treaty Rights of Foreign Merchants in China*. London，1875.

其四,关于厘金方面的记录,以九江、宁波、温州、厦门、汕头、广东、琼州居多。其特征可以分为以下几点:(1)九江、宁波等地厘金收入颇多,反映在开放港口的记录中;(2)温州、厦门等地并设海关和常关,而且常关也征收厘金;(3)汕头、广东、琼州等地与华南的鸦片进口相关联,征收鸦片厘金。[①]

针对这些特征,我们将在下一项第四章第一节第二个问题中主要探讨进出口商品的中国国内条件。而在第二节中主要分析探讨作为中国的地域市场问题的帆船贸易、地域进口出口、厘金等问题。

二 进出口额停滞与国内条件

(一)外国的棉产品

1842 年签订的南京条约中,规定了广东、汕头、福州、宁波、上海等五个港口城市,以上海为北限开始对外开放贸易。五口通商后大约十年左右,即 19 世纪 50 年代初,《泰晤士报》的特派员库克(Cooke)对英国的对华贸易作了以下评论。他认为英国的对华贸易不但没有扩大反而处于停滞状态。基于这一认识的基础上,他阐明了以下四点:

(1)英国失败于与中国商人之间在公平条约下的竞争;

(2)英国的制造业者对于中国国内的商品需求完全无知;

(3)英国的对华出口贸易,对于英国商人来说是一个完全没有吸引力的领域;

(4)中国的市场对于英国商品并不开放。[②]

正如库克自身所指出的那样,第一到第三个原因在当时并没有得到一般性的广泛认识。和中国有利害关系的英国本国制造业者、贸易商人、银行、驻中国的商人和商业团体以及外交官等都共同认为第四

---

① 将鸦片课税纳为"厘金"范畴,这种情况与厘金税向中央交付的动向密切相关。
② G. W. Cooke. *China*. London, 1858, pp. 185—203.

个原因——即中国方面的内部原因是其贸易停滞的主要原因。他们认为中国方面不遵守条约，有意采取封闭的政策。对此库克认为，英国的产品就算是价格下降也未必能销售得出去，因为中国人有着独特的服饰习惯。他强调说，英国产品前途之所以不光明，其原因就在于英国方面自身。[1]

从第三个原因——对于英国商人来说中国贸易没有魅力——这一点来说，正如在表4-5中所反映的那样，以航运业为中心的利物浦商人组成的太古洋行，在茶叶和生丝的贸易中，从19世纪50年代末开始，直到19世纪70年代初期，取得了巨大的利润。但是，从英国的棉制品贸易来看，值得注意的是，英国商人并不采用以自身资本为基础的贸易，而是采取收取利息等手续费的方式进行贸易，他们不会用自己的资金来冒险投资。[2] 尽管利益很小，但他们宁可采用安全的方法来收取汇兑等方面的手续费用。从以上这些情况可以看出当时英国商人在中英贸易关系中的商品比重的差异。

表4-5　　　　　　　　　**太古洋行的对华贸易**　　　（单位：英镑＝标准纯银）

损　益　项　目	1849—1853 £	1854—1858 £	1859—1863 £	1864—1868 £	1869—1873 £	1874 £
纯利润						
茶	8022	4762	33563	−25260	21347	1562
生丝	772	3955	5347	−290	−1676	−48
其他商品·外汇	342	998	2602	14501	6051	−3864
合计	9136	9715	41512	−11049	25722	2350
手续费	7973	26696	43643	41824	53244	9503
负债	−308		−33	—	−278	—
纯利润总额	16801	36411	85122	30775	78688	7153

　　资料来源：Sheila Marriner. *Rathbones of Liverpool*. Appendix Ⅰ.

印度棉线向中国大量出口是从19世纪80年代开始的。印度袄教

---

① Ibid.

② 石井麻耶子：《怡和集团在中国的活动》，载于《社会经济史学》第48卷3号，1976年。

(Parsee)商人、犹太商人所贩运的印度棉线有18万—23万包(6、8、10、12、20支),日本棉线有0.6万—1万包(16、20、32支),而英国棉线则有0.2万—0.3万包(30、32、40支)。印度向中国提供适合中国土布需要的支数较低的棉线,从价格方面来看,平均每包棉线的差价如下:

印度棉线:10支 78—96美元; 20支 105—125美元;

日本棉线:16支 118—120美元; 20支 118—128美元;32支 175美元以上;

英国棉线:32支 180美元以上; 40支 200美元以上。

从这个价格比可以看出,印度棉线价格最便宜。这些印度棉线被发送到云南、广西、汕头、广东、福州、厦门、牛庄等地。[①] 印度主要提供低支棉线,日本则主要提供中支棉线,英国则主要提供高支棉线,而日本棉线则处于跨越印度、英国两者的地位。虽然在价格方面看不出有什么明显的差距,但是在中国市场的棉线贩卖方面上则可以看出很强的地域分割性。比如说,日本棉线在华北市场的影响力很大。正如表4-6所示,从19世纪末到20世纪初,日本棉线加入到此前占有绝大部分市场份额的印度棉线市场,两者地位发生了巨大的转变,在那之后,日本棉线和印度棉线一道,与中国的机制棉线进行着激烈的市场竞争。这种倾向一直持续到第一次世界大战中国棉线得到飞跃性发展的时期。[②]

表4-6 营口棉线进口的中、英、印、日比较(1889—1907年)

年度	中国		英国		印度		日本		合计	
	担	%	担	%	担	%	担	%	担	%
1889	—	—	2253	3.87	56004	96.13	—	—	58257	100
1890	—	—	1611	1.52	104539	98.48	—	—	106150	100

① 伊藤武男:《香港转口商业报告》,第56—58页。
② 向九江出口的棉线,从1917年开始国内产品开始压倒了国外的产品。见陈荣华、何友良《九江通商口岸史略》第84页。

续　表

年度	中国		英国		印度		日本		合计	
	担	%	担	%	担	%	担	%	担	%
1891	—	—	1893	1.83	101670	98.17	—	—	103563	100
1892	—	—	1549	1.36	112619	98.64	—	—	114168	100
1893	—	—	420	0.57	73509	99.32	79.50	0.11	74008.50	100
1894	—	—	880.50	1.15	73449	95.69	2425.75	3.16	76755.25	100
1895	—	—	1295.66	1.30	90327	90.70	7971.50	8.00	99594.16	100
1896	—	—	1170	0.77	131164	86.36	19546	12.87	151880	100
1897	—	—	1054	0.74	56088	39.11	86256	60.15	143398	100
1898	12478	5.09	1340	0.55	48986	19.98	182344	74.38	245148	100
1899	6124	3.93	1017	0.65	17652	11.32	131101	84.10	155894	100
1900	17809	16.27	1113	1.02	14325	13.09	76211	69.62	109458	100
1901	30248	14.02	1279	0.59	37205	17.25	146963	68.14	215695	100
1902	16495	10.11	1173	0.72	38426	23.55	107043	65.62	163137	100
1903	2091	1.40	390	0.26	24196	16.19	122731	82.15	149408	100
1904	3512	4.80	235	0.32	13832	18.91	55584	75.97	73163	100
1905	9894	11.36	1026	1.18	16810	19.31	59333	68.15	87063	100
1906	1176	1.73	407	0.60	10249	15.13	55927	82.54	67759	100
1907	12242	25.87	272	0.58	9395	19.85	25413	53.70	47322	100

资料来源：丁抒明主编《近代山东沿海通商口岸贸易统计资料(1859—1949)》，第180—181页。

1．关税问题与内地贸易——贸易停滞的内部要因

外国棉制品到达购买者手中，需要经过交付海关税（正税，从价5%）以及从通商口岸到内地贩卖时要交付的子口半税（从价2.5%）等环节。这些税金的缴纳引起了英国商人的极大不满，他们认为，课税阻止了贸易发展，而且内地贸易因地方官宪的妨碍而不能顺利进行。但如前面的结论所述，问题并不在于课税过多。1879年镇江的商务报告已经清楚地表明了这一点：

> 一般认为，如果没有人为的妨碍（当然指的是苛捐杂税），
> 英国棉布在中国的需求应该是无限的。这是连我们自身都会
> 相信的乐观想法。但是，无法找到证明这一点的证据。现在，

进口商品通过通关证而被运送到全国各地。进口税是商品价格的 5%，有时根据具体情况或多或少，而通关税则是进口税的一半。而商品在到达目的地后，与通关证进行分离之际，有的地方还会收取 1%—2% 左右的税金。这样，所有的课税总额大概是从价的 7%—10% 左右。外国商品竞争不过中国的土布，这一点都没有想到。虽然对外国商品在课税方面其税金很轻。在中国的这一地域（扬子江下游），这一情况对于棉花、棉布非常有利，但是全国的大部分却没有这样的有利条件。也就是说，比起有转口证保护的外国商品来说，中国国内的土货反而被课以重税，这一点是毋庸置疑的。中国土货在地方税关以及厘金局所需交付的税额虽然不多，但是在运送的道路、河流沿岸中所交纳的税金却是惊人的。据我所知，大约要课以 15%—20% 的重税。而且，缴纳这些税金的运程比外国商品所运送的距离要短。因此可以说，在中国的大部分地区，根本没有对外国商品不利的课税情况。所以，只从课税较重这一点来说，如果作为竞争对手的土布并没有特别受到有利待遇的话，那么就没有充足的理由来减少我们的商品的消费。有些人认为，只要改变课税的话，就可以增加 1/10 的销售……但实际上，为了销售出 1 亿匹棉布（现在只有 1000 万的销售额，何止 1/10，而是其 100 倍），我们必须找到中国人制作出来的——结实、有耐久力的、"粗糙而不均质的、和外观的美观没有关系的"产品制造和销售方法。大概只有这样，我们才必须改变现在强势的价格及运送费用。[①]

以上叙述表明，并不是课税的问题，而是必须制造出品质上能和土布相匹敌的布匹并且将之销售出去。

---

① British Parliamentary Papers. *Commercial Report of China*, *Chinkiang*, *1879*. pp. 52—53.

不过,各地都产生了对于课税(尤其是内地税)的不满。例如,1877 年的琼州商务报告中提到,商品要经过五层关税才能贩卖到海南琼州。① 这五层关税是:(1) 海关税;(2) 常关(当地产品)2.5%;(3) 关税＝津关税;(4) 地方税;(5) 沿岸防卫税(在海南作为厘金的替代)等。另外根据地方的不同还要课以帆税、船的从量税等税。

此外,在 1877 年芜湖的商务报告中叙述道:

> 在芜湖,不管什么店铺每天都要缴纳税金(营业税),集中在月末缴纳。根据店铺的大小规模以及商品交易量的不同,大概每天要收取 20—1000 钱(基本上是 2—90 美分)左右。②

同样是 1877 年的温州商务报告中的"一般报告"中,还有如下记述,表明商人的负担有多沉重:

> 在宁波,特定的商人有收取棉布和鸦片的厘金的权限,每年都要向地方官吏缴纳税金。他们通过减少课税而独占棉布贸易。在温州,商人们为了得到同样的特权,在厘金制定之后立刻形成了商人的行会,公开提出在课税方面要比宁波少。但是,这种尝试最终以失败告终,实际课税额比宁波还要高。商人行会的贸易独占行为并没有对外国贸易产生什么影响,却给小商人带来了破坏性的作用。③

2. 中国商人和中国的购买力

各通商口岸领事所写的商务报告中,都反映了这样的一个事实,即外国棉制品的贩卖都是通过中国商人来进行的。④ 对这种情况,出现了两种相反的评价。中国商人认为他们熟悉市场构造,所以这种情况

---

① British Parliamentary Papers. *Commercial Report of China*, *Kiungchou*, 1877. p. 100.
② British Parliamentary Papers. *Commercial Report of China*, *Wuhu*, 1877. p. 192.
③ British Parliamentary Papers. *Commercial Report of China*, *wenchou*, 1877. pp. 180—181.
④ J. Gumpach, op. cit., chap. Ⅵ.

的出现是自然的,他们对英国商人的不适应感到不满;①另一种看法认
为,中国商人这种封闭的贸易形式以及信用带来的长期决算,与交通
手段缺乏带来的交通阻塞,都是阻碍外国商品渗透中国市场的主要
原因。②

1876 年的商务报告,上海一项中,对作为购买者的中国人的消费态
度作了下述评论:

农民的贫困以及恶劣的生活状态,使地主失去了向土地投
资的欲望,同时使他们不再任意收取地租税。⋯⋯在这样的地
主-农民关系中,在所划归的土地上竟然同时有男女老幼 150
人的农民,使用着原始的劳动工具在劳作。这种状态下,就算
亩产达到最高水平,农民也只够馌口,不会有任何剩余。他们
冬季里用秋天收获的棉花来织出结实的粗布,这就是外国粗布
根本竞争不过中国粗布的理由。这样的原始村落共同体,如果
没有被拥有资本和知识的资本家所买断,没有引入能够节约劳
动力的机械与器具的话,居民中的大部分是不可能成为外国商
品消费者的。另一方面,对于都市市民来说,不用说有钱人,就
连小店主也非常轻视土布。上海有各式各样的人,而且治安也
良好,所以我想在这个港口的贸易会有所发展。③

正如上述的那样,英国棉布在中国卖不出去的事实,使得英国商人
直接或间接地明白了中国并没有购买外国商品的购买力。而且,在英
国商人必须消除流通领域壁垒这一意图下,问题再度被归结为中国市
场的内在原因。换言之,是低收入的广大土布生产者的存在,造成了
这种流通领域的壁垒。

---

① G. W. Cooke, op. cit.
② 外国商人对于通货以及金融情况的复杂抱有很大不满。(China, Maritime Customs. *Haikwan Banking System and Local Currency at the Treaty Ports*. Shanghai, 1879)
③ BPP. *Commercial Report of China*. Shanghai, 1876, p. 2.

3.土布以及英国商人对于土布生产的认识

英国商人是怎样看待土布生产的呢？英国商人把本国产棉布不能畅销的原因，归之于中国人土布生产的存在。他们是这样看待中国的广大农民的：

> 他们（中国农民）与其购买外国的现成商品，更喜欢自己纺棉花、织布（1883年九江的商务报告）。①

> 对于日常用品，比起外国货，农民们更喜欢自己纺织的布料（1878年宁波的商务报告）。②

在这种外国棉布和土布的客观比较中，就会出现是否"喜欢"的问题。从这点出发，他们试图明确区分"土布的品质"和洋布之间的差异，认为"（土布）柔软、结实、耐用、容易上色、容易修补"，而且还表明"手纺土布虽然价格稍贵，但因其结实耐用而得到人们的喜爱"。接下来，他们更进一步接触到土布生产和市场的问题。1880年镇江的商务报告中，关于土布和外国棉布的比较如下：

> 我想曼彻斯特应该能够提供在中国市场上与土布有同样耐久性、比土布还要便宜的、而且比土布美观的商品。当然，在曼彻斯特提供的货源被运抵之前，占中国人口大部分的劳动阶层可能还会继续购买土布。也可以说，现在进口到中国的棉制品只以都市人口为对象。③

1877年的温州商务报告中也有如下记述：

> 在平阳地区，棉布基本上用作自家消费或为了出口而生产。关于外国的棉布究竟在多大程度上能和土布竞争这点

---

① BPP. *Commercial Report of China*, Kiukiang, 1883. p.107.
② BPP. *Commercial Report of China*, Ningpo, 1878. p.124.
③ BPP. *Commercial Report of China*, Chinkiang, 1880. p.22.

上,仍然作为一个难题存在着。而所用棉花是由中国船从宁波或上海运送进来的。①

从以上叙述可以得知,在当时,人们认为英国产的棉布只能在都市消费,在农村则完全竞争不过中国的土布。这种从贸易利害关系出发的视点,渐次强化了英国商人和试图通过外国资本以振兴进口替代工业的在华外国商人之间的倾轧。

4. 贸易停滞——外在的主要原因

尽管根据条约规定,将扩大中国贸易的保证赋予了以英国为首的欧美列强,但效果却不是一蹴而就、很容易实现的。针对这种情况,1878 年芝罘商务报告中,以《与英国贸易相对立的环境》为题,作了如下叙述:

> 对我们的贸易产生最大障碍的是 1870 年普法战争以来开始的银价下跌。当战争赔偿终结之后,白银开始从德国向中国大量流入。从那时起,内华达银矿产出的银价格就开始下跌。英国制造业者受到这一影响的强烈冲击,而对美国的制造业者它却是一种有利的情况。为了应付这种不利的情况,曼彻斯特(的制造业者)在棉布上做了许多手脚,使其品质有所降低,这是一种自暴自弃的做法。……我认为这种行为还不能说是不道德的行为。……(但是)其结果导致我国棉布在中国受到很坏的评价,需求每年都在递减。而美国则取而代之向中国提供了那些减少部分的棉布。②

这一叙述表明,从 1870 年普法战争开始后,包括中国在内的世界市场出现新型关系。正如 1886 年英国外务省的杂录所记录的那样,银价下跌对外国贸易产生了以下的影响:

---

① BPP. *Commercial Report of China*,*Wenchow*,1877. p.176.
② BPP. *Commercial Report of China*,*Chefoo*,1878. p.53.

1865 年 1 美元大概相当于 5 先令的价值，到了 1886 年 1 美元就只有 3 先令了。英国的制造业者，必须用黄金支付各项费用（租金、燃料、机械等），而中国却以白银为标准。①

如上所述，金银比价的扩大对棉布出口非常不利，为了填补其损失就降低棉布自身的品质，更加剧了过度在棉布上"做手脚"。因此，上海报纸《北华捷报》（*The North-China Herald*）上，刊载了 1872 年 12 月 17 日上海总商业会议所发给曼彻斯特商业会议所的信件：

> 深思熟虑之后，我国认为，在中国因"做手脚"而发生的霉变事件是很严重的问题。……不管产品价格多么便宜，（这种品质恶劣的商品）绝对不可能和结实耐用的土布竞争下去。

如上所述，导致英国受到谴责的结果。②

（二）鸦片

在中国近代史上，很难给鸦片一个明确的定位，但是，与土布生产对外国棉制品起到了进口替代作用相类似。针对进口鸦片这种情况，从 19 世纪后半期开始，鸦片也在中国本土大量栽培，并且也开始流通起来。

针对这种情况，1864 年海关总税务司罗伯特·赫德向牛庄、天津、芝罘、汉口、九江、镇江、上海、宁波、福州、厦门、汕头、广东等海关税务司发出了关于中国生产鸦片的以下项目问卷。③

（1）各开放港口是否都在消费中国产鸦片？

（2）中国产鸦片在该开放港口的流通量如何？

（3）中国产鸦片与外国产鸦片的价格比是多少？

（4）这些鸦片是从哪个省运送来的？

---

① BPP. *Miscellaneous Series*, 1886.

② *The North-China Herald*. January 2, 1873.

③ China, Maritime Customs. *Opium: Crude and Prepared*, 1888. p. 65.

（5）若有该港口向另外的港口的运送，其输出量是多少？

（6）由于中国鸦片的出现，各个通商口岸或其送达目的地，对外国鸦片的需求是否降低？

赫德特别要求各个通商口岸将本港口把中国产鸦片的各种动向及信息都提供给他。而各个港口的回答都表明，当时中国产鸦片已经上市，只能作为品质低劣、廉价的代用品使用，还没有形成和进口鸦片相竞争的态势。[①]

提到进口鸦片，中国原来只进口印度孟加拉管区在政府管理下栽培的帕特纳鸦片和贝内来斯鸦片。它大概是一个相当于 3 斤（Catties）的球状体，约含有纯鸦片 2.5 斤左右。[②] 中英《南京条约》签订之后，印度中央地区生产的马尔瓦鸦片也开始逐渐进口到中国。它没有一定的形状，大约为四角形，一箱（chest）大约可包装 140 磅左右。这种鸦片纯度很高，基本上都是纯鸦片，作为鸦片中的上等品被逐渐大量地进口到中国。

除了上述的帕特纳鸦片、贝内来斯鸦片和马尔瓦鸦片之外，鸦片的进口还增加了波斯鸦片、土耳其鸦片等品种。进口鸦片虽然逐渐增多，但是其纯度却没有统一的标准，而且在各种鸦片自身也有一定的差别。1858 年签订的《天津条约》承认了鸦片进口的合法性，并开始对鸦片的进口收税。但是在收取税金时，则不管鸦片的纯度高低，一律一担鸦片收取从量税税银 80 两。这样做的客观结果，是低纯度的鸦片被收缴了相对高额的税金。于是通商口岸出现了鸦片的加工业（精制 boiling），开始输出高纯度鸦片和进口鸦片的精加工品。

到了 19 世纪 80 年代，海关税务司才发现这种加工鸦片和中国产鸦片的混合局面，而且由于厘金等流通税的比较引起鸦片在内地的流

---

① China，Maritime Customs. *Opium*：*Crude and Prepared*，1888. pp.15—30.

② China，Maritime Customs. *Opium*：*Crude and Prepared*，1888. p.70.

通。① 不光在通商口岸，就连中国的内地市场，这两者都已进入了竞争阶段。从 19 世纪后半期到 20 世纪初期这一段时间，鸦片进口出现了很大的转变，这种转变确切地说是从 19 世纪 80 年代中叶开始的。表4－7 中反映了这一变化。在此可以看到：以 19 世纪 70 年代末开始到80 年代初这一期间为顶点，华北、华中的鸦片进口开始减少；与此相反，华南的进口反而有增加的倾向；上海进口的增加，则在统计上使扬子江地区的统计数字发生变化。进口的总额维持在 7 万担到 8 万担左右，但从 1895 年以后，进口总量由 5 万担减少到 4 万担，可以看出中国国产鸦片的影响越来越显著。

中国国产鸦片，从产量上来看，四川产量最大，再加上云南和贵州，该地区的鸦片产量占全国产量的 50% 以上。其次是陕西、山西、甘肃等地区，大概占到 20% 左右，而直隶、山东、河南等地区和江苏、安徽、浙江等地区各占全国总产量的 6%—10% 左右。与中国方面的资料相比较，海关方面的资料在数字上多出 2—3 倍的产量。据海关统计，20世纪初中国全国的鸦片总量大约 584800 担，是同年进口鸦片 54117担的 10 倍之多。而同年中国方面的官方资料是 146068 担。②

从中国方面官方统计数字也可以看到，对当时国产鸦片产量的增加有着充分的认识。基于 19 世纪 80 年代的海关报告，也有如下分析：

> 自洋药既行，嗜者日众。民间更种罂粟，制为土浆，以图重利。凡种罂粟，多在平地，夺五谷之利，妨害民食。其物耗损地利，一年种之必数年而后复。议者恒欲广为劝植，以敌洋药之利，而不知其实非也。洋药气味浓郁，富厚之家，类皆嗜之。其嗜土浆者，大抵皆舆隶食力之流，偶有失足，或流为盗

---

① China，Maritime Customs. *Opium：Crude and Prepared*，1888.
② 林满红：《清末本国鸦片之替代进口鸦片》，载于（台）《中央研究院近代史研究集刊》1969 年，第 208 页。

表4-7　各港外国鸦片的进口量（1876—1890年）

（单位：担）

开放口岸	1876	1877	1878	1879	1880	1881	1882	1883	1884	1885	1886	1887	1888	1889	1890
牛庄	2303	1098	1223	2453	1186	446	469	390	265	265	287	216	113	92	210
秦皇岛	—	—	—	—	—	—	—	—	—	—	—	—	—	—	—
天津	3851	4026	4007	5181	3219	3421	2508	2451	2191	1936	2071	1820	1555	1528	1505
芝罘	2528	2152	3427	3536	2402	1759	1124	883	852	421	701	608	318	286	309
胶州	—	—	—	—	—	—	—	—	—	—	—	—	—	—	—
重庆	—	—	—	—	—	—	—	—	—	—	—	—	—	—	—
宜昌	—	—	1	—	—	2	—	—	—	—	1	—	2	1	—
沙市	—	—	—	—	—	—	—	—	—	—	—	—	—	—	—
长沙	—	—	—	—	—	—	—	—	—	—	—	—	—	—	—
岳州	—	—	—	—	—	—	—	—	—	—	—	—	—	—	—
汉口	2189	2477	2142	3294	2954	3923	3222	3485	3881	2418	1342	1264	1161	937	738
九江	2043	1852	1653	2153	2290	2075	1662	1618	1548	1870	2493	3017	3077	3173	3326
芜湖	—	1162	2381	3141	3432	3520	2825	3517	3660	4853	5751	4447	3400	2493	2567
南京	—	—	—	—	—	—	—	—	—	—	—	—	—	—	—
镇江	10650	10799	10957	11097	10292	10367	10259	11514	10900	8301	6763	6584	3911	3016	3423
上海	11884	12734	14735	17104	15416	13951	14630	13509	11719	11274	13229	17099	18271	16545	17420
苏州															
杭州															

续 表

开放口岸	1876	1877	1878	1879	1880	1881	1882	1883	1884	1885	1886	1887	1888	1889	1890
宁波	8802	7991	7252	7667	6258	8628	7963	7963	7542	7866	8243	4389	6040	5933	6026
温州	—	38	14	61	54	190	181	101	82	21	25	64	234	202	101
福州	4018	3165	4025	4273	4201	4784	4225	4364	4071	4407	4747	4933	6166	5643	5172
厦门	3157	4045	3586	4630	5757	8177	8762	8556	9896	9610	7768	6363	6873	5885	5785
汕头	11678	11622	9596	10063	8760	4665	3667	4377	4397	3888	6714	6399	6863	7088	7760
广州	449	324	771	1194	642	211	17	530	2999	2761	1070	7702	13114	12270	11811
九龙	—	—	—	—	—	—	—	—	—	—	—	1523	2851	2452	1810
拱北	—	—	—	—	—	—	—	—	—	—	—	1031	1811	1962	2090
江门	—	—	—	—	—	—	—	—	—	—	—	—	—	—	—
三水	—	—	—	—	—	—	—	—	—	—	—	—	—	—	—
梧州	—	—	—	—	—	—	—	—	—	—	—	—	—	—	—
琼州	520	725	1021	1118	1303	1034	748	878	1166	1445	1916	1396	1106	810	535
北海	—	6	—	412	1346	971	50	15	72	148	134	774	1100	1001	985
打狗	2658	3168	2853	3387	3647	3739	3012	2752	2308	2339	2913	2626	2672	2752	3076
淡水	1564	1669	1848	2165	2149	2142	1584	1265	1270	1436	1633	1622	1873	1983	1967
总额	68294	69053	71492	82929	75308	74005	66908	68168	68819	65259	67801	73877	82511	76052	76616

资料来源：根据林满红《清末本国鸦片之替代进口鸦片》，载于（台）《中央研究院近代史研究集刊》1969年，第403页。

贼为饿孚,罔有攸底。故洋药之害,足以耗君子之心。土浆之
害,足以耗小人之力。其祸并酷近。二十年来土浆日益,推广
中国,各行省几于无地蔑有。而洋药所销之数,未尝稍减。而
土浆所产尤多之地,大抵在晋豫陇蜀滇黔诸省,距海口较远,
洋药所不能至,而土浆乘之。①

这里提到了鸦片具体的使用情况,即外国生产的鸦片被有钱人吸
食,而中国生产的鸦片在老百姓中吸食,而且方兴未艾的中国鸦片栽
培,实际上不但不能和外国产鸦片进行对抗,还侵占土地,大大削弱了
民力。再者,中国的鸦片栽培都是以内地为中心,是外国鸦片所不能
到达之处。可以认为这是一种进口替代作用在地区间的实行。

海关注意到,在中国内地的课税对于外国商品和国产商品有很大
的不同,从其课税的情况来看,这对后者不是更有利吗? 表4-8是对
各通商口岸调查后的外国鸦片和中国鸦片的课税额一览表。

从鸦片的课税情况来看,通商口岸对进口鸦片与其他进口商品实
行同样的政策,基本上都课以进口或出口税的5%。但是,这种情况在
全国却并非一律如此,比如,有的通商口岸要缴纳绝对额,更有甚者比
如九龙和拱北,在鸦片的税收上还要缴纳营业税。这两地分别是英
国、葡萄牙的殖民地,这种课税情况可以认为是与中国方面相妥协的
一种结果。而内地的厘金税方面,虽然每项情况都不同,但其共同点
就是都对绝对额进行课税,其客税额度按市场价格高低,以马尔瓦鸦
片、帕特纳鸦片、贝内来斯鸦片的顺序,课以与从价税相似的税金。

厘金局、常关、海关等各自都对国产鸦片进行课税,且课税额也不
一致,存在地方性的差异。在其课税的倾向上可以看到,华南地区课
税较高,华中地区则较少。这可能是因为在与外国产品进行竞争的地
区,但还可以看到一种可能,鸦片在扬子江地区贸易中是主力商品,在

---

① 杨楷:《光绪通商列表》第43页"各国洋药运销实数表第一",1886年。

表 4 - 8　　外国鸦片与中国鸦片之间的课税额比较（1887 年）

(单位：海关两)

开放口岸	外国鸦片（洋药）				帕坦/猫里雾		巴那拉斯/波斯/土耳其			中国鸦片（土药）			
	厘金 开放口岸	厘金、内地	出口税	进口税	厘金税 100磅	厘金税 100磅	厘金税 100磅	厘金税 100磅	厘金税 100磅	生产地	途中	开放口岸	征收所
牛庄	—	—	5%	3%	403	472	395	—	—	*27.64 ＃4.00	(用24两买入证明书)	*54.20	*货厘捐局 ＃重金征收者
天津	0.50/100	0.50/100 盎司	?	3%	442	506	425	—	—	?	?	16.50	钞关
芝罘	67.20/担	—		60/担	459	510	433	430	—	?	?	10.50	厘金局
宜昌	—	—		5%	384	437	384	—	—	无	*4.77	＃7.65	*贵州常关 ＃宜昌重金局
汉口	—	—	5%	5%	386	485	377	400	—	无定额	30(贵关) 10(平山府)	12(汉阳) 12文/盎司	厘金局
九江	—	—	—	—	435	463	420	443	—	?	?	税25.00 厘金18.00	(以前为转口，在全县内课税,洋药收取一半)
芜湖	—	—	—	—	390	450	375	385	—	捐税*0.64/担 登记税＃0.32	＃税8.50 税量2.24	密输	*厘金局 ＃淮安县
镇江	—	—	60/担	60/担	387	470	372	430	430	12.50(帕坦巴那拉斯)	沙市12.50 重庆12.50 汉口22.50	*43.00	*厘金局 ＃淮安县
上海	—	—	5%	5%	395	470	385	410	—		重庆12.50	上海43.00	*为海关，其他为厘金局
宁波	—	—	5%	5%	395	470	385	410	—	以前8现在16	每50斤上缴8两库票,其他免税	上海43.00	省库
温州	—	—	5%	—	412	431	412	—	—	无	转口或到岸时每担课税16两,其他免税	厘金18.00	省库

续 表

开放口岸	外国鸦片(洋药)			帕坦/满里雾		巴那拉斯/波斯/土耳其			中国鸦片(土药)			
	厘金,内地	出口税	进口税	厘金税100磅	厘金税100磅	厘金税100磅	厘金税100磅	厘金税100磅	生产地	途中	开放口岸	征收所
福州	—	—	—	397	462	375	406	419	?	?	42.00	鸦片税局
淡水	—	—	—	—	—	376	428	435	?	?	*45.00(温州增级) #30.00(温州一级) #65.00(云南) 厘金	厘金局 #海关的关税　*海关的关税
打狗	—	—	—	—	—	405	419	419	—	—	—	—
厦门	课税额不明	—	—	400	490(旧)/465(新)	395	415(湿)/405(干)	425	无	—	因禁品而被废弃	—
汕头	3厘/两 含货厘	—	—	397	471	396	413	413	3.33(四川) 无(汕头)	15.00	无	产务总局
广东	10~20两/担货厘	5%	5%	432	480	413	—	—		无	无	从北海方面的走私
琼州	担货厘	5%	5%	406	458	—	—	—	6.00	12.00	无	?
北海	10~20两/担货厘	—	—	—	—	—	—	—	?	?	15.20	海关与厘金局(实际是走私)
				合计 6125 7520		6338	4984	2541				
				平均 408 470		397	415	423				
九龙	香港鸦片营业税	—	—	290	?	?	?	?	—	—	—	—
拱北	澳门鸦片营业税	—	—	275	—	271	?	?	—	—	—	—

资料来源：CIMC. Opium; Crude and Prepared (1888). pp.72—73,80—81, Native Opium 1887 (1888) summary。

华中地区的课税额并不高。

（三）茶叶

中国茶叶（红茶、绿茶）的出口构成也出现了变化。到 19 世纪 80 年代，一直作为中国红茶最大出口港的福州，突然急剧衰退下去，起因就在于一直被中国茶独占的市场被印度茶、锡兰茶以及日本茶夺取了。

关于印度茶的记录，正如表 4-9 所示，直到 19 世纪 80 年代中叶为止，它在伦敦的贸易量与中国茶叶势均力敌、不相上下。

表 4-9　　　　　　　伦敦市场上印度茶与中国茶的比较

年度	印度茶 %	中国茶 %	合计 %	年度	印度茶 %	中国茶 %	合计 %
1865	3	97	100	1876	17	83	100
1866	4	96	100	1877	19	81	100
1867	6	94	100	1878	23	77	100
1868	7	93	100	1879	22	78	100
1869	10	90	100	1880	28	72	100
1870	11	89	100	1881	30	70	100
1871	11	89	100	1882	31	69	100
1872	13	87	100	1883	34	66	100
1873	15	85	100	1884	37	63	100
1874	13	87	100	1885	39	61	100
1875	16	84	100	1886	41	59	100

资料来源：CIMC. *Tea*：*1888*. p.118.

19 世纪 70 年代，日本绿茶在美国市场的贸易量为 1200 磅，不过中国绿茶的 50%，而到了 19 世纪 80 年代后半期，贸易量却激增到 4500 万磅，出口量成了中国茶叶的 3 倍。[①]

当时对于这种急剧变化所作的解释是，中国茶叶的成本高，并且课税很重。比如，汉口购入茶叶所需要的费用是下面所示的 18.51 汉口两。[②]

---

① 　China，Maritime Customs. *Tea*，*1888*. p.66.
② 　China，Maritime Customs. *Tea*，*1888*. p.20.

（1）向茶业生产者的支付　　11.00 汉口两

（2）外国购买商人的手续费　1.10 汉口两

（3）海关税　　　　　　　　2.72 汉口两

（4）运费（汉口—伦敦）　　2.46 汉口两

（5）在伦敦的经费　　　　　1.23 汉口两

18.51 汉口两（1 两 ≒ 7 1/2d. 的场合）

这一成本与印度茶叶的成本大体相同。但也有人指出，如果将其汇率降到 1 两＝9$\frac{1}{2}$ d. 的话，那么就可以将第 1 支付给茶叶生产者的费用和第 2 手续费等分别提到 15.50 汉口两和 1.53 汉口两（购价的 10%）。[①]

但印度茶叶的生产是在 1865 年英国金融恐慌之后才开始的，在阿萨姆邦与锡兰等地茶叶被引入种植园并进行大规模生产。表 4 - 10 反映了茶叶栽培公司在锡兰的经营状况。

表 4 - 10　　　　　印度阿萨姆邦地区的茶叶栽培事业（1887 年）

公司名	资本/英亩	生产量/英亩	价格/磅	生产成本/磅
	£	1b.	s. d.	s. d.
Assam Company	24	340	1　0$\frac{9}{16}$	0　10
Land Mortgage Bank	43	262	1　2$\frac{11}{16}$	0　10$\frac{1}{2}$
Jorehaut Company	23	291	1　2$\frac{7}{8}$	1　0
Brahmaputra Company	49	463	1　2$\frac{3}{5}$	0　9$\frac{3}{4}$
British Indian Company	116	286	1　0$\frac{1}{12}$	0　9$\frac{3}{4}$
Doom Dooma Company	69	700	1　0	0　8$\frac{1}{4}$
Darjeeling Company	81	307	1　5$\frac{1}{4}$	0　11$\frac{9}{10}$
	£	1b.	s. d.	s. d.

① China，Maritime Customs. *Tea，1888*. p.21.

公司名	资本/英亩	生产量/英亩	价格/磅	生产成本/磅
Jhanzie Association	37	312	$1\ 2\frac{5}{8}$	$1\ 0\frac{1}{2}$
Lebong Company	65	345	$1\ 4$	$0\ 11$
Borelli Company	80	417	$1\ 2\frac{1}{4}$	$0\ 11\frac{1}{2}$
Luckimpore Company	79	265	$1\ 3\frac{7}{16}$	$1\ 2\frac{1}{4}$
Borokai Company	46	273	$1\ 7\frac{1}{2}$	$0\ 10\frac{1}{4}$
Tiphook Company	32	318	$1\ 0\frac{15}{16}$	$0\ 10\frac{1}{10}$
Scottish Assam Company	111	281	$1\ 4\frac{1}{16}$	$0\ 11\frac{1}{3}$

资料来源：CIMC. *Tea*, *1888*, 1889. p. 152.

　　从上表可知，每个公司平均经营面积都很大，而单位面积的资本投入额又比中国低，因而可以实现高价格、低成本。与中国相比较，印度同样有 100 多年生产同样产品的经验，生产效率很高，在品质方面，虽然中国茶香味要好，但粉茶的比重较高。不过，也有人指出，中国茶叶的单宁含有率比印度茶要少，所以高浓度的印度茶叶的价格相对较低。[1] 还有，银价的下跌对印度茶叶出口也发挥了有利的作用。

　　为恢复中国茶叶市场占有率，有人提出仿照印度的制造方法生产茶叶，但也有人认为是中国茶叶的课税妨碍了中国茶叶的出口。在内地课税上，每个省的厘金额都有所不同。具体每个省的独立课税项目设定如下所示：[2]

安徽

厘金每引一百二十斤	捐	库平银二两零八分
姑塘每一百斤	捐又	银四钱
关税每一百斤	捐又	银二两五钱
书院捐每一百斤	捐又	银四分

[1]　China, Maritime Customs. *Tea*, *1888*. pp. 118—120.
[2]　China, Maritime Customs. *Tea*, *1888*. XXXV—XXXVI.

江西宁武	
厘金每一百斤	捐 库平银一两四钱
又河口	
厘金每一百斤	捐 库平银一两二钱五分
姑塘每一百斤	捐又　银五钱
关税每一百斤	捐又　银二两五钱
湖南北	
厘金每一百斤	捐 库平银一两二钱五分
湖北堡工费每二五箱约四十余斤	捐又　银四分
关税每一百斤	捐又　银二两五钱
湖北山户捐每茶价一千文	捐钱四十文
又茶行捐每二五箱约四十余斤	捐钱三四十文
湖南安化山户捐每茶价一千文	捐钱三十文
又箱捐每二五箱约四十余斤	捐钱一百文
浙江	
厘金每一百斤	捐库平银六钱
杭引费每一百斤	捐又　银一钱三分四厘
关税每一百斤	捐又　银二两五钱
各处地方善举等捐每二五箱	捐又银三四钱

在上述各目之外，还包括运费、包装费、仓库费、买卖手续费等其他费用。1担茶叶从龙岩州运送到厦门的费用如下所列：

两钱分厘

	两钱分厘
箱袋、铅板、石炭、干燥、劳务费	3.0.0.0
运费,龙岩州—雁石	0.4.0.5
运费,雁石—伟平	0.1.0.5
运费,漳平—华封	0.1.0.5
运费,华封—长泰	0.2.4.5
运费,长泰—杏林	0.0.9.0
厘金税(杏林)	0.1.5.0
运费,杏林—厦门	0.1.0.0
海关税(厦门)	0.2.6.8
厘金税(厦门)	1.1.0.0
仓库、销售手续费	0.4.0.0
从龙岩州合计	5.9.6.8
从城口合计	5.8.0.0
从宁洋合计	5.8.6.0
从漳平合计	5.4.0.0
从和溪合计	4.6.0.0
平均	5.5.2.6
子口半税支付	2.7.5.0
支出合计(FOB)	8.2.7.6
1887年,关税支付后的平均价格①	12.6.5.0
生产者收入部分	4.3.7.4

总体来看,各种税费大体相当于生产者茶叶所得的 2 倍左右金额。从支出比例分析,干燥、装箱、保管、贩卖的手续费大约占 27%,运到厦门的费用大约 8%,厘金、关税以及其他的课税占 34%,生产者的所得占 31%,这其中课税部分占比例最大。

值得注意的是,福州的茶叶出口渐趋衰退,取而代之的是汉口向蒙

---

① China，Maritime Customs. *Tea*，*1888*. p.173.

古、俄罗斯茶叶出口的激增。正如表 4 - 11 所示,从 19 世纪 70 年代开始,向俄罗斯的茶叶出口开始激增,它与中国向英国、美国的茶叶出口减少形成互补的关系。这种现象说明,中国的茶叶出口与国内消费并存,并非专门为了出口而进行生产。同时,这也意味着,从南京条约签订、开放五个港口城市以来,中国在茶叶出口,进而在对外贸易关系上,从关注华南沿海的对外贸易转变为华中及扬子江贸易也开始占有一定的分量。而且,伴随着俄罗斯向亚洲的贸易进展,经由蒙古、俄罗斯的贸易重要性也开始增强。此前俄罗斯与清朝政府之间的贸易关系,直到 18 世纪中叶为止一直是俄罗斯的毛皮出超状态,从 18 世纪后半期开始,中国茶叶的出口开始增加。俄罗斯原来把经由卡夫塔的英国棉布作为与中国茶叶交换的等价物,但中国开始从新开放的五个港口进口棉布之后,俄罗斯在 1854 年解除了白银出口的禁令,这就为与中国的贸易提供了更加有利的条件。[①]

表 4 - 11　主要商品类别清→俄罗斯进口数量及金额统计表(1871—1900 年)

年度	进口总额	茶		绢　　类		棉制品	
		量 1000 普特	价格 1000 卢布	量 1000 普特	价格 1000 卢布	量 1000 普特	价格 100p 卢布
1871	6524.3	407.0	6045.5	0.424	42.4		243.7
1872	8015.0	497.3	7265.9	0.968	96.8		272.7
1873	11569.0	687.7	10617.6	1.265	126.6		307.0
1874	10775.1	630.4	9686.2	1.643	165.4		419.8
1875	10783.1	702.5	9880.9	1.397	139.8		317.7
1876	14099.5	765.6	13318.6	1.198	119.8		256.4
1877	14842.8	667.3	14256.0	0.269	26.9		201.4
1878	17888.9	802.1	17407.7	0.089	8.9		57.1
1879	19002.5	851.2	18188.5	0.048	4.9		26.4

---

① 　参照吉田金一《俄罗斯与清朝的贸易》,载于《东洋学报》第 45 卷第 4 号,1963 年。

年度	进口总额	茶		绢　类		棉制品	
		量 1000 普特	价格 1000 卢布	量 1000 普特	价格 1000 卢布	量 1000 普特	价格 100p 卢布
1880	22783.2	996.2	22328.2	0.013	1.3		18.6
1881	20247.0	899.0			88.0		
1882	19744.0	906.0			94.0		
1883	21109.0	892.0			148.0		
1884	22781.0	1074.0			61.0		
1885	25357.0	949.0			65.0		
1886	30016.0	1143.0			55.0		
1887	30088.0	1487.0			25.0		
1888	28168.0	1770.0			81.0		
1889	27280.0	1750.0			97.0		
1890	29032.0	1705.0			241.0		
1891	28967.0	1599.0		2800		59.3	
1892	27968.0	1666.0		2600		50.5	
1893	33185.0	1884.0		4300		58.8	
1894	38504.0	2132.0		8300		68.1	
1895	41567.0	2285.0		6600		89.8	
1896	41457.0	2279.0		7500		64.6	
1897	39214.0	2197.0	32109.0	7600	988.0	105.0	1702.0
1898	40293.0	2328.0	33263.0	4800	508.0	70.0	1295.0
1899	43515.0	2441.0	35375.0	7700	1123.0	98.0	1748.0
1900	45945.0	3001.0	37655.0	5000	883.0	108.0	1864.0

注　①　Труды статистического отделения департмента таможенных сборов, Статистич-еск-ия о торговле России с Китаем, ОПБ, 1909, pp. 15—16。

②　卢布的计算根据卢布纸币（Кредитный рубль）的汇率来计算。

③　空格栏为资料中记载空缺。

资料来源：吉田金一《关于俄罗斯与清朝的贸易》，载于《东洋学报》第 45 卷第 4 号（1963年），第 63 页。

　　这些茶叶出口的增加，并未全部成为出口国的消费，其中还包括为逃避国内厘金税等繁重课税而将茶叶先出口、然后再被进口，返回来为国内消费的一部分。① 这正是中国的对外出口与国内消费不能明确区分的理由。在对这种商品的课税问题上,根据与俄罗斯缔结的陆路通商章程,强化了张家口与哈克图的管理;另一方面,也有人批判地指出,俄罗斯商人实际上有特权地位,如在蒙古贸易中,中国商人必须缴纳一定的税金,但如果是外国商人,就可以不必缴纳这些费用。②

(四) 生丝

生丝出口的情况与茶叶非常类似,由于与日本的出口竞争,使得中国在 19 世纪 80 年代初失去了此前的独占地位。

表 4－12 表明,向美国的生丝出口中,中国和日本从 19 世纪 70 年代开始进入竞争阶段,以 1883 年为分水岭,两国的霸主地位出现逆转。在向欧洲出口生丝之际,中国提供了最便宜的商品,与投放到欧洲市场的意大利生丝、土耳其生丝、南德意志生丝以及法国生丝相比,亚洲商品价格比较低,所以并没有遇到新开放的美国市场上的那种激烈竞争。引入欧洲生产模式的日本,1880 年以后对美出口占据了首位。其详细情况是,由生丝出口变为丝织品占主体地位,19 世纪 80 年代后半期出口的 2/3 都是丝织品;从价格方面来看,丝织品 1 担 170 美元,而生丝仅为 70 美元。可见,丝织品实现了高附加值。③

表 4－12　　　　　**中、日出口美国生丝的比较**　　　　(单位:捆)

年度(年)	由华北的出口	由日本的出口
1877—1878	4613	1411
1878—1879	6842	3200
1879—1880	9490	5175
1881—1882	7070	7022

① China, Maritime Customs. *Tea*, *1888*. p.47.

② 《李文忠公全集·译署函稿》卷二,第 15—16 页。

③ Report of the Sectional Committee of the Shanghai Special Committee on Taxation, Regarding Silk Filatures and Raw Silk. *American Diplomatic and Public Papers*. Series Ⅲ, Vol.13, Document No.13.

续　表

年度(年)	由华北的出口	由日本的出口
1882—1883	5459	9589
1883—1884	3457	9783
1884—1885	5537	11143
1885—1886	7802	15034
1886—1887	6021	14002
1887—1888	3500	14000
1888—1889	4905	19920
1889—1890	7384	20377
1890—1891	5585	18343
1891—1892	7289	30035
1892—1893	8376	27448
1893—1894	5503	19342
1894—1895	10430	28745
1895—1896	10146	29284

资料来源：Report of the Sectional Committee of the Shanghai Special Committee on Taxation Regarding Silk Filatures and Raw Silk. *American Diplomatic and Public Papers : The United States and China*. Series Ⅲ, Vol. 13, Document No. 13.

从 1882 年到 1883 年之间，不论茶叶还是生丝，中国的主要出口商品在亚洲区域内的竞争力都开始衰退。如果从中国内部探讨其主要原因，我认为是这一时期以上海为中心发生的出口投机与金融投机的破产，导致原来的贸易关系、流通方式中断。试从以下方面分析这种情况产生的前因后果。

在 1879—1880 年世界经济发展兴盛的一段时期里，上海、香港等地出现了广泛的投机行为，促进了外国商品的进口。到了 1882 年，进口商品泛滥于开放后的港口城市，从而导致了投机的崩溃，金融紧迫，贸易萎缩。其中，大金融业者胡光墉的生丝投机失败，直接引发了1883 年秋季的上海金融恐慌。与此同时，大商人徐润经营的宝源祥房产公司也遭遇破产。就 1883 年末的上海经济情况，徐润回忆如下：

忆自癸未年（1883年，光绪九年）败事负累数至二百余万，家业因此荡尽。……斯时申地现银极少，各庄十停八九不能周转，房屋十空二三。百两轮（轮船招商局）股跌至三十四两，五十两保险（仁和水险公司和济和水火保险公司）跌至二十七八，百两之开平（开平煤矿公司）跌至二十九，其余铜矿等各种股票更不可问。江浙两省当铺十停二三，地基更无论矣。举市百货俱跌……溯败事之由，实因时势所迫，适值法人构衅……延扰及吴淞口……常有一日三警攻取制造局（江南制造局）之传言，是以市面忽败，居民迁徙过半。……上海百货，无不跌价三五成。统市存银照常不过十分一二，只有三十八万，此二十天之难过也。斯时兼有胡姓（胡光墉）等大户以受挤周转不及，而润遂继之。①

徐润指出，上海市场的现银只有极少的38万两，而钱庄的八九成、当铺的二三成不能继续经营下去，无人居住的空置房不断增多，洋务企业的股票价格以及地价、各种物价都大幅下跌，其原因在于中法战争所引起的资金困境和百姓避难。

经营不动产者徐润破产②的直接原因是中法战争。但是，胡光墉③的破产却明确说明了是由于现银不足。英国驻上海总领事曾就其生丝投机的破产作过如下论述：

去年（1882年）的生丝市况可以称得上波澜起伏。曾有人预测6月份的生丝生产量会低于平均水平。……可就在这时，传来了意大利生丝生产不利的消息，上海市场的生丝价格遂激增，中国商人从内地买入生丝时就要支付高价。但是，新

---

① 徐润：《徐愚斋自叙年谱》，第81—82页。
② 徐润的负债额高达252万余两。徐润：《徐愚斋自叙年谱》，第35页。
③ 胡光墉，字雪严，浙江杭州人。从钱庄的伙计起家，曾做过左宗棠的幕僚，筹措过西征的军饷。作为外国借款的中介人，在海关银号以及阜康银号的经营上大显身手。

生丝从中国内地运到上海,其销售却没有想像的那样好,其后又得知意大利生丝今年大丰收的消息,外国商人据此判断需求量已满,就再没有购买胡(光墉)多达1万4千捆的库存。此后的3个月内,胡并没有降价,而市场由于被外国商人所控制,所以并不活跃。最终因为金融紧迫……胡不得不将自己库存的生丝出手,生丝的价格大幅下跌。……胡的损失额高达150万泰尔(35万英镑),其影响波及其他。①

对于进口贸易,他还评价道:

到1883年末的1年里,对英国商人来讲也是最不满足的一年。几乎所有的工业产品的库存都超过了贸易的必要量。而且……消费地区发生了洪灾,所有贸易都受到了影响。……因1882年遭受了巨大损害,中国商人的财力业已见底。这是其贸易萧条的原因之一,而东京(越南的地名)问题及其结果又对贸易产生了巨大的压迫。②

英国驻上海总领事进而又对当年所发生的金融危机、金融恐慌作了进一步论述:

因为贸易活动的损失,致使许多钱庄倒闭。年初尚有78家,而到了年末则只有10家了。导致财政上破产的原因,在于钱庄交易对象进行的过度交易以及投机。加之钱庄之间竞争过热,导致了信用异常膨胀。向矿山以及其他企业股份的预先借贷活跃,但大多数股票并没有超出票面价值,钱庄对于这些有价证券的减价非常头疼。这些投机一旦露出破绽,信用就会丧失,这也是下半年金融危机的原因之一。另外,生丝

---

① BPP. *China*. No.1(1884), Trade Reports, Part I , pp.230—231, Shanghai.
② BPP. *China*. No.5(1884), Trade Reports, Part III , p.225, Shanghai.

生产减少造成原来应该投入到生产流程中的 800 万两白银的损失,也是原因之一。……钱庄因为遭到外国银行每年都有的拒绝抵押贷款,愈加陷入经营困难。而且也得不到山西票号的援助,因为山西票号也仿效外国银行,进行了资金回收。①

如上所述,上海发生的金融恐慌原因:(1) 由于投机漏洞所导致的信用崩溃;(2) 由于出口生丝减少而导致的资金不足;(3) 进口贸易的萧条;(4) 由于中法战争所导致的政治不安定,等等。加之外国银行和山西票号等处拒绝融资,进行资金回收,使得金融恐慌更加扩大。尤其是胡光墉生丝投机的漏洞使自身经营的阜康银号破产,引发了阜康银号分店所在通商口岸以及商业中心所在地的全面金融恐慌,使得镇江、扬州、杭州、汉口、北京等地的钱庄也纷纷破产,出现金融危机。②其中对北京的影响,表明这次金融危机与以前金融恐慌不同的一面。

北京阜康银号倒闭于宁波之后的第五天,也就是 1883 年 12 月 5 日(光绪九年十一月六日),某京官对此作了如下记录:

> 阜康之号,杭州、上海、宁波皆有之,其出入皆千万计。都中富者自王公以下,争寄重资为奇赢。前日之晡,忽天津电报言其南中有亏折。都人闻之,竞往取所寄者,一时无以应,夜半遂溃。……闻恭邸、文协揆等皆折阅百余万。③

还有京官写道:

> 円通观粥捐公项六千两亦在内,奈何奈何。

---

① BPP. *China*. No.1(1884), Trade Reports, Part Ⅰ, pp.232—233, Shanghai.
② BPP. *Report on the Trade of Chinkiang for the Year 1883*. pp.197, 206.《申报》1883 年 12 月 19 日《银根大紧》、1883 年 12 月 10 日《杭事碎录》、1883 年 12 月 23 日《汉皋琐录》。
③ 李慈铭:《越缦堂日记》1883 年 12 月 6 日。

钱铺闭歇者不下百家，街市萧条，小民愁苦，恐酿事端也。①

就这样，接到天津的电报，传来江浙地区的阜康银号倒闭的消息之后，挤兑发生了，北京的同号也因此被迫关闭。它存款额总数高达1000万两以上，其中有私人存款，包括以协办大学士文煜为首的大官僚们的存款，而且还有公有存款。这又招致了北京大多数钱庄、钱铺倒闭，当时民心之不稳达到了令人担心的程度。阜康银号因为存有大量公款，所以决定了1883年金融恐慌的历史性特征。

号称财力巨大及信用绝对的胡光墉和徐润的破产，表现出1883年的恐慌，不论从规模上还是其影响的深度上，都与此前的金融恐慌有着性质上的不同。1882—1883年之间，投机的漏洞、金融机构的倒闭、自然灾害、叛乱倾向的出现以及战争等，所能够考虑到的经济方面、社会方面、政治方面等各种原因，重重叠叠，互相作用，在同一时间里一起爆发。

金融恐慌的影响，也直接在流通及生产各个领域表现出来。在杭州：

杭垣自德馨、阜康两巨庄停歇后，市面日紧一日。上城之各衣庄、绸庄及皮货庄，本月以来门常如水，略有零星交易，以敷火食尚且不足。各处行栈、店铺往来皆须现洋，概不用票。……且闻下城之箔业亦将停歇。各箔作坊之工夥，回宁波者十有其六，往常箔币百张，可卖钱四十左右，极贱亦得三十余文。近则百张贱至二十八文。②

如上所述，各种店铺的交易因此而停止，即使不停止、照常营业者，也不用银票，必须使用现银、洋银等。由于物价下跌的影响，手工业者

---

① 翁同龢：《翁同龢日记》1883年12月5日、12月22日。
② 《申报》1883年12月15日《市面日紧》。

的经营也陷入了停滞的状态。在农村还出现了以下的情况：

> 嘉定各乡木棉广植，土人所产以机布为大宗。……近因
> 饥荒兵兆，风鹤谣传，故商人裹足不前，收布只求上等，粗糙者
> 一概退还，是以蓬户小民，生计愈窘。[①]

由此可以看出，都市的物价下跌还直接影响到农村，对农村手工业
者以及农民的生活造成了巨大的压迫。英国驻镇江领事如下记录了中
法战争对农民的影响：

> 出口贸易极端减少。……其最突出特征就是粮食出口的
> 减少（比上年在数量上减少了 75%）。最主要的原因就是安
> 南事件，这使得投机家们拒绝向战争的邻近地区运送粮
> 食……只雇用了极少几艘用来运送的蒸汽船。农民种的粮食
> 卖不出去，连能够耕作的土地也荒废了。[②]

1883 年的金融恐慌一方面影响了生产者＝农民，另一方面也影响
了国家财政＝清朝政府。

以通商口岸为中心，在华中、华北都拥有分店的阜康银号的倒闭，
断绝了向户部汇款的途径。各省征收的税金以及关税，原来基本上都
是通过国内汇兑来转送的，但是由于金融恐慌，国内汇兑网遭到破坏，
所以户部要重新讨论其金钱转送的方法。户部要求禁止汇兑转送、由
委员携带现银运送等方法来确保财源。

> 各省应解京饷，当同治初年（1862 年）道路多阻，间由银
> 号汇兑。嗣以各省肃清，于同治五年……饬令各督抚于部拨
> 银两，派员新赍交库。……嗣经督抚纷纷陈请……乃各省竟

---

① 《益闻录》第 324 号，1884 年 1 月 12 日，载于《中国近代农业史资料》，北京，1957 年，第 1
辑，第 533 页，从此处进行再次的引用。
② BPP. *Report on the Trade of Chinkiang for the Year 1883*. p. 203.

视汇兑成例。致有去岁阜康银号倒闭库款被失之事，经户部
于上年（1883年）十二月奏明。请旨饬令各省关所有应解部
库银两，各衙门饭银，京员津贴以及各省协饷，概令委员亲赍，
不准再行汇兑。[①]

但是，正如以下记录所反映的那样，"京官津贴银两各省筹款解
到者仅十万有奇。尚有十余万两，刻未解部。传闻某侍御奏，各省灾
黎之苦甚于京官十倍。请将未解各款由外省拨赈，云云"。[②] 实际
上，向户部运送的金钱数量非常少，而且因为灾害救助（黄河泛滥）需
要款项，清政府的财路越来越窄。

通过以上叙述可知，1882—1883年景气变化的背景原因可通
过以下分析进一步明确。中国内地的市场构造，是由都市以及都
市之间的信用、金融网络组成的。所以，内地产品的购买以及向内
地消费者的贩卖都有着周期性，而且，信用、通货的膨胀与收缩形
成了相互影响的关系。即使在对外出口贸易中，这种关系也没有
区别，致使信用膨胀程度进一步扩大，当其膨胀到超出原来范围不
可收拾时，破产就发生了。只不过，这种变动同时也被还原为国内
地域间的关系，迎来下一个周期的规律性运动。[③] 我们将在下一
节，考察发挥了地域间关系中介作用的税关（海关、常关）的功能。

第二节 海关和常关——地域市场和地域间关系

从历史角度回顾税关的管辖范围，可以说由"点"、"线"、"面"
三个方面构成，因而税关功能也是由这三部分构成的。

---

① 《光绪朝东华录》1884年3月5日《户部奏》。
② 《申报》1884年1月4日《都门近事》。
③ 关于1910年的橡胶恐慌所引起的金融恐慌，请参照拙稿《近代亚洲贸易圈的白银
流通》，载于《社会经济史学》51—1，1985年。

所谓税关管辖的"点"，指对某一地点的管辖，它的职能是警备、警戒、检查、稽查等事务——亦即"关"的本来任务之一。比如，在《孟子·梁惠王下》中，"关市讥而不征"①指的就是这种情况。春秋以后出现了"关市之征"②，开始对市场进行管理并进行征税。税额历史上大体为"十一税"，也就是以十分之一为标准。课税对象在宋朝是"香药"，即香料和医药品，龙涎香及沉香等香料，类比中药课税。当时是以实物纳税，到了唐、宋、元等时代，开始并用实物与货币。到了明代，基本采取货币纳税。明代设立了被称作"钞关"（常关）的国内税关之后，常关税就被定为5％，税收归中央（户部）管理。③到了19世纪中叶，开始根据各地的收税标准来收取厘金税，而厘卡（地方税务局）的收入则归属地方财政。洋关于1854年设立后，面向国内市场的再输出只需要缴纳子口半税，地方税的课税遂被免除，相对于出入口正税的5％而言，半税的税率为2.5％。

税关对于"线"的管辖，表明税关同时还要承担边防任务。在中国历史上，边防包含海防与塞防，这两者都受到很大的重视。尤其是塞防，最具有反映中国各王朝特色以及性格的重要性。④而担当海防以及塞防的前线基地就是税关（请参照第一章1-3海防自强论）。

税关对于"面"的管辖，意味着其管辖扩大到地域经济，开始对市场空间进行管理。与洋关、常关等以运输手段和所载货物为课税对象相比，厘金局针对除此之外的运送距离的长短进行课税。从这点可以看出在厘金征收的范围内可能存在着地域市场。本章第3节还要对此作进一步探讨。

---

① 《孟子·梁惠王下》。
② 四川省财政学会编：《税收史话》，中国财政经济出版社1985年版，第65—69页。
③ 《大明会典》卷三五《户部二二》，课程4，"钞关"。
④ 陈忠倚编：《皇朝经世文三编》（光绪二十四年）卷四五—四八《海防》、卷四九—五〇《边防》。

从税关这一与流通有重大关系的问题出发探讨地域市场模式时，不仅要对以集市为基础、拥有从集扩大到镇这种原有市场模式形态进行分析，还有必要对那些类型不同的市场模式加以探讨。

第一种市场模式可以称之为通商口岸市场模式。这种市场类型以对外贸易与国内贸易之间的关系为其特征。

第二种市场模式可以称为金融市场模式。这种市场类型具有金、银、铜等贵金属或通货的流入、流出特征和贸易决算的特征，依据该市场固有的决算制度及金融机构，形成了包含信用决算在内的有着地区性独立关系的金融市场模式。对于我们必须留意的一点是，在基本上都是以单方决算为主的金融市场上信用决算的发达。

第三种市场模式是处理地域市场间关系的市场类型。这种市场模式，需要将复数的地域市场作为具有整体功能的一个市场圈来把握。

中国地域市场的基本关系包括以下三个部分：（1）沿岸贸易中的南北关系——这里南北的划分，并不是通常意义上的限定一个界限，而是以某一沿岸为起点，在此基点上适当地选取界限而形成的南北关系——这种关系存在的同时，由于经济地理上的理由以及其他缘由，国内内陆中又形成了各种不同的南北关系（比如围绕着大运河或者河流、陆路等）；（2）内陆关系中的东西关系。这种东西关系见于常关或厘金局的功能上以及扬子江地区的贸易关系等方面；（3）周边的华南、东南亚关系，在中国贸易关系中的作用。在本节中，作为对常关历史性理解的基础，首先探讨常关与海关之间的关联性，而将常关包括了什么样的地域市场并形成了怎样的地域市场之间的关系这一点，作为理解的前提。

一　常关和海关

（一）从常关的角度来看海关

1. 常关的位置与海关

关于海关研究，最早可以追溯到 1854 年英美法三国领事在上海设立关税代征,《北京条约》确立外国人税务司制度,海关的外国人管理在中国全国确立起来——事实上也是如此——所以,研究上一般都认为海关就是中国与列强、或列强相互之间外交交涉的一部分。① 的确,海关组织体系的管理(人事、任免、管理等预算)方面,外国人首当其冲,尤其是在第三代税务司罗伯特·赫德的大力努力下,形成了中央集权性的组织。但是,必须注意的是,在海关的运营以及机能上,诸如海关的位置、税率和征税等几乎所有内容,他们还参照了明代以后的国内税关,以及被清代继承下来的常关(钞关、老关)的历史经验。

《清史稿》卷一一五《权政·常关》一项中,记录了常关以及担任常关监督之任的职务名称,如表4 - 13。

表4 - 13　　　　　　　　　　　　**常关及常关监督一览**

崇 文 门	(康熙五年　治中管理)
左 　 翼	内府大臣、尚书、侍郎兼充
右 　 翼	
天 津 关*	长芦盐政兼管(康熙五年　天津道)
通 　 州	坐粮厅兼管
张 家 口	部员司员兼充
杀 虎 口	
潘 桃 口	同知兼理
多伦诺尔	
龙 　 泉	(康熙五年　井陉道)
紫 　 荆	(康熙五年　直隶守道)
喜 　 峰	提督兼管,委任参将、都司、守备、把总监收
五 　 虎	
固 　 关	
白 　 石	
倒 　 马	
茨 　 沟	
插 箭 岭	
马 水 口	

---

① Arnold Wright. *Hart and Chinese Customs*,是代表性的见解之一。

续　表

关名	说明
三座塔 八　沟 乌兰哈达	理藩院司员兼充
奉　天	牛马税由部院司员兼充
中　江 盛　京	将军衙门章京及五部司员番选。后归兴凤道兼理
临　清*	巡抚兼管,委任知州监收（康熙五年　东昌道）
归化城	巡抚兼管,委任道员监收
潼　关	道员兼理
浒墅关*	苏州织造监理（康熙五年　苏昌道　八年　部员督征）
淮安关*	（康熙五年　淮海道　八年　部员督征）
庙湾口	内府司员兼充
扬　关*	巡抚兼管,委任淮扬海道兼收（康熙五年　驿传道　八年　部员特征）
西新关*	江宁织造兼理,后改归巡抚（康熙五年　镇江道　八年　部员特征）
凤阳关*	皖北道兼理（康熙八年　部员监征）
赣　关*	巡抚兼管,委任吉南赣宁道监收（康熙五年　吉南赣道　八年　部员督征）
闽安关	巡抚兼管,后改归总督,委任福州府同知监收
北新关*	杭州织造兼管,后改归巡抚（康熙五年　浙江布政使　八年　部员督征）
武昌厂 荆　关	巡抚兼管,后改归总督委员监收（康熙五年　荆州同知）
夔　关	总督兼管,委任知府监收
打箭炉	同知兼理
太平关*	巡抚兼管,委任南韶连道监（康熙五年　南雄知府　八年　部员督征）
梧　厂 浔　厂	巡抚兼管,委任梧、浔二知府监收
芜　湖*	（康熙五年　池太道　八年　部员特征）
乞运厅	（康熙五年　通蓟道）
居　庸	（康熙五年　昌密道）
九　江*	（康熙五年　九江道　八年　部员督征）
遇仙侨	（康熙五年　韶州知府）
沧光厂	（康熙五年　韶州知府）

　　*康熙八年(1669年)常关由地方官管理回复派遣部员管理。九江和赣州两关乾隆元年(1736年)导入三联税单。

　　资料来源：《清史稿》卷一二五,第3673—3683页；卷一一四,第3278—3279页。

　　从常关所发挥的作用来看,有以下四种类型：（1）以边防军事整备为主旨（如龙泉等地）；（2）兼顾对藩属等周边地区的统治（如三座塔等地）；（3）直属织造、内府等中央或皇室（如崇文门等地）；（4）由地方官所管辖(如潘桃口等地)。以上四种类型中,(3)和(4)处于与周边相对的中心(中国史上的中原),作为所谓财富的中心地域,行政部门能够进行市场管理并从中汲取财源。总而言之,常关能够反映出其所处地域的特征,因此,我们通过对常关的探讨,也能够把握其所处地域社会经济关系的特质。

另外,地图4-1反映了常关所在地在全国的位置分布。从全国范围来看,我们能够在地理位置上确认出上述的中心(中原)—周边关系、塞防—海防关系以及从中央到地方的交通要道上存在着的中央—地方关系。与此同时,如果进一步从地域范围来分析还会发现,常关所处的地理位置,或者是地域社会经济的中心,或者与中心位置相邻,总之与地域市场的中心相重合(请参照地图4-2九江常关和厘卡;4-3上海常关分布)。我认为这正是探讨地域经济特质时常关之所以能够发挥作用的原因。不容忽视的是,这种地域经济在特定地域作为区域经济的情况下以及在包含复数地域、被称为经济圈的情况下,甚而在连接远隔地区作为地域关系的情况下,构成了规模更大、更加多样的关系。

从历史上来看,凡是存在常关的地方都设有海关。海关称谓起于康熙二十三年,江苏、浙江、福建、广东解除海禁,在云山、宁波、漳州、澳门等地设立海关并设立监督一职。直到南京条约之后也被沿用下来。[1] 如果从地图上看常关与海关的位置关系,可以发现初期的通商口岸都设在存在常关、海关的地方。具体所示如九江和上海的常关、海关位置关系即反映出此点(请参照地图4-2、4-3)。但是,两者在组织上并没有直接关系,只不过在1902年义和团事件之后,根据议定书规定,海关周围50里以内的常关交由海关管理并征税,并规定以此充当赔款的担保(实际上充当了赔款的支付工作),此后两者成为直接的统属关系。因此,在海关与常关之间的关系问题上,虽然有人理解为主要由海关来主导,但

---

[1] 《清史稿·志》卷一〇〇《食货六》,第3675页。

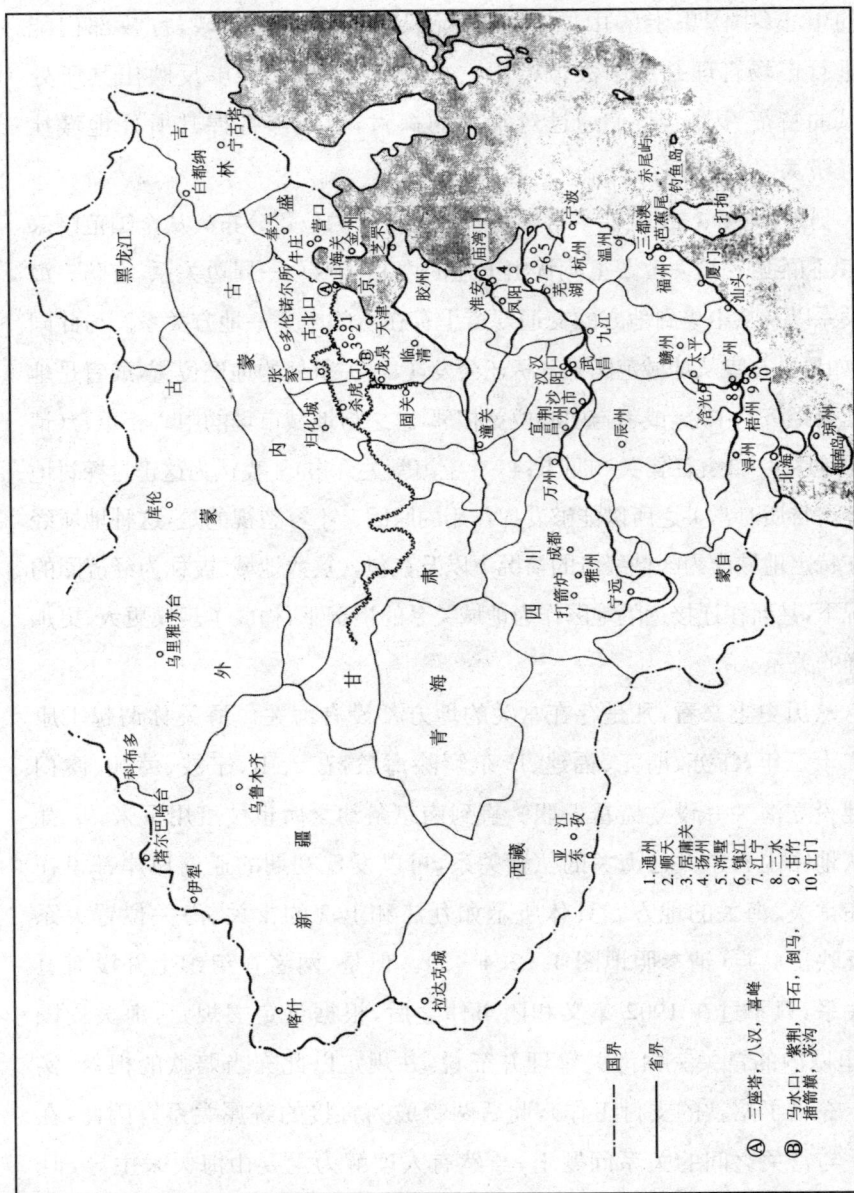

清代常关所在地（含塞防各关）

1. 通州
2. 顺天
3. 居庸关
4. 扬州
5. 镇江
6. 江宁
7. 江宁
8. 三水
9. 甘竹
10. 江门

Ⓐ 三座塔、八汉、喜峰

Ⓑ 马水口、紫制、白石、倒马、
   插箭巅、浚沟

地图4—1

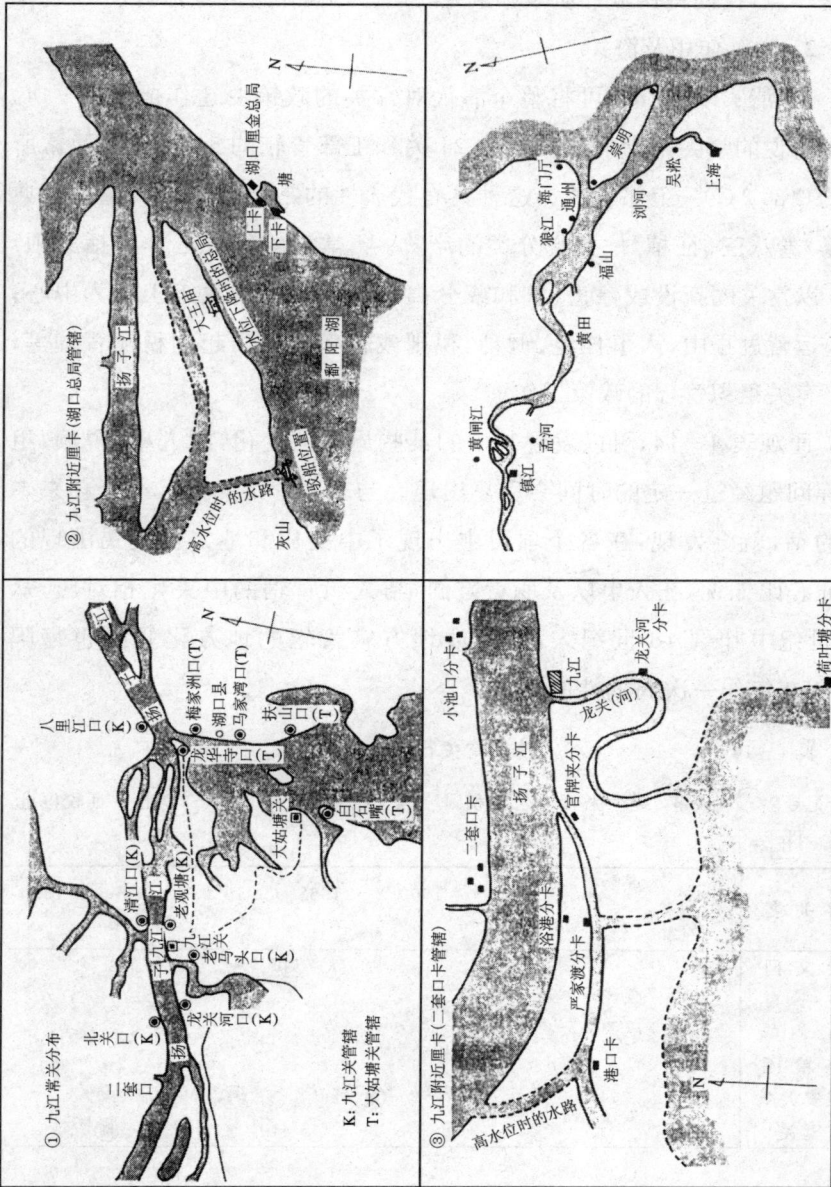

② 九江附近厘卡(湖口总局管辖)

地图4-3　　上海常关分布

地图4-2　　九江常关厘卡

① 九江常关分布

K: 九江常关管辖
T: 大姑塘关管辖

③ 九江附近厘卡(二套口卡管辖)

历史的实际情况却正相反,常关也可以被看作海关运营的一种模式。关于这一点,我们将在下一项即从常关的运营方面作进一步探讨。

2. 常关作用及海关

据《清实录》记载,可将整个清代对常关的政策变迁作成表 4-14。这里所说的常关是指户部管辖的 24 关和工部管辖的 5 关,亦即通常所说的户部 24 关、工部 5 关。这种具有代表性的常关计算,是《皇朝政典类纂》卷八三《征榷》——关税分类的产物。[①] 常关的行政工作包括三项:(1) 以常关的新设或停止、统和或分离等事关存废的政策工作为中心;(2) 运营过程中,人事任免、调动、税则或税率调整引起的税额管理等;(3) 有关组织管理的政策工作。

通观表 4-14,可以发现其中的某些周期性变化,即人事、税额、组织等问题经过一定的时间会反复出现。与表 4-13 的内容综合起来考虑的话,就会发现,在各个项目中出现了中央化和地方化交错出现的特征。比如说,在人事以及职责方面,与人员管辖的中央化相对应,从 17 世纪中叶到 18 世纪末,道台或地方官管辖的地方化倾向也每隔 30—50 年作一次周期性的变化。

表 4-14   **清代常关行征一览**

记号 人=人事 移=移动 则=税则 额=税额 率=税率 停止=征税停止、闭关 开=开关

常 关 名	1640 1700	顺治元年 1644	1650	1660	康熙元年 1662	1670	1680	1690
崇 文 门					则² 人⁵ 则⁵			
左 翼		人顺1						
右 翼		人顺1						
坐 粮 厅								
淮 安 关△					则² 人⁵ 额⁸ 移⁹		移²⁶	
济 墅 关*					人⁵ 额⁸		额²⁶	

---

① 《皇朝政典类纂》卷八三《征榷一·关税》。

续　表

常关名	1640	顺治元年 1644	1650	1660	康熙元年 1662 1	1670	1680	1690	1700
扬州关*					(人)5 (额)8				
芜湖关*					(人)5 (额)8	(移)10			
西新关*			(人)顺9		(人)5 (额)8	(移)10	(人)23 (率)24	(移)26	
凤阳关*△					(额)8		(人)21		
江海关△									
天津关*△				(移)康1 (则)2	(人)5 (额)8				
临清关*△				(人)顺18	(人)5 (移)8	(额)8			
九江关*					(人)5 (额)8		(移)21		
赣　关*					(人)5 (额)8				
北新关*					(人)5 (额)8				
浙海关△							(移)34		
闽海关						(额)26			
太平关*			(则)顺3		(额)8				
粤海关							(额)37		
山海关	(移)46				(人)19	(人)21	(人)33		
张家口		(人)顺1		(人)康1			(人)33		
杀虎口				(人)康1				(移)41	
归化城									
龙江关						(人)23	(移)26		
芜湖关					(移)10				
宿迁关									
临清砖版闸					(人)10				
南新关									

* 康熙八年(1669 年)由地方官管理回归部员派遣的常关。

资料来源:《清史稿》卷一二五《志一〇〇·食货六》征榷、会计,第 3673—3686 页制成。

续　表

常关名	1710	1720	雍正元年 1723	1730	乾隆元年 1736	1740	1750	1760	1770
崇文门			(人)[雍1]					(人)[27]	
左　翼			(人)[雍1]					(人)[27]	
右　翼			(人)[雍1]					(人)[27]	
坐粮厅			(人)[雍1]						(人)[33]
淮安关△	(人)[53]	(额)	(人)[雍1]	(移)[7]			(移)[20]	(移)[26](人)[27]	
浒墅关*			(人)[雍1雍2]		(移)[3]			(人)[27]	
扬州关*			(人)[雍1]			(人)[7]		(则)[28]	
芜湖关*			(人)[雍1]		(人)[2]			(则)[28]	
西新关*			(人)[雍1]		(则)[乾元]				
凤阳关△	(人)[53]	(则)(人)[雍1]			(人)[2]		(移)[18]		
江海关△	(人)[53]	(额)(人)[雍1]						(则)[28]	
天津关△	(人)[53]	(额)(人)[雍1]		(人)[11]				(则)[28]	
临清关△	(人)[53]	(额)(人)[雍1]			(移)[7](则)[7]			(则)[29]	
九江关*		(移)[雍1]			(则)[乾元](人)[2]				(则)[34]
赣　关*			(人)[雍1]		(则)[乾元]				
北新关*		(额)(人)[雍1]							
浙海关△	(人)[53]	(额)(人)[雍1]					(移)(则)[22]		
闽海关△		(人)[雍1]	(则)[7]			(移)[7]	(则)[22]		
太平关*			(人)[雍1]						
粤海关			(人)[雍1]		(则)[乾元]			(则)[25]	
山海关								(移)[31](人)[33]	
张家口					(则)[乾元]			(则)[28](移)[30](人)[33]	
杀虎口			(人)[雍1]		(移)[4]				(人)[33]
归化城			(人)[雍1]		(额)[4]		(移)[26](人)[31]		(人)[33]
龙江关					(则)[乾元]	(则)[乾6]		(人)[27]	
芜湖关									
宿迁关						(则)[10]			
临清砖版闸	(人)[53]								
南新关									

　　△ 康熙五十三年（1714 年）由道台监督回归巡抚监收的常关。

　　雍正元年（1723 年）的 (人) 为派遣部员的常关。

续　表

常关名	1780	1790	嘉庆元年 1796	1800	1810	1820	道光元年 1821	1830	1840
崇文门				则[5]	则[15]		人[10]	则[12]	
左　翼			人[嘉2]						
右　翼			人[嘉2]						
坐粮厅			额[2]						
淮安关△			额[2]		额[9]			额[11]	
浒墅关*			额[2]		额[9]			额[11]	
扬州关*		移[51]	额[2]						
芜湖关*									
西新关*			额[2]		额[9]				
凤阳关△									
江海关△			额[2]						
天津关△			额[2]						
临清关△			额[2]						
九江关*			额[2]		额[9]				
赣　关*			额[2]						
北新关*			额[2]				人[道元]		
浙海关△			额[2]		额[9]		则[3]		
闽海关*			额[2]	则[6]					
太平关*			额[2]						
粤海关	则[49]	则[57]	额[2]				额[9]		
山海关			额[2]						
张家口			额[2]						
杀虎口		移[58]	额[2]						
归化城			额[2]						
龙江关			额[2]					移[25]	
芜湖关			额[2]						
宿迁关			额[2]						
临清砖版闸									
南新关							人[道元]		

嘉庆二年(1797年)的额，表示盈余银削减的常关。

常关名	1850　咸丰元年1851	1860　同治元年1862	1870　光绪元年1875	1880	1890	1900
崇 文 门		则10	则同8			则光34
左　　翼						
右　　翼						
坐 粮 厅						
淮 安 关△	则咸3		则11			
浒 墅 关*	则咸3	停止同4				
扬 州 关*						
芜 湖 关*	则咸3		开光2 额光8			
西 新 关*		停止同4				
凤 阳 关△	则咸3		开光2			
江 海 关△						
天 津 关△						
临 清 关△						
九 江 关*						
赣　　关*						
北 新 关*		则10 停止同3				
浙 海 关△						
闽 海 关						
太 平 关*		则同4	入同7			
粤 海 关		则同4				
山 海 关		入同4				
张 家 口						
杀 虎 口						
归 化 城						
龙 江 关		停止同4				
芜 湖 关	则咸3		开光2 额光8			
宿 迁 关						
临清砖版闸						
南 新 关						

（表左下标注：1910）

咸丰三年（1853年）的则为重建因捻军而停止的江南诸关发布告示。

正如序文中所说,贯穿中国地域关系史的理论之一,就是中央与地方权力的相互交替这一现象的存在,它在税关行政中也得到了充分体现。其中尤其引人注目的,是由道台——与中央和地方都有利害关系者——充当了常关管理。[①] 康熙五年,大部分常关都被转交道台管理,但此后,数个常关又重新恢复了由上级官吏或者中央派员管理。这些都是比较典型的事例。究其原因,道台之下的管理,总会存在常关收入与地方利害关系相关的被称为漏税的情况,所以中央将其管理权再次收回。

表 4 - 14 所显示出的常关政策变迁的主要内容,有以下几点:[②]

康熙五年(1666 年) 关税移交地方官(道台)管理。

康熙八年(1669 年) 带 * 号的常关重新交由派遣部员管理。制定了税额不足的惩罚规则。

康熙五十三年(1714 年) 带△号的常关改由巡抚监收。

雍正元年(1723 年) 增加各关的赢余白银。实行部员派遣(○)(常关)。

乾隆二十七年(1762 年) 崇文门、两翼关的中央官调换。淮安、浒墅等移交两江总督、江苏巡抚管理。定各港特产品的纳税法。

嘉庆二年(1797 年) 缩减各关的赢余额。

道光年间(1821—1850)以后,基本上没有统一性变化,停留于各个常关所进行的局部修正。我想,这种分散倾向表明的是常关的地方化。

康熙二十七年,江苏巡抚陈宏谋就浒墅关出现的弊害上奏。主要阐述了其弊害以及对策,共有如下四项:

(1) 铺户代客完税,包览居奇,仍令商人自行完纳,按簿亲填。

(2) 货船抵关,签验纳税,给票后始准过关,以杜偷越。

(3) 官员遴委左杂官,半年而代。

---

① 《清史稿》卷一一四《道员》。
② 《清史稿》卷一一四、卷一二五《常关》,第 3673—3686 页。

（4）督抚与监督原相助为理，所征数目，应令监督按月知会督抚，再于年满奏报时统咨知会。①

在这一奏折中的第一条中，陈宏谋首先批评了代客完税现象，提出商人应该自行完税的建议。他认为，规定常关每年征收 450 万两税额以及以此定额为基础的征税原则存在着问题（后述）。在第二条中，则指出常关运营并非严密，还存在漏税的情况。在第三条中，提出应该警惕官吏将自身利益与税关利害关系相结合的问题，建议当地官员应该每半年轮换一次。

在第四条中，陈宏谋还指出总督、巡抚与常关监督之间的关系并没有按照规定发挥各自的作用。

就道台所处的位置来讲，处于中央和地方之间，应该发挥协调两者利益关系的作用。但是，正由于道台处于两者之间，也使其处境非常矛盾。

道台的作用主要是对交通、水利、河务、海防、屯田、交涉、盐法、漕务、海政、营务、旗事、渔业等方面进行管理和监督。② 与行政单位系列化的知府、知县有所不同，道台负责管辖的是由许多地区组成的大地区圈，同时对某些特定项目有专管权。道台的作用被认为一方面与地方利益密切相关，另一方面又直接与督抚或中央利益直接相关，处在两者的中间地位。

表 4-15　　　　　　　　　海关监督的道台管理一览

津海关	直隶津海道
山海关	奉天奉锦山海道
东海关	山东登莱青道（从属北洋通商大臣）
镇江关	江苏常镇通海道
江海关	江苏苏松太道
芜湖关	安徽皖南道
浙海关	浙江宁绍台道
瓯海关	浙江温处道

---

① 《清史稿》卷一一四，第 3680 页。
② 《清史稿》卷一四四，第 3853—3854 页。

江汉关	湖北汉黄德道
宜昌关	湖北荆宜施道
重庆关	四川川东道(从属南洋通商大臣)
闽海关	福州将军
粤海关	
潮海关	
北海关	海关监督设置
琼海关	
九龙关	
拱北关	
嘉峪关	甘肃安肃道
龙州关	广西太平思顺道　(从属各省督抚)
蒙自关	云南临安开广道
岳州关	湖南岳常澧道
营口关	锦新营口道
三姓关	东北路道
绥远关	山西归绥道
赣州关	吉南赣宁道
沙市关	上荆南道

资料来源:《清史稿》志九一、九四(职官三、六),第 3353—3354、3451 页。

即使如表 4-15 所示,基本上以道台管理为主,道台同时在海关这方面也兼理海关的监督工作。海关监督功能在设定上也与常关相同,希望能够处于中央与地方利益关系的中间位置。但其实际作用并未充分发挥,反映出地方的强大吸引力。

3. 常关规则与海关规则

常关规章制度显示的管辖范围,是从对某地区的行政统治开始,包括对海防、边防等方面的防卫、治安以及对商业、交通、流通等方面的管理。并以此为基础,实现其财政目的。因此,规章制度显示出的管辖范围很复杂,内容也很具体。特别是在税则上,更是由适应常关所在地的区域性特征决定的。

现在的厦门常关(洋关设立以前被称为海关)税关规则由"额税"、"关差"、"税口"、"梁头船税"、"例禁"、"关税科则"六项构成。[1]

---

① 《厦门志》卷七《关赋略·海关》,第 1—13 页。

如果就海关运营问题来具体分析厦门常关特征就会发现：
首先，作为贸易的前提，存在着治安以及防卫上的规章制度。

> 本省洋船装满货物，该承保铺户出具。不敢为非作歹，夹
> 带禁物甘结，并造具同船舵水年貌册籍，领给本县照票，赴文
> 武。汛点验明白，然后赴关呈缴关牌，换给洋照出口。若外省
> 洋船，先须文武衙门呈明，准其在厦发洋，然后开舱上货。俟
> 出口之日，即照依原领该省照票内舵水姓名，逐一点验。本关
> 只饬取该承保铺户甘结及同船舵水年貌册籍存案，无庸另给
> 洋照。至外国洋船，丈抽梁头给与关印。寔收为凭，从无给发
> 洋照之则。①

这里规定，船只进入税关之前必须接受地方衙门的检查。它表明
清政府对郑成功以来的台湾统治问题的重视，将福州与厦门的常关都
置于福州将军的监督之下的理由也在于此。

其次，把入港船分为外洋船（被称为牛骨船的华北帆船）、福建省
船、厦门船、台湾䑸、西洋船等几类，分别征收船税。

> 西洋夹板鸟白艚船，原定九等，征收船税。万历年间，洋
> 人告减，应征原额船税内，每百两减三十两。今货利微薄，今
> 经具题，减免二分。如大夹板船，长七丈四五尺，阔二丈三四
> 尺者，为第一等。原抽饷银三千五百两，今减半外，应抽银一
> 千七百五十两。中夹板船长七丈一二尺，阔二丈二尺者，为第
> 二等。原抽饷银三千两。今减半外，应抽银一千五百两。②

对同是西洋来船也分列九等，其第一等为长 7 丈 4—5 尺、宽 2 丈

①　China, Imperial Maritime Customs. *Report on Working of Amoy Native Customs*. Shanghai,
　　1906，p.72.

②　China, Imperial Maritime Customs. *Report on Working of Amoy Native Customs*. Shanghai,
　　1906，p.75,73,83.

3—4尺(约23 m×8 m)的大甲板船(大型帆船)。如果贸易状况不好的话,还可以对这种船适当减少船税。其他船只,如东洋船(日本船),也同样以此为上限分为三类。

另外,在税关征税的顺序、征收额的记录和交付等方面,也作出如下详细规定:

> 厦门所收货税,每日外柜先行结总。登入册簿,并经内柜复核明白,然后送至委员查核。按旬按月,造具册折呈缴。俟两月期满,派拨差弁一名,巡役二名,军皂一名,同刘五店,石码二口钱粮,汇解宪辕。①

首先,在其规定中,税金由外柜(担任征收者的官职)征收,并把记录交给内柜(事务担当者),然后再交给委员(常关的实际事务责任者),每10天检查一次,每月做一次汇总,每两个月接受一次将军衙门的检查。

其次,在税则上还有如下规定:

> 则例开载,大缸每十个征银四分,酒坛每百个征银六分,土钵沙罐酒瓶每百个征银一分。是缸罐等物定例,原应征税,缘本关免条内。又有缸罐装载出洋颇多,寔非内地民用,可比免其征税。于乾隆十六年十月间,禀蒙抚部院藩批准。贩洋大缸酒坛二项,照则例征税。其余土钵砂罐酒瓶等项小件,暨免征输以示优恤,出示晓谕在案。现在遵循办理,其内地小民日用所需,不在此例。②

户部则例中规定为课税品且税额既定的某些物品如大缸、酒坛、土钵沙罐、酒瓶等课税品,在厦门关却毋需课税。直到乾隆十六年十月,

---

①② China, Imperial Maritime Customs. *Report on Working of Amoy Native Customs*. Shanghai, 1906, p.75,73,83.

才又规定向外国出口的大缸、酒坛两种商品照规定收取税金,而其他的商品仍可以免交税金。这种税则运用的地方性应该提起注意。

课税品分为服装、食品、用品等类别,总数多达 600 种以上,充分反映出作为南北贸易集散地的厦门的特征。① 厦门常关的进出口税则,在资料篇 4-3 厦门关(常关)进出口税则(1903 年)中有反映。它表明了同种商品也有不同的课税和在各种不同的分类项目下征税的情况。其所收取的税金包括:(1) 目的地的登记税;(2) 目的地不同的商品课税;(3) 支付银号的费用;(4) 手续费;(5) 船税;(6) 贩卖税等。

此外还有各种被称做"规费"的手续费,使得闽浙总督衙门所征收的文武口例以及提督军门、税厘提调、厦防分府等文武关衙所征收的附属于税则的规费不断增加。而且,义和团事件之后,在中央采取将海关(洋关)50 里以内的常关管理权限转交给海关税务司之际,厦门关税务司却以近年来厦门港贸易衰退为由,通告各有关部门废除了法外收取的规费。② 相对于每个常关规定上缴的征收金额(定额),常关实际征收中还包含了为满足地方财政需求而征收的各种手续费,这表明,在常关财政问题上中央-地方之间的对抗关系。

与此相对,海关(洋关)的规则就显得非常简单。厦门关税则由主款 12 条、别款 1 条(开关时间 10 点至下午 4 点,逢周日以及节日闭关)、关于客船的章程 5 条、对待非条约国船只章程 3 条组成。与厦门常关长短共 185 条的规定相比,非常简洁。其主款 12 条如下所述:

厦门关

第一款　凡商船赴厦门者,行至自石头与南太武对径之界,过此即为进厦门口。

第二款　凡厦门口泊船起下货物之所,自厦门港至新船

---

① 《厦门志》卷七《关税科则》,第 11—31 页。

② ICMC. *Report on Working of Amoy Native Customs*. p. 14.

地为界。起下之码头，以岛美新路藩仔口史衙头为海关例准之码头。

第三款　凡商船自进本口界限时刻，算起尽二日内，将船牌并进口货单，呈交领事官。如该国无领事官，则自行赴关禀报一切。

第四款　凡商船进口，先将舱内所载货物，据实开单赴关报明，方能领取准照，开舱起货。

第五款　凡商船只许在例准之界限，起下货物，以及装上压载之物，均须日间不得在日出以前，日落以后，礼拜日、给假日，均不准。行驳货物船只，只例准之码头，起下货物。

第六款　凡商船呈交船牌，进口货单后，欲起货者，呈请起货单，开明字号货件，分别估价斤两数目清单前来。旋由关发给准照，准该商将其货装载驳船运赴本关码头。侯验后，由本关发给验单，令该商赴银号纳税，掣取号收缴关，由关发给放行单，方准起货入栈。

第七款　凡商船下货之先，应将该货赴本关码头候验，照起货之例，呈请下货准照。详列某字号某货物，分别估价斤两数目清单前来，由关发给验单。侯该商纳税，将号收呈关，方发给放行单，准其下货。

第八款　凡商人领照下货，因船已满载，复行退回者，须携货赴本关码头，查验后，方准起回上栈。

第九款　凡驳货艇只，须先在本关禀明，挂号注册，方准驳货。船上须用汉英文字，明白大书号数。如商人欲用别船驳货者，须禀明后准用方可。

第十款　凡船欲行互拨货物，必先领本关特准单据，方准。

第十一款　凡商船进口有别口发给之洋货免税单及土货已完出口正税，或复进口半税之单，照各等单件，须持各该单再请起货,准照时呈关查验;所有由本口前往别口之出口货物,该商在下船时:亦应分别请领存票,免税单,已完纳出口正税,或复进口半税,各等单照。

第十二款　凡商船装齐货物后,应将出口货单呈关查验,倘进出口货单一概相符,钞税已经清完,始可发给红单出口。①

这里引人注目的是,厦门海关规则只以征税的具体程序为中心。税则是全国统一规定的,地域性的规定由常关执行,或在具体操作中只以商品课税为中心。所以,与常关相比,其功能被严格限定起来。如资料篇的单照类(请参照资料篇 V 税关方面的文件 NO.39 厦门常关各式单照[A—J])中的例子,说明出入厦门港的程序、所需与进出口相关联的证明文件、装卸货物手续及其所需证明文件、纳税应去银行等事项以及与进出口相关连的内地贩卖、沿岸贸易、从内地来贩卖时所需的证明文件及其所应遵循的程序。这表明在由海关控制的常关管理、贸易行为是受限定并有明确规定的。

（二）常关与海关的相互关系

在常关与海关的区别上,海关设立之前,常关负责其领域内的防卫、市场、交通、课税等全部事项。开港之后,海关专门负责对外国贸易的征税,为方便起见,洋式船舶的税金由海关征收,中国式帆船贸易税金由常关来征收。此后,从征税额上来看,海关远远超出常关;而常关除了征税之外,还对地区性的市场进行管理,同时还分担与地区统治或交通相关的任务。

由于海关的设立,汽船和帆船的税金征收也有了区别,海关负责对汽船征税,常关则负责除作为外国籍船登记在册之外的其他帆船课税。从财政方面来看,海关税收的迅速增长必然导致常关税收的减少,这样就导致了海关税＝中央财政的财源、常关税＝地方财政的

---

① 《皇朝政典类纂》卷一〇三《征榷二一·洋关税则》,第9页。

财源这两者之间的矛盾。海关税收的增加对中央财政有利,而常关税收的减少则给地方财政带来财源不足的压力。嘉庆年间的《大清会典》(嘉庆二十五年、1820 年)记录的常关税收总额为每年 450 万两,但从海关设立后,税收总额渐趋减少,1887 年为 380 余万两,1901 年则减少到 270 余万两。但是,这一金额仅为税额(正额与盈余额)数,没有被用于地方的各种规费(手续费)定额,所以税额减少未必意味着税收额总体的减少。与此同时,在与海关的对比中,常关所存在的问题也不断暴露出来。在 20 世纪初的各省财政调查中指出了以下问题:在各省的所有常关中,(1) 除了正税之外还收取平余税银和其他许多杂税;(2) 正税征收中的税率也有所不同;(3) 常关监督用(1)的补税额来补足正税中不足的部分,充当官吏的薪俸和赏金。这如实地反映了地方对常关的利用情况。

厦门常关的征收额中,正额和盈余额减少的情况,具体如下:①

1892(光绪十八年)44869 海关两　1897(光绪二十三年)35170 海关两

1893(光绪十九年)41929 海关两　1898(光绪二十四年)33695 海关两

1894(光绪二十年)38137 海关两　1899(光绪二十五年)31019 海关两

1895(光绪二十一年)41164 海关两　1900(光绪二十六年)25692 海关两

1896(光绪二十二年)35956 海关两　1901(光绪二十七年)24484 海关两

这一倾向表明,海关税收的比例增加而常关税收开始减少。与此同时,如前所示,犹如常关管理转交给海关之后部分规费被废止,

---

① CIMC. *Native Customs Trade Returns: 1902—1906*. Shanghai, 1907, p.81.

我们完全能够想像，伴随着常关税收比例的减少，税则之外的其他规费征收也就增加了。

常关的税收分作定额与实征两种。纳税原则基本上采取包税制，也就是每年必须上缴一定数额的税金。但是，到了清朝康熙时期，要求各地方常关也必须报告实征税额。虽然与定额之间的差额部分不必立刻上缴，可以供地方使用，但在危急之时必须能够征用。[1]

以下是道光二十九年（1849 年）主要常关的定额与实征税额一览表。[2]

户　部	定　　额	实　　征
粤海关	899000 两	1429000 两
九江关	539000 两	579000 两
浒墅关	441000 两	340000 两
淮安关	328000 两	147000 两
芜湖关	229000 两	274000 两
北新关	188000 两	188000 两
闽海关	187000 两	193000 两
扬州关	163000 两	118000 两
太平关	128000 两	118000 两
山海关	111000 两	61000 两
凤阳关	107000 两	106000 两
崇文门	102000 两	323000 两
工　部	定　　额	实　　征
芜湖关	136000 两	117000 两
龙江关	112000 两	12900 两

上述数字表明的特征来看，除粤海关之外，内陆关税的征收额较大；而在定额与实征的关系上，除淮安、浒墅关之外，则大体上相等。

如上所述，围绕税关所展开的中央和地方之间的角逐，到了清朝末年更加激化。中央通过海关来吸收财源，与之相反，地方财源不足的危

---

① 王庆云：《石渠馀纪》卷六《纪关税》。
② 《皇朝政典类纂》卷八三《征榷一·关税》，第 9—11 页。

机感使得地方政府加快了各地方的财政改革。而中央集中财源的尝试并不只限于各税关中的中央-地方关系,还扩展到更加广阔的领域。具有代表性的事例就是在上海采取的扬子江沿岸贸易税代征制度。[①] 亦即将外国商品从上海运送到内地,或者将中国产品从内地运送到上海的时候,不仅要缴纳进口税、出口税,还要在上海缴纳本来应该在内地通商口岸交纳的转口税、子口半税等。

李鸿章针对扬子江贸易中的课税问题,作了如下议论:

> 洋商由上海运洋货进长江,又由长江运土货回上海,应完长江进出口正税及土货复进长江半税,均令在上海完交。以上皆系长江应收之税等语。因思洋货向无一货两税之例,既完海关进口税,即不能再完长江进口税,所奏恐与例未符。且闻江汉关已奏明,于七月初一日照更定新章起征事。关税款出入若不确切查明,必多缪辘。当饬该关道吴煦复查去后,旋据详称上年总理各国事务衙门奏定各口通商章程第一款,内载洋商由上海运洋货进长江,须在上海将进口正税完纳等语。则湖广总督所奏不为无因,但查洋货以先到之关,纳税为定。既在进口之海关纳税,无论转运何口,均准给免照免其重征。[②]

从这里可以看出,即使地方督府反对,也要在上海征收所谓的内地税。从其原因上来讲,这也是为能够严密运用税则所采取的措施,但其结果却不失为使财政更好地集中到中央的对策。

表 4-16　　　　　　　　　**常关收入比较**　　　　　　　　（单位:两）

顺序	1902 年		1906 年	
1	牛 庄	559916	天 津	1195015
2	九 江	355673	九 江	445593

---

① 《查明江海关代征长江税内并无洋货进口税片》,载于《李文忠公全集·奏稿一》,第 57—58 页。
② 《查明江海关代征长江税内并无洋货进口税片》,载于《李文忠公全集·奏稿一》,第 57 页。

顺序	1902 年		1906 年	
3	广　东	246477	广　东	389755
4	福　州	193772	牛　庄	369126
5	芜　湖	159494	福　州	232418
6	梧　州	128576	上　海	192932
7	芝　罘	108927	芜　湖	178155
8	宁　波	101250	梧　州	143815
9	上　海	92967	芝　罘	117160
10	三　水	74524	宁　波	109712
11	三都澳	55157	胶　州	78447
12	厦　门	47026	厦　门	67644
13	胶　州	45806	三都澳	66794
14	汕　头	39192	江　门	65138
15	宜　昌	35176	汕　头	42251
16	琼　州	19328	宜　昌	40278
17	温　州	18095	温　州	25281
18	沙　市	12007	沙　市	18574
19	北　海	10940	琼　州	16256
20	（天津）	—	北　海	7543
21	（江门）	—	三　水	3036

　　资料来源：根据 CIMC. *Native Customs Trade Reports*. *NO*. *3*，*Quinquennial Reports and Returns*，*1902—1906*（1907）各港报告合成。

　　上述结果表现在 20 世纪初期海关 50 里以内的常关转交给海关管理之后的统计数字中。表 4 - 16 表明了 1906 年的常关税收额。[①] 通过此表可以看出，与纳入海关管理前的顺序相比较（请参照《道光二十九年（1849 年）主要常关定额与实征额一览表》的数额），广东粤海关的税收减少了一半，而天津、牛庄等地以及华北、东北各港的税收都有所增加，沿海各港与内陆常关相比，税收也有一定的增加。

　　同年海关税收的顺序如下：

---

① 　根据 CIMC. *Native Customs Trade Returns*：*1902—1906* 编纂。

　　进口：上海、天津、汉口、广东、九龙、镇江。

　　出口：上海、广东、九龙、汉口、牛庄、汕头。

　　出口（向其他港）：上海、汉口、广东、天津、牛庄、九龙。

　　通过以上的顺序可以注意到，上海除征收量各个方面都远远超出了其他各地外，而且形成了与广东、汉口、天津等各地域市场相照应的中心港。①

第三节　常关、海关与通货、金融问题

　　关于海关与常关之间的关系，我们论述了从财源的吸收以及组织管理的侧面，并且从地方和中央之间的角逐这一角度来把握的必要性。但是，在财政与机构这一角度上探讨中央与地方之间的关系，进而试图捕捉地方市场大体轮廓的时候，还必须分析探讨常关与海关是如何处理地方性通货与金融问题的。究其原因，通货与金融问题所代表的地方性金融市场的存在，被认为是地方之谓地方的轮廓；而常关与海关也设定为体现地域市场特征的问题，金融市场与这一地域市场相重合，并且金融市场能够包容地域间的市场。

一　厦门常关与通货、金融问题

（一）常关与税款上缴问题

　　依据常关规则，从金融的侧面来看征税过程，可以发现，厦门常关的税金查定、征收、换算、熔解、报告，以及税款上缴的手续，如下所述。

　　1. 厦门常关的收入由（1）例款（包括罚金的各项杂款）和（2）税饷（进出口税）两部分组成。

---

① 关于以开放港口城市为中心的"开放港口市场圈"，请参照图 4 - 4。

2. 各项杂款用元（墨西哥元）支付。①

3. 进出口税金用"两"来计算。加上熔解费、称重费以及手续费等，总额最后换算成元，用元来结算。②

4. 常关两与市平两（地方市场所使用的称量单位）和美元之间各有固定的换算率。如下所示：

常关两 100 两 = 市平两 132 两

100 美元 = 市平两 73 两

常关两 100 两 = 180.82 元（墨西哥元）

5. 把用美元征收的各项杂款，按上述换算率换算成常关两后，再由厦门常关委员汇报给福州将军，即汇报的是每 180.82 美元为 100 两常关两的杂项收入。

6. 常关所征收的进出口税，用常关两来计算。常关两以前的计算方式是：常关两 100 两 = 市两 132 两、墨西哥元换算为 180.82 元；自从（1902 年）将其转交总税务司管理之后，变为常关两 100 两 = 市平两 151.621 两 = 207.70 元。

7. 作为进出口税征收的墨西哥银元，要换算成每 207.70 元等于常关两 100 两向上汇报。因为市平两 132 两（= 180.82 元）和市平两 151.621 两（= 207.70 元）之间，用市平两来换算的话，有 19.621 两的差额；而如果用墨西哥银元来换算的话，就会出现 26.88 元的差额。

8. 在进出口税上，每 100 两就会出现 26.88 元的差额，而杂项收入中却不会出现差额。

9. 对进出口税差额，委员会将它与其他税收加以区别后再上缴。其中，福州将军每 100 两扣除市平 5 两（= 6.85 元）归己所有（用途不

---

① 在东印度公司的记录中可以见到关于美元曾在华南流通的情况。（H. B. Morse. *Chronicles of the East India Company Trading to China*. Vol. 4.）

② 这一顺序也是东印度公司一直以来保持的情况。（Morse. *Ibid.*）

明），而余下的市平两 14.621 两（＝20.03 元），在 1903 年 10 月之前被交付给税行。税行是代办关税征收的部门。税行从这些金额中每月扣除 60 两作为其从业人员的工资。然而，自从常关纳入海关管理之后，税行作为不被承认的机构而被废止，这样，原来交付给税行的金额在月末则被纳入杂项费用（杂款 Fees Account 这一项目）之列。

10. 去进出口税的差额之后，杂项和进出口税用的市平两为同一交换率，即 100 常关两＝132 市平两＝180.82 元。两者可以统一对待。

11. 关委员用 100 常关两可以获得 132 市平两（＝180.82 元），然后将这些交给熔解金银的商人（银炉）转换成库平纹银。通过这一过程，（上缴金额）会更加减少，从而出现了新的分配情况。①

12. 进出口税额（两）用 $\dfrac{征收墨西哥银元}{207.70}$ 计算，杂项（两）用征收墨西哥银元/180.82 计算，二者的"两"是同一价值。两者之和×113.086（＝100 常关两）＝库平纹银两，作为征收额上交给福州将军，剩余额则作上述那样分配。100 常关两＝113.086 库平纹银的换算方法是这样的：征收额 100 两＋10 两（火耗）＋2.886 两（平余）＋0.2 两（加余）＝113.086 两。

13. 库平两 113.086 两只相当于市平两 125.265 两，换算却用 132 两计算。差额的 6.735 两用于私分。如下所记：

（1）银炉私下直接或通过委员，给将军衙门的献金额

库平两 0.565 两＝市平两 0.626 两

（2）银炉对委员自身的献纳额（现在算入杂款）

库平两 0.214 两＝市平两 0.237 两

（3）银炉给主任书办的献纳额 1.80 市平两和每常关两 100 两

① 对于因换算差额获得的白银，在性质上来说，与其说是个人所得，不如说是为平衡地域间换算差额的产物（请参照本书之"结论"）。

汇款

　　献纳额(现在算入杂项)0.22市平两　　　　　　市平两2.020两

　　(4) 银炉作为熔解费(火耗)获得的额度　　　　市平两0.565两

　　(5) 银炉作为经费的每常关两100两汇款取得额

　　　　　　　　　　　　　　　　　　　　　市平两3.287两

　　　　　　　　　　　　银炉的收入　市平两6.735两

　　　　　　　　　　　　汇款的银额　市平两125.265两

　　　　　　　　常关两100两＝市平两132.000两①

　　然而,这一计算太过繁杂,所以,一段时期以后,常关人员决定每月交付给银炉市平银25两。1903年以后,这一款项全部算入了杂款一项。

　　14. 从上述的换算来看,库平两100两实际上相当于市平两110.770两(＝151.74元),而常关两100两实际上相当于市平两125.265两(＝171.60元)。超过这一数额的征收部分被充当为熔解费用、个人的献纳以及各种杂费。后来,这些费用的大部分都被充作公用项目。

　　15. 到现在依然没有作为海关公用项目的,有如下几项:

　　(1) 在进出口税金方面,市平两5两(＝6.85元),即每月大约120美元左右的金额,经委员手正式交给福州将军。

　　(2) 而从其他的征收额中,将市平两0.626两(＝0.857元),即每月大约40元左右的金额,通过银炉私人方式交付给福州将军。

　　银炉保留下大约175两左右(其中包括扣除从业人员手续费的部分)的金额(市平两150两＝200元)。

　　总计约350元在厦门与福州之间的贸易中消失了。原来支付给从

---

① 海关所征收的税金并没有全额上交户部,而是将一定的金额作为海关经费汇入总税务司的账号中,其项目之一是"杂项"。

业人员及税行每月高达 500 元以上的金额,现在被归入杂款这一项目。

以上所述的问题可以分为两大类:第一,存在着作为熔解费、上纳费等常关在税则之外收取的杂项金额。它们是保留在地方的资金;第二,在征收税金的过程中以及在上缴税金的过程中,存在"两"的秤量有所不同的事实。也就是说,存在征收税银(市平两)、计算单位白银(常关两)以及上缴白银(库平两)这样三个阶梯之间的秤量换算,在各个阶段上都要收取换算的手续费和换算费。

对于前者而言,历来受到很多人的批评。不过,如上所述,常关除了为运营征收"经费"之外,还要征收各种规费。这些费用作为一种固定收入,与常关的管理密切相关,而且这部分税金由代收税金的行会负责代收。

对于后者的换算来说,引人注目的是,在将常关两换算成库平两之际,被算入上缴金额中的各种经费之和也被计算进来。比如说应该按照 100 常关两＝113.086 库平两来换算,却将火耗、平余、加余等各种手续费也计算进来。这样一来,由库平两定额制所规定的上缴金额,因库平两交换额的增多而引起常关两实际上的价值升高,于是形成了上缴金额即使有所减少也无妨这一对常关方面有利的情况。这说明尽管常关税采取由中央管辖的形式,但是也会出现地方上的各种各样的"上有政策、下有对策"的实际情况。[1]

(二) 1905 年 3 月厦门常关与上缴税金的问题

首先让我们通过具体数值来考察一下 1905 年 3 月厦门常关的关税征收及其税金上缴的方法(数字上也有依据概数的情况)。[2]

1. 各个项目的征收总额为:

进出口税　　　　　　　　　4074.37 元

---

[1]　因此,中央与地方之间的关系并不是两者截然相对的关系,而可以表现为中央拥有地方的某种特征。

[2]　CIMC. *Report on Working of Amoy Native Customs*. pp. 38—44.

杂款	4841.21 元
罚款	91.70 元

合计 9007.28 元

杂款用墨西哥银元来征收，然后将记有金额、日期、内容的票据交付纳税者。而进出口税以及附加税却首先用常关两来计算，然后再根据 100 两＝207.70 元的换算率换算成墨西哥银元。其票据也如同上述交付纳税者（请参照资料篇 5－2 厦门常关有关资料）。

2. 票据首先由常关检查人员盖章并签署日期。在金额较高的情况下，要由常关监督检查后再出具票据。每天在将（票据的）存根交付会计之前都要由监督进行检查。

3. 税金，在常关办事处的窗口首先被交付给货币鉴定人（Shroff），这个过程在外国检查官、外国翻译、主任书办以及从业人员整体的监督下进行。如果交付的税金是墨西哥银元并且其纯度高而且其划痕没有那么深的话，就会被立刻收下而不会引起太大的争议。在当日工作结束之时，货币鉴定人清点好墨西哥银元，并将其与发票存根数额相对照，最后由主任书办亲手交给委员。

4. 在以前，关税由税行代为征收，每隔 10 天将其亲手交给委员。在税款交付之时，税行扣除 10% 的部分将其归为己有。但在现在，这一部分的税金被算作杂款。

5. 在洋关刚开始接管常关之时，通观整体，其运作可以说良好。纳入的税额完全按照面额来计算。洋关并不收取墨西哥银元。对照现行的规则，可以说那是为了监督其工作能够正常而且适当进行的最困难的一项工作。

6. 如上所述，厦门常关在 3 月份共收取了 9007.28 元。海关监督根据 100 海关两＝153.70 元这一固定汇率，将 9007.28 元换算成 5860.300海关两，并向总税务司汇报说共收取 5860.300 海关两。委员将此金额的 10%，即 900.73 元直接汇入总税务司账号 N 号中。①
这样，委员就会用 9007.28 元—900.73 元＝8106.55 元（5274.268 海
关两）这一算式计算出应该上缴福州的金额，并且从这一金额中减去
在银号中需要花费的各项手续费用后再将其上缴福州。这应该是一个
很明确的数值。但是中国式的会计却并没有透明度。中国的这种从海
关委员向上级机关、进而向北京上缴的金额中存在许多缺乏透明度的
地方，这是让外国人伤脑筋的地方。

7. 委员首先处理进出口税金。他首先收取 4074.37 元，然后从中
扣除应该支付给海关税务司的 10%，余下的金额就是 3666.93 元。而
这一金额再用 207.70/100（＝市平两 151.621/100 两）来除的话，就等
于常关两 1765.524 两。只不过，每常关两 100 两都要换算成市平两
132 两（＝180.82 元）。这样一来，他就等于要上缴 1765.524 ×
180.82/100＝3192.42 元，他手里所剩的差额为 474.51 元。

8. 在以上差额之中，他还要在每征收常关两 100 两中扣除市平两 5
两（＝6.85 元）上缴给福州将军。也就是要上缴 17.65524 × 6.85 ＝
120.94 元。从差额 474.51 元中减去 120.94 元等于 353.57 元。这部分
金额是以前税行所扣除的。也就是每征收常关两 100 两税行就要扣除
14.621 两（＝20.03 元），其算式为 17.65524 × 20.03 ＝ 353.57 元。委员
在这一金额上再加上其一个月所征收的杂款。从其上缴给将军的
120.94 元这一金额来看，其税收明显减少。

9. 接下来，委员还要处理杂款。他将所征收 4841.21 中的 1/10 上
交海关监督，将剩下的 4357.09 元再加上原应由税行扣除的进出口税款
中的部分金额，这样总共合计有 4710.66 元。② 而这一金额再用
180.82/100 元（＝市平两 132/100 两）来除的话，就等于常关两 2605.165

---

① 总税务司将其与给自己汇款的账号相区别对待。
② 税行也叫做报关行，不仅代理纳税，还可以代理征税。我们据此可知常关与海关纳税原则
的不同。

两。在这里，基本上不能比 100 常关两＝132 市平两这一汇率得到更多的收入。在进出口税金方面也不能继续分割，所以基本上手里没有剩余的金额。因而，他就将 4710.66 元（＝常关两 2605.165 两）这一款项亲手交到货币鉴定人的手中。

10. 委员接下来还要处理罚金。他将收入 91.70 元中的 1/10 亲手交给海关监督，这样就剩下了 82.53 元。根据福州将军的特别指示，这一金额要直接上交福州而不扣除熔解费。这一金额用 73 元＝市平两 60.247 的汇率来换算之后，再用市平两 110.77＝库平两 100 两的汇率换算，最后可知总共有二八六库平纹银 54.389 两进了福州将军的财库。而货币鉴定人必须将这一金额原封不动交送出去，不能有任何缺额。

11. 货币鉴定人所经手的金额如下所示：

进出口税	3192.42 元＝常关两	1765.524
杂款	4710.66 元＝常关两	2605.165
合计	7903.08 元＝常关两	4370.689

这一金额最后要镕为银锭。因为常关两 100 两等于库平两 113.086 两，所以常关两 4370.689 两就可以换算成库平两 4942.637 两。这一金额作为 3 月份的库平两的纳入额而上缴福州。总共上缴的数额是库平两 4942.637两和罚金 54.389 两之和，也就是库平两 4997.026 两。

12. 但是，为了确保这一库平两的金额，货币鉴定人不能动用交付给他的部分（7903.08 美元）。虽然作为换算率，不过是库平两 113.086（＝常关两 100 两）、市平两 125.265 两（＝171.59 元），但他是用每常关两 100 两换算市平两 132 两（＝180.82 美元）的汇率。这样一来，每常关两 100 两他就能得到市平两 6.735 两（＝9.23元）的差额，总共获得市平两 294.362 两（＝403.41元）。

13. 从以上的计算可以看出，向福州交付的库平两为 4942.637

两,如果从墨西哥银元的金额来看,就成了 7903.08 元— 403.41＝7499.67 元。在这里,因为库平两 100 两＝151.74 元,而海关两 100两＝153.70 元,所以,交付到委员手中的作为上交款项的税款征收额(总数的 9/10),包括罚款在内,共计 8106.55 元＝5274.268 海关两。

14. 货币鉴定人将经手的市平两 294.362 两(＝403.41 元)的处置:

(1) 在每市平两 100 两中扣除 0.626 两部分,私下送交将军衙门。即市平两 27.360＝37.48 元。

(2) 在下个月的杂款项目中,每 100 两中汇付 0.237 两到委员手中。即市平两 10.358 两＝14.19 元。

(3) 在下个月的杂款项目中,每 100 两中汇付 2.020 两。以前这部分金额是书办的实际收入①,即市平两 88.287＝120.94 元。

(4) 在每市平两 100 两中扣除 0.565 两,作为熔解费留在自己手中,即在常关两 4370.689 中总共扣留市平两 24.690＝33.82 元。

(5) 作为熔解手续费、贷款以及其他经费(在总额市平两 3287 之中)还要扣留市平两 143.663 两＝196.80 元。成为下个月杂款项目的这部分,由于以前拨给从业人员的实际收入为市平两 25 两(＝34.25美元),所以他手中的纯利是市平两 118.663 两(＝162.55 元)。

15. 从以上的计算来看,1904 年 3 月份的关税的详细资料如下。

征收总额	9007.28 元
上缴总税务司的 1/10 汇款项	900.73 元
差额	8106.55 元

上缴福州款项

进出口税·杂款	库平两 4942.637 两＝7499.67 元
罚款	库平两 54.389 两＝82.53 元

---

① 书办是委员之下的官职,是负责管理现场的一切事物的负责人。

上缴将军衙门汇款项	120.94 元	
	37.48 元	158.42 元
交纳 4 月份的杂款项目	14.19 元	
	120.94 元	169.38 元
	34.25 元	
货币鉴定人收取部分	33.82 元	196.37 元
	162.55 元	其他 0.18
		8106.55 元

因为从 1902 年起，厦门常关就转到海关的管理之下，所以，在这里所显示的数值以及换算方法中，出现了海关两这一计量单位，即 100 海关两＝153.70 元这一固定汇率。因此，上述的常关上交税金方法中，除了常关两、库平两、市平两以及墨西哥银元，还要加上海关两。但海关两仅仅是诸通用单位之一，并不意味着它就是中心。不过，应该注意的是，(1) 通用银之间存在着固定的以及非固定的换算率和汇率，所以它们之间并不是排他性的，而具有自由交换的可能性；(2) 在交换中，不仅存在着地方性的通用银，还存在着常关两、库平两甚至海关两，它们作为通行全国的银两单位与各个地方都存在着不同的换算率。[①] 换言之，就是不仅存在着地方性的通货圈（具体来说，是通过秤量白银单位来实现的），而且还存在着作为连接它们的纽带并以汇付（漕粮、常关、海关等）为目的的全国性换算单位。而且，正如后述的那样，可以看出这一"通货圈"与市场圈保持着密切的联系。

二　海关银号与海关两

自从海关开设以后，为了处理征收金，在各通商口岸设立了被称做

---

① 宫下忠雄：《中国币制的特殊研究——近代中国白银两制度的研究》，日本学术振兴会 1952 年版，第 390—443、423—425 页。

海关银号的金融机关。而且,海关两这一虚银两作为全国统一的计算单位,用 1 海关两＝581.47 格令(grains)这一换算率,与各地通用的市平银进行兑换。比如,海关两与上海漕平银(上海规银)之间的换算率是:上海漕平银 1 两＝565.6375 格令,所以,就会出现以下算式:

$$海关两(关平银)100\ 两＝上海漕平银\ 102.8\ 两$$

升　　　水　　　　　　$6×102.8/100＝6.168\ 两$

熔解、改铸费　　　　　　　　　　　$0.204\ 两$

合计　　　　$109.172\ 两$

九八归银的常用计算方法就是:$109.172×100/98＝111.4$ 两。

海关两设立的主旨在于,因各港口使用的银两种类、秤等各式各样,有必要制定一个全国统一的单位。但是,重新施行海关两的实质内容,就是确定全国通用的换算单位,使各个地区的通行银两与之换算、汇总。也就是说,需要以各港口都存在通用银为前提条件。

而外国方面,为了避免与各港口贸易时发生纳税银繁杂的麻烦,所以在条约中规定了设立海关银号以及海关应支付白银的种类。但实际上,由于粤海关一直有熔解手续费,而且存在着银两、银货与面额不符或贴现等情况,这些都对征税额产生或多或少的影响,招致外国方面的极大不满。[①]

(二) 海关银号

虽然各地通商口岸设立海关之后,征税由外国税务司进行管理,但征收银还处于中国方面的海关监督之下,由海关银号进行具体管理及上缴工作。以下所列的就是 19 世纪 70 年代后半期全国各地海关的海关银号的大体状况:[②]

---

① 请参照上述拙稿《近代亚洲贸易圈的白银流通》。

② CIMC. *Haikwan Banking System and Local Currency at the Treaty Ports*. Shanghai. 从 1879 年各个港口的报告中摘选。

1．牛庄

1878 年永成利、广庆发（本地商人）

2．天津

1862 年彭子玕（天津商人）

1868 年宋缙（萨逊商会 E. D. Sassoon & Co. 的买办）

1873 年郑沛初（广东人）

1877 年陈德光（广东商人，拉塞尔商会 Russell & Co. 的买办，用裕丰的名义从事贸易）

3．芝罘

海关监督直辖的海关银号（由前道台的朋友运营）

4．宜昌

1877 年何其义的同丰银号（安徽省休宁县人，有官位）

5．汉口

有成银号（由吴志清、董相侨经营，杭州人，由湖南巡抚王文韶雇佣，36 个从业人员）

和乾裕银号（由郑诒伯、曹田波经营，都由候补道台胡光墉雇佣①，30 个从业人员）。

6．九江

董云榜（候补知府，茶、木材商）的九江新关同泰乾记银号。以 7 人为中心，此外还雇佣 22 人。银号经费为每 100 两关税收入中抽取 1—2 两。

7．芜湖

负责人李振玉又称李源泰（保程司县候补道）。他的担保预托给海关监督衙门。他把银号委托给正大银号，同泰银号是海关银号名。

8．镇江

海关银号称之为海关银炉的货币鉴定人。章镎（号复秋，因捐纳而

---

① 胡光墉在 1883 年破产。

试任县丞)负责,月俸 25 海关两。

9. 上海

曹颂埦(以前是商人,五品衔候选县丞)负责。雇佣 110 人。

10. 宁波

胡光墉(捐纳的道台)管理。16 名从业人员。俸禄总计年额 6600 美元。胡光墉借给道台衙门 7000 两。海关银号的利益一年 5 万两。

其银号利益的具体情况如下:

(1) 在将税银纳入道台的金库之前,从事各项金融交易,以此获得利息。

(2) 大平余:海关银号用海关两收取税金,然后用库平银上缴税金。也就是说,商人交纳税金时,按海关两来计算,即每105.83宁波两作为100 海关两支付;而银号在上缴税金之时,将其换算成库平两后再上缴,这时的换算变成104.70宁波两比 100 两库平银。这样一来,每上缴 100 海关两,银号就获利1.13宁波两,全年获利高达 8000 两。

(3) 私平余:对于海关作为税金收取的马蹄银,海关按照对自己有利的方式计算其重量、交换比率、熔解手续费,以此来获得利益。因此,出现 100 海关两不等于 105.83 而是等于 105.40 海关两的情形。

(4) 汇费:对于 1000 两的汇款要收取 48 两的汇费。尽管汇款已经采取汇票的形式,但是汇费仍然还要收取。对于这部分汇费的分配如下,银号取 1/4,道台取 1/3,主任书办取 1/12,剩下的部分由各委员或户部来共同分配。

(5) 火耗:每 100 两汇款要收取白银熔解费 1.20 两。就算汇款不是白银也要收取,这一部分款项由银号和其他部门共同分配。

(6) 商人每年要向银号交纳 5—36 元的"文具费"。

胡光墉除了银号之外,还经营当铺、药店等。①

---

① 请参照拙稿《19 世纪后半期,外国银行支配中国金融市场的历史特质——与上海的金融恐慌相关联》,载于《社会经济史学》40—43,1976 年。

11. 温州

由胡光墉（布政使衔福建候补道）经营。共有 15 个从业人员，利用税金的操作从每季度的汇款中获得利润。

12. 福州

由李炳负责，他既不是官吏也不是商人。银号由 28 人的具体事务负责者和 40 人的从业人员组成。每年经费总额 1.3 万两从福州税关每年向福州船政局交纳的 60 万两中的 3% 即 1.8 万两中抽取而来。

13. 淡水

为了辅佐海关监督，由福州将军任命的委员李彤恩承担海关银号的任务。他同时承担厘金的征收工作，又有义务开展与矿务有关的各种事务。

14. 高雄

由淡水海关委员李彤恩负责，由既非官吏也不是商人的福州人林蓥承担各种具体事务，并进行所获利息的借贷工作。

15. 厦门

1869 年以前，一度因损失 5 万两而导致海关银号破产。这是因为海关银号在款项上交之前，将其投资于茶叶贸易而没能收回。1872 年胡光墉被任命负责海关银号，而同为阜康银号经营者的绍兴人何松年被派遣到厦门具体负责。因此，海关银号的二楼就成了阜康银号的分店，其从业人员也兼做阜康银号的工作。为了吸取以前的教训，禁止在税金上交之前将其作为资金使用，但可以运用沿岸贸易税的预付款来获取利润。

16. 汕头

由广东省南海县人何福荫（靠捐纳获得四品官衔）作为何守益银号的经营者。他并不常驻汕头，由代理经营者丁价维来进行管理。通过商人支付的银元与银号向广东藩库缴纳的马蹄银之间的交换率差额来获取利润。

17. 广东

自从 1842 年《南京条约》签订,公行被停止以后,粤海关指定专门作汇兑贸易的商人高洪利在高恒茂的店铺中收取关税。到了 1844 年,又有 4 个共同经营者加入进来。创立者死后,高恒茂之子高以霖(花翎郎中)继承父业。其他的 4 个店铺分别是高合益、谭正德、陈合盛、高德隆。海关银号共有从业人员 40—60 人,从每 100 两税额中扣除 8 钱作为从业人员经费。从其经营上来讲,除了作为海关银号征收税金之外,还以广恒的名义进行广泛的商业贸易。广恒号发行票据,并在上面盖上注有"广恒"的印章,以此来与海关银号所交易的银两进行区别,但两者都处于同一经营者的管理之下。

18. 琼州

琼州海关银号的经营者是从广东的高广恒海关银号派遣去的,实际上是粤海关高广恒银号的一个分店。在这里,禁止进行商业上的各种交易活动。在每 100 两关税中扣除 0.727 两熔解费作为其经费。

19. 北海

北海的海关银号也是高广恒银号,是高广恒银号的一个分店。但是,在北海,它被冠以表示不能进行商业活动的官方银号的名称。

从以上各例可以看出,海关银号基本上由民间经营者来经营的居多。尤其是胡光墉,他一面对左宗棠镇压回民叛乱提供资金援助,一面广泛地开展生丝贸易。阜康银号不仅以宁波为中心,从沿海各港口直到扬子江沿岸各港都拥有广大的贸易圈,而且还在北京开设分店,与官方也保持着密切的联系。他还利用这种联系,同时负责管理海关银号。在汉口、宁波、温州以及福州都有其负责管理的海关银号。[①] 除此之外,需要引起注意的是,除了官吏独立管理的几个海关银号之外,在华南地区的海关银号中,广东籍金融业者的势力也很强大。

---

① 　可以推定,H. B. 马士在《太平天国纪事》中所描写的商人是以胡光墉为原型的。

（二）海关银号的征税方法

我们以广东海关的广恒茂银号为例，来看一看海关银号是如何进行税金征收以及上缴工作的。广东海关税务司对此作了如下报告。①

海关银号在征收关税之时，只收取马蹄银，向海关提交的账目表当然也用这一货币表示，但是大部分的小额支付采取的却是银元形式。在这种情况下，银号就需要加上升水，用重量来计算，换算成足色纹银（基本上是 100% 的白银）。升水受到市场上银元供给的影响，每天都会有所变动，而且还很有可能受到政府大量需求的影响。该海关银号自 1876 年 7 月中旬以后，每天都有马蹄银汇率变化的记录。它们是：（1）在兑现以广恒名义发行的用海关两来计算的支票时，海关制定的交换率；（2）在银号用美元购买马蹄银时的交换率；（3）与海关相邻街道上的海关银号分店在征收税款时所收取银元的市价。以上三种时价的变动幅度如下所示：

（1）支付之际海关银号的时价　　　7.7—8.4 两

（2）银号的行情　　　　　　　　　8.4—10 两

（3）海关银号分店的交易时价　　　9.4—11.2 两

（1）和（3）完全是任意的。因为前者的变化，关税收入平均每月都要蒙受 300 美元以上的损失。而因为后者的变化，在分店纳税的小船主要额外缴纳 1%—1.5%。以下的算式更明确地说明了这一点。假设不管在什么情况下都要支付或收取 1 万海关两，而升水是当日的差价。

（1）①　关税支付　　　　　　　　　　　　　　10000 海关两

　　②　升水（支付时的海关银号行情）8.2 两　　820 海关两

　　③　秤差 0.22 两　　　　　　　　　　　　　　22 海关两
　　　　　　　　　　　　　　　　　　　　　　　————————
　　　　　　　　　市平两（银元）10842 海关两

　　　　　　　　　墨西哥元（7 钱 1 分 7 厘）15121.34 元

———————————
① *Haikwan Banking System and Local Currency at the Treaty Ports*. p.226.

（海关秤比税务司秤重 0.4%，但是海关银号向海关只承认有0.22%
的重量差额。在换算成墨西哥元之时，用 1 元＝7 钱 1 分 7 厘这一交换
率来换算，但是实际上其平均重量只有 7 钱 1 分。[①]）

（2）① 关税支付　　　　　　　　　　　　　　　10000 海关两

　　　② 升水（银号行情）9.2 两　　　　　　　　920 海关两

　　　③ 秤差 0.4%　　　　　　　　　　　　　　　40 海关两

　　　　　　市平两（银元）10960 海关两

　　　　　　墨西哥元（7 钱 1 分）15436.62 海关两

（（1）和（2）的差额 315.28 元成为每月的减收。）

（3）① 关税支付　　　　　　　　　　　　　　　10000 海关两

　　　② 升水（分店）10.5 两　　　　　　　　　1050 海关两

　　　③ 秤差 0.4%　　　　　　　　　　　　　　　40 海关两

　　　　　　市平两 11090 海关两

　　　　　　墨西哥元（7 钱 1 分）15619.72 元

　　在此处所示的（1）海关银号、（2）银号、（3）海关银号分店三处所支
付的金额，由于秤的重量差以及价格上的贴补而导致了征收税额（从纳
税方来看的税额）的不同。将这种情况与前所示的常关征税方法作比
较，可以发现，尽管存在常关两或海关两的差异，但是其交换率或者升水
等方面却极为相似。所以，可以认为，海关银号与民间金融系统之间有
着密切关系，在这种通货交易中也显示了极强的地方性。

　　通过以上分析可知，民间金融机关承担了海关的征收税金以及上缴
税金业务，而海关银号自身从其官方的身份来看，开展所规定的业务；与
此同时，海关银号还从海关征收税金的这一过程中获得利益，并有可能
将征收来的税金作为自己的资金操作运用。而且，这一行为受到每隔一

[①]　墨西哥元的 1 元可以平均换算成 7 钱 2 分。在这里也将其价估得比其实际价值要高，这种
　　差额对于征税方有利。

定期间就实施税金上缴工作的保证，也能从税则的实施运用方面得到保证。

以下引文阐述了扬子江贸易中海关银号所起的作用：

> 总理衙门咨查土货复进口半税。咸丰十一年，本衙门所定通商章程第五款内开，洋商由长江口岸运土货回上海，若系洋商由内地自贩之货，已在长江完一子税，即有过卡实据可凭。如在本江口所买之货，即系已由他人交过，各内地税则在长江下货时，均不必在长江各口完税。俟到上海进口时，交长江出口之正税，并先将一半税存在银号。如在三个月限内，出口运往外国，确系原包原货并无拆动抽换情形，即将所存之银交还。①

扬子江贸易中的征税方法是，只要进出口产品交纳了包括正税以及子口半税合计为 7.5% 的税金，就可以自由地进口外国商品以及出口中国的各种商品。税则中规定，这一税金的支付要在上海进行，还必须查明是进出口贸易还是国内贸易，如果是进出口贸易，预先交付海关银号的银两会在上海返还。因此，正如资料所反映的那样，最低在三个月以内，预付金就能够返还使用了。② 从这里可以看出，海关一方面能够将还原到地方的税金集中到中央财政中去，同时，还具有通过海关银号向民间金融市场投入大量资金的作用。

（三）海关两

海关总税务司罗伯特·赫德在 1877 年 12 月 8 日发布的第 32 号文件中指示各海关税务司，对海关银号的实体进行调查，调查项目包括以下 5 个部分：

（1）各港海关银号经营者的名字，其身份（究竟是政府官员还是商

---

① 《通商约章类纂》卷一〇《户六·税务六·改运》，第 18 页。
② 作为偿还外国借款窗口的上海道台，曾一度将从全国范围集中上来的还款暂存钱庄。这一情况见于本章第四节第一小节"税则改订与内地贸易"。

人)、机构及其经费。

(2)在纳税中所使用的通货是马蹄银还是银元。如果是银元,则要具体调查其交换比率及其决定方法。

(3)海关两在各地市平两及上海规银之间,究竟交换率如何?足色纹银(最高品位银锭)纯度如何?

(4)是否对中国商人和外国商人适用同一兑换率。

(5)现在的海关银号制度是否令人满意。①

在这些问题之中,我们已经对于 1 和 2 进行了分析。对于海关两的第 3 项,表 4 - 17 的一览中则列出了海关两(关平银)100 两所对应的库平银两的价值。

所谓海关两与库平两,是全国通用的具有代表性的秤量基准,可以确定它在各海关之间多少都存在着差异。就江苏省到吉林省的 11 个海关所显示,其交换率基本相同,是 100 海关两=101.643 库平两。若不考虑同一省内海关交换率相同的情况,其他海关之间都存在着阶梯式的差异。另外,如果从交换率的高低情况来看,华北、华中的海关两较高,接下来是从沿海各海关到华南各海关这样一个高低排列的顺序。最高是广西省镇南关的 112.322 两,最低是广西省各海关的 100.84 两,两者之间的差额达 11.482 两。与第二高的安东关相比也有着 4.73 两的差额。

表 4 - 17 各开港场关平银与库平银比率表

省 名	海关名	对关平银 100 两的库平银(两)
广 西	镇南关	112.322
奉 天	安东关	105.570
奉 天	山海关	104.7803
湖 南	长沙关	102.4015
湖 北	江汉关	102.20536

① *Haikwan Banking System and Local Currency at the Treaty Ports*. p. 1.

省　名	海关名	对关平银 100 两的库平银（两）
湖　北	宜昌关	102.2053
湖　北	沙市关	102.205
云　南	腾越关	101.942
云　南	蒙自关	101.888
安　徽	芜湖关	101.735
江　苏	江海关	101.643
江　苏	苏州关	101.643
江　苏	镇江关	101.643
江　苏	金陵关	101.643
湖　南	岳州关	101.643
广　西	梧州关	101.643
广　西	南宁关	101.643
浙　江	瓯海关	101.643
四　川	重庆关	101.643
直　隶	津海关	101.643
吉　林	珲春关	101.643
浙　江	浙海关	101.6423
浙　江	杭州关	101.6423
山　东	东海关	101.640
吉　林	哈尔滨关	101.640
云　南	思茅关	101.600
江　西	九江关	101.300
福　建	闽海关	101.100
福　建	厦门关	101.100
广　东	粤海关	100.840
广　东	潮海关	100.840
广　东	琼海关	100.840

资料来源：根据 SIMC. *Reports on The Haikwan Banking System and Local Currency at the Treaty Ports*，1879. 各开放口岸调查，张家骧《中华币制史》第 61—65 页，宫下忠雄《中国币制的特殊研究》第 418—422 页整理而成。

在关平银与库平银的比较方面，呈现出上述特征。而表 4 – 18 一览则显示了关平银与各港通用银两之间的比较。

表 4 - 18　　　　　　　　　　关平银与各开放口岸通用银两比较表

省　名	开放口岸	平　名	宝　名	对关平银 100 两的各开放口岸通用银两之比
广　东	汕　头	库　平		115.897（两）
福　建	福　州	新议平		113.943
广　东	琼　州	琼　平		113.762
广　西	梧　州	九九二平		113.000
广　东	汕　头	市　平		111.450
江　苏	上　海	申漕平	九八规银	111.400
广　东	广　州	海关收入用		110.900
广　东	北　海			110.572
福　建	福　州	洋例平		110.303
湖　北	宜　昌	宜昌平	二四宝	109.650
广　东	广　州	钱庄用		109.600
湖　北	汉　口	洋例平	二四宝九八兑	108.750
奉　天	营　口	营　平	锦宝银	108.500
广　东	广　州	海关银号支付用		108.460
四　川	重　庆	渝钱平	票色银	107.290
四　川	重　庆	九七平	票色银	107.090
湖　南	岳　州	省　平	二四宝	106.780
湖　南	长　沙	长钱平	二四宝	106.780
山　东	烟　台	烟漕平	一六宝	106.400
江　西	九　江	漕　平	二四宝九八兑	106.290
直　隶	天　津	津钱平	化宝银	105.876
浙　江	宁　波	江　平		105.830
直　隶	天　津	津公砝平	二四宝	105.550
直　隶	天　津	津行平	化宝银	105.000
山　东	青　岛	胶州平		105.000
云　南	腾　越			105.000
江　苏	镇　江	估　平	二四宝	104.780
江　苏	南　京	漕　平	二七宝	104.681
山　东	烟　台	洋例平	一六宝	104.400
江　西	九　江	漕　平	二四宝	104.360
安　徽	芜　湖	估　平	二五宝	104.170
江　西	九　江	价　平	二五宝	104.160
江　苏	镇　江	估　平	二七宝	104.160
江　苏	苏　州	漕　平	二八宝	103.800
安　徽	芜　湖	估　平	二七宝	103.770
浙　江	温　州			103.000
云　南	蒙　自			102.900
云　南	思　茅			102.900
福　建	厦　门	市　平		101.750
直　隶	大　沽			101.000
广　西	龙　州			墨西哥元　161.2 元
广　东	拱　北			墨西哥元　155.56
广　东	汕　头			墨西哥元　152.7
浙　江	温　州			墨西哥元　152.0
广　东	三　水			墨西哥元　150.73

资料来源：与表 4 - 17 相同。

分析表 4－18 中所列各港通用银与海关银之间的比价，可以发现，最高（即对于关平银来说最便宜的通用银）为广东汕头的库平银，其价格比为 115.897 两＝海关两 100 两。从这一最高到最低直隶大沽的 101 两之间，差额高达 11.897 两。这一差额比与库平银之间的 11.5 的差额还要高，充分表明了通用银的多样性。另外，墨西哥元也是通用货币，据广西、广东、浙江省的记录，也有 161 元到 150 元的差额存在。正如厦门常关例所示，若按照墨西哥元 1 元换算 7 钱 2 分的话，100 两＝139 元。可见三水的墨西哥元价格为最高。虽然墨西哥元所附带的升水引起了外国方面的极大不满，但是不能忽视作为秤量货币——墨西哥元的基础性作用。[①]

海关之所以使用银两单位海关两，出发点在于与上海规银相连接（海关两 100 两＝上海规银 111.4 两）。而上海规银与各通商口岸通用银之间以及与各通商中心通用银之间的比率是固定的。因为各通商地都有各自的平（秤）、色（白银的成分）、兑（交换比率），所以一通商地与其他通商地（＝金融圈）之间的交换比率也是固定的。这种交换比率由据货币需要增减而变动的汇兑时价与两个地区之间的固定比价所构成。从以上所列的两个表格或许会产生出以下疑问，即这种固定比价的地域性差异究竟是因何而产生的？在与表 4－17 所示的库平两（户部的财政运用单位秤重）比较中，又以什么为根据产生出各通商口岸之间的差异呢？虽然作为户部财政收入与支出单位的库平两，形式上是全国通用的单位，但是，正如上面厦门常关所示，各地汇付之际，并没有把手续费列入单独的收入项目，而是加到了货币的换算率之中。因此，表 4－17 中所显示的各通商口岸之间库平银的差价，反映出了对交易施加力量的官僚的商业化一面。

接下来，我们以上海的通用银即九八规银为例，探讨表 4－18 中所表现出来的各通商口岸通用银相互间差价的由来。清代以后，从东北牛庄到上海

---

① 通用白银之间的差额由每个金融机构内部及外部的具体情况来决定。关于这一点，请参照本书之"结论"。

或者经由上海到华南的大豆、小麦贸易繁盛。上海方面本来需要现银支付的贸易款项不足,使上海南市豆麦行形成了以款项额的98%来结账的惯例。这就是九八规银的产生背景(请参照《上海钱庄史料》)。由此也能够看到,通过给库平银附加手续费,对通商口岸之间由进出口差价产生的白银移动予以管理的情况。总而言之,可以视做地域市场间的关系特征的金融表现。对于它们交易方面的背景,将在下一节分析探讨。

第四节　海关与地域市场

首先需要解决的是税关与地方市场之间的关系问题。

常关被设置在沿海与内陆的主要贸易地,通过课税的形式掌握地域市场的集散以及地域市场间的贸易动向。这一点对海关的设立也产生了影响,它意味着常关在其管辖范围内所拥有的地域市场也要由海关来继承。而且,与海关几乎同时期即19世纪中叶开始设置的厘金局,也以地方性且小规模的市场存在为前提。这意味着对于19世纪后半期的海关及厘金局的位置与作用的研究,在探讨地域市场以及地域流通经济方面上具有重大意义。在本节中,就从这一视角出发,分析探讨税关与地域市场之间关系的几个侧面。

海关与地域市场发生关系并开始发挥作用是在19世纪70年代以后。海关设立的初衷,在于试图使既有的进出口贸易更加顺利。然而,直到70年代为止,伴随着地域市场的进展以及地域市场之间贸易的实际实况,海关机构必须进行自身整顿以及税则改订工作。

1863年曾做过驻英国领事馆翻译的罗伯特·赫德担任海关总税务司之后,一方面出现了海关组织集中化、规模扩大化的状况;另一方面海关应该适应地域市场的趋势,同时,也接受了外国商人利益团体提出的税则改订以及海关运营方面的要求,与条约的改订谈判也密切联系起来了。

在海关的运营过程中,伴随着贸易变化以及条约改订谈判的形势,

海关的每个具体历史时期都出现了相对应的问题。各个时期所特有的问题按照时代顺序排列如下：①

　　1850—1860 年代　海关的设立和确立上海关事务的全国性地位。

　　1870 年代　条约改订交涉与充实海关制度，扬子江税务、厘金、海关银号问题。

　　1880 年代　贸易扩大和地方市场调查，开始出现地方财政与海关的关系问题。

　　1890 年代　借款担保问题。

　　从上述可知，海关功能虽渐趋充实，但在具体运作方面却陆续出现许多新问题。尤其是海关与中国原有海关行政之间出现的问题，不仅对海关机构来说是重大问题，甚至事关中国贸易秩序的全局，特别是财政问题的全局。

　　与此同时，我们还必须将海关与作为本来管辖范围的海关业务联系起来，注意海关周边存在的领域。这就势必要求调整与原有经济、交通、市场等相关的关税业务。在其主要领域中存在以下问题：

　　(1) 帆船贸易与常关管理问题。

　　(2) 厘金与内地转口税(transit dues)之间的关系。

　　(3) 征税不完全以及沿海通商口岸与内陆市场中的二重课税问题。

　　这些问题与包括所有内陆贸易在内的总称为沿岸贸易的领域有关系。从整体上来讲，海关一边逐渐与国内市场保持联系，一边采取对外国贸易课税的方式。在沿岸贸易、转口贸易(transit trade)、扬子江贸易

---

① 比如说，论述外国税务司的权限的文章如下："Shanghai Commissioner's Suggestion that Foreign Inspectorate should confine itself to Foreign Trade". China, Maritime Customs. *Documents*, *Illustrative of the Origin*, *Development*, *and Activities of the Chinese Custom Service*. Shanghai, 1940(以下都简略记为 *Documents*). Vol. Ⅵ, pp. 290—292。这里论述了作为中国官吏的自觉与中立性。

上都是如此。

从海关所管理的贸易这一观点来看沿岸贸易,可知沿岸贸易虽然以一般的字面意义反映出来的内容为背景,但在其具体内容上,主要指由西式船舶将内地产品从内地一港运送到另外一港的贸易。因此,根据沿岸贸易税规定其课税方法。税率则执行 1861 年 11 月制定的沿岸贸易规则,即:对课税品征收出口税的 1/2;对免税品征收从价的 2.5%。中国内地产品如果经由海关输送到沿岸某一港口,其所缴纳税款变成与向外国出口产品完全一样,在运出港以出口税征收 5%,在进入港征收其一半的税金。原来规定这一税额在出口港一并交齐,但自 1899 年 4 月 1 日税则改订之后,规定要在运进港支付。其税额以出口税为基准,但支付形式却与进口税缴纳相类似。[①]

19 世纪 60 年代后半期开始,沿岸贸易问题逐渐提上日程。前面已经分析过,沿海贸易与内河贸易虽然在中国的对外贸易中通常被作为国内贸易分类,是在海关作用下的与外国贸易同一的分类。但通过与这种沿岸贸易的直接联系,即使在对内陆贸易上,海关也发挥了作用。

一 税则改订与内地贸易

条约中出现的税则规定,也对海关运营产生了巨大的影响。因为在条约中有税则"十年后重新审定"的条款,所以,尽管以英国为首的各国列强不断要求改订税则,但实质上,并没有在规定期限内实施改订。

1842 年南京条约及 1843 年贸易条约制定以降,把英国与中国之间的交涉用年表示如下:

1843 年税则制定

1858 年天津条约、税则制定,1860 年北京条约

1868 年阿礼国协定(英国方面没有批准)

---

① 酒勾秀一:《清国关税制度》,同文馆 1902 年版,第 61 页。

1876 年芝罘协定

1902 年中英通商条（马凯条约）、税则制定

从阿礼国协定没有被批准这一点来看，可见从 1860 年开始直到 1902 年的 40 多年间并没有对税则进行任何改订。

通过以上分析可知，从 19 世纪 60 年代开始直到 20 世纪初期，虽然基本上都以条约规定为基准，但是，比起条约上的规定来说，在条约具体运用过程中出现的各种问题尤其是内地贸易问题，更是令人关心的现实性问题。

外国方面一贯关心的是两点：（1）中国市场进一步向外国贸易开放；（2）中国政府遵守条约上的规定。这些问题集中体现在以下的要求之中：

① 内河航运权的确立。

② 中国铁路的开放。

③ 对以商业为目的的内地居住予以承认。

④ 在条约中并没有规定开放口岸的省份设立开放口岸。[1]

从整体上来看，这些要求是与外国方面的要求相一致的。但是，考虑到 1868 年的阿礼国协定并没有得到英国方面批准这一背景，可以推知，条约谈判中主张的课税方法简单化与一体化（比如说，外国商品进口时，在最初到达的通商口岸同时缴纳进口正税以及子口半税），实际上未必能得到上海、香港的外国人商业会议所的承认。他们提出，中国方面每个省都有其管辖的财务行政，莫不如将子口半税在当地缴纳。究其原因，因为他们认为，这样能在该省内陆市场受到保护。在这种情况下，商人团体一方主张实行与内陆实际情况更合拍的做法，而中国方面则旨在

---

[1]　A Memorandum Prepared for the Special Committee Appointed in Connection with Proposed Revision of the Customs Tariff (Jules Davids ed., *American Diplomatic and Public Papers*: *The United States and China*. Series Ⅲ, Vol. 13, Document No. 12).

通过海关集中地方关税,并将其吸收到中央财政,二者处于对立之中。①

　　让我们分别来看海关、常关、厘金局这三个层次的税关情况。本来海关负责外国贸易,常关负责国内民船贸易,厘金局是负责管理地方贸易的机构。但是,在具体的运作过程中,海关通过转口税、子口半税的税则开始逐渐将业务范围扩大到内陆以及内地市场。而与此相对应,各地方的反应也很强烈,展开了为确保地方财源的厘金维持活动。如果把因转口税则而变迁的海关、常关、厘金局三者的相互关系,按照时代顺序制作成概念图的话,如图 4 - 1 所示。

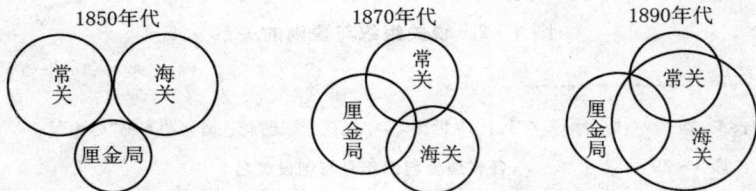

图 4 - 1　国内贸易海关、常关、厘金局关联图

　　正如上图所示,海关在内地所占的位置逐渐扩大。与条约上的规定同时,这其中存在着外国商人与中国商人双方围绕着条约运用而开展的竞争以及中央与地方财政围绕着确保各自财源而进行的角逐。

（一）税则与税关

　　各通商口岸的贸易特征可以通过海关的课税形态作更详尽的分类。通过与外国进行直接贸易时的进出口,以及对沿岸贸易征收的转口税、对内地贸易征收的子口半税、对鸦片贸易征收的鸦片厘金以至于包括内地市场在内的各种领域,通商口岸的海关掌握着外国式蒸汽船的贸易以及外国人租借中国船的贸易。从形态上来讲,海关管辖外国贸易,常关管辖沿岸及主要内陆贸易,厘金管辖地方末端市场。但是,从海关税则上来看,海关却与内陆贸易

①　驻中国的外国商业会议所,位于天津、上海、汉口、香港等地,他们以英国商人为中心,向北京的外交团提出各种各样的要求（Nathan Pelcovits. *Old China Hands and Foreign Office*. London, 1958）。

及地方末端市场也都有关联。① 这种关联如图 4-2 所示。

组织	税则	范围
海关	进出口税 吨税	外国贸易
常关	沿岸贸易税 进出 口税	沿岸、内河贸易
厘金局	子口半税 厘金	内地、地方贸易
厘金局	落地税	内地、地方贸易

图 4-2　税关组织与税则的关系

────────────

① 　如表 4-29 所示，厘金局基本上于 19 世纪 50 年代在全国创立。请参照本书"结论"。

表 4-29　　　　　　　　　**各省厘金创设年月与创设者名***

省　名	年　　月	创设人名	
江　苏	咸丰三(1853)年九月	刑部侍郎帮办军务	雷以诚
湖　南	咸丰五年四月	湖南巡抚	骆秉章
江　西	咸丰五年八月	兵部侍郎帮办军务	曾国藩
湖　北	咸丰五年十一月	湖北巡抚	胡林翼
四　川	咸丰五年十二月	四川总督	黄宗汉
奉　天	咸丰六年	奉天将军	庆　祺
新　疆	咸丰六年	乌鲁木齐都统	乐　斌
吉　林	咸丰七年	吉林将军	景　淳
安　徽	咸丰七年	钦差大臣	胜　保
福　建	咸丰七年十二月	闽浙总督福建巡抚　王懿德	庆　瑞
直　隶	咸丰八年	钦差大臣	僧格林沁
河　南	咸丰八年三月六日	河南巡抚	英　桂
甘　肃	咸丰八年三月中旬	陕甘总督	乐　斌
广　东	咸丰八年四月二十四日	广东巡抚	劳崇光
陕　西	咸丰八年六月	陕西巡抚	英　桂
广　西	咸丰八年十月	两广总督	劳崇光
山　东	咸丰八年十一月	太仆寺少卿专办三省剿捻匪事	袁甲三
山　西	咸丰九年六月	山西巡抚	英　桂
贵　州	咸丰十年	贵州巡抚	海　暎
浙　江	同治元(1862)年	浙江巡抚	左宗棠
云　南	同治十三年		
黑龙江	光绪十一(1885)年	黑龙江将军	文　绪
台　湾	光绪十二年		

出处：罗玉东《中国厘金史》，第 82 页。

因为沿岸贸易作为外国贸易纳入了海关管辖范围,这种管理就和常关的管理相重复了。因此,围绕税则适用问题,海关和常关都试图从对己有利的方面来作解释,致使两方之间经常发生对立。而且,这一问题也波及到了进出口税这一本来作为外国贸易被明确区分了的领域。

同时,即使对免收厘金的子口半税规定(对纳税品缴纳进出口税金的 1/2;对免税品缴纳从价税的 1/2),因为实际操作中并没有完全遵守这一规定,也产生了强烈的不满与批评。从地方财政的立场来看,他们对基于地方征收政策而收取的厘金税不得不减少也产生不满。其原因在于本来作为地方税征收的厘金税,却因为在通商口岸已经缴纳过了转口税与子口税而免交,因为这样两个税则的规定,作为贸易品的商品就能够在外国贸易与内地贸易之间自由变换身份以减少税金的开支。具体如图 4-3 所示。

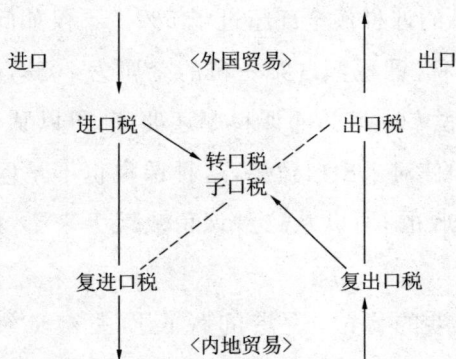

图 4-3 **课税贸易与贸易之间的关联**

下面具体来看一下贸易品是怎样根据具体状况来自由变换自身身份的。作为自由改变身份的内容,有以下三项:

(1)所有者是洋商还是华商

(2)商品是外国品还是中国品

(3)船只登记的是外国籍还是中国籍

以上三项可以通过各自对应的证明书操作来进行自由变换。①
然而，与此同时，在税则的运用上，针对外国贸易与内陆贸易的各
种情况以及两者课税面的优劣关系，外国方面与中国方面对以上
的相互不分离的问题都提出了各自的不满、批评与建议。

（二）税则运用上的各种问题

外国方面的不满主要集中在以下两点：（1）对外国商品课从
价税5%的这一标准是否符合税则的规定；（2）在中国内地是否真
的没有税则之外的额外征收。海关对19世纪60年代末课税过多
的情况作过一个数据一览表。如表4－19所示。

正如此表所示，根据商品的不同，进出口税也有所不同。具体为鸦
片7.5%，棉制品3.81%，毛织品6.04%，金属5.68%，茶叶10.87%，
生丝2.39%。除棉制品和生丝这两种在当时进出口中占第二位的商
品之外，其他商品的课税额全部超过了5%。不仅如此，如果再加上在
内陆贸易中的课税，课税额占第一位的金属为20%，超过了其他所有
商品。因这种课税率比海关的课税率还要高，可以认作关税征收过多
的例证。但是，即使对于出口贸易，这种课税也不是保护关税，而是作
为财政关税而征收的，所以从这种课税政策上来看，税额的多少也是
相对的。

因为是自由港的缘故，香港的税收损失初步统计大约超过了
14%。而且，数据还显示使用转口证的内地贸易只停留在10%左右的
程度。虽然19世纪70年代以后，这些项目也有了不同的变化，但基本
上都成为外国方面认为征税过多而不满的根源。②

除此之外，负责管理海关的总理衙门与总税务司罗伯特·赫德之

---

① 中国商人也利用外国商社的转口证，而外国商社也租借中国船只进行沿江贸易（请
　参照资料篇Ⅴ税关关系文书）。
② 商业会议所在修改条约这方面不断提出积极的提案，并劝说大家遵守条约以及除去内地
　市场的障碍。（请参照 British Parliamentary Papers. *Rivision of Treaty of Tientsin*. 1880）

表4－19　经由海关进出口品、海关税率、内地税率的实情及据转口证的内地贸易（1868年）

分类项目	海关税		内地税＋条约规定的转口税		海关税＋内地税			基于子口半税的税额		超过征收额	出入口量	使用转口证的出入口量
	税率%	税额合计（海关两）	税率(%)	税额合计（海关两）	转口税规定不适合的税率(%)	转口税规定适应的税率(%)	税额合计（海关两）	%	税额合计（海关两）			
输　入												
鸦片：平均价格411两/担，税率30两/担	7.30	1617611	11.20	2481815	..	18.50	4099426	..	4099426	子口半税适用除外	53915担	..
棉制品：平均价格（灰色丝）2.1两/反，税率8分/反	3.81	765182	4.05	813383	8.50	7.86	1578565	5.71	1146769	431796	灰色丝，4768151反	558168反
毛织物，平均价格（驼毛呢）12两/反，税率7钱2分5厘/反	6.04	349019	4.41	254830	10.98	10.45	603849	9.06	523429	80420	驼毛呢，104896反	8439反
金属：平均价格（铁钉）2.2两/担，税率1钱2分5厘/担	5.68	160541	14.32	404745	21.45	20.00	565286	8.52	240812	324474	铁钉、铁棒233129担	20635担
杂货	3.50	404341	4.50	519867	..	8.00	924208	5.25	606511	317697	..	..
输　出（海关征收的实际进口税额3287679两A）	..	A 3296694	..	4474640	..	..	7771334	..	6616947	1154387	..	..
茶：平均价格23两/担，税率2两5钱	10.87	3617350	8.35	2778737	19.32	19.22	6396087	16.30	5424361	971726	1461822担	97862担
生丝：平均价格418两/担，税率10两	2.39	591540	4.26	1054502	..	6.65	1646042	8.59$\frac{1}{2}$	889891	756222	..	..

续　表

分类项目	海关税 税率	海关税 税额合计(海关两)	内地税+条约规定的转口税 税率(%)	内地税+条约规定的转口税 税额合计(海关两)	海关税+内地税 转口税不适合的税率(%)	海关税+内地税 转口税规定适合的税率(%)	海关税+内地税 税额合计(海关两)	基于子口半税的税额 %	基于子口半税的税额 税额合计(海关两)	超过征收额	出入口量	使用转口证的出入口量
输　　出												
杂　货	4.00	156737	4.50	176329	..	8.50	333066	6.00	235106	97960	..	..
(海关征收的实际进口税额 439297 两 B)	..	B 4365627	..	4009568	..	..	8375195	..	6549358	1825908		
总　计(两) (A+B 7679676 两 C)	..	C 7662321	..	8484208	..	..	D 16146529	..	13166305	2980295	..	..
转口税　118308 两												
海关征收总额 7797984 两												
征收税额总额 D 16146529 两												

注：由于香港是自由港，所以估计大约损失税额达 100 万两以上。但是，从 1869 年 2 月 11 日开始到 1870 年 1 月 30 日为止，香港、澳门[门]附近的 9 个常关，却对 19513 箱鸦片征收了 292690 两税银。

资料来源：China, Imperial Maritime Customs. *Carrying Trade, Tariff, and Trade Regulations, 1869*. Shanghai,1870,p30.

间,以交涉谈判为中心,处理了许多围绕内地贸易而发生的事件。这种交涉事件的处理如本书第358页所示。[①]

1. 洋商运土货复进他口,征收复进口半税,并进口即如运入内地,逢关纳税遇卡抽厘。

2. 洋商入内地买土货赴关请领报单。

3. 颁行税单运照报单式。

4. 豆石开禁准出口运往他口,一经离口自入内地逢关纳税遇卡抽厘。

4-1 附录给英国照会。

4-2 附录英国照复。

5. 复进口土货半税,均应于所进海口呈交。不准于所出之口预纳。

6. 遗失税单仍征正、半税。

7. 核定征收子口税章程。

8. 进口糖精分别中外货物纳税章程。

9. 津关运内地洋货,照章改发税单。

10. 洋商请照入内地摘要章程。

11. 牛庄筹办子口税。

12. 洋商入内地买土货,应由通商口岸进口出口。

13. 洋商运洋货入内地,若无海关税单,沿途照章纳税抽厘。

14. 进口土货逾限,复运他口,仍完正、半两税。

14-1 附录给赫总税司札文。

14-2 附录赫总税司申呈。

[①] 以19世纪70年代为分水岭,罗伯特·哈特对中国政府的态度有所改变。也就是说,在那以后,他改变了原来的进行强烈批判的态度,开始提出种种提案(Robert Hart. *These from the Land of Sinim*. London,1905)。

14-3 又咨同治十二年六月十五日，准来咨以滋大洋行赤糖复出口一案，经东海关道按照本衙门咨文照会署税司班谟，将复出口赤糖令其完纳正税，毋庸发给存票。

14-4 又咨同治十三年六月十七日，据总税务司申称，同治十二年四月间奉札以一年限外，土货复出口不但不发存票并应再纳正税。

15. 复进口土货，按照出口原估税单，征收一半，毋庸另估。

16. 洋商入内地买土货，如无海关报单即照华商办理。

17. 洋商入内地置买土货，认真查验单照，暨津关准于入境首卡通融换给运照附报单运照式。

18. 烟台条款内，核定华洋各商请领税单附单式。

19. 洋商运中国土货离口入内地，镇江关误发洋货税单，仍照完内地税厘。

20. 光绪八年总理衙门奏，据署北洋通商大臣李鸿章奏，归化关税项短绌拟请援案拨补等因一折。

21. 准洋商进日完税后，沿途卖货缴单。

22. 总理衙门咨，所有洋商进口货，准令沿途售卖一事。

23. 光绪二十四年闽浙总督许应骙奏，前准总理衙门咨，光绪二十四年三月初三日附奏各省内河行驶轮船扩充商务一片。

24. 护理湖南巡抚锡良奏，前准总理各国事务衙门咨，内港行轮续补章程九条，内开凡轮船装载洋货入内地，或领取子口税单，或沿途逢关纳税遇卡抽厘均听商便。又土货欲运往外洋，或照镇江子口单章程领取三联报单，均听华洋各商之便等因。①

中国方面看来,以子口税(进出口税的 1/2,缴纳了这一税金,就可以免除在中国内地的其他课税)为中心的各种问题错综复杂,只要产生这方面的问题,大多数情况都是在外交谈判中解决的,而子口半税在其具体操作中也并非采取同样标准。外国方面试图将内陆贸易作为既得利益坚持下去,对此,中国方面宁肯在每个个别案例上都限定其适用和运用。比如,项目 1 的内容就明确表明了这一点。

> 总理衙门咨。七月十五七日准英法国照会复进口之土货,再令洋商交一半税。此项税银与内地税饷相等二成,毋庸扣归等因。所有通商各口应从奉文之日起,凡洋商运土货出口不准再发免税单,复进他口再收一复进口之半税。此项银两无庸扣归英法国二成。再英国照会内抄粘扎文,新议长江办法及土货交过复进口税,再往内地贩运纳税之法,尚有未尽严密之处。本衙门现拟另立长江通商纳税章程,俟议定后再行备文知照。至土货进口交过复进口半税后,本衙门拟令如运入内地,应无论洋商华商,仍逢关纳税遇卡抽厘,不准发给过卡关票。当由本衙门再行照会,英法国公使俟有照复前来一并知照。此时未经议定,各海关应酌量先收复进口之半税,相应咨行查照通饬各口知悉。咸丰十一年八月初一日咨南洋。②

这里规定,缴纳复进口半税(二次进口税,为正税的 1/2)的商品,不仅在通商口岸登陆时,就是在运送到内地之时,也被剥夺免交子口税的特权,必须缴纳厘金。从子口税本来作为海关税与厘金税亦即中央税与地方税两者间利害对立的产物的这种性质来看,上述问题的存在可以说是一种必然的结果。

---

① 《皇朝政典类纂》卷一〇七《征榷》,第 15 页。
② 《皇朝政典类纂》卷一〇七《征榷》,第 1 页。

针对这一点，洋务派官僚中比较开明者、1880 年当上英法公使的薛福成在其《洋货加税免厘议》中作了如下论述：

> 窃查总理衙门与威使订定值百抽十议者，以为不便其间得失各关局必且详言之。至其事之关系尤巨者……考光绪六年各关贸易总册，进口正税共收银二百三十八万余两，洋货半税共收银二十六万余两。而光绪五六年间户部册报，各省岁收百货厘金，将及一千二百万两。即使洋货厘金仍居三分之一，亦当得四百万两。今若加税免厘即半税亦在所免之列，是每岁当短收厘金及半税银四百二十六万余两，而多收洋税银二百三十八万余两。……若夫饷源偏重于洋关，动为外人所牵制挠我自主之权，其弊一。各省少把注之资外，权渐移于户部而疆事益难措手，其弊二。一旦有兵荒大事，无可设法以应缓急，其弊三。土货冒洋货以漏捐，而各卡之稽查不易则土货厘金亦必大绌，其弊四。厘金减半而其卡仍不能裁减，所需经费必尽取盈于土货。是因欲畅销洋货而使土货独受其累，与外海轻出口税重进口税之意正相反，其弊五。凡此五弊皆为天下大局计，而非仅为一隅一时一事计也。且以二百三十余万两之洋税，散之各关不见其多。其于原定各处之协饷，固不能多解丝毫也。若各省所收厘金，则准军月饷与北洋海防经费恃为大宗。①

在这里，薛福成批评了海关税收增加与厘金税收减少之间的必然联系，担心中国的关税自主权会被外国（海关）进一步控制，提出应确保厘金收入的主张。但是，薛福成认为厘金税应该充当军饷与北洋海防经费的观点，说到底也是一种为强化中央财政而确保厘金收入的主张。我们有必要对此提起注意。

---

① 《皇朝政典类纂》卷一〇五《征榷二三·洋关税则》，第 15 页。

（三）南北沿海贸易与东西扬子江贸易

南北沿海贸易是以北方的大豆、豆饼与南方的砂糖、大米为中心进行的。然而，这种贸易由于转口税则的引入以及大豆向外国出口的解禁而被纳入到了外国贸易的范畴。而东西扬子江贸易是以江苏、浙江等位于东岸各省所生产的手工业制品和位于扬子江西面的四川所生产的农产品、鸦片为中心进行的。由于扬子江税则的引入，东西扬子江贸易同样被纳入外国贸易的范畴。然而，从税则或税收的方面来看，这种动向也带来了如下作用：使得上海的地位得到强化，并且使其作为大型转口地、集散地的作用更加增强；但同时，也使沿岸的帆船贸易和常关、厘金局等归属地方管辖的领域之间产生了新的摩擦与矛盾。[①]

这种变化如下图所示：

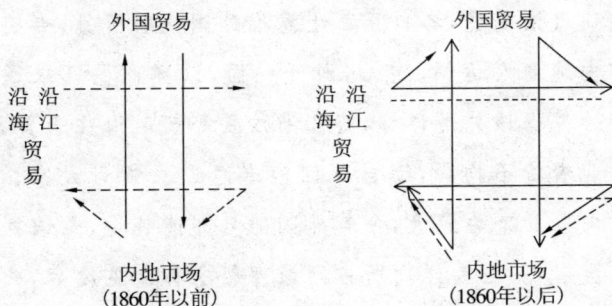

图 4-4　沿海、扬子江贸易的变化

从上图可知，外国贸易本来与沿岸贸易或沿江帆船贸易分属不同的领域，但是到了19世纪60年代末，外国贸易发生了涵盖原来的沿海、沿江贸易的变化。下文将对这一变化过程作进一步的分析和考察。

1. 大豆贸易

19世纪60年代，沿海贸易中开始出现变化。从清朝末期开始，东

---

① 在关于厘金的问题上，海关进行了几次具体调查，并且在《公署集》（Office Series）上公开发表。例如，有 *Wording of Likin Collectorates：kiukiang，Soochow，and Hangch'ow*，1907（No. 88）等文章。

北地区的豆饼就作为粮食作物和砂糖生产的肥料在华中、华南（福州、厦门地区）买卖交易。即使蒸汽船引入到沿海贸易中，清朝政府也没有向外国船只开放大豆贸易，而是保护以帆船贸易为中心的大豆贸易。

但在同治元年（1862年），登州与牛庄的大豆贸易开始解禁，这给本来依靠南北帆船贸易维持生计的航运业带来了巨大打击。以下描写充分反映了当时的情形。

（1）现在各口通商凡属生意码头，外国已占十分之九。惟剩登州牛庄装豆一款，系商船谋生之路。今若一网打尽则中国商船立见废弃，沿海居民生计壅阻，目下军需从何而出，将来海运从何而办，于大局煞有关系。并称天津海口本来无豆可装，登州牛庄除豆之外，外国船均在贸易自可保护。或因事有成议设法变通，各口豆石生意准外国商船贸易，专将上海一口归内地商人运销。庶几网开一面，以拯商民环求通详请奏等情。并据该关道详称，查江浙沙蛋等船航海往来贸易，其自南往北者货不拘一，而自北回南者总以豆货为大宗。即沪地生意向以豆市为最大，今若外国船只亦能装运，是该商船向藉此谋生者，一旦为洋商所占则该商船所称立见废弃，关系军需海运系属实在情形。①

（2）自同治元年暂开豆禁，夹板洋船直赴牛庄等处，装运豆石。北地货价因之昂贵，南省销路为其侵占。两载以来沙船赀本亏折殆尽，富者变而赤贫，贫者绝无生理。现在停泊在港船只不计其数无力转运，若不及早挽回，则沙船停泊日久，船身朽坏行驶维艰，业船者无可谋生。其在船者舵水手十余万人不能存活，必致散而为匪肆行抢掠，商贾难安。上海市面

---

① 《上海一口豆石请仍归华商装运片》，同治元年六月十三日，《李文忠公全集·奏稿一》，第40页。

既废即洋商贸易亦难。前曾禀求转详奏准照会英国公使,专将上海一口豆石仍归内地商人运销。①

上文反映了因大豆运送向外国船只开放,致使原本一直从事南北贸易的帆船上的 10 万人陷入失业困境的这种状况。上文还指出,由于外国船只参与大豆贸易导致豆价大幅上涨,并由此加剧了运送上的困境,船只从南方或上海归港时也因为无法获得适当的等值物品而陷入窘境。

因此,作为解决以上问题的对策,有提案认为,到达上海或经由上海的大豆贸易应只限于中国商人。除此之外,还有人向总理衙门提案说,从牛庄运送大豆的沙船,归港之时很有可能是空船,所以应该在天津以及牛庄等地对这种帆船贸易采取减税措施,其内容如下:

> 在该船承运天庾正供,往返海洋与自行贩运者本有不同。若查明运卸回空船只装货南下时,准其免交北税,既于体恤之中仍示区别。而华商得以邀免子税,洋商亦无从藉口。先准总理衙门公函筹商,并以粮船向有带货二成免税成案。今议回空全行免税,其南省如何给照为凭,北省如何稽查影射。②

从上述内容可知,即便总理衙门也认为大豆贸易不能无限度地向外国开放。总理衙门主张,在向外国出口和以向沿海通商口岸转运为目的的大豆贸易中,若发现有向内地贩卖的情况,则应该令其缴纳厘金税,其主张如下:

> 总理衙门咨。前本衙门奏开牛庄登州豆禁一折,奉旨允准业经备文知照在案。兹接英国照会,所有此项豆石按照新定各项土货之例,于下船出口之时,按照税则所载纳一正税,迨到他口复纳一

---

① 《北洋豆货上海一口请归华商转运折》,同治三年九月初十日,《李文忠公全集·奏稿七》,第36页。

② 《海运回空沙船请免北税折》,同治四年十二月初三日,《李文忠公全集·奏稿九》,第67—68页。

进口半税。如已在他口纳完半税之后，该商复欲下船出洋，该关即照各货运出外国之例，发给存票一纸以为日后持作已纳税饷之据等因。前来本衙门现给与照复，查照新定南北通商章程各项土货之例，除完过出口正税并复进口半税后，一经离口自入内地贩运，无论洋商华商均逢关纳税，遇卡抽厘等语。相应粘钞照会照复咨行查照。同治元年正月二十七日咨沿途各省。①

但是，由于出现了漕粮运送由河运转为海运，强化海运管理的动向，并开始出现租借外国船只的现象，这些提案对帆船贸易的保护，可以说只不过徒有虚名而已。②

2. 扬子江贸易

扬子江贸易是作为国内地方贸易来把握的贸易领域，但是《天津条约》规定扬子江向外国贸易开放，然后在《烟台条约》中特别对扬子江贸易制定了新的开放规定，即《沿江六处试办章程》。

> 总理衙门咨。案查烟台条款第三款，内载至沿江安徽之大通、安庆，江西之湖口，湖广之武穴、陆溪口、沙市等处，均系内地处所，并非通商口岸。按长江统共章程，应不准洋商私自起下货物。今议通融办理，轮船暂准停泊，上下客商货物，皆用民船起卸，仿照内地定章办理。除洋货半税单，照章查验免厘其有报单之土货，只准上船不准卸卖外，其余应完税厘，由地方官自行一律妥办。外国商民不准在该处居住开设行栈等语。所载不过是大概办法，现将详细章程十二款开列于后，相应咨行。光绪 年 月。③

---

① 《皇朝政典类纂》卷一〇七《征榷二五·洋关税则》。
② 星斌夫：《中国航运史》，近藤出版社 1970 年版。以及《请行海运片》，载于《李文忠公全集·奏稿二二》，第 17—18 页。
③ 《沿江六处试办章程》，载于《通商约章类纂》卷五《户一·税务一·长江口岸贸易》，第 49 页。

虽然扬子江沿岸各省中的某些地区,如安徽省的大通和安庆,江西省的湖口,湖北省的武穴、陆溪口和沙市等地并不是通商口岸,但是在这一协定中给予这些地方准通商口岸的地位,为其提供贸易之便。

在章程 12 条中具体规定了扬子江贸易应具有的具体事项:

(1)"轮船"这一概念包括扬子江特有的平底"内江轮船"。

(2)上述六地虽不是通商口岸,但对其处理办法与通商口岸相同,可免费倒装、转运。

(3)从沙市到大通之间共有大约九个征收船厘的厘金局,只限于这一区间免收厘金。

(4)从以上六港向内地运送货物时,征收从价 2% 的厘金。

(5)在上海缴纳过税款的商品不予课税。

章程规定了以上五项内容,除镇江、九江、汉口、宜昌等通商口岸之外,又作为转口基地开放了以上六个港口,其结果,扬子江沿线连续对外国开放贸易,而且这一沿线贸易还与内地贸易相连接。

针对这种情况,李鸿章主张要改订章程的第 3 条和第 6 条。现将原章程的(3、6)两条与李鸿章的改订案(3′、6′)分别引用如下:

(3)六处除领有税单之洋货,并领有报单运照之土货,验明单货相符。洋货即准其装船或起岸放行,土货即准装船前赴所报出口海关。该六处均不另征税厘外,其余无单照各货,均照后开章程办理。

(6)由上海关暨长江各关装船运往六处起岸之货,除先在该关照完正半两税,或只完正税,如自芜湖关报运大通,是仅经一关只完正税。如自镇江关报运大通,是所经两关应完正半两税。其经三四关者亦只完正半两税一次而止。以上正半各税均在装船之关照完。报装轮船指赴某处,并领收税单到起岸处呈验外,应于起岸处照完该处厘金。并由该厘局核明所经末尾一关,以后共有厘卡几所,即照所完厘数,令其再完几倍以补应完之厘，如所经仅只装船一关，即以该关为末尾之关。①

（3′）长江通商各口所到之货，除总单载明之货，皆照向章办理外，其未载明各土货，应查明沿江六处运来厘卡联单，于起岸时照章补交正半两税。

（6′）沙市等沿江六处，凡有货物由轮船拨卸民船及由民船拨上轮船，应令挂号之拨船载赴厘金特订之码头遵验。除领有单照之洋货照免放行外，其余各洋货须照完该处厘金。所有运来各项土货除照完本处厘金外，其指赴何口核计沿途越过几卡，应补完几倍厘金填给收单以凭查验，所补厘金仍由该局统收分解。惟湖口应另立专章，凡由湖口运往各口土货，除照完厘金外，应在该卡补完九江关正半两税方准上船。②

在这里，李鸿章针对扬子江贸易除原通商口岸之外又开放六港，致使扬子江贸易全面开放的情况提出了批评，主张应该确保六地固有的作用。虽然李鸿章主张确保从土货（中国产品）征收厘金收入，但其基调仍是由海关或准海关负责征收厘金。这一想法可以看出他试图将厘金引向中央财源的意图。所以，从中央—地方这一角度来分析，李鸿章的论调与薛福成的看法可谓不谋而合。

二　通商口岸与镇江贸易

（一）通商口岸的各种特征

如果认为通过开放口岸，亦即常关、海关的贸易活动，能够表现出地域经济的特征，那么应该在什么项目下进行比较探讨呢？笔者认为，可从各个通商口岸中的以下几个项目中来考察：

---

① 《沿江六处试办章程》，载于《通商约章类纂》卷五《户一·税务一·长江口岸贸易》，第50—51页。

② 《议沿江六处起卸章程》，光绪三年正月十五日，《李文忠公全集·译署函稿》卷七，第1—2页。

（1）贸易收支

（2）金银贸易收支

（3）外国贸易与国内贸易比较

（4）国内贸易对象比较

（5）贸易特征［在（3）上加出口、进口、内地贸易、转口贸易比重等方面的内容］

（6）主要进出口商品（腹地的生产与消费）

1．从进出口差额来考察的各种特征

如果我们从以上六个指标中以（1）—（3）为中心对通商口岸进行整理，就可以得到图 4 - 5。

图 4 - 5　**各开放口岸进出口差额**(1895—1904 年。单位：100 万海关两)

　　———— 外国的进出口　　------ 国内进出口　　········ 金银的进出口

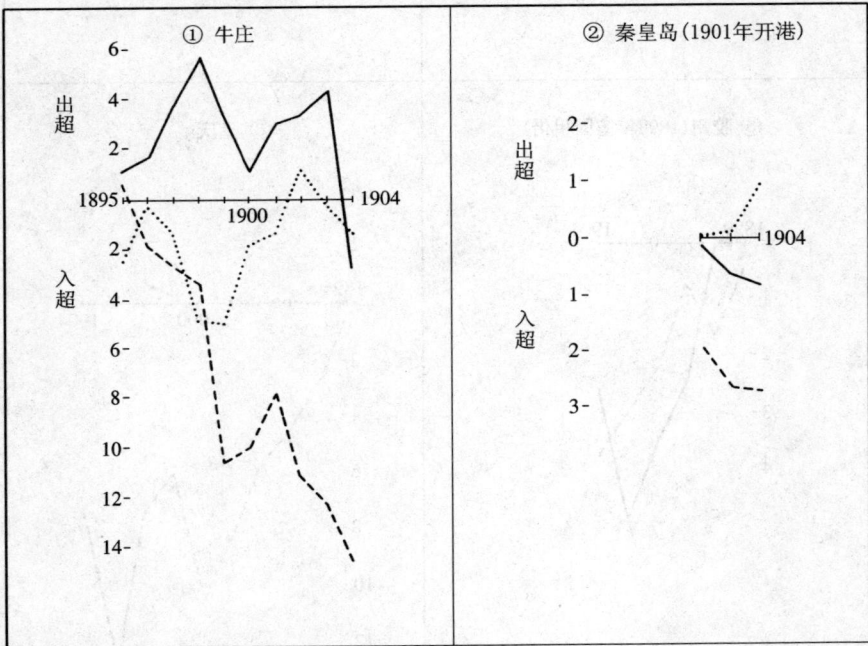

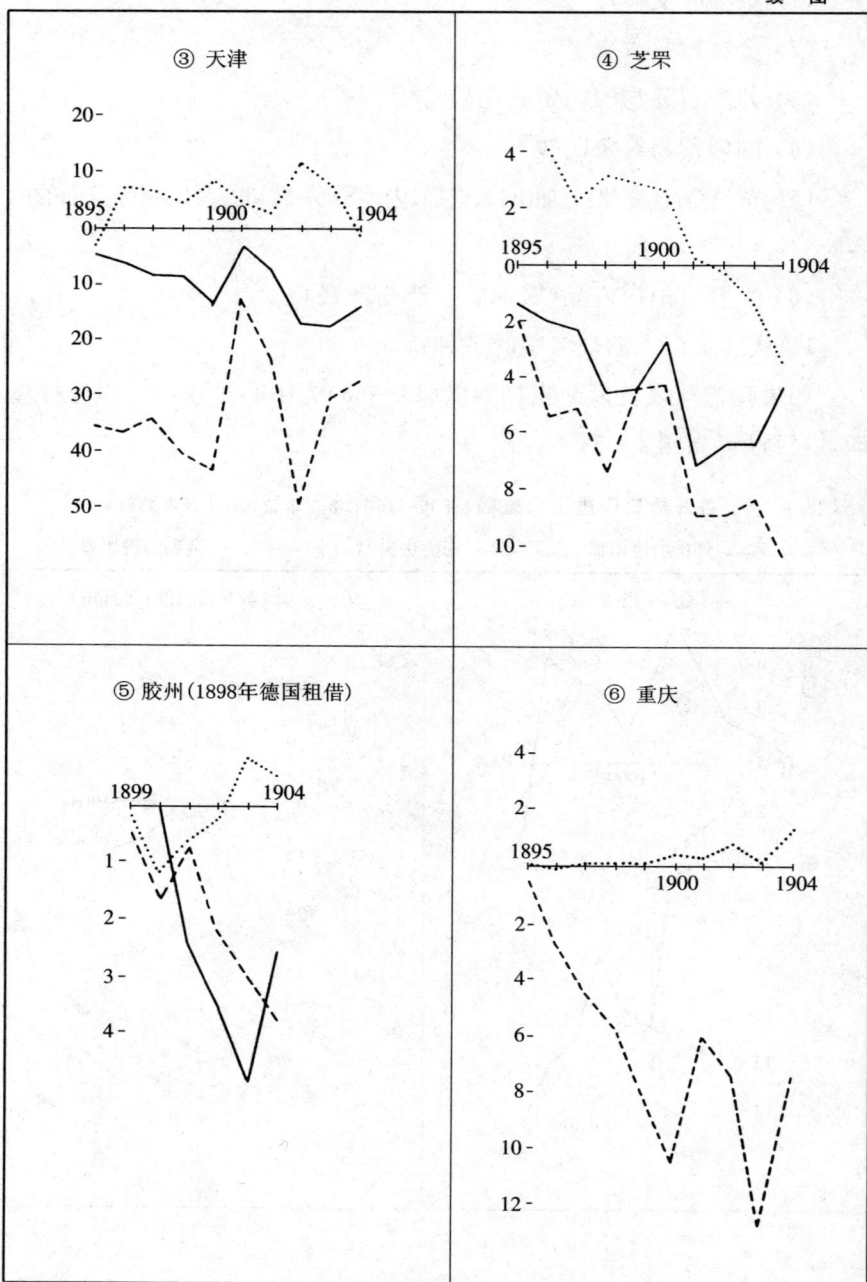

③ 天津

④ 芝罘

⑤ 胶州（1898年德国租借）

⑥ 重庆

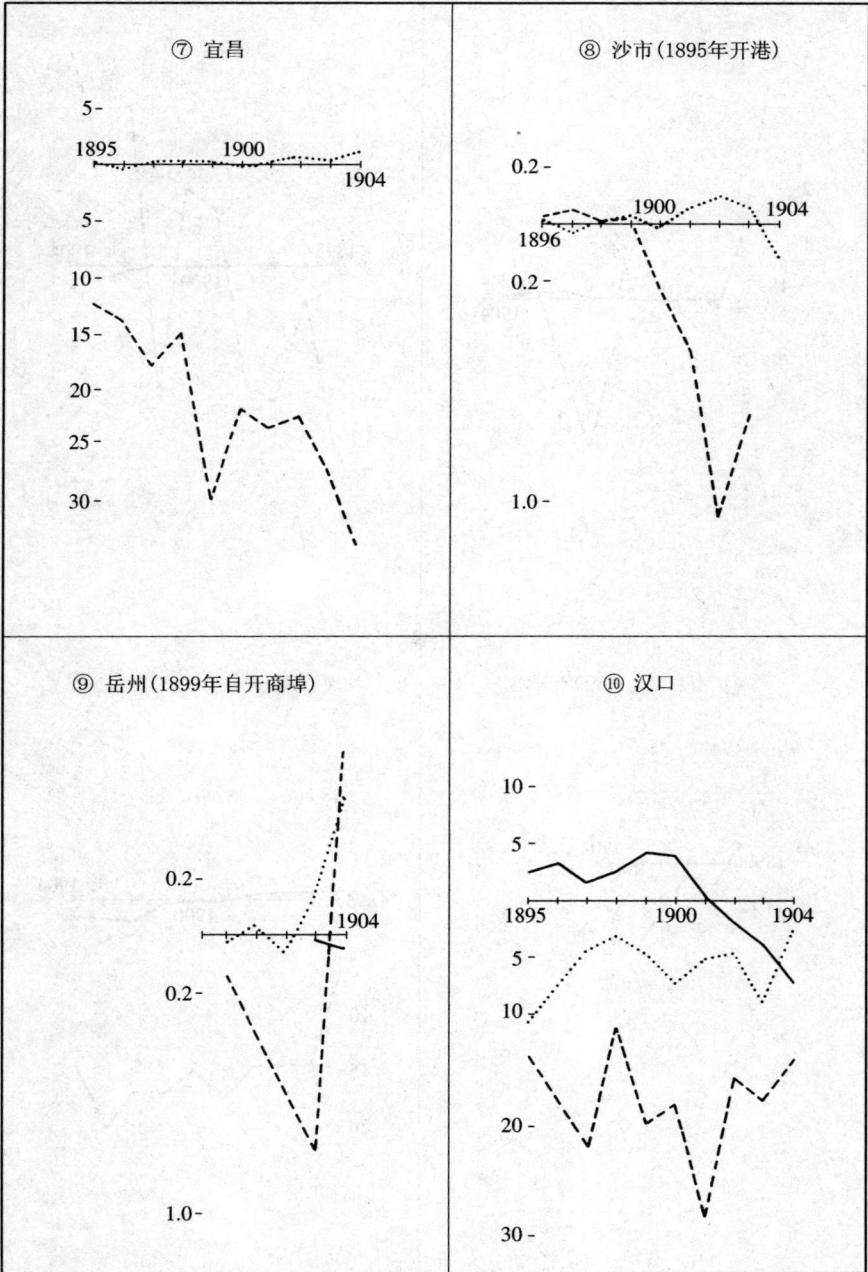

续 图

⑦ 宜昌

⑧ 沙市(1895年开港)

⑨ 岳州(1899年自开商埠)

⑩ 汉口

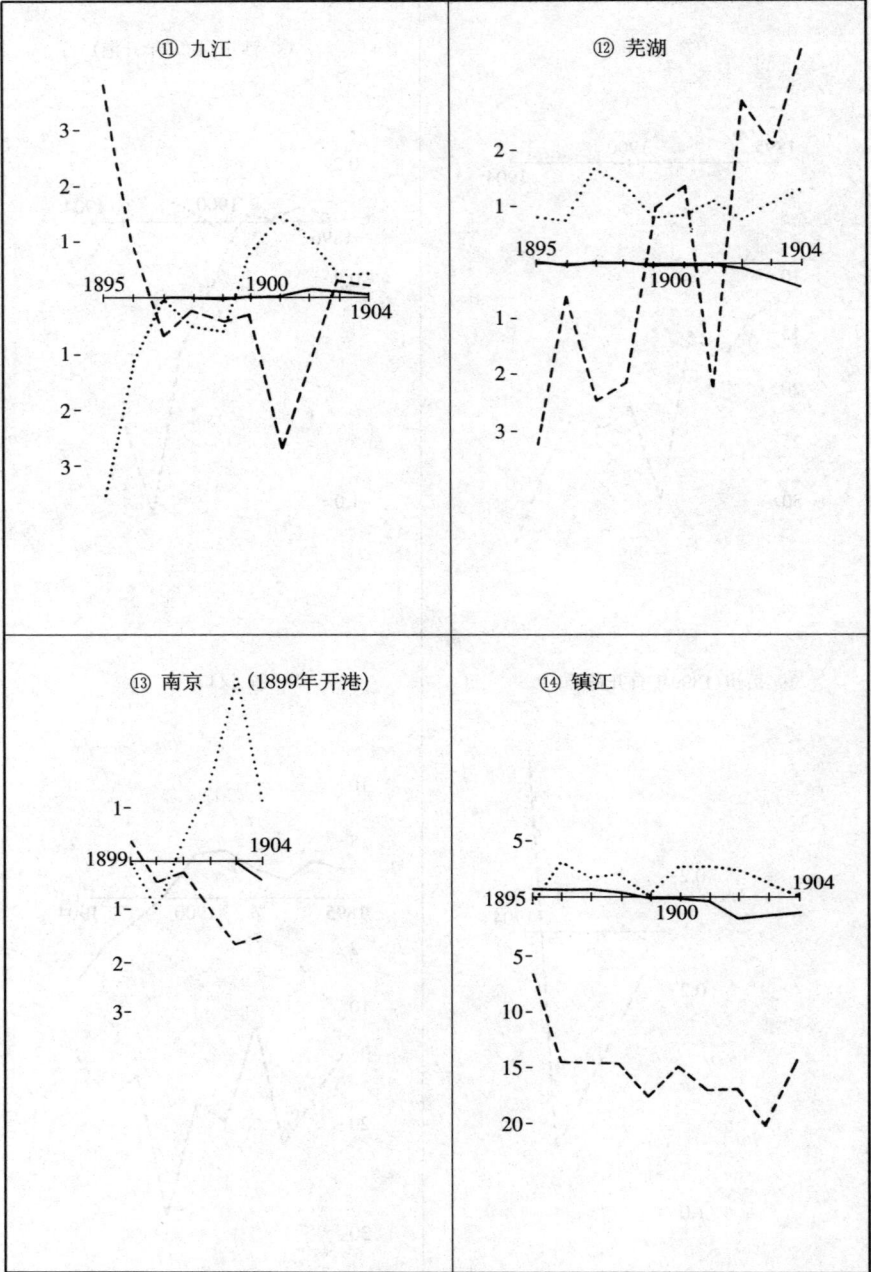

⑪ 九江

⑫ 芜湖

⑬ 南京 （1899年开港）

⑭ 镇江

续 图

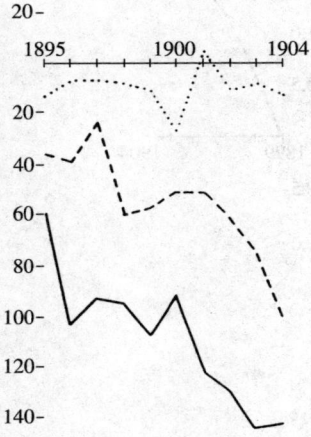

⑮ 上海

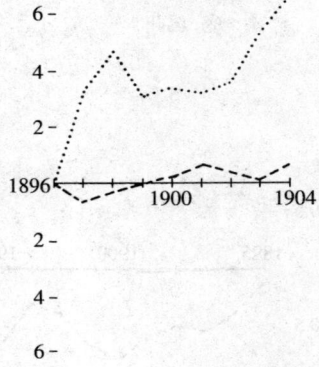

⑯ 苏州(1896年开港)

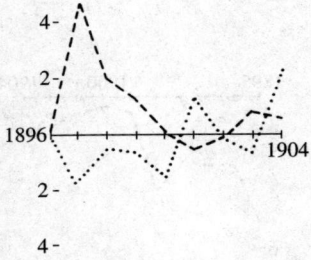

⑰ 杭州(1896年开港)

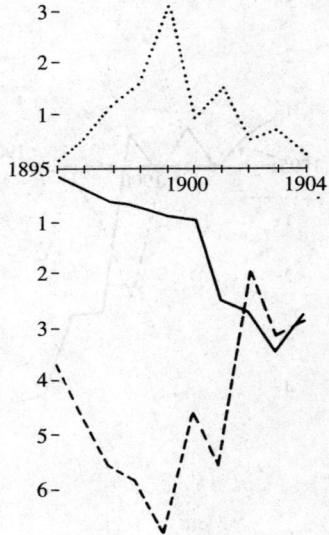

⑱ 宁波

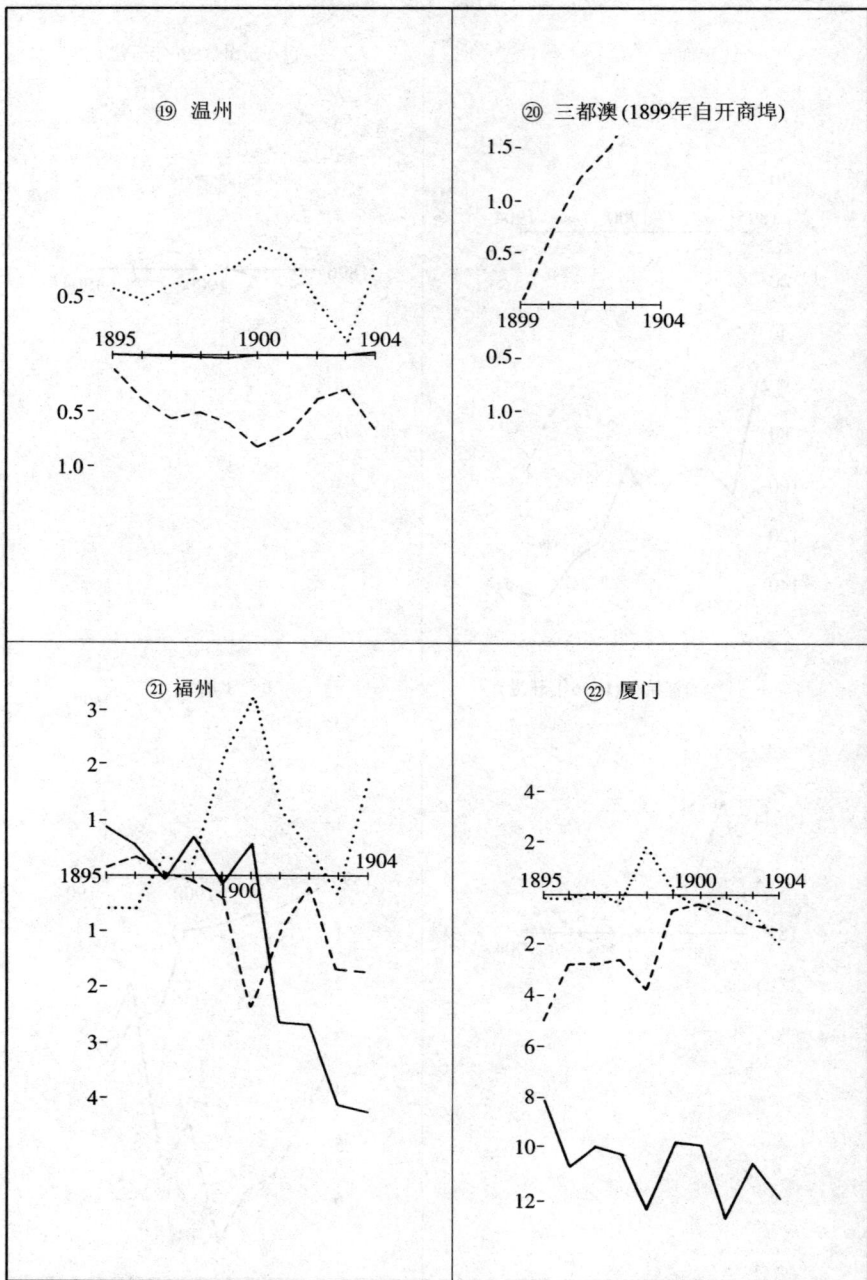

⑲ 温州

⑳ 三都澳（1899年自开商埠）

㉑ 福州

㉒ 厦门

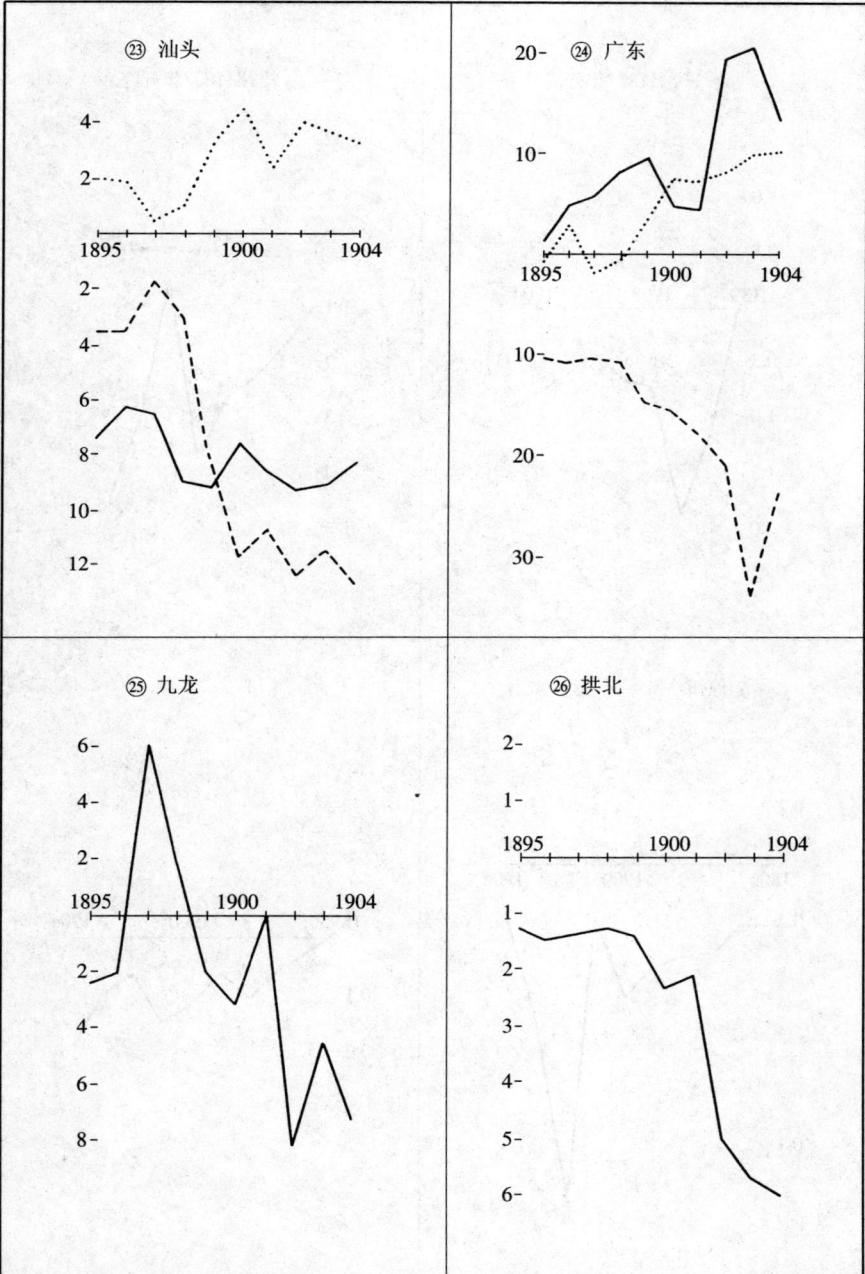

续　图

㉓ 汕头

㉔ 广东

㉕ 九龙

㉖ 拱北

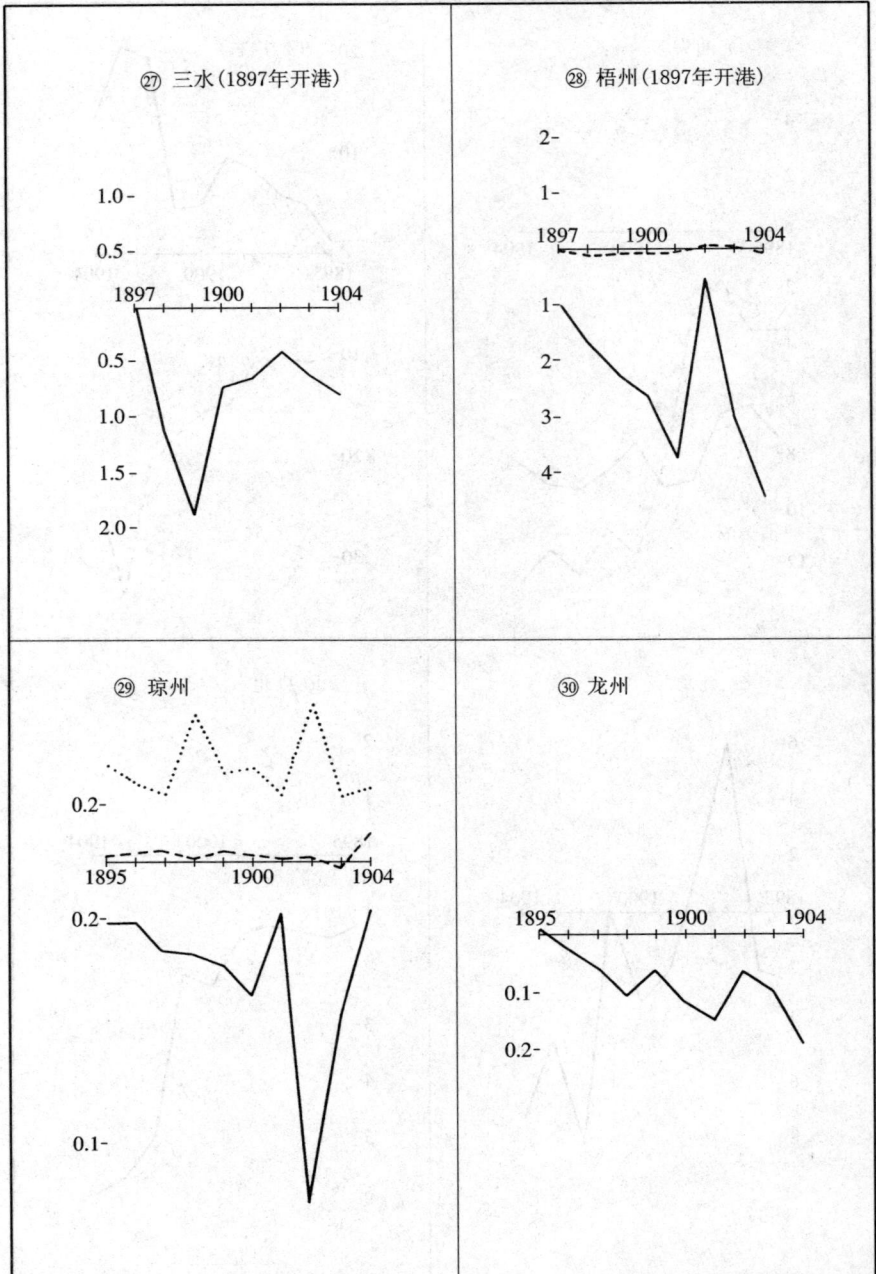

㉗　三水（1897年开港）

㉘　梧州（1897年开港）

㉙　琼州

㉚　龙州

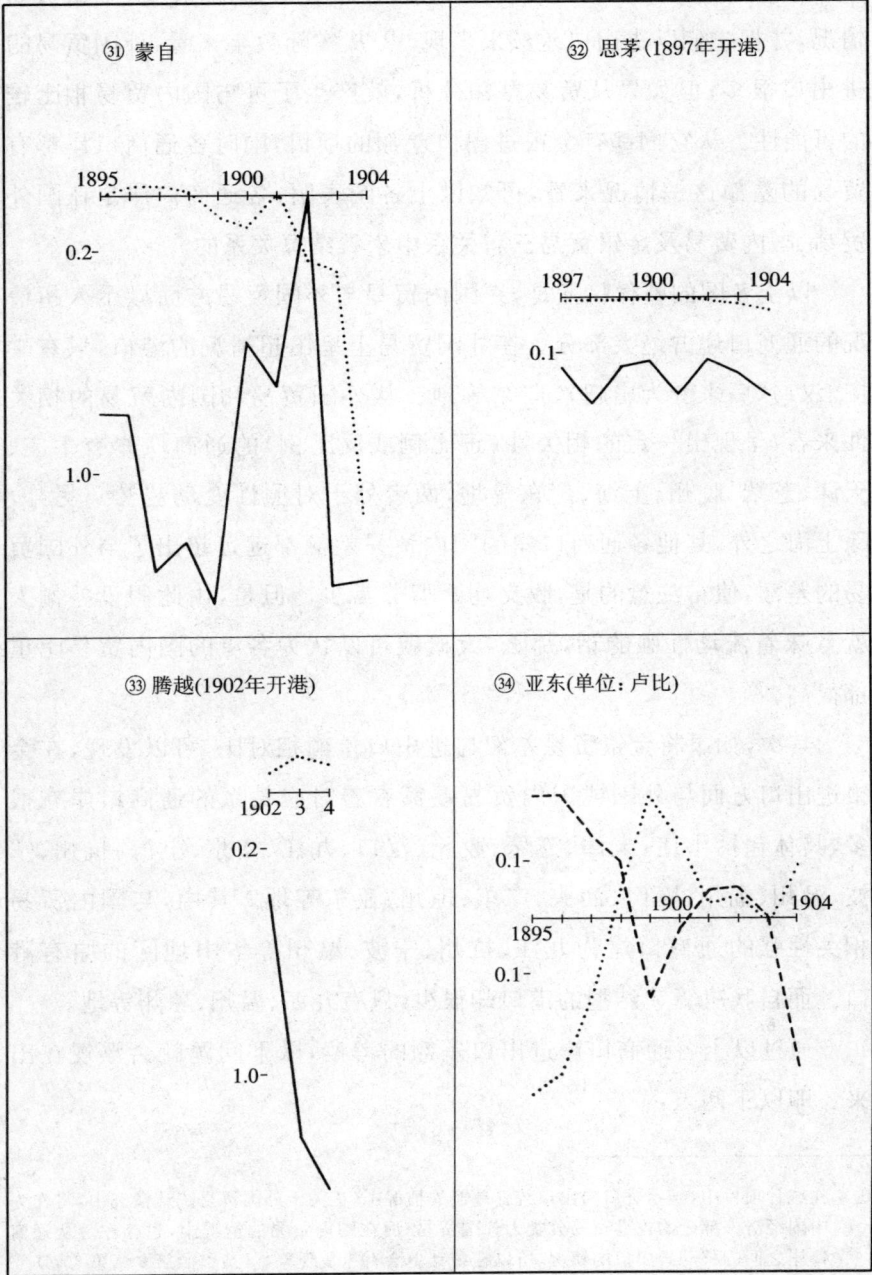

㉛ 蒙自

1895　　1900　　1904

0.2-

1.0-

㉜ 思茅（1897年开港）

1897　1900　　1904

0.1-

㉝ 腾越（1902年开港）

1902　3　4

0.2-

1.0-

㉞ 亚东(单位：卢比)

0.1-

1900　　1904

1895

0.1-

图 4 - 5 分别表示了各通商口岸的外国贸易、国内贸易、金银贸易
情况，并把它们以进出口差额来表现。① 从实际数字来看，外国贸易的
进出口很多；但如果从贸易差额分析，就产生了可与国内贸易相比较
的可能性。从它们都有金银进出口差额的项目，同时各通商口岸都有
贸易的差额这一情况来看，可知以上各图表明，各通商口岸是在国外
贸易、国内贸易及金银贸易三者关系中来看结算关系的。

以上各图的整体特征是，在国内贸易与外国贸易方面显示入超情
况的通商口岸占绝大部分。在外国贸易上呈出超情况的港口，只有牛
庄、汉口（后来变为出超）、广东等地。从外国贸易和国内贸易的相关
性来看，呈现出一定的相关性（正比例或反比例）的通商口岸有牛庄、
天津、芝罘、胶州、上海、广东等地，两者处于对照性变动趋势。另外，
除上海之外，其他各通商口岸的国内贸易差额都远远超出了与外国贸
易的差额，值得注意的是，收支均衡型非常少。但是，由此假设差额大
就意味着流动性强的话，那么，大概就可以认为各港的国内贸易比重
都很高。②

其次，如果将金银贸易差额与进出口差额相对比，可以发现，在金
银进出口方面与外国或国内贸易差额有着对应关系的通商口岸有很
多，具体包括牛庄、天津、芝罘、胶州、汉口、九江、南京、上海、杭州、宁
波、温州、福州、厦门、汕头、广东、琼州、亚东等地。其中，与国内贸易
相关性强的通商口岸为九江、杭州、宁波、温州等华中地区的原有港
口。而自我决算完结型的港口却很少，只有九江、温州、琼州等地。

通过以上各通商口岸进出口差额的考察，以下问题就会浮现在出
来。即以下两点：

---

① 在统计项目中，表示进口与出口统计差额的情况中，在关于外国贸易统计情况中，将作为
中国经济一部分的香港贸易分类为外国贸易；而在国内贸易的情况中，也存在着从通商
口岸之间的移动到出口的情况，所以在统计上会有重复现象。（请参照第 2 章第 3 节）
② 贸易差额大意味着在差额决算方面对外依赖的程度高。

（1）作为整体性的入超情况是怎样结算的呢？

（2）除金银结算方式之外还采取了什么样的结算方法呢？

关于问题（1），由于通商口岸存在着大后方即内地市场，所以通商口岸的入超情况可以通过与内地市场关系和向其转嫁窥视出来；关于问题（2），我们可以推测出有以下可能性：通商口岸除了金银结算之外，还存在着无需金银的信用结算，或通商口岸之间存在着多元结算。[①]

2. 从贸易构成来看通商口岸的各种特征

接下来，就上述第 5 个指标（贸易特征）作具体分析考察。在试图把握各通商口岸的特征之时，应该尝试设想通商口岸市场圈或通商口岸贸易圈的存在。我认为，对税则各项目比例以及税收的国别比例的考察，对于把握通商口岸市场圈的特征是很有必要的。这是因为被区分为进口、出口、沿岸贸易、吨税、转口税、鸦片厘金等项目的税收项目，包含了进出口项目的一部分，能够反映国内远距离贸易的特征以及内地贸易（通商口岸与其后方城市之间的贸易）的特征。表 4 - 20 反映的就是各个通商口岸税收项目的比例以及国别征收额的比例。

表 4 - 20　　　**各开放口岸征税项目比率及各国征收额比率**（1904 年）

开放港口城市	征收总额（海关两）	A. 各项目的税收比率（%）						B. 各国征收额的比率（%）（只是在关于鸦片方面作为共同的项目而独立收录的记录）							
		进口	出口	沿岸贸易	吨税	转口税	鸦片厘金	英国	美国	德国	法国	挪威	日本	中国	鸦片
牛　庄	604704	32	46	18	4	—	0	54		14	3	17	3	3	2
秦皇岛	133630	24	61	6	6	3	—	81		1		12	1	3	2
天　津	2009198	29	24	6	2	38	1	37		16	1	5	3	35	
芝　罘	731201	47	31	10	7	—	5	37	1	23	2	13	2	15	3
胶　州	432465	77	21	2		—	0	14		60		10		14	
重　庆	501189	4	90	3	0	3	—	29					7	16	48
宜　昌	623130	1	5	94	0	—	—	4					1	1	94

---

① 　关于金银移动以及决算问题，请参照本书的"结论"部分。

开放港口城市	征收总额（海关两）	A. 各项目的税收比率（%）						B. 各国征收额的比率（%）（只是在关于鸦片方面作为共同的项目而独立收录的记录）							
		进口	出口	沿岸贸易	吨税	转口税	鸦片厘金	英国	美国	德国	法国	挪威	日本	中国	鸦片
沙　市	19377	7	82	8	—	3	—	30		4			35	31	
长　沙	35367	3	78	10	0	9	—	62					37	1	
岳　州	59390	1	75	4	—	20	—	53					27	20	
汉　口	2749223	9	80	5	1	4	1	46	1	18			8	25	1
九　江	743129	11	59	1	—	3	26	58		3			1	28	10
芜　湖	942868	8	63	3	1	5	20	73		4			1	14	8
南　京	210601	16	37	9	—		38	42					2	42	14
镇　江	1201902	22	20	7	1	27	23	50	6	8		2	2	22	9
上　海	10323434	61	15	5	6	1	12	61	2	15	4	2	3	7	4
苏　州	78700	26	59	15	—		0						25	75	
杭　州	702956	29	33	8	0	2	28						27	62	11
宁　波	682176	26	35	7	1	5	26	43		1		1		45	10
温　州	56813	7	63	9	1	4	16					1		93	6
三都澳	139623	0	100		0			59					28	13	
福　州	966117	30	33	3	1	1	32	51		18			3	16	12
厦　门	836430	40	13	5	5		33	61	1	11		6	4	2	12
汕　头	1550624	35	29	8	3	0	25	68		15		4	1	2	10
广　东	3016596	32	33	8	1		25	74	1	3	6	1		6	9
九　龙	186090	64	9	—		—	27							63	37
拱　北	385629														
江　门	85724	68	27	1	4	0	—	81			3			15	
三　水	172379	50	34	1	1	3	11	72			1			20	4
梧　州	532770	54	18	1	—	27		31	3		2			64	
琼　州	190985	46	24	1	7	3	19	2		64	25	1		1	7
龙　州	14666	48	25	—		27								81	19
蒙　自	248441	39	42	—		19	—							76	24
思　茅	7572	50	19	—		31								96	4
腾　越	53911	58	11	—		31	—								(100)

资料来源：根据 CIMC. *Returns of Trade and Trade Reports for the Year 1904* 制作。

　　首先,考察分类为 A 的各税收项目,可基于以下特征将各通商口岸分类为:

　　(1) 在出口、进口两方面大体均衡的通商口岸:天津、芝罘、镇江、宁波、广东、蒙自等地。

　　(2) 出口税出超的通商口岸:牛庄、沙市、长沙、岳州、汉口、九江、芜湖、南京、苏州、温州、三都澳等地。但是,扬子江沿江各港口城市,因其进口税征收是在上海或其他港口城市,所以其出口税收入比例异常之高。

　　(3) 进口税入超的通商口岸为芝罘、胶州、上海、厦门、九龙、梧州等地。

　　(4) 沿岸贸易税(coastal duties)大的通商口岸有牛庄、宜昌、苏州等地。

　　(5) 转口税(transit dues)较高的通商口岸有天津、岳州、镇江、梧州、龙州、思茅、腾越等地。转口税的主旨是以把货物运送到内地为前提而收取的。如果与这点相对照来考察,可见这些通商口岸是通过与后方市场保持密切联系来从事出口或进口贸易的。

　　(6) 从鸦片的厘金方面来看,除九江、芜湖、南京、镇江等沿江各港之外,杭州、宁波、厦门、汕头、广东、九龙等华中、华南沿海的通商口岸占有很大比重。不过,鸦片厘金作为税收项目虽然是独立的,但在进出口分类中,鸦片厘金被算入进口项目。

　　值得注意的是,从以上各税收项目看到的各港明细,沿岸贸易或转口贸易等原本属于国内贸易的领域,实际上却属于管理外国贸易的海关的征收范围。而且,鸦片厘金征收额比较高的港口都处于扬子江的南岸沿线的特定地带,我以为,这也成为这些地域对外贸易的特征。

　　其次,就 B 项国别征收额比例上来看,整体上是从英国籍船只征收的比例比较高,而长沙、沙市、岳州、苏州、杭州、三都澳等地从日本征收的税额也占有一定的比例。更令人注目的是,从中国籍船只征收的税额也相当高。九龙及其以西的通商口岸，因为帆船贸易也归海关负责管理（1888 年以后），而且从 1902 年开始，海关50 里以内的常关也归海关管理，所以数字有所增加①，但是主要从事国内贸易的中国船只利用了海关（即中国商人利用外国贸易这一形式来进行贸易活动）这一点也反映了海关实际状况的一个侧面。一般来讲，海关承担外国贸易，而常关负责国内贸易，实际上，我们认为，海关承担了相当程度的国内贸易。因此，有必要从通商口岸与其后方市场或内地市场之间紧密结合的角度，对这一点进行分析考察。

3. 通商口岸市场圈的方向

在分析通商口岸与内地市场关系时，有必要首先对通商口岸所拥有的影响力方向、范围、内容等特征进行分析考察。地图 4-4 反映的即通商口岸对内陆究竟产生了怎样的方向影响。如图所示有以下四种情况：（1）东侧沿海的通商口岸除天津和上海之外，成为只限于沿海地域的货物集散地；（2）与此相对，扬子江沿岸的各个港口，如镇江、芜湖、九江、汉口等等，成为与邻近各省呈放射状分布的广泛地域的货物集散地；（3）除以上状况，天津、上海、广东成为对邻近内陆各省、沿海沿江各省来说的大型货物集散地；（4）此外，还存在着进行沿海远距离贸易活动的通商口岸，比如牛庄、厦门等地。

若从商品流通的范围来分析通商口岸市场圈，可以看到，通商口岸市场圈与通商口岸的关系，主要有以下四种类型：

（1）以近邻腹地为市场圈的通商口岸。［与上述（1）相对应］

（2）连接内河流域的大集散地。［与（2）相对应］

（3）延伸到众多地区及广泛地域的集散地。［与（3）相对应］

---

① 关于海关管理海关 50 里以内的常关的结果，请参照第 2 章第 4 节。

（4）与沿海远距离贸易的基地。［与（4）相对应］①

以上各种类型表现出各自特征的时期并不统一。从它们各自的历史发展情况上来看，类型（1）和类型（4）是自古以来就一直存在的贸易港口类型。即使是类型（2）和类型（3），如果从各个类型之提取出某个贸易港口的话，可以发现它同样能够还原为拥有悠久历史的类型（1）。但成为沿海沿江大型货物集散地的时期却是 18 世纪 60—70 年代，这是因为以扬子江为中心的内陆河流航运出现了三个变化：（1）沿江六港贸易手续的简单化；（2）扬子江贸易在上海征税的集中；（3）因蒸汽船引进引发的英美系航运公司与中国航运公司（轮船招商局）之间的竞争，及由竞争导致的扬子江贸易的扩大等，而这些变化又促进了贸易的发展。②

轮船招商局是官督商办的航运公司，作为洋务企业的代表，是以奋发图强、收回国权以及国家利益为目的而设立、维持起来的。伴随着扬子江贸易成为外国贸易的焦点之一，公司开始强调充实与强化，到 19 世纪 70 年代末，轮船招商局所拥有的蒸汽船已有大小 18 艘。③正如资料篇 4 所示，镇江海关关于入港船只的记录详尽地记录了招商局船只的活动情况。根据记录可知，江永、江裕、江孚、江实、江宽等船只，以单程 4—5 天的间隔，往返于上海、芜湖、镇江、九江、南京、汉口这一区间，以国产品为中心从事贸易运输活动。

以海关为窗口收集到的与通商口岸有关的贸易状况记录，只能反映截至 20 世纪初期的通商口岸市场圈情况。之所以这样说，是因为由

---

① 市场类型这一问题，并不是迄今为止的以市、集为基础而成长起来的市场关系。如果以通商口岸所拥有的贸易或金融作用为焦点来看，我们应该能够设想出它应该是一个更加广泛和多层次的开放港口市场圈。

② Liu Kwang-Ching. *Anglo-American Steamship Rivalry in China*，1862—1874．Cambridge Mass.，1962.

③ 《论维持招商局》，光绪三年九月二十九日，载于《李文忠公全集·译署函稿》卷七，第21—25 页。

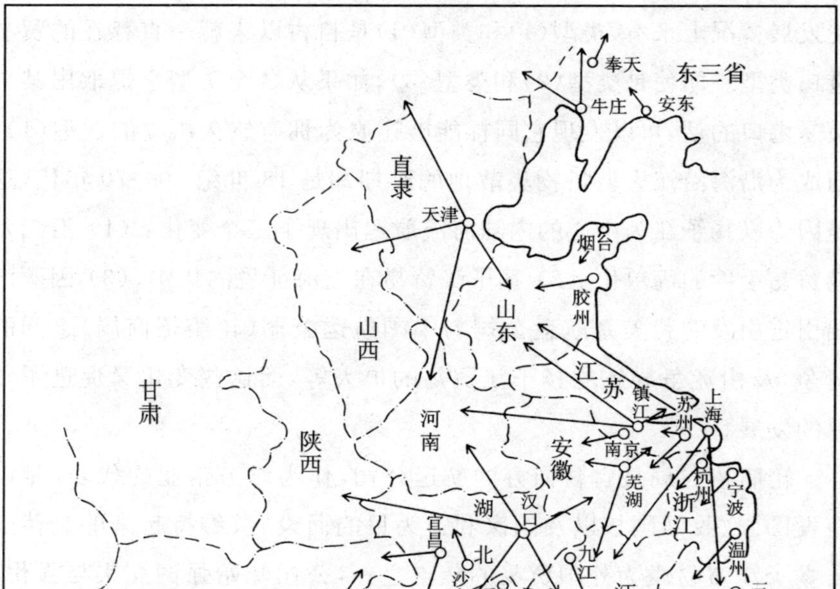

（外务省通商局《长江沿岸视察复命书》，1903年）

地图 4 - 4　　　**各港口进口商品分配方向概略**

于铁路的建设,使得南北之间的内陆运输得到强化,致使无需经由通商口岸的内陆市场的出现。铁道真正开始投入建设的时期是 20 世纪 10 年代之后,这一时期也正是通商口岸市场圈与内陆市场圈并存、同时相互影响产生新关系的时期。下文以天津为例,分析从开放港口市场到内陆市场的货物运送的方法。

表 4 - 21　　**天津与内地市场间的贸易**(1902 年 8—11 月)(单位:海关两)

经由路	进口	出口	合计	%
铁　　道	1955596.90	3401578.57	5357175.47	24.35
大 运 河	1469752.50	2691053.80	4160806.30	18.92
西　　河	1304450.60	5605478.32	6909928.92	31.41
白　　河	668342.20	989010.98	1657353.18	7.54
海　　河	143234.90	683203.56	826438.46	3.75
通　　河	446975.40	957901.42	1404876.82	6.39
陆　　路	271734.00	465268.92	737002.92	3.35
其他中国品	471690.40	471690.40	943380.80	4.29
合　　计	6731776.90	15265185.97	21996962.87	100.00

资料来源:CIMC. *Native Customs Trade Returns*, *No. 2*. *Tientsin*: *1902*. p.3.

据上表所示,1902 年 8—11 月这 3 个月间,从天津运送到内地市场与从内地运送到天津港的商品比例为 30:70。将这两者综合起来,可知大约 31% 经由西河运送,经由铁路运送的占 24%,位居第二。占第三位的是经由大运河运送的,大约占 19%。这不仅说明由于通商口岸与铁道的连接使港口城市能够进一步与广泛的内地市场相连接,而且还意味着仅仅通商口岸之间的贸易是不能反映内地市场动向的。当然,伴随着纵贯内陆的铁道建设的兴旺发展,我们必须通过交通手段的变化之间的关系,来理解通商口岸贸易以及通商口岸与内地市场之间的关系(请参照地图 4 - 5)。

(二)镇江与内地市场

1858 年《天津条约》制定了子口半税(transit dues),因此,在内陆市

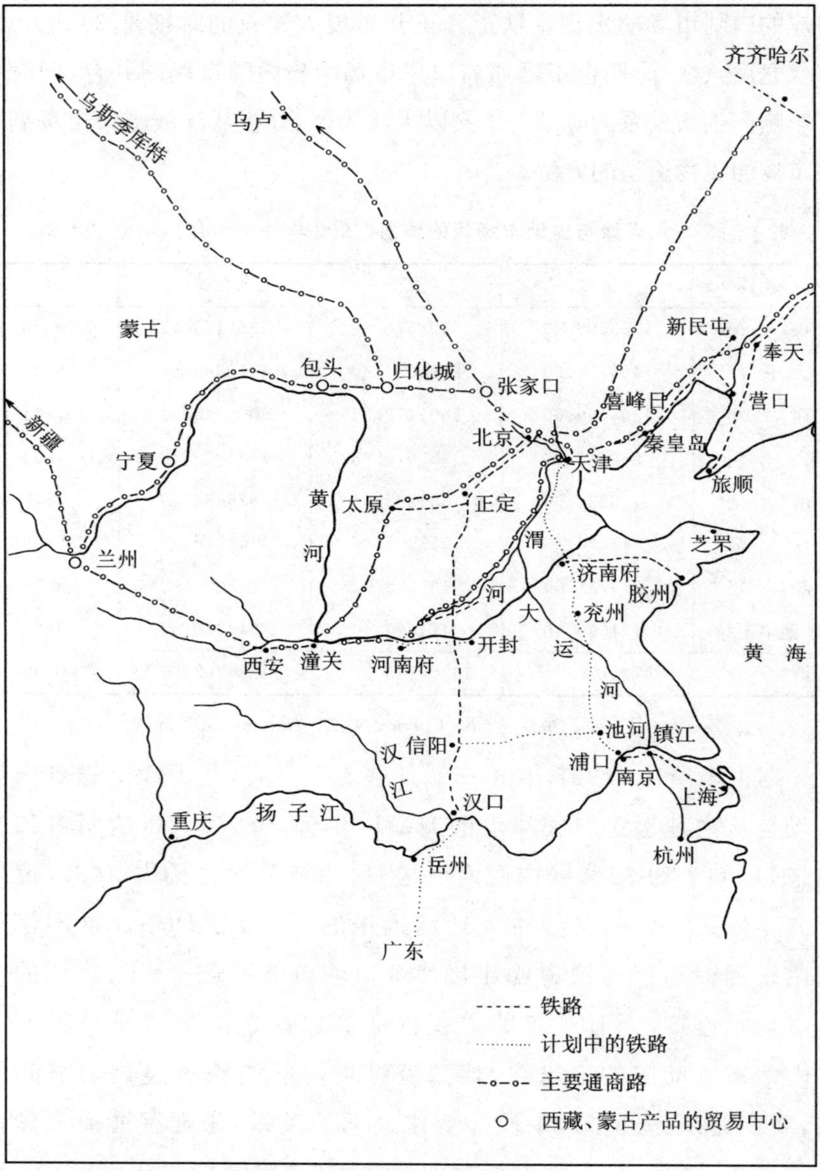

地图 4 - 5　19 世纪末天津后背地域的交通和网通商路

场拥有广泛影响力的扬子江沿岸的通商口岸,在内陆所能涵盖的范围达到了空前的程度。《天津条约》第 28 条以及通行章程①的第 7 条规定,对于有税品来说,不管出口还是进口共缴纳从价、从量等正税 5%的 1/2,而免税品则在进出口时要缴纳从价 2.5%的税金。至于这些税金的交付场所,条约规定,中国内地产品要在运送途中所经过的第一个厘金局交付,外国进口产品则要在通商口岸缴纳。税金缴纳后可领取到缴税证明书(请参照资料篇 V 关于税关各种文件的证明书形式)。只要缴纳过一次税金之后,不管在其他任何常关以及厘金局都免予课税。根据这项规定,外国商品只要缴纳正税和子口半税共计7.5%的进口税,就可以运送到中国国内的任何地方而无需额外再缴纳其他任何费用。

通过考察这种依靠通行证(transit pass)在中国内陆市场贩卖的情况,一方面可以了解外国商品在中国的渗透过程,另一方面也能够探讨通商口岸市场圈的方向和范围。据海关资料显示,1894 年为调查通过转口证从广东、镇江、九江、汉口四个港口将外国商品贩卖到内陆市场的地域范围,如果将重复地点也包括在内的最终运送地用地图来表示的话,做图如下(地图 4 - 6)。

据图可知,由上述四个港口送出商品所到达的地域,尽管包含了一部分重复的城市,但它们各自分担地区的覆盖面却涵盖了华南大部分地区,甚至还经大运河北上至华北的山东省。如果从另一角度观察这一地理范围的话,可以发现,从沿岸通商口岸到华南中央地带的经路,从地理上来讲并不多,所以沿岸通商口岸在沿海贸易中占有更大比重,尽管距离很远,但商品分布从扬子江沿岸的通商口岸开始直至华南一带,可以说,这一点是其特征所在。

1. 镇江与沿岸贸易

———————————
① 译者注:应为《通商章程》。

○ 以汉口为中心的分布
△ 以九江为中心的分布
□ 以镇江为中心的分布
● 以广州为中心的分布

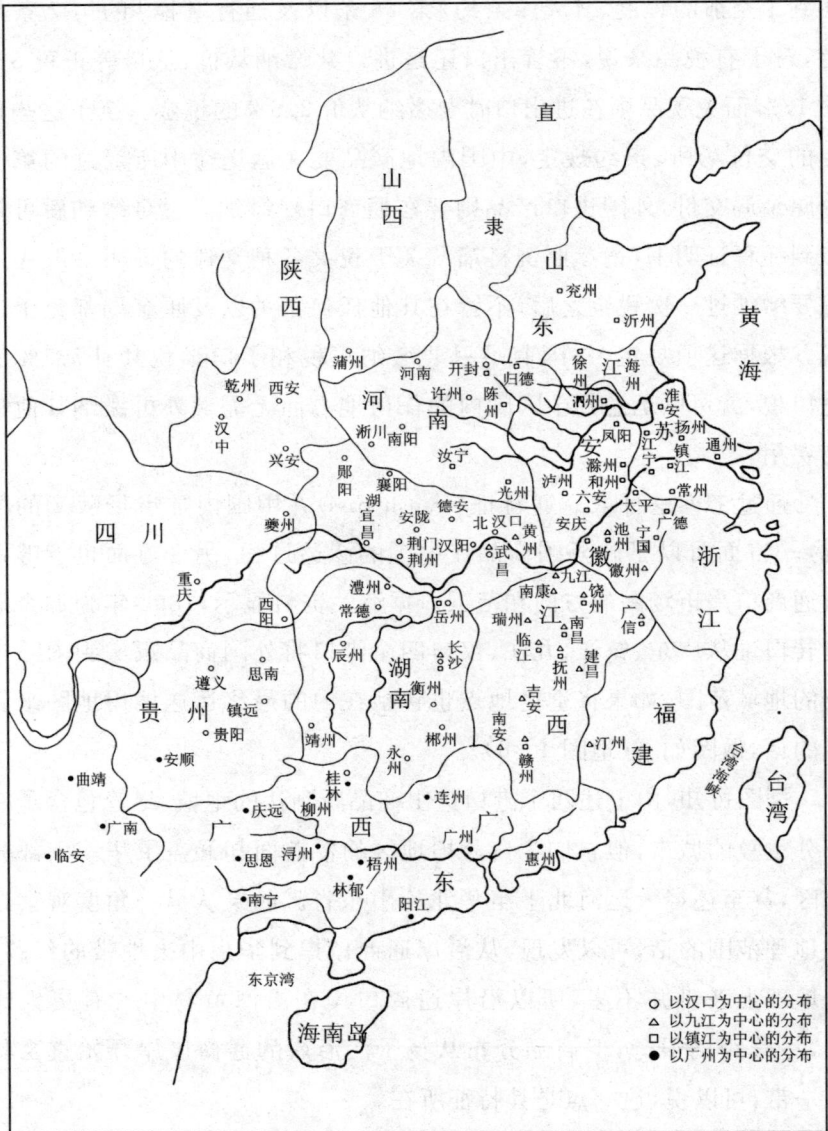

地图 4－6　　1890 年代，以镇江、九江、汉口、广州为中心的由
转口证所带来的内地贸易分布

　　镇江海关隶属于江苏省镇江府丹徒县。镇江曾是江苏省的首府城市,其邻近地区是农业生产地,作为大运河的出入口,还是向华北贸易通道上的一大转口地,不论陆路还是水路,都处在南北交通的要地(请参照地图4-7)。因此,镇江自身作为消费地虽然并不拥有大规模的人口,但在沿岸贸易上却位居全国前茅。1858年由于《天津条约》港口开放,之后,镇江与汉口共同成为扬子江贸易的中心。到19世纪80年代,在沿岸贸易港口中(在内地运送量的方面),镇江成为超过广东,仅次于上海、天津、汉口的港口城市。[①] 由此排列即可窥知镇江的内地贸易量之大。通过表4-22、表4-23可以充分确认,镇江沿岸贸易的内容是转口贸易,是将货物从沿岸运送到内地的中心。

　　伴随子口半税规定出现的转口证(transit pass)发放,使一个通商口岸得以将商品输送到以省为单位的大范围地域。关于这一点,前文已作分析。在转口证发放数量的比较上,则见表4-22。

表4-22　　　　　　　　**子口税单发放数**(1875年)

开放口岸	发行税单数	货物价格 (海关两)	占整体进口的比例 (鸦片除外)
汉　口	9219	1954822	26.30%
九　江	1540	764472	44.32%
镇　江	13036	3305037	78.40%
上　海	7555	940099	12.39%
宁　波	9079	947256	34.31%
福　州	2347	311736	17.81%
厦　门	1309	378799	16.81%
合　计	44085	8602221	

资料来源:陈荣华、何友良《九江通商口岸史略》,江西教育出版社1985年版,第55页。

---

① 扬子江沿岸的贸易,基本上也是以历史上形成的贸易关系为依据而设立海关的。这一点,从海关与常关之间地理位置的接近性上可以得到证明。

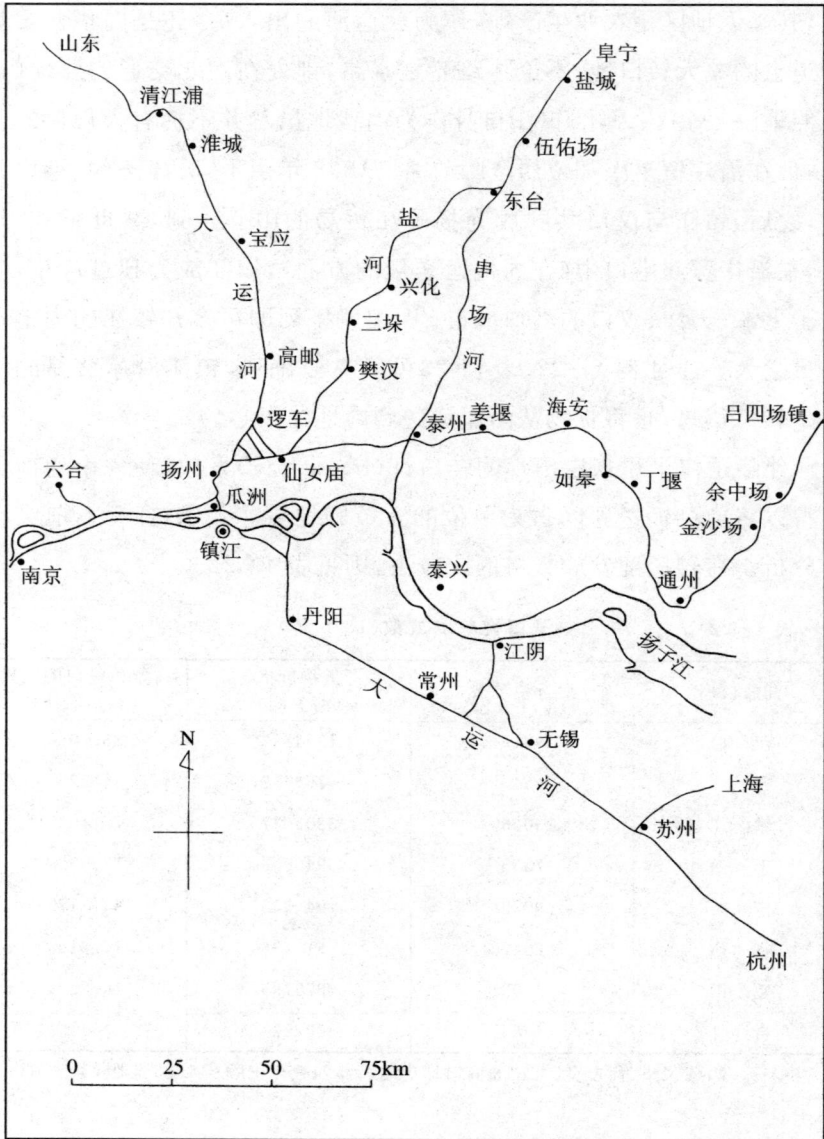

地图 4 - 7　　　　　**镇江近邻内河网**

如表所示,1875 年,不论是在子口税单(转口证)的发放上,还是在由此而运送商品的金额上,镇江都远远超出其他港口,进口商品的78%被输送到内地。在此也可以将镇江作为一个事例,借以考察通商口岸与内陆市场之间的关系——亦即通商口岸市场圈的实际情况。

把经由镇江海关的内地贸易作为考察通商口岸市场圈的事例研究,这一尝试成为可能的进一步原因,在于镇江在 1868—1881 年期间的海关报告比起其他港口更为缜密、细致。正如第 3 章第 2 节(3-2)中所见到的,到了 19 世纪 80 年代,通商口岸上交的报告要求全国统一格式,报告文字也被限定在一定数量以内,并要求就统一的项目作统计。在这以前,也有可能依通商口岸的特征来写,或据海关税务司的个性来写,所以那时的报告每地都是不同的。但 1868—1881 年间,镇江海关税务司代理 F. E. 伍德拉夫(Woodruff)的报告写得非常出色。他每年的报告都是 15—20 页,还附有 5—8 页的附属资料,明确记录了内地贸易的实际情况。① 而附属资料就是关于通过转口证运送到内地的外国商品的数量及其去向一览表。表 4-23 就是将其每年附在报告后的一览表进行整理,并对在镇江获得转口证被输送到内地的商品去向按照省别来分类的产物。其中江苏省、安徽省最多,其次是山东、河南、江西、湖北、湖南,共有 7 个省份。报告还按照地名分类记录货物运送量,1871 年记录的地点 237 个,是历年中最高的,而 1881 年仅 30个,为历史最低记录。

表 4-23　　**各省份从镇江海关运入商品的地区数量**(1868—1881 年)

省名	1868	1869	1870	1871	1872	1873	1874	1875	1876	1877	1878	1879	1880	1881
安徽省	21	51	67	72	72	55	57	47	13	12	12	12	12	11
河南省	1	15	27	16	17	12	9	15	8	5	6	5	4	
江南地域	35													
山东省	2	17	22	44	24	17	15	13	7	7	6	8	6	5

① 伍德拉夫在 1897 年发表了 *China's Defective Currency*。

省名	1868	1869	1870	1871	1872	1873	1874	1875	1876	1877	1878	1879	1880	1881
江苏省		72	66	91	82	74	70	44	8	8	8	8	8	7
江西省			6	14	5	4	2	2	2	4	3	3	3	2
湖北省					1	2			1					
湖南省														1

资料来源：根据 China, Imperial Maritime Customs. *Report of Chinkiang* 的各号制作。

2. 镇江贸易的商品类别

关于镇江的进口商品情况，以 1866 年为例，如表 4 – 24 所示。

表 4 – 24　　　　　　**镇江的主要进口商品**（1866 年下半期）

品　　名	单位	进口总量	外国商人的进口量
鸦片，猫里雾 ……………………	担	2193.30	243
鸦片，帕坦 ……………………	担	127.20	6
*白檀 ………………………	担	3807.20	2012
砂糖，红，外国 ……………	担	3989	1051
砂糖，白，外国 ……………	担	2286	506
砂糖，红，中国 ……………	担	21155.17	360
砂糖，白，中国 ……………	担	17828.50	0
灰色丝 …………………………	反	10105	6600
白色丝 …………………………	反	820	200
*各种棉布 ……………………	反	1816	1362
毛织物 …………………………	反	2284	1104
毛棉混纺 ………………………	反	931	460
铁钉 ……………………………	担	3795.40	2118.20
铁 ………………………………	担	434.71	154.71
豆油 ……………………………	担	13569.40	0
肥皂 ……………………………	担	340.84	0
杂 ………………………………	担	4175.02	0
扬子江上游			
蘑菇 ……………………………	担	300.98	33.43
麻 ………………………………	担	6096.10	195.42
油，木材 ………………………	担	29928.56	361.40
纸 ………………………………	担	419.79	0
野菜 ……………………………	担	8389.19	373.20
烟叶 ……………………………	担	1819	0

品 名	单位	进口总量	外国商人的进口量
香烟………………………	担	2656.93	0
杂………………………	担	2023.38	17.74
总 额		海关两 2438462.67	海关两 235910.36

* 是由外国商人进口较多的商品。

资料来源：China, Imperial Maritime Customs. *Trade Report of Chinkiang for the Year* 1866. p.73.

以食品、服装为代表的日用品中，包括外国产鸦片，主要都是经中国商人手进口的。其中白檀、灰色丝、各种棉布以及铁钉等商品是由外国商人进口的。在棉布方面，这一时期进口到中国内地的并非棉线，而是成品的外国棉布，外国棉线还没有出现。①

作为单一商品，砂糖的进入量最大，其中又以中国产砂糖占绝大多

---

① 在关于棉布的情况方面，正如表 4－30 所表示的那样，假设内地税关所征收的厘金税最大为10 分的话，那么运送到内地的外国布匹转口证 transit pass 方面就要支付其原有比例的 2—3 倍。

表 4－30　　　　　　　　　**镇江对外国棉布的课税比较**

外国名	中国名	每反的价格(两)	10分课税时的税额	%	转口税海关两	%
COTTOS PIECE GOODS：—						
Shirtings, Grey ………………	本色洋布	2.30	220	5.90	0.04	1.85
Shirtings, White Plain ………	漂白洋布	2.50	220	5.43	0.04	1.70
T‐Cloths 30‐34 in. wide …	原洋标	1.75	170	5.99	0.02	1.20
T‐Cloths 36 in. wide ………	原洋标	2.00	170	5.25	0.04	2.13
Shirtings, White Spotted …… Shirtings, White Brocade ……	白桂花布 白提花布	2.60	220	5.22	0.05	2.04
Shirtings, Dyed Spotted …… Shirtings, Dyed Brocade ……	色桂花布 色提花布	3.20	220	4.24	0.075	2.49
Chintzes ……………………	印花布	2.10	170	5.00	0.035	1.76
Handkerchiefs …………………	饭 单 印花布手帕	0.816	80	6.05	0.0125	1.59
Velvets ……………………	剪 绒	7.93	360	2.80	0.09	1.21
Velveteens …………………	花剪绒	3.25	360	6.83	0.075	2.45
Drills, American ……………	美国斜文布	3.80	220	3.57	0.05	1.40
Drills, Dutch ………………	荷兰斜文布	3.40	220	3.99	0.05	1.56
Drills, English ……………	英国斜文布	3.40	220	3.99	0.05	1.56
Turkey Reds ………………	洋红布	2.40	220	5.65	0.075	3.32

资料来源：CIMC. *Trade Report of Chinkiang*, 1875. p.149.

数。但是，几年后外国商品竟完全占据了优势地位。正如表 4 - 25 表明的那样，以 1869 年为转折点，外国产糖完全压过了中国。

表 4 - 25　　　　　　　　镇江的砂糖进入情况　　　　（单位：担）

	1866	1867	1868	1869	1870
外国糖	5275	26001	41986	93777	160708
中国糖	38984	64145	81218	82473	53608
合　计	44259	90146	123204	176250	214316

资料来源：CIMC. *Trade Report of Chinkiang for the Year 1870*. p.43.

　　1869 年外国砂糖和中国砂糖之所以出现地位倒转的情况，并非外国产砂糖的产量增加，更确切地说是中国砂糖出口到香港，然后再由香港进口造成的"外国砂糖"进口量增加。中国砂糖在内地流通时，经过的常关、厘金局都要税，但如果出口到香港后再作为外国砂糖进口时需要交纳的只是两次正税和一次子口半税共计 12.5%，两者相比就会发现，就算除去运输成本，出口香港后再进口的税额也会远远小于在内地流通。[1] 而且，与转口税（子口半税）相比，厘金局的课税率大概在 2—6 倍之间，从价税在 3%（土布）—26%（白檀）之间。从砂糖的课税率来看，镇江府要缴纳从价 13.5%，南京要缴纳 7.8%，再加之无数厘卡的收取，就可以理解为何货物经由香港作为外国产品进口所缴纳的税金反而少。[2] 中国产品由于出口香港后再进口而改变了商品的国籍。在香港的问题上，总理衙门也认可其将中国产品作为外国产品来办理。

　　　　香港口岸本作外国埠头，但粤省所产土货，多有从香港运
　　　　往别口者。至本关进口各货，俱由江汉关，验明征纳税饷给照
　　　　前来，应分别洋货、土货为凭，江海关单照为准。如该商运货来
　　　　汉，呈有江海关发给例免重征税单者，本关查验数目相符即作
　　　　为洋货办理。如无免重征税单呈关，均照内地土货一律办理，

---

①② China，Imperial Maritime Customs. *Returns of Trade and Trade Reports of China*，1871—1872. Chinkiang，pp.81—82. p.40.

历来如此办法等情。据此查条约及尚行章程,土货与洋货本有区别。香港虽系外国埠头,然粤省所产土货,多从香港运往别口,并非外洋所来之货,自应分别办理。嗣后江海关发给免其重征税单,应令仍照旧章查核分别妥办。如系土货似未便擅给免单,致滋洋商包揽华商冒混之弊。……税务司狄妥玛复称,查各口海关办法,凡有土货报运香港所收出口正税,概不给发收税单。如抵香港后,再往通商海口,必至再完进口正税,盖已将香港照外洋办理。是以由香港运来之土货,亦照洋货收税。因已受作为外洋之亏,故应得作为外洋之益。所有该土货进口时,既照外洋办理,则复出口时,自应查照洋货,或发免照或发存票以昭划一。①

在这里,香港是作为外国贸易港口使用的,由于许多广东产品经由香港运送到其他通商口岸,因此有必要将香港一直作为外国港口来看待。但是,香港与九龙之间的管理却非常困难。

可见,海关税则通过采取外国贸易的形式来扩大远隔地之间的内地贸易的同时,也发挥了免除内地贸易所收厘金的作用。用概念图来表示的话,则如图 4-6 所示。

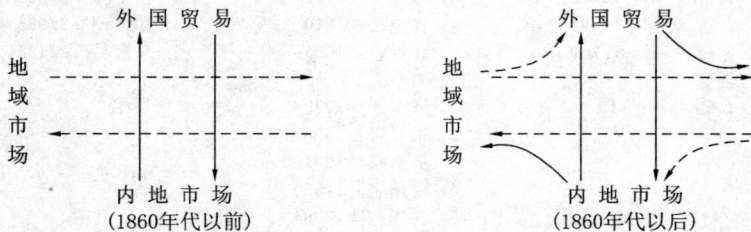

图 4-6　　　海关税则与内地市场的相关图

---

① 《皇朝政典类纂》卷一〇五《征榷二三·洋关税则》,第 5 页。九龙海关的开设也依赖于香港贸易与广东沿岸的帆船贸易占有很大比例的这种情况。Inspetorate General of Customs, "Opening of Customs in Kowloon District under Inspectorate General", 1887. *Document*, Vol. Ⅵ, pp. 546—560.

也就是说,19 世纪 60 年代之前,经由海关的外国贸易,不必经由地域市场就可以在内地市场进行进出口贸易。自从海关机能被扩充的 19 世纪 60 年代以后,通商口岸就在连接地域市场与内地市场上发挥了媒介作用。当然,如前所述,这种向内地市场的渗透也产生出了很多摩擦。[1]

3. 地域类别的镇江进口贸易

具体分析 1868—1881 年间经由镇江进入的商品结构,包括经外国商人手的棉布、毛织品、铁等商品以及以外国商品名义运送进来的例如砂糖等商品,把商品运送目的地以省份来综合统计的话,可知安徽省为 49、山东省为 27、江西省为 8、河南省为 18、江苏省为 57 个地方。[2]

下面以镇江商品到达地数量上最多的年份 1871 年为例,统计每种商品排在前 5 位的地方。如表 4－26 所示(请参照地图 4－8、4－9、4－10)。

表 4－26　　　　　　　**从镇江向各地的商品分配**(1871 年)

a. 棉布(反)

安徽省		河南省		江苏省	
1. 芜湖县	47990	1. 归德府	33625	1. 徐州府	98408
2. 大通镇	21969	2. 周家口	8729	2. 六安州	44115
3. 和悦州	19468	3. 陈州府	3110	3. 江宁府	39580
4. 安庆府	16661	4. 鹿邑县	1810	4. 海　州	27995
5. 亳　州	12750	5. 开封府	1695	5. 东台县	22485
江西省		山东省			
1.吉水县	110	1. 济宁州	72798		
		2. 东昌府	25980		
		3. 济南府	16910		
		4. 兖州府	11550		
		5. 沂州府	11084		

---

[1] 正如 4－4－1 中所示,在总理衙门交涉案件的第 8 项中,有《进口糖斤分别中外货物纳税章程》,致使外国商品进入中国内地市场时,于关税手续上与中国产品处于同等的无差别的状况。

[2] 从 CIMC. *Reports of Chinkiang*(历年的)appendix 列表计算。

b. 毛织物（反）

安徽省
1. 芜湖县　4755
2. 和悦州　1197
3. 大通镇　940
4. 安庆府　833
5. 霍山县　392

江西省
无

河南省
1. 归德府　416
2. 鹿邑县　30
3. 周家口　20

山东省
1. 济宁州　564
2. 青州府　60
3. 东昌府　58
4. 曹州府　50
5. 武定府　50

江苏省
1. 六安州　2482
2. 徐州府　2225
3. 如皋县　1944
4. 清江浦　1836
5. 通　州　1242

c. 砂糖（担）

安徽省
1. 亳　州　31043.16
2. 安庆府　19909.68
3. 芜湖县　15554.06
4. 大通镇　9281.85
5. 宿　州　7295.26

江西省
1. 景德镇　42.00
2. 南昌府　19.20
3. 彭泽县　19.20
4. 湖口县　18.00

河南省
1. 周家口　24110.14
2. 陈州府　2090.71
3. 归德府　1510.95
4. 商水县　523.30
5. 永城县　507.40

山东省
1. 济宁州　3591.41
2. 兖州府　575.00
3. 滕　县　188.21
4. 海南府　110.00
5. 东昌府　78.90

江苏省
1. 六安州　18207.88
2. 徐州府　11490.26
3. 东台县　8155.77
4. 江宁镇　7647.02
5. 扬州府　7477.89

d. 铁（担）

安徽省
1. 芜湖县　2026.02
2. 和悦州　746.48
3. 大通镇　466.20
4. 宁国府　287.16
5. 英山县　243.60

江西省
1. 临江府　55.86
2. 抚州府　42.00
3. 饶州府　18.90
4. 会昌县　16.80
5. 赣州府　16.80

河南省
无

山东省
1. 滕　县　57.02
2. 兖州府　2.00

江苏省
1. 扬州府　5097.17
2. 沙沟镇　3128.10
3. 江宁府　2255.36
4. 邵伯镇　1782.96
5. 兴化县　1596.12

资料来源：根据 CIMC. *Returns of Trade and Trade Reports*, *1871*, Chinkiang 制成。

由上表来分析商品分配地的特征，可以证实存在着以下四种类型：

（1）在所有商品中都列于前位作为第一次分配地点的地方有安徽的芜湖、安庆，河南的归德、周家口以及江苏的徐州、六安州等地。

（2）与（1）在性质上相同，镇江是经由大运河来向远隔地的中心地配送货物的，山东省的济宁、兖州则与它大致相当。

（3）从华中的常关所在地和厘金总局的所在地来推断，每个省份主要的商品集散地有 3—6 个，在它之后、位于第二级位置的地点则是其数量的 2—3 倍。[①] 从镇江分配来看这一点，它们是安徽的大通、和

---

①　从表 4-31 来看，可以从各种税关数目上来推定期市场的等级与规模。

表 4-31　　**清末各省海关、常关、厘金局卡统计表**

省　名	海关数	常关数	厘金总局	主要正分局卡	附属分局卡	局卡总数（总局除外）	厘金局数的统计年
江　苏	7	7	3	26	228	254	光绪三十一年
浙　江	3	3	1	102	214	316	光绪二十四年裁定后
安　徽	2	2	3	10	60	70	光绪六年
江　西	3	2	1	54	94	148	光绪二十九年统税改办后
湖　北	3	6	1	61	不详	61	光绪三十一年统税改办以前
湖　南	4	3	1	36	174	210	宣统年间
福　建	4	7	1	104	108	212	光绪二十九年
广　东	11	7	1	36	不详	26	宣统年间
广　西	1	4	1	56	不详	56	光绪三十年统税改办以前
山　东	5	3	1	13	1	14	光绪三十年
河　南	0	1	1	32	—	32	光绪末年
山　西	0	3	1	40	不详	40	光绪末年
直　隶	5	9	2	11	不详	11	光绪二十三年
陕　西	2	0	1	31	126	157	光绪末年
甘　肃	0	2	1	59	47	106	光绪三十三年
四　川	2	7	1	32	68	100	宣统年间
云　南	2	1	1	47	326	373	光绪末年
贵　州	0	0	1	50	不详	50	光绪末年
合　计	54	67	23	800	1446	2236	

资料来源：罗玉东《中国厘金史》第 82 页及其他合成。

悦,河南的鹿邑,江苏的江宁以及山东的济南等地。

（4）存在着对特定商品承担特殊分配、流通的地点。例如安徽泗州的棉布、宁国的砂糖,江苏省沙沟镇和邵伯镇两地的铁等。

"镇"这一级别在这里出现表现出的是特定商品流通的网络末端。将以上四种类型用概念图来表示,则如图 4-7 所示。

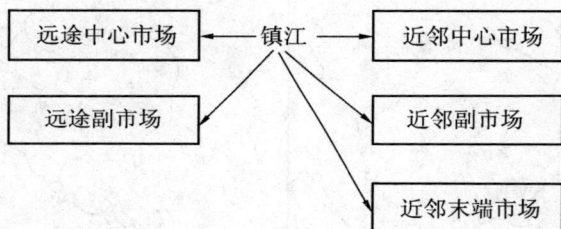

图 4-7　从镇江的商品分配

可以说,这种关系与以往存在于地域市场的中心或上一级市场到末端市场这样一种分配系列不同——毋庸置疑,这种分配系列也是被充分利用的,即使从转口证的性质来看,在各级市场之间,只要对商品销售有利,就有可能出现跳过中间环节而直接进行接触的情形。

在分析进口量变化的时候,这种特征又反映了什么样的问题呢?下面从几个事例来分析考察进口量变动的类型差异。

我们从江苏、山东、湖南、安徽几个省份中,把通过转口证从镇江进口的四种商品按变动类型分成几类进行考察,如图 4-8 所示。由于布制品的单位是反（pieces）,砂糖、铁类的单位是担（piculs）,这两者不能进行实际数量上的比较,仅限于变动的相对性比较。

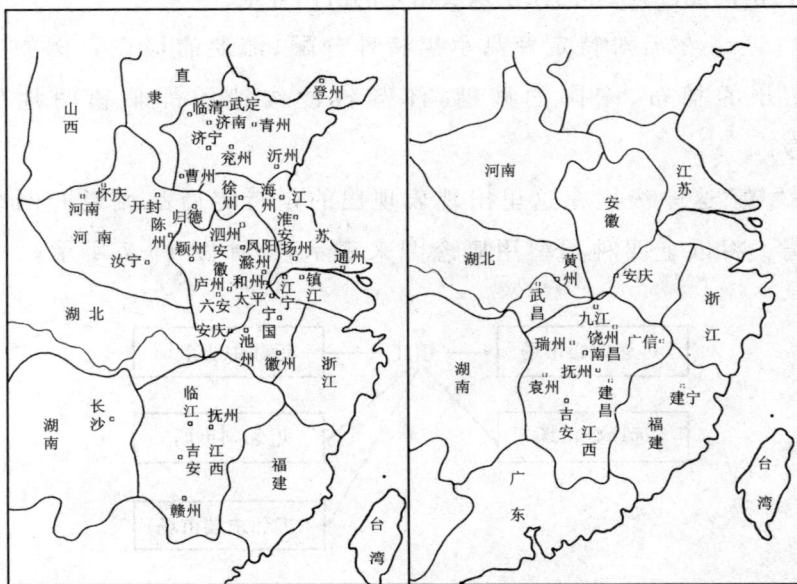

地图4-8 19世纪末以镇江为中心的贸易范围　地图4-9 19世纪末以九江为中心的贸易范围

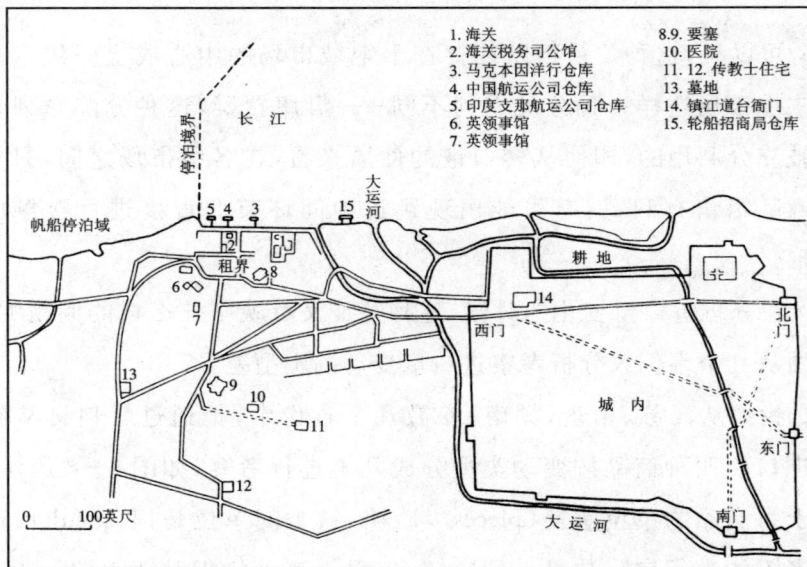

1. 海关
2. 海关税务司公馆
3. 马克本因洋行仓库
4. 中国航运公司仓库
5. 印度支那航运公司仓库
6. 英领事馆
7. 英领事馆
8.9. 要塞
10. 医院
11. 12. 传教士住宅
13. 墓地
14. 镇江道台衙门
15. 轮船招商局仓库

地图4-10　　　　　**镇江**

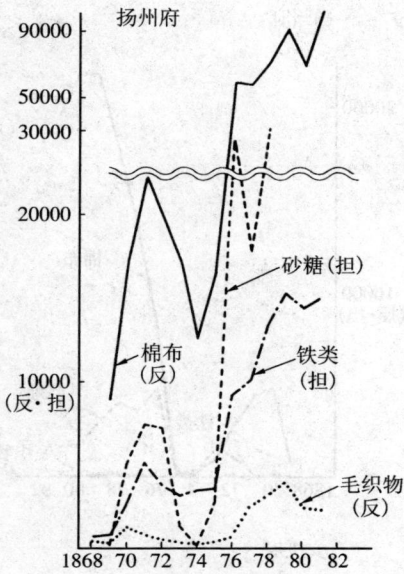

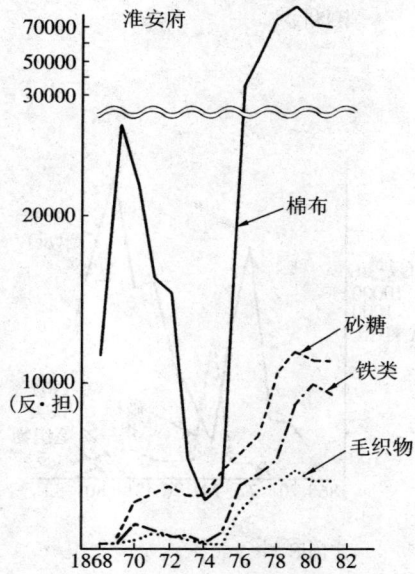

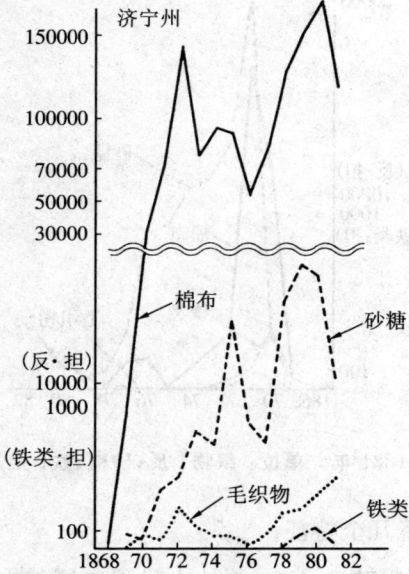

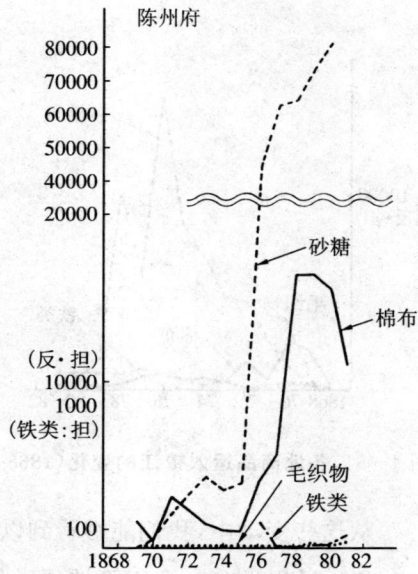

泗州

颍州府

宁国府

安庆府

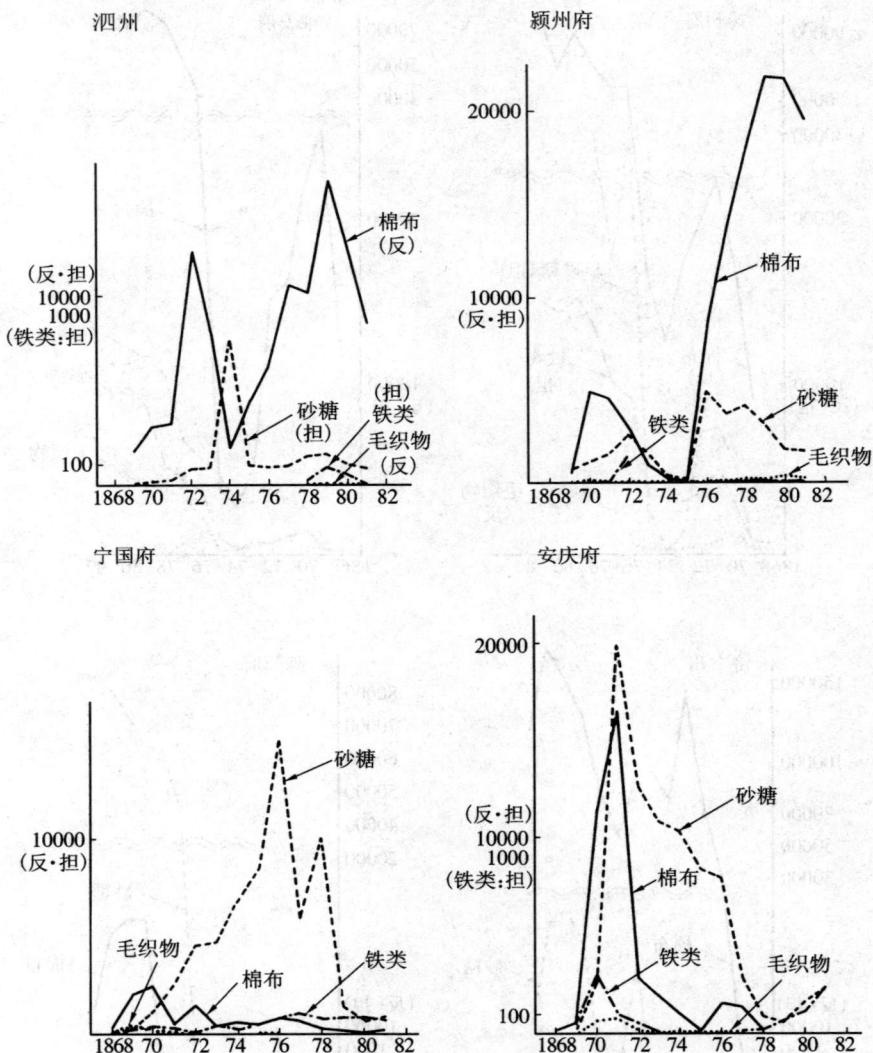

图 4－8　各地商品运入镇江的变化（1868—1881 年。单位：织物：反；砂糖、铁：担）

从这些变动中，我们能够看到以下几个特征：

（1）扬州、淮安、济宁等地通过使用转口证，在整体上呈现出贸易上升的趋势。不过，在棉布方面，1870—1872 年达到顶点，到了 1873 年开始呈现急速下降的趋势。这是受到 1873 年英国经济恐慌的影响，导致中国的进口市场也陷入停滞状态,致使许多大洋行倒闭,外国公司在贸易手续费方面产生变化的时期。这种情况直接反映在内地市场上。①

（2）图表显示从这一期间的初期开始,扬州与淮安就开始进口,而山东济宁与河南的陈州等地则从这一期间的后半期才开始进口。这大概就是进口商品逐渐向外缘渗透的结果。至于济宁以棉布为主,陈州以砂糖为主的情况,也是消费地特征的反映。

（3）虽然安徽省的泗州、宁国、颍州、安庆四地的特征与上述（1）、（2）的特征相同,但宁国的砂糖,安庆的砂糖、棉布在这一期间的后半期出现下降的趋势。下面试从 1878 年江西省扬子江南岸的通商口岸——九江的进口情况来分析这一问题的原因（请参照地图 4 - 9）。

表 4 - 27　　　　　　　　九江的进口贸易（1878 年）

a. 棉布（反）

安徽省		湖北省		江西省	
1. 安庆府	34223	1. 龙岗镇	300	1. 南昌府	101765
2. 太湖县	50	2. 通山县	200	2. 景德镇	22220
		3. 兴国州	160	3. 河口镇	18285
				4. 万载县	10584
				5. 义宁州	8050

b. 毛织物（反）

安徽省		湖北省	江西省	
1. 安庆府	2622	无	1. 南昌府	15458
			2. 河口镇	2382
			3. 万载县	1330
			4. 义宁州	80
			5. 吉安府	80

①　参照上述石井麻耶子的论文。

---

c. 砂糖（担）

安徽省		湖北省		江西省
1. 安庆府	4596	1. 兴国州	938	无
2. 太湖县	3956	2. 通山县	590	
3. 桐城县	3545	3. 蕲州	380	

---

d. 锡、铅（担）

安徽省		湖北省		江西省	
1. 婺源县	5141	1. 通山县	51	1. 义宁州	9260
2. 祁门县	1783			2. 河口镇	5596
				3. 武宁县	2935
				4. 浮梁县	653

资料来源：根据 CIMC. *Returns of Trade and Reports*，1878，Kiukiang 制作。

通过表 4 - 27 可知，安庆府进口了大量的棉布和砂糖，但其改变了主要的进口对象，不是从镇江，而是从九江进口。从镇江的进口因此而有所减少。

（4）另外，在砂糖的进口方面，图表中看不到从九江向江西省的进口，主要都集中从镇江的进口。在使用转口证将货物从九江运送到江西省全境的状况中，透过砂糖的情况，使我们看到了独占流通领域的商人集团的存在。[①]

可以说，通商口岸市场圈一边灵活运用原来的要素，一边利用转口证扩大其影响的范围，而其内容并不限于此前所见的进口贸易，在向中国内地运送商品时也利用了转口证。表 4 - 28 中所表示的就是镇江通过转口证的内地商品外运情况。

表 4 - 28　**在镇江通过转口证的内地产品的外运**（1868—1875）　（单位：担）

年度	棉花	海枣	百合	西瓜种	豆油	肥皂	兽脂	核桃
1868	1163	…	198	…	…	…	…	…
1869	248	…	3571	178	…	…	…	…

[①]　CIMC. Trade Report of Chinkiang, 1874 附属地图。

续　表

年度	棉花	海枣	百合	西瓜种	豆油	肥皂	兽脂	核桃
1870	1704	6057	6830	441	399	…	1603	190
1871	5104	1560	18112	3830	2870	…	11406	…
1872	8079	3649	24511	20077	54436	3774	9346	…
1873	475	8356	18932	11157	65497	10308	9920	4970
1874	300	1932	13611	1865	7850	2760	2900	1809
1875	100	15100	5984	1250	12646	300	1200	270
合　计	17173	36654	91749	38798	143698	17142	36375	7239

资料来源：CIMC. Trade Report of Chinking, 1875. p. 142.

于是，中国商人所使用的转口证也被用于内地商品的运出。在这其中，作为外国商品与内地产品差别点而存在的税则上的区别，也被排除掉了。在市场中，不但销售，包括日用产品的收购，两者变成能够同一的贸易对象。开放港口市场圈的内容，并不仅仅包括进口品的进入，更确切地说，它沿着地域贸易的轮廓而发挥作用的功能，将它们相互间在更大规模上连接了起来。图4-9所表示的商品循环，将通商口岸作为动力部分与国内地域市场连接起来，把它与图4-7相对比，反映的正是开放港口市场圈的整体状况。

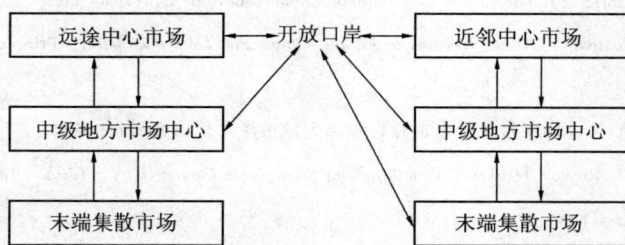

图 4-9　开放口岸市场圈的商品循环

[补遗]

研究本章内容，对以往研究业绩的吸收与探讨不可或缺，但也难免挂一漏万。以下是关于(1) 常关、海关；(2) 市场与商业，市场与都市；(3) 通商口岸贸易史等三方面的参考文献。

(1) 常关、海关研究

香坂昌纪：《关于清代的关税赢余白银两的制定》，载于《集刊东洋学》第 14 号，1965 年；《清代浒墅关的研究Ⅰ、Ⅱ、Ⅲ、Ⅳ（完）》，载于《东北学院大学论集历史学·地理学》第 3、5、13、14 号，1972 年 12 月、1975 年 3 月、1983 年 3 月、1984 年 3 月；《关于清代前期的关差办铜制》，同上第 11 号，1981 年 3 月；《清代的大运河的物资流通——以乾隆年间淮安关为中心》，同上第 15 号，1985 年 3 月。

沈野正二郎：《关于清代淮安关的构成与机能》，载于《九州大学东洋史论集》第 14 号，1985 年。

佐佐木正哉：《粤海关的陋规》，载于《东洋学报》第 34 卷第 1—4 号，1952 年 3 月。

寺田隆信：《关于清朝海关行政》，载于《史林》第 49 卷第 2 号，1966 年 3 月。

冈本隆司：《关于清末总税务司的成立》，载于《东洋学报》第 70 卷第 1—2 号，1989 年 1 月。

（2）关于市场与商业，市场与都市研究

中村哲夫：《清末华北的市场圈与宗教圈》，载于《社会经济史学》40—3，1973 年。

林和生：《明清时代广东的墟和市——对于传统市场的形态与机能的考察》，载于《史林》第 63 卷第 1 号，1980 年 1 月；《民国时代华中、华南的商业集落》，载于《人文（京都大学教养部）》第 27 集，1981 年。

石原润：《关于华中东部明、清、民国时期的传统之市》，载于《人文地理》第 32 卷第 3 号，1980 年；《定期市研究——机能与构造》，名古屋大学出版会，1987 年。

山根幸夫：《明清时代华北的定期市》，载于《史论》8，1960 年。

G. W. Skinner, ed. *The City in Late Imperial China*. Stanford University Press, 1977.

Gilbert Rozman. *Urban Networks in Ch'ing China and Tokugawa Japan*. Princeton University Press, 1973.

斯波义信：《宋代江南经济史研究》，东京大学东洋文化研究所，1988 年。

William T. Rowe. *Hankow: Commerce and Society in a Chinese City, 1796—1889*. Stanford University Press, 1984.

（3）通商口岸贸易史研究

Liu T'sui-jung. *Trade of the Han River and its Impact on Economic Development, c. 1800—1911*, The Institute of Economics, Academia Sinica, 1980.

林满红：《口岸贸易与近代中国——台湾最近有关研究之回顾》，（台）中央研究院近代史研究所：近代中国区域史研讨会，1986 年。

刘素芬：《烟台对外贸易分析：1876—1919》，载于《食货月刊》复刊第 12 卷第 8 期，1982

年 11 月。

范毅军：《汕头贸易与韩江流域手工业的变迁》，载于《近代史研究所集刊》第 11 期，1982 年 7 月。

范毅军：《广东韩梅流域的糖业经济》，载于《近代史研究所集刊》第 12 期，1983 年 6 月。

黑田明伸：《权力性改革构造及其背景——辛亥革命在经济史上的位置》，载于《历史学研究》412 号，1984 年。

小濑一：《19 世纪末中国通商口岸间流通的构造——以营口为中心》，载于《社会经济史学》54—55，1989 年。

Alivin Y. So. *The South China Silk District: Local Historical Transformation and World-System Theory*. State University of New York Press, 1986.

结　论
——厘金、地域市场、金融网络圈

从捕捉清末的时代特征——特别是财政、经济特征——这一尝试开始,本书叙述是以海关与 H.B. 马士之间的关系为中心,以海关资料追溯为基轴而进行的。笔者认为,据此海关制度的运用,在清朝末期涉及中央与地方、北方与南方、华北与华南这样三个领域的中国历史上的主要变动基轴中,发挥了双方媒介的作用。

仅就海关的历史性评价来看问题,本书与以往将海关作为外国利害关系代办机关的看法不同,认为清朝政府实际上是假托海关以实现重组并强化中央财政的意图,可以说处在这种动态中的海关,确实在中央-地方的关系之中发挥了一定的作用。

因而,从 1864 年开始设立,以罗伯特·赫德为总税务司的海关,以整顿全国统一性的集权机构为目标,事实上成为了掌握中央集权的行政部门。在这一过程中,海关履行了具有中央职能的征税业务,其从业人员中有 800 多名外国人、3000 多名中国人,而它同时也成了中国官吏纳捐、买官的对象。[①] 同是这一征税部门,还同时担负着向同文馆

---

① 　在海关刊物之中,在行政系列报告(Service Series)中有行政目录(Service List),记载了外国人、中国人的职务、官衔、升迁以及其他情况(请参照本书目录篇)。

496

派遣教师,从事洋务教育的活动。[1] 如果考虑到就连 H. B. 马士本人1874 年来华之时,首先也是作为同文馆英语教师到任的,我们就不能不在人事问题之外,对作为海关附属事业的教育事业也应进行充分的考察与研究。

另外,海关还利用了它所拥有的具有中央集权性的全国性组织网络和海关相互结成的联络网,以开放港口之间网络为基础,在 19 世纪70 年代开始兴办邮政事业。这就意味着在邮政方面,除了利用中国以往民间邮政网络信局的同时,邮政邮递机构也开始分布到全国各地。到了清朝末期,海关的这一业务便被清朝邮政官局原封不动地接管了。[2]

对海关报告的系统性使用也是本书的课题之一。通过海关报告使我们明确地认识到,海关贸易是对外贸易与国内贸易的媒介,而且还有着将对外贸易在概念上转换为国内贸易的税则与课税原理。与此同时,一方面国内贸易的范畴也扩大到了面向欧美以及面向东南亚的贸易;另一方面,海关贸易也与国内地域市场的关系越来越深化。这一过程中所记录下来的各通商口岸的贸易报告及各项目的特别报告(请参照目录篇),包括关于地域市场的统计与记述,既是同时代的珍贵资料,也是我们之所以能对地域市场作统计性把握的史料。[3]

通过对海关资料的考察,引发了对"通商口岸市场圈"这一范畴的探讨与考察。如同海关是地域市场与地域市场的媒介一样,"通商口岸市场圈"中也包含了内地市场与长途市场在内,并且也发挥了联系两者的中介作用。因此,具体探讨与地域市场关系密切的厘金制度的本质,探讨在决算层面上体现了地域间关系的金融市场(货币圈以及决算关系)的本质,无论在深化通商口岸市场圈内容的意义上,还是在本书试图以它为主题把握的海关历史性作

---

[1] 在行政系列报告(Service Series)中有在同文馆执教的教官目录。

[2] 在海关刊物之中,在邮政系列报告(Postal Series)中所记载的邮政业务报告共有从 1896—1909 年之间的 10 次报告(请参照本书目录篇)。

[3] 请参照本书资料目录篇海关刊物,尤其请参照邮政系列报告(Special Series)。

用这一课题上，都具有重要意义。①

（一）厘金与地方市场

不能说厘金是清末新设的税制。尽管税则的确为新设，但从商税历史性脉络来看，历史上本来就存在牙税、盐引等许可税和专营税，到了清末，只是商税的历史形态及其特征有所改变而已。所以我们可以认为，厘金实则为原来承办制基础上加上了直接课税。同时，过去常关税采取定额制，并没有根据不同产品的不同内容细分课税种类，而厘金税则在精细划分商品种类的基础上，使个别征收成为可能。② 所以，我们不能认为厘金完全是新税，它是在以往商税和关税的课税经验背景上，以直接课税为根据而作的修正。将这个问题与本书的课题通商口岸市场圈的内容相联系时，可以看到，厘金更贯穿于商品生产、商品流通、商品消费等各个环节，是更加切合流通市场实际情况的课税，而且充分反映了市场内容，这是引人关注之点。③

1. 厘金税与中央-地方关系

在围绕厘金税产生的问题上，中国方面内部认为：（1）厘金税对商人来说负担过于沉重，严重阻碍了商品的流通等，因而持批判性意见；而外国方面则从外部指责说，（2）在支付了转口税之后还要缴纳厘金，令外国产品与中国产品相比处于不利地位。④

首先我们必须承认，这种认为厘金过于沉重而阻碍商品流通的批判，是出于它与过去流通税征税原则完全不同这一点上出现的。也就是说，流通税由商人行会承办且被定额化，只在必要时缴纳一定额度即可，而厘金却是现

---

① 在本章中，对于厘金以及金融市场等问题，与其说以其自身为对象进行分析，不如说将其仅仅限定在与海关有关联的范围内来考虑的。
② 请参照《崇文门则例》、《淮安关志》、《山海关志》、《粤海关志》。
③ 因此笔者与哈特同样对于厘金为什么对于地方财源来说是必要的这一点感兴趣，因此这一视点与厘金是否为恶税的观点完全不同。
④ J. Gumpach. *The Treaty-Rights of the Foreign Merchant，and the Transit-System in China*. chap. Ⅶ，I legal Taxation.

物课税、个别课税、当地支付等原则性改变的税制。这样一来,每个商人都要逐一在厘金局纳税,其繁琐程度可想而知。所以其不满和批判并不是官员不当征税的结果,主要是由征税原则改变所引发的。同时,我们还应注意厘金批判者之间的利害关系,也就是说,有必要对批判者的批判目的加以探讨。例如,李鸿章就曾对盐厘减额发表过以下见解:

> 窃臣鸿章于同治四年十二月二十九日,准户部咨,奏请酌分两淮盐厘三四成,匀解部库。又片奏内开,近年销数既有三十余万引,若照部复整顿淮南盐务,折内每引照从前原额减半,征收三两有零核算,即应有百万内外,何至不敷拨解等因。当经咨商臣国藩会同筹议。伏查淮南盐课为国帑大宗,臣等再三讲求,盐厘之重虽数倍于课,然纳课例在请引之前,成本不无加重。完厘须待销售之后,成本可资周转。故厘虽重,而于商甚便,于饷有益,即于公家无损。若正课遽请加增,则商情必多畏阻。①

在这里,李鸿章实行盐厘减额的主张是为增加课税所作的补充,即将课税增加部分由盐厘减额来相抵消。在此,有一个非常明显的差异性对比,即厘金当时虽然在相当大程度上为中央财政所用,但原则上讲,厘金属于地方税,而对盐业制造销售专营的课税直接归中央财政。换言之,李鸿章批判厘金课税之重的真正目的,是试图使财源从地方政府移交中央政府管理。所以,这种看起来是对厘金的批判,实则在围绕财源而产生的中央与地方的对立关系中,作为一般性的倾向,可以视作为了进一步强化中央财源而出现的。总而言之,不管在何种情况下,基本问题都不在厘金本身,厘金充其量只是作为其手段被加以利用而已。

其次是外国商人对于厘金的批判问题。厘金是以省为单位实施的,这种情况外国方面也是充分理解的,因为他们主张各省至少都要开放一个港口城市。但是,在跨省范围进行商品货物运送及销售时,转口证却不能发挥作用,

---

① 《李文忠公全集·奏稿一〇》,第1页。

需要他们无条件地缴纳厘金,关于这方面经历的报告很多。它作为海关税则遵守问题,是外国方面向总理衙门施加压力的问题之一。但是,由于海关的职能是将地方种种税则置换为海关税则,并通过海关将财源集中到中央,所以这里实际上存在着海关与地方财源利害相关的地方政府的对立关系。我以为,不应将外国方面不满归之于海关税则的不完备及遵守上的不利,而应该将其置于中央—地方关系问题中加以探究。[①]

就厘金课税自身的情况看,如果将外国商品所课厘金与中国商品所课厘金的情况加以比较,那种认为外国商品所课厘金仍然很低的理解就显得片面了。从土布课税情况来分析,到九江土布所课厘金如表 5-1 所示。

表 5-1　　　　　　　　　九江附近的土布厘金(1874 年)

土布产地	长度	幅宽	重量	价格(文)	厘金(文/反)	厘金合计(文)	厘金税率(厘金/价格)
由黄州府下游(扬子江)的巴河;从九江 120 km 上游	英尺 3.5	英尺、英寸 1.5	斤、盎司 2 4	1,200	8 巴河 20 无锡 24 二到口 16 九江	68	5.67%
同上	3.2	1.1	1 8	700	4 巴河 8 无锡 12 二到口 8 九江	32	4.57%
湖广布	1.7	0.8	…	200	3 —— 4 二到口 2 九江	9	4.50%
瑞昌县	3.6	1.7	2 4	1,100	10 九江	10	0.9%＝2 分[10 分＝4.50%]
广济县(湖北布);距九江 70 km	3.6	1.9	3 0	1,400	2 巴河 4 无锡 6 二到口 10 九江	22	1.57%
湖广布	1.5	0.8	0 5	200	1 钢山 1 无锡 2 二到口 2 九江	6.5	3.25%

资料来源：CIMC. *Trade Report of Kiukiang*, 1874. p.153.

---

① J. Gumpach. *op. cit.*

通过上表可知，从该地区土布被课以最高税率 5.67% 这个最初的例子来看，相当于在一个厘局缴纳了 1.4% 的税额，相对而言，这绝不能说是高税率。根据其具体条件，正如表 4－30 所示，它与外国商品所课厘金相比，也可以说属于低税率。

综上可知，对于厘金的批判，实际上并不是对厘金问题本身的批判，我们认为，应该看到，这是批判是以固有利害关系为动机而产生的批判。实际情况是，外国商人或者作为其代理的中国商人，在持转口证通过厘金局时，为了避免因检查货物与转口证上记录是否相符而带来的长时间滞留，便缴纳厘金以使自己能够早日到达目的地。19 世纪80 年代之后，这样的事例就不断增加。这也是从地方的角度与中央（＝海关）相对立的例证。由此也可知，问题并不是厘金自身，而是存在于其背后的中央-地方关系。厘金受到重视的时期是同治年间（19世纪 50 年代）和光绪末年（19 世纪 90 年代之后），而这一时期也正是地方财政问题被提上日程的时期。①

2. 厘金与地方市场研究

以往的市场研究，其开端殆从定期集市研究始，此言并不为过。其研究方向是寻找出地方末端的流通中心，然后对中心进行确认，进而再确认这些中心的相互分布。但是，这种研究缺乏对商品流通的实际情况进行考察探究的材料，尤其是在市场特点的问题上，基本上都是以消费为中心进行构想。② 由于中国集镇的记录只显示了这些内容，所以很难进行深入的动态分析。而厘金税却通过对作为课税对象庞大起来的为数众多商品的动向记录，为我们提供了很多以往

① 　罗玉东：《中国厘金史》，第 254 页。
② 　威廉·施坚雅（William Skinner）在其论文《中国农村的市场与社会结构》（"Market and Social Structure in Rural China"），而马克·曼考尔（Mark Mancall）也在其论文《位居中央的中国》（"China at the Center"）中进行过论述，前者比较注重对于"地域社会"的考察，而后者则对于"中央集权"比较注重，但是这两者都没有由商品流通而构想到市场问题。

难以考察的关于个别商品的内容，提供了生产、流通、销售上具有地域特征的、更接近地方市场实际情况的诸多信息与资料。

首先，若从课税方面来考察厘金的话，能够作出什么样的评价呢？税额或税率的轻重是一个相对的指标。前面我们已经考察过，其税额或税率的轻重，也因征税办法及相互间存在利害关系的立场如何而有所不同。

所谓厘金，是以"厘"（商品价格的 1%）作为名义上的课税基准而被命名的。各省从 19 世纪 50 年代开始同时制定了这一制度，以填补地方财源（当时来讲，是为了对付太平天国起义的临时性资金源）的不足。虽说厘金是在全国共同开始实行的，但每个地区都有各自不同的目的，其征收方法也存在各地差异。这些也反映在各省厘金总局的名称上。各省厘金总局的名称如下所示：[①]

厘捐局 ············ { 江苏金陵 / 直隶天津 }　　　厘务局 ·················· 广东

捐厘局 ············ 江苏淞沪

牙厘局 ············ { 江苏苏州 / 浙江 / 安徽 / 江西 / 云南 / 湖北 }　　　厘金局 ·················· { 广西 / 山东 / 甘肃 / 四川 / 贵州 }

税厘局 ·················· 福建

厘税局 ·················· { 陕西 / 河南 }

厘金盐茶局 ········· 湖南　　　筹饷局 ·················· 山西

正如我们所见到的，这里反映出了种种地方性特征，主要是强调临时性的"捐"，表示商业税的"牙"，表示军事费的"饷"，反映土特产课税的"盐茶"等。概念的不同，意味着各地主要目的的不同。而且，也意味着对于各省财政来讲，各省主张对厘金的独自征集权。

[①]　罗玉东：《中国厘金史》，第 69 页。

其次,通过对厘金的探讨研究,我认为在就地方市场研究的立论根据中,有以下几点值得考虑:

第一,厘金课税的对象被区分为生产地厘金、流通地厘金、销售地厘金等,征收范围涉及到所有种类,而且被分门别类加以细化(请参照表5－2)。

表5－2　　　　　　　　　　　**清代百货厘金分类表**

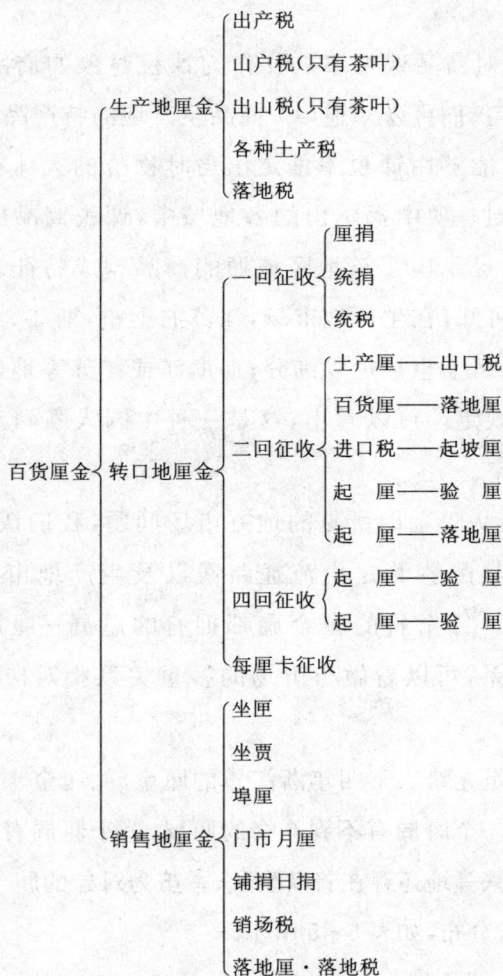

```
                          ┌ 出产税
                          │ 山户税(只有茶叶)
              生产地厘金 ─┤ 出山税(只有茶叶)
                          │ 各种土产税
                          └ 落地税

                                          ┌ 厘捐
                          ┌ 一回征收 ─────┤ 统捐
                          │                └ 统税
                          │                ┌ 土产厘——出口税
                          │                │ 百货厘——落地厘
                          │ 二回征收 ──────┤ 进口税——起坡厘
  百货厘金 ─ 转口地厘金 ─┤                │ 起　厘——验　厘
                          │                └ 起　厘——落地厘
                          │                ┌ 起　厘——验　厘
                          │ 四回征收 ──────┤
                          │                └ 起　厘——验　厘
                          └ 每厘卡征收

                          ┌ 坐厘
                          │ 坐贾
                          │ 埠厘
              销售地厘金 ─┤ 门市月厘
                          │ 铺捐日捐
                          │ 销场税
                          └ 落地厘·落地税
```

资料来源:根据罗玉东《中国厘金史》第59页制作。

从下面的课税一览表中，由厘金的项目就可以确认出，该地是生产市场还是流通中心、抑或是消费市场这一市场特征。此外，值得注意的是，在销售地市场中所缴纳的落地厘或者落地税，是对根据海关税则子口税进入的外国商品及中国商品的课税，针对海关税则为免于厘金课税而发行的转口证，是用厘金税则来补足的。

第二，通过对商品课税率以及作为课税对象的商品与税率之间相关性的考察，我们可以知道（1）商品生产地的特产品以及（2）消费地的需求品，并能够由课税率推定出当时物价的大体行情。在本书资料篇厘金税则一项中揭示出的各地域中，课税商品的分类项目因地区有所不同，显示出了该地区流通的商品构成特征。由这些地区性的厘金税则可知，在生产地市场，江苏的土布，浙江、广东的真丝等商品，在分类项目上也被加以细分；而浙江或江苏等地，即使对洋布，也存在着厘金规定。可以看出，这是一种中国人强烈意识到与洋货之间对立的税率。

第三，作为从厘金局所见的地方市场问题，我们认为，能够从厘金局的位置及其配置测定出流通路线以及生产地市场、消费地市场的各个范围。每个省的厘金局都拥有的总局—厘局—分局—分卡这一统属关系，可以看做与市场的多重关系相对应的（请参照表5-3）。

下表5-4是光绪二十四年浙江省的厘金局、厘金卡的统计。根据这一统计可知，一个府局有不到6个的厘局，一个厘局有3个分卡。在杭州、嘉兴和绍兴等地还存在着以生丝、蚕茧为对象的厘卡。其中，以绍兴为中心的厘卡分布，如表5-5所示。

表 5 - 3　　　　　　　　　　**各省厘金总局、分局、分卡统属表**

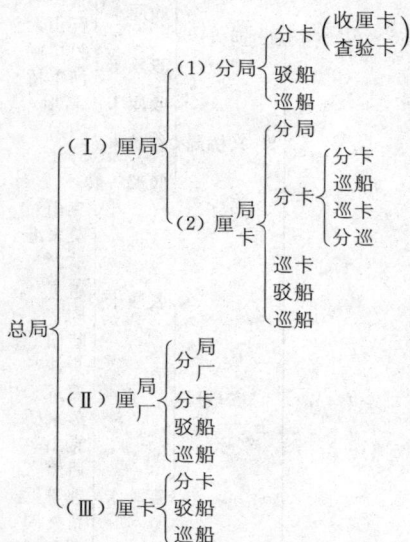

```
                                                         分卡 ( 收厘卡 )
                                              (1) 分局 ┤     ( 查验卡 )
                                                        驳船
                                                        巡船
                          (Ⅰ) 厘局 ┤
                                                        分卡
                                                              分卡
                                              (2) 厘卡 ┤ 分卡 ┤ 巡船
                                                        分卡 ┤ 巡卡
                                                              分巡
                                                        巡卡
                                                        驳船
           总局 ┤                                       巡船

                                                 分局厂
                          (Ⅱ) 厘局厂 ┤           分卡
                                                 驳船
                                                 巡船

                                                 分卡
                          (Ⅲ) 厘卡 ┤             驳船
                                                 巡船
```

资料来源：罗玉东《中国厘金史》第 59 页。

表 5 - 4　　　**浙江省的厘金局、厘金卡表（光绪二十四年以后）**

府局		所属各卡				茧捐
		厘　卡		丝　卡		
		正卡	分卡	正卡	分卡	
杭州府局	（附属于江干纸柴炭公所）	8	31	4	3	5
嘉兴府局		1	1	6	20	
湖州府局	8	7	44			4
宁波府局	1	8	14			
绍兴府局	（附属于萧山烟叶公所）	8	44	3		6
台州府局		6	20			
金华府局		1	4			
衢州府局	2	5	9			
严州府局		3	3			
温州府局		10	10			
处州府局	1	4				
合　计	12	61	179	13	23	15

资料来源：罗玉东《中国厘金史》，第 257 页。

表 5-5　　　　　　　　　　**浙江绍兴府的局、卡统属表**

绍兴府局
- 1. 西兴局
  - 收厘卡
    - 俞潭
    - 荏山
  - 查验卡
    - 村口闸
    - 河上桥
- 2. 义桥局
  - 收厘卡…新坝
  - 查验卡
    - 内河
    - 外江
  - 驳船一艘
- 3. 安昌局
  - 收厘卡
    - 鼋山
    - 莫家港
    - 瓜沥
    - 萧字
    - 闻字
    - 陡门
    - 头蓬
    - 曹案
  - 查验卡
    - 彭家桥
    - 党山
    - 后渡
    - 郭家
    - 新林周
    - 郑家槁
    - 溇下陈
- 4. 临浦局
  - 收厘卡…外江
  - 查验卡…内河
  - 驳船三艘
- 5. 曹娥局
  - 收厘卡
    - 蒿坝
    - 蛏浦
    - 桑盆
    - 楝树
    - 塘湾
  - 查验卡…伧塘
  - 驳船三艘
- 6. 百官局
  - 收厘卡
    - 梁湖
    - 贺家埠
    - 崧厦
  - 查验卡
    - 赵村
    - 新建
    - 后廊
    - 河清
    - 谢家塘
    - 小越
  - 驳船三艘
- 7. 余姚局
  - 查验卡
    - 三江口
    - 竹山桥
    - 下陈渡
  - 驳船五艘

资料来源：CIMC. *Native Customs*, Part Ⅱ.

表 5－6　　　　　　　　　**广东东省厘金厂、厘金卡**

［厂名］	［局卡名］〔所在县〕
1. 省河补抽厂	2. 火车捐局 …… 广州
3. 土丝豆厘厂	…… 广州
4. 佛山补抽厂	…… 佛山
5. 佛山土丝厂	…… 佛山
6. 磨刀口厂	7. 横门卡 …… 香山
8. 江门补抽厂	9. 东口卡 …… 新会
10. 会河卡	…… 新会
11. 陈村厂	…… 顺德
12. 马口卡	…… 高明
13. 鹤开卡	…… 开平
14. 芦包厂	…… 三水
15. 河口厂	…… 三水
16. 四会厂	17. 小河卡 …… 四海
	18. 肇庆卡 …… 肇庆
19. 后沥厂	…… 高要
	20. 白土卡 …… 德庆
	21. 德庆卡 …… 德庆
	22. 罗定卡 …… 罗定
23. 都城厂	…… 西宁
24. 水东厂	…… 电白
	25. 石门卡 …… 化州
	26. 安铺卡 …… 石城
27. 北海厂	北海
28. 廉州厂	29. 总江口卡 …… 廉州
30. 钦州厂	…… 钦州
31. 海口厂	…… 海康

〔厂名〕	〔局卡名〕〔所在县〕
32. 韶东关厂	……… 曲江
33. 韶西开厂	……… 曲江
	34. 韶州厘局 …… 曲江
	35. 河西尾卡 …… 乳源
36. 新塘厂	……… 增城
37. 石龙厂	……… 增城
38. 蒙兰厂	……… 东莞
39. 金鳌厂	……… 东莞
40. 白沙厂	……… 博罗
41. 潮厘厂	42. 火车局 ……… 澄海
	43. 外浦卡 ……… 澄海
	44. 炮台卡 ……… 澄海
	45. 东陇卡 ……… 饶平
	46. 海溪卡 ……… 饶平
	47. 双溪卡 ……… 揭阳
	48. 庵埠卡 ……… 普宁
	49. 后溪卡 ……… 惠来
	50. 双来卡 ……… 惠来

资料来源：根据《厘金各厂卡图》《广东省财政说明书》）制作。

　　通过这些厘金局的地图的介绍，我们可以知道，转口地分为两种类型：沿河流分布型和以集散地为中心的外围设置型。而且还能从当地的课税点即厘卡的密集度上，推断出生产地的情况。

　　表5-6反映了广东省的厘金场、分场、厘卡分布情况（请参照地图4-5）。包括潮州一带沿海在内，主要分布在珠江沿岸。将其与统属于绍兴府的厘金局、厘卡相比较，可知广东各县都有厂，而且厘卡与其并立具有独立性。表5-7为苏州牙厘总局管辖下的厘卡和巡卡，与绍兴府有着共同之处。

●	厘卡所在地
——	省境
------	府境
□	府城（厘金总局）
○	县城（厘金局、分局）

地图 5-1　　　浙江省厘金总局、厘金局、厘卡所在分布（20世纪初）

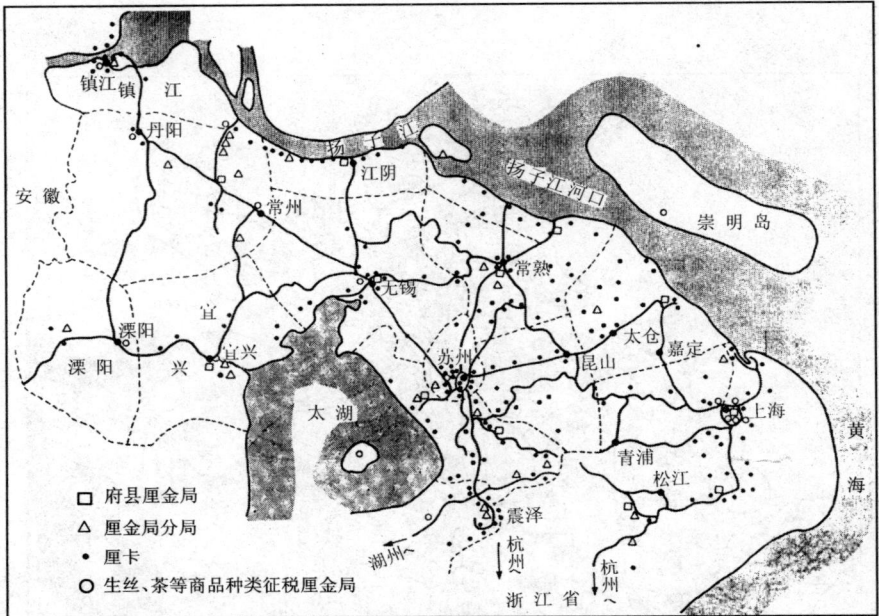

地图 5-2　　　**江苏省南部厘金局、厘卡分布（1902 年）**

表 5-7　　　**苏州、常州、镇江各厘局管辖的分卡**

厘局名	分局数	分卡数	分巡数	巡卡数	丝绸分捐局数
苏城厘局	1	12	4	0	2
木渎厘局	0	3	0	2	0
盛泽厘局	0	10	3	2	1
同里厘局	0	7	10	0	0
车坊厘局	0	10	1	0	0
常昭海口厘局	0	10	1	0	0
常昭内河厘局	0	21	2	0	0
锡金厘局	0	13	0	2	1
宣荆厘局	0	6	7	1	0
奔牛厘局	2	9	4	1	2
江阴厘局	0	9	1	0	0
宣荆兼辖南渡厘局	1	1	2	0	0
镇江上游厘局	1	5	4	0	0
镇江下游厘局	0	10	1	0	2

资料来源：根据楢原陈政《清国商况视察复命书》第 418—420 页制作。

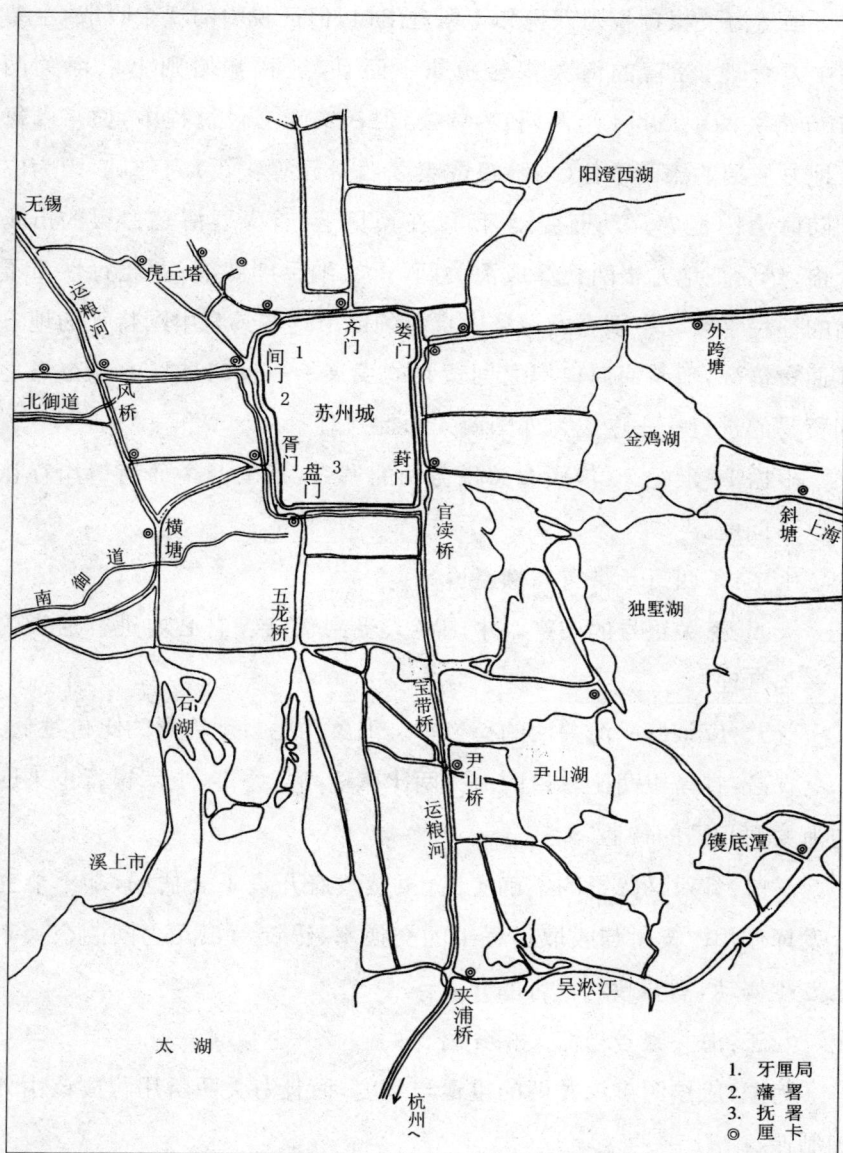

地图 5-3　　　**苏州近郊的厘卡分布（19 世纪末）**

图例：
1. 牙厘局
2. 藩　署
3. 抚　署
◎ 厘　卡

地图中地名：

无锡　阳澄西湖　虎丘塔　运粮河　外跨塘　金鸡湖　北御道　风桥　齐门　娄门　间门　苏州城　胥门　葑门　盘门　斜塘　上海　横塘　官渎桥　独墅湖　南御道　五龙桥　石湖　宝带桥　尹山桥　尹山湖　溪上市　运粮河　镂底潭　太湖　夹浦桥　吴淞江　杭州

（二）通货、汇兑问题以及广域决算网

虽然海关根据税则课税和管理进出口，但征税中的现金收取，主要由中方管理、经营的海关银号负责。而且，征税额原则上以海关两（100 海关两＝111.4 上海两）为单位，但在实际交付过程中，通常以每个地方使用的银两单位（马蹄银或者墨西哥元等银币）为基础，因为它们随时会因汇率浮动而变动，所以在换算上，首先要清楚白银的市场价格，然后把地方银两换算成海关两，再交纳手续费等，要履行性质不同的征税手续。中国金融市场中存在的以上这些具有中国特征的地方性通货情况，随着通商口岸之间贸易的发展——也就是与内地市场之间贸易的进行——遂成为外国商人的批判对象。

根据 19 世纪 70 年代海关税务司的调查，指出各个通商口岸存在着以下问题。[1]

牛庄：墨西哥元带有高额溢价。

天津：海关银号的破产。中国商人受到优待。有必要进行通货的统一与管理。

芝罘：应该统一海关两的交换率。海关两比当地银两的比价过低。

宜昌：宜昌银两比汉口的海关两比率要高。香港、上海银行也采取与海关两相同的待遇。

汉口：针对马蹄银的不确实性，虽然政府开设了公估局，却不能充分发挥作用。支付与收取过程中的交换率、银锭与银元之间的交换率会发生变动，需要政府银行的介入。

九江：海关银号与海关相分离。

芜湖：应该明确海关两的重量与纯度，而且海关两所用秤应该由外国制造。

---

[1] China，Imperial Maritime Customs. *Reports on the Haikwan Banking System and the Local Currency at the Treaty Ports*. 从各个港口报告中选出。

宁波：茶行与海关相争。海关两有必要减价。存在着海关银号以及政府官员中饱私囊的问题。

温州：墨西哥元的变动问题。

厦门：税务司以及海关监督没有对海关银号的支配权。在银两重量与品质方面有分歧。吏员追求个人私利。银号收据发放过迟。

汕头：银两交换率过高。

广东：海关银号势力过强。政府应该铸造"海关两"货币。

琼州：日本银元价格下降。

北海：琼州银号对小商人课以高税率。

如上所述，外国商人对各地通商口岸之间的银交换率都提出了强烈批判。因为它们并不仅仅是几个通货统一、用秤规范化的提案，更具有通货圈的地域性特征，表明每个通商口岸都持续存在着不同交换率。而且，这一问题在各通商口岸之间的贸易汇兑决算中，除去应时变动的汇率之外，各地相互间还存在着一定的交换率（请参照表4－17、18），使通货圈之间链环相扣。打个比方来说，各通货圈间的汇率关系正如外国汇率关系一样，两地间的出入差额介入其他地域，由多方汇兑相抵消，只有最终的差额才需要动用银两作清算。从这一点上来说，国内多地域间决算与国际贸易的决算在原理上并没有什么差异。[①] 但是，在国际贸易中，银本位与金本位的选择成为一个很大的问题。从19世纪70年代开始出现的国际市场上的银价下跌，给中国带来了巨大的影响。

1. 决算机制

在轮船招商局时期，马士就非常重视由于银价下跌而带来的白银借款黄金偿还中的损失问题。[②] 他不仅关注金银关系中的汇率关

---

① 可以认为这一关系的下限是直到1935年币制统一、汇兑本位制的制定为止，但这其中还留有讨论的余地。

② Albert Feuerwerker. *China's Early Industrialization*. pp. 137—144.

系，而且还对贸易决算中汇率关系会发生何种变化以及一般消费市场中使用的铜钱流通价格（＝银钱比价）变动问题非常重视。把这些综合起来看，中国的对外、对内金融市场，是由金银关系、白银关系、白银铜钱关系这三层关系构成的，国际决算中的金银关系、国内多地域间贸易决算中的白银关系以及内地市场与通商口岸之间的白银铜钱关系，作为物价、汇率的反应而变动（请参照图5-1）。而海关、常关、厘金局则分别与这三种变动相对应，发挥着金融机能。到清末，就形成了以香港、上海为中心的多地域间的广域决算机制。

那么，通商口岸之间的贸易决算又是怎样进行的呢？贸易收支差额由金银等贵金属收支来抵补的这种方式，在通商口岸之间的贸易中又发挥什么样作用呢？我们以与所有通商口岸都有直接贸易关系的上海为例，来说明这一问题。表5-8是国外各国、国内各地在上海的金银进出口量。

国际关系中的上海，主要从日本进口黄金，然后经由香港或直接出口到欧洲，用以填补其入超或部分赔款。在国内经济中，上海只向进口大豆及豆粕的牛庄和营口、进口茶叶的汉口、向外国商品中介地广东输送白银，以抵补其入超的一部分。但是，正如表5-5所反映的那样，这些只不过抵补了差额的一部分。

那么，不用金银移动的决算是怎样进行的？那就是通过：

（1）营口的过炉银、宁波的过账银等信用决算的方法；[1]

（2）通商口岸间汇兑的决算方法；

（3）由外国银行开展的，银行券、汇兑以及贵金属交易的决算。

这样三种方式来谋求信用供给、预付资金移动以及支付与决算的顺利进行。在以上例子中可以从与通商口岸市场圈有密切关系的

---

[1] 横滨税关：《清朝芝罘、威海卫、旅顺口、青泥洼、牛庄、胶州以及上海视察报告书》，1903年，第318页；小濑一：《19世纪末中国通商口岸之间流通的构造——以营口为中心》，载于《社会经济史学》54—55（1989年1月），请参照《镜湖自撰年谱》同治元年的条目等。

价格	1903	1904	1905	1906	1907	1908	1909	1910	1911

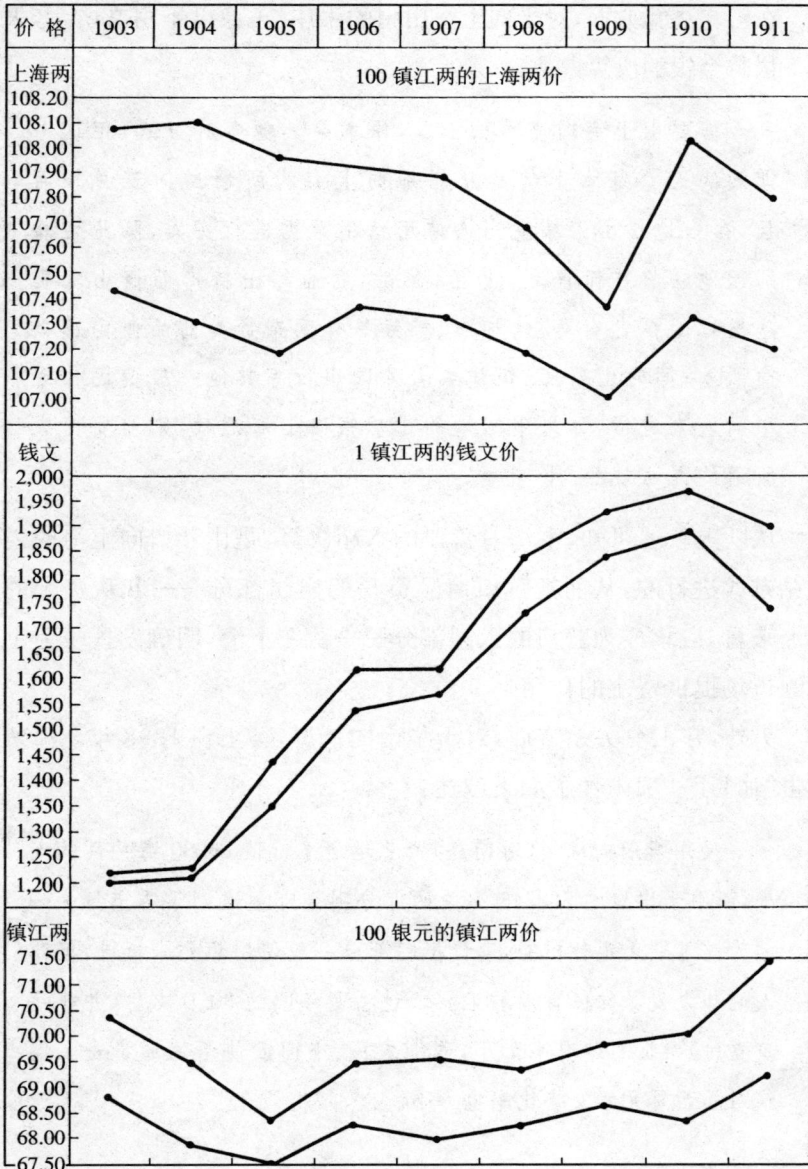

图 5 - 1　　　　镇江的汇兑变重力(1903—1911 年)

(2)和(3)来分析这一问题。

在汇率决算方面,对于向上海出超的牛庄,正像以下引文所示,采取了不依赖金银的决算方法:

> 需要由上海向当地的汇款,原本有其他各种方式,但这一期间的汇兑基本上都是从当地向上海的所谓逆向汇兑。而且,在当地仅由汇票发出人使用信用票据进行买卖,除此之外别无他法。盖而言之,大豆、豆饼、豆油等土特产品概由负责总出口的批发商卖出,棉布、棉线等外国杂货类商品概由进口商买入;同时由票庄、银炉或者外国银行等其他一般商民作为中间人来进行,如果用当地的过炉银向上海汇款,则需要变成所谓的九八规银。[1]

从以上叙述可知,上海对营口的入超决算,是由营口向上海的逆向汇兑方式进行的,从而把营口商品贸易的出超部分——若从资金的移动上来看,应该成为营口的入超部分——留在上海,明确发挥了为上海金融市场提供资金的作用。

另外,在汇兑关系方面,对于华南的情况,马士在1898年北海贸易报告"通货"一项中作了如下叙述:[2]

> 使用帆船向琼州(海南岛)紧急运送了价值85080海关两的大米,而用于出口的562546海关两部分则全部运送到了香港。……因为该港缺乏银行机能,进口出超部分一般使用银元来抵补,但商人们却办妥了发往香港的汇票。过去两年间的30日支付(并非一览支付)票据的贴现率如下,同期农民、小商人使用的通货——铜钱对墨西哥元的交换比率也如下。

---

[1] 横滨税关:《清朝芝罘、威海卫、旅顺口、青泥洼、牛庄、胶州以及上海视察报告书》,第354页。

[2] China,Inperial Maritime Customs. *Trade Report of Pakhoi*,1898. p.633.

表 5-8　　　　国外、国内在上海的金银进出口一览表（1904 年）（单位：海关两）

| | 进　口 | | | | | | |
| | 金 | | | 白银 | | 铜 | 进口合计 |
	金条	金币	合计	合计 马蹄银	银币	合计	铜币
欧　洲	…	2500	2500	539000	…	539000	…	541500
美　国	…	187	187	1135704	…	1135704	…	1135891
非　洲	…	…	…	…	…	…	…	…
澳大利亚	…	…	…	80365	…	80365	…	80365
亚洲:印度（含缅甸）	…	…	…	1749800	…	1749800	…	1749800
海峡殖民地	…	…	…	…	385957	385957	…	385957
西贡（越南东京）	…	…	…	…	210627	210627	…	210627
香港、澳门	…	189932	189932	682732	7671688	8354420	425605	8969957
马尼拉	…	…	…	…	28346	28346	…	28346
日本（含台湾）	1282	9677152	9678434	521579	106515	628094	…	10306528
朝　鲜	2120	54610	56730	…	24398	24398	…	81128
波　斯	…	…	…	…	…	…	…	…
合　计	3402	9924381	9927783	4709180	8427531	13136711	425605	23490099
牛　庄	45550	4000	49550	…	33000	33000	…	82550
秦皇岛	3500	…	3500	672900	…	672900	…	676400
天　津	312300	…	312300	7260373	166414	7426787	170	7739257
芝　罘	806560	28500	835060	2387260	59162	2446422	1140	3282622
威　海	…	…	…	66666	…	66666	…	66666
大连、旅顺	…	11500	11500	498880	14400	513280	…	524780
胶　州	…	4000	4000	1136523	61450	1197973	14050	1216023
汉　口	…	…	…	299478	508109	807587	138130	945717
九　江	…	…	…	221400	469540	690940	…	690940
芜　湖	…	…	…	1113310	22400	1135710	…	1135710
南　京	…	…	…	847996	1075270	1923266	75180	1998446
镇　江	…	…	…	2226288	253600	2479888	…	2479888
苏　州	…	…	…	2282900	229854	2512754	182649	2695403
杭　州	…	…	…	2407680	1762767	4170447	139231	4309678
宁　波	…	…	…	4750	284929	289679	…	289679
温　州	…	…	…	13353	851885	865238	…	865238
福　州	…	…	…	16055	1048608	1064663	431642	1496305
厦　门	…	…	…	…	11741	11741	21491	33232
汕　头	…	…	…	30204	240190	270394	2050	272444
广　东	…	…	…	…	56026	56026	775203	831229
合　计	1167910	48000	1215910	21486016	7149345	28635361	1780936	31632207
合　计	1171312	9972381	11143693	26195196	15576876	41772072	2206541	55122306

出口								进出口差额 +入超 −出超		
金			白银			铜	出口	金	白银	铜
金条	金币	合计	银条	银币	合计	铜币	合计			
…	…	…	354619	41000	395619	…	395619	+2500	+143381	—
…	…	…	…	…	…	15	15	+187	+1135704	−15
…	…	…	86575	13596	100171	…	100171	—	−100171	—
…	…	…	…	…	…	…	…	—	+80365	—
…	…	…	887421	…	887421	…	887421	—	+862379	—
…	…	…	15000	…	15000	…	15000	—	+370957	—
…	…	…	…	12015	12015	…	12015	—	+198612	—
1253960	…	1253960	395652	2785911	3181563	…	4435523	−1064028	+5172857	+425605
…	…	…	…	8000	8000	…	8000	—	+20346	—
70000	94520	164520	7368373	5134047	12502420	…	12666940	+9513914	−11874326	—
…	…	…	…	13333	13333	…	13333	+56730	+11065	—
…	…	…	32000	…	32000	…	32000	—	−32000	—
1323960	94520	1418480	9139640	8007902	17147542	15	18566037	+8509303	−4010831	+425590
…	…	…	508814	683700	1192514	…	1192514	+49550	−1159514	—
…	…	…	240000	233335	473335	…	473335	+3500	+199565	—
376200	36300	412500	3083574	2327522	5411096	3500	5827096	−100200	+2015691	−3330
…	…	…	3547273	1122173	4669446	1400851	6070297	+835060	−2223024	−1399711
…	…	…	…	106662	106662	…	106662	—	−39996	—
…	…	…	985400	269866	1255266	…	1255266	+11500	−741986	—
…	…	…	105300	163200	268500	660418	928918	+4000	+929473	−646368
…	…	…	2524643	103329	2627972	226679	2854651	—	−1820385	−88549
…	…	…	53200	21900	75100	6500	81600	—	+615840	−6500
11500	…	11500	131895	6666	138561	…	150061	−11500	+997149	—
…	…	…	468850	5250	474100	…	474100	—	+1449166	+75180
…	…	…	102060	22156	124216	107780	231996	—	+2355672	−107780
…	…	…	343600	1270110	1613710	100560	1714270	—	+899044	+82089
…	…	…	1024200	328860	1353060	2700	1355760	—	+2817387	+136531
…	…	…	42550	34215	76765	66231	142996	—	+212914	−66231
…	…	…	…	17720	17720	…	17720	—	+847518	—
113480	…	113480	27871	157163	185034	…	298514	−113480	+879629	+431642
…	…	…	…	1100	1100	…	1100	—	+10641	+21491
…	…	…	6000	21740	27740	…	27740	—	+242654	+2050
18750	…	18750	172500	13600	186100	…	204850	−18750	−130074	+775203
519930	36300	556230	13367730	6910267	20277997	2575219	23409446	+659680	+8357364	−794283
1843890	130820	1974710	22507370	14918169	37425539	2575234	41975483	+9168983	+4346533	−368693

出处：CIMC. *Trade Report of Shanghai*，1904. pp. 508—509.

票据贴现率

年\月	1	2	3	4	5	6	7	8	9	10	11	12
1897	0.45	0.45	0.65	0.55	1.45	1.45	1.60	1.0	0.50	0.40	0.40	0.20
1898	0.40	0.50	1.20	1.20	0.50	0.60	1.40	0.60	0.45	0.30	0.35	0.40

银钱比价

年\月	1	2	3	4	5	6	7	8	9	10	11	12
1897	1080	1060	1060	1040	1030	1050	1010	980	980	1000	980	980
1898	990	950	930	920	910	910	950	960	970	1000	980	960

在华南地区存在着以香港为决算中心的特点。在福建、广东等通商口岸,既有票据与通货行情反映的贸易的季节周期性,又在与东南亚贸易中存在着如前所述东南亚华侨向本国汇款之际利用香港的情况。这使得作为金融中心的香港的重要性更加增强。

2. 外国银行的金融活动

不可否认,外国银行的资金供应、决算手段供应等,给通商口岸之间贸易的扩大提供了便利。而且,开放港口之间的贸易关系是经由外国银行进行决算的。我们试以汉口茶叶贸易中的外国银行活动为例。

经汉口出口的茶叶金融,大部分在上海进行。直到后来海上运输船为了与欧洲进行直接贸易到达汉口以后,发往伦敦的汇兑开始在汉口卖出。而欧洲向汉口的进口贸易,已经不需要特许银行向伦敦发送汇款了。其理由在于,外国商品向汉口输送的程序采取了中国商人先从上海运到汉口、然后转给其他商人销售的形式,而它在金融上则依赖两地的钱庄以及票号进行资金调配。洋行因其驻外机构在上海,所以其汇款发往上海;而独立商社作为上海商社的代理,因其下从事手续费业务,汇款也都发往上海。[①]

---

① Compton Mackenzie. *Realms of Silver*. London,1954.

汉口出口贸易的兴盛时期只限于较短的夏季时期。在这一期间，上海商社的代理店以及其他的购买者，都为购买各种商品向银行要求资金供应。虽然汉口的洋行大多没有什么资金能力，但围绕借贷业务，银行与洋行之间的竞争却与上海的竞争态势毫无二致，非常激烈。

19 世纪 80 年代后半期，通过在上海购买山西的票据，汉口的银行业务开始了在汉口的资金运营。此时虽然与英国的茶叶贸易有所减少，但取而代之与俄罗斯的贸易开始扩大。商品运输采用经由中亚的陆路和经由敖德萨转口的海路两种。从中国的内部问题来看这一情况，这意味着上海与汉口之间的商品运输关系以及金融关系开始松散，汉口作为金融市场开始拥有一定的独立性。而且，它还表明，对于从来都是中国金融机关从事的内地金融活动，外国银行开始介入到这一领域——由于购入山西票据进行资金调配——中来。

如果从当初的贸易金融来看，外国银行在汉口并没有取得预期成果。就是在内地贸易——特别是四川贸易上，外国银行也逐渐将其金融业务转向上海。但是，从 19 世纪 80 年代后半期开始，外国银行开始积极参与内地金融业务，汇丰银行也从 19 世纪 80 年代末屡屡通用银行券，与钱庄建立起了信用关系和资金融通关系。

如表 5－9 所示，外国银行在中国的通商口岸、东南亚的主要贸易都市、欧美的金融中心都设立了总部和分部，不仅拓展国际金融活动，而且也在中国境内的金融活动中扩充自己的网络。①

3. 通商口岸间多元决算网的形成

那么，地域之间的收支差额又是如何被抵补的呢？因为贸易收支与金银收支未必一定存在相互抵消的关系。其原因可归纳为以下几点：

---

① Frank H. H. King. *The Hongkong Bank in Late Imperial China 1864—1902*. Cambridge, 1987，pp.145—151，201.

（1）由汇兑决算进行的清算，因为通常是由多元决算进行的，所以每个通商口岸各自的收支都不平衡。

（2）虽然使用汇兑决算，但因使用的通货单位各地有所不同，所以贸易收支的差额并不一定与金银收支的差额相一致。

（3）由于每个通商口岸拥有的腹地市场以及货币市场的情况各有不同，所以也会因适应腹地市场的商品需要以及货币需要而发生贸易上的变动。

（4）存在着不必经由通商口岸，而是通过铁道和其他内陆途径进行的商品及资金转移。

表 5-9　　**亚洲的外国银行及支行、代理行开设年份一览表**

年　度	渣打银行	汇丰银行	印度支那银行
1858	加尔各答、孟买、科伦坡、上海		
1859	香港		
1861	新加坡、仰光		
1863	汉口、巴达维亚		
1865		香港、上海、广东	
1866	横滨	横滨、西贡	
1867		加尔各答	
1868		汉口	
1869		孟买、福州、汕头	
1870		神户、长崎、宁波	
1872	马尼拉	大阪、夏门	
1875	槟城	马尼拉、圣弗朗西斯科	巴黎、西贡
1877	苏腊巴亚	新加坡、芝罘、九江	本地治里
1880		纽约、北海	
1881		里昂、天津	
1883	伊洛伊洛	伊洛伊洛	
1884	棉兰	槟城、雅加达、苏腊巴亚、士马丹	
1885		北京	东京、海防
1887		海防	河内

年　度	渣打银行	汇丰银行	印度支那银行
1888	太平、吉隆坡	曼谷	新喀里多尼亚
1889		汉堡	
1891		牛庄	金边
1892		仰光、科伦坡	
1894	曼谷		香港
1895	神户、天津		
1897		苏腊巴亚	曼谷
1898			上海
1900	马德拉斯、宿务		
1902	纽约		汉口、广东
1903	西贡		
1904	汉堡		帕当潘
1905			新加坡、帕贝特
1906	卡拉奇		
1907			北京、天津
1908			吉布提
1909	克拉科、普吉特	红口(上海)、台北、马六甲	
1910	塞伦班、阿姆利斯克	柔佛、吉隆坡	
1911	马六甲、德里、广东	大连、哈尔滨	蒙自
1912	怡保	长春、青岛	

资料来源：C. Mackenzie, *Realms of Silver*, London, 1954. Frank H. H. King, *The Hongkong Bank in Lae Imperial China* 1864—1902, Cambridge, 1987. Maurice Collis, *Wayfoong*, London, 1965, 权上康男《法国帝国主义和亚洲》1985 年作成。

　　贸易关系成立的基本前提是地域间供需关系的存在, 有时这个基本前提也受到决算关系的左右。也就是说, 由于决算关系上的方便, 会导致贸易关系的途径以及由此出入商品的改变。扬子江贸易即是这种情况的例证。针对上海入超状况, 为取得贸易平衡, 扬子江贸易中的出口贸易被充分地利用起来, 其间创造并加大了镇江、宜昌、汉口的出口力度。也就是说, 我们能够看到, 由于决算关系状况的变化, 形成了新型的茶叶出口这一贸易关系的变化。[①]

――――――――――

[①]　考察茶叶出口的中心由福州转移到汉口的这一理由, 除了从日本、锡兰茶叶增加这一问题考虑之外, 还可以从国内问题即汉口的税率以及决算方面都更占有有利地位这一点加以考虑。

海关也拥有海关两这一全国通用的银两单位,如表 4 - 18 中所示,根据各个通商口岸的银两基准进行换算,上海的海关银 100 两比其他所有通商口岸要高。这种情况表明,各通商口岸入超结算的时候,购入上海两比较有利。而且,负责这种结算的是钱庄与票号等传统金融业者,此外还有新近加入这种金融业务的外国银行。于是,通商口岸市场圈通过将自己置身于以上海为中心的多元决算关系之中,使自己在国内、国际贸易中都能够发挥作用。

海关围绕海关税务问题,在涉及财政问题、外交问题、内地市场等领域时,都使中央与地方的对立关系表面化。与此同时,为了发挥通商口岸市场圈的作用,一方面以通商口岸为中心,向内地市场扩展业务;另一方面不断扩大通商口岸之间的贸易活动,从而大大促进了沿海、沿江的经济活动。以海关为视点,来看 19 世纪末到 20 世纪初期的 10 余年,不论对内还是对外,都是中国经济最富活力的时期,而这一时期正是上海海关统计局 H. B. 马士所描述的时代。而且它还意味着提示出了使洋务运动再评价成为可能这一主题。

附：一 地图

地图 6-1　　与台湾进行帆船贸易的港口(1870年代)

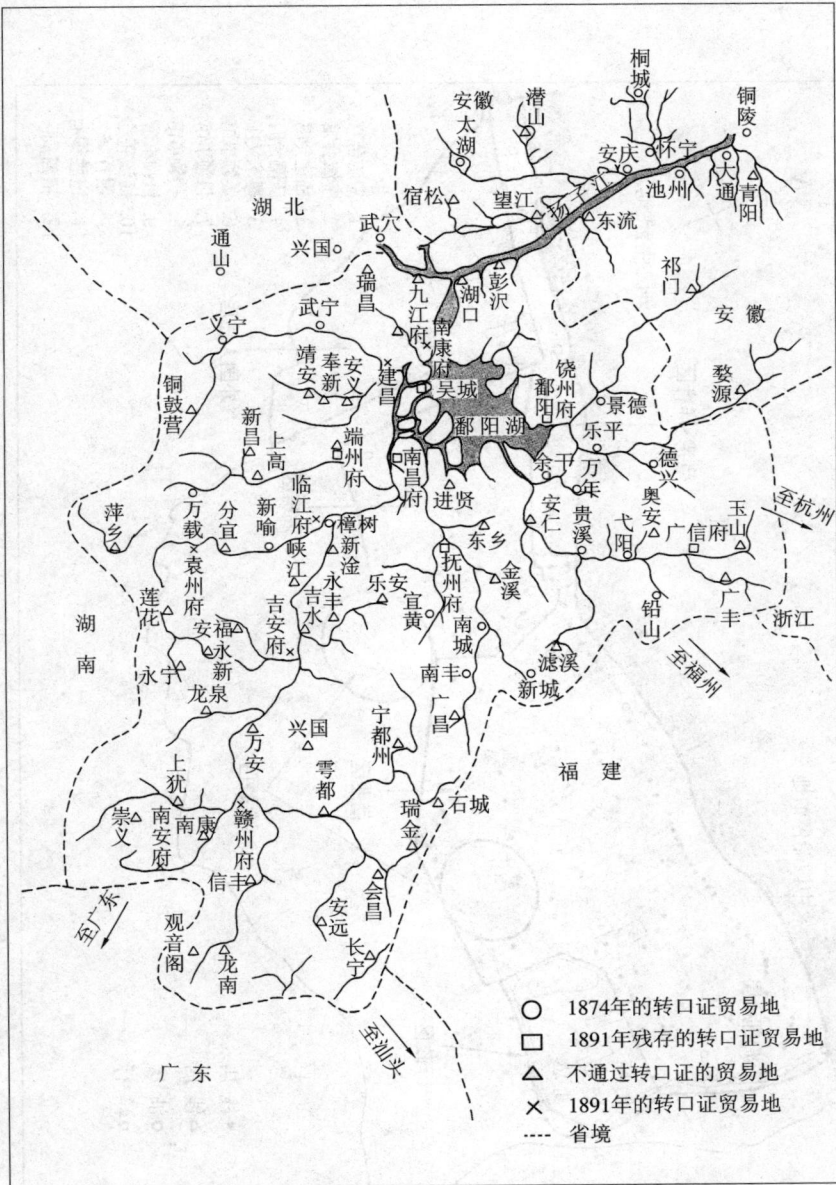

桐城

铜陵

安徽

潜山

安太湖

安庆 怀宁

大通

青阳

宿松

望江

池州

物

东流

祁门

武穴

彭泽

湖北

通山

兴国

瑞昌

九江府

湖口

南康府

饶州府

景德

安徽

婺源

武宁

靖安

奉新

吴城

鄱阳

乐平

德

宁

建昌

南康府

鄱阳湖

余

万年

奥义

至杭州

铜鼓营

新昌

上高

端州府

临江府

新淦

樟树

进贤

安仁

贵溪

弋阳

广信府

玉山

广丰

浙江

萍乡

万载

分宜

新喻

峡江

乐安

东乡

金溪

铅山

至福州

莲花

袁州府

吉安府

吉水

永丰

抚州府

南城

新城

濂溪

福

永

新

安府

宜黄

南丰

广昌

福建

永宁

龙泉

兴国

万安

宁都州

雩都

石城

上犹

崇义

南康

赣州府

瑞金

湖南

南安府

信丰

安远

长宁

会昌

观音阁

龙南

至广东

广东

至汕头

○ 1874年的转口证贸易地

□ 1891年残存的转口证贸易地

△ 不通过转口证的贸易地

× 1891年的转口证贸易地

---- 省境

地图 6-2　1874、1891年江西省的转口证贸易地的比较（以九江为中心的分布）

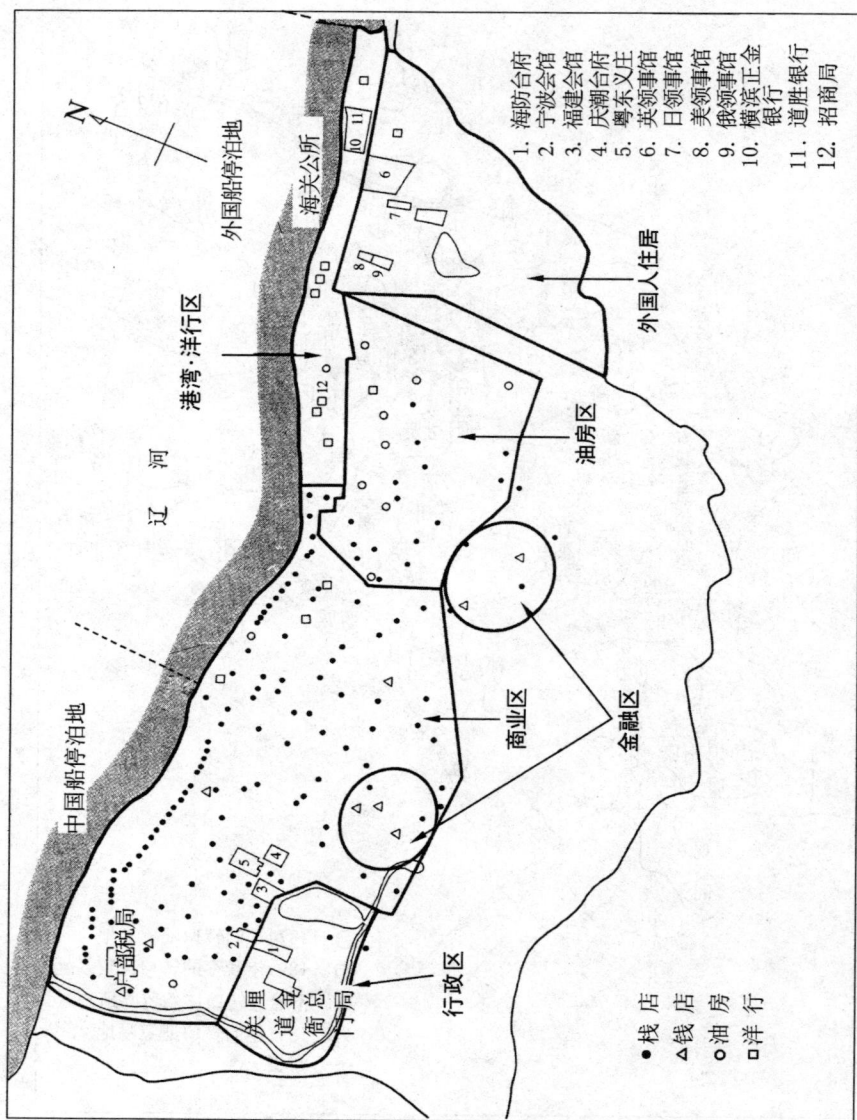

图例：
1. 海防台府
2. 宁波会馆
3. 福建会馆
4. 庆潮台府
5. 粤东义庄
6. 英领事馆
7. 日领事馆
8. 美领事馆
9. 俄领事馆
10. 横滨正金银行
11. 道胜银行
12. 招商局

● 栈店　△ 钱店　○ 油房　□ 洋行

辽　河　外国船停泊地　海关公所　港湾·洋行区　外国人住居　油房区　商业区　金融区　中国船停泊地　行政区　厘金总局　道台衙门　分税局

地图 6-3　牛庄（营口）港以及市街的机能分布

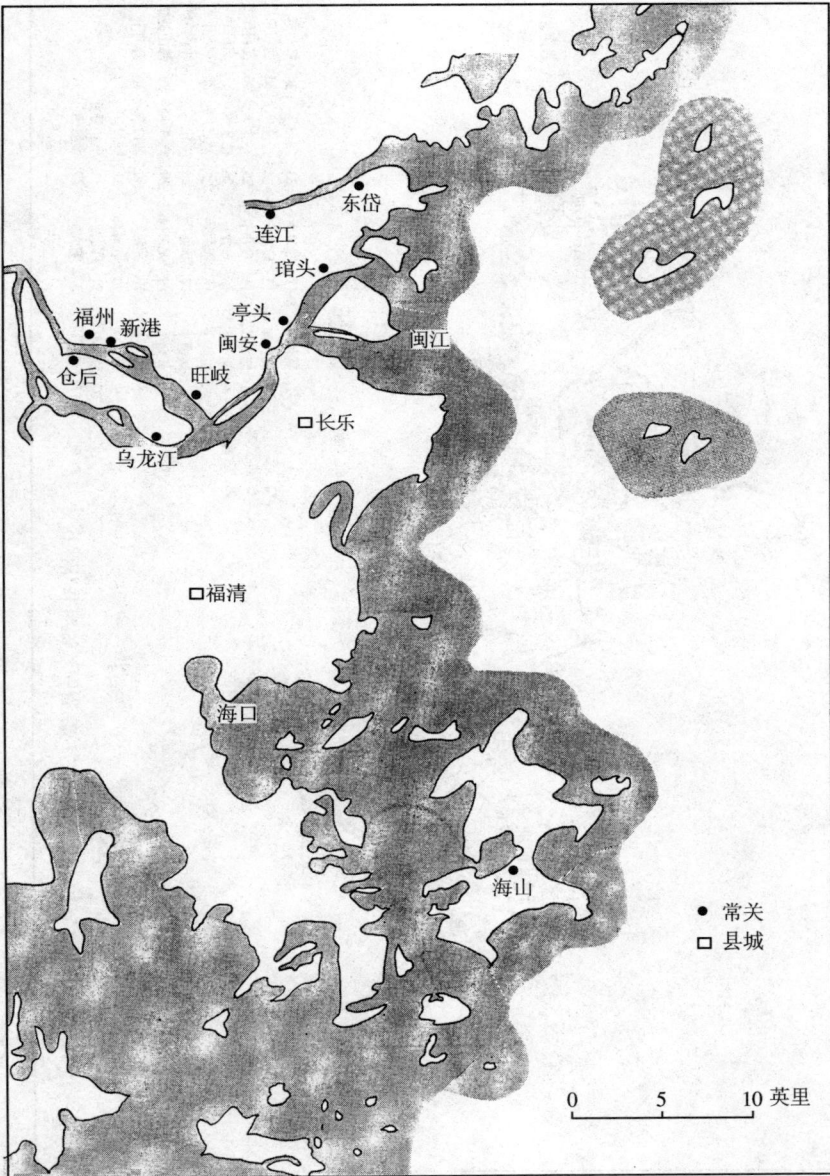

东岱

连江

琯头

亭头

福州　新港

闽安

仓后

旺岐

长乐

乌龙江

闽江

福清

海口

海山

● 常关
□ 县城

0　　　5　　　10 英里

地图 6-4　　　　　　　福州地区常关分布

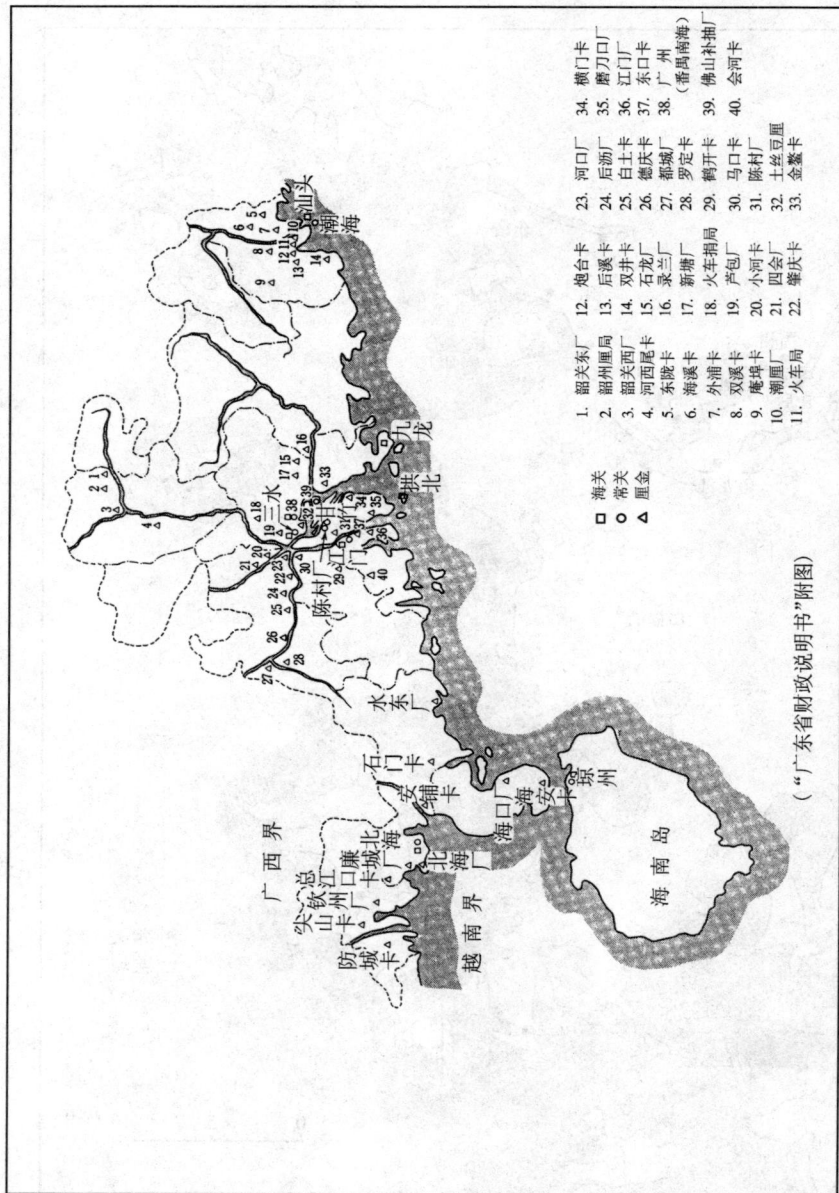

清末期广东省海关、常关、厘金局（厂卡）所在分布

（"广东省财政说明书"附图）

地图 6-5

地图 6-6　　思茅

地图 6-7　　厦门

1. 税厘总局
2. 洋租界
3. 港仔口
4. 洋租界
5. 厦门关
6. 常税关

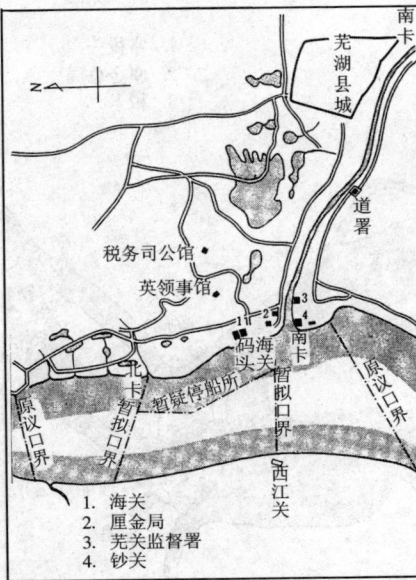

地图 6-8　　芜湖

1. 海关
2. 厘金局
3. 芜关监督署
4. 钞关

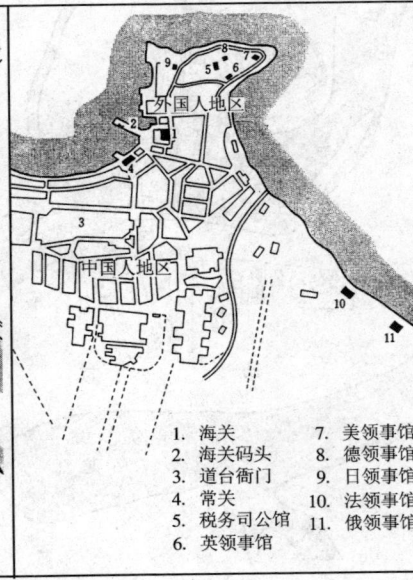

地图 6-9　　芝罘

1. 海关
2. 海关码头
3. 道台衙门
4. 常关
5. 税务司公馆
6. 英领事馆
7. 美领事馆
8. 德领事馆
9. 日领事馆
10. 法领事馆
11. 俄领事馆

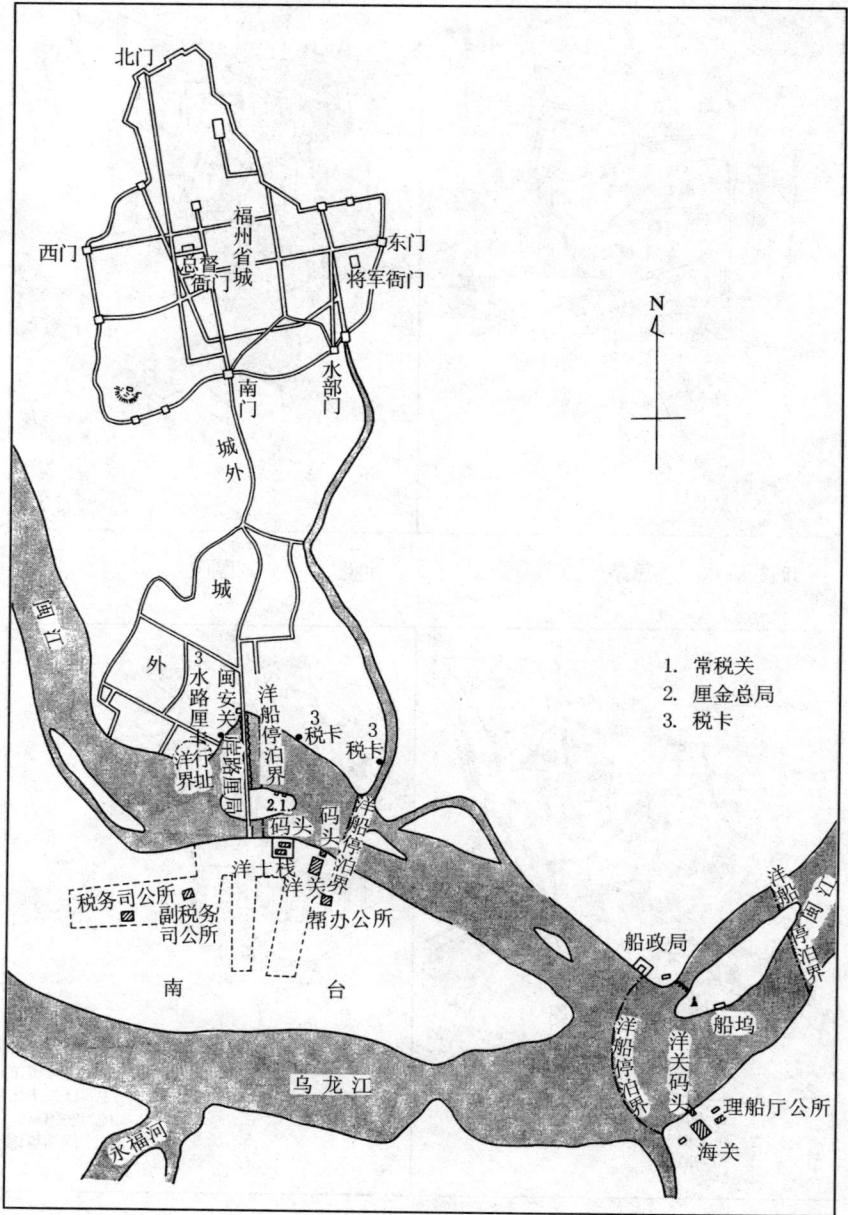

地图 6-10　　**福州海关、常关、厘金局(1880年代)**

1. 常税关
2. 厘金总局
3. 税卡

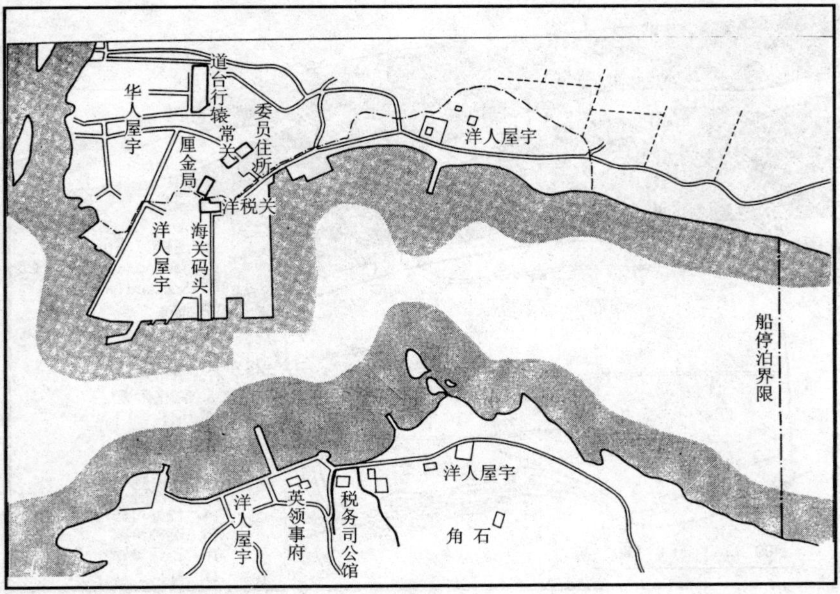

地图 6-11　　　　　　　　　　　汕头

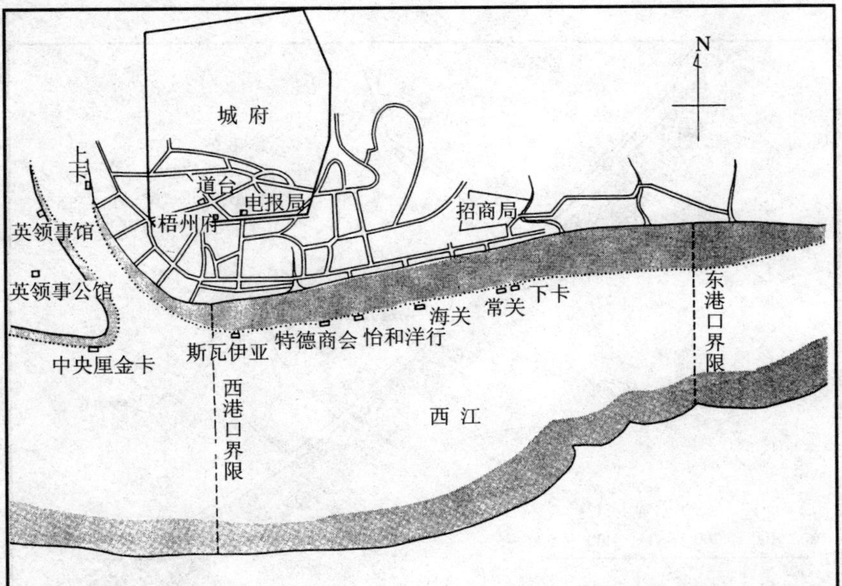

图中文字：道台行辕常关　委员住所　华人屋宇　厘金局　洋税关　海关码头　洋人屋宇　洋人屋宇　洋人屋宇　英领事府　税务司公馆　洋人屋宇　角石　船停泊界限

地图 6-12　　　　　　　　　　　梧州

图中文字：城府　N　上卡　道台　电报局　梧州府　招商局　英领事馆　英领事公馆　中央厘金卡　斯瓦伊亚　特德商会　怡和洋行　海关　常关　下卡　东港口界限　西港口界限　西江

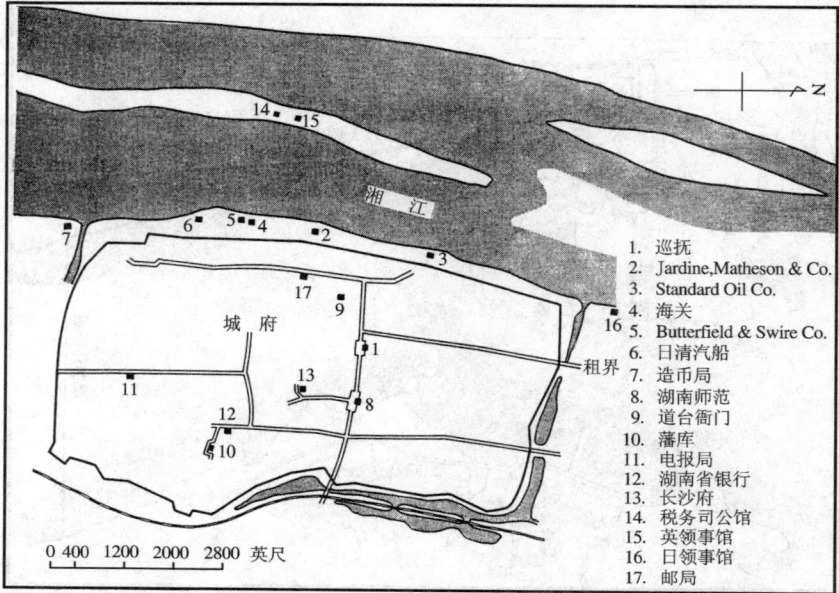

地图 6-13 　　　　　　　　　　长沙

1. 巡抚
2. Jardine,Matheson & Co.
3. Standard Oil Co.
4. 海关
5. Butterfield & Swire Co.
6. 日清汽船
7. 造币局
8. 湖南师范
9. 道台衙门
10. 藩库
11. 电报局
12. 湖南省银行
13. 长沙府
14. 税务司公馆
15. 英领事馆
16. 日领事馆
17. 邮局

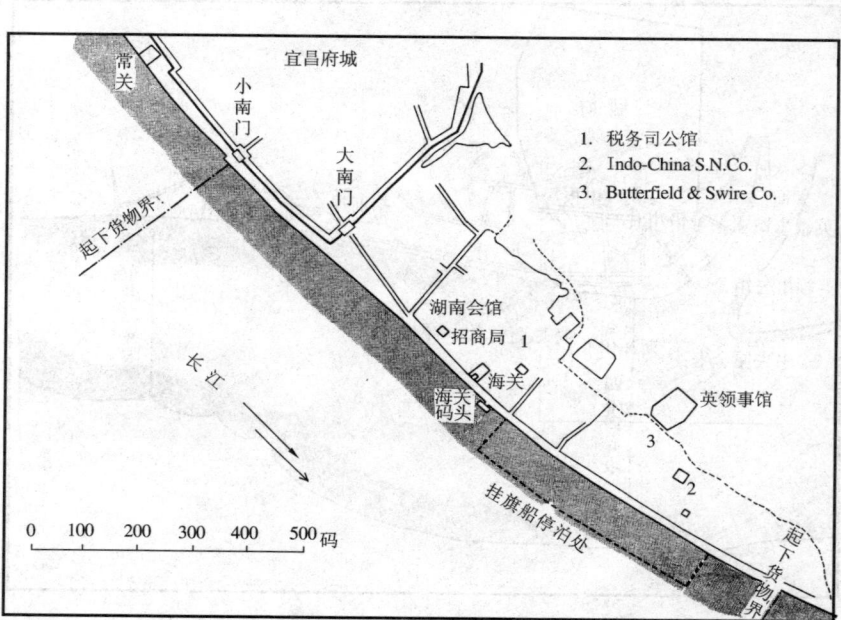

1. 税务司公馆
2. Indo-China S.N.Co.
3. Butterfield & Swire Co.

地图 6-14 　　　　　　　　　　宜昌

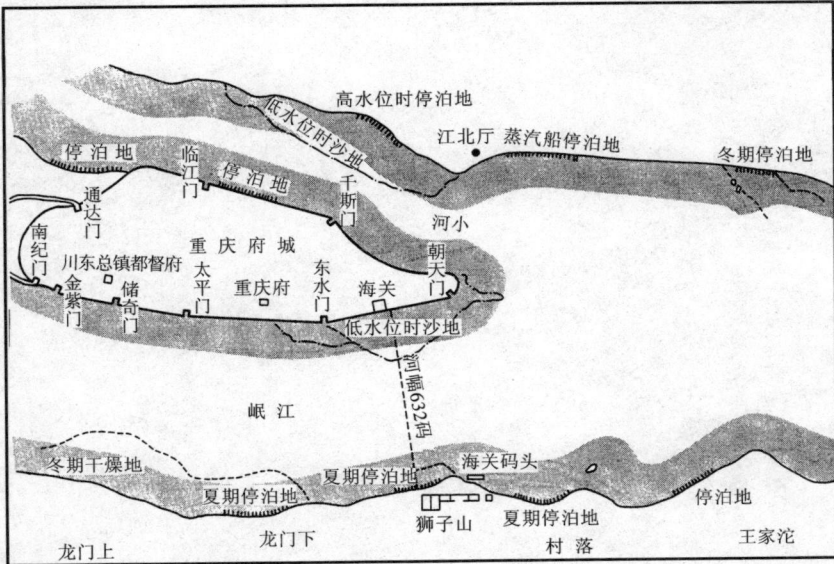

高水位时停泊地
低水位时沙地
江北厅 蒸汽船停泊地
冬期停泊地
停泊地
临江门 停泊地
千斯门
通达门
河小
南纪门
朝天门
川东总镇都督府
重庆府城
东水门
海关
金紫门
储奇门
重庆府
太平门
低水位时沙地
河幅632码
岷江
冬期干燥地
夏期停泊地
海关码头
停泊地
龙门上
龙门下
狮子山 夏期停泊地
村落
王家沱

地图 6-15　　　　　　　重庆

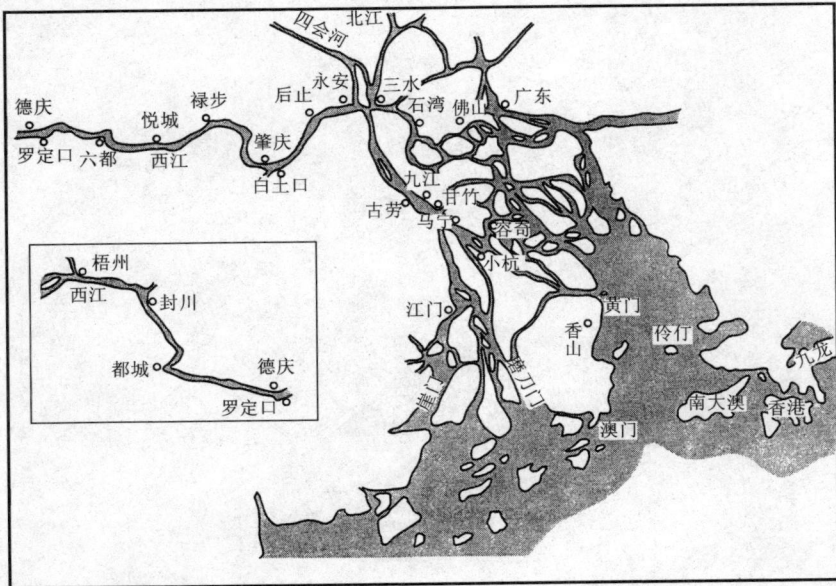

北江
四会河
德庆
禄步
后止
永安
三水
广东
悦城
石湾
佛山
罗定口 六都 西江
肇庆
白土口
九江
甘竹
古劳
马宁
谷奇
小杭
江门
黄门
香山
伶仃
梧州
西江 封川
都城 德庆
罗定口
南大澳
香港
澳门

地图 6-16　　　　　广东珠江主要贸易地(19世纪末)

533

海外中国
研究丛书

刘 东 主编

［日］滨下武志 著

高淑娟 孙 彬 译

中国近代经济史研究

中国近代经济史研究（下）

清末海关财政与通商口岸市场圈

清末海关财政と開港場市場圈

江苏人民出版社

图书在版编目（CIP）数据

中国近代经济史研究：清末海关财政与通商口岸市场圈/
[日]滨下武志著；高淑娟，孙彬译.—南京：江苏人民出版社，
2006.11（2022.5 重印）
（海外中国研究丛书/刘东主编）
书名原文：中国近代経済史研究:清末海関財政と開港場市場圏
ISBN 978 - 7 - 214 - 04417 - 4

Ⅰ.中... Ⅱ.①滨...②高... Ⅲ.①经济史－研究
－中国－近代 ②财政－研究－中国－清后期 ③通商口岸－
研究－中国－清后期 Ⅳ. F129.5

中国版本图书馆 CIP 数据核字（2006）第 038814 号

本书经日本版权所有人滨下武志授权，根据原著日文版（濱下武志：《中国近代経済史研究：
清末海関財政と開港場市場圏》，東京大学東洋文化研究所報告，1989 年）译出
江苏省版权局著作权合同登记：图字 10－2006－147

书　　　名	中国近代经济史研究：清末海关财政与通商口岸市场圈	
著　　　者	[日]滨下武志	
译　　　者	高淑娟　孙　彬	
责 任 编 辑	左　衡　王保顶　史雪莲	
装 帧 设 计	陈　婕	
责 任 监 制	王　娟	
出 版 发 行	江苏人民出版社	
地　　　址	南京市湖南路 1 号 A 楼，邮编：210009	
照　　　排	江苏凤凰制版有限公司	
印　　　刷	南京新洲印刷有限公司	
开　　　本	652 毫米×960 毫米　1/16	
印　　　张	69.75　插页 8	
字　　　数	900 千字	
版　　　次	2006 年 11 月第 1 版	
印　　　次	2022 年 5 月第 2 次印刷	
标 准 书 号	ISBN 978 - 7 - 214 - 04417 - 4	
定　　　价	160.00 元　（上、下）	

（江苏人民出版社图书凡印装错误可向承印厂调换）

附：二　中国海关史资料

I　贸易统计相关资料

I-1-a　国外、国内航运比较

年度	入　港				出　港				合　计	
	从外国来		从国内来		到外国		到国内		船数	吨
	船数	吨	船数	吨	船数	吨	船数	吨		
1882	2,771	2,023,169	9,523	6,678,549	2,690	1,941,296	9,745	6,745,838	24,729	17,388,852
1883	2,579	2,016,237	9,301	6,777,687	2,590	2,013,603	9,393	6,782,387	23,863	17,589,914
1884	2,379	2,054,771	9,396	7,323,721	2,404	2,084,194	9,576	7,344,102	23,755	18,806,788
1885	2,555	2,179,733	9,101	6,871,123	2,499	2,144,078	9,285	6,873,243	23,440	18,068,177
1886	3,212	2,562,540	10,837	8,352,181	3,145	2,503,371	11,050	8,337,668	28,244	21,755,760
1887	3,195	2,638,434	10,840	8,425,463	3,154	2,627,506	11,192	8,508,258	28,381	22,199,661
1888	3,003	2,820,262	10,884	8,312,050	2,963	2,775,664	11,311	8,399,883	28,161	22,307,859
1889	3,179	2,967,109	11,167	8,750,221	3,082	2,897,571	11,717	8,902,983	29,145	23,517,884
1890	3,114	2,944,092	12,243	9,490,316	3,122	2,971,428	12,654	9,470,623	31,133	24,876,459
1891	3,476	3,377,495	13,384	10,467,064	3,456	3,366,915	13,676	10,499,314	33,992	27,710,788
1892	3,473	3,459,969	15,234	11,240,478	3,435	3,429,613	15,785	11,310,515	37,927	29,440,575
1893	3,818	3,583,354	14,808	11,050,957	3,800	3,559,258	15,476	11,125,242	37,902	29,318,811
1894	4,059	3,804,688	14,770	10,995,406	4,083	3,830,896	15,151	10,991,011	38,063	29,622,001
1895	4,265	4,292,334	14,018	10,560,806	4,209	4,214,773	14,640	10,669,165	37,132	29,737,078
1896	4,722	4,793,683	15,253	11,930,481	4,696	4,711,252	15,824	12,055,441	40,495	33,490,857
1897	5,281	4,799,647	16,639	12,035,984	5,325	4,800,455	17,255	12,116,276	44,500	33,752,362
1898	6,093	4,927,326	19,958	12,164,466	6,077	4,997,294	20,533	12,144,494	52,661	34,233,580
1899	7,004	5,479,262	25,350	14,146,811	6,927	5,513,453	26,137	14,128,804	65,418	39,268,330
1900	6,948	5,539,404	27,431	14,850,166	6,759	5,414,955	28,092	15,002,717	69,230	40,807,242
1901	7,757	6,338,879	24,438	17,853,110	7,500	6,516,149	25,149	17,708,530	64,844	48,416,668
1902	8,737	7,223,804	25,678	19,748,908	8,595	7,468,106	26,489	19,549,184	69,499	53,990,002

续　表

年度	入　　港				出　　港				合　　计	
	从外国来		从国内来		到外国		到国内		船数	吨
	船数	吨	船数	吨	船数	吨	船数	吨		
1903	8,924	8,029,502	29,700	20,619,158	8,838	8,327,602	29,550	20,314,127	77,012	57,290,389
1904	33,618	9,415,908	33,730	21,465,502	32,872	9,558,392	32,976	21,331,912	133,196	61,771,714
1905	38,556	10,633,175	70,056	25,695,593	37,294	10,614,177	78,053	25,812,602	223,959	72,755,547
1906	39,766	11,260,219	61,064	26,562,118	38,259	11,286,641	69,458	26,710,910	208,547	75,819,888
1907	44,646	12,286,051	60,899	27,718,030	42,441	12,072,429	69,946	28,032,914	217,932	80,109,424
1908	38,556	12,187,140	62,255	29,752,765	36,602	12,057,126	70,192	29,994,258	207,605	83,991,289
1909	35,003	12,444,670	66,333	30,860,716	32,601	12,158,788	74,579	31,307,635	208,516	86,771,809
1910	36,282	12,764,950	71,500	31,621,221	33,785	12,545,480	78,243	31,845,038	219,810	88,776,689
1911	36,418	12,833,667	60,877	29,996,760	35,748	13,085,443	60,355	29,856,103	193,398	85,771,973
1912	41,217	13,528,698	50,576	30,143,525	40,437	13,899,035	50,549	29,991,490	182,779	87,562,748
1913	37,307	14,518,224	58,399	32,104,620	36,774	14,632,647	58,258	32,079,339	190,738	93,334,830
1914	35,405	14,508,920	75,199	34,405,133	36,079	14,794,227	73,908	34,275,933	220,591	97,984,213
1915	37,599	12,023,320	66,202	33,343,890	35,617	12,100,590	67,469	33,195,205	206,887	90,663,005
1916	33,491	11,683,601	67,857	32,284,572	31,670	11,904,175	68,998	32,147,753	202,016	88,020,101
1917	34,555	11,083,056	72,655	32,418,225	32,488	11,042,889	73,775	32,362,879	213,473	86,907,049
1918	30,774	9,549,571	65,502	30,553,805	29,066	9,396,183	68,225	30,748,147	193,567	80,247,706
1919	32,545	12,688,156	73,687	35,189,121	30,849	12,476,472	72,673	35,372,186	209,754	95,725,935
1920	31,667	14,584,856	73,553	37,542,512	30,131	14,268,271	75,258	37,871,056	210,609	104,266,695
1921	36,461	15,862,405	72,225	41,436,944	35,099	15,909,114	70,781	41,411,081	214,566	114,619,544

注：1902—1903 年，包括中国人所有的外国式船舶和持有海关证明书的帆船。

　　1902—1903 年，不含重庆、苏州、杭州、九龙、拱北、蒙自的船舶数。

　　1904 年，不含上海、苏州、杭州、拱北的船舶数。

出处：据 China，Maritime Customs. *Decennial Reports* 各号 Appendix 制成。

Ⅰ-1-b　中国开放口岸进出港船数及吨数

开放口岸	1892		1893		1894		1895		1896		1897	
	船数	1,000 トン										
爱　珲												
三　姓												
哈尔滨												
安　东												
大东沟												
大　连												
牛　庄	856	664	794	593	800	595	460	372	822	664	866	731
秦皇岛												
天　津	1,298	1,020	1,275	1,025	1,357	1,113	1,379	1,236	1,395	1,242	1,465	1,327
芝　罘	2,623	2,151	2,469	2,030	2,132	1,775	1,809	1,670	2,538	2,266	2,591	2,385
胶　州												
重　庆	1,879	43	1,761	40	1,993	47	2,117	54	2,058	53	2,211	68
宜　昌	4,359	236	3,719	238	4,212	243	4,592	235	4,341	230	4,823	309

开放口岸	1892		1893		1894		1895		1896		1897	
沙　市									46	32	502	336
长　沙												
岳　州												
汉　口	2,198	1,487	2,459	1,541	2,208	1,508	2,346	1,513	2,399	1,686	2,566	1,783
九　江	2,254	2,375	2,357	2,396	2,446	2,399	2,267	2,333	2,482	2,502	2,661	2,657
芜　湖	3,202	2,639	2,907	2,646	2,737	2,646	2,717	2,447	2,904	2,844	2,729	2,867
南　京												
镇　江	4,169	3,163	4,518	3,237	4,366	3,328	4,489	3,448	4,878	3,626	4,371	3,536
上　海	6,396	6,540	6,317	6,530	6,434	6,907	6,807	7,404	7,002	7,964	6,647	7,970
苏　州									3,359	—	15,210	—
杭　州									2,560	—	12,556	—
宁　波	1,161	989	1,054	918	972	905	991	963	1,178	985	1,243	988
温　州	89	25	111	47	98	41	92	39	92	49	82	48
三都澳												
福　州	686	591	707	619	643	616	574	612	700	737	631	642
厦　门	1,939	1,755	1,942	1,767	1,820	1,625	1,836	1,721	1,977	2,113	1,693	1,727
汕　头	1,903	1,838	1,834	1,767	1,772	1,674	1,828	1,812	2,103	2,129	1,903	1,917
广　东	3,491	3,249	3,926	3,136	4,507	3,371	4,268	3,633	4,550	3,697	6,101	3,718
九　龙	72,022	—	90,568	—	81,668	—	84,439	—	75,863	—	68,616	—
拱　北	19,675	—	21,787	—	20,265	—	17,285	—	16,109	—	15,879	—
江　门												
三　水											1,730	99
梧　州											826	52
南　宁												
琼　州	625	344	664	361	765	436	633	389	758	538	856	548
北　海	203	89	285	128	212	86	204	101	330	186	214	114
龙　州	670	—	818	—	775	—	531	—	485	—	585	—
蒙　自	1,882	6	1,788	6	1,800	6	2,098	7	1,939	7	5,553	13

开放口岸	1898		1899		1900		1901		1902		1903		1904	
牛　庄	972	828	1,164	1,006	755	644	1,077	942	1,292	1,077	1,310	1,181	817	698
秦皇岛							315	304	386	351	372	354		
天　津	1,488	1,377	1,692	1,584	850	803	1,392	1,323	1,665	1,648	1,446	1,529	1,432	1,534
芝　罘	2,563	2,320	3,291	2,726	214	53	4,998	3,493	5,239	3,590	4,928	3,539	3,669	2,979
胶　州			409	370	404	456	449	477	488	513	570	591	702	770
重　庆	2,116	65	2,909	101	2,682	85	2,420	75	2,341	79	2,611	87	2,690	86
宜　昌	4,414	296	6,595	455	5,453	394	5,286	462	5,146	528	5,622	534	5,498	469
沙　市	492	336	640	459	606	454	699	612	732	740	720	737	656	605
长　沙													237	104
岳　州			20	13	650	300	1,027	625	1,087	893	1,005	944	1,308	896
汉　口	2,566	1,832	2,929	1,976	3,451	2,268	3,767	2,678	4,071	2,999	6,009	3,269	5,324	3,372
九　江	2,907	2,783	3,389	2,866	3,079	3,424	3,364	3,923	3,483	4,232	3,426	4,198	3,616	4,569
芜　湖	3,011	2,970	3,713	3,354	3,751	3,761	4,022	4,204	4,178	4,609	4,354	4,758	4,535	5,151
南　京			657	524	1,962	1,176	2,586	2,136	2,923	2,228	3,462	2,624	3,537	3,180
镇　江	6,308	3,545	7,798	4,221	6,503	4,708	7,173	5,194	6,949	5,718	9,332	6,366	9,006	6,610

续　表

开放口岸	1898		1899		1900		1901		1902		1903		1904	
上　海	6,810	8,205	7,400	8,938	7,322	9,432	8,361	10,781	8,830	12,041	9,330	12,343	9,434	12,182
苏　州	14,333	—	15,802	—	15,666	—	17,565	—	7,446	—	7,553	—	7,366	—
杭　州	12,365	—	16,355	—	14,466	—	17,678	—	13,608	—	13,127	—	14,842	—
宁　波	1,376	1,021	1,447	1,051	1,100	996	1,113	986	1,134	1,042	1,186	1,074	1,186	1,067
温　州	88	51	87	59	89	57	92	51	87	48	114	60	120	57
三都澳			20	4	116	47	136	42	184	81	228	76	236	54
福　州	628	619	798	667	715	719	781	897	896	909	989	911	965	854
厦　门	1,644	1,630	2,008	1,936	1,755	1,792	1,733	1,798	1,765	1,984	1,868	2,064	1,769	2,086
汕　头	1,736	1,741	2,243	2,256	2,127	2,186	2,182	2,310	2,399	2,615	2,610	2,825	2,412	2,577
广　东	7,291	3,676	7,235	3,741	7,181	3,525	6,068	3,766	7,583	4,292	8,267	5,230	7,447	5,731
九　龙	65,073	—	46,852	—	48,114	—	49,808	—	50,621	—	44,637	—	40,593	2,870
拱　北	15,445	—	14,962	—	15,528	—	16,601	—	16,610	964	15,317	874	14,746	866
江　门													3,706	998
三　水	5,480	315	8,232	592	4,916	489	4,512	588	4,888	721	4,922	802	3,796	746
梧　州	1,945	117	3,014	187	2,439	174	2,088	226	2,451	228	3,339	344	2,029	357
南　宁														
琼　州	732	462	850	541	880	587	1,012	704	1,013	742	963	727	850	626
北　海	210	108	196	114	222	126	311	197	326	208	329	212	243	153
龙　州	540	—	633	—	622	2	615	2	375	2	297	1	837	3
蒙　自	9,246	23	11,472	28	8,881	24	10,549	28	7,574	22	9,688	27	14,174	37

出处：据 China，Maritime Customs. *Decennial Reports* 各号 Appendix 制成。

开放口岸	1905		1906		1907		1908		1909		1910		1911	
	船数	1,000トン												
爱　珲									123	16	768	162	854	—
三　姓									659	372	3,300	666	1,357	609
哈尔滨									4,004	225	5,578	393	6,389	356
安　东					517	155	694	272	502	213	644	206	798	295
大东沟					34	11	46	20	176	36	32	20	32	20
大　连					1,322	1,049	3,276	2,439	3,335	2,985	3,892	3,291	3,015	3,075
牛　庄	1,236	996	1,440	1,274	1,134	1,051	1,036	1,062	1,286	1,335	1,214	1,297	1,358	1,428
秦皇岛	434	468	478	567	407	537	352	558	457	701	452	702	448	608
天　津	1,614	1,771	2,033	2,392	1,710	2,188	1,574	1,953	1,904	2,318	1,779	2,301	2,187	2,721
芝　罘	4,194	3,500	5,586	4,304	5,299	3,929	5,109	3,845	4,781	3,912	4,541	3,687	3,925	3,197
胶　州	811	844	879	1,002	982	1,109	897	1,119	1,034	1,394	1,109	1,662	1,229	2,144
重　庆	2,513	81	2,644	79	2,281	69	2,567	80	2,340	74	2,056	73	2,179	76
宜　昌	5,440	463	5,402	487	4,913	526	5,334	539	5,267	551	4,677	561	4,424	518
沙　市	628	595	694	666	786	770	772	753	770	741	824	796	796	736
长　沙	497	208	652	192	766	305	826	307	896	344	1,154	314	1,150	393
岳　州	2,244	1,026	2,594	1,056	3,508	1,443	3,831	1,477	3,490	1,512	3,927	1,491	3,237	1,567
汉　口	5,803	3,975	6,004	4,291	6,336	4,577	9,045	5,071	13,470	5,262	15,734	5,565	14,260	5,257
九　江	4,001	5,411	4,074	5,704	3,806	5,949	3,914	6,309	3,771	6,117	3,808	6,222	3,352	5,601
芜　湖	4,964	6,183	4,586	6,161	4,226	6,221	4,317	6,707	4,008	6,447	3,871	6,243	3,568	5,877
南　京	4,097	3,975	3,858	4,248	5,186	5,246	5,892	6,246	5,532	6,117	5,588	6,383	3,622	5,674

续　表

开放 口岸	1905		1906		1907		1908		1909		1910		1911	
镇　江	9,389	7,788	8,115	6,756	7,843	6,832	7,284	7,245	6,714	7,069	5,738	6,853	4,998	6,325
上　海	10,265	14,344	55,645	17,289	52,704	17,546	48,581	17,715	48,571	18,412	45,870	18,555	25,828	18,512
苏　州	7,447	607	6,405	526	5,746	312	5,222	254	5,732	267	6,832	311	6,854	292
杭　州	9,260	507	9,147	517	11,252	580	10,987	582	10,524	577	11,395	576	13,318	572
宁　波	1,273	1,046	1,259	1,226	1,538	1,732	1,459	1,697	1,589	1,869	1,950	2,314	1,690	1,900
温　州	102	47	142	61	135	80	179	90	167	93	189	112	192	96
三都澳	240	66	240	58	326	107	356	80	514	98	431	65	547	63
福　州	1,060	905	1,138	969	1,230	1,090	1,289	1,083	1,470	1,108	1,400	1,032	1,508	1,151
厦　门	1,711	2,125	1,729	2,122	1,711	2,050	1,812	2,084	1,712	2,085	1,754	2,100	1,710	2,128
汕　头	2,324	2,611	2,357	2,647	2,396	2,689	2,375	2,739	2,586	2,988	2,592	2,961	2,618	3,031
广　东	7,443	5,568	7,305	4,924	7,932	4,739	7,914	4,691	7,468	4,619	7,492	2,853	7,742	4,805
九　龙	39,695	2,901	38,312	2,713	41,344	3,072	38,470	2,858	37,273	2,722	41,303	865	36,012	2,490
拱　北	15,343	860	12,862	781	12,218	762	11,875	751	11,171	739	12,965	486	18,288	1,018
江　门	2,570	726	2,054	647	1,958	545	1,788	562	1,864	667	1,623	1,113	1,452	456
三　水	2,828	742	2,886	815	3,372	934	3,394	979	3,567	1,013	4,004	1,113	4,158	1,122
梧　州	1,402	375	1,404	407	1,807	457	2,246	512	2,787	546	3,581	620	3,466	603
南　宁					229	7	508	16	821	26	1,185	35	1,067	33
琼　州	921	695	970	745	1,151	948	1,091	940	1,044	879	936	859	776	727
北　海	239	147	235	147	327	244	292	230	285	211	196	161	239	182
龙　州	560	2	714	3	853	3	692	3	948	4	921	4	800	3
蒙　自	10,242	32	14,704	47	18,431	57	10,205	24	,3,814	12	2,395	3	2,705	3

Ⅰ-2-a　中国历年进出口额

（单位：1,000 海关两）

年　　度	进　　口	出　　口	总　　额
1882	77,715	67,337	145,052
1883	73,568	70,198	143,766
1884	72,761	67,148	139,909
1885	88,200	65,006	153,206
1886	87,479	77,207	164,686
1887	102,264	85,860	188,124
1888	124,783	92,401	217,184
1889	110,884	96,948	207,832
1890	127,093	87,144	214,237

年　　度	进　　口	出　　口	总　　额
1891	134,004	100,948	234,952
1892	135,101	102,584	237,685
1893	151,363	116,632	267,995
1894	162,103	128,105	290,208
1895	171,697	143,293	314,990
1896	202,590	131,081	333,671
1897	202,829	163,501	366,330
1898	209,579	159,037	368,616
1899	264,748	195,785	460,533
1900	211,070	158,997	370,067
1901	268,303	169,657	437,960
1902	315,364	214,182	529,546
1903	326,739	214,352	541,091
1904	344,061	239,487	583,548
1905	447,101	227,888	674,989
1906	410,270	236,457	646,727
1907	416,401	264,381	680,782
1908	394,505	276,660	671,165
1909	418,158	338,993	757,151
1910	462,965	380,833	843,798
1911	471,504	377,338	848,842
1912	473,097	370,520	843,617
1913	570,163	403,306	973,469
1914	569,241	356,227	925,468
1915	454,476	418,861	873,337
1916	516,407	481,797	998,204
1917	549,519	462,932	1,012,451
1918	554,893	485,883	1,040,776
1919	646,998	630,809	1,277,807
1920	762,250	541,631	1,303,881
1921	906,122	601,256	1,507,378
1922	945,050	654,892	1,599,942
1923	923,403	752,917	1,676,320
1924	1,018,211	771,784	1,789,995
1925	947,865	776,353	1,724,218
1926	1,124,221	864,295	1,988,516
1927	1,012,932	918,620	1,931,552
1928	1,195,969	991,355	2,187,324
1929	1,265,779	1,015,687	2,281,466
1930	1,309,756	894,844	2,204,600
1931	1,433,489	909,476	2,342,965

出处：China，Maritime Customs. *Decennial Reports*，1922—1931. Appendix p. 170.

I-2-b　中国进出口贸易国别(地区)比率

(%)

年度	英国	香港	印度及英殖民地	大英帝国	美国	欧洲	德国	西伯利亚、东北	日本	其他
	%	%	%	%	%	%	%	%	%	%
1882	27.97	31.02	16.66	75.65	7.97	8.30	··	2.73	4.23	1.12
1883	28.59	33.03	15.51	77.13	6.93	8.24	··	2.90	3.55	1.25
1884	25.74	33.93	15.22	74.89	7.56	9.25	··	3.17	3.85	1.28
1885	29.78	33.12	14.14	77.04	7.52	6.97	··	2.66	4.38	1.43
1886	25.11	34.52	13.34	72.97	8.61	9.71	··	3.47	4.16	1.08
1887	22.17	46.88	6.23	75.28	6.48	8.12	··	3.39	4.04	2.69
1888	21.51	47.23	7.32	76.06	5.53	8.28	··	2.56	4.26	3.31
1889	17.54	46.96	7.50	72.00	5.19	11.03	··	2.21	6.23	3.34
1890	17.46	48.63	8.06	74.15	5.48	8.57	··	2.48	5.66	3.66
1891	18.32	44.67	8.50	71.49	7.07	10.95	··	2.33	4.86	3.30
1892	16.39	46.05	9.00	71.44	7.02	10.27	··	2.19	6.15	2.93
1893	14.75	47.85	9.89	72.49	6.36	9.19	··	2.42	6.37	3.17
1894	14.11	45.35	10.03	69.49	8.75	9.91	··	2.67	6.26	2.92
1895	13.78	44.23	8.60	66.61	6.34	10.82	··	3.48	9.90	2.85
1896	16.30	42.43	10.03	68.76	6.73	9.86	··	3.16	8.39	3.10
1897	14.10	40.06	8.90	63.06	8.06	11.07	··	3.38	10.43	4.00
1898	12.09	42.17	7.67	61.93	7.72	11.06	··	3.46	11.51	4.32
1899	11.53	40.45	8.98	60.96	9.36	11.82	··	2.88	11.32	3.66
1900	14.38	41.41	7.20	62.99	8.26	12.04	··	1.61	11.20	3.90
1901	11.14	42.92	9.28	63.34	8.97	12.12	··	1.08	11.07	3.42
1902	12.59	40.05	8.66	61.30	10.21	11.65	··	1.38	11.87	3.59
1903	11.00	40.95	8.11	60.06	8.24	11.43	··	1.64	14.65	3.98
1904	12.14	38.19	7.68	58.01	9.43	12.61	··	0.38	14.77	4.80
1905	15.17	33.31	7.23	55.71	15.09	7.68	2.94	0.86	14.04	3.68
1906	13.85	34.25	7.18	55.28	10.55	9.83	3.47	2.04	14.19	4.64
1907	12.93	36.47	6.99	56.39	9.16	9.78	3.21	1.86	13.96	5.64
1908	12.40	35.32	6.88	54.60	9.48	10.13	3.08	4.79	13.06	4.86
1909	11.42	32.17	7.85	51.44	8.46	10.66	2.95	6.60	14.50	5.39
1910	10.46	32.68	7.75	50.89	6.66	10.71	4.05	6.37	16.14	5.18
1911	12.48	29.30	6.93	48.71	8.70	10.64	4.25	6.94	16.46	4.30
1912	10.60	29.34	8.49	48.43	8.32	10.27	4.14	7.19	17.08	4.57
1913	11.44	29.18	7.56	48.18	7.39	10.26	4.58	6.24	18.68	4.67
1914	13.59	27.90	6.82	48.31	8.66	8.41	3.06	6.41	20.39	4.76
1915	11.55	28.19	7.50	47.24	10.90	6.38	0.02	8.02	22.09	5.35
1916	10.35	26.82	5.69	42.86	12.38	4.81	··	8.55	26.88	4.52
1917	7.51	26.38	5.86	39.75	14.97	3.38	··	5.81	31.47	4.62
1918	7.07	26.25	4.48	37.80	12.77	4.01	··	1.97	37.82	5.63
1919	9.27	21.76	6.29	37.32	16.13	4.35	0.01	2.69	33.73	5.77
1920	13.23	22.05	6.67	41.95	15.68	5.29	0.53	1.80	27.66	7.09
1921	11.79	25.03	5.72	42.54	17.30	4.63	1.31	2.05	24.93	7.24
1922	11.28	25.11	5.54	41.93	16.36	5.61	2.12	3.28	24.00	6.70

年度	英国	香港	印度及英殖民地	大英帝国	美国	欧洲	德国	西伯利亚、东北	日本	其他
	%	%	%	%	%	%	%	%	%	%
1923	9.62	24.91	6.59	41.12	16.53	5.81	2.61	2.59	24.07	7.27
1924	9.73	23.03	5.78	38.54	16.11	7.76	3.02	3.11	24.07	7.39
1925	8.09	16.71	6.09	30.89	16.41	8.29	2.81	3.50	27.91	10.19
1926	8.57	10.87	8.37	27.81	16.81	8.47	3.16	4.25	27.31	12.19
1927	6.81	19.58	5.82	32.21	14.78	8.04	3.06	4.95	25.74	11.22
1928	7.94	18.54	5.47	31.95	15.12	9.26	3.57	5.37	24.89	9.84
1929	8.42	16.90	6.79	32.11	16.05	9.14	3.90	3.25	25.23	10.32
1930	7.69	16.93	9.22	33.84	16.39	8.46	4.16	3.35	24.45	9.35
1931	7.83	15.71	9.27	32.81	18.73	8.80	4.52	3.28	23.78	8.08

出处：China, Maritime Customs. *Decennial Reports*, 1922—1931. Appendix p. 175.

Ⅰ—2—c 中国进口贸易商品比率

年度	鸦片	棉布	毛织物	其他织物	金属、矿石	海产品	大米	小麦及面粉	砂糖
	%	%	%	%	%	%	%	%	%
1882	34.42	29.22	5.78	..	6.05	..	..	..	..
1883	34.45	29.97	5.29	..	6.35	..	..	..	..
1884	35.94	30.43	5.10	..	5.63	..	..	..	..
1885	28.84	35.71	5.47	..	6.24	..	..	..	..
1886	28.56	33.28	6.45	..	6.06	..	..	..	..
1887	27.31	36.23	5.30	..	5.67	..	2.69	..	..
1888	25.91	35.61	4.09	..	5.52	..	7.72	..	..
1889	27.46	32.59	3.58	..	6.07	..	5.43	..	..
1890	22.78	35.42	2.87	..	5.41	..	9.01	..	..
1891	21.14	39.77	3.51	..	5.41	..	4.92	..	..
1892	20.29	39.01	3.55	..	5.28	..	4.31	..	..
1893	20.94	29.82	3.03	..	4.76	..	8.57	..	4.91
1894	20.57	32.14	2.18	..	4.64	..	6.01	..	5.87
1895	16.98	30.91	2.17	..	4.19	..	9.10	..	4.31
1896	14.14	39.11	2.65	..	4.82	..	7.42	..	3.46
1897	13.76	38.78	2.38	..	4.02	..	1.98	..	5.04
1898	13.96	37.04	1.52	..	4.67	..	4.99	..	4.30
1899	13.52	39.08	1.58	..	3.48	..	6.73	..	3.86
1900	14.70	35.82	1.62	..	4.35	..	5.39	..	3.04
1901	12.28	37.14	1.76	..	3.89	..	2.63	..	5.01
1902	11.24	40.45	..	1.88	3.35	2.06	7.49	1.22	6.57
1903	13.41	39.37	..	2.40	4.69	2.44	2.34	0.88	4.89
1904	10.78	36.07	..	2.36	6.17	2.52	2.44	1.05	5.31
1905	7.62	40.58	..	2.13	10.16	2.64	1.91	0.83	5.06
1906	7.87	37.23	..	2.71	4.21	2.69	2.86	1.53	7.31
1907	6.88	28.56	..	2.69	4.79	2.74	8.27	3.36	6.29

续 表

年度	鸦片	棉布	毛织物	其他织物	金属、矿石	海产品	大米	小麦及面粉	砂糖
	%	%	%	%	%	%	%	%	%
1908	8.67	28.11	‥	2.33	5.62	2.75	6.74	1.76	4.97
1909	8.55	32.83	‥	2.85	4.06	2.68	3.74	0.64	6.47
1910	11.97	28.23	‥	2.54	4.81	2.61	6.67	0.75	4.82
1911	10.23	30.50	‥	2.59	4.50	2.72	3.97	1.85	4.79
1912	10.08	30.46	‥	3.03	3.86	2.88	2.47	2.68	5.05
1913	7.20	31.99	‥	2.61	5.11	2.83	3.22	1.81	6.37
1914	6.56	32.21	‥	2.47	5.08	2.89	3.88	1.61	5.44
1915	5.43	32.85	‥	2.36	4.06	4.08	5.57	0.18	6.57
1916	1.99	26.47	‥	1.98	5.05	3.37	6.54	0.25	7.00
1917	1.14	28.93	‥	2.92	4.57	3.25	5.38	0.53	8.15
1918	‥	27.28	‥	2.66	6.78	3.00	4.11	‥	10.79
1919	‥	32.42	‥	3.56	8.75	2.22	1.28	0.19	5.43
1920	‥	32.38	‥	3.47	8.08	2.26	0.70	0.31	5.13
1921	‥	23.03	‥	3.18	6.63	2.04	4.55	0.42	7.88
1922	‥	23.12	‥	2.68	5.28	2.31	8.45	2.09	6.48
1923	‥	18.79	‥	4.44	4.87	2.72	10.64	3.93	5.63
1924	‥	18.51	‥	4.50	6.66	2.91	6.21	4.69	7.50
1925	‥	20.65	‥	5.15	4.55	2.69	6.44	1.85	9.46
1926	‥	18.24	‥	6.74	4.66	2.47	7.99	2.47	7.31
1927	‥	15.21	‥	6.40	4.97	2.70	10.60	2.80	7.36
1928	‥	15.84	‥	8.37	5.65	2.18	5.44	2.91	8.21
1929	‥	14.87	‥	7.68	5.60	2.08	4.66	6.66	7.75
1930	‥	11.42	‥	5.33	5.79	1.97	9.26	3.30	6.54
1931	‥	8.43	‥	5.95	5.94	1.64	4.49	8.11	5.89

年度	烟	颜料	桐油	纸	煤、焦炭	木材	机械	棉花	杂货
	%	%	%	%	%	%	%	%	%
1882	‥	‥	‥	‥	‥	‥	‥	‥	24.53
1883	‥	‥	‥	‥	‥	‥	‥	‥	23.94
1884	‥	‥	‥	‥	‥	‥	‥	‥	22.90
1885	‥	‥	‥	‥	‥	‥	‥	‥	23.74
1886	‥	‥	‥	‥	‥	‥	‥	‥	25.65
1887	‥	‥	‥	‥	‥	‥	‥	‥	22.80
1888	‥	‥	‥	‥	‥	‥	‥	‥	21.15
1889	‥	‥	‥	‥	‥	‥	‥	‥	24.87
1890	‥	‥	3.22	‥	‥	‥	‥	‥	21.29
1891	‥	‥	3.93	‥	‥	‥	‥	‥	21.32
1892	‥	‥	3.11	‥	‥	‥	‥	‥	24.45
1893	‥	‥	3.68	‥	‥	‥	‥	‥	24.29
1894	‥	‥	4.94	‥	‥	‥	‥	‥	23.65
1895	‥	‥	3.85	‥	‥	‥	‥	‥	28.49

年度	烟	颜料	桐油	纸	煤、焦炭	木材	机械	棉花	杂货
	%	%	%	%	%	%	%	%	%
1896	‥	‥	4.48	‥	1.75	‥	‥	‥	22.17
1897	‥	‥	6.56	‥	1.82	‥	‥	‥	25.66
1898	‥	‥	5.68	‥	2.52	‥	‥	‥	25.32
1899	‥	‥	4.91	‥	2.42	‥	‥	‥	24.42
1900	‥	‥	6.61	‥	3.03	‥	‥	‥	25.44
1901	‥	‥	6.45	‥	3.11	‥	‥	‥	27.73
1902	0.63	1.30	3.67	‥	2.17	0.73	0.25	1.22	15.77
1903	0.93	1.47	4.81	0.82	2.60	0.65	3.17	0.29	14.84
1904	1.20	1.51	8.11	0.74	2.08	0.73	2.60	0.30	16.03
1905	1.42	1.44	4.54	0.67	1.59	0.70	2.87	0.34	15.50
1906	1.93	1.94	3.07	0.99	2.14	1.32	4.24	0.18	17.78
1907	1.40	2.20	4.80	0.79	1.84	1.47	4.59	0.41	18.92
1908	1.76	1.79	6.93	0.92	2.14	1.21	4.98	0.44	18.88
1909	1.72	1.90	5.51	0.93	2.02	0.80	4.56	0.48	20.26
1910	2.03	2.10	4.70	1.19	1.77	1.05	3.36	0.96	20.44
1911	2.22	2.61	7.38	1.19	1.80	0.85	2.38	0.19	20.23
1912	2.58	2.42	5.25	0.91	1.74	0.53	2.08	1.31	22.67
1913	2.92	3.07	4.46	1.26	1.66	0.87	2.03	0.52	22.07
1914	2.92	2.79	6.16	1.17	1.50	1.12	3.76	0.50	19.94
1915	3.12	0.56	6.17	1.39	1.80	0.76	2.32	1.46	21.32
1916	5.83	0.70	6.16	1.85	1.75	1.56	5.12	1.56	22.82
1917	6.46	0.67	6.07	1.14	2.75	0.80	2.60	1.17	23.47
1918	5.48	0.77	5.10	1.31	2.29	1.08	2.63	1.09	25.63
1919	4.21	1.41	7.22	1.58	1.95	1.12	5.69	1.00	21.97
1920	4.69	3.65	7.13	1.86	1.89	1.58	5.39	2.36	19.12
1921	4.41	3.23	6.41	1.69	1.53	0.89	9.88	3.96	20.27
1922	4.49	2.63	6.71	1.45	1.14	1.27	8.08	4.44	19.38
1923	4.52	2.82	6.31	1.80	1.42	1.06	4.17	5.83	21.05
1924	5.22	3.88	5.68	1.97	1.55	1.58	3.62	4.82	20.70
1925	4.05	2.41	6.97	2.01	2.76	1.29	3.00	7.38	19.34
1926	4.22	1.88	5.03	2.46	2.41	1.44	3.12	8.34	21.22
1927	3.52	2.02	4.27	2.51	2.21	1.34	3.61	7.88	22.60
1928	5.06	2.38	5.22	2.43	1.91	1.51	3.26	5.68	23.95
1929	3.80	2.62	4.36	2.71	1.51	2.20	4.73	7.20	21.57
1930	4.38	1.97	4.19	2.85	1.91	1.77	5.44	10.10	23.78
1931	4.35	2.75	4.50	3.17	1.51	2.42	4.83	12.49	23.53

出处：China，Maritime Customs. *Decennial Reports*，1922—1931. Appendix pp. 180—181.

I —2—d　中国出口商品比率

年度	生丝	丝	砂糖	大豆豆粕	棉花	毛皮	植物油	种子	禽蛋	羊毛	煤	矿物	织物	杂货
	%	%	%	%	%	%	%	%	%	%	%	%	%	
1882	33.91	46.53	4.61	..	..	..	..	..	..	..	..	..	..	14.95
1883	34.10	45.83	5.42	..	..	..	..	..	..	..	..	..	..	14.65
1884	34.52	43.27	5.75	..	..	..	..	..	..	..	..	..	..	16.46
1885	30.77	49.64	2.90											16.69
1886	37.35	43.40	2.18											17.07
1887	36.91	34.99	2.18											25.92
1888	34.83	32.78	2.70	..	2.41								..	27.28
1889	37.55	29.15	2.81		5.20									25.29
1890	34.72	30.60	3.06		3.43									28.19
1891	36.56	30.74	2.57		3.80									26.33
1892	37.33	25.33	2.02		4.96									30.36
1893	32.68	26.20	1.99		5.29									33.84
1894	33.29	24.87	1.90		5.75									34.19
1895	35.37	22.64	1.49		7.82									32.68
1896	32.11	23.01	..	2.96	3.83	3.41								34.68
1897	33.79	17.87	..	3.64	4.52	3.76								36.42
1898	35.28	18.16	..	4.92	1.98	4.29								35.37
1899	41.94	16.07	..	4.81	1.52	3.95								31.71
1900	31.10	16.00	..	3.44	6.20	4.10							..	39.16
1901	35.91	10.91	..	5.05	2.77	5.04	..	..	..	..	..	..	..	40.32
1902	36.98	10.67	..	4.57	6.15	5.13	1.63	0.95	..	1.32	..	..	0.78	30.82
1903	34.66	12.29		5.06	6.21	4.80	1.52	0.95	..	1.24	..	..	0.76	32.51
1904	32.68	12.61		3.04	10.36	6.04	1.79	0.70	0.69	2.12	0.03	1.60	0.92	27.42
1905	30.89	11.16		5.76	5.28	6.44	1.59	1.60	0.89	2.96	0.04	1.93	1.22	30.24
1906	30.15	11.26	..	4.32	4.92	6.04	2.06	2.68	1.25	2.27	0.01	2.19	1.46	31.39
1907	33.70	12.00	..	4.69	6.41	5.99	1.60	2.09	0.90	1.64	0.02	1.92	0.87	28.17
1908	29.97	11.89	..	8.45	3.74	4.34	1.96	3.78	0.94	1.53	0.06	2.45	1.00	29.89
1909	26.56	9.90	..	15.35	4.26	4.86	1.80	4.24	1.10	2.17	0.32	1.85	1.02	26.57
1910	26.10	9.44	..	9.58	7.39	5.23	3.47	5.61	1.05	1.26	0.45	2.56	0.81	27.05
1911	24.56	10.16	..	12.72	5.67	4.38	3.65	5.20	1.02	1.95	0.51	2.63	1.12	26.43
1912	25.25	9.12	..	11.07	4.59	4.10	3.82	6.20	1.18	1.73	0.91	3.92	1.17	26.94
1913	26.00	8.42	..	11.97	4.03	5.90	2.83	5.68	1.42	1.56	1.63	3.67	0.97	25.92
1914	22.46	10.23	..	13.25	3.57	5.82	3.62	4.71	2.03	2.08	2.52	3.56	0.96	25.19
1915	24.07	13.26	..	9.77	3.27	5.88	3.73	4.39	2.01	2.88	1.45	5.12	1.07	23.10
1916	23.04	9.04	..	9.07	3.55	5.69	5.27	3.10	2.56	2.44	1.19	9.39	1.15	24.51
1917	22.93	6.29	..	9.37	4.33	6.32	6.42	1.68	3.09	2.55	1.36	9.29	1.48	24.89
1918	22.06	2.90	..	10.27	7.80	4.97	8.44	1.65	2.27	2.43	1.68	9.40	1.50	24.63
1919	21.89	3.55	..	13.16	4.80	4.14	7.43	4.53	3.95	2.11	1.15	3.57	1.71	28.01
1920	18.92	1.64	..	12.81	1.70	4.03	5.98	4.14	3.96	0.89	2.26	4.70	2.11	36.86
1921	25.40	2.10	..	13.94	2.74	2.65	3.37	4.13	4.11	2.10	1.87	2.88	1.77	32.94

年度	生丝	丝	砂糖	大豆豆粕	棉花	毛皮	植物油	种子	禽蛋	羊毛	煤	矿物	织物	杂货
	%	%	%	%	%	%	%	%	%	%	%	%	%	%
1922	26.47	2.59	‥	14.34	3.49	3.10	4.28	3.43	4.57	2.31	2.28	3.21	1.72	28.21
1923	23.99	3.04	‥	14.51	4.33	3.45	5.59	4.09	3.93	1.64	2.73	2.90	2.23	27.57
1924	19.10	2.74	‥	16.45	5.24	2.78	6.16	4.71	4.08	2.08	2.66	3.26	3.10	27.64
1925	22.99	2.85	‥	15.54	3.84	3.87	5.98	4.12	4.25	2.15	2.58	3.48	2.45	25.90
1926	22.18	3.03	‥	16.79	3.40	3.30	6.64	4.79	4.42	1.03	2.51	3.27	5.31	23.33
1927	18.27	3.44	‥	17.09	5.15	3.84	6.52	3.33	3.65	1.72	2.72	2.76	6.65	24.86
1928	18.94	3.75	‥	20.31	3.44	5.23	4.03	2.98	4.42	1.95	2.39	3.04	6.19	23.33
1929	18.74	4.06	‥	21.26	2.92	4.43	4.20	3.86	5.09	1.47	2.54	3.31	5.85	22.27
1930	16.01	2.94	‥	18.02	2.96	3.80	7.59	5.97	5.72	0.85	2.58	3.82	6.00	23.74
1931	13.87	3.66	‥	21.12	2.96	4.10	5.71	6.17	4.15	1.06	2.83	2.96	8.42	22.99

出处：China，Maritime Customs．*Decennial Reports*，1922—1931. Appendix p. 190.

Ⅰ —2—e　棉布、棉的进口

（单位 1,000）

年　　度	棉　　布	毛巾、手帕	棉　　丝	总　　额
1882	12,159	240	185	22,707
1883	11,500	362	228	22,047
1884	11,229	386	262	22,141
1885	15,706	380	388	31,494
1886	14,041	613	383	29,115
1887	15,267	770	593	37,048
1888	18,664	1,253	684	44,438
1889	14,275	1,172	679	36,136
1890	16,561	836	1,082	45,020
1891	17,601	1,069	1,211	53,290
1892	16,359	1,190	1,304	52,707
1893	12,498	1,435	982	45,138
1894	13,343	715	1,160	52,105
1895	13,437	747	1,132	53,074
1896	18,919	2,271	1,621	79,243
1897	16,914	1,163	1,571	78,663
1898	15,524	841	1,959	77,619
1899	19,419	1,459	2,745	103,465
1900	15,964	1,189	1,488	75,606
1901	16,688	954	2,273	99,652
1902	22,958	1,802	2,448	127,545
1903	19,272	1,808	2,738	128,620
1904	18,704	1,752	2,281	124,083

年　　度	棉　　布	毛巾、手帕	棉　　丝	总　　额
1905	35,760	2,224	2,560	181,453
1906	28,734	2,568	2,541	152,728
1907	18,193	2,235	2,273	118,916
1908	16,906	1,621	1,823	110,898
1909	21,196	2,404	2,406	137,291
1910	17,013	2,702	2,283	130,679
1911	23,911	2,284	1,860	143,802
1912	22,928	2,539	2,299	144,089
1913	30,754	3,466	2,685	182,419
1914	28,799	2,788	2,542	183,329
1915	21,679	2,376	2,686	150,004
1916	19,332	3,193	2,467	136,679
1917	23,441	3,090	2,076	158,950
1918	18,594	2,576	1,132	151,380
1919	24,879	2,627	1,406	209,786
1920	24,737	1,873	1,325	246,813
1921	18,579	1,185	1,273	208,662
1922	23,178	740	1,220	218,523
1923	19,700	2,006	775	173,520
1924	23,165	804	576	188,501
1925	22,043	580	647	195,702
1926	24,738	1,591	449	205,026
1927	20,030	482	295	154,039
1928	25,657	619	285	189,501
1929	26,095	501	234	188,183
1930	19,183	192	162	149,511
1931	12,360	197	48	120,881

出处：China，Maritime Customs. *Decennial Reports*，1922—1931. Appendix p. 182.

I —2—f　外国各类棉制品商品的进口

（单位 1,000）

商品名	1892	1893	1894	1895	1896	1897	1898	1899	1900	1901	1902	1903	1904	1905
原色布美												220	232	460
〃　英												3,876	3,538	6,274
〃　印	>6,461	4,302	4,839	5,387	5,517	4,958	5,131	5,131	4,502	4,122	6,327	5	7	72
〃　日												29	6	17
其　他												13	2	4
白色布	2,289	1,823	2,527	1,844	2,569	2,293	2,199	2,754	2,476	2,477	3,543	2,382	2,766	4,374
染色素布	166	55	52	45	84	112	77	118	109	170	126	113	76	190
香港染色											27	97	158	145

续　表

商品名	1892	1893	1894	1895	1896	1897	1898	1899	1900	1901	1902	1903	1904	1905
素布														
标布英			996	1,414	1,405	1,215	1,317	1,199	818	918	1,128	969	765	1,341
″印	2,090	1,538	250	370	290	368	84	84	17	15	126	15	59	367
″日			2	12	13	25	104	243	105	299	303	357	226	213
其他												4	3	24
粗斜绞布美英	645	427	705	518	1,227	1,532	1,315	1,626	806	1,650	1,741	1,555	1,310	3,361
″印	102	403	208	149	132	76	73	79	69	79	160	67	130	285
											15	28	66	61
″日			12	10	9	1	1	10	1		12	99	160	97
其他	Dutch 35	Dutch 63	Dutch 101	Dutch 72	Dutch 84	Dutch 26	Dutch 18	Dutch 40	Dutch 45	Dutch 33	21	70	10	67
细斜绞布英	20	24	26	22	52	68	106	126	137	97	185	163	158	382
″日	124	93	177	111	128	183	124	76	116	41	361	140	361	814
其他	Dutch 16	Dutch 27	Dutch 41	Dutch 39	Dutch 54	Dutch 51	Dutch 38	Dutch 31	Dutch 23	Dutch 14	34	34	11	75
原色粗布英	1,326	903	1,276	762	2,252	2,419	2,484	3,976	2,312	2,841	4,706	2,844	2,004	8,344
″英	687	798	400	506	1,020	390	523	764	605	397	643	407	547	461
商品名	1892	1893	1894	1895	1896	1897	1898	1899	1900	1901	1902	1903	1904	1905
″印			95	63	157	24	17	41	43	3	61	6	51	150
″日			10	3	26	25	7	32	27	13	115	245	215	453
其他			Dutch 8	Dutch 5	Dutch 1				Dutch 2	Dutch 1	4	8	4	21
チソツ印花布	646	551	418	617	1,204	932	269	521	969	394		1,049	378	488
印花棉羽缎	191	117	22	76	183	82	5	24	69	56	1,163	192	95	158
席法布等												88	91	97
印花标布												326	192	249
″(1)	367	174	209	279	364	174	229	323	289	193	277	678	526	691
″(2)												461	1,295	1,536
″(3)	601	596	530	450	979	1,141	734	941	1,216	1,614	1,630	408	345	484
″(4)												802	1,051	1,449
手帕	607	552	238	441	1,077	414	305	678	524	430	776	583	583	868
日本手帕			20	24	48	23	18	22	28	27	62	41	29	57
毛巾（方眼）			368	189	990	585	326	550	423	203	611	670	378	313
（蛇皮）	583	883	90	93	155	142	192	209	214	294	353	135	159	250
												379	604	736
フラソネル（Pieces）			116	168	256	186	211	574	428	535	315	444	773	847
日本棉布			194	86	90	173	151	181	136	112	1,285	1,322	1,477	1,372
棉剪绒											1,915	1,652	2,898	3,170
绵丝英	49	44	68	56	58	51	74	59	31	53	32	17	8	22
″印	1,254	938	1,061	1,057	1,461	1,236	1,400	1,906	986	1,717	1,887	1,881	1,629	1,847
″日			31	19	101	284	485	780	472	498	522	831	639	681
其他											6	9	5	4
棉绵球	2	2	2	2	4	2	4	4	2	3	2			1
辘轳棉线											91	170	356	420

续　表

商品名	1906	1907	1908	1909	1910	1911	1912	1913	1914	1915	1916	1917	1918	1919	1920	1921
原色布 美	309	36	292	52	71	55	3	46	3				1	88	26	4
〃 英	4,589	3,389	4,422	4,388	2,306	4,698	3,211	4,109	3,406	2,993	1,612	1,539	691	1,448	1,647	1,125
〃 印	5	4	10	4			1		6							
〃 日	2	54	164	116	43	30	62	184	248	287	686	1,622	950	2,093	1,481	1,539
其他					1		4		12	2	10				6	
白色布	3,586	3,120	2,721	4,030	2,050	3,975	4,077	4,491	4,333	3,104	3,469	2,823	2,180	3,771	3,579	2,103
染色素布	169	275	117	77	95	141	249	108	188	62	64	103	70	106	145	74
香港染色素布	106	102	124	156	120	107	108	121	121	64	55	61	72	54	58	58
标布 英	1,637	1,082	881	1,119	963	1,064	1,077	1,284	804	549	400	377	240	321	471	251
〃 印	56	55	130	112	121	21	25	40	1							
〃 日	278	178	134	129	117	145	183	371	321	565	744	916	935	1,010	758	446
其他	6	9	3		2	6	5	1	4	25	25	68	58	82	44	78
粗斜绞布 美	2,002	163	553	1,016	382	503	462	525	146	90	59	3		84	38	54
〃 英	185	80	105	129	103	65	75	86	46	36	21	21	18	28	29	46
〃 印	8	4	2	7	5		1		1							
〃 日	181	356	431	599	1,135	1,025	824	1,677	2,191	1,591	977	1,411	930	1,032	435	570
其他	39	6	3	15	14			3	1					4		
细斜绞布 美	238	5	118	96	13	58	1	42	21	5	1	4	10	13	21	22
〃 英	439	448	753	711	922	1,353	1,102	1,555	1,610	979	178	170	117	241	615	303
〃 日							28	86	307	807	1,252	1,452	1,964	1,463	1,712	1,544
其他	28	7	40	35	45	39	25	39	50	22					30	16
原色粗布 英	5,995	375	623	2,692	920	1,372	1,464	1,669	870	543	354	65	90	437	479	546
〃 英	349	106	111	315	168	163	77	134	192	45	51	58	9	44	94	36
〃 印	17	4		11	22											
〃 日	273	252	258	553	1,094	1,628	1,946	3,398	4,661	2,457	1,922	2,616	2,227	1,960	1,954	1,716
其他	4			1	1			9	43	1						
チソツ	736	879	380	339	625	780	899	1,183	1,330	423	614	1,499	839	1,741	1,595	829
印花布	163	162	61	67	77	103	64	83	75	17	5	16	4	2	21	15
印花棉羽缎	102	222	88	71	197	140	123	148	205	47	27	61	59	26	121	59
席法布等	390	311	103	68	94	141										
印花标布 〃(1)	843	786	365	487	518	538	304	986	469	360	476	566	542	1,154	614	838
〃(2)	1,303	1,921	1,324	969	1,586	1,496	1,183	1,746	1,788	1,219	1,133	1,158	995	1,069	1,450	1,044
〃(3)	677	979	545	529	637	646	776	1,002	1,071	725	788	1,182	1,219	1,953	2,597	2,199
〃(4)	1,675	1,157	654	478	556	869	910	873	677	738	579	667	750	460	617	405
手帕	1,011	651	425	804	837	721	892	1,203	851	641	798	691	448	745	938	699
日本手帕	49	51	35	76	72	131	49	82	99	209	780	627	572	782	524	304
															1	
毛巾 (方眼)	301	315	184	260	315	176	250	327	298	239	209	159	91	80	69	60
														1	2	1
(蛇皮)	343	468	407	614	470	349	387	547	338	1,288	1,406	1,612	1,464	1,019	342	121
	864	751	570	650	1,008	907	960	1,308	1,264							
フラソネル	533	433	498	532	666	575	685	879	665	625	660	1,028	515	703	630	589
日本棉布	1,383	3,025	5,265	22,799	16,164	12,503	11,928	13,313	32,868	92,187	86,149	106,647	83,873	98,537	98,458	61,082
棉剪绒	3,463	3,472	3,685	4,537	4,412	1,455	2,643	6,574	4,602	1,326	1,591	3,399	3,542	1,027	1,643	1,728

续　表

商品名	1906	1907	1908	1909	1910	1911	1912	1913	1914	1915	1916	1917	1918	1919	1920	1921
绵丝英	31	33	27	22	5	8	11	5	4						13	14
〞　印	1,840	1,641	1,365	1,675	1,304	1,058	1,296	1,331	1,140	1,179	1,068	956	361	838	662	517
〞　日	654	564	401	675	938	767	950	1,301	1,499	1,445	1,351	1,065	746	531	611	701
其　他	16	35	29	34	35	27	42	49	58	61	48	55	25	36	39	42
棉绵球	1	1	1	3	3	3	2	4	4	3	4	5	5	5	2	3
辘轳棉线	412	367	372	518	531	552	558	639	552	458	606	577	489	655	960	1,475

　　（1）红布及色标布（绯金巾）；（2）黑素棉羽绸、黑素泰西缎、黑素棉羽绫；（3）色素棉羽绸、色素泰西缎、色素棉羽绫；（4）花棉羽绸、花泰西缎、花棉羽绫。

　　出处：据 China，Maritime Customs. *Decennial Reports* 各号 Appendix 制成。

Ⅰ—3—a　　上海两汇兑行市

年　度	最　　　　高		最　　　　低		最　　高（上海两 100 两）			最　　低（上海两 100 两）		
	s.	d.	s.	d.	£	s.	d.	£	s.	d.
1872	6	1	5	10		30	8	4	29	3	4
1873	5	11	5	7	3/4	29	11	8	28	4	7
1874	6	0	1/2	5	8	1/4	30	4	2	28	8	9
1875	5	9	3/8	5	7	1/8	28	18	1　1/2	27	19	41/2
1876	5	9	7/8	5	0	3/4	29	2	3　1/2	25	6	3
1877	5	8	1/2	5	4	1/4	28	10	10	26	15	5
1878	5	6	1/2	4	11	5/8	27	14	2	24	15	2　1/2
1879	5	4	1/2	4	10	1/4	26	17	6	24	5	5
1880	5	4	5/8	5	1	1/2	26	18	6　1/2	25	12	6
1881	5	2		5	1	3/8	25	16	8	25	11	5　1/2
1882	5	3	5/8	5	0	1/4	26	10	2　1/2	25	2	1
1883	5	3	5/8	5	0	5/8	26	10	2　1/2	25	2	1　1/2
1884	5	2	3/4	4	10		26	2	11	24	3	4
1885	4	11		4	8	1/4	24	11	8	23	8	9
1886	4	9	3/8	4	3	5/8	23	18	1　1/2	21	10	2　1/2
1887	4	9	3/8	4	4	1/8	23	18	1　1/2	21	14	4　1/2
1888	4	5	1/4	4	2	1/4	22	3	9	20	18	9
1889	4	6	1/2	4	2	3/8	22	14	2	20	19	9　1/2
1890	5	3		4	3	7/8	26	5	0	21	12	3　1/2
1891	4	9	1/4	4	3	1/2	23	17	1	21	9	2
1892	4	2	3/4	3	8	1/2	21	2	11	18	10	10
1893	3	10	3/8	3	1	3/8	19	6	5　1/2	15	11	5　1/2

年 度	最 　 高			最 　 低			最 　 高（上海两 100 两）			最 　 低（上海两 100 两）		
1894	3	1	3/4	2	7	7/8	15	14	7	13	5	7 1/2
1895	3	0	7/8	2	8	3/8	15	7	3 1/2	13	9	9 1/2
1896	3	1	1/8	2	10	5/8	15	9	4 1/2	14	8	6 1/2
1897	2	11	1/8	2	3	1/4	14	12	8 1/2	11	7	1
1898	2	8	7/8	2	5	3/8	13	13	11 1/2	12	4	9 1/2
1899	2	9	1/8	2	7		13	16	0 1/2	12	18	4
1900	2	11	1/8	2	8		14	12	8 1/2	13	6	8
1901	2	10	1/2	2	5	1/8	14	7	6 12	2	8	1/2
1902	2	6	1/2	2	1	3/4	12	14	2	10	14	7
1903	2	7	3/8	2	1	5/8	13	1	5 1/2	10	13	6 1/2
1904	2	9	1/8	2	3	7/8	13	16	0 1/2	11	12	3 1/2
1905	2	11	1/4	2	6	1/4	14	13	9	12	12	1
1906	3	1	7/8	2	9	5/8	15	15	7 1/2	14	0	2 1/2
1907	3	1		2	4	5/8	15	8	4	11	18	6 1/2
1908	2	7		2	2	3/8	12	18	4	10	19	9 1/2
1909	2	5	1/4	2	3	1/4	12	3	9	11	7	1
1910	2	6	11/16	2	3	1/2	12	15	8 3/4	11	9	2
1911	2	5	7/8	2	4	1/4	12	8	11 1/2	11	15	5
	s.	d.	s.	d.	£	s.	d.	£	s.	d.		
1912	2	10	13/16	2	5	7/8	14	10	1 1/4	12	8	11 1/2
1913	2	10	3/4	2	6	13/16	14	9	7	12	16	9 1/4
1914	2	7	11/16	2	1	15/16	13	4	0 3/4	10	16	1 3/4
1915	2	7	13/16	2	2	3/4	13	5	1 1/4	11	2	11
1916	3	6	9/16	2	6	11/16	17	14	8 1/4	12	15	8 3/4
1917	4	10	5/8	3	3	9/16	24	8	6 1/2	16	9	8 1/4
1918	5	6	1/4	4	2	5/8	27	12	1	21	1	10 1/2
1919	7	10	1/4	4	6	1/4	39	5	5	22	12	1
1920	9	3	1/4	3	11	1/4	46	7	1	19	13	9
1921	4	2	1/4	2	11	1/4	20	18	9	14	13	9

出处：据 China, Maritime Customs. *Decennial Reports* 各号 Appendix 制成。

Ⅰ—3—b　外国汇兑行市

（相当于 1 海关两）

年 度	英 　 镑			美 元	法 郎	德国马克	日 元	墨西哥元	印度卢比
	s.	d.							
1882	5	8	1/2	1.38	7.13			1.53	
1883	5	7	1/4	1.35 1/2	7.05			1.53 1/2	
1884	5	7	1.35		7.06			—	
1885	5	3	1/2	1.28	6.64			1.52	
1886	5	0	1/8	1.22	6.34	5.11		1.45	
1887	4	10	1/4	1.20	6.18	4.95		1.54	

年　度	英　镑			美　元	法　郎	德国马克	日　元	墨西哥元	印度卢比
1888	4	8	3/8	1.15	5.93	4.75		1.54	
1889	4	8	3/4	1.15	5.95	4.85		1.54	
1890	5	2	1/4	1.27	6.47	5.29		1.54	
1891	4	11		1.20	6.20	5.00		1.53	
1892	4	4	1/4	1.07	5.49	4.44		1.54	
1893	3	11	1/4	0.96	4.97	4.02		1.54	
1894	3	2	3/8	0.77	4.02	3.26		1.51	
1895	3	3	1/4	0.80	4.11	3.34		1.53	2.94
1896	3	4		0.81	4.20	3.39		1.53	2.78
1897	2	11	3/4	0.72	3.73	3.03		1.50	2.34
1898	2	10	5/8	0.70	3.76	2.94		1.51	2.17
1899	3	0	1/8	0.73	3.79	3.06		1.53	2.25
1900	3	1	1/4	0.75	3.90	3.16		1.55	2.32
1901	2	11	9/16	0.72	3.73	3.02		1.52	2.22
1902	2	7	1/5	0.63	3.28	2.65		1.51	1.95
1903	2	7	2/3	0.64	3.34	2.68	1.28	1.54	1.97
1904	2	10	2/5	0.66	3.60	2.92	1.40	1.55	2.14
1905	3	0	1/10	0.73	3.78	3.07	1.47	1.55	2.25
1906	3	3	1/2	0.80	4.12	3.36	1.60	1.54	2.46
1907	3	3		0.79	4.09	3.33	1.58	1.51	2.42
1908	2	8		0.65	3.37	2.74	1.31	1.48	2.02
		s.	*d.*						
1909	2	7	3/16	0.63	3.28	2.66	1.27	1.48	1.95
1910	2	8	5/16	0.66	3.40	2.76	1.31	1.49	2.01
1911	2	8	1/4	0.65	3.40	2.75	1.32	1.48	2.00
1912	3	0	5/8	0.74	3.85	3.12	1.49	1.52	2.27
1913	3	0	1/4	0.73	3.81	3.08	1.47	1.51	2.25
1914	2	8	3/4	0.67	3.45	2.79	1.34	1.47	2.04
1915	2	7	1/8	0.62	3.39	2.67	1.25	1.41	1.95
1916	3	3	13/16	0.79	4.63	3.68	1.54	1.54	2.46
1917	4	3	13/16	1.03	5.94	4.78	1.98	1.63	3.11
1918	5	3	7/16	1.26	7.11	—	2.37	1.61	3.55
1919	6	4		1.39	10.12	—	2.72	1.68	3.54
1920	6	9	1/2	1.24	17.79	—	2.38	1.58	3.34
1921	3	11	7/16	0.76	10.29	—	1.57	1.50	2.92

出处：Haiao Liang-lin. *China'S Foreign Trade Statistics* 1864—1894. Harvard University Press，1974. pp. 191—192.

Ⅰ—3—c　金银的进出口

（单位:海关两）

年度	进　　　口							合计
	金			银			铜	
	条、碎	硬币	计	条、马蹄银	硬币	计	硬币	
	Hk. Tls.	Hk. Tls.	Hk. Tls.	Hk. Tls.	Hk. Tls.	Hk. Tls.	Hk. Tls.	Hk. Tls.
1892	100,727	244,990	345,717	1,101,699	9,224,013	10,325,712	1,104	10,672,533
1893	210,181	250,902	461,083	8,277,286	11,711,452	19,988,738	6,134	20,455,955
1894	23,465	16,012	39,477	24,124,516	12,281,184	36,405,700	2,866	36,448,043
1895	263,342	41,432	304,774	22,321,287	24,614,922	46,936,209	4,785	47,245,768
1896	761,452	6,714	768,166	2,948,951	14,703,640	17,652,591	184,793	18,605,550
1897	1,045,794	80,508	1,126,302	5,350,671	15,054,487	20,405,158	85,600	21,617,060
1898	859,621	9,004	868,625	16,372,222	14,985,138	31,357,360	149,127	32,375,112
1899	693,388	2,648	696,036	10,643,303	14,058,562	24,701,865	96,660	25,494,561
1900	863,059	5,330,562	6,193,621	20,453,545	18,705,221	39,158,766	27,970	45,380,357
1901	141,014	768,771	909,785	6,712,803	7,649,693	14,362,496	3,088	15,275,369
1902	5,900	187,377	193,277	4,788,569	13,648,910	18,437,479	18,346	18,649,102
1903	1,045,611	2,958,369	4,003,980	6,822,720	16,178,445	23,001,165	453,150	27,458,295
1904	5,669	9,925,181	9,930,850	4,718,460	18,800,178	23,518,638	670,313	34,119,801
1905	6,107	11,103,501	11,109,608	7,815,888	23,612,846	31,428,734	380,627	42,918,969
1906	7,633	6,998,883	7,006,516	5,558,060	13,774,678	19,332,738	94,828	26,434,082
1907	1,172,773	7,101,248	8,274,021	445,450	6,624,170	7,069,620	125,918	15,469,559
1908	106,500	1,407,925	1,514,425	10,543,774	9,572,828	20,116,602	1,906	21,632,933
1909	45,802	967,995	1,013,797	22,055,008	8,809,300	30,864,308	1,427	31,879,532
1910	5,906	3,553,518	3,559,424	30,644,728	13,953,806	44,598,534	70,657	48,228,615
1911	40,823	3,982,707	4,023,530	35,149,081	25,933,876	61,082,957	13,549	65,120,036
1912	284,437	9,012,091	9,296,528	28,407,775	16,690,522	45,098,297	3,295	54,398,120
1913	84,143	2,981,147	3,065,290	46,608,824	9,102,666	55,711,490	8,700	58,785,480
1914	11,106	850,061	861,167	7,661,852	8,836,892	16,498,744	1,140	17,361,051
1915	47,485	771,342	818,827	11,564,126	9,153,380	20,717,506	2,724	21,539,057
1916	8,447,997	11,455,120	19,903,117	13,300,691	23,787,629	37,088,320	36,148	57,027,585
1917	711,036	13,160,742	13,871,778	16,197,966	11,309,326	27,507,292	26,733	41,405,803
1918	408,955	819,387	1,228,342	22,629,175	13,495,054	36,124,229	39,757	37,392,328

续　表

年度	进　　　　口							
	金			银			铜	合计
	条、碎	硬币	计	条、马蹄银	硬币	计	硬币	
1919	32,910,493	18,168,150	51,078,643	49,014,547	13,079,160	62,093,707	11,722	113,184,072
1920	23,022,152	27,944,728	50,966,880	100,602,785	25,751,603	126,354,388	7,272	177,328,540
1921	3,079,857	26,419,375	29,499,232	75,471,368	14,073,239	89,544,607	3,851	119,047,690

年度	出　　　　口							
	金			银			铜	合计
	条、碎	硬币	计	条、马蹄银	硬币	计	硬币	
	Hk. Tls.	Hk. Tls.	Hk. Tls.	Hk. Tls.	Hk. Tls.	Hk. Tls.	Hk. Tls.	Hk. Tls.
1892	6,937,128	748,203	7,685,331	3,761,112	11,949,332	15,710,444	…	23,395,775
1893	7,919,125	1,893	7,921,018	669,394	9,548,113	10,217,507	…	18,138,525
1894	12,810,548	1,791	12,812,339	916,501	9,737,890	10,654,391	…	23,466,730
1895	7,133,832	48,590	7,182,422	3,538,188	7,481,249	11,019,437	…	18,201,859
1896	8,882,755	…	8,882,755	2,321,389	13,610,795	15,932,184	…	24,814,939
1897	9,634,950	3,094	9,638,044	1,485,543	17,109,951	18,595,494	…	28,233,538
1898	8,566,304	6,164	8,572,468	6,084,769	20,287,372	26,372,141	22,666	34,967,275
1999	8,327,543	8,272	8,335,815	3,284,368	20,067,700	23,352,068	…	31,687,883
1900	4,543,447	447,859	4,991,306	4,456,494	19,257,260	23,713,754	…	28,705,060
1901	5,510,378	2,034,720	7,545,098	344,549	20,115,749	20,460,298	…	28,005,396
1902	9,331,594	271,904	9,603,498	5,821,571	26,460,562	32,282,133	…	41,885,631
1903	3,666,166	233,099	3,899,265	4,152,880	24,893,652	29,046,532	227	32,946,024
1904	1,379,714	104,721	1,484,435	9,186,564	27,941,804	37,128,368	60,169	38,672,972
1905	2,439,105	1,611,439	4,050,544	4,819,489	33,805,422	38,624,911	…	42,675,455
1906	2,264,053	902,340	3,166,393	7,494,445	30,516,161	38,010,606	8,789	41,185,788
1907	5,350,352	473,422	5,823,774	13,474,492	24,803,258	38,277,750	7,140	44,108,664
1908	10,588,270	2,443,740	13,032,010	3,689,226	28,694,292	32,383,518	…	45,415,528
1909	7,218,014	617,153	7,835,167	3,712,340	20,311,331	24,023,671	83	31,858,921
1910	4,068,610	467,642	4,536,252	6,885,132	15,918,755	22,803,887	85	27,340,224
1911	2,103,515	387,133	2,490,648	3,529,479	19,247,476	22,776,955	…	25,267,603
1912	1,827,267	11,156	1,838,423	11,144,499	14,705,146	25,849,645	7,600	27,695,668
1913	2,730,748	1,720,142	4,450,890	6,132,474	13,610,652	19,743,126	4,029	24,198,045
1914	12,757,741	1,104,176	13,861,917	5,746,143	24,375,550	30,121,693	70,334	44,053,944
1915	17,959,904	251,136	18,211,040	10,969,860	28,129,960	39,099,820	8,506	57,319,366
1916	7,977,982	124,286	8,102,268	42,753,869	23,012,577	65,766,446	1,102	73,869,816
1917	4,700,424	324,151	5,024,575	33,080,586	15,409,804	48,490,390	26	53,514,991
1918	2,264,081	17,578	2,281,659	5,457,452	7,171,850	12,629,302	393	14,911,354
1919	4,966,276	4,930,153	9,896,429	1,990,592	6,977,826	8,968,418	33	18,864,880
1920	35,228,151	33,241,209	68,469,360	10,015,836	23,699,574	33,715,410	413	102,185,183
1921	35,997,523	9,962,104	45,959,627	23,607,383	33,506,511	57,113,894	224	103,073,745

出处：据 China, Maritime Customs. *Decennial Reports* 各号 Appendix 制成。

I—4—a　主要进口商品历年平均价格

(1882—1921，单位:海关两)

英镑	s.	d.	年度	灰衬衣料子反	白衬衣料子反	被单布美国反	T布料反	斜纹布反	棉丝英国担	棉丝印度担	棉丝日本担	驼毛呢英国反	粗斜纹布反	棉花担
5	8	1/2	1882	1.10	1.69	2.55	1.06	1.42	19.68	…	…	8.84	7.89	10.74
5	7	1/4	1883	1.08	1.65	2.46	1.24	1.33	18.65	…	…	8.78	7.19	9.94
5	7		1884	1.01	1.50	2.38	1.03	1.95	18.76	…	…	8.70	6.56	9.54
5	3	1/2	1885	1.02	1.53	2.30	0.92	1.75	17.94	21.25	…	8.36	6.93	9.88
5	0	1/8	1886	0.99	1.55	2.24	1.01	1.71	17.72	22.00	…	8.26	6.34	8.03
4	10	1/4	1887	1.01	1.65	2.24	1.13	2.12	19.54	23.00	…	8.34	6.95	8.25
4	8	3/8	1888	1.06	1.73	2.50	1.12	2.11	22.22	17.50	…	8.34	6.97	9.66
4	8	3/4	1889	1.07	1.72	2.60	1.20	2.00	20.96	18.91	…	8.33	6.60	10.69
5	2	1/4	1890	1.00	1.63	2.34	1.18	2.06	20.94	17.63	…	7.77	6.33	10.54
4	11		1891	0.98	1.98	2.25	1.11	1.95	18.80	17.04	…	8.38	6.87	10.81
			平均	1.03	1.66	2.39	1.10	1.84	19.43	19.62	…	8.41	6.86	9.81
4	4	1/4	1892	0.96	2.06	2.40	0.88	1.82	17.82	16.78	…	8.78	7.83	10.85
3	11	1/4	1893	1.14	2.29	2.69	1.09	2.05	20.98	17.92	…	10.08	8.41	12.37
3	2	3/8	1894	1.36	2.43	2.90	1.16	2.41	22.78	17.98	17.00	10.89	11.28	12.90
3	3	1/4	1895	1.28	2.99	3.00	1.23	2.42	22.08	18.37	19.98	11.11	11.63	12.72
3	4		1896	1.29	2.72	2.96	1.53	2.58	23.24	19.58	19.82	11.38	9.82	13.19
2	11	3/4	1897	1.39	3.33	2.81	1.36	2.98	24.92	21.52	22.58	12.62	10.60	14.10
2	10	5/8	1898	1.34	3.06	2.50	1.33	2.95	24.32	19.17	21.40	11.90	10.33	12.40
3	0	1/8	1899	1.32	2.94	2.41	1.33	3.32	24.32	19.08	21.10	11.10	9.77	12.49
3	1	1/4	1900	1.62	3.19	2.69	1.42	3.79	26.00	19.49	21.30	10.78	9.76	13.60
2	11	9/16	1901	1.61	3.21	2.68	1.37	3.72	26.00	20.93	21.68	11.11	9.33	15.18
			平均	1.33	2.82	2.70	1.27	2.80	23.16	19.08	20.68	10.98	9.88	12.98
2	7	1/5	1902	1.68	4.77	3.22	2.09	3.14	31.09	21.75	23.14	11.26	8.79	15.18
2	7	2/3	1903	1.49	3.60	3.36	2.02	3.40	38.05	24.20	24.97	15.60	9.35	15.69
2	10	2/5	1904	1.70	3.91	3.39	1.84	3.20	26.04	25.01	25.01	11.56	10.25	16.87
3	0	1/10	1905	1.60	3.57	3.33	2.01	3.27	37.34	25.75	26.11	12.64	10.25	17.00
3	3	1/2	1906	1.50	3.27	3.31	2.10	3.32	32.73	25.05	25.44	15.11	9.66	16.05
3	3		1907	1.48	3.85	3.53	1.83	3.26	36.20	24.64	25.12	12.88	10.38	14.66
2	8		1908	1.79	4.33	3.41	2.11	3.33	40.00	24.35	25.41	15.23	13.09	17.62
2	7	3/16	1909	1.55	3.77	3.67	2.43	3.45	38.98	25.45	24.66	14.46	12.00	17.49
2	8	5/16	1910	1.85	4.21	3.88	2.58	3.87	53.80	27.96	25.03	14.42	12.26	21.68
2	8	1/4	1911	1.89	4.51	3.91	3.03	4.48	51.53	27.41	25.13	15.30	13.23	22.80
			平均	1.65	3.98	3.50	2.20	3.47	40.40	25.26	25.00	13.85	10.83	17.50
3	0	5/8	1912	1.69	4.04	3.68	2.78	4.48	42.38	27.60	25.01	14.12	10.48	22.13
3	0	1/4	1913	1.70	4.22	3.66	2.47	4.58	42.71	27.35	25.02	14.13	12.27	22.39
2	8	3/4	1914	1.77	4.50	4.03	2.62	4.95	46.81	26.06	26.06	15.04	13.70	22.71
2	7	1/8	1915	1.77	4.24	3.80	2.27	5.20	42.79	24.41	25.09	19.87	18.61	18.50
3	3	13/16	1916	1.90	4.01	4.01	2.02	5.45	43.81	24.00	25.18	22.14	20.86	19.79
4	3	13/16	1917	1.72	4.45	3.83	2.32	5.83	36.53	31.97	27.30	24.20	23.29	21.34
5	3	7/16	1918	2.42	5.97	4.88	2.82	6.36	…	45.42	47.40	29.57	27.94	31.93
6	4		1919	3.24	5.95	4.53	3.56	7.27	93.92	49.65	57.19	33.23	23.52	27.19
6	9	1/2	1920	3.75	7.15	7.91	4.35	8.54	94.90	59.30	56.81	28.00	24.76	26.53
3	11	7/16	1921	3.71	9.16	5.04	4.05	6.74	78.82	48.36	53.81	39.24	27.21	21.32
			平均	2.37	5.37	4.54	2.93	5.94	58.07	36.41	36.82	24.27	20.26	23.38

续　表

海关两英镑	年度	铁担	铜担	亚铅担	锡担	白铁皮担	米担	小麦担	玻璃箱	火柴日本打	砂糖担	鸦片猫里雾担	鸦片帕坦柜
5　8　1/2	1882	1.67	15.00	3.48	20.49	4.11	1.09	3.22	2.25	…	7.02	412.57	387.09
5　8　1/4	1883	1.75	15.00	3.21	20.21	4.11	1.04	3.32	2.17	…	5.32	352.31	385.32
5　7	1884	1.59	15.03	2.81	19.51	4.26	0.98	3.43	2.15	…	5.58	356.47	396.39
5　3　1/2	1885	1.36	13.47	3.00	17.71	3.97	1.13	3.00	2.12	…	5.33	349.83	392.01
5　0	1886	1.30	12.12	3.65	17.38	3.85	1.34	3.31	1.94	…	4.10	347.69	356.78
4　10　1/4	1887	1.43	9.61	3.59	25.62	4.05	0.99	3.37	1.81	0.20	8.97	347.69	336.86
4　8　3/8	1888	1.73	14.00	4.21	29.35	4.60	1.03	3.38	1.97	0.20	8.52	375.45	340.71
4　8　3/4	1889	1.78	14.00	3.78	24.92	4.42	1.17	3.27	1.94	0.20	9.05	368.15	368.66
5　2　1/4	1890	1.80	14.00	3.46	25.33	4.25	1.23	2.60	2.60	0.05	9.01	343.33	325.46
4　11	1891	1.58	16.13	3.37	23.28	3.63	1.28	2.60	1.88	0.17	9.00	327.33	324.66
平均		1.60	13.84	3.46	22.38	4.13	1.13	3.15	2.03	0.19	7.19	358.08	361.39
4　4　1/4	1892	1.57	16.00	3.26	25.07	4.53	1.55	2.86	1.96	0.17	4.70	346.41	448.09
3　11　1/4	1893	1.77	21.99	3.41	25.72	4.48	1.36	2.54	2.09	0.18	6.00	369.33	457.57
3　2　3/8	1894	2.06	20.01	4.06	26.15	4.46	1.54	2.90	2.20	0.21	6.47	422.05	545.29
3　3　1/4	1895	2.01	23.11	4.24	24.43	4.45	1.62	2.94	2.14	0.21	6.02	466.67	608.89
3　4	1896	2.01	18.82	4.53	23.59	4.91	1.81	3.00	2.28	0.21	5.37	494.57	584.29
2　11　3/4	1897	2.66	24.65	5.37	28.39	4.96	1.87	3.75	2.59	0.21	5.77	518.72	552.52
2　10　5/8	1898	2.65	22.25	5.73	30.55	5.02	2.18	3.95	2.95	0.21	5.85	496.08	588.10
3　0　1/8	1899	3.09	31.00	6.00	50.75	5.65	2.14	3.49	3.65	0.22	5.86	510.66	667.43
3　1　1/4	1900	3.10	32.30	6.80	45.61	8.66	2.18	2.94	3.78	0.23	5.91	549.74	758.46
2　11　9/16	1901	2.85	30.02	6.21	44.59	7.11	2.20	3.34	3.73	0.22	5.97	547.27	738.73
平均		2.38	24.02	4.96	32.49	5.42	1.85	3.17	2.74	0.21	5.79	472.15	594.94
2　7　1/5	1902	2.93	36.05	6.48	45.34	6.35	2.43	3.67	4.40	0.23	5.17	764	802
2　7　2/3	1903	3.33	27.97	6.03	50.94	7.29	2.73	3.74	4.09	0.24	5.52	786	889
2　10　2/5	1904	3.11	28.15	5.71	45.73	6.15	2.50	3.83	4.00	0.23	5.42	729	791
3　0　1/10	1905	2.55	29.35	5.20	43.00	5.80	3.83	3.98	3.65	0.21	5.50	808	719
3　3　1/2	1906	3.25	31.00	6.80	60.00	5.50	2.50	3.53	3.30		5.15	645	707
3　3	1907	3.00	35.00	7.48	65.00	6.08	2.70	3.17	2.73	0.22	5.04	610	593
2　8	1908	2.81	30.00	7.14	45.00	6.61	4.00	3.95	3.22	0.22	5.12	711	869
2　7　3/16	1909	2.74	29.02	6.10	39.78	7.03	4.13	4.51	3.28	0.22	5.27	828	833
2　8　5/16	1910	2.80	29.66	6.30	38.23	6.53	3.35	4.65	3.37	0.22	5.51	1,583	1,882
2　8　1/4	1911	2.72	28.77	5.92	34.40	7.28	3.52	3.99	3.16	0.22	5.57	1,937	1,992
平均		2.92	30.50	6.32	46.74	6.46	3.17	3.90	3.52	0.22	5.33	940	1,008
3　0　5/8	1912	2.63	28.65	6.34	39.12	6.32	4.33	3.96	3.14	0.23	5.76	2,301	2,045
3　0　1/4	1913	2.65	30.54	6.83	44.03	6.71	3.40	3.97	3.66	0.22	5.55	2,284	2,243
2　8　3/4	1914	2.69	25.44	7.93	43.81	6.65	3.24	4.16	3.90	0.23	5.12	5,289	4,895
2　7　1/8	1915	3.75	29.57	9.95	49.28	7.89	2.99	5.02	7.86	0.23	6.99	6,076	5,470
3　3　13/16	1916	5.24	28.06	14.09	51.34	9.42	2.99	5.03	8.21	0.35	9.07	9,740	7,411
4　3　13/16	1917	6.30	41.06	12.32	59.83	10.46	3.01	4.15	8.69	0.34	9.38	7,518	6,033
5　3　7/16	1918	7.94	35.19	11.38	67.66	13.38	3.26	5.00	9.63	0.35	8.56	…	…
6　4	1919	5.11	23.31	8.17	60.09	9.13	4.59	4.58	8.58	0.33	7.47	…	…
6　9　1/2	1920	5.42	22.32	7.15	50.90	9.18	4.66	4.56	11.39	0.33	11.17	…	…
3　11　7/16	1921	5.87	25.27	8.30	52.54	13.76	3.88	4.65	8.00	0.34	10.32	…	…
平均		4.76	28.94	9.25	51.86	9.29	3.64	4.51	7.31	0.30	7.94	5,535	4,683

出处：China，Maritime Customs. *Decennial Reports*，1912—1921. Appendix pp. 432—433.

Ⅰ—4—b 主要出口商品历年平均价格(1)

(1882—1921,单位:海关两/担)

年度	全 国 平 均									
	红茶	绿茶	砖茶	蚕茧	肉桂	毛皮	大黄	麝香斤	没食子	羊毛
1882	16.05	22.87	5.95	53.94	4.67	11.05	26.77	80.24	9.90	8.75
1883	17.01	20.42	6.86	68.70	3.88	10.60	28.11	99.52	9.15	8.12
1884	14.80	21.75	6.05	45.42	3.36	10.91	39.91	79.69	9.49	7.74
1885	16.39	19.41	5.40	45.00	2.85	10.41	39.91	79.86	9.40	7.63
1886	16.74	18.41	6.14	65.05	3.13	11.49	39.42	119.14	9.86	9.39
1887	15.13	16.49	6.98	56.39	4.74	10.24	39.98	80.06	9.93	8.18
1888	15.39	19.52	5.95	56.57	4.76	10.50	39.28	80.54	9.95	8.00
1889	16.23	19.85	7.12	55.91	4.61	11.51	34.27	80.80	10.04	9.14
1890	17.88	18.55	7.19	70.72	5.57	11.86	39.79	80.55	10.02	8.64
1891	20.75	17.15	7.08	58.37	5.80	9.67	35.98	127.41	9.33	8.36
平均	16.64	19.44	6.47	57.61	4.34	10.82	36.34	90.78	9.71	8.40
1892	17.15	18.50	7.10	63.37	6.48	7.87	31.66	100.20	11.98	8.91
1893	18.43	24.15	7.00	64.10	6.69	7.87	28.87	137.90	11.89	10.18
1894	18.85	24.88	7.08	67.01	6.60	9.16	24.29	107.93	7.63	9.24
1895	20.56	20.04	8.51	45.00	4.07	8.50	25.66	161.80	8.85	8.78
1896	21.27	25.94	8.38	48.13	7.14	11.53	27.56	159.25	12.55	7.99
1897	22.41	29.84	10.57	59.45	7.68	14.18	42.16	184.39	24.68	10.55
1898	22.95	24.02	9.59	82.50	8.09	16.55	33.28	215.92	18.61	8.12
1899	23.33	22.60	9.68	88.20	10.05	16.88	21.14	215.81	19.96	14.83
1900	20.38	23.54	9.71	86.54	10.09	17.73	22.98	191.43	22.32	13.35
1901	17.14	23.22	8.73	74.90	10.60	19.28	19.74	217.47	21.75	11.97
平均	20.25	23.67	8.64	67.92	7.75	12.96	27.73	169.21	16.02	10.39
1902	17.62	25.84	7.08	113.91	11.90	19.40	17.81	255.95	17.31	12.27
1903	17.53	27.72	7.56	139.18	11.96	19.47	23.14	290.79	20.77	12.82
1904	22.12	39.27	8.90	85.85	13.91	25.51	12.10	278.95	17.98	17.64
1905	21.31	34.25	8.20	94.62	13.93	26.40	18.76	346.34	19.34	17.44
1906	20.90	36.95	11.04	93.89	15.21	25.60	21.76	491.84	16.80	15.30
1907	21.79	34.64	11.20	91.15	17.94	27.53	18.99	479.56	16.74	13.94
1908	22.24	34.21	13.08	92.90	17.19	25.51	19.62	471.13	17.62	16.32
1909	25.30	34.56	13.52	106.77	20.00	27.55	19.93	437.26	16.68	19.84
1910	28.25	32.69	13.20	105.81	19.00	27.39	13.42	254.13	17.14	20.91
1911	29.15	36.07	14.21	91.80	19.10	27.86	14.78	335.53	18.32	20.75
平均	22.62	33.62	10.80	101.59	16.01	25.22	18.03	364.15	17.87	16.72
								Per Tael		
1912	24.36	36.64	13.29	107.41	16.80	26.62	12.83	17.71	16.26	21.39
1913	26.42	39.26	13.93	91.41	13.15	30.49	12.99	23.75	19.24	19.58
1914	26.42	40.43	15.47	87.87	10.30	32.62	16.80	21.35	19.87	22.16
1915	35.79	49.78	18.20	75.87	8.00	38.43	16.32	21.76	18.18	29.46
1916	29.27	47.64	17.35	85.78	7.50	37.77	16.38	27.31	21.94	31.98
1917	26.25	45.72	16.92	55.28	7.74	36.40	13.84	33.46	21.60	31.04
1918	30.69	46.74	16.79	80.04	5.99	34.05	13.17	18.61	22.72	32.31
1919	30.46	44.27	17.11	76.62	7.43	27.03	17.50	22.24	21.81	31.74
1920	24.94	32.68	25.71	75.01	7.95	31.44	13.62	23.60	19.92	29.80
1921	26.86	31.98	14.59	81.90	6.09	30.16	17.26	24.43	18.77	24.45
平均	28.15	41.51	16.94	81.72	9.05	32.50	15.07	23.42	20.03	27.39

年度	牛庄价格			汉口价格				
	大豆	大豆粕	大豆油	植物油	烟叶	烟	蜡	四川生丝
1882	0.87	0.68	2.79	6.53	6.06	13.69	54.03	193.63
1883	0.86	0.69	2.90	6.63	5.64	14.61	47.38	220.36
1884	0.89	0.72	3.44	6.30	5.01	15.62	50.98	180.86
1885	0.90	0.68	3.03	7.04	7.18	13.86	49.86	198.84
1886	1.02	0.81	3.22	6.85	6.26	13.38	48.51	215.34
1887	0.92	0.80	2.69	5.62	5.02	14.95	45.53	215.42
1888	1.06	0.80	2.92	4.96	5.01	20.06	48.26	200.63
1889	1.07	0.84	4.12	4.10	5.86	24.09	33.11	199.68
1890	0.99	0.81	4.50	4.83	4.84	23.43	33.79	184.25
1891	0.90	0.74	3.46	5.41	5.93	22.54	32.64	177.30
平均	0.95	0.76	3.31	5.83	5.68	17.62	44.41	198.63
1892	0.90	0.78	3.14	5.50	5.90	19.80	42.81	173.19
1893	1.31	1.00	3.79	5.30	5.70	14.40	63.91	189.98
1894	1.04	0.94	3.94	4.85	5.50	11.75	96.98	176.00
1895	1.20	1.02	4.24	5.00	5.60	12.60	93.51	174.40
1896	1.46	1.18	5.17	7.00	5.50	14.10	92.48	187.98
1897	1.78	1.28	6.56	8.85	6.28	13.12	96.50	227.53
1898	2.04	1.62	6.06	9.60	7.87	14.00	94.21	204.50
1899	1.85	1.55	6.61	9.50	7.50	14.00	56.80	227.00
1900	1.59	1.35	5.66	7.75	7.05	14.50	67.00	207.33
1901	2.20	1.62	6.80	6.40	6.60	15.00	52.50	240.00
平均	1.54	1.23	5.20	6.97	6.35	14.33	75.67	200.79
1902	1.91	1.40	4.69	7.20	6.95	15.00	53.50	256.25
1903	2.00	1.55	6.50	9.65	6.19	13.85	52.20	289.50
1904	2.44	1.88	7.86	8.00	6.00	15.00	55.00	321.00
1905	3.12	2.45	10.70	8.80	7.19	15.24	52.94	362.00
1906	2.14	1.85	6.91	8.85	6.60	13.50	44.00	325.00
1907	2.50	2.36	8.65	8.40	7.00	20.00	57.00	310.00
1908	2.35	2.22	8.89	8.25	7.50	21.70	52.65	284.30
1909	2.80	2.17	7.25	7.84	8.69	23.40	53.80	326.60
1910	3.14	2.34	10.73	8.52	8.85	25.90	51.40	323.10
1911	3.14	2.40	9.30	9.90	9.10	31.30	46.80	344.30
平均	2.55	2.06	8.15	8.54	4.17	19.49	51.93	314.20
1912	3.48	2.60	8.18	9.93	8.33	36.00	43.59	280.06
1913	3.23	2.57	8.94	8.44	8.47	40.97	43.31	254.71
1914	2.52	1.96	7.68	8.38	7.37	38.91	41.60	255.12
1915	2.66	1.94	8.60	9.99	6.55	28.98	40.97	273.69
1916	2.21	1.59	9.51	11.07	6.50	24.60	57.60	283.61
1917	2.98	1.98	13.13	12.54	8.20	24.49	57.00	309.09
1918	2.53	2.04	10.31	12.32	9.56	26.23	63.77	284.76
1919	2.81	2.13	10.32	12.67	8.89	24.07	66.34	275.34
1920	2.80	2.01	7.90	12.52	8.97	24.14	71.80	289.44
1921	3.03	2.56	6.44	12.91	16.09	24.65	86.55	303.42
平均	2.83	2.14	9.10	11.08	8.94	29.30	57.25	280.92

出处：China, Maritime Customs. *Decennial Reports*, 1912—1921. Appendix pp. 434—437.

1—4—b　主要出口商品历年平均价格（2）

（单位：海关两/担）

年度	上　海　价　格								
	棉花	油	南京木棉	米	生丝	绢	麦秸	小麦	甲乌贼
1882	10.75	5.00	39.98	1.20	307	…	27.02	1.20	7.31
1883	10.93	5.00	35.01	1.20	320	…	25.01	1.15	5.93
1884	11.35	5.01	40.01	1.20	273	…	25.01	1.20	4.64
1885	11.50	5.00	40.01	1.60	272	…	24.48	1.20	4.07
1886	10.83	…	40.00	1.80	300	…	25.02	1.50	3.70
1887	10.00	4.99	40.01	1.30	320	…	25.00	1.20	4.39
1888	11.00	5.00	39.99	1.40	306	…	24.99	1.20	4.82
1889	10.00	5.00	40.00	1.40	315	…	23.00	1.20	7.50
1890	10.00	5.00	39.99	1.30	340	…	25.00	1.20	7.00
1891	10.80	4.80	40.00	1.80	281	…	27.99	1.45	4.00
平均	10.72	4.98	39.50	1.42	303	…	25.25	1.25	5.34
1892	10.00	4.82	40.00	1.50	306	…	23.30	1.20	4.35
1893	10.70	4.80	40.00	1.40	315	…	24.00	1.30	5.77
1894	9.85	4.80	39.99	1.80	320	535	21.00	1.30	5.40
1895	12.50	4.83	40.00	2.50	314	580	21.00	1.33	5.40
1896	12.00	6.06	40.00	2.10	340	580	40.00	1.20	6.30
1897	15.00	6.90	44.00	2.60	330	650	70.00	1.40	8.50
1898	11.50	7.50	44.00	2.40	400	650	45.00	2.00	9.40
1899	13.00	7.70	44.00	2.40	450	750	39.00	2.00	9.00
1900	13.70	7.70	45.30	2.00	439	695	63.00	1.50	8.38
1901	16.30	7.79	46.00	2.00	340	600	42.00	1.40	8.50
平均	12.45	6.32	42.33	2.07	355	630	38.83	1.46	7.10
1902	17.00	7.80	43.00	2.70	500	820	45.00	1.70	8.35
1903	17.50	7.40	45.00	2.70	570	885	50.00	1.90	14.00
1904	15.50	8.80	45.00	2.10	525	750	60.50	1.73	15.30
1905	21.37	9.56	50.62	2.55	545	750	55.70	1.80	18.15
1906	15.00	8.50	45.00	2.32	555	770	60.37	1.93	16.90
1907	17.00	9.25	42.41	2.91	538	897	87.50	2.59	17.00
1908	17.00	9.00	42.50	3.00	475	823	87.50	2.46	18.00
1909	24.50	8.00	45.00	2.50	436	840	80.00	2.59	18.50
1910	22.50	9.50	45.00	3.00	467	795	80.00	2.56	18.50
1911	24.00	9.50	45.00	4.00	549	757	80.00	2.78	20.00
平均	19.14	8.73	44.85	2.78	516	809	68.66	2.20	16.47
1912	21.00	9.00	45.00	3.78	457.91	673.67	79.12	2.41	16.00
1913	20.00	9.00	45.00	2.90	494.05	784.00	72.38	8.61	12.00
1914	16.00	9.00	45.00	2.96	511.87	744.96	79.26	1.66	12.00
1915	20.00	9.00	45.00	3.50	333.54	699.99	61.05	2.50	9.00
1916	22.50	10.12	50.62	3.65	404.29	815.61	76.15	2.45	25.96
1917	26.03	10.12	50.62	3.37	434.93	843.74	68.60	2.47	9.00
1918	28.68	10.12	53.45	4.11	322.87	785.82	87.21	2.47	10.00
1919	27.50	14.40	66.66	3.25	355.89	861.51	85.66	2.50	11.75
1920	26.50	12.00	65.00	3.83	282.24	859.98	87.29	2.50	26.00
1921	28.25	10.00	63.14	3.41	398.62	974.98	90.00	37.10	9.83
平均	23.65	10.28	52.95	3.48	397.59	804.43	79.28	2.47	14.15

年度	汕头价格				广东价格					
	砂糖(赤)	砂糖(白)	砂糖	橙子	肉桂	纽扣	烟火	地席(卷)	生丝	绢
1882	3.11	4.87	6.00	0.84	4.65	29.30	9.30	3.50	241.87	…
1883	2.98	4.96	6.00	0.80	4.04	29.30	9.30	6.50	246.91	…
1884	2.18	3.73	5.58	0.73	3.80	29.31	9.31	3.47	242.17	…
1885	2.40	3.00	5.38	0.79	3.31	29.31	9.65	3.47	250.28	…
1886	2.48	3.94	5.38	0.89	4.23	28.13	9.26	3.40	281.34	…
1887	2.42	3.88	5.41	0.91	4.54	29.53	9.30	3.48	288.75	…
1888	2.40	3.87	5.50	0.91	4.87	32.67	9.42	3.30	308.43	…
1889	2.38	3.85	5.46	1.07	4.71	32.13	9.15	2.71	325.24	…
1890	2.36	3.85	5.03	0.90	5.67	32.41	9.16	3.60	320.53	…
1891	2.36	3.81	5.87	0.87	5.77	32.82	9.24	3.60	331.81	…
平均	2.51	3.97	5.56	0.87	4.56	30.49	9.31	3.40	283.73	…
1892	3.00	4.07	5.35	1.03	6.06	32.95	9.15	3.60	334.51	…
1893	2.61	4.50	7.23	1.08	6.43	32.95	9.50	3.60	338.79	…
1894	2.36	3.80	7.27	1.15	6.73	32.98	9.52	3.60	346.49	…
1895	2.42	3.81	6.04	1.28	6.68	34.86	9.76	3.60	348.80	364.29
1896	2.28	3.96	5.86	1.33	10.03	35.47	10.00	3.61	337.68	370.43
1897	2.84	4.88	5.70	1.38	10.28	39.29	10.00	3.75	337.92	374.88
1898	3.32	5.34	5.70	1.44	9.60	45.20	10.00	3.97	353.04	390.29
1899	3.28	5.00	5.70	1.56	9.88	47.69	10.90	4.10	379.11	455.94
1900	3.18	4.98	5.70	1.51	11.18	48.08	12.28	4.28	310.46	390.87
1901	3.28	5.36	7.91	1.62	12.11	46.68	12.00	4.37	317.47	368.32
平均	2.86	4.57	6.25	1.34	8.90	39.61	10.31	3.85	340.43	387.86
1902	3.46	5.26	8.49	1.60	12.80	53.42	15.92	6.82	600.00	600.00
1903	3.85	5.82	7.50	1.97	11.86	60.00	17.78	7.00	611.83	655.79
1904	4.70	6.89	8.51	2.50	13.92	62.28	22.58	7.00	491.42	554.38
1905	5.00	7.31	8.35	2.70	13.94	63.00	25.50	7.20	478.00	551.24
1906	4.53	7.33	8.35	2.50	15.30	63.00	24.88	7.20	504.00	648.65
1907	4.57	7.33	7.92	3.00	18.00	67.78	27.50	7.76	640.00	740.00
1908	4.38	6.66	7.25	3.00	17.20	65.45	27.50	7.76	482.00	592.00
1909	4.50	6.74	7.36	3.00	20.00	65.00	27.50	7.76	485.87	584.00
1910	4.50	6.80	7.36	2.70	19.00	64.55	27.50	7.80	520.00	608.30
1911	4.60	6.90	7.36	2.50	19.10	63.49	27.10	7.76	526.00	609.00
平均	4.41	6.70	7.85	2.55	16.11	62.80	24.38	7.41	533.91	614.34
1912	4.62	7.00	…	2.75	16.80	65.64	24.00	8.10	510.97	567.09
1913	4.60	7.00	…	2.97	13.13	42.25	23.82	7.76	492.66	612.15
1914	4.58	7.00	…	2.84	10.30	65.06	23.40	7.80	535.98	663.98
1915	4.67	5.59	…	2.88	7.99	69.60	27.21	7.30	603.52	646.10
1916	4.97	7.35	…	2.97	7.47	78.57	35.06	7.01	767.41	822.06
1917	4.73	6.55	…	2.96	7.73	80.76	32.90	7.67	613.13	722.32
1918	4.77	6.35	…	2.99	5.99	78.96	32.90	8.40	636.26	788.75
1919	5.56	7.40	…	2.96	7.43	75.94	30.02	8.31	625.95	812.09
1920	8.54	11.43	…	2.98	7.95	74.28	28.58	9.17	724.11	863.56
1921	8.00	10.00	…	3.15	6.06	71.36	26.78	8.09	664.39	879.84
平均	5.50	7.57	…	2.95	9.09	70.24	28.47	7.96	617.44	737.19

Ⅱ 与关税相关的统计资料

Ⅱ-1 海关税分项征收额

| 年度 | 进口税 | 出口税 | 子口半税 | 吨税 | 转口税 | | 鸦片厘金 | 总额 | 英镑、英镑兑换额 |
					进港	出港			
	海关两								£
1892	6,722,756	8,315,289	1,123,111	381,587	429,526	49,778	5,667,007	22,689,054	4,939,596
1893	6,202,087	8,463,060	1,141,022	401,097	351,649	67,652	5,362,733	21,989,300	4,329,143
1894	6,546,299	8,820,012	1,203,458	479,635	328,498	95,401	5,050,303	22,523,605	3,601,431
1895	6,039,582	9,025,557	1,216,361	478,817	389,875	131,052	4,104,145	21,385,389	3,497,402
1896	7,669,640	8,455,528	1,306,346	611,026	465,771	151,296	3,919,759	22,579,366	3,763,228
1897	7,575,219	8,427,011	1,522,036	579,360	562,954	127,917	3,947,607	22,742,104	3,387,626
1898	7,223,642	8,468,892	1,497,082	612,861	594,793	122,945	3,983,182	22,503,397	3,246,584
1899	8,437,471	10,235,968	1,763,757	640,191	679,007	156,823	4,748,243	26,661,460	4,013,105
1900	7,249,443	8,624,774	1,638,427	724,860	536,704	138,355	3,961,423	22,873,986	3,550,233
1901	8,556,700	9,122,270	2,161,380	809,561	715,537	201,595	3,970,531	25,537,574	3,783,817
1902	12,388,191	9,103,117	1,940,242	920,911	1,227,978	325,802	4,100,803	30,007,044	3,900,916
1903	11,493,021	9,589,815	1,929,892	953,575	1,437,648	421,667	4,705,070	30,530,688	4,028,355
1904	12,259,381	9,808,739	2,263,116	992,585	1,371,019	416,233	4,382,083	31,493,156	4,514,019
1905	15,336,528	9,864,193	2,616,469	1,105,350	1,611,332	423,075	4,154,057	35,111,004	5,281,280
1906	16,100,954	9,825,706	2,208,192	1,326,619	1,831,934	445,107	4,330,083	36,068,595	5,936,289
1907	14,879,247	9,454,648	1,768,982	1,321,192	1,631,383	435,017	4,370,877	33,861,346	5,502,469
1908	13,134,509	10,983,485	1,856,605	1,264,915	1,387,069	403,890	3,871,422	32,901,895	4,386,919
1909	14,084,736	12,335,675	2,016,506	1,276,218	1,409,892	510,925	3,905,965	35,539,917	4,618,338
1910	14,087,232	13,128,635	2,123,798	1,329,024	1,486,778	577,389	2,839,023	35,571,879	4,789,235
1911	14,742,801	12,622,759	2,035,694	1,346,385	1,289,991	578,039	3,564,156	36,179,825	4,861,664

续 表

年度	进口税	出口税	子口半税	吨税	转口税 进港	转口税 出港	鸦片厘金	总额	英镑、英镑兑换额
1912	16,045,202	13,809,148	2,334,927	1,371,614	1,312,271	653,333	4,424,117	39,950,612	6,096,630
1913	19,938,860	13,948,315	2,439,166	1,534,878	1,668,395	621,106	3,819,133	43,969,853	6,641,280
1914	18,202,741	13,047,670	2,255,710	1,491,949	1,736,615	584,627	1,598,213	38,917,525	5,310,621
1915	14,367,221	15,439,709	2,517,713	1,194,959	1,519,507	769,433	939,164	36,747,706	4,765,718
1916	15,225,056	16,542,614	2,399,406	1,122,890	1,341,948	845,333	287,064	37,764,311	6,264,548
1917	16,161,139	16,381,663	2,351,340	994,221	1,373,851	711,509	215,706	38,189,429	8,244,541
1918	15,102,458	15,988,124	2,248,512	863,623	1,311,091	831,237	…	36,345,045	9,606,828
1919	19,631,697	19,835,323	2,582,059	1,443,891	1,490,304	1,025,886	…	46,009,160	14,569,567
1920	25,196,386	17,875,836	2,483,928	1,791,744	1,636,132	835,859	…	49,819,885	16,918,002
1921	28,594,010	18,888,393	2,330,072	1,844,369	2,066,266	739,534	…	59,007,129	11,663,128 *

＊：1921 年含饥馑救济税 4,544,485 海关两。

出处：据 China，Maritime Customs. *Decennial Reports* 各号 Appendix 制成。

Ⅱ-2 1904 年海关邮政业务地域一览

开放口岸	信件 收信	信件 寄信	信件 转送	信件 计	邮包 个数	邮包 重量 磅	邮包 重量 盎司	信邮一体的邮件	汇兑 发行	汇兑 现金化
华北									海关两	
北 京	1,785,000	1,130,000	650,000	3,565,000	59,770	491,480	14	25,700	53,559.19	55,310.00
(开封)	535,544	258,970	313,956	1,108,470	4,791	15,542	7	…	…	…
牛 庄	1,831,196	1,784,710	1,409,952	5,025,858	29,582	190,573	0	30,744	12,974.29	2,866.25
天 津	3,189,241	1,969,233	1,437,698	6,596,172	63,657	320,896	4	102,992	66,860.96	39,495.59
芝 罘	755,835	360,208	388,685	1,444,728	10,866	49,636	4 1/2	85,678	12,297.19	8,210.03
(济南)	697,325	313,796	347,019	1,358,140	9,301	39,229	10	32	…	…
胶 州	386,000	178,000	258,000	822,000	18,500	100,232	8	…	10,189.75	2,089.74
华 中										
重 庆	565,799	231,254	269,752	1,066,855	15,392	63,282	4	…	15,046.01	4,078.50
宜 昌	329,087	101,629	248,228	678,944	15,269	103,808	15	2,770	4,869.56	1,980.50
沙 市	200,199	113,562	75,853	389,614	3,219	18,536	9	4,959	8,911.71	2,576.11
岳 州	1,158,675	539,553	802,901	2,501,129	25,888	120,590	4 1/2	69,257	36,848.89	23,573.76
长 沙	203,173	71,964	94,019	369,176	3,382	25,675	1	20,260	…	…
汉 口	2,164,600	1,353,000	1,484,300	5,001,900	42,500	256,180	6	593,739	37,840.75	37,195.55
九 江	1,181,840	451,945	680,208	2,313,993	55,107	591,682	12	332,319	4,319.03	7,895.16
扬子江下游										
芜 湖	929,792	637,910	471,446	2,039,148	17,639	133,938	12	468,164	28,194.95	27,492.11
大 同	33,714	40,766	30,955	105,435	1,488	5,622	4	22,335	2,636.36	2,448.36
南 京	479,445	659,362	172,725	1,311,532	25,706	279,827	0	332,777	32,371.76	27,366.92
镇 江	1,200,000	800,000	600,000	2,600,000	25,715	118,191	1 1/2	595,540	16,823.16	34,135.39
上 海	5,666,869	5,454,504	2,040,841	13,162,214	188,497	1,989,516	8 3/4	2,040,841	27,320.31	106,914.45
苏 州	551,374	551,867	87,456	1,190,697	15,458	182,814	0	…	11,803.90	20,428.00
宁 波	1,235,623	717,970	435,826	2,389,419	9,382	42,110	13 1/2	441,831	2,272.29	15,257.01
杭 州	1,224,882	643,179	584,811	2,452,872	14,973	109,824	4 3/4	…	16,655.66	15,756.07

开放口岸	信　件				邮　包		信邮一体的邮件	汇　兑	
	收信	寄信	转送	计	个数	重　量		发行	现金化
华　南						磅　盎司	磅		海关两
温　州	134,667	85,123	51,255	271,045	3,832	25,634 12 1/2	48,484	3,149.42	4,543.43
三都澳	54,512	22,727	25,850	103,089	447	1,431 6	…	2,093.36	113.70
福　州	932,547	754,460	388,581	2,075,588	26,700	166,815 0	188,593	34,970.30	29,361.56
厦　门	273,024	178,819	90,494	542,337	8,366	52,888 4 1/2	55,835	9,544.80	1,963.10
汕　头	376,029	235,941	144,244	756,214	10,624	93,870 6 1/2	211,499	5,302.96	2,909.24
梧　州	625,741	322,965	295,955	1,244,661	14,923	52,401 13	200,571	2,801.57	1,091.99
三　水	174,410	78,651	97,221	350,282	543	2,022 5 1/4	…	1,648.06	202.67
广　东	1,414,021	1,055,943	562,287	3,032,251	42,787	367,410 0	2,405,607	16,007.87	23,550.58
琼　州	38,987	26,126	552	65,665	631	3,378 8 1/4	17,755	9,715.07	471.26
北　海	134,964	62,621	55,145	252,730	1,659	5,841 1	5,943	4,181.63	304.97
龙　州	5,694	4,186	1,404	11,284	39	185 4	…	7,448.26	169.99
蒙　自	119,344	54,285	61,327	234,956	4,263	29,590 2	…	2,342.93	83.99
思　茅	6,894	5,857	…	12,751	224	985 3	…	669.74	13.15
腾　越	74,938	40,767	33,812	149,517	486	1,253 11	…	…	…
合　计	30,670,985	21,291,853	14,692,758	66,655,596	771,606	5,952,887 14	8,304,125	501,671.69	499,849.13

出处：China，Maritime Customs. *Decennial Reports*，1921—1921. Appendix Ⅰ Ⅷ.

Ⅱ-3　各开放口岸的海关税收入（1）

（单位：1,000 海关两）

开放口岸	1882	1883	1884	1885	1886	1887	1888	1889	1890	1891	1892	1893	1894	1895
爱　珲														
三　姓														
满洲里														
哈尔滨														
绥芬河														
珲　春														
龙井村														
安　东														
大东沟														
大　连														
牛　庄	284	298	306	342	303	405	375	337	485	583	545	491	505	—
秦皇岛														
天　津	387	381	387	431	441	655	591	590	610	643	693	684	749	763
芝　罘	278	273	274	267	285	365	317	322	316	324	338	358	372	374
胶　州														
重　庆										99	201	181	244	357
宜　昌	60	100	82	114	145	169	189	174	201	104	118	119	244	472

续　表

开放口岸	1882	1883	1884	1885	1886	1887	1888	1889	1890	1891	1892	1893	1894	1895
沙　　市														
长　　沙														
岳　　州														
汉　　口	1,867	1,833	1,873	1,841	2,018	2,064	2,103	2,014	1,859	1,826	1,895	2,219	2,099	2,143
九　　江	815	779	788	823	836	1,058	1,089	1,128	1,095	1,156	1,048	1,027	1,001	1,076
芜　　湖	95	78	72	51	252	569	521	540	505	712	705	586	720	423
南　　京														
镇　　江	289	170	165	184	255	733	657	562	616	603	631	703	913	1,412
上　　海	4,184	3,651	3,668	4,243	4,354	5,332	6,170	5,681	5,865	6,833	6,372	5,882	6,470	6,184
苏　　州														
杭　　州														
宁　　波	692	645	710	747	739	849	1,182	1,156	1,182	1,225	1,257	1,278	1,187	1,240
温　　州	16	9	9	13	15	21	37	36	28	31	37	50	48	61
三都澳														
福　　州	2,006	1,813	1,827	1,990	2,018	2,251	2,262	1,923	1,717	1,649	1,687	1,768	1,682	1,562
厦　　门	728	720	758	778	674	1,039	1,210	1,065	1,058	991	978	909	797	701
汕　　头	675	754	833	792	808	1,252	1,428	1,429	1,573	1,645	1,467	1,330	1,302	1,193
广　　东	1,105	1,137	1,051	1,089	1,198	1,905	2,508	2,399	2,329	2,480	2,343	2,035	1,853	1,750
九　　龙						376	636	596	589	597	479	506	494	543
九龙铁道														
拱　　北						188	409	426	464	464	390	395	425	361
江　　门														
三　　水														
梧　　州														
南　　宁														
琼　　州	75	94	117	129	133	208	189	158	131	118	98	88	104	100
北　　海	57	60	83	113	134	232	290	288	285	260	255	199	185	163
龙　　州							1	2	2	2	2		5	4
蒙　　自								8	43	61	74	88	89	104
思　　茅														
腾　　越														
淡　　水	285	297	298	373	382	535	598	591	584	638	1,079	1,090	1,034	434
台　　南	187	195	210	152	154	338	404	399	461	473				

开放口岸	1896	1897	1898	1899	1900	1901	1902	1903	1904	1905	1906	1907	1908	1909	1910	1911
爱　珲													20	63	58	
三　姓													54	92	19	
满洲里												105	152	171	199	
哈尔滨													164	286	252	
绥芬河												216	424	418	505	
珲　春														9	24	
龙井村														4	6	
安　东											123	147	208	189	239	
大东沟											1	9	13	7	9	

续　表

开放口岸	1896	1897	1898	1899	1900	1901	1902	1903	1904	1905	1906	1907	1908	1909	1910	1911
大　连											141	535	1,101	1,103	1,360	
牛　庄	567	569	634	929	498	752	896	875	605	902	817	594	776	985	995	1,051
秦皇岛						46	101	134	290	417	155	105	187	230	198	
天　津	841	973	1,016	1,270	517	765	2,294	2,028	2,009	2,963	3,400	3,215	2,359	2,752	3,234	3,422
芝　罘	427	461	567	682	557	765	816	802	731	872	818	633	645	748	651	596
胶　州			33	59	107	193	310	432	545	863	935	927	1,120	1,238	1,251	
重　庆	315	384	288	464	377	515	365	367	501	564	555	447	641	586	537	379
宜　昌	340	429	325	580	600	870	431	338	623	807	417	49	43	47	65	64
沙　市	2	9	4	5	7	13	20	22	19	13	15	14	14	16	16	21
长　沙								35	86	75	118	192	213	184	287	
岳　州				1	4	28	101	59	14	14	32	105	52	29	61	
汉　口	1,901	2,025	2,194	2,399	2,116	2,088	2,123	2,667	2,749	2,636	2,589	2,928	3,161	2,849	3,217	2,737
九　江	998	922	960	988	880	828	791	687	743	671	684	756	698	697	692	687
芜　湖	596	408	422	954	894	584	744	990	943	1,144	756	668	862	776	650	435
南　京			57	147	201	190	218	211	206	211	266	178	126	132	120	
镇　江	855	811	714	926	891	992	1,035	1,232	1,202	1,167	1,282	1,266	1,235	1,198	923	779
上　海	7,891	7,497	6,907	8,121	7,117	8,153	10,814	9,925	10,323	12,080	12,824	11,007	9,614	10,475	10,481	11,787
苏　州	102	115	57	36	93	68	71	79	99	123	105	99	107	114	138	
杭　州	4	375	445	596	535	618	594	658	703	615	577	686	567	664	596	554
宁　波	1,205	832	736	801	686	675	669	695	682	614	590	686	677	615	545	452
温　州	45	54	58	65	45	46	74	82	57	55	60	51	68	62	69	54
三都澳			5	77	140	127	119	140	141	140	143	151	145	162	159	
福　州	1,458	1,293	1,308	1,464	1,188	1,040	950	1,026	966	876	913	914	852	825	723	822
厦　门	937	894	830	766	666	691	817	888	836	826	870	887	785	863	802	872
汕　头	1,167	1,285	1,475	1,659	1,505	1,559	1,520	1,633	1,551	1,522	1,517	1,531	1,534	1,559	1,401	1,472
广　东	1,649	1,886	1,878	2,016	1,839	2,160	2,592	2,909	3,017	3,065	3,222	3,282	3,219	3,075	2,966	2,787
九　龙	579	522	394	383	350	404	356	327	315	366	378	394	347	356	335	268
九龙铁道															1	
拱　北	410	462	460	437	367	379	424	385	386	425	399	368	337	302	383	335
江　门								86	113	125	119	141	287	263	276	
三　水	11	87	148	130	175	195	224	272	175	172	186	220	476	301	276	
梧　州	79	217	295	303	348	276	361	533	529	500	470	505	530	621	525	
南　宁											24	58	76	96	95	
	122	159	157	201	158	178	202	148	191	293	296	285	281	283	188	149
琼　州	171	177	168	173	136	157	138	128	135	133	114	115	131	115	97	99
北　海	3	3	4	3	5	6	4	4	15	9	7	8	7	8	8	7
龙　州	95	117	133	180	179	224	191	161	248	247	276	204	213	182	228	245
蒙　自	7	9	8	7		8	7	8	7	6	7	6	6	6		
思　茅						18	45	54	42	42	49	46	42	51	41	

出处：据 China，Maritime Customs. *Decennial Reports* 各号 Appendix 制成。

各国海关税收入(2)

（单位：1,000 海关两）

国　别	1882	1883	1884	1885	1886	1887	1888	1889	1890	1891	1892	1893	1894	1895
美　国	111	113	834	971	116	57	95	54	72	47	46	54	111	85
澳大利亚			1	3	3				3	54	156	127	114	120
比 利 时						1	2	1						
英　国	9,967	9,375	10,162	10,700	10,939	11,129	10,717	10,180	10,145	10,904	10,752	10,230	11,136	10,536
丹　麦	61	20	26	15	37	44	95	92	133	99	144	143	164	137
荷　兰	37	50	54	77	50	74	27		6	14	32	4	11	32
法　国	469	352	179	190	315	265	362	375	346	533	522	362	397	433
德　国	686	618	575	747	818	789	1,081	994	955	1,243	1,001	1,021	1,350	1,277
意 大 利	1	3			1	8	3	7		12	5			
日　本	210	158	150	185	214	232	201	273	327	282	342	268	298	46
朝　鲜														
葡 萄 牙														
俄 罗 斯	133	150	182	101	107	104	169	161	169	202	231	288	294	354
西 班 牙	43	56	51	44	39	32	32	15	10	15	12	9		
瑞　典挪　威	46	27	9	41	57	21	12	14	52		49	65	159	231
非条约国	12	15	8	10	6	4	2	2	1	2		1	2	4
中　国	1,996	1,999	941	990	2,036	2,690	3,323	3,158	3,145	3,333	3,251	3,635	3,014	3,506
转 口 税	313	350	339	400	406	433	416	416	541	528	479	419	424	521
鸦片厘金						4,646	6,622	6,085	6,129	6,198	5,667	5,363	5,050	4,104
合　计（海关两）	14,085	13,286	13,511	14,476	15,145	20,541	23,167	21,824	21,996	23,518	22,689	21,989	22,524	21,386

续　表

国　别	1896	1897	1898	1899	1900	1901	1902	1903	1904	1905	1906	1907	1908	1909	1910	1911
美　国	140	159	121	143	105	406	335	248	273	829	681	163	201	132	153	172
澳大利亚	101	83	46	73	63	124	100	113	191	120	181	167	136	143	182	150
比 利 时			4	3	1											
英　国	10,470	10,109	9,958	11,579	10,218	10,807	12,472	11,358	13,728	15,680	14,801	13,977	13,276	13,905	13,903	14,247
丹　麦	62	52	89	1	89	20	44	98	20	23	58	45	41	60	61	87

国　别	1896	1897	1898	1899	1900	1901	1902	1903	1904	1905	1906	1907	1908	1909	1910	1911
荷　兰	19	11	14	15	28	72	63	81	97	104	206	177	141	154	161	183
法　国	379	463	418	601	547	529	707	835	718	724	992	1,049	980	1,217	1,348	1,212
德　国	1,421	1,484	1,407	1,673	1,550	2,078	2,573	2,613	3,294	3,346	3,181	2,759	2,543	2,670	2,796	2,667
意大利			3					1	7					13		
日　本	391	527	732	1,197	1,147	1,883	2,594	2,818	812	955	3,247	3,900	3,870	4,797	5,526	5,741
朝　鲜	22	33	1	19	18	8	13	1		7	16	8	14	7		
葡萄牙			2	4	4	5	5	5	8	48	2	1				
俄罗斯	336	316	360	430	265	384	298	319	18	11	150	133	608	986	1,168	1,146
西班牙			5			1			12							
瑞　典	709	279	257	368	163	133	14	96	55	79	50	6	15	29	38	39
挪　威							448	650	750	1,752	842	512	398	374	373	439
非条约国	9	16	17	3		2										
中　国	4,000	4,582	4,350	5,190	4,038	4,188	4,680	4,717	5,361	5,285	5,017	4,520	5,022	5,232	5,238	4,663
转口税	617	691	718	836	675	917	1,554	1,859	1,787	2,034	2,277	2,066	1,791	1,921	2,064	1,868
鸦片厘金	3,920	3,948	3,983	4,748	3,961	3,971	4,101	4,705	4,382	4,154	4,330	4,371	3,871	3,906	2,839	3,564
合　计（海关两）	22,579	22,742	22,503	26,868	22,874	25,537	30,008	30,528	31,493	35,111	36,068	33,863	32,902	35,540	35,570	36,178

出处：据 China, Maritime Customs. *Decennial Reports* 各号 Appendix 制成。

Ⅲ　海关统计集计法

　　1883 年开始启用的各开放口岸的共通基准,规定了海关年报中的贸易统计的表述方法。

　　关于(1) 船舶统计、(2) 贸易统计、(3) 征税统计等三大项目及其统计数字的配置及其表述方法的规定如下所示。这就是,在年报第Ⅰ部分贸易报告编之后,要将它用于第Ⅱ部分统计编的统计集计表的制作。

　　根据该基准的规定,所收集各项统计项目之间的相互关系,及其在各自表中所应占有的位置,都被明确地表示出来。

　　① 阿拉伯大写字母用来表示表格的名称。例如 A 表示船舶统计,B 则表示贸易总额。

　　② 阿拉伯小写字母用来表示各统计表内数字的位置。

　　③ 阿拉伯小写字母两个重叠起来表示各项的合计。

　　④ 罗马数字的Ⅲ,则表示与第Ⅰ表中船舶相关的统计中的第Ⅲ部分。

　　另:基准本身的内容要依据于原始资料,所以将其用相应的括号在文中列出。

　　(China, Imperial Maritime Customs. Ⅳ. Service Series: No. 8. *Provisional Instructions for Preparing Returns of Trade Reverue*,

Second Issue, Shanghai, 1883, pp. 36—47.）

贸易统计项目一览表

Table of Principal Checks in Part Ⅱ of the Annual Returns of Trade

The items to be checked are designated by letters as shown in the appended set of *pro formá* tables. The Roman capital letters refer to the table in which the respective item occurs, the small letters to the item within each table; double letters mean that the item they represent is, or may be, a total of several items. The number Ⅲ in the checks upon the Shipping refers to the third section (Total Steamers and Sailing Vessels) in Table No. 1—Shipping.

1. SHIPPING	
$A_{Ⅲ.mn} = N_{bb} = A_{Ⅲ.ee} + A_{Ⅲ.kk}$	$B_o = B_m + B_n$
$A_{Ⅲ.m} = N_{cc} = A_{Ⅲ.ff} + A_{Ⅲ.ll}$	$= G_{bb} + G_{dd} + G_{ff}$
$A_{Ⅲ.kk} = L_{jj} + M_{cc}$	$= H_g$
$A_{Ⅲ.ll} = L_{kk} + M_{dd}$	$B_p = B_c + B_h + B_o$
$A_{Ⅲ.ee} = L_{cc} + M_{ll}$	$B_q = B_p - (B_f + B_k)$
$A_{Ⅲ.ff} = L_{dd} + M_{mn}$	$E_{bb} = F_{aa}$
$L_{aa} + L_{hh} + M_{aa} + M_{jj} = N_{aa}$	$E_{dd} = F_b$
2. VALUES	$G_{jj} = H_i$
$B_a = D_{aa} = L_{cc} = O_{aa}$	$= H_g + H_h$
$B_b = D_b = M_{oo}$	$= H_{cc} + H_{ff}$
$B_c = B_a + B_b$	$O_{bb} = B_d + B_i + B_m$
$= C_{bb} + C_{dd} = D_c$	$O_{cc} = B_c + B_j + B_n$
$B_d = D_{dd} = L_{mn}$	$O_{dd} = B_b + B_h$
$B_e = D_{ee} = M_{gg}$	$O_{ee} = B_f + B_k + B_p$
$B_f = B_d + B_c$	$I_{bb} = Q_{bb}$
$= C_{ff} + C_{hh}$	$J_{bb} = Q_{ee}$
$= D_f$	$Q_{gg} = Q_{bb} + Q_{ee}$
$B_g = C_{jj} (\text{or } C_{jj-k}) = D_g$	**3. DUTIES**
$= D_c - D_f$	$K_{aa} - K_{ee} = L_{ff} + M_{pp}$
$B_h = F_c = F_{aa} + F_b$	$K_{bb} = L_{oo} + M_{hh}$
$= M_{mn}$	$K_{dd} = L_{gg} + M_{ii} = P_{ff}$
$B_i = F_{ee} = H_{bb} = L_{nn}$	$K_{ee} = Q_{hh}^*$
$B_j = F_{dd} = H_{ee} = M_{ff}$	$= Q_{ee} + Q_{ff}$
$B_k = B_i + B_j$	$P_{aa} = L_{ff}$
$= E_{ff} + E_{hh} = F_f = G_{hh} = H_h$	$P_{bb} = L_{oo}$
$B_l = E_{jj} (\text{or } E_{jj-k})$	$P_{cc} = M_{hh}$
$= F_g = F_c - F_f$	$P_{dd} = M_{pp}$
$B_m = H_{aa} = L_{ll}$	$P_{ee} = P_{aa} + P_{bb} + P_{cc} + P_{dd}$
$B_n = H_{dd} = M_{ee}$	

Note. —In addition to the above, check all totals and ordinary additions in each of the General and Special Tables, and see that all entries given in any of the Special Tables tally with the corresponding items in the preceding General Tables, if contained therein: that all goods appear under their proper denomination and in the usual order, and that the proper classifier appears opposite their names.

* Check inward and outward Transit Dues, if separately given in Revenue Table (No. Ⅶ).

GENERAL TABLES
A
TABLE No. Ⅰ —SHIPPING

Number and Tonnage of Foreign Vessels Entered and Cleared under each Flag, for the Year ended 31st December 18......

FLAG	Ⅰ —STEAMERS													
	Entered Inwards						Cleared Outwards						Total Entered and Cleared	
	With Cargo		In Ballast		Total		With Cargo		In Ballast		Total			
	No.	Tons	No.	Tons	No.	Tons	No.	Tons	No.	Tons	No.	Tons	No.	Tons
British														
American														
German														
French														
Dutch														
Danish														
Spanish														
Swedish and Norwegian	*a*	*b*	*c*	*d*	*e*	*f*	*g*	*h*	*i*	*j*	*k*	*l*	*m*	*n*
Russian														
Austrian														
Belgian														
Italian														
Japanese														
Peruvian														
Non-Treaty Powers ·														
Chinese														
Total Steamers ...	*aa*	*bb*	*cc*	*dd*	*ee*	*ff*	*gg*	*hh*	*ii*	*jj*	*kk*	*ll*	*mm*	*nn*

FLAG	I —STEAMERS													
	Entered Inwards						Cleared Outwards						Total Entered and Cleared	
	With Cargo		In Ballast		Total		With Cargo		In Ballast		Total			
	No.	Tons	No.	Tons	No.	Tons	No.	Tons	No.	Tons	No.	Tons	No.	Tons
British ··············	II —SAILING VESSELS													
American ···········														
German ··········														
French ··············														
Dutch ··············														
Danish ··············														
Spanish ···········														
Swedish and Norwegian ··················	a	b	c	d	e	f	g	h	i	j	k	l	m	n
Russian ·············														
Austrian ·············														
Belgian ··············														
Italian ··············														
Japanese ············														
Peruvian ············														
Non-Treaty Powers ·														
Chinese ············														
Grand Total ·····	aa	bb	cc	dd	ee	ff	gg	hh	ii	jj	kk	ll	mm	nn
British ··············	III —TOTAL STEAMERS AND SAILING VESSELS													
American ···········														
German ··········				·										
French ··············														
Dutch ··············														
Danish ··············														
Spanish ···········														
Swedish and Norwegian ··················														
Russian ·············	a	b	c	d	e	f	g	h	i	j	k	l	m	n
Austrian ·············														
Belgian ··············														
Italian ··············														
Japanese ············														
Peruvian ············														
Non-Treaty Powers ·														
Chinese ············														
Grand Total ···	aa	bb	cc	dd	ee	ff	gg	hh	ii	jj	kk	ll	mm	nn

571

B

TABLE No. II—GROSS and NET VALUES of the TRADE of the PORT, 18...... to 18......

| | 18...... | |
	Net Values	Gross Values
FOREIGN GOODS	*Hk. Tls.*	*Hk. Tls.*
Imported from Foreign Countries and Hongkong	a	
Imported from Chinese Ports	b	
Total Foreign Imports		c
Re-exported to Foreign Countries and Hongkong	d	
Re-exported to Chinese Ports(chiefly to _____ } _____ }	e	
	f	
Total Foreign Re-exports	g	
Net Total Foreign Imports		
NATIVE PRODUCE		
Imported (chiefly from _____ } _____ }		h
	i	
Re-exported to Foreign Countries	j	
Re-exported to Chinese Ports	k	
Total Native Re-exports	l	
Net Total Native Imports	m	
Native Produce of local origin Exported to Foreign Countries	n	
Native Produce of local origin Exported to Chinese Ports		o
Total Exports of local origin		
Gross Value of the Trade of the Port		p
Net Value of the Trade of the Port, *i. e.*, Foreign and Native Imports less Re-exports, and Native Exports of local origin... }	q	

C

TABLE No. Ⅲ—Trade in Foreign Goods—Imports and Re-exports

Descrip-tion of Godds	Classi-fier of Quan-tity	Imports from Foreign Countries		Imports from Hongkong and Chinese Ports		Re-exports to Foreign Countries		Re-exports to chinese ports and Hongkong		Net Total Imports	
		Quantity	Value	Quantity	Value	Quantity	Value	Quantity	Value	Quantity	Value
Total...	Hk. Tls.	a	Hk. Tls. b	c	Hk. Tls. d	e	Hk. Tls. f	g	Hk. Tls. h	i	Hk. Tls. j
		....	bb	....	dd	....	ff	....	hh	....	jj

[Excess of Re-export above Import during the year (if any)... *Hk. Tls.* k
Net Total............. <u>*Hk. Tls. jj-k*</u>]

D
SUMMARY

Imports from Great Britain ················· *Hk. Tls.* ⎫
Imports from India ··························· *Hk. Tls.* |
Imports from Singapore and Straits ········· *Hk. Tls.* |
Imports from Australia ····················· *Hk. Tls.* |
Imports from British America ··············· *Hk. Tls.* |
Imports from Continent of Europe (France) ······· *Hk. Tls.* |
Imports from Continent of Europe (other Countries) ······ *Hk. Tls.* ⎬a
Imports from United States ················· *Hk. Tls.* |
Imports from Russian Manchuria ············· *Hk. Tls.* |
Imports from Japan ························· *Hk. Tls.* |
Imports from Philippine Islands ············· *Hk. Tls.* |
Imports from Siam ························· *Hk. Tls.* |
Imports from Hongkong ····················· *Hk. Tls.* ⎭

Total from Foreign Countries ············· ——— *Hk. Tls. aa*
Imports from Chinese Ports ··············· *Hk. Tls. b*

Total Foreign Imports ····················· ——— *Hk. Tls.* c

Re-exports to Great Britain ················· *Hk. Tls.* ⎫
Re-exports to India ························· *Hk. Tls.* |
Re-exports to Singapore and Straits ········· *Hk. Tls.* |
Re-exports to Continent of Europe (France) ······· *Hk. Tls.* |
Re-exports to Continent of Europe (other Countries) ····· *Hk. Tls.* |
Re-exports to United States ················· *Hk. Tls.* |
Re-exports to Russian Manchuria ············· *Hk. Tls.* ⎬d
Re-exports to Japan ························· *Hk. Tls.* |
Re-exports to Philippine Islands ············· *Hk. Tls.* |
Re-exports to Cochin China ················· *Hk. Tls.* |
Re-exports to Siam ························· *Hk. Tls.* |
Re-exports to Hongkong ····················· *Hk. Tls.* ⎭

```
                Total to Foreign Countries ·············· ——— Hk. Tls. dd
Re-exports to Newchwang   ···························· Hk.  Tls.
Re-exports to Tientsin   ···························· Hk.  Tls.
Re-exports to Chefoo ······························· Hk.  Tls.
Re-exports to Ichang ······························· Hk.  Tls.
Re-exports to Hankow  ······························ Hk.  Tls.
Re-exports to Kiukiang ····························· Hk.  Tls.
Re-exports to Wuhu ································· Hk.  Tls.
Re-exports to Chinkiang ···························· Hk.  Tls.
Re-exports to Shanghai ····························· Hk.  Tls.
Re-exports to Ningpo ······························· Hk.  Tls.  ⎬ e
Re-exports to Wenchow ····························· Hk.  Tls.
Re-exports to Foochow ····························· Hk.  Tls.
Re-exports to Tamsui ······························· Hk.  Tls.
Re-exports to Takow ······························· Hk.  Tls.
Re-exports to Amoy ································· Hk.  Tls.
Re-exports to Swatow ······························ Hk.  Tls.
Re-exports to Canton ······························· Hk.  Tls.
Re-exports to Kiungchow ···························· Hk.  Tls.
Re-exports to Pakhoi ······························· Hk.  Tls.
                Total to Chinese Ports ··············· ——— Hk.  Tls. ee
                Total Foreign Re-exports ·············· ——— Hk. Tls. f
                Net Total Foreign Imports ···················· Hk. Tls. g
```

E

TABLE No. Ⅳ—Trade in Native Produce—Imports and Re-exports

Description of Goods	Classifier of Quantity	Imports from Chinese Ports		Imports from Hongkong		Re-exports to Chinese Ports		Re-exports to Foreign Countries and Hongkong		Net Total Imports	
		Quantity	Value	Quantity	Value	Quantity	Value	Quantity	Value	Quantity	Value
Total...	Hk. Tls.	a	Hk. Tls. b	c	Hk. Tls. d	e	Hk. Tls. f	g	Hk. Tls. h	i	Hk. Tls. j
			···· bb		···· dd		ff		···· hh		···· jj

〔Excess of Re-export above Import during the year(if any)······ Hk. Tls. k
Net Total······················ Hk. Tls. jj-k〕

F
SUMMARY

Imports from Newchwang	Hk. Tls.
Imports from Tientsin	Hk. Tls.
Imports from Chefoo	Hk. Tls.
Imports from Ichang	Hk. Tls.
Imports from Hangkow	Hk. Tls.
Imports from Kiukiang	Hk. Tls.
Imports from Wuhu	Hk. Tls.
Imports from Chinkiang	Hk. Tls.
Imports from Shanghai	Hk. Tls.
Imports from Ningpo	Hk. Tls. $\rangle a$
Imports from Wenchow	Hk. Tls.
Imports from Foochow	Hk. Tls.
Imports from Tamsui	Hk. Tls.
Imports from Takow	Hk. Tls.
Imports from Amoy	Hk. Tls.
Imports from Swatow	Hk. Tls.
Imports from Canton	Hk. Tls.
Imports from Kiungchow	Hk. Tls.
Imports from Pakhoi	Hk. Tls.
Total from Chinese Ports	——— Hk. Tls. aa
Imports from Hongkong	Hk. Tls. b
Total Native Imports	——— Hk. Tls. c
Re-exports to Newchwang	Hk. Tls.
Re-exports to Tientsin	Hk. Tls.
Re-exports to Chefoo	Hk. Tls.
Re-exports to Ichang	Hk. Tls.
Re-exports to Hangkow	Hk. Tls.
Re-exports to Kiukiang	Hk. Tls.
Re-exports to Wuhu	Hk. Tls.
Re-exports to Chinkiang	Hk. Tls.
Re-exports to Shanghai	Hk. Tls.
Re-exports to Ningpo	Hk. Tls. $\rangle d$
Re-exports to Wenchow	Hk. Tls.
Re-exports to Foochow	Hk. Tls.
Re-exports to Tamsui	Hk. Tls.
Re-exports to Takow	Hk. Tls.
Re-exports to Amoy	Hk. Tls.
Re-exports to Swatow	Hk. Tls.
Re-exports to Canton	Hk. Tls.
Re-exports to Kiungchow	Hk. Tls.
Re-exports to Pakhoi	Hk. Tls.
Re-exports to Hongkong for Chinese Ports	Hk. Tls.
Total to Chinese Ports	——— Hk. Tls. dd
Re-exports to Hongkong for Foreign Countries	Hk. Tls.
Re-exports to Great Britain	Hk. Tls.
Re-exports to India	Hk. Tls.
Re-exports to Singapore and Straits	Hk. Tls.
Re-exports to Australia	Hk. Tls.
Re-exports to British America	Hk. Tls.
Re-exports to Continent of Europe (France)	Hk. Tls.
Re-exports to Continent of Europe (Russia, Odessa)	Hk. Tls. $\rangle e$
Re-exports to Continent of Europe (other Countries)	Hk. Tls.
Re-exports to United States	Hk. Tls.
Re-exports to Russian Manchuria	Hk. Tls.
Re-exports to Japan	Hk. Tls.
Re-exports to Philippine Islands	Hk. Tls.
Re-exports to Siam	Hk. Tls.
Re-exports to Suez	Hk. Tls.
Total to Foreign Countries	——— Hk. Tls. ee
Total Native Re-exports	——— Hk. Tls. f
Net Total Native Imports	——— Hk. Tls. g

G

TABLE No. V—Trade in Native Produce—Exports and Re-exports

Description of Goods	Classifier of Quantity	Exports to Foreign Countries		Exports to Hongkong		Exports to Chinese Ports		Total Re-exports to Foreign Countries, Hongkong, and Chinese Ports		Total Exports (*including Re-exports*)	
		Quantity	Value	Quantity	Value	Quantity	Value	Quantity	Value	Quantity	Value
Total...	*Hk. Tls.*	*a*	*Hk. Tls.* *b*	*c*	*Hk. Tls.* *d*	*e*	*Hk. Tls.* *f*	*g*	*Hk. Tls.* *h*	*i*	*Hk. Tls.* *j*
		....	*bb*	....	*dd*	....	*ff*	....	*hh*	....	*jj*

H
SUMMARY

To—	Exports		Re-exports		Total Exports and Re-exports	
	Hk. Tls.	*Hk. Tls.*	*Hk. Tls.*	*Hk. Tls.*	*Hk. Tls.*	*Hk. Tls.*
Great Britain						
India						
Singapore and Straits						
British America						
Australia						
Continent of Europe(France)						
Continent of Europe (Russia, Odessa)						
Continent of Europe (Other Countries)						
United States		*a*		*b*		*c*
Russian Manchuria						
Japan						
Philippine Islands						
Cochin China						
Siam						
Suez						
Hongkong for Foreign Countries						
Total to Foreign Countries	*aa*		*bb*		*cc*	
Hongkong for Chinese Ports						
Newchwang						
Tientsin						
Chefoo						
Ichang						
Hankow						
Kiukiang						
Wuhu						
Chinkiang						
Shanghai						
Ningpo		*d*		*e*		*f*
Wenchow						
Foochow						
Tamsui						
Takow						
Amoy						
Swatow						
Canton						
Kiungchow						
Pakhoi						
Total to Chinese Ports	*dd*		*ee*		*ff*	
Grand Total	*g*		*h*		*i*	

I

TABLE No. Ⅵ—TRANSIT TRADE

Foreign Goods conveyed *to* the Interior, 18......

Description of Goods	Classifier of Quantity	Quantity	Value
			Hk. Tls.
		a	*b*
Total	*Hk. Tls.*	....	*bb*

J

Native Goods brought *from* the Interior, 18......

Description of Goods	Classifier of Quantity	Quantity	Value
			Hk. Tls.
		a	*b*
Total	*Hk. Tls.*	....	*bb*

K

TABLE No. Ⅶ—DUTIES

Duties paid under each Flag, for the Year ended 31st December 18......

FLAG	Import	Export	Coast Trade	Tonnage	Transit	Total
	Hk. Tls. *m. c. c.*	*Hk. Tls.* *m. c. c.*	*Hk. Tls.* *m. c. c.*	*Hk. Tls.* *m. c. c.*	*Hk. Tls.* *m. c. c.*	*Hk. Tls.* *m. c. c.*
British						
American						
German						
French						
Dutch ············						
Danish ············						
Spanish ············						
Swedish and Norwegian						
Russian	*a*	*b*	*c*	*d*	*e*	*f*
Austrian						
Belgian ············						
Italian ············						
Japanese ············						
Peruvian ············						
Non-Treaty Powers ············						
Chinese ············						
Opium ············						
Total	*aa*	*bb*	*cc*	*dd*	*ee*	*ff*

577

L

TABLE No. Ⅷ—SHARE taken by each NATIONALITY in the

I—The Import and Export Trade, carried on under Foreign Flags, from

FLAG	FOREIGN IMPORT TRADE						
	Tonnage Inwards				Values	Duties	
	Vessels employed	Tonnage	No. of Trips	Tonnage employed	Foreign Imports	Import Duties	Tonnage Dues
British					Hk. Tls.	Hk. Tls. m. c. c.	Hk. Tls. m. c. c.
American							
German							
French							
Dutch							
Danish							
Spanish							
Swedish and Norwegian							
Russian	a	b	c	d	e	f	g
Austrian							
Belgian							
Italian							
Japanese							
Peruvian							
Non-Treaty Powers							
Chinese							
Total	aa	bb	cc	dd	ee	ff	gg

M

TABLE No. Ⅸ—SHARE taken by each NATIONALITY in the CARRYING

2—The Trade Coastwise of all the Treaty Ports, carried on under Foreign

FLAG	COAST TRADE OUTWARDS								
	Tonnage Out wards				Values			Duties	
	Vessels employed	Tonnage	No. of Trips	Tonnage employed	Native Exports	Re-exports.		Export Duties	Tonnage Dues
						Native	Foreign		
British					Hk. Tls.	Hk. Tls.	Hk. Tls.	Hk. Tls. m. c. c.	Hk. Tls. m. c. c.
American									
German									
French									
Dutch									
Danish									
Spanish									
Swedish and Norwegian									
Russian	a	b	c	d	e	f	g	h	i
Austrian									
Belgian									
Italian									
Japanese									
Peruvian									
Non-Treaty Powers									
Chinese									
Total	aa	bb	cc	dd	ee	ff	gg	hh	ii

CARRYING TRADE from and to FOREIGN COUNTRIES

and to Foreign Countries, was divided between them, as follows:—

FOREIGN EXPORT TRADE								FLAG
Tonnage Outwards				Values			Duties	
Vessels employed	Tonnage	No. of Trips	Tonnage employed	Native Exports※	Re-exports†		Export Duties	
					Foreign	Native		
				Hk. Tls.	Hk. Tls.	Hk. Tls.	Hk. Tls. m. c. c.	British American German French Dutch Danish Spanish Swedish and Norwegian Russian Austrian Belgian Italian Japanese Peruvian Non-Treaty Powers Chinese
h	i	j	k	l	m	n	o	
hh	ii	jj	kk	ll	mm	nn	oo	…… Total

※ Original shipments direct.　　†Reshipments direct.

TRADE between .... and the other
TREATY PORTS of CHINA

Flags, Outwards and Inwards, was divided between them, as follows:-

COAST TRADE INWARDS							FLAG
Tonnage Inwards				Values		Duties	
Vessels employed	Tonnage	No. of Trips	Tonnage employed	Native Imports	Foreign Imports	Coast Trade Duties: Import Duties on Foreign Goods re-entered included	
				Hk. Tls.	Hk. Tls.	Hk. Tls. m. c. c.	British American German French Dutch Danish Spanish Swedish and Norwegian Russian Austrian Belgian Italian Japanese Peruvian Non-Treaty Powers Chinese
j	k	l	m	n	o	p	
jj	kk	ll	mm	nn	oo	pp	…… Total

国别海关统计总表

TABLE No. ... —SHARE taken at ... by each NATIONALITY in the CARRYING TR-

and in the TRANSIT TRADE: with the PROPORTION

3—Table showing the Estimated Proportion of the Share taken by each Foreign Flag in the Import and Export Trade, and the

FLAG	TOTAL TONNAGE Foreign and Coastwise, Inwards and Outwards			TOTAL VALUES				Total Values, Foreign and Coast Trade
				Foreign Trade		Coast Trade		
	Vessels employed	No. of Trips	Tonnage employed	Imports*	Exports†	Out-wards‡	Inwards §	
British		N		Hk. Tls.	Hk. Tls.	Hk. Tls. O	Hk. Tls.	Hk. Tls.
American								
German								
French								
Dutch								
Danish								
Spanish								
Swedish and Norwegian								
Russian								
Austrian	a	b	c	a	b	c	d	e
Belgian								
Italian								
Japanese								
Peruvian								
Non-Treaty Powers								
Chinese								
Total	aa	bb	cc	aa	bb	cc	dd	ee

FLAG	TRANSIT TRADE							
	Inwards			Outwards			Total	
	No. of Passes	Value of Trade	Transit Dues	No. of Passes	Value of Trade	Transit Dues	Value of Trade	Transit Dues
British		Hk. Tls.	Hk. Tls. m. c. c.		Hk. Tls. Q	Hk. Tls. m. c. c.	Hk. Tls.	Hk. Tls. m. c. c.
American								
German								
French								
Dutch								
Danish								
Spanish								
Swedish and Norwegian								
Russian								
Austrian	a	b	c	d	e	f	g	h
Belgian								
Italian								
Japanese								
Peruvian								
Non-Treaty Powers								
Chinese								
Total	aa	bb	cc	dd	ee	ff	gg	hh

* All goods arriving in vessels direct from Foreign ports.

† All goods (original shipments of Chinese goods and reshipments of Chinese and Foreign goods) departing in vessels cleared for Foreign ports.

ADE from and to FOREIGN COUNTRIES, and with the other TREATY PORTS of CHINA;

borne by EACH SHARE to the WHOLE TRADE

Trade Coastwise, and giving Statistics of the Transit Trade as carried on under Treaty, and of Population at the Treaty Ports.

TOTAL DUTIES				Total Duties, Foreign and Coast Trade	Total Tonnage Dues	FLAG
Foreign Trade		Coast Trade				
Import Duties	Export Duties	Export Duties	Import and Half Duties			
Hk. Tls. m. c. c.	Hk. Tls. m. c. c.	Hk. Tls. m. c. c.	Hk. Tls. m. c. c. P	Hk. Tls. m. c. c.	Hk. Tls. m. c. c.	
a	b	c	d	e	f	British American German French Dutch Danish Spanish Swedish and Norwegian Russian Austrian Belgian Italian Japanese Peruvian Non-Treaty Powers Chinese
aa	bb	cc	dd	ee	ff	.... Total

PER-CENTAGES										POPULATION		
Tonnage		Trade				Revenue				Foreign		Chinese Population estimated at...
Total Trips	Tonnage employed	Foreign Trade	Coast Trade	Total Foreign and Coast	Transit Trade	Duties on Cargoes	Tonnage Dues	Transit Dues	Total Dues and Duties	No. of Firms	No. of Resi-dents	
					R						S	
a	*b*	*c*	*d*	*e*	*f*	*g*	*h*	*i*	*j*	*a*	*b*	
aa	*bb*	*cc*	*dd*	*ee*	*ff*	*gg*	*hh*	*ii*	*jj*	*aa*	*bb*	

‡ All goods departing in vessels cleared for the other Treaty Ports. Foreign goods reshipped and Chinese original cargoes and reshipments.

§ All goods arriving in vessels cleared from the other Treaty Ports. Chinese original cargoes and reshipments and Foreign reshipment.

Ⅳ 海关、常关厘金税则

Ⅳ—1 1858年天津条约附属关税税则

今将通商各口进出口货物新定税则开列于后

计开

进口货物税则均系外国土产

进口油蜡矾磺类

蜡日本	每百斤	陆钱伍分
苏合油	每百斤	壹两
硝只准按章程发卖	每百斤	伍钱
黄蜡	每百斤	壹两
硫黄只准按章程发卖	每百斤	贰钱

进口香椒类

安息香	每百斤	陆钱
安息油	每百斤	陆钱
檀香	每百斤	肆钱
白胡椒	每百斤	伍钱

黑胡椒	每百斤	叁钱陆分
沉香	每百斤	贰两
降香	每百斤	壹钱肆分伍厘

进口药材类

阿魏	每百斤	陆钱伍分
上冰片	每斤	壹两叁钱
下冰片	每斤	柒钱贰分
丁香	每百斤	伍钱
母丁香	每百斤	壹钱捌分
牛黄_{印度}	每斤	壹两伍钱
儿茶	每百斤	壹钱捌分
槟榔膏	每百斤	壹钱伍分
槟榔	每百斤	壹钱伍分
参_{美国}	每百斤	陆两
拣净参须参_{美国}	每百斤	捌两
乳香	每百斤	肆钱伍分
没药	每百斤	肆钱伍分
豆蔻花_{即肉果花}	每百斤	壹两
肉果豆蔻	每百斤	贰两伍钱
白豆蔻	每百斤	壹两
木香	每百斤	陆钱
犀角	每百斤	贰两
水银	每百斤	贰两
洋药	每百斤	叁拾两
槟榔衣	每百斤	柒分伍厘
砂仁	每百斤	伍钱
肉桂	每百斤	壹两伍钱

虎骨	每百斤	壹两伍钱伍分
鹿角	每百斤	贰钱伍分
血竭	每百斤	肆钱伍分
大枫子	每百斤	叁分伍厘

进口杂货类

火石	每百斤	叁分
云母壳即珠海壳	每百斤	贰钱
铜钮扣	每壹百肆拾肆粒	伍分伍厘
漆器	每百斤	壹两
绳吕宋	每百斤	叁钱伍分
伞各样	每柄	叁分伍厘
香柴	每百斤	肆钱伍分
煤外国	每吨	伍分
火绒	每百斤	叁钱伍分

进口腌腊海味类

上燕窝	每斤	伍钱伍分
中燕窝	每斤	肆钱伍分
下燕窝	每斤	壹钱伍分
黑海参	每百斤	壹两伍钱
白海参	每百斤	叁钱伍分
白鱼翅	每百斤	壹两伍钱
黑鱼翅	每百斤	伍钱
柴鱼即干鱼	每百斤	伍钱
鱼肚	每百斤	壹两
咸鱼	每百斤	壹钱捌分
鱼皮	每百斤	贰钱
海菜	每百斤	壹钱伍分

牛鹿筋		每百斤	伍钱伍分
虾米		每百斤	叁钱陆分
淡菜		每百斤	贰钱
鲨鱼皮		每百张	贰两

进口颜料胶漆纸札类

呀嘣米		每百斤	伍两
大青		海百斤	壹两伍钱
苏木		每百斤	壹钱
紫梗		每百斤	叁钱
水靛		每百斤	壹钱捌分
鱼胶		每百斤	陆钱伍分
皮胶		每百斤	壹钱伍分
藤黄		每百斤	壹两
栲皮		每百斤	叁分

进口竹木藤椰类

沙藤		每百斤	壹钱伍分
乌木		每百斤	壹钱伍分
桅重木	长不过肆拾幅地	每根	肆两
桅重木	长不过陆拾幅地	每根	陆两
桅重木	长过陆拾幅地	每根	拾两
桅轻木	长不过肆拾幅地	每根	贰两
桅轻木	长不过陆拾幅地	每根	肆两伍钱
桅轻木	长过陆拾幅地	每根	陆两伍钱
梁重木	长不过贰拾陆幅地		
	四方不到拾贰因制	每根	壹钱伍分
板重木	长不过贰拾肆幅地		
	宽拾贰因制厚叁因制	每百根	叁两伍钱

板重木　长不过拾陆幅地

宽拾贰因制厚叁因制　每百片　贰两

板轻木各样　每四方长阔千幅地　柒钱

板麻栗树　长阔方圆　每幅地　叁分伍厘

红木　每百斤　壹钱壹分伍厘

毛柿　每百斤　叁分

呀囒治木　长不过叁拾伍幅地宽壹幅地捌因制厚壹幅地　每根　捌钱

进口镜钟标玩类

自鸣钟　每值百两　抽税伍两

时辰表　每对　壹两

珠边时辰表　每对　肆两伍钱

千里镜双眼千里镜挂镜穿衣镜挂屏　每值百两　抽税伍两

八音琴　每值百两　抽税伍两

进口布匹花幔类

麻棉帆布长不过伍拾码　每匹　肆钱

棉花　每百斤　叁钱伍分

布　原色白色　宽过叁拾肆因制

无花斜纹　长不过肆拾码　每匹　捌分

布　原色白色　宽过叁拾肆因制

无花斜纹　长过肆拾码　每拾码　贰分

布美国原色白色　宽不过叁拾因制

无花斜纹　长不过肆拾码　每匹　壹钱

布美国原色白色　宽不过叁拾因制

无花斜纹　长不过叁拾码　每匹　柒分伍厘

布　原色白色　宽不过叁拾因制

无花斜纹　长不过肆拾捌码　每匹　捌分

布　原色白色　宽不过叁拾因制

无花斜纹 长不过贰拾肆码		每匹	肆分
色布 有花 宽不过叁拾陆因制			
无花 长不过肆拾码		每匹	壹钱伍分
花布 白提布 白点布 宽不过叁拾陆因制			
长不过肆拾码		每匹	壹钱
印花布 宽不过叁拾壹因制			
长不过叁拾码		每匹	柒分
袈裟布 宽不过肆拾陆因制			
长不过贰拾肆码		每匹	柒分
袈裟布 宽不过肆拾陆因制			
长不过拾贰码		每匹	叁分伍厘
袈裟布稀 宽不过肆拾陆因制			
即洋纱 长不过贰拾肆码		每匹	柒分伍厘
袈裟布稀 宽不过肆拾陆因制			
即洋纱 长不过拾贰码		每匹	叁分伍厘
缎布 宽不过叁拾陆因制		每匹	贰钱
长不过肆拾码			
柳条布 宽不过肆拾因制		每匹	陆分伍厘
长不过拾贰码			
毛布各色 宽不过贰拾捌因制			
长不过叁拾码		每匹	叁分伍厘
绒棉布各样 长不过叁拾壹码		每匹	贰钱
棉线		每百斤	柒钱贰分
棉纱		每百斤	柒钱
麻布 细 长不过伍拾码		每匹	伍钱
麻布 粗 长不过伍拾码			
即麻竹布棉丝布		每匹	贰钱

回绒 长不过叁拾伍码	每匹	贰钱
羽布 宽不过贰拾肆因制		
长肆拾码	每匹	贰钱

进口绸缎丝绒类

手帕四方长阔不过壹码	每拾贰块	贰分伍厘
金线真	每斤	壹两陆钱
金线假	每斤	叁分
银线真	每斤	壹两叁钱
银线假	每斤	叁分
哆啰呢宽伍拾壹因制	每丈壹百肆拾壹	
至陆拾肆因制	寸为壹丈	壹钱贰分
哔叽宽叁拾壹因制	每丈	肆分伍厘
羽缎荷兰国 宽叁拾壹因制	每丈	壹钱
羽纱英国 宽叁拾壹因制	每丈	伍分
羽绸	每丈	叁分伍厘
小呢番羓等类	每丈	肆分
绒线	每百斤	叁两
床毡	每对	贰钱
花剪绒长不过叁拾肆码	每匹	壹钱伍分
羽绫宽叁拾壹因制	每丈	伍分
小羽绫宽叁拾肆因制	每丈	叁分伍厘
下等绒即至粗绒	每丈	壹钱
剪绒长不过叁拾肆码	每匹	壹钱捌分

进口酒果食物类

橄榄无论干鲜	每百斤	壹钱捌分
鼻烟外国	每百斤	柒两贰钱

进口钢铁铅锡类

生铜如铜砖之类	每百斤	壹两
熟铜如铜扁铜条之类	每百斤	壹两伍钱
生铁如铁砖之类	每百斤	柒分伍厘
熟铁如铁条铁板铁箍之类	每百斤	壹钱贰分伍厘
铅块	每百斤	贰钱伍分
钢	每百斤	贰钱伍分
锡	每百斤	壹两贰钱伍分
马口铁	每百斤	肆钱
日本铜	每百斤	陆钱
铅片	每百斤	伍钱伍分
白铅只准按章程发卖	每百斤	贰钱伍分
黄铜钉黄皮铜	每百斤	玖钱
商船压载铁	每百斤	壹分
铁丝	每百斤	贰钱伍分

进口珍珠宝石类

玛瑙	每百块	叁钱
玛瑙珠	每百斤	柒两
玳瑁	每斤	贰钱伍分
玳瑁碎	每斤	柒分贰厘
玻璃片	每箱四方每壹百幅地	壹钱伍分
珊瑚	每斤	壹钱

进口缨皮牙角羽毛类

牛角	每百斤	贰钱伍分
生牛皮	每百斤	伍钱
熟牛皮	每百斤	肆钱贰分
海龙皮即海虎皮	每张	壹两伍钱

大狐狸皮	每张	壹钱伍分
小狐狸皮	每张	柒分伍厘
虎皮豹皮	每张	壹钱伍分
貂皮	每张	壹钱伍分
獭皮	每百张	贰两
貉獾皮	每百张	贰两
海骡皮	每百张	伍两
灰鼠皮银鼠皮	每百张	伍钱
海马牙	每百斤	贰两
象牙_{不碎的} 象牙不碎的	每百斤	肆两
象牙碎的	每百斤	叁两
兔皮麂皮	每百张	伍钱
犀皮	每百斤	肆钱贰分
翠毛孔雀毛等类	每百张	肆钱

出口货物税则均系中国出产

出口油蜡矾磺类

白矾	每百斤	肆分伍厘
青矾	每百斤	壹钱
八角油	每百斤	伍两
桂皮油	每百斤	玖两
薄荷油	每百斤	叁两伍钱
牛油	每百斤	贰钱
柏油	每百斤	叁钱
油芝麻油豆油棉油 茶油桐油各等	每百斤	叁钱
蓖麻油	每百斤	贰钱
白蜡	每百斤	壹两伍钱

出口香料椒茶类

茶叶	每百斤	贰两伍钱
八角	每百斤	伍钱
麝香	每斤	玖钱
八角渣	每百斤	贰钱伍分
时辰香	每百斤	贰钱

出口药材类

三奈	每百斤	叁钱
樟脑	每百斤	柒钱伍分
信石	每百斤	肆钱伍分
桂皮	每百斤	陆钱
桂子	每百斤	捌钱
土茯苓	每百斤	壹钱叁分
澄茄	每百斤	壹两伍钱
良姜	每百斤	壹钱
石黄	每百斤	叁钱伍分
大黄	每百斤	壹两贰钱伍分
姜黄	每百斤	壹钱
高丽日本参上等	每斤	伍钱
高丽日本参下等	每斤	叁钱伍分
鹿茸嫩	每对	玖钱
鹿茸老	每百斤	壹两叁钱伍分
牛黄中国	每斤	叁钱陆分
班猫	每百斤	贰两
桂枝	每百斤	壹钱伍分
陈皮	每百斤	叁钱
柚皮上等	每百斤	肆钱伍分

柚皮下等	每百斤	壹钱伍分
关东人参	每值百两	抽税伍两
薄荷叶	每百斤	壹钱
甘草	每百斤	壹钱叁分伍厘
石羔	每百斤	叁分
五倍子	每百斤	伍钱
蜂蜜	每百斤	玖钱

出口杂货类

料手镯即烧料钜	每百斤	伍钱
竹器	每百斤	柒钱伍分
假珊瑚	每百斤	叁钱伍分
各色爆竹	每百斤	伍钱
羽扇	每百柄	柒钱伍分
料器	每百斤	伍钱
各色料珠	海百斤	伍钱
雨遮即纸伞	每百柄	伍钱
云石	每百斤	贰钱
蓪纸画	每百张	壹钱
纸扇	每百柄	肆分伍厘
珍珠假	每百斤	贰两
古玩	每值百两	抽税伍两
葵扇细	每千柄	叁钱陆分
葵扇粗	每千柄	贰钱
骆驼毛	每百斤	壹两
绵羊毛	每百斤	叁钱伍分
山羊毛	每百斤	壹钱捌分
氈碎	每百斤	壹两

纸花	每百斤	壹两伍钱
土煤	每百斤	肆分

出口颜料胶漆纸札类

铜箔	每百斤	壹两伍钱
红丹	每百斤	叁钱伍分
锡箔	每百斤	壹两贰钱伍分
银砵	每百斤	贰两伍钱
油漆画	每件	壹钱
铅粉	每百斤	叁钱伍分
黄丹	每百斤	叁钱伍分
砵砂	每百斤	柒钱伍分
纸上等	每百斤	柒钱
纸次等	每百斤	肆钱
油纸	每百斤	肆钱伍分
墨	每百斤	肆两
漆	每百斤	伍钱
棕	每百斤	壹钱
麻	每百斤	叁钱伍分
灯草	每百斤	陆钱
绿胶	每斤	捌钱
索广东	每百斤	壹钱伍分
索苏州	每百斤	伍钱
漆绿	每百斤	肆钱伍分
蛎壳	每百斤	玖分
绿皮	每百斤	壹两捌钱
土靛	每百斤	壹两
坑砂	每百斤	玖分

出口器皿箱盒类

牛_{骨角}器	每百斤	壹两伍钱
瓷器_细	每百斤	玖钱
瓷器_粗	每百斤	肆钱伍分
紫黄铜器	每百斤	壹两壹钱伍分
木器	每百斤	壹两壹钱伍分
象牙器	每斤	壹钱伍分
漆器	每百斤	壹两
云母壳器	每斤	壹钱
藤器各样	每百斤	叁钱
檀香器	每斤	壹钱
金银器	每百斤	拾两
玳瑁器	每斤	贰钱
皮箱皮柜	每百斤	壹两伍钱
皮器	每百斤	壹两伍钱
窑货	每百斤	伍分
黄铜器	每百斤	壹两
铜钮扣	每百斤	叁两
铜丝	每百斤	壹两壹钱伍分
生铜	每百斤	伍钱
旧铜片	每百斤	伍钱

出口竹木藤椰类

各色竹竿	每千根	伍钱
藤肉	每百斤	贰钱伍分
木_{椿梁舵柱}	每根	叁分

出口衣帽靴鞋类

衣服_布	每百斤	壹两伍钱

| 衣服_绸 | 每百斤 | 拾两 |

衣服绸 每百斤 拾两
靴鞋皮缎各色 每百双 叁两
草鞋 每百双 壹钱捌分
绸帽 每百顶 玖钱
毡帽 每百顶 壹钱贰分伍厘
草帽缨 每百斤 柒钱

出口布匹花幔类

夏布细 每百斤 贰两伍钱
夏布粗 每百斤 柒钱伍分
土布各色 每百斤 壹两伍钱
旧棉絮 每百件 肆分伍厘
棉被胎 每百斤 贰两柒钱伍分
棉花 每百斤 叁钱伍分

出口绸缎丝绒类

湖丝土丝各等丝经 每百斤 拾两
野蚕丝 每百斤 贰两伍钱
丝带栏杆桂带丝线各色 每百斤 拾两
绸缎绢绉纱绫罗剪绒绣货等类 每百斤 拾贰两
丝绵杂货如丝毛之类 每百斤 伍两伍钱
四川黄丝 每百斤 柒两
同功丝 每百斤 伍两
川绸山东茧绸 每百斤 肆两伍钱
纬线 每百斤 拾两
各省绒 每百斤 拾两
绒广东土产丝做成 每百斤 肆两叁钱
蚕茧 每百斤 叁两
乱丝头 每百斤 壹两

出口毡绒毯席类

席子各样	每百张	贰钱
地席	每卷肆拾码	贰钱
皮毯	每张	玖分
毡毯	每百匹	叁两伍钱

出口糖果食物类

蜜饯并各色糖果	每百斤	伍钱
酱油	每百斤	肆钱
白糖	每百斤	贰钱
赤糖	每百斤	壹钱贰分
冰糖	每百斤	贰钱伍分
烟丝各样如黄烟水烟之类	每百斤	肆钱伍分
烟叶各样	每百斤	壹钱伍分
鼻烟中国	每百斤	捌钱
大头菜	每百斤	壹钱捌分
粉丝	每百斤	壹钱捌分
酒	每百斤	壹钱伍分
海菜	每百斤	壹钱伍分
火腿	每百斤	伍钱伍分
皮蛋	每千个	叁钱伍分
榄仁	每百斤	叁钱
杏仁	每百斤	肆钱伍分
香菌	每百斤	壹两伍钱
金针菜	每百斤	贰钱柒分
木耳	每百斤	陆钱
桂圆	每百斤	贰钱伍分
桂圆肉	每百斤	叁钱伍分

荔枝	每百斤	贰钱
莲子	每百斤	伍钱
芝麻	每百斤	壹钱叁分伍厘
花生	每百斤	壹钱
花生饼	每百斤	叁分
瓜子	每百斤	壹钱
豆牛庄登州不准出口	每百斤	陆分
豆饼牛庄登州不准出口	每百斤	叁分伍厘
米麦杂粮	每百斤	壹钱
蒜头	每百斤	叁分伍厘
栗子	每百斤	壹钱
黑枣	每百斤	壹钱伍分
红枣	每百斤	玖分

Ⅳ—2　1902 年中英通商条约附属关税税则

通商进口税则目录
　按税则所列各类货物

一、油蜡矾磺类	十、衣帽靴鞋类
二、香料椒茶类	十一、布匹花幔类
三、药材类	十二、绸缎丝绒类
四、杂货类	十三、毡绒毯席类
五、腌腊海味类	十四、糖酒果食物类
六、颜料胶漆纸札类	十五、铜铁锡类
七、器皿箱盒类	十六、珍珠宝石类
八、竹木藤椰类	十七、缨皮牙角类
九、镜钟表玩类	

税则所列各类货物

一、油蜡矾磺类

黄蜡	每百斤　壹两陆钱
白蜡	每值百两　抽税伍两
日本蜡	每百斤　陆钱伍分
油蜡	每百斤　伍钱
外国蜡烛 如斤两增减税银亦增减	每箱内贰拾伍包每包陆支
	重英平
	玖两　柒分伍厘
	拾贰两　壹钱
	拾陆两　壹钱叁分叁厘
外国蜡烛 别类箱包	每百斤　柒钱伍分
滑物蓖麻油	每百斤　伍钱壹分
净蓖麻油	每百斤　壹两
丁香油	每斤　壹钱伍分
椰油	每百斤　肆钱
菜子油	每加仑　伍分
土质 草质 滑物油	每加仑 壹分伍厘 贰分伍厘
姜油	每百斤　陆两柒钱伍分
煤油	每壹木箱即拾加仑　　柒分
舱煤油	每拾加仑　伍分
橄榄油	每加仑　陆分贰厘
檀香油	每斤　贰钱肆分
木油	每百斤　伍钱
苏合油	每百斤　壹两
石脑油	每拾加仑　壹钱伍分
硝 并应查照善后章程第三款办理	每百斤　叁钱贰分伍厘

硫磺 <small>并应查照善后章程第三款办理</small>	每百斤	壹钱伍分
净硫磺 <small>并应查照善后章程第三款办理</small>	每百斤	贰钱伍分
磺强水	每百斤	壹钱捌分柒厘
火漆	每值百两	抽税伍两
硼砂	每百斤	陆钱壹分
净硼砂	每百斤	壹两肆钱陆分
纯碱	每百斤	壹钱伍分
净面碱	每百斤	壹钱伍分
烧碱	每百斤	贰钱贰分伍厘
晶碱	每百斤	壹钱贰分
浓晶碱	每百斤	壹钱肆分

二、香料椒茶类

上等八角 <small>每百斤值拾伍两及值拾伍两外者</small>	每百斤	壹两
下等八角 <small>每百斤价值不及拾伍两者</small>	每百斤	肆钱肆分
安息香	每百斤	陆钱
安息油	每值百两	抽税伍两
神香	每百斤	陆钱肆分
麝香	每斤	玖两
沉香	每百斤	拾两
降香	每百斤	壹钱贰分伍厘
檀香	每百斤	肆钱
香水等物	每值百两	抽税伍两
黑胡椒	每百斤	柒钱陆分
白胡椒	每百斤	壹两叁钱叁分

三、药材类

阿魏	每百斤	壹两
黄柏	每百斤	捌钱
干槟榔衣	每百斤	柒分柒厘
鲜槟榔衣	每百斤	壹分捌厘
干槟榔叶	每百斤	肆分伍厘
干槟榔	每百斤	贰钱贰分伍厘
鲜槟榔	每百斤	壹分捌厘
槟榔膏	每百斤	叁钱
樟脑	每百斤	壹两陆钱伍分
上冰片	每斤	贰两肆钱伍分
下冰片	每值百两	抽税伍两
三奈	每值百两	抽税伍两
白豆蔻	每百斤	拾两
砂仁	每百斤	壹两
豆蔻 砂仁 壳	每百斤	贰钱伍分
豆蔻花	每值百两	抽税伍两
桂子	每百斤	柒钱伍分
桂皮	每百斤	玖钱贰分
桂枝	每百斤	壹钱柒分
茯苓	每百斤	陆钱伍分
肉桂	每百斤	肆两
木香	每百斤	柒钱壹分伍厘
丁香	每百斤	陆钱叁分
母丁香	每百斤	叁钱陆分
穿山甲片	每百斤	贰两柒钱贰分伍厘

印度牛黄	每值百两　抽税伍两
儿茶	每百斤　叁钱
良姜	每百斤　壹钱柒分
上等未拣参每斤价过贰两	每斤　贰钱贰分
次等未拣参每斤价不过贰两	每斤　柒分贰厘
上等拣净参每斤价壹拾两	每斤　壹两壹钱
次等拣净参每斤价过陆两 　　　　　不过拾壹两	每斤　叁钱柒分伍厘
三等拣净参每斤价过贰两 　　　　　不过陆两	每斤　贰钱贰分
四等拣净参每斤价不过贰两	每斤　捌分
野参	每值百两　抽税伍两
血竭	每百斤　肆两
没药	每百斤　肆钱陆分伍厘
乳香	每百斤　肆钱伍分
石黄	每百斤　肆钱伍分
甘草	每百斤　伍钱
大枫子	每百斤　叁钱伍分
莫啡鸦	英平每两叁两
五倍子	每百斤　捌钱柒分
肉果豆蔻	每百斤　壹两伍钱
洋药进口正税每百斤叁拾俩 　　　并征厘金每百斤捌拾俩	每百斤　壹百拾两
大土皮	每斤　陆分贰厘
陈皮	每百斤　捌钱
姜黄	每百斤　壹钱捌分伍厘
虎骨	每百斤　贰两伍钱
疳积糖每瓶内不过陆拾颗	每拾贰瓶　叁分伍厘

犀角	每斤	贰两肆钱
鹿角	每百斤	壹两伍钱
老鹿茸	每百斤	捌两伍钱
北口嫩鹿茸	每架	贰两伍钱
南洋嫩鹿茸	每值百两	抽税伍两

四、杂货类

料珠	每值百两	抽税伍两
料钮扣	每拾贰各罗斯	壹分
铜钮扣等	每各罗斯	贰分
亚洲煤	每吨	贰钱伍分
他洲煤	每吨	陆钱
亚洲煤砖	每吨	伍钱
亚洲焦炭	每吨	伍钱
他洲焦炭	每吨	玖钱
炭	每百斤	叁分
各色绳	每值百两	抽税伍两
棕线	每值百两	抽税伍两
粗葵扇	每千柄	贰钱捌分
细葵扇	每千柄	肆钱伍分
装饰葵扇	每千柄	壹两
纸扇	每千柄	壹两肆钱
布扇	每千柄	壹两肆钱
绢扇	每值百两	抽税伍两
五色自来火	每伍拾各罗斯盒	壹两伍钱
蜡自来火 每拾各罗斯盒内 每盒不过壹百支		壹两陆钱

	长		贰寸半
大木自来火每盒宽	不过英尺寸		壹寸半
	深		肆分之三
		每伍拾各罗斯	陆钱叁分
	长		贰寸
大木自来火每盒宽	不过英尺寸		壹寸捌分之三
	深		捌分之五
		每百各罗斯盒	玖钱贰分
加大木自来火		每值百两	抽税伍两
制自来火料			
玻璃粉		每百斤	壹钱壹分
磷质		每百斤	肆两壹钱贰分伍厘
作根木条		每百斤	捌分捌厘
作盒木花		每百斤	壹钱壹分叁厘
硝皮料		每值百两	抽税伍两
肥田料		每值百两	抽税伍两
火石		每百斤	肆分
火绒		每百斤	叁钱伍分
嵌柄伞		每值百两	抽税伍两
棉伞		每柄	贰分
绒棉伞		每柄	叁分
绸丝棉伞		每柄	捌分
伞骨		每拾贰副	捌分
云母壳		每百斤	柒钱
他类壳		每值百两	抽税伍两

粗肥皂	每百斤　贰钱肆分
香肥皂	每值百两　　抽税伍两
不灰木漆	每百斤　贰钱
不灰木络	每百斤　伍两
不灰木纸	每百斤　伍钱
不灰木包皮	每百斤　叁两伍钱
夹金丝不灰木包皮	每百斤　伍两
不灰木线	每百斤　贰两贰钱伍分
斧头	每打臣　伍钱
锉_{长不过肆英寸}	每打臣　肆分
锉_{长过肆英寸不过玖英寸}	每打臣　柒分贰厘
锉_{长过玖英寸不过拾肆英寸}	每打臣　壹钱陆分捌厘
锉_{长过拾肆英寸}	每打臣　贰钱贰分肆厘
脚踏车	每辆　　叁两
脚踏车器	每值百两　　抽税伍两
宝沙	每百斤　壹钱玖分伍厘
宝沙粉	每值百两　　抽税伍两
红沙	每百斤　肆分伍厘
火砖	每值百两　　抽税伍两
火泥	每百斤　伍分
瓦_{每瓦方陆英寸}	每百片　陆钱
铁水泥	每桶_{重叁百斤}　壹钱伍分
针_{大柒号}	每百密力_{即拾万根}　　壹两捌钱
针_{大叁号}	每百密力_{即拾万根}　　壹两伍钱
杂针类_{即除大七号外各类牵杂}	每百密力_{即拾万根}　　玖钱捌分伍厘
成衣机器	每值百两　抽税伍两

五、腌腊海味类

海菜石花菜	每百斤	叁钱
黑海参	每百斤	壹两陆钱
白海参	每百斤	柒钱
上燕窝	每斤	壹两肆钱
中燕窝	每斤	肆钱伍分
下燕窝	每斤	壹钱伍分
蛏干	每百斤	伍钱伍分
干蚶子	每百斤	伍钱
鲜蚶子	每百斤	伍分
蟹肉干	每百斤	陆钱
鱿鱼　墨鱼	每百斤	陆钱陆分柒厘
干贝	每百斤	贰两
干鱼即柴鱼	每百斤	叁钱壹分伍厘
鲜鱼	每百斤	壹钱叁分柒厘
鱼肚	每百斤	肆两贰钱伍分
鲩鱼腹	每值百两	抽税伍两
咸鱼	每百斤	壹钱陆分
鲍鱼	每百斤	壹两伍钱
鱼皮	每百斤	陆钱
鲨鱼皮	每值百两	抽税伍两
腊肠	每百斤	捌钱捌厘
淡菜	每百斤	肆钱
蚝干	每值百两	抽税伍两
碎海菜	每百斤	壹钱伍分
海菜	每百斤	壹钱
净海菜	每百斤	壹两

红海菜　　　　　　　　　每值百两　　抽税伍两

黑鱼翅　　　　　　　　　每百斤　壹两陆钱捌厘

净鱼翅　　　　　　　　　每百斤　陆两

白鱼翅　　　　　　　　　每百斤　肆两陆钱

虾干　　　　　　　　　　每百斤　壹两

虾米　　　　　　　　　　每百斤　陆钱叁分

牛筋　　　　　　　　　　每百斤　伍钱伍分

鹿筋　　　　　　　　　　每百斤　壹两伍分

六、颜料胶漆纸札类

哑喇伯胶　　　　　　　　每百斤　壹两

栲皮　　　　　　　　　　每百斤　柒分叁厘

梅树皮　　　　　　　　　每百斤　壹钱贰分

桑树皮　　　　　　　　　每值百两　　抽税伍两

黄柏皮　　　　　　　　　每值百两　　抽税伍两

品蓝　　　　　　　　　　每值百两　　抽税伍两

洋蓝　　　　　　　　　　每百斤　壹两伍钱

铜金粉　　　　　　　　　每百斤　贰两贰钱

漂白粉　　　　　　　　　每百斤　叁钱

硃砂　　　　　　　　　　每百斤　叁两柒钱伍分

印字墨　　　　　　　　　每值百两　　抽税伍两

呀嘣色　　　　　　　　　每值百两　　抽税伍两

泥金色　　　　　　　　　每值百两　　抽税伍两

藤黄　　　　　　　　　　每百斤　贰两柒钱

松香胶　　　　　　　　　每百斤　贰两伍钱

松节油　　　　　　　　　每加仑　叁分陆厘

松香　　　　　　　　　　每百斤　壹钱捌分柒厘

黑松香　　　　　　　　　每百斤　壹钱贰分伍厘

漆绿	每百斤 壹两
红花	每百斤 伍钱贰分伍厘
干靛	每值百两　抽税伍两
制成水靛	每百斤 贰两贰分伍厘
生成水靛	每百斤 贰钱壹分伍厘
靛膏	每百斤 贰两贰分伍厘
红丹	每百斤 肆钱伍分
铅粉	每百斤 肆钱伍分
黄丹	每百斤 肆钱伍分
苏木	每百斤 壹钱壹分贰厘
苏木膏	每百斤 陆钱
赭色	每百斤 陆钱
大青	每百斤 壹两陆钱
佛头青	每百斤 伍钱
豆蔻红	每值百两　抽税伍两
漆	每值百两　抽税伍两
白铅粉	每值百两　抽税伍两
银硃	每百斤 肆两
假银硃	每值百两　抽税伍两
薯莨	每百斤 壹钱伍分
鱼胶	每百斤 肆两
皮胶	每百斤 捌钱叁分
锡箔	每值百两　抽税伍两
铜箔	每百斤 壹两陆钱柒分伍厘
纸烟纸　每张长不过肆英寸 宽不过贰英寸	每拾万张　壹钱贰分伍厘
磨过印字纸　任商人便	或每值百两　抽税伍两柒钱

	或每百斤
未磨印字纸	每百斤　叁钱
写字纸	每百斤　壹两贰钱
他类纸	每值百两抽税伍两
沙纸及宝沙纸每张不过丁方英	
寸壹百肆拾肆	
	每肆百捌拾张　　贰钱伍分
麻	每值百两　　抽税伍两
乱麻头	每百斤　伍钱
紫梗	每百斤　柒钱
生橡皮	每百斤　叁两壹钱肆分
老碎橡皮	每百斤　贰钱伍分

七、器皿箱盒类

瓷器	每值百两　　抽税伍两
金银器	每值百两　　抽税伍两
马口铁盆	每各罗斯　　贰钱伍分
法蓝铁器	
不过九英寸有花无花	每打臣　伍分
过九英寸无花	每打臣　玖分
过九英寸有金油花	每打臣　壹钱柒分伍厘
过九英寸有清花	每打臣　壹钱贰分伍厘
他类法蓝铁器	每值百两　　抽税伍两
橡皮器靴鞋不在内	每值百两　　抽税伍两
漆器	每值百两　　抽税伍两
奥国圆木椅	每打臣　捌钱
藤椅	每值百两　　抽税伍两
铁锅瓢等器	每百斤　伍钱

煤油箱罐	每壹木箱贰铁罐　伍厘
灯及灯器	每值百两　　抽税伍两
新荣麻袋	每千个　肆两贰钱伍分
旧荣麻袋	每值百两　　抽税伍两
新麻袋	每千个　肆两贰钱伍分
旧麻袋	每值百两　　抽税伍两
草包	每千个　壹两贰钱伍分
蒲草包	每千个　壹两贰钱伍分
皮钱袋	每各罗斯　　伍钱

八、竹木藤椰类

香木	每值百两　　抽税伍两
香柴	每值百两　　抽税伍两
竹竿	每千竿　肆钱
棕竿_{长壹英尺}	每百斤　贰钱
棕竿_{长伍英尺}	每千竿　叁钱
轻重木料	
重木梁	每一英立方尺　贰分
轻木梁_{厚一英寸}	每千英丁方尺　壹两壹钱伍分
麻栗木梁	每一英立方尺　捌分壹厘
板条	每千条　贰钱壹分
重木桅	每值百两　　抽税伍两
轻木桅	每值百两　　抽税伍两
轻木桩_{厚一英寸}	每千英立方尺　壹两壹钱伍分
重木板	每一英丁方尺　贰分
轻木板_{厚一英寸}	每千英丁方尺　壹两壹钱伍分
有槽缝轻板	每值百两　　抽税伍两
麻栗木板	每一英立方尺　　捌分壹厘

麻栗木	每一英立方尺	捌分壹厘
路铁楞	每值百两	抽税伍两
藤心	每百斤	贰钱贰分伍厘
藤皮	每百斤	柒钱伍分
藤片	每百斤	叁钱贰分伍厘
沙藤	每百斤	贰钱贰分伍厘
毛柿	每百斤	玖分
乌木	每百斤	贰钱
呀嘛治木	每值百两	抽税伍两
铁木	每值百两	抽税伍两
啤啰木	每百斤	柒分伍厘
红木	每百斤	贰钱
花梨木	每百斤	贰钱
日本木丝	每百斤	壹两
柴	每百斤	壹分
框	每长一千英尺	壹两伍分

九、镜钟表玩类

自鸣钟	每值百两	抽税伍两
千里镜	每值百两	抽税伍两
各种面镜	每值百两	抽税伍两
时辰表	每值百两	抽税伍两
八音琴	每值百两	抽税伍两

十、衣帽靴鞋类

棉汗衫及汗裤	每打臣	壹钱贰分伍厘
上等棉袜每拾贰双价值壹两	每拾贰双	柒分伍厘
下等棉袜每拾贰双价值不及壹两	每拾贰双	叁分贰厘
橡皮靴	每双	捌分

橡皮鞋		每双	贰分

十一、布匹花幔类

原色布	宽不过肆拾英寸 长不过肆拾码	重柒磅	每匹	伍分
原色布	宽不过肆拾英寸 长不过肆拾码	重过柒磅不 过玖磅	每匹	捌分
原色布	宽不过肆拾英寸 长不过肆拾码	重过玖磅不 过拾壹磅	每匹	壹钱壹分
原色布	宽不过肆拾英寸 长不过肆拾码	重过拾壹磅	每匹	壹钱贰分
日本充土布	宽不过贰拾英寸 长不过贰拾码	重不过叁磅	每匹	贰分柒厘
日本充土布	宽不过贰拾英寸		每值百两	抽税伍两
白色 布 白花 布 白提 白点	宽不过叁拾柒英寸 长不过肆拾贰码		每匹	壹钱叁分伍厘
原色白色无 布 花粗斜纹	宽不过叁拾壹英寸 长不过肆拾码	重不过拾贰磅拾贰两	每匹	壹钱
原色白色无 布 花粗斜纹	宽不过叁拾壹英寸 长不过肆拾码	重过拾贰磅拾贰两	每匹	壹钱贰分伍厘
原色白色无 布 花细斜纹	宽不过叁拾壹英寸 长不过叁拾码		每匹	玖分
原色白色无 布 花细斜纹	宽不过叁拾壹英寸 长不过肆拾码		每匹	壹钱贰分
原色白色标布	宽不过叁拾肆英寸 长不过贰拾肆码		每匹	柒分
原色白色标布	宽不过叁拾肆英寸		每匹	壹钱叁分伍厘

长过贰拾肆码不过肆拾码

原色白色标布 宽过叁拾肆英寸不过叁拾柒英寸

长不过贰拾肆码

	每匹	捌分

各样绉布 宽不过叁拾英寸

长不过陆码

	每匹	贰分柒厘

各样绉布 宽不过叁拾英寸

长过陆码不过拾码

	每匹	叁分伍厘

各样绉布 宽不过叁拾英寸

长过拾码

	每码	叁厘伍毫

白色稀袈裟布　袈裟布 宽不过肆拾陆英寸

长不过拾贰码

	每匹	叁分贰厘

蚊帐纱 宽不过玖拾英寸

	每码	壹分

罗布 宽不过叁拾壹英寸

长不过叁拾码

	每匹	玖分

提罗布

	每值百两	抽税伍两

印花袈裟布 宽不过肆拾陆英寸

长不过拾贰码

	每匹	叁分柒厘

印花斜纹布 印花标　印花布 宽不过贰拾英寸

	每值百两	抽税伍两

印花斜纹布 印花标　印花布 宽过贰拾英寸不过叁拾壹英寸

长不过叁拾码

	每匹	捌分

印花罗布 宽不过叁拾壹英寸

长不过叁拾码

	每匹	玖分

印花粗布 宽不过叁拾陆英寸

长不过肆拾叁码

	每匹	壹钱捌分伍厘

| 印花红布_{宽不过叁拾壹英寸} | | | 每匹 | 壹钱 |

印花红布<small>宽不过叁拾壹英寸</small>　　　　　　　　每匹　　壹钱
　　　　<small>长不过贰拾伍码</small>

印花色布<small>宽不过叁拾贰英寸</small>　　　　　　　　每匹　　贰钱伍分
　　　　<small>长不过叁拾贰码</small>

双面印花布　　　　　　　　　　　　　每值百两　抽税伍两

无花色布<small>宽不过叁拾陆英寸</small>　　　　　　　　每匹　　贰钱肆分
　　　　<small>长不过叁拾叁码</small>

有花色布<small>宽不过叁拾陆英寸</small>　　　　　　　　每匹　　壹钱伍分
　　　　<small>长不过叁拾叁码</small>

色斜纹布<small>宽不过叁拾壹英寸</small>　　　　　　　　每匹　　壹钱柒分
　　　　<small>长不过肆拾叁码</small>

色罗布<small>宽不过叁拾壹英寸</small>　　　　　　　　　每匹　　玖分
　　　　<small>长不过叁拾码</small>

色提罗布　　　　　　　　　　　　　　每值百两　抽税伍两

色袈裟布<small>宽不过肆拾陆英寸</small>　　　　　　　　每匹　　叁分柒厘
　　　　<small>长不过叁拾贰码</small>

色粗布<small>宽不过叁拾陆英寸</small>　　　　　　　　　每匹　　壹钱伍分
　　　　<small>长不过肆拾叁码</small>

香港染色布<small>宽不过叁拾陆英寸</small>　　　　　　　每匹　　壹钱
　　　　　<small>长不过贰拾码</small>

色短布<small>宽不过叁拾陆英寸</small>　　　　　　　　　每匹　　贰分贰厘伍毫
　　　　<small>长不过伍码玖英寸</small>

色标布　红布<small>宽不过叁拾贰英寸</small> <small>重不过叁</small>　每匹　　陆分
　　　　　<small>长不过贰拾伍码</small> <small>磅肆两</small>

色标布　红布<small>宽不过叁拾贰英寸</small> <small>重过叁磅</small>　每匹　　壹钱
　　　　　<small>长不过贰拾伍码</small> <small>肆两</small>

各色棉法兰绒<small>宽不过叁拾陆英寸</small>　　　　　　每匹　　陆分伍厘
　　　　　　<small>长不过伍拾码</small>

各色棉法兰绒_{宽不过叁拾陆英寸} 长过拾伍码不过叁拾码	每匹	壹钱叁分
色棉小呢_{宽不过叁拾贰英寸} 长不过贰拾码	每匹	捌分伍厘
色棉小呢_{宽过叁拾贰英寸不过陆拾肆英寸} 长不过贰拾码	每匹	壹钱柒分
短毛棉剪绒_{宽不过拾捌英寸}	每码	陆厘
短毛棉剪绒_{宽过拾捌英寸} 不过贰拾贰英寸	每码	柒厘
短毛棉剪绒_{宽过贰拾贰英寸} 不过贰拾陆英寸	每码	捌厘
长毛棉剪绒	每斤	壹钱壹分
有花棉剪绒_{宽不过叁拾英寸}	每码	壹分伍厘
柳条棉剪绒_{宽不过叁拾英寸}	每码	壹分伍厘
俄国原色棉剪绒_{土名摹丝锦} 宽不过叁拾英寸	每值百两	抽税伍两
俄国染色棉剪绒_{土名摹丝锦} 宽不过叁拾英寸	每码	壹分伍厘
寻常手巾_{不过四方壹码}	每打臣	贰分
面巾_{宽不过拾捌英寸} 长不过肆拾英寸	每打臣	贰分
面巾_{宽过拾捌英寸} 长不过伍拾英寸	每打臣	叁分
他类棉布	每值百两	抽税伍两
棉花	每百斤	陆钱
棉线球	每百斤	叁两
辘轳棉线_{长伍拾码}	每各罗斯	肆分
辘轳棉线_{长壹百码}	每各罗斯	捌分
辘轳棉线_{长贰百码}	每各罗斯	壹钱陆分
原色白色棉纱	每百斤	玖钱伍分
色棉纱	每值百两	抽税伍两
制光纱	每值百两	抽税伍两
麻棉帆布_{宽不过叁拾陆英寸}	每码	壹分

麻布	每值百两	抽税伍两
洋线袋布	每千码	贰两捌钱伍分
棉毡	每条	叁分
棉灯心	每百斤	贰两
冲丝绳	每百斤	叁两伍钱

十二、绸缎丝绒类

羽毛带	每百斤	伍两
丝质假金银线	每值百两	抽税伍两
真金银线	每值百两	抽税伍两
棉质假金线	每斤	壹钱贰分伍厘
棉质假银线	每斤	玖分
毛棉法兰绒_{宽不过叁拾叁英寸}	每码	壹分伍厘
花素毛羽绸_{即意大利绒} 宽不过叁拾贰英寸 长不过叁拾贰码	每匹	叁钱柒分贰厘
斜纹呢_{宽不过柒拾陆英寸}	每码	叁分
毛棉小呢_{宽不过陆拾肆英寸}	每码	壹分肆厘
企头呢_{宽不过柒拾陆英寸}	每码	叁分
毛棉羽纱	每值百两	抽税伍两
哆啰呢_{宽不过柒拾陆英寸}	每码	肆分柒厘伍毫
旗纱布_{宽不过贰拾肆英寸} 长不过肆拾码	每匹	贰钱
荷兰羽毛_{宽不过叁拾叁英寸} 长不过陆拾壹码	每匹	壹两
英国羽毛_{宽不过叁拾壹英寸} 长不过陆拾壹码	每匹	伍钱
法兰绒_{宽不过叁拾叁英寸}	每码	壹分伍厘
花素羽绫_{宽不过叁拾壹英寸}	每匹	肆钱伍分

长不过叁拾贰码

哔叽宽不过叁拾壹英寸　　　　　　　　每匹　　　贰钱伍分

长不过贰拾伍码

大企呢宽不过柒拾陆英寸　　　　　　　每码　　　肆分柒厘伍毫

哈喇呢宽不过柒拾陆英寸　　　　　　　每码　　　肆分柒厘伍毫

小呢宽不过陆拾肆英寸　　　　　　　　每码　　　贰分壹厘

他类绒布　　　　　　　　　每值百两　　　抽税伍两

机器棉质空花边宽不过壹英寸　　每壹百肆拾肆码　　　伍分

机器棉质空花边宽过壹英寸　　　每壹百肆拾肆码　　　壹钱

不过贰英寸

机器棉质空花边宽过贰英寸　　　每壹百肆拾肆码

壹钱陆分陆厘

不过叁英寸

机器棉质空花边宽过叁英寸　　　每壹百肆拾肆码　　　贰钱壹分陆厘

机织空花边其中惟无丝棉　　　　每斤　　　伍钱

假金银线等料

手织空花边其中惟无丝棉　　　　每斤　　　贰两肆钱

假金银线等料

绸缎有无织花　　　　　　　每值百两　　　抽税伍两

丝兼杂质绸有无织花　　　　每值百两　　　抽税伍两

栏杆绷带　　　　　　　　　每值百两　　　抽税伍两

丝质剪绒　　　　　　　　　每斤　　　陆钱伍分

海虎绒棉底　　　　　　　　每斤　　　贰钱

丝兼杂质剪绒　　　　　　　每斤　　　壹钱伍分

绒线　　　　　　　　　　　每百斤　　　伍两叁钱

绒绳　　　　　　　　　　　每百斤　　　肆两

绒毡　老虎毯　　　　　　　每磅　　　贰分

十三、毡绒毯席类

棕毡	每打臣	壹两
台湾席	每百条	伍两
蒲草席	每百条	伍钱
草席	每百条	贰钱贰分伍厘
日本席	每百条	肆两伍钱
棕地席_{宽不过叁拾陆英寸} 长壹百码	每捆	贰两柒钱伍分
草地席_{宽不过叁拾陆英寸} 长肆拾码	每捆	贰钱伍分

棕地席宽不过叁拾陆英寸　长壹百码　每捆　贰两柒钱伍分

草地席宽不过叁拾陆英寸　长肆拾码　每捆　贰钱伍分

十四、糖酒果食物类

栗子	每百斤	壹钱捌分
杏仁	每百斤	玖钱
外国藕粉	每值百两	抽税伍两
咸猪肉及火腿	每值百两	抽税伍两
外国发酵粉或罐或瓶	每重英平	肆两
	每打臣	捌分叁厘
外国发酵粉或罐或瓶	每重英平	陆两
	每打臣	壹钱壹分
外国发酵粉或罐或瓶	每重英平	捌两
	每打臣	壹钱肆分伍厘
外国发酵粉或罐或瓶	每重英平	拾贰两
	每打臣	贰钱贰分陆厘
外国发酵粉或罐或瓶	每重壹磅	
	每打臣	叁钱叁厘
外国发酵粉或罐或瓶	每重叁磅	
	每打臣	捌钱壹分

外国发酵粉_{或罐或瓶}　　　　每重伍磅

　　　　　　　　　　　　　每打臣　壹两叁钱伍分

薏仁米　　　　　　　　　　每百斤　叁钱

豆　　　　　　　　　　　　每值百两　　抽税伍两

　　罐头果食

能即食　　　　　　　　　　每拾贰罐内_{每罐重两磅半}　　陆分伍厘

制即食　　　　　　　　　　每拾贰罐内_{每罐重两磅半}　　伍分柒厘

各类果品　　　　　　　　　每百斤　　　　　　　　　陆钱伍分

外国龙须菜　　　　　　　　每拾贰罐内_{每罐重两磅半}　壹钱壹分捌厘

外国玉米　　　　　　　　　每拾贰罐内_{每罐重两磅}　伍分肆厘

外国豌豆　　　　　　　　　每拾贰罐内_{每罐重两磅}　陆分

外国豆角　　　　　　　　　每拾贰罐内_{每罐重两磅}　伍分肆厘

外国茄子　　　　　　　　　每拾贰罐内_{每罐重两磅半}　伍分肆厘

另装各种洋菜　　　　　　　每百斤　伍钱贰分伍厘

茄酱　蘑菇酱小瓶　　　　　每打臣　伍分肆厘

茄酱　蘑菇酱大瓶　　　　　每打臣　捌分柒厘

糖果_{或罐或瓶每重壹磅}　　　每打臣　陆分

糖果_{或罐或瓶每重两磅}　　　每打臣　壹钱壹分捌厘

干牛奶　　　　　　　　　每箱_{肆拾捌罐}每罐重壹磅　贰钱伍分

奶皮　　　　　　　　　　每箱_{肆拾捌小罐}　贰钱叁分

奶皮　　　　　　　　　　每箱_{贰拾肆大罐}　贰钱陆分

　　罐头食肉

咸肉及火腿　　　　　　　　每拾贰罐内_{每罐重半磅}　柒分柒厘

咸肉及火腿　　　　　　　　每拾贰罐内_{每罐重壹磅}　壹钱肆分肆厘

牛肉　　　　　　　　　　　每拾贰瓷罐内_{每罐重}

　　　　　　　　　　壹磅半　　壹钱肆分肆厘

碎肉	每拾贰瓷罐内_{每罐重}壹磅半	壹钱
碎肉	每拾贰瓷罐内_{每罐重叁磅}	壹钱捌分壹厘
碎肉_{不装罐者}	每百斤	柒钱贰分玖厘
猪肉连扁豆	每拾贰罐内_{每罐重壹磅}	肆分
猪肉连扁豆	每拾贰罐内_{每罐重两磅}	柒分伍厘
猪肉连扁豆	每拾贰罐内_{每罐重叁磅}	捌分伍厘
肉脯	每拾贰罐内_{每罐重英平肆两}	贰分贰厘
肉脯	每拾贰罐内_{每罐重英平捌两}	肆分贰厘
鸡肉脯	每拾贰罐内_{每罐重英平肆两}	肆分贰厘
鸡肉脯	每拾贰罐内_{每罐重英平捌两}	柒分贰厘
肉汤	每拾贰罐内_{每罐重两磅}	壹钱壹厘
肉汤	每拾贰罐内_{每罐重陆磅}	贰钱肆分肆厘
鸡杂碎	每拾贰罐内_{每罐重半磅}	伍分壹厘
鸡杂碎	每拾贰罐内_{每罐重壹磅}	捌分
各类舌头	每拾贰罐内_{每罐重半磅}	玖分捌厘
各类舌头	每拾贰罐内_{每罐重壹磅}	贰钱肆厘
各类舌头	每拾贰罐内_{每罐重壹磅半}	贰钱捌分柒厘
各类舌头	每拾贰罐内_{每罐重两磅}	叁钱叁分叁厘
各类舌头	每拾贰罐内_{每罐重两磅半}	肆钱肆分伍厘
各类舌头	每拾贰罐内_{每罐重叁磅}	伍钱壹分伍厘
各类舌头	每拾贰罐内_{每罐重叁磅肆两}	伍钱肆分伍厘
另外各种罐头肉	每拾贰罐内_{每罐重半磅}	伍分贰厘
另外各种罐头肉	每拾贰罐内_{每罐重壹磅}	陆分叁厘
另外各种罐头肉	每拾贰罐内_{每罐重两磅}	壹钱贰分
另外各种罐头肉	每拾贰罐内_{每罐重肆磅}	贰钱壹分
另外各种罐头肉	每拾贰罐内_{每罐重陆磅}	叁钱柒分

另外各种罐头肉	每拾贰罐内_{每罐重拾肆磅}	捌钱壹分
奶油	每百斤	贰两
假奶油_{装罐装瓶者}	每百斤	壹两肆钱
假奶油_{装木桶者}	每值百两	抽税伍两
奶酥	每值百两	抽税伍两
烧烤猪	每百斤	伍钱
摅古聿	每百斤	叁两陆钱
甜摅古聿	每磅	壹分贰厘
咖啡	每百斤	壹两
木耳	每百斤	壹两柒钱壹分伍厘
白木耳	每斤	贰钱伍分
花生	每百斤	壹钱伍分
火腿	每值百两	抽税伍两
猪油	每百斤	陆钱
荔枝干	每百斤	肆钱伍分
金针菜	每百斤	叁钱贰分伍厘
莲子	每百斤	壹两
连壳莲子	每百斤	肆钱
桂圆肉	每百斤	伍钱伍分
桂圆	每百斤	肆钱伍分
粉丝	每百斤	叁钱贰分伍厘
大麦芽	每百斤	叁钱柒分
咸牛肉	每百斤	叁钱柒分伍厘
干咸肉	每百斤	肆钱柒分伍厘
洋菜	每百斤	壹两柒钱伍分
瓜子	每百斤	贰钱伍分
香菌	每百斤	壹两捌钱

葡萄干	每百斤	伍钱
柠檬	每千只	肆钱
杂粮　杂粮粉		免税
松子	每百斤	贰钱
芝麻子	每百斤	贰钱
酱油	每百斤	贰钱伍分
赤糖	每百斤	壹钱玖分
冰糖	每百斤	叁钱
白糖	每百斤	贰钱肆分
橄榄	每百斤	壹钱捌分
烟叶	每百斤	捌钱
烟丝	每百斤	玖钱伍分
罐头烟丝	每值百两	抽税伍两
烟卷	每千支	伍钱
上等纸烟	每千支价过肆两伍钱	
	每千支	伍钱
下等纸烟	每千支价不过肆两伍钱	
	每千支	玖分
鼻烟	每值百两	抽税伍两
干菜　咸菜　酸菜	每值百两	抽税伍两
汽水	每大瓶拾贰 小瓶贰拾肆	伍分
酒		
汽酒	每箱大瓶拾贰 小瓶贰拾肆	陆钱伍分
红白淡酒即酒力不过 十四度之酒	每箱大瓶拾贰 小瓶贰拾肆	叁钱

红白淡酒<small>即酒力不过装桶者</small>

十四度之酒	每加仑	贰分伍厘

红白浓酒<small>即酒力过十</small>

四度之酒	每箱<small>大瓶拾贰</small>	
	<small>小瓶贰拾肆</small>	伍钱

红白浓酒<small>即酒力过十装桶者</small>

四度之酒	每加仑	壹钱伍分

葡萄芽酒	每箱<small>大瓶拾贰</small>	
	<small>小瓶贰拾肆</small>	柒钱

葡萄芽酒<small>装桶者</small>	每加仑	壹钱柒分伍厘
威末酒	每箱<small>拾贰瓶</small>	贰钱伍分
白兰地及威士忌酒<small>装桶者</small>	每加仑	壹钱贰分伍厘
白兰地酒	每箱<small>拾贰瓶</small>	伍钱
威士忌酒	每箱<small>拾贰瓶</small>	叁钱伍分
他类烧酒	每箱<small>拾贰瓶</small>	贰钱
他类烧酒<small>装桶者</small>	每加仑	玖分
火酒	每加仑	贰分捌厘

啤酒　苹果酒　梨酒	每箱<small>大瓶拾贰</small>	
	<small>小瓶贰拾肆</small>	捌分伍厘

啤酒　苹果酒　梨酒<small>装桶者</small>	每加仑	贰分

黑啤酒	每箱<small>大瓶拾贰</small>	
	<small>小瓶拾贰</small>	壹钱

黑啤酒<small>装桶者</small>	每加仑	贰分伍厘
蜜酒	每值百两	抽税伍两
日本酒<small>装桶者</small>	每百斤	肆钱
日本酒	每箱<small>大瓶拾贰</small>	壹钱壹分
	<small>小瓶贰拾肆</small>	
蛇麻	每值百两	抽税伍两

十五、铜铁铅锡类

锑	每百斤	柒钱
黄铜		
条	每百斤	壹两壹钱伍分
螺丝闩套	每百斤	壹两壹钱伍分
箔	每百斤	壹两陆钱柒分伍厘
钉	每百斤	壹两壹钱伍分
螺丝钉	每值百两	抽税伍两
片锭	每百斤	壹两壹钱伍分
管	每百斤	壹两壹钱伍分
丝	每百斤	壹两壹钱伍分
紫铜		
条	每百斤	壹两叁钱
螺丝闩套等	每值百两	抽税伍两
锭	每百斤	壹两壹钱柒分伍厘
钉	每百斤	壹两叁钱
片	每百斤	壹两叁钱
板	每百斤	壹两壹钱柒分伍厘
小钉	每值百两	抽税伍两
管	每值百两	抽税伍两
丝	每百斤	壹两叁钱
白铜片	每百斤	贰两贰钱
白铜丝	每百斤	壹两伍钱
铁渣滓	每百斤	壹钱陆分
铁及马口铁渣滓	每百斤	叁钱
马口铁渣滓	每百斤	伍钱
铁		
洋铁大块器物即如铁锚机器曲拐等类		
	每百斤	贰钱陆分伍厘
肘角	每百斤	壹钱肆分
墩座	每百斤	肆钱
条	每百斤	壹钱肆分
螺丝闩套	每值百两	抽税伍两
生铁块	每百斤	壹钱肆分

练	每百斤	贰钱陆分伍厘
废磋丝段	每百斤	壹钱叁分
箍	每百斤	壹钱肆分
砖	每百斤	柒分伍厘
支	每百斤	壹钱肆分
丝钉	每百斤	贰钱
他类钉	每值百两	抽税伍两
生铁	每百斤	柒分伍厘
管	每值百两	抽税伍两
碎片	每百斤	壹钱壹分
片	每百斤	壹钱肆分
轨	每百斤	壹钱贰分伍厘
铰	每百斤	贰钱伍分
螺丝	每值百两	抽税伍两
小钉	每百斤	肆钱
丝	每百斤	贰钱伍分
镀锌铁		
螺丝闩套	每值百两	抽税伍两
废磋丝段	每百斤	壹钱叁分
瓦纹片	每百斤	贰钱柒分伍厘
平片	每百斤	贰钱柒分伍厘
管	每值百两	抽税伍两
丝	每百斤	贰钱伍分
丝段	每百斤	壹钱叁分
旧铁	每百斤	玖分
铅块	每百斤	贰钱捌分伍厘
铅片	每百斤	叁钱叁分
铅管	每百斤	叁钱柒分伍厘
假银	每百斤	贰两陆钱
水银	每百斤	肆两贰钱捌分
白铅	每百斤	叁钱柒分伍厘
钢柱	每百斤	贰钱伍分
钢条	每百斤	贰钱伍分
钢片	每百斤	贰钱伍分
器具钢料	每百斤	柒钱伍分

钢丝及钢绳	每百斤	柒钱伍分
镶锡	每值百两	抽税伍两
锡箔	每值百两	抽税伍两
锡片及锡管	每百斤	壹两柒钱贰分伍厘
锡块板	每百斤	壹两伍钱
小铁钉	每百斤	肆钱
有花马口铁片	每百斤	叁钱伍分
无花马口铁片	每百斤	贰钱玖分
衬锅白铅板	每百斤	陆钱
白铅粉	每百斤	肆钱
白铅片	每百斤	伍钱贰分

十六、珍珠宝石类

琥珀	每百斤	叁两贰钱伍分
珊瑚	每斤	壹两壹钱壹分
珊瑚珠	每百斤	柒钱伍分
次碎删瑚	每百斤	伍钱伍分
玛瑙	每百块	叁钱
玛瑙珠	每百斤	柒两
玳瑁	每斤	肆钱伍分
镀水银玻璃	每一英丁方尺	贰分伍厘
玻璃砖	每值百两	抽税伍两
车过玻璃片 色玻璃片	每箱壹百英丁方尺	叁钱伍分
玻璃片	每箱壹百英丁方尺	壹钱柒分
花石	每值百两	抽税伍两

十七、缨皮牙角羽毛类

象齿及象牙床	每百斤	叁两
象牙	每斤	壹钱柒分
马鬃	每百斤	壹两肆钱
马尾	每百斤	贰两伍钱
牛角	每百斤	叁钱伍分
鹿角	每百斤	壹两伍钱
犀角	每斤	贰两肆钱
小牛皮	每百斤	柒两
生牛皮	每百斤	捌钱

色皮	每百斤	柒两
牛皮	每百斤	贰两伍钱
驾马皮	每百斤	叁两
小羊皮	每百斤	柒两
鞋底皮	每百斤	贰两伍钱
磨光皮	每百斤	柒两
他类皮	每值百两	抽税伍两
海马牙	每值百两	抽税伍两
畜蹄	每百斤	壹钱贰分伍厘
翠毛片	每百片	贰钱伍分
全翠毛	每百副	陆钱
孔雀毛	每值百两	抽税伍两
鱼骨真假	每值百两	抽税伍两
貛皮	每百张	贰两
熊皮	每值百两	抽税伍两
海骡皮	每值百两	抽税伍两
鹿皮	每值百两	抽税伍两
狗皮	每值百两	抽税伍两
晒干狐狸腿	每百对	叁钱伍分
火狐皮	每张	壹钱叁分柒厘
山羊皮	每百张	贰两伍钱
山兔皮即野猫皮	每值百两	抽税伍两
羔皮	每百张	贰两陆钱伍分
獭皮即水獭皮	每百张	捌两
猞猁狲皮	每张	贰钱贰分伍厘
貂皮即貂奴皮	每值百两	抽税伍两
兔皮	每值百两	抽税伍两
貉貛皮即貉皮	每百张	贰两
貂皮	每值百两	抽税伍两
海狗皮	每值百两	抽税伍两
绵羊皮	每百张	叁两
灰鼠皮带尾不带尾	每值百两	抽税伍两
灰鼠尾	每百个	贰钱
狼皮	每百张	拾贰两伍钱

Ⅳ—3　厦门关（常关）进出口税则（1903 年）

1. 饷渡登记税

地　　名	税　额（元）
安　　海	100.00
澳　　头	45.14
漳　　州	42.29
港　　内	46.32
江　　头	45.14
金　　门	45.14
海　　澄	38.26
后　　溪	45.14
高　　浦	45.14
灌　　口	45.14
莲　　河	41.11
林　　埭	38.26
刘　五　店	45.14
南　　港	41.11
南　　溪	38.26
内　　安	45.14
白　　沙	41.11
浦　　南	100.00
浦　　头	120.00
石　　码	100.00
石　埠　头	41.11
石　　尾	38.26
大　　迳	41.11
鼎　　尾	45.14
曾　　营	45.14
同　　安	80.60
玉　　洲	42.29

2. 货渡登记税

地　　名	税　额（元）
安　　海	38.69
澳　　头	22.57
漳　　州	21.15
港　　内	23.16
江　　头	22.57
金　　门	22.57
海　　澄	19.13
后　　溪	22.57
高　　浦	22.57
灌　　口	22.57
莲　　河	20.55
林　　埭	19.13
刘　五　店	22.57
南　　港	20.55
南　　溪	19.13
内　　安	22.57
白　　沙	20.55
浦　　南	19.13
浦　　头	25.18
石　　码	23.16
石　埠　头	20.55
石　　尾	19.13
大　　迳	20.55
鼎　　尾	22.57
曾　　营	22.57
同　　安	24.58
玉　　洲	21.15

出处：China, Imperial Maritime Customs, Report on Working of Amoy Native Customs（V. Office series：Customs Papers No. 85, 1906）, Appendix pp. 19—35.

3. 内外柜单钱

往泉州金门各处每色	四十
豆饼二百片为一单	四十
豆每万斤为一单	四十
杂货每万斤为一单	四十
往同安各处每色	四十
豆饼二百片为一单	四十
豆每万斤为一单	四十
杂货每万斤为一单	四十
往安海各处每色	四十
豆饼二百片为一单	四十
惟甘果不论色每单	四十
杂货每万斤为一单	四十
往漳州各处每色	四十
惟布匹每单不论色	四十
干果	
杂货每万斤为一单	四十
豆散仓每万斤内	五十
外	一百二十
豆饼二百片为一单	四十
往石码各处每色	四十
豆饼二百片为一单	四十
杂货每万斤为一单	四十
豆散仓每万斤内	五十
外	一百二十

4. 银号单钱

往同安每色　　　　　　　　四十

往泉州金门各处每色　　　　四十

　　豆饼二百片为一单　　　　四十

　　豆每万斤为一单　　　　　四十

　　杂货每万斤为一单　　　　四十

往漳州各处每色　　　　　　四十

　　豆每单_{不论斤}　　　　　　八十

　　豆饼每单_{不论片}　　　　　八十

往石码各处每色　　　　　　四十

　　豆每单　　　　　　　　　八十

　　豆饼每单　　　　　　　　八十

　　豆散仓_{往石码每单}　　　　一百二十

往安海各处每色　　　　　　四十

　　豆饼每单　　　　　　　　八十

往南溪每色　　　　　　　　四十

　　豆饼每单　　　　　　　　一百二十

5. 关前口单钱

往泉州各处每单　　　　　　六十

往内港各处

　　铁锅坑沙每单　　　　　　六十

　　铅块花生饼

　　豆饼每单　　　　　　　　三十

　　豆每单　　　　　　　　　三十

　　豆散仓每单　　　　　　　三十

杂货每单或	二十
	一十

大柜

6. 司事所收进口船例单钱

税行

一石码小杉木船专载小杉木来厦每号收例洋七元六角六仙

又收杉木枝仔钱每支三文照算

又代收查河查验礼洋八角

一驳仔由台湾偏港来厦每号收洋七百担以上为全例七元四角

一八桨由台湾偏港来厦每号收洋七百担以下为半例三元七角

一外澳驳货进口无论何港船只 七百担以上为全例

七百担以下为半例

收洋 七元四角
三元七角

一石码安海小船装载门柱寸板木段来厦每号收洋一元一仙

如加载杉木加收洋三角九仙

一石码小船载竹进口每号收洋大号四角五仙

又中号收洋三角五仙

又小号收洋二角五仙

一青靛由安海渡载来收洋一元如五十篓以外收洋二元

一台湾载米进口收洋六元七角七百担以下为半例

收洋三元三角五仙

一凡遇外澳船只由排头门口进口每号加收总哨钱

一角六仙

一进口单钱 浦头　新墟　同安　白水营　南溪　浦南　海澄　漳州 等处收钱六仙

如浦南渡载茶漳州渡载竹收钱三仙

又 石码　灌口　港内　下店　内安　曾营　高浦　后溪 等处收钱四仙

631

又安海渡石码渡载竹进口收钱三仙

7. 船例

同安各港饷货渡	无
同安各港小船无挂牌	九角六分
安海 澳头 金门 刘五店 各港饷货渡	无
安海 澳头 金门 刘五店 各港小船	一元五角
南港 白沙 大迳 石埠头 各港货渡	无
南港 白沙 大迳 石埠头 各港小船	一元五角
水头泉州兴化各港	一元五角
漳码各港饷货渡	无
漳码各港小船	九角六分

8. 销单

同安各港货渡每单	一百九十
同安饷渡每号每月月例	一元五角
灌口饷渡每号每月月例	八角
内安饷渡每号每月月例	一元
下店饷渡每号每月月例	一元一角
刘五店渡澳头安海仝每单	一百九十

金门渡每单　　　　　　　　三百三十

<u>南港　白沙　大迳　石埠头</u>每单　　二百八十

泉州每单　　　　　　　　　七百五十

兴化每单　　　　　　　　　一千

漳码各港每单　　　　　　　论货色收

水头渡<u>由厦门港出口</u>　每单　一元三分

　　　　　由鼓浪屿出口　　　一元二角

9. 豆税、豆饼复出口税

一复出口往水头<u>泉州　安海　刘店　崇武　云霄</u>各港

　　　　　　　　<u>金门　莲河　洛阳　澳头　诏安</u>

同例

豆饼一百担　礼钱二千一百　单钱一百二十

船例一千九百　销单中数九百二十　共五千零四十

一复出口往漳州　<u>海澄　南溪　高浦　同安</u>各港同例

　　　　　　　　<u>石码　石尾　新岱　贯口　内安</u>

豆饼一百担　礼钱无　单钱一百九十　船例无

销单中数四百　共五百九十

一复出口往<u>白沙　南　港</u>各港同例

　　　　　　<u>大迳　石埠头</u>

豆饼一百担　礼钱一千零五十　单钱一百五十

船例无　销单中数五百十　共一千七百十

　　以上各港复出口豆饼一百担共收钱七千三百四十

　　作三份中数二千四百五十

一复出口往水头<u>泉州　安海　刘店　崇武　云霄</u>各港

　　　　　　　　<u>金门　莲河　洛阳　澳头　诏安</u>

同例

豆一百担　礼钱二千一百　单钱一百二十　船

例一千九百　销单中数九百二十　共五千零四十

一复出口往漳州　海澄　南溪　高浦　同安　各港同例

　　　　　石码　石尾　新岱　贯口　内安

豆一百担　礼钱二百八十　单钱一百七十　船例无

销单中数　三百九十　共八百四十

一复出口往白沙　南　港　各港同例

　　　　　大迳　石埠头

豆一百担　礼钱一千零五十　单钱一百三十

船例无　销单中数五百十　共一千六百九十

以上各港复出口豆一百担共收钱七千五百七十

作三份中数二千五百二十

10. 往石码小单不论饷渡货

白洋布十四匹计　四百码

每单单钱　一角二分　十张共一元二角

礼钱　无

往泉州小单

每单单钱　四　仙　共八角八分十张共八元八角

礼钱　八角四分

往石码大单有红单

白洋布一百匹

饷渡	货渡
银号单钱四十	银号单钱四十
内柜单钱四十	内柜单钱四十
外柜单钱四十共四角一分	外柜单钱四十共五角七分
关前口单钱三十	关前口单钱三十

销单二百六十　　　　　销单四百二十

往泉州大单_{有红单}

银号单钱　　四十

内柜单钱　　四十　　　礼钱二千八百

外柜单钱　　四十　　　礼钱五千六百

关前口单钱　六十　　　共十元零八角三分

销单　　　　　　　　　七百五十

船例　　　　　　　　　一元五角

11. 往泉州

原洋布五十匹

印花布一百匹

白洋布五十匹

　　　银号单钱　　一百二十

　　　内柜_{单钱}　　一百二十

　　　　　礼钱　　五千六百

　　　外柜_{单钱}　　一百二十共十九元四角一分

　　　　　礼钱　　十一元二角

　　　船例　　　　一元五角

　　　销单　　　　五角七分

往安海由陆往泉州

　　　银号单钱　　一百二十

　　　内柜单钱　　一百二十

　　　外柜单钱　　一百二十　共五百八十

　　　关前口单钱　三十

　　　销单　　　　一百九十

注：厦门常关的征税项目有：

（1）登记税（① 饷渡和② 货渡）：分别根据厦门与各地的距离而定，而且是一年的额度。

（2）税额：③ 显示为内柜、外柜征收机关的课税额，格式上为各种货物每一定量发行一单；④ 对银号基本上也同额支付；⑤ 搬运时征收手续费。

（3）作为对船的课税：⑥据帆船的大小规模课税；⑦船例上是依距离课税。

（4）作为对交易行为的课税规定：⑧ 依每月各商店的纳入额而定销单；⑨课征大豆、豆饼的再出口税；⑩ 向进口外国品课税。

Ⅳ—4　1905 年重庆新厘科则

（外务省通商局《清国厘金税调查报告集》1910 年，276－319 页）

重庆新厘科则（光绪乙巳季冬新厘总局编辑广益书局排印）［括号内为商品目数］

重庆新厘科则目录

第一类　棉花布匹蜡麻［47］

第二类　绸缎纱罗丝绒栏干辫子［75］

第三类　食物糖烟酒茶［62］

第四类　服物［36］

第五类　药材［78］

第六类　海味干菜油烛［54］

第七类　金银铜铁锡铅［56］

第八类　竹木纸张瓷器［65］

第九类　棕箕席草绳藤［19］

第十类　窑货［8］

第十一类　山货毛骨皮毡毯[66]

第十二类　省苏广京洋土杂货[78]

第一类　棉花布匹蜡麻

白花　　　　　　　　每包计重一百六十斤抽

七

厘钱二百三十九文四毫

潮花　　　　　　　　每包按白花厘钱八折抽收

白花旱挑　　　　　　每百斤抽厘钱一百廿五文

潮花旱挑　　　　　　每百斤抽厘钱一百文

广布　　　　　　　　每卷四十匹抽厘钱一百文

潮布　　　　　　　　每卷四十匹抽厘钱八十文

土大布　　　　　　　每十匹抽厘钱五十文

土小布　　　　　　　每十匹抽厘钱二十五文

色大布　　　　　　　每十匹抽厘钱六十文

　　小　　　　　　　　　　三

漂白色大麻布　　　　每十匹抽厘钱一百文

　　　小　　　　　　　　　五十

本色大麻布　　　　　每十匹抽厘钱六十文

　　　小　　　　　　　　　三

棉线　　　　　　　　每百斤抽厘钱二百四十文

头绳　　　　　　　　每百斤抽厘钱三百文

提花洋布　　　　　　每匹抽厘钱三十文

色花绉布　　　　　　每匹抽厘钱三十文

漂白扣布　　　　　　每匹抽厘钱二十五文

本色斜纹　　　　　　每匹抽厘钱二十五文

白洋布　　　　　　　每匹抽厘钱二十五文

各色洋布　　　　　　每匹抽厘钱三十文

洋印被面	每连抽厘钱三十文
花包布	每十斤抽厘钱三十文
金银布	每匹抽厘钱三十文
羽布	每匹抽厘钱三十文
麻绳	每一百斤抽厘钱一百文
掆布	每百斤(捆)抽厘钱一百文
白蜡	每大元重十斤以上抽厘钱四十文（小元重十斤以下抽厘三十文）
青麻	每百斤(捆)抽厘钱三十文
火麻	每一百七十斤(捆)抽厘钱七十文
白麻	每一百七十斤(捆)抽厘钱七十文
洋手帕	每百块抽厘钱五十文
洋皮金	每百张抽厘钱五十文
洋布袖	每十双袖厘钱二十文
洋布裙	每十条抽厘钱六十文
花布裤	每十条抽厘钱二十文
洋线	每百斤抽厘钱三百文
绵绸绢	每匹抽厘钱二十文
色斜纹	每匹抽厘钱三十文
毛斜纹	每匹抽厘钱三十文
竹小布	每十匹抽厘钱三十文
布袖	每十双抽厘钱十文

印花洋布门帘	每十根抽厘钱六十文
女帽条	每百匹抽厘钱八十文
印花洋布帐檐	每十根抽厘钱二十文
漆蜡	每百斤抽厘钱一百文
细葛布	每十匹抽厘钱二十文
本省印花洋帕衣方	每十张抽厘钱十文
棉栏干	每百斤抽厘钱二百文

第二类 绸缎纱罗丝绒栏干辫子

苏缎	三二每匹抽厘钱一百五十文 二八 二
省缎	每匹抽厘钱一百文
西织绒	每匹抽厘钱四十文
土织绒	每匹抽厘钱十文
羽缎毛	每匹抽厘钱三百文
大呢、哈喇	每匹抽厘钱三百文
哔叽	每匹抽厘钱八十文
羽绫	每匹抽厘钱五十文
广绒	每匹抽厘钱八十文
寸边栏干	每十板抽厘钱三十文
中栏干 窄	每十板抽厘钱二十文 十五
	每挑抽厘银一两二钱
摹本缎	每匹抽厘钱一百二十文
线绉	每匹抽厘钱一百二十文
宁绸	每匹抽厘钱一百二十文
平绉、巴缎	每匹抽厘钱十文
加湖绉 省	每匹抽厘钱五十文 四
纺绸 大	每匹抽厘钱五十文 四
裹绸 府	每匹抽厘钱二十文

生丝	每匹抽厘钱二十文
绢	
西绫	每匹抽厘钱三十文
土	一
各色洋缎	每匹抽厘钱五十文
各色纱	每匹抽厘钱一百文
各色官纱	每匹抽厘钱一百文
绉纱	每匹抽厘钱四十文
羽绉	每匹抽厘钱五十文
羽纱	每匹抽厘钱五十文
羽绸	每匹抽厘钱五十文
罗底	每捆抽厘钱一百文
东洋宽栏干	每元抽厘钱十文
东洋窄栏干	每十元抽厘钱五十文
小呢	每匹抽厘钱二百文
宽纱栏干	每十板抽厘钱三十文
金貂绒	每匹抽厘钱二百文
省绸绉	每匹抽厘钱四十文
东洋辫	每十元抽厘钱三十文
油绸	每匹抽厘钱十文
绣花缎被面	每床抽厘钱四十文
海虎绒	每匹抽厘钱三百文
东洋绉	每匹抽厘钱五十文
春罗	每匹抽厘钱五十文
各色裱画锦	每匹抽厘钱二十文
真金线	每斤抽厘钱一百文
假金线	每斤抽厘钱二十文

真银线	每斤抽厘钱五十文
假银线	每斤抽厘钱二十文
呢彩	每匹抽厘钱五十文
缎彩	每匹抽厘钱五十文
羽毛辫	每盒抽厘钱十五文
小丝辫	每十子抽厘钱十五文
顶窄小栏干	每十子抽厘钱十五文
窄纱栏干	每十板抽厘钱二十文
东洋线绒	每匹抽厘钱三十文
库缎	每匹抽厘钱一百五十文
金辫子	每十仔抽厘钱三十文
纱枕面 缎	每十付抽厘钱三十文
丝辫	每十根抽厘钱十五文
绉带	每根抽厘钱十文
丝头	每百斤抽厘钱一百五十文
绣花彩	每道抽厘钱五十文
绣花披垫	每堂抽厘钱二百文
绣花门帘	每根抽厘钱四十文
轿纱	每匹抽厘钱二十文
丝带	每根抽厘钱十文
丝蹈	每斤抽厘钱三十文
丝纬线	每斤抽厘钱三十文
细丝	每包重一百二十斤抽厘钱二千四百文 箱
粗丝	每包重一百二十斤抽厘钱一千八百文 箱
山丝	每包重一百二十斤抽厘钱八百文 箱
细丝旱挑	每百斤抽厘钱一千文
粗丝旱挑	每百斤抽厘钱八百文

山丝旱挑　　　　　每百斤抽厘钱五百文

丝线　　　　　　　每百两抽厘钱一百五十文

茧子　　　　　　　每百斤抽厘钱一百文

湖棉　　　　　　　每斤抽厘钱十二文

出茧壳　　　　　　每百斤抽厘钱五十文

第三类　食物糖烟酒茶

冰糖　　　　　　　每_桶^包重二百五十斤抽厘钱一百八十文

白糖　　　　　　　每_桶^包重二百五十斤抽厘钱一百二十文

京庄　　　　　　　每篓二百余斤抽厘钱五十文

吉糖　　　　　　　每_包^桶重二百五十斤抽厘钱八十文

吉水　　　　　　　每方　　篓重八十　斤抽厘钱二十文

冰橘糖食　　　　　每_箱^包重二百斤抽厘钱一百文每封抽厘钱五文

水糖　　　　　　　每_桶重四百余斤抽厘钱一百文

片糖　　　　　　　每桶重三百斤抽厘钱一百文

蜂糖　　　　　　　每百斤抽厘钱五十文

饴糖　　　　　　　每挑重百斤抽厘钱五十文

以上糖厘奉文加抽五成

大烟	每捆重二百斤抽厘钱一百二十文
包烟	每捆重一百五六十斤抽厘钱六十文
渠烟	每捆重一百五六十斤抽厘钱六十文
折烟	每捆重一百五六十斤抽厘钱六十文
小烟	每捆重三十斤抽厘钱二十文
什方烟	每捆重五十斤抽厘钱三十文
水烟	每箱重二百斤抽厘钱一百文
棉烟	每箱重二百斤抽厘钱一百文
黄烟	每箱重二百斤抽厘钱一百文
吊烟	每捆重四十斤抽厘钱三十文
毫烟	每捆重一百斤抽厘钱四十文
脚烟	每捆重二十余斤抽厘钱十文
金兰烟	每十斤抽厘钱二十文
条丝福烟	每箱计百封抽厘钱四百文
崇烟	每捆重六十斤抽厘钱五十文

　　以上烟厘奉文加抽一倍六成

条丝幅烟旱挑雾封仍照水路章程完纳　　每箱计百封抽厘钱八百文加成在内

陕西大曲酒汾	每篓重七十余斤抽厘钱八十文
洋酒	每箱抽厘钱一百文
绍兴酒	每坛重二三十斤抽厘钱十六文
下河黄酒	每缸抽厘钱一百文

　　以上酒厘奉文加抽一倍六成

普茶　　　　　　　　每担计三十筒抽厘钱四百五十文
　　　　　　　　　　　　夹　十五　　　　　二　二五

安化茶　　　　　　　每百斤抽厘钱一百文
　土　　　　　　　　　　　　　　　　五十

　　以上茶厘奉文加抽三成

糖滚料　　　　　　　每节抽厘钱二文

染滚料　　　　　　　每节抽厘钱二文

挂面　　　　　　　　每百斤抽厘钱二十文

豆粉　　　　　　　　每百斤抽厘钱五十文

水鱼　　　　　　　　每桶重一百斤抽厘钱一百文
　　　　　　　　　　　篓　五十　　　　　五十

成都大头菜　　　　　每百斤抽厘钱五十文
　　　　　　　　　　　　包　　　　　一百

江津大头菜　　　　　每百斤抽厘钱四十文
　　　　　　　　　　　　包　　　　八

　　　　　　　　　　　　大　　　　二千文
　　　　　　　　　　　　中　　　一千五百文
生姜水果　　　　　　每小载抽厘钱一千文
　　　　　　　　　　　　挑　　　　三十文

　　　　　　　　　　　　百斤
干鱼　　　　　　　　每篓　重一百斤抽厘钱一百五十文
　　　　　　　　　　　　桶

瓜子　　　　　　　　每包重二百斤抽厘钱一百文
　枣

川桃　　　　　　每包重二百斤抽厘钱五十文

花生　　　　　　　　担　一

红米　　　　　　每斗重四十斤抽厘钱二十文

芋片　　　　　　　　包　一百

冬菜　　　　　　每坛重一百数十斤抽厘钱五十文

腐肉　　　　　　每坛重三十斤抽厘钱十文

月饼　　　　　　每挑重一百斤抽厘钱一百文
　　　　　　　　　箱
　　　　　　　　　挑　一　　　　　一　　二

黑胡椒　　　　　每包重二百斤抽厘钱二百四　十文
　　　　　　　　　袋　一　　　　　一　　二

花椒　　　　　　每包重一百斤抽厘钱一百文
海
皮蛋　　　　　　每百个抽厘钱五十文
　　　　　　　　　大　　　二　千　文
　　　　　　　　　中　　　一千五百文
橘柑　　　　　　每小载抽厘钱一　千　文
　　　　　　　　　挑　　　二　十　文

青果　　　　　　每篓抽厘钱二十文

佛手柑　　　　　每百斤抽厘钱三十文

土菜　　　　　　每挑重百斤抽厘钱一百文
　　　　　　　　　包
豆母子　　　　　每缸重二百斤抽厘钱五十文
　　　　　　　　　坛　　四十　　　　　十
　　　　　　　　　缸
酱醋　　　　　　每挑抽厘钱五十文
　　　　　　　　　坛　　　一十

饼粉　　　　　　每挑重百斤抽厘钱五十文

豆豉　　　　　　每挑重百斤抽厘钱五十文

	篓
合包鱼	每挑重百斤抽厘钱一百文
	桶
香片茶	每十筒抽厘钱五十文
桃片	每百封抽厘钱一百文
酱姜	每挑重百斤抽厘钱五十文

第四类　服　物

布典衣	每捆重二百斤抽厘钱一百文
绸缎典衣	每捆重二百斤抽厘钱二百文
	箱
宁绸袍褂料	每套抽厘钱一百四十文
线绉	
平绉袍褂料	每套抽厘钱八十文
纱	
库朝金	每匹抽厘钱四百文
朝金	每匹抽厘钱一百文
巴缎锦衣方	每张抽厘钱二十文
绣花缎挽袖	每十双抽厘钱一百文
绣花湖绉挽袖	每十双抽厘钱五十文
补服	每付抽厘钱三十文
裙花	每付抽厘钱二十文
棉絮	每捆重一百斤抽厘钱一百文
	挑
冬	
凉帽	每十顶抽厘钱四十文
纬	
缎小帽	每十顶抽厘钱二十文
布小帽	每百顶抽厘钱五十文
大呢风帽	每十顶抽厘钱三十文
湖绉	
大	一百
中毛袜	每一百双抽厘钱五十文
小	三十
布袜	每挑百双抽厘钱二百五十文

缎 布靴 钉	一百 每十双抽厘钱五十文 四十
布鞋 毡	每十双抽厘钱四十文
凉鞋	每箱八十双抽厘钱二百四十文
钉鞋	每十双抽厘钱二十文
绣花湖绉裙料 印	每条抽厘钱四十文 二十
甯绸马褂料	每件抽厘钱四十文
甯绸套裤料	每双抽厘钱十文
洋缎小帽	每十顶抽厘钱十五文
戏子衣	每件抽厘钱五十文
戏子帽	每十顶抽厘钱二十文
蟒衣	每件抽厘钱一百文
蟒裙	每条抽厘钱五十文
缎领 绒	每十条抽厘钱二十文
大呢袍子料	每件抽厘钱八十文
大呢马褂料	每件抽厘钱四十文
小毡窝	每十顶抽厘钱十文
绣花披肩	每副抽厘钱十文
缎袖盖 纱	每十副抽厘钱三十文

第五类　药　材

药酒	每缸抽厘钱一百文
苡仁	每包重二百斤抽厘钱一百文 挑　一　五十
洋药	每两抽厘钱二文

647

杂药	每捆（箱）重一百斤抽厘钱一百文
黄连	每包（挑）重一百斤抽厘钱六百文
贝母	每箱（挑）重一百斤抽厘钱一千文
梧子	每包（挑）重三百斤抽厘钱一百二十文
高丽参	每斤抽厘钱三百文
正路洋参	每斤抽厘钱四十文
白豆蔻	每斤抽厘钱三十文
冰片	每斤抽厘钱四十文
广药	每包（箱）重二百斤抽厘钱二百四十文
真蒙桂（次）	每斤抽厘钱五百文（一）
南（西）茸	每斤抽厘钱一百文
广茸	每斤抽厘钱五十文
真沉香（次）	每斤抽厘钱二百文（一）
麝香	每斤抽厘钱二千四百文
人参	每斤抽厘钱十千文（作者注：原文如此。）
雄片	每包（箱）重二百余斤抽厘钱二百四十文
地黄	每包（箱）重二百余斤抽厘钱二百四十文

桂枝	每包重二百余斤抽厘钱二百四十文箱
茯苓	每包重二百余斤抽厘钱二百四十文箱
熊骨	每包重二百余斤抽厘钱二百四十文箱
豹骨	每包重二百余斤抽厘钱二百四十文箱
石雄	每包重二百余斤抽厘钱二百四十文箱
石黄	每包重二百余斤抽厘钱二百四十文箱
槟榔	每包重二百余斤抽厘钱二百四十文箱
草果	每包重二百余斤抽厘钱二百四十文箱
三奈	每包重二百余斤抽厘钱二百四十文箱
大茴	每包重二百余斤抽厘钱二百四十文箱
老鹿角	每包重二百余斤抽厘钱一百文捆
土药	每包重二百余斤抽厘钱一百文箱
虫草	每斤抽厘钱二十文
熊胆	每斤抽厘钱二十文
山芪	每斤抽厘钱二十文
硼砂	每包重一百余斤抽厘钱一百五十文箱
通草	每包重一百余斤抽厘钱一百五十文箱
银硃	每箱重一千二百两抽厘钱六百文
通草渣	每包重一百余斤抽厘钱一百文箱

649

水银	每百斤抽厘钱三百文
铅粉 黄丹	每包重一百斤抽厘钱一百文 箱
牛胶	每包重二百斤抽厘钱一百二十文 箱
广石羔	每包重二百斤抽厘钱二十文
茜草	每包重二百斤抽厘钱二十文
白矾	每桶重二百斤抽厘钱一百文 篓　一　　五十
紫皮	每包重一百余斤抽厘钱一百文
皮硝	每包重二百斤抽厘钱一百二十文
姜黄	每包重一百余斤抽厘钱一百文
皂矾	每百斤抽厘钱五十文
真阿胶 次	每盒计半斤抽厘钱十文 五
安桂	每斤抽厘钱十文
硃砂	每百斤抽厘钱三百文
附子	每百斤抽厘钱一百二十文
白芍	每百斤抽厘钱五十文
犀角	每百斤抽厘钱一百文
次犀角	每百斤抽厘钱五十文
牛奶	每十筒抽厘钱二十文 箱　　一百
厂参	每斤抽厘钱四十文
次洋参	每斤抽厘钱二十文
东波大豆蔻	每斤抽厘钱四十文 大　　十
鱼肝油	每中瓶抽厘钱六文

小　　　四

半夏粬	每十斤抽厘钱一百文
鹿角片	每斤抽厘钱二十文
厚朴	每百斤抽厘钱五十文
龟胶	每斤抽厘钱二十文
陕枣	每百斤抽厘钱一百文
半夏	每百斤抽厘钱一百文
洋茴	每百斤抽厘钱一百二十文
洋参须	每斤抽厘钱二十文
党参	每百斤抽厘钱一百二十文
如意油	每百瓶抽厘钱三十文
戒烟丸	每百斤抽厘钱一百文
茴香	每百斤抽厘钱一百二十文
次冰片	每斤抽厘钱二十文
粬药	每百斤抽厘钱五十文
虎骨	每百斤抽厘钱二百文
虎胶	每斤抽厘钱五十文
橘络	每挑重百斤抽厘钱五十文

第六类　海味干菜油烛

菜 麻油 花	每支重二百斤抽厘钱一百文
烟油 茶	每支重二百斤抽厘钱一百文
桐油 木	每支重二百五十斤抽厘钱五十文
香菇	每百斤抽厘钱四百文

木耳　　　　　　　每百斤抽厘钱一百五十文

干笋子　　　　　　每包重二百斤抽厘钱一百二十文

桂圆　　　　　　　每百斤抽厘钱二百文

荔枝　　　　　　　每百斤抽厘钱二百文

桂圆肉　　　　　　每百斤抽厘钱四百八十文
荔枝

火腿　　　　　　　每支抽厘钱十文

虾米　　　　　　　每百斤抽厘钱一百二十文

墨鱼　　　　　　　每百斤抽厘钱一百二十文

鱿鱼　　　　　　　每百斤抽厘钱一百二十文

银鱼　　　　　　　每百斤抽厘钱一百二十文

蜇皮　　　　　　　每百斤抽厘钱一百二十文

海带　　　　　　　每单捆重二百斤抽厘钱二百四十文

海带丝　　　　　　每包重二百斤抽厘钱二百四十文

莲米　　　　　　　每包重一百七十斤抽厘钱二百文

桃　　　　　　　　　　　　　　　　　一

海味干菜　　　每_包重二百斤抽厘钱五百文

　　　　　　　　　　　　箱

零干菜　　　　每包重一百斤抽厘钱一百文

广菜　　　　　每包重一百七十斤抽厘钱二百四十文

汉菜　　　　　每包重一百五十斤抽厘钱一百二十文

牛油　　　　　每篓重二百斤抽厘钱一百文

牛烛　　　　　每百斤抽厘钱一百文

菜油脚　　　　每篓重二百斤抽厘钱五十　文

桐　　　　　　　　　　　　　　　二十五

油烟　　　　　每_包重一百斤抽厘钱二百文

　　　　　　　　　　　　箱

海带渣　　　　每包重二百斤抽厘钱六十文

松烟　　　　　每百斤抽厘钱三十文

松油　　　　　每百斤抽厘钱三十文

桐饼　　　　　每百元抽厘钱二十文

菜饼　　　　　每百元抽厘钱四十文

烟

上燕　　　　　每斤抽厘钱三百文

中燕　　　　　每斤抽厘钱二百文

下燕　　　　　每个抽厘钱一百文

燕片　　　　　每斤抽厘钱五十文

燕渣　　　　　每斤抽厘钱五十文

鱼翅　　　　　每斤抽厘钱二十文

洋菜　　　　　每_包重百斤抽厘钱四百文

　　　　　　　　　　　　捆

鱼蛋　　　　　每十斤抽厘钱四十文

海参	每斤抽厘钱十文
白胡椒	每十斤抽厘钱四十文
鲍鱼	每斤抽厘钱十文
洋荔枝	每筒抽厘钱三文
石花菜	每百斤抽厘钱一百二十文
毛燕	每斤抽厘钱五十文
鱼肚	每斤抽厘钱十文
白木耳	每斤抽厘钱五十文
本地香菌	每百斤抽厘钱一百文
吴菜	每百斤抽厘钱一百文
北口蘑	每斤抽厘钱十文
籼米	每百斤抽厘钱一百二十文
对虾	每十斤抽厘钱四十文
鱼唇	每十斤抽厘钱四十文
江珧柱	每十斤抽厘钱三十文

第七类　金银铜锡铁铅

佛金	每千张抽厘钱二十文
钱包	每包计二十千抽厘钱二百文
点锡	每包计八十定抽厘钱四百文
红铜	每包重一百五十斤抽厘钱四百文
白铜	每包重一百五十斤抽厘钱四百文
旧破铜	每包重百斤抽厘钱一百文

箱

铜扣子　　　每挑重八十　　斤抽厘钱二百文

货　　　　　箱　一百六十　　　　四

页　　　　　包

黑铅	每条重五十斤抽厘钱四十文

白铅	每条重五十斤抽厘钱三十文
锯皮	每十匹抽厘钱十文
生版	每百斤抽厘钱八文
料条	每百斤抽厘钱八文
毛铁	每百斤抽厘钱四文
条铁	每百斤抽厘钱八文
条钢	每百斤抽厘钱二十文
苏钢	每百斤抽厘钱三十五文
钢片	每百斤抽厘钱三十五文
砂子	每百斤抽厘钱三十文
钢条	每百斤抽厘钱二十文
铁锅	每十口抽厘钱五十文
大盐锅	每口抽厘钱四十文
小盐锅	每口抽厘钱二十五文
顶_耳锅	每十口抽厘钱十文
钉子	每百斤抽厘钱五十文
零铁货	每百斤抽厘钱五十文
铁丝	每百斤抽厘钱一百文
铜盆	每十个抽厘钱四十文
铁火盆_{熨斗}	每十个抽厘钱十文
铜火盆_{熨斗}	每十个抽厘钱四十文_二
磬刀	每百个抽厘钱二十文
烟刀	每十把抽厘钱四十文
熬锅	每十口抽厘钱五十文

饭锅	每十口抽厘钱四十文
锅铁	每百斤抽厘钱八文
铜丝	每十斤抽厘钱六十文
铜抵针	每百个抽厘钱三文
铁抵针	每百个抽厘钱二文
铜帐鈎	每十付抽厘钱二十文
旧锡	每百斤抽厘钱一百文
土扣子	每百斤抽厘钱二百文
烟灯器	每箱重二百斤抽厘钱六百文
广烟袋	每十根抽厘钱一百文
土烟袋	每十根抽厘钱四十文
通条	每捆抽厘钱三十文
洋铁皮	每百斤抽厘钱二十五文
锅叶烟斗	每百个抽厘钱二十文
大前刀 小	每百把抽厘钱三十文
铁叶烟斗	每百个抽厘钱十文
铜器	每百斤抽厘钱二百文
铜响器	每百斤抽厘钱四百文
锡器	每百斤抽厘钱一百文
砗（磲）	每十个抽厘钱三十文
洋铁灶	每架抽厘钱一百文
铜号	每支抽厘钱十文
洋钉	每百斤抽厘钱一百文
洋铁器	每百斤抽厘钱一百文

第八类　　竹木纸张瓷器

苏纸	每箱抽厘钱二百文

省笺	每箱抽厘钱一百文
色纸	每箱计二十刀抽厘钱一百文
表青纸	每捆重百斤抽厘钱四十文
连四纸 红	每捆计十四刀抽厘钱六十文
黄纸	每十刀抽厘钱六文
草　　纸 小方连	每大捆计五十合抽厘钱五文 小　　三　　　三
炮纸	每捆计三十刀抽厘钱五文
白纸	每捆计十二刀抽厘钱四十文
洋木 檀	每捆重二百斤抽厘钱二百四十文
水纸	每捆计十二刀抽厘钱二十文
门神纸	每捆计十二刀抽厘钱四十文
账簿	每箱抽厘钱一百文
桡子	每十把抽厘钱十文
窑柴	每大载抽厘钱六百文
	小　　　　三
小木器	每挑计百斤抽厘钱二十文
木座钟	每架抽厘钱三十文
木瓢	每百把抽厘钱五十文
木盆	每十个抽厘钱十文
镜框	每十个抽厘钱四十文
镜架	每百副抽厘钱三十文
红竹筷 白	每包重百斤抽厘钱四十文 二
笔管	每并重百斤抽厘钱二十文

657

站子竹　　　　　　　每捆重百斤抽厘钱二十文

大（小）杂竹　　　　每十根抽厘钱百（四）二十文

中杂竹　　　　　　　每十根抽厘钱八十文

棕竹　　　　　　　　每捆重百斤抽厘钱五十文

烟竿竹　　　　　　　每捆重百斤抽厘钱五十文

南竹头　　　　　　　每节抽厘钱四文

斑竹（南）　　　　　每（大/中/小）根抽厘钱（二十/十二/八）文

大牋　　　　　　　　每箱计一百二十札抽厘钱一百文

筒竹　　　　　　　　每（大/中/小）根抽厘钱（八/六/四）十文

杉树条　　　　　　　每根抽厘钱十二文

柏树条　　　　　　　每根抽厘钱十六文

杉杆　　　　　　　　每根抽厘钱八十文

双（单）桷（千）　　每十块抽厘钱（四/四/二）十文

楠板　　　　　　　　每十块抽厘钱四十文

跳板　　　　　　　　每块抽厘钱八文

全（半）料皮纸　　　每捆抽厘钱六（三）十文

面盆　　　　　　　　每筒抽厘钱十文

花板　　　　　　　　每副抽厘钱四千文

茶船　　　　　　　　每十筒抽厘钱五十文

马札椅　　　　　　　每十把抽厘钱四十文

纸料纸　　　　　　　每包（挑）重百斤抽厘钱一十文

红纸渣　　　　　　　每包（挑）重百斤抽厘钱二十文

瓷器	每_挑计_二十子抽厘钱_二百文

篓

苏木	每挑重百斤抽厘钱一百二十文
洋蓝	每挑重百斤抽厘钱一百文
梳子	每挑重百斤抽厘钱五十文
篦子	每挑重百斤抽厘钱五十文
毛边纸	每捆抽厘钱三十文
土料器	每挑重百斤抽厘钱一百二十文
杉板	每副抽厘钱三十文
老连皮纸	每捆抽厘钱六十文
油纸	每挑重百斤抽厘钱一百文
青金	每十封抽厘钱六十文
洋泥金	每十封抽厘钱五十文
供佛金花	每十对抽厘钱二十文
蜡笺纸	每百张抽厘钱二百文
信封纸	每挑重百斤抽厘钱一百文
乌木筷	每十副抽厘钱三十文
皮护书	每十个抽厘钱四十文
瓦金纸	每千张抽厘钱二十文
马鞍	每架抽厘钱二十文
铜金纸	每千张抽厘钱二十文

第九类　棕篾席草绳藤

斗笠	每捆五十顶抽厘钱一十文
细草帽	每十顶抽厘钱一十文
粗草_扇	每大捆一百把抽厘钱二十文

蒲席　　　　　每捆二百张抽厘钱一百文

草席　　　　　每捆二十张抽厘钱二十文
篾

　　　　　　　　　　箱
藤丝　　　　　每包重二百斤抽厘钱二百四十文
　　　　　　　　　筒　　四十　　　　六十

缉绳　　　　　每捆抽厘钱三文

灯草　　　　　每大载抽厘钱二千文
　　　　　　　　小　　　　一千
　　　　　　　　百斤　　　五十

藤床　　　　　每间抽厘钱一十文

金缸藤　　　　每挑重百斤抽厘钱五十文

棕片　　　　　每并抽厘钱四文

棕绳　　　　　每捆重百斤抽厘钱二十文

棕丝　　　　　每捆重百斤抽厘钱二十文
　荐　　　　　　　十床

棕衣　　　　　每捆二十件抽厘钱二十文

篾条　　　　　每捆重百斤抽厘钱二十文
　　　　　　　　　　　挑

竹麻　　　　　每捆重二十斤抽厘钱五文

藤枕　　　　　每十副抽厘钱六十文
　包　　　　　　　　个
　壶

草麻　　　　　每百斤抽厘钱二十文

杠炭　　　　　每大载抽厘钱六百文
　　　　　　　　小　　　　三

第十类　窑货

空冰钵　　　　　　每十个抽厘钱五文

空披缸　　　　　　每十口抽厘钱三十文

空酱缸　　　　　　每十口抽厘钱三十文

空酒坛　　　　　　每十个抽厘钱五文

银窝　　　　　　　每篓抽厘钱五十文

空菜锁　　　　　　每一百个抽厘钱一十文

土碗　　　　　　　每挑百副抽厘钱二十文

零星土窑货　　　　每挑重百斤抽厘钱二十文

第十一类　山货毛骨皮毡毯

底毡　　　　　　　每十床抽厘钱二十文

西毡　　　　　　　每床抽厘钱十文

花毡　　　　　　　每十床抽厘钱三十文

红毡　　　　　　　每十床抽厘钱五十文

粗毡帽　　　　　　每十顶抽厘钱二十文

细毡帽　　　　　　每十顶抽厘钱四十文

麻毯　　　　　　　每十床抽厘钱四十文

线毯　　　　　　　每十床抽厘钱六十文

大靛　　　　　　　每小桶重三百斤抽厘钱一百文

土红　　　　　　　每百斤厘抽钱五文

猪毛　　　　　　　每挑重百斤抽厘钱二十文

牛毛　　　　　　　每包重百斤抽厘钱五十文

猪鬃　　　　　　　每包重五十斤抽厘钱一百文

沙鱼皮　　　　　　每包重一百五十斤抽厘钱二百四十文

冻绿皮	每包重百斤抽厘钱一十文
火石	每包重百斤抽厘钱二十文
蚌壳	每挑重百斤抽厘钱二十五文
生漆	每中桶重六十斤以下抽厘钱二百文
杂皮渣	每包重百斤抽厘钱五十文
杂骨	每百斤抽厘钱五文
牛筋	每捆重一百干抽厘钱六十文
牛角	每件计百个抽厘钱一百文
骨灰	每百斤抽厘钱八文
靛梗	每捆重百斤抽厘钱一十文
牛皮	每捆计三十张抽厘钱三百文
箱皮	每捆计百张抽厘钱三百文
胆巴	每个计百个抽厘钱一十文
本碱	每缸计百斤抽厘钱二十文
牛角渣	每件计百斤抽厘钱八文
小靛	每挑重百斤抽厘钱二十五文
石墨	每挑重百斤抽厘钱五十文
笋壳	每捆重百斤抽厘钱二十文
牛皮渣	每挑重百斤抽厘钱五十文
槐米	每挑重百斤抽厘钱五十文
西狐皮	每张抽厘钱二十文
假皮盆	每挑重百斤抽厘钱二十文
假皮坛	每挑重百斤抽厘钱二十文
假皮船	每挑重百斤抽厘钱五十文
皮鼓	每一面抽厘钱十文
西口兔皮	每挑计百张抽厘钱二百文

本省　　　　　　　　　　　　　　　　　　　　一

白羊皮　　　　　　每十张　　　抽厘钱二十　　文
　　　　　　捆一百二十张　　　　　二百四十

老羊皮　　　　　　每十张　　　抽厘钱一十　　文
　　　　　　捆一百二十张　　　　　一百二十

西羊皮　　　　　　每十张　　　抽厘钱三十　　文
　　　　　　捆一百二十张　　　　　三百六十

黑山羊皮　　　　　每十张　　　抽厘钱四十　　文
　　　　　　捆一百二十张　　　　　四百八十

生羊皮　　　　　　每十张　　　抽厘钱一十　文
　　　　　　捆一百二十张　　　　　一百二十

老白羊皮背心　　　每十件抽厘钱五十文
老白羊皮女衫　　　每十件抽厘钱一百文
白羊皮袍子　　　　每件抽厘钱八十文
獭皮冬帽　　　　　每顶抽厘钱二十文
獭皮小帽　　　　　每顶抽厘钱十文
獭领　　　　　　　每条抽厘钱十文
貂皮冬帽　　　　　每顶抽厘钱五十文
狼皮褥子　　　　　每张抽厘钱四十文
西狐皮褥子　　　　每张抽厘钱五十文
草　　　　　　　　　　　　　　　三
西狐皮袍子　　　　每件抽厘钱二百文
草　　　　　　　　　　　　　　　二
白羊皮女衫　　　　每件抽厘钱五十文
　　　马褂
白羊皮背心　　　　每件抽厘钱二十文

西狐皮背心	每件抽厘钱五十文

草 三

皮袖盖	每副抽厘钱一十文
灰鼠皮	每十张抽厘钱五十文
寒羊皮	每十张抽厘钱五十文
獾皮	每十张抽厘钱三十文
獭皮	每张抽厘钱十文
豹皮	每张抽厘钱六十文
虎皮	每张抽厘钱二百文
西狐皮马褂	每件抽厘钱一百文

草 五十

第十二类　苏广省京洋土杂货

洋纱	每大件计四十柄抽厘钱八百八十文

小 二 四 四

潮纱	每大件计四十柄抽厘钱七百零四文

小 二 三 五十二

洋纱旱挑	每柄抽厘钱十五文
潮纱旱挑	每柄抽厘钱十二文
零星中国好纱旱挑	每柄抽厘钱十五文

潮 二

零星中国好纱水路	每柄抽厘钱二十二文

潮 十七

广杂货	每挑重百斤抽厘钱二百四十文

箱

苏杂货	每挑重百斤抽厘钱八百文

包
箱

省杂货	每包重百斤抽厘钱二百文

箱
挑

土杂货	每包重百斤抽厘钱一百文

箱
挑

山东料货　　　　每箱重一百五十斤抽厘钱一百五十文

苏折扇　　　　　每千把抽厘钱四百文
　　　　　　　　　　　箱　　　　　　八

川扇　　　　　　每千把抽厘钱一百二十文

广折扇　　　　　每千把抽厘钱二百文
　　　　　　　　　　　箱　　　　四

苏绢扇　　　　　每百把抽厘钱二百文
省　　　　　　　　　　　　　五十

　　　　　　　　　　大　　　　六百
蒲扇　　　　　　每小箱抽厘钱三百文
　　　　　　　　　　包　　　　三十

镜光　　　　　　每箱重百斤抽厘钱二百文

籆扇　　　　　　每挑重百斤抽厘钱五十文

玻璃灯　　　　　每堂抽厘钱四十文

颜料　　　　　　每箱重百斤抽厘钱二百文
　　　　　　　　　筒　一十两　　二

广纸伞　　　　　每十把抽厘钱二十文
土　　　　　　　　　　　一

广洋伞　　　　　每十把抽厘钱八十文
土　　　　　　　　　　　四

火炮　　　　　　每箱重百斤抽厘钱五十文

纱灯　　　　　　每四个抽厘钱二十文

洋火　　　　　　每大箱计百封抽厘钱二百四十文
　　　　　　　　　　小　五十　　　一百二十文
　　　　　　　　　　封　　　　　　三文

广天平　　　　　每架抽厘钱二十文
土　　　　　　　　　　　　十

洋烛　　　　　　每箱计二十五包抽厘钱三十文

洋油　　　　　　每箱计五十斤抽厘钱四十文

棉脚带　　　　　每百双抽厘钱五十文

皮梁　　　　　　每百双抽厘钱十文

皮烟盒　　　　　每挑抽厘钱五十文

牙骨筷	每十双抽厘钱五十文
牙骨烟盒	每十个抽厘钱一十文
真皮盆	每挑重百斤抽厘钱一百文
洋灰	每件计二百斤抽厘钱一百二十文
洋针	每万颗抽厘钱二十文
玻璃	每挑重百斤抽厘钱一百文
座钟	每架抽厘钱三十文
洋头绳	每十斤抽厘钱六十文
洋葛巾脸帕	每打计十二张抽厘钱十文
粗小洋灯	每挑计百盏抽厘钱一百二十文
洋灯罩子	每挑计二百个抽厘钱一百二十文
土洋灯	每挑抽厘钱一百二十文
洋布杭枕大垫	每堂抽厘钱二十文
小	
轿表	每架抽厘钱十文
子耳表	每架抽厘钱五十文
挂钟	每架抽厘钱二十文
洋胰子	每打计十二块抽厘钱六文
玉圈	每十对抽厘钱五百文
玉零碎	每箱重十斤抽厘钱五百文
土料货	每百斤抽厘钱一百二十文
西洋瓷盆	每十个抽厘钱五十文
东 三	
广烟灯	每盏抽厘钱五文
宫灯	每四个抽厘钱四十文
照相镜箱	每架抽厘钱五百文
洋纸	每百张抽厘钱二百文

洋毡　　　　　　每床抽厘钱十文

洋毯　　　　　　每床抽厘钱十文

大保险灯　　　　每盏抽厘钱五十文
　小　　　　　　　　　　　三

础石圈　　　　　每挑重百斤抽厘钱一百五十文

小方灯　　　　　每四架抽厘钱二十文

料珠　　　　　　每挑重百斤抽厘钱一百二十文

琉璃风灯　　　　每对抽厘钱十文

琉璃挂灯　　　　每对抽厘钱二十文

烟枪　　　　　　每挑重八十斤抽厘钱五十文

洋漆镜桩　　　　每个抽厘钱十文
　　烟匣

大洋镜　　　　　每架抽厘钱十文

穿衣镜　　　　　每架五尺高抽厘钱五百文
　　　　　　　　　　四　　　　四
　　　　　　　　　　三　　　　三

广镜　　　　　　每架抽厘钱十文

粗草花　　　　　每挑抽厘钱二十文

细草花　　　　　每挑抽厘钱一百文

八音琴　　　　　每架头号抽厘钱六十文
　　　　　　　　　　二　　　　四
　　　　　　　　　　三　　　　二

土灯器　　　　　每挑重百斤抽厘钱一百二十文

雨缨　　　　　　每十筒抽厘钱五十文

广算盘　　　　　每十架抽厘钱五十文

洋丝毛扣带　　　每打计十二根抽厘钱六十文

洋棉扣带　　　　每打计十二根抽厘钱二十四文

电光花　　　　　　　每挑重六十斤抽厘钱一百五十文

　　珠

［以上品目总数 644］

Ⅳ—5　重订苏省水卡捐章

（外务省通商局编纂《清国商况视察复命书》第 399—418 页，1903 年。）

重订苏省水卡捐章
　　目　录
腌腊门　鲜果门　谷食门　油货门
　绸丝门　棉布门　缔绤门　血属门　竹货门　树木门　颜料门　铜铁门
　牲畜门　绣货门　洋货门　广货门　窑货门　烟叶门　纸货门　杂货门
　京货门　南货门　北货门　海货门　药材门
　　绸丝门

苏杭线绉宁宫绸杭纱	每斤捐钱肆佰伍拾文	杭纺线春	每斤捐钱肆佰文元色八折
杭罗春纱官纱葛纱	同　叁佰文生纱生绢八折	圆金金织边加缎阔	同　叁佰文
湖绉并汗巾手帕	同　叁佰贰拾文元色八折	盛泽绸绫	同　贰佰陆拾文元色八折
各色花素累贡线绵缎	同　叁佰陆拾文元色八折	包头纱裱绫窗纱	同　壹佰陆拾文
细棉绸	同　壹佰文	粗绵绸绸布同	同　柒拾文
川绸	每匹捐钱壹佰贰拾文	山东茧绸　茧绸	每匹捐钱柒拾文壹佰
广东绸绫	每斤捐钱贰佰贰拾文	栲皮绸	每斤捐钱壹佰伍拾文
帽纬	每两捐钱拾文	丝绵	同　陆拾文
粗,细,毛丝	照另议定章	丝吐头	每担捐钱肆佰文
倭绒	每匹捐钱佰文	回绒	每匹捐钱贰佰文
各色丝线	每斤捐钱壹佰文	蚕茧	每拾斤捐钱贰佰文
辫	元色八折		

细丝绳	每斤捐钱柒拾文	丝粗绳	每斤捐钱伍拾文
丝带	同 壹佰文	绸估衣	每担捐钱肆仟文

棉 布 门

净白花	每担捐钱肆佰文	次白花	每担捐钱贰佰伍拾文
黄衣花	同 贰佰文	子花	同 壹佰文
棉子	同 拾伍文	棉饼	同 拾贰支
棉线纱	同 壹仟贰佰文	各色头绳	同 贰仟文
线毯	每条捐钱贰拾文	洋莲锦	每匹捐钱伍佰文
各色棉带	每斤捐钱拾肆文	大红控布	同 拾贰文
浅红控布杂色	每匹捐钱捌文	各色大布紫花同	同 拾陆文
白大布	同 拾肆文	本色控布阔壹尺至壹尺贰寸	同 柒文
白小布一丈五尺以上一丈八尺以上	每匹捐钱叁文钱肆杂色每拾匹加捐柒文柒	印花布	同 柒文
白小布二丈以上三丈以上	每匹捐钱陆文陆杂色每拾匹加捐拾肆文拾肆	阔雪裹青窄	同 陆文肆
崇明布每匹肆丈肆尺各色每匹加柒文	每匹捐钱贰拾文	粗小布各色同	每匹捐钱贰文
宽木纱布窄	每匹捐钱肆文贰	漂白控布小	同 捌文肆
手巾布各色同	同 柒文	高丽手巾各色同	同 柒文
江北口袋布不分大小	每条捐钱拾陆文	布估衣	每担捐钱壹仟文

绨 绤 门

白麻	每担捐钱柒佰文	绿麻土麻同	每担捐钱壹佰伍拾文

青

麻丝

黄麻	同	叁佰文		苎麻线	同	壹仟文
粗麻线	同	肆佰文		细麻袋布		每匹捐钱陆文
				粗		
麻绳不分粗细	同	同		江西夏布每匹拾丈	同	陆拾捌文
本色夏布	同	拾文		杂色夏布	同	贰拾文
汉口机白每匹伍丈陆尺		每匹捐钱壹佰柒拾文		广东机白每匹柒丈	同	贰佰文

蓝春

红边雪葛每匹贰丈	同	叁拾伍支		沈香葛	同	伍拾陆文
扁葛	同	肆佰陆拾文		广东葛绉	同	壹佰拾文

云　　　　　捌　拾

葛布	同	叁拾伍文		草葛	同	拾肆文
耶叽葛	同	捌佰文		银丝葛	同	贰佰柒拾文
哆罗麻布	同	柒拾文		洋通夏布	同	贰拾文
				米		
本色罗布	同	贰拾文		夏布汗手巾	同	捌文

杂　　　　　叁　　　　　　　　　罗　　　　　拾

湖南浏阳夏布每匹十丈	同	壹佰贰拾文		阔本色夏布	同	拾肆文

血　属　门

皮毯	佑本照陆厘抽收		毡帽不分粗细扯算		每顶捐钱拾文
毛毯不分大小	每条捐钱叁拾文		毡毯不分大小		每条捐钱叁拾文
洋毯	同 伍拾文		皮垫不分大小		每个捐钱贰拾文
绒毯	同 壹佰文		羊绒		每匹捐钱柒拾文
羊毛	每担捐钱壹佰伍拾文		猪毛		每担捐钱贰拾文
			鸡		肆
鞋底毡	每张捐钱拾文		毡袜		每双捐钱捌文
香牛皮	同 壹佰文		生牛皮		每张捐钱伍拾文
马皮	同 叁拾文		驴皮		同 贰拾文
牛角	每担捐钱伍拾文		羊角		每担捐钱柒拾文
牛角器	同 叁佰文		骨器		同 贰佰肆拾文
羊皮	每张捐钱拾伍文		杂骨		同 叁拾文
湖羊	担　叁仟				
皮器	估本抽捐		明角灯		估本抽捐

牲　畜　门　牛只一项奉准永远免捐

大猪	每口捐钱贰佰文	中猪	每口捐钱壹佰文
小猪	同　伍拾文	湖羊	同　柒拾文
大山羊	同　同	小山羊	同　叁拾文
鹅	每只捐钱柒文	鸡	每只捐钱肆文
鸭	伍		
鲜鸭蛋每担	每担捐钱	鲜鸡蛋每担	每担捐钱
壹仟贰佰个	叁佰文	壹仟贰佰个	贰佰文

绣　货　门

绸缎地绣金龙	每件捐钱壹仟	全盘金蟒袍	每件捐钱五佰
七色蟒袍			
	叁佰肆拾文	五　色	捌拾文
三色蟒袍	每件捐钱肆佰陆拾文	缂丝蟒袍	每件捐钱陆佰肆拾文
缂丝锦地	同　捌佰肆拾文	顾绣朝衣秃缂	同　肆佰文
全金朝衣			
		盘金　　丝同	
绸缎地金	每副捐钱捌拾肆支	全盘金补服	每副捐钱伍拾文
子补服			
纱绣补服	同　伍拾文	缂丝补服	同　肆拾文
缎绉纱地	每件捐钱伍佰文	裙边	每件捐钱壹佰捌拾文
女袄			
衣边	同　壹佰贰拾文	各项裙花	每副捐钱拾肆文
各项女袖头	每副捐钱肆拾文	各项花帕	每条捐钱陆文
大件戏衣	每件捐钱壹佰陆拾文	小件戏衣	每件捐钱陆拾文

以上绣货凡有宋载者比照已载各货大小式样抽收

洋　货　门

各色大呢	每板捐钱壹仟贰佰文	各色哈喇	每板捐钱贰仟文
各色羽毛	同　壹仟文	各色哔叽	同　伍佰文
拾丈洋布本色	每匹捐钱壹佰肆拾文	伍丈洋红洋布	每匹捐钱贰佰文
同			
漂白			
伍丈花洋布	同　壹佰贰拾文	伍丈洋布	同　柒拾文
色			
叁丈洋红洋布	同　同	叁丈花洋布	同　柒拾贰文

色

伍丈柳条布	同 同 长短照算	洋红椒地	同 柒拾文
各色洋椒地	同 壹佰肆拾文	漂色洋椒地	同 壹佰贰拾文
洋红斜纹	同 壹佰柒拾文	各色斜纹	同 壹佰肆拾文
漂斜纹	同 壹佰贰拾文	洋漂各色同	同 壹佰陆拾文
洋红洋线绉即织花洋布	同 叁佰贰拾文	各色洋线绉即织花洋布	同 贰佰捌拾文
洋红羽绫缎	每板捐钱壹仟贰佰文	各色羽绫缎	每板捐钱捌佰肆拾文
洋红花素羽纱	同 肆佰伍拾文	各色花素羽纱	同 叁佰伍拾文
东洋葛绉	每匹捐钱叁佰文	东洋花绉	每匹捐钱贰佰文

素

花素洋绒	同 叁佰伍拾文	洋绵纱	每包捐钱贰仟捌佰文

线 箱

马义布	同 壹佰柒拾文	饭单每扎拾贰个	每札捐钱肆拾贰文
永年布	同 壹佰肆拾文	竹 布	每匹捐钱壹佰拾文
		广蓝衫	件 拾陆

广 货 门

窄栏杆	每板捐钱伍文	宽栏杆	每板捐钱拾文
素控	每斤捐钱拾陆文	花控	每斤捐钱贰拾贰文
鬼控每板五副	每板捐钱拾文	真紫檀算盘	每面捐钱陆拾文
冲紫檀算盘	每面捐钱贰拾文	真黄扬算盘	同 叁拾文
冲黄扬算盘	同 拾文	镜箱	每架捐钱伍拾文
自鸣钟	每架捐钱捌佰文	时辰表	每对捐钱捌佰文
绸洋伞	每把捐钱叁拾文	布洋伞	每把捐钱拾六文
铜烟灯	每个捐钱捌文	洋烛每箱贰拾伍匣	每箱捐钱贰佰文
镜玻璃	每斤捐钱拾伍文	亮玻璃	每斤捐钱伍文
自来火	每斤捐钱伍文	各项广料器	每斤捐钱捌文
大八音盒	每个捐钱贰佰文	小八音盒	每个捐钱陆拾文

玳瑁	每斤捐钱贰佰文	翠毛两翅一尾为一个	同　拾文
象牙	同　壹佰贰拾文	象牙器	每斤捐钱壹佰陆拾文
火绒	同　拾文	孔雀毛	每把捐钱壹佰文
洋肥皂	同　拾贰文	金花	每斤捐钱叁拾文
料瓶所装各货	同　捌文	各项要货	每担捐钱壹仟陆佰文
铜金纸	每小包捐钱拾文	瓦金纸	每小包捐钱拾文
锡			
纸镜纸	每百张捐钱拾文	花金纸	每百张捐钱拾文
广货瓶装每百斤为壹担无论	每担捐钱叁仟文	大小挂灯	估本抽捐

箱包秤见斤两核算

京货门

绒边大帽不分上次	每顶捐钱叁拾文	呢边大帽不分上次	每顶捐钱贰拾文
线绒同		缎同	
绵秋帽不分上次大小	同　拾文	绵瓜帽夹	同　陆文肆
凉胎帽	估本抽捐	缎靴鞋	每双捐钱陆　拾文叁拾陆
女皮帽	每顶捐钱伍拾文	布靴鞋	每双捐钱叁拾文拾贰
女绵夹帽线缎羽纱	每拾顶捐钱伍拾文	绵鞋毡	每双捐钱拾文
绒绸绉同			
凉鞋	每双捐钱伍文	绵,夹,单袜	每双捐钱伍,叁,贰文
纱鱼皮眼镜套洋布	每拾个捐钱肆拾文拾伍	真金顶苏	每拾个捐钱柒拾文叁拾
宫扇不分粗细	每把捐钱拾文	葵扇每包贰百把不分粗细	每包捐钱贰佰文

蒲扇不分粗细	每百把捐钱壹佰文	杭扇	每把捐钱贰文
纸扇	每把捐钱叁文	毛扇	同　拾文
绒花	每对捐钱肆文	通草花	每对捐钱贰文
斑鼓	每面捐钱拾陆文	毡鞋底	每拾双捐钱叁拾文
挹	贰		
镗鼓	每面捐钱贰拾文	天平	每架捐钱壹佰贰拾文
戥子	每拾把捐钱陆拾文	皂角	每担捐钱伍拾文
香草	同　贰佰文	梳篦	每斤捐钱拾文
钉靴绊减半	每双捐钱肆拾文		

南　货　门

上白糖	每担捐钱肆佰文	次白糖	每担捐钱叁佰文
冰糖	每担捐钱肆佰文	青糖	每担捐钱贰佰文
		红	
白窘糖	每担捐钱壹仟文	黄窘糠(译注：疑为"糖") 每	
		担捐钱伍佰文	
各项蜜饯	同　伍佰文	青丝	同　叁佰文
		红	
桂圆	同　捌佰文	荔枝	同　伍佰文
桂圆肉	同　壹仟文	红麹米	同　壹仟文
白莲子	同　同	湘莲子	同　陆佰文
白果	同　壹佰文	栗子	同　贰佰文
香菌东洋蕈同	同　壹仟伍佰文	薏仁米	同　同
芡实	同　伍佰文	橘饼	同　伍佰文
拣砂仁	同　柒佰文	冬笋	同　贰佰文
羊尾笋	同　肆佰文	泥黄笋	同　壹仟文
笋干大件作壹佰伍拾斤	同　伍佰文	挺尖笋	每小篓捐钱叁拾伍文
小　壹佰			
小青笋	每小篓捐钱贰拾文	芦笋	每担捐钱叁佰文
搅仁	每担捐钱柒佰文	葡萄干	每担捐钱肆佰文
洋菜	同　壹仟陆佰文	蜜枣	同　陆佰文

南枣	同　捌佰文	藕粉	同　伍佰文
盐青果	同　贰佰伍拾文	桂花坯	同　贰佰文
桂蓝	同　壹佰文	榆肉	同　肆仟文
松子榧子同	同　贰佰文	松仁	同　肆佰文
榛子	同　贰佰肆拾文	榛肉	同　捌佰文
大茴	同　壹仟文	杏仁	同　柒佰文
新会皮橘皮同	同　伍佰文	每粉	同　伍佰文
桐子	同　肆佰文	白扁豆	同　贰佰文
胡椒白胡椒 加倍	同　叁佰文	桂皮	同　叁佰文
绍兴酒	同　贰佰文	黄酒	同　壹佰文
上,中,下茶叶	同　陆,肆,叁佰文	茶末茶梗同	同　同

北 货 门

柿饼寄饼同	每担捐钱贰佰文	黑枣	每担捐钱贰佰文
红枣	同　壹佰伍拾文	胡桃	同　同
胡桃仁	同　伍佰文	饴糖	同　同
瓜子	同　贰佰肆拾文	瓜子仁	同　肆佰捌拾文
花生	同　壹佰文	花生仁	同　叁佰文
川椒	同　叁佰文	小茴	同　同
蘑菇	同　贰仟文	木耳	同　壹仟伍佰文
金针	同　叁佰文	山芋粉	同　壹佰支
干粉片	同　贰佰伍拾文	干粉条	同　贰佰陆拾文
土碱	同　叁佰文	台干	同　叁佰文
南瓜子	同　壹佰伍拾文	高粱酒	同　同
烧酒	同　贰佰文	樱桃干	同　肆佰文

海 货 门

鱼翅	每担捐钱伍仟文	鱼翅饼 丝	每担捐钱柒仟文
海参	同　叁仟文	官燕	每斤捐钱贰仟伍佰文
燕窝	每斤捐钱壹仟伍佰文	毛燕	每担捐钱贰佰文
燕窝根	同　壹佰文	海燕鱼	同　捌佰文

鱼肚	每担捐钱壹仟贰佰文	海蜇头 皮	同　壹佰伍拾文
牛筋	同　捌佰文	鹿筋	同　贰仟文
蹄筋	同　肆佰文	鲍鱼	同　叁仟伍佰文
鯈鱼	同　壹仟文	螟蜅	同　肆佰文
乌鱼蛋	同　贰仟肆佰文	明骨	同　贰仟文
淡菜	同　壹仟文	蛏干	同　捌佰文
柔鱼	同　壹仟贰佰文	沙鱼鱼皮 散鱼	同　贰 仟 文 贰佰伍拾文
鲞鱼 银	同　叁佰文	带鱼	同　贰佰伍拾文
咸鱼	同　贰佰文	木鱼	同　陆佰文
蟹酱	同　叁佰文	鲜鱼	同　壹佰肆拾文
鲥鱼	同　陆佰文	鳗线	同　肆佰文
虾米 皮	同　捌佰文 贰	虾酱 爪	同　叁佰文 伍
海带带丝同	贰佰伍拾文	牛毛菜	同　肆佰文
石花菜	贰佰捌拾文	江珧柱	同　叁仟文
葛仙米	同　叁仟文	紫菜	同　壹仟捌佰文
鱼唇	同　贰仟肆佰文	红菜	同　贰佰肆拾文
青螺	同　壹仟伍佰文	麒鳞菜	同　贰佰伍拾文

腌　腊　门

南腿	每只捐钱捌拾文	北腿	每只捐钱肆拾文
彩蛋	每百个捐钱伍拾文	盐蛋	每百个捐钱肆拾文
披猫	每只捐钱贰佰文	盐肉	每担捐钱叁佰文
腌鸭	每只捐钱陆文	腌鸡	每只捐钱伍文
京冬菜	每担捐钱捌佰文	冬菜	免捐
各项盐菜	免捐	大头菜	免捐
萝卜干	每担捐钱伍拾文	盐蒜头	每担捐钱陆拾文
盐香椿	同　贰佰伍拾文	各项酱菜	同　壹佰文
腐乳	每小坛捐钱拾文	酱豆	同　同

676

鲜　果　门青菜萝卜免捐

生姜	每担捐钱陆拾文	香橼	每担捐钱捌拾文
佛手	同　壹仟文	木瓜	同
柚旦	同　肆佰文	福橘每桶叁拾斤	每桶捐钱壹佰文
台橘	同　伍拾文	橙子	每担捐钱肆拾文
鲜青菜	同　叁佰文	春鲜笋	同　伍拾文
黄芽菜	同　壹佰文	石榴	同　捌拾文
山楂	同　壹佰贰拾文	水葡萄	同　壹佰贰拾文
水樱桃	同　壹佰文	枇杷	同　壹佰文
桃李梅	同　贰拾文	苹果	同　壹佰肆拾文
莎果	同　壹佰文	新梨	同　五拾文
北梨	同　壹佰肆拾文	荸荠	同　叁拾文
大红菱	同　肆拾文	小风菱	同　同
百合	同　捌拾文	山药	同　伍拾文
藕	同　伍拾文	甘蔗	同　肆文
荸菇	同　同	芋艿	免捐
山芋	免捐	鲜枣	每担捐钱伍拾文
毛栗	每担捐钱肆拾文	鲜鸡头子	同　伍拾文
杨梅	同　同	西瓜	同　同
茭瓜	同　贰拾文	干辣椒鲜对折	同　同
菜瓜	每担捐钱贰拾文		

谷　食　门

白米冬米同	每石捐钱伍拾文	糙梗米	每石捐钱叁拾文
糯米	同　柒拾文	糙糯米	同　伍拾文
白稻	同　贰拾文	糯稻	同　贰拾伍文
白粞	同　贰拾伍文	糙粞	同　拾伍文
大麦	同　贰拾文	小麦	同　肆　拾文
		元	二十五
芝麻白黑同	同　贰佰文	菜子	同　壹佰文
大青黄黑豆	同　柒拾文	黄黑豆	同　肆拾文
绿豆	同　陆拾文	赤豆	同　伍拾文
扒山虎即 最小黑豆式	同　叁拾文	泥草子	同　叁拾文
蚕豆	同　陆拾文	豌豆	同　叁拾伍文
豇豆	同　伍拾文	秣秣	同　叁拾文
大秣秣	同　贰拾伍文	小米	同　同
干面	同　肆拾文	挂面	同　壹佰肆拾文

豆粉	同　壹佰肆拾文	小粉	同　伍拾文
豆饼	同　叁拾文	麻饼	同　拾文
菜饼	同　捌文	酒药子	同　贰佰文

油　货　门

桐油		柏油	每担捐钱陆佰文
猪油	每担捐钱肆佰文	牛油	同　叁佰文
羊油	同　叁佰贰拾文	豆油	同　贰佰肆拾文
蔴油	同　肆佰文	菜油	同　叁佰文
棉子油	同　壹佰伍拾支	茶油	同　同
苏子油	同　贰佰伍拾文	西子油	同　同
柏子油	同　肆佰文	花生油	同　壹佰捌拾文
酱油	每担捐钱捌拾文	醋	每担捐钱肆拾文
甜酱	同　壹佰文	辣酱	同　叁拾文

竹　货　门 小帚把免捐

毛竹	每帖捐钱陆拾文	淡竹	每百根捐钱壹佰文
竹篙	每百根捐钱贰佰文	细竹把	每把捐钱贰拾文
竹篾	每捆捐钱叁拾文	大帚把	每百把捐钱壹佰文
竹缆	每担捐钱陆拾文	竹烟杆	每百根捐钱肆拾文
花竹张杆	每担根捐钱陆拾文	湘妃竹烟竿不分长短	同　同　贰佰文
竹筷	免捐	笔杆	每小包捐钱拾文
大小竹器	估本抽捐		

树　木　门

西广浙建各木	照另定旧章	单甬	每根捐钱肆拾文
双甬	每根捐钱捌拾文	松板	每丈捐钱壹佰文
皮篙	同　拾文	甬板	同　壹佰陆拾文
梱榆樟树	每担捐钱叁拾伍文	松段	每担捐钱贰拾文
杂树	同　叁拾文	黄杨木	同　壹佰贰拾文
栗柴	同　贰拾文	松柴	同　拾文
杂柴	免捐	紫檀	同　壹仟文
红木	每担捐钱贰佰文	乌禾	同　壹佰陆拾文

楠木	同　同	花梨木	同　贰佰伍拾文
檀树	同　壹佰文	秤杆不分大小	每百根捐钱陆佰文
乌木烟杆	每百根捐钱贰佰文	红木烟杆	同　贰佰贰拾支
杂木烟杆	同　伍拾文	乌木筷	每拾把捐钱拾贰文
杂木筷	每拾把捐钱肆文	材板	估本抽捐
大小木器	估本抽捐	秤杆坯	每担捐钱贰佰文

颜　料　门

苏木	每担捐钱贰佰文	苏木屑	每担捐钱叁佰文
生漆	同　叁仟贰佰文	熟漆	同　壹仟贰佰文
火柿漆	同　贰佰文	漆绿漆黄同	每斤捐钱叁拾文
洋青	每斤捐钱肆拾文	洋靛	每担捐钱壹仟捌佰文
铜绿	每担捐钱捌佰文	康青	同　壹仟文
川红花	同　叁仟文	银朱每小包作壹两	每百两捐钱贰佰伍拾文
广丹	每斤捐钱贰拾肆文	红土	每担捐钱壹佰文
倍子	每担捐钱肆佰文	栗壳	同　捌拾文
榛壳	同　贰佰肆拾文	赭石	同　捌佰文
梅干	同　壹佰伍拾文	乌梅	同　壹佰陆拾文
干靛	同　伍佰文	水靛	同　贰佰文
洋蓝	每斤捐钱肆拾肆文	胭脂	每斤捐钱贰拾文
藤黄	同　壹佰文	黄丹	每担捐钱捌佰文
槐米	每担捐钱贰佰文	姜黄	每担捐钱叁佰文
法蓝	每斤捐钱陆拾文	黄柏	同　肆佰文
紫梗	每担捐钱陆佰文	花树果	同　壹佰陆拾文
栲皮	同　壹佰文	榉皮	同　贰佰文
窑煤	同　贰佰文	明矾	同　陆拾文
皂矾	同　柒拾文	栲花	同　伍佰文
香粉	每斤捐钱拾贰文	铅粉	同　捌佰文

广纷	每担捐钱贰拾文	皮硝土硝同	同　壹佰文

铜　铁　门

黄铜器	每担捐钱壹仟肆佰文	响铜器	每担捐钱贰仟文
白铜器	同　壹仟捌佰文	新响铜坯	同　壹仟贰佰文
新白铜坯红	同　玖佰文	新黄铜坯	同　柒佰文
废响铜	同　肆佰捌拾文	废白铜红	同　叁佰陆拾文
废黄铜	每担捐钱贰佰捌拾文	点锡器	每担捐钱壹仟肆佰文
锡器	同　壹仟文	点锡坯	同　壹仟文
锡坯	同　柒佰文	废点锡	同　肆佰文
废锡	同　贰佰捌拾文	白铅	同　伍佰文
黑铅	同　肆佰文	生铁	同　陆拾文
熟铁	同　壹佰文	废生铁	同　贰拾肆文
废熟铁	同　肆拾文	大铁锅	每只捐钱壹佰文
中铁锅	每只捐钱伍拾文	小铁锅	同　贰拾文
铁汤锅	同　捌文	生铁器	每担捐钱壹佰文
熟铁器	每担捐钱壹佰陆文	钢	同　捌佰文
洋铁	同　壹佰贰拾文	洋铁器	同　贰佰文
马口铁	同　壹佰陆拾文	马口铁器	同　贰佰陆拾文
铜丝	同　壹仟文	铁丝	同　叁佰伍拾文

窑　货　门

北料坯	每担捐钱肆佰文	北料器	每担捐钱伍佰文
大桶细瓷	每桶捐钱伍佰肆拾文	小桶细瓷	每桶捐钱叁佰陆拾文
大洋蓝中瓷	每蓝捐钱贰佰伍拾文	中耳蓝中瓷	每蓝捐钱贰佰文
小木蓝中瓷	同　壹佰伍拾文	粗瓷西可大三同	每件捐钱贰拾伍文
粗瓷半可二四同	每件捐钱贰拾贰文	粗瓷半可宫四同	同　贰拾文

粗瓷饭碗八同	同　拾捌文	粗瓷茶钟十六同	同　叁拾文
杂项粗细瓷器	每担捐钱 肆佰文	大缸	每只捐钱捌拾文
中缸	每只捐钱肆拾文	小缸	同　贰拾文
瓺	同　拾五文	坛	每百个捐钱贰 佰伍拾文
大砂缸	每只捐钱叁拾文	小砂缸	每只捐钱拾伍文
细窑货	每担捐钱柒拾文	粗窑货	每担捐钱 叁拾伍文
石灰	同　贰拾文	砖瓦大船	每船捐钱贰 仟壹佰文
砖瓦半大船	海船捐钱壹仟柒 佰伍拾文	砖瓦中船	每船捐钱壹仟 肆佰文
砖瓦半中船	同　壹仟伍拾文	砖瓦小船	同　柒佰文
大行灶	每只捐钱拾文	中行灶	每只捐钱柒文
小行灶	同　伍文	瓦臼	同　拾文

烟　叶　门

水烟每箱约壹 佰贰拾斤	每箱捐钱捌佰文	水烟末	每担捐钱肆佰文
红旱烟	每担捐钱柒佰文	黄旱烟	同　同
杂拌烟	同　伍佰文	大小锭烟	每百锭捐钱 贰拾文
鼻烟	每罐捐钱叁拾文	潮烟	每担捐钱陆佰文
烟叶不分上次	每担捐钱 陆佰文	烟筋	同　贰佰文

纸　货　门

梅红	每刀捐钱贰佰 伍拾文	水梅红	每刀捐钱伍 拾陆文
木红	每块捐钱叁佰文	匹纸	每块捐钱壹仟文
科擧绵料同	同　捌佰文	扇料	同　柒佰肆拾文
连二细色纸同	同　伍佰贰拾文	连三	同　肆佰陆拾文

建箔大箱同

东洋皮　　　同　肆佰肆拾文　　　建巨　　　　　同　肆佰文

连四连史同　同　叁佰肆拾文　　　小绵料　　　　同　贰佰捌拾文

　　粗色纸同

大厂建箔小箱同　同　贰佰陆拾文　小厂切边,凤边,　每件捐钱贰佰文

　　　　　　　　　　　　　　　　　　　贡油

大毛边　　　　　　　　　　　　　　　　　　　每块捐钱贰佰

贡川同　　　同　叁佰文　　　　　苏黄笺改连同　贰拾文

　　广连

毛鹿六千书同　同　贰佰文　　　　草包大灰皮唐纸同　同　贰佰肆拾文

　　大白元

江笺西黄同　同　壹佰陆拾文　　　大叁皮白关同　　同　壹佰陆拾文

　　京放　　　　　　　　　　　　　　　　　全

衢黄尖元　　同　壹佰伍拾文　　　八一尖昌山,八二黄,同　同　壹佰肆拾文

茂,玉尖,

　　表芯　　　　　　　　　　　　　　　　本折

大毛太五千书　　　　　　　　　　大方高只折同　　同　壹佰文

板兴同　　　同　壹佰肆拾文

　　中白元黑关

川连双切同　同　壹佰文　　　　　黑江屏二号屏同　同　玖拾文

京边苏油同　同　同　　　　　　　小毛太大行,小屏,　同　捌拾陆文

　　　　　　　　　　　　　　　　　　朱高

八二尖白单　同　捌拾文　　　　　大则小江连同　　同　柒拾陆文

　　黄江屏

中则本平同　每块捐钱陆拾肆文　　老甲　　　　　每篓捐钱捌拾文

　　料切

小方高龙折同　同　捌拾贰文　　　长边小毛九同　每块捐钱柒拾文

　　九斗放

小叁皮叁顶海放　同　同　柒拾文　尺放折放同　　同　陆拾贰文

　　粗高千古　　　　　　　　　　　　黄表

小灰皮大捆箸同　同　肆拾文　　　角连大连同　　同　叁拾文

粗草纸名 槽二顶同	同　拾陆文	次草纸小捆箸同	同　拾文	
杭边元边		次元边		
大小毛连 小连同	同　捌文	表江绿顶连同	同　壹佰捌拾文	
放西		杭连		
昌斗	同　拾陆文	折边	同　拾文	
折表	同　壹佰文	行皮油海纸同	同　捌拾肆文	
		钱屏		
斗油春秋皮同	每件捐钱叁佰文	皂纸大六干同	同　壹佰贰拾文	
巨八边				
糙关黄元书同	每块捐钱玖拾文	古尖草连同	同　贰佰文	
西白笺				
洪黄	每篓捐钱壹佰肆拾文	纸巾料小表同	每件捐钱肆拾文	
五色腊尖对	每副捐钱贰拾文单张	真朱尖纸	每刀捐钱捌拾文假朱	
柒折		对折		
细纸货	每担捐钱伍佰文	粗纸货	每担捐钱壹佰文	
杭锡箔	同　壹仟贰佰文	玻璃纸	每件捐钱陆佰文	
花金纸乌 金纸加倍	每件捐钱肆仟贰佰文	各色料纸	同　壹仟文	

杂　货　门除粗草帽箸草簑衣蒲鞋草鞋系农具

捐又笔墨书三项间例无税应比照免捐免

玉坯老山	每担捐钱叁仟文	翡翠	每斤捐钱伍佰文	
新	叁佰	玉器		
水晶坯 晶石	同　伍仟文	水晶器	同　陆佰文	
白腊	同　肆仟文	黄腊	每担捐钱捌佰文	
素烛	同　捌佰文	荤烛	同　陆佰肆拾文	
烛芯	同　叁佰文	鱼胶	同　柒佰文	
驼叁	同　贰佰文	火石	同　伍拾文	
水胶	同　肆佰文	块石	每船捐钱叁 佰伍拾文	

石膏	同　肆拾文	石臼	每只捐钱叁拾文
料石	每丈捐钱叁拾文	熟香	每担捐钱肆佰文
石磨	每盘捐钱伍拾文小磨减半	末香	同　壹佰文
檀香	每担捐钱伍佰文	沉香	每担捐钱叁仟文
降香	同　贰佰伍拾文	松香	同　贰佰文
木香	同　壹仟文	艺香	同　壹仟文
丁	柒佰		
沙纸	每件捐钱叁佰文	榆皮	同　捌拾文
爆竹	每万捐钱壹佰文	粗细藤	同　叁佰伍拾文
香木末	每担捐钱贰拾文	藤肉	同　壹佰贰拾文
藤丝藤皮同	同　玖佰文	藤器	同　壹仟文
大小庶席	每条捐钱伍拾文	细朴席	每条捐钱拾文
		粗	伍
细凉席	每条捐钱拾陆文	蒲包	每担捐钱柒拾文
粗	捌		
芦席	每件五张捐钱陆文	棕荐	每条捐钱拾文
棕棕竹同	每担捐钱叁佰文	灯草	每担捐钱贰佰文
棕器棕绳同	同　肆佰文	新明瓦	同　肆佰文
		旧	壹
纸伞	每百把捐钱捌佰文	炭	同　肆拾文
		煤	贰
牙香	每包捐钱肆佰文	王泉砂	同　壹佰文
土粉	每担捐钱伍拾文	细草帽	每顶捐钱捌文
大小柳器	同　贰佰伍拾文	荒货	每担捐钱伍拾文

药 材 门

上人参	每两捐钱贰仟文	次人参	每两捐钱伍佰文
犀牛黄	同　同	次牛黄	同　同
虎肚	每个捐钱壹仟文	虎舌	每个捐钱壹仟文
虎膝	每对捐钱壹仟文	虎睛	每个捐钱壹仟文
虎筋	每条捐钱壹仟文	海狗肾	每个捐钱叁佰文
鹿茸	每架捐钱贰仟文	毛角	每对捐钱肆佰文
蜈蚣	每百条捐钱拾文	狗宝	每个捐钱伍佰文
海马	每对捐钱伍佰文	鹿胆	每对捐钱贰仟文
蛤蚧	每个捐钱贰拾文	蜡丸	每匣捐钱贰拾文

上冰片　　　龙涎香　　　药　珠　　　麝　香

以上均每两捐钱肆佰文

蟾酥　　　结子花　　　虎骨　　　川贝

川连水运减半　　江砂　　　滁菊　　　豆蔻

犀角	米片	石蟹	山羊血
珠儿参	高丽参	参三七	琥珀
明砂			

以上每斤捐钱贰佰文

紫草	虫草	冬术	扫盆
新绛	明雄	巨胜子	金果兰
苏罗子	珠砂	土鳖	马白
枸杞子	孩儿参	银花子	芦荟
金（钦）石斛 广汉加倍	蕲蛇	次肉桂	次黄连
川厚朴	枳橘果	金牛草	秋石
鹅管石	滴乳石	阳起石	元精石
西洋参	橘络	参叶	红娘子
东洋参	水银	毛橘红	九香虫

以上均每佰斤捐钱叁仟文

梧桐泪	磠砂	水安息	猸桂
熊胆			

以上均每两捐钱壹佰文

箱黄芪	红花	母连	羚羊角
马兜铃	胡连	潞党	遂仁
杜仲	春砂	龙骨	雷丸
西砂仁	龙齿	吴萸	苏合油
甘遂	京胆	没实	麦冬
天麻	桂丁	丹皮	天竺黄
血竭	鲜石解	虎杂骨	穿甲片
川茅茹	月石		

以上均每百斤捐钱壹仟肆佰文

当归	水漆	洋樟	灵脂
甘松	广铃车	鹿角	君子
川羌	大黄	北沙参	橘红
川乌	苁蓉	斑毛	千金子
干石斛	青盐	萸肉	全蝎
川郁金	胆矾	款冬花	干木瓜
凤党参	银柴胡	沙菀蔾	半夏
常山	母丁香	柏仁	蝉蜕
通单	肉	枣仁	桃仁
仙毛	广木广	远志肉	茯苓
阿魏	钩藤	光菇	牙皂
广藿香	怀药	佛手柑	怀牛膝
广皮	象皮	鸡巨子	

以上均每百斤捐钱壹仟文

川附子	蕲艾	麻黄	青黛
川芎	庐甘石	防己	桂枝
川牛膝	胡麻	乳香	益留
银花	川续断	毕拨	没药
山奈	破胡脂	泽泻	石莲
紫茸	菊花	天冬	销阳
石雄黄	排草	殭蚕	建皮
升蔴	姜黄	栗壳	白芷
枳壳	莪术	化橘红	车前
紫菀	浙贝	豆根	枳实
连翘	红菀蔻	青皮	郁李仁
南星	秦芃	潮皮	柯子
甘草	川巴豆	风藤	海石

蒙花	地骨皮	龟板	草果
冬术	防风	元胡	黄芩
茜草	红山栀	胆草	归尾
陈茄	春花	大生地	黄精
白芨	官桂	百合	熟乌
芫荽子	东瓜仁	山稜	千年健
猪苓	土朴		

以上均每百斤捐钱伍佰文

莲须	干姜	草决明	苏皮
苍术	蔓荆子	葫芦芭	芥子
百部	砂仁壳	白菀蒺藜	花粉
延胡索	卜子	大力	茄皮
赤芍	香附	雅弹	黑山栀
知母	独活	大腹皮	蓖麻子
海决明	元参	黑白五	前胡
葛根	毘布	良姜	白芍
乌药	山楂	海藻	大枫子
细生地	黑豆衣	大海	草豆蔻
毛术	活石	扁豆	番鳖子
川练子	中槟榔	五味子	白附
木通	豆五壳	儿茶	片姜
淡豆豉	香茹	橘核	青远
檀皮	刺猬皮	黑白苏	玉竹
小草	甘葛	乌蛇	青木香
土艾	代赭石	木贼草	

以上均每百斤捐钱叁佰文

赤石脂	丹参	柴胡	桔梗

威灵仙	茵陈	蓖薜	土苔
瓷石	夜交藤	土荆皮	急性子
鲜地	伏花头	夜合沙	人中广
人中白	告本	橘叶	刀豆子
草乌头	角针	苔皮	秦皮
梗通	地夫子	蛇床子	天葵子
春骨风	夜合花	合欢皮	七星草
刘寄奴	桑寄生	苦参	王不留行
海标蛸	桑漂蛸	石韦	佩兰叶
枇杷叶	地榆	泽兰叶	野白头翁
青娘子	钟乳石	寒水石	合莲草
青蒙石	金蒙石	枳实子	女贞子
东葵子	青桐子	六釉子	南竹子
金杏子	安吕草	仙鹤草	环粟子
荔枝草	荔枝核	番白草	老花草
河白草	凤眼草	金佛草	佛耳草
贩将草	杂草	毛针花	闹杨花
凤尾草	花椒叶	南竹叶	石南叶
石榴皮	天仙藤	忍冬藤	络石藤
芫荽草	半枝莲	石见川	六月雪
鸟不宿	落得打	番打马	臭梧桐
千里光	过山龙	白茄皮	瓜蒌皮
瓜蒌仁	土藿香	麦芽	海金沙
术米	谷芽	大豆卷	天龙
地龙	谷蝉	蟋蟀	蝼蛄
五谷虫	羌螂虫	鼠妇	蜂房
鸡蛋衣	獭肝	鸡内金	刀豆谷

狗橘	蒲黄	怀麦	火麻仁
鹿角霜	葛花	茄蒂	桃千
橹豆壳	扁豆壳	地丁草	白前
莞花	樱桃核	橄榄核	瞿麦
扁蓄	鬼球	黎芦	扁柏
白敛	浪苔	商陆	菖蒲
槐角	鹤虱	翦草	射干
丑骨	大戟	川然铜	花蕊石
禹良石	蛇含石	云母石	鳖甲
血余	干漆	甜茶	血见愁
鸭脚草	斑草根	荸荠粉	九空子
望月沙	草河车	西河柳	白槿花
丝瓜络	地枯蒌	山楂花	紫稍花
灵霄花	槿树花	芙蓉花	松花
凤仙花	芙蓉叶	东瓜皮	苧苈子
海桐皮	覆盆子	菲菜子	水红子
东瓜子	苏子	桑椹子	风茄子
棕子	朝天子	鱼腥草	功劳子
皂荚子	甜瓜子	预知子	伸筋草
天竺子	金丝子	金精石	银精石
兔丝子	黄金子	狼毒	

以上均每百斤捐钱壹佰伍拾文

薄荷	荆芥	夏枯草	洋草
蒲公英	申姜	稀苋草	天葵草
光明子	不食草	鲜乌	淡竹叶
紫石草	白石英	牡砺	蛤壳
马鞭草	青蒿	漏芦	椿根皮

瓦楞子	浮萍草	苍耳子	大青石
小青草	益母草	紫苏	追风草
送骨草	谷精草	荠菜花	桑皮
草蒺藜	藕节	松节	石蚕
石燕	管仲	无名异	烟交
鸡冠花	毛姜		

以上均每百斤捐钱伍拾文

所有章程未载各项货物，仍照旧章枯本，每仟抽捐钱伍拾文。凡系章内以担计者，俱应秤见，每百斤作壹担核算，不准估计。

Ⅳ—6　厦门内地税关税目

（外务省通商局编纂《清国商况视察复命书》第 428—463 页，1903 年）
厦门内地税关税目
　则例汇总目录

卷之一			卷之二		
绸缎纱罗锦	绢绫呢羽吱	皮绒丝布葛	玻璃烧炼镜	玳瑁石瓷螺	牙角毛药物
毡氍苎棉棕	冠帽靴鞋袜	领帕烟荷包	纸花扇伞灯	金银铜锡铁	颜料药材香
枕席被褥帐	椅披垫桌围	琥珀珍珠玉	大酒烟茶叶	糖蜜乾果油	腌盐山海味
珊瑚玛瑙晶			漆器杉木樟		

绸缎纱罗锦

绸类 四丈为一连

绸每匹	二分
绸每匹	一分
绸袍料每件	五分
绸褂料每件	四分
绸衫料每件	四分

南台每件 二分

绸短袄每件 三分

南台每件 一分六厘

绸裙每件 细裤每件 一分七厘

南台每件 一分六厘

条

绸裙每条 二分

南台每条一分六厘 厦门每条四分

绸夹褂每件 七分

南台每件 三分二厘

绸大戏甲 戏衣 戏蟒袍每件 七分

绸小军甲每件 二分

绸套裤每付 一分七厘

绸故衣每百件 八钱

绸背身每件 二分

南台每件 一分

绣绸裙每条 五分

南台每条二分 泉州每条七分

洋绸每匹 八分

宫绸每匹 一钱

宫绸袍料每件 一钱

宫绸褂料每件 七分

宫绸马褂料每件 二分五厘

棉绸每匹 四分

南台进口十匹以外每百折匹六十五匹每匹四分加十匹以
内不折匹数每匹三分一厘出口不分十匹内外每匹四分

厦门每匹二分 涵江每匹四分

泉州

棉绸袍每件 四分

棉绸褂每件 四分

棉绸袄每件	四分
棉绸衫每件	二分
棉绸（裑）每件	一分七厘
南台每件	一分六厘
棉绸裤每条	一分七厘
南台每条	一分六厘
串绸每匹	五分

南台_{进口如十匹以外每百匹折六十五匹每匹三分如十匹以}
_{内不折匹数每匹二分四厘出口不分十匹内外每匹三分}

泉州每匹	二分
串绸袍每件	一钱
串绸褂每件	七分
串绸衫每件	五分
素绸每匹	五分

南台_{进口如十匹以外每百匹折六十五匹每匹三分如十匹以}
_{内不折匹数每匹二分四厘出口不分十匹内外每匹三分}

泉州每匹	二分
素绸褂料每件	七分
素绸衫料每件	五分
重绸每匹	五分

南台_{进口十匹以外每百匹折六十五匹每匹二分五厘如十匹以}
_{内不折匹数每匹二分出口不分十匹内外每匹二分五厘}

厦门每匹	二分
泉州每匹	二分
涵江每匹	四分
潞绸每匹	五分

南台_{进口十匹以外每百匹折六十五匹每匹二分五厘如十匹以内}
_{不折匹数每匹二分出口不分十匹内外内外每匹三分五厘}

西洋绸每匹	一钱
春绸每匹	四分
厦门每匹	二分
泉州每匹	二分

南台_{进口十匹以外每百匹折六十五匹每匹二分如十匹}
_{以内不折匹数每匹一分六厘出口不分内外每匹二分}

上纺绸每匹	五分
刘五店每匹	二分

泉州每匹进口二分　　　　　　　　　出口四分

南台_{进口十匹以外每百匹折六十五匹每匹三分如十匹以内}

　　　_{不折匹数每匹二分四厘出口不分十匹内外每匹三分}

大江绉绸每匹　　　　　　　　　　　五分

　刘五店每匹　　　　　　　　　　　二分

　泉州每匹进口二分　　　　　　　　出口四分

南台_{进口十匹以外每百匹折六十五匹每匹三分如十匹以内}

　　　_{不折匹数每匹二分四厘出口不分十匹内外每匹三分}

花绉纱绸每匹　　　　　　　　　　　五分

　刘五店每匹　　　　　　　　　　　二分

　泉州每匹进口二分　　　　　　　　出口四分

南台_{进口十匹以外每百匹折六十五匹每匹三分如十匹以内}

　　　_{不折匹数每匹二分四厘出口不分十匹内外每匹三分}

中花绸每匹　　　　　　　　　　　　四分

　厦门每匹　　　　　　　　　　　　二分

　涵江每匹　　　　　　　　　　　　二分

　泉州每匹　　　　　　　　　　　　二分

南台_{进口十匹以外每百匹折六十五匹每匹二分如十匹以内}

　　　_{不折匹数每匹一分六厘出口不分十匹内外每匹二分}

色绸每匹　　　　　　　　　　　　　四分

　厦门每匹　　　　　　　　　　　　二分

　涵江每匹　　　　　　　　　　　　二分

　泉州每匹　　　　　　　　　　　　二分

南台_{进口十匹以外每百匹折六十五匹每匹二分如十匹以内}

　　　_{不折匹数每匹一分六厘出口不分十匹内外每匹二分}

长行棉绸新市每匹　　　　　　　　　四分

　厦门每匹　　　　　　　　　　　　二分

　泉州每匹　　　　　　　　　　　　二分

南台_{进口十匹以外每百匹折六十五匹每匹二分如十匹以内}

　　　_{不折匹数每匹一分六厘出口不分十匹内外每匹二分}

衣着棉绸每匹　　　　　　　　　　　四分

　厦门每匹　　　　　　　　　　　　二分

　泉州每匹　　　　　　　　　　　　二分

南台_{进口十匹以外每百匹折六十五匹每匹四分如十匹以内}

不折匹数每匹三分二厘出口不分十匹内外每匹四分

线绸每匹	一钱
线绸褂料每件	七分
南台每件	二分
锦绸每匹	二分
锦绸裀每件	一分七厘
南台每件	一分六厘
厦门每件	一分
各口	一分七厘
锦绸裤每条	一分七厘
南台每条	一分六厘
厦门每条	一分
各口	一分七厘
锦绸马褂每件	一分
乌绸每匹	二分

南台进口十匹以外每百匹折六十五匹每匹一分十匹以内
不折匹数每匹一分六厘出口不分十匹内外每匹二分

杭绸每匹	二分

南台进口十匹以外每百匹折六十五匹每匹二分十匹以内不
折匹数每匹一分六厘出口不分十匹内外每匹二分

轻绸每匹	二分

南台进口十匹以外每百匹折六十五匹每匹二分十匹以内不
折匹数每匹一分六厘出口不分十匹内外每匹二分

东京绸每匹	四分
宁绸每匹	一钱
宁绸袍料每件	一钱
宁绸褂料每件	七分
广茧绸每匹	四分

茧绸每匹	六分
厦门每匹	三分
白石每匹	三分
泉州每匹进口三分	出口六分
茧绸袍每件	六分
南台每件	四分八厘
茧绸衫每件	三分
茧绸裙每件	一分五厘
茧绸裤每件	一分五厘
茧绸短袄每件	一分五厘
茧绸袄每件	三分
茧绸夹被每床	三分六厘
绸每丈	二钱五厘
厦门每匹作八身每身	二钱五厘
泉州每匹	二两

缎类_{二丈上为一连}

缎类二丈上为一连

上缎每匹	一钱
厦门每匹	四分

白司

泉州进口每匹四分	出口每匹七分

南台进口十四以外每百匹折六十五匹每匹三分五厘十四以内
不折匹数每匹二分八厘出口不分十四内外每匹三分五厘

中缎每匹	七分
厦门每匹	四分

泉州

南台进口十四以外每百匹折六十五匹每匹二分五厘十四以
内不折匹数每匹二分出口不分十四内外每匹二分五厘

锦缎每匹	一钱
全绒缎每匹	一钱
缎袍料每件	一钱
南台每件	二分八厘
泉州每件	四分
缎褂料每件	七分
南台每件二分	泉州每件四分
小缎袍每件	五分
小缎褂每件	三分五厘
缎马褂每件	二分
厦门每件	二分五厘
涵江每件	四分
织绒缎褂料每件	二分
厦门每件	二分五厘
涵江每件	四分
织锦缎马褂料每件	二分
厦门每件	二分五厘
涵江每件	四分
缎背身每件	三分五厘
南台每件	一分四厘
涵江每件	二分
缎袄每件	七分
缎裤褪每付	一分七厘
缎披肩每个	一分八厘八毫
缎大戏甲每件	七分
缎戏衣每件	七分
缎戏蟒袍每件七分 缎夹挂每件 七分	

缎夹褂南台每件	三分六厘
缎蟒袍每件	一钱
缎番衣每件	七分
织	
缎织绒袍每件	一钱
缎织绒褂每件	七分
缎小军戏甲每件	二分
缎棉裙每条	七分
南台每条	二分八厘
涵江每条	五分
白石司每条	六分
缎绣金裙每条	七分
南台每条	二分八厘
涵江每条	五分
缎绣金袄每条	一钱
南台每件	二分八厘
涵江每件	五分
缎故衣每百件	八钱
绣大红缎袍每件	一钱
南台每件	二分八厘
绣金缎背身每件	五分
南台每件	一分四厘
涵江每件	二分
绣缎披风袄每件	七分
南台每件	二分八厘
泉州每件	一钱
绣缎女褂每件	七分

南台每件	二分八厘
泉州每件	一钱
绣缎女衣每件	七分
南台每件	二分八厘
泉州每件	一钱
缎绣褂每件	七钱
绣缎袄每件	一钱
霞背缎袄每件	七分
小缎袄每件	四分
线缎每匹	一钱

南台进口如十匹以外每百匹折六十五匹每匹二分八厘十匹以内
不折匹数每匹二分二厘四毫出口不分十匹内外每匹二分

线缎袍每件	一钱
线缎褂每件	七分
线缎马褂每件	二分五厘
线缎褂面每件	七分
南台每件	二分
中闪缎每匹	七分

南台进口如十匹以外每百匹折六十五匹每匹五分如十匹以
以内不折匹数每匹四分出口不分十匹内外每匹五分

厦门每匹	四分
泉州每匹	四分
宫缎每匹	一钱
宫缎袍料每匹	一钱
宫缎褂料每匹	七分
宫缎褂料每匹	二分五厘
漳缎每匹	七分

倭缎每匹	七分
朝衣每件	一钱
补褂每件	七分
纺缎每件	一钱
缎织绒领套每件	二分七厘

纱类 绉纱附

中纱每匹	七分
厦门每匹	四分
泉州每匹	四分

南台进口如十匹以外每百匹折六十五匹每匹二分五厘如十匹
　　以内不折匹数每匹二分出口不分十匹内外每匹二分五厘

纱袍料每件	一钱
南台每件	二分八厘
泉州每件	四分
涵江每件	七分
纱褂料每件	七分
南台每件	二分
泉州每件	四分
涵江每件	五分
纱衫料每件	四分
纱裥每件	一分七厘
纱裤每条	一分七厘
纱蟒袍绣纱袄每件	一钱
纱裙每条	七分
纱马褂每件	二分
厦门每件	二分五厘
涵江每件	四分

699

纱锦裙每条	七分
南台每条	二分八厘
涵江每条	五分
白石司每条	六分
纱背身每件	三分五厘
南台每件	一分四厘
涵江每件	二分
绣金纱裙每条	七分
南台每条	二分八厘
涵江每条	五分
绣金纱背身每件	五分
南台每件	一分五厘
涵江每件	二分
绣纱裙每条	七分
湖纱每匹　湖纱衫料每件	四分
漳纱每匹 三丈外为一连	五分
泉州每匹	二分
漳纱袍料每匹	一钱
漳纱褂料每件	七分
漳纱衫每件	五分
漳纱裯每件	一分七厘
漳纱裤每条	一分七厘
南台每 条 件	一分六厘
桂花纱每匹　衫每件 料同	五分
上广纱每匹	一钱
厦门　白石司每匹	四分

泉州进口每匹四分　　　　　　　　出口每匹七分

南台_{进口如十匹以外每百匹折六十五匹每匹三分五厘如十匹以}

_{内不折匹数每匹二分八厘出口不分十匹内外每匹三分五厘}

鹤纱每匹	二分
软纱每匹	五分
泉州每匹	三分
生纱　罗斗纱　灯纱每匹	二分
生纱衫料每件	二分
土纱每匹	一分
帐纱每匹	一分
南台每匹	二分八厘
银条纱每匹	二分
春纱每匹	五分
轻纱每匹	二分
轻纱褂料每件	一分
轻纱衫每件	七分
轻纱裙每件	七分
厦门每件条	四分
南台每件条	二分
漆纱每匹	四分
涵江　白石司每匹	二分

南台_{进口如十匹以外每百匹折六十五匹每匹二分如十匹}

_{以内不折匹数每匹一分六厘出口不分十匹内外每匹二分}

　绉纱类_{四丈为一连}

大红绉纱绸每匹	五分
刘五店每匹	二分
泉州进口每匹二分	出口每匹四分

南台_{进口如十匹以外每百匹折六十五匹每匹三分十以内}

_{不折匹数每匹二分四厘出口不分十匹内外每匹三分}

上绉纱每匹	五分
刘五店每匹	二分
泉州进口每匹二分	出口每匹四分

南台进口十匹以外每百匹折六十五匹每匹三分十匹以
内不折匹数每匹二分四厘出口不分十匹内外每匹三分

花绉纱每匹	五分
刘五店每匹	二分
泉州进口每匹	出口四分

南台进口十匹以外每百匹折六十五匹每匹三分十匹以内
不折匹数每匹二分四厘出口不分十匹内外每匹三分

中绉纱每匹	四分
刘五店 泉州每匹	二分

南台进口十匹以外每百匹折六十五匹每匹二分四厘每十匹以内不
折匹数每匹一分九厘二毫出口不分十匹内外每匹二分四厘

绉纱袍料每件	五分
绉纱褂料每件　绉纱衫每件料同	四分
绉纱褂南台每件	二分四厘
绉纱裤每条	一分七厘
南台每条	一分六厘
绉纱短袄每件	三分
绉纱袄每件	四分
绉纱甲仔每件	一分七厘
绣绉纱袄每件	七分
绣绉纱裙每件	五分
纱织绒袍每件	一钱
纱织绒褂每件	七分

罗　　类

上罗每匹	五分
涵江每匹	四分

泉州进口每匹三分　　　　　　　　　　出口五分

南台进口十匹以外每百匹折六十五匹每匹二分五厘十四以

　　内不折匹数每匹二分出口不分十匹内外每匹二分五厘

软罗每匹　　　　　　　　　　　　　　五分

　　泉州每匹　　　　　　　　　　　　三分

罗衫每件　　　　　　　　　　　　　　五分

罗裙每条　　　　　　　　　　　　　　五分

罗裤每条　　　　　　　　　　　　　　一分七厘

　　南台每条　　　　　　　　　　　　一分六厘

绣花云肩每个　　　　　　　　　　　　六厘

　　南台每个　　　　　　　　　　　　三厘

绣罗裙每条　　　　　　　　　　　　　七分

彩画背身每件　　　　　　　　　　　　二分

　　南台每件　　　　　　　　　　　　一分

彩淡画裙每条　　　　　　　　　　　　四分

　　南台每条　　　　　　　　　　　　一分六匣

　　涵江每条　　　　　　　　　　　　二分

　　　锦　　　类

上嘉锦每匹　　　　　　　　　　　　　六分

南台进口十匹以外每百匹折六十五匹每匹四分十匹以

　　　内不折匹数每匹三分二厘出口不分十匹内外每匹四分

中嘉锦每匹　　　　　　　　　　　　　四分

南台进口十匹以外每百匹折六十五匹每匹二分八厘十匹以内不

　　　折匹数每匹二分二厘四毫出口不分十匹内外每匹二分八厘

柳条锦　中片锦每匹　　　　　　　　　七分

中丘南台进口十匹以外每百匹折六十五匹每匹二分八厘十匹以内不

锦　　折匹数每匹二分二厘四毫出口不分十匹内外每匹二分八厘

锦裙每条	七分
南台每条	三分八厘
涵江每条	五分
白石司每条	六分

绢绫呢羽呔

绢　　类

屯绢每匹	五分
绢每匹	二分
涵江每匹	一分
里绢每匹	二分
涵江每匹	一分
东京绢每匹	四分
斗纹绢每匹	四分
土丝绢　土绢每匹	一分
西洋绢每匹	七分

绫　　类 四丈以上为连

上绫每匹	五分
厦门每匹	三分
泉州进口每匹三分	出口五分

南台 进口十匹以外每百匹折六十五匹每匹三分十匹以内
不折匹数每匹二分四厘出口不分十匹内外每匹三分

中绫每匹 乌绫同	四分

轻绫

厦门　泉州每匹	三分
涵江每匹	二分

南台 进口十匹以外每百匹每六十五匹每匹二分十匹以内
不折匹数每匹一分六厘出口不分十匹内外每匹二分

绫袍料每件	五分
绫褂料绫袄　画绫袄每件	四分
绫衫每件	四分
小绫衫　小绫衫每件	三分
绫背身每件	二分
南台每件	一分
绫裤裉每件	一分七厘
绫裙每条	四分
南台每条	一分六厘
泉州每条	三分
绣绫裙每条	五分
南台每条	二分
泉州每条	七分
绫织绒袍每件	七分
绫织绒褂每件	五分
西机每匹	四分
厦门每匹	三分
泉州每匹	三分

南台_{进口十匹以外每百匹折六十五匹每匹二分十匹以内}

_{不折匹数每匹一分六厘出口不分十匹内外每匹二分}

溪尖每匹	四分
厦门　泉州每匹	三分

南台_{进口十匹以外每百匹折六十五匹每匹二分十匹以内}

_{不折匹数每匹一分六厘出口不分十匹内外每匹二分}

呢　类

每呢每匹作十身每身_{一丈为一身}	三钱
小呢每匹作五身每身_{一丈五尺为一身}	二钱五厘

裸色哆罗呢每匹	二钱五厘
厦门每匹作八身每身_{一丈为一身}	二钱五厘
泉州每匹	二两
呢袍褂料每件	二钱五厘
呢马褂料每件	二钱二分五厘
呢裙每条	二钱
呢粹每十斤_{折呢出口每百个}	二钱五厘
面二百个	

羽 毛 类

羽毛缎每匹	二两
泉州每匹	一两五钱
厦门每匹作五身每身_{丈五尺为一身}	三钱
羽毛缎褂袍每件	二钱
羽毛马褂料每件	一钱五分
羽毛缎裙每条	二钱
羽毛纱每身_{二丈为一身}袍料每件	一钱五分
羽毛纱褂料每件	一钱五分
羽毛纱马褂料每料	五分
羽绉袍料每件	一钱
羽绉褂料每件	七分

哔 吱 类

哔吱缎每丈	一钱五分
厦门每匹作五身每身_{一丈五尺为一身}	一钱五分
泉州每匹	七钱五分
哔吱纱每身_{二丈为一身}	一钱五分
哔吱绒每身_{二丈为一身}	一钱五分
哔吱褂袍料 袄料每件	一钱五厘

哔吱马褂料每件	七分五厘

皮绒丝布葛

　　皮　　类

银鼠皮每百张	二两
银鼠皮缎袍每件	一两二钱四分
银鼠皮缎褂每件	八钱四分
银鼠皮缎马褂每件	一钱二分
银鼠皮尾扒每条	一钱五厘
狐皮每百张	五钱
狐皮缎袍每件	一钱五分
狐皮褂料每件	一钱
狐皮马褂料	五分
狐皮缎袄每件	一钱
狐皮绸短袄每件	五分
狐皮缎短袄每件	五分
狼皮每百张	十两
狼皮袍料每件	六钱
狼皮褂料每件	四钱
狼皮马褂　甲仔每件	二钱
灰鼠皮每百张	八钱
灰鼠皮袍料每件_{有缎面加四分}	四钱八分
灰鼠皮褂料每件_{有缎面加四分}	三钱二分
灰鼠皮马褂料每件_{有缎面加二分}	一钱六分
灰鼠皮甲仔料每件	八分
獭皮每百张	三钱五分
獭皮褂料每件	一钱
獭皮马褂料每件	三分

貂皮每张　　　　　　　　　　　　　　　　五分

貂皮尾靶每条　　　　　　　　　　　　　　二分五厘

海龙皮每张　　　　　　　　　　　　　　　一分

海龙皮缎马褂每件　　　　　　　　　　　　四钱二分

石鼠皮每百张　　　　　　　　　　　　　　三钱

石鼠皮褂料每件　　　　　　　　　　　　　一分八厘

石鼠皮马褂料每件　　　　　　　　　　　　九厘

川鼠皮褂料每件　　　　　　　　　　　　　一钱

羔羊皮每百张　　　　　　　　　　　　　　三钱

羔羊皮袍料每件　　　　　　　　　　　　　九分

羔羊皮缎袍每件　　　　　　　　　　　　　一钱三分

羔羊皮呢袍每件　　　　　　　　　　　　　三钱四分

羔羊皮布袍每件　　　　　　　　　　　　　九分六厘

羔羊皮褂料每件　　　　　　　　　　　　　六分

羔羊皮缎褂每件　　　　　　　　　　　　　一钱

羔羊皮呢褂每件　　　　　　　　　　　　　三钱一分

羔羊皮布褂每件　　　　　　　　　　　　　六分六厘

羔羊皮马褂料每件　　　　　　　　　　　　三分

羔羊皮缎马褂每件　　　　　　　　　　　　五分

羔羊皮呢马褂每件　　　　　　　　　　　　一钱五分五厘

羔羊皮布马褂每件　　　　　　　　　　　　三分六厘

羔羊皮短袄料每件　　　　　　　　　　　　三分

羔羊皮缎短袄　羔羊皮茧绸短袄每件　　　　五分

羔羊皮甲仔料每件　　　　　　　　　　　　三分

羔羊皮缎甲仔每件　　　　　　　　　　　　五分

羔羊皮布甲仔每件　　　　　　　　　　　　三分三厘

山羊皮每百张　　　　　　　　　　　　　　三钱

山羊皮袍料每件	三分
山羊皮褂料每件	一分八厘
山羊皮缎褂每件	六分
山羊皮绸褂每件	六分
山羊皮马褂料每件	九厘
山羊皮绸马褂料每件	
山羊皮马褂每件	二分三厘
老羊皮每百张	三钱
老羊皮袍料每件	三分
老羊皮缎袍每件	七分
老羊皮布袍每件	三分六厘
老羊皮褂料每件	一分八厘
老羊皮缎褂每件	五分八厘
老羊皮布褂每件	二分四厘
老羊皮马褂料每件	九厘
老羊皮缎马褂每件	二分三厘
老羊皮布马褂每件	一分二厘
老羊皮短袄料每件	九厘
老羊皮缎短袄每件	二分三厘
老羊皮布短袄每件	一分二厘
老羊皮背身料每件	九厘
老羊皮甲仔料每件	九厘
老羊皮裤料每件　老皮羊布甲仔每件	九厘
老羊皮茧绸短袄每件　老羊皮布裤每件	二分二厘
山狗皮每百张	五钱
山狗皮缎马褂每件	五分

猫

山_狗皮布马褂每件	三分
_猫	
獭皮布马褂每件	三分
麂皮每百张　骚皮每百张	五钱
石虎皮每百张	五钱
狗皮每百张	三钱
狗尾靶每百条	八厘
猫皮每百张	三钱
猫皮布马褂每件	一分二厘
犀牛皮　虎皮每张	一钱
豹皮每张	一钱
豹皮马褂　豹皮甲仔每件	二钱
沙鱼皮每百张	二钱
兔皮每百张	三分
兔皮_缎马褂每件	二分三厘
_绸	
兔皮褂料每件	一分八厘
兔皮马褂料每件	九厘
狗皮褥每床	九厘
鹿皮　貉皮　獾皮　麖皮每百张	三钱五分
獭皮缎马褂每件	五分
_鹿	
獐皮每百张	五钱
泉州每百张	三钱五分
牛皮　马皮　驴皮　骡皮每百张	一两五钱
_禄皮每百张	五钱
_蜿	

皮碎每百斤　臭皮每百斤	一分
牛皮条碎_{犀牛皮}　化皮即弓皮每百斤	一钱
马　　　象	
太平貂皮每张	二分五厘

绒　　类

剪绒每匹_{二丈外为一连}	六分
平绒_{二丈外为一连}漳绒每匹	七分
虎皮绒每匹	七分
羊绒每匹	二分
牛	
伞绒每百斤	二两六钱
绒纬经　绒带每百斤	二两六钱
田_帽纬每百斤	八钱
帐	
小绒番八丝每匹作五身每身	一钱五分
漳绒袍每件	一钱
漳绒褂　霞背姑绒女袄每件	七分
姑绒袍料每件	一钱
姑绒褂料每件	七分
织绒每匹	二分
涵江每匹	四分
织绒袍褂袄料每件	二分
姑绒每匹	一钱
牛郎绒每匹	一两五钱
织绒布马褂每件	一分二厘
姑绒女袄每件	七分
丝　　类	

湖丝每百斤　　　　　　　　　　　　　二两六钱

　厦门每百斤　　　　　　　　　　　　一两二钱

　泉州进口每百斤　一两二钱　　　　　出口二两六钱

南台进口十斤以上每百斤折九十斤每百斤一两二钱十斤以下不折

斤数每斤一分一厘七毫出口不分十斤内外每百斤二两三钱

土丝每百斤　　　　　　　　　　　　　八钱

虫丝每百斤　　　　　　　　　　　　　六钱

金线每百斤　　　　　　　　　　　　　二两六钱

各色丝线每百斤　　　　　　　　　　　二两六钱

　厦门每百斤　　　　　　　　　　　　一两二钱

弦线　纵线　重线每百斤　　　　　　　二两六钱

丝鞭带每百斤　　　　　　　　　　　　二两六钱

　出洋者每百斤　　　　　　　　　　　五两二钱

丝班柔每匹　　　　　　　　　　　　　四分

小丝幔每条　　　　　　　　　　　　　一分

丝布

羽缨每百斤　　　　　　　　　　　　　三两

旧羽缨每百斤　　　　　　　　　　　　八钱

线番控每百粒　　　　　　　　　　　　一分

　　　布　　类

白夏布每匹　各色绸布每匹　　　　　　六厘

细冬

涵江科文布每匹六厘色布蓝布紫花布

红布崇明布每百匹折征四钱八分

南台大白布各色绸冬布每百

匹折八十四每匹六厘

宁德色布每包算三十四

每匹照则征六厘

白石司<small>大白布每筒算十匹税银六分</small>

　　色布每百匹折八十匹每匹六厘

沙埕大白布色布每百匹折八十匹　　　　　　每匹六厘

福宁、厦门、泉州每匹　　　　　　　　　　　六厘

粗<small>冬</small>布每匹　　　　　　　　　　　　　　　三厘

　　<small>夏</small>

色各粗布每匹　　　　　　　　　　　　　　三厘

涵江<small>沙布余布九寸布信又布</small>

　　<small>控布粗夏布每匹二厘</small>

南台<small>粗白布控布石门布北新桥布漂布白梭布九寸布印</small>

　　<small>花布粗夏布每百匹折八十匹每匹三厘出口不折</small>

宁德<small>小白布每筒三分一厘二毫</small>

　　<small>大白布每筒六分</small>

白石司<small>小白布每筒算十匹税银</small>　　　　　　三厘

沙埕　　<small>小白布百匹算八十匹每匹三厘赤布黄</small>

福宁　　<small>布等布每百匹折八十匹每匹二厘</small>

泉州、厦门每匹　　　　　　　　　　　　　六厘

布马褂　布短袄每件　　　　　　　　　　六厘

布袄每件　　　　　　　　　　　　　　　一分二厘

布织绒袄每件　　　　　　　　　　　　　一分六厘

布织绒短袄　布织绒马褂每件　　　　　　一分三厘

布裩每件　　　　　　　　　　　　　　　三厘

　　<small>裤　条</small>

青布外套每件　　　　　　　　　　　　　六厘

布番衣　布小军戏甲每件　　　　　　　　一分

　　<small>戏</small>

竹布每匹　　　　　　　　　　　　　　　二分

_纸

布故衣每百件	四钱
_{南台}每百件	三钱

_{安海}

象布　大勺布　帐幔每百斤	八钱
鸟卵布每百斤	四钱
乌灰布　大小揖布每百斤	四钱
云布　丝布　茧布每匹	二分
西洋斜文布每百匹	一钱五分
中西洋布每匹	八分
洋布衣料每匹	二分
茧布_裥每条	一分

_裤

罗布每匹	六厘
涵江每匹	三厘
绒布每匹	六厘
_{南台}每匹	二分

_{涵江}

丝布班柔每匹　袄料每件	二分
夏布_裙　棉布_裙每条	六厘

_{衫　衫}

潮黄麻布每匹	一分
粗麻布每百斤	二钱
蕉布每匹	三分
蕉布衫每件	一分
蕉布_裥每_件　_{斜文}　线布每匹	六厘

_{裙　条　永春　眉}

罗布袋每百斤　棉布袋每百斤	三厘
粗夏布袋　每百斤	二钱
_{破布}每百斤	一分

_{布帮}

布_簾　每个	三厘

714

包袱

布帐眉每块	一厘
洋布包袱每个	二分
布幔每条	六厘
布水幔每条	三厘

葛 类

大西洋葛每匹	一钱
上葛布每匹	四分
中葛布 海南葛每匹五丈为一件	三分
山城 武平葛 琉球粗葛布 草葛每匹	一分
土葛 海葛每匹	一钱
葛布袍每件	四分
葛布衫每件	一分五厘
葛布衬每件	七厘五毫

裤 条

哆罗麻每匹	三分

毡毯苎棉棕藤附

毡 类

普罗毡每件	一钱
假普罗毡每匹 各色毡条每条	二分
粗毡 毡条鞍笼每百斤	二钱
毡粹每百斤	一分
南京毡褂每件	一钱五分
毡马褂每件	二分五厘
褐衫 靶仔 鹤衫 褐子每匹 褐子袍料 褐子褂料 褐子袄料每件	二分

毯 类

猩猩毯每丈	二钱
厦门每匹作十身每身	三钱
泉州每匹	三两
香毯　洋毯　花毯　印花每条	八分
棉纱毯每百斤	三钱
绸头毯　毯每片川口毯每条	二分
毛毯每百斤	三钱
南台　涵江　每百斤	二钱
厦门　刘五店	
绣绒布毯　绣布毯每条	八分
哔叽绣毯每条	一钱五厘
羢条线毯每条	一分
呢毯每条	二钱五分
毡毯每百斤	二钱
苎　　类	
苎麻每百斤	八分
绤	
苎绳　苎线　新网线　孟纱每百斤	三钱
破网纱每百斤	三分
涵江每百斤	一钱
田网纱每百斤	三分
涵江每百斤	一钱
黄麻每百斤　黄络麻每百斤	二分
棉　　类	
净棉花每百斤	一钱六分
斑枝每百斤	二钱
番棉	

湖棉每百斤　　　　　　　　　　　　一两六钱

　　南台尺名丝棉十斤以上九折每百斤一两

　　　一钱二分十斤以下不折每斤一分八

棉花子每百斤散仓五折　　　　　　　一分六厘

带子棉花　臭棉花每百斤　　　　　　六分

　　　　　旧　　絮

火艾棉每百斤　　　　　　　　　　　三钱二分二厘

棉纱斑柔每匹　　　　　　　　　　　二分

棉纱线　红头绳　髻索　棉带　搭连
　　花

被囊各色布料物件每百斤　　　　　　三钱

　　　棕　类藤附

棕　棕片　棕衣　黄白藤　水藤　蒟藤　藤丝
　　　　　　　　　　　　　　　　　　丝

藤鞭杆　洋藤笔每百斤　　　　　　　八分

冠帽靴鞋袜

　　　冠　帽　类

绢冠　绒冠　银冠　锡冠　铜冠每百顶　八分

戏冠每百顶　　　　　　　　　　　　三钱
凤

无缨骚皮帽　海龙皮帽　有缨剪绒帽
　　　　　　　狐狸

　　　　　　　　　　每百顶　　　　五钱

无缨剪绒帽　獭皮帽　呢帽每百顶　　三钱
　　　　　　毡雨　　毡

有纬骚皮帽每百顶　　　　　　　　　七钱

番牙帽每百顶　　　　　　　　　　　五分

缎帽每百顶　　　　　　　　　　　　二钱

　　泉州每百顶　　　　　　　　　　二钱
　　南台

小软纱帽　软缎帽　藤凉帽　番藤帽

苴凉帽每百顶　　　　　　　　　　　二钱

绒帽每百顶　　　　　　　　　　　　三钱

粗毡帽每百顶	二钱
番丝帽　戏帽　马尾和尚帽每百顶	三钱
小_毡帽　小缎帽每百顶	一钱五分
绒	
小缎帽南台每百顶	一钱
小帽仔每百顶	一钱五分
南台每百顶	一钱
羊皮帽每百顶	一钱
小皮帽　小软缎帽　小软绒帽　孩儿帽	
棉纱帽　油布雨帽每百顶	一钱
布帽　小软布帽每百斤	五分
油纸雨帽每百顶	二分
缎布笿每百顶	一钱五分
涵江每百顶	一钱
泉州每百顶	三钱
剪绒帽边　哆罗呢帽边　羽毛缎帽边	
缎帽极 绉纱帽边　羊皮帽边每百顶	一钱五分
兔	
绒帽面每匹	二分
海龙皮帽边每百顶	二钱五分
獭皮帽边每付	二厘
貂皮帽边每条	二分五厘
锦帽顶每百个　帽结每百个	八厘
绣笠笿每百项 藤笠笿每百顶	二钱
单帽笿　苹笠帽面每百个	一钱
草笠、帽面涵江每百个	五分
草笠、帽面泉州每百个	二钱
锦笠顶每百个	八厘
巾每百顶	三钱
_髻巾　君子巾每百顶	一钱
寿	
纱女巾每百顶	五钱
雪巾每百条	五分
乌巾每连	三分
靴　　类	

缎靴　马皮靴皮百双	一两
小缎靴　小马皮靴每百双	五钱
小布靴　小牛皮靴每百双	三钱
牛皮靴　布靴每百双	六钱
缎鞋　毡鞋每百双	二钱五分
小缎鞋每百双　缎鞋面每百双	一钱二分五厘
布鞋　草心鞋每百双	一钱五分
小布鞋　布鞋面每百双	七分五厘
罗鞋每百双	二钱五分
棕鞋每百双	一钱五分
木挤　木套杯每百双	二分
小木挤　小木套杯每百双	一分
棕履　木履每百双	四分
鞋匠每百双	六分

袜　类

缎袜　绸袜每百双	八钱
小缎袜　小绸袜　布袜　绸袜面　棉纱袜	
布卑袜每百双	四钱

小布袜　毡袜每百双　　　　　　　　　　二钱

绒袜每百斤　　　　　　　　　　　　　　三钱

布袜头　布半袜每百双　　　　　　　　　一钱

缎护漆　缎漆裤　毡护漆　毡漆裤　每百　二钱
䌷　　　䌷　　　绫　　　绫　　　双

袜底每百双　　　　　　　　　　　　　　三分

领帕烟荷包巾 带绸缎纱皮袖口包袋附

　　领　　　　类

兔皮领　纱领　绒领　哔吱领每百条　　　一钱
狗　　　　　　缎

狐皮领每百条　　　　　　　　　　　　　二钱五分

獭领　绣领　呢领每百条　　　　　　　　二钱
皮　　　缎

貂皮领每百条　　　　　　　　　　　　　二两五钱

海龙皮领每百条　　　　　　　　　　　　一两

被风领每条　　　　　　　　　　　　　　一分八厘八毫

毡领每百条　丝布领每百条　　　　　　　五分
布

太平貂领每百条　　　　　　　　　　　　一两二钱五分

　　帕　　　类附巾带

绉纱绉　绉纱手帕　绉纱带　绸手巾　绸汗巾

绸腰带　姑绒手巾　丝布手巾　布番桃手巾

丝布斑柔手巾　番布手巾　丝腰带　绫包头
　　　　　　　　　　　　　　　　缎

丝包头　纱包头　缎手帕　绫手帕　绸手帕
绒

绒手帕　纱手帕　缎腰带　绒腰带　缎汗巾
　　　　　　　　绫　　　纱　　　绫

^缎汗巾　绸带　布控带　布番控　丝斑柔手巾

^纱

皂帕每百条　　　　　　　　　　　　　　三钱

绣绉纱手帕　绣绉纱帕　大红镜帕

绣绉纱带每条　绣镜盖 绣补 绣纱鞭

　带每块　　　　　　　　　　　　　一分八厘八毫

西洋手帕每条　　　　　　　　　　　　一分

洋丝绸手巾每匹　　　　　　　　　　　四分

布手巾　布班柔手巾　葛巾每百条　　　五分

番绫桃每条　六串每块　　　　　　　　一分

葛布手巾每条　　　　　　　　　　　　一厘

斜文布手巾每百条　　　　　　　　　　六钱

布手巾每百匹　　　　　　　　　　　　六钱

小_丝带　小绸带　小丝腰带每百副　　　一钱

　　　_缎

官丁绦　帐绦　^{帽舀}每百付绣裙镜每百个　　六钱

　　　　　_{裙巾}

缎带环_{每百条}梅花边_{每百条}缎飘带　纱

　飘带_{每百个}　　　　　　　　　　一钱

呢平口_{每百个}　　　　　　　　　　　五钱

　　南台每百个　　　　　　　　　　六钱

　　泉州每百个　　　　　　　　　　三钱

缎平口　缎荷包　缎肚兜 哔吱平口

　绒平口每百个　　　　　　　　　　　三钱

呢小平口　哔吱小平口每百个　　　　　二钱

^缎

皮平口　肚平口　布平口　布肚兜

　_{荷包}　　_{荷包}　_{荷包}　　_皮

　毡肚兜每百个　　　　　　　　　　　一钱

呢平口面每百个　　　　　　　　　　　二钱

^绸烟包袋　绒烟包袋每百个哔吱烟包袋

^缎

　每百副　　　　　　　　　　　　　　三钱

羽毛烟包袋每百副　　　　　　　　　　三钱

呢烟包袋每百副　　　　　　　　　　　　五钱

布烟包袋　毡烟包袋每百副　　　　　　　一钱

_皮呢烟包每百个　　　　　　　　　　　　二钱

绸烟包　绸眼镜袋　绸腰包　绸锁匙袋
_缎　　　_缎　　　_缎　　　_缎

绸镜袋每百个　　　　　　　　　　　　　一钱
_缎

布烟包　毡烟包　皮纸袋每百个　　　　　五分
_皮

小_布，_皮烟包每百个　　　　　　　　二分五厘
　　　_毡

绸火连包每百个　　　　　　　　　　　　二钱
_缎

皮火连包每百个　　　　　　　　　　　　一钱

皮连塔　皮衣包每个　　　　　　　　　　六厘

毡衣包每百个　　　　　　　　　　　　　六钱

呢纸袋每百个　呢牙签袋　呢槟榔袋

呢攀指袋每百个　　　　　　　　　　　　二钱

绸纸袋　缎纸袋　绒纸袋　绫纸袋　绒牙签袋

哔叽纸袋　羽毛纸袋　绸牙签袋　缎牙签袋

绫牙签袋　哔叽牙签袋　羽毛牙签袋　绸乾坤镜袋

缎乾坤镜袋　绫乾坤镜袋　哔叽乾坤镜袋

羽毛乾坤镜袋　绸板指袋　缎板指袋　绒板指袋

绫板指袋_{哔叽}板指袋　缎槟榔袋　绸槟榔袋
　　　　　_{羽毛}

绒槟榔袋　哔叽槟榔袋　绫槟榔袋

722

羽毛槟榔袋　缎消息袋　<small>绸</small>消息袋　绫消息袋

<small>绒</small>

哔吱消息袋　羽毛消息袋每百个	一钱
缎扇袋每百个	二钱
锦香袋面每百个	八厘

袖　口　类

貂皮袖口　豹皮袖口每副	五分
太平貂袖每副	二分五厘
银鼠皮袖口每副	二分
灰鼠皮袖口每副	八厘
<small>羔</small>羊皮袖口每副	三厘

<small>老</small>

狐皮袖口　獭皮袖口　山狗皮袖　麂皮袖口	
石虎皮袖口　川鼠皮袖口每副	五厘
海龙皮袖口每副	二分
<small>缎</small>袖口　<small>绒</small>袖口每副	六厘

<small>绸　　纱</small>

绣缎手袖每副	三分七厘六毫
绣金袖口每副	六厘
南台每副	三厘
兔皮袖口每副	一厘五毫

枕席被褥帐

枕　　类

<small>皮</small>枕头每百个	一钱

<small>藤</small>

蒲枕每百个	四分
枕头胚每百个	五分

723

镶缎佳纹席每百个	六厘
镶布佳纹席枕头每个	三厘
呢靠枕　羽毛靠枕每个	一分八厘八毫
缎靠枕每个	六厘
受靠枕每个	四厘
布靠枕每个　佳纹席枕头面　藤枕头 　面每个	三厘
呢枕头面　金绒缎枕头面每副	一分二厘
绸枕头面　绒枕头面　锦缎枕头面每副 缎	
绣金枕头面每副	六厘
南台每副	三厘
席　　类	
上佳纹席每领	一钱五分
中佳纹席每领	一钱
下佳纹席每领	二分
细藤席每领	五分
粗藤席每领	一分
细龙须席每领	五分
粗龙须席每领	二分五厘
蒲席每百领	四分
竹席每百领	二钱
草席每百条	六分
牙席每条	一钱五分
戈里席每百领	二钱
藤枕头席每百领 竹	一钱

被　褥　类

绣呢被面每床	二钱五分
哔吱被面每床	七分
哔吱绣花被面每床	一钱五分
绣绒布被面每床	八分
绣花布被面每床	二分
线缎被面每个	七分
闪缎被面每床	七分
南台　厦门　泉州每床	四分
丝幔缎被面每床	七分
南台每床	二分八厘
厦门　泉州每床	四分
绸被面每个	四分
洋绸被面每匹	八分
涵江每匹	一钱
茧绸夹被每个	三分六厘
绉纱被每个	五分
夹布被每床	一分二厘
布被头每个　斜文布被面每匹	六厘
花布被面每匹	六厘
宁德每个	六分
闪缎褥面每床	七分
南台　厦门　泉州每床	四分
洋绸褥面每床	八分
绒褥面　虎皮绒褥面每个	五分
绣缎被面每个	七分
南台每个	四分
绣缎褥面每个	七分
南台每个	四分
呢夹被褥每个	一钱五分
金绒缎被褥面每个	七分
洋缎被面每个	一钱

南台每个	四分
洋缎褥面每个	七分
南台每个	四分
倭缎被面每床	七分
倭缎褥面每床	五分
西洋布被面每个	二分
南台每个　涵江每个	四分
西洋布褥面每个	二分
南台　涵江每个	四分
绣广茧绸_被面每个	八分
^褥	
_番布被面每个	二分
^丝	
锦被面每个	七分
布椅垫每块	三厘
涵江每块	四厘
佳纹席椅垫　籐椅垫　皮椅围　皮包袱	
皮椅褥 皮椅垫每个_{布桌围同}	三厘
皮印花床围　绣花床围每条	四分
绣花呢床围每条	一钱二分五厘

琥珀珍珠玉

琥　珀　类

密琥珀每斤	一钱
琥珀器每斤	八分
琥珀碎每斤	六分
琥珀朝珠每串	四分
波罗松每百斤	一两一钱

珍　珠　类

珍珠重二分以上者每颗	五分
重八九厘以至一分上者每颗	三分
重六七厘以上者每颗	一分
重三四厘以下者每两	三钱

药珠每两	三钱
假药珠每斤	二钱
米珠每斤	四分
米珠每百串素珠同壳珠每千粒	四分
壳珠花篮每个	五分
玉器每斤	一分
玉带头每个　玉鼻烟壶每个	二分
玉雄黄碗上号者每个	四分
次号者每个	二分
玉雄黄杯上号者每个	四分
次号者每个	二分
王香炉上号者每个	四分
次号者每个	二分

珊瑚玛瑙晶

珊　瑚　类

珊瑚树每斤	五钱
珊瑚枝　珊瑚器每斤	三钱
珊瑚碎　珊瑚珠每斤	二钱

玛　瑙　类

玛瑙每斤　玛瑙器每斤	一钱
玛瑙朝珠每串	四分

水　晶　类

水晶石每百斤	二钱
水晶器每百斤	三两五钱
水晶眼镜每个	五钱
水晶素珠每串	四分

朝

水晶短素珠每串	四厘
水晶鼻烟壶　水晶带头每个	一分

玻璃烧炼镜

玻　璃　类

玻璃器每百斤	三两五钱
玻璃镜大者每个一尺上者	五钱
玻璃镜中者每个八寸上者	二钱五分
玻璃镜小者每个八寸下者	五分
玻璃小镜屏每个	五厘
玻璃眼镜每百个	五钱

烧　炼　类

烧炼器每百斤	二钱
南台每百斤	九分二厘五毫
大烧炼镜每百个	五钱
小烧炼镜每百个	二钱五分
烧炼镜册页每部	一钱
烧炼带头　烧炼鼻烟壶每个	五厘

镜　类

西洋眼镜每百个	五钱
土眼镜每百个	一钱
木神镜每百个	二钱
千里水镜每个	五钱
中者每个	二钱五分
小者每个	五分
乾坤镜每百个	一钱

玳瑁石瓷螺

玳　瑁　类

玳瑁　玳瑁器每百斤	三两
玳瑁碎每百斤	一钱
玳瑁茶盘　玳瑁酒杯每百个　玳瑁梳每五个	二钱
玳瑁小盒每百个	八钱
玳瑁砚盒每个	八厘
玳瑁烟盒每个	二厘
玳瑁小甲万每个_{玳瑁小箱同}	一分五厘
镶玳瑁小角盒每个	四厘

石　类

宝砂石每百斤	二钱
赤石每百斤	一钱
纹石器每百斤	八钱
图书石每百斤	四分
哈石畮每斤	八分
哈石畮鼻烟壶每个	一分
哈石畮朝珠每串	四分
小石屏每百个	四钱
小石香几每个	四厘
石　少石　羊肝石　砚砖　石砚每百斤	四分
刀　寿山	
玉田砂每百斤	二钱
寿山石器每百斤	八钱
寿山石妆台　桌屏 箱每个_{厘同}	一钱
小者每个	五分
寿山石鼻烟壶每百个_{盒同}	一钱
寿山石巾盘　酒瓶　花瓶每个	一分
寿山石桌仔　箱仔每个	二分

寿山石楼房每座　　　　　　　　　　　五分

寿山石大人物　坐兽每百个　　　　　　八钱

寿山石十景每座　　　　　　　　　　　三钱

寿山石小_碗每百个　　　　　　　　　四分

　　　　盘

寿山石盆景每座　　　　　　　　　　　一钱

寿山石册页每部　　　　　　　　　　　一钱

　　南台每部　　　　　　　　　　　　六分

寿山石中人物每百身　　　　　　　　　八分

　　南台　涵江每百身　　　　　　　　一钱

寿山石小人物每百身　　　　　　　　　八厘

　　南台每百身　　　　　　　　　　　四分

石龟每座　　　　　　　　　　　　　　三钱

　　　瓷　器　类

洋瓷器每百斤　　　　　　　　　　　　五钱

细瓷器　德化瓷每百斤　　　　　　　　二钱

粗瓷器每百斤　　　　　　　　　　　　一钱

花瓷器　磐　碟　盅每百斤　　　　　　二钱

　　泉州每百斤　　　　　　　　　　　一钱九分

　　涵江每百斤　　　　　　　　　　　一钱五分

大碗头_{每个一斤}　菜碗头_{个半一斤}

菜碗_{三个一斤}　中碗_{四个一斤}　碗仔_{五个一斤}

小碟_{五六寸}

　　_{六个一斤}

茶盅_{六个一斤}　酒盅_{十个一斤}　厦门明秤

白者照此尺寸每百斤　　　　　　　　　二钱

粗者照此每尺寸每百斤　　　　　　　　一钱

土碗每百斤	一钱
宁德　沙埕　八都　十个作一斤	
南台　闽安镇　　　十个作一斤	
粗瓷香炉　宜兴碓　宜兴器每百斤	一钱
大缸每十个	四分
酒坛每百个	六分
土砵砂碓　酒瓶　倾银碓　银窝每百个	一分
红毛酒碓每百个	二钱

　　螺　　类 壳附

螺钿器每百斤	九钱二分五厘
螺钿盒每个 漆	二分
小螺钿盒每个	一分
螺钿箱每个	五分
螺壳器每百斤	九钱二分五厘

粗螺壳　蚌壳　鲨壳 二个作　鲨杓 一枝作
　　　　　　　　　　　一斤　　　　　一斤

明瓦每百斤　鲨杓每百支	五分

牙角毛乐物 骨尾附

　　牙　　类

象牙上者每百斤	三两二钱
厦门　泉州每百斤	二两七钱
象牙中者每百斤	二两五钱
厦门　泉州每百斤	二两七钱
象牙下者每百斤	二两
厦门　泉州每百斤	二两七钱
象牙梳掠每百个	二钱
象骨　碎象牙每百斤	二钱七分七厘

牙箱　牙花篮每个　牙人物每身　　　　五分

牙筷每百斤　　　　　　　　　　　　　三两一钱

牙刷每百支　　　　　　　　　　　　　八厘

牙船每只　牙塔　牙楼房每座　　　　　三钱

象牙朝珠每串　　　　　　　　　　　　四分

牙篦箕每百个　　　　　　　　　　　　二钱

山马齿每百斤　　　　　　　　　　　　二两七钱

牙镶乌木牌每百副_{折牙器三十斤}

　　　　　乌木器七十斤

牙器每百斤　　　　　　　　　　　　　三两二钱

乌木器每百斤　　　　　　　　　　　　二钱四分六厘

　　　　角　　类

牛角　番牛角每百斤　　　　　　　　　五分

鹿角每百斤　　　　　　　　　　　　　二钱七分七厘

鹿毛角每百斤折_{鹿茸}　十斤　　　　　三两七分

　　　　　鹿角七十斗　　　　　　　　二钱七厘

角器每百斤　角木梳掠　角带头　角

篦箕镜盒　木镜盒每百个　　　　　　　一钱

小角盒　篦箕每百个　　　　　　　　　八厘

角带每百条　　　　　　　　　　　　　三钱

角蛇每条　　　　　　　　　　　　　　一分

犀角每对　　　　　　　　　　　　　　六分

药角厦门　　　　　　　　　　　　　　九分

　　　　毛　　类_{骨尾附}

猪毛　羊毛　兔毛　_{短头毛每百斤}　　一分
　　　　　　　　　碎

长头发每百斤　　　　　　　　　　　　四钱

短头发每百斤	四分
厦门每百斤	二钱
燕尾每百个	一钱
鸽鸟毛每百支每一百支　翠毛　孔雀尾每百支	四分
折作一百支	
马尾每百斤	二钱
牛骨　碎牛骨　猪骨　角尖每百斤	一分
骨器每百斤	二分

乐　　类

琵琶　三弦　月琴　胡琴　洋琴　笙每支	
大鼓每个	四厘
七弦琴每张　大木鱼每百个	四分
小鼓每个	二厘
小木鱼每百个　竹笛每百支	八厘
混天木　自鸣钟每个	一两
时辰表每个	五分

人　物　类什物附

大堆绢人物每扇	三分
小堆绢人物每扇	一分
灰尪仔每百身	八厘
出洋者每百身	八分
拔不倒　土尪仔　泥人马　纸人马每百身	八厘
绢人物每百身	八分
出洋者每百身	一钱六分
洋蚋人物每座	三钱

杂　物　类

口奎每个	四厘

罗经每百斤	九分二厘五毫
泉州每百个	九分二厘五毫
双陆棋盘每百副	六分
箕盘每百个　象棋子　骨牌每百付	
围棋子每百斤	四分
围棋子厦门　泉州免征	
天平架每个	三厘
椛笔每百个　洋籐笔	八分
灯草每百斤	四钱
通草　草片每百斤	二钱
碎通草每百斤碎草同	一钱
番籐镯每百个	四分
箭杆　战杆每百支	八厘
椰壳　椰杓每百斤	三分六厘
椰子每百斤	一分八厘
肥皂每百斤	八厘
茶子　柏子每百斤	一分六厘
水胶　皮胶每百斤	一钱
洋火印每个	五厘
镶紫檀杯器每百个	二钱
未镶者每百个	一钱
洋树子每百粒	二钱五分
犀角杯每对　鹤顶每对	六分
椰串每百串	四分
未镶椰碗每个	二厘
未镶椰杯每个	一厘

纸花扇伞灯

纸　札　类

海纸　竹纸　白绞　古绞　鬼纸　烟纸　甲纸

扛连绞　竹伞纸　黄古绞　川连纸　桂山纸

溪南纸　各样粗纸每百斤　　　　　　　　　　六分三厘

连史纸　时连纸　京文纸　色纸

毛边纸等纸每千张　　　　　　　　　　　　　六分四厘

红纸　表笺弦　大油纸　大泾县纸每百张　　　四分

笺纸　小油纸　小泾县纸每百张

红全贴手本每百个　　　　　　　　　　　　　二分

沙纸　乌金纸每千张　　　　　　　　　　　　八厘

白全贴每千个　　　　　　　　　　　　　　　三分二厘
　手本

白封套每千个　　　　　　　　　　　　　　　六分三厘
　　　　百斤

红封套　红副启每千个　　　　　　　　　　　四分

红卑帖每千张　　　　　　　　　　　　　　　二分

甲纸边　火纸每百斤　　　　　　　　　　　　一分八厘

草纸每百斤　　　　　　　　　　　　　　　　一分六厘

纸梳每千侗　红签　利市钱每千张　　　　　　一分

纸画　洋画每百张　绞裱高每千张　　　　　　六钱
　　　　　　　　　绸

绢裱画每千张　　　　　　　　　　　　　　　六钱

婚书每百付　皮护菩每百个　　　　　　　　　八分

纸十三花每百张　　　　　　　　　　　　　　六分

纸钱　马钱　元宝灰每百斤　　　　　　　　　一钱

纸冠　纸炮每千个　门神纸画每百张　　　　　八厘

草古纸每百斤薄同　　　　　　　　　　　　　六分三厘

　　　涵江每百斤　　　　　　　　　　　　　二分八厘

替身面每千个　纸马每百个　　　　　　　　　八厘

绸口联对每百对四　匣笺纸每匣　　　　　　　四厘
纸　　　　　分

大小纸匣面有镜内纹 西洋景每百个　　　　　　六分

花　　类

绒花　绢花每百支　草花每千支	八厘
牙花每_盆	五分

座

牙花　银花　石花　翠花　珀花_{每百支}	八分
铜金花　铜花每百支	八厘

扇　　类

金扇　牙扇每百支	一钱
纱扇　　白扇每百支	六分

绢　　　油

粗葵扇　小_白纸扇　白扇面　扇骨

油

上油纸扇每百支	三分
细葵扇　竹丝扇　纸葵扇　鹅毛扇_{每百支}	六分
金扇面每百张	五分
小粗白扇每百支	一分五厘

伞　　类

大红缎凉伞_每大红凉伞每把	七分

顶

大红呢凉伞每把	一钱四分
马伞　小布伞每百支	二钱
油纸伞每百支	一钱
绸马伞每百支	八钱
油布雨衣每领	六厘
布马伞每把　油纸雨衣每十件	四厘

灯　　类

混天球每个	一两

大珠灯　大料丝灯　大玻璃灯　大宫灯

百步灯每盏	四分
小珠灯　小料丝灯　小玻璃灯　小宫	
灯每盏	二分
大纱灯每盏	八厘
小纱灯每盏	四厘
伞灯　挂灯每盏	八厘
大羊角灯每盏	一分二厘
南台每盏	一分二厘
中羊角灯每盏	八厘
南台每盏	一分二厘
小羊角灯每盏	四厘
南台每盏	一分二厘
明瓦灯每百盏	五分
大琉光每个	一分二厘
南台每个	六厘
涵江每个	一分五厘
中琉光每个	八厘
南台每个	四厘
涵江每个	一分五厘
小琉光每个	四厘
南台每个	二厘
涵江每个	一分五厘
金银铜锡铁	
金　　类	
正大飞金箔每百帖	六分
小者每百帖	三分
羊皮金每百张	一钱一分

假羊皮金每百张	六分
薰金箔每百帖　土金箔每百张	六厘

银　类

银器每斤　银船　银蟹　银美人每个	三钱
银汤匙每百只　镶银_杯每百	二钱

碟

银爵　银杯　镶银椰碗每百	四厘
银花篮每个　银小人物每身	一钱六分
银箔每百帖	六厘

铜　类

白铜每百斤	一两
青铜每百斤	六钱
红铜　熟铜每百斤	四钱
黄铜　响铜每百斤	三钱
生铜每百斤　废铜　铜碎每百斤	二钱
铜丝　铜髻　铜烟吹　铜叶每百斤	五钱
铜镯每副	四厘
铜驼子　铜片　铜器每百斤	五钱
东洋乌金炉每个	四分
铜箔每百张	六分
铜罗经镜每个	一分
中薄铜镯每副	一厘
小薄铜镯每副	八分
铜番钮扣每百粒	一钱
小铜番钮扣　每百粒　小铜番仔面_{每百个}	一分
铜带头每副	四厘
铜钮扣每百粒	二厘
铜铃每百粒　铜丝盒每个	二厘
如铜锁铜帐钩钮扣等项央杂成担难以计件 　而好斤者每百斤	五钱

锡　类

番锡每百斤	六钱
锡器　废锡　锡桶每百斤	二钱

锡钮扣每百粒　　　　　　　　　　二厘
锡铃每百粒　　　　　　　　　　　四厘
锡钤　无弦锡箔每百斤　　　　　　三钱
有紅锡箔　印花紅箔　铜粉每百斤　二钱
铅每百斤　　　　　　　　　　　　二钱五分

铁　类

铁条　铁钉　生铁　废铁　铁银镨　铁少刀
铁烟吹头　木屟钉每百斤　　　　　八分
甲万锁面　铁门圈　铁烟刀　铁钯齿　铁锯
剪刀　药刀　剃头刀每千把　各色铁器
　　　　　　　每百斤

　每百斤　　　　　　　　　　　　二钱
铁线　铁丝　钢铁每百斤　　　　　三钱
铁爪钯每百个　　　　　　　　　　八厘
小刀每百把　　　　　　　　　　　二分
镶金红毛刀每口　　　　　　　　　一钱
　小者每口　　　　　　　　　　　五分
洋小刀每百把　　　　　　　　　　二钱
红毛鸟枪每支　　　　　　　　　　五钱
　中者每支　　　　　　　　　　　二钱五分
　小者每支　　　　　　　　　　　五分

鱼钓钩每百个　铁针每百根

糖锅三尺二寸每　　大锅二尺二寸至二尺
　口六十斤　　　　四寸每口十五斤
中锅一尺九寸至二尺　小锅一尺六寸至一尺
　二寸每口十二斤　　八寸每口八斤
大足铫一尺六寸以下　次足铫一尺四寸以下
　每口三斤半　　　　每口三斤

古合铫一尺每　　算铫七尺八寸①　　犁头每个　　三斤

　　　　　口二斤　　　　　　每口一斤

小犁头每个二斤　以上每百斤　　　　　　二钱

煎盘　广铫　铁锅每百斤　　　　　　　　二钱

颜料药材香

　　颜　料　类

大青　石青每百斤　　　　　　　　　　　七两

洋青　碗青　毛青海百斤　　　　　　　　一两六钱

银朱　印色每百斤　　　　　　　　　　　一两一钱

番红花每百礁　　　　　　　　　　　　　六钱

铜碌　石绿　漆绿　大绿每百斤　　　　　一两二钱

红花　胭脂米　呀嚼米每百斤　　　　　　六钱

大胭脂每百张　　　　　　　　　　　　　一分

小胭脂百张　　　　　　　　　　　　　　一分

薯榔　榆皮　荄定　樗干叶每百斤　　　　一分八厘

梅皮每百斤　　　　　　　　　　　　　　五分

膝黄每百斤　　　　　　　　　　　　　　五钱五分

微墨每百斤　　　　　　　　　　　　　　五钱

土墨每百斤　　　　　　　　　　　　　　二钱五分

明矾　皂矾　赤矾　乌梅　乌烟每百斤　　五分

红丹　飞丹　黄丹　紫草　靛花　苏木膏

　　每百斤　　　　　　　　　　　　　　三钱五分

面粉　紫粉　槐花每百斤　　　　　　　　二钱

碗钿　姜黄　土粉每百斤　　　　　　　　一钱

土矾每百斤　　　　　　　　　　　　　　五分

---

①　译注：应为一尺八寸。

南台　厦门每百斤	二分五厘
沙埕每块	五厘
红曲　碗坭　碗土　土红每百斤	四分
南台　涵江　厦门每百斤	五分
土丹每百斤	四分
南台　涵江　厦门每百斤	五分
碗药每百斤	四分
南台每百斤	一钱
水靛　青靛　柿水　柿汁每百斤	三分五厘
白粉土　白粉石每百斤	二分五厘
浭水　硵水每百斤	二分
栲皮　乌紫籐每百斤	九厘

药　材　类

冰片油每斤	六钱
人参每斤	三钱
南台每斤	一钱二分
熊胆　冰片　牛黄每斤	三钱
洋参每斤	一钱五分

冰片糖每斤八折　黄连　官连　鹿茸　冰片土

三钱

熊掌每斤	三分
药角每斤	九分
没药每百斤	一两二钱三分

大黄　鹿角胶　石蟹　紫河车　龟胶　虎骨胶
阿魏　羚羊角　肉桂　肉菓　阿胶　豆蔻

每百斤	一两三钱六分

芦荟　没石子　膏药　象皮膏药　川贝母

川附子　水银　雄黄　棚砂每百斤	一两二钱
朱砂　辰砂　轻粉　紫金锭每百斤	一两三钱
钟乳石每百斤	七钱
牛黄丸　丸药每包每百粒	六分
十粒	
西附子　石燕每百斤	六钱
胆矾　枸杞　川芎每百斤	五钱五分
青黛　虎骨膏每百斤	三钱五分
儿茶　血蝎　乌丁泥艾每百斤	三钱三分三厘
龟筒每百斤	三钱三分
樟脑　石黄　砂仁　当归　羌活　茯苓	
五味子每百斤	三钱
五倍子每百斤	二钱
熟硫黄每百斤	一钱
生硫黄每百斤	三分
柑皮　丸莉　芦子　桂皮　自然铜　橘子干	
炉匠　橘皮　橘红　臭泥　皮胶　牛皮胶	
粪渣　桂子	
每百斤	一钱
苏子每百斤	六分
蓖麻子每百斤	六分
饼药　抛皮每百斤	四分
水槟榔每百斤	五分
南台　涵江每百斤	一钱
蛇干　蜈蚣每百条	三分
柚子　茶子每百斤	一分六厘
海马每对	五厘

牛胆每个　　　　　　　　　　　　　　三厘

蘄蛇每条　　　　　　　　　　　　　　一分

人中白每碓　　　　　　　　　　　　　二分

南星	蓁丸	胆星	苍术	半夏	白芨	续断
陈皮	米末	巴豆	地黄	白敛	香附	升麻
青皮	大黄	门冬	草冠	槟榔	信石	细辛
荆芥	防风	全蝎	薄荷	黄花	知母	石羔
杏仁	厚朴	木通	山栀	干菱	芍药	黄柏
山查	泽泻	猪苓	天麻	狗眷	海石	海藻
勾藤	鳖甲	黑丑	白丑	蒙石	胡连	干葛
亭刀	藁本	锁阳	漏芦	瓷石	梨芦	草薢
柯子	地谕	班毛	马辛	春花	石莲	苦参
青盐	滑石	石苇	沙参	元参	紫苑	蒲黄
蝉蜕	杜仲	桃仁	枣仁	百合	紫苏	桑皮
娄仁	姜蚕	益母	藿香	连翘	眼乔	芜夷
蒺藜	朴硝	黄精	艾叶	甘松	山籁	滑石
常山	草山	防己	艮姜	益智	山药	芡窦
扁豆	逢石	川乌	淡底	白芷	龙骨	紫梗
白术	龟板	草乌	甘草	昆布	茅香	尾茹

木鳖子	淡竹叶	大枫子	车前子	龙瞻草
五加皮	兔丝子	金银花	皂角刺	甘密
忍冬花	天花粉	刘寄奴	冷饭块	黄底
海藻皮	银柴胡	紫石英	干菊花	卑拨子
大腹皮	薏苡仁	刺猬皮	白药子	黄药子
草河车	夜明沙	小豆子	光明子	牛榜子
川山甲	海金沙	雷公籐	千金子	梧桐子
枇杷叶	地夫人	石葛蒲	破故纸	蛇床子

使君子　白藓皮　松柏仁　仙草干　海风籐

盐槟榔　石决明　莎草根　火蔴仁　王不留行

每百斤	一钱
郁金每百斤	一两一钱

香　　类

麝香每斤　龙涎香每斤	三钱
丁香油每斤	一钱二分
母香油每斤	三分六厘
沉香每斤	三分
茄南香每斤	三分
合香每百斤	一两三钱四分
速香每百斤	一两五钱
厦门　泉州每百斤	一两一钱七分
丁香每百斤	二两
苏合油每百斤	一两二钱
安息香每百斤　乳香每百斤	一两二钱
檀香每百斤上者	一两
厦门　泉州每百斤	九钱一分
檀香次者每百斤	七钱
广木香每百斤	九钱
香柴每百斤	六钱
萨木香油每斤	三钱
桂香油每百斤　木香每百斤	四钱

旡香　桂花米　降香　兰花米　桂香　兰香

树香　上黄熟香每百斤	四钱
中黄熟香　宗香　黑香每百斤	二钱六分
八大茴香每百斤	二钱

角

元香每百斤	一钱
香线　线香　艺香　小茴香　排草　松香	
竹香　青皮香　松胶　各色粗香	
香草每百斤	八分
香_草涵江每百斤	一钱
香肥皂每百斤	八分
绘木香　绘香　桧柴　桧皮	
树皮末每百斤	四分
香坠每百斤	四钱
香坠每百串	四分
南台每串	四分
香串每百斤	四钱
香串每百串	四分
南台每百串	四分
香珠每百斤	四钱
香珠每百串	四分
南台每百串	四分
香佾子每百个	四分
香袋子每百斤	四钱
洋安息香　蔷薇露每碓	二分

大酒茶烟叶

酒　　类

顺昌酒并各色酒每瓶	一厘五毫
若大坛每圹作六瓶科算	
若小坛每三碓作一瓶科算	
惠泉酒每坛	四厘五毫
涵江每坛	九厘
小酒每坛	四厘五毫
涵江每坛	九厘
酒每埕　大酒　绍酒每埕	九厘
火酒　膏粮酒每百矸	一钱
红毛酒每瓶	二分
酒每百矸	五分

茶　烟　类

细茶叶每百斤	六钱
中茶叶每百斤	三钱
粗茶叶每百斤	二钱
倭烟　鼻烟每百斤	一两六钱
烟丝　上烟每百斤	一钱五分
土烟叶　烟叶每百斤	八分
碎烟叶　烟末每百斤	四分

糖干果油蚋附

糖　　类

冰糖每百斤	一钱二分
白糖　桔饼每百斤	一钱
青糖　赤糖每百斤	六分
黑糖　乌糖　糖膏　米糖　麦芽糖每百斤	三分
糖水每百斤	一分
糖果每百斤	八分五厘

蜜　　类

蜂蜜每百斤	一钱二分
蜜浸兰花　蜜浸桂花　蜜浸金枣　蜜浸青丁　蜜浸冬爪[①]　蜜浸明姜　蜜浸梅酱　蜜浸枣膏　蜜浸文冬糖　蜜浸桂花饼　蜜浸桂花酱　蜜浸糖科　蜜浸山渣膏　蜜浸金英膏　蜜浸番样干　蜜浸槟榔每百斤	八分五厘
蜜浸南台每百斤	一分二厘
槟榔	
蜜浸呵哒子　蜜浸丁香每百斤	八分五厘
南台每百斤	一分二厘
甜葡萄每百斤	二钱五分
酸葡萄每百斤	一钱二分

干　果　类

① 译注：应为蜜浸冬瓜。

核桃　榛子　松子　榄仁　橄榄　莲子　李干

栗子　枣子　柿饼　藕粉　米员　粉员　枣干

柿叶　青菓　莲肉　瓜子　落花生　白梅干

莲子丸　青叶豉　盐青梅每百斤　　　　　六分

龙眼干　圆眼　嘉枝①干每百斤

龙眼膏　龙眼肉每百斤

麦米　杨梅干每百斤

核桃肉每百斤花生仁同

橘子　大梨　石榴　木瓜　白果　香圆　盐梅

盐姜　橘核　盐柑　盐李　盐梨　盐瓜

佛手柑　盐山渣　盐油柑　盐杨梅　盐金枣

盐桂花　盐洋桃　盐金橘

　　蜜罗柑每百斤　　　　　　　　　　　二分

荸荠　菱角　山梨　红果　老姜　菜姜

小梨每百斤　　　　　　　　　　　　　一分五厘

褲果每百斤　　　　　　　　　　　　　八分五厘

　　涵江每百斤　　　　　　　　　　　六分

胡椒每百斤　　　　　　　　　　　　　八钱

　　厦门　泉州每百斤　　　　　　　　七钱四分

胡椒皮每百斤　　　　　　　　　　　　六钱

花椒每百斤　　　　　　　　　　　　　一钱

蘑菇每百斤　　　　　　　　　　　　　三钱

香茸　香菇　八角每百斤　　　　　　　二钱

松菇　红菇每百斤　　　　　　　　　　二钱

木耳　黄花　金针果每百斤　　　　　　一钱二分

红曲　米曲每百斤　　　　　　　　　　四分

西国米每百斤　　　　　　　　　　　　二钱五分

上国米每百斤　　　　　　　　　　　　一钱二分

正粉　米粉　面粉　索面　千面　葛粉　茹粉

水浆　蕨粉　粉心　茹丸　莱子　芝麻　大麦

小麦　蒿麦　青子　粉浆　油粞

---

①　译注:应为荔枝。

豆每百斤	一分五厘
油渣饼　枯田豆每百斤	一分五厘
京米每百斤	六分
南台每百斤	一钱五分

豆豉　油豉　面酱　绿笋　赤菜　酱油　香芛
慈姑　白笋干　番酱瓜　石花菜　石衣菜

每百斤	八分
石花菜南台　安海南山边每百斤	一钱

石衣菜铜山　石码

乌干笋每百斤	八分
宁德白石司每百斤	四分

沙埕

钓锦菜　鹅掌菜　乌菜　菜头斗　干篓叶

干尾茹每百斤	一钱
盐桃豉每百斤	三分
仙苣干每百斤	一钱

油　类

香油　蔴油　柏油　茶油　火油　熟油
牛油　牛油灼　豆油　杂色茶油

桐油每百斤	八分
白蚋每百斤	一两二钱
黄蚋　洋蚋灼每百斤	六钱
打马灼每百斤	四分

腌盐山海味

山　味　类

鹿筋每百斤	二钱
牛筋每百斤	一钱
泉州每百斤	一钱五分
腌火腿每百斤	二钱
腌肉每百斤　腌猪每只	三分
泉州　涵江　厦门　南台每百斤	三分
腌鹅每个	五厘
腌鸭　腌鸡每个	一厘
腌牛肉　马筋每百斤	一钱

牛鹿脯每百斤　　　　　　　　　　　　　一钱一分
鹿脯每百斤　　　　　　　　　　　　　　一钱五分
牛肉脯每百斤　　　　　　　　　　　　　一钱
鹿腿每百斤　　　　　　　　　　　　　　二钱
　　涵江每百斤　　　　　　　　　　　　一钱五分
獐腿　獐脯　鹿腿每百斤　　　　　　　　二钱
腌蛋每千个　　　　　　　　　　　　　　五分
盐猪肚每百斤　　　　　　　　　　　　　三钱
　　舌
　　海　味　类
燕窝每百斤
　　厦门　泉州　涵江每百斤　　　　　　三两四钱
红燕窝每百斤　　　　　　　　　　　　　二两
　　毛燕二七酌量折征北燕窝例
　　　　四六
鲍鱼　鲤鱼　鱼翅每百斤　　　　　　　　四钱五分五厘
少鱼尾每百斤　　　　　　　　　　　　　二钱二分七厘五毫
黾肉　虾菜　紫菜　螺干　蛏干　淡菜　蛔干
鱼胱　龙虱　蛤干　龙肠　鱼鲍　鳗肚　蚝干
虾干　目鱼干　壳菜干　银鱼干　丁香鲖
沙鱼干　沙蚕干　淡鳗干　虾肉干　蛤干
　每百斤　　　　　　　　　　　　　　　一钱
海粉每百斤　　　　　　　　　　　　　　一两
海参　鲢鱼每百斤　　　　　　　　　　　三钱
鱼子每百斤　　　　　　　　　　　　　　钱五分
海哲每百斤　　　　　　　　　　　　　　六分
海白菜　糟时鱼　龟脚菜　鸡脚菜　鹿角菜
糟鱼每百斤　　　　　　　　　　　　　　八分
沙鱼鲞每百斤　　　　　　　　　　　　　一钱
　　南台每百斤　　　　　　　　　　　　三分
虾壳每百斤多属洋船载　　　　　　　　　三分
　　　　回日税免徵
盐目鱼肚　虾糠每百斤　　　　　　　　　一分五厘
鲹鲞　鱼脯　鳗鲞　虾皮　虾脯　鲖鲑　鳁鲑

盐蚬　盐蛾　盐螺　盐蟹　沙杯　黄瓜鲞

江鱼脯　蛎酱　虾酱　卤蛎　扁鱼　盐沙鱼

鲜鲑酱　鱼饵　熟鲥　盐目鱼　盐鲲鲑

竹蛏鲑　盐青鳞　盐鱼子　卤壳菜　沙鱼肉

锁管鲑　盐壳菜　蚝蛙

腌鱼虾等每百斤	三分
鱼胶每百斤	二钱
沙罗子　苔菜　苔脯每百斤	一分五厘

漆器杉木樟

漆　器　类

生漆　熟漆　洋火漆每百斤	一两二钱
龙凤柴烛每个	四厘
小者每个	二厘

大漆盒　扶手　小镜匣　检妆　攒盒　漆杯

漆香几　拜匣　枕箱　漆香炉　皮盒　漆灼台

漆盘架　铜丝漆匣　皮拜匣　漆盒　大漆盘

皮帽盒　土漆箱子　鹿皮拜匣每百个　四俵	

漆桶　漆匣　小漆盒　镜盒　皮匣　漆盘

漆竹丝盘　漆竹丝盒　漆盒　小膝硕匣

漆帽盒　漆面盆　土漆茶盘　漆十景盒

漆烟盒　小土木匣每百个	一钱六分
漆笔筒每百个	二钱
小笔筒每百个	一钱六分
漆汤匙每百支漆粉牌每百块漆刡　漆刷每百支	
漆柴灼台仔每百个	八厘
漆柴花瓶　土漆香筒每百斤	二钱
漆反箱三尺阔者花皮箱　皮箱每个	二分
皮白石司每个	四分

笛

小皮箱仔　白皮箱　端箱　描金茶盘　箱杯

小添套盒　梳箱　妆台　描金漆盒每吞二个	
每个	一分
描金皮瓶每个	一分五厘
描金皮西洋画有乌漆四方架者	五分

描金皮花瓶式每块	三厘
番描金皮椅每十二扇	三钱
番药拒每个内有小屉数十个	五分
甲万每个	二分
小者每个	一分
神合龙每个	二分
小者每个	一分
洋漆大箱每个	二钱
洋漆小箱每个	一钱
洋漆小箱仔每个	一分五厘
洋漆大盘每个	五分
洋漆中盘每个	一分五厘
洋漆小盘　洋漆小盒　洋漆碗　洋漆杯	
洋漆碟每个	四厘
洋漆匣每个	一分
洋漆大匣每个	五分
洋漆砚匣每个	一分五厘
洋砚匣每个	二分
洋检妆　洋提柜每个	五分
小洋提拒每个	一分五厘
洋乌漆箱大者每个	五钱
洋漆拜匣　洋漆香几　洋漆中盒每个	一分五厘
围屏大雕漆每架	五钱
小者每架	三钱
果屏每架	一钱
走马屏每架	五钱
土木匣　洋碗每个	四厘
神主牌每个	二厘五毫
木　　类	
花梨木每百斤	一钱二分
花梨木器每百斤	二钱四分
紫榆木　紫檀每百斤	三钱
紫檀器每百斤	九钱二分三厘
乌木每百斤	一钱五分

厦门每百斤泉州同	一钱二分三厘
乌木器每百斤	二钱四分六厘
炭乌木每百斤	六分
厦门　泉州每百斤	一钱一分三厘
苏木上者每百斤	二钱
南台每百斤	一钱五分
泉州　涵江　厦门每百斤	一钱六分
苏木中者每百斤	一钱五分
同　下者每百斤	一钱
南台每百斤	一钱五分
泉州　涵江　厦门每百斤	一钱六分
若暹罗苏木厦门每百斤	一钱八分
楠　相思木每百斤	六分
番红木每百斤	三分
红木　红紫每百节	三钱
杉木围五尺上者每根	八钱
杉木围四尺上者每根	二钱四分
杉木围四尺者每根	二钱
杉木围三尺上者每根	一钱
杉木围三尺者每根	六分
杉木围二尺五上者每根	四分
杉木围二尺上者每根	二分
杉木围二尺者每根	一分六厘
杉木围壹尺五上者每根	九厘
杉木围一尺上者每根	三厘

以上杉木南台征税九折厦门对折

大连段原系按照长二丈以上头三尺以上
　　　　　尺寸科算
　者南台为二连段
　　　厦门为大连段
　　南台如系二连段则以二节作杉木
　　　　一根按尺寸科算税银九折

宁德每载	六两五钱
．白石司每载	八两

752

　厦门每节　　　　　　　　　　　　　　四分

少连段_{原系按照长一丈以上头三尺以上}

　　　　尺寸科算

　者_{南台为二连段}

　　　厦门为小连段

　　　南台_{如系三连段则以三节作杉木}

　　　　一根按尺寸科算税银九折

　　宁德每载　　　　　　　　　　　　　六两五钱

　　白石司每载　　　　　　　　　　　　八两

　　厦门每节　　　　　　　　　　　　　一分二厘

大木段每节_{原系按照长七尺以上头三尺上}

　　　　尺寸科算

　　　南台_{以五节作杉木一根按}

　　　　尺寸科算税银九折

　　宁德每载　　　　　　　　　　　　　六两五钱

　　白石司每载　　　　　　　　　　　　八两

　　厦门每载　　　　　　　　　　　　　二分

木段每节_{原系按照长七尺以上头二尺五寸}

　　　　尺寸科算

　　　南台_{以五节作杉木一根按}

　　　　照尺寸科算税银九折

　　宁德每载　　　　　　　　　　　　　六两五钱

　　白石司每载　　　　　　　　　　　　八两

　　厦门每节六厘_为　_{泉州}　　　　　　三厘

　　　　　　　_{小　涵江}

沙木寿板每块　各色寿板每块_{一尺}　　　八分

　　　　　　　　　　　　　　_{四寸}

　　护头每块　　　　　　　　　　　　　四分

火板每块一尺三寸　　　　　　　　　　　四分

　　火护头每块　　　　　　　　　　　　二分

水板每块一尺二寸　　　　　　　　　　　二分

　　　南台_{化前照例化后每}

　　　　百块折七十块征

　　水护头每块　　　　　　　　　　　　一分

方板每块_{八寸}　　　　　　　　　　　一分

南台_{仓前照例仓后每}
_{百块折七十块征}

汀板如验寿板折作火板每块	四分
如验水板折作水板每块	二分
如验水板折作方板每块	一分
七柱屋料每桐	一两
南台　泉州每桐	七钱
五柱屋料每桐	四钱
泉川每桐	五钱
三柱屋料每桐	二钱
泉州每桐	三钱
小披屋料每桐	一钱五分
南台　泉州每桐	一钱
门每扇	一分
南台每扇	二分
窗门每扇	五厘
南台每扇	一分
杉板每块	一分

南台_{仓前照例仓后}
_{每百块折七十块征}

大杉筒每块	二分
小杉筒每块	六厘
枋板每块	一分
泉州　涵江每块	三厘

小杉木　杉仔　杉节　杂木　横杠　门柱
门槛　山城板　薄杉枋　松板　寸板　杉枋
槽板　车身　各色求枋　连拴每_{枝节}　　　三厘
_{块根}

杂木板每百块	三钱
沙埕_{厚者三钱}	
_{薄者一钱}	
门枋每块	三厘
沙埕福宁每块	六厘
宁德	

南台每块	二分
门楣每块	三厘
宁德六匣南台二分	
分板每块	三厘
涵江每块	一厘
松木板榔木板　槐木板每块	三厘
南台如系寿板减	
作火板征税	
椽每排计十五支原比木　每支	三毫
杭一条半算	
涵江每排	四厘五毫
杉枋每块	二分
南台按照尺	
寸科算	
泉州每块	三厘
薄涂板每百块　椽头每百支	一钱
椽仔　桷仔每百支	三分
丈寸板　丈分板　丈厚板每百块	六钱
丈方板每百块	二钱
雷木每根	二厘
南台九折每根	二厘七毫
油车　谷檻　便棺每个	一钱
车板每百块　桶板　桶柴　桶阔	
程板每捆	一分
碓身每只	八厘
桶板每小捆	五厘
涵江每小捆	一分
杉尾每百技	三分

土杉子_{此系泉川土产}每百支 　　　　　　　　一钱五分

小土杉仔_{此系泉州土产}每百支 　　　　　　　六分

松木　梻木　槐木　如丈量五尺以上折四尺上

　　每根 　　　　　　　　　　　　　　　二钱四分

　　如丈量四尺上折三尺上每根 　　　　　一钱

　　如丈量三尺上折二尺五上每根 　　　　四分

　　如丈量二尺五寸上折二尺上每根 　　　二分

　　南台征税九折

　　　　樟　木　类

樟木长二丈以外围七尺上者每支 　　　　　三钱

　　长一丈以外围六尺上者每支 　　　　　二钱

　　长一丈以内围五尺以下者每支_{比寿火水方板}

　　　　　　　　　　　　　　丈量估算征收

樟板　樟片长二丈以外阔三尺上厚七八寸者

　　每片 　　　　　　　　　　　　　　　三钱

　　长一丈五尺以外阔二尺五上厚者

　　　六寸每片 　　　　　　　　　　　　二钱

　　长一丈以外阔二尺上厚者五寸每

　　　片 　　　　　　　　　　　　　　　一钱

　　长一丈以内阔二尺厚五寸以下者_{比寿火水方板}

　　　　　　　　　　　　　　丈量估算征收

　大樟极每块 　　　　　　　　　　　　　一分

　小樟极每块 　　　　　　　　　　　　　一分

　小樟枝每百支 　　　　　　　　　　　　三钱

　番桅每根　盐拜舵每门 　　　　　　　　一两六钱

　大舵每门_{二丈以外} 　　　　　　　　　　八钱

　中舵每门_{一丈五尺以外} 　　　　　　　　六钱

小舵每门一丈以外	四钱
大椗每根一丈以上	三钱
中椗每根一丈八尺	二钱
小椗每根一丈五尺	一钱
大含檀每根二丈以上	三钱
涵江每根	一钱
中含檀每根一丈五尺以上	二钱
小含檀每根一丈以上	一钱
涵江每根	二钱
大鹿耳每根	三钱
涵江每根	一钱
中鹿耳每根	二钱
涵江每根	一钱
小鹿耳每根	一钱
上金每块	八分
下金每块	四分
椗齿每支	三厘
南台　涵江每支	一分
挡柸每百支	三钱
舵牙每支	一钱
橹柸每支	三厘
南台每支	一分六厘
涵江每支	一分

　　但是，在目录记载的分类项目中，关于卷之一的"椅披垫桌围"，在税目中并没有标示出与商品名称并列的税率。另外，各分类项目记载的商品数如下所示。值得注意的是，征税中合计有 2193 之多的商品。

卷之一[892]

　　绸缎纱罗锦[194]

　　绢绫呢羽吱[45]

　　皮绒丝布葛[214]

　　毡毯芏棉棕[62]

　　冠帽靴鞋袜[107]

　　领帕烟荷包[165]

　　枕席被褥帐[73]

　　琥珀珍珠玉[17]

　　珊瑚玛瑙晶[15]

卷之二[1301]

　　玻璃烧炼镜[17]

　　玳瑁石瓷螺[82]

　　牙角毛乐物[108]

　　纸花扇伞灯[116]

　　金银铜锡铁[99]

　　颜料药材香[374]

　　大酒茶烟叶[20]

　　糖干果油　[170]

　　腌鱼山海味[101]

　　漆器杉木樟[214]

合计 2,193

V 税关关系文书

V —1 海关手续华文书式

1 进出口货物验明核税给单式(A、B)

2 进出口货物往关号完税后给予号收式(A、B)

3 进口货物完清税课给予放行单式(A、B)

4 出口货物往关号完税后给予号收式(A、B)

5 出口货物完清税课给予放行单式(A、B)

6 出口货物斤两件数尺码总单式(A、B)

7 洋商入内地买土货请领三联单知照内地局卡查考式(A、B)

8 洋商入内地买土货请领三联报单式(A、B、C、D)

9 洋商在内买货后将报单呈缴第一子卡改给运照式(A、B)

10 华商入内地买土货三联报单式(A、B、C)

11 华商在内地买土货后将报单呈缴第一子卡改给运照式(A、B)

12 内地土货到最后之子卡由关验明核税给予验单式(A、B)

13 内地土货到最后之子卡先完内地半税单式(A、B)

14 俄商恰克图运载土货三联执照式(A、B、C、D)

15 内地土货完清半税后再运出口完纳正税单式(A、B)

16 洋货入内地完纳子口半税号收式(A、B)

17 洋货入内地完纳子口税给予运照式(A、B、C)

18 土货复进口后改运别口给予凭单式(A、B)

19 经税货物原包改运别口将收过之税发回存票式(A、B)

20 经税洋货改运别口不领存票给予免重征执照式(A、B)

21 出口经税货物该船不能尽载将货退回关役眼同验明给予退货验单式(A、B)

22 洋船进口验明吨数核计钞银给予验单式(A、B)

23 洋船进口完清税钞卸货出口给予红单式(A、B)

24 洋商雇用华式船只载运自置货物立具保单式即挂旗船办法(A、B)

25 洋药税厘并征验明货色斤两给发验单式(A、B)

26 洋药经税粘贴印花式(A、B)

27 土药验明斤两按货核税给予验单式(A、B)

28 土药经往关号完税给予号收式(A、B)

29 土药完清税课给予收税单式(A、B)

30 川土转运完清落地出口复进口等税给予免重征执照式(A、B)

31 官用物料查明照章给予免税执照式(A、B)

32 沪织机器布运入内地验明匹数给予验单式(A、B)

33 沪织机器布在江海关完清正税运往别口执照式(A、B)

34 沪纺机器棉纱运入内地验明捆数给予验单式(A、B)

35 沪纺机器棉纱在江海关完清正税运往别口执照式(A、B)

36 湖北官局棉纱在江汉关完清正税运入内地免重征凭单式(A、B)

37 湖北官局纱布在江汉关完清正税运入内地免重征凭单式(A、B)

38 各关给发德商船厂免税物件执照式附甘结清册

39 厦门常关各式单照(A-J)

V—2　厦门常关手续华文英文书式

關驗單　　　1-B

今據
　國商人　經報
　　號商船名
第
裝載
計開
　口貨物
其計
　口
稅銀
憑單持赴銀號交納足色銀函取號收呈關可也此照
光緒　年　月　日給
身字　别　國

關進　出口號收單　　　2-B

今收到
　經報
　國號
　船名
應完正稅銀
本號按照海關驗單所載銀數兌收合給號收
以憑該商持赴關憲呈請驗收可也此照
光緒　年　月　日　關銀號給單
身字　别

761

2-A

存根

進出口貨物繳納稅鈔給與號票格式

今據
國商人　經報
第　　號商船名
裝載　口貨物
計開
光緒　年
其計
口　稅銀
除發給驗單持赴銀號交納足色銀兩取號收呈關外合備存查
日給

字第　號

1-A

存根

進出口貨物往關號完稅後給發號票格式

今收到　經報　國號　船名
應完　口正稅銀
單核到相符發給號收外存根備查
光緒　年　月　日銀號給
該商繳到驗

字第　號　虎

3-B

放行單

光緒　年　月　日給
商人　報驗　船裝運進口貨物業
已在本關完清稅餉憑照放行
計開

字第　號

3-A

進口放行單存根

進口貨物清稅後給與號票格式

關監督　為給進口放行與今據　商人
報驗　船裝運進口貨物業已在
本關完清稅餉憑照放行
計開
光緒　年　月　日給

2-B

出口號收單

應完正稅銀
本號按照海關驗單所載銀數兌收合給號收
以憑該商持赴關憲呈繳驗收可也此照
光緒　年　月　日　關銀號給單

關進

寧字第
號

今收到
輕報　回　號
船名

3-B

放行單

商人
已在本關完清稅餉憑照放行
計開　　船裝運進口貨物業
報驗
寧字第
號
光緒　年　月　日　給

3-A

進口放行單存根

3

關監督　寫給進口放行與今撥　商人
報驗
本關完清稅餉憑照放行
船裝運進口貨物業已在
計開
寧字第
號
虎
光緒　年　月　日　給

4-B　關　船出口正税號收單

今收到國第　號　商船名
出口

應完正稅銀
本號按照本關驗單所載銀數兌收合給號收
以憑商持赴關憲呈請驗收可也此照
光緒　年　月　日岳州關　銀號給單

號　虎

4-A　船出口正税存根

4　出口貨物往關號完稅後給予號收式

今收到國第　號　商船名
出口

應完出口正稅銀半稅銀
核對相符發給號收外合備存查
除將繳到驗單
光緒　年　月　日　銀號給

5-B　出口放行單

今　　　　號　虎

關監督　為給出口放行事今據　商人
報驗　　船裝運出口貨物業已
完清稅餉憑照放行
計開

光緒　年　月　日給

5-A　出口放行單存根

5　出口貨物完清稅餉發給予放行單式

商人
物業已完清稅餉憑照放行
報驗　船裝運出口貨
計開

光緒　年　月　日給

6-A

根

光緒　年　月　日給

字角號

存

6
出口貨物勘驗件數總單式

為存根事　茲據　國第　號

商船駛赴出口前赴

除將該船內所裝洋老貨驗登總單外分備存查

計開

報單　號數

商名　貨色　件數　勘兩或定數丈尺　估價　單照

6-B

單總貨口

光緒　年　月　日給

出關

為給發出口貨物總單事　茲據　四

第　號西船報驗出口前赴

倉庫該船內所裝洋老貨驗給發總

海關呈請查驗須至總單者

單以憑持赴

計開

報單號數

商名　貨色　件數　勘兩或定數丈尺　估價　單照

7-B

知照單

移送

查會事本月　　日接准
國領事官文關現有　商　赴　　置買
請給三聯報單前來除填給第
號三聯報單一紙
國領事官轉將該商收執進飭該商在於三聯單內一體當堂畫押
兼註明給發日期外合行咨會
貴局請煩查考施行須至咨會者

光緒　年　月　日

關　　日接准　　商　赴　置買
號三聯報

7-A

知照單存根

7　洋商入內地買土貨需第三聯照單知照內地局卡查考式

請給第

關
為查會事茲有
商　赴　置買
號三聯報單一紙　除填給聯單並知照
局查考外合存單根備查

光緒　年　月　日

8-B

買土貨報單

關臨　依繳驗報單查准　國領事官來文內開商人　赴
明後開之貨抵埠後于山字　約半稅兩先殘報選等內除將現辦查
刊載第　第三聯單另給　即照單填明該貨件數勒爾飛送本關以
憑照單征稅須至報單者

右貨於　年　月　日出

光緒　年　月　日抵　關卡查驗運往　關卡
關號紙應另上飛送本關查收以憑征稅

8-A

土貨報單根

8　洋商入內地買土貨填領第三聯報單式

茲據　國領事官來文內開商人　赴
現辦查煮刊載第　第三聯單照章給發并合備存查須至存根者

光緒　年　月　日給

767

8-C

買土貨

關監督
為給發報單事准　國領事官來文開商人

明後開之貨抵最後子口完納半稅請先發報單等因本關合給三聯
報單並帶空白運單一紙由領事官勸該商在單上盖蓋押給領准
地方買貨際經卡第一子口呈此三聯並運單眼同子口
驗看該貨件數勳兩該卡海第一聯加封由驛移送本關第二聯按旬
備查第三聯存留子口即照運單填發送照蓋用卡回閣
防或鈐記給前往各子口呈驗蓋載放行不得唱滯該商亦不得不
若沿海私買貨隱漏垢匿里少報等弊除將各貨均勻入官外仍令該商
呈送
照單在閣完納子口半稅須至報單者
往

之報單

光緒　年　月
有貨於　年　月
日抵　卡查驗運往　關留
日由　關給發此紙應由子口隨前填送　雙墾

亢
乃角
宁

8-D

買土貨之報單

關監督
為給輸單事准　國領事官來文開商人

明後開之貨抵最後子口完納半稅請先發報單等因本關合給三聯
報單並帶空白運單一紙由領事官勸該商在單上盖蓋押給領准
地方買貨際經卡第一子口呈此三聯並運單眼同子口
驗看該貨件數勳兩該卡海第一聯加封由驛移送本關第二聯按旬
備查第三聯存留子口即照運單填發送照蓋用卡回閣
防或鈐記給南前往各子口呈驗蓋載放行不得唱滯該商亦不得不
若沿途私買貨隱漏垢匿里少報等弊除將各貨均勻入官外仍令該商
送
照單在閣完納子口半稅須至報單者

光緒　年　月
有貨於　年　月
日抵　卡直驗運往　關留
日由　關給發此紙應在第二子口照填發運照

亢
乃角
宁

9-A

運土貨往　照運根

洋商在內地買貨後將報單第二子卡改給運照式
據　國商人
通商　請領運照俟抵醫後子口再行完納內地稅可也
茲　本關照報現欲將後開土貨運往
計開

9

光緒
年
月
日

亢
乃角
虎

9-B

運土貨往

監督　關

為給雙運照事通商章程內載凡洋商在內
地置貨到子口開單註明貨物若干應在何口卸貨呈該
子口存留發給執照准其前往路上各子口查驗益戳至最
後子口報完內州稅項方許過

商人　請給運照前來經本口眼同該洋商將買定貨物
於單內一一註明　發給運照准其前往路上各子口驗查
核縣截戳放行俟將到　關設卡之處申卡幣同運貨之人赴
關完稅請領子口稅單據方准過卡若有違此例及業經報
呈到報單欲將開各土貨運注

國

照運之

明揹赴　復沿途私買或別有隱漏之獘除將各貨均入
官外仍令該商在　關照第一子口註明之貨數完納稅則
半稅如有匿單少報等情應將單內同類之貨全數入官須
至運單者
計開

光緒　　年　　月　　日
限到
右照給　　國商人　收執
關呈繳

11-A

11 華商在內地買土貨後憑報單呈繳第二千卡減胎運照式

華商運照存根

監督　關

發給華商運照存根事今據華商　行裝請運照前往內地
省
府
縣探買後開　去際發給運照據外合存
根須至存根者
計開　所買土貨

光緒　年　月　　日給此照墨　年　月　　日限滿

10-A

10 華商入內地買土貨之三聯報單式

華商報單存根

監督　關

發給華商報單存根今據華商　行裝稱現往內地
省
府
縣探買後開土貨除發給報單外合立存根
省
府
縣須至存根者

光緒　年　月　　日給此單至　年　月　　日限滿

10-B

華商買土 貨之報單

此留應存兩聯及經济商三聯單同式

監督　關　憑　号

發給華商報單章奉
總理衙門咨行本號頒到關章程
一律辦理光緒二十二年五月二十一日奉
部備文申送

碌批依議欽此抄奉行嗣凡各海關出具遊辦理督憲奉此今擴華商
逆來
此聯單由第一子口卡查驗發連照加蓋卡口關或於給記給函與行單內將第一聯存
除將連照料發外合給一聯報單由本號前往本省行單內存查即照填發運照加益遊戤或鈴
驗蓋戤放行此証至光緒
　不准買行徑至報單者
　　計開
　　　所買土貨数目

光緒
　年　月
此單於光緒
　年　月
　日給此聯單與子口照應留申送
　　　右單給華商
　　　　　　收執
　　査核

10-C

華商土貨 報單備查

監督　關　号　憑

發給華商報單備查事今擴華商
省
府
州採買後開土貨除發給報單外合發
　一聯留存土貨子卡備查須至備查者
　　計開　所買土貨

光緒
　年　月
　右貨於光緒
　　年　月
　　日張
　　　右單給華商
　　　　　收執
　此聯存土貨子口卡

11-B

華商土

字第

關監督

為

號

發給運照事案奉
總理衙門各行本衙門奏七貨親單應准辦商請領辦理江關章
程，現辦理光緒二十二年五月二十一日奉
行憑辦現往內地
遵辦運來
色呈請該商收執第一子口卡查明另色，勸重分別註明勸再
換給該商收執其餘准往路上各關
陽展近子口由卡驗起完納金繳放准
過卡赴關完稅如果沿途各關卡驗
扣留照內之貨沿途之照驗火帶總
索費等情准該商隨時稟奏鈉各關卡
除批依據抄此今據
除發給根單另色查明各色
侯領費過

照運貨

運照者

計開　所買土貨

光緒

有照給華商

此照票第二子口填票蓋百稅限六個月期辦

年　　月　　日給

收執

13-A

子稅單根

字第

號

關監督

茲據　國商人

計開

其征銀

呈繳土貨子稅

光緒

年　　月　　日

號收並運照前來除發子稅單外合行存根備查

12-A

存　根

字第

國

號商船名

關監督

裝載子口貨物

計開

其計子口半稅銀

今據　國商人　輪報

除發給鹽單持赴銀號交納足色銀兩繳取號收呈關外合行存查

第

光緒

年　　月　　日給

771

12-B

關驗單

字第　　號

今據　國商人

　　　號商船名　經報

第　裝載子口貨物

計開

國

其計子口半稅銀

憑單持赴銀號交納足色銀兩契取號收呈關可也此照

光緒　年　月　日給　如有錯誤□□□正

13-B

單稅　　土貨子

字第　號　別

關監督　為給發　去貨子稅單事　今據　國商人

照條約在最後子口報明後間土貨中卡查驗相符

給子稅單後商回赴銀號投納子口半稅：繳號收還照前來合

納子稅單收執以應過卡本關驗起如後商收遞出口冊到關報

納正稅可也□有應□少報以及隱漏串運等事輕卡查出自將各

貨照□均別入官須至稅單者

計開

光緒　年　月　日給

其征銀

14-A

恰克圖運載土貨三聯執照式

恰克圖加給執照　第一聯

恰克圖部員歲給照事今據俄國邊界官發來執照一紙
內開同治某年某月某日俄商某由本國販運洋貨幾
色其計幾箱幾包前赴天津售銷已由本部員查明貨
照相符合將原照蓋印發給並運來貨色名目逐件開
清粘於原照之右加蓋騎縫印信將此第一聯裁下作
為照根按月呈送庫倫辦事大臣衙門彙送總理衙門
備查証照
　計開
　某貨幾箱幾包
　某貨幾箱幾包

同治某年某月某日
此聯恰克圖裁下
此處恰克圖部員蓋印
恰字第幾號

14-B

恰克圖加給執照　第二聯

恰克圖部員歲給照事今據俄國邊界官發來執照一紙
內開同治某年某月某日俄商某由本國販運洋貨幾
色其計幾箱幾包前赴天津售銷並遵照總理衙門現定章程
照相符合將原照蓋印發給並運來貨色名目逐件開清粘於原照
加此三聯執照將原來貨色名目逐件開清粘於原照
之右該商運貨到張家口時應將此照呈驗該口監督
務即遵細查驗貨係口照相符方可放行該商如有酌
留二成在口銷售之貨該口應或三成減一之稅即飭
該商照完清後監督於各聯執照內一律計開以便東
壩逐州天津等處按照查驗并將此第二聯執照加蓋
騎縫印信裁留按月彙送總理衙門備查如該口查出
貨照不符即行按約扣留罰辦殊照
　計開
　某貨幾箱幾包
　某貨幾箱幾包

同治某年某月某日
此聯張家口裁下
此處恰克圖蓋印
恰字第幾號

此處張家口加印

14-D　　　　　　　　　14-C

照尾　　　聯　三第照執給加圖克恰

14-C

恰克圖邊部員發給關事今據俄國邊界官發來執照一紙
內開同治某年某月某日俄商某人由本國販運洋貨幾
色其計幾箱幾包前赴天津銷售已由本部員聲明現貨
照相符合將原照蓋印發給並遵總理衙門現定章程
如此三聯執照將原來貨色名目逐件開清粘於原照
之右該商運貨到東壩時應將此照呈驗該處委員務
即逐細查驗如張家口計有酌留一成員物亦應查照
驗明實係員照相符方可放行華將此第三聯執照加
蓋騎縫印信裁留按月彙送總理衙門備查如該處查
出貨照不符即行撥約扣留罰辦須照

計開
某貨幾箱幾包
某貨幾箱幾包
同治某年某月某日
　　此處恰克圖蓋印

14-D

恰字第幾號

後粘俄國邊界官由恰克圖原發執照一張
齊陸路章程內載明限六個月往天津繳銷此次商某
由恰運貨到津時該關將貨色驗明與照相符並將應收
稅銀收訖即飭該商將此照繳銷按月由辦理三口通商
大臣彙送總理衙門查核如該商路照不繳不准將貨銷
售切切須照
此照尾連同原照送總理衙門毋庸截留
同治某年某月某日

16-A　　　　　　　　　15-A

根存稅半口子船　　　根　　存

16-A

16

今收到　國幕　號　商船名
子口
洋貨販入內地應完半稅子口半稅票式
光緒
　年
　月
　日銀號給
應完子口半稅銀
符發給收號合備存查
陰滯繳到驗單核對相
字號　　　　　　虎

15-A

15

光緒
　年
　月
　日給
監督　關　為給發收單事今據
茲報查貨物已經完納出口稅倘裝　國商人
號商船名
運赴
除發給收單合備存查
計開
國第
口銷
號商船名

關收稅單

15-B

監督　　關

字第　　號　　為

給發收單事今據

國商人　稟報置買內地

後開貨物已經完納出口稅餉今將該貨裝載國

第

號商船名

運往　　口

銷售合行發給已竟

關出口稅餉單持赴　　關

呈驗合行發給進口稅銀不准作抵別口稅課須至收單者

計開

光緒
　年　　月　　日給
限到日呈繳

完過稅銀

右照給　國第　號商船收執

兩　錢　分　釐

存根

17-A

子第　　號

光緒　年　　月　　日給

17 洋商人為地產納子口稅給子運照式

茲據　　國商人

　　省　　府　　州縣銷

計開

報明後關各貨諸給地稅單以憑運往

該內地稅業已完訖

關船子口稅號收單

16-B

字第　　號　商船名

子口

今收到　國第　號　商船名

應完半稅銀

本號按照本關驗單所載鎮號兌收合給號收以憑該商持赴關

憲呈請驗收可也此照

光緒
　年　　月　　日關銀號給單

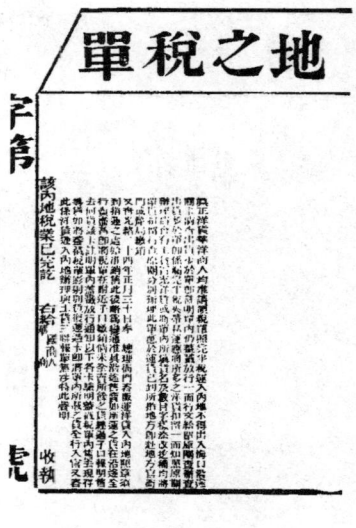
17-B
運洋貨入內
地之稅單
監督關爲
計開
收執

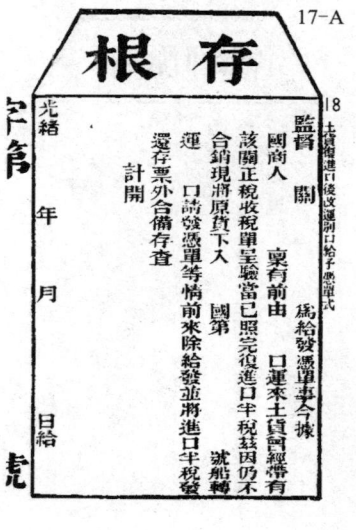
17-A
存根
監督關爲給發憑單事今據
計開
光緒 年 月 日給

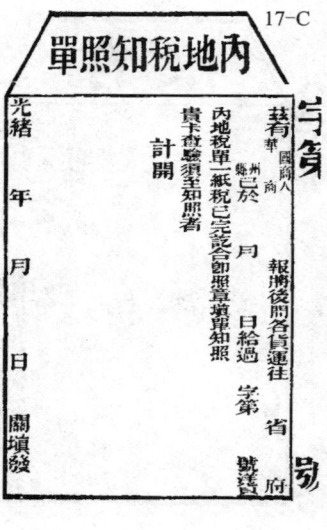
17-C
內地稅照單
茲有 國商人
報將後附各貨運往 省 府
內地稅單一紙稅已完訖合即照章繳單知照
貴卡查驗須至知照者
計開
光緒 年 月 日關填發

稅憑單

光緒　　年　　月　　日給

計開

已完正稅　18-B

號

復進口半稅應於所進之口呈交不准再發已收土貨復進
口半稅執照等因奉遵在案今據
　　國商人
裏行前由　　國第
貨曾經帶有　　號船由　　口運來土
　闕征收出口正稅收稅單呈驗當已照完
貨實經帶有
復進口半稅茲因仍不合銷現將原貨下入
　　　國第
號船轉運　　口等情前來本關查費相符除
將本關所收復進口半稅發還存票合行填發該商業已
呈過
　闕已收出口正稅收稅單之憑據給該商持赴
口查驗可也須至憑單者

存根　19-A

光緒　　年　　月　　日給

19

監督　　闕　　為給發存票事今據
　　　　　　國商人
報明後開之貨查明底簿相符前經收過稅銀
拾兩錢　分　　繳省行發給存票准其後商報
抵應完稅銀合備存查

計開

千百

存根　20-A

光緒　　年　　號船　　進口

20

監督　　闕　　為給發免重徵執照事茲據
　　　　國商人
賣除填發免重徵執照外合備存查
　　　　　　國商人
裏報後開貨物而經完納稅課今將原貨裝載
號商船名　　　運往　　　口售
計開

該貨前由第

19-B

關存票

監督　關　為給發存票事查本關徵收稅銀
後各商如遇事故或轉運別口憑票請發還稅銀即由關查明實係
原包原貨與例相合准滿該商完過稅銀發給存票以抵日後應
完之稅令據　　國商人　　　報明後關之貨
業經查與底簿相符所有已收稅銀　千　百
拾　兩　錢　分　難准其該商報抵應沿稅銀須
至存票若　計開

光緒　年　月　日給　給商　收執

號

22-B

關船鈔驗單

今據　　國商　報有　國第
船名
船載　計開
　　頓
進口請發驗單完船鈔
其計完完船鈔銀
憑單持赴銀號交納足色銀兩聖取收呈關可也此照

光緒　年　月　日

號

20-B

關發給免重征執照

監督　關　為給發免重征載照事查商
人運貨完稅課攸欽遵例運別口岸編列實係原色原
貨查與底簿相符未拆動換即應給赴其起貨後復
貨物經驗免重征載法該課完過稅令據　　國商人
號的船名　國第
發給免重征執照准其起貨免其重征載照者
此貨前由　完過稅銀

右照驗　兩　貨　船進口
　　　　　　分　收納
光緒　年　月　日限至
　　　　　　關口撥

號

21-A

21

存　根

存單外備存查

計開

報單號數

磅

包

輝數

勤哪減溫數

同件數

勤哪底數

碼號

南船出口業嗎所裝洋老貨核總單曾該船內有退過貨物若係查驗退

出口稅貨物兩船未盡裝河揮退過用另子退還填式

為名若平查利　國歸

之寬

光緒

年

月

日給

之管

遄

21-B

關退貨總單

計開

報單就數

磅

包

輝載

勤哪武吼數

回件數

勤哪底數

碼號

號南船出口業即將所裝洋老貨核給總單起因該船

內有退過貨物若干應即發退貨單以憑得起

只呈講核辦須至退貨單看

為稟發退貨單事查得　國歸

光緒

年

月

日給

写等

号

22-A

船鈔驗單存根

22 洋船進口驗明噸數核計鈔數鈐字儲單式

今據　國商　報有　國第
船名
船載　　頓
計開
進口請發驗單完納船鈔

計應完船鈔銀
憑單持赴銀號交納足色銀兩即取號收呈關可也此照
光緒　年　月　日　給單
虎
號

24-A

保執單存照

24 洋商僱用華式船後裝運貨物立具保狀式即搭憑船辦法

監督　關　合據　國商人　船運往　呈員保護請
領執照以便照後開之貨裝載
執照另合備存查
計開

光緒　年　月　日　給
虎

23-A

存根

23 洋船進口完清稅鈔卸貨進口給予紅單式

監督　關　發微收稅鈔事據　國商船投報貨物當
經過商條約章程計順科鈔稅員稅稅茲已照完清楚請發紅單前
計開
國商船名　編列第　順計鈔銀　號前往
完納船載
完納進口稅銀
完納出口稅銀
通共完銀
來除填發外合備存查

光緒　年　月　日　給
虎

23-B

關紅單

冩筭　　　　　　　　　　　　　　　　別

臨督　　關　為微收稅鈔事據　國商

船投報貨物當遵照條短章程計噸科鈔按貨科稅卽令

本商自赴銀號按照驗單完納稅鈔彙已題三淸楚呈驗號

收䫂請發給紅單前來合行填發毗訖紅單給該船主收執

須至紅單者

計開

國商船名　　　　編列

完納船鈔

完納進口稅銀　　頭計鈔銀

完納出口稅銀

通共完銀

號前往

光緒　年　月　日給

24-B

保單執照

冩筭　　　　　　　　　　　　　　　　別

臨督　　關　為給發執照事案照修改長江梳其章程第七條凡有

洋商僱用華式之船裝載洋商實係自置之貨出通商此口赴

通商彼此須請領專牌由該洋商出具切結載明該船所裝確係洋商

之物實係運往　　口赴彼口完稅等情俟前該船不按照辦理與關後

呈保單請給執照以便將俟開領之貨裝戴　　國商

口合發執照俾該船收執卽行往　　國商

簡月限內將此照總胞本關可卽須至執照者

關盍印該商卽於　　船運往

計開

光緒　年　月　日給

25-A　25

洋存藥根

洋筭　　　　　　　　　　　　　　　　號

今據　國兩人　　經報　國第

商船名　　裝載進口洋藥

計開

大洋藥　　箱　擔　拾　觔　兩

小洋藥　　箱　擔　拾　觔　兩

計進口　正稅銀　驗金銀

苫許進口

除發驗單持赴銀號交納足色銀兩製取號收外合備存查

光緒　年　月　日給

25-B

關洋藥稅

今據　國商人　經報　國第　號

商船名　　裝載進口洋藥

計開

大洋藥　箱　担　拾　觔　兩

小洋藥　箱　担　拾　觔　兩

釐併徵驗單

其計進口正稅金釐銀

憑單持赴銀號交納足色銀兩製取號收可也

此照

光緒　年　月　日給單

如有錯誤即行呈請更正

26-B

關

洋藥已完稅釐單據

填發驗單第

光緒　年　月　日給

號

26-A

存根

洋藥已完稅釐

填發驗單第

光緒　年　月　日

號

26 洋藥經販船印花式

782

28-A

存根

土藥經作關號影稅繪號收式

28

今收到　經報　國商人　　由第

號船名　　裝載

計開

土藥　　箱

應完土藥正稅銀　釐金銀

除將繳到驗單核對相符發給號收外合備存查

光緒　年　月　日　銀號給

芒角　　號

27-A

關土藥驗單存根

土藥驗作關號影稅繪字墨單式

27

今據　國商　報由　國第

號船名　裝載土藥　　口請給驗單完稅

計開

計應完　口稅　銀

憑單持赴銀號交納足色銀兩掣取收呈關可也此照

光緒　年　月　日　給單

芒角　　號

27-B

關土藥驗單

今據　國商　報由　國第

號船名　裝載土藥　口請給驗單完稅

計開

計應完　口稅　銀

憑單持赴銀號交納足色銀兩掣取收呈關可也此照

光緒　年　月　日　給單

芒角　　号

783

29-A

存　根

光緒　年　月　日給

監督　關

29　土藥完清報繳給予收執單式

為給發收單事茲據商人

報採門後開土藥口經完納

銷售除給單外令備存查

計開

稅

口税飭運往

聖

28-B

關土藥號收單

光緒　年　月　日　銀號給單

號船名

計開

今收到　經報　國商人　由第

應完土藥　正稅　銀

土藥　　　箱

本號按照本關驗單所載銀數兌收合給收以應該商持赴關

憲呈請驗收可也此照

土藥收稅單

光緒　年　月　日給　日繳銷

有照給商人

限到

收執

29-B

關　口

監督　關

給發收單事今據商人

經完納

關

口税飭運往

口税飭單持赴經繳各局卡呈請查驗照章

辦理須至收單者

計開

稟報採門税開土藥已

銷售合行發給已完

盒

31-A

存根

根存

光緒　年　月　日

芒角

虎

監督　關

31　官用物料食用顏料給予免稅執照式

計開

報由

陶給免稅專照書慈據

口面請給照免稅前來除給照外合備根存查

船裝運後開物料

30-A

土藥免重徵執照存根

川土轉運完清稅捐進出口貨物給予免重徵收執照式

關監督

稅項川土

茲據

商　包裝

售臨將宣稅票徵留另給免重徵執照外合備存查

船轉運　口銷

計開

報由宜昌關征清

光緒　年　月　日　給

芒角

虎

30

30-B

川土轉口免　重徵執照

關監　監督

為給發執照事案奉行川土新章每

百勸在內徵收浥稅銀肆兩捌錢到重慶收出浥稅銀

貳拾陸枚通前用口再徵復進口稅銀肆拾兩由各收稅處紛

與收過稅紉票除此後無論行抵何處查驗宣花稅票與貨相符

即須放行槪不重徵等因慈據

宣關稅票徵留備查並未蘭無庸重給口花外合行發給執照經

過各關卡查驗放行槪免重徵簡印花擦損私改單貨不符即

將該土照奪充公究辦須至執照者

運來土藥

商

包勸已由宜昌關徵清復進口稅浥

船轉運　口銷售渚

光緒　年　月　日

字號

右給商　收執

限到　日給　繳銷

号

32-A　存查

光緒　年　月　日

滬織機器布運入內地應明白蓋給予驗區式

茲據商人

稟報後開滬織機器布在江海關照章完

清正稅現擬運往內地

單外截根存者

計開

省　府　縣銷訖除驗

滬織機器布　疋箱　字第　號此本關　號　字

31-B　官用物料免稅專照

某關監督

光緒　年　月　日給

限刻新開繳銷

為給免稅照專案奉行准辦理衙門各局所官物料除機器照章完稅外其餘官用物料應進出口由經理之官商先赴本口監督之官商或下貨之准單并逐細開具或疑竇者開查驗蓋放行令合行給照

船裝運後開物料一體驗放

各關監督驗明情形不得留難持赴新開查驗放行須至照者

特給免稅前來合行給照

計開

口岸滿給照免稅前來

32-B　滬織機器布運

某關監督

光緒　　馬

為給繳驗單事案照上海機器織布局所織布定光緒八年奏奏

北洋大臣李　　奏准在上海零星銷售者可照中西通例免完稅如由上海運銷內地及分運通商他口轉入內地應照洋布花色均在上海新開完一正稅機免內地沿途完稅銷等因遵照在案兹據商人

稟報後開滬織機器布已在江海關照章完正稅擬

運往　省　府　縣銷售訖給發驗單

等情據此合行給單准赴沿途關卡查驗蓋銷放行免

入內地之驗單

光緒　年　月　日給

徵沿途完稅竊仍不得出入海口偷查出貨少於單即註明單內仍盜載放行一面行文知照本關查明辦理如查出貨多於單即係夾帶私運及以真正洋布換改挖補者均即扣留知影射或將單內所填項目字樣添改挖補者均即扣留知照本關查究罰新須至驗單者

計開

滬織機器布　疋到　字第　號此本關記號　字　收執

右照給訖

此單應於運售已到所指地方即赴地方官衙門繳銷

34-A

存查

弓箭　字
虎

光緒　年　月　日

34

兹據機器棉紗自何處運入內地給字驗運式

兹據商人

現擬運往內地　　省　　府　　州縣售賣除給開外截根存查

稟報後開遏紡機器棉紗前在江海關照章完清正稅

計開

遏紡機器棉紗　　細目　　字第　　號此本關記號　字

虎

33-A

存查

弓箭　字
虎

光緒　年　月　日

33

滬織機器布在江海關完清正稅在此別口執照式

兹據商人

稟報後開滬織機器希已在江海關完清正稅呈驗

憑單將原貨裝截第　　號　　輪船運往　　口售賣除

填發執照外截根存查

計開

滬織機器布　　疋到　　字第　　號此本關記號

33-B

照執口別往運布器機織滬

弓箭　字

督辦江南海關分巡蘇松太兵道

為

給發執照事據商人

稟報後開滬織機器希已在江海關

完清正稅呈驗單憑貨裝截第　　號　　輪船運往

口售賣當經查驗單憑歷屆貨源販運相符合行發給

執照為此給照准將後開貨物運赴該口須妥執照

光緒　年　月　日給限　　關日繳

字

計開

滬織機器希　　疋到　　字第　　號此本關記號

右照給商人

收執

滬紡機器棉紗運　　34-B

醬關分

滬字第

為　　号

給發驗單事案照上海機器軋花紡織局所紡棉紗光緒十六年奏奉
北洋大臣李　批示機器紡紗新局軋出花紡成棉紗之用
其所出棉紗除供給局應用運往市就地銷售外如有多徐販運出口應免
税項進經棉布局所織布定由上海運內地及分運通商他口轉入內地
照洋紗上海新關完正税概免內地沿途現釐甚現
覆報後滬紡機器棉紗已在江海關完清正税凝運往　省　府
醫縣前售嗜給發驗單等情據此合行給單准赴沿途關卡呈驗蓋

入內地之驗單

計開

　滬紡機器棉紗

　　　　綑　　類　　字第

　　　　　　號垫本關記號
　　　　　　　　　　收執

截放行嗜出運棉紗不得出入海口倘查此貨不於單內註明運
內仍蘇放行一面行文知照本關查明辦理如查出貨夾於單內係夾
帶私運偽以真正洋紗並照項土貨圖克影射戒罰賣內所填數量字
様添改挖補者均即扣罰知照本關查究罰辦須查驗留者

光緒

　　　年

　　　　月

　　　　　日

此貴應於運單到所指地方即赴揷門或蘇局繳銷

存查　　35-A

存

查

35

起滬機器棉紗在江漢關完清正税運進別口執照式

茲據商人

驗憑單濟原貨裝載第

　　　　號　輪船運往

執照外截根存查

　　　計開

　　滬紡機器棉紗

　　　綑　担　箱

　　　宰　　號垫本關記號
　　　　　　字

存根　　36-A

存

根

36

湖北官局棉紗在江漢關完清正税運往內應憑單繳銷

茲據商人

　運內地

　　計開

　湖北紡紗官局棉紗

　　　　　　　勃

報有關別局棉紗前在江漢關完清税項全繳驗

銷售除給繳單外截根存查

光緒

　　年

　　月

　　日

35-B

滬紡機器棉紗運往別口執照

督辦江南海關分巡蘇松太兵備道　為

第　字　　　號

發給執照事據商人　　　　呈報後開運紡機器棉紗已
在江南關完清正稅呈報游歷貨裝載第　　號　輪船
運　口舊嶲局經查驗係原包原貨核與底冊相符合行
發給執照此給照准將後開貨物運赴該口須手執照署

計開

滬紡機器棉紗　桶　捆　字第　號地本關記號

光緒　年　月　日給限　關日繳　收執

右照給商人

36-B

湖北紡紗官局棉

關　　第　字　　　號　　為

發給憑單事案照湖北紡紗官局紡出棉紗援照
湖廣總督部堂張　奏准在湖北武昌漢口完正銷官照中
西通例免完稅籲如由武昌運內地及分運通商口岸轉
入內地應照洋布洋紗花包均在江漢關完一正稅概完內
地沿途稅釐以暢土貨而便民用等因行令遵辦往案茲據
商人　　報有後開關官棉紗前在江漢關完正稅合行給
今疑轉運內地　　　　　　　　　銷價請給單前來合行給
發憑訊准赴沿途關卡查驗棉紗雙能抱珠方將為記有武
昌紡紗官局字樣蓋戳放行免完內地稅籲如查出貨少於

紗轉運內地憑單

單即註明單內仍蓋戳放行一面行文知本關查明辦理
如查出貨多於單即保夾帶私運以及真止洋紗並非別土
貨冒充影射或將里內所填城口字樣添改挖補者均即扣
留知照本關查究罰辦須至憑單者

計開

湖北紡紗官局紗

光緒　年　月　日

右單給商人

此單應隨貨包已到之處赴地方官衙門或釐局繳銷　收執

37-A

存 查

湖北官布局紗布在江漢關完納正稅運入内地驗查並憑運運式

湖北官布局紗布
計開
截根存查
稅項令擬轉運
兹據商人
報有後開官紗布已在江漢關完納正稅清

省　府　州縣銷售除給還單外

光緒　年　月　日

定銷

虎　字第　號

37-B

湖北官布局紗布　運入内地之憑單

給發憑單事案照湖北官布局統捐紗布於光緒十九年春經
湖廣總督部堂張　奏准在湖北武昌漢口等墅設
售照中西通例免完稅釐由武漢運運内地及分運通
商口岸轉入内地應照洋布洋紗花色均在江漢關完一
正稅概免内地沿途稅釐以暢土貨而便民用等因令
遵照在案茲據商人
漢關照章完清正稅令擬運往　省　府
州縣銷售請給單前來合行給發憑單准赴沿途關卡查驗
布定雙龍捧日為記有湖北官布局字樣蓋戳放行免徵

内地稅釐如查出貨少於單即註明單内仍蓋戳放行一面
行文知照本關查明辦理如查出貨多於單即係夾帶私運
以及真正洋布並别項土貨冒充影射或將單内所填數目
字樣添改控補者均即扣留知照本關查究罚辦須至憑…
者
計開
湖北官布局紗布
光緒　年　月　日
右單給商人　收執
定銷
此單應於運貨已到之處赴地方官衙門或釐局繳銷

字第　號　為

790

船廠免稅物料執照附甘結式

關稅務司為給發執照事現據

業主

或代辦廠務之人

在於

關設船廠其廠內需修船物件均應

呈具甘結

遵照

總稅務司西歷一千八百八十一年九月十七日即光
緒七年閏七月二十四日在京頒發清冊內開修船免
稅各物名目辦理因此發給執照自具結之日起至該
結經關註銷之日止凡有該廠運修船各物進口實
保按照所具之結辦理准其一律免稅須至執照者

光結　年　月　日給發　毛

甘結式

甘結人廠主

在於

或代辦廠務之人

因有船廠名　開設今在　關

稅務司案下具呈甘結自具此結之後情願遵照結內
後開條款辦理所具甘結是實

為開設船廠需用修船物件係遵照

中國光緒七年七月二十四日在京頒發免稅章程

總稅務司西歷第一千八百八十一年九月十七日即

一修船免稅各物不論何時進門貨色斤兩件數以及長短寬闊若干

單報關須將船名貨色斤兩件數詳細開明經關查驗後發給益印准單方准起入

等情詳細開明經關查驗後發給益印准單方准起入

本廠棧房倘未先行報明擅自起棧者經關查出悉聽

照章入官並照後開違犯之條辦理

二修船免稅物件進口報關起棧時係但作修船之用

並不他用

三修船免稅物件一經起入本廠棧房應頒發章程

設立清薄將各項物件立即按類詳細登記其冊取名

船廠修船免稅各物清冊所有清冊式樣式樣

附列於後

四修船免稅各物係於何日修理何船並船內何處地

方動用某類物件若干詳細註明冊內

五修船免稅物件進廠後如欲製作新船或舊船改新

或將短改長或夾板改為輪船或明輪改作暗輪或暗

輪改作明輪以及賣與他人不作修船之用者應由本

廠先行開關赴關報明隨將項物之用需用若干或賣

出若干請發補稅驗單立即照例完稅倘有稅則未經

賤載者均按值百抽五之例完納再此項物件均應先

行完稅方可動用或發賣出廠一面於清冊內將各物

斤兩價值並如何使用等項出行名稅數等項一律登記

註銷

六所立免稅物件清冊凡冊內物件一有動用或賣出

本廠自應遵照逐日隨時按類詳細登記註銷不得遲

誤

791

七海關人員不論何時聽憑到廠觀視工作廠內屯貯
之所無論何處可以任便查驗各項材料用過若干仍
存若干並可索冊核閱本廠主不得攔阻並不准所用
一切人等有所阻撓
八以上條款本廠主及所用一切人等如有違犯情願
認罰關平銀五百兩呈交海關並可由海關將該甘結
註銷交回本廠或移交本管領事官發還並於此時飭
由本廠將廠內所存二冊物件一律照章完稅以後本
廠如再有修船物件進口一槪不准免稅
九所具甘結呈交
　　關稅務司處存案
光緒　年　月　日具甘結人
　　　　　在此書押
　　　領事官監視畫押加蓋印信

再呈具甘結人嗣後如有更換應由原具甘結之人先
行報明海關稅務司查照將該舊結撤銷飭令換具新
結其冊簿無庸更易以歸簡便

清冊式
進口式
　年　月　日
船名
勉類
勉兩
丈尺

價值
動用或賣出
　年　月　日
船名
因何動用或賣出
買主
勉兩
丈尺
價值
完稅
餘賸
價值
丈尺
勉兩

以上單照各式

792

廈門關稅務司阿為

出示曉諭事照得廈門常關稅項年紲一年月短一月道原其故

開因白船多隸外洋而大小北島艚各民船此十年內幾乎無一

來廈兹據某船行稟稱廢地口岸素稱南北通商之埠利之場

舟車雲集之區何意邇來埠頭冷靜生理變遷因文武口例等

費浩繁入不供出船費難堪致使大小船戶不敢進口交易查同

治五年經蒙

閩浙總督左准子裁免文武口例經有勒碑存案嗣後各商船

發文武口官復執前規將情俲此本稅務司接閱之餘不勝詫異

似此軍規費致令船隻畏縮不前直係自絕餉源而己如果所

稟情形屬實定非明幹文官員所為必係各署糊塗差役擅自

私索賞經函詢

各衙門應行完納何項規費若干旋准函覆以商船進口本署並無規費所輯各口有無

徵收提釐通飭查禁

提督軍門錫陳函覆以商船進口按照丈量徵收設經費此外並

稅釐分府鄭無別收規費

廢防分府鄭覆以各船進口應收規費業經奉飭裁免各等因

准此合行示諭仰各船戶知悉現任文武口費均經裁免除

關等船隻無須長縮儘可回廢貿易進口直到本關掛號領牌隨

照章完納稅例及釐局護費外其餘各署差役私索毋庸給予如

有阻礙之處准與明稅務司稟辦惟各船務宜循照例章不得違

犯致干查究切切特示

光緒二十九年　十月　初十　日

39–B

CARGO JUNK LICENSE.

SPECIAL PERMISSION is hereby given to Junk

    Number

    Description

    Tonnage

    Master

    Owner

to carry EXPORT and RE-EXPORT CARGO from AMOY to

N.B.—This junk is not allowed to bring any Dutiable Import Cargo from inland to Amoy, but she may bring Duty-free Goods. She is also not allowed to go to other places than that mentioned above.

Commissioner.

AMOY,   190

39-C

准駛內港餉渡牌照

厦門關稅務司　　　　　　　　　　　　　　爲

給發牌照事照得兹據餉渡請准運儎進口並復出口貨物前往內
港貿易等情合行給牌爲此牌仰該餉渡收執准其運儎進口並復
出口貨物前往牌內所揹地方恪守向章安分經營照完例欵餉有
違章偷漏立即關辦並將牌照撤銷停止貿易須至牌照者

右牌給餉渡

准此

號數
船式
船戶
船主
担數
往水

光緒　　年　　月　　日給

39-D

REGULAR JUNK LICENSE.

SPECIAL PERMISSION is hereby given to Junk

    Number

    Description

    Tonnage

    Master

    Owner

to carry IMPORT and RE-EXPORT CARGO for or from AMOY from or to

    N.B.—*This junk is allowed to bring any Dutiable Import Cargo from inland to Amoy, as well as Duty-free Goods, but she is not allowed to go to other places than that mentioned above.*

Commissioner.

AMOY,   190

3

准　駛　內　港　貨　渡　牌　照

39-E

厦門關稅務司　為

給發牌照事照得茲據土船請准運儎復出口貨物前往內港貿易

等情合行給牌為此牌仰該土船收執嘅准運儎復出口貨物前往

牌內所指地方恪守向章安分經營照完例欸倘有違章偷漏立即

罰辦並將牌照撤銷停止貿易須至牌照者

右牌給土船

號數
船式
船主
船戶
担數
往來

光緒　　年　　月　　日給

准此

797

光緒　年　月　日　廈門關稅務司　爲

發給

土船

計開

Pass-book No.

Junk

Amoy,　　　　　　190

給發牌簿事照得前奉福州
將軍劄文以廈門口周圍五
十里內常關徵稅事宜歸
新關稅務司兼辦等因合將
應辦章程諭飭各船戶客商
遵照以免無知誤犯致受重
累

39-G

LIKIN PROTECTION DOCUMENT

護　商　執　照

福建通省釐捐總局司道

給護事照得本總局整頓海防所有各局護費分別各商漁船為

稟草捐派富稟本

兩院遵核准飭在福州福寧廈門等處設立海防局委員認真

稟辦所有商漁船戶到局捐輸請護應行給子護照收執以便

沿途舟師查驗護送茲據　　　　縣船戶　　　裝載

前往　　　　處起卸應相海防經費銀　　　兩

已在　　　局州繳清楚合行給護為此照給該船戶收執

須至護照者

光緒　　年　　月　　日給

39-H

AMOY NATIVE CUSTOMS DUTY PROOF.

VESSEL.	NUMBER.	FOR OR FROM.

CARGO.

Valid only for   hours from time of issue.

39-I

厦門常關放行單

第　　　　　　　　　　　號

載貨列後

光緒	例欵	正税
年		共洋銀
月		
日給		

船名　　　　船戶　　　　由　往

此單發給船戶商人收執

39-J

厦門常關收稅單

光緒	側狀	正税		載貨列後	第
					船名號
年		共洋銀			船戶
月					由往
日給					

此一聯交船戶商人持趁銀號兑銀董印呈回存據

VI 镇江关相关资料

镇江关华商船只各项税钞银两数目

(1902 年 10 月 2 日—12 月 31 日)［参照第 338 页补注］

二品衔常镇通海道管理镇江关税务刘燕翼

呈谨将镇江关自光绪贰拾捌年捌月叁拾日起至拾贰月初贰日止第

壹百陆拾玖结征收华商船只各项税钞银两数目造具清册呈送

查核须至册者

计　开

A　征收华船进口正税项下（No. 1—28）

1. 光绪贰拾捌年玖月初叁

　日即英壹千玖百贰年拾月初肆日

招商局江裕轮船上海来

　铅粉壹件壹百捌拾捌斤　　正　陆钱伍分捌厘

　炉底根壹百捌拾玖斤　　　正　伍钱陆分柒厘

　花干贰件贰百捌拾斤　　　正　肆钱贰分

2. 玖月初拾日_{英拾月拾壹日}

招商局江宽轮船上海来

    面粉拾件叁百柒拾伍斤　　　正　柒钱伍分

    上纸肆件贰百拾叁斤　　　　正　叁两壹钱玖分伍厘

美商泰昌行经报中国安

康划艇上海来起卸

    东洋煤伍百吨　　　　　　　正　壹百叁拾柒两伍钱

3. 玖月拾贰日_{英拾月拾叁日}

招商局江孚轮船上海来

    淡菜贰件　　　　　　　　　正　壹钱壹分

4. 玖月拾肆日_{英拾月拾陆日}

（拾伍日）

招商局江裕轮船上海来

    家伙陆件

    伙食壹件　　　　　　　　　正　贰两柒钱壹分壹厘

5. 玖月拾伍日_{英拾月拾陆日}

招商局江孚轮船上海来

    鲍鱼壹件叁拾斤

    药材贰件肆担

    药材玖百捌拾捌斤　　　　　正　拾柒两贰钱捌分

6. 玖月贰拾日_{英拾月贰拾壹日}

招商局江永轮船上海来

    降香柒百肆拾斤

    葡萄干壹件壹百伍拾斤　　　正　肆两陆钱

7. 玖月贰拾贰日_{英拾月贰拾叁日}

招商局江宽轮船上海来

    黑海参贰件肆百肆拾斤　　　正　拾陆两陆钱壹分陆厘

什物陆件

招商局江裕轮船上海来

海菜贰件

淡菜贰百伍拾玖斤 正 壹两捌钱壹分贰厘

青皮子壹百伍拾斤

8. 玖月贰拾陆日英玖月贰拾柒日

招商局江孚轮船上海来

洋线肆拾叁斤柒两

药材叁件 正 柒两捌钱捌分

香芄柒拾柒斤

9. 玖月贰拾玖日英拾月叁拾日

招商局江永轮船上海来

药材贰件 正 贰两捌钱玖分壹厘

药材壹件

10. 拾月初伍日英拾壹月陆日

（肆日）

招商局江宽轮船上海来

蛤蚧贰百贰拾对

大海子壹百玖拾斤

皮杠贰件叁拾贰斤

蔺丸等陆千叁百陆拾盒 正 捌两伍钱玖分伍厘

蔺丸等 叁拾斤

淡菜壹百叁拾贰斤

淡菜贰百肆拾斤

11. 拾月初捌日英拾壹月玖日

（柒日）

招商局江裕轮船上海来

香芄拾柒斤

药材叁件　　　　　　　　　正　叁两壹钱伍分捌厘

12. 拾月拾贰日_{英拾壹月拾壹日}

招商局江永轮船上海来

淡菜玖拾斤　　　　　　　　正　壹钱捌分

13. 拾月拾捌日_{英拾壹月拾柒日}

招商局江宽轮船上海来

黄丹拾件拾玖担陆拾贰斤　　正　捌两捌钱贰分玖厘

14. 拾月贰拾贰日_{英拾壹月贰拾壹日}

招商局江裕轮船上海来

黑棉羽毛捌匹

色棉羽绫肆匹

黑棉意大利布拾匹

色棉意大利布贰匹

黑花棉意大利布壹匹　　　　正　拾捌两陆钱壹分陆厘

色花棉意大利布拾壹匹

印花标叁匹

照相器具壹件

淡菜伍百玖拾斤

15. 拾月贰拾叁日_{英拾壹月贰拾贰日}

招商局江孚轮船上海来

乳香贰百陆拾斤

枳壳壹百拾肆斤

乳粉贰百伍拾斤

贡香粉伍百柒拾斤　　　　　正　拾肆两壹钱壹厘

丁香贰百柒拾斤

药材玖百柒拾伍斤

柯子壹百玖拾斤

枳壳壹百拾肆斤

16. 拾月贰拾伍日_{英拾壹月贰拾肆日}

招商局江永轮船上海来

桂圆贰拾叁担　　　　　　　正　拾两叁钱伍分

17. 拾月贰拾玖日_{英拾壹月贰拾捌日}

招商局江宽轮船上海来

香芄拾捌斤

青皮贰百柒拾斤　　　　　　正　柒钱贰分玖厘

招商局江裕轮船上海来

麻线壹百贰拾叁斤　　　　　　正　叁钱陆分玖厘

砂壳叁百肆拾斤

铅粉伍件玖百伍拾斤

檀香拾捌担玖拾肆斤

檀香粉拾壹担肆拾斤

血竭陆拾伍斤

上冰片壹斤半　　　　　　　　正　叁拾两玖钱捌分肆厘

田柒玖斤半

草扣仁玖担

肉菜壹百拾肆斤

丁香贰百叁拾伍斤

月石壹百陆拾伍斤

檀香粉伍百柒拾斤

扣仁壹百拾肆斤

没药壹件贰百叁拾伍斤　　　　正　肆两陆钱玖分伍厘

没实子拾玖斤

天竺黄拾玖斤

　　　　甲片柒拾伍斤

18. 拾壹月初叁日英拾贰月初贰日

　　招商局江孚轮船上海来

　　　下燕窝贰百贰拾斤　　　　　　正　叁拾叁两

19. 拾壹月初陆日英拾贰月初伍日

　　招商局江裕轮船上海来

　　　棉纱陆件拾捌担　　　　　　　正　拾柒两壹钱

20. 拾壹月初玖日英拾贰月捌日

　　招商局江永轮船上海来

　　　烟丝叁担

　　　下等纸烟拾万支　　　　　　　正　叁拾陆两伍钱陆分贰厘

　　　什物肆拾柒件

21. 拾壹月初拾日英拾贰月玖日

　　招商局江宽轮船上海来

　　　色提花布叁拾匹　　　　　　　正　拾两贰钱伍分

22. 拾壹月拾贰日英拾贰月拾壹日

　　招商局江裕轮船上海来

　　　桂皮贰拾贰斤

　　　青皮壹百伍拾斤

　　　洋酒肆件　　　　　　　　　　正　贰两贰钱肆分

　　　常山壹百贰拾伍斤

23. 拾壹月拾柒日英拾贰月拾陆日

　　招商局江孚轮船上海来

　　　皮杠贰件叁拾斤

　　　药丸等壹百陆拾玖斤拾贰两

　　　党参伍斤　　　　　　　　　　正　肆两壹钱柒分叁厘

　　　木香伍斤

枳壳伍斤

24. 拾壹月贰拾日_{英拾贰月拾玖日}

招商局江永轮船上海来

药材陆百贰拾伍斤　　　　　正　壹两伍钱玖分

东洋丝　壹百叁拾柒匹

布拾壹件　　　　　　　正　拾叁两玖分

东洋棉　壹百玖拾叁匹

25. 拾壹月贰拾叁日_{英拾贰月贰拾贰日}

招商局江宽轮船上海来

什物壹件

食物壹件　　　　　　　正　玖两陆钱捌分壹厘

药材捌拾壹打半

26. 拾壹月贰拾陆日_{英拾贰月贰拾伍日}

招商局江永轮船上海来

皮箱叁只

药丸等壹百柒拾叁斤拾贰两　正　拾两玖钱叁分叁厘

什物壹件

27. 拾壹月叁拾日_{英拾贰月贰拾玖日}

招商局江宽轮船上海来

果皮肆百伍拾斤

已载肉壹百拾伍斤

杏仁壹百拾伍斤　　　　　正　拾两捌钱陆分伍厘

檀香拾伍担叁拾斤

28. 拾贰月初壹日_{英拾贰月叁拾日}

招商局江裕轮船上海来

烟丝叁件肆百伍拾斤　　　正　肆两贰钱柒分伍厘

以上共收银肆百陆拾叁两伍钱陆分柒厘

B　征收华船出口正税项下（No.29—73）

29．光绪贰拾捌年玖月初贰日英壹千玖百贰年拾月初叁日

招商局汪裕轮船往上海

金针菜拾陆件伍拾担

金针菜拾陆件伍拾柒

担伍拾斤

金针菜拾陆件伍拾柒

担伍拾斤

金针菜拾陆件伍拾贰担

金针菜叁拾柒件壹百　　　　正　壹百肆拾玖两贰钱捌分

贰拾担

金针菜贰拾壹件陆拾

柒担

金针菜拾肆件伍拾担

金针菜拾陆件伍拾担

金针菜伍拾担

瓜子贰百担　　　　　　　　正　贰拾两

莲子贰百捌拾斤

芡实壹百伍拾柒斤

荆芥贰拾肆担　　　　　　　正　肆两壹分壹厘

枸杞肆百肆拾斤

枣　拾肆担陆拾斤

干贰拾件

枣　拾肆担

鸡毛拾担　　　　　　　　　正　叁拾肆两捌钱贰分伍厘

芝麻壹百陆拾伍担

绸子叁拾叁斤

绸子叁拾叁斤

绸子壹百肆拾陆斤

绸子肆拾伍斤

绸子叁拾玖斤

绸子伍拾肆斤

绸子肆拾伍斤　　　　　　　　　正　柒拾捌两叁钱陆分

绸子叁拾玖斤

绸子肆拾伍斤

绸子肆拾伍斤

绸子叁拾玖斤

绸子肆拾伍斤

绸子肆拾伍斤

银鱼拾件拾贰担柒拾斤　　　　　正　陆两伍钱柒分捌厘

木耳叁拾捌斤

招商局江永轮船往上海

瓜子叁拾担

瓜子叁拾壹担

瓜子叁拾担　　　　　　　　　　正　拾伍两伍钱贰分陆厘

瓜子陆百伍拾斤

金针菜肆百捌拾斤

麻绳贰拾伍担陆拾斤

该船又往九江

金针菜拾陆担肆拾斤　　　　　　正　肆两肆钱贰分捌厘

该船又往汉口

金针菜贰拾担

红枣拾壹担

　　　　猫鱼肆百捌拾斤

　　　　绸子肆拾斤　　　　　　　正　贰拾柒两捌钱陆分贰厘

　　　　绸子玖拾斤

　　　　皮衣壹件

　　　　绸子贰斤陆两

　30. 玖月初伍日_{英拾月陆日}

　　招商局江孚轮船往上海

　　　　金　伍拾担

　　　　　　针菜叁拾叁件　　　　正　贰拾柒两

　　　　金　伍拾担

　　　　瓜子壹百担

　　　　瓜子伍拾担　　　　　　　正　贰拾伍两

　　　　瓜子壹百担

　　　　白丝伍担　　　　　　　　正　伍拾两

　　　　绸子壹百拾捌斤

　　　　绸子壹百贰拾肆斤

　　　　绸子柒拾贰斤

　　　　绸子壹百叁拾陆斤　　　　正　柒拾陆两伍钱陆分

　　　　绸子玖拾贰斤

　　　　绸子叁拾玖斤

　　　　绸子伍拾柒斤

　　　　猪　叁拾担陆拾斤

　　　　　油　　　　　　　　　　正　贰拾壹两陆分

　　　　猪　贰拾玖担伍拾捌斤

　　　　熟　贰拾捌担捌拾斤

　　　　　猪油　　　　　　　　　正　贰拾肆两捌分

　　　　熟　肆拾担

令中丝头壹百叁拾伍斤

杞根壹百陆拾陆斤

芡实陆百肆拾斤　　　　　　　　正　肆两陆钱捌分陆厘

香草拾肆担

枣干拾柒担伍拾斤

枣干拾担柒拾斤　　　　　　　　正　拾肆两捌钱肆分

枣干拾肆担陆拾斤

白芝蔴拾柒担伍拾斤　　　　　　正　贰拾贰两肆钱柒分陆厘

眉豆叁百叁拾伍担贰
　　拾贰斤

火腿肆拾担柒拾斤

火腿拾壹担陆拾斤　　　　　　　正　肆拾两伍钱玖分

火腿贰拾壹担伍拾斤

桂圆叁百拾伍斤

药材玖拾壹斤　　　　　　　　　正　贰两贰钱柒分

丝尼头拾陆斤

招商局江宽轮船往上海

　猫鱼玖百陆拾斤　　　　　　　正　壹两玖钱贰分

31.　玖月初陆日 英拾月柒日

招商局江裕轮船往芜湖

　金针菜拾叁担贰拾斤

　金针菜伍百肆拾斤　　　　　　正　陆两肆钱捌分

　金针菜伍百肆拾斤

该船又往汉口

　竹篦　贰百张

　木器贰件叁斤

　竹篦　叁千叁百柒拾张　　　　正　叁两玖钱陆分伍厘

荆芥叁百贰拾伍斤

该船又往汉口

　竹　　伍百伍拾张

　竹篦叁件叁千张　　　　　正　伍两陆钱柒分伍厘

　竹　　壹千捌百伍拾张

　京冬菜陆百伍拾斤　　　　正　拾柒两贰钱贰分伍厘

　火腿贰拾陆担

　绸子玖拾贰斤

　绸子伍拾柒斤　　　　　　正　贰拾叁两壹钱陆分

　绸子肆拾伍斤

32. 玖月初玖日_{英拾月拾日}

招商局江永轮船往上海

　金针菜柒拾伍担

　金针菜柒拾伍担

　金针菜伍拾担

　金针菜伍拾担

　金针菜柒拾伍担　　　　　正　壹百肆拾捌两伍钱

　金针菜柒拾伍担

　金针菜伍拾担

　金针菜伍拾担

　金针菜伍拾担

　瓜子玖拾柒担

　白瓜子贰拾捌担　　　　　正　拾贰两伍钱

　茶叶贰百陆拾斤　　　　　正　叁两贰钱肆分

　绸子叁拾柒斤

　绸子叁拾柒斤　　　　　　正　捌两捌钱捌分

　白丝伍担

茧衣拾担 　　　　　　　　正　伍拾捌两

鸡蛋柒千贰百个

枣干贰拾柒担贰拾捌斤

车前子贰百陆拾壹斤 　　　正　拾陆两叁钱玖分伍厘

篓皮叁百伍拾斤

鸡蛋壹万肆千肆百个

红花叁百拾斤

芡实拾肆担贰拾斤

莲子壹百肆拾陆斤 　　　　正　拾叁两柒钱

麻拾柒担捌拾斤

招商局江孚轮船往芜湖

　绸子伍斤 　　　　　　　正　陆钱

该船又往九江

　金针菜拾伍担玖拾斤 　　正　肆两贰钱玖分叁厘

该船又往汉口

　火腿拾件贰拾肆担伍拾斤　正　贰拾叁两陆钱柒分伍厘

　绸子捌拾伍斤

33. 玖月初拾日英拾月拾壹日

招商局江宽轮船往上海

　金针菜壹百担

　红枣肆拾贰斤

　红枣柒拾贰斤 　　　　　正　贰拾柒两叁钱肆厘

　红枣贰百贰拾叁斤

34. 玖月拾贰日英拾月拾叁日

招商局江裕轮船往上海

　金针菜伍拾担

　金针菜伍拾担 　　　　　正　伍拾贰两玖钱伍分陆厘

金针菜陆拾贰担捌拾斤

红枣壹百担

金银花叁百柒拾斤

芡实捌百陆拾斤

枣干陆拾担肆拾斤　　　　　正　叁拾壹两贰钱贰分伍厘

槐米肆拾捌担

令巾壹百贰拾斤

火腿拾玖担肆拾斤

火腿拾担贰拾伍斤　　　　　正　叁拾叁两陆钱叁分叁厘

火腿叁拾壹担伍拾斤

绸子贰拾肆斤

绸子肆拾伍斤

绸子叁拾玖斤

绸子叁拾玖斤

绸子肆拾斤　　　　　　　　正　陆拾捌两陆钱肆分

绸子壹百拾贰斤

绸子壹百柒斤

绸子壹百拾伍斤

绸子伍拾壹斤

白丝柒担　　　　　　　　　正　柒拾两

乱丝头拾壹担肆拾玖斤

乱丝头拾贰担拾贰斤　　　　正　叁拾捌两壹钱玖分

乱丝头拾肆担伍拾捌斤

纸箔伍拾玖斤

鱼肚贰百伍拾斤　　　　　　正　贰两肆钱陆分叁厘

35. 玖月拾叁日^{英拾月拾四日}

招商局江永轮船往芜湖

　　金针菜陆百肆拾斤

　　金针菜陆百伍拾斤　　　　　　正　叁两柒钱捌分叁厘

　　藕粉贰件壹百贰拾斤

该船又往九江

　　金针菜伍拾担

　　绸子柒斤拾贰两　　　　　　　正　拾肆两肆钱叁分

该船又往汉口

　　火腿贰拾陆担柒拾贰斤

　　银鱼柒件肆百贰拾斤　　　　　正　贰拾伍两伍钱伍分陆厘

　　绸子柒拾叁斤

36. 玖月拾陆日^{英拾月拾柒日}

招商局江孚轮船往上海

　　金针菜壹百担　　　　　　　　正　贰拾柒两

　　壹等白芍拾壹担陆拾斤

　　贰　又　玖百陆拾斤　　　　　正　陆两陆钱玖分

　　叁　又　柒担

　　壹等白芍拾陆担捌拾斤

　　贰　拾肆担贰拾斤
　　　　等白芍

　　叁　捌佰捌拾斤　　　　　　　正　玖两玖钱肆分伍厘

　　肆等白芍叁百玖拾斤

　　壹　拾柒担
　　　　等白芍

　　贰　拾肆担肆拾斤

　　　　　　　　　　　　　　　　正　拾两陆分

　　叁　捌百捌拾斤
　　　　等白芍

　　肆　　肆担

　　鸭毛伍拾贰担　　　　　　　正　拾捌两贰钱

　　绸子伍拾柒斤

　　绸子肆拾陆斤　　　　　　　正　贰拾捌两捌钱

　　绸子壹百叁拾柒斤

招商局江宽轮船往芜湖

　　时罗贰件肆百捌拾捌斤　　　正　壹两玖分捌厘

　　绸子贰斤拾两　　　　　　　正　叁钱壹分伍厘

该船又往九江

　　苔菜贰百叁拾斤　　　　　　正　壹两壹钱伍分

该船又往汉口

　　竹　肆百张

　　　篦贰件　　　　　　　　　正　叁两柒钱捌分

　　竹　叁千壹百捌拾张

　　银鱼陆百玖拾斤　　　　　　正　叁两肆钱伍分

　　绸子陆拾伍斤

　　绸子伍拾柒斤

　　绸子壹百伍斤　　　　　　　正　叁拾捌两捌钱捌分

　　绸子玖拾柒斤

　　绸子玖拾捌斤

　　绸子柒斤　　　　　　　　　正　拾贰两玖钱伍分叁厘

　　绸子贰斤拾伍两

37. 玖月拾玖日英拾月贰拾日

招商局江永轮船往上海

　　红枣肆拾伍担

　　金针菜伍拾担

　　金针菜陆拾担　　　　　　　正　肆拾捌两陆钱

金针菜伍拾伍担

绸子肆拾肆斤

绸子肆拾伍斤　　　　　　　　正　拾肆两伍钱贰分

绸子叁拾贰斤

白丝陆担　　　　　　　　　　正　陆拾两

招商局江裕轮船往汉口

火腿贰拾柒担　　　　　　　　正　拾肆两捌钱伍分

38. 玖月贰拾日 英拾月贰拾壹日

招商局江孚轮船往芜湖

金针菜贰拾担

金针菜拾肆担　　　　　　　　正　捌两玖钱壹分

金针菜柒担

该船又往九江

金针菜拾陆担伍拾斤

金针菜柒担　　　　　　　　　正　陆两叁钱肆分伍厘

绸子拾壹斤　　　　　　　　　正　壹两叁钱贰分

该船又往汉口

绸子贰拾捌斤

绸子柒拾贰斤

银鱼壹百捌拾斤

黄铜器壹百捌拾斤　　　　　　正　拾肆两捌钱陆分

白蔄柒斤

海蟹壹百拾斤

39. 玖月贰拾贰日 英拾月贰拾叁日

华商同源经报中国顺丰

划艇往上海

金针菜叁拾件壹百担

瓜子壹百担　　　　　　　　正　叁拾柒两

40. 玖月贰拾叁日_{英拾月贰拾四日}

招商局江宽轮船往上海

　金针菜伍拾担

　红枣壹百担　　　　　　　正　贰拾贰两伍钱

　车前子拾陆担　　　　　　正　叁两陆钱

　苔　柒百肆拾斤

　　　菜捌件　　　　　　　正　柒两肆钱

　苔　柒百肆拾斤

　白丝伍担　　　　　　　　正　伍拾两

　麻叁拾陆担　　　　　　　正　拾捌两柒钱玖分伍厘

　麻拾柒担柒拾斤

招商局江永轮船往九江

　金针菜叁件柒担　　　　　正　壹两捌钱玖分

该船又往汉口

　竹篦壹件_{贰百张}

　　　　　壹千肆百伍拾张

　绸子壹百贰斤

　火腿贰拾柒担　　　　　　正　叁拾两叁钱肆分

　皮马褂　　　　　　　　　　　壹厘

41. 玖月贰拾肆日_{英拾月贰拾五日}

招商局江裕轮船往上海

　金针菜伍拾担

　金针菜伍拾担

　金针菜伍拾担　　　　　　正　陆拾柒两伍钱

　金针菜伍拾担

　金针菜伍拾担

皮蛋叁万贰千伍百肆　　　　　正　拾壹两叁钱玖分壹厘

　　拾伍个

芡实　壹百肆拾叁斤

　　贰件　　　　　　　　　　正　柒钱叁分壹厘

全衣　陆拾柒斤

鸭蛋壹万叁千伍百个

笋干肆拾捌斤　　　　　　　　正　叁两捌钱捌分肆厘

纸箔肆拾斤

红枣伍拾玖斤

淡菜贰百捌拾捌斤　　　　　　正　壹两壹钱玖分伍厘

淡菜壹百贰拾叁斤

支干贰拾贰斤

42. 玖月贰拾陆日 英拾月贰拾柒日

招商局江孚轮船往上海

　　金针菜陆拾柒担

　　金针菜伍拾担　　　　　　　正　肆拾伍两玖分

　　金针菜伍拾担

　　贰　拾玖担玖拾斤　　　　　正　拾玖两贰钱贰分伍厘

　　　等山药拾贰件

　　叁　叁百捌拾伍斤

　　壹等白芍伍件玖百肆拾斤

　　贰等白芍叁件伍百伍拾陆斤

　　药材捌件柒百肆拾陆斤半　正　拾壹两壹钱捌分贰厘

　　下黄芪贰百柒拾斤

　　芡实伍百伍拾斤

　　篓皮贰百伍拾陆斤

　　大呢壹匹

鸡蛋壹万肆千肆百个　　　　正　拾贰两叁钱叁分叁厘

槐米壹百担

全衣　叁百捌拾贰斤

　　叁件　　　　　　　　　　正　贰两肆钱伍分肆厘

全衣　壹百叁拾斤

火麻仁壹百贰拾斤

白瓜子拾柒担伍拾斤

虾米壹百玖拾斤　　　　　　正　贰两肆钱叁分肆厘

绸子柒拾伍斤

绸子叁拾柒斤

绸子壹百玖斤

绸子玖拾肆斤　　　　　　　正　陆拾两捌钱肆分

绸子壹百肆拾贰斤

绸子伍斤

红枣伍百捌拾壹斤　　　　　正　伍钱贰分叁厘

43. 玖月贰拾柒日 _{英拾月贰拾八日}

招商局江宽轮船往芜湖

金　拾贰担贰拾斤

　　针菜陆件　　　　　　　　正　伍两贰钱玖分贰厘

金　陆担

红枣肆百贰拾斤

该船又往九江

金针菜拾柒担伍拾斤

红枣贰件柒百肆拾斤

银鱼壹百肆拾斤

银鱼壹百肆拾斤　　　　　　正　柒两柒钱壹分陆厘

苔菜壹百肆拾斤

槐米叁担

该船又往汉口

竹　肆百张

篾贰件　　　　　　　正　叁两玖钱

竹　叁千叁百张

绸子玖拾叁斤

绸子壹百贰拾贰斤

绸子捌斤　　　　　　　正　贰拾柒两玖钱玖分

绸子拾斤肆两

44. 拾月初壹日英拾月叁拾壹日

招商局江永轮船往上海

金针菜伍拾柒担

金针菜伍拾担　　　　　正　肆拾玖两玖钱伍分

金针菜陆拾捌担

金针菜伍拾担

金针菜伍拾担　　　　　正　伍拾肆两

金针菜壹百担

红枣捌拾伍担　　　　　正　柒两陆钱伍分

瓜子伍拾担

瓜子壹百担

瓜子壹百担

瓜子壹百担

瓜子壹百担

瓜子壹百担　　　　　　正　玖拾伍两

瓜子壹百担

瓜子伍拾担

瓜子伍拾担

瓜子伍拾担

瓜子壹百伍拾担

壹伍件捌担陆拾伍斤

贰等白芍伍件玖担　　　　　　　正　伍两肆钱贰分壹厘

叁叁件伍百叁拾肆斤

壹伍件捌担陆拾伍斤

贰等白芍伍件玖担　　　　　　　正　陆两贰钱壹分玖厘

叁陆件拾担陆拾陆斤

鸭毛拾肆件叁拾壹担　　　　　　正　拾两捌钱伍分

花椒柒担

芡实拾柒担贰拾捌斤　　　　　　正　拾壹两壹钱贰分贰厘

莲须壹百玖拾斤

芡实叁百贰拾陆斤

绸子叁拾玖斤

绸子叁拾玖斤

绸子叁拾玖斤　　　　　　　　　正　拾捌两柒钱陆分

绸子叁拾玖斤

招商局江裕轮船往汉口

火腿贰拾叁担伍拾斤　　　　　　正　拾柒两陆钱伍分伍厘

火腿捌百陆拾斤

银鱼伍百贰拾斤　　　　　　　　正　贰两陆钱

绸子壹百伍斤　　　　　　　　　正　拾贰两陆钱

45. 拾月初肆日_{英拾壹月叁日}

招商局江孚轮船往芜湖

金针菜伍百玖拾斤

瓜　陆拾捌担

　　子贰拾肆件　　　　　　　　正　拾两陆钱肆分叁厘

　瓜　拾贰担伍拾斤

该船又往汉口

　竹　肆百张

　　篾贰件　　　　　　　　正　叁两柒钱伍分

　竹　叁千壹百伍拾张

　绸子拾贰两　　　　　　　正　玖分

46. 拾月初伍日 英拾壹月初四日

招商局江永轮船往芜湖

　黑枣伍拾伍担

　红枣拾陆担捌拾斤　　　　正　拾两陆钱肆分肆厘

　红枣玖担捌拾斤

　瓜　伍拾担

　　子　　　　　　　　　　正　拾两

　瓜　伍拾担

　金　陆担

　　针菜　　　　　　　　　正　陆两柒钱伍分

　金　拾玖担

该船又往九江

　银鱼贰百柒拾斤

　冬菜壹百叁拾斤　　　　　正　壹两玖钱叁分伍厘

该船又往汉口

　冬菜贰百肆拾斤　　　　　正　壹两捌分

　绸子陆拾玖斤

　绸子柒拾玖斤

　绸子陆拾陆斤　　　　　　正　叁拾贰两贰钱捌分

　绸子肆拾伍斤

　绸子伍斤

绸子伍斤

47. 拾月初捌日 _{英拾壹月初七日}

招商局江宽轮船往芜湖

冬菜　贰百捌拾斤

　　肆件　　　　　　　　　　正　贰两捌钱贰分肆厘

土碱　玖百贰拾斤

该船又往九江

金针菜叁百肆拾斤

银花叁百伍拾斤　　　　　　正　叁两陆分捌厘

苔菜捌拾斤

竹箆　壹百张

　　壹件壹千捌百肆拾张　　　正　贰两壹分叁厘

木器　贰斤

该船又往汉口

猪　陆拾担伍拾斤

　　毛　　　　　　　　　　　正　拾柒两伍钱肆分陆厘

猪　贰拾柒担贰拾叁斤

木器壹斤

竹箆　肆百张

　　贰件

竹箆　叁千贰拾张

木器壹斤　　　　　　　　　正　柒两贰钱肆分叁厘

竹　肆百张

竹　叁千张

猫鱼　拾柒担

　　拾陆件　　　　　　　　　正　陆两叁钱壹分

薏仁米 玖百柒拾斤

鱼皮伍拾斤

火腿壹百贰斤　　　　　　　正　陆钱陆分壹厘

火腿拾贰担柒拾斤

火腿拾贰担柒拾斤

纸箔陆拾玖斤　　　　　　　正　拾陆两伍分叁厘

通草肆拾斤

48. 拾月拾壹日_{英拾壹月初拾日}

招商局江永轮船往上海

红枣拾件肆拾担　　　　　　正　叁两陆钱

茯苓陆拾捌担叁拾斤

茯苓陆拾陆担　　　　　　　正　贰拾壹两陆钱玖分柒厘

茯苓叁拾贰担陆拾斤

瓜子壹百叁拾担

瓜子壹百担

瓜子壹百担　　　　　　　　正　肆拾叁两

瓜子壹百担

紫苑拾伍担捌拾斤

全衣肆百叁拾捌斤　　　　　正　伍两玖钱肆厘

全衣肆百叁拾伍斤

全衣叁百拾肆斤

芡实贰百伍拾伍斤

芡实贰拾陆担肆拾斤　　　　正　贰拾陆两陆钱陆分叁厘

芡实玖百捌拾斤

鸭毛叁拾捌担玖拾叁斤

薏仁米叁件伍担

薏仁壹百柒拾柒斤　　　　　正　贰两伍钱壹分壹厘

药材拾肆担贰拾斤

药材叁件

黑枣柒百捌拾伍斤

火　　拾担玖拾斤

　　腿　　拾件　　　　　　　正　拾贰两伍钱捌厘

火　玖百柒拾斤

莲子　壹百肆拾贰斤

　　伍件　　　　　　　　　正　贰两叁钱肆分伍厘

初菜拾担玖拾斤

麻捌件拾肆担肆拾斤

银鱼叁件肆百叁拾贰斤　　　正　拾壹两壹钱陆分

绸子柒拾伍斤

绸子捌斤

绸子肆拾伍斤

绸子贰拾柒斤

绸子肆拾斤

绸子肆拾伍斤　　　　　　　正　柒拾柒两贰钱捌分

绸子壹百壹斤

绸子拾玖斤

绸子肆拾伍斤

绸子肆拾伍斤

绸子捌拾斤

绸子壹百拾肆斤

49.拾月拾贰日英拾壹月拾壹日

招商局江裕轮船往芜湖

　　瓜　贰拾捌担

　　子　肆拾贰件　　　　　正　陆两肆钱

　　瓜　叁拾陆担

黑　拾陆担

枣捌件　　　　　　　　　正　叁两壹钱捌分

黑　伍百贰拾斤

金　捌担捌拾斤

针菜柒件　　　　　　　正　陆两壹钱伍分陆厘

金　拾肆担

该船又往汉口

猫　拾柒担

鱼　　　　　　　　　　正　叁两捌钱伍分

银　玖拾斤

绸子陆拾肆斤　　　　　正　贰拾柒两贰钱肆分

绸子壹百陆拾叁斤

下纸贰百陆拾肆斤　　　正　壹两叁钱贰分

下纸陆拾陆斤

50. 拾月拾叁日英拾壹月拾贰日

英商顺泰永经报中国广利

划艇往上海

茯苓拾叁担

茯苓叁拾玖担

茯苓拾壹担伍拾斤　　　正　拾陆两肆钱玖分柒厘

茯苓肆拾贰担

茯苓贰拾壹担

下纸叁件伍百伍拾斤　　正　贰两贰钱

51. 拾月拾伍日英拾壹月拾四日

招商局江孚轮船往芜湖

黑枣玖件贰拾叁担肆拾斤

红枣肆百伍拾斤　　　　正　陆两贰钱壹厘

　　金针菜柒担

　　虾米壹百拾斤

该船又往九江

　　红枣拾壹件肆拾伍担

　　黑枣贰百柒拾斤　　　　　　正　陆两柒分伍厘

　　金针菜陆担

　　银鱼肆担　　　　　　　　　正　贰两

该船又往汉口

　　黑枣伍百肆拾斤　　　　　　正　捌钱壹分

　　火　拾叁担伍拾斤

　　　　腿　　　　　　　　　　正　拾伍两玖钱陆分叁厘

　　火　拾贰件拾叁担贰拾伍斤

　　银鱼贰百伍拾斤

　　京冬菜贰百肆拾斤

　　木耳贰拾伍斤　　　　　　　正　壹两贰钱叁分

52. 拾月拾陆日英拾壹月拾五日

招商局江宽轮船往上海

　　瓜子叁拾肆件壹百担　　　　正　拾两

　　红枣拾件玖百伍拾斤　　　　正　捌钱伍分伍厘

　　绸　陆拾斤

　　　子贰件　　　　　　　　　正　拾叁两叁钱贰分

　　绸　伍拾壹斤

　　水牛角柒百贰拾伍斤

　　虾米肆百伍拾伍斤

　　火腿拾壹担肆拾斤　　　　　正　拾玖两玖分捌厘

　　猪油贰拾陆担伍拾斤

　　薏仁拾玖担拾斤

芡实玖百贰拾柒斤

药材拾叁担伍拾斤　　　　　　正　拾柒两叁钱肆分柒厘

药材拾叁担肆拾伍斤

炕皮拾柒斤　　　　　　　　　　正　伍分壹厘

53. 拾月拾玖日英拾壹月拾八日

招商局江宽轮船往芜湖

金针菜贰百伍拾斤　　　　　　正　陆钱柒分伍厘

该船又往九江

金针菜陆百陆拾斤

荆芥贰百贰拾壹斤　　　　　　正　贰两叁钱伍分柒厘

苔菜捌拾伍斤

竹篦　贰百张

　　壹件壹千叁百肆拾张　　　　正　壹两柒钱贰分壹厘

木器　柒斤

该船又往汉口

竹　肆百张

　　篦贰件　　　　　　　　　　正　叁两捌钱伍分

竹　叁千贰百伍拾张

猫鱼拾柒担　　　　　　　　　　正　叁两肆钱

绸子陆拾斤

绸子玖拾斤

绸子陆拾捌斤　　　　　　　　　正　叁拾肆两陆钱肆分

绸子伍拾肆斤

皮马褂皮袍各壹件　　　　　　正　玖钱玖分肆厘

54. 拾月贰拾贰日

招商局江孚轮船往上海

瓜子捌担　　　　　　　　　　　正　捌钱

麻油壹百伍拾担　　　　　正　肆拾伍两

壹伍件玖百柒拾斤

贰等白芍伍件玖百伍拾斤　　正　柒两贰钱捌分叁厘

叁捌件拾肆担玖拾斤

壹　捌担捌拾伍斤

　　　等白芍捌件

贰　柒担贰拾伍斤

叁等　柒担叁拾斤　　　　　正　陆两玖钱壹分壹厘

　　　白芍拾壹件

叁等　拾贰担贰拾斤

枸杞根　叁百柒拾斤

　　伍件　　　　　　　　　正　壹两伍钱叁分叁厘

破故子　肆百玖拾斤

红娘子壹件伍斤

刺片贰拾件伍百拾斤　　　　正　叁两贰钱伍分

芡实捌百贰拾玖斤

苔　伍百玖拾叁斤

　　菜柒件　　　　　　　　正　伍两肆钱玖分伍厘

苔　伍百陆斤

鸭毛肆拾陆担

蔼肠叁百伍拾斤　　　　　　正　拾捌两伍钱伍分

招商局江裕轮船往芜湖

瓜子拾陆件伍拾担　　　　　正　伍两

该舠又往汉口

中猪鬃玖拾伍斤　　　　　　正　壹两肆钱贰分伍厘

竹篦肆百张

竹篦贰件叁千叁百陆拾张　　正　肆两陆厘

木器肆斤

土碱陆拾肆斤 　　　　　　　正　陆分肆厘

丝栏杆陆斤 　　　　　　　　正　陆钱

55. 拾月贰拾叁日_{英拾月贰拾贰日}

招商局江永轮船往上海

　金针菜伍拾壹担

　麻　油壹百担

　　　油壹百贰件 　　　　　　正　捌拾贰两柒钱柒分

　麻　壹百担

　红枣叁拾件壹百担

56. 拾月贰拾伍日_{英拾壹月贰拾四日}

招商局江宽轮船往上海

　金　伍拾担

　　　针菜 　　　　　　　　正　伍拾肆两

　金　伍拾担

　金针菜壹百担

　瓜子壹百担 　　　　　　　正　贰拾伍两

　瓜子壹百伍拾担

　紫苑伍件柒百叁拾斤

　土杞子 壹百柒拾斤

　　　叁件 　　　　　　　　正　柒两玖钱叁分肆厘

　土杞子　壹百陆拾斤

　药材贰拾贰担柒拾陆斤

　蔄阳捌担

　蔄阳拾件伍担 　　　　　　正　拾壹两叁钱贰分

　蔄内叁百柒拾斤

　鸭肫贰件叁担

鸭毛拾件伍百伍拾斤　　　　　正　捌两柒钱贰分伍厘

咸鸭捌件玖百伍拾斤

绸子肆拾伍斤

绸子叁拾陆斤　　　　　　　　正　叁拾两柒钱贰分

绸子伍拾陆斤

绸子壹百拾玖斤

乱丝头柒担　　　　　　　　　正　柒两

银鱼　贰百叁拾斤

　　　伍中　　　　　　　　　　正　叁两壹钱伍分

银鱼　肆担

白瓜子陆拾贰件伍拾担　　　　正　伍两

芝　壹百陆担肆拾柒斤

　　　麻　　　　　　　　　　　正　叁拾捌两捌钱叁厘

芝　壹百捌拾担玖拾陆斤

红豆叁拾陆担伍拾柒斤

红豆壹百陆拾陆担叁拾贰斤　　正　贰拾陆两贰钱玖厘

红豆贰百叁拾叁担玖拾叁斤

绸子贰斤　　　　　　　　　　正　贰钱肆分

57. 拾月贰拾陆日英拾壹月贰拾伍日

招商局江孚轮船往南京

　黑枣叁拾壹担贰拾斤　　　　正　伍两伍钱伍分伍厘

　生梨柒担

该船又往芜湖

　黑枣伍百肆拾斤

　草席捌拾条　　　　　　　　正　贰两贰钱叁分

　绸子陆斤拾贰两

　绸子叁斤拾贰两

该船又往九江

　　绸子拾肆斤

　　绸子拾贰斤　　　　　　　　　正　肆两柒钱肆分

　　绸子拾叁斤捌两

该船又往汉口

　　黑枣　伍百叁拾斤

　　　陆件　　　　　　　　　　　正　壹两陆钱贰分

　　黑枣　伍百伍拾斤

　　莲须　贰百肆拾斤

　　　贰件　　　　　　　　　　　正　壹两叁钱贰厘

　　全衣　柒拾陆斤

　　蜇皮叁百捌拾斤

　　银鱼叁百贰拾斤　　　　　　　正　陆两伍钱伍分伍厘

　　火腿柒百捌拾斤

　　绸子陆拾捌斤　　　　　　　　正　拾两肆钱肆分

　　绸子拾玖斤

58. 拾月贰拾玖日英拾壹月贰拾八日

招商局江裕轮船往上海

　　金针菜伍拾担

　　金针菜伍拾担　　　　　　　　正　肆拾玖两玖钱伍分

　　金针菜捌拾伍担

　　瓜子　玖拾担

　　　叁拾伍件　　　　　　　　　正　拾贰两肆钱贰分

　　红枣　叁拾捌担

　　连翘　叁百捌拾斤

　　　捌件　　　　　　　　　　　正　壹两玖钱壹分捌厘

　　连翘　叁百捌拾斤

荆芥肆件柒百陆拾斤

芡实拾贰件贰拾贰担叁拾斤

莲须叁百贰拾贰斤　　　　　　正　捌两伍钱贰分壹厘

吐丝子叁百陆拾贰斤

蔄肠伍百叁拾贰斤

蔄肉柒百玖拾捌斤　　　　　　正　捌两伍钱壹分贰厘

咸　伍担

　　鸭　　　　　　　　　　　正　拾肆两肆钱

咸　叁拾壹担

鸭　伍拾贰担

　　毛　　　　　　　　　　　正　贰拾叁两捌钱

鹅　捌担

药材捌百玖拾陆斤

药材拾肆担玖拾斤　　　　　　正　陆两壹钱伍分叁厘

药材拾壹担贰拾叁斤

石　玖块

　　头　　　　　　　　　　　正　叁两陆钱柒分伍厘

石　拾玖块

绸子肆拾捌斤

绸子肆拾叁斤

绸子陆拾叁斤　　　　　　　　正　拾玖两壹钱肆分

绸子伍斤捌两

红豆叁百陆担

白　贰百捌拾肆担贰拾斤

　　豆　　　　　　　　　　　正　肆拾贰两叁钱柒分贰厘

白　壹百拾陆担

莲子拾贰担捌拾斤

836

火腿贰拾壹担　　　　　　　正　拾柒两玖钱伍分

招商局江永轮船往芜湖

　红枣壹件肆担　　　　　　正　叁钱陆分

　红枣拾柒担

　黑枣伍担　　　　　　　　正　叁两叁分

　黑枣伍担

　金针菜陆百捌拾斤

　瓜子捌拾伍担　　　　　　正　拾两叁钱叁分陆厘

该船又往九江

　红枣伍拾伍担

　黑枣贰百柒拾斤　　　　　正　陆两伍钱柒分

　金针菜肆百伍拾斤

　银　贰担

　　鱼　　　　　　　　　　正　贰两肆钱

　银　贰百捌拾斤

　绸子玖斤拾贰两

　绸子柒斤半　　　　　　　正　贰两柒分

该船又往汉口

　京冬菜叁百柒拾斤　　　　正　叁两肆钱壹分伍厘

　竹篾壹件贰百张

　　　　壹千肆百伍拾张

59. 拾壹月初贰日英拾贰月壹日

招商局江孚轮船往上海

　生　壹百担

　　油肆拾件

　生　壹百担

　生　壹百担　　　　　　　正　壹百贰拾两

油玖拾件

生　壹百担

金　捌拾伍担

　　针菜　　　　　　　　　　正　伍拾壹两叁钱

金　壹百伍担

红枣肆拾捌担　　　　　　　正　肆两叁钱贰分

壹　伍百叁拾斤

　　等白芍

叁　伍百拾斤

肆　件伍百肆拾斤　　　　　正　叁两捌钱柒分贰厘

　　等白芍

伍　件伍百肆拾斤

芡实拾柒件贰拾肆担叁拾斤

吐丝子肆百拾斤　　　　　　正　捌两贰钱贰分肆厘

篓仁玖拾捌斤

白枣干　拾陆担捌拾贰斤

　　拾陆件　　　　　　　　　正　柒两玖钱壹分柒厘

白枣干　伍百捌拾斤

咸鸭陆担

咸鸭陆拾担伍拾斤　　　　　正　陆拾壹两叁钱陆分

咸鸭捌拾陆担玖拾斤

银鱼叁件陆百叁拾柒斤　　　正　叁两壹钱捌分伍厘

红　壹百肆担贰拾捌斤

　　豆　　　　　　　　　　　正　玖两叁钱陆厘

红　伍拾担捌拾贰斤

白豆壹百伍担陆拾斤

白豆叁百拾捌担玖拾玖斤　　正　肆拾柒两伍钱贰分伍厘

白豆叁百陆拾柒担伍拾斤

绸子壹件伍拾柒斤　　　　　正　两捌钱肆分

招商局江宽轮船往九江

　　柿饼伍件拾肆担　　　　　正　壹两肆钱伍分陆厘

　　皮蛋叁件玖百陆拾个

该船又往汉口

　　柿饼陆百叁拾斤　　　　　正　伍钱捌分肆厘

　　下纸贰拾斤

60. 拾壹月初叁日_{英拾贰月贰日}

招商局江裕轮船往芜湖

　　红枣叁件拾肆担伍拾斤

　　核枇壹百伍拾斤　　　　　正　贰两壹钱柒分叁厘

　　车前子贰百叁拾斤

该船又往九江

　　红枣肆百伍拾斤　　　　　正　肆钱伍厘

　　竹篦　壹千陆百陆拾张

　　　壹件　　　　　　　　　正　壹两陆钱玖分伍厘

　　木器　叁斤

该船又往汉口

　　柿饼　拾贰担

　　　陆件　　　　　　　　　正　壹两伍钱肆厘

　　柿饼　陆百捌拾斤

　　莲须贰百陆拾斤

　　土沙苑伍件壹百肆拾斤　　正　叁两肆钱捌分叁厘

　　姜照壹百伍拾斤

　　车前子肆件陆百陆拾捌斤

　　绸子叁拾捌斤

绸子叁件肆斤拾肆两　　　　正　伍两柒钱肆分伍厘

绸子伍斤

61. 拾壹月初柒日 英拾贰月陆日

招商局江永

金针菜伍拾担

虾米叁件叁百贰拾斤　　　　正　拾陆两肆钱叁厘

罗佣花漆器陆拾斤

招商局江孚轮船往芜湖

瓜子拾壹担伍拾伍斤　　　　正　壹两肆钱叁分捌厘

红枣叁百贰拾斤

该船又往九江

金针菜玖担

银鱼壹百捌拾斤　　　　　　正　肆两叁钱叁分

苔菜贰担

该船又往汉口

竹篦　陆百伍拾张

　　肆件　　　　　　　　　正　柒两叁钱贰分伍厘

竹篦　陆千叁百伍拾张

药材拾贰担拾柒斤　　　　　正　伍两陆钱伍厘

银鱼肆件叁百玖拾伍斤

绸　叁拾捌斤

　　子贰件　　　　　　　　正　陆两叁钱

绸　拾肆斤半

绸子拾肆斤　　　　　　　　正　壹两陆钱捌分

62. 拾壹月初柒日 英拾贰月陆日

招商局江裕轮船往上海

金针菜壹百担

牛皮伍拾担　　　　　　　　正　伍拾拾贰两

红　叁百捌拾伍担叁拾贰斤

　　豆　　　　　　　　　　正　伍拾两伍钱壹分陆厘

绿　肆百伍拾陆担陆拾贰斤

白　伍拾贰担伍拾斤

　　豆　　　　　　　　　　正　捌两贰分伍厘

白　捌拾壹担贰拾斤

白丝伍担

乱丝头壹百贰拾斤　　　　　正　伍拾壹两贰钱

皮蛋叁千贰百玖拾个　　　　正　壹两壹钱伍分贰厘

莲子壹百叁拾伍斤

药材柒件伍百肆拾肆斤　　　正　叁两伍钱柒分肆厘

全衣叁百伍斤

鸭毛叁拾捌担伍拾斤　　　　正　叁拾伍两壹钱柒分伍厘

鸭毛陆拾贰担

63. 拾壹月初拾日英拾贰月玖日

招商局江永轮船往芜湖

黑枣伍担　　　　　　　　　正　柒钱伍分

瓜　陆百肆拾斤

　　子贰拾贰件　　　　　　正　贰两伍钱肆分

瓜　拾玖担

柿　叁百贰拾陆斤

　　饼陆件　　　　　　　　正　壹两叁钱捌分壹厘

柿　拾肆担

土碱玖百贰拾斤　　　　　　正　壹两伍钱陆分肆厘

绸子壹斤　　　　　　　　　正　壹钱贰分

该船又往九江

红枣拾叁担

红枣玖担　　　　　　　　　　　正　壹两玖钱捌分

金针菜叁百陆拾斤　　　　　　　正　玖钱柒分贰厘

柿饼贰百玖拾斤

柿饼玖百叁拾斤　　　　　　　　正　壹两柒分陆厘

苔菜贰百陆拾斤　　　　　　　　正　壹两叁钱

该船又往汉口

黑枣拾玖担

柿饼叁拾壹担伍拾斤　　　　　　正　伍两叁钱柒分

绸子玖拾斤

绸子拾肆斤半　　　　　　　　　正　拾贰两伍钱肆分

绸子拾肆斤

绸子拾肆斤　　　　　　　　　　正　叁两叁钱陆分

64. 拾壹月拾叁日_{英拾贰月拾贰日}

招商局江孚轮船往上海

瓜子伍拾捌件伍拾担　　　　　　正　伍两

全衣肆件叁担　　　　　　　　　正　壹两叁钱伍分

壹拾玖担拾斤

贰等白芍叁拾伍件拾玖担　　　　正　拾肆两肆分

贰拾陆担玖拾斤

土杞子陆拾伍斤　　　　　　　　正　贰钱陆分

绸子壹百肆斤

绸子柒拾捌斤　　　　　　　　　正　贰拾壹两捌钱肆分

绸子叁拾玖斤

绸子叁拾肆斤　　　　　　　　　正　捌两柒钱陆分

招商局江宽轮船往芜湖

瓜子伍拾担　　　　　　　　　　正　伍两

该船又往九江

　　银鱼叁担　　　　　　　　正　壹两伍钱

该船又往汉口

　　绸　壹百拾叁斤

　　　　子贰件　　　　　　　正　拾陆两贰钱

　　绸　贰拾贰斤

65. 拾壹月拾陆日_{英拾贰月拾五日}

招商局江永轮船往上海

　　红枣贰拾件柒拾叁担　　　正　陆两伍钱柒分

　　金　壹百担

　　　　针菜陆拾壹件　　　　正　伍拾肆两

　　金　壹百担

　　壹　玖担叁拾斤

　　　　等白芍拾件　　　　　正　肆两捌钱陆厘

　　贰　捌担玖拾陆斤

　　叁　捌担陆拾斤

　　　　等白芍拾件　　　　　正　贰两壹钱肆分

　　肆　捌担伍拾斤

　　连翘矢贰百捌拾伍斤

　　荆芥陆件肆百陆拾斤　　　正　叁两肆钱叁分玖厘

　　香珠壹千贰百串

　　蔿肉肆百伍拾陆斤　　　　正　伍两伍钱叁分陆厘

　　蔿肠肆担

　　水牛角拾伍担陆拾捌斤　　正　肆两贰钱陆分玖厘

　　牛皮骨壹百伍拾伍斤

　　白　贰百伍拾伍担柒拾伍斤

　　　　豆　　　　　　　　　正　贰拾肆两肆钱伍分玖厘

　　白　壹百伍拾壹担玖拾斤

　　红　叁百玖拾捌担柒拾捌斤

　　　豆　　　　　　　　　　　　　正　叁拾两陆钱伍厘

　　红　壹百拾壹担叁拾斤

　　绿豆伍百柒拾贰担肆拾斤　　　正　伍拾贰两伍钱叁分伍厘

　　麻叁拾伍担陆拾斤

　　皮蛋壹万陆千叁百柒拾伍个

招商局江裕轮船往芜湖

　　瓜子壹百件壹百拾担　　　　　正　拾壹两

66. 拾壹月拾柒日英拾贰月拾陆日

招商局江孚轮船往南京

　　黑枣贰拾伍担　　　　　　　　正　叁两柒钱伍分

该船又往芜湖

　　金　叁百伍拾斤

　　　针菜叁件　　　　　　　　　正　贰两伍钱陆分伍厘

　　金　陆担

　　瓜子贰拾贰件捌拾担

　　黑枣陆件拾伍担　　　　　　　正　贰拾两贰钱伍分

　　瓜子叁拾件壹百担

　　柿饼　拾捌担

　　　柒件　　　　　　　　　　　正　壹两柒钱陆分贰厘

　　核桃　贰百叁拾斤

该船又往九江

　　柿饼拾贰担　　　　　　　　　正　玖钱陆分

该船又往汉口

　　莲须肆百伍拾斤　　　　　　　正　壹两柒钱陆分

　　绸　陆拾斤

子贰件	正	拾玖两贰钱
绸　壹担		
栏杆贰斤半		
栏杆叁件贰斤半	正	柒钱伍分
栏杆贰斤半		
纸箔叁拾柒斤		
青果贰拾斤	正	叁钱壹分柒厘
药材叁拾斤		

67. 拾壹月贰拾日_{英拾贰月贰拾壹日（拾玖日）}

招商局江宽轮船往上海

白瓜子贰拾壹担	正	贰两壹钱
莲子捌担		
吐丝拾叁担	正	陆两陆钱叁分
杞子壹百柒拾斤		
篓仁　叁百陆拾斤		
叁件	正	壹两肆钱壹分捌厘
蝉衣　伍拾伍斤		
石　拾伍块		
头	正	伍两贰钱
石　肆拾肆块		
皮蛋陆千叁百捌拾伍个	正	贰两贰钱叁分伍厘
绸　叁拾陆斤		
子贰件	正	捌两陆钱肆分
绸　叁拾陆斤		
绸子　壹百伍拾伍斤		
玖件	正	肆拾玖两捌钱

绸子　贰百陆拾斤

招商局江永轮船往芜湖

黑枣伍件拾贰担伍拾斤

柿　柒百肆拾斤

　　　饼柒件　　　　　　　　正　叁两捌钱捌分叁厘

柿　拾柒担柒拾斤

该船又往九江

皮蛋陆百陆拾个　　　　　　正　贰钱叁分壹厘

该船又往汉口

柿饼贰拾壹担叁拾伍斤

猫鱼拾件拾柒担　　　　　　正　陆两肆钱贰分捌厘

中猪鬃捌拾捌斤

竹篦壹件贰百张　　　　　　正　壹两捌钱

　　　壹千伍百张

火　拾伍担陆拾斤

　　　腿柒件　　　　　　　　正　玖两肆钱捌分捌厘

火　壹百陆拾伍斤

草席陆百贰拾条　　　　　　正　壹两贰钱肆分

绸　捌拾捌斤

　　　子贰件　　　　　　　　正　叁拾叁两

绸　壹百捌拾柒斤

锡箔贰拾斤　　　　　　　　　正　壹钱肆分

68. 拾壹月贰拾叁日 英拾贰月贰拾贰日

招商局江裕轮船往上海

金　伍拾担　　　　　　　　　正　贰拾捌两柒钱伍分伍厘

　　针菜贰拾捌件

金　伍拾担

金针菜贰件陆百伍拾斤

鸭毛拾伍件叁拾壹担　　　　　正　拾两捌钱伍分

薏仁米　拾壹担玖拾斤

　　拾肆件　　　　　　　　　　正　伍两贰钱伍分陆厘

药材　　陆百陆拾伍斤

蔴拾捌担　　　　　　　　　　正　陆两叁钱

芝　肆百肆拾捌担　　　　　　正　柒拾肆两捌钱玖分捌厘

　　麻叁百捌拾件

芝　壹百陆担捌拾斤

红米壹百柒拾伍斤

纸箔贰拾陆斤　　　　　　　　正　贰两伍钱贰分柒厘

木耳叁拾柒斤

69.拾壹月贰拾肆日英拾贰月贰拾叁日

招商局江宽轮船往芜湖

金　叁百贰拾斤

　　针菜柒件　　　　　　　　正　陆两陆钱陆分玖厘

金　贰拾壹担伍拾斤

黑　拾担

　　枣捌件　　　　　　　　　正　叁两

黑　拾担

黑　贰拾伍担

　　枣拾贰件　　　　　　　　正　叁两玖钱陆分

黑　壹百肆拾斤

瓜　拾陆担

　　子伍拾贰件　　　　　　　正　拾壹两陆钱

瓜　壹百担

柿饼　拾肆担伍拾斤

捌件

柿饼　拾肆担　　　　　　　　　正　肆两肆分

柿饼陆件贰拾贰担

笋干　贰担　　　　　　　　　　正　伍钱

贰件

红米　壹百伍拾斤　　　　　　　正　玖钱

该船又往九江

　竹箆　壹百伍拾张

　　壹件壹千叁百伍拾张　　　　正　壹两陆钱壹分

　木器　叁斤

该船又往汉口

　牛皮贰件叁百捌拾捌斤

　中　陆拾斤　　　　　　　　　正　叁两贰钱叁分捌厘

　　猪鬃贰件

　下　伍拾叁斤

猫鱼拾肆件贰拾伍担玖拾斤　正　伍两壹钱捌分

竹箆肆百张

竹箆　叁千贰百伍拾张

　　叁件　　　　　　　　　　　正　伍两陆钱壹分贰厘

木器　壹斤

竹箆贰百张

　　壹千肆百伍拾张

　皮　壹包

　皮　壹包

　　衣服　　　　　　　　　　　正　贰两陆钱贰分陆厘

　皮　壹包

　皮　壹包

848

　　绸　壹包

　　　衣服　　　　　　　　　　　　　正　壹两叁钱叁分肆厘

　　绸　壹包

　　笋干叁拾壹斤　　　　　　　　　　正　壹钱贰分

70. 拾壹月贰拾柒日 英拾贰月贰拾六日

　　徐州府利国矿局解到贰拾

　　　捌年玖月分填用第柒拾

　　　陆号税单及单根各壹

　　　纸运往宿迁县

　　　官土煤伍拾吨　　　　　　　　　正　伍两壹钱

　　招商局江裕轮船往芜湖

　　　金针菜　玖百捌拾斤

　　　　捌件

　　　金针菜　拾肆担

　　　柿饼陆件贰拾贰担　　　　　　　正　拾两壹分叁厘

　　　京冬菜壹百拾捌斤

　　　虾米叁件叁百陆拾斤

　　该船又往九江

　　　红枣　捌担

　　　　拾件　　　　　　　　　　　　正　贰两贰钱柒分

　　　银鱼　叁百拾斤

　　该船又往汉口

　　　柿饼拾件叁拾柒担　　　　　　　正　贰两陆钱玖分

　　　中猪　玖拾捌斤

　　　　鬃贰件　　　　　　　　　　　正　叁两玖分

　　　中猪　壹百捌斤

　　　绸子　玖拾壹斤

　　　　贰件　　　　　　　　　　　正　贰拾两陆钱肆分

　　绸子　捌拾壹斤

　　甘草　柒百陆拾捌斤

　　　　贰件　　　　　　　　　　　正　贰两肆钱叁分柒厘

　　药丸　等

71. 拾壹月贰拾捌日_{英拾贰月贰拾玖日（贰拾柒日）}

　招商局江永

　　金针菜伍拾伍担

　　金针菜伍拾伍担　　　　　　　正　肆拾伍两叁钱陆分

　　金针菜伍拾捌担

　　红枣贰拾伍担　　　　　　　　正　贰两贰钱伍分

　　紫苑贰拾壹担捌拾斤

　　猪油贰拾玖担肆拾斤　　　　　正　拾柒两贰钱捌分玖厘

　　药材　拾伍担陆拾斤

　　水牛角伍百伍拾斤

　　山羊毛壹百柒拾斤　　　　　　正　壹两柒钱捌分贰厘

　　牛蹄壹百肆拾肆斤

　　白豆　捌拾伍担捌拾斤

　　　　陆拾叁件　　　　　　　　正　伍两玖钱叁分壹厘

　　白豆　拾叁担伍斤

　　绸子肆拾捌斤

　　皮蛋壹万陆千玖拾个　　　　　正　拾伍两壹钱柒分贰厘

　　麻拾担捌拾斤

　　白丝伍担　　　　　　　　　　正　伍拾两

72. 拾壹月叁拾日_{英拾贰月贰拾九日}

　招商局江宽

　　咸鸭　柒百肆拾斤

850

贰拾叁件　　　　　　　　　　　　正　拾陆两玖钱陆分

鸭毛　肆拾担
鹅毛　肆百伍拾斤

陆件　　　　　　　　　　　　　　正　柒两捌钱肆分

鹅毛　陆百柒拾斤
绸子　玖拾壹斤

伍件　　　　　　　　　　　　　　正　叁拾贰两肆钱

绸子　壹百柒拾玖斤
茶叶叁百玖拾斤
麻叁拾陆担　　　　　　　　　　　正　贰拾壹两壹钱叁厘
皮蛋玖千捌百伍拾个
绸子壹斤捌两

73. 拾贰月初壹日英拾贰月叁拾日

美商泰昌经报中国汇康

划艇往上海

焦煤拾吨　　　　　　　　　　　　正　壹两伍钱
焦煤拾壹吨　　　　　　　　　　　正　壹两陆钱伍分
焦煤柒吨　　　　　　　　　　　　正　壹两伍分
焦煤贰吨　　　　　　　　　　　　正　叁钱

招商局江永轮船往芜湖

黑枣贰百陆拾斤
柿饼贰拾肆担伍拾斤　　　　　　　正　叁两陆钱壹分
金冬菜贰百捌拾斤

该船又往汉口

柿饼贰件捌担
火腿贰件伍百贰拾斤　　　　　　　正　肆两捌钱陆分伍厘
纸箔壹百玖拾伍斤

以上共收银伍千壹百捌拾叁两肆分壹厘

C　征收华船须进口半税项下（No.74—129）

74. 光绪贰拾捌年玖月初壹日_{英拾月贰日}

华商豫成经报中国同源　　　　　半　贰拾贰两叁钱壹分伍厘

划艇由汉到镇查照江

汉关正税单

75. 玖月初贰日_{英拾月叁日}

招商局江孚轮船汉口来

白蕇贰件肆百贰拾斤　　　　　半　叁两壹钱伍分

木耳拾伍件玖百叁拾斤　　　　半　叁两肆钱壹分

莲子贰件贰百肆拾捌斤

莲子贰件贰百肆拾捌斤　　　　半　壹两伍钱贰分

木耳伍件叁担

木耳拾肆件捌百陆拾玖斤　　　半　贰两陆钱柒厘

茯苓拾壹担捌拾捌斤　　　　　半　柒钱柒分贰厘

药材叁件伍百肆拾玖斤　　　　半　陆钱叁分肆厘

麻线贰担　　　　　　　　　　半　壹两柒钱贰分伍厘

旧衣叁件拾贰担柒拾斤

该船又由芜湖来

工纸壹百贰拾捌斤　　　　　　半　肆钱肆分捌厘

76. 玖月初叁日_{英拾月初肆日}

招商局江永轮船汉口来

烟丝叁拾捌担叁拾斤

桐油拾肆担捌拾斤

旧衣叁拾担玖拾斤

丝色头贰拾陆斤

852

丝色头贰百贰拾伍斤　　半　叁拾肆两叁钱捌分玖厘

麻拾叁担贰拾斤

鹿嫩贰百拾斤

茯苓壹件叁百贰拾斤

药材叁拾陆担陆拾叁斤拾两

该船又由九江来

烟叶柒百伍拾贰斤　　半　伍钱陆分肆厘

招商局江裕轮船上海来

白蔹贰百拾壹斤　　半　壹两伍钱捌分叁厘

草席 叁百贰拾条

　　拾肆件　　　　半　壹两柒分

草席 柒百伍拾条

纸箔捌百陆拾肆斤

淡菜壹百捌拾肆斤　　半　贰两贰钱伍分捌厘

沙参叁百伍拾斤

书　贰百捌拾捌斤　　半　贰两叁钱肆分玖厘

书　叁百捌拾叁斤

土染布肆百叁拾壹斤

土染布捌百伍拾贰斤

土染布肆百贰拾伍斤　　半　贰拾伍两捌钱叁分玖厘

土染布肆百伍拾壹斤

土染布肆百叁拾斤

土染布捌百伍拾陆斤

绸子捌拾玖斤　　半　伍两叁钱肆分

桂圆叁百陆斤

杏仁壹百拾捌斤　　半　肆两捌钱壹分肆厘

梨子肆担

　　桂圆叁拾贰担伍拾斤

　　支　叁拾贰担肆拾斤

　　　　干肆拾件　　　　　　　　半　叁两陆钱玖分

　　支　肆百伍拾斤

　　药蔼丸　壹柒拾斤

　　　　贰件　　　　　　　　　　半　陆两壹钱玖分陆厘

　　药丸　壹百柒拾柒斤

　　桂圆伍件伍担

　　桂圆贰百伍拾斤

　　桂圆拾担捌拾斤　　　　　　　半　拾叁两陆钱叁分贰厘

　　桂圆伍拾贰担贰拾陆斤

　　桂圆叁拾捌担肆拾玖斤

　　冰糖伍拾伍担　　　　　　　　半　陆两捌钱柒分伍厘

　　莲子陆拾壹斤

　　橘饼玖百伍拾斤　　　　　　　半　柒两肆钱陆分陆厘

　　橘饼拾玖担

　　白鱼翅贰拾伍斤

　　药材贰件　　　　　　　　　　半　贰两陆钱捌分肆厘

　　药材贰件

　　甘草叁担

　　甘草壹百捌斤

　　药材陆件玖百伍拾斤　　　　　半　叁两伍分柒厘

　　鱼肚壹百叁拾伍斤

　　元明壹百柒拾斤

77.　玖月初伍日 英拾月初陆日

　　招商局江宽轮船汉口来

　　　泽泻壹件肆百贰拾壹斤

桐油陆拾叁担贰拾斤　　　　半　贰拾贰两叁钱柒分肆厘

烟丝伍拾伍担贰拾斤

皮油拾捌担肆拾斤

皮油拾柒担陆拾斤　　　　　半　柒两贰钱陆分

木耳陆百贰拾斤

药材叁百玖拾伍斤

茯苓捌百叁拾伍斤　　　　　半　壹两叁钱肆分叁厘

大黄壹件贰拾斤

旧空篓陆拾个

莲子贰百拾捌斤　　　　　　半　伍两贰钱贰分

铜锣壹百捌拾斤

丝栏杆陆拾捌斤

该船又由九江来

　烟　　伍拾陆担肆拾斤

　　叶　　　　　　　　　　半　柒两伍分

　烟　　叁拾柒担陆拾斤

该船又由芜湖来

　上纸贰百柒拾伍斤　　　　半　叁两叁钱肆分肆厘

　丹皮拾贰担柒拾斤

该船又由南京来

　黄丝伍百柒拾斤　　　　　半　拾玖两玖钱伍分

招商局江永轮船往汉口

　补收

　绸子贰斤陆两　　　　　　半　肆钱柒分陆厘

　皮衣壹件

招商局江孚轮船往汉口

　补收

绸子伍斤捌两

绸子拾叁斤拾贰两　　　　半　贰两捌钱伍厘

绸子拾叁斤半

绸子拾肆斤

华商兴仁经报中国臻源

划艇由上海来

旧生铁壹百担　　　　　　半　柒钱伍分

华商明记经报中国福康　　半　拾捌两贰钱柒分

划艇由汉到镇查照江

汉关正税单

华商豫成经报中国金滋　　半　叁拾捌两叁钱贰分玖厘

大划艇由汉到镇查照

江汉关正税单

78. 玖月初拾日英拾月拾壹日

招商局江孚轮船上海来

纸箔陆件伍百玖拾斤

梨子拾担　　　　　　　　半　贰两肆钱壹分伍厘

梨子肆担

桂圆壹百玖拾捌斤

桂圆拾担柒拾伍斤

桂圆叁百贰拾肆斤　　　　半　伍两壹钱贰分叁厘

桂圆伍担

桂圆拾叁担柒拾陆斤

桂圆陆百贰拾伍斤

桂干肆件肆担　　　　　　半　肆钱

绸子壹件捌拾伍斤　　　　半　伍两壹钱

鱼肚伍拾斤

甘草贰担 　　　半　壹两陆钱捌分伍厘

冰糖伍担

桂圆伍百肆拾斤

淡菜伍百肆拾斤

淡菜壹百贰拾斤 　　半　肆钱叁分捌厘

淡菜壹百伍拾斤

上纸叁百柒拾叁斤

上纸柒拾肆斤 　　　半　贰两捌钱陆分伍厘

下纸陆百伍拾斤

药酒　伍拾伍斤

　壹件

瓦器　拾叁斤 　　　半　叁钱肆分壹厘

木灯肆对

罗皮拾陆担伍拾斤 　　半　柒两叁钱贰分伍厘

麻叁拾玖担伍拾斤

笋　壹百伍拾叁斤

　干叁件 　　　　　半　陆钱柒分陆厘

笋　叁百玖斤

铜　玖拾伍斤

　箔贰件 　　　　　半　壹两柒钱捌分柒厘

锡　壹百伍拾玖斤

莲子壹百贰拾斤

莲子伍件壹百贰拾肆斤 　半　壹两贰钱贰分肆厘

桂圆肉叁百伍拾壹斤

白蔼肆百拾陆斤

白蔼贰百捌斤 　　　半　肆两捌钱肆分

苍术叁百贰拾斤

橘饼叁百捌拾斤

橘饼玖拾陆斤　　　　　　半　贰两贰钱壹分肆厘

橘饼叁百捌拾斤

红枣壹百陆拾肆斤

丝　肆斤

　栏杆壹件　　　　　　　半　贰两壹钱捌分

银　贰拾贰斤

鱼肚贰百伍拾斤

鱼肚壹百贰拾伍斤　　　　半　贰两贰钱伍分

鱼肚壹百贰拾斤

药材叁百贰拾肆斤

药材叁百捌拾捌斤　　　　半　壹两陆钱捌分贰厘

药材叁百陆拾斤

招商局江孚轮船往芜湖

补收

绸子伍斤　　　　　　　　半　叁钱

招商局江宽轮船上海来

土染布肆百贰拾贰斤

黄丹叁百玖拾贰斤　　　　半　捌两伍钱柒分陆厘

纸箔拾叁担伍拾斤

药材拾陆担玖拾壹斤　　　半　叁两贰钱叁分壹厘

旧洋袋叁件陆百只

绸子玖拾柒斤　　　　　　半　伍两捌钱贰分

草席　肆百条

　拾伍件　　　　　　　　半　壹两贰钱

草席　捌百条

黄丝贰百贰拾斤　　　　　半　柒两柒钱

鱼头捌拾斤	半	贰两捌钱肆分
上纸柒百贰拾斤		
草麻油拾贰担伍拾斤	半	壹两叁钱伍分
红枣叁百陆拾斤		
莲子贰百伍拾玖斤		
莲子陆拾斤	半	壹两肆钱玖分叁厘
莲子壹百拾柒斤		
花子肆拾斤		
花子捌拾斤		
洋腿马褂柒拾柒斤	半	贰两玖钱陆分
铜扣壹百贰拾贰斤		
笋干叁百伍拾斤		
香菌壹件柒拾伍斤		
橘饼拾件陆担	半	叁两柒钱柒分伍厘
淡菜伍件柒百贰拾伍斤		
红枣拾担伍拾陆斤		
香芃壹百贰拾捌斤		
土碱柒拾陆担	半	壹两捌钱玖分叁厘
桃仁壹百捌拾叁斤		
镜子捌百玖拾伍个	半	壹两陆钱捌分
铜箔壹百陆拾肆斤		
丝栏杆贰拾柒斤	半	叁两贰钱肆分
丝金栏杆贰拾壹斤		
红枣壹百捌拾斤		
黑枣陆拾捌斤	半	捌钱壹分
红枣叁百玖拾陆斤		
桂圆肆件肆担		

红枣叁百陆拾斤
红枣贰拾叁担叁拾贰斤
红枣柒百柒拾贰斤
红枣叁百贰拾斤　　　　半　贰两贰钱肆分柒厘
红枣叁百陆拾贰斤
红枣壹百陆拾斤
红枣拾件柒担
白蔼贰百拾斤　　　　半　叁两壹钱捌分
白蔼贰百拾肆斤
华商豫成经报中国金同　　　　半　拾陆两陆钱伍厘
富划艇由汉到镇查照
江汉关正税单

79. 玖月拾贰日英拾月拾叁日
招商局江裕轮船汉口来
烟　拾贰担拾斤
丝　　　　半　拾贰两陆分壹厘
烟　肆拾壹担伍拾斤
丝色头叁拾陆斤
桃仁拾壹担伍拾肆斤　　　　半　叁两柒钱捌分陆厘
籐镯叁拾伍斤
姜黄贰件捌百拾斤
药材叁百捌拾伍斤
药材柒百陆拾斤　　　　半　叁两伍钱柒分伍厘
药材拾壹担玖拾贰斤
下纸捌拾伍斤　　　　半　壹钱柒分
茯苓玖百柒拾斤
茯苓壹百捌拾伍斤

茯苓叁百拾斤　　　　　　半　贰两陆钱玖厘

党参壹担

药材陆百捌拾捌斤

信实壹百贰拾伍斤

该船又由芜湖来

上纸壹百贰拾叁斤　　　　半　肆两叁分壹厘

招商局江孚轮船汉口来

烟丝肆拾伍担伍拾斤　　　半　拾两贰钱叁分捌厘

黄芪贰拾捌斤　　　　　　半　伍钱叁分陆厘

茯苓壹百柒拾斤

漆贰件叁百肆斤　　　　　半　柒钱陆分

药材拾捌担叁拾贰斤

药材拾贰担陆拾肆斤

药材陆百陆拾肆斤

药材壹百陆拾肆斤　　　　半　陆两柒钱捌分伍厘

虎骨陆拾捌斤

乌草壹担

信实肆百肆拾斤

炕皮叁百贰拾斤

该船又由九江来

部子陆百陆拾斤　　　　　半　壹两陆钱伍分

烟叶贰百拾壹担拾贰斤

烟叶伍拾伍担伍拾柒斤

烟叶贰拾玖担陆拾肆斤　　半　叁拾肆两肆钱捌厘

烟叶壹百陆担捌拾柒斤

烟叶伍拾伍担伍拾柒斤

该船又由芜湖来

上纸贰件壹百肆拾斤　　　半　肆钱玖分

招商局江永轮船上海来

药材叁拾伍担肆拾斤

药材柒件伍百肆拾玖斤　　半　伍两陆钱贰分贰厘

药材肆件陆百肆拾贰斤

红枣壹百陆拾斤

冰糖柒百伍拾斤

红枣柒百玖拾斤　　　　　半　肆两玖钱叁分陆厘

桂圆贰拾捌担伍拾陆斤

支干壹百拾斤

支干拾件玖担

桂圆肆拾担陆拾斤　　　　半　捌两伍钱贰分玖厘

桂圆陆百贰拾伍斤

桂圆拾贰担伍拾斤

桂圆拾陆担贰拾伍斤

桂圆玖拾玖斤　　　　　　半　捌两伍分叁厘

冰糖柒百伍拾斤

冰糖肆拾担

草　伍百条

席贰拾件　　　　　　　　半　壹两柒钱

草　壹千贰百条

鱼头壹百肆拾叁斤

花子壹百贰拾斤　　　　　半　贰两叁钱捌分柒厘

白蔼贰百拾斤

绸子柒拾伍斤

绸子叁拾柒斤　　　　　　半　陆两柒钱贰分

纸箔伍件肆百拾斤

纸箔玖担　　　　　　　　　半　肆两伍钱捌分伍厘

土染布柒百玖拾伍斤

镜箱贰拾肆只　　　　　　　半　陆两叁钱柒分肆厘

纸箔拾伍担伍拾玖斤

淡菜叁百陆拾斤　　　　　　半　陆两叁钱陆分肆厘

淡菜贰百肆拾伍斤

鱼胶玖拾叁斤

旧洋袋壹万叁千只　　　　　半　拾叁两

白糖壹百拾贰担玖拾柒斤　　半　贰拾贰两陆钱伍分柒厘

白糖壹百拾叁担陆拾斤

土碱贰拾肆担伍拾肆斤

枇肉壹百捌拾叁斤　　　　　半　贰两伍钱贰分柒厘

莲子壹百贰拾肆斤

莲子玖拾斤

80. 玖月拾叁日

华南明记经报中国源源　　　半　贰拾陆两柒钱柒分伍厘

划艇由汉到镇查照江

汉关正税单

招商局江永轮船往九江

补收

绸子柒斤拾贰两　　　　　　半　肆钱陆分伍厘

81. 玖月拾肆日英拾月拾五日

招商局江裕轮船上海来

土染布壹件肆百柒斤

土染布壹件肆担　　　　　　半　拾贰两伍钱叁分肆厘

土染布肆百贰拾玖斤

土染布肆百叁拾伍斤

绸子　叁拾贰斤

　　贰件　　　　　　　　　　半　叁两柒钱捌分

绸子　叁拾壹斤

席布贰百伍拾匹

旧洋袋叁千只　　　　　　　半　贰两叁钱贰分叁厘

烟叶贰拾陆担贰拾伍斤

支干壹百玖拾斤

蜜枣贰百捌拾斤

蜜枣贰百拾斤　　　　　　　半　捌两贰钱玖分贰厘

蜂蜜捌百伍斤

　　陆件

瓦器　贰百柒拾斤

铜箔壹百柒拾叁斤

绉金纸玖拾叁斤　　　　　　半　叁两肆钱贰分肆厘

桂圆肆百贰拾伍斤

锡箔壹百拾柒斤

白蔼贰百拾叁斤　　　　　　半　肆两肆钱贰厘

桂圆拾贰件拾伍担

红枣捌百捌拾伍斤

甘草叁件陆百叁拾斤　　　　半　肆钱贰分伍厘

笋干叁拾肆担贰拾叁斤

红枣拾肆担肆拾斤

红枣叁百叁拾贰斤　　　　　半　陆两玖分肆厘

红枣壹百玖拾斤

红枣叁百叁拾贰斤

黑枣柒拾伍斤

白羊皮马褂　柒拾件

　　　　壹件　　　　　　　　　　半　伍两捌钱

　　山羊褥　　壹条

82. 玖月拾伍日英拾月拾陆日

　招商局江永轮船汉口来

　　药材拾伍担贰拾伍斤　　　　半　叁两叁钱柒分柒厘

　　烟丝叁拾柒担伍拾贰斤

　　烟丝贰拾壹担伍拾斤　　　　半　伍拾肆两贰钱玖分捌厘

　　烟丝壹百捌拾贰担叁拾斤

　　白蔹贰百拾伍斤　　　　　　半　壹两陆钱壹分叁厘

　　宅吉肆百拾陆斤

　　驴皮肆百伍拾伍斤　　　　　半　贰壹分捌厘

　该船又由南京来

　　桔梗拾担伍拾斤　　　　　　半　陆钱伍分陆厘

　招商局江孚轮船上海来

　　药材　贰百肆斤

　　　　伍件　　　　　　　　　　半　壹两肆钱柒分陆厘

　　药材　贰百玖拾贰斤

　　黄芩贰百拾斤　　　　　　　半　陆钱捌分玖厘

　　剪草贰担

　　红枣贰百捌拾斤

　　红枣拾壹担捌斤

　　红枣拾担伍拾斤　　　　　　半　壹两捌钱肆分捌厘

　　桂圆陆担

　　米仁壹百伍拾肆斤

　　甘草壹百拾斤

　　料术伍拾肆斤　　　　　　　半　柒钱伍分

　　茯苓贰百捌拾斤

茶叶贰拾肆斤

粗夏布拾玖担拾肆斤

淡菜拾担拾贰斤　　　　　　　　半　捌两伍钱玖分贰厘

架子壹件

棉花拾贰担柒拾斤　　　　　　　半　贰两贰钱贰分叁厘

桂圆拾担捌拾斤

桂圆伍百捌拾陆斤　　　　　　　半　贰两陆钱柒分

桂圆壹百玖拾斤

杏仁壹百伍拾伍斤

莲子壹百叁拾肆斤

锡箔壹百肆拾肆斤

白蔿贰百拾壹斤　　　　　　　　半　叁两贰钱叁厘

红枣壹件壹百拾斤

鱼肚伍拾斤

草席　陆百条

席拾贰件　　　　　　　　　　　半　壹两贰钱肆分

草陆　百肆拾条

纸箔玖百伍拾斤

纸箔柒百陆拾斤

橘饼叁百捌拾肆斤　　　　　　　半　玖两捌钱贰分叁厘

橘饼陆百陆拾伍斤

铜箔壹百陆拾贰斤

土染布肆百拾斤

土染布肆百捌拾斤　　　　　　　半　拾叁两贰分捌厘

土染布肆百叁拾斤

土染布肆百拾柒斤

上纸柒担　　　　　　　　　　　半　贰两肆钱伍分

83. 玖月拾陆日 _{英拾月拾柒日}

华南豫成经报中国金泰　　　　半　拾肆两柒钱柒分伍厘

　　和划艇由汉到镇查照

　　江汉关正税单

84. 玖月拾柒日 _{英拾月拾八日}

招商局江宽轮船汉口来

　　桐油玖拾叁担贰拾肆斤　　半　拾陆两陆钱伍分

　　桐油拾柒担柒拾陆斤

　　烟丝贰拾肆担肆拾伍斤

　　烟丝伍拾件伍拾担　　　　半　拾柒两叁钱壹厘

　　旧衣叁百陆拾斤

　　漆玖百肆拾肆斤　　　　　　半　贰两叁钱陆分

　　陈皮叁百伍拾斤　　　　　　半　壹两壹钱贰分伍厘

　　药材拾柒担叁拾斤

　　皮油贰拾陆担肆拾斤

　　麻绳贰担　　　　　　　　　半　拾伍两玖钱陆分

　　丝栏杆壹担

　该船又由九江来

　　烟叶陆拾肆担柒拾玖斤

　　烟叶陆拾玖担贰拾伍斤

　　烟叶肆拾担

　　烟叶拾捌担捌拾斤　　　　　半　贰拾伍两叁分捌厘

　　烟叶拾捌担捌拾斤

　　烟叶叁拾柒担陆拾斤

　　烟叶捌拾肆担陆拾斤

　招商局江宽轮船往芜湖

　　补收

绸子贰斤拾两

绸子拾斤　　　　　　　　半　柒钱伍分伍厘

绸子贰斤拾伍两

85. 玖月拾玖日 _{英拾月贰拾日}

招商局江裕轮船汉口来

　饼料壹件玖拾斤　　　　　半　叁钱贰分伍厘

　漆拾肆担伍拾捌斤

　漆捌百拾斤

　漆陆百肆拾捌斤

　漆叁百拾肆斤

　漆壹百陆拾贰斤　　　　　半　贰拾壹两贰钱伍分捌厘

　漆柒百捌拾玖斤

　漆陆百肆拾斤

　漆叁拾担肆拾贰斤

　漆叁百贰拾斤

　漆叁百贰拾斤

　白蔴贰百捌斤　　　　　　半　壹两捌钱陆分

　旧油篓陆拾个

　当归壹百柒拾壹斤

　茯苓伍百玖拾斤　　　　　半　壹两肆钱贰分捌厘

　川芎叁百肆拾伍斤

86. 玖月贰拾日 _{英拾月贰拾壹日}

招商局江永轮船上海来

　白羊皮马褂　伍拾贰件

　　　贰件

　羊皮马褂　　肆拾伍件　　半　贰拾伍两柒钱贰分伍厘

　羊皮马褂等壹百捌拾肆件

羊皮马褂等壹百玖拾壹件

青果叁担　　　　　　　　　半　伍钱柒分

梨子捌担

草席贰百肆拾条

草席贰百条　　　　　　　　半　捌钱肆分

草席肆百条

红枣叁百肆拾斤　　　　　　半　柒钱陆分捌厘

鱼肚壹百贰拾叁斤

桂圆陆件叁担

桂圆拾捌担柒拾贰斤　　　　半　柒两玖伍分叁厘

桂圆贰担

纸箔拾肆担贰拾伍斤

绸子捌拾叁斤　　　　　　　半　肆两玖钱捌分

香芄玖拾柒斤

香芄贰百叁拾肆斤　　　　　半　贰两捌钱叁分陆厘

海蜇拾肆担拾斤

镜器壹干肆百伍拾柒个　　　半　壹两叁钱贰分

鱼肚伍拾叁斤

黑枣捌百贰拾斤　　　　　　半　壹两伍钱伍分贰厘

笋干肆百伍拾玖斤

莲　捌拾肆斤

　　子叁件　　　　　　　　半　捌钱陆分

莲　贰百陆拾斤

籐镯壹干玖百对　　　　　　半　壹钱陆分伍厘

坭籐贰件壹百玖拾柒斤　　　半　贰钱叁分捌厘

麻皮　玖拾肆斤

　　贰件　　　　　　　　　半　壹钱柒分

麻皮　玖拾捌斤

松子叁百捌拾玖斤　　　　　　半　柒钱肆分玖厘

淡菜叁百陆拾斤

丝金栏杆叁拾叁斤　　　　　　半　贰两玖钱柒分

上纸壹百肆拾肆斤

上纸贰百玖拾陆斤　　　　　　半　贰两贰钱玖分陆厘

上纸贰百拾陆斤

绸子叁拾斤　　　　　　　　　半　壹两捌钱

白蔼捌百肆拾贰斤　　　　　　半　陆两叁钱壹分伍厘

白蔼贰百拾伍斤　　　　　　　半　壹两陆钱壹分叁厘

同朴陆担

槟榔衣壹百捌拾斤

上抽皮壹百拾捌斤

红芪贰百捌拾斤　　　　　　　半　贰两叁钱陆分捌厘

杏仁壹百伍拾伍斤

鱼唇壹百拾斤

樟脑贰拾斤

海旱壹百贰斤

排草壹百捌拾陆斤

甘草贰担　　　　　　　　　　半　壹两陆钱陆分柒厘

药材壹百叁拾柒斤

药材贰件

华商豫成经报中国瑞安　　　　半　陆拾陆两叁钱

划艇由汉到镇查照江

汉关正税单

　　查该半税内有本关所发伍百叁拾壹贰号

　　暂存半税存票贰张又伍百叁拾叁号陆百

　　　　拾玖陆百贰拾捌玖陆百叁拾壹号陆百肆

　　　　拾叁陆百伍拾壹柒百叁拾柒柒百伍拾叁

　　　　柒百柒拾贰叁号复进口半税存票拾壹号

　　　　共计存票拾叁张计银伍拾肆两壹钱壹分

　　　　抵完登明

87.　玖月贰拾壹日

　　华商豫成经报中国金永　　　　半　贰拾捌两陆钱伍分

　　　和划艇由汉到镇查照

　　　江汉关正税单

88.　玖月贰拾贰日_{英拾月贰拾叁日}

　　招商局江宽轮船上海来

　　　桂皮叁百叁拾斤

　　　土贝拾担伍拾斤　　　　　　半　肆两肆分

　　　藿香壹百柒拾斤

　　　黑枣拾肆担玖拾捌斤

　　　白芷叁百叁拾伍斤

　　　蜜枣壹百肆拾陆斤　　　　　半　叁两陆钱玖分玖厘

　　　蔼丸壹百拾伍斤

　　　下纸伍百玖拾肆斤

　　　桂圆伍百肆拾斤　　　　　　半　壹两柒钱分柒分叁厘

　　　笋干壹件壹百捌拾伍斤

　　　鱼头壹百贰拾伍斤　　　　　半　贰两玖钱伍分柒厘

　　　红枣贰拾壹担伍拾捌斤

　　　铜箔壹百陆拾贰斤

　　　绸子肆拾肆斤　　　　　　　半　贰两陆钱肆分

　　　青果肆百捌拾斤

　　　淡菜壹百贰拾斤　　　　　　半　壹两壹分柒厘

橘饼壹百玖拾斤

青果伍件叁担

黑枣玖担 　　　　　　　　半　壹两玖钱玖分伍厘

桂圆捌百肆拾斤

橘饼肆百柒拾伍斤

红枣柒百拾陆斤 　　　　　半　贰两伍钱叁分贰厘

上纸贰百玖拾贰斤

绸子捌拾陆斤 　　　　　　半　捌两捌分叁厘

土染布伍百贰拾叁斤

红枣叁百肆拾捌斤

香芃玖拾捌斤

红枣叁百叁拾叁斤 　　　　半　壹两贰钱肆分肆厘

红枣叁百叁拾叁斤

黑枣壹件柒拾斤

招商局江孚轮船芜湖来

牛油捌百肆拾斤 　　　　　半　壹两叁钱陆分伍厘

上纸壹百伍拾斤

该船又由九江来

　烟　贰拾伍件伍拾担

　叶 　　　　　　　　　　半　柒两肆钱伍分伍厘

　烟　肆拾玖担肆拾斤

该船又由汉口来

　玉金陆拾伍斤

　茯苓壹百贰拾斤

　皮油伍拾捌担捌斤 　　　半　玖两捌钱肆分

　松香伍百贰拾斤

　葛仙米叁拾斤

木耳陆百肆拾斤

姜黄贰拾玖担捌拾斤

莲子柒百肆拾肆斤　　　　半　伍两玖钱玖分伍厘

桃仁肆百拾贰斤

梅鸟肆百柒拾伍斤

药材拾担陆拾叁斤　　　　半　贰两伍钱壹分陆厘

虎骨壹件贰拾斤

漆壹百陆拾贰斤　　　　　半　肆钱伍厘

招商局江孚轮船往九江

　补收

　绸子壹件拾壹斤　　　　半　陆钱陆分

华商明记经报中国顺丰　　半　肆拾柒两陆钱伍分

划艇由汉到镇查照江

汉关正税单

华商明记经报中国临安　　半　拾玖两陆分肆厘

划艇由汉到镇查照江

汉关正税单

招商局江永轮船上海来

　补收

　皮马褂壹件　　　　　　半　柒钱伍分

89. 玖月贰拾肆日 英拾月贰拾五日

招商局江永轮船汉口来

漆叁百贰拾肆斤　　　　　半　捌钱壹分

烟丝叁拾柒担伍拾斤

烟丝贰拾肆担伍拾斤　　　半　叁拾玖两叁钱伍分肆厘

烟丝伍拾肆担柒拾斤

烟丝伍拾捌担贰拾斤

桐油拾肆担捌拾斤　　　　　半　　贰两贰钱贰分

木耳贰百叁拾斤

桃仁玖百柒拾伍斤　　　　　半　　伍两柒钱肆分伍厘

莲子叁百柒拾贰斤

绉纱陆拾伍斤

药材柒百肆拾斤

药材伍百贰拾斤

药材陆百贰拾伍斤　　　　　半　　叁两柒钱捌分壹厘

茯苓壹百陆拾斤

茯苓贰件叁百拾斤

黄芪壹件陆拾斤

黄芩伍百叁拾壹斤

药材捌百叁拾斤　　　　　　半　　叁两玖钱陆分叁厘

茯苓玖百肆拾斤

当归叁百叁拾贰斤

桃仁贰担

水靛柒拾肆担捌拾捌斤　　　半　　捌两玖钱柒分伍厘

同朴壹百叁拾伍斤

桔梗贰拾捌担伍拾伍斤

招商局江裕

　　桂圆贰百贰拾斤　　　　　半　　贰钱柒分伍厘

药材叁百捌拾斤

药材贰百陆拾叁斤　　　　　半　　贰两贰钱贰分叁厘

桂皮壹百伍拾斤

白糖陆拾叁担肆拾捌斤

梨　拾贰担　　　　　　　　半　　陆两捌钱肆分捌厘

　　子

梨 捌担

白蘒肆百贰拾捌斤

淡菜叁百陆拾斤   半 叁两玖钱玖分叁厘

淡菜贰百捌拾捌斤

淡菜壹百叁拾伍斤

黄丹壹件壹百玖拾伍斤   半 叁钱肆分壹厘

桂圆肆件贰百拾玖斤

桂圆贰拾陆担贰拾伍斤   半 肆两柒分贰厘

枝干肆百贰拾贰斤

枝干玖拾伍斤

笋干叁百陆拾斤

笋干肆百捌斤

红枣叁百肆拾伍斤   半 伍两壹钱陆分伍厘

桂圆拾担陆拾贰斤

桂圆贰拾担叁拾肆斤

麻 壹百贰拾陆斤

  皮   半 贰钱贰分

麻 壹百贰拾陆斤

桂圆贰拾贰担拾斤

桂圆叁拾捌担柒拾伍斤   半 柒两捌钱柒厘

花米壹担

桂圆伍百贰拾贰斤

桂圆伍拾伍担   半 拾肆两伍钱柒分捌厘

冰糖伍拾担

莲子拾件肆担

香苽玖拾捌斤

红枣叁百肆拾捌斤   半 壹两叁钱壹分陆厘

红枣壹百玖拾斤

红枣拾件柒百伍拾斤

黄丹壹件贰百拾柒斤　　　　半　叁钱捌分

冰糖贰拾伍担

桂圆拾捌担柒拾伍斤　　　　半　伍两玖钱伍分肆厘

桂圆叁百捌拾斤

莲子壹百贰拾肆斤

鱼肚捌拾斤　　　　　　　　半　壹两柒分壹厘

橘饼玖拾伍斤

淡菜壹百贰拾叁斤

上纸叁百肆拾伍斤

上纸壹百叁拾陆斤　　　　　半　陆两叁钱肆分伍厘

上纸拾贰担伍拾捌斤

上纸柒拾贰斤

下纸拾玖担玖拾伍斤　　　　半　陆两壹钱壹分

下纸拾担陆拾斤

粉油贰件玖担　　　　　　　半　肆两壹钱玖分

纸箔玖百肆拾斤

旧衣叁百捌拾伍斤　　　　　半　壹两壹钱玖分伍厘

旧被叁百肆拾斤

桃仁叁百叁拾斤

红枣叁百玖拾伍斤　　　　　半　壹两陆钱贰分柒厘

鱼肚陆拾叁斤

莲子壹件壹百叁拾斤

90. 玖月贰拾陆日_{英拾月贰拾柒日}

招商局江孚轮船上海来

旧洋袋伍百只　　　　　　　半　伍钱

黄丝肆百贰拾斤

黄丝　伍拾斤　　　　　　半　拾柒两贰钱

　壹件

白丝　拾伍斤

板朴壹百捌拾肆斤　　　　半　陆钱伍分捌厘

桂皮壹百伍拾捌斤

火腿壹百玖拾斤　　　　　半　伍钱贰分叁厘

杏仁贰百拾柒斤　　　　　半　玖钱捌分捌厘

当归壹百伍拾斤

红枣伍拾担捌拾壹斤

红枣拾玖担叁拾陆斤　　　半　叁两肆钱玖分伍厘

红枣柒百伍拾斤

莲子壹百叁拾斤

笋干壹百柒拾陆斤　　　　半　壹两玖钱肆分

笋干玖百伍拾肆斤

红枣壹百柒拾肆斤半

红枣拾陆担柒拾斤

桂圆肆百伍拾斤　　　　　半　贰两贰分伍厘

桂圆伍拾斤

桂圆肆百伍拾肆斤

桂圆壹件伍拾斤

鱼肚叁拾斤　　　　　　　半　壹两柒钱陆分叁厘

桂圆拾担捌拾斤

鱼唇伍拾斤

天平壹件陆付　　　　　　半　贰钱柒分

土染　叁百陆拾玖斤

　布　　　　　　　　　　半　伍两玖钱陆分叁厘

土染　肆百贰拾陆斤

香芄壹百贰斤

莲子壹百叁拾肆斤　　　　　半　壹两伍钱贰分捌厘

核桃贰百叁拾壹斤

红枣叁百柒拾肆斤

桃仁壹百伍拾玖斤　　　　　半　叁钱肆分叁厘

淡菜壹百伍斤

纸箔拾件玖担　　　　　　　半　肆两贰钱肆分贰厘

纸箔叁百拾贰斤

白蔼贰百贰拾肆斤

上纸陆拾玖斤　　　　　　　半　伍两伍钱柒分捌厘

上纸叁百肆拾伍斤

上纸陆百玖拾伍斤半

下纸叁百肆拾斤

下纸陆百肆拾伍斤　　　　　半　叁两叁钱柒分

下纸叁百捌拾斤

下纸拾件叁百贰拾斤

纸箔叁百肆拾贰斤　　　　　半　壹两壹钱玖分柒厘

木架肆拾柒打　　　　　　　半　贰两壹钱

玻璃片壹百伍拾斤

橘饼壹百玖拾斤

橘饼拾伍担贰拾伍斤　　　　半　肆两壹钱陆分叁厘

山芋陆担

火炉伍件　　　　　　　　　半　壹两柒分伍厘

华商明记经报中国源益　　　半　叁拾两伍钱肆分伍厘

　划艇由汉到镇查照江

　汉关正税单

招商局江孚

　　绸子伍斤　　　　　　　　　半　　叁钱

招商局江宽轮船往汉口

　　补收

　　绸子捌斤　　　　　　　　　半　　壹两玖分伍厘

　　绸子拾斤肆两

91. 玖月贰拾玖日<small>英拾月叁拾日</small>

招商局江宽轮船汉口来

　　烟丝拾叁担陆拾伍斤　　　　半　　叁两柒分壹厘

　　核桃肆百贰拾斤　　　　　　半　　贰钱柒分伍厘

　　药材贰百伍拾陆斤　　　　　半　　壹两伍分

　　漆肆件陆百伍拾斤

　　漆肆件陆百陆拾斤

　　漆叁件肆百捌拾斤　　　　　半　　伍两贰钱肆分

　　漆壹百伍拾斤

　　漆壹百伍拾陆斤

　　绿皮壹件伍拾斤

　　水烟袋　肆拾支　　　　　　半　　壹两玖钱伍分

　　　　　　<small>贰件</small>

　　烟灯　肆拾玖斤

　　皮油壹百拾壹担玖拾斤　　　半　　拾陆两柒钱捌分伍厘

　　土布壹百柒拾伍斤　　　　　半　　壹两叁钱壹分叁厘

该船又由九江来

　　瓜子陆百捌拾陆斤　　　　　半　　叁钱肆分叁厘

　　烟叶贰百伍担肆拾伍斤

　　烟叶拾肆担捌拾贰斤

　　烟叶壹百贰拾玖担陆拾柒斤

烟叶玖拾捌担拾捌斤

烟叶叁拾玖担贰拾斤　　　半　陆拾叁两捌钱陆分柒厘

烟叶拾伍担贰拾捌斤

烟叶壹百拾肆担柒拾捌斤

烟叶叁拾柒担陆拾斤

烟叶壹百拾叁担贰拾斤

烟叶捌拾叁担叁拾陆斤

招商局江永轮船上海来

白蔼肆百拾捌斤　　　　　半　叁两壹钱叁分伍厘

白蔼贰百贰拾贰斤

青果拾担捌拾斤　　　　　半　贰两玖钱柒分伍厘

莲子壹百叁拾伍斤

同功丝贰担　　　　　　　半　柒两贰分伍厘

杏仁玖担

红枣叁百柒拾肆斤

红枣叁拾柒担

红枣拾贰担陆拾斤　　　　半　叁两肆钱捌分肆厘

红枣玖百贰拾伍斤

红枣叁百柒拾伍斤

红枣拾壹担捌斤

香芃玖拾斤

红枣柒百肆拾捌斤　　　　半　贰两贰钱玖分壹厘

蛏干壹百拾伍斤

上纸贰百壹斤

梨子肆担

梨子拾担　　　　　　　　半　陆钱贰分伍厘

梨子陆件陆担

黑枣贰百柒拾斤　　　　半　叁钱贰分玖厘

鱿鱼壹百肆拾斤

草席肆百条

草席伍百陆拾条　　　　半　壹两陆钱

草席陆百肆拾条

淡菜贰拾壹担叁拾斤

鱼肚贰百贰拾叁斤　　　　半　肆两壹钱壹分

桂圆拾件伍担

橘饼玖拾陆斤

板朴肆担　　　　　　　　半　壹两伍钱伍分捌厘

牛胶柒百柒拾斤

麻布壹百匹

桃仁壹百捌拾壹斤半　　　半　壹两贰钱贰厘

大头菜贰百贰拾贰斤

蜜枣壹百肆拾陆斤

甘草贰百陆拾叁斤

药材拾担贰拾柒斤

杏仁贰百贰拾斤

药材柒百拾伍斤　　　　　半　柒两伍钱捌分玖厘

茯苓壹百贰拾贰斤

药丸壹百柒拾肆斤

上纸陆拾斤

鱼肚陆拾伍斤

鱼肚壹百柒拾伍斤　　　　半　壹两陆钱叁分玖厘

鱼胶壹百叁拾伍斤

华商豫成经报中国金同　　半　拾两捌钱壹分

　庆划艇由汉到镇查照

江汉关正税单

92. 拾月初壹日_{英拾月叁拾壹日}

招商局江裕轮船汉口来

烟　叁拾贰担叁拾斤

丝

烟　壹百陆拾担贰拾斤　　　　　半　肆拾肆两柒钱叁分捌厘

药材陆百贰拾斤

下纸拾件伍担

桐油柒拾肆担

桐油捌拾捌担捌拾斤　　　　　　半　叁拾叁两陆钱陆分

皮油贰拾陆担肆拾斤

木耳伍百柒拾斤　　　　　　　　半　壹两柒钱壹分

漆伍件柒百捌拾斤半　　　　　　半　壹两玖钱伍分壹厘

该船又由九江来

烟叶叁拾担捌拾捌斤

烟叶拾捌担捌拾斤

烟叶拾捌担伍拾斤　　　　　　　半　拾贰两陆分陆厘

烟叶伍拾陆担肆拾斤

水靛叁拾担贰拾肆斤

招商局江孚轮船汉口来

黄丹壹百贰拾玖斤

药材拾叁担陆拾肆斤　　　　　　半　壹两柒钱贰分陆厘

药材肆百陆拾斤

药材拾壹担伍拾叁斤

药材壹百陆拾壹斤

茯苓伍百叁拾伍斤　　　　　　　半　伍两壹钱壹分陆厘

药材拾壹担拾玖斤

茯苓壹百伍斤

漆陆百柒拾斤

玉金壹百捌拾伍斤　　　　　半　贰两

天雄玖拾伍斤

烟叶拾肆担陆拾斤

烟叶拾壹担陆拾斤　　　　　半　拾两叁钱叁分

烟叶陆拾伍担

该船又由九江来

烟叶壹百肆拾肆担伍拾斤

烟叶肆拾捌担贰拾伍斤　　　半　　拾捌两柒钱壹分壹厘

烟叶叁拾捌担

茯苓贰拾壹担陆拾斤

93. 拾月初肆日_{英拾壹月叁日}

华南明记经报中国致富　　　半　贰拾肆两贰钱壹分玖厘

　划艇由汉到镇查照江

　汉关正税单

招商局江孚轮船汉口来

　补收

绸子壹件拾贰两　　　　　　半　肆分伍厘

94. 拾月初伍日_{英拾壹月四日}

招商局江宽轮船上海来

鱼肚柒拾斤

鱼肚肆拾伍斤　　　　　　　半　玖钱

鱼肚陆拾伍斤

桃仁叁百叁拾斤

红枣拾肆担伍拾肆斤　　　　半　叁两捌钱玖分叁厘

黑枣叁拾贰担拾捌斤

梅皮贰件叁担

果皮肆件肆担 　　　　半　壹两捌钱肆分柒厘

白术叁百陆拾捌斤

桃肉壹百捌拾叁斤

桂圆肆件贰百捌斤 　　　　半　壹两玖钱陆分捌厘

桂圆捌件拾担

桂圆柒百贰斤

莲子壹百贰拾肆斤 　　　　半　叁两柒钱壹厘

桂圆贰拾担拾斤

布袋肆百只 　　　　　　　半　壹两伍钱捌分捌厘

麻皮玖百伍拾斤

上纸壹百伍拾斤

上纸捌百叁拾柒斤半 　　　半　肆两伍钱陆厘

上纸捌件叁担

上纸拾柒担陆拾贰斤

上纸贰百贰拾伍斤 　　　　半　柒两伍钱玖分壹厘

下纸叁百拾捌斤

白蔹贰百拾捌斤 　　　　　半　壹两陆钱叁分伍厘

绸子捌拾玖斤

绸子叁件贰拾贰斤 　　　　半　柒两肆钱肆分

绸子拾叁斤

青果叁百陆拾斤

青果叁百陆拾斤 　　　　　半　叁两陆钱壹分肆厘

镜子捌拾捌个

旧衣拾担陆拾伍斤

麦冬　玖拾伍斤

　壹件 　　　　　　　　　　半　壹两柒钱壹分伍厘

象贝　玖拾贰斤

桃肉叁百玖拾陆斤

甘草贰百拾斤

锡箔壹百贰拾斤　　　　　　　　　　半　叁两伍钱叁分贰厘

水银壹百拾肆斤

橘饼陆件陆担

红枣伍件叁百柒拾伍斤

红枣贰件叁肆拾斤　　　　　　　　　　半　柒钱伍分陆厘

红枣拾件捌担

红枣贰件壹百陆拾肆斤

红枣贰件壹百捌拾斤

红枣贰拾件拾伍担　　　　　　　　　　半　壹两伍分叁厘

红枣肆件叁担

红枣肆件叁百陆拾斤

橘饼玖百陆拾斤

下纸贰百陆拾贰斤

枝干肆百伍拾斤　　　　　　　　　　　半　肆两陆钱叁分肆厘

花米拾件肆担

同朴玖百贰拾斤

火刀拾担陆拾伍斤

火刀拾担陆拾伍斤　　　　　　　　　　半　壹两玖钱玖分捌厘

火刀拾担陆拾伍斤

招商局江永轮船往汉口

补收

绸子　　伍斤

　　贰件　　　　　　　　　　　　　　　半　陆钱

绸子　　伍斤

95. 拾月初柒日_{英拾壹月陆日}

招商局江永轮船汉口来

    丝色头壹件叁拾壹斤　　　　半　柒两捌钱伍分

    丝栏杆壹百叁拾肆斤

    漆壹件壹百陆拾贰斤

    漆叁件伍百伍斤　　　　　　半　叁两贰钱柒分捌厘

    漆肆件陆百肆拾肆斤

    药材拾柒担叁拾陆斤

    药材贰件叁百陆拾斤

    药材陆件玖百柒拾玖斤　　　半　陆两柒钱柒厘

    杏仁壹件壹百捌拾斤

    茯苓肆百陆拾伍斤

    皮油壹百拾肆担肆拾斤

    麻贰件贰百玖拾斤　　　　　半　叁拾叁两伍钱柒分壹厘

    烟丝柒拾担陆拾捌斤

该船又由南京来

    山林拾贰担陆拾伍斤　　　　半　玖钱肆分玖厘

96. 拾月初捌日_{英拾壹月柒日}

招商局江裕轮船上海来

    桂圆肆件贰担

    桂圆贰拾叁担柒拾陆斤　　　半　叁两贰钱玖分壹厘

    藕粉壹百拾捌斤

    红枣捌拾伍担玖拾陆斤

    橘饼贰件贰担　　　　　　　半　拾捌两玖钱玖分叁厘

    笋干陆拾伍件壹百担

    土碱贰拾肆担拾贰斤

    通草壹件肆拾斤　　　　　　半　贰两贰钱陆分贰厘

上纸贰件柒拾叁斤

草席拾贰件玖百陆拾条　　半　玖钱陆分

草席壹干陆百条　　　　　半　壹两陆钱

鱼皮壹件柒拾斤

铅粉叁百拾玖斤　　　　　半　壹两肆钱叁厘

鱼肚壹百伍拾伍斤

淡菜伍百陆拾斤

橘饼壹百伍斤　　　　　　半　壹两捌钱伍厘

药材伍百柒拾贰斤

铜扣捌拾陆斤

鱼肚壹百陆拾叁斤　　　　半　拾贰两伍钱叁分贰厘

纸　拾担玖拾玖斤

　　箔

纸　拾捌担捌拾斤

料器贰百拾壹斤

桂圆贰百肆斤　　　　　　半　贰两肆钱伍分伍厘

白蔼贰百拾斤

桂圆陆件叁担

红枣贰拾贰担叁拾贰斤

红枣拾柒担叁拾斤　　　　半　贰两肆钱壹分壹厘

红枣叁百肆拾斤

上纸肆件壹百肆拾斤

莲子壹件壹百贰拾伍斤　　半　贰两肆钱贰厘

黑枣拾贰担柒拾捌斤

黑枣肆件捌百伍拾叁斤

97. 拾月初玖日英拾壹月初捌日

招商局江宽轮船汉口来

黄丹壹百叁拾斤

漆柒百捌拾伍斤　　　　　　　半　贰两壹钱玖分壹厘

药材叁百贰拾斤

茯苓贰件陆担

药材贰百柒拾肆斤

大黄贰百陆拾斤　　　　　　　半　肆两陆钱玖分

枸杞贰拾斤

漆柒百捌拾伍斤

旧空篓叁拾个　　　　　　　　半　贰两壹钱壹分叁厘

草绳叁百拾斤

桐油贰拾玖担陆拾斤

皮油肆拾肆担　　　　　　　　半　贰拾两柒钱

皮油贰百叁拾斤

皮油陆拾壹担陆拾斤

莲子叁百柒拾贰斤

莲子拾贰担肆拾斤　　　　　　半　肆两叁钱肆分

莲子壹百贰拾肆斤

茯苓拾伍担肆拾叁斤　　　　　半　壹两叁厘

烟丝贰拾肆担肆拾斤

烟丝柒拾捌担捌拾斤　　　　　半　陆拾叁两肆钱玖分伍厘

烟丝壹百玖拾柒担

该船又由九江来

　五倍子贰担

　烟叶柒拾伍担贰拾柒斤

　烟叶叁拾壹担肆拾伍斤　　　　半　拾玖两肆分叁厘

　烟叶壹百肆拾玖担拾贰斤

招商局江孚轮船上海来

烟丝拾贰件陆担

蔄丸贰百柒拾叁斤　　　　半　柒两壹钱陆分伍厘

草席捌百条

桔饼玖拾陆斤

淡菜叁件陆担

桂圆拾担伍拾斤　　　　　半　肆两陆钱柒分壹厘

枝干壹件玖拾伍斤

土染布叁百伍拾伍斤

杏仁贰百贰拾肆斤

白术壹件玖拾伍斤　　　　半　捌两柒钱叁分陆厘

笋干肆拾陆担叁拾贰斤

红曲肆百伍拾壹斤

白糖伍拾肆担捌拾斤

金栏杆壹件拾肆斤　　　　半　捌两肆钱伍厘

白蔄贰百贰拾贰斤

旧洋袋壹千贰百双　　　　半　捌两玖钱

绸子壹百贰拾伍斤

纸箔壹件叁拾柒斤

铜箔壹百伍拾叁斤　　　　半　壹两柒钱叁分叁厘

黑枣肆百陆拾陆斤

红枣叁百叁拾斤

红枣玖百玖拾斤　　　　　半　壹两壹钱柒分陆厘

红枣柒百肆拾斤

红枣伍百伍拾斤

铜箔贰百捌拾贰斤　　　　半　叁两叁钱伍分捌厘

上纸叁百伍拾伍斤

上纸伍百拾斤半

红枣叁百叁拾斤　　　　　　半　叁两壹钱叁分陆厘

下纸贰百柒拾斤

下纸叁百拾捌斤

98. 拾月拾贰日 英拾壹月拾壹日

招商局江永轮船上海来

　　藿香叁百陆拾陆斤

　　剪草叁百柒拾贰斤

　　桂皮叁百伍斤　　　　　　半　贰两捌钱伍分肆厘

　　黑枣壹件贰百贰拾陆斤

　　红枣壹件壹百柒拾斤

　　枝干贰件壹百玖拾斤　　　半　叁钱柒分捌厘

　　旧毯壹件伍拾条

　　青果捌件肆百捌拾斤

　　青果陆件叁百陆拾斤　　　半　壹两贰钱玖分玖厘

　　山楂贰拾件捌担

　　黄丹壹百玖拾陆斤

　　桂圆肆件贰百拾陆斤

　　桂圆肆件贰担

　　桂圆伍百叁拾壹斤　　　　半　贰两陆钱捌分肆厘

　　桂圆肆百陆拾斤

　　鱼肚壹百捌拾伍斤

　　笋干伍拾伍担拾叁斤

　　甘草肆件捌担　　　　　　半　叁拾壹两柒钱叁分玖厘

　　红枣肆拾壹担捌斤

　　绸子叁百伍拾伍斤

　　上纸叁百叁拾伍斤

　　香芃壹件壹担　　　　　　半　陆两捌钱陆分玖厘

白蔼贰百贰拾贰斤

纸箔玖百肆拾斤

下纸叁百捌拾陆斤

下纸贰拾叁担陆拾肆斤　　　　半　拾壹两陆钱捌分

下纸叁拾担伍拾斤

鱼胶　壹百肆拾斤

　　贰件　　　　　　　　　　　半　壹两叁钱伍分伍厘

橘饼　叁百陆拾斤

99. 拾月拾叁日 英拾壹月拾贰日

华商明记经报中国广利　　　　半　叁拾肆两叁钱柒分伍厘

划艇由汉到镇查照江

汉关正税单

华商豫成经报中国臻祥　　　　半　贰拾玖两贰钱叁分

划艇由汉到镇查照江

汉关正税单

100. 拾月拾伍日 英拾壹月拾肆日

招商局江永轮船汉口来

附尼　　玖拾斤

　　贰件

甘草　　贰担　　　　　　　　半　伍钱捌分伍厘

大力子壹百捌拾伍斤

丝栏杆叁拾柒斤　　　　　　　半　贰两叁钱贰分伍厘

浊拈贰件肆担

烟　玖拾伍担　　　　　　　　半　肆拾两伍钱陆分捌厘

　　丝

烟　捌拾伍担叁拾斤

桐油伍拾担叁拾贰斤　　　　　半　捌两捌钱肆分壹厘

木耳肆百叁拾壹斤

漆叁百拾肆斤　　　　　　　　　半　柒钱捌分伍厘

招商局江裕轮船汉口来

药材陆件捌百陆拾肆斤　　　　　半　捌钱

烟叶伍拾伍担贰拾斤

烟　拾肆担叁拾斤　　　　　　　半　陆拾两壹钱捌分捌厘

　叶

烟　贰百叁拾壹担

桃仁肆件陆百陆拾斤　　　　　　半　肆两捌钱伍分陆厘

漆拾伍担叁拾斤

木瓜陆百贰拾斤　　　　　　　　半　肆钱柒分伍厘

药材贰拾叁担柒拾斤

药材捌百伍拾伍斤

药材肆百陆拾斤　　　　　　　　半　陆两肆钱陆分柒厘

药材伍百捌拾叁斤

药材柒百陆拾斤

茯苓玖百拾斤

101. 拾月拾陆日 _{英拾月拾五日}

招商局江孚轮船汉口来

烟叶贰拾捌担伍拾陆斤

烟叶贰拾柒担贰拾斤　　　　　　半　肆两玖钱玖分贰厘

木耳贰百柒拾斤

莲子贰百肆拾捌斤

木耳贰拾壹件拾叁担　　　　　　半　捌两捌钱陆分

莲子拾柒担叁拾陆斤

药材陆百叁拾斤

药材叁百捌拾斤　　　　　　　　半　贰两陆钱贰分伍厘

炕皮壹件肆担

甘草壹件贰百陆拾斤

虎骨壹件贰拾贰斤　　　　半　伍钱陆分捌厘

茯苓叁百肆拾斤

桐油壹百陆拾捌斤

木耳伍百陆拾斤　　　　　半　贰两捌钱玖分贰厘

木耳叁百贰拾斤

该船又由九江来

烟叶叁拾捌担

烟叶肆拾捌担　　　　　　半　拾玖两壹钱叁厘

烟叶壹百陆拾捌担柒拾斤

华商兴仁经报中国源源　　半　陆钱陆分捌厘

划艇由上海到镇查照

江海关正税单

102. 拾月拾捌日 英拾壹月拾柒日

招商局江宽轮船上海来

桂圆拾叁担柒拾伍斤

枝干拾担伍拾斤　　　　　半　叁两玖钱陆分玖厘

花子拾贰件陆担

烟丝叁百伍拾斤

黑枣伍拾陆担拾斤　　　　半　贰两肆分壹厘

桃仁叁百叁拾斤

防风壹件贰百捌拾伍斤　　半　陆钱肆分壹厘

绸子壹件伍拾斤　　　　　半　叁两

青果拾陆件玖百陆拾斤　　半　壹两肆钱陆分肆厘

神花捌拾对

水砚伍拾柒斤

花头壹千贰百个　　　　　半　肆两贰钱叁分

白术伍件拾担

药材捌百贰拾玖斤

药材柒百伍拾贰斤　　　　半　捌两贰钱柒分柒厘

药材壹百叁拾伍斤

药材玖百拾斤

印书铅字拾伍件　　　　　半　拾两柒钱叁分贰厘

牛胶伍拾斤

红枣壹百捌拾壹斤

红枣叁百陆拾捌斤　　　　半　柒钱陆分叁厘

红枣陆件拾壹担肆拾陆斤

下纸拾叁担陆拾斤

桂圆陆件贰百柒拾斤　　　半　叁两陆钱贰分壹厘

桂圆伍件肆百伍拾斤

梨子陆件陆担

淡菜捌百拾斤　　　　　　半　贰两陆钱肆分

白蔿贰百拾肆斤

防杞叁百捌拾斤　　　　　半　伍钱叁分

佛手片壹百拾肆斤

草席伍件伍百条

鱼肚壹件壹担　　　　　　半　贰两贰钱贰分捌厘

土靛壹百叁拾肆斤

黄苓叁百柒拾贰斤

103. 拾月贰拾日 英拾月拾九日

华商豫成经报中国全利　　　半　贰拾贰两叁钱贰分伍厘

　　划艇由汉到镇查照江

　　汉关正税单

华商明记经报中国中富　　　　　半　贰拾陆两玖钱叁分捌厘
　划艇由汉到镇查照江
　汉关正税单
招商局江宽轮船上海来
　补收
　皮马褂皮袍各壹件　　　　　　半　肆钱玖分柒厘

104. 拾月贰拾贰日
德商美最时美顺轮船汉口来
　桐油捌百捌拾斤
　皮油柒拾玖担贰拾斤　　　　　半　拾玖两陆分
　生油叁拾玖担
该船又由九江来
　麻叁拾肆担伍拾斤　　　　　　半　陆两叁分捌厘
　下纸伍拾捌担伍拾斤
　下纸拾伍担陆拾斤
　下纸柒百捌拾斤　　　　　　　半　贰拾叁两陆钱贰分肆厘
　下纸贰拾肆担伍拾贰斤
　下纸拾壹担柒拾斤
　烟叶肆拾壹担贰拾斤　　　　　半　叁两玖分

105. 拾月贰拾贰日英拾壹月贰拾壹日
招商局江裕轮船上海来
　鱼肚陆拾肆斤
　鱼胶壹百贰拾斤
　鱼肚贰百拾斤
　鱼胶陆拾伍斤　　　　　　　　半　叁两陆厘
　淡菜壹百柒拾斤
　莲子壹百叁拾斤

青果陆担

青果陆百陆拾斤 半 贰两陆钱肆分陆厘

青果贰拾贰担捌拾斤

旧洋袋贰千壹百只 半 拾贰两壹钱

旧洋袋壹万只

下抽皮壹百贰拾壹斤 半 叁钱柒分

桂皮叁百柒拾贰斤

药材肆百陆拾伍斤

药材叁拾壹担叁拾斤 半 陆两壹钱玖分伍厘

药材肆百叁拾斤

药材叁件伍百伍斤

桂圆拾壹件拾壹担 半 壹两叁钱柒分伍厘

烟丝贰件壹担 半 玖分伍厘

枝干玖拾伍斤 半 叁钱玖分

香芄壹件捌拾斤

红枣壹百拾肆斤 半 贰两叁钱陆分

红枣陆担

上纸贰百拾叁斤 半 壹两贰钱壹分伍厘

上纸壹百叁拾肆斤

绸子　叁拾肆斤

　　贰件 半 伍两柒钱陆分

绸子　　陆拾贰斤

白蔼贰百拾斤 半 壹两柒钱柒分贰厘

荆子伍百贰拾陆斤

红枣拾捌担 半 叁两玖钱叁分伍厘

桂圆贰拾伍担

橘　陆百陆拾伍斤

饼 半 肆两壹钱贰分陆厘

橘　　玖百捌拾伍斤

桂圆叁百拾捌斤

桂圆叁百拾贰斤 半 壹两壹分玖厘

桂圆壹百捌拾伍斤

土碱拾伍担捌拾肆斤

桃肉叁百柒拾斤 半 叁两肆钱陆分柒厘

桃肉肆件柒担

旧棉衣贰拾担叁拾斤 半 肆两贰钱捌分捌厘

笋干贰拾贰担伍拾伍斤 半 叁两贰钱玖分捌厘

土染布肆百柒拾陆斤 半 叁两伍钱柒分

土染布捌百肆拾肆斤 半 捌两肆钱伍分

下纸拾担陆拾斤

106. 拾月贰拾叁日英拾壹月贰拾贰日

招商局江孚轮船上海来

桂皮叁百贰拾叁斤

桂枝玖百伍拾斤

料术壹百柒拾伍斤 半 捌两叁钱陆分壹厘

药材拾担贰拾斤

同功丝壹百叁拾捌斤

绸子肆拾伍斤

白蔄贰百贰拾肆斤 半 肆两伍钱柒分

淡菜壹百玖拾斤

红枣拾壹担肆斤

红枣柒百叁拾陆斤 半 壹两贰钱肆分陆厘

红枣柒百肆拾捌斤

红枣壹百捌拾壹斤

枝干柒拾叁斤

桂圆叁百陆斤　　　　　　　半　叁两陆钱伍分陆厘

橘饼玖百陆拾斤

淡菜柒件捌担

下纸伍百贰拾捌斤　　　　　半　壹两伍分陆厘

纸箔拾肆担　　　　　　　　半　肆两玖钱

鱼胶壹百陆拾伍斤

烟丝壹件陆拾斤　　　　　　半　贰两柒分伍厘

笋干壹百柒拾伍斤

铜箔壹百伍拾叁斤

旧洋袋叁千玖百只　　　　　半　肆两贰钱

新麻袋壹百贰拾只

桂圆贰百肆斤

桂圆拾贰担伍拾斤　　　　　半　贰两陆分捌厘

桂圆贰担

甘草肆百贰拾斤

红枣贰拾柒担肆拾伍斤　　　半　叁两肆钱肆厘

鱼肚壹件陆拾贰斤

桂圆捌件拾担

莲子壹百叁拾斤

草席陆件陆百条　　　　　　半　陆钱

杏仁贰百柒拾斤

冬瓜子壹百伍拾斤

当归壹百叁拾伍斤　　　　　半　贰两叁钱陆分捌厘

山奈贰百贰拾斤

水硪伍拾陆斤

益金贰百陆拾捌斤

107. 拾月贰拾伍日_{英拾壹月贰拾四日}

招商局江裕轮船上海来

丝栏杆陆斤　　　　　　　半　叁钱

招商局江永轮船上海来

水仙花壹千颗　　　　　　半　伍钱

镜器壹千肆百伍拾斤　　　半　柒钱贰分伍厘

药材肆百拾陆斤

药材伍百拾伍斤　　　　　半　陆两伍钱肆分柒厘

杏仁柒百伍拾贰斤

药材玖百肆拾玖斤

甘草壹百陆斤

杏仁贰百陆拾贰斤

香芃贰拾陆斤　　　　　　半　拾壹两陆分贰厘

淡菜肆拾斤

铅粉叁百贰拾斤

桃仁叁拾捌担叁拾伍斤

桂圆贰百伍拾斤

桂圆贰百伍拾伍斤

桂圆肆拾壹担贰拾伍斤　　半　拾壹两捌钱叁厘

橘饼玖百伍拾斤

锡箔拾担肆拾斤

青果陆件叁百陆拾斤

鱼皮壹百拾伍斤　　　　　半　壹两柒钱玖分柒厘

红枣拾叁担贰拾捌斤

红枣叁百肆拾陆斤

招商局江宽轮船汉口来

皮眉贰百伍拾叁件

麝香壹件贰斤贰两

漆贰件叁百拾柒斤　　　　　半　肆拾贰两捌钱玖分玖厘

烟丝肆拾贰担肆拾斤

烟丝肆拾肆担肆拾斤

桃仁壹百玖拾斤

药材贰百柒拾伍斤

药材捌百肆拾叁斤

药材拾贰担贰拾斤　　　　　半　肆两叁钱伍分伍厘

大黄壹百玖拾斤

川芎叁百陆拾肆斤

杏仁捌百叁拾斤

川断壹件贰担　　　　　　　半　伍两壹钱贰分

姜黄贰拾捌担肆斤

姜黄叁拾肆担伍拾斤

木耳陆百叁拾斤　　　　　　半　捌两肆钱伍分壹厘

木耳贰拾担伍斤

木耳壹百捌拾贰斤

莲子贰百肆拾捌斤　　　　　半　捌两伍钱壹分陆厘

木耳拾壹担叁拾斤

皮油贰拾陆担肆拾斤

木耳陆百肆拾斤

皮油贰拾伍担贰拾斤　　　　半　拾贰两

桐油叁拾贰担

该船又由九江来

水靛壹百贰担捌拾斤　　　　半　贰拾两壹钱伍分叁厘

粗夏布贰拾玖担柒斤

华商豫成经报中国金源　　　半　拾肆两贰钱柒分伍厘

来划艇由汉到镇查照

江汉关正税单

华商豫成经报中国金顺　　　　　半　拾伍两贰钱叁分伍厘

划艇由汉到镇查照江

汉关正税单

招商局江宽轮船汉口来

补收

绸子壹件贰斤　　　　　　　　　半　壹钱贰分

108. 拾月贰拾柒日英拾月贰拾陆日

招商局江裕轮船汉口来

莲子贰拾肆担捌拾斤

漆肆百玖拾斤　　　　　　　　　半　玖两捌钱陆分捌厘

漆捌百拾斤

漆壹百陆拾柒斤

秦胶壹件壹百捌拾斤

药材伍百柒拾伍斤

炕皮壹百肆拾伍斤

药材捌百柒拾伍斤　　　　　　　半　陆两壹钱叁分陆厘

药材玖拾叁斤

药材陆百伍拾叁斤

药材叁百肆拾斤

当归壹百柒拾伍斤半

该船又由九江来

水　　肆拾壹担拾贰斤　　　　　半　贰拾玖两柒钱贰分肆厘

靛

水　　叁百肆拾陆担玖拾柒斤

华南豫成经报中国金万　　　　　半　叁拾肆两贰钱陆分陆厘

顺划艇由汉到镇查照

江汉关正税单

华南明记经报中国金同　　　半　拾伍两伍钱

康划艇由汉到镇查照

江汉关正税单

招商局江孚轮船往芜湖

补收

绸子陆斤拾贰两

绸子叁斤拾贰两

绸子拾肆斤　　　　　　　半　叁两

绸子拾贰斤

绸子拾叁斤半

109. 拾月贰拾玖日英拾壹月贰拾捌日

招商局江孚轮船汉口来

烟叶拾肆担贰拾斤　　　　半　壹两陆分伍厘

漆贰件叁百叁拾斤

漆叁拾伍担柒拾斤　　　　半　拾壹两玖钱贰分捌厘

漆捌百柒拾壹斤

烟丝叁拾叁担叁拾斤

烟丝贰拾陆担陆拾斤

皮油叁拾担贰拾斤　　　　半　贰拾壹两叁钱捌分壹厘

皮油拾捌担拾伍斤

坪术壹百柒拾斤

党参陆拾伍斤

麻线肆拾伍斤

药材肆百陆拾斤

大黄贰百贰拾斤　　　　　半　贰两肆钱玖分叁厘

陈皮壹百肆拾伍斤

下纸伍拾件拾捌担

松香拾贰担柒拾斤

麻油贰百玖拾陆斤　　　　　　半　伍两伍钱伍分贰厘

虎骨壹件叁拾斤

该船又由九江来

烟丝叁件壹百捌拾斤　　　　　半　贰拾肆两伍钱伍分

水靛贰百陆拾捌担贰拾捌斤

烟叶捌拾壹担伍拾斤

烟叶伍拾柒担玖拾斤　　　　　半　贰拾肆两玖钱陆分伍厘

烟叶叁拾件陆拾担

烟叶壹百叁拾叁担叁拾捌斤

该船又由南京来

桔　叁百玖拾贰斤

　　梗　　　　　　　　　　　半　柒钱陆分贰厘

桔　　捌百贰拾柒斤

招商局江宽轮船上海来

上纸玖拾壹斤

冰糖贰拾伍担　　　　　　　　半　肆两陆钱玖分肆厘

冰糖拾担

枝干贰百柒拾肆斤

桂圆柒拾叁斤　　　　　　　　半　捌两贰钱伍分壹厘

红枣贰拾伍担陆拾肆斤

上纸伍拾件拾柒担

赤糖陆百玖拾斤

鱼肚柒拾伍斤　　　　　　　　半　壹两伍钱壹分壹厘

橘子肆件伍百伍拾斤

锡箔玖拾叁斤半

藿香壹百玖拾斤

水仙花肆拾颗　　　　　　　半　叁两壹钱

桃仁壹件壹百捌拾斤

桂圆陆件伍百陆拾肆斤

桂圆贰拾陆担捌拾斤

花米伍件伍担　　　　　　　半　柒两玖分伍厘

花米伍件伍担

红米贰件肆担

招商局江裕轮船上海来

纸箔伍百肆拾斤

纸箔贰拾叁担

桃肉贰件贰担　　　　　　　半　拾壹两伍钱柒厘

红枣玖百拾伍斤

红枣拾肆担伍拾陆斤

枝干柒百拾肆斤

青果拾肆担肆拾斤　　　　　半　叁两贰钱伍分贰厘

青果捌百肆拾斤

青果伍百肆拾斤

药丸等　玖拾陆斤拾贰两

　　叁件　　　　　　　　　　半　贰两肆钱陆分肆厘

料器　　捌斤

鱼肚壹百柒拾叁斤

鱼肚捌拾伍斤

莲子壹百拾斤　　　　　　　半　贰两陆钱贰分伍厘

莲子壹百叁拾斤

香芃壹件玖拾捌斤

桂圆贰拾件贰拾伍担

籐器伍拾肆斤

鱼皮肆拾伍斤　　　　　　　　半　柒两壹钱陆分柒厘

绸子伍拾肆斤

麻皮壹百伍拾斤

白鱼皮柒拾伍斤

当归壹百伍拾叁斤

药材陆百伍拾柒斤

茯苓柒拾柒斤　　　　　　　　半　肆两贰钱捌分伍厘

药材肆百柒拾叁斤

砂仁陆拾陆斤

药材叁百捌拾叁斤

杏仁贰百陆拾贰斤

白术柒百柒拾斤　　　　　　　半　肆两陆钱捌分柒厘

白术贰百贰拾伍斤

白芨　叁拾斤

　　壹件

杏仁　贰百捌斤

110. 拾月叁拾日英拾壹月贰拾玖日

招商局江永轮船汉口来

　　皮油拾陆担贰拾斤

　　皮油拾叁担贰拾斤　　　　　半　柒两捌钱肆分伍厘

　　皮油贰拾贰担玖拾斤

　　漆贰拾捌担捌拾斤

　　漆贰拾肆担　　　　　　　　半　拾叁两陆钱捌分叁厘

　　川芎　叁百伍拾叁斤

　　　壹件

棕　　拾贰斤

水硴伍拾柒斤

党参贰百玖拾斤

茯苓壹百玖拾斤　　　　　　半　贰两贰钱柒分玖厘

全仁叁百叁拾斤

下纸叁百捌拾斤

该船又由九江来

烟叶壹百陆拾担贰拾陆斤

烟叶肆拾陆担陆斤　　　　　半　贰拾叁两柒钱壹分捌厘

烟叶壹百玖担玖拾贰斤

水靛壹百叁拾壹担肆斤　　　半　贰拾贰两伍钱肆分壹厘

水靛壹百拾玖担肆拾壹斤

111. 拾壹月初贰日英拾贰月壹日

招商局江宽轮船汉口来

炕皮贰百伍拾斤

茯苓贰百玖拾斤

桂皮壹百叁拾斤　　　　　　半　壹两捌钱叁分柒厘

大黄壹百贰拾斤

药材叁件叁百肆斤

炮竹壹件伍拾伍斤

麻绳贰拾柒斤

木耳叁百贰拾斤　　　　　　半　拾柒两陆钱捌分陆厘

烟丝伍拾柒担伍拾斤

丝栏杆柒拾壹斤

漆伍百玖拾斤

漆叁拾叁担

漆肆百柒拾肆斤　　　　　　半　拾贰两叁钱陆分

漆伍百捌拾斤

下纸壹百肆拾陆斤　　　　　半　贰拾伍两肆钱玖分贰厘

桐油壹百陆拾捌担

药材玖百陆拾捌斤

茯苓贰百玖拾捌斤　　　　　半　壹两贰钱玖分肆厘

木耳叁百捌拾捌斤

木耳叁百贰拾斤

皮油伍百伍拾斤　　　　　　半　捌两肆钱伍分柒厘

烟叶柒拾叁担肆拾肆斤

该船又由九江来

烟丝贰百伍拾陆斤

水靛玖拾柒担陆拾斤　　　　半　玖两叁钱陆分

招商局江裕轮船汉口来

补收

绸子壹件伍斤半　　　　　　半　叁钱叁分

招商局江永轮船往九江

补收

绸　玖斤拾贰两

　子贰件　　　　　　　　　半　壹两叁分伍厘

绸　柒斤半

112. 拾壹月初叁日英拾贰月贰日

招商局江孚轮船上海来

板　贰百陆拾斤

　朴

板　捌百拾斤

莲子壹百贰拾肆斤　　　　　半　贰两壹钱肆分贰厘

山奈壹百捌拾伍斤

上抽皮壹百贰拾伍斤

青果叁百陆拾斤

青果贰百肆拾斤　　　　　半　伍钱肆分

枝干玖拾斤

绸子叁拾贰斤　　　　　　半　贰两壹分

旧　壹担

　　衣壹件　　　　　　　　半　叁两叁钱

新　肆担

虎骨叁拾斤　　　　　　　半　贰钱叁分叁厘

笋干叁百伍拾贰斤　　　　半　伍钱壹分伍厘

上纸贰拾陆担肆拾壹斤　　半　拾壹两壹钱捌分柒厘

上纸伍百伍拾伍斤

旧洋袋叁千只　　　　　　半　叁两

烟丝伍件贰百伍拾斤　　　半　伍钱陆分叁厘

桂圆伍件肆百玖拾伍斤

桂圆拾件伍百拾斤　　　　半　壹两伍钱伍分

桂圆陆件贰百柒拾斤

红枣柒百贰拾捌斤

红枣陆拾壹担捌拾壹斤　　半　肆两捌钱叁分壹厘

上纸叁拾伍斤

白蒿贰百拾叁斤

白蒿贰百叁拾伍斤

橘子柒百捌拾斤

架子贰件贰担　　　　　　半　肆两壹钱肆分叁厘

火刀拾件贰拾贰担

香芃壹件玖拾捌斤

招商局江裕轮船往汉口

补收

绸　肆斤肆两

子贰件 半　伍钱玖分叁厘

绸　伍斤

113. 拾壹月初陆日英拾贰月柒日(伍日)

招商局江裕轮船汉口来

皮油叁拾叁担

皮油拾柒担肆拾斤 半　贰拾两柒钱叁分

皮油叁拾担贰拾斤

皮油伍拾柒担陆拾斤

云母粉壹件贰百玖拾斤 半　壹钱伍分

漆贰件叁百叁拾斤 半　壹两陆钱陆分

漆贰件叁百叁拾斤

烟丝贰拾肆担伍拾斤 半　伍两伍钱壹分叁厘

药材贰百柒拾陆斤

茯苓贰百拾肆斤

党参贰百捌拾斤 半　陆两捌钱捌分捌厘

茯苓壹百玖拾斤

膏药伍百肆拾伍斤

该船又由九江来

橘饼拾件肆百伍拾斤 半　壹两壹钱贰分伍厘

烟叶壹百贰拾叁担陆拾斤

烟叶壹百贰拾柒担柒拾肆斤 半　贰拾捌两肆钱叁分陆厘

烟叶壹百拾柒担捌拾斤

该船又由南京来

药材贰拾玖担伍拾叁斤

药材拾捌担贰拾斤

药材拾贰担柒拾伍斤　　　　半　陆两贰分伍厘

药材拾柒担柒拾伍斤

桔梗肆百柒斤

招商局江孚轮船往汉口

补收

绸　拾肆斤半

　　子贰件　　　　　　　　半　壹两柒钱壹分

绸　拾肆斤

114. 拾壹月初玖日_{英拾贰月捌日}

招商局江永轮船上海来

上纸肆百伍拾斤

铜箔壹百伍拾壹斤　　　　半　叁两肆钱叁分玖厘

棉被伍百捌拾伍斤

绸子肆拾叁斤　　　　　　半　贰两伍钱捌分

料术壹百玖拾斤

橘子伍百贰拾斤

青果叁百陆拾斤　　　　　半　壹两陆钱伍分柒厘

犯籐叁百伍拾斤

桂子壹百贰拾捌斤

柚皮叁件伍百柒拾斤

藿香玖百伍拾斤

上柚皮　壹百拾壹斤　　　半　叁两柒钱贰分叁厘

　　壹件

春殁花　拾斤

水砚伍拾柒斤

党参壹件叁拾斤

蔼丸壹百贰拾斤

鹿首末　贰两

　　肆件　　　　　　　　　半　贰两陆钱贰分叁厘

药丸　　肆斤

纸箔肆拾两

当归壹百伍拾斤

当归壹件壹百肆拾伍斤

川贝伍拾捌斤

下柚皮壹百玖斤　　　　　半　捌两壹钱伍分柒厘

药材肆百陆斤

药材拾担贰拾玖斤

杏仁贰百叁拾陆斤

甘草壹百叁拾斤

甘草肆百玖拾陆斤

药材叁百肆拾柒斤　　　　半　贰两柒钱柒分贰厘

药材肆百叁斤

药材叁百拾斤

药丸等壹件

药材拾肆担柒拾肆斤　　　半　伍两陆分肆厘

药材肆百玖拾斤

药材陆百捌拾斤

梅皮贰百伍拾斤

木架拾叁打

土蜜水陆拾打

丝线叁拾斤　　　　　　　半　捌两叁钱玖分柒厘

纸箔拾件拾肆担

淡菜叁件陆百柒斤

旧洋袋肆百只

香芃壹件玖拾柒斤

橘饼　壹百捌拾陆斤

　　肆件　　　　　　　　　半　贰两捌厘

橘饼　壹百捌拾陆斤

仙米壹件贰拾斤

莲　壹百叁拾斤

　　子贰件　　　　　　　　半　陆钱伍分

莲　壹百叁拾斤

桂圆玖百柒拾贰斤

桂圆拾担玖拾玖斤

桂圆拾陆担柒拾柒斤　　　半　伍两玖钱叁分陆厘

桂圆肆百伍拾斤

桂圆伍百伍拾斤

华商明记经报中国保康　　半　贰拾贰两柒钱

　　划艇由汉到镇查照江

　　汉关正税单

115. 拾壹月初拾日 英拾贰月玖日

招商局江宽轮船上海来

　　上纸壹百肆拾伍斤

　　上纸伍百拾斤

　　下纸陆百肆拾斤　　　半　陆两陆钱捌分陆厘

　　土染布肆百伍拾斤

　　橘饼玖百伍拾斤

　　橘饼贰百捌拾伍斤　　半　陆两贰钱玖分肆厘

　　土碱陆拾肆担拾贰斤

　　淡菜壹件贰担

　　降香壹件壹百贰拾斤　半　壹两肆钱柒分伍厘

橘饼肆百柒拾伍斤

杏仁壹百伍拾斤

佛手片伍拾柒斤

杏仁贰百捌拾伍斤　　　　半　陆壹钱肆分柒厘

旧洋袋伍千只

枝干拾壹担伍拾斤

桂圆叁百捌拾斤　　　　　半　壹两柒钱肆分陆厘

火腿肆拾肆斤

菊花柒斤　　　　　　　　半　柒分玖厘

茶叶柒斤

招商局江永轮船往汉口

　补收

　绸子壹斤

　绸子拾肆斤半

　绸子拾肆斤　　　　　　半　贰两陆钱壹分

　绸子拾肆斤

116. 拾壹月拾壹日_{英拾贰月拾日}

招商局江孚轮船汉口来

　当归叁百肆拾贰斤

　当归肆百伍拾斤半　　　半　叁两叁钱陆分肆厘

　当归壹百陆拾柒斤

　桐油捌拾担陆拾肆斤

　漆伍件捌担

　桐子拾陆担　　　　　　半　贰拾柒两肆钱玖分壹厘

　烟丝肆拾柒担陆拾斤

　皮油玖百玖拾斤

　药材拾肆担捌拾壹斤　　半　壹两柒钱陆分壹厘

棕贰拾陆斤

皮油拾件捌担　　　　　　　　半　叁两捌钱陆分叁厘

木耳陆百伍拾斤

麻绳肆件贰担

该船又由九江来

水靛壹百贰拾伍担陆拾陆斤　半　贰拾两壹钱壹分叁厘

烟叶壹百拾柒担叁拾玖斤

该船又由芜湖来

上纸壹百叁拾陆斤　　　　　　半　肆钱柒分陆厘

该船又由南京来

沙参肆百贰拾伍斤　　　　　　半　捌钱伍分柒厘

药材玖百肆拾伍斤

117. 拾壹月拾贰日_{英拾贰月拾壹日}

招商局江裕轮船上海来

麝茸壹件拾对

草参壹百陆拾斤

甘草壹件壹百叁拾斤　　　　　半　拾伍两伍钱壹分肆厘

药材伍百伍拾伍斤

药材伍件拾伍担

药材拾担柒拾伍斤

锡箔壹百肆拾肆斤　　　　　　半　壹两捌钱伍分玖厘

枝干拾肆担拾柒斤

架子壹件

绸子拾陆斤半

粉油拾柒担玖拾贰斤　　　　　半　陆两陆钱壹分

鱼头壹百肆拾斤

土染布肆百贰拾捌斤

桂圆贰拾伍担陆拾伍斤

桂圆玖百玖拾斤

莲子壹百肆拾斤　　　　　　　半　伍两贰钱贰分玖厘

淡菜壹件壹担

红枣柒百肆拾肆斤

火刀拾壹担

铜扣玖拾陆斤　　　　　　　　半　肆两陆钱玖分叁厘

绉金玖拾斤

金箔壹百陆拾贰斤

杏仁壹百伍拾叁斤　　　　　　半　伍钱贰分贰厘

上柚皮壹件柒拾玖斤

白蔹贰百拾肆斤半

草席肆件肆百条　　　　　　　半　贰两叁钱贰分肆厘

烟丝壹百肆拾斤

青果肆百捌拾斤

青果拾叁担贰拾斤

青果伍百肆拾斤　　　　　　　半　贰两陆钱肆分陆厘

青果拾件陆担

118. 拾壹月拾陆日_{英拾贰月拾五日}

招商局江宽

漆壹百柒拾斤

烟叶壹百贰拾担肆拾斤　　　　半　拾伍两壹钱叁分捌厘

烟丝贰拾伍担叁拾斤

皮油拾柒担捌拾斤

皮油肆拾柒担叁拾斤

皮油捌担伍拾斤　　　　　　　半　贰拾贰两陆钱伍厘

皮油肆拾叁担贰拾斤

915

　　　皮油玖百拾斤

　　　桐油拾肆担捌拾斤

　　该船又由九江来

　　　茯苓贰拾担柒拾肆斤　　　　　　半　壹两叁钱肆分捌厘

119.　拾壹月拾柒日<small>英拾壹月拾陆日</small>

　　招商局江孚轮船上海来

　　　参须壹件壹百拾斤

　　　鱼肚叁百叁拾斤　　　　　　　　半　肆两肆钱玖分伍厘

　　　枝干玖拾柒斤

　　　防杞壹百伍拾斤

　　　茯苓叁百肆拾捌斤

　　　橘皮壹百肆拾斤

　　　橘皮壹百伍拾柒斤

　　　剪草壹百肆拾斤　　　　　　　　半　贰两贰钱陆分捌厘

　　　当参壹百伍拾伍斤

　　　橘皮　伍拾斤

　　　　壹件

　　　柚皮　肆拾肆斤

　　　药材陆百伍拾斤

　　　药材柒百叁拾伍斤

　　　药材拾担叁拾斤

　　　药材拾担玖拾叁斤

　　　药材伍百叁拾柒斤　　　　　　　半　拾贰两陆钱捌分伍厘

　　　药材拾陆担肆拾斤

　　　药材玖百贰拾伍斤

　　　药材肆百玖拾伍斤

　　　大黄贰百伍拾斤

桂圆拾担捌拾斤

桂圆玖百玖拾斤

桂圆拾叁担伍拾贰斤

桂圆壹百壹担贰拾伍斤　　　　半　贰拾两伍钱捌分陆厘

桂圆伍百肆拾斤

桂圆拾壹担叁拾壹斤

桂圆拾贰担伍拾斤

冰糖伍拾担

橘子柒百捌拾斤

白蔄陆百陆拾玖斤

赤糖壹百叁拾叁担　　　　　　半　贰拾两柒分叁厘

铜箔壹百捌斤

青果捌百肆拾斤

青果叁百捌拾斤

纸花壹件　　　　　　　　　　半　柒钱叁分柒厘

金柑肆百捌拾斤

土染布叁百伍拾伍斤　　　　　半　贰两陆钱陆分叁厘

莲子壹百伍拾斤

下纸陆百贰拾斤　　　　　　　半　叁两肆钱伍分叁厘

下纸伍百贰拾伍斤

绸　伍拾捌斤

　　子　　　　　　　　　　　半　柒两陆钱捌分

绸　柒拾斤

纸　陆百叁拾斤

　　箔　　　　　　　　　　　半　伍两玖钱柒分伍厘

纸　拾担柒拾柒斤

冰糖伍拾件伍拾担

橘饼贰拾件拾玖担　　　　半　拾壹两柒钱壹分玖厘

橘饼贰百拾斤

桂圆壹百伍拾伍斤

红枣捌百捌拾斤

红米叁百玖拾陆斤

花米壹百陆拾斤　　　　　半　拾壹两柒钱肆分陆厘

旧洋袋伍千只

旧洋袋伍千只

黑　肆百陆拾捌斤

　枣　　　　　　　　　　　半　肆钱贰厘

黑　陆拾捌斤

坭籐捌百陆拾壹斤

竹镯叁千壹百叁拾对　　　　半　玖钱柒分肆厘

竹枪壹千伍百支

草席贰百肆拾条

草席伍百条

草席伍百条　　　　　　　　半　肆两叁钱贰分

草席壹百捌拾条

草席玖百陆拾条

草席叁百贰拾条

招商局江永轮船汉口来

桃仁肆件柒百拾斤

木耳叁百拾伍斤

木耳陆百叁拾斤　　　　　　半　陆两伍钱陆分肆厘

木耳陆百贰拾叁斤

木耳陆百贰拾斤

皮油拾陆担柒拾斤

皮油贰拾伍担柒拾斤　　　　　半　拾壹两壹钱陆分

皮油拾陆担

皮油拾陆担

炮竹伍拾伍斤

莲子陆百贰拾斤　　　　　　　半　叁拾叁两叁分壹厘

烟丝壹百叁拾玖担叁拾斤

漆壹百陆拾斤　　　　　　　　　半　肆钱

药材拾担伍拾伍斤

药材拾贰担玖拾斤

药材肆百伍拾斤　　　　　　　　半　柒两伍分

乌梅贰百伍拾斤

当归贰百陆拾伍斤

当归壹百叁拾斤

烟叶捌拾叁担拾贰斤

烟叶柒拾陆担捌拾斤　　　　　半　贰拾壹两伍钱玖分捌厘

烟叶壹百柒担玖拾斤

烟叶贰拾肆担玖拾伍斤

烟丝壹件伍拾柒斤　　　　　　半　壹钱贰分捌厘

华商豫成经报中国裕康　　　　半　叁拾陆两柒钱柒分伍厘

划艇由凑到镇查照江

汉关正税单

120. 拾壹月拾捌日_{英拾贰月拾七日}

招商局江裕轮船汉口来

茯苓肆件叁百伍斤

药材叁百贰拾捌斤

药材拾贰担陆拾玖斤　　　　　半　伍两伍钱伍分捌厘

茯苓肆件柒担

茯苓壹件贰担

药材叁百伍拾斤

下柚皮壹百拾伍斤

烟丝叁拾伍担叁拾捌斤　　半　玖两壹钱伍分柒厘

桐油柒百肆拾斤

土酒拾贰件陆担

莲子叁百柒拾贰斤　　半　贰两叁分

桃仁叁百柒拾斤

皮油拾捌担肆拾斤

皮油柒拾伍担陆拾斤

皮油拾捌担　　半　拾柒两叁钱伍分壹厘

皮油拾担伍拾陆斤

皮油伍拾玖担柒拾捌斤

皮油拾捌担伍拾斤

皮油拾柒担玖拾斤

皮油拾伍担贰拾陆斤　　半　叁拾壹两玖钱捌分叁厘

皮油壹百捌担捌拾斤

皮油拾陆担贰拾斤

皮油叁拾贰担伍拾陆斤

籼米贰拾斤　　半　叁钱

该船又由九江来

　烟　玖拾捌担　　半　叁拾陆两贰钱肆分柒厘

　　　叶

　烟　叁百捌拾伍担贰拾玖斤

该船又由南京来

　药材拾玖担捌拾叁斤　　半　壹两叁钱贰分贰厘

招商局江孚轮船汉口来

补收

栏杆贰斤半

丝栏杆贰斤半　　　　　　　　半　叁钱柒分伍厘

丝栏杆贰斤半

121. 拾壹月贰拾日英贰月拾九日

招商局江孚轮船汉口来

葛仙米贰拾斤

莲子叁百柒拾贰斤　　　　　　半　贰两壹钱陆分

莲子叁百柒拾贰斤

皮油伍拾陆担叁拾斤

皮油叁拾柒担玖拾斤

皮油拾柒担肆拾斤

皮油肆拾捌担柒拾斤　　　　　半　肆拾陆两玖钱伍厘

皮油肆拾伍担贰拾斤

皮油柒拾担伍拾斤

皮油拾捌担拾斤

皮油拾捌担陆拾斤

莲子肆百玖拾陆斤

木耳叁百柒拾斤　　　　　　　半　陆两玖钱壹分

皮油贰拾贰担

皮油捌百肆拾斤

皮油拾柒担陆拾斤

木耳伍百叁斤　　　　　　　　半　肆两玖钱伍厘

木耳贰百伍拾贰斤

莲子陆百贰拾斤

皮油伍拾担捌拾斤　　　　　　半　贰拾玖两伍钱肆分

皮油肆拾肆担叁拾斤

烟丝陆拾壹担

皮油贰拾陆担叁拾斤

皮油捌百捌拾斤　　　　　　半　玖两柒钱伍厘

皮油捌百捌拾斤

皮油贰拾担捌拾斤

皮油拾柒担陆拾斤

下纸贰百捌拾斤　　　　　　半　肆两壹钱

木耳伍件叁担

烟　拾玖担柒拾斤　　　　　半　贰拾壹两伍钱叁分叁厘

　　丝

烟　柒拾陆担

桐油陆拾玖担柒拾斤

桐油贰拾肆担陆拾斤　　　　半　拾玖两陆钱贰分

桐油叁拾陆担肆拾捌斤

桐油贰拾肆担陆拾斤

炮竹壹百柒拾壹斤

药材肆百陆拾伍斤　　　　　半　壹两叁钱贰分捌厘

药材柒百拾斤

炮竹壹百肆拾斤　　　　　　半　贰两壹钱壹分叁厘

槟榔壹件伍拾斤

丝栏杆叁拾斤

黄丝柒拾贰斤

漆叁百贰拾叁斤　　　　　　半　伍两壹钱伍分伍厘

火腿壹百拾玖斤

招商局江永轮船上海来

　青果贰拾肆担

　冬笋伍件贰担　　　　　　半　贰两伍钱玖分叁厘

金柑贰件壹百叁拾斤

桔子捌件拾担　　　　　　　　半　玖钱壹厘

冬笋柒百柒拾斤

天平壹件陆付

上柚皮壹百肆拾斤　　　　　　半　柒钱伍分捌厘

桂皮壹百玖拾斤

锡箔玖百肆拾斤

花头伍百个

上纸贰百肆斤　　　　　　　　半　陆两肆钱伍分捌厘

红枣柒担

淡菜叁担

黑枣柒拾捌斤

笋干叁百玖拾玖斤

鱼皮壹件陆拾斤　　　　　　　半　柒钱陆分玖厘

淡菜壹百叁拾伍斤

土染布肆百柒拾陆斤　　　　　半　伍两柒钱陆分伍厘

土染布肆百贰拾陆斤

草席玖百陆拾条　　　　　　　半　拾贰两陆钱贰分陆厘

旧线袋壹万只

枝干壹担

桂圆壹担　　　　　　　　　　半　叁钱肆分肆厘

桂圆玖拾伍斤

槟榔衣叁百捌拾斤　　　　　　半　壹钱肆分叁厘

水碇壹件伍拾柒斤

甘草叁百陆拾斤　　　　　　　半　叁两叁钱贰分贰厘

药材柒百叁拾陆斤

烟丝壹件陆拾斤　　　　　　　半　壹钱叁分伍厘

丝线贰件壹担　　　　　　　　半　伍两

姜黄末壹百玖拾壹斤

蕲皮壹件壹担

桂皮壹百肆拾伍斤

桂皮壹百肆拾伍斤　　半　壹两陆钱陆分壹厘

上柚皮壹百贰拾壹斤

桂皮碎壹百玖拾斤

华商豫成经报中国江靖　　半　伍拾捌两肆分叁厘

划艇由汉到镇查照江

汉关正税单

122. 拾壹月贰拾叁日英拾贰月贰拾贰日

招商局江裕轮船上海来

烟丝拾件伍担

白术陆百叁拾贰斤　　半　柒两玖钱肆分贰厘

纸箔拾肆担陆斤

上纸柒拾伍斤　　半　叁两捌钱叁分叁厘

上纸拾担贰拾斤

绸子叁拾斤　　半　壹两捌钱

当归叁百拾伍斤　　半　壹两陆分叁厘

青果拾件陆担　　半　柒钱叁分捌厘

金柑柒百玖拾贰斤

招商局江宽轮船上海来

药丸叁百拾斤

药丸壹件壹百肆拾伍斤　　半　叁两陆分柒厘

下纸柒拾陆斤

当归壹百陆拾斤

药材肆拾伍担陆拾斤

药材肆百叁拾伍斤　　半　拾两伍钱陆厘

药材叁百肆拾壹斤

甘草肆百叁拾伍斤

淡菜捌百拾斤

黄丹贰拾玖担肆拾叁斤　　半　陆两壹钱陆分

枝干贰件贰担

桂圆贰百伍拾斤

桂圆陆百贰拾伍斤　　半　贰两壹钱陆分陆厘

红米壹百柒拾伍斤

草席叁百贰拾条

草席肆百条　　　　　　　　半　壹两壹钱贰分

草席肆百条

纸箔贰拾柒担陆拾斤　　　　半　玖两陆钱陆分

绸子壹百伍拾捌斤　　　　　半　玖两肆钱捌分

红枣拾捌担伍拾斤　　　　　半　壹两贰钱贰分伍厘

冬笋伍百陆拾斤

青　肆百捌拾斤

　　果　　　　　　　　　　半　壹两捌分

青　柒百贰拾斤

冬笋柒百伍拾斤

金柑贰百陆拾斤　　　　　　半　柒钱壹分陆厘

金柑叁百玖拾斤

招商局江永轮船汉口来

烟叶捌拾柒担

下柚皮壹百拾伍斤　　　　　半　陆两陆钱陆分肆厘

茯苓捌拾贰斤

药材贰拾柒担伍拾柒斤

药材贰百贰拾斤　　　　　　半　陆两柒钱捌分壹厘

茯苓壹百贰拾伍斤

当归贰百伍拾斤

烟丝玖拾捌担拾斤

木耳壹百捌拾斤　　　　　　半　贰拾玖两陆钱捌分肆厘

木耳贰拾叁担伍拾柒斤

丝栏杆伍拾肆斤

莲子陆百贰拾斤　　　　　　半　伍两伍钱

旧篓壹百只

土酒贰拾件拾担

漆壹件壹百陆拾斤

漆肆百捌拾陆斤　　　　　　　半　伍两叁钱壹分伍厘

漆拾肆担捌拾斤

皮油叁拾担陆拾斤

皮油叁拾伍担贰拾斤

皮油陆拾壹担陆拾斤

皮油壹百伍拾肆担拾斤　　　　半　柒拾贰两叁钱贰分柒厘

皮油叁拾柒担捌拾斤

皮油拾捌担肆拾捌斤

皮油壹百玖担贰拾斤

皮油叁拾伍担贰拾斤

桐油壹百拾玖担伍拾贰斤

桐油贰百拾伍担拾斤　　　　　半　陆拾伍两叁钱伍分叁厘

桐油柒拾捌担

桐油拾陆担肆拾斤

该船又由九江来

橘饼肆百伍拾斤

水靛肆拾叁担贰拾捌斤　　　　半　伍两贰分

烟丝贰百肆拾斤

烟丝陆百陆拾斤　　　　　　　　半　叁拾陆两叁钱玖分壹厘

烟叶叁百柒拾叁担伍拾壹斤

烟叶捌拾肆担柒拾壹斤

烟叶陆拾捌担肆拾斤

烟叶叁拾担柒拾伍斤　　　　　　半　拾伍两贰钱叁分陆厘

烟叶壹百肆担

123. 拾壹月贰拾肆日_{英拾贰月贰拾叁日}

招商局江孚轮船上海来

　淡菜壹百捌拾肆斤

　上纸柒拾贰斤

　上纸壹百叁拾壹斤

　上纸伍百陆拾伍斤　　　　　　半　肆两叁钱壹分柒厘

　鱼骨壹百玖拾陆斤

　青果柒百贰拾斤

　金柑贰百肆拾斤

　白蔃肆百肆拾陆斤

　烟子叁拾斤　　　　　　　　　半　陆两玖分叁厘

　笋干伍百伍拾陆斤

　杏仁壹百伍拾斤

　杏仁捌百拾斤　　　　　　　　半　贰两伍钱捌分肆厘

　巴豆肆百柒拾斤

　红枣陆拾贰担叁拾斤

　黑枣伍百叁拾贰斤

　黑枣拾件贰拾担　　　　　　　半　捌两壹钱贰厘

　黑枣伍拾担陆拾斤

　黑枣壹件捌拾伍斤

　鱼皮壹件壹担　　　　　　　　半　捌钱伍分肆厘

　鱼肚伍拾捌斤

　山楂伍件贰担

　大黄贰百柒拾捌斤　　　　　　半　贰两捌钱壹厘

　当归贰件叁担

招商局江宽轮船上海来

　补收

皮衣服壹包

皮衣服壹包　　　　　　　　　半　壹两叁钱壹分叁厘

皮衣服壹包

皮衣服壹包

绸　壹包

　衣服　　　　　　　　　　　半　陆钱陆分陆厘

绸　壹包

124. 拾壹月贰拾陆日_{英拾贰月贰拾五日}

华商明记经报中国江汉　　　　半　拾肆两伍钱玖分伍厘

　划艇由汉到镇查照江

　汉关正税单

　黑枣

招商局江永轮船上海来

　黑枣柒拾玖担拾陆斤

　红枣拾捌担伍拾斤

　淡菜壹百玖拾斤　　　　　　半　捌两贰钱肆分叁厘

　枝干玖拾伍斤

　橘饼肆百柒拾伍斤

　锡箔伍件贰百拾斤

　冰糖叁拾担　　　　　　　　半　玖两叁钱壹分伍厘

　橘饼拾玖担

　橘子拾叁担捌拾斤

　冬笋叁百伍拾斤　　　　　　半　拾两贰钱柒厘

　黑枣壹百陆担

　黑枣贰拾壹担柒拾捌斤

　白丝贰件贰担

　纸箔玖百贰拾斤　　　　　　半　贰拾贰两壹钱贰分伍厘

白糖柒拾贰担捌拾斤

铜扣壹百捌斤

冰糖伍拾担 　　　　　　　　　半　柒两捌钱壹分叁厘

桂圆拾贰担伍拾斤

橘子捌百壹拾斤

橘子拾陆担柒拾伍斤 　　　　　半　贰两肆钱陆厘

橘子捌百拾斤

橘子肆拾壹担柒拾斤

冬笋叁百贰拾斤 　　　　　　　半　叁钱叁分伍厘

文旦贰百捌拾斤

草席叁百贰拾条

草席捌百条 　　　　　　　　　半　贰两叁钱贰分

草席壹千贰百条

甘草叁百捌拾捌斤

茯苓壹件壹担 　　　　　　　　半　陆两贰分伍厘

药材贰拾陆担叁拾陆斤

甘草陆百叁拾斤

药材肆百玖拾肆斤 　　　　　　半　壹两伍钱捌分伍厘

鱼骨捌拾斤

红枣伍百伍拾斤

橘饼贰拾捌担伍拾斤

下纸叁百贰拾伍斤 　　　　　　半　拾两捌钱肆分陆厘

上纸叁百拾捌斤

当归壹百伍拾叁斤

招商局江宽轮船汉口来

皮油拾捌担

木耳玖百陆拾斤 　　　　　　　半　捌两贰钱贰分

桐油拾柒担陆拾斤

空油篓壹百只　　　　　　　　半　伍钱

木耳捌百陆拾斤

莲子贰百肆拾捌斤　　　　　　半　肆两柒钱伍分

莲子陆百贰拾斤

木耳拾柒担玖拾捌斤

莲子拾壹担拾陆斤　　　　　　半　玖两捌钱肆厘

白蔹贰百拾陆斤

桃仁拾担伍拾斤

冬笋玖百陆拾斤　　　　　　　半　肆两伍钱伍分肆厘

麻线贰件壹担

烟叶贰拾贰担柒拾贰斤

药材拾担陆拾伍斤

桠竹壹百伍拾斤　　　　　　　半　贰两陆分伍厘

桠竹壹百贰拾陆斤

烟丝壹百壹担拾斤

烟丝柒拾贰担叁拾伍斤　　　　半　柒拾壹两贰钱捌分伍厘

烟丝壹百贰拾叁担伍拾斤

桐油拾肆担捌拾斤

烟叶柒拾玖担伍拾贰斤　　　　半　伍两玖钱陆分肆厘

皮油拾叁担肆拾斤

皮油叁拾伍担贰拾斤

皮油贰拾贰担叁拾斤　　　　　半　贰拾叁两壹分

皮油肆拾柒担叁拾斤

皮油叁拾伍担贰拾斤

桐油拾陆担肆拾斤

桐油贰拾玖担陆拾斤

桐油壹百叁拾捌担捌拾斤　　半　肆拾叁两壹钱壹分

桐油贰拾肆担陆拾斤

桐油柒拾捌担

桐油拾件捌百贰拾斤

漆贰拾担伍拾肆斤　　　　　半　拾贰两捌钱伍分叁厘

漆贰拾玖担玖拾伍斤

该船又由九江来

　烟叶拾壹担伍拾捌斤

　烟叶伍拾柒担

　烟叶贰百叁拾伍担捌拾贰斤

　水靛柒拾陆担伍拾壹斤　　　半　伍拾柒两柒钱玖分肆厘

　皮油捌拾陆担肆拾斤

　皮油捌拾贰担

　皮油拾担柒拾捌斤

该船又由南京来

　药材捌百陆拾柒斤　　　　　半　伍钱柒分柒厘

125. 拾壹月贰拾柒日_{英拾贰月贰拾陆日}

招商局江裕轮船汉口来

　烟叶贰拾叁担玖拾捌斤

　药材叁百拾斤　　　　　　　半　肆两叁钱玖分伍厘

　药材伍百肆拾伍斤

　皮油捌拾贰担

　桐油叁拾玖担肆拾斤

　桐油拾肆担捌拾斤　　　　　半　叁拾捌两肆钱陆分

　桐油壹百贰拾担贰拾斤

　桐油壹百肆拾壹担捌拾斤

　皮油贰拾陆担肆拾斤

皮油拾柒担捌拾斤

皮油玖百肆拾斤　　　　　　半　肆拾柒两陆钱捌分伍厘

皮油叁拾叁担肆拾斤

皮油陆拾壹担拾斤

皮油贰拾柒担

桃仁贰百柒拾斤

莲子拾贰担肆拾斤　　　　　半　叁两伍钱柒分伍厘

该船又由九江来

水靛贰百捌拾贰担贰斤　　　半　贰拾两伍钱贰分贰厘

烟叶拾陆担陆拾贰斤

烟叶陆百拾壹担陆拾贰斤　　半　伍拾叁两陆钱柒分壹厘

烟叶捌拾柒担叁拾陆斤

126. 拾壹月贰拾捌日_{英拾贰月贰拾柒日}

招商局江孚轮船汉口来

空篓捌拾只

葛籼米壹件贰拾斤　　　　　半　玖钱

花椒贰件壹担

桐油壹百伍拾陆担

桐油贰拾肆担陆拾斤　　　　半　贰拾玖两柒钱叁分

皮油拾柒担陆拾斤

皮油叁拾陆担拾斤

皮油贰拾陆担肆拾斤

皮油壹百件捌拾柒担　　　　半　贰拾捌两捌钱肆分伍厘

皮油捌百捌拾斤

皮油拾柒担陆拾斤

桐油拾陆担肆拾斤

棕叁拾叁担

茯苓贰百伍拾斤　　　　　　　半　贰两贰钱陆分叁厘

药材叁百伍斤

烟叶肆拾担伍拾斤　　　　　　半　拾捌两贰钱贰分壹厘

烟丝陆拾柒担肆拾捌斤

药材贰拾伍担玖拾斤　　　　　半　伍两叁钱柒分伍厘

该船又由九江来

烟叶陆百玖拾肆担玖拾捌斤　半　伍拾贰两壹钱贰分肆厘

127. 拾壹月叁拾日英拾贰月贰拾玖日

招商局江宽轮船上海来

烟丝贰百伍拾斤

橘饼玖拾肆斤　　　　　　　　半　壹两贰钱柒分叁厘

橘饼壹百玖拾斤

黑枣壹百肆拾肆斤

黑枣拾贰担玖拾伍斤　　　　　半　贰两柒钱壹分肆厘

黑枣贰拾壹担捌拾斤

水龙贰件

甘草拾贰担叁拾斤　　　　　　半　叁两肆钱玖分叁厘

药材拾壹担伍拾伍斤

水碇伍拾柒斤

火炉等伍件　　　　　　　　　半　捌两贰钱贰分肆厘

花椒肆百叁拾柒斤

土碱壹百拾陆担贰拾斤

纸箔叁件肆担

下纸拾担捌担　　　　　　　　半　陆两肆钱壹分捌厘

鱼胶壹百伍拾斤

草席玖百叁拾条

橘子陆百柒拾伍斤

橘子伍百肆拾斤　　　　　　半　壹两叁钱伍分壹厘

冬笋肆件叁担

冬笋玖百贰拾肆斤

青果拾伍件玖担

青果拾肆担肆拾斤

青果贰百肆拾斤　　　　　　半　伍两壹钱伍分叁厘

鱼皮壹百伍斤

莲子壹百伍拾斤

镜庄柒百陆个

绸子柒拾贰斤　　　　　　　半　肆两叁钱贰分

招商局江裕轮船汉口来

　补收

　药丸壹件　　　　　　　　　半　柒钱

128. 拾贰月初壹日英拾贰月叁拾日

招商局江裕轮船上海来

甘草叁百叁拾斤

药材拾叁担伍拾叁斤

药材陆百陆拾捌斤

药材贰百玖拾捌斤　　　　　半　贰拾叁两玖钱捌分捌厘

纸箔肆百捌拾斤

纸箔贰拾贰担玖拾伍斤

黑枣壹百担叁拾贰斤

黑枣拾担叁拾贰斤

黑枣伍件拾担

红枣贰百肆斤　　　　　　　半　伍两叁分叁厘

草席肆百贰拾条

上纸柒百拾肆斤

上纸壹百肆拾贰斤半
招商局江永轮船汉口来
　样皮肆拾斤
　空篓肆拾只　　　　　　　半　柒两壹钱玖分捌厘
　烟叶拾肆担伍拾斤
　茶油叁拾柒担
　药材肆百陆拾斤
　桐油捌拾陆担　　　　　　半　拾柒两壹钱陆分伍厘
　皮油拾柒担陆拾斤
　莲子柒百肆拾肆斤
　莲子陆百贰拾斤
　皮油肆拾伍担捌拾斤　　　半　拾捌两贰钱玖分
　木耳伍百拾斤
　木耳贰拾壹担陆拾斤
　土染布拾担贰拾陆斤
　土染布叁百肆拾斤　　　　半　拾贰两壹钱捌分
　土染布贰百伍拾捌斤
　土酒拾件伍担
　桐油柒拾捌担　　　　　　半　贰拾叁两玖钱叁分柒厘
　桐油柒拾壹担陆拾捌斤
　桐油柒拾肆担
　烟丝陆拾陆担肆拾捌斤
　烟丝陆拾柒担陆拾伍斤　　半　陆拾玖两玖钱伍分玖厘
　烟丝壹百柒拾捌担肆拾斤
　桐油柒拾捌担
　皮油柒拾叁担叁拾伍斤　　半　叁拾伍两陆钱陆分叁厘
　皮油叁拾贰担陆拾斤

皮油伍拾贰担捌拾斤

皮油柒拾陆担肆拾斤

皮油壹百肆拾捌担叁拾斤

皮油壹百伍拾伍担捌拾斤　　　半　陆拾叁两陆钱捌分肆厘

皮油捌百捌拾斤

皮油叁拾伍担贰拾斤

该船又由九江来

　烟　陆百陆拾斤

　　　丝　　　　　　　　　半　贰两贰钱玖分伍厘

　烟　叁百陆拾斤

该船又由芜湖来

　上纸柒百拾肆斤　　　　　半　贰两肆钱玖分玖厘

华商明记经报中国源源　　　半　拾柒两捌钱

　划艇由汉到镇查照江

　汉关正税单

招商局江宽轮船往上海

　补收

　绸子壹斤半　　　　　　　半　玖分

129. 拾贰月初贰日英拾贰月叁拾壹日

招商局江宽轮船汉口来

　烟丝壹百肆拾玖斤

　烟丝叁拾担贰拾壹斤　　　半　肆拾伍两柒钱肆分伍厘

　烟丝贰拾肆担拾斤

　药材拾捌担玖拾斤

　茯苓伍百伍拾斤　　　　　半　柒两壹钱捌厘

　药材陆百叁拾伍斤

　皮油拾捌担叁拾斤

木耳玖百伍拾贰斤 　　　半　柒两柒钱柒分壹厘

莲子陆百贰拾斤

莲子贰百肆拾捌斤

桐油柒拾捌担

桐油壹百伍拾陆担 　　　半　叁拾柒两叁钱贰分

桐油拾肆担捌拾斤

烟丝贰拾玖担贰拾伍斤 　半　柒两叁钱分分陆厘

桃仁肆百伍拾斤

皮油贰拾陆担肆拾捌斤

皮油叁拾担玖拾肆斤

皮油柒拾捌担柒拾斤 　　　半　伍拾两柒钱捌厘

皮油壹百伍拾陆担捌拾斤

皮油肆拾柒担

木耳贰百肆拾斤

该船又由九江来

烟丝壹百捌拾叁斤

莲子贰拾斤

细夏布壹担 　　　　　　半　贰两叁钱叁分捌厘

花豆陆拾肆斤

茶叶拾斤

细夏布肆拾壹斤

莲子壹件叁拾陆斤 　　　半　玖分

烟叶壹千伍百陆担拾捌斤 半　壹百拾贰两玖钱陆分肆厘

招商局江孚轮船上海来

杏仁贰百伍拾伍斤

药材陆百肆拾叁斤

纸箔拾叁担捌拾伍斤

草席伍百肆拾伍条	半	拾两叁钱叁分陆厘
药材肆百陆拾斤		
甘草伍件柒担		
青果壹百贰拾斤		
橘子贰百柒拾叁斤		
冬笋壹件壹担		
橘子拾捌担贰拾斤	半	叁两叁钱柒分壹厘
橘子肆拾贰担伍拾斤		
青果玖担		
青果陆担	半	贰两柒分叁厘
橘子伍百贰拾斤		
金柑柒百柒拾斤		
枝干壹百捌拾斤		
上纸壹百叁拾陆斤	半	叁两伍钱叁分壹厘
橘饼壹百拾伍斤		
橘饼玖百陆拾斤		
纸箔肆件肆担	半	拾壹两陆分
纸箔贰拾柒担陆拾斤		
鱼肚壹百柒拾伍斤	半	壹两叁分壹厘
桂圆壹百贰拾伍斤		
黑枣玖拾伍担陆拾斤		
黑枣拾担贰拾斤		
黑枣贰拾肆担陆拾伍斤	半	贰拾壹两柒钱壹分伍厘
黑枣肆拾捌担柒拾叁斤		
黑枣柒拾陆担捌拾斤		
黑枣叁拾叁担伍拾肆斤		
红枣拾件捌担	半	叁钱陆分

红枣拾壹担叁拾肆斤

黑枣拾担柒拾陆斤　　　　　　半　贰两贰钱玖厘

香芄玖拾斤

淡菜贰百拾柒斤

以上共收银伍千柒百拾肆两陆分捌厘

内

存票抵完银伍拾肆两壹钱壹分内

提存发给存票银壹百肆拾捌两伍

钱壹厘

实征收银伍千伍百陆拾伍两伍钱

陆分柒厘

D　征收内地船复进口半税项下(No.130—182)

130. 光绪贰拾捌年玖月初贰

日即英壹千玖百贰年拾月初叁日

英商裕康行第贰百肆拾　　　半　贰拾肆两玖钱柒分

壹号红船由汉到镇查

照江汉关正税单

英商裕康行第贰百伍拾　　　半　叁拾贰两捌钱玖分

号钓钩船由汉到镇查

照江汉关正税单

131. 玖月初叁日即英拾月初肆日

英商裕康行第叁百陆拾　　　半　肆拾叁两叁分叁厘

号抚船由汉到镇查照

江汉关正税单

美商泰昌行第玖拾壹号　　　半　贰拾肆两贰分伍厘

钓钩船由汉到镇查照

江汉关正税单

美商泰昌行第玖拾叁号土船由汉到镇查照江汉关正税单	半	伍两肆钱叁分
美商泰昌行第玖拾肆号钓钩船由汉到镇查照江汉关正税单	半	柒两伍厘
美商泰昌行第贰百伍拾玖号钓钩船由汉到镇查照江汉关正税单	半	拾玖两肆钱伍厘
美商泰昌行第叁百贰拾肆号旅船由汉到镇查照江汉关正税单	半	贰拾贰两玖钱捌分
美商泰昌行第叁百叁拾肆号旅船由汉到镇查照江汉关正税单	半	伍拾捌两壹钱肆分伍厘
美商泰昌行第叁百叁拾伍号旅船由汉到镇查照江汉关正税单	半	贰拾柒两捌钱叁分
美商泰昌行第叁百伍拾号小驳船由汉到镇查照江汉关正税单	半	肆两贰钱柒分伍厘
美商泰昌行第叁百肆拾号舢船由汉到镇查照江汉关正税单	半	贰拾贰两玖钱陆分

132. **玖月初捌日**即英拾月初玖日

英商裕康行第贰百伍拾　　　半　叁拾肆两陆钱叁分伍厘
　　壹号舢船由汉到镇查
　　照江汉关正税单

英商裕康行第贰百伍拾　　　半　贰拾叁两叁分伍厘
　　贰号舢船由汉到镇查
　　照江汉关正税单

英商裕康行第贰百伍拾　　　半　拾捌两柒钱
　　伍号舢船由汉到镇查
　　照江汉关正税单

美商泰昌行第玖拾贰号　　　半　拾捌两伍钱陆分
　　土船由汉到镇查照江
　　汉关正税单

美商泰昌行第叁百叁拾　　　半　肆拾陆两柒钱捌分
　　柒号棋船由汉到镇查
　　照江汉关正税单

133.　玖月初拾日英拾月拾壹日

美商泰昌行第叁百贰拾　　　半　伍两玖钱贰分柒厘
　　贰号钓钩船由汉到镇
　　查照江汉关正税单

美商泰昌行第叁百肆拾　　　半　贰拾捌两柒钱玖分伍厘
　　陆号红船由汉到镇查
　　照江汉关正税单

美商泰昌行第叁百肆拾　　　半　叁拾玖两玖钱伍分伍厘
　　贰号东子船由汉到镇
　　查照江汉关正税单

美商泰昌行第叁百肆拾　　　半　叁拾肆两肆钱玖分
　　柒号钓钩船由汉到镇

查照江汉关正税单

134. 玖月拾叁加日即英拾月拾肆日

美商泰昌行第叁百贰拾　　　　半　贰拾柒两叁钱壹厘

叁号钓钩船由汉到镇

查照江汉关正税单

135. 玖月拾肆日英拾月拾伍日

美商泰昌行第叁百肆拾　　　　半　贰拾陆两叁钱

叁号钓钩船由汉到镇

查照江汉关正税单

136. 玖月拾伍日英拾月拾陆日

英商裕康行第伍百玖号　　　　半　贰拾肆两叁钱贰分

辰船由汉到镇查照江

汉关正税单

137. 玖月拾陆日英拾月拾柒日

美商泰昌行第叁百伍拾　　　　半　柒两叁钱陆分伍厘

捌号钓钩船由汉到镇

查照江汉关正税单

138. 玖月拾柒日英拾月拾捌日

英商裕康行第贰百陆拾　　　　半　贰拾两柒钱肆分伍厘

壹号钓钩船由汉到镇

查照江汉关正税单

139. 玖月拾玖日英拾月贰拾日

美商泰昌行第肆百肆拾　　　　半　玖两伍分叁厘

玖号钓钩船由汉到镇

查照江汉关正税单

140. 玖月贰拾贰日英拾月贰拾叁日

英商裕康行第贰百陆拾　　　　半　贰拾两贰钱柒分

叁号钓钩船由汉到镇

查照江汉关正税单

美商新义泰行第捌拾捌　　　半　肆拾捌两肆钱伍分

号土船由九江到镇查

照九江关正税单

141. 玖月贰拾叁日英拾月贰拾四日

英商裕康行第贰百伍拾　　　半　拾玖两肆钱伍分伍厘

叁号钓钩船由汉到镇

查照江汉关正税单

英商裕康行第贰百伍拾　　　半　贰拾伍两玖分伍厘

陆号红船由汉到镇查

照江汉关正税单

142. 玖月贰拾陆日英拾月贰拾柒日

英商裕康行第贰百捌拾　　　半　叁两玖钱玖分

陆号小驳船由汉到镇

查照江汉关正税单

美商泰昌行第肆百陆拾　　　半　肆两叁钱玖分

壹号钓钩船由汉到镇

查照江汉关正税单

美商泰昌行第肆百陆拾　　　半　柒两肆钱伍分

贰号钓钩船由汉到镇

查照江汉关正税单

美商泰昌行第肆百陆拾　　　半　贰两陆钱

叁号钓钩船由汉到镇

查照江汉关正税单

日商快安行第壹百叁拾　　　半　贰拾壹两壹钱伍分

叁号钓钩船由汉到镇

查照江汉关正税单

143. 玖月贰拾柒日 _{英拾月贰拾捌日}

英商裕康行第伍百捌号　　　　半　贰拾玖两柒钱贰分
　钓钩船由汉到镇查照
　江汉关正税单

美商泰昌行第叁百陆拾　　　　半　陆两陆钱伍分
　肆号钓钩船由汉到镇
　查照江汉关正税单

美商泰昌行第叁百陆拾　　　　半　肆两捌钱柒分伍厘
　柒号钓钩船由汉到镇
　查照江汉关正税单

144. 玖月贰拾捌日 _{英拾月贰拾玖日}

美商泰昌行第肆百拾伍　　　　半　贰拾肆两叁分
　号辰船由汉到镇查照
　江汉关正税单

美商泰昌行第肆百贰拾　　　　半　叁拾两贰分捌厘
　捌号抚船由汉到镇查
　照江汉关正税单

英商裕康行第伍百拾壹　　　　半　叁拾贰两捌钱伍分
　号钓钩船由汉到镇查
　照江汉关正税单

英商裕康行第伍百拾叁　　　　半　贰拾捌两捌钱伍分伍厘
　号红船由汉到镇查照
　江汉关正税单

日商快安行第壹百叁拾　　　　半　贰拾捌两伍钱肆分捌厘
　贰号钓钩船由汉到镇
　查照江汉关正税单

944

日商快安行第壹百叁拾　　　　　半　叁拾贰两叁钱陆分伍厘

　陆号车脾船由汉到镇

　查照江汉关正税单

145. 玖月贰拾捌日英拾贰月贰拾玖日

华商明记行第肆拾号土　　　　　半　壹两贰钱伍分

　船由芜湖到镇查照芜

　湖关正税单

华商明记行第肆拾壹号　　　　　半　壹两肆钱

　土船由芜湖到镇查照

　芜湖关正税单

146. 玖月贰拾玖日英拾月叁拾日

日商快安行第壹百叁拾　　　　　半　贰拾柒两壹钱壹分柒厘

　壹号钓钩船由汉到镇

　查照江汉关正税单

英商裕康行第贰百陆拾　　　　　半　贰拾陆两贰钱叁分

　伍号红船由汉到镇查

　照江汉关正税单

英商裕康行第伍百贰拾　　　　　半　贰拾伍两伍钱壹分伍厘

　壹号红船由汉到镇查

　照江汉关正税单

英商裕康行第伍百拾肆　　　　　半　叁拾柒两伍分

　号红船由汉到镇查照

　江汉关正税单

美商泰昌行第肆百伍拾　　　　　半　肆两肆钱捌分捌厘

　柒号钓钩船由汉到镇

　查照江汉关正税单

美商泰昌行第肆百伍拾　　　　　半　伍两捌钱伍分

945

肆号钓钩船由汉到镇
查照江汉关正税单

美商泰昌行第肆百伍拾　　　半　陆两柒钱叁分
叁号钓钩船由汉到镇
查照江汉关正税单

美商泰昌行第肆百肆拾　　　半　贰拾壹两肆钱柒分伍厘
贰号钓钩船由汉到镇
查照江汉关正税单

美商泰昌行第肆百伍拾　　　半　肆两陆钱叁分
捌号钓钩船由汉到镇
查照江汉关正税单

英商裕康行第贰百陆拾　　　半　贰拾陆两伍钱贰分伍厘
玖号红船由汉到镇查
照江汉关正税单

英商裕康行第伍百拾捌　　　半　贰拾叁两贰分伍厘
号抚船由汉到镇查照
江汉关正税单

147．拾月初贰日英拾壹月初壹日

英商裕康行第贰百伍拾　　　半　贰拾玖两伍钱玖分
捌号抚船由汉到镇查
照江汉关正税单

英商裕康行第贰百陆拾　　　半　贰拾玖两柒钱壹分伍厘
肆号抚船由汉到镇查
照江汉关正税单

英商裕康行第贰百陆拾　　　半　叁拾壹两叁钱捌分伍厘
贰号钓钩船由汉到镇
查照江汉关正税单

英商裕康行第伍百拾柒 　　　半　拾捌两肆钱贰分伍厘
　　号抚船由汉到镇查照
　　江汉关正税单

日商快安行第壹百叁拾 　　　半　肆拾柒两腔钱伍分伍厘
　　伍号抚船由汉到镇查
　　照江汉关正税单

148. 拾月初肆日_{英拾壹月初叁日}

美商泰昌行第肆百肆拾 　　　半　贰拾肆两柒钱柒分伍厘
　　伍号抚船由汉到镇查
　　照江汉关正税单

英商裕康行第贰百陆拾 　　　半　贰拾陆两陆钱玖分伍厘
　　陆号抚船由汉到镇查
　　照江汉关正税单

英商裕康行第伍百贰拾 　　　半　贰拾叁两捌钱壹分伍厘
　　贰号钓钩船由汉到镇
　　查照江汉关正税单

149. 拾月初伍日_{英拾壹月四日}

美商泰昌行第叁百叁拾 　　　半　叁拾两捌钱伍分
　　玖号抚船由汉到镇查
　　照江汉关正税单

美商泰昌行第叁百肆拾 　　　半　贰拾贰两叁钱玖分
　　捌号抚船由汉到镇查
　　照江汉关正税单

美商泰昌行第叁百拾贰 　　　半　贰拾两贰钱贰分伍厘
　　号舢船由汉到镇查照
　　江汉关正税单

美商泰昌行第肆百叁拾 　　　半　贰拾玖两叁钱陆分捌厘

贰号抚船由汉到镇查

照江汉关正税单

美商泰昌行第肆百肆拾　　半　叁拾壹两捌分伍厘

叁号钓钩船由汉到镇

查照江汉关正税单

150. 拾月初柒日即英拾壹月初陆日

美商泰昌行第叁百肆拾　　半　贰拾陆两壹钱柒分伍厘

玖号抚船由汉到镇查

照江汉关正税单

美商泰昌行第叁百陆拾　　半　柒两捌钱柒分

伍号钓钩船由汉到镇

查照江汉关正税单

美商泰昌行第叁百柒拾　　半　柒两肆钱贰分伍厘

壹号钓钩船由汉到镇

查照江汉关正税单

美商泰昌行第叁百柒拾　　半　柒两壹钱肆分叁厘

陆号驳船由汉到镇查

照江汉关正税单

美商泰昌行第叁百柒拾　　半　伍两陆钱柒分伍厘

柒号小驳船由汉到镇

查照江汉关正税单

151. 拾月初捌日英拾壹月初柒日

英商裕康行第贰百捌拾　　半　贰拾陆两捌钱叁分

伍号抚船由汉到镇查

照江汉关正税单

152. 拾月初玖日英拾壹月捌日

美商泰昌行第叁百伍拾　　半　叁拾叁两伍分叁厘

叁号红船由汉到镇查
照江汉关正税单

美商泰昌行第叁百伍拾　　　半　肆拾贰两陆钱肆分伍厘
号红船由汉到镇查照
江汉关正税单

美商泰昌行第玖拾捌号　　　半　叁拾贰两叁钱柒分伍厘
红船由汉到镇查照江
汉关正税单

英商裕康行第贰百陆拾　　　半　贰拾叁两叁钱伍厘
柒号钓钩船由汉到镇
查照江汉关正税单

英商裕康行第贰百柒拾　　　半　贰拾壹两玖钱伍厘
伍号钓钩船由汉到镇
查照江汉关正税单

英商裕康行第贰百捌拾　　　半　贰拾伍两陆钱贰分伍厘
号钓钩船由汉到镇查
照江汉关正税单

英商裕康行第贰百柒拾　　　半　贰拾捌两伍钱陆分伍厘
捌号舢船由汉到镇查
照江汉关正税单

153. 拾月拾贰日英拾壹月拾壹日

美商泰昌行第叁百伍拾　　　半　贰拾伍两壹钱伍分伍厘
柒号抚船由汉到镇查
照江汉关正税单

美商泰昌行第叁百肆拾　　　半　贰拾陆两柒钱陆分伍厘
壹号辰船由汉到镇查
照江汉关正税单

美商泰昌行第叁百贰拾　　　　　半　贰拾捌两捌钱贰分
　玖号红船由汉到镇查
　照江汉关正税单

美商泰昌行第叁百伍拾　　　　　半　贰拾两贰钱玖分
　贰号钓钩船由汉到镇
　查照江汉关正税单

美商泰昌行第壹百号钓　　　　　半　柒两贰钱伍分
　钩船由汉到镇查照江
　汉关正税单

美商泰昌行第肆百陆拾　　　　　半　捌两柒分
　陆号钓钩船由汉到镇
　查照江汉关正税单

英商裕康行第贰百柒拾　　　　　半　叁拾壹两玖钱伍厘
　玖号车牌船由汉到镇
　查照江汉关正税单

华商明记行第肆拾贰号　　　　　半　壹两陆钱
　土船由芜湖到镇查照
　芜湖关正税单

154. 拾月拾叁日英拾壹月拾贰日

美商泰昌行第贰百伍拾　　　　　半　叁拾陆两捌钱伍分
　捌号钓钩船由汉到镇
　查照江汉关正税单

美商泰昌行第肆百柒拾　　　　　半　捌两肆钱玖分
　壹号钓钩船由汉到镇
　查照江汉关正税单

155. 拾月拾肆日英拾壹月拾叁日

英商裕康行第贰百柒拾　　　　　半　叁拾玖两肆钱柒分

肆号钓钩船由汉到镇
查照江汉关正税单

日商快安行第壹百肆拾　　　　半　贰拾贰两伍钱壹分
号钓钩船由汉到镇查
照江汉关正税单

美商泰昌行第肆百柒拾　　　　半　伍两贰钱伍分
叁号钓钩船由汉到镇
查照江汉关正税单

美商泰昌行第肆百捌拾　　　　半　叁两伍分
玖号小驳船由汉到镇
查照江汉关正税单

美商泰昌行第肆百捌拾　　　　半　伍两柒钱伍分
肆号钓钩船由汉到镇
查照江汉关正税单

英商裕康行第伍百贰拾　　　　半　拾柒两贰钱伍分
号钓钩船由汉到镇查
照江汉关正税单

156. 拾月拾伍日_{英拾壹月拾四日}

美商泰昌行第肆百捌拾　　　　半　拾玖两陆钱贰分伍厘
捌号钓钩船由汉到镇
查照江汉关正税单

美商泰昌行第肆百捌拾　　　　半　陆两捌分
陆号钓钩船由汉到镇
查照江汉关正税单

美商泰昌行第肆百伍拾　　　　半　叁两叁钱
号钓钩船由汉到镇查
照江汉关正税单

美商泰昌行第叁百陆拾　　　　半　贰两捌钱
　号钓钩船由汉到镇查
　照江汉关正税单

英商裕康行第叁百壹号　　　　半　伍两伍钱捌分伍厘
　钓钩船由汉到镇查照
　江汉关正税单

华商明记行第肆拾叁号　　　　半　贰两贰钱
　土船由芜湖到镇查照
　芜湖关正税单

157. 拾月拾陆日英拾壹月拾伍日
英商裕康行第伍百拾陆　　　　半　叁拾叁两壹钱陆分
　号钓钩船由汉到镇查
　照江汉关正税单

158. 拾月拾玖日英拾壹月拾捌日
美商泰昌行第叁百叁拾　　　　半　肆拾叁两叁钱伍分伍厘
　陆号抚船由汉到镇查
　照江汉关正税单

英商裕康行第伍百贰拾　　　　半　拾玖两捌钱贰分伍厘
　陆号钓钩船由汉到镇
　查照江汉关正税单

英商裕康行第贰百柒拾　　　　半　贰拾伍两伍钱
　壹号抚船由汉到镇查
　照江汉关正税单

英商裕康行第伍百贰拾　　　　半　贰拾肆两捌钱伍分伍厘
　捌号钓钩船由汉到镇
　查照江汉关正税单

159. 拾月贰拾日英拾壹月拾玖日

美商新义泰行第玖拾号 　　半　陆拾陆两玖钱陆分伍厘
　上船由九江到镇查照
　九江关正税单

160. 拾月贰拾壹日_{英拾壹月贰拾日}

美商泰昌行第叁百叁拾 　　半　叁拾捌两柒钱柒分伍厘
　叁号抚船由汉到镇查
　照江汉关正税单

美商新义泰行第捌拾玖 　　半　陆拾伍两陆钱柒分伍厘
　号土船由九江到镇查
　照九江关正税单

161. 拾月贰拾贰日_{英拾壹月贰拾壹日}

美商泰昌行第肆百捌拾 　　半　叁两捌钱捌分叁厘
　玖号钓钩船由汉到镇
　查照江汉关正税单

美商泰昌行第肆百捌拾 　　半　柒两壹钱壹分捌厘
　叁号钓钩船由汉到镇
　查照江汉关正税单

162. 拾月贰拾叁日_{英拾壹月贰拾贰日}

英商裕康行第叁百柒号 　　半　伍两壹钱玖分叁厘
　钓钩船由汉到镇查照
　江汉关正税单

英商裕康行第叁百玖号 　　半　肆两壹钱叁分捌厘
　钓钩船由汉到镇查照
　江汉关正税单

163. 拾月贰拾伍日_{英拾壹月贰拾四日}

日商快安行第壹百叁拾 　　半　贰拾叁两伍钱伍分伍厘
　捌号钓钩船由凑到镇

查照江汉关正税单

英商裕康行第贰百捌拾　　　　　半　贰拾两壹钱

捌号钓钩船由汉到镇

查照江汉关正税单

英商裕康行第贰百捌拾　　　　　半　拾捌两陆钱肆分

贰号钓钩船由汉到镇

查照江汉关正税单

英商裕康行第贰百柒拾　　　　　半　贰拾柒两壹钱捌分

柒号钓钩船由汉到镇

查照江汉关正税单

164. 拾月贰拾陆日英拾壹月贰拾伍日

美商泰昌行第叁百伍拾　　　　　半　叁拾肆两贰钱伍分伍厘

玖号钓钩船由汉到镇

查照江汉关正税单

美商泰昌行第叁百陆拾　　　　　半　贰拾肆两玖钱伍分

号抚船由汉到镇查照

江汉关正税单

165. 拾月贰拾柒日英拾壹月贰拾陆日

日商快安行第壹百贰拾　　　　　半　贰拾两玖钱陆分伍厘

玖号橹子船由汉到镇

查照江汉关正税单

美商泰昌行第肆百伍拾　　　　　半　贰拾玖两柒钱壹分伍厘

贰号抚船由汉到镇查

照江汉关正税单

166. 拾月贰拾捌日即英拾壹月贰拾柒日

日商快安行第壹百叁拾　　　　　半　拾捌两叁钱叁分伍厘

号柒号钓钩船由汉到

镇查照江汉关正税单

美商新义泰行第捌拾柒　　半　捌两捌钱贰分伍厘
　号土船由汉到镇查照
　江汉关正税单

英商裕康行第伍百拾玖　　半　贰拾肆两柒钱伍厘
　钓钩船由汉到镇查江
　江汉关正税单

英商裕康行第贰百玖拾　　半　贰拾贰两贰钱伍分
　肆号抚船由汉到镇查
　照江汉关正税单

167. 拾月贰拾玖日英拾壹月贰拾捌日

日商快安行第壹百叁拾　　半　肆拾捌两肆钱
　肆号红船由汉到镇查
　照江汉关正税单

日商快安行第壹百叁拾　　半　贰拾壹两玖钱捌分伍厘
　玖号钓钩船由汉到镇
　查照江汉关正税单

168. 拾月叁拾日英拾壹月贰拾玖日

美商泰昌行第肆百陆拾　　半　贰拾伍两贰钱肆分伍厘
　肆号小驳船由汉到镇
　查照江汉关正税单

英商裕康行第贰百柒拾　　半　贰拾壹两壹钱伍分
　号抚船由汉到镇查照
　江汉关正税单

英商裕康行第伍百贰拾　　半　贰拾肆两陆钱玖分伍厘
　肆号钓钩船由汉到镇
　查照江汉关正税单

169. 拾壹月初贰日_{即英拾贰月初壹日}

英商裕康行第贰百柒拾　　　　　半　叁拾壹两柒钱肆分
　叁号钓钩船由汉到镇
　查照江汉关正税单

英商裕康行第贰百捌拾　　　　　半　贰拾肆两陆分
　壹号钓钩船由汉到镇
　查照江汉关正税单

英商裕康行第贰百伍拾　　　　　半　贰拾两伍分
　陆号钓钩船由汉到镇
　查照江汉关正税单

170. 拾壹月初肆日_{即英拾贰月初叁日}

英商裕康行第贰百捌拾　　　　　半　贰拾陆两叁钱伍分
　贰号钓钩船由汉到镇
　查照江汉关正税单

英商裕康行第贰百玖拾　　　　　半　贰拾陆两叁钱捌分
　叁号钓钩船由汉到镇
　查照江汉关正税单

英商裕康行第叁百拾叁　　　　　半　肆两捌钱捌分
　号钓钩船由汉到镇查
　照江汉关正税单

英商裕康行第伍百肆拾　　　　　半　伍两柒钱陆分叁厘
　号钓钩船由汉到镇查
　照江汉关正税单

英商裕康行第伍百肆拾　　　　　半　陆两叁钱贰分叁厘
　壹号钓钩船由汉到镇
　查照江汉关正税单

171. 拾壹月初玖日_{即英拾贰月初捌日}

英商裕康行第贰百柒拾　　　半　贰拾柒两伍钱贰分伍厘
　　贰号钓钩船由汉到镇
　　查照江汉关正税单
英商裕康行第贰百柒拾　　　半　贰拾伍两贰钱伍分伍厘
　　捌号钓钩船由汉到镇
　　查照江汉关正税单
英商裕康行第贰百玖拾　　　半　贰拾两玖钱玖分伍厘
　　柒号小驳船由汉到镇
　　查照江汉关正税单

172. 拾壹月初拾日即英拾贰月初玖日

美商泰昌行第叁百柒拾　　　半　贰拾贰两贰钱贰分捌厘
　　号钓钩船由汉到镇查
　　照江汉关正税单
英商裕康行第伍百拾伍　　　半　贰拾贰两壹钱壹分伍厘
　　号钓钩船由汉到镇查
　　照江汉关正税单
英商裕康行第贰百伍拾　　　半　贰拾玖两肆钱伍分
　　肆号小驳船由汉到镇
　　查照江汉关正税单
英商裕康行第贰百捌拾　　　半　叁拾壹两叁钱捌分
　　玖号小驳船由汉到镇
　　查照江汉关正税单

173. 拾壹月拾壹日即英拾贰月初拾日

美商泰昌行第叁百陆拾　　　半　叁拾肆两捌钱壹分捌厘
　　壹号钓钩船由汉到镇
　　查照江汉关正税单
美商泰昌行第叁百贰拾　　　半　拾捌两捌钱肆分

957

伍号钓钩船由汉到镇
查照江汉关正税单

美商泰昌行第叁百柒拾   半   叁拾捌两叁钱
叁号抚船由汉到镇查
照江汉关正税单

美商泰昌行第叁百玖拾   半   伍两壹分叁厘
玖号钓钩船由叹到镇
查照江汉关正税单

美商泰昌行第肆百贰号   半   叁两
小驳船由汉到镇查照
江汉关正税单

美商泰昌行第肆百陆号   半   肆两肆钱贰分伍厘
钓钩船由汉到镇查照
江汉关正税单

英商裕康行第叁百拾陆   半   肆两肆钱陆分伍厘
号小驳船由汉到镇查
照江汉关正税单

英商裕康行第叁百拾柒   半   陆两叁钱玖分捌厘
号钓钩船由汉到镇查
照江汉关正税单

英商裕康行第肆百伍拾   半   陆两陆钱贰分伍厘
柒号钓钩船由汉到镇
查照江汉关正税单

英商裕康行第伍百伍拾   半   柒两壹钱
号钓钩船由汉到镇查
照江汉关正税单

174. 拾壹月拾贰日 _{即英拾贰月拾壹日}

美商泰昌行第叁百肆拾 　　　半　贰拾陆两玖钱伍分伍厘

伍号钓钩船由汉到镇

查照江汉关正税单

175. 拾壹月拾叁日即英拾贰月拾贰日

美商泰昌行第贰百叁拾 　　　半　拾玖两陆钱柒分伍厘

捌号小驳船由汉到镇

查照江汉关正税单

176. 拾壹月拾柒日即英拾贰月拾陆日

日商快安行第壹百肆拾 　　　半　贰拾肆两捌钱贰分伍厘

陆号钓钩船由汉到镇

查照江汉关正税单

177. 拾壹月拾玖日即英拾贰月拾捌日

美商泰昌行第肆百伍 　　　　　半　陆两捌钱捌分

号钓钩船由汉到镇查

照江汉关正税单

英商裕康行第伍百叁拾 　　　半　贰拾伍两柒钱肆分伍厘

贰号钓钩船由汉到镇

查照江汉关正税单

178. 拾壹月贰拾壹日即暎拾

壹月贰拾日

美商泰昌行第肆百陆拾 　　　半　贰拾两柒钱玖分

陆号小驳船由汉到镇

查照江汉关正税单

美商泰昌行第叁百肆拾 　　　半　肆拾贰两贰钱柒分伍厘

号橹子船由汉到镇查

照江汉关正税单

美商泰昌行第肆百伍拾 　　　半　叁拾两捌钱柒分伍厘

壹号抚船由汉到镇查

照江汉关正税单

179. 拾壹月贰拾陆日即英拾贰月贰拾伍日

英商裕康行第伍百叁拾　　　　半　伍两壹钱柒分伍厘

玖号钓钩船由汉到镇

查照江汉关正税单

180. 拾壹月贰拾玖日（贰拾柒日）即英拾贰月贰拾陆日

美商泰昌行第肆百捌拾　　　　半　贰拾陆两肆钱贰分

捌号钓钩船由汉到镇

查照江汉关正税单

美商泰昌行第叁百捌拾　　　　半　玖拾捌两柒钱叁分叁厘

玖号钓钩船由汉到镇

查照江汉关正税单

181. 拾壹月贰拾捌日即英拾贰月贰拾柒日

美商泰昌行第肆百柒拾　　　　半　叁拾两肆钱捌分伍厘

伍号钓钩船由汉到镇

查照江汉关正税单

英商裕康行第叁百伍号　　　　半　贰拾陆两贰分伍厘

抚船由汉到镇查照江

汉关正税单

英商裕康行第伍百肆拾　　　　半　柒两贰钱壹分伍厘

陆号钓钩船由汉到镇

查照江汉关正税单

英商裕康行第叁百叁号　　　　半　贰拾叁两伍分伍厘

抚船由汉到镇查照江

汉关正税单

182. 拾贰月初壹日即英拾贰月叁拾日

美商泰昌行第叁百陆拾　　　半　贰拾肆两肆钱贰分伍厘

　　捌号抚船由汉到镇查

　　照江汉关正税单

美商泰昌行第肆百拾肆　　　半　肆两壹钱

　　号小驳船由汉到镇查

　　照江汉关正税单

　　　　以上共收银叁千捌百柒拾叁两柒钱肆分玖厘

E　征收华船钞项下（No. 183—190）

183. 光绪贰拾捌年玖月拾伍

　　日_{即英拾月拾陆日}

　　英商顺昌行经报中国连

　　　豹小轮船往来内港

　　　该船贰吨　　　　　　　完　船钞银贰钱

　　英商亨得利经报中国宜

　　　豹小轮船往来内港

　　　该船贰吨玖柒　　　　　完　船钞银贰钱玖分柒厘

　　英商亨得利经报中国宁

　　　豹小轮船往来内港

　　　该船伍吨柒陆　　　　　完　船钞银伍钱柒分陆厘

184. 玖月贰拾日_{即英拾月贰拾壹日}

　　华商金正划艇往上海

　　　该船贰百肆拾壹吨　　　完　船钞银玖拾陆两肆钱

185. 玖月贰拾肆日_{即英拾月贰拾伍日}

　　美商泰昌行经报中国语

　　　溪小轮船往来内港

　　　该船伍吨　　　　　　　完　船钞银伍钱

186. 拾月初柒日_{即英拾壹月初陆日}

    英商立住行经报中国德

        靖小轮船往来内港

        该船伍吨捌壹   完   船钞银伍钱捌分壹厘

187. 拾壹月初肆日_{即英拾贰月初叁日}

    华商金同庆划艇往汉口

        该船贰百贰拾陆吨   完   船钞银玖拾两肆钱

188. 拾壹月拾贰日_{即英拾贰月拾壹日}

    华商源益划艇往汉口

        该船肆百陆拾陆吨   完   船钞银壹百捌拾陆两肆钱

189. 拾壹月贰拾叁日_{即英拾贰月贰拾贰日}

    英商顺昌行经报中国江

        天小轮船往来内港

        该船叁拾吨   完   船钞银叁两

190. 拾贰月初壹日_{即英拾贰月叁拾日}

    华南金华划艇上海来

        该船贰百玖吨   完   船钞银捌拾叁两陆钱

        以上共收银叁百柒拾捌两叁钱伍分肆厘

补注：

① 税额头部的"正"、"半"，分别是"完正税银"和"完半税银"的省略形式。

② 日期号为连续号码，但与它并记的英历（阳历）日期中分明有误的个别地方，用括号注出，以示区别。

③ 在上述的文字中，有上下两段合并为一段的地方，也有因印刷上的方便将两端分开表述的情况，它们为下列部分（号码为）：24，30，56，58，59，60，62，65，68，69，71，86，108。

另外，本资料均参照东京大学东洋文化研究所相关藏书的原件。

Ⅶ　海关关系资料目录

凡　例

1. 本资料目录是关于中国近代经济史研究的相关资料、研究文献中，以海关问题、贸易问题以及投资问题为中心的资料文献目录。其中关于海关资料、研究文献部分，主要以外国的研究为主。

2. 本书的研究对象界定主要是 19 世纪，但其资料、文献的收录却并没有局限于此，也有的资料收集到了 20 世纪 40 年代。

3. 本书所参照资料、文献的收藏机构，分别为以下单位：东洋文库、东洋文库近代中国研究室、一桥大学经济研究所、一桥大学附属图书馆、东京大学东洋文化研究所、东京大学经济学部图书室、东京大学文学部东洋史研究室、东京大学综合图书馆、国立公文书馆、亚洲经济研究所以及国立国会图书馆。

　　另外，在外国的藏书机构中，参照的收藏机构分别为：Public Record Office（伦敦）、SOAS 图书馆、Rhoads 图书馆（牛津大学）、法国外交部资料室、国立公文书馆（巴黎）、荷兰公文书馆（海牙）、莱顿大学汉学研究院图书馆、汉堡大学历史学系图书馆、国立公文书馆（华盛顿)、Houghton 图书馆(哈佛大学)、东亚研究所图书馆(哈佛大学)、康奈尔大学图书馆、托马斯珍藏书图书馆(多伦多大学)、米歇尔图书馆(悉尼)、香港大学图书馆、中央研究院近代史研究所图书馆、奎章阁(汉城大学)、中央研究院近代史研究所图书馆。

4. 本资料目录与下一项的研究文献目录之间虽是相互关联的,但下一项的排列,是按照从海关资料中归纳出的问题为顺序排列的。在各个项目内部内容的排列上,首先按照原文献、研究论文所论述的时期进行划分,再按照它们的出版年代进行排列。另外,海关报告中有许多应该被列入研究篇中的内容,在本目录中将它们全部统括于资料篇。

5. 海关资料目录中所收录资料,除贸易统计以及贸易报告之外,其他的海关发行物,在现阶段上只能参照其中的一部分,只有留待今后进一步的收集、整理研究了。

6. 关于资料的编号问题,其中海关资料(Ⅰ)中从Ⅰ Statistical Series 直到Ⅶ Postal Series 为止的编号,都是按照海关当时的发行物分类的编号进行的。而这些部分的整体编号是按照前后顺序依次进行标记的。与议会资料相关的编号则按照内容分类,所有各项都有单独的排序。

7. 资料的收藏机构,在该资料、文献的标题后用括号()标出。括号中使用简称。这些简称所表示的机构如下。

(文库)：东洋文库

(文库近)：东洋文库近代中国研究室。该标记只用于海关资料中,其余的资料一律用(文库)的字样标记。

(一图)：一桥大学附属图书馆

(一经)：一桥大学经济研究所

(东图)：东京大学综合图书馆

(东经)：东京大学经济学部图书室

(东文研)：东京大学东洋文化研究所

(内阁)：国立公文书馆内阁文库

（亚研）：亚洲经济研究所

（国图）：国立国会图书馆

　　但是，在内阁文库的资料利用上，只参照了《内阁文库洋书分类目录 英书篇》（上、下，东京国立公文书馆内阁文库、1972、1973 年）。另外，除东京大学东洋文化研究所以及一桥大学的资料之外，其余资料目录只参照一部分的卡片检索。

　　关于文献所藏问题，除了认为特别之必要者外，都是以东洋文库为主的，其他部分由于容易查到的缘故，便没有特别标出。特别是与海关相关的资料中，除了海关的发行物外，其他的资料一律按照上述方法进行标注。即使是定期期刊，海关发行物之外部分也没有特意标出所缺期刊。

8. 关于海关发行物，现阶段有很多不能直接参照其原始资料，所以只好按照各种发行物的目录进行补充，因而，发行物的不同，其文字的大小写以及标题的标注方式都有所不同，笔者对此作行了适当的统一。

1　中国海关资料（Ⅰ）——海关发行物

　　中国近现代经济史研究中所使用的资料，最具系统性且长期发行者当属中国海关总税务司所发行的各种调查报告文书（总称为海关报告）了。该资料以统计、贸易、贸易金融、关税、市场等各种问题为中心，特别涉及到了经济的、社会的以及政治的等各种相关问题。由于目前无法在某一个收藏机构浏览全部的海关发行物，所以本目录是参照了多个藏书机构的产物。其中，主要以东洋文库所收藏的毛利森文库为中心，加之东洋文库近代中国研究室、一桥大学经济研究所、一桥大学附属图书馆、东京大学东洋文化研究所、东京大学经济学部图书室、东京大学综合图书馆、国立公文书馆、亚洲经济研究所、国立国会图书馆所收藏的资料，并将其与海关发行物目录（尤其以海关发行物Ⅳ. Service Series, No.

69. Documents Illustrative of the Origin，Development，and Activities of the Chinese Custom Service. Shanghai，1940. 7 Vols. 之中的第七卷的 Appendix：List of Chinese Customs Publications 为主）相对照。海关发行物主要分为以下七项，再加上其他的发行物，便构成了海关资料的整体。

Ⅰ Statistical Series（贸易统计、贸易报告、十年报告及其他）

Ⅱ Special Series（针对特定的主体所作的专门论述）

Ⅲ Miscellaneous Series（商品介绍及其他）

Ⅳ Service Series（海关职员录、公务要点等）

Ⅴ Office Series（关系到海关公务全局的资料）

Ⅵ Inspectorate Series（总税务司所发指令及其他）

Ⅶ Postal Series（邮政业务相关资料）

其他

另外，自从 1873 年设立了统计局（Statistical Department）之后，除了Ⅰ Statistical Series 的一部分之外，海关发行物全部由海关总税务司下属的统计局（Statistical Department of the Inspectorate General of Customs）承办发行。截至 1872 年，由海关总税务司（The Inspectorate General of Customs）承办发行，出版地均为上海。

以上各项的中心为Ⅰ的统计资料，以下按照上述顺序进一步进行说明。

1—Ⅰ Statistical Series

No.   发行开始年

1. Shanghai Customs Daily Returns   1866

自从 1932 年各海关停止发行日报（每天、每隔两天，或不定时）之后，其后只有天津、青岛二海关继续坚持出版发行。其内容主要记载出入港的船舶数量以及载货量。

2. Quarterly Returns of Trade

1869—1913 Customs Gazette.

1886—1902 Fines and Confiscations.（从上记 Customs Gazette 的 PartⅢ中分离出来的内容）

1914—1931 Quarterly Returns of Trade.

1919 年以前的季报主要记载各海关进出口与再出口情况的统计,以及税收、船舶、旅客、生丝、茶叶等统计数字。从 1920 年以后,税收、船舶、旅客、金银进出口等统计表被省略不记。

Customs Gazette 中的各项目如下：

Part Ⅰ Quarterly Returns of Trade.

Part Ⅱ Report of Dues and Duties.

Part Ⅲ Fines and Confiscations.

Part Ⅳ Notifications.

Part Ⅴ Movements in the Service.

Part Ⅵ Vessels Measured for Tonnage.

3. Annual Returns of Trade　　　　　　　　　　　　1859

4. Reports on Trade　　　　　　　　　　　　　　　1865

5. Chinese Version of $\begin{cases} \text{Returns of Trade} & 1875 \\ \text{Reports on Trade} & 1889 \end{cases}$

1859—1864. Annual Returns of Trade.

1865—1881. Reports on Trade.

1865—1881. Returns of Trade.

Part Ⅰ Abstracts of Trade and Customs Revenue.

Part Ⅱ Statistics of the Trade at Each Port.

（从 1867 年成为 2 分册）

1882 —1919. Returns of Trade and Trade Reports.

PartI Report on the Foreign Trade of China, and Abstract of Statistics.

Part II Port Trade Statistics and Reports.

Part III Analysis of the Foreign Trade of China (two Volumes：
Vol. I , Imports; Vol. II , Exports).

1920—1931. Foreign Trade of China.

Part I Report and Abstract of Statistics.

Part II Analysis [formerly Part III].

1920—1931. Annual Trade Reports and Returns.

（各口岸分别记录，中英文合册。1920—1922 年之间的 No. 2 Quarterly Return 的 10—12 月的内容合为一册，1923—31 年则单独发行）

年报 No. 3—No. 5 到 1931 年停止，1932 年以降发行新的 No. 1。

No.

[1] The Trade of China：

1932—1934：

Vol. I Report, with General Tables of Customs Revenue, Value of
Trade, Treasure, and Shipping.

Vol. II Foreign Trade：Abstract of Import and Export Statistics.

Vol. III Foreign Trade：Analysis of Imports.

Vol. IV Foreign Trade：Analysis of Exports.

Vol. V Domestic Trade：Interport Statistics.

1935：

Vol. I Report, with General Tables of Customs Revenue, Value of
Trade, Treasure, and Shipping.

Vol. II Foreign Trade：Complete Analysis of Imports.

Vol. III Foreign Trade；Complete Analysis of Exports.

Vol. Ⅳ Domestic Trade：Interport Statistics.

1936：

Vol. Ⅰ Report，with General Tables of Customs Revenue，Value of

Trade，Treasure，and Shipping；

and Analysis of Trade by Countries.

Vol. Ⅱ Foreign Trade：Complete Analysis of Imports.

Vol. Ⅲ Foreign Trade：Complete Analysis of Exports.

Vol. Ⅳ Domestic Trade：Movements of Chinese Produce carried by

Steamers between Open Ports（excluding Movements by

Junk，Road，and Steamers under I. W. S. N. Rules）.

[2] Shanghai Annual Returns of Foreign Trade：Analysis of Im-
ports and Exports. 1936

以上 Statistical Series 中 No. 3—No. 5 的馆藏状况如下：

东洋文库

No. 3 Returns of Trade at the Treaty Ports；1866—1867，1868 Ⅰ—
1880 Ⅰ，1881 Ⅰ Ⅱ.

No. 4 Reports on Trade at the Treaty Ports；1864—1881.

No. 3 to 4 Returns of Trade and Trade Reports；1882—1915.

No. 3 to 5 Returns of Trade and Trade Reports；1916—1919.

No. 2 to 5 Foreign Trade of China；1920—1930.

No. 2 to 5 Trade Returns；1921 JuL—Dec. ，1923 Oct. —Dec.

No. 3 to 5 Annual Trade Report and Returns；1924—1930.

一桥大学附属图书馆

No. 3 to 4 Returns of Trade and Trade Reports；1892 pt. Ⅱ，1896
pt. Ⅱ，1901 pt. Ⅱ，I908 pt. Ⅲ，1912—1913，1917.

No. 2 to 5 Foreign Trade of China；1924，1926—1931.

一桥大学经济研究所

No. 3 and 4 Returns of Trade and Trade Reports；1905—1919（只有 pt. Ⅱ,Vol. Ⅰ—Ⅴ）.

No. 2 to 5 Trade Returns and Trade Report；1920—1931.

No. 3 to 5 Foreign Trade of China；1922 pt. Ⅱ,Vol. Ⅰ,1926—1931.

东京大学经济学部

No. 2 to 5 Foreign Trade of China；1922,1925.

内阁文库

No. 3 Returns of Trade at the Treaty Ports；1873—1880.

No. 4 Reports on Trade at the Treaty Ports；1875—77,1879,1880.

No. 3 to 4. 5 Returns of Trade and Trade Reports；1894,1896,1898,1909—1911,1917.

亚洲经济研究所

No. 3 and 4 Returns of Trade and Trade Reports；1914 pt. Ⅰ,1915 pt. Ⅰ,1916 Ⅴ(No. 3 to 5).

No. 2 to 5 Foreign Trade of China；1920 pt. Ⅰ,1922.

No. 3 to 5 Annual Trade Report and Returns；1923,1928.

No. 3 to 5 Foreign Trade of China；1926—1929.

国立国会研究所

No. 3 Returns of Trade at the Treaty Ports；1876 pt. Ⅰ,1878 pt. Ⅰ,1879 pt. Ⅰ.

No. 3 to 4 Returns of Trade and Trade Reports；1903 pt. Ⅰ,1904 pt. Ⅰ,1905 pt. Ⅲ

Ⅰ—Ⅱ,1906 pt. Ⅲ Ⅰ—Ⅱ,1907 pt. Ⅱ Ⅱ,pt. Ⅲ Ⅰ—Ⅱ,1908 pt. Ⅲ Ⅰ—Ⅱ,1909 pt. Ⅲ Ⅱ.

Statistical Series 中新 No. 1,No. 2 所藏机关如下所示：

东洋文库

No. 1 The Trade of China;1933—1934,1935 Ⅰ Ⅲ ,1936 Introductory Survey,1938Ⅳ.

No. 2 Shanghai Annual Returns of Foreign Trade;1936—1938.

东洋文库近代中国研究室

No. 1 The Trade of China;1934Ⅲ— Ⅴ ,1938 Ⅰ Ⅳ,1939,1946Ⅱ.

No. 2 Shanghai Annual Returns Of Foreign Trade;1939.

一桥大学附属图书馆

No. 1 The Trade of China;1932Ⅱ ,19331Ⅳ—Ⅴ ,1934Ⅱ Ⅴ ,1935—1937,1938 Introductory Survey,1939—1940.

一桥大学经济研究所

NO. 1 The Trade Of China;1932—1942.

NO. 2 Shanghai Annual Returns Of Foreign Trade;1939—1940.

东京大学经济学部图书室

No,1 The Trade Of China;1932—1939.

亚洲经济研究所

No. 1 The Trade Of China;19341—Ⅴ ,1935 (IntrOdHCtOry Survey,Ⅰ—Ⅳ)—1940,1941 Ⅰ—Ⅳ ,1942 Ⅰ ,1946Ⅱ.(1950 年以降该系列作为台湾的贸易统计刊行)

No. 2 Shanghai Annual Returns Of Foreign Trade;1936—1941.

6. Decennial Reports

海关十年报告:Decennial Repons o nthe Trade,Navigation,Industries,etc. ,of the Ports open to Foreign Commerce in China,and on the Condition and Development of the Treaty Port Proyinces.

海关发行物中,Ⅰ—Statistical Series 之中的 No. 6 中的十年报告(Decennial Reports)自从 1893 年被第一次发行,截至 1933 年发行结束,共发行 5 次(其中,在 1935 年将 1933 年发行的内容译为中文出版,包括这次发行在内,一共发行了六次)。详情如下。

First Issue,1882—1891(1893 年发行)(文库,一图,东文研,内阁)

Second Issue,1892—1901（Vol.Ⅰ,Northern and Yangtze Ports;Vol.Ⅱ,Southern and Frontier Ports,1904 年发行)(文库,一图,东文研,内阁)

Third Issue,1902—1911（Vol. I,Northern and Yangtze Ports;Vol.Ⅱ,Southern and Frontier Ports;Vol.Ⅲ,Moukden,1913 年发行)(文库,一图,东文研)

Fourth Issue,1912—1921（Vol. 1,Northern and Yangtze Ports;Vol.Ⅱ,Southern and FronUur Ports,1924 年发行)(文库,一图,东文研)

Fifth Issue,1922—1931（Vol.Ⅰ,Introduction,History of the External Trade od China,1834—1881,Synopsis,1882—1931 by T. R. Bannister,and Northern and Yangtze Ports;Vol.Ⅱ,Southern and Frontier Ports,1933 年发行)(文库,一图,东文研)

正像其标题所反映的那样,上述内容不仅涵盖了开放口岸的贸易、航运、工业等情况,还涉及了该地区以及该省整体的政治、经济和社会问题。而各海关税务司的报告也以总税务司所指令的调查项目为基础。在第二个十年报告中,总税务司罗伯特·赫德所指示的调查项目如下内容。

（a）上次报告发行之后的十年内,该港、地区、省所发生的重大事件。

（b）贸易的变化;通商道路、供求、商品的种类、贸易额的变化以及值得注意的物价的变动等情况。

（c）关税收入的增减;总额以及特定商品的税收。

（d）鸦片贸易的状态;每年的消费量、各品种的价格、中国产鸦片的价格以及产地、中国产鸦片与进口鸦片之间的竞争程度。

（e）货币市场的状态;英镑、先令与海关两之间的交换比率、铜钱与海关两之间的交换比率。

（f）贸易收支；除去中转贸易，以卸船价格与装船价格之间的比较为基础的贸易收支。

（g）包括中国人与外国人，该口岸（城市）的居民数量、构成、性质、职业等方面的重大变化。

（h）堤坝、道路、警察、街灯等方面的改善。

（i）与口岸相通的水路情况的变化。

（j）港湾设施中新设立的设施。

（k）针对该地区所发生的自然灾害、瘟疫以及叛乱等方面的对应策略。

（l）与著名人物之间的往来与应接等方面的情况。

（m）当地出现的会试合格者的人数以及状元、榜眼、探花等人的名字。

（n）该地区读书人的动向。

（o）该地区的秀才、举人的人数以及文盲率与女性的教育情况。

（p）该地区的自然特征、主要产物、主要制造业以及运输手段。

（q）从该港口中出入的中国船只的运输数量、帆船的种类、名称、往来的港口以及航海中相关的手续与收益等情况。

（r）当地原有的金融机关的所在地点、业务开展地区、金融汇率以及业务形态。

（s）当地原有的邮政机关的所在地点、业务、输送网以及邮递费用。

（t）各海关的规则、职员、工作量以及工作分担的变化。

（u）从外国人的角度所看到的当地陆海军、工业、财政以及行政方面的改善情况。

（v）传教士所属的团体名称、传教士以及改宗者的人数。

（w）当地同乡会馆的地区名称、当地会馆所在地点，同乡、同业会馆的规则以及对成员的权利、义务的规定。

（x）与当地相关的或者当地出身的著名的官僚的名字。

（y）当地出版的著名书籍。

（z）地域社会的历史及其将来。

虽然上述项目要求被调查并且报告出来，但是各港口的海关税务司人员并没有针对所有的事项进行回答，而且其回答也并不是面面俱到。在附录中列举出其贸易统计（船舶数量、进出口金额、进出口数量、税收、贵金属的进出口、人口等）、邮政统计等情况。

7. Native Customs Trade Returns：

　　　　No. 1. Foochow：Kuang Hsü，29th Year.　　　　1904（文库）

　　　　No. 2. Tientsin：1902.　　　　　　　　　　　1904（文库）

　　　　No. 3. Quinquennial Reports and Returns，1902—1906.　　1907

Native Custom（常关）本来属于中方管辖，但自从 1901 年义和团运动之后，为了赔付《辛丑条约》中的巨额赔款，而将海关周围 25 公里以内原属常关管辖的帆船贸易划归为海关管理，从而扩大了海关的统治权限。以这种情况为起因编撰出了上述报告书。然而，其中并没有区分货物是被运往外国还是国内的其他港口等情况，所以通过该报告书并不能了解到国内流通情况。

8. Monthly Returns Of the Foreign Trade of China　　　1931

　　　　　　（文库近 Jan. 1938—Oct. 1941，May. 1947）

9. Shanghai Monthly Returns of Foreign Trade　　　　1937

（一经 1939—1942，国图 1941—1942 但缺 June，Sept. 1940，Apr. ，Dec. 1941）

此月报于 1866 年 1 月开始发行。其中记载着上海、宁波、福州、厦门、汕头、广东、汉口、九江、镇口、芝罘等 10 个港口以及淡水、高雄每年的贸易统计情况。其内容只列举了船舶、进出口（将外国和中国的进口地与出口地进行了区分）以及转口输出等情况的表格。该月报被 1869 年发行的 Quarterly Returns of Trade 所兼并，1931 年停止发行。

伴随着季刊的停刊，1931 年第 8 项刊物被再一次出版。而第 9 项刊物则除了上海，还在天津、青岛、广州等地发行，其内容只涵盖进出口统计等情况。

以上的贸易统计与贸易报告是海关发行物的主要部分。正如上述所见，海关的历史性质反映于上述的统计数值之上，因此，以往对于该统计的研究，既是对于数值本身的处理以及探讨，也是对于其统计方法的历史前提以及历史性格进行的分析与探讨。针对这些海关统计的研究将出现在研究篇中的"2.贸易统计"、"3.贸易史"、"4.各国与中国的贸易史"等项目中。

2—Ⅱ Special Series

No.　　　　　　　　　　　　　　　　　　　　　　　发行年

1. Native Opium　　　　　　　　　　　　　　　　　　1864

2. Medical Reports：68th to 80th Issues(First Issue，1871)

　　　　　　　　　　　　　　　　　　　　　1911（文库）

医疗报告(Medicial Reports)是以 1870 年 12 月 31 日总税务司罗伯特・赫德在北京所指示的第 19 号传阅文件(Inspector General's Circular No. 19 of 1870)为基础，从 1870 年开始每隔半年所发行的报告。（每号的最终发行期为 3 月和 9 月）。全国各个开放口岸的医疗报告全部集中在北京的总税务司处，交由上海的总税务司统计局发行。

赫德所指示的 1870 年 12 月 31 日的传阅文件中，针对医疗报告开始发行的目的以及应向上级汇报的各个项目做了如下指示（收录于各刊卷首部分）。

（1）利用开放口岸设置税关这一有利条件，收集在中国出现的外国人或中国人的各种病症的信息情报，并将其提供给中国以及本国的医疗专家。在海关医疗官协助下对各地特有病症进行调查。

（2）为避免各开放口岸所设置的海关医疗官的报告与其他渠道的报告之间的差异过大，需要制定一定的共通调查项目。

根据上述要求，应制定以下项目。

A. 当地的全部健康情况。外国人的死亡率以及死亡原因。

B. 当地所流行蔓延的病症。

C. 其病症的类型。其特殊性与复杂性以及特殊的治疗方法。

D. 病症与季节、地方风水（潮湿等因素）以及气候等之间的因果关系。

E. 特别的病症，尤其是癞皮病等病症。

F. 是否存在疫情，如果存在，其原因、症状、治疗、以及死亡率等情况。

作为调查的对象，对于上述项目调查被指示到牛庄、宁波、天津、福州、芝罘、淡水、汉口、高雄、九江、厦门、镇江、汕头、上海以及广东等地的各海关税务司处。从 1900 年夏季刊（第 58 号）开始，又增加了其他地区。

本系列的各个报告虽然从表面上来看是与病症的有关的报告，但由于该调查对人口、人口动态、地区经济、都市性、民俗、饮食等各种各样的课题作了分析，因而成为能够追踪该地域社会动态的重要资料。除了中国之外，该系列报告中还包含了日本的内容，如对 19 世纪 70 年代日本所发生的霍乱流行就有非常详细的报告，而且调查中也使用了很多统计数字、照片和图表。

相关的研究文献如下所述。

MacPherson, Kerrie L. , *A Wilderness of Marshes* , *The Origins of Public Health in Shanghai* , 1843—1893, Hong Kong, Oxford University Press, 1987. xiv, 346p.

《湿地的原野》这一题目，因记述了上海自从口岸开放以后伴随着都市建设所出现的公共卫生整备的历史而得名。该文献基于气候学与医疗地势学，对上海进行分析，并对上海的水道事业、公共医疗以及医院等的相关历史作了分析。因此，这是一部真正意义上的通过公共租界工部局资料和海关医疗报告的切实利用，对上海的社会生活进行分析的文献。

3. Silk; Replies from Commissioners of Customs to Inspector General's Circular No. 103, Second Series. (Reprinted in 1917, with a Treatise on "Manchurian Tussore Silk.")　　　　1881(国图)

4. Opium.　　　　1881(文库,国图)

5. Notices to Mariners, 1937: Fifty—sixth Issue (First Issue, 1883).　　　　1938 (文库)

6. Chinese Music.　　　　1884

7. Instructions for Making Meteorological Observations, prepared for use in China; and the Law of Storms in the Eastern Seas.

　　　　1887 (文库)

8. List of Medicines Exported from Hankow and the other Yangtze Ports, and Tariff of Approximate Values of Medicines, etc., Exported from Hankow: Third Issue (First Issue, 1888; Second Issue, 1909).

　　　　1917 (文库,东文研)

9. Native Opium, 1887; with an Appendix, Native Opium, 1863.

　　　　1888 (文库)

10. Opium: Crude and Prepared.　　　　1888 (文库)

11. Tea, 1888.　　　　1889 (文库)

12. Silk: Statistics, 1879—1888.　　　　1889 (文库)

13. Opium: Historical Note; or The Poppy in China.　1889 (文库)

14. Opium Trade: March Quarter, 1889.　　　　1889 (文库)

15. Woosung Bar: Dredging Operations.　　　　1890

16. Chinese Jute.　　　　1891 (文库,东文研,国图)

17. Ichang to Chungking, 1890.　　　　1892 (文库,东文研)

18. Chinese Life—boats, etc.　　　　1893 (文库)

19. Report on Sound Trials of Sirens at the South—east and North—east Shantung Promontories.　　　　1895 (文库)

20. Chungking: Business Quarter and Mooring Grounds, 1896.

1896（文库，国图）

21. China's Defective Currency: Mr. Woodruff's Remedial Suggestions.

1897（文库，东文研，国图）

22. Railways and Inland Taxation: Mr. Bredon's Memoranda concerning.

1897（文库，国图）

23. Outward Transit Pass Procedure at Canton: Provisional Rules.

1897（文库，国图）

24. International Marine Conference, Washington, 1889.

1898（文库）

25. West River: Report on Trade Conditions, etc. , in 1897.

1901（文库，国图）

26. Land Tax: the Inspector General's Suggestions re Collection, Appropriation, etc.

1904（文库，国图）

27. An inquiry into the Commercial LiaBilities and Assets of China in International Trade.

1904（文库，国图）

28. West River Regulations, 1904, and Kongmoon Customs Regulations, 1904.

1905（文库）

29. Notes on the Hwangho, or Yellow River, including Extracts from a Report on the Conditions of the South Bank immediately below Lo—k'ou.

1906（文库）

30. Memorandum on Wild Silkworm Culture in South—eastern Manchuria.

1908（文库）

31. The Soya Bean of Manchuria.

1911（文库，东大农，国图）

32. Notes on Trade Routes in Western Yunnan.

1919（国图）

33. The Tsokiang; or Water Transport Conditions between Tonkin, Lungchow, and Nanning.

1920（文库）

34. Handbook for the Guidance of Shipmasters on the Ichang—Chungking Section of the Yangtze River: Second Issue (First Issue, 1920).   1932（一图,东文研）

35. Record of Trip in North—east Kiangsu, October 1920.   1921

36. Notes on Sericulture in Chekiang.   1922

37. Contents of a Portable Sample Case.   1923（国图）

38. The Principal Articles of Chinese Commerce (Import and Export): with a Description of the Origin, Appearance, Characteristics, and General Properties of Each Commodity; an Account of the Methods of Preparation or Manufacture; together with Various Tests, etc. , by Means of which the Different Products may be readily identified: Second Edition (First Edition, 1923).   1930（文库近,一图,一经,东文研,国图）

39. The Lungchow Region: its Frontier Roads, Towns, and Marts.
                                                    1923（国图）

40. Dangerous and Hazardous Carpo usually Imported into China: its Nature and Treatment: Third Edition(First Edition, 1924).
                                              1940(一图,东经,国图)

41. China's Customs Revenue since the Revolution of 1911: Third Edition (First Edition, 1925, Second Edition, 1927).
                                      1935(文库,一图,东经,东文研,国图)

42. Furs and Skins.   1928(文库近)

43. Sungari Aids Service: a Descriptive Report.   1929

44. China's Customs Revenue Since the Revolution of 1911 (Chinese Version of No. 41: Third Edition).   1936

特别系列报告(Special Series)资料的特征之一就是调查报告中涉及了大量中国产品的进出口情况,其中包括鸦片、茶叶、生丝、大豆、毛皮等产品的调查报告,可以称为集大成的报告是 No. 38 的解说。该系列资料的另一个特征就是对于中国内地市场进行了调查并整理而成的调查报告，在研究篇[5]中将之与对个别商品为题进行的研究一并列出。而No. 27 则是 H. B. 马士（1903—1907 年之间任海关统计局主任一职）所做的关于贸易收支情况的调查。引人注目的是，其中还将包含贸易外收支的中国国际收支情况作了分析调查。该分析调查进一步深化了以往的那种只将金银的流出、流入与贸易收支进行对应分析的尝试，设立了华侨向本国汇款的项目，尽管这种尝试在计算上比较困难，但这种从整体上来把握的视点却在分析调查国际收支情况上有着重要意义。

3—Ⅲ Miscellaneous Series

No.   发行年

1. The Tariff Tables：First Issue   1868

2. Trade Statistics of the Treaty Ports for the Period 1863—1872, compiled for the Austro—Hungarian Universal Exhibition, Vienna, 1873, to illustrate the International Exchange of Products.   1873

3. Port Catalogues of the Chinese Customs Collection at the Austro—Hungarian Universal Exhibition, Vienna, 1873.   1873（文库）

4. Catalogue of the Chinese Imperial Maritime Customs Collection at the United States International Exhibition, Philadelphia, 1876.

1876（文库）

5. Catalogue of the Collection exhibited in the Palais du Champs de Mars Universal Exhibition, Paris 1878.   1878（文库）

6. List of Chinese Lighthouses, Light—vessels, Buoys, Beacons, etc., on the Coast and Rivers of China：Sixty—eighth Issue（First Issue, 1872).   1940（文库）

7. List of Chinese Lighthouses, Light—vessels, Buoys, Beacons, etc., on the Coast and Rivers of China：Chinese Version of the Sixty—eighth Issue（First Issue, 1877).   1940

8. General Tariff of Export and Import Duties, including the List of Duty—free Goods and of Articles which are contraband or subject to Special Regulations.　　　　　　　　　　　　　　　　　　　1879

9. Special Catalogue of the Ningpo Collection of Exhibits for the International Fishery Exhibition, Berlin, 1880.　　1880（文库,国图）

10. Names of Places on the China Coast and the Yangtze River: Second Issue (First Issue, 1882).　　　　　　1904（文库,国图）

11. Special Catalogue of the Chinese Collection of Exhibits for the International Fishery Exhibition, London, 1883.　　　　　　1883

12. Rules regarding Notarial Acts to be performed by Commissioners of Customs, and Forms of Protest: Second Issue (First Issue, 1882: Circular No. 187).　　　　　　　　1883（文库,国图）

13. Illustrated Catalogue of the Chinese Collection of Exhibits for the International Health Exhibition, London, 1884.　　　1884（文库）

14. Catalogue of the Chinese Collection of Exhibits for the New Orleans Exposition, 1884—1885.　　　　　　　　　　　1884

15. Glossary of Chinese Technical Expressions and Phrases occurring in Notices to Mariners, etc. : Third Issue (First Issue, 1898).

　　　　　　　　　　　　　　　　　　　　　　　　　　1934

16. Catalogue of Customs Publications, with Prices: Sixth Issue (First Issue, 1887).　　　　　　　　　　1936（文库近）

17. List of Chinese Medicines.　　　　　　　　1889（文库）

18. The Tariff Tables, 1885: Second Issue.　　　　　　1889

19. Treaties, Regulations, etc. , between Corea and other Powers, 1876—1889.　　　　　　　　　　　　　　　　　　1891

20. Typhoon Anchorages.　　　　　　　　　　1893（文库）

21. Chart of Amoy Inner Harbour.　　　　　　　　　1893

22. Woosung Inner Bar; with an Appendix consisting of the Report on the Bar (1876) by Messrs. G. A. Escher and Johs. de Rijke.

1894 (文库)

23. Chinese Lighthouse Chart.   1895

24. Catalogue Spécial des Objets Exposés dans la Section Chinoise à l'Exposition Universelle de Paris, 1900.   1900 (文库)

25. Regulations: General and Local, Customs, Harbour, etc.: Second Issue (First Issue [1859—1899], 1901). (Two Volumes: Vol. I: Harbin District to Chinkiang; Vol. II: Shanghai to Tengyueh, with Appendix).   1921

26. Catalogue Spécial des Objets Exposés dans la Section Chinoise à l'Exposition de HaNoi, 1902.   1903

27. Alphabetical Index of Imperial Port Offices and Postal Agents.

1904 (文库)

28. Catalogue of the Collection of Chinese Exhibits at the Louisiana Purchase Exposition, St. Louis, 1904.   1904 (文库)

29. Exposition Universelle et Internationale de Liége en 1905: Catalogue Spécial des Objets Exposés dans la Section Chinoise.   1905

30. Treaties, Conventions, etc., between China and Foreign States: Second Edition. Two Volumes. (First Edition, 1908. Three Volumes: Vols. I and II include Agreements negotiated prior to 1908; the Supplementary Volume consists only of Agreements made since 1908).

1917 (一图,东文研,国图)

31. Table of Predicted Tides for Side Saddle, in the Approach to the Yangtze River: Sixth Issue, 1927 (First Issue, 1922).   1926

32. List of Chinese Steam and Motor Vessels of 100 Tons Gross and Over: Eleventh Issue (First Issue, 1921).   1931

33. Regulations for Preventing Collisions at Sea (became internationally operative in 1910).   1923

34. Revised Import Tariff for the Trade of China,1922.   1922

35. Export Tariff for the Trade of China (General Tariff of 1858) under the Cognizance of the Inspectorate General of Customs (Ninth Issue).   1931

36. Tengyueh：Route Book of Travels in Neighbourhood，Hints for Travellers，Market Day Dates,and Notes on Yunnan Pronunciation, etc.   1927（东文研,国图）

37. Equivalent Weights and Measures，Timber Measurement，and other Useful Information (Revised and Enlarged Edition,including No. 42 of this Series， adapted to the Metric System〔First Issue,1928： Tables of Equivalent Weights and Measures and other Useful Information〕).   1934

38. Report of the Marine Department，1937（First Issue，1909— 1910).   1938（东文研）

39. Bonding Regulations（General Bonding Regulations issued separately,1930)：Second Issue (First Issue,1931).   1933

40. Guide to the Import Tariff（1934）and Classification of Returns (Previous Issues for 1931 and 1933 Tariffs)：Revised Edition, 1940.   1940（一图,国图）

41. Guide to the Export Tariff（1934）and Classification of Returns (Previous Issues for 1931 Tariff).   1939

42. The Measurement of Timber.〔See No. 37.〕.   1933

43. The Coastwise Lights of China：an Illustrated Account of the Chinese Maritime Customs Lights Service.   1933

44. Code of Customs Regulations and Procedure：Third Edition,

Revised and Enlarged (First Edition,1933).

1937（文库近,一图,一经,国图）

45. Privileged Factory Products Tariff. 1934（东经）

46. The Coastwise Lights of China (Chinese Version of No. 43).

1934

47. Code of Customs Regulations and Procedure (Chinese Version of No. 44)：Third Edition (First Edition,1934). 1939

48. Customs Preventive Law and Rules of the Customs Penalty Board of Inquiry and Appeal. 1935

49. Memorandum on the Inspection of Registered Cargo—boats at Shanghai. 1937

50. Guide to the Import and Export Tariffs and Classification of Returns (Chinese Version). 1937

51. Junks and Sampans of the Upper Yangtze.

1940（一经,东文研）

在综合报告系列（Miscellaneous Series）所列举的资料中,记载了历届参加万国博览会的中国商品的目录。即：1873 年维也纳、1876 年费城、1878 年巴黎、1880 年柏林、1883· 1884 年伦敦、1884 年新奥尔良、1900 年巴黎、1902 年河内、1904 年圣路易斯、1905 年列日等博览会。通过该资料可以看出参加博览会的中国商品的品种逐年增加,从而能够推测出中国商品在国际市场中所处的地位。No. 30 条约集是研究有关中国各种条约时可供依据并作参照的条约集之一。

4—Ⅳ Service Series

No. 发行年

1. Service List：Sixty—sixth Issue (First Issue,1875).

1940（一部文库,国图）

2. Provisional Instructions for the Guidance of the Outdoor Staff：

Second Issue (First Issue, 1876).　　　　　　　　　　1883

　　3. Lighthouse Instructions: Fourth Issue (First Issue, 1870, Circular No. 23; Second Issue, 1877; Third Issue, 1884).　　　1908（文库）

　　4. Lightship Instructions: Third Issue (First Issue, 1870, Circular No. 23; Second Issue, 1877).　　　　　　　　　　1884

　　5. Provisional Instructions for the Guidance of the Indoor Staff: Second Issue (First Issue, 1877).　　　　　　　　1883

　　6. Customs Accounts: Instructions and Regulations for Keeping, and for Rendering them to the Inspectorate General: Sixth Issue (First Issue, 1868, Circular No. 31; Second Issue, 1870, Circular No. 7; Third Issue, 1877; Fourth Issue, 1883; Fifth Issue, 1907).　　　1930

　　7. Inspector General's Circulars; First Series, 1861—1875.　1879

　　8. Instructions for preparing Returns of Trade and Revenue, etc. : Third Issue (First Issue, 1879; Second Issue, 1883).　　　1907

　　9. Inspector General's Circulars: Second Series (No. 1—200), 1876—1882.　　　　　　　　　　　　　1883

　　10. The Working of the Shanghai Office: Second Issue (First Issue, 1881).　　　　　　　　　　　　　1883

　　11. Alphabetical Arrangement of Tariff and Practice Questions Settled, 1881—1886.　　　　　　　　　　　　1887

　　12. Inspector General's Circulars: Second Series (No. 201—317), 1882—1885.　　　　　　　　　　　　　1886

　　13. Inspector General's Circulars' Second Series (No. 318—450), 1885—1889.　　　　　　　　　　　　　1890

　　14. The Working of the Statistical Department: First Issue.　1891

　　15. Examiners' Valuation and Tariff List (Swatow).　　　1892

　　16. Instructions for Commanders and Officers of Customs Vessels:

Fourth Issue (First Issue,1892;Second Issue,1911;Third Issue,1922).

1935

17. Inspector General's Circulars: Second Series (No. 451—600),
1889—1893.   1894

18. China and Foreign Powers:a Synopsis of the Principal Stipula-
tions of the Treaties and Conventions: First Issue.   1895

19. Statistical Secretary's Printed Notes—addressed to Commis-
sioners of Customs, 1875—1915: Second Issue (First Issue,1896).

1915

20. Instructions for Keeping and Rendering Postal Accounts:
Third Issue (First Issue,1879;Second Issue,1900).   1907

21. Inspector General's Circulars: Second Series (No. 601—800),
1893—1897.   1898

22. Practice Questions Settled,1881—99 (No. 1—139)   1900

23. Tariff Questions Settled, 1881—99 (No. 1—211) (with
Chinese Version of No. 21—211).   1900

24. Inspector General's Circulars: Second Series (No. 801—1000),
1897—1901.   1903

25. Inspector General's Circulars: Second Series (No. 1001—
1200),1902—1904.   1905

26. Instructions for Measuring Vessels for Tonnage: Third Issue
(First Issue, 1905).   1935

27. Instructions concerning Meteorological Work: Fourth Issue
(First Issue,1905).   1938

28. Inspector General's Circulars: Second Series (No. 1201—
1400),1904—1906.   1907

29. Compendium of Inspector General's Circular Instructions:

Third Issue (First Issue,1907;Second Issue,1914—1915). 1925

30. Weighing: a Short Treatise on Steelyards, with Special Reference to Chinese Balances and the Proper Way to use them.

1908（文库）

31. Inspector General's Circulars: Second Series (No. 1401—1600),1907—1909. 1909

32. Steam—launches and Motor—launches: their Comparative Utility for Service Purposes. 1911

33. Inspector General's Circulars: Second Series (No. 1601—1800),1909—1911. 1911

34. Instructions regarding Service Launches. 1912（文库）

35. Inspector General's Circulars: Second Series (No. 1801—2000),1911—1913. 1913

36. Inspector General's Circulars: Second Series (No. 2001—2300),1913—1914. 1915

37. Service Atlas: a Collection of Maps of the Neighbourhood of each Treaty Port, showing Position of Maritime and Native Customs Establishments and their Branch Offices. 1915

38. Handbook for Chinese Examinations: Papers set in the Years 1911,1912,and 1913. 1916（文库）

39. Inspector General's Circulars: Second Series (No. 2301—2600),1914—1916. 1917

40. Instructions for the Customs River Police,Shanghai: Third Issue (First Issue, 1918;Second Issue,1925). 1932

41. Inspector General's Circulars: Second Series (No. 2601—2900),1916—1919. 1919

42. Memorandum concerning the Choice of Steam and Motor

Launches for the Customs Service.   1920

43. Tidewaiters' Duties: Newchwang.   1921

44. Inspector General's Circulars: Second Series (No. 2901—
3200),1919—1921.   1921

45. Memorandum on Economy of Stores and the Care and Mainte-
nance of Materials.   1921

46. Williams' Canton Examiners' Reference Book: Revised Edi-
tion.   1923

47. [See Ⅲ. Miscellaneous Series, No. 32].

48. Outdoor Staff Duties: Shanghai: Second Issue (First Issue,
1909).   1922

49. Inspector General's Circulars: Third Series (No. 1—351),
1890—1919.   1922

50. Inspector General's Circulars: Third Series (No. 352—700),
1919—1922.   1922

51. List of Customs Publications with Alphabetical Index: Second
Issue (First Issue, 1924).   1935

52. [See Ⅱ. Special Series, No. 40].

53. Inspector General's Circulars: Second Series (No. 3201—
3500), 1921—1924.   1924

54. Instructions for Measuring Oil Tanks and Calculating Gauge
Tables.   1925

55. Inspector General's Circulars: Third Series (No. 701—1100),
1922—1927.   1927

56. Inspector General's Circulars: Second Series (No. 3501—
3800), 1924—1928.   1928

57. Inspector General's Circulars: Second Series (No. 3801—

4100)，1928—1930.　　　　　　　　　　　1930

58. Inspector General's Circulars：Second Series（No. 4101—4300)，1930—1931.　　　　　　　　1932

59. Index to Prohibited and Restricted Drugs, Medicines, etc. , with Rules and Regulations governing their Movement.　1932

60. Inspector General's Circulars：Second Series（No. 4301—4500)，1931—1932.　　　　　　　　1933

61. Handbook on the Classification of Paper.　1933

62. Inland Places open to Steam Navigation under I. W. S. N. Rules.　　　　　　　　　　　　1933

63. Instructions regarding Service Vessels.　1933

64. Service Arms and Drill Manual.　1933

65. Inspector General's Circulars：Second Series（No. 4501—4700)，1932—1933.　　　　　　　　1933

66. Service Arms and Drill Manual（Chinese Version）.　1933

67. Inspector General's Circulars：Second Series（No. 4701—4900)，1933—1934.　　　　　　　　1934

68. Inspector General's Circulars：Second Series（No. 4901—5100)，1934—1935.　　　　　　　　1935

69. Documents Illustrative of the Origin，Development，and Activities of the Chinese Customs Service（全7卷）.　1940（东文研）

70. Extracts from the Criminal Code of the Republic of China.　　　　　　　　　　　　　　1937

71. Inspector General's Circulars：Second Series（No. 5101—5300)，1935—1936.　　　　　　　　1936

72. Inspector General's Circulars：Second Series（No. 5301—5500)，1936—1937.　　　　　　　　1937

73. River Inspectorate Instructions：Lower and Middle Yangtze.

1937

74. Tidewaiters' Duties：Second Issue (First Issue, 1938). 1940

75. Inspector General's Circulars：Second Series (No. 5501—5700), 1937—1938. 1938

构成服务报告系列(Service Series)的中心资料主要是自 1861 年开始发行的总税务司传阅文件及其相关的说明(Instrctions)等。在该系列的 No. 69 中有关于总税务司传阅文件的部分记载。可以说，这些集中在总税务司手中的指令网致使海关行政达到了精致化与全国统一化。该传阅文件涉及的内容非常广泛，包括针对各海关税务司所应调查上报项目的指示、具体的公务执行方面的命令以及执行公务所应该注意的事项等等。这也是对于 1863 年当上总税务司的罗伯特·赫德的行政手腕的记录。

5—Ⅴ Office Series

No. 发行年

1. The Cuba Commission：Papers relating to the Commission sent by China to ascertain the Condition of Chinese Coolies in Cuba. 1876

2. Proposals for the Better Regulation of Commercial Relations：being a Memorandum called for by the Tsungli Yamên, and drawn up by the Inspector General of Customs. 1876

3. Hankow：Cartridges ex Cawdor Castle consigned to British Consul for Local Volunteers. 1876—1877

4. Chinkiang：China Navigation Company's Hulk Cadiz：Parts Ⅰ and Ⅱ (Part Ⅱ：Diplomatic Action at Peking). 1877

5. Customs Rules and Regulations for the Shipment and Discharge of Cargo, and Cargo and Pilotage Regulations in force at the Treaty Ports. 1876

6. Report on Lights,Buoys,and Beacons,1875.   1877

7. Reports of the Commissioners of Customs on Questions connected with Tariff Revision,1865—72.   1872

8. Reports of the Commissioners of Customs on the Practice at each Port in the matter of Privileges Conceded and Facilitation of Business generally,1869.   1872

9. Report on Lights,Buoys,and Beacons,1877.   1878

10. Foochow: Taiwan False Manifest Case: Part I.   1878

11. Report on Lights,Buoys,and Beacons,1878.   1870

12. Reports on the Haikwan Banking System and Local Currency at the Treaty Ports.   1879

13. Report on Lights,Buoys,and Beacons,1879.   1880.

14. Dock Stores and Ship Repairs: Replies to Circular concerning German Revision Duty—free Articles.   1881.

15. Report on Lights,Buoys,and Beacons,1880.   1881

16. Registration of Cargo—boats. 1881.

17. Joint Investigation in Customs Cases.   1882

18. National Defences (Sir W. G. Armstrong's Presidential Address to the Institution of Civil Engineers,January 1882).   1882

19. Customs Service:Officers in Charge,1859—80.   1883

20. Report on Lights,Buoys,and Beacons,1882.   1883

21. Report on Lights,Buoys,and Beacons,1883.   1885

22. Report on Lights,Buoys,and Beacons,1884.   1885

23. Report on Lights,Buoys,and Beacons,1885.   1886

24. Reports on the Foreign Opium Business at the Treaty Ports and Hongkong.   1886

25. Report on Lights,Buoys,and Beacons,1886.   1887

26. Report on Lights, Buoys, and Beacons, 1887.　　　　1888

27. Reports on Smuggling at Canton: Commissioners' Despatches, etc. , 1871—1885.　　　　1888

28. Reports on Smuggling at Canton: Outdoor Deputy Commissioners' Memos. , 1881—1886.　　　　1888

29. Report on Lights, Buoys, and Beacons, 1888.　　　　1889

30. Foreign Legations in China 〜 List of Members, 1517—1899.

　　　　1899

31. Report on Lights, Buoys, and Beacons, 1889.　　　　1890

32. List of Corean Officials.　　　　1890

33. Report on Lights, Buoys, and Beacons, 1890.　　　　1891

34. Hospitals.　　　　1891

35. Junk Dues.　　　　1891

36. Opium Labels.　　　　1892

37. Report on Port Practice at Lappa Stations, with Proposed Revised General Regulations.　　　　1892

38. Memorandum on Transit Outwards at Chinkiang, 1890.　　1892

39. Report on Lights, Buoys, and Beacons, 1891.　　　　1892

40. Samples.　　　　1892

41. Report on Lights, Buoys, and Beacons, 1892.　　　　1893

42. Report on Lights, Buoys, and Beacons, 1893.　　　　1894

43. Typhoon Anchorages.　　　　1894

44. Customs Service: Officers in Charge, 1921—35. [Fifth (Supplementary) Issue].　　　　1936

45. Report on Lights, Buoys, and Beacons, 1894.　　　　1895

46. Memorandum on the Prospects of Trade at Shasi.　　　　1895

47. Sycee: Weight, Value, Touch.　　　　1896

48. Singapore Junk—borne Opium:Likin's Cruise,1895.　　1896

49. Report on Lights,Buoys,and Beacons,1895.　　　　1896

50. Scarcity of Copper "Cash": Mr. Woodruff's Remedial Sugges-

tions.　　　　　　　　　　　　　　　　　　　　　　　1896

51. Inward Transit Passes:Shanghai Practice,1896.　　1897

52. China's Defective Currency:Mr. Woodruff's Remedical Sugges-

tions (with Notes by Dr. J. Edkins).　　　　　　　　　1897

53. Report on Lights,Buoys,and Beacons,1896.　　　　1897

54. Fiscal Treatment Inland and at Shanghai of Goods going to,

and coming from, the Interior; and a Memorandum on the Present

Inland Taxation of Silk and Cocoons.　　　　　　　　　1898

55. Report on Lights,Buoys,and Beacons,1897.　　　　1898

56. Hongkong Opium Farm.　　　　　　　　　　　　　1898

57. Outward Transit Trade: Reports on Port Practice.　　1898

58. Likin: Special Report on the Hupeh, Anhwei, Ichang, and

Kiukiang Collectorates [Likin No. I].　　　　　　　　　1899

59. Bonding System at Shanghai.　　　　　　　　　　　1899

60. Chinese Shan States.　　　　　　　　　　　　　　　1899

61. Suggestions for Increasing Export Trade.　　　　　　1899

62. Kowloon Customs.　　　　　　　　　　　　　　　　1899

63. Report on Lights,Buoys,and Beacons,1898.　　　　1899

64. Two Trips in the Chinese Shan States.　　　　　　　1899

65. Trip to Mênglien and other Shan States.　　　　　　1899

66. Further Suggestions for Increasing Export Trade.　　1899

67. Two Memoranda: (a) Revenue, Suggested Measures for

Increase of; (b) Opium and Wines, Proposed Associations for Retail

Sale of.　　　　　　　　　　　　　　　　　　　　　　1900

68. Report on Duty Collection Procedure at Kowloon, 1898.　　1900

69. Report on Lights, Buoys, and Beacons, 1899.　　　　　　1900

70. Report on Duty Collection Procedure at Lappa, 1898.　　1900

71. Yochow: Custom House Opened; Land and Municipal Regulations; Hunan Trade Notes; Inland Waters Steam Navigation Local Rules.　　1900

72. Report on Lights, Buoys, and Beacons, 1900.　　　　　　1901

73. Native Customs: Part Ⅰ, Southern Ports: Part Ⅱ, Central Ports; Part Ⅲ, Yangtze Ports; Part Ⅳ, Northern Ports; Part Ⅴ, Frontier Ports; Part Ⅵ, Chinese Tariffs, Regulations, etc. [N. C. No. 1].　　1902

74. Report on Lights, Buoys, and Beacons, 1901.　　　　　　1903

75. Report on Lights, Buoys, and Beacons, 1902.　　　　　　1904

76. Notes on Ch'aokwan Work at Shasi [N. C. No. 2].　　　　1904

77. Likin Collectorates: Anhwei (Tatung) Salt: Returns of Salt Sold, Likin Collected, etc. , 1st May 1898 to 7th April 1903. [Likin No. 2].　　1904

78. Report on Lights, Buoys, and Beacons, 1903.　　　　　　1904

79. Native Customs, Foochow and Fukien: Reports on Tariff, Junks, Trade, Finance, etc. [N. C. No. 3].　　1904

80. Report on Lights, Buoys, and Beacons, 1904.　　　　　　1905

81. Salt: Production and Taxation.　　　　　　1906（文库）

82. Report on Waterway between Liu—cha—tzŭ and T'ungchow.

　　1906

83. Memorandum on Outdoor Work of the Wuchow Native Customs.　　1906

84. Currency, Weights, and Measures in China.　　　　1906

85. Report on Working of Amoy Native Customs.　　　　1906

86. Reports on Working of Tientsin Native Customs. 1906

87. Report on Lights,Buoys,and Beacons,1905. 1906

88. Working of Likin Collectorates: Kiukiang, Soochow, and Hangchow. 1907

89. Consolidated Report on the Working of the Tientsin Native Customs. 1908

90. Report on Lights,Buoys,and Beacons,1906. 1908

91. Report on the Position and Working of the Swatow Native Customs. 1908

92. Report on Lights,Buoys,and Beacons,1907. 1908

93. Report on the Yüan River and the Town of Changteh. 1908

94. Inland Waters Steam Navigation: Instructions and Regulations. 1909

95. Report on Lights,Buoys,and Beacons,1908. 1910

96. Report on the Working of the Canton Native Customs. 1910

97. Memorandum concerning the Journey to Hunchun,for the Guidance of Customs Employés. 1911

98. Memorandum concerning the Journey by "K'ua—tzu"from Ichang to Chungking,for the Guidance of Customs Employés. 1911

99. Report of the Marine Department,1909 and 1910. 1911

100. Report of the Marine Department,1911. 1912

101. The ReVolution at Hankow,1911. 1912

102. Currency: No. 2; a Resume of Dr. Vissering's Work, "On Chinese Currency". 1913

103. Report concerning Steam—launch Traffic on the Grand Canal:Tsingkiangpu to the Yangtze River. 1913

104. Report of the Marine Department,1912. 1913

105. Report of the Marine Department, 1913. 1914

106. Report of the Marine Department, 1914. 1915

107. Wuhu Native Customs: Commissioner's Despatch to Inspector General detailing Reforms carried out from December 1913 until June 1914. 1916

108. Report of the Marine Department, 1915. 1916

109. Report on the System of Native Taxation in Fengtien Province. 1917

110. Report of the Marine Department, 1916. 1917

111. Memorandum on Chinese Ginseng. 1917

112. The Timber Rafts on the Lower Yangtze. 1918

113. Report of the Marine Department, 1917. 1918

114. Tengyueh: Notes on Journey to Niu—ch'fian—ho and Adjacent District, with Description of Local Industries. 1919

115. Report of the Marine Department, 1918. 1920

116. Conservancy Matters at Treaty Ports. 1920

117. The Transfer Tael System. 1920

118. Report of the Marine Department, 1919. 1920

119. Report of the Marine Department, 1920. 1921

120. Report of the Marine Department, 1921. 1923

121. Report of the Marine Department, 1922. 1923

122. Record of a Journey to Manglieh and Iwu（Mannai）Outstations. 1924

123. Report of the Marine Department, 1923. 1924

124. Report of the Marine Department, 1924. 1925

125. Report of the Marine Department, 1925. 1926

126. Report of the Marine Department, 1926. 1927

(From 1927 onwards the Report of the Marine Department has been published in Ⅲ. Miscellaneous Series No. 38.)

127. Notes for Employees appointed to Lungchingtsun and Hunchun.　　　　　　　　　　　　　　　　　　　　1931

128. Tonnage Dues.　　　　　　　　　　　　　　　　1933

129. Report on Trade Conditions along the Great Wall between Shanhaikwan and Kalgan.　　　　　　　　　　　　1934

130. Chinese Maritime Customs：Staff Organization and Control.

1936

131. Chinese Maritime Customs：Staff Organization and Control. (Chinese Version)，　　　　　　　　　　　　　1936

132. Customs Organization in Various Countries.　　1937

行政报告系列（Office Series）以海关所能遇到的各种问题，即中国近代经济在贸易关系上所遇到的各种问题的调查报告为中心内容。应该留意的一点是，这些内容中的一部分内容在第Ⅰ章的统计系列中已经作为问题被提出来，而在该系列中是作为与海关行政、海关制度相关的问题提出来的。No. 1 劳工问题，No. 24、No. 56 鸦片贸易与香港问题，No. 27、No. 28 广东的偷渡问题，No. 62 九龙关问题等种种问题则是作为"殖民地"的"香港"与中国大陆之间所产生的"国际"问题。并且，除了关于海关行政事务方面的报告之外，还有许多关于关税问题方面的报告（关于这一问题，请参照研究篇 6、关税）。例如：No. 51 转口通行证的转口问题、No. 73 常关的国内税收问题、No. 77 厘金（内地转口税由中国方面所管辖的厘金局征收）等。而且，在该系列报告中还有一系列关于贸易金融、通货等方面的调查报告。例如，No. 12 海关银号、No. 47 马蹄银、No. 50 铜钱、No. 52 通货以及 No. 84、No. 102、No. 117 等。通过这些资料，我们能够探求到海关将海关两设定为货币单位的历史背景及其实际上所发挥的作用与机能（在研究篇—7　贸易金融、通货一项中，笔者将问题的视野扩展到了国际关系的范围进行探讨的）。除此之外，No. 98、No. 103、No. 114 等纪行中，笔者将内地市场作为调查研究的目的来考虑。在研究篇—8　内地市场（纪行）中列举出了相关的研究书目。

6—Ⅵ Inspectorate Series

No.　　　　　　　　　　　　　　　　　　　　　　发行年

1. Alphabetical Telegraphic Code for Chinese Telegrams：First Issue.　　　　　　　　　　　　　　　　　　　　　1880

2. Customs Publications：Free List：Third Issue（First Issue, 1882；Second Issue, 1884）.　　　　　　　　　　　1890

3. Suggestions for Revision of Yangtze Regulations.　1890

4. Private Telegraphic Code（Jordan）：Revised Edition（First Issue, 1914）.　　　　　　　　　　　　　　　　1930

5. Memorandum on the Establishment of the Imperial Maritime Customs in 1854.　　　　　　　　　　　　1915（文库）

6. 〔See Ⅱ. Special Series, No. 41.〕

7. Hongkong and the Chinese Customs.　　　　　1930

8. Chinese Customs Marine Code：Revised Edition（First Issue, 1929）.　　　　　　　　　　　　　　　　　　1934

9. Preventive Service Telegraphic Code.　　　　　1933

10. Inspector General's Circulars：Semi—Official Series（No. 1—100）, 1911—1933.　　　　　　　　　　　　　　　1933

7—Ⅶ Postal Series

No.　　　　　　　　　　　　　　　　　　　　　　发行年

1. Tientsin{ Chinkiang / Chefoo / Newchwang }Winter Service　　　1896

2. Accounts：Introductions for Keeping and Rendering Postal Accounts：First Issue.　　　　　　　　　　　　　　　　　1897

3. Memorandum concerning Postal Tariff，Parcel Post Service，and "Postal Guide".　　　　　　　　　　　　　　　1897（文库）

4. Report on the Wên—pao Chü.　　　　　　　　1897（文库）

5. List of Chinese Imperial Post Offices，Parts I and Ⅱ ：Second Issue.　　　　　　　　　　　　　　　　　　　　　1903

6. Index to the Postal Working Map.　　　　　　　　1904

7. Postal Circulars and Notes，Vol. Ⅰ (1879—1905).　　1906

8. List of Imperial Post Offices.　　　　　　　1906（文库）

9. List of Imperial Post Offices.　　　　　　　　　1907

10. Postal Guide and List of Post Offices.　　　　　1909

　　在该系列中，第 3 项中规定了北京等 16 地所设立的海关邮局关于书信、包裹等业务的内容以及邮寄费用等内容。第 4 项则是关于 1878 年设立的通过轮船招商局主要处理与驻海外的中国使馆之间通信工作的文报局的相关内容。第 5 项则规定了在邮政、电报业务上取代原来的传统方式而采取将中文发音罗马字化的方式。

　　其他（上述之外的海关发行物。以下的顺序号承接前页的 7—Ⅶ）

No.　　　　　　　　　　　　　　　　　　　　　发行年

8. A Set of Tables showing the Bearing of the Chinese Customs Tariff of 1858 on the Trade of 1866 and 1867.　　　　1868

9. Returns of the Native Charges，as far as they can be ascertained，levied on the Principal Imports and Exports，at and near the Different Treaty Ports in China；and of the Quantities of Goods on which such Charges are levied as compared with the Quantities paying the Transit Dues specified by Treaty.　　　　　　　　　　　　1869

10. Suggestions for the Revision of the Chinese Customs Tariff

and Trade Regulations.   1870

　　11. Le Saint édit. By A. T. Piry.   1879

　　12. Tariff of Approximate Values of Medicines and Miscellaneous Goods Exported from Hankow.   1886

　　13. Yü Yen Tzǔ êrh Chi: a Progressive Course designed to assist the Student of Colloquial Chinese as spoken in the Capital and the Metropolitan Department. By T. F. Wade and W. C. Hillier: Second Edition (First Issue, 1867).   1886

　　14. Boat Signal Book for the Use of the Chinese Maritime Customs Revenue Cruisers.   1889

　　15. Notifications of Shanghai Customs, 1870—1890.   1890

　　16. Manuel de Langue Mandarine; ou Recueil Idéologique en Chinois, Fran? ais et Anglais des Termes, Locutions et Idiotismes de la Langue Mandarine du Nord. By A. T. Piry and M. C. H. Oliver. 1895

　　17. Provisional Regulations of Trade on the West River.   1897

　　18. The Korean Government.   1897

　　19. Memorandum concerning Journey, etc. , for Customs Employés going from Hongkong to Hokow, Mengtsz, and Szemao.   1902

　　20. Nanking Kuan—hua. By K. Hemeling.   1902

　　21. Revised List of Accounts Authorities, corrected to 15th May 1904; with Di— rections for Packing and Forwarding the Quarterly Accounts.   1904

　　22. Glossary of the Principal Chinese Expressions occurring in Postal Documents. Compiled by J. W. H. Ferguson.   1906

　　23. China: Postal Album showing the Post Offices and Postal Routes in Each Province. (22 maps).   1907

　　24. Tables for Facilitating the Measurement of Timber. By C. P.

Dawson (First Edition,1899,by A. Walker).　　　　　1907

　　25. Provisional Regulations for the Working of the Chinese
Custom Houses at the Stations Manchuria (Manchouli) and Suifenho
(Pogranitchnaya).　　　　　　　　　　　　　　　　1908

　　26. Range and Fuse Tables for Guns of the Revenue Steamers and
Launches,with Instructions for Loading Blank Quick—firing Ammuni-
tion.　　　　　　　　　　　　　　　　　　　　　　1908

　　27. Memorandum on Opium for Presentation to International
Opium Commission, assembled at Shanghai,February 1909.　　1909

　　28. Medical Reports,1910 (First Issue,1871).　　　　1910

　　29. General Tariff for the Trade of China, 1858 (Chinese
Version).　　　　　　　　　　　　　　　　　　　　1910

　　30. Text Book of Modern Documentary Chinese, By F. Hirth
(First Issue,1885— 1888). Second Edition:By C. H. Brewitt Taylor.

　　　　　　　　　　　　　　　　　　　　　1909—1910

　　31. Revised Statistics for Presentation to the International Opium
Conference, assembled at the Hague,December 1911.　　　　1911

　　32. General Tariff for the Trade of China: Fifth Issue (Third
Issue,1897;Fourth Issue,1907).　　　　　　　　　　　1911

　　33. Handbook on Etiquette in Chinese Official Intercourse. By Li
Mou—hsün.　　　　　　　　　　　　　　　　　　1912

　　34. Valuation List: Annual Returns,1913 (First Issue,1904).

　　　　　　　　　　　　　　　　　　　　　　　1913

　　35. Illustrated Catalogue of Standard Furniture for the Chinese
Customs Service (Appendix published in 1918).　　　　1914

　　36. Annual Returns of Trade: Imports;List of Headings for Part
Ⅰ and Numbers of Headings in Part Ⅲ, with Notes on the

Classification of Goods, and an Index showing the Headings under which each Item should be recorded (Stat. Sec. 's Printed Note No. 441).　　1915

37. Price List of Standard Furniture.　　1915

38. Instructions for the Outdoor Staff (previous issue, 1911).

1916

39. Notes on Piece Goods for the Use of Customs Examiners. By H. Speakman.　　1916

40. Piece Goods Manual: Fabrics Described; Textile, Knit Goods, Weaving Terms, etc. , Explained; with Notes on the Classification of Samples. By A. E. Blanco.　　1917

41. Chinese Pilotage Service: General Regulations and Local Rules for the Port of Canton.　　1918

42. Memorandum concerning the Journey from Hongkong to Tengyueh.　　1918

43. Gauging: a Treatise on Estimating the Volume of Liquid which Casks or Barrels hold. By A. P. C. Hicks.　　1919

44. Memorandum concerning Journey, etc. , for Customs Employes transferred to Szemao.　　1920

45. Manual of Chinese Metaphor. By C. A. S. Williams.　　1921

46. Instructions for the Service Card—index System (Stat. Sec. 's Printed Note No. 491).　　1922

47. The Origin and Organization of the Chinese Customs Service.

1922

48. War: 1914—1918. Record of Services given and HoNours attained by Members of the Chinese Customs Service.　　1922

49. Chinese Pilotage Service: General Regulations and Local Rules for the Upper Yangtze Pilotage Service, 1921.　　1923

50. Chinese Pilotage Service: General Regulations and Local Rules for the Port of Ningpo (previous Issue, 1907). 1923

51. Map of Foochow and Nantai. 1923

52. Annual Returns of Trade: Imports: List of Headings for Parts Ⅰ and Ⅱ (Stat. Sec. 's Printed Note No. 502). 1924

53. Chinese Pilotage Service: General Regulations and Local Rules for the Port of Newchwang (previous issue, 1907). 1924

54. Annual Returns of Trade: Imports: Notes on the Classification of certain Articles, and Index to List of Headings for Parts Ⅰ and Ⅱ (Stat. Sec. 's Printed Note No. 504). 1925

55. Annual Returns of Trade: Exports: List of Headings for Parts Ⅰ and Ⅱ (Stat. Sec. 's Printed Note No. 509). 1925

56. Instructions to Clerks of Works on Painting, Distempering, etc. 1925

57. Piece Goods Duty Index. By A. E. Blanco (First Issue, 1920). Second Edition: By H. Speakman, K. Ashdowne, and J. B. Lan. 1929

58. Rules for the Use of Laodahs in Charge of Customs Launches. By H. G. Myhre. 1929

59. Chinese Pilotage Service: General Regulations and Local Rules for the Port of Amoy (previous issue, 1923). 1930

60. Code Numbers for Statistical Purposes. 1931

61. Guide to the Classification of Certain Imports Paying Duty according to the Customs Import Tariff of the Republic of China (1931). 1931

62. Map of Flooded Areas, 1931. 1931

63. Shanghai Dialect Phrase Book for River Police. By W. C. Woodfield. 1931

64. Import Valuation List：Quarterly List of Alterations，corrected to 31st December 1931 (First Issue，1911)，[publication ceased 1932].

　　　　　　　　　　　　　　　　　　　　　　　　　　　　1932

65. Export Valuation List，1931 (First Issue，1914)，[publication ceased 1932].　　　　　　　　　　　　　　　　　　　　　1932

66. Studies in the Chinese Language (Classes A，B，and C).　1932

67. Customs Interport Tariff of the Republic of China (1931) (First Issue，1931) [Former Export Tariff (General Tariff of 1858)，previously published (1922—1931) as Ⅲ. Miscellaneous Series：No. 35].　　　　　　　　　　　　　　　　　　　　　　　　　1933

68. Index to I. G. 's Circulars (up to and including Circular No. 4575，Second Series) and D. I. G. 's Circular Memorandums.　　1933

69. Index to I. G. 's Circulars (up to and including Circular No. 4367，Second Series)：Native Customs.　　　　　　　　　　1933

70. Index to Inspectorate Secretaries' Printed Notes (up to end of August 1934).　　　　　　　　　　　　　　　　　　　　1934

71. Customs Import Tariff of the Republic of China (1934) (First Issue，1929) [Previous Import Tariff (1922) published as Ⅲ. Miscellaneous Series：No. 34].　　　　　　　　　　　　　　　1934

72. Customs Export Tariff of the Republic of China (1934) (First Issue，1931).　　　　　　　　　　　　　　　　　　　　1934

73. Le Commerce étranger de le Chine：Importations et Exportations pour l'Année 1933 (First Issue，1912).　　　　　　　　1934

74. Regulations for Special Bonded Crude Oil Refining Factories.

　　　　　　　　　　　　　　　　　　　　　　　　　　　　1934

75. Tables for the Conversion of Weights and Measures into the Metric System.　　　　　　　　　　　　　　　　　　　　1934

76. Index to Factory Products Circulars, No. 1 to 1322.   1934

77. Handbook for Wireless Telegraph Operators.   1934

78. Instructions for the Guidance of Officers detailed for Inspection Duty at the Maritime Customs Stations.   1934

79. Ingenious Methods of Smuggling.   1934

80. Movements in the Service (monthly fromSeptember 1911) [First issued, 1869—1913, as Part Of Customs Gazette (Movements from January 1865): I. Statistical Series: No. 2].   1934

    这里包含了围绕着海关行政从各个角度进行考察的辞典、指南以及调查报告等。随着海关逐渐掌握中国市场,客观上要求其对中国官吏的征税方法以及中国经济内部有所认识并作出适当的反应。作为其中的辞典之一,就出现了近代中国纪录(Text Book of Modern Documentary Chinese)。其内容中包括中国的 1. 各种证书的样式,2. 格式,3. 书信,4. 请愿书,5. 条约、规则,6. 告示,7. 上谕、敕谕,8. 杂类等各种类别,用中文列举出 240 种具体事例,并且附有相关的术语说明以及英译。

2 中国海关资料(Ⅱ)——书简资料、传记、回忆录

    记录、编撰海关总税务司及各税务司的书简资料有:中国近代经济史资料丛刊编辑委员会主编、对外贸易部海关总署研究室编《帝国主义与中国海关》第四—第十五编(其中第十一、第十四编未被刊登)。下面分别对各编作出描述。

    81. 第四编《中国海关与中法战争》,北京,科学出版社,1957 年,248 页。

        该书中心内容是中法战争问题。第一章"越南问题始末"中,将 H. B. 马士(历任琼州、北海、淡水、龙州、粤海等地的海关

税务司，1903—1907 年间成为上海海关统计局的税务司）的著作《中华帝国对外关系史》的第二卷"1861—1893 年的屈从时代"［The International Relation of the Chinese Empire，Vol.Ⅱ：the Period of Submission，1861—1893（关于该书的其他情况，请参照研究篇 2）］的第十七章（原题为 France and Tong-king）翻译为中文。H. B. 马士本人在中法战争时期曾任天津税务司 G. Detring 的秘书，而 G. Detring 是李鸿章与 E. Fournier 在天津谈判时的中间人。在第二章"谈判内幕（一）"、第三章"谈判内幕（二）"中分别收录了从 1883 年 4 月到 1885 年 6 月期间海关总税务司罗伯特·赫德与中国海关伦敦办事处税务司金登干（James Duncan Campbell，苏格兰人。1862 年进入中国海关总税务司署，1874 年赫德在伦敦设立中国海关办事处时被派遣到伦敦，从事海关器材、北洋海军军舰、武器的购买及外债募集的中介、海关职员的招募与训练以及代表清政府从事外交活动等工作 33 年）之间的电报往来，以及罗伯特·赫德写给金登干的书信。第四章"谈判经过"则是详细记录金登干和法国总理兼外交大臣费理（J. Ferry）之间，从谈判到签署正式条约草案期间的交涉全过程的备忘录。第五章"各关税务司报告"中摘录的是海关十年报告与贸易报告中登载的有关福州、淡水、台南、蒙自等地的战争报告。

82. 第五编《中国海关与缅甸问题》，北京，科学出版社，1958 年，204 页。

　　获得 1885 年缅甸战争胜利的英国，1886 年 7 月与中国签订了中英《缅甸条款》，迫使中国承认了英国对缅甸的吞并。第一章收录了 1885 年 7 月到 1886 年 10 月罗伯特·赫德与伦敦办事处的金登干之间的往来书信及电报，共有 110 封。时任清政府驻英公使的曾纪泽与英国政府之间进行了交涉谈判，因此，根据北京第一历史档案馆的档案、《清季外交史料》，以及曾纪泽、薛福成的文集记载，对相关文件也作了补充记载。第二章收录的是自1889年1月到1894年1月五年间罗伯特·赫德与其弟詹姆斯·赫德（James Hart，爱尔兰人，1867年进入中国海关，1872年以后曾任牛庄、津海、江海、江汉、淡水等地的正副税务司等职）之间的往来电报262封。其中还含有总理衙门以及驻藏大臣写给罗伯特·赫德兄弟的书信、电报，以及《清季筹藏奏牍》中未加收录的驻藏大臣升泰与詹姆斯·赫德的往来书信。

83. 第六编《中国海关与中葡里斯本草约》，北京，科学出版社，1959年，98页。

　　该书收录了自1886年5月到1888年5月期间罗伯特·赫德与James Duncan Campbell之间的往来书信与电报，主要围绕着1887年3月26日签订的将澳门划为葡萄牙殖民地的《里斯本条约》的问题，其中也包括了总理衙门与罗伯特·赫德的往来文件。进行交涉的主要问题是，要强化香港的贸易地位，消除与澳门的差距，以及防止鸦片走私，确保对鸦片的征税。当时中国帆船运往澳门的货物只征收国内税，而与香港往来的帆船货物却被作为外国商品处理，因而澳门就占有了十分有利的位置。而且，罗伯特·赫德还建议中国总理衙门把澳门重新买回来，但葡萄牙一方却不肯放弃澳门。

84. 第七编《中国海关与中日战争》，北京，科学出版社，1958年，244页。

　　该书编辑整理了自1885年到1895年间，朝鲜、中国大陆和台湾等地围绕中日甲午战争的相关海关资料。第一章"中日战争前朝鲜海关总税务司墨贤理关于1885—1889年朝鲜海关和朝鲜政治情况的一些反映"中，收录了朝鲜海关总税务司墨贤理发送给罗伯特·赫德的43封信件，与罗伯特·赫德发送给金登干关于朝鲜问题的 5 封信件。第二章"战事发生前后赫德等人的活动"中,收录了罗伯特·赫德与金登干之间的往来书信与电报 118 封。其中论及了开战前后清政府与日本之间的动向及其发展趋势,以及英国对此所应采取的对策。第三章"战争期间的购买军火和聘请外国军官"(95 封/件)。第四章"战争期间的借款活动"(193 封/件)。在第五章"帝国主义关于中国战后借款利权的争夺"(148 封/件)中,收录了北京或天津与伦敦之间(罗伯特·赫德与金登干之间),围绕着中日甲午战争,以英国为首的诸国向中国提供军舰、武器、借款(俄法借款、第一次英德借款)以及它们之间的均衡利权获得等问题而往来的书信和电报。第六章"1895 年 2 月至 6 月淡水关税务司马士关于台湾情形的报告"中收录了马士发写给赫德的报告与书信 19 封,涉及日本侵占台湾、清军及列国动向等方面的内容。

85. 第八编《中国海关与英德续借款》,北京,科学出版社,1959 年,60 页。

该书收录了罗伯特·赫德与金登干两人之间关于 1898 年第二次英德借款的往来书信、电报共 159 封(自 1896 年 4 月到 1898 年 3 月为止)。甲午战争之后的 1895 年到 1899 年几年间,在列强的借款竞争中,发生了俄法借款和第一次、第二次英德借款。第二次英德借款是在清政府内债无法确保对日赔款的不得已态势下,由汇丰银行和德华银行共同操办的。英国则在这个过程中,强迫清政府承认其在扬子江流域的势力范围,成为帝国主义瓜分中国的先行者。此外,本书还附有 2 件关于具有借款特征之一的厘金担保问题的户部上奏文件、8 件总理衙门与总税务司之间的往来文书,以及 1887—1898 年间所借外债的偿还表等内容。

86. 第九编《中国海关与义和团运动》,北京,科学出版社,1959 年,

116 页。

　　该编收录的是 1900 年 2 月到 1902 年 8 月期间关于义和团的动向和帝国主义列强的出兵等方面的纪录。资料由四部分组成。第一部分收录了赫德与伦敦方面的金登干之间往来的书信［第一章（一）59 件］。第二部分收录了赫德与总理衙门之间的往来信件［第一章（二）52 件］。第三部分收录了赫德与法国公使、各国公使团以及西班牙公使之间的往来信件［第一章（三）4 件］。第四部分则收录了各海关税务司呈报给赫德的报告［第二章（一）粤海关税务司保罗·金（Paul King）的报告 4件；（二）金陵关税务司汉森（P. C. Hansson）的报告 4 件；（三）江海税务司艾格林（F. A. Aglen）的报告 4 件；（四）江汉关税务司汉特（J. H. Hunt）的报告 3 件；第三章津海关税务司德鲁（E. B. Drew）以及 G. Detring 的报告 45 件；第四章山海关（营口）税务司保芮（C. A. V. Bowre）呈报给赫德、代理总税务司泰勒（F. E. Taylor）、副总税务司等人的报告 10 件］。

87. 第十编《中国海关与庚子赔款》，北京，科学出版社，1962 年，234 页。

　　该编收录了自 1901 年到 1949 年为止的与义和团赔款相关的资料 177 件，并在附录中收录了 1902 年 1 月到 1938 年的赔款支付总额表。

　　总额为 450 兆两白银的"义和团赔款"对于当时年均税收仅为 1 亿余两的清政府来说，简直就是天文数字。截至 1938 年共支付了 6.5 亿余两白银，但其支付过程实际上不外是清政府以新借款来偿还旧借款，而列强各国的利权不断扩大为新利权的侵略过程。第一章收录了海关税务司署、各国公使与中国方面关于义和团赔款谈判，以及确定所支付赔款的币种等问题的往来书信资料。第二章收录了第一次世界大战爆发之后的赔款支付状况的资料，其中按国别分别整理了以下资料：由于中国参战而产生的赔款延期问题；俄罗斯苏维埃政权放弃赔款以及北京政府继续向俄罗斯驻华公使支付赔款的问题；向德国、奥地利停止支付赔款的问题；其他列强作为报复行为对中国继续进行的经济侵略以及利权获得问题。第三章收录了日本侵略中国之后停止支付情况。

88. 第十二编《中国海关与邮政》，北京，中华书局，1983 年，iv，206 页。

　　海关也承办邮政业务，成为清末邮政官局设立之前的前史部分。第一章介绍了 1867—1896 年期间的海关邮政时期。第二章介绍了 1896—1911 年间海关邮政与清朝邮政官局的并存时期。第三章介绍了 1908—1911 之间邮传部与邮政官局合并的时期。该书收录了各海关税务司与总税务司罗伯特·赫德之间以及他们与总理衙门、外务部、税务处之间相互发送的书信。附录中收录了 1888 年的台湾省邮政章程。

89. 第十三编《中国海关与辛亥革命》，北京，中华书局，1983 年，2，3，3，416 页。

　　第一章与第二章中收录了 1906—1912 之间全国各地海关税务司与总税务司之间关于辛亥革命动向的相互往来文件。第三章收录了总税务司安格联与税务处、英国大使关、海关伦敦事务所之间的往来信件。附录则是从《英国及其他国家报告》(British and Foreign State Papers)摘译下来的，其中包括 1911 年 10 月 10 日到 11 月 28 日之间的《汉口日报》(*Hankow Daily News*)中所摘译的部分内容。

90. 第十五编《一九三八年英日关于中国海关的非法协定》，北京，中华书局，1965 年，vi，216 页。

　　自从 1937 年 11 月 22 日日军占领上海之后，日本方面针对江海关（上海关）的管理情况，提出了诸多要求。在 1938 年 5 月

2 日,日本和英国就海关问题签署协议。其协议的内容是将此后的关税交由横滨正金银行管理,日本拒绝从关税收入中偿还外债的做法,试图扩大日本对关税的管理。该书收录了从 1937 年 8 月到 1941 年 8 月以英日之间交涉为中心内容的资料。附录中收录了美国对于英日交涉的态度以及江海关中国华员的抗日护关运动。

91. 许和平、张俊桓译,天津市档案馆、中国集邮出版社编:《清末天津海关邮政档案选编》,北京,中国集邮出版社,1988,2,220 页。

　　该书承袭了《帝国主义与中国海关资料》丛编第十二编《中国海关与邮政》一书的主旨,是由天津市档案馆与中国集邮出版社将英文原件共同翻译出版的资料集。该书记录了从 1877 年 3 月到 1881 年 12 月间以天津海关税务司德璀琳为首的各地海关以及总税务司之间的往来文件。其中也收录了部分英文原件。本书是为纪念 1877 年 “中国海关大龙邮票”发行 110 周年而编纂出版的。

92. 天津市邮政局、天津市档案馆合编《天津邮政史料》,第一辑,北京,北京航空学院出版社,1988 年,2,371 页。

　　本书是回顾天津作为中国史上邮政事业中心的文献资料集。其内容包括近代以前的驿站、文报局、民信局等官民通信机关的概况,以海关为中心而开始的近代式邮政业务,以及日本接手当时中国邮政业务的情况介绍。该书还将此间 1878—1882 年以天津海关税务司德璀琳为中心所写的信件译成了中文。附录中收录了民国十年、民国二十四年,以及中华人民共和国的邮政条例、邮政法规。

93. *The I. G. in Peking* , *Letters of Rober Hart* , *Chinese Maritime Customs* 1868—1907. edited by John King Fairbank, Katherine Frost Bruner, Elizabeth Macleod Matheson, with an Introduc-

tion by L. K. Little. Cambridge, Massachusetts, The Belknap Press of Harvard University Press, 1975. 2 Vols. xxvi, 825p. ; v, 797p. (文库，文库近，一图，东文研)

该书收录了 1868—1907 年中国海关总税务司罗伯特·赫德发给中国海关伦敦办事处税务司金登干的书信共 1437 封。其收录的形式是尽可能是书信原件，并将书信的部分内容上附加了必要的注释。在第一卷中有最末一任总税务司 L. K. Little 写的序文，在第二卷卷末附了词汇表与索引。以下部分有介绍其他书信及相关传记的内容。

94. Bruner, Katherine F. Fairbank, John K. , and Smith, Richard J. ed. *Entering China's Service : Robert Hart's Journals*, 1854— 1863, Cambridge Mass. , the Council on East Asian Studies, Harvard University, 1986. xiv, 427p.

该书所收录的资料时间上早于《北京的外交官》(*The I. G. in Peking*)中所收录的时期，收有从 1854 年 8 月 27 日到 1863 年 11 月 29 日期间的日志以及编者解说。其中包含了作为传教士来华后，从香港、宁波、广东直到北京等地参加海关业务的初期情况。

95. Campbell, Robert Roald. *James Duncan Campbell*, *A Memoir By His Son*. Cambridge, Mass. East Asian Research Center, Harvard University, 1970. 125p. (文库、文库近、东文研)

该书的中心内容是金登干(James Duncan Campbell)的传记，而在卷末则附带了"金登干中国通信的记录"(A Note on Campbell's China Correspondence)，其内容介绍了金登干写给赫德等人书信的大体内容。

下面的书目则公开了澳大利亚人乔治·厄内斯特·莫里森(George Earnest Morrison, 1862—1920)一些鲜为人知的书信资料。此人虽然与海关行政没有什么直接的关系，但曾作为中华民国大总统（袁世凯）的政治顾问与列强各国进行过政治斡旋。

96. Lo Hui—min, ed. *The Correspondence of G. E. Morrison. Vol. Ⅰ 1895—1912, Vol. Ⅱ. 1912—1920*, Cambridge, Cambridge University Press, 1976. 2 Vols. xiv, 848p. ; 905p. （文库）

第一卷中收录了 George Earnest Morrison 从 1895 年到 1912 年这一时期的书信资料。在此期间，此人于 1895 年担任《泰晤士报》的通信员，经印度尼西亚到了中国，直到 1912 年辛亥革命之后辞去通信员职务。在第二卷中收录了该人从担任中华民国大总统的政治顾问开始直到 1920 年去世期间的书信资料。此人的传记则是下面所介绍的书目。

97. Pearl, Cyril. *Morrison of Peking; Explorer, Foreign Correspondent, Political Adviser and One of the Makers of the Chinaese Republic.* Ringwood, Penguin Books Australia Ltd. , 1970. 431p. (1st ed. 1967) （文库）

除了上述资料之外，下面的还要介绍原海关税务司的回忆录、传记等资料。

98. The Papers of George Ernest Morrison in the Mitchell Library. （分类号 ML MSS. 312/1—323）

澳大利亚的新南威尔士（New South Wales）州立图书馆（悉尼）的密歇尔图书馆所保存的关于 George Earnest Morrison 的资料，对于研究清末至民国初期与中国有关的外国人情况具有重大意义。George Earnest Morrison 曾作为《泰晤士报》的通信员去过泰国等地，后来在 1897 年来到北京做了《泰晤士报》驻中国情况的通信员。此人在 1912 年辛亥革命到 1920 年去世为止，一直担任中国大总统的政治顾问

（请参照 Pearl，Cyril. Morrison of Peking，Penguin Books）。

关于 George Earnest Morrison 的资料一共可以分为（1）日记、（2）书信、（3）不同类别的文件等三大部分。

99. Arlington，L. C. *Through the Dragon's Eyes*，*Fifty Years' Experienee of a Foreigher in the Chinese Government Service*. London，Constable and Company Limited，1931. lvii，348p.（文库）

该书是一本回忆录。记录了该书作者从 1879 年到 1930 年来到中国并且作为"朝廷御用洋人"而进行活动直到引退为止的经过。此人首先在天津出任李鸿章的北洋水师顾问并亲身经历了中法战争，然后历任中国各地的海关税务司等职，最后在邮政部就职，历时 50 年。该书序言由曾任海关税务司的 E. Alabaster 所写。

100. King，Paul. *In the Chinese Customs Service*；*A Personal Record of Forty—Seven Years*. London，Heath Cranton Ltd. ，1924. 308p.（文库）

该书是作者历任粤海关税务司等职务的回忆录。

101. Möllendorff，Rosalie Von. P. G.〔PauI Georg〕*von Möllendorff—Ein Lebensbild*，Leipzig，1930.

该书由 1888 年经李鸿章同意而任命为朝鲜海关第一任总税务司的穆麟德夫人根据其日记、手记而编写的传记。〔该书未见。高柄翊翻译的《穆麟德手记》（《震壇学报》第 24 号，1963 年，汉城，震壇学会）中有该传记的概括介绍。〕

102. Hall，B. Foster，*The Chinese Maritime Customs*：*an international service*，*1854—1850*，*Maritime Monographs and Reports No. 26—1977*，London，National Maritime Museum，1977. iv，47p.

该书作者 1913 年进入中国海关,因第一次世界大战而中断任职,1937 年成为芝罘税务司。此人在 1943—1946 年间任伦敦事务所的负责人。该书叙述了从海关创设到总税务司李度(1943—1948)的时期为止的历史概况。其中讲述的海关的多方面的机能与其国际性具有很高的学术研究价值。

103. 陈海超:《关税文牍辑要》,台北,学海出版社,1970 年,206 页(1931 年初版)。

该书作者从清朝末期开始在总理衙门工作了 22 年,此人曾做过有关关税交涉方面的工作。在本书里,作者一方面表现出对于恢复中国关税自主权以及重新确立的信念,一方面通过对宣统三年到民国十五年之间所发生的交涉事例进行叙述与评论。其中提到了裁厘加税、进出口税以及辛亥革命期间的关税管理等问题。

104. 林乐明:《海关服务卅五年回忆录》,香港,龙门书店,1982 年,x,193 页(该书的英文题目是:*Lam Lok Ming*,*Memoirs of 35—year Service in the Chinese Maritime Customs*)。

该书作者于 1898 年生于广东省中山县,毕业于海关学校。该书是一部回忆录。记录了从作者 1919 年开始在上海江海关工作直到 1954 年引退为止的经过。作者在此期间曾历任关税与走私对策等方面的官员以及九龙关税务司等职务。该书中还收录了与海关实务方面有关的文件。

除了上述资料之外,日本东洋文库藏书中还有一些资料手册。手册里面收集的都是当时通过投稿刊登在杂志上的新闻报道。这些便是 G. E. Morrison(1862—1920,澳大利亚人。《泰晤士报》的中国特派员,后来成为袁世凯的政治顾问。此人也是一个关于中国书籍的收集家)所收集的资料的中心内容。

105. *A Classified Catalogue of Pamphlets in Foreign Languages*

in The Toyo Bunko acquired during the years 1917—1971. Toyo Bunko，1972.ⅱ，328p.

从该资料中能够检索到的相关事项，特别是在分类为"财政"、"经济与工业"等各项资料中还包含有原始资料，能够捕捉到编纂资料之际有可能被舍弃掉的历史事实（例如在确定借款章程过程中所签订的草案中就有 G. E. Morrison 添加的意见）。关于 G. E. Morrison，田中正俊曾做过分析研究（《关于东洋文库收藏的 G. E. Morrison 的资料手册的问题》，《国立国会图书馆月报》139 号，昭和四十七年十月号。后被收录到《东洋文库书报》，第四号，1972 年）。

通过这些书信以及其他资料，可以明确罗伯特·赫德在借款中起到的积极作用。他的身份不仅是以关税作担保的借款返还金的实质征收者，而且还通过伦敦办事处的 James Duncan Campbell 掌握着伦敦金融市场的动向，并与汇丰银行及其他承办借款银行进行积极交涉，可以说在借款问题上他发挥了重要的作用（请参照研究篇 9. 投资、10. 银行史、11. 企业史的各个项目）。

以下介绍的是外国图书馆馆藏的海关资料。

106. Papers relating to the Chinese Maritime Customs 1860—1943，The Library of the School of Oriental and African Studies（SOAS）.

中国海关史研究，不仅要关注公开发表的报告，更要对那些相关的半公开或私人信件等方面的记录进行分析研究。只有这样，才能达到更深入的理解。这是不容置疑的。在英国税务司私人信件等资料的馆藏方面，SOAS 图书馆中藏品为最多。该馆藏涉及到了以下相关人物。

A Fitzroy，George H. ，16 Nov. 1860—1825 May 1863.

B Hart, Sir Robert, 1868—1906.

C Hart, Sir Robert, to Aglen, Francis Arthur, 26 Nov. 1888—1814 Sept. 1911.

D Hart, Sir Roberr, to Campbell J. D. , 3 Jan. 1903—1829 Sept. 1907.

E Campbell, James Duncan, with Sir Robert Hart, 5 Aug. 1898—1821 Dec. 1906.

F Bowra, Edward Charles Macintosh and Bowra, Cecil Arthur Verner, to the family and its service with the Chinese Maritime Customs, 1840—1966.

G Acheson, Guy Francis Hamuton and Bowra, Cecil Arthur Verner, With Sir F. A. Aglen, 7 Jan. 1921—1923 Dec. 1924.

H Aglen, Sir Francis Arthur, with G. F. H. Acheson and C. A. V. Bowra. Peking, 2Jan. 1921—7June 1926.

I Maze, Sir Frederick, 1900—1943.

107. The Papers of Sir Frederick Maze relating to the Chinese Maritime Customs Service. Microform Academic Publishers, 1984. 24 reels.

　　SOAS 图书馆所收藏的中国海关私人信件之中，与 Maze 相关的资料部分按照时间顺序收录。Maze1899 年开始在北京总税务司处开始海关工作（代理会计监察），后来曾历任宜昌、福州、广东、江门、腾越、天津、汉口、上海等地的税务司，在 1929 年当上总税务司，从事总税务司的工作直到 1943 年。

　　其资料按照时间顺序可以分为三类：内部私信、私信、半正式文件等。其整体的分类如下所述。

〔Ⅰ〕

　　(a) Conndential Letters and Reports, 1900—1943

（b） Conhdential Letters，etc.， 1882—1923 and 1940—1941

（c）Miscellaneous Correspondence，1929—1930

（d）Letter—Books，1900—1905

［Ⅱ］

（a） Semi—offcial Letters，1904—1928 together with Despatches，Memoranda，etc.

（b）Semi—Offcial Circulars，1911—1933

［Ⅲ］

（a） Inspector General's Personal Correspondence， 1937—1941

（b）Inspector General's Personal Correspondence With Non—resident Secretary in London，1939—1940

（c）Inspector General's Personal Correspondence with British Embassy， 1938—1940 108 The Willard straight Papers at Cornell University 1857—1925 Department of Manuscripts and University Archives，John M. Olin Library.

Willard Straight 于 1901 年毕业于康奈尔大学建筑系,直接进入中国海关就职,后来经由南京来到北京,成为罗伯特·赫德的秘书。1904 年日俄战争爆发后,他离开海关,成为路透社、共同通讯社的通讯员,1905 年以后转入外交界,负责美国对亚洲政策方面的工作。该资料包括其往来信件、公私文件、日记等方面的资料。Willard Straight 于 1919 年在巴黎患肺炎去世。其夫人的资料则如下所示。

109. The Dorothy Whitney Straight Elmhirst Papers at Cornell University，1909—1925.

（该资料是 Willard Straight 夫人的亲笔记录）

110. J. O. P. Bland Papers，Thomas Fisher Rare Book Library，University of Toronto Library.（也包括 North—China Herald主编 Jamieson 的记录）

J. O. P. Bland 从清末到民国期间一直在中国海关工作，后来就职于怡和洋行和汇丰银行联合承办的英中公司（Peking Syndicate）。他与 E. T. Backhouse 共同写下了 China under the Empress Dowager 一书。被称为当时的中国通。

关于 J. O. P. Bland 的资料主要以 1880 年代到 1920 年代的资料为中心。其内容包括日记、书信、公私文件、作品底稿、剪报等方面。而与海关有关的资料中包含了公、私两方面的内容，其中以 Sir Robert Hart 和 Alfred E. Hippisley 写给他的书信、他本人写作的关于 Willard Dickerman Straight 的传记底稿，以及对于自己活动的记录等资料为代表。

3 英国议会文书、外交文书

英国议会文件 Britishi Parliamentary Papers（由于封皮是蓝色的缘故被通称为"蓝皮书"）的印刷是 1681 年开始的。此后，该文件一般公开对外发行。内容除了参众两院的议事（区别于 Papers，两院议事是作为 Parliamentary Debates 编辑发行的）、决议之外，还包括政府各部门与各种委员会的调查、报告、各种统计数字、往来文件、书信、电报等资料。其中就包括派驻世界各地机关的领事、公使等发回的定期与不定期报告，内容不仅有英国与这些国家、地区之间的政治上的关系，还包括了有关当地实际情况的各种情报与评价。因此，这些英国议会文件不仅对研究英国及英国的对外关系史有重要的作用，对研究所涉及国家与地区的历史也有重要的参考价值。

　　这些议会文件中关于 19 世纪的资料已经由爱尔兰大学出版社于 20 世纪 60 年代后半期分两部分出版发行。第一部分是 1000 卷英国议会文件系列（1000 Volume—Series of the British Parliamentary Papers），1801—1899；第二部分是地区研究系列（Area Studies Series）。以下所介绍的是与中国有关的 19 世纪英国议会文件概要，全部摘自地区研究系列（Area Studies Series）中的《中国和日本》（China and Japan，共 52 卷，其中中国部分占 42 卷）部分。

　　从 1833 年前提交到英国议会的报告书的题目，可知基本上是以东印度公司在广东所从事的所谓广东贸易为中心内容。东印度公司为防止英国其他从事亚洲贸易的利益集团攻击以保护自身对于中国贸易的独占权，提出了数量巨大的关于茶叶、丝绸、鸦片的报告书。1834 年，东印度公司对中国贸易的独占权被废止，取而代之，外交部门负担起维持英国与中国关系的责任，从那以后，提交议会的报告就变成了以下院特别调查委员会报告（1847 年）、领事报告（定期报告：贸易与经济方面的各种情况；不定期报告：特定的问题——例如鸦片贸易的结构问题、或者到中国内地的旅行记录）为中心的内容。英国对中华贸易是在以军事力量为背景的情况下亦即通过所谓的"炮舰政策"（gunboat policy）而扩大起来的。这种情况最终导致了两次鸦片战争的爆发（1839—1842 年；1858—1860 年），而第二次鸦片战争的影响也波及到了日本。这些战争都以议会报告的形式被记录下来。19 世纪中叶以后，随着中国开放口岸的增加，议会报告书的内容变成了介绍口岸增加过程报告书，其内容涉及邮政事业、领事裁判、军队维持、镇压叛乱等方面。除此之外，报告内容中还有许多关于中国劳工贸易、中国国内叛乱、传教士被袭事件以及殖民地香港的发展情况，也包括不少英译的中国文件。

　　19 世纪最后的 20 年间，发生了改变此前中英关系的几个动向。其中既包括日本的扩张政策，也包括欧美列强中出现的对抗者。这些对抗者们通过铁路建设、矿山开采、贷款等新的经济情况联系起来，只是在这一点上缺乏充足的资料。关于 1898 年利权争夺最激烈时期的资料却再次增加了不少,但对此前的 1894—1895 年中日甲午战争方面的记录却基本上没有,对此我们应该加以重视。须留意的是,1901 年所记录的关于义和团的庞大资料并没有包含在此资料系列中。还有,言及中日两者情况的记录(例如,1856 年额尔金使节的记录)也多数被分类在了中国之中。

作为该系列资料的注释,有 Steeds,David. and Nish,Lan. China,Japan and 19th Century Britain. Dublin, Irish Univ. Press,1977 一书。而该系列资料中收录的议会文件,并没有囊括这一期间所发行的全部与中国相关的资料。对此,可以通过比较以下书目得到证实:Ford,P. and Ford,G. Select List of British Parliamentary Papers, 1833—1899. Oxford,1953. Shinkichi Eto, comp. List of the Blue Books concerning the Far East in the Libraries of Toyo Bunko(东洋文库) and hitotsubashi University(一桥大学). Tokyo, The Seminar on Modern China, the Toyo Bunko(东洋文库), 1956. 满铁调查部《支那关系青书目录》1942。同时,可以依据这些目录还可以检索到 1900 年以后的议会文件。

下面介绍该系列资料中国部分资料(共 42 卷)的大体内容。它把资料在内容上分成 16 个项目,各项目内容按年代加以排序。其内容分项如下。

Ⅰ Civil Disorder(1842—1892);Vol. 1.

Ⅱ Consular Establishment (1833—1880);Vol. 2.

Ⅲ Coolie Emigration(1852—1892);Vols. 3—4.

Ⅳ Diplomatic Affairs(1860—1899);Vol. 5.

Ⅴ Embassy and Consular Reports (1854—1899);Vols. 6—21.

Ⅵ Exploration(1868—1892);Vol. 22.

Ⅶ Foreign Concessions (1898—1899);Vol. 23.

Ⅷ Hong Kong(1846—1899);Vols. 24—26.

Ⅸ Military Affairs(1840—1866);Vols. 27—28.

Ⅹ Missionaries(1857—1872);Vol. 29.

Ⅺ Opium War and Opium Trade (1840—1885) Vols. 30—31.

Ⅻ Taiping Rebellion(1852—1864)Vol. 32.

ⅩⅢ Treaty of Tientsin(1857—1883)Vols. 33—35.

ⅩⅣ Trade(1821—1888)Vols. 36—40.

ⅩⅤ Western China (1864—1898) Vol. 41.

ⅩⅥ Miscellaneous(1857—1894)Vol. 42.

下面通观各项目的内容。

111. Ⅰ Civil Disorder. VoI. 1 (752p.).

该资料收录了 1840—1892 年间中国发生的关于反帝运动、关于"侮辱"与袭击外国人的书信、文件等记录。中国民众对于外国人的袭击越激烈，英国在贸易与商业方面对中国施加的压力越多，迫使中国方面做出更多让步。

112. Ⅱ—Consular Establishment. Vol. 2 (496p.).

该资料收录了 1833—1880 年间中国各地有关英国领事馆设立的书信、布告、枢密院令、报告等记录。19 世纪 30 年代英国试图与中国建立正式的外交关系。因此在广东任命 Lord Napier 为第一任贸易监督官，试图打开与中国的外交关系大门。然而，中国方面却只将 Lord Napier 看作单纯商人，拒绝将其与中国官员对等看待。鸦片战争后，英国在中国设立了领事馆，1844 年起由英国女王签署委任状，贸易监督官就与驻中国的英国官员一样被统一管理，这时，贸易监督官就拥有了执行各种法令与公告的权限。其后，领事权力范围的极度扩大，且伴随着领事裁判制度的改善而设立英国管辖的法院等，为了上述目的而陆续发布了诸多公告。

113. Ⅲ Coolie Emigration. Vol. 3 (504p.),Vol. 4 (528p.).

该资料收录了 1852—1858 年间与中国劳工相关的书信、文件以及各种通讯记录,还收录了 1857—1892 年间的与劳工移民有关的书信、报告书等。19 世纪的中国对外贸易中存在由英国等列强所带来的强制性海外输送中国劳工的问题。这种苦力贸易起始于 19 世纪 40 年代中期,成为西印度群岛、南美等地所需劳力的供给源之一。为了将劳工输送出去,列强们采取了各式各样的强制性手段,诸如直接的诱拐、用阴险手段逼迫苦力们签署契约等。到 1859 年这些移民开始转由中英共同管理。该资料中主要记载了劳工移民的实际情况,即进行移民的社会特征、地方官僚的态度、移民的方法、加上移民者的所谓"幻想",以及向主要移民地的英属圭亚那地区与特立尼达地区运送移民的船只状态。1859 年以后,苦力贸易在中国大陆与香港地区都有所改善,其结果导致澳门变成了主要的劳工输出地。该资料中除了澳门的劳工贸易记录外,还包含 1880—1890 年代向南洋洲输送劳工的记录。从世界史上来看,可以认为,苦力贸易是由所谓奴隶贸易带来的一种强制性劳动力大转移上的一环。关于这种奴隶贸易,在上述 IUP 1000 Volume—Series of British Parliamentary Papers, 1801—1899 的资料的第 25 项中有专门介绍奴隶贸易(共 95 卷)的项目。

114. Ⅳ Diplomatic Affairs. Vol. 5(528p.).

该资料中收录了 1860—1899 年间英国及其他列强与中国关系方面的书信、文件、备忘录、协定等。该卷中除了收录了中国与英国以及作为欧洲列强的德国、法国、俄罗斯之间所缔结的条约以及协定外,还对中国与日本的关系,尤其是 19 世纪 90 年代与朝鲜之间的关系所作的记录。随着英国对中国的影响越来越大,列强各国之间围绕着未开发资源也开始产生出相同的利害关系。该资料中收录了英国对巨文岛的占领、中国缅

甸间的电信开通（1895 年）、马关条约、俄亚银行、围绕俄罗斯
铁路权利（英国公使与驻北京的英国领事之间的往返信件）等
方面的情况。

115. V Embassy and Consular Reports. Vol. 6. 1854—1866
（640p.），Vol. 7. 1866—1867 （688p.），Vol. 8. 1867—1869
（664p.），Vol. 9. 1870—1871（688p.），Vol. 10. 1871—1873
（688p.），Vol. 11. 1874—1877（768p.），Vol. 12. 1877—
1879 （768p.），Vol. 13. 1880—1881 （696p.），Vol. 14.
1882—1884（680p.），Vol. 15. 1884—1888（856p.），Vol. 16.
1888—1890（720p.），Vol. 17. 1890—1894（712p.），Vol. 18.
1893—1895（720p.），Vol. 19. 1895—1897（640p.），Vol. 20.
1897—1898（600p.），Vol. 21. 1898—1899（728p.）.

　　驻中华英国领事提交给英国的商务报告、贸易报告中，
记录了中国全国以及各个地区的历史与中英关系方面的情
况。这些报告在 1886 年以前是作为《帝国在中国的商业咨
询报告》（Commercial Reports from Her Majesty's Consuls
in China）每年对中国全国进行的一次全面总结而发行的（也
有与日本或暹罗合为一册的年度）。但自从 1887 年以后，只
在各领事年度报告时，由外交部（Foreign Office）作为《外交
和领事报告》（ Diplomatic and Consular Reports）的年度系
列（ Annual Series） 或杂项系列（ Miscellaneous Series）
发行。

　　该报告所包含的资料基本上可以分为两大类。一是每
年度的例行报告；二是其他的各种报告。年度报告是由英国
领事根据当地的贸易、经济活动情况进行概括的产物，也包
括中国各开放口岸之外来自朝鲜的报告。其他的各种报告
则与年度报告不同，只是针对特定的经济、社会问题的单独

报告。比如，对于银价下跌、清政府的税收、土布等问题的报告。在第 6 卷中所收录的商务报告为 1854 年以后的，此前为不定期报告，收录在第 39—40 卷的 Trade 中。

作为与中国经济、贸易相关联而采录的国际经济问题的议会文件，收录在上述的 IUP 1000 Volume—Series of British Parliamentary Papers，1801—1899 之中，即：

East India，22 Vols.，1805—1874（Select Committee Report；Affairs of East India Company，1831—1832，8 Vols.）.

Currency，1837—1899，8 Vols.（Select Committee Reports and others；Gold and Silver，Changes in Values of Precious Metals，1888，Depreciation of silver，1876—）.

Commercial Distress，1847—1848，1857—1858，4 Vols.

Trade；and Industry，Ⅱ Vols.

116. Ⅵ Exploration. Vol. 22（616p.）.

该资料中收录了 1868—1892 年间从事领事业务的官员在中国和日本内地旅行的报告。

根据 1858 年《天津条约》，外国人在中国内地自由旅行成为可能。结果造成 19 世纪后半期许多外国人在中国内地旅行。这些领事、翻译人员在旅行过程中写下了对自身所经地域的经济、地理的考察报告。1869 年 Robert Swinhoe 在长江上游旅行的目的就在于实地考察长江沿岸上游地区是否适合开放给外国贸易。除此之外，该资料中还包含有旅行贵州、云南、四川中部等地的 A. Hosie、旅行中国东北地区的 H. E. Fulford（1887）以及在旅行中国西南地区的 F. Bourne 等人的旅行报告。

117. Ⅶ Foreign Concessions，1898—1899. Vol. 23（464p.）.

为了争夺中国这块肥肉，19 世纪末的若干年间帝国主义列强向中国施加了新的压力。1897 年德国占领了胶州湾与青岛,翌年年初,俄国租借了包括旅顺在内的辽东半岛的南部地区。接着法国强行签署租借广州湾及其周围地区长达 99 年的合约,英国则租借了香港对岸的九龙与旅顺对岸的威海卫。这场帝国主义在中国抢占殖民地的战争,进一步弱化了清政府统治,从而引发了中国的改革运动和义和团运动。该资料中收录了两篇篇幅较长的议会文书,不仅分别反映了列强各国为了获得优于其他国家的地位而对国家间关系的企图,还记录了中国人民对于英法在华居留者的袭击行为以及在 1900 年达到反帝高潮的义和团反击外国侵略者的运动等情况。

118. Ⅷ Hong Kong. Vol. 24. 1846—1860(720p.),Vol. 25. 1862—1881(696p.),Vol. 26. 1882—1899(648p.).

　　1842 年 8 月 29 日中英《南京条约》将香港岛割让给了英国。这三卷围绕香港的资料将英国的殖民地经营记录做了三个方面的分类和整理。第 24 卷围绕着殖民地经营初期的领事问题,将 19 世纪 40 年代的 R. Montogomery Martin 与 19 世纪 50 年代 T. Chisholm Anstey 的活动作为报告中心内容进行记录阐述。这两位领事都对殖民地香港的未来抱有悲观态度而辞去领事职位。通过第 24 卷我们能知晓殖民地行政内部的各种问题。第 25 卷中关于殖民地初期的公共事业方面的报告相对较多。主要关于公共卫生情况、赌场管理、与中国人的关系、人口增加对策、税收等问题。第 26 卷则是以香港发往英国本土的年度报告、统计报告为中心的报告。这些报告到了 19 世纪 80 年代后开始定期化。

119. Ⅸ Military Affairs. Vol. 27. 1840—1869(448p.),Vol. 28. 1866(600p.).

　　第 27 卷收录的 41 篇报告中反映了关于殖民地军队的种

种问题；第 28 卷则是针对 1886 年军队死亡率占中国南部地区夏季最高水平这一情况而进行调查的特别委员会报告。关于阿罗号事件、第二次鸦片战争等情况的调查报告，则收录在记录了天津条约情况的第 33、34、35 卷中。

120. X Missionaries. Vol. 29. 1857—1872(592p.).

1858 年《天津条约》允许英国传教士在中国的传教活动，使得中国民众袭击传教士和中国人信徒的事件（教案）频繁发生。资料包含了天津教案、扬州教案以及从芝罘、台湾、汉口等地提交的报告。

121. XI Opium War and Opium Trade. Vol. 30. 1840(704p.), Vol. 31. 1840—1885(592p.)

第 30 卷中收录了关于鸦片战争的报告与书信，中详细描述了鸦片没收的情况以及从 1839 年开始的战争经过。其中还有 1860 年以后从印度向中国运输鸦片的情况、鸦片走私、课税、关税等问题的记录。

122. XII Taiping Rebellion. Vol. 32. 1852—1864(600p.).

1850 年在广西省发起的太平天国运动从广西到湖南、经由长江迅速扩展到了南京。针对太平天国运动，英国起初采取中立立场，就是从太平天国运动不会损害英国的贸易利益这一基本政策出发的。第 32 卷中的 11 篇报告的中心，讲述的就是从长江贸易的角度来观察的太平天国运动。

123. VIII Treaty of Tientsin. Vol. 33. 1857—1859 (864p.), Vol. 34. 1858—1864 (680p.), Vol. 35. 1867—1883(688p.)

在第 33 卷中收录了与第二次鸦片战争有关的军事行动、条约交涉全权大使额尔金的任命以及卜鲁斯的行动记录（该卷中也收录了密歇尔报告的部分内容）。许多商人或商业团体向英国政府提出了对天津条约的不满，要求增加开放口岸的数量与获得更多的特权。结果,1869 年 10 月 23 日由 R. 奥尔库克签订了补充协定,但仍有相当多的英国商人对此持反对态度,奥尔库克协定最终没有获得批准(这一问题的最终解决是在 1876 年芝罘协定签订之后。芝罘协定的原文收录在第 31 卷中)。在第 35 卷中记录了这其间发生的的事情经过,即围绕对中华策略问题,英国外交部与其在华外交官以及商人中国通(old china hands)三者之间的谈判与争斗。

124. ⅩⅣ Trade. Vol. 36. the Select Committee Report of 1821 and 1831(608p.), Vol. 37. the Select Committee Report of 1830 (704p.), Vol. 38. the Select Committee Report of 1847 (632p.), Vol. 39. 1831—1899(654p.), Vol. 40. 1802—1888 (840p.).

英国下院特别委员会在 19 世纪前半期提交了关于中英贸易的四个调查报告(第 36—38 卷)。这些充分认识到了对中国贸易重要性的调查报告,由关于两国间贸易状态的备忘录以及统计资料等所构成。报告与 1854 年开始提交的商务报告(第 6—21 卷)在内容上是相连贯的,可以看成是连续报告。这些初期报告的内容主要论及自由贸易与垄断、东印度公司在亚洲所起的作用等问题,以及对鸦片贸易合法化的要求。尤其在第 38 卷中谈到茶叶、棉布贸易的减少及其原因,并提出了鸦片合法化的要求。在第 39 卷中收录了有关走私贸易、关东的外国商馆、中国的货币情况、贸易协定(1876 年 11 月 13 日签订的芝罘协定)等 26 篇报告。在第 40 卷集中收录的不定期向议会提出的贸易报告,则以统计数字为中心。

125. ⅩⅤ Western China. Vol. 41. 1864—1898 (936p.).

在第 41 卷中收录的 23 篇资料记录的绝大部分是 19 世纪 60 年代到 70 年代初英国试图通过在缅甸仰光架设铁路以便

打开与中国贸易路径的尝试。为了扩大英国在缅甸的商业利益,英国政府曾经尝试在缅甸建设铁路,然而1867年的实地调查报告却得出了建设铁路本身可行,但是劳动力却难以召集,而且修建铁路费用过高的结论。基于这一结论,修建铁路计划被推迟了十年之久。另外,资料还记录了以1876年芝罘协定签订为契机形成的马嘉理云南调查以及马嘉理被杀等情况。除此之外,还收录了19世纪80年代、90年代围绕西藏问题、锡金与中国的边境线问题及贸易路径等,中英之间所签订的条约、协定。

126. Ⅹ Ⅵ Miscellaneous. Vol. 42. 1857—1894(352p.).

该卷报告大部分是有关中英之间邮政业务方面的资料。自从19世纪70年代P & O轮船公司开始从东印度向中国、日本的邮政业务以来,邮政业务得到了急速发展与完善。另外,资料中还包含有关19世纪70年代的华北大饥荒、银行及其他各方面的报告、书信、文件以及契约文书。

该系列资料中关于日本方面的资料如下:

I General Affairs. Vol. 1. 1856—1864 (496p.), Vol. 2. 1864—1870(568p.), Vol. 3. 1871—1899 (520p.)

Ⅱ Embassy and Consular Reports. Vol. 4. 1859—1871 (656p.), Vol. 5. 1872—1876 (696p.), Vol. 6. 1877—1881 (768p.), Vol. 7. 1882—1887 (648p.), Vol. 8. 1887—1892 (632p.), Vol. 9. 1892—1896 (688p.), Vol. 10. 1896—1899 (672p.).

127. Parliament Papers 之外还有 Parliamentary Debates, House of Commons; Parliamentary Debares, House of Lords. London, Her Majesty's Stationary offce. 该资料为议会议事录。(一图,东图)

下面为与外交部相关的资料。

128. Grear BCtain, Foreign offfice 17；General Correspondence，
China（1815—1905），Foreign Office 371；General Correspon-
dence，Political（1906—1922），Foreign Office 228；Embassy
and Consular Archives，Correspondence，Series Ⅰ（1834—
1922），Foreign Office 677；Embassy and Consular ArCcives，
Superintendent and Trade，Records（1759—1874），Foreign
Office 233；Embassy and Consular Archives，Miseell—anea
（1795—1851）

　　缩微胶卷，东京大学综合图书馆收藏。另外，请参照坂野
正高《英国外交部的中国方面资料记录的缩微胶卷——综合
图书馆收藏》，载《图书馆之窗》（东京大学综合图书馆发行）
Vol. 17，No. 4. 1975 年 7 月。
该资料是与 Foreign Office Confidential Papers 相关的解说
以及索引。

129. Lo Hui—Min. Foreign Office Confidential Papers relating to
China and Her
Neighbouring Countries 1840—1914. Paris，Mouton ＆Co.，
1969. 280p.

130. 京都大学人文科学研究所"国民革命的研究"班，《英国外交部
保存记录 F 0371 文件 1926 年度目录》，京都，京都大学人文科
学研究所，1987 年. 101p.

4　各国议会文书、外交文书

　　与中国相关的美国方面的外交文书主要包含在 United States of
America，Department of States；General Records of the Department of

States 之中（参照东洋文库近代中国研究室收藏的缩微胶卷，共 365 卷）。
其内容分为以下四项。

131. Ⅰ Consular Despatches.

China, 1790—1906. Hong Kong, 1844—1906. Korea,
1886—1906. Macao, 1848—1869.

132. Ⅱ Diplomatic Instructions.

All Countries, 1801—1833. China, 1843—1906. Korea,
1883—1905. Siam, 1882—1906.

133. Ⅲ Diplomatic Despatches.

China, 1843—1906. Korea, 1883—1905. Siam, 1882—1906.

134. Ⅳ Notes to and from Foreign Legations and Consulates;

China, to and from, 1868—1906. from Korea, 1883—1906,
to, 1888—1906. to Persia and Siam, 1888—1906.

Ⅱ 以下的各个项目的具体情况如下所示。

Ⅱ Diplomatic Instructions of the Department of State,
1801—1906.

All Countries, October 1801—March 1833 (8 rolls)

China, April 1843—August 1906 (6 rolls)

Korea, March 1883—December 1905 (1 roll)

Siam, August 1882—August 1906 (1 roll)

Ⅲ Diplomatic Despatches.

China, 1843—1906 (131 rolls)

Korea, 1883—1905 (22 rolls)

Siam, 1882—1906 (9 rolls)

Chungking, 1896—1906 (1 roll)

Foochow, 1849—1906 (10 rolls)

Hangchow, 1904—1906 (1 roll)

Hankow，1861—1906（8 rolls）

Hong Kong，1844—1906（21 rolls）

Macao，1848—1869（2 rolls）

Nanking，1902—1906（1 rolls）

Newchwang，1865—1906（7 rolls）

Ningpo，1853—1896（7 rolls）

Seoul，1886—1906（2 rolls）

Shanghai，1847—1906（53 rolls）

Swatow，1860—1881（4 rolls）

Tamsui，1898—1906（1 roll）

Tientsin，1868—1906（8 rolls）

Ⅳ Notes from Foreign Legations.

China，1868—1906（6 rolls）

Korea，1883—1906（1 rolls）

Notes to Foreign Legations and Consulates.

China，1868—1906（2 roils）

Korea，Persia，and Siam，1888—1906（1 roll）

包括上述资料,并把它们按项目分类编纂的资料集如下：

Davids, Jules, ed. *American Diplomatic and Public Papers：The United States and China，Series I-The Treaty System and the Taiping Rebellion，1842—1860*. Wilmington，Delaware，Scholarly Resources, Inc.，1973. 21 vols.（文库近，东文研）

该论文集共有 21 卷,各卷标题如下所示。

135. Vol. 1 The Kearny and Cushing Missions. 337 p.

136.　　 2 The Treaty of Wanghia. 396 p.

137.　　　 3 The Canton City Questions and United States

Relations with the European Powers. 294 p.

138.　　4 The Marshall Mission. 356 p.

139.　　5 The Mclane Mission. 501 p.

140.　　6 The Parker Mission. 380p.

141.　　7 The Taiping Rebellion. 331p.

142.　　8—11 Extraterritoriality. 434 p., 331 p., 273 p.,
339 p.

143.　　12 Formosa. 350 p.

144.　　13 The Arrow War. 486 p.

145.　　14 The Reed Mission. 548p.

146. Vol. 15 The Treaties of Tientsin. 307 p.

147.　　16 The Ward Mission. 403 p.

148.　　17 The Coolie Trade and Chinese Emigration. 468 p.

149.　　18 Trade, Currency and the Opium Traffic. 366 p.

150.　　19—20 Consular Affairs and Trade Reports. 462
p., 438p.

151.　　21 Calendar and Guide. 278 p.

每卷末端都附有同样的 Biographical Sketches，45p. 的字样。上面所标示出的只是资料部分的页数。

该资料集中所使用的资料的中心部分是华盛顿国家档案（the National Archives，Washington，D. C.）中所收藏的政府部门记录（the State Department Records）和海军记录（the Naval Records）以及立法记录（Legislative Records）等三部分资料。对于资料的处理是尽可能参照原文后，将它与印刷议会文书相对照。其使用过的资料文书分类如下（参照卷首部分的资料解说）。

152. Ⅰ Diplomatic Correspondence-Manuscript.

这里记录的只是没有包含在前面所提到的《政府部门总报告》(General Records of the Department of State)缩微胶卷中的部分。

Consular Dispatches 中，Amoy(Oct. 29,1844—Dec. 31, 1863)，Canton(Feb. 21, 1790—Dec. 31, 1867)，Shanghai (1844—1860). 此外，East India Squadron Letters(1841—1861)

153. Ⅱ Manuscript Papers.

Caleb Clishing Papers. (Manuscript Division of the Library of Congress. Boxes 44,45,80,and 262.)

Sketch of William B. Reed's Voyage to China, 1857—1859, Written by his Son. (William B. Reed Papers, Manuscript Division of the Library of Congress.)

Townsend Harris, "Notes on Formosa," (Archives, Library of the City College of the City University of New York).

154. Ⅲ U. S. Congressional Printed Documents.

A. Correspondence of American Commissioners and Ministers to China.

Lawrence Kearny Correspondence [Commander of the East India Squadron], (Senate Document 139, Serial 473, 29th Congress, 1st Session).

Caleb Cushing Correspondence (Senate Document 1 38, Serial 457, 28th Congress, 2nd Session; Senate Document 67, Serial 450, 28th Congress, 2nd Session).

Humphrey Marshall Correspondence (House Document 123, Serial 734, 33rd Congress, 1st Session).

Robert M. McLarle Correspondence (Senate Document 22, Serial 734, 33rd Congress, 1st Session).

Peter Parker Correspondeilce (Senate Document 22, Serial 982, 35th Congress, 2nd Session; Senate Document 22, Serial 983, 35th Congress, 2nd Session).

William B. Reed Correspondence (Senate Document 30, Serial 1032, 36th Coilgress, 1st Session).

John E. WardCorrespondence(SenateDocument 30, Serial 1032, 36th Congress, 1st Session).

B. Presiden"al Messages, Reports, and Dispatches Sent to Congress.

Staustical Report on the "China Trade," from the Secretary of the Treasury (House Document 248, Serial 369, 26th Congress, 1st Session).

Report on "China and the Sandwich Islands" (House Document 93, Serial 425, 27 th Congress, 3 rd Session).

President John Tyler, Message to Congess, containing an Abstract of the Treaty of Wanghia and Caleb Cushing's Dispatch 97 to Secretary of State John C. Calhounon Extraterritoriality (House Document 69, Serial 464, 28th Congress, 2 nd Session).

Report on "Steam Communication with China and the Sandwich Islands" (House Document 526, Serial t 596, 30th Congress, 1st Session).

President Franklin Pierce. Message to Congress, containing Correspondence on the "Coolie Trade" (Senate Executive Document 99, Serial 824, 34 th Congress, 1st Session).

Dispatches on Consular Service Problems (House Executive Document 20, Serial 866, 34 th Congress, 1 st Session).

Report on the "Coolie Trade," from Secretary of State William L. Marcy (Senate Executive Document 99, Serial 824, 34 th Congress, 1st Session).

Consular Regulations (Senate Executive Document 6, Serial 878, 34 th Congress, 3rd Session).

Consular Court Regulations (House Executive Document 9, Serial 941, 35th Congress, 1st Session).

Correspondence between Secretary of State Lewis Cass and Lord Napier (Senate Executive Document 47, Serial 929, 35th Congress, 1st Session).

Reports on Trade at Treaty Ports (Senate Executive Document 53, Serial 933, 35th Congress, 1st Session).

President James Buchanan, Message to Congress, containing Willam B. Reed'sofficial Rules and Regulations for U. S. Consular Courts in China (House Document 21, Serial 1002, 35th Congress, 1st Session).

Report on the "Coolie Trade" (House Executive Document 443, Serial 1069, 36th Congress, 1st Session).

"Message on the Chinese Coolie Trade" (House Executive Document 88, Serial 1057, 36th Congress, 1st Session).

"Message on the Coolie Trade" (House Executive Document 16, Serial 1127, 37th Congress, 2nd Session).

"Message on the Coolie Trade" (Senate Executive Document 80, Serial 1317, 40 th Congress, 2nd Session).

"Message on the Importation of Coolies from China"

(Senate Executive Document 116, Serial 1407, 41st Congress, 2nd Session).

155.　Ⅳ　Collections of Treaties and Agreements, and Acts of Congress.

　　　Miller, Hunter, ed. *Treaties and Other International Acts of the United States of America* (Washington, D. C.: G. P. O., 1934), 5 Vols.

　　　Imperial Maritime Customs (Miscellaneous Series Ⅲ, *No.* 30). *Treaties, Conventions, etc., between China and Foreign States* (Shanghai: Published by the Inspector General of Customs, 1908), 2 Vols.

　　　Mallory, William. Treaties, Conventions, International Acts, Protocols and Agreements between the United States of America and Other Powers, 1776—1909 (Washington, D. C.: G. P. O., 1910), 2 Vols.

　　　U. S. Statutes at Large of the United States, 1789—1873 (Boston, Little and Brown, 1845—1873), 17 Vols.

156.　Ⅴ　Other Sources.

　　　General Instructions to Consuls and Commercial Agents, prepared under the Direction of the U. S. State Department (Washington, D. C.: A. O. P. Nicholson, 1855).

　　　Speech by William B. Reed on his "Mission to China," Philadelphia Public Ledger, June 1. 1859.

　　　Williams, S. Wells. "*Narrative of the American Embassy to Peking*," *Journal of the North China Branch of the Royal Asiatic Society* (1859), Vol. 1, No. 3.

　　　上述资料共分 21 卷,其中第 17 卷苦力贸易之后的资料都与贸易相关联(所有的使节记录以及太平天国、天津条约等资料都与美国的政治利害关系和经济利害关系相关)。第 18 卷由 1. 贸易关系(Trade Relations)，2. 茶叶仓储系统(The Tea Warehouse System)，3. 通货问题(The Currency Question)，4. 鸦片贸易(The Opium Traffic)等四部分构成，其中还包含与中国方面官僚围绕通商所进行的各种交涉，主要提供了当时美中贸易中的主要商品——茶叶、白银、鸦片等的相关资料。第 19 卷由 1. 中国贸易概览(General Information on the China Trade)，2. 广州贸易报告(Canton Trade Report, 1844—1860)，3. 上海贸易报告(Shanghai Trade Report, 1846—1861)，4. 上海小麦和大米的走私(The Smuggling of Wheat and Rice at Shanghai)，5. 巴拿马事件(The Panama Affair)，6. "威廉姆公司"事件(The "Wetmore, Williams & Co." Case)，等项目构成。第 20 卷由 1. 厦门贸易报告(Amoy Trade Reports, 1845—1861)，2. 福州贸易报告(Foochow Trade Reports, 1853—1861)，3. 香港贸易报告(Hong Kong Trade Reports, 1846—1860)，4. 澳门贸易报告(Macao Trade Reports, 1849—1861)，5. 宁波贸易报告(Ningpo Trade Reports, 1845—1861)等各个通商口岸的贸易报告所构成。第 21 卷主要是年表、索引等。该资料集虽然时间限定在 1842—1860 年之间，但在资料中将中美初期关系进行了整体说明，而且还补充了这一时期的中英关系，并提供了能够在中美英关系中对中国进行定位的历史资料。各年外交文件的编集刊行：

157. 与中美关系相关的外交文书及公文资料的第二个系列的历史时代是从第二次鸦片战争结束开始直到甲午中日战争爆发之前为止的时期(1861—1893 年)，该资料集于 1979 年发行。共 18 卷，详细目录如下。

Ⅱ American Diplomatic and Public Papers：The United States
and China 1861—1893

1 American Relations with China，420p.

2 Political and Internal Affairs，536p.

3 The Foreign Powers and China：Great Britain，413p.

4 The Foreign Powers and China：Russia&Germany，284p.

5 The French-China War Ⅰ，407p.

6 The French-China War Ⅱ，485p.

7 Sino-Japanese Relations Ⅰ，558p.

8 SiNo-Japanese Relations Ⅱ，285p.

9 Korea Ⅰ，284p.

10 Korea Ⅱ，365p.

11 KoreaⅢ，407p.

12 The Coolie Trade and Outrages Against the Chiness①，
257p.

13 Chinese Immigration，382p.

14 Antiforeignism in China，407p.

15 Trade Affairs and The Opium Question，423p.

16 Treaty Ports，456p.

17 Economic Affairs，458p.

18 The Consular Service，269p.

　　该资料集主要分为 11 个项目。(1) 蒲安臣使节与对中国
的协力外交。(2)中国最初派往欧美的中国大使。(3)对基
督教的排斥与天津教案。(4)美朝冲突。(5)1874 年日本对
台湾出兵与琉球归属问题。(6)马嘉理事件与伊犁回民起义。

---

① 　译注：原文如此，疑为 Chinese 之误。

（7）朝鲜开国与《济物浦条约》①。（8）中法战争。（9）朝鲜问题上的中日关系。（10）对朝鲜的支配权问题。（11）中国移民等方面。

158. 第三系列的资料集包括从甲午中日战争开始直到日俄战争为止的时期（1894—1905），该资料于 1981 年公开出版发行，共14 卷。各卷的题目如下。

Ⅲ American Diplomatic and Public Papers：The United States and China 1894—1905

1 The China Scene，218p.

2 Sino—Japanese War Ⅰ，362p.

3 Sino—Japanese War Ⅱ，402p.

4 Korea Affairs，256p.

5 Boxer Uprising，363p.

6 Boxer Uprising：The Indemnity Settlement，301p.

7 Foreign Concessions，352p.

8 Sino-American Relations，236p.

9 Russia and the Manchurian Borderland，299p.

10 The Russo-Japanese War，353p.

11 Missionary Affairs and Antiforeign Riots，452p.

12 Consular Affairs and Extraterritoriality，242p.

13 Trade and Economic Activities，306p.

14 Railroad Building and Financial Affairs，256p.

该资料集主要分为 7 个项目。（1）甲午中日战争和条约的谈判。（2）中国方面的改革。（3）列强为争夺利权而进行的竞争。（4）美国的门户开放政策。（5）义和团起义。（6）义

---

① 译注：济物浦即仁川。

和团起义之后的条约谈判问题。（7）列强围绕朝鲜、所谓"满洲"而展开的角逐和日俄战争。

159. *Papers relating to the Foreign Relations of the United States transmitted to Congress with the Annual Message of the President*，Washington，Government Printing Office，其中也包含有与中国相关的资料。

160. 在法国外交部所收藏的有关中国资料中，近代部分资料集共有 618 册，以世纪之交时期为中心，包含了 1846—1917 年这一时期。其分类从 Ⅰ 到 ⅩⅩⅢ，包括从国内政治到香港等方面的问题。具体项目与题目如下。

Ⅰ Politique Intérieure

1—66 Dossier général	1897—1917
67—75 Thibet	1896—1912
76—78 Mandchourie	1907—1917
79—80 Turkeetan et Mongolie	1908—1917
81 Musulmans	1901—1911

Ⅱ Défence Nationale

82—92 Armée marine	1896—1917
93—94 Trafic d'armes	1900—1904

Ⅲ Politique étrangère Relations avec les Puissances

95—137 Dossier général	1897—1917

Ⅳ Guerre 1914—1918

（Entrée en guerre de la Chine，voir：Relations avec les Puissances）

138—139 Sujets et biens ennemis	1914—1917
140 Saisie de navires ennemis	1915—1917
141—143 Commerce avec l'ennemi	1915—1917

144—145 Concessions étrangères 1897—1906

(Voir aussi：Vol. n°NS 613)

146—148 Force sétrangères en Chine 1900—1906

149—156 Relations avec l'Allemagne 1896—1917

157—164 Relations avec la Grande—Bretagne 1897—1917

165—173 Relations avec la Russie 1896—1916

174 Relations avec l'Italie 1898—1906

175—177 Relations avec le Portugal，Macao 1897—1916

178—179 Relations avec les états—Unis 1907—1917

180—190 Relations avec le Japan 1896—1917

Ⅴ Relations avec la France

191—207 Dossier général 1897—1917

208—216 Kouang Tcheou Ouan 1898—1916

217—220 Hainan 1896—1917

221—227 Kouang Si，Kouang Toung 1897—1911

228—243 Yunnan 1896—1910

244—249 Forces françaises en Chine 1900—1917

250—251 Protection par la France de divers nationaux

1900—1917

252—257 Concession françaises de Canton 1861—1917

258—280 Concession françaises de Changhäi 1863—1917

281—285 Concession françaises de Hankéou 1863—1917

286—293 Concession françaises de Tien—Tsin

1861—1917

294—297 Postes consulaires 1895—1917

(Voir aussi les Volumes：Juridiction consulaire nos 599，
600，601)

298—302 école de médicine de Tchen—Tou　　1897—1911

303—304 école française de Canton　　1898—1910

305—308 écoles françaises diverses　　1896—1911

Ⅵ Protectorat Religieux de la France

309—312 Dossier général　　1899—1917

Ⅶ Missions Catholiques françaises

313—318 Kouang Si-Kouang Toung　　1896—1906

319—320 Hainan　　1899—1902

（Après 1906，Voir pour Hainan les Volumes suivants）

321—322 Provinces diverses　　1846—1898

323—326 Thibet，Sse-Tchouen-Yunnan　　1899—1917

327—329 Missions catholiques françaises　　1899—1915

Kiang-Si，Kiang-Nam，Tche Kiang

330—332 Mandchourie Tche Ly　　1899—1917

333—334 Missions catholiques étrangères　　1897—1898

335—336 Missions belges　　1899—1906

337—338 Missions italiennes 1899—1906

339—340 Missions allemandes et espagnoles　　1899—1916

341—342 Missions protestantes　　1899—1917

Ⅷ Finances Publiques

343—349 Dossier général　　1878—1902

350—377 Emprunts　　1895—1917

378—381 Emprunt sino-américain　　1909—1911

382—393 Indemnités pour dommages de guerre

1900—1917

394—400 Entente financière pour les chemins de fer

1907—1917

IX Finances Privées

    401—408 Banques, Bourses   1895—1917

    409—410 Sociétés françaises et étrangères   1898—1906

    (A partir de 1907, Voir la série précédente: Banques Bourse)

X Industrie, Travaux Publics

    411—414 Dossier général   1896—1917

    415—417 Aménagements portuaires et fluviaux

                                       1907—1917

XI Mines

    418—419 Dossier général   1897—1917

    420—424 Chine centrale   1895—1917

    425—427 Kouang Si, Kouang Toung   1897—1915

    428—432 Chine du Nord   1896—1917

    433—440 Sse Tchouen   1895—1911

    441—445 Yunnan   1897—1917

XII Chemins de Fer

    446—448 Dossier général   1890—1917

    449—457 Lignes du Sud   1888—1914

XIII Lignes du Nord

    458—464 Mandchourie   1890—1917

    465—480 Ligne Hankéou-Pékin   1895—1917

    481—484 Ligne de Longtcheou   1895—1905

    485 Ligne sino-birmane   1896

    486—489 Ligne du centre et de l'Est   1897—1917

    490—493 Ligne du Chan Si   1897—1917

    494—513 Ligne du Yunnan   1897—1917

514—522 Ligne Hankéou-Canton　　　　　1898—1912

523—535 Ligne Kaifong-Honan Fou Signan Fou (Pien-lo)

　　　　　　　　　　　　　　　　　　1899—1915

XIV Navigation Exploitation Commerciale des Fleuves

　536—547 Ports ouverts　　　　　　　　1896—1917

XV Navigation Maritime

　548—552 Lignes locales　　　　　　　　1901—1913

XVI Relations Commerciales

　553—558 Dossier général　　　　　　　1896—1917

　559—568 Relations avec la France　　　1896—1917

　569—572 Relations avec la Grande-Bretagne 1895—1906

　573—575 Relations avec les états-Unis　1898—1906

　576—577 Relations avec le Japon　　　1899—1906

XVII Commerce

　578—580 Riz,thé,soie...marchés intérieur et extérieur

　　　　　　　　　　　　　　　　　　1907—1917

　581—583 Enseignement　　　　　　　　1897—1906

XVIII Questions Sociales

　584—594 Opium　　　　　　　　　　　1896—1917

XIX Questions Sanitaires

　595—596 Peste　　　　　　　　　　　　1911—1913

XX Question Judiciares

　597—598 Cour minte de Changhäi　　　1901—1906

　599—601 Juridiction consulaire　　　　1907—1917

XXI Questions Juridiques

　602 Régime de la propriété　　　　　　1908—1915

603 Nationalité chinoise. Chinois naturalisés ou protégés

1904—1916

604—606 Douanes   1896—1917

607 Postes et Télégraphes   1896—1906

608—612 Missions scientifiques explorations-voyages

1895—1917

XXII Chine (supplément)

613 Politique etrangère divers   1907—1916

Concession française de Tien-TSin   1907—1911

Concession internationale de Changäi   1911—1916

614 Affaires industrielles et financières

1898—1908—1917

Mission du compte d'Ursal Crédit foncier chinois   1898

Création éventuelle d'un organisme français analogue à

1a British Chinese

Corporation Campagnie générale d'Extrême-Orient

XXIII Hong Kong

615—618 Dossier général   1897—1917

其内容特征,是反映了法国对华密切关系的各种特征,主
要有以下三个方面。(1) 法国与中国南部地区的关系
(第Ⅴ项);(2) 天主教传教士的活动记录(Ⅶ);(3) 与财
政、银行等金融机关相关的记录(Ⅷ、Ⅸ)。(1)中所提到
的中国南部地区包括广东、广西、海南、云南、香港等地,
由于可以看出法国对印度尼西亚殖民地的野心。在(3)
中提到金融方面还包括有关法国大股东支持下的俄亚银
行的记录。

161. Records of Former Germanand Japanese Embassies and Con-

sulates,1890—1945.78 Rolls.

　　该资料集中收录了由美国历史协会(The American Historical Association)作为战争文件研究委员会(Committee for the Study of War Documents)各种缩微胶卷形式的关于德国关系的外交文书。其内容包括青岛、汉口、横滨等地的德国领事报告;维也纳、柏林、莱比锡、汉堡等地的日本领事报告;以及横滨正金银行柏林分行的记录、巴黎的"满洲"铁路事务所、"满洲国"驻罗马办事处、柏林的三井物产事务所等各项记录。

　　资料集还包含许多青岛、汉口的德国领事报告。其中涉及到华北的工业、山东的工人运动、劳动力的转移、德华银行、日本占领期的日德关系、德国企业 I. G. Farben and Siemens 对中国市场的占有、治外法权问题、与中国有关的德国国家社会主义运动、中国民众对于纳粹德国的看法、犹太人问题等各方面的问题。在汉口的德国领事报告中包含了华中经济、政治状况以及列强在华中的利害关系等内容。德国的公文文件大多保存在波茨坦,我们没能掌握其具体情况。而汉堡大学中虽然也保存着德国的在华企业记录,但有必要对记录的真伪进行系统的调查研究。在这种状况中,本书中使用了美国所保存的部分原始资料。

　　该资料集共 78 卷,具体情况如下:

　　1—47、49—51 青岛领事馆(Tsingtao Consulate)

　　48—49 芝罘领事馆(Chefoo Consulate)

　　51—61 汉口总领事馆(Hankow General Consulate)

　　61—78 与日本相关的文书文件

162. 中央研究院近代史研究所编(郭廷以、李毓澍主编)《清季中日韩关系资料》共 20 卷、台北,中央研究院近代史研究所,1970 年。

正像该书中〈例言〉部分所反映的，该史料是根据清朝总理衙门的"朝鲜档"以及外务部的日韩关系中的商务、边务、路矿、侨民、渔盐、航运、邮电等谈判案件所作的编辑整理。时间从同治三年到宣统三年（1864—1911），资料形式包括上谕、奏疏、函札、照会、咨文、条约、合同、报告、禀帖等。其中独立文件 5048件，按项目将其分类，并依年代顺序各自排序。

163. 高丽大学校亚细亚问题研究所《旧韩国外交关系附属文书》共10 卷，1971—1981 年。

该资料是该研究所 1962 年开始的旧韩国外交文书整理工作（共 22 卷、1971—1981 年。由日案、清案、欧美各国案等部分构成）的后续，是对首尔大学校中央图书馆奎章阁所保存的资料进行重新整理后出版的资料集。从类别上来看，分为海关案、统署日记、外衙门日记、交涉局日记、间岛案等五个方面。其中海关案（共 2 卷）收集整理了统理交涉通商事物衙门（外部）与总税务司之间的所有文件。年代从 1884 年 2 月到 1909年 11 月期间。

5 其他（定期刊物）

164. *The Chinese Repository*，Canton，1851. 20 Vols. Reprinted. Maruzen，1960.

该刊物是 1832 年 5 月到 1851 年 12 月间在广东发行的月刊。共发行 2100 号。由于 1856 年 12 月广东外国商馆火灾，使得 650 号被烧毁，致使我们无法阅读 2100 刊中的全部。1851 年刊物合集共 20 卷被结集出版发行，在中国资料翻译的同时，还包括了中国的对外关系、贸易等方面的记录。该合集是美国人 E. Bridgman 得到 R. Morrison 援助而出版发行的，其后又由 S. Williams 进行编辑整理。1941 年日本丸善株式会社出版发行了由岩井大慧监修的杂志复制品和各卷的抄译、解说，以《支那丛报》为名刊出的，然而只发行了 15 卷就中断了。第 20 卷中附有总索引，该索引作为 General Index of Subjects Contained in the Twenty Volumes of the Chinese Repository；with an Arranged List of the Articles，（clxviii p.）于 1940 年在上海重新发行。

165. *North-China Herald*（北华捷报），Shanghai.

　　该资料是 1850（道光三十年）年 8 月 3 日在上海由 Henry Shearman 出资、编辑、创刊的周报。主要刊载关于上海经济状况的报道，其中多见居住在中国的英国商人的见解。该报纸从 1859 年开始成为上海工部局的公文刊载报纸，从 1867 年开始更名为 The North-China Herald and Market Report，从 1870 年开始由在其名称上加上了 Supreme Court and Consular Gazette，于是就变成了 The North-China Herald and Supreme Court and Consular Gazette。从 1864 年开始成为 *The North-China Daily News* 的周刊附录，一直持续到 1950 年（1941—1946 年之间停刊）。

166. *China Association*：*Transactions 1908—1904*，Shanghai etc.，China Association.

　　该资料是中国协会的年报。由年度定期报告和当时重要问题的资料以及其他方面的资料构成。中国协会于 1889 年在伦敦设立，英国为了促进其在远东国际贸易，在中国各地以及日本创设了其委员会，与英国本土进行各种报告以及文件的往来传送工作。

167.《申报》，上海，申报馆。

　　1872 年（同治十一年）年 4 月 30 日创刊的华语报纸。该

报由英国的中国茶叶贸易商 F. Majer 在上海创刊。创刊之初
为隔日刊，四个月之后成为日刊。该报刊载有关时事、经济问
题、各地区的信息等，后来还刊载广告及城市状况等内容。
1949 年 5 月停刊。

    以下介绍在这一时期的各种定期刊物中，直接或间接与中
国相关的刊物。

168. *Journal of the Royal Statistical Society*. London，Royal
    Statistical Society，Vol. 1；1838—

169. *Journal of the North China Branch of the Royal Asiatic
    Society*. Shanghai，Royal Asiatic Society.

170. *The China Year Book*. London，George Routledge and Sons，
    Limited. Vol. 1；1912—

171. *Nankai Social and Economic Quarterly*. Tientsin，Nankai
    Institute of Economics，Nankai University，Vol. 1；1928—

    对于以 20 世纪 20 年代为中心所发行的各种经济杂志，
千家驹指出了下述 14 种主要杂志（《十四种中国主要的经济
杂志的介绍和批评》，《社会科学杂志》第 4 卷 1 期，1933 年，
pp. 136—156）。

172.《银行周报》，上海，上海银行周报社，1917 年 5 月—1930 年
    12 月。

173.《中行月刊》，上海，上海中国银行总管理处经济研究室，1930
    年 7 月—1938 年 12 月。

174.《钱业月报》，上海，上海钱业公会，1921 年 2 月—1948 年
    10 月。

175.《商业月报》，上海，上海市商会商业月报社，1928—1941 年（前
    身是 11921 年创刊的《总商会月报》）。

176.《中央银行旬报》，北京，中央银行秘书处，1929—1938 年。

177. 《工商半月刊》，北京，实业部国际贸易局，1929—1930 年（前身是 1923 年创刊的《中外经济周刊》。自 1927 年改名为《经济半月刊》）。

178. 《国际贸易导报》，上海，实业部国际贸易局上海商品检验局，1930 年 4 月—1937 年 7 月。

179. 《统计月报》，北京，国民政府主计处统计局，1929 年 3 月—1948 年。

180. 《经济统计季刊》，天津，南开大学经济学院，1932 年 3 月—1937 年 4 月（何廉、吴大业主编）。

181. 《经济学季刊》，北京，中国经济学社，1930 年 4 月—1936 年 1 月。

182. *Chinese Economic Journal*. Shanghai, Bureau of Foreign Trade, Ministry of Industry, 1927—1937.

183. *Chinese Economic Bulletin*. Shanghai, Bureau of Foreign Trade, Ministry of Industry, 1923—1930.

184. *Finance and Commerce*. Shanghai, 1912—1941 （主编为 Edward Kann 等外国在华经济专家）。

185. *Capital and Trade*. Shanghai, 1924. 6—1932. 12（由在华美国人编集，周刊）。

VIII 研究文献目录

1 资料、文献目录

　　一般说来,目录类应该附在与基本内容相关联的项目之中,但基于以下理由在此将目录类单立成项:其一,中国近代史研究上,经济史研究应该置于与政治、社会等诸领域相关的位置上,因此有必要作整体参照。其二,本目录因没有采录日本研究史,所以,将日本学者的中国经济史研究列出以作参照。其三,为弥补少数研究文献之不足,本目录把相关项目作了进一步扩充。

1. 坂野正高、田中正俊、卫藤沈吉编:《近代中国研究入门》,东京,东京大学出版会,1974年,442p.
2. 市古宙三·J.K.フエフバンク:《中国研究文献指南》,东京,东京大学出版会,1974年,199,25p.
3. 田中正俊:《中国——经济史》,亚洲经济研究所《发展中国家研究,70年代日本的成果与课题》(东京,1978)所收。
4. 山根幸夫编:《近代日中关系史文献目录》,东京,燎原书店,1979

年,191p.

5. 市古宙三编:《近代中国·日中关系图书目录》,东京,汲古书院,1979 年,90p.

6. Fairbank, John King; Banno, Masataka; Yamamoto, Sumiko. *Japanese Studies of Modern China, A Biblihraphical Guide to Historical and Social-Science Research of on the 19th and 20th Centuries.* Cambridge, Massachusetts, Harvard University Press, 1971. XVⅲ, 331p.

7. 东洋史研究论文目录编集委员会编:《日本东洋史论文目录》,东京, 日本学术振兴会,1964—1967 年,全 4 册。

8. 东洋文库近代中国研究委员会:《东洋文库所葳近代中国关系图书分 类目录(日文)》、《同:索引》,东京,东洋文库,1973 年,2 册。

9. 东洋文库近代中国研究委员会《东洋文库所葳近代中国関系图书分类 目录(中文)》、《同索引》东京,东洋文库,1975,1976 年,2 册。

10. Skinner, G. Wiliam; Hsieh, Winston and Tomita, Shigeaki, ed. *Modern Chinese Society, An Analytical Bibiography.* Vol. 1; Publications in Western Languages 1644—1972, Vol. 2; Publications in Chinese, 1644—1969, Vol. 3; Publications in Japanese, 1644—1971. Stanford, California, Stanford University Press, 1973. 3 Vols.

关于现代中国的日本研究目录如下。

11. 《日本亚洲、非洲研究的现状与课题:文献目录·解题,中国·政治》, 《同:中国·法律》,《同:中国·经济》,亚洲、非洲综合研究组织, 1966,1966,1967。

12. 宫本又次:《支那经济史文献(邦语论文编)》,《彦根高等商业学校东 亚研究丛书》第一辑(《彦根高商论丛》第 29 号,1941 年 6 月,抽 印)50p.

13. 市古宙三编:《现代中国的经济》,东京,亚细亚经济研究所,1962 年,

x,310p.（文献解题系列 3）

14. 亚洲、非洲综合研究组织编：《亚洲经济关系文献目录》，东京，亚洲经济研究所，1968.8,215p.（亚洲、非洲文献解题 1）

15. 亚洲经济研究所：《殖民地关系机关刊行物综合目录 台湾编》，东京，1973 年，《同：朝鲜编》东京，1974 年，《同：满州国、关东州编》东京，1975 年，《同：南满州铁道株式会社编》东京，1979 年。

16. 京都帝国大学经济学部支那经济惯行调查部：《支那商业主要文献目录》，1940 年。

第一，邦文及欧文部，63,33p. 第二，华文部，299p.

同：《支那金融主要文献目录》1940 年，第一，邦文及欧文部，49p. 第二，华文部，218p.

同：《支那矿工业主要文献目录》1940 年，第一，邦文部，470p. 第二，华文部，428p. 第三，欧文部，333p.

17. 东亚研究所第一调查委员会：《列国对支投资及支那国际收支文献目录》，东京，东亚研究所，1942 年，90p.

18. 《外国企业及企业者、经营者史综合目录》，东京，雄松堂书店，1979 年，600p.

19. Ball, Joyce, ed. and compiled by Roberta Gardella of the Stanford University Library. *Foreign Statistical Documents, A Bibliography of General, International Trade, and Agricultural Statistics, including Holdings of the Stanford University Libraries*. Stanford, California, Stanford University, The Hoover Institution on War, Revolution and Peace, 1967. Ⅶ, 173p.

20. 东亚研究所：《东亚关系统计资料目录》，东京，1942 年，331p.

21. King, Frank H. H. ed. and Clarke, Prescott. *A Research Guide to China-coast Newspapers 1822—1911*. Cambridge, Mass., East Asian Research Center, Harvard University, 1965. 235p.

22. Lent,John A. The Asian Newspapers'Reluctant Revolution. Ames, The Iowa State University Press,1971. xix,373p.

23. *A List of Books on Travels and Voyages at the Toyo Bunko.* Tokyo,The Toyo Bunko (The Oriental Library),1963.

24. Irick Robert L. , Yü Ying-shih and Liu Kwang-ching. *American Chinese Relations*, 1784—1941: *A Survey of Chinese-Language Materials at Harvard.* Cambridge,Mass. , Harvard University, 1960. 9,296p.

25. Hook Elizabeth. *A Guide to the Papers of John Swire and Sons Ltd.* London,School of Oriental and African Studies,1977. 6,176p.

26. *Guide to the National Archives of the United States.* Washington, National Archives and Record Service General Service Administration,1974. 2,884p.

27. *Baark Erik. Catalogue of Chinese Manuscripts in Danish Archives.* London,Curzon Press Ltd. ,1980. 9,158p.

28. 中山大学东南亚历史研究所、中山大学图书馆合编:《华侨史论文资料索引》(1895—1980 年),广州,1981 年, 1,530p.

29. 徐立亭、熊烽编:《中国近代史论文资料索引: 1949—1979》,北京,中华书局,1983 年,1,288p.

30. 郑民、梁初鸿、李竞、陆宏基、超林、丘立本编:《华侨华人史书刊目录》,北京,中国展望出版社,1984 年,2,4llp.

2 贸易统计

31. 农工商部统计处编:《农工商部统计表》,北京,农工商部统计处,1908 年,上函 66 丁,下函 62 丁。

32. 黄炎培;庞淞编著:《中国四十年海关商务统计图表(1876—1915)》,

香港，龙门书店，1915 年初版，1966 年再版，220p.，图表 3。

33. 杨端六；侯厚培等：《六十五年来中国国际贸易统计》，上海，国立中央研究院社会科学研究所，1931 年，189p.（专刊第四号）

34. 胡纪常、樊明茂：《国际贸易统计上之货物名目及分类》，上海，商务印书馆，1935 年，4，108p.

35. 实业部国际贸易局编纂：《最近三十四年来中国通商口岸对外贸易统计；Statistics of China's Foreign Trade by Ports，1900—1933. 一，中部》，上海，商务印书馆，1935 年，273p.

36. 国民政府主计处统计局编：《中华民国统计提要》，重庆，国民政府主计处，1935 年，1247p.

37. 曹立瀛：《中国对外贸易指数之编制》，重庆，实业部统计魁，民国 25（1936）年，28p.

38. 中国银行总管理处编印：《外汇统计汇编》，北京，1950 年，404p.（南汉宸、胡景澐序）（中国银行统计丛书初集）

39. 严中平、徐义生、姚贤镐、孙毓棠、汪敬虞、聂宅璋、李文治、章有义、罗尔纲编：《中国近代经济史统计资料选辑》，北京，科学出版社，1955 年，374p.（中国科学院经济研究所，中国近代经济史参考资料丛刊第一种）

40. Hsiao Liang-lin. *China's Foreign Trade Statistics*，*1864—1949*（《中国国际贸易统计手册》）. Cambridge，Mass.，Harvard University Press，1974 年，xvi，297p.

关于贸易统计、贸易关系的研究论文如下：

41. 陈君慧、蔡谦：《中国对外贸易的性质及趋势》，国立中央研究院社会科学研究所《社会科学杂志》第四卷第 3 期，南京，1933 年 9 月。

42. 郑友揆：《我国海关贸易统计编成方法及其内容之沿革考》，《社会科学杂志》第 5 卷第 3 期，1934 年 9 月。

43. 郑友揆：《中国最近十年间的国际贸易平衡》，《社会科学杂志》第 6

卷第 4 期,1935 年12 月。

44. 加藤佑三：《19 世纪的亚洲三角贸易——据统计的序论》,《横浜市立大学论丛,人文科学系列》第 30 卷Ⅱ、Ⅲ合并号,1979 年 8 月。

45. 交通部烟台港务管理局编：《近代山东沿海通商口岸贸易统计资料(1859—1949)》,北京,对外贸易教育出版社,1986 年,262p。

3　贸易史——以英国为中心

　　3. 贸易史,4. 各国对华易史,5. 商品贸易史,三项目间的区别不能截然分开,但 3 以贸易史概说、通商便览、通史为先,其后以英国为中心并将其依时代顺序加以排列;4 附有涉及美国、俄罗斯对华贸易史,亚洲诸国对华贸易史,19 世纪末激烈的势力圈竞争中列国的对华关系的文献。

46. Allen, G. C. and Donnithorne. Audrey G. *Western Enterprise in Far Eastern Economic Development*, *China and Japan*. Norwich, Jarrold and Sons Ltd. , 1954. Second impression, New York, Augustus M. Kelley, 1962. 292p.

47. Williams, S. Wells. *The Chinese Commercial Guide*, *containing Treaties*, *Tariffs*, *Regulations*, *Tables*, *etc.*, *Useful in the Trade to China & Eastern Asia*; *with an Appendix of Sailing Directions for those Seas and Coasts*. Hongkong, A. Shortrede & Co. , 1863. 387 266p.

48. Morse, Hosea Ballou. *The Trade and Administration of the Chinese Empire*. Shanghai, Kelly and Walsh, Limited, 1908. xl, 451 p.

49. Morse, Hosea Ballou. *The International Relations of the Chinese Empire*. London, Longmans Green & Co. , 1910 and 1918. 3

vols. Vol. Ⅰ. xxxix, 727p., maps, Vol. Ⅱ. xlv, 479p., maps, Vol. Ⅲ. xvii, 530p., maps.

50. Sargent, A. J. Anglo-Chinese *Commerce and Diplomacy* (*Mainly in the Nineteenth Century*). Oxford, Clarendon Press, 1907. xi, 332p.

51. Bannister, T. R. *A History of the External Trade of China, 1834—81, Synopsis of the External Trade of China, 1882—1931*. 193 p. (China, The Maritime Customs. I. Statistical Series：No. 6, Decennial Reports on the Trade, Industries, etc., of the Ports Open to Foreign Commerce, and on Conditions and Development of the Treaty Port Provinces, 1922—31, Vol. I 之中) 海关副税务司 T. バニスタ-（此时的税务司是 F. W. Maze）据 Commercial Report, North-China Herald 等编集的贸易统计中包括中国的出口贸易史。

52. Pelcovits, Nathan A. *Old China Hands and the Foreign Office*. New York, King's Crown Press, 1948. xi, 349p. Reprinted. New York, Octagon Books, 1969.

53. Hyde, Francis Edwin. *Far Eastern Trade 1860—1914*. London, Adam & Charles Black, 1973. xii, 229p.

54. Remer, C. F. *The Foreign Trade of China*. Shanghai, Commercial Press, 1926. xii, 269 p.

55. 上海外贸史编写组：《上海外贸史》，上海，上海人民出版社，1976 年，186p.

56. 黄苇：《上海开埠初期对外贸易研究（1843—1863）》，上海，上海人民出版社，1961 年，6, 177p.

57. 田中正俊：《西欧资本主义与旧中国社会的解体——围绕米切尔报告书》，《中国近代经济史研究序说》，东京大家出版会，1973 年。

58. See, Chong Su. *The Foreign Trade of China*. New York, Columbia University,1919. 451 p.

59. Cheng, Yu-Kwei. *Foreign Trade and Industrial Development of China; An Historical and Integrated Analysis through 1948*. Washington, The University Press of Wa shington, D. C. , 1956. x, 278p.

60. Morse, Hosea Ballou. *The Chronicles of the East India Company Trading to China 1635—1834*. Oxford, Oxford University Press, 1926N1929. 5 Vols.

61. Greenberg, Michael. *British Trade and The Opening of China 1800—42*. Cambridge, Cambridge University Press, 1951. Reprinted. 1969. xii, 238p.

62. Costin, W. C. *Great Britain and China 1833—1860*. London, Oxford University Press, 1973. Reprinted. 1968. viii, 362p. , 3maps.

63. Fairhank, John King. *Trade and Diplomacy on the China Coast, the Opening of the Treaty Ports 1842—1854*. Cambridge, Massachusetts, Harvard University Press, 1953. 2 vols. Stanford, California, Stanford University Press, 1969. 1 Vol. ed. xiii,583p.

64. Torr, Dona, ed. *Marx on China, Articles from the New York Daily Tribune (1853—1860)*, with an Introduction and Notes by Dona Torr. London, Lawrence & Wishart,1951. xxiii, 98p. 译书有,高山林太郎《马克思论中国》,东京,刀光书院,1973 年,236p.

65. Lubbock, Basil. *The China Clippers. Glasgow*, James Brown & Son,1914. xv,387, xxxiii p. 1950 年,7, 290p.

66. 松田智雄:《英国资本与东洋——东洋贸易的前期性与近代性》东京,日本评论社,1950 年,7,290p.

67. Kiernan, E. V. G. *British Diplomacy in China* 1880 *to* 1885. Cambridge, Cambridge University Press, 1939. Reprinted. Octagon Books, 1970. xxix, 327p.

68. Carrington, George Williams, *Foreigners in Formosa 1841—1874*. San Francisco, Chinese Materials Center, INC. , 1978. 8, 308, 22p.

4　各国对中国贸易史

69. Latourette, K. S. *History of Early Relations Between the United States and China* , *1784—1844*. New Haven, Connecticut, Yale Univ. Press, 1917. (Transactions of Connecticut Academy of Arts and Sciences, Vol. 22, August, 1917) 209p.

70. Dulles, Foster Rhea. *The Old China Trade*. New York, Houghton Miffin Company, 1930. 228p.

71. Griffin, Eldon. *Clipers and Consuls; Ametrican Consular and Commercial Relations with Eastern Asia* , *1845—1860*. Ann Arbor, Michigan, Edwards Brothers, Inc. , 1938. XXⅱ , 533p.

72. Liu, Kwang-Ching. *Anglo-American Steamship Livalry in China 1862—1874*. Cambridge, Massachusetts, Harvard University Press, 1962. XVⅰ , 218p.

73. 卿汝楫:《美国侵华史》,北京,人民出版社,第 1 卷,1952 年第 1 版,1962 年第 5 次印刷,5,267p. ,第 2 卷,1956 年第 1 版。1962 年第 3 次印刷。45,630p.

74. Mccormick, Thomas J. *China Market; American's Quest for Informal Empire 1893—1901*. Chicago, Quadrangle Books, 1967. 241p.

75. Eldridge, Jr. Frank R. *Trading with Asia*. New York, D. Appleton

and Company. 1921. xxⅱ,474p.

76. 吉田金一:《关于俄罗斯与清朝贸易》,《东洋学报》(东洋文库)第 45 卷,第 4 号,1963 年 3 月。

77. Слалковский,М. И. Исттория торгово－экономических отношений наролов Россиис Китаем(ло1917г). Москва,НауКа,1974. 438стр.

78. 佐佐木扬:《近代俄清关系史研究——以日清战争期为中心》《近代中国》第 5 卷,东京,岩南堂书店,1979 年 4 月。

79. 田汝康:《十七世纪至十九世纪中叶中国帆船在东南亚洲航运和商业上的地位》,《历史研究》北京,科学出版社,1956 年第 8 期。

80. 田汝康:《再论十七至十九世纪中叶中国帆船业的发展》,《历史研究》1957 年第 12 期.(同时,存粹学社编集《中国近三百年社会经济史论集》第三集,香港,1979 年收录。

81. Simkin, C. G. F. *The Traditional Trade of Asia*. Oxford,Oxford University Press,1968. viii,417p.

82. Viraphol,Sarasin. *Tribute and Profit:Sino-Siamese Trade*,1652—1853. Cambridge,Mass. ,1977. XX ,419p.

83. Kumar, Janardan. *Indo-Chinese Trade*, *1793—1833*. Calcutta,Orient Longman,1974 年,ix,217p.

84. 张存武:《清韩宗藩贸易 1637—1894》,台北,中央研究院近代史研究所,1978 年,2,6,279p.(中央研究院近代史研究所专刊 39)

85. 林明德:《袁世凯与朝鲜》,台北,中央研究院近代史研究所,1970 年,5,3,440p.(中央研究院近代史研究所专刊 26)

86. 彭泽周:《明治初期日韩清关系研究》,东京,坞书房,1969 年,431,22p.

87. 周益湘:《道光以后中琉贸易的统计》,《中国近代经济史研究集刊》第 1 卷第 1 期,北京,国立中央研究院社会科学研究所,1932 年 11 月。

88. Hoffman, Ross J. S. *Great Britain and the German Trade Rivalry 1875—1914*. Harrisberg, The University of Pennsylvania Press, 1933. New York, Russell and Russell, Inc. , 1964. Reissued, x ⅱ , 363p.

89. 支那调查会编纂：《支那通商》，东京，文献社，1901 年，2，21，833p.

90. Schrecker, John E. *Imperialism and Chinese Nationalism ; Germany in Shantung*. Cambridge Mass. , EastAsian Research Center, Harvard University, 1971. xiv, 322p.

91. Stelle Charles Clarkson. *Americans and The China Opium Trade in the Nineteenth Century*. New York, ArNo Press, 1981. 154 p.

92. May Ernest R. , Fairbank John K. ed. *America's China Trade in Historical Perspective-The Chinese and American Performance*. Cambridge, Massachusetts, 1986. 5, 388p.

93. 田汝康：《中国帆船贸易与对外关系史论集》，杭州，浙江人民出版社，1987 年，239p.

5　商品贸易史

94. 严中平：《中国棉纺织史稿 1289—1937——从棉纺织工业史看中国资本主义的发生与发展过程》，北京，科学出版社，1955 年初版，1963 年第 3 版，370 页。（依田熹家日译本：《中国近代产业发达史中国棉纺织史稿》，校仓书房，东京，1966 年，498 页。）

95. 严中平：《各国在华棉货市场之开辟及其争夺 1833—1913》，《中国近代经济史研究集刊》，北京，中央研究院社会科学研究所，第六卷第二期，1939 年 12 月。

96. 严中平：《英国资产阶级纺织利益集团与两次鸦片战争史料》，《经济研究》1955 年第一、二期，上海，中国经济研究会。（后收录列岛编

《鸦片战争史论文专集》,北京,三联书店,1958。)

97. Fong, H. D. *Cotton Industry and Trade in China*. Tientsin, The Chihli Press, Inc., 1932, 2Vols. xxiv, 356p., 116p. (Nankai Institute of Economics, Industry Series, Bulletin No. 4)

98. Collis, Maurice. *Foreign Mud; The Opium Imbroglio at Canton in the 1830's & the Anglo-Chinese War*. New York, W. W. Norton & Company, Inc., 1968. x, 300, vp. (1st ed 1946)

99. Owen, Dayid Edward. *British Opium Policy in China and India*. New Haven, Yale Univ. Press, 1934. Reprinted. Hamden, Connecticut, Archon Books, 1968. ix, 399p.

100. Waung, W. S. K.（汪瑞炯）*The Controversy, Opium and Sino-British Relations 1858—1887*. Hong Kong, Lung Men Press, Ltd., 1977. xii, 282p.

101. Willoughby, W. W. *Opium as an International Problem; The Geneva Conferences*. Baltimore, The Johns Hopkins Press, 1925. xvi, 583p.

102. 中央银行经济研究处编:《华茶对外贸易之回顾与前瞻》,上海,商务印书馆,1935 年,43p.

103. 钱天达著:《中国蚕丝问题》,上海,黎明书局,1936 年,17,160p.

104. 李昌隆编著:《中国桐油贸易概论》,上海,商务印书馆,1934 年,6,221p.

105. 雷慧儿:《东北的豆货贸易(1907—1931)》,台北,国立台湾师范大学历史研究所,1981 年,226p.

6 关税问题(海关、常关、厘金局)

本项把以中国关税制度、关税政策为中心的研究,分为三部分:外国人税务司管理的海关、中国原来设置的常关、征集内地市场流通税的厘金局来分别加以介绍；后两部分不太充分。日本最近关于海关（外国人总税务司制度）研究成果，也附后以作参照。

106. 金城正笃：《一八五四年上海"税务司"的创设——南京条约以后中英贸易与税务司创设的意义》，《东洋史研究》第 24 卷第 1 号，1965 年 6 月。

107. 金城正笃：《清代海关与税务司——税务司制度的确立》，《法文学部纪要，史学·地理学篇》第 18 号，琉球大学，1975 年 3 月。

108. 副岛门照：《帝国王义与中国海关制度——从鸦片战争到辛亥革命》，《人文学报》第 42 号，京都大学人文科学研究所，1976 年 11 月。

109. 副岛门照：《由"满州国"的中国海关接收》，同上，第 47 号，1979 年 3 月。

110. Wright, Stanley F. *China's Struggle for Tariff Autonomy: 1843—1938*. Shanghai, Kelly & Walsh, Limited, 1938. xi, 775p.

111. Wright, Stanley F. *Hart and the Chinese Customs*. Belfast, Wm. Mullan & Son Ltd. , 1950. xvi, 949p.

112. Chin Chu. *The Tariff Probem in China*. New York, Columbia University, 1916. 192p.

113. 彭雨新：《清代关税制度》，武汉，湖北人民出版社，1956 年，67p.

114. 黄序鹓：《海关通志》，北京，1917 年，上册，8,788p. 下册，412,144p.

115. 高柳松一郎：《支那关税制度论》，京都，内外出版株式会社，1920 年. 改订增补三版，1926 年，9,612p.

116. 江恒源编：《中国关税资料》，上海，中华书局，1930 年，28,722p.

117. 中华人民共和国对外贸易部海关管理局编：《中华人民共和国海关进出口税则》，北京，法律出版社，1961 年，118p.

118. Dean, Britten. *China and Great Britain, The Diplomacy of*

Commercial Relations 1860—1864. Cambridge, Mass., Harvard University Press,1974. 223p.

119. 罗玉东:《中国厘金史》,上海,商务印书馆,1936 年,上、下册,649p.（国立中央研究院社会科学研究所丛刊第六种）

120. 汤象龙:《光绪三十年粤海关的改革》《中国近代经济史研究集刊》,北京,中央研究院社会科学究所,第 3 卷第 1 期,1934 年 5 月。

121. 高柄翊:《穆鳞德刌雇聘讧背景》,《震檀学报》第 25—27 合并号,1966,汉城,震檀学会,朝鲜语。

122.《二品衔常镇通海道管理镇江关税务》,宣统二年,1 帙 1 册。

123.《税务处一览统计表(民国元年至七年)》,1 帙 3 册。

124.《浙江通志厘金门稿 3 卷》,1 帙 2 册。

125.《厘金案牍汇编不分卷》,财政部印刷局,1 帙 3 册。

126.《淮关统志》14 卷首 1 卷统纂 14 卷,1 帙 6 册。

127. 江原纲一讲述《支那关税史讲义案》,3,146,19p.

128. 吉田虎雄:《支那关税及厘金制度》,东京,北文馆,8,125p.

129. 外务省通商局:《清国厘金税调查报告集》,明治四十二年,4,404p.

130. 黄序鹓著:《海关通志上下》,北京,定庐,民国六年,14,上 788,下 412,90,4,44,6p.

131. 大蔵省:《支那出张复命书,第 4 编 厘金》,大正七年,10,468p.

132. 盛俊:《海关税务纪要》,上海,财政部,中华民国八年,20,274p.

133. 宫脇贤之介著:《支那现行关税制度概论并其通关手统》,东京,大阪屋号书店,大正十三年,34,431 p.

134. 杨德森编:《中国海关制度沿革》,北京,商务印书馆,中华民国十四年,8,136p.

135. 东京商工会议所:《中华民国新旧关税率对照表》,昭和六年,5,87p.

136. 满铁经济调查会:《支那关税制度纲要》,大连,南满州铁道株式会社,昭和七年,2,68p.

137. 江恒源编：《人文丛书 中国关税资料》，上海，中华书局，中华民国二十二年。

138. 海关总税务司公署魏雨特：《关税纪实 自民国元年起至二十三年止》，中华民国二十五年，33,1061p.

139. 中国问题研究会编：《走私问题》，上海，上海杂志无限公司，中华民国二十五年，3,363p.

140. Wright Stanley. *Kiangsi Native Trade and Its Taxation*. New York, Garland Publishing Inc. ,1980. 1,203,74,13p.

141. 叶松年、孔宝康编著：《海关实务》，北京，中国对外经济贸易出版社，1987 年，3,238p.

142. 赵淑敏：《中国海关史》，台北，中央文物供应社，1982 年，225p.

143. 戴宝村：《清季淡水开港之研究》，台北，国立台湾师范大学历史研究所，1984 年，187,33p.

144. 叶振辉：《清季台湾开埠之研究》(*The Opening of Formosa to Foreign Commerce*)，台北，标准书局，1985 年，328p.

145. 青岛市档案馆编：《帝国主义与胶海关》，北京，档案出版社，1986 年，3,484p.

146. 卢漠超：《赫德传》，上海，上海人民出版社，1986 年，312p.

147. 汪敬虞：《赫德与近代中西关系》，北京，人民出版社，1987 年，403p.

148. 陈诗启：《中国近代海关史问题初探》，北京，中国展望出版社，1987 年，2,2,274p.

7　贸易金融、通货

149. Chaudhuri, K. N. *The Economic Development of India under the East India Company 1814—58 ; A Selection of Contemporary Writings*. Cambridge, Cambridge University Press, 1971. vi,319p.

150. Spalding，William F. Eastern Exchange，Currency and Finance，2nd ed. London，Sir Isaac Pitman & Sons，Ltd.，1917. 3rd. ed. 1918. ix，385p.

151. Saul，S. B. *Studies in British Overseas Trade 1870—1914*. Liverpool，Liverpool University Press，1960. vi，246p. （堀晋作、西村闲也译：《世界贸易构造与英国经济》，东京，法政大学出版局，1974年。）

152. King，Frank H. H. *Money and Monetary Policy in China 1845—1895*. Cambridge，Mass.，Harvard Univ. Press，1965年，330p.

153. 中国人民银行上海市分行编：《上海钱庄史料》，上海，上海人民出版社，1960年，39，854p.，第2版，1979年。

154. McElderry，Andrea Lee. *Shanghai Old-Style Banks（Ch'ien-Chuang），1800—1935：A Traditional Institution in a Changing Society*. Ann Arbor，Center for Chinese Studies，The University of Michigan，1976. xiii，230p.

155. Overlach，T. W. *Foreign Financial Control in China*. New York，The Macmillan Company，1919. ix，x ⅲ ，295p.

156. 上海金融史话编写组编：《上海金融史话》上海，上海人民出版社，1978年，201p.

157. Chalmers，Robert. *A History of Currency in the British Colonies*. London，Eyre and Spottiswoode，1893. 496p.

158. Kann，Eduard. *The Currencies of China；An Investigation of Gold & Silver Transactions Affecting China with a Section on Copper*. Shanghai，Kelly & Walsh，Limited，1926. Revised ed. 1927，xv ⅲ ，540，xlv ⅲ p. xxxiv，562p.

159. 陈度编：《中国近代币制问题汇编》民国二十一年序。

160. 中国人民银行参事室金融史料组编：《中国近代货币史资料》（第一

辑 清政府统治时期 1840—1911)，全二册，北京，中华书局，1964
年，1249p.

161. 中华人民银行总行参事室编：《中华民国货币史资料第 1 辑 1912—
1927》，上海，上海人民出版社，1312 p.

8 内地市场

162. Gutzlaff, Charles. *Journal of Three Voyages along the Coast of China in* 1831, 1832 *and* 1833 *with Notices of Siam, Corea and the Loo-choo Islands.* 2 nd ed. , London, Frederick Westley and A. H. Davis, 1834. iv, 347p.

163. Matheson, James. *The Present Position and Prospects of the British Trade with China, together with an Outline of some Leading Occurrences in its Past History.* London, Smith, Elder & Co. , 1836. 135p.

164. Matheson, James. *Address to the People of Great Britain, Explanatory of Our Commercial Relations with the Empire of China and of the Course of Policy by Which it may be Rendered an almost Unbounded Field for British Commerce.* London, Smith, Elder & Co. , 1836. 127 p.

165. Hunter, William C. *The ' Fan Kwae' at Canton before Treaty Days 1825—1844.* London, Kegan Paul, Trench & Co. , 1882. 157 p.

166. Fortune, Robert. *Three Years' Wanderings in the Northern Provinces of China, including a Visit to the Tea, Silk and Cotton Countries; with an Account of the Agriculture and Horticulture of the Chinese, New Plants, etc.* 2 nd. ed. , London, John Murray,

1847. xxiv,420p.

167. Fortune, Robert. *A Journey to the Tea Countries of China ; including Sung-Lo and the Bohea Hills ; with a Short Notice of the East India Company's Tea Plantation in the Himalaya Mountains.* London, John Murray, 1852. xv, 398p.

168. Oliphant, Laurence. *Narrative of the Early of Elgin's Mission to China and Japan in the Years 1857 , ' 58 , ' 59.* 2Vols. Edinburgh and London, William Blackwood and Sons, 1859. 2 Vols. xii, xiii, 492p. ; xi, 496p. Reprinted by Oxford Univ. Press, 1970.

169. Gumpach, Johannes Von. *The Treaty-Rights of the Foreign Merchant , and the Transit-System , in China ;* Considered with special Reference to the Views and Opinions of Her Majesty's Board of Trade, Her Majesty's late and present Representatives in Peking, the Tsung-li Ya-mên, the Foreign Inspectorate of Chinese Maritime Customs, and the Shanghai General Chamber of Commerce, supported throughout by Official Documents, partly unpublished. Shanghai, " Celestial Empire " Office, 1875. xviii, 421p.

170. Hosie, Alexander, *Three Years in Western China ; A Narrative of Three Journeys in Ssŭ-ch'uan , Kuei-chow , and Yün-nan.* London, George Philip and Son, 1890. 2nd ed. 1897. xxvii, 302p. , map.

171. Forbes, Robert B. *Personal Reminiscences , to Which Is Added Rambling Recollections Connected with China.* 2nd ed. Boston, Little, Brown & Co. , 1882. 412p.

172. Lord Beresford, Charles. *The Break up of China , with an Account of its Present Commerce, Currency, Waterways, Armies, Railways, Politics and Future Prospects.* London,

Harper & Brothers Publishers，1899. xxii，491p.

173. Chambre de Commerce de Lyon. *La Mission lyonnaise d' exploration commerciale en Chine*（1895—1897）*avec cartes，plans et gravures d' après les documents rapportés par la Mission*. Lyon，A. Roy，1898. 473p.

174. Bourne，F. S. A. *Report of the Mission to China of the Blackburn Chamber of Commerce 1896—7*，Blackburn，The North-East Lancashire Press Company，1898. xii，386p.

175. Hao，Yen-p'ing. *The Comprador in Nineteenth Century China，Bridge between East and West*. Cambridge Mass.，Harvard Univ. Press，1970. ix，315p.

176. Susan Mann，*Local Merchants and the Chinese Bureaucracy*，1750—1950. Stanford，Stanford University Press，1987. viii，278p.

177. 聂宝璋编：《中国近代航运史资料》第 1 辑，1840—1895》，上册、下册，上海，上海人民出版社，1983 年，30，1480p(上册 730p)。

178. 吴承明著：《中国资本主义与国内市场》，北京，中国社会科学出版社，1985 年，1，296p.

179. 广东省社会科学院历史研究所中国古代史研究室、中山大学历史系中国古代史教研室、广东省佛山市博物馆编：《明清佛山碑刻文献经济资料》，广东，广东人民出版社，1987 年，2，510p.

180. 苏耀昌著：《华南丝区：地方历史的变迁与世界体系理论》，郑州市，中州古籍出版社，1987 年，9，240p.

9　投　资

关于投资问题，以所涉及问题排序如下：首先，投资整体问题；其次，工业、矿业、铁道等领域分门别类投资的文献；其后是借款及其与之相关的赔款支付问题，最后是作为向中国投资的一个形态的华侨汇款问题。

181. Jenks, Leland Hamilton. *The Migration of British Capital to 1875*. London and Edinburgh, Thomas Nelson Ltd, 1963. 442p.

182. Remer, C. F. *Foreign Investments in China*. New York, The Macmillian Company. 1933. xxi, 708p. 本书引自东亚经济调查局平井镇夫日译本《列国的对支投资》(1934 年, 6, 734, 26, 19p.)。

183. 东亚研究所第一调查委员会：《列国对支投资与支那国际收支》，东京，东亚研究所，1941 年, 10, 258p.

184. 东亚研究所：《支那的贸易收支》1942 年, 15, 458p.

185. 同上《支那的贸易外收支》1942 年, 11, 463p.

186. 东亚研究所第一调查委员会：《诸外国的对支投资》，东京，东亚研究所，1942 年，上卷；16, 679 p. 中卷；1216p. 下卷；41, 670p.

187. 吴承明编：《帝国主义在旧中国的投资》，北京，人民出版社，1956 年, 2, 188p.

188. 刘秉麟编著：《近代中国外债史稿》，北京，三联书店，1962 年, 292p.

189. Hou, Chi-ming. *Foreign Investment and Economic Development in China*, 1840—1937. Cambridge, Mass. , Harvard Univ. Press, 1965. xⅲ, 306p.

190. 东亚研究所第一调查委员会：《日本对支投资》，东京，东亚研究所，1942 年, 1096p.

191. 中国国民经济研究所编辑：《日本对沪投资》，上海，商务印书馆，1937 年, 11, 145p.

192. 孙毓棠：《中日甲午战争前外国资本在中国经营的近代工业》，上海，上海人民出版社，1956 年, 91p.

193. 魏子初编辑：《帝国王义与开滦煤矿》，上海，神州国光社，1954 年，

6，230p. (中国近代经济史资料丛刊)

194. 徐梗生：《中外合办煤铁矿业史话》，上海，商务印书馆，1947年，284p.

195. 胡滨：《十九世纪末叶帝国主义争夺中国权益史》，北京，三联书店，1957年，2，220p.

196. 中国人民政治协商会议上海市委员会文史资料工作委员会编：《旧上海的外商与买办》(上海文史资料选辑 第56辑)，上海人民出版社，1987年，306p.

197. 王景春、林则蒸、张恩锽编辑：《中国铁路借款合同全集》(*Railway Loan Agreements of China*) 北京，交通部铁道局，1922年，2册，496；446p.

198. 财政整理会编：《交通部经营各项内外债说明书》，北京，交通部，外债收录1898年京奉铁路借款以后，内债收录1921年京汉铁路借款以后。

199. 铁道部编：《关于东三省铁路之中日条约及借款合同》，南京，1927年，344p.

从1905年至1927年的中日间条约及借款决定。

200. Ministry of Railways, National Government, Republic of The China. *Treaties and Agreements between China and Japan Concerning the Railways of the Three Eastern Provinces.* Nanking, 1932. 254p.

201. 宓汝成编：《中国近代铁路史资料 1863—1911》，北京，中华书局，1963年，全三册，1，310p. (中国科学院经济研究所，中国近代经济史参考资料丛刊第七种)

202. Kent, Percy Horace. *Railway Enteriprise in China, An Account of Its Origing and Development.* London, Edward Arnold, 1907. ix, 304p. , maps.

203. 全汉昇《中国经济史研究》,香港,新亚研究所,1977 年,上、中、下册,395;308;316p.

204. Coons, Arthur Gardiner. *The Foregn Public Debt of China*. Philadelphia, University of Pennsylvania Press, 1930. xi, 251 p.

205. 徐义生编:《中国近代外债史统计资料 1853—1927》,北京,中华书局,1962 年,245p. (中国科学院经济研究所:《中国近代经济史参考资料丛刊》第六种。)

206. 中国银行总管理外经济研究室编:《中国外债汇编》,上海,中国银行,1935 年,191p.
含有 19—20 世纪初叶借款问题在内的中国对外条约集有如下内容。

207. MacMurray, John V. A. , ed. *Treaties and Agreements with and concerning China*, *1894—1919*. Washington, D. C. , Carnegie Endowment for International Peace, 1921. 2vols.

208. 财政整理会编:《财政部经管有确实担保外债说明书》,北京,财政整理会,1927 年。
上编各项借款说明书(1895 年俄法借款以降)(76 页),下编各国庚子赔款说明书(162 页)。

209. 汤象龙:《民国以前关税担保之外债》,《中国近代经济史研究集刊》,北京,国立中央研究院社会科学研究所,第 3 卷第 1 期,1935 年5 月。

210. 田村幸策:《支那外债史论》,东京,外交时报社,1935 年,10,576,8p.

211. 千家驹编:《旧中国公债史资料 1894—1949》(中国近代经济史资料丛刊第二种),北京,财政经济出版社,1955 年,15,378p.

212. 汤象龙:《民国以前的赔款是如何偿付的》,《中国近代经济史研究集刊》,北京,国立中央研究院社会科学研究所,第 3 卷第 2 期,1935

年 11 月。

213. 王树槐：《庚子赔款》，台北，中央研究院近代史研究所，1974
年，623p.

214. 井村薰雄：《列国对支投资与华侨送金》，东京，生活社，1940 年，
8,232p.

215. 林金枝、庄为玑：《近代华侨投资国内企业史资料选辑》（福建卷），福
州，福建人民出版社，1985 年，4,486p.

216. 杜恂诚著：《日本在旧中国的投资》，上海，上海社会科学院出版社，
1986 年，3,462p.

10   银行史

　　中国的银行，方便起见，可大致分为外国资本银行与中国资本银行。
二者中的后者，以 1898 年盛宣怀设立的中国通商银行为出发点。但是，
这一所谓的新式银行，在考虑其历史背景之际，可以确认，它与钱庄、海
关银号等所谓旧式金融机构的连统性是极强的。另一方面，外国银行最
初是作为汇兑银行而进入在中国的。外国银行的贸易金融垄断持续到
解放之时，而且外国银行逐渐进入国内金融市场，与钱庄建立了稳固的
联系，并通过发行债券和信用担保而对开放口岸的金融业产生了巨大的
影响力。分析以上历史过程，最初所示的外国银行与中国银行，比起区
别问题，两者之间的联系则成为更加重要的问题。

　　以下收录的目录不过是满足了以上观点的一部分。也就是说，以外
国银行为中心而对中国银行并没有完全涉及，另外，关于外国银行也主
要是各银行编纂的行史，从全体上来进行的研究并不充分。

　　作为今后的课题，把通过 The Bankers' Magazine. London, Water-
low and SonsLimited, Vol. : 1844—. 或, Banking Almanac, Directory;
Year Book and Diary. London, Richard groombridge, 1845—. 等定期刊

行物的系统整理而得到的银行史尤其是把中国置于东亚的历史中，大概是有必要的。而关于银行史研究的参考论文可举以下两例。

217. 本山美彦：《The Oriental Bank Corporation，1851—1884 年——世界市场创设期的亚洲汇兑与信用》（上）、（中）、（下），《经济论丛》（京都大学经济学会）第 121 卷第 4、5 号，6 号，第 122 卷第 1、2 号，1978 年 4、5 月，6 月，7、8 月。

218. 石井宽治：《英国殖民地银行群的再编——以 1870、80 年代的日本、中国为中心》，《经济学论集》（东京大学经济学会），第 45 卷第 1 号、第 3 号，1979 年 4 月，10 月。

219. Wagel, Srinivas R. *Chinese Currency and Banking*. Shanghai, North-China Daily News & Herald Ltd. , 1915. 457 p.

220. Baster, A. S. J. *The Imperial Banks*. London, P. S. King & Son, Ltd. , 1929. vii, 275 p.

221. Baster, A. S. J. *The International Banks*. London, P. S. King & Son, Ltd. , 1935. vii, 269p.

222. Tamagna, Frank M. *Banking and Finance in China*. New York, International Secretariat, Institute of Pacific Relations, 1942. xxi, 400p.

223. Mackenzie, Compton. *Realms of Silver*, *One Hundred Years of Banking in the East*. London, Routledge & Kegan Paul Ltd. , 1954. xiv, 338p.

224. Cie, Geoffrey Tyson. 100 *Years of Banking in Asia and Africa*; *1863—1963*. London, National and Grindlays Bank Limited, 1963. xii, 246p.

225. Collis, Maurice. *Wayfoong*, *the Hongkong and Shanghai Banking Corporation*; *A Study of East Asia's Transformation*, *Political*, *Financial and Economic*, *during the Last Hundred*

Years. London，Faber and Faber Limited，1965. xii，269p.

226. Collis，Louise，ed. *Maurice Collis；Diaries 1949—1969*. London，William Heinemann Ltd.，1977. vii，216p.

227. Quested，Rosemary. *The Russo-Chinese Bank：A Multinational Financial Base of Tsarism in China*. Bermingham，The Department of Russian Language & Literature，University of Burmingham，1977. vi，69p.

228. 徐沧水编述：《上海银行公会事业史》，上海，银行周报社，1925年，158p.

229. 中国通商银行编：《五十年来之中国经济》（中国通商银行成立五十周年纪念），上海，1948年，270p.

230. 张郁兰编：《中国银行业发展史》，上海，上海人民出版社，1957年，144p.

231. 献可编著：《近百年来帝国主义在华银行发行纸币状况》，上海，上海人民出版社，1958年，5，187p.

232. 《东洋的德华银行活动》，京城，1911年8月，67p.（朝鲜银行月报第三卷第七号附录）

233. 朝鲜银行调查课：《海外银行现势》，京城，大阪屋号书店，1936年，13，564p.

234. 横浜正金银行调查部：《印度支那银行论》，东京，1943年5月，37p.（调查报告第140号）

235. 榷上康男：《19世纪后半期票据银行的海外活动——法国海外银行与远东市场（上），（下）》，《金融经济》（金融经济研究所）175号、176号，1979年4月，6月。

236. 榷上康男：《法国帝国主义与亚洲—印度支那银行史研究》，东京大学出版会，1985年，xvii，386，43.

237. 中国人民银行上海市分行金融研究室编：《金城银行史料》，上海，上海人民出版社,1983 年,20,1003p.

238. Frank H. H. King, *The History of the Hongkong and Shanghai Banking Corporation*, *Vol. I*: *The Hongkong Bank in Late Imperial China*, *1864—1902*: On an Even Keel, Cambridge, Cambridge University Press, 1988, XL, 701. Vol. II: The Hongkong Bank in the Period of Imperialism and War, 1895—1918, Cambridge, Cambridge University Press. xxxiv, 720.

11　企业史

在企业史项目中主要收录了贸易商社和航运会社等外国企业,9. 投资,10. 银行之间的相互关系。其意义在于,以往作为中国经济史研究上的问题,关于企业经营形态的研究(如牟安世《洋务运动》等)、民族企业研究、资本主义企业研究(上海科学院经济研究所《南洋兄弟烟草公司史料》、《大隆机器厂的发生发展与改造》等),尤其是工业化问题研究(Feuerwerker, Albert. China's Early Industrialization. 或是作为最近研究的 Chan, Wellington K. K. Merchants, Mandarins and Modern Enterprise in Late Ch'ing China. 等),基本上都不含这些文献,故而以东印度公司、P&O 等特权公司及怡和集团等商社历史为中心。关于怡和集团的研究资料如下:

239. 石井摩耶子:《19 世纪后半的中国的英国资本活动——怡和集团的情况》,《社会经济史学》(社会经济史学会)45 卷 4 号,1979 年 12 月可以参照。

本项目排列由文献发表的历史时间为序。

240. Hidy, Ralph W. *The House of Baring in American Trade and Finance*; *English Merchant Bankers at Work 1761—1861*. New York, Russell & Russell, 1970. xxiv, 631p. (lst ed. 1949)

241. Cable，Boyd. *A Hundred Years History of the P. & O. Peninsular and Oriental Steam Navigation Company.* London，Ivor Nicholson and Watson Limited，1937. ix,289p.

242. Marriner，Sheila. and Hyde，Francis E. *The Senior John Samuel Swire* 1825—98；*Management in Far Eastern Shipping Trades.* Liverpool，Liverpool University Press，1967. xiv，224p.

243. LeFevour，Edward. *Western Enterprise in Late Ch'lng China* (清末西人在华企业)，*A Selective Survey of Jardine，Matheson & Company's Operations，1842—1895.* Cambridge，Mass. ，East Asian Research Center，Harvard University，1970. vii，215 p.

便于浏览怡和集团历史及业务内容的编集出版社物如下：

244. *"Jardines"and Ewo interests.* New York，1947. 51 p.

245. Jardine，*Matheson & Company at Historical Sketch，being an Account to Show the Circumstances in Which the Company Came into Being and How It Was Consolidated over the Last Century.* Hong Kong，n. d. 64 p.

246. Roth，Cecil. *The Sassoon Dynasty.* London，R. Hale，1941. rep. New York，Arno Press Inc. ，1977. 280p.

247. Marriner，Sheila. *Rathbones of Liverpool 1845—1873.* Liverpool，Liverpool University Press，1961. xiii，246p.

248. Lockwood，Stephen Chapman. *Augustine Heard and Company* (琼记公司)，*1858—1862；American Merchants in China.* Cambridge，Mass. ，East Asian Research Center，Harvard University，1971. xii，157p.

249. Lensen，George Alexander，ed. *Trading under Sail Off Japan，1860—1899，The Recollections of Captain John Baxter Will，Sailing-Master & Pilot.* Sophia University（Tokyo）in Coopera-

tion with The Diplomatic Press (Tallahassee, Florida), 1968. xvi, 190 p.

250. Hyde, Francis E. with the assistance of Harris, J. R. *Blue Funnel; A History of Alfred Holt and Company of Liverpool from 1865 to 1914*. Liverpool, Liverpool University Press, 1956, 1957 (2nd. and 3rd. impression), xvii, 201p.

251. Drage, Charles. *Taikoo* 太古. London, Constable & Co. Ltd., 1970. 320p.

252. 全汉昇《汉冶萍公司史略》香港,香港中文大学,1972 年,ii, 340p.

253. Feuerwerker, Albert. China's Nineteenth-Century Industrialization; The Case of the Hanyehping Coal and Iron Company, Limited. (Cowan, C. D., ed. *The Economic Development of China and Japan*, *Studies in Economic History and Political Economy*. London, George Allen & Unwin Ltd., 1964.)

254. 何汉威:《京汉铁路初期史略》,香港,中文大学出版社,1979 年,2,230p.

255. Chan Wellington K. K. *Merchants, Mandarins and Modern Enterprise in Late Ch'ing China*. Cambridge, Massachusetts, Harvard University Press, 1977. 2, 323p.

256. 上海社会科学院经济研究所编:《英美烟公司在华企业资料汇编》全4 册,北京,中华书局出版,1983 年,30,422p.

257. 张仲礼、陈曾年著:《沙逊集团在旧中国》,北京,人民出版社,1985 年,2,191p.

258. 中国人民政治协商会议上海市委员会文史资料工作委员会编:《旧上海的外商与买办》,上海,上海人民出版社,1987 年,34,306p.

12　华侨史

259. 陈翰笙主编，卢文迪、陈泽宪、彭家礼编：《华工出国史料汇编》第 1
辑 1—4，第 2 辑—10 辑，北京，中华书局，第 1 辑 1985 年，第 2 辑
1980 年，第 3 辑 1981 年，第 4 辑 1981 年，第 5 辑 1984 年，第 6 辑
1984 年，第 7 辑 1984 年，第 8、9、10 辑 1984 年，第 1 辑 20＋1836，
第 2 辑 505，第 3 辑 314，第 4 辑 650，第 5 辑 369，第 6 辑 300，第 7
辑 365，第 8、9、10 辑 335p.

260. 中央研究院三民主义研究所编：《中国海洋发展史论文集(1)(2)》，
台北，中央研究院三民主义研究所，(1) 民国七十三年，(2) 民国七
十五年，(1) 7,456p，(2) 1,348p.

261. Lim Linda Y. C., Gosling L. A. Peter ed. *The Chinese in
Southeast Asia*, Vol. 1. *Ethnicity and Economic Activity*, Vol.
2. *Identity*, *Culture and Politics*, Singapore, Maruzen Asia,
1983. Vol. 1. 4, 335p, Vol. 2. 3, 284p.

262. Yen Ching-Hwang. *Coolies and Mandarins*. Singapore, Singa-
pore University Press, 1985. 9, 413p.

263. Yen Ching-Hwang. *A Social History of the Chinese in Singapore
and Malaya 1800—1911*. Singapore, Oxford University Press,
1986. 6, 433 p.

264. 庄钦永：《新加坡华人史论丛》，新加坡，南洋学会，1986 年，3,219p.

13　交通、运输、通信

265. The China Sea Directory，Vol. 1.—Vol. 4，London，1868—（文
库：1894—1899）。该书是受英国海军部(The Lords Commission-
ers of The Admirality)之命发行的关于中国沿海及周边地域航路

的解说书,不仅参考了以前的解说书,包括了各地港湾施设及帆船的记述,和中方资料上的地名比照与内容比较,我以为,可能对交易路线有着更进一步的理解。各卷内容如下所示(参照 3 版,4 版)。

Vol. Ⅰ. Directions for the Approaches to the China Sea, By Malacca, Singapore, Sunda, Banka, Gaspar, Carimata, Rhio, Berhala, and Durian Straits.

Vol. Ⅱ. Directions for the Navigation of the China Sea, between Singapore and HongKong.

Vol. Ⅲ. The Coast of China from Hongkong to The Korea; North Coast of Luzon, Formosa Island and Strait; The Babuyan and Bashi Groups, and Pratas Island. Yellow Sea, Gulfs of Pe Chili and Liau Tung. also the Riners Canton, West, Min, Yung, Yang Tse, Yellow, Pei Ho, and Liau Ho.

Vol. Ⅳ. Coasts of Korea, Russian Maritime Province, Japan, Gulf of Tartary, and the Sea of Okhotsk; also the Meiaco, Liu Kiu, Linschoten, Mariana, Bonin, Saghalin, and Kuril Islands.

266. Cheng Ying-wan. *Postal Communication in China 1860—1896*. Taipei(台北), RainbowBridge Book Co. (红桥书店), 1970. 3, 150p.

267. Lee En-Han. *China's Quest for Railway Autonomy 1904—1911*. Singapore, Singapore niversity Press, 1977. 2, 316p.

268. 胡汶本、寿杨宾、秦治新、迟守卫编著:《帝国主义与青岛港》,济南,山东人民出版社,1983 年,2,222p.

269. 隗瀛涛、周勇著:《重庆开埠史》,重庆,重庆出版社,1983 年,5,227p.

270. 《秦皇岛港史（古，近代部分）》，北京，人民交通出版社，1985 年，6，376p.

271. 樊百川著：《中国轮船航运业的兴起》，成都，四川人民出版社，1985年，15，667p.

272. 郑端本编著：《广州港史》古代部分，程浩编著，同近代部分，北京，海洋出版社，1986 年，1985 年，231，388p.

273. 寿杨宾编著：《青岛海港史（近代部分）》，北京，人民交通出版社，1986 年，6，292p.

14　会计史

274. 龙溪蔡锡勇著：《连环账谱不分卷》，武昌，光绪三十一年，1 帙 2 册。

275. 区季鸾编著、黄荫普校正：《广州之银业》，广州，商务印书馆，民国二十一年，7，310p.

276. Li Chien Ming. *The Accounting System of Native Banks in Peking and Tientsin*. New York, Garland Publishing Inc. , 1982. 4, 301p.

译 后 记

　　日本东洋史学家滨下武志教授《中国近代经济史研究》的翻译工作，历时三年多终于交稿了。

　　本书翻译工作由高淑娟(第一、二、三章)和孙彬(第四章)完成。最后由高淑娟统校。另有研究生王成伟负责书中英文资料的翻译和中文史料部分的校订工作，并请冯斌编审对全书作了统编。囿于译者学识水平，其中疏漏恐怕不少，敬请专家学者、读者朋友予以批评指正。

　　本书由清华大学历史系主任李伯重教授推荐，在丛书主编刘东教授的反复督促下得以完成，在此一并致谢。

高淑娟

2005 年 11 月于清华园

"海外中国研究丛书"书目

1. 中国的现代化 [美]吉尔伯特·罗兹曼 主编 国家社会科学基金"比较现代化"课题组 译 沈宗美 校
2. 寻求富强:严复与西方 [美]本杰明·史华兹 著 叶凤美 译
3. 中国现代思想中的唯科学主义(1900—1950) [美]郭颖颐 著 雷颐 译
4. 台湾:走向工业化社会 [美]吴元黎 著
5. 中国思想传统的现代诠释 余英时 著
6. 胡适与中国的文艺复兴:中国革命中的自由主义,1917—1937 [美]格里德 著 鲁奇译
7. 德国思想家论中国 [德]夏瑞春 编 陈爱政 等译
8. 摆脱困境:新儒学与中国政治文化的演进 [美]墨子刻 著 颜世安 高华 黄东兰 译
9. 儒家思想新论:创造性转换的自我 [美]杜维明 著 曹幼华 单丁 译 周文彰 等校
10. 洪业:清朝开国史 [美]魏斐德 著 陈苏镇 薄小莹 包伟民 陈晓燕 牛朴 谭天星 译 阎步克 等校
11. 走向21世纪:中国经济的现状、问题和前景 [美]D.H.帕金斯 著 陈志标 编译
12. 中国:传统与变革 [美]费正清 赖肖尔 主编 陈仲丹 潘兴明 庞朝阳 译 吴世民 张子清 洪邮生 校
13. 中华帝国的法律 [美]D.布朗 C.莫里斯 著 朱勇 译 梁治平 校
14. 梁启超与中国思想的过渡(1890—1907) [美]张灏 著 崔志海 葛夫平 译
15. 儒教与道教 [德]马克斯·韦伯 著 洪天富 译
16. 中国政治 [美]詹姆斯·R.汤森 布兰特利·沃马克 著 顾速 董方 译
17. 文化、权力与国家:1900—1942年的华北农村 [美]杜赞奇 著 王福明 译
18. 义和团运动的起源 [美]周锡瑞 著 张俊义 王栋 译
19. 在传统与现代性之间:王韬与晚清革命 [美]柯文 著 雷颐 罗检秋 译
20. 最后的儒家:梁漱溟与中国现代化的两难 [美]艾恺 著 王宗昱 冀建中 译
21. 蒙元入侵前夜的中国日常生活 [法]谢和耐 著 刘东 译
22. 东亚之锋 [美]小R.霍夫亨兹 K.E.柯德尔 著 黎鸣 译
23. 中国社会史 [法]谢和耐 著 黄建华 黄迅余 译
24. 从理学到朴学:中华帝国晚期思想与社会变化面面观 [美]艾尔曼 著 赵刚 译
25. 孔子哲学思微 [美]郝大维 安乐哲 著 蒋弋为 李志林 译
26. 北美中国古典文学研究名家十年文选 乐黛云 陈珏 编选
27. 东亚文明:五个阶段的对话 [美]狄百瑞 著 何兆武 何冰 译
28. 五四运动:现代中国的思想革命 [美]周策纵 著 周子平 等译
29. 近代中国与新世界:康有为变法与大同思想研究 [美]萧公权 著 汪荣祖 译
30. 功利主义儒家:陈亮对朱熹的挑战 [美]田浩 著 姜长苏 译
31. 莱布尼兹和儒学 [美]孟德卫 著 张学智 译
32. 佛教征服中国:佛教在中国中古早期的传播与适应 [荷兰]许理和 著 李四龙 裴勇 等译
33. 新政革命与日本:中国,1898—1912 [美]任达 著 李仲贤 译
34. 经学、政治和宗族:中华帝国晚期常州今文学派研究 [美]艾尔曼 著 赵刚 译
35. 中国制度史研究 [美]杨联陞 著 彭刚 程钢 译

36. 汉代农业:早期中国农业经济的形成 [美]许倬云 著 程农 张鸣 译 邓正来 校

37. 转变的中国:历史变迁与欧洲经验的局限 [美]王国斌 著 李伯重 连玲玲 译

38. 欧洲中国古典文学研究名家十年文选 乐黛云 陈珏 龚刚 编选

39. 中国农民经济:河北和山东的农民发展,1890—1949 [美]马若孟 著 史建云 译

40. 汉哲学思维的文化探源 [美]郝大维 安乐哲 著 施忠连 译

41. 近代中国之种族观念 [英]冯客 著 杨立华 译

42. 血路:革命中国中的沈定一(玄庐)传奇 [美]萧邦奇 著 周武彪 译

43. 历史三调:作为事件、经历和神话的义和团 [美]柯文 著 杜继东 译

44. 斯文:唐宋思想的转型 [美]包弼德 著 刘宁 译

45. 宋代江南经济史研究 [日]斯波义信 著 方健 何忠礼 译

46. 一个中国村庄:山东台头 杨懋春 著 张雄 沈炜 秦美珠 译

47. 现实主义的限制:革命时代的中国小说 [美]安敏成 著 姜涛 译

48. 上海罢工:中国工人政治研究 [美]裴宜理 著 刘平 译

49. 中国转向内在:两宋之际的文化转向 [美]刘子健 著 赵冬梅 译

50. 孔子:即凡而圣 [美]赫伯特·芬格莱特 著 彭国翔 张华 译

51. 18 世纪中国的官僚制度与荒政 [法]魏丕信 著 徐建青 译

52. 他山的石头记:宇文所安自选集 [美]宇文所安 著 田晓菲 编译

53. 危险的愉悦:20 世纪上海的娼妓问题与现代性 [美]贺萧 著 韩敏中 盛宁 译

54. 中国食物 [美]尤金·N. 安德森 著 马孆 刘东 译 刘东 审校

55. 大分流:欧洲、中国及现代世界经济的发展 [美]彭慕兰 著 史建云 译

56. 古代中国的思想世界 [美]本杰明·史华兹 著 程钢 译 刘东 校

57. 内闱:宋代的婚姻和妇女生活 [美]伊沛霞 著 胡志宏 译

58. 中国北方村落的社会性别与权力 [加]朱爱岚 著 胡玉坤 译

59. 先贤的民主:杜威、孔子与中国民主之希望 [美]郝大维 安乐哲 著 何刚强 译

60. 向往心灵转化的庄子:内篇分析 [美]爱莲心 著 周炽成 译

61. 中国人的幸福观 [德]鲍吾刚 著 严蓓雯 韩雪临 吴德祖 译

62. 闺塾师:明末清初江南的才女文化 [美]高彦颐 著 李志生 译

63. 缀珍录:十八世纪及其前后的中国妇女 [美]曼素恩 著 定宜庄 颜宜葳 译

64. 革命与历史:中国马克思主义历史学的起源,1919—1937 [美]德里克 著 翁贺凯 译

65. 竞争的话语:明清小说中的正统性、本真性及所生成之意义 [美]艾梅兰 著 罗琳 译

66. 中国妇女与农村发展:云南禄村六十年的变迁 [加]宝森 著 胡玉坤 译

67. 中国近代思维的挫折 [日]岛田虔次 著 甘万萍 译

68. 中国的亚洲内陆边疆 [美]拉铁摩尔 著 唐晓峰 译

69. 为权力祈祷:佛教与晚明中国士绅社会的形成 [加]卜正民 著 张华 译

70. 天潢贵胄:宋代宗室史 [美]贾志扬 著 赵冬梅 译

71. 儒家之道:中国哲学之探讨 [美]倪德卫 著 [美]万白安 编 周炽成 译

72. 都市里的农家女:性别、流动与社会变迁 [澳]杰华 著 吴小英 译

73. 另类的现代性:改革开放时代中国性别化的渴望 [美]罗丽莎 著 黄新 译

74. 近代中国的知识分子与文明 [日]佐藤慎一 著 刘岳兵 译

75. 繁盛之阴:中国医学史中的性(960—1665) [美]费侠莉 著 甄橙 主译 吴朝霞 主校

76. 中国大众宗教 [美]韦思谛 编 陈仲丹 译

77. 中国诗画语言研究 [法]程抱一 著 涂卫群 译

78. 中国的思维世界 [日]沟口雄三 小岛毅 著 孙歌 等译

79. 德国与中华民国 [美]柯伟林 著 陈谦平 陈红民 武菁 申晓云 译 钱乘旦 校

80. 中国近代经济史研究:清末海关财政与通商口岸市场圈 [日]滨下武志 著 高淑娟 孙彬 译

81. 回应革命与改革:皖北李村的社会变迁与延续 韩敏 著 陆益龙 徐新玉 译

82. 中国现代文学与电影中的城市:空间、时间与性别构形 [美]张英进 著 秦立彦 译

83. 现代的诱惑:书写半殖民地中国的现代主义(1917—1937) [美]史书美 著 何恬 译

84. 开放的帝国:1600年前的中国历史 [美]芮乐伟·韩森 著 梁侃 邹劲风 译

85. 改良与革命:辛亥革命在两湖 [美]周锡瑞 著 杨慎之 译

86. 章学诚的生平与思想 [美]倪德卫 著 杨立华 译

87. 卫生的现代性:中国通商口岸健康与疾病的意义 [美]罗芙芸 著 向磊 译

88. 道与庶道:宋代以来的道教、民间信仰和神灵模式 [美]韩明士 著 皮庆生 译

89. 间谍王:戴笠与中国特工 [美]魏斐德 著 梁禾 译

90. 中国的女性与性相:1949年以来的性别话语 [英]艾华 著 施施 译

91. 近代中国的犯罪、惩罚与监狱 [荷]冯客 著 徐有威 等译 潘兴明 校

92. 帝国的隐喻:中国民间宗教 [英]王斯福 著 赵旭东 译

93. 王弼《老子注》研究 [德]瓦格纳 著 杨立华 译

94. 寻求正义:1905—1906年的抵制美货运动 [美]王冠华 著 刘甜甜 译

95. 传统中国日常生活中的协商:中古契约研究 [美]韩森 著 鲁西奇 译

96. 从民族国家拯救历史:民族主义话语与中国现代史研究 [美]杜赞奇 著 王宪明 高继美 李海燕 李点 译

97. 欧几里得在中国:汉译《几何原本》的源流与影响 [荷]安国风 著 纪志刚 郑诚 郑方磊 译

98. 十八世纪中国社会 [美]韩书瑞 罗友枝 著 陈仲丹 译

99. 中国与达尔文 [美]浦嘉珉 著 钟永强 译

100. 私人领域的变形:唐宋诗词中的园林与玩好 [美]杨晓山 著 文韬 译

101. 理解农民中国:社会科学哲学的案例研究 [美]李丹 著 张天虹 张洪云 张胜波 译

102. 山东叛乱:1774年的王伦起义 [美]韩书瑞 著 刘平 唐雁超 译

103. 毁灭的种子:战争与革命中的国民党中国(1937—1949) [美]易劳逸 著 王建朗 王贤知 贾维 译

104. 缠足:"金莲崇拜"盛极而衰的演变 [美]高彦颐 著 苗延威 译

105. 饕餮之欲:当代中国的食与色 [美]冯珠娣 著 郭乙瑶 马磊 江素侠 译

106. 翻译的传说:中国新女性的形成(1898—1918) 胡缨 著 龙瑜宬 彭珊珊 译

107. 中国的经济革命:20世纪的乡村工业 [日]顾琳 著 王玉茹 张玮 李进霞 译

108. 礼物、关系学与国家:中国人际关系与主体性建构 杨美惠 著 赵旭东 孙珉 译 张跃宏 译校

109. 朱熹的思维世界 [美]田浩 著

110. 皇帝和祖宗:华南的国家与宗族 [英]科大卫 著 卜永坚 译

111. 明清时代东亚海域的文化交流 [日]松浦章 著 郑洁西 等译

112. 中国美学问题 [美]苏源熙 著 卞东波 译 张强强 朱霞欢 校

113. 清代内河水运史研究 [日]松浦章 著 董科 译

114. 大萧条时期的中国:市场、国家与世界经济 [日]城山智子 著 孟凡礼 尚国敏 译 唐磊 校

115. 美国的中国形象(1931—1949) [美]T.克里斯托弗·杰斯普森 著 姜智芹 译

116. 技术与性别:晚期帝制中国的权力经纬 [英]白馥兰 著 江湄 邓京力 译

117. 中国善书研究 [日]酒井忠夫 著 刘岳兵 何英莺 孙雪梅 译

118. 千年末世之乱:1813 年八卦教起义 [美]韩书瑞 著 陈仲丹 译

119. 西学东渐与中国事情 [日]增田涉 著 由其民 周启乾 译

120. 六朝精神史研究 [日]吉川忠夫 著 王启发 译

121. 矢志不渝:明清时期的贞女现象 [美]卢苇菁 著 秦立彦 译

122. 明代乡村纠纷与秩序:以徽州文书为中心 [日]中岛乐章 著 郭万平 高飞 译

123. 中华帝国晚期的欲望与小说叙述 [美]黄卫总 著 张蕴爽 译

124. 虎、米、丝、泥:帝制晚期华南的环境与经济 [美]马立博 著 王玉茹 关永强 译

125. 一江黑水:中国未来的环境挑战 [美]易明 著 姜智芹 译

126. 《诗经》原意研究 [日]家井真 著 陆越 译

127. 施剑翘复仇案:民国时期公众同情的兴起与影响 [美]林郁沁 著 陈湘静 译

128. 华北的暴力和恐慌:义和团运动前夕基督教传播和社会冲突 [德]狄德满 著 崔华杰 译

129. 铁泪图:19 世纪中国对于饥馑的文化反应 [美]艾志端 著 曹曦 译

130. 饶家驹安全区:战时上海的难民 [美]阮玛霞 著 白华山 译

131. 危险的边疆:游牧帝国与中国 [美]巴菲尔德 著 袁剑 译

132. 工程国家:民国时期(1927—1937)的淮河治理及国家建设 [美]戴维·艾伦·佩兹 著 姜智芹 译

133. 历史宝筏:过去、西方与中国妇女问题 [美]季家珍 著 杨可 译

134. 姐妹们与陌生人:上海棉纱厂女工,1919—1949 [美]韩起澜 著 韩慈 译

135. 银线:19 世纪的世界与中国 林满红 著 詹庆华 林满红 译

136. 寻求中国民主 [澳]冯兆基 著 刘悦斌 徐硙 译

137. 墨梅 [美]毕嘉珍 著 陆敏珍 译

138. 清代上海沙船航运业史研究 [日]松浦章 著 杨蕾 王亦诤 董科 译

139. 男性特质论:中国的社会与性别 [澳]雷金庆 著 [澳]刘婷 译

140. 重读中国女性生命故事 游鉴明 胡缨 季家珍 主编

141. 跨太平洋位移:20 世纪美国文学中的民族志、翻译和文本间旅行 黄运特 著 陈倩 译

142. 认知诸形式:反思人类精神的统一性与多样性 [英]G.E.R.劳埃德 著 池志培 译

143. 中国乡村的基督教:1860—1900 江西省的冲突与适应 [美]史维东 著 吴薇 译

144. 假想的"满大人":同情、现代性与中国疼痛 [美]韩瑞 著 袁剑 译

145. 中国的捐纳制度与社会 伍跃 著

146. 文书行政的汉帝国 [日]富谷至 著 刘恒武 孔李波 译

147. 城市里的陌生人:中国流动人口的空间、权力与社会网络的重构 [美]张骊 著 袁长庚 译

148. 性别、政治与民主:近代中国的妇女参政 [澳]李木兰 著 方小平 译

149. 近代日本的中国认识 [日]野村浩一 著 张学锋 译

150. 狮龙共舞:一个英国人笔下的威海卫与中国传统文化 [英]庄士敦 著 刘本森 译 威海市博物馆 郭大松 校

151. 人物、角色与心灵:《牡丹亭》与《桃花扇》中的身份认同 [美]吕立亭 著 白华山 译

152. 中国社会中的宗教与仪式 [美]武雅士 著 彭泽安 邵铁峰 译 郭潇威 校

153. 自贡商人:近代早期中国的企业家 [美]曾小萍 著 董建中 译

154. 大象的退却:一部中国环境史 [英]伊懋可 著 梅雪芹 毛利霞 王玉山 译

155. 明代江南土地制度研究 [日]森正夫 著 伍跃 张学锋 等译 范金民 夏维中 审校

156. 儒学与女性 [美]罗莎莉 著 丁佳伟 曹秀娟 译

157. 行善的艺术：晚明中国的慈善事业(新译本)　[美]韩德玲 著　曹晔 译
158. 近代中国的渔业战争和环境变化　[美]穆盛博 著　胡文亮 译
159. 权力关系：宋代中国的家族、地位与国家　[美]柏文莉 著　刘云军 译
160. 权力源自地位：北京大学、知识分子与中国政治文化，1898—1929　[美]魏定熙 著　张蒙 译
161. 工开万物：17世纪中国的知识与技术　[德]薛凤 著　吴秀杰 白岚玲 译
162. 忠贞不贰：辽代的越境之举　[英]史怀梅 著　曹流 译
163. 内藤湖南：政治与汉学(1866—1934)　[美]傅佛果 著　陶德民 何英莺 译
164. 他者中的华人：中国近现代移民史　[美]孔飞力 著　李明欢 译　黄鸣奋 校
165. 古代中国的动物与灵异　[英]胡司德 著　蓝旭 译
166. 两访中国茶乡　[英]罗伯特·福琼 著　敖雪岗 译
167. 缔造选本：《花间集》的文化语境与诗学实践　[美]田安 著　马强才 译
168. 扬州评话探讨　[丹麦]易德波 著　米锋 易德波 译　李今芸 校译
169. 《左传》的书写与解读　李惠仪 著　文韬 许明德 译
170. 以竹为生：一个四川手工造纸村的20世纪社会史　[德]艾约博 著　韩巍 译　吴秀杰 校
171. 东方之旅：1579—1724耶稣会传教团在中国　[美]柏理安 著　毛瑞方 译
172. "地域社会"视野下的明清史研究：以江南和福建为中心　[日]森正夫 著　于志嘉 马一虹 黄东兰 阿风 等译
173. 技术、性别、历史：重新审视帝制中国的大转型　[英]白馥兰 著　吴秀杰 白岚玲 译
174. 中国小说戏曲史　[日]狩野直喜 张真 译
175. 历史上的黑暗一页：英国外交文件与英美海军档案中的南京大屠杀　[美]陆束屏 编著/翻译
176. 罗马与中国：比较视野下的古代世界帝国　[奥]沃尔特·施德尔 主编　李平 译
177. 矛与盾的共存：明清时期江西社会研究　[韩]吴金成 著　崔荣根 译 薛戈 校译
178. 唯一的希望：在中国独生子女政策下成年　[美]冯文 著　常姝 译
179. 国之枭雄：曹操传　[澳]张磊夫 著　方笑天 译
180. 汉帝国的日常生活　[英]鲁惟一 著　刘洁 余霄 译
181. 大分流之外：中国和欧洲经济变迁的政治　[美]王国斌 罗森塔尔 著　周琳 译　王国斌 张萌 审校
182. 中正之笔：颜真卿书法与宋代文人政治　[美]倪雅梅 著　杨简茹 译　祝帅 校译
183. 江南三角洲市镇研究　[日]森正夫 编　丁韵 胡婧 等译　范金民 审校
184. 忍辱负重的使命：美国外交官记载的南京大屠杀与劫后的社会状况　[美]陆束屏 编著/翻译
185. 修仙：古代中国的修行与社会记忆　[美]康儒博 著　顾漩 译
186. 烧钱：中国人生活世界中的物质精神　[美]柏桦 著　袁剑 刘玺鸿 译
187. 话语的长城：文化中国历险记　[美]苏源熙 著　盛珂 译
188. 诸葛武侯　[日]内藤湖南 著　张真 译
189. 盟友背信：一战中的中国　[英]吴芳思 克里斯托弗·阿南德尔 著　张宇扬 译
190. 亚里士多德在中国：语言、范畴和翻译　[英]罗伯特·沃迪 著　韩小强 译
191. 马背上的朝廷：巡幸与清朝统治的建构，1680—1785　[美]张勉治 著　董建中 译
192. 申不害：公元前四世纪中国的政治哲学家　[美]顾立雅 著　马腾 译
193. 晋武帝司马炎　[日]福原启郎 著　陆帅 译
194. 唐人如何吟诗：带你走进汉语音韵学　[日]大岛正二 著　柳悦 译

195. 古代中国的宇宙论 [日]浅野裕一 著 吴昊阳 译

196. 中国思想的道家之论:一种哲学解释 [美]陈汉生 著 周景松 谢尔逊 等译 张丰乾 校译

197. 诗歌之力:袁枚女弟子屈秉筠(1767—1810) [加]孟留喜 著 吴夏平 译

198. 中国逻辑的发现 [德]顾有信 著 陈志伟 译

199. 高丽时代宋商往来研究 [韩]李镇汉 著 李廷青 戴琳剑 译 楼正豪 校

200. 中国近世财政史研究 [日]岩井茂树 著 付勇 译 范金民 审校

201. 魏晋政治社会史研究 [日]福原启郎 著 陆帅 刘萃峰 张紫毫 译

202. 宋帝国的危机与维系:信息、领土与人际网络 [比利时]魏希德 著 刘云军 译

203. 中国精英与政治变迁:20世纪初的浙江 [美]萧邦奇 著 徐立望 杨涛羽 译 李齐 校

204. 北京的人力车夫:1920年代的市民与政治 [美]史谦德 著 周书垚 袁剑 译 周育民 校

205. 1901—1909年的门户开放政策:西奥多·罗斯福与中国 [美]格雷戈里·摩尔 著 赵嘉玉 译

206. 清帝国之乱:义和团运动与八国联军之役 [美]明恩溥 著 郭大松 刘本森 译

207. 宋代文人的精神生活(960—1279) [美]何复平 著 叶树勋 单虹泽 译

208. 梅兰芳与20世纪国际舞台:中国戏剧的定位与置换 [美]田民 著 何恬 译

209. 郭店楚简《老子》新研究 [日]池田知久 著 曹峰 孙佩霞 译

210. 德与礼——亚洲人对领导能力与公众利益的理想 [美]狄培理 著 闵锐武 闵月 译

211. 棘闱:宋代科举与社会 [美]贾志扬 著